제 6 판 머리말

도산전문법원인 서울회생법원이 개원한 지도 벌써 6년이 지났습니다. 그 동안 서울회생법원은 기업회생 절차에서의 사전계획안(P-Plan), 자율구조조정 지원 프로그램(ARS Program), 효율적인 M&A를 위한 스토킹호스 매각방식, 개인회생 절차에서의 주택담보대출 채무재조정 프로그램 등 새로운 제도를 많이 도입하였고, 이러한 제도는 어느 정도 안정화 단계에 접어들었습니다. 신속한 사건처리와 채무자에 대한 우호적 태도 등 서울회생법원이 이룬 성과는 도산전문법원의 필요성을 깨닫는 계기가 되었습니다. 이러한 성과를 인정받아 올해 3. 1. 부산과 수원에서도 도산전문법원인 부산회생법원과 수원회생법원이 개원하게 되었습니다.

서울회생법원 재판실무연구회는 끊임없는 연구와 실무 경험을 바탕으로 실무서를 발간해 왔고, 이는 전국 도산담당법관과 도산 실무를 담당하거나 연구하시는 분들에게 도산법제에 대한 안내서와 같은 역할을 해 왔습니다. 따라서 빠르게 변화하는 도산 환경 속에서 그 변화를 충실히 반영하고 이에 대하여 안내해 드리는 것은 서울회생법원의 의무이자 숙제와도 같은 것입니다. 이에 서울회생법원은 2019년 이후 4년 만에 「회생사건실무」 제6판을 발간하게 되었습니다.

이번 개정판에서는 채무자 회생 및 파산에 관한 법률이 시행된 지 20여 년이 다 되어가는 점을 감안하여 가급적 구 회사정리법, 화의법, 파산법에 관한 내용들은 삭제 또는 축소하였습니다. 또한 서울회생법원 개원 이후에 접수된 사건도 상당히 축적된 점을 감안하여 최대한 서울회생법원 사건 위주로 사례를 기재하였고, 서울중앙지방법원 때의 사건은 삭제하거나 축소하였습니다. 이전 판까지는 일본 사례를 많이 참고하였으나 우리나라의 도산법제가 어느 정도 성숙하였다는 판단 아래 일본 사례는 꼭 필요한 경우가 아니면 삭제하거나 축소하였습니다.

그리고 2019년 이후 서울회생법원의 개선된 실무와 제도를 모두 반영하였고, 그 동안 축적된 판례 등도 반영하였습니다. 회생절차개시 전에 채무자와 주요채권자들 사이의 자율적 구조조정을 지원하는 프로그램(Autonomous Restructuring Support; ARS)을 새롭게 집필하였습니다. 또한 제18장에 '상장법인의 회생절차'를 새롭게 신설하여 상장폐지절차 및 상장법인에 대한 회생절차를 상세히 서술하였습니다. 또한 코로나 19의 영향으로 대표자심문과 현장검증을 대면방식이 아닌 영상심문으로 진행하는 등의 실무상 변화도 반영하였습니다. 회생계획안 기재례에 골프장 사건 등 특수한 사례도 추가하였습니다. 2021. 12. 21. 실무준칙 제241호 '회생절차에서의 M&A'를 개정함에 따라 그 개정내용 또한 반영하였습니다.

　　대한민국의 도산법제는 이제 진정한 도약의 시기가 아닌가 생각됩니다. 앞으로도 대한민국 도산법제와 도산전문법원이 계속 발전하며 나아갈 수 있도록 이 책을 읽으시는 여러분들의 많은 관심과 성원을 부탁드립니다. 끝으로 오랜 기간 연구와 치열한 토론을 거쳐 제6판을 집필해주신 서울회생법원 재판실무연구회 소속 법관들께 깊은 감사의 말씀을 드립니다.

2023. 7.

서울회생법원장 및 재판실무연구회 제3대 회장 **안 병 욱**

격 려 사

　　서울회생법원이 도산제도의 발전과 도산전문법원의 설립에 대한 국민적 염원을 담아 개원한 지도 벌써 2년이 넘었습니다. 설립 당시 서울회생법원은 최고의 도산전문법원을 지향한다는 포부를 밝히면서 '효율적인 기업구조조정 제도의 장점 접목을 통한 취약산업 구조개선 및 시장경제 활성화 도모', '지속적 경기불황 속에서 실패를 두려워하지 않는 혁신적 기업가 정신의 제고를 통한 경제 펀더멘털 재건 기여', '정직한 채무자의 실질적 재기 지원을 통한 국가경제의 인적 자본 충실화 및 가정경제의 회복', '신속하고 전문적인 국제도산사건 관리를 통한 아시아 지역에서의 선도적인 국제도산 허브코트의 지향'을 설립이념으로 삼았습니다.

　　지난 2년간 서울회생법원은 이러한 설립이념에 따른 소명을 다 하기 위하여 사회 각층의 의견을 폭넓게 청취하는 동시에 더욱 진취적으로 여러 최선진 제도를 연구함으로써 스토킹호스 비드 매각방식, 중소기업 맞춤형 회생절차 프로그램(S-Track), 지분보유조항(ERP), 개인회생 주택담보대출채권 채무재조정제도 프로그램 등의 도입, 연 3,000명 이상 방문하는 뉴스타트 상담센터의 운영, P-Plan 회생절차 및 상속재산파산제도의 활성화 등 합리적이고도 효과적인 도산제도의 운영을 위한 창의적인 절차를 마련하는 데 노력을 아끼지 않았습니다. 또한 국제적으로도 다양한 경로를 통하여 세계 유수의 도산전문법원들과 교류하고, 외국 법원과의 원활한 업무협조를 뒷받침할 수 있는 국제적 절차 적용에 보조를 함께 하기로 함으로써 세계 속의 선진 도산전문법원으로 도약할 수 있는 기반을 닦아 왔습니다.

　　이번에 펴내는 제5판 「회생사건실무(상)·(하)」, 「법인파산실무」, 「개인파산·회생실무」는 서울회생법원 재판실무연구회가 개원 후 처음으로 발간한 도산제도 전반의 재판실무 교재로서, 그 동안 서울중앙지방법원 파산부 실무연구회가 발간해온 제4판 이후의 축적된 도산실무의 경험과 연구 성과를 다시 살펴보고 지난 2년 동안 서울회생법원 가족들이 열성을 다하여 정비하고 발전시킨 도산실무를 집약한 것입니다. 이 책자들이 각계에서 직접 도산실무를 담당하는 분들뿐만 아니라 도산제도를 연구하거나 관심을 가지신 분들에게 많은 도움이 되기를 기대합니다.

　끝으로 격무 중에도 이 책자들의 발간을 위하여 애쓴 서울회생법원 재판실무연구회 소속 법관들의 노고에 깊이 감사드리고, 우리 도산제도와 서울회생법원이 큰 발전을 이루기를 기원합니다.

2019. 7.

서울회생법원장　　정　형　식

제 5 판　머리말

「회생사건실무」, 「법인파산실무」, 「개인파산·회생실무」는 제 4 판에 이르기까지 서울중앙지방법원 파산부의 실무를 반영하면서 우리나라 도산실무의 길잡이 역할을 해왔습니다. 제 4 판이 발간된 2014년 9월 이후 크고 작은 변화를 겪었던 우리나라 도산실무는 2017년 3월 서울중앙지방법원 파산부가 서울회생법원으로 분리·설치된 이후 다시 한 번 도약했습니다. 이에 이러한 변화와 도약을 반영하기 위해 제 5 판을 발간합니다.

　　이번 개정판에서는 서울회생법원의 실무사례를 토대로 새로이 시행된 제도와 재판실무상 쟁점에 대한 최근까지의 연구결과와 판례 등을 반영하였습니다. 먼저 법인회생절차에서는 2011년 이후 시행되고 있는 채권자들이 적극적으로 절차에 참여할 수 있는 패스트트랙 기업회생절차와 구조조정담당임원(CRO) 제도 뿐 아니라 서울회생법원 설치 이후 성공적으로 정착된 사전계획안(P-Plan) 제도, 중소기업을 위한 간이회생제도와 중소기업맞춤형 회생절차(S-Track), 회생절차에서의 M&A 특히 공고전 인수희망자가 있는 경우의 M&A인 스토킹호스비드(Stalking Horse Bid) 제도 등을 새로이 집필하였습니다. 또 법인파산절차에서는 파산채권의 신고와 조사, 확정, 재단채권의 행사 및 변제, 견련파산 등 여러 쟁점과 법인파산 절차 운영방향을 반영하였습니다. 개인파산절차에서는 2012년 이후 시행되어 정착된 원칙적 파산관재인 선임 실무를 기초로 설명하고, 서울회생법원 설치 이후 새로이 실시하고 있는 개인 채무자들의 실질적 재기지원을 위한 뉴-스타트 상담센터 등 여러 제도를 소개하였으며, 서울가정법원과의 협업에 따라 접수가 증가하고 있는 상속재산파산 제도에 관한 실무상 쟁점을 별도의 장으로 서술하였습니다. 개인회생절차에서는 서울회생법원 설치 이후 수립된 상세한 업무처리기준과 생계비 산정과 관련하여 변화된 실무, 원칙적 변제기간을 3년으로 단축한 개정 법률과 이에 따른 실무의 변화, 2018년 2월 새로이 도입된 전임외부회생위원 제도 등을 소개하였습니다. 또한 회생·파산채권에 대한 조사확정재판의 간이한 처리실무와 부인권 관련 사건의 다양한 사례, 국제도산 승인·지원 사건의 변화된 심리방식과 외국법원과의 공조실무도 반영하였습니다.

그 밖에도 서울회생법원은 최근 법인회생절차에서 회생절차개시 전에 채무자와 주요채권자들 사이의 자율적 구조조정을 지원(Autonomous Restructuring Support; ARS)하는 프로그램, 개인회생절차에서 신용회복위원회와 협업하는 주택담보대출채권 채무재조정 프로그램을 시범시행하고 있는데, 이에 관한 내용은 실무의 축적을 기다려 다음 개정판에 반영될 것으로 기대합니다.

끝으로 도산재판업무에 충실하면서도 연구와 토론을 거쳐 이 개정판을 집필해주신 서울회생법원 재판실무연구회 소속 법관들과 서울회생법원 개원 이후 2년간 효율적 도산제도 개선을 위해 헌신하신 이경춘 초대 서울회생법원장님께 감사의 말씀을 드립니다. 그리고 모쪼록 제 5 판이 우리나라 도산실무의 발전에 작은 도움이 되기를 바라고, 제 5 판이 다루는 새로운 주제나 기존 실무처리방법으로서 논의의 대상이 되는 부분에 대해서는 도산법학자와 도산실무가의 폭넓은 토론이 이어지기를 기대합니다.

2019. 7.
서울회생법원 재판실무연구회 초대 회장 **정 준 영**

제4판 머리말

2006년 4월 채무자 회생 및 파산에 관한 법률이 시행됨에 따라 선진적인 도산법 체계를 가지게 된 우리나라의 도산실무는 그 동안 그에 맞추어 괄목할 만한 성장을 하였습니다. 특히 2008년 하반기 이후 세계적인 경기침체와 불황의 영향으로 도산절차를 이용하는 기업이나 개인의 수가 크게 증가하면서, 도산법제와 실무에 대한 관심이 높아졌을 뿐만 아니라 실무적인 제도개선에 대한 외부의 반응 또한 매우 뜨거웠습니다.

2011년 4월 제3판이 발간된 이후 서울중앙지방법원은 법인회생절차에서 'Fast Track 회생절차제도'를 시행함으로써 절차의 신속한 진행과 회생기업의 조속한 시장 복귀, 이해관계인의 절차참여 확대 등을 통해 회생절차의 새로운 방향을 제시하였고, '중소기업 회생컨설팅제도'를 시행하여 중소기업청 등 외부기관과의 연계를 통해 재정적으로 어려운 중소기업의 재기에 도움을 줄 수 있는 토대를 마련하였습니다.

법인파산절차에서는 파산관재인 보수제도의 개선, 효율적인 파산재단의 관리·감독을 통해 채권자들에게 불필요한 손해가 발생하지 않도록 하였습니다.

개인파산 및 면책절차에서는 원칙적으로 파산관재인을 선임하는 '새로운 개인파산절차'를 시행함으로써 신속한 절차진행을 통해 빠른 시간 내에 채무자를 면책하되, 파산신청을 남용하는 경우가 없도록 하였습니다. 또한 소송구조의 활성화를 통해 절차비용도 납부할 수 없는 채무자에 대해서는 절차적인 장벽을 해소하도록 노력하였습니다.

개인회생절차에서는 법 규정에 맞게 변호사나 법무사 등을 외부회생위원으로 선임하는 '외부회생위원 제도'를 운영하였습니다. 아울러 개인도산절차에서 신용회복위원회나 서울시 금융복지상담센터와 연계하는 신속처리절차를 시범 실시하여 채무자가 보다 신속하게 구제받을 수 있도록 노력하였습니다.

위와 같은 제도개선뿐만 아니라 사건의 양적·질적 증가에 따라 제3판에서 예상치 못했던 실무상 쟁점들이 많이 생겼고, 그 과정에서 많은 연구와 실무사례가 축적되었습니다. 또한 민사소송절차나 민사집행절차 등에 도산절차와 연관된 쟁점이 많이 부각되어 도산법 분야에서 주목할 만한 대법원 판결이나 결정이 많이 나왔습니다.

이에 따라 기존의 제3판이 발간된 지 3년밖에 지나지 않았지만 제3판의 발간 이후 문제되었던 여러 가지 실무 사례와 대법원 판결 등을 소개할 필요가 있어서 제4판을 새롭게 발간하게 되었습니다. 특히 제4판에서는 제3판이 발간된 이후 실무상 문제되었던 주요 쟁점들을 다루었을 뿐만 아니라, 아직도 논란이 계속되고 있는 쟁점들에 대해서도 그 현황을 정리함으로써 독자들과 향후 해결해야 할 과제를 공유할 수 있도록 하였습니다.

법인회생절차에서는 Fast Track 회생절차제도, 구조조정담당임원(CRO) 위촉, 중소기업 회생컨설팅제도, 조사위원에 대한 평가, 부인권의 주문 유형, 회생채권으로 분류되는 조세의 범위, 집합채권 양도담보의 효력 범위, 회생계획인가 후 추완신고 문제, 회생계획안의 구체적인 유형 등을 새롭게 집필하거나 보완하였습니다. 특히 소위 '세모 그룹 사건'과 관련하여 구 사주가 회생절차를 악용하여 회생신청 전에 자금을 빼돌린 후 회생계획인가를 통해 채무를 탕감받은 다음 빼돌린 자금으로 회사를 다시 인수하거나, 구 사주의 계열사 등을 통해 회사를 인수하는 등 경영권을 부당하게 회복하는 행위를 방지하기 위한 법원의 최근 실무운영 개선방안을 반영하였고, 이러한 개선책을 제도화하기 위해 새로이 개정한 서울중앙지방법원의 '회생절차에서의 M&A에 관한 준칙'도 소개하였습니다. 아울러 기존 집필부분에서 실무가 변경된 내용을 추가하거나 수정하고, 오류가 있었던 부분을 바로잡았으며, 그 동안 나온 대법원 판결과 결정 등도 반영하였습니다.

제4판이 도산실무와 관련된 쟁점을 두루 다루고 있어서 특정 쟁점에 대해서는 설명이 부족한 점이 있을 수 있습니다만, 이 책이 도산사건을 담당하시는 실무가들이나 도산법 분야를 연구하시는 학자들에게 도산실무를 알려주는 좋은 자료가 되어서 도산법제와 실무의 개선에 조금이나마 기여할 수 있기를 바랍니다.

끝으로 이 개정판 발간을 위해 정성어린 집필과 치열한 토론을 해주신 서울중앙지방법원 파산부 실무연구회 소속 법관들께 진심으로 감사드리고, 앞으로도 도산법제와 실무가 좀 더 발전할 수 있도록 여러분들의 많은 관심과 격려를 부탁드립니다.

2014. 9.

서울중앙지방법원 파산부 실무연구회 회장 **윤 준**

제3판 머리말

2006년 4월부터 시행된 채무자 회생 및 파산에 관한 법률에 따른 도산실무의 길잡이 역할을 해왔던 「회생사건실무(상)·(하)」제2판이 발간된 것이 2008년 5월이었습니다.

그런데 제2판 발간으로부터 만 3년이 경과하는 동안 회생사건을 둘러싼 실무운용에 많은 변화가 발생하였습니다. 채무자 회생 및 파산에 관한 법률의 일부 개정이 있었고, 주목할 만한 관련 대법원 판결도 여러 차례 선고되었습니다. 무엇보다도 2008년 이후 전세계적 경제위기로 인한 대내외적 경제환경의 악화로 법인회생사건의 신청건수가 2006년 19건, 2007년 29건에서 2008년 110건, 2009년 193건, 2010년 155건으로 급격히 증가하였습니다. 이러한 사건 증가 속에서 제2판이 발간될 때까지만 하더라도 드러나지 않았던 각종 실무상 쟁점들이 우후죽순으로 발생하였고, 그 과정을 통해 도산사건의 전문재판부로서의 각종 연구 결과와 실무 운용례가 집적되었습니다.

그래서 저희 실무연구회는 개정 법령과 새로운 대법원 판결, 그리고 제2판 발간 이후 새롭거나 변경된 실무 운용례, 연구 성과 등을 담은 본 제3판을 새롭게 발간하게 되었습니다.

제3판에서는 제2판이 발간된 2008년 이후 급증한 법인회생사건의 처리과정에서 대두된 주요 쟁점들을 가급적 빠짐없이 다루도록 집필하였습니다. 특히, 계속기업가치 산정방법을 비롯한 조사위원 업무수행 변화, 회생채권 등의 출자전환 시기에 관한 실무기준의 변경을 포함한 회생계획안 작성방법의 변화, 강제인가 사례, 회생절차 개시신청 기각사유 등에 관하여 지난 3년간 축적된 실무례를 두루 반영하였고, 회생계획안 인가 전 M&A 진행 절차 등을 보다 심도 있게 다루었으며, 개정 법률에 따른 신규자금차입의 절차 및 효과 등 개정된 법령에 따른 실무의 변동사항 등을 추가하였습니다.

본 제3판은 도산법 분야 발전의 큰 흐름 속에서 저희 실무연구회만의 현재까지의 실무 운용례와 연구 결과를 내용으로 하고 있어 여러 모로 부족한 점이 있습니다만, 이 책이 회생사건을 실제 담당하시는 분들에게는 좋은 지침서가 되어 도산실무 정립에 기여하고, 도산제도를 연구하시는 분들에게는 도산실무에 대한 이해의 폭을 넓히는 데 조금이나마 도움이 되기를 바랍니다.

끝으로 회생사건의 폭발적인 증가와 바쁜 업무 중에서도 본 제 3 판의 발간을 위해 애써 주신 서울중앙지방법원 파산부 실무연구회 소속 법관들의 노고에 감사드리고, 많은 경험과 깊은 전문성을 갖춘 도산전담 법관으로서 앞으로도 도산법 분야 발전에 더욱 크게 기여해 주시기 바랍니다.

2011. 4.

서울중앙지방법원 파산부 실무연구회 회장 **지 대 운**

제 2 판   머리말

저희 실무연구회가 채무자 회생 및 파산에 관한 법률의 시행에 발맞추어 새로운 도산실무의 운용지침서로서「회생사건실무(상)·(하)」를 발간한 지 2년이 지났습니다.

위 책은 기존 경영자 관리인 선임제도 등 과거 회사정리절차 실무에서 미처 경험하여 보지 못한 새로운 제도에 관하여 연구하여 발간한 것이었으므로 발간 당시부터 수정·보완을 어느 정도 예견하고 있었습니다.

실제로 서울중앙지방법원 파산부가 지난 2년간 새 법에 따라 실무를 운용하여 본 결과 당초 예상하지 못했던 문제점들이 발생하여 위 책의 내용을 일부 수정할 필요가 생겼고, 또 그 동안 실무를 운용하면서 축적된 전문재판부로서의 연구결과와 실무례 등을 정리하여 둘 필요도 있었으므로, 이번에 새로이 본 제2판을 발간하게 되었습니다.

제2판은 초판의 틀과 내용면에서 크게 변하지 아니하였으나, 새 법 시행 이후 접수된 사건의 처리과정에서 드러난 문제점들을 가급적 빠짐없이 언급하도록 노력하였습니다. 특히 최근 새롭게 문제가 되고 있는 집합채권양도담보에 관한 부분을 추가하고, 도산해지조항의 효력 문제를 보다 심도 있게 다루었으며, 기타 법령의 개정에 따른 실무의 변동사항 등을 상당부분 보완하였습니다.

초판을 발간할 때와 마찬가지로 이 책이 회생사건을 담당하시는 분들에게 좋은 지침서가 되고 실무운영을 개선하는 데 조금이나마 도움이 되기를 바라 마지 않습니다.

끝으로 바쁜 업무중에서도 본 제2판 원고의 작성을 위하여 애써 주신 서울중앙지방법원 파산부 실무연구회 소속 법관들의 노고에 깊은 감사의 말씀을 드립니다.

2008. 5.

서울중앙지방법원 파산부 실무연구회 회장 **고 영 한**

격 려 사

지난 1997년 외환위기 직후의 대기업 연쇄도산 사태로부터 시작하여 최근 가계신용의 위기로 말미암은 개인 도산사건의 급증에 이르기까지 우리 사회는 단기간에 많은 도산사건을 경험하고 있고, 이에 따라 법원의 도산사건 실무도 사회·경제적인 요청에 부응하여 지속적으로 발전함으로써 이제는 도산법제가 우리의 경제활동의 근간을 이루는 중요한 제도의 하나로 자리를 잡았습니다.

금년 4. 1.부터 시행된 "채무자 회생 및 파산에 관한 법률"은 과거 회사정리 절차와 화의절차로 이원화되어 있던 기업 재건형 도산절차를 회생절차로 일원화 하여 모든 채무자가 이용할 수 있도록 하면서 '기존 경영자 관리인 제도'를 도입 함과 동시에 채권자의 권한과 기능을 강화하는 등 종래의 절차를 크게 변경하였 고, 파산절차와 개인회생절차에서도 채무자의 회생을 도모하기 위한 적지 않은 변 경을 가하고 있어 법원의 도산사건 실무도 앞으로 많은 변화가 있을 것입니다.

이번에 서울중앙지방법원 파산부 실무연구회가 펴내는 「회생사건실무(상)· (하)」, 「법인파산실무」, 「개인파산·회생실무」 등의 책자는 서울중앙지방법원 파 산부 실무연구회가 그 동안 축적한 회사정리 실무 운영 경험과 연구 성과를 집 대성하고, 지난 1년 동안 "채무자 회생 및 파산에 관한 법률"에 따라 새로 시행 되는 도산제도의 합리적인 운영방안에 대한 연구 결과를 모은 것으로서, 새로운 도산법제의 시행에 즈음하여 바람직한 실무관행을 정립하고 도산사건을 합리적 이면서도 효율적으로 처리하는 데 좋은 길잡이가 될 것이라고 생각합니다.

바쁜 업무중에서도 이 책자들의 발간을 위하여 애쓴 서울중앙지방법원 파 산부 실무연구회 소속 법관들의 노고를 치하함과 아울러, 우리 법원에서 가장 많은 경험과 깊은 전문성을 갖춘 도산전담 재판부로서 향후 이 방면의 법률 문 화 발전에 더욱 큰 기여를 할 것을 기대합니다.

2006. 5.

대 법 관   양 승 태

머 리 말

　　우리 나라는 "회사정리법" · "화의법" · "파산법" 등 일련의 정비된 도산법제를 가지고 있었습니다. 그러나 우리 사회는 이와 같은 도산법제를 오랫동안 널리 이용하지 못하다가 1997년 외환위기 사태로 촉발된 경제 위기 이후 많은 기업 도산사건과 나날이 증가하는 개인 도산사건에 본격적으로 활용하기 시작하였고, 이제는 도산법제가 우리 사회의 중요한 제도로 확고하게 자리잡게 되었습니다.

　　과거 "회사정리법" · "화의법" · "파산법"으로 나뉘어 있던 도산법령은 2005. 3. 31. "채무자 회생 및 파산에 관한 법률"로 통합 · 제정되어 지난 4. 1.부터 시행되고 있습니다.

　　"채무자 회생 및 파산에 관한 법률" 중 대표적인 기업 재건형 도산절차인 '회생절차'에서는 종래 회사정리절차와 화의절차로 이원화되어 있던 재건형 기업 도산절차를 일원화한 것으로, 기존 경영자 관리인 제도를 도입하고, 회생절차 폐지시 필수적이었던 파산 선고를 임의화하며, 종래 활성화되지 못하였던 채권자협의회의 기능과 권한을 강화하고 있고, '법인파산절차'에서도 채권자협의회 제도를 도입하는 등 채권자의 파산절차 참여를 도모하고 있습니다. 또 새 법은 최근 들어 급증하고 있는 개인파산절차의 공고방법을 간이화하고, 면책심문기일을 임의화하는 등 절차를 간소화하고, 개인파산절차와 개인회생절차에서 파산재단 또는 개인회생재단에 속하지 아니하는 면제재산의 범위를 확대하는 등 많은 변화가 있습니다.

　　서울중앙지방법원 파산부 실무연구회는 그 동안 회사정리 사건 · 법인파산 사건 · 개인파산 사건 · 개인회생 사건을 처리하면서 실무 경험과 많은 연구 결과를 축적하여 왔습니다. 우리 실무연구회는 이와 같은 실무 경험 및 연구 결과를 토대로 지난 1년 동안 새 법에 맞는 새로운 도산실무의 운영 방안을 연구 · 검토하였습니다.

　　그 결과 앞으로는 기존 경영자 관리인 제도를 충실히 시행하여 기존 경영권을 보장하고, 회생계획 인가 전 회생절차 폐지시 파산선고를 지양하며, 회생절차의 조기 종결을 도모하는 등 새 법의 입법 목적에 부합하는 방향으로 회생실무를 운용하여 재정적으로 파탄에 직면한 채무자의 도산절차 진입을 조기에 유도하여 자원의 효율적 배분을 도모함과 동시에, 채권자협의회의 강화된 기능과 권한의 행사를 보장하여 채권자로 하여금 기존 경영자 관리인을 견제·감시할 수 있도록 하는 방향으로 운용함으로써 기존 경영자와 채권자 사이에 자율적인 협의를 통하여 회생절차가 활성화되도록 운용할 것입니다. 또한 향후의 개인파산·회생절차는 '파산자'라는 명칭의 사용을 폐지하여 파산에 대한 부정적 인상을 제거하고, 새 법에 따라 인터넷 공고의 활용, 면책심문기일의 임의화 등 절차를 간소하게 운용하여 채무자로 하여금 '신속한 새 출발'을 할 수 있도록 하며, 면제재산 제도 등을 적극 활용하여 채무자의 기본적인 생활 보장을 도모하는 방향으로 운용할 것입니다.

　서울중앙지방법원 파산부 실무연구회는 이번에 위와 같은 연구 결과를 모아 새 법에 따른 새로운 도산실무의 운용 지침서로서 「회생사건실무(상)·(하)」, 「법인파산실무」, 「개인파산·회생실무」를 펴냅니다. 이 실무책자는 과거 서울중앙지방법원에서 발간한 「회사정리실무」·「파산사건실무」·「개인채무자회생실무」 등의 실무책자를 토대로 우리 실무연구회가 그 동안 연구·검토한 결과를 보완하여 새로이 펴내는 것입니다. 새로 발간하는 실무책자는 아직 경험하지 못한 새로운 도산 제도에 대한 연구 결과를 내용으로 하고 있어 여러 모로 부족한 점이 적지 않습니다만, 새로운 도산실무의 정립과 연구에 조금이나마 도움이 되기를 기대하는 마음에서 이를 발간하기에 이르렀습니다.

　이번 실무책자의 발간에 종전의 「회사정리실무」·「파산사건실무」·「개인채무자회생실무」의 연구결과를 활용할 수 있도록 흔쾌히 수락하여 주신 종전 집필진 여러분께 감사드립니다.

　끝으로 바쁜 업무 가운데에도 책자의 발간을 위하여 애쓴 서울중앙지방법원 파산부 실무연구회 소속 법관들과 교정 작업을 담당한 서울중앙지방법원 파산부 이용운·김춘수 판사의 노고에 감사의 말씀을 드립니다.

2006. 5.

서울중앙지방법원 파산부 실무연구회 회장 　이 진 성

집필진명단

1. 초판 집필진

차한성(전 대법관, 전 서울중앙지방법원 파산수석부장판사)

이진성(헌법재판소 재판관, 전 서울중앙지방법원 파산수석부장판사)

오영준(서울중앙지방법원 부장판사)・이제정(사법연수원 교수)・남성민(법원행정처 인사총괄심의관)・김용철(수원지방법원 성남지원 부장판사)・김진석(서울고등법원 판사)・박상구(의정부지방법원 부장판사)・오민석(대법원 재판연구관)・문유석(인천지방법원 부장판사)・김용하(서울고등법원 판사)・이성용(대구지방법원 부장판사) (이상 전 서울중앙지방법원 파산부 판사)

임치용(변호사, 전 서울중앙지방법원 파산부 부장판사)

홍성준・박태준(변호사, 전 서울중앙지방법원 파산부 판사)

2. 제 2 판 집필진

고영한(대법관, 전 서울중앙지방법원 파산수석부장판사)

고종영・오민석(대법원 재판연구관)・문유석(인천지방법원 부장판사)・권순민(서울고등법원 판사)・김용하(서울고등법원 판사)・고일광(춘천지방법원 영월지원장)・이성용(대구지방법원 부장판사)・김정곤(대전지방법원 부장판사)・정영식(서울고등법원 판사)・주진암(서울중앙지방법원 판사)・김형진(사법정책연구원 연구위원, 판사) (이상 전 서울중앙지방법원 파산부 판사)

이용운(변호사, 전 서울중앙지방법원 파산부 판사)

3. 제 3 판 집필진

지대운(서울고등법원 부장판사, 전 서울중앙지방법원 파산수석부장판사)

김정만(대법원장 비서실장, 전 서울중앙지방법원 파산부 부장판사), 유해용(대법원 선임재판연구관, 전 서울중앙지방법원 파산부 부장판사)

고홍석(창원지방법원 부장판사)・남동희(대전가정법원 부장판사)・정재헌(사법연수원 교수)・정석종(서울동부지방법원 판사)・권성수(사법연수원 교수)・이진웅(서울서부지방법원 판사, 법원행정처 사법지원실 사법지원심의관)・이여진(서울서부지방법원 판사)・박정호(서울북부지방법원 판사) (이상 전 서울중앙지방법원 파산부 판사)

4. 제4판 집필진

이종석(서울고등법원 부장판사, 전 서울중앙지방법원 파산수석부장판사)

구회근 · 이재희(서울중앙지방법원 파산부 부장판사)

이진웅(서울서부지방법원 판사, 법원행정처 사법지원실 사법지원심의관) · 김희중(대법
원 재판연구관) · 정우영(인천지방법원 판사) · 오병희(서울동부지방법원 판사, 베트남
법원연수원 파견) · 서정원(서울서부지방법원 판사) · 박찬우(서울동부지방법원 판사)
(이상 전 서울중앙지방법원 파산부 판사)

양민호 · 민지현 · 오세용 · 이수열(이상 서울중앙지방법원 파산부 판사)

조웅(서울고등법원 판사)

김장훈(변호사, 전 서울중앙지방법원 파산부 판사)

5. 제5판 집필진

정준영(서울고등법원 부장판사, 전 서울회생법원 수석부장판사)

심태규(서울동부지방법원 부장판사, 전 서울회생법원 부장판사)

안병욱 · 김상규 · 이진웅(이상 서울회생법원 부장판사)

이지영 · 최우진 · 김희동 · 이숙미 · 임동한 · 김영석 · 김동희 · 권민재 · 박민 · 전성준
(이상 서울회생법원 판사)

이현오(서울북부지방법원) · 김유성(대법원 재판연구관) · 권창환(서울남부지방법원) ·
노연주(서울북부지방법원) · 권순엽(서울동부지방법원) · 원운재(청주지방법원 영동지
원) (이상 전 서울회생법원 판사)

이주헌(변호사, 전 서울회생법원 판사)

6. 제6판 집필진

임선지(서울회생법원 수석부장판사)

김동규(서울남부지방법원 부장판사, 전 서울회생법원 부장판사)

이동식 · 나상훈(이상 서울회생법원 부장판사)

정인영(울산지방법원 부장판사, 전 서울회생법원 판사)

장민석 · 우상범 · 오범석 · 이석준 · 김선중 · 김종찬 · 손호영 · 이민호 · 김성은 · 김기홍
(이상 서울회생법원 판사)

이혜민 · 이이영 · 최유경 · 강경미(이상 대법원 재판연구관) · 조형목(서울북부지방법원,
헌법재판소 파견) · 박소연 · 성기석 · 한옥형(이상 서울남부지방법원) · 김연수(청주지방
법원 충주지원) (이상 전 서울회생법원 판사)

일러두기

　이 책은 회생사건을 담당하는 법원의 사건처리 지침서로 작성된 것이다. 이 책에 서술된 법률이론이나 견해는 저자들의 의견으로서 법원의 공식 견해가 아님을 밝혀 둔다.

〈약 어 표〉

1. 법　　령

개인채무자회생법	2005. 3. 31. 법률 제7428호로 폐지된 개인채무자회생법
규칙	채무자 회생 및 파산에 관한 규칙
시행령	채무자 회생 및 파산에 관한 법률 시행령
법	채무자 회생 및 파산에 관한 법률
구 파산법	2005. 3. 31. 법률 제7428호로 폐지된 파산법
구 화의법	2005. 3. 31. 법률 제7428호로 폐지된 화의법
구 회사정리법	2005. 3. 31. 법률 제7428호로 폐지된 회사정리법

2. 국내문헌

재판자료 제86집	회사정리법·화의법상의 제문제, 재판자료 제86집(2000), 법원도서관
민사집행(Ⅰ)~(Ⅳ)	법원실무제요, 민사집행(Ⅰ)~(Ⅳ), 법원행정처(2020),
임채홍·백창훈(상)	임채홍·백창훈, 회사정리법(상)(제2판), 한국사법행정학회(2002)
임채홍·백창훈(하)	임채홍·백창훈, 회사정리법(하)(제2판), 한국사법행정학회(2002)
임치용 1~4	임치용, 파산법연구 1~4, 박영사(2004~2015)
한국산업은행	한국산업은행 조사부, 회사정리법 해설, 한국산업은행(1982)

3. 일본문헌

注解	宮脇幸彦 등, 注解 会社更生法, 青林書院, 1986
ジュリスト	倒産判例百選 第5版, 別冊ジュリスト No 216, 有斐閣, 2013. 7.
更生計画の実務と理論	事業再生研究機構, 更生計画の実務と理論, 商事法務, 2004
更生計画の諸問題	山内八郎, 会社更生計画の諸問題, 一粒社, 1979
条解(上)	三ヶ月章 등, 条解 会社更生法(上), 弘文堂, 1999
条解(中)	三ヶ月章 등, 条解 会社更生法(中), 弘文堂, 1999
条解(下)	三ヶ月章 등, 条解 会社更生法(下), 弘文堂, 1999
会社更生の実務(上)	西岡清一郎 등, 会社更生の実務(上), 金融財政事情研究會, 2014
会社更生の実務(下)	西岡清一郎 등, 会社更生の実務(下), 金融財政事情研究會, 2014
判例タイムズ	新会社更生法の理論と実務, 判例タイムズ No 1132, 2003. 12.
新会社更生法 解説	宮川勝之伊 등, 新会社更生法 解説, 三省堂, 2003
新しい会社更生法	伊藤真 등, 新しい会社更生法, 有斐閣, 2004
条解 民事再生法	園尾隆司 등, 条解 民事再生法(第3版), 弘文堂, 2013
新・裁判実務大系 第21巻	門口正人 등, 新・裁判実務大系 第21巻, 会社更生法・民事再生法, 青林書院, 2004
会社更生法・特別清算法	伊藤真, 会社更生法・特別清算法, 有斐閣, 2020

4. 미국문헌

Bankruptcy	David G. Epstein, Steve H. Nickles and James White, *Bankruptcy*, West Group, 1998
Business Reorganization in Bankruptcy	Mark S. Scarberry, Kenneth N. Klee, Grant W. Newton and Steve H. Nickles, *Business Reorganization in Bankruptcy*, Fourth Edition, West Group, 2012
Collier	Collier on Bankruptcy Fifteenth Edition Revised
Bankruptcy Anthology	Charles J. Tabb, *Bankruptcy Anthology*, Anderson Publishing Co., 2002

Douglas G. Baird, Bankruptcy   G. Baird, Thomas H. Jackson and Barry E. Adler, *Bankruptcy*, Revised Fourth Edition, Foundation Press, 2007

Understanding Bankruptcy   Michael J. Herbert, *Understanding Bankruptcy*, A Times Mirror Higher Education Group, 1995

Bankruptcy and Debtor/Creditor   Brian A. Blum, Bankruptcy and Debtor/Creditor, *Aspen Law & Business*, Second Edition, 1999

주요목차

제 1 장 총   설

제 1 절 회생절차의 개관 ·· 3
제 2 절 구 회사정리법 등과의 차이 ··· 8
제 3 절 회생절차의 흐름 ··· 10
제 4 절 회생절차의 새로운 흐름 ·· 22

제 2 장 총   칙

제 1 절 관할 및 이송 등 ··· 37
제 2 절 송달 및 공고 ··· 44
제 3 절 즉시항고 ··· 47
제 4 절 등기·등록의 촉탁 ·· 54
제 5 절 이해관계인의 사건기록의 열람·복사 등 청구권 ··············· 63
제 6 절 재산조회 ··· 70
제 7 절 민사소송법 등의 준용 ··· 73

제 3 장 회생절차 개시의 신청

제 1 절 신청권자 ··· 77
제 2 절 신청서의 기재사항 및 첨부서류 ·· 82
제 3 절 회생사건의 접수 및 검토·조치 ·· 86

제 4 장 회생절차개시 전의 채무자 재산의 보전

제 1 절 보전처분 ·· 97
제 2 절 강제집행 등의 중지·취소명령 및 포괄적 금지명령 ·············· 114

제 5 장 회생절차개시신청 등에 대한 재판

제 1 절 개시신청 등의 취하허가 ······························ 133
제 2 절 개시신청 등의 기각결정 ······························ 135
제 3 절 개시결정 ··· 148

제 6 장 회생절차개시결정의 효과

제 1 절 회생절차개시결정과 관리처분권의 이전 ··················· 163
제 2 절 회생절차개시 후 채무자의 행위 등의 효력 ·················· 164
제 3 절 종래의 법률행위에 미치는 영향 ························· 167
제 4 절 다른 절차에 미치는 영향 ···························· 179
제 5 절 지급결제제도 등에 대한 특칙 ·························· 188
제 6 절 계속 중인 소송 등에의 영향 ·························· 207

제 7 장 회생절차의 기관·기구

제 1 절 개   요 ·· 217
제 2 절 관리위원회 ······································· 218
제 3 절 관 리 인 ·· 225
제 4 절 채권자협의회 ······································ 279
제 5 절 조사위원 ·· 295
제 6 절 회생·파산위원회 ···································· 328

제 8 장 채무자 재산의 구성과 확보

제 1 절 부 인 권 ·· 333
제 2 절 법인의 이사 등에 대한 책임 추궁 ·············· 381
제 3 절 환 취 권 ·· 391
제 4 절 상계의 제한 ·· 399
제 5 절 도산해제(해지)조항 ·································· 408
제 6 절 과대신고 등을 이유로 한 조세의 환급 ········· 413

제 9 장 회생채권, 회생담보권, 주식·지분권, 공익채권, 개시후기타채권

제 1 절 회생절차에 관여하는 이해관계인 ·············· 417
제 2 절 회생채권 ·· 417
제 3 절 회생담보권 ··· 460
제 4 절 주식·출자지분 ·· 490
제 5 절 공익채권·공익담보권 ······························ 494
제 6 절 개시후기타채권 ·· 520

제10장 회생채권자 등의 목록의 제출과 회생채권 등의 신고

제 1 절 개   요 ·· 525
제 2 절 회생채권자 등의 목록 ······························ 526
제 3 절 회생채권, 회생담보권, 주식·출자지분의 신고 ·············· 539
제 4 절 회생채권, 회생담보권, 주식·출자지분의 신고기간 ········· 550

제11장 회생채권·회생담보권의 조사 및 조사절차

제 1 절 회생채권·회생담보권의 조사 ·· 569

제 2 절 회생채권 등의 조사의 진행 ·· 597

제 3 절 조사 이후의 후속조치 ·· 601

제 4 절 회생채권 등의 조사확정재판, 조사확정재판에 대한 이의의

　　　　소 등 ·· 606

제12장 관리인 보고를 위한 관계인집회 및 대체절차

제13장 회생계획안

제 1 절 개　　　요 ·· 653

제 2 절 회생계획안의 제출 ·· 654

제 3 절 회생계획안 작성의 기본 원칙 ··· 677

제 4 절 회생계획안의 작성요령 ·· 698

제 5 절 회생계획안의 내용 및 조항 ·· 710

제 6 절 회생계획과 출자전환 ··· 842

제 7 절 이해관계인에 대한 의견조회 ··· 857

제 8 절 회생계획안의 수정·변경 및 배제 ····································· 861

제 9 절 청산을 내용으로 하는 회생계획안 ···································· 875

제10절 복수의 회생계획안이 제출되었을 때의 처리방법 ················· 883

세부목차

제 1 장 총   설

제 1 절 회생절차의 개관 ···3

　1. 회생절차의 의의와 근거 ··3

　2. 회생절차의 기본 구조와 원리 ···4

　　가. 개별적 권리행사의 제한·금지　4

　　나. 회생절차 진행 중인 채무자에 대한 특별한 보호　5

　　다. 관리인을 통한 경영권 행사와 법원의 감독　6

　　라. 채권의 확정과 기업가치의 평가　6

　　마. 채무 조정과 지배구조 변경　6

　　바. 회생계획안의 작성과 집단적 의사결정　7

　　사. 분배의 원칙과 방법　7

제 2 절 구 회사정리법 등과의 차이 ···8

제 3 절 회생절차의 흐름 ···10

　1. 회생절차의 흐름도 ··10

　2. 회생절차의 통상적 진행 방식 ··10

　　가. 회생절차개시신청　10

　　나. 보전처분·중지명령 등과 예납명령　12

　　다. 대표자심문과 현장검증　13

　　라. 회생절차개시결정과 관리인 등 선임　13

　　마. 채권의 확정　14

　　바. 재산실태조사 및 기업가치평가　16

　　사. 채무자 재산의 확보　17

　　아. 관리인 보고를 위한 관계인집회 또는 대체절차　18

　　자. 회생계획안의 작성·제출　19

　　차. 특별조사기일 및 회생계획안 심리·결의를 위한 관계인집회　19

　　카. 회생계획의 수행　21

　　타. 회생절차의 종결·폐지　22

제 4 절 회생절차의 새로운 흐름 ···22

　1. 패스트트랙(Fast Track) 기업회생절차 ··22

　2. 중소기업 회생컨설팅 ··24

3. P-Plan 회생절차(사전계획안 회생절차) ·· 27

4. 중소기업 맞춤형 회생절차 프로그램(S-Track) ································ 27

5. 자율 구조조정 지원 프로그램(Autonomous Restructuring
Support, ARS)의 실시 ··· 31

　가. 의의 및 취지 31

　나. 내　용 32

　다. ARS 지원을 위한 법원의 조치 33

제 2 장 총   칙

제 1 절 관할 및 이송 등 ·· 37

1. 관   할 ·· 37

　가. 원칙적 관할 37

　나. 경합적 관할(관할의 특례) 38

　다. 관할의 집중 40

2. 이   송 ·· 41

　가. 이송 사유 및 시기 41

　나. 이송의 효과 42

3. 이송의 청구 ··· 43

제 2 절 송달 및 공고 ·· 44

1. 송달에 의한 재판의 고지 ·· 44

　가. 회생절차와 송달 44

　나. 송달의 방법 44

2. 공   고 ·· 45

　가. 공고의 방법과 효력 45

　나. 공고를 요하는 재판 46

　다. 송달에 갈음하는 공고 46

　라. 공고 및 송달을 모두 하여야 하는 경우 47

제 3 절 즉시항고 ··· 47

1. 회생절차에 관한 재판에 대한 불복신청 ···································· 47

2. 즉시항고의 절차 ··· 48

　가. 신청권자 48

　나. 즉시항고기간 48

다. 즉시항고절차   49
라. 즉시항고의 효력   49
마. 즉시항고 후의 절차   50

제 4 절   등기·등록의 촉탁 ··· 54
1. 등기·등록의 원칙 ·· 54
가. 채무자 및 그 재산 중 등기된 권리에 관한 등기·등록 촉탁   54
나. 등기·등록의 촉탁 주체   54
2. 법인 채무자에 대한 등기촉탁 ·· 55
가. 등기촉탁의 대상   55
나. 등기의 절차   57
3. 채무자의 재산 중 등기·등록된 권리에 관한 등기·등록의
촉탁 ·· 58
가. 채무자의 재산 중 등기·등록된 권리에 관한 촉탁 대상   58
나. 채무자의 재산 중 등기된 권리에 관한 등기촉탁 절차   61
4. 부인의 등기 ··· 61

제 5 절   이해관계인의 사건기록의 열람·복사 등 청구권 ················· 63
1. 법 제28조의 의의 ·· 63
2. 열람·복사 등의 청구 ·· 64
가. 청구권자   64
나. 청구의 방식   64
3. 열람·복사 등 청구의 대상 ··· 65
가. 사건기록의 열람·복사   65
나. 재판서·조서의 정본·등본이나 초본의 교부 및 증명서의 교부   66
다. 녹음테이프 또는 비디오테이프 등의 복제   66
4. 열람·복사 등의 청구를 할 수 있는 시기 ································· 66
가. 회생절차개시 신청인의 경우   66
나. 회생절차개시 신청인이 아닌 경우   67
5. 열람·복사 등의 불허가 및 불복방법 ······································ 67
가. 불허가요건   67
나. 불허가결정 및 의견청취   69
다. 불복방법   69

제 6 절   재산조회 ·· 70
1. 의   의 ··· 70
2. 재산조회의 신청방식과 비용 ·· 70

3. 재산 등의 조회절차 ··· 71

4. 전자통신매체를 이용한 재산조회절차 ································ 72

제 7 절 민사소송법 등의 준용 ··· 73

제 3 장 회생절차 개시의 신청

제 1 절 신청권자 ··· 77

1. 개   요 ··· 77

2. 신청권자 관련 문제 ·· 77

가. 청산 중의 법인이나 파산선고를 받은 채무자의 회생절차
   개시신청   77

나. 채권자나 주주·지분권자의 회생절차개시신청   78

다. 회사가 아닌 법인 또는 기타 단체의 회생절차개시신청   79

제 2 절 신청서의 기재사항 및 첨부서류 ································· 82

1. 신청서의 기재사항 ··· 82

2. 첨부서류 ··· 83

가. 법인 채무자   83

나. 개인 채무자   85

제 3 절 회생사건의 접수 및 검토·조치 ································· 86

1. 파 산 과 ··· 86

가. 기록조제 및 인지첨부 확인   86

나. 금융위원회에 대한 통지   86

다. 감독행정청 등에 대한 통지   87

2. 법   원 ··· 88

가. 회생절차개시신청서의 검토   88

나. 비용예납명령   89

다. 대표자 심문 및 현장검증   90

라. 관리인 선임 등에 관한 의견조회   92

마. 조사위원의 선임 등에 관한 의견조회   93

3. 관리위원회 ··· 93

제 4 장   회생절차개시 전의 채무자 재산의 보전

제 1 절   보전처분 ·· 97

1. 보전처분의 개요 ·· 97
   가. 보전처분의 의의와 종류　97
   나. 보전처분의 신청권자　98

2. 업무와 재산에 관한 보전처분(협의의 보전처분) ····························· 98
   가. 보전처분의 시기　98
   나. 보전처분의 주문례 및 구체적 내용　100
   다. 보전처분과 관련된 문제　106

3. 보전관리명령 ··· 107
   가. 보전관리명령의 의의와 필요성　107
   나. 보전관리명령의 시기　108
   다. 보전관리명령의 내용·주문례, 선임증의 기재례　108
   라. 보전관리인의 선임　108
   마. 보전관리명령이 소송절차 등에 미치는 영향　109
   바. 보전처분에 반하는 행위의 효력　111

4. 보전처분 후의 후속조치 ·· 111
   가. 송달 및 공고　111
   나. 등기·등록의 촉탁　112
   다. 효력의 존속기간　112

5. 보전처분결정의 취소·변경·실효 ··· 112
   가. 보전처분결정의 취소·변경　112
   나. 보전처분결정의 실효　113

6. 보전처분에 관한 재판에 대한 불복절차 ·· 113

제 2 절   강제집행 등의 중지·취소명령 및 포괄적 금지명령 ················· 114

1. 강제집행 등의 중지명령 ·· 114
   가. 의   의　114
   나. 요   건　115
   다. 중지할 수 있는 절차　116
   라. 중지명령의 효력　118
   마. 중지명령의 취소·변경 및 불복　120

2. 강제집행 등의 취소명령 ·· 120
   가. 의   의　120

　　　　나. 요　건　121
　　　　다. 취소할 수 있는 대상　122
　　　　라. 취소명령의 효력　122
　　　3. 포괄적 금지명령 ·· 123
　　　　가. 의의 등　123
　　　　나. 요　건　123
　　　　다. 포괄적 금지명령의 대상　124
　　　　라. 공고 및 송달　125
　　　　마. 포괄적 금지명령의 효력　126
　　　　바. 포괄적 금지명령의 변경·취소　127
　　　　사. 포괄적 금지명령 등에 대한 불복　127
　　　　아. 포괄적 금지명령의 적용 배제　128

제 5 장　회생절차개시 신청 등에 대한 재판

제 1 절　개시신청 등의 취하허가 ·· 133
　　1. 신청취하에 대한 허가와 그 절차 ··· 133
　　2. 신청취하 허가 후 후속조치 ·· 134
제 2 절　개시신청 등의 기각결정 ·· 135
　　1. 개　　요 ··· 135
　　2. 기각사유 ··· 135
　　　가. 개시원인의 흠결　135
　　　나. 개시신청 기각사유의 존재　139
　　　다. 재도의 회생절차개시신청　143
　　3. 기각결정의 절차 ·· 146
　　　가. 의견조회　146
　　　나. 기각결정과 후속조치　146
　　　다. 기 재 례　147
　　4. 기각결정에 대한 불복절차 ·· 147
제 3 절　개시결정 ··· 148
　　1. 개시결정 여부의 판단 ·· 148
　　　가. 개시원인의 존재─적극적 요건　148
　　　나. 개시기각사유의 부존재─소극적 요건　148
　　2. 회생절차개시결정 ·· 148

가. 개시결정의 내용 148
나. 회생절차개시결정의 효력 149
다. 개시결정에 대한 불복 149
라. 개시결정의 취소 150
3. 개시결정과 동시에 정하여야 할 사항 ·········· 152
가. 필수적 결정사항 152
나. 임의적 결정사항 154
4. 개시결정 후의 후속조치 ·········· 156
가. 공 고 156
나. 송 달 157
다. 감독행정청 등에 대한 통지 158
라. 채권자협의회에 대한 통지 158
마. 법인 채무자의 사무소 등의 소재지 등기소에 대한 등기 등
촉탁 159
바. 개인 채무자의 재산에 관한 등기 등 촉탁 159
사. 관리인 선임증 등의 교부 160

제 6 장 회생절차개시 결정의 효과

제 1 절 회생절차개시결정과 관리처분권의 이전 ·········· 163
제 2 절 회생절차개시 후 채무자의 행위 등의 효력 ·········· 164
1. 관리인의 행위와 채무자의 행위의 구별 ·········· 164
2. 회생절차개시 후 채무자의 행위 ·········· 165
3. 회생절차개시 후의 권리취득의 효력 ·········· 165
4. 회생절차개시 후의 등기와 등록의 효력 ·········· 166
5. 회생절차개시 후 채무자에 대한 변제의 효력 ·········· 167
제 3 절 종래의 법률행위에 미치는 영향 ·········· 167
1. 쌍방미이행 쌍무계약 ·········· 168
가. 개 요 168
나. 원 칙 169
다. 예 외 174
2. 계속적 공급계약 ·········· 174
3. 단체협약의 특칙과 정리해고 ·········· 175

　　　　가. 쌍방미이행 쌍무계약의 해제 등에 관한 적용 배제　175
　　　　나. 정리해고(경영상 이유에 의한 해고)　176
　　4. 지급결제제도 등에 대한 특칙 ·· 177
　　5. 임대차계약의 특칙 ··· 177
　　6. 공유관계 ··· 179
　　7. 환 취 권 ··· 179
제4절　다른 절차에 미치는 영향 ··· 179
　　1. 파산 또는 회생절차 신청의 금지 및 절차의 중지 등 ···················· 180
　　2. 강제집행신청 등의 금지 및 절차의 중지 ···································· 180
　　3. 체납처분 등의 금지 및 중지 ··· 182
　　4. 절차의 금지·중지 등의 효력과 그 기간 ······································· 184
　　5. 절차의 속행 또는 취소 명령 ··· 186
　　　　가. 속행명령　186
　　　　나. 취소명령　187
제5절　지급결제제도 등에 대한 특칙 ··· 188
　　1. 입법의 필요성 ··· 188
　　2. 법 제120조 제1항의 거래(지급결제제도) ····································· 189
　　　　가. 조문의 내용　189
　　　　나. 지급결제제도의 의의　189
　　　　다. 지급결제제도의 종류　190
　　　　라. 법 제120조 제1항의 지급결제제도　193
　　　　마. 특칙의 내용　194
　　3. 법 제120조 제2항의 거래(청산결제제도) ····································· 195
　　　　가. 조문의 내용　195
　　　　나. 청산결제제도　196
　　　　다. 특칙의 내용　197
　　4. 법 제120조 제3항의 거래(적격금융거래) ····································· 197
　　　　가. 조문의 내용　197
　　　　나. 적격금융거래의 적용요건　198
　　　　다. 특칙의 내용　203
제6절　계속 중인 소송 등에의 영향 ·· 207
　　1. 소송절차의 중단 ·· 207
　　2. 소송절차의 수계 ·· 209
　　3. 행정청에 계속한 사건의 중단과 수계 ··· 210

4. 채권자취소소송 등 ·· 211

5. 채권자대위소송 및 주주대표소송 ······································· 212

6. 소송대리권의 문제 ··· 212

7. 이송의 청구 ··· 213

제 7 장   회생절차의 기관·기구

제 1 절 개   요 ··· 217

제 2 절 관리위원회 ·· 218

1. 관리위원회의 설치 ··· 218

2. 관리위원회의 업무 및 권한 ·· 219

　가. 법 제17조 제1항에 규정된 업무   219

　나. 개별 규정에서 정한 업무   221

　다. 업무의 위임   221

3. 관리위원회의 구성 ··· 221

4. 관리위원회의 운영 ··· 222

5. 관리위원의 지위 및 보수 ··· 222

6. 관리위원에 대한 허가사무의 위임 ······································ 223

7. 관리위원에 대한 기피·이의신청 ··· 223

8. 보고서의 발간 및 국회 상임위원회 보고 ····························· 224

제 3 절 관 리 인 ··· 225

1. 관리인 제도의 기본 구조 ··· 225

2. 관리인 등의 지위 ·· 226

　가. 지   위   226

　나. 관리인 등과 임원의 관계   227

3. 법 제74조 제2항에 의한 기존 경영자 관리인 ······················ 230

　가. 선임원칙   230

　나. 선임의 예외사유   232

　다. 중대한 책임이 있는 부실경영 유무에 관한 실무운영   246

　라. 법 제74조 제2항에 의한 기존 경영자 관리인의 선임절차   247

4. 기존 경영자 이외의 제3자 관리인 ······································ 252

　가. 선임사유   252

　　　　나. 선임방법　253
　　　　다. 선임절차　253
　　　　라. 임　기　254
　　5. 법 제74조 제3항·제4항의 관리인으로 보게 되는 기존
　　　경영자 ·· 255
　　　　가. 의　의　255
　　　　나. 관리인을 선임하지 아니할 수 있는 채무자의 유형　257
　　　　다. 관리인 불선임 결정　257
　　　　라. 자율적인 채무자의 대표자 변경과 그 한계　258
　　　　마. 공동대표자의 경우　261
　　　　바. 임　기　262
　　6. 관리인 등의 선임·변경 등과 관련한 절차 ······························· 262
　　　　가. 공고·통지 등의 절차　262
　　　　나. 보수 및 특별보상금의 결정　263
　　7. 공동관리인·관리인대리·관리인의 직무를 행할 자, 법률
　　　고문 등 ·· 264
　　　　가. 공동관리인　264
　　　　나. 관리인대리　265
　　　　다. 관리인의 직무를 행할 자　266
　　　　라. 법률고문 등　266
　　　　마. 인가 전 감사　267
　　　　바. CRO(Chief Restructuring Officer, 구조조정담당임원)　267
　　8. 관리인 등의 책무와 권한 ··· 271
　　　　가. 업무수행 및 관리처분　271
　　　　나. 재산상태의 파악 및 조사보고　276
　　　　다. 당사자적격 등　278
　　　　라. 보고요구·검사권　278
　　　　마. 계산의 보고의무　279
제 4 절　채권자협의회 ··· 279
　　1. 개　요 ·· 279
　　　　가. 채권자협의회의 의의　279
　　　　나. 채권자협의회의 권한 및 기능 강화　280
　　　　다. 채권자협의회의 의무　281
　　2. 구　성 ·· 283
　　　　가. 구성의 주체　283
　　　　나. 구성방법　283

　　3. 운영·업무·정보제공 등 ···285
　　　가. 운　　영　285
　　　나. 업　　무　286
　　　다. 자료의 제공 및 설명요구　287
　　4. 변호사 등 전문가의 선임과 비용 등 ···288
　　　가. 변호사·회계사 등 전문가의 선임　288
　　　나. 전문가 선임비용의 부담　289
　　　다. 기타 채권자협의회의 활동에 필요한 비용의 부담　291
　　5. 기존 경영자 관리인 선임에 관한 의견 제시 ····························291
　　6. 영업양도 등에 대한 의견 제시 및 영업상태 등에 대한
　　　실사청구 ···292
　　　가. 영업양도 등에 대한 의견 제시　292
　　　나. 채무자의 재산 및 영업상태에 대한 실사청구　292
　　7. 심문기일 등 절차 참여 ··293
　　　가. 심문기일에의 참여　293
　　　나. 회생절차협의회에의 참여　293
　　　다. 관계인집회에서의 의견진술　294
　　8. 회생절차의 조기종결 후 채무자에 대한 감독 ·························294

제 5 절　조사위원 ···295
　　1. 의　　의 ···295
　　2. 조사위원의 선임 ···296
　　　가. 자격 및 선임절차　296
　　　나. 선임시기 및 개시 전 조사　297
　　3. 조사위원의 조사내용 ···299
　　　가. 법 제90조 내지 제92조에 규정된 사항　299
　　　나. 회생절차를 진행함이 적정한지의 여부에 관한 의견　300
　　　다. 법원이 조사·보고를 명하는 사항　300
　　4. 조사보고서의 제출기간 ··302
　　5. 조사위원의 의무와 권한 ···303
　　　가. 조사 및 조사보고서 제출　303
　　　나. 관계인집회 출석 및 의견진술　303
　　　다. 보고요구·검사권　304
　　　라. 선관주의의무　304
　　　마. 형사처벌　304
　　6. 조사위원에 대한 선임증의 교부·감독 및 보수결정 ··················304

　　　　　　가. 선임증의 교부　304

　　　　　　나. 감독 및 평정　305

　　　　　　다. 보수결정　305

　　　　7. 조사위원의 사임 및 해임 ·· 307

　　　　　　가. 조사위원의 사임　307

　　　　　　나. 조사위원의 해임　307

　　　　8. 조사보고서의 구성과 재산상태의 조사 ····································· 308

　　　　　　가. 조사보고서의 내용과 구성　308

　　　　　　나. 채무자의 재산상태의 조사 및 재산가액의 평가　309

　　　　9. 청산가치의 산정 ·· 311

　　　　　　가. 의　　의　311

　　　　　　나. 청산가치의 산정　311

　　　　　　다. 청산시 배당률의 산정　312

　　　　　　라. 청산가치 산정에 있어서 실무상 유의점　313

　　　　10. 계속기업가치의 산정 ··· 314

　　　　　　가. 의　　의　314

　　　　　　나. 적정 할인율과 고정성장률　316

　　　　　　다. 비영업용 자산의 처분대금　317

　　　　　　라. 계속기업가치가 청산가치보다 높은 경우 추가로 고려할 사항　318

　　　　　　마. 계속기업가치 산정에 있어서 실무상 유의점　319

　　　　11. 임원 및 지배주주 등의 부실경영에 관한 책임의 조사 ·············· 322

　　　　12. 회생계획안의 청산가치보장 여부 및 수행가능성에 관한 검토 ···· 322

　　　　　　가. 제2차 조사보고서의 제출　322

　　　　　　나. 청산가치보장 여부에 대한 조사　323

　　　　　　다. 회생계획의 수행가능성 여부에 대한 조사　325

제 6 절　회생・파산위원회 ·· 328

　　　1. 설　　치 ·· 328

　　　2. 구　　성 ·· 328

　　　3. 업무 및 권한 ·· 328

　　　4. 운영 등 ·· 330

제 8 장　채무자 재산의 구성과 확보

제 1 절　부 인 권 ·· 333

1. 개   관 ··· 333
　가. 의의 및 취지 333
　나. 다른 절차상의 부인권 등과 비교 333
　다. 법적 성질 334
　라. 기존 경영자 관리인의 부인권 행사 335
　마. 부인유형과 상호관계 336
　바. 실무의 현황 337

2. 성립요건 ··· 338
　가. 일반적 성립요건 338
　나. 개별적 성립요건 346
　다. 특수관계인을 상대방으로 한 행위에 대한 부인 353
　라. 특별요건 354

3. 부인권의 행사 ··· 359
　가. 주   체 359
　나. 절   차 360
　다. 부인소송 계속 중 회생절차가 종료되는 경우의 처리 366
　라. 사해행위취소소송과 회생절차에서의 부인권 행사 367

4. 부인권행사의 효과 ··· 368
　가. 원상회복 368
　나. 가액배상 369
　다. 무상부인과 선의자의 보호 370
　라. 상대방의 지위 370

5. 부인권의 소멸 ··· 373
　가. 부인권행사의 기간 373
　나. 지급정지와 부인의 제한 373
　다. 포   기 374

6. 부인의 등기 ··· 374
　가. 의   의 374
　나. 법 제26조 제3항의 등기 375
　다. 법 제26조 제4항의 등기 376

7. 신탁행위의 부인 ·· 377
　가. 의   의 377
　나. 성립요건 378
　다. 선의의 채권자 보호 380

제 2 절 법인의 이사 등에 대한 책임 추궁 ····································· 381
　1. 취   지 ··· 381

가. 손해배상청구권 등의 조사확정제도의 의의 381
나. 조사확정제도의 실정과 효용 381

2. 손해배상책임의 발생 및 배상액의 제한 ·· 382
가. 손해배상책임의 발생 382
나. 배상액의 제한 383

3. 보전처분 ··· 383
가. 취   지 383
나. 신청권자 383
다. 신청절차 384
라. 보전처분의 내용 등 384

4. 이사 등에 대한 손해배상청구권 등의 조사확정재판 ···················· 385
가. 조사확정절차의 개시 385
나. 주주대표소송과의 관계 386
다. 조사확정재판 387
라. 조사확정재판의 효력 388

5. 조사확정재판에 대한 이의의 소 ··· 388
가. 조사확정재판에 대한 불복신청방법 388
나. 이의의 소의 대상 389
다. 관할법원 및 제소기간 389
라. 당 사 자 389
마. 이의소송의 심리 390
바. 회생절차종료와 이의소송 390
사. 판   결 390

제 3 절 환 취 권 ·· 391

1. 서   설 ··· 391

2. 환취권의 기초가 되는 권리 ··· 391
가. 소유권 기타의 권리 391
나. 선의·악의와 환취권 392
다. 양도담보·가등기담보와 환취권 393

3. 환취권의 행사 ··· 394

4. 운송 중의 매도물의 환취 ··· 394
가. 의   의 394
나. 요   건 395
다. 환취권의 행사방법 395
라. 환취권 행사의 효과 396

5. 위탁매매인의 환취권 ··· 396

    6. 대체적 환취권 ·· 396

      가. 의　　의　396

      나. 내　　용　397

      다. 대체적 환취권에 의하여도 보호되지 않는 손해의 배상　398

      라. 제3자에 대한 권리행사　398

제 4 절　상계의 제한 ·· 399

    1. 제도의 취지 ··· 399

    2. 상계의 요건 ··· 400

      가. 상계적상　400

      나. 자동채권　400

      다. 수동채권　401

    3. 상계권의 행사 ··· 402

      가. 시기적 제한　402

      나. 상 대 방　402

      다. 상계의 효과　403

      라. 상계와 공제　403

      마. 부인권의 대상이 되는지 여부　404

    4. 상계의 금지 ··· 405

      가. 취　　지　405

      나. 상계가 금지되는 경우　405

      다. 상계의 금지에 반하여 한 상계의 효과　408

제 5 절　도산해제(해지)조항 ·· 408

    1. 의　　의 ··· 408

    2. 도산해제(해지)조항의 효력 ·· 409

    3. 리스계약의 해지 문제 ··· 411

      가. 리스계약의 도산해지조항 효력　411

      나. 리스회사의 법정해지권 행사　411

제 6 절　과대신고 등을 이유로 한 조세의 환급 ······························· 413

    1. 의　　의 ··· 413

    2. 절　　차 ··· 414

제 9 장   회생채권, 회생담보권, 주식 · 지분권, 공익채권, 개시후기타채권

제 1 절   회생절차에 관여하는 이해관계인 ·· 417
제 2 절   회생채권 ··· 417
　1. 회생채권의 의의 ··· 417
　2. 회생채권의 기본 요건 ·· 418
　　가. 개　　요　418
　　나. 요　　건　419
　　다. 범　　위　425
　3. 회생절차개시 후에 생기는 회생채권 ·· 426
　　가. 쌍방미이행 쌍무계약의 해제 · 해지로 인한 손해배상청구권　426
　　나. 어음 등에 대한 선의 지급인의 채권　427
　　다. 차임지급을 주장하지 못함으로 인한 손해배상채권　427
　　라. 상호계산 종료의 경우 상대방의 잔액청구권　428
　　마. 채무자의 행위가 부인된 경우 상대방이 갖는 가액상환청구권　428
　　바. 법 제118조 제2호 내지 제4호의 회생채권　428
　4. 회생채권의 분류와 순위 ·· 430
　　가. 개　　요　430
　　나. 권리의 순위에 따른 구분　430
　　다. 권리의 성질에 따른 구분　431
　5. 조세 등 청구권 ·· 432
　　가. 개　　요　432
　　나. 회생채권인 조세채권과 공익채권인 조세채권의 구별　433
　　다. 조세 등 청구권에 관한 특칙　435
　　라. 납세보증보험자의 조세채권 대위행사　441
　　마. 회생절차개시 전의 벌금 · 과료 · 형사소송비용 · 추징금과
　　　　과태료　444
　6. 회생채권과 다수당사자의 관계 ·· 445
　　가. 채무자가 다른 자와 함께 전부 이행을 하여야 하는 의무를 부담한
　　　　경우 권리행사의 범위　445
　　나. 보증인에 대한 회생절차에서 현존액주의　448
　　다. 법인의 채무에 대해 무한 또는 유한 책임을 지는 자와 관련한
　　　　회생절차상 절차 참가　448

　　　　라. 전부의무자의 장래의 구상권 및 변제자대위 449
　　　　마. 일부보증에 대한 현존액주의 적용 453
　　7. 회생채권자의 지위 ·· 454
　　　　가. 회생채권의 개별적 행사 및 변제의 금지 454
　　　　나. 변제금지의 원칙에 대한 예외 457
　　　　다. 회생절차의 참여 459
　　　　라. 상계의 제한 460
제 3 절　회생담보권 ··· 460
　　1. 회생담보권의 의의 ·· 460
　　2. 회생담보권의 요건 ·· 462
　　　　가. 개　　요 462
　　　　나. 청구권의 범위 462
　　　　다. 담보권의 종류 462
　　　　라. 회생절차개시 당시 채무자의 재산상에 존재하는 담보권 468
　　　　마. 담보권으로 담보된 범위의 것 468
　　3. 실무상 회생담보권인지 문제되는 경우 ························· 469
　　　　가. 리스채권 469
　　　　나. 소유권유보부 매매의 경우 472
　　　　다. 어음담보대출의 경우 472
　　　　라. 어음사고신고담보금의 경우 474
　　　　마. 신탁법상의 신탁 및 자산유동화의 경우 476
　　　　바. 담보부사채신탁 479
　　　　사. 변제자대위의 법리와 관련된 문제 480
　　　　아. 회생담보권자와 물상대위권의 행사 481
　　4. 근저당권의 피담보채무 확정 등의 문제 ······················ 483
　　　　가. 회생절차개시결정과 근저당권의 피담보채무 확정 483
　　　　나. 담보되는 채권의 범위 484
　　5. 집합채권양도담보의 취급 ·· 486
　　　　가. 문 제 점 486
　　　　나. 양도담보의 효력이 회생절차개시 후에 발생한 채권에 미치는지
　　　　　　여부 487
　　　　다. 관리인의 추심권·사용권 행사 489
　　　　라. 회생담보권의 평가 489
제 4 절　주식·출자지분 ·· 490
　　1. 회생절차가 주주·지분권자에 대하여 미치는 영향 ········· 490
　　2. 주주·지분권자의 회생절차상의 지위 ···························· 490

  3. 전환사채·신주인수권부 사채·주식매수선택권 등 ·······················491
    가. 의 의 491
    나. 회생절차에서의 취급 491
제 5 절 공익채권·공익담보권 ··494
  1. 공익채권 ···494
    가. 의 의 494
    나. 법 제179조 제1항의 공익채권 495
    다. 법원의 허가에 의한 신규자금의 차입 508
    라. 법 제179조에 열거된 이외의 공익채권 510
    마. 공익채권과 관련한 기타 문제 511
    바. 공익채권의 효력 515
  2. 공익담보권 ···519
제 6 절 개시후기타채권 ···520
  1. 의 의 ···520
  2. 개시후기타채권의 취급 ···521
    가. 개시후기타채권에 대한 변제 금지 521
    나. 회생계획상의 취급 522
    다. 회생계획의 필요적 기재사항 522
    라. 개시후기타채권에 기한 강제집행 등의 금지 522

제10장 회생채권자 등의 목록의 제출과 회생 채권 등의 신고

제 1 절 개 요 ···525
제 2 절 회생채권자 등의 목록 ···526
  1. 회생채권자 등의 목록의 기재대상 ···526
  2. 회생채권자 등의 목록의 작성 및 제출 의무자 등 ·······················526
    가. 회생채권자 등의 목록의 작성·제출 의무자 526
    나. 회생채권자 등의 목록의 작성·제출기간의 결정·공고·
       송달 등 527
    다. 회생채권자 등의 목록 미제출의 효과 528
  3. 회생채권자 등의 목록의 작성 방법과 제출 ·································529
    가. 회생채권자 등의 목록에 기재할 사항 529
    나. 회생채권자 등의 목록 작성 시 유의사항 530

　　다. 법원과의 사전 협의　532

　4. 회생채권자 등의 목록 제출의 효과 ·················533
　　가. 시효의 중단　533
　　나. 신고 의제　533
　　다. 권리의 내용 및 원인의 확정　534

　5. 회생채권자 등의 목록의 변경·정정 ·················537
　　가. 회생채권자 등의 목록의 변경·정정 제도　537
　　나. 회생채권자 등의 목록의 변경·정정의 시한　537
　　다. 법원의 허가　537
　　라. 신고기간 경과 후 회생채권자 등의 목록의 변경·정정 가부　538
　　마. 회생채권자 등의 목록의 변경·정정의 통지　538

제 3 절　회생채권, 회생담보권, 주식·출자지분의 신고 ·················539

　1. 회생채권자, 회생담보권자, 주주·지분권자의 신고사항 ···········539
　　가. 회생채권자가 신고할 사항(양식은 [별지 91], [별지 92] 참조)　539
　　나. 회생담보권자가 신고할 사항(양식은 [별지 91], [별지 93] 참조)　543
　　다. 주주·출자지분권자가 신고할 사항(양식은 [별지 91],
　　　　[별지 94] 참조)　543

　2. 신고의 주체 ·················545

　3. 신고의 상대방 ·················546

　4. 신고의 방식 ·················547

　5. 신고의 효력 ·················547

　6. 예비적 신고와 관련된 문제점 ·················549

제 4 절　회생채권, 회생담보권, 주식·출자지분의 신고기간 ·················550

　1. 회생채권 등의 신고기간과 조사방식 ·················550

　2. 벌금, 조세 등 청구권의 경우 ·················551

　3. 신고기간의 공고·송달 및 통지 ·················551
　　가. 공　　고　551
　　나. 송　　달　551
　　다. 통　　지　552

　4. 신고의 추후 보완 및 주식의 추가신고 ·················552
　　가. 추후 보완이 가능한 시기　552
　　나. 추후 보완사유의 의미　552
　　다. 추후 보완신고가 접수된 경우의 처리　553
　　라. 신고기간 경과 후에 발생한 회생채권의 경우　556
　　마. 회생계획안 심리를 위한 관계인집회 종료 후 또는 서면결의에

부친다는 결정이 있은 후에 추후 보완신고된 경우의 처리   557
바. 주식·출자지분의 추가신고   559

5. 신고의 변경 ·· 562
가. 신고명의의 변경   562
나. 신고내용의 변경   564

6. 회생채권자표, 회생담보권자표, 주주·지분권자표의 작성 ··········· 565
가. 작성권자   565
나. 작성의 시기와 방법   565
다. 기재사항   565
라. 등본의 교부 및 비치   566
마. 잘못된 기록 또는 계산의 경우   566
바. 회생채권자표 등에의 기재와 그 효력   566

제11장   회생채권·회생담보권의 조사 및 조사절차

제1절   회생채권·회생담보권의 조사 ·· 569

1. 조사의 의의·주체·대상 등 ·· 569
가. 조사의 의의   569
나. 조사의 방법   569
다. 조사의 주체(조사절차 참가자)   569
라. 조사의 대상   572

2. 조사기간·특별조사기일의 결정 ·· 573
가. 조사기간   573
나. 특별조사기일   574
다. 조사기간·특별조사기일의 변경·연기·속행   574

3. 조사작업 착수 이전의 준비 ··· 575
가. 실무 보조직원의 선정 및 교육   575
나. 쌍방미이행 쌍무계약   576
다. 담보목적물 가액평가를 위한 준비   577

4. 시·부인표의 작성 ·· 578
가. 시·부인표 작성의 필요성 및 시기   578
나. 시·부인표의 작성요령   579

5. 시·부인시 주의사항 ·· 585
가. 공통사항   585
나. 공익채권과 회생채권의 구별   586

　　　　　다. 전부채권자 및 추심채권자의 채권신고　587
　　　　　라. 장래의 구상권자　589
　　　　　마. 보증기관이 신고한 장래의 구상채권에 대한 평가　591
　　　　　바. 어음 미소지 어음채권자의 경우　592
　　　　　사. 담보목적물의 가액평가방법　592
　　　　　아. 선순위 회생담보권자가 신고를 하지 않은 경우　594
　　　　　자. 선·후순위 회생담보권에 대한 조사확정재판결과가 시·부인과
　　　　　　　다른 경우　595
　　　　　차. 회생담보권으로 인정되는 이자의 범위　596
　　　　　카. 선순위 담보가 공동저당인 경우　596

제 2 절　회생채권 등의 조사의 진행 ·· 597
　　　1. 조사기간 내의 조사 ·· 597
　　　　　가. 주심판사와 주무 관리위원의 역할　597
　　　　　나. 파산과에서 준비하여야 할 사항　597
　　　　　다. 관리인이 준비할 사항　598
　　　2. 특별조사기일의 진행 ·· 598
　　　　　가. 특별조사기일의 지정과 관계인집회기일과의 병합　598
　　　　　나. 특별조사기일을 위한 준비　598
　　　　　다. 특별조사기일의 진행　600

제 3 절　조사 이후의 후속조치 ·· 601
　　　1. 이의의 통지 ·· 601
　　　　　가. 이의의 통지　601
　　　　　나. 통지의 시기·방법 및 내용　602
　　　2. 이의의 철회 ·· 602
　　　　　가. 의　　의　602
　　　　　나. 철회할 수 있는 시기　603
　　　　　다. 철회의 방법　603
　　　　　라. 실무상 처리방법　603
　　　3. 회생채권자표 등에의 기재 ·· 604
　　　　　가. 조사결과의 기재　604
　　　　　나. 확정된 뜻의 채권증서 등에의 기재　605

제 4 절　회생채권 등의 조사확정재판, 조사확정재판에 대한
　　　　　이의의 소 등 ·· 606
　　　1. 회생채권 등의 조사확정제도의 취지 ······································ 606
　　　2. 회생채권 등의 확정 ·· 607

3. 회생채권 등의 조사확정재판 ·· 608
　가. 관　　할　608
　나. 재판의 당사자　608
　다. 신청기간　609
　라. 신청의 방식 등　610
　마. 심판의 대상　611
　바. 심리의 특칙(필요적 심문)　614
　사. 결　　정　614
　아. 조정 등　615

4. 조사확정재판에 대한 이의의 소 ·· 615
　가. 관　　할　615
　나. 당사자적격　615
　다. 제소기간　616
　라. 소장에 첨부할 인지　617
　마. 변론 및 심리　617
　바. 판　　결　618

5. 이의채권에 관한 소송의 수계 ·· 620
　가. 개　　요　620
　나. 수계의 신청　620
　다. 수계 후의 소송　622
　라. 지급명령이 있는 이의채권　623

6. 집행력 있는 집행권원 또는 종국판결이 있는 이의채권의
　확정소송 ··· 624
　가. 개　　요　624
　나. 집행력 있는 집행권원 및 종국판결　625
　다. 이의채권의 확정방법　626
　라. 이의의 주장 또는 수계를 하여야 하는 기간　628

7. 소송목적의 가액 결정(소가결정) ·· 628
　가. 결정의 주체　628
　나. 신청권자　629
　다. 신청과 결정의 시기　629
　라. 결정대상　629
　마. 결정의 기준　630
　바. 결정에 대한 불복　630
　사. 재도의 결정　631
　아. 기 재 례　632

8. 회생채권 및 회생담보권의 확정에 관한 소송결과 등의 기재 ······ 632

9. 회생채권 및 회생담보권의 확정에 관한 재판의 효력 ················· 632
10. 소송비용의 상환 ·· 633
11. 회생절차가 종료된 경우 회생채권 등의 확정에 관한 소송 ······· 634

제12장 관리인 보고를 위한 관계인집회 및 대체절차

1. 의   의 ··· 637
　가. 관리인 보고를 위한 관계인집회와 대체절차   637
　나. 제1회 관계인집회 제도의 변경 및 대체절차 도입의 취지   637
　다. 관리인 보고를 위한 관계인집회와 대체절차의 장·단점   638
2. 관리인 보고를 위한 관계인집회 ································· 638
　가. 관리인 보고를 위한 관계인집회 개최 여부의 판단기준 및
　 결정 시기   638
　나. 개최시기   639
　다. 관리인 보고를 위한 관계인집회의 절차   640
　라. 관리인 보고를 위한 관계인집회의 진행   640
　마. 특별조사기일과 병합하는 경우   642
3. 대체절차 ·· 642
　가. 대체절차의 선택 기준   642
　나. 주요사항 요지의 통지   644
　다. 관계인설명회   647
　라. 기타 적절한 조치   649
　마. 대체절차의 혼합   650
　바. 관리인의 불성실한 업무수행에 대한 감독방안   650

제13장 회생계획안

제 1 절 개   요 ··· 653

1. 회생계획과 회생계획안의 개념 ································· 653
　가. 회생계획   653
　나. 회생계획안   653
2. 법원이 조치하여야 할 사항의 개요 ·························· 653
제 2 절 회생계획안의 제출 ·· 654

1. 회생계획안의 작성·제출권자 ··· 654
2. 회생계획안 제출기간 지정 ·· 655
　가. 개　　요　655
　나. 제출기간을 결정할 때에 주의하여야 할 점　656
　다. 제출기간의 연장결정　656
3. 제출기간 안에 회생계획안이 제출되지 않은 경우 ······················· 659
4. 회생계획안 제출에 관한 관리인 지도 요령 ······························· 659
5. 기　　타 ·· 660
　가. 비교손익계산서(조사보고서/회생계획안)　660
　나. 추정자금수지표　660
　다. 변제계획안 요지　661
　라. 조사기간 이후 회생채권 등의 변동사항　661
　마. 권리변경 및 변제율 총괄표　661
　바. 담보물 배분표　661
　사. 비영업자산 처분계획　661
　아. 적정 차입금 규모 산정 내역　661
　자. 정관의 변경　662
　차. 주주지분 예상 총괄표　662
　카. 미확정채권의 현실화 예상액　662
　타. 의결권 비율 순위표　662
6. P-Plan 회생절차(사전계획안 회생절차) ·· 663
　가. 의　　의　663
　나. P-Plan 회생절차의 장점　664
　다. 사전계획안의 제출권자·제출시기　664
　라. 사전계획안과 함께 제출해야 할 서류 등　665
　마. 사전계획안 회생절차의 특칙　665
　바. 사전계획안 회생절차와 관련한 실무상 주요 쟁점　667

제3절　회생계획안 작성의 기본 원칙 ··· 677
1. 개　　요 ·· 677
2. 공정·형평의 원칙 ··· 678
3. 평등의 원칙 ··· 684
　가. 원　　칙　684
　나. 법 제218조 제1항의 예외　686
　다. 법 제218조 제2항의 예외('특수관계에 있는 자'에 대한 예외)　690
4. 수행가능성 ·· 693

5. 청산가치보장의 원칙 ·· 693

   가. 의　　의　693

   나. 내　　용　694

   다. 청산가치보장 여부의 검토　695

   라. 회생담보권에 관한 개시 후 이자 등의 문제　696

   마. 부인권 행사와 청산가치보장 원칙에 관한 문제　698

제 4 절　회생계획안의 작성요령 ··· 698

1. 회생계획안에 기재되어야 할 사항 ······························· 698

2. 회생계획안 작성 순서 ·· 699

   가. 개　　요　699

   나. 자금수급계획의 수립　700

   다. 권리변경 규정의 설정　705

3. 회생계획안의 구성 ·· 706

   가. 회생계획안의 기본 구성　706

   나. 회생계획안 제출에 이르기까지의 경과와 현황　706

   다. 회생계획안의 요지　707

   라. 별첨 자료　708

제 5 절　회생계획안의 내용 및 조항 ······································ 710

1. 총　　칙 ··· 710

   가. 용어의 정의　710

   나. 일반 규정의 기재　718

2. 채권에 대한 권리변경과 변제방법에 관한 규정의 구성과

   일반문제 ·· 724

   가. 구　　성　724

   나. 일반문제　726

3. 회생담보권에 대한 권리변경과 변제방법 ······················ 728

   가. 회생계획상 회생담보권의 취급　728

   나. 회생담보권의 분할변제와 담보목적물의 존속기간 내의 변제　733

   다. 담보권의 존속 및 소멸과 담보목적물의 처분 등에 관한 규정　735

   라. 보험사고 발생 시의 처리방법에 관한 규정　743

   마. 담보권자의 물상대위권 행사와 관련한 처리방법에 관한 규정　744

   바. 기타 특수한 경우　745

4. 회생채권에 대한 권리변경과 변제방법 ························· 748

   가. 일 반 론　748

   나. 금융기관의 회생채권에 대한 권리변경과 변제방법　748

   다. 상거래채권에 대한 권리변경과 변제방법　752

라. 특수관계인의 회생채권에 대한 권리변경과 변제방법　755

마. 임대차보증금·영업보증금·회원보증금 등에 대한 권리변경과
　　변제 방법　756

바. 각종 사채권에 대한 권리변경과 변제방법　761

사. 조세 등 채권에 대한 권리변경과 변제방법　763

아. 신고되지 아니한 회생담보권 및 회생채권의 처리　766

자. 미확정 회생담보권 및 회생채권에 대한 권리변경과 변제방법　767

차. 부인권 행사로 부활될 회생채권 등에 대한 권리변경과
　　변제방법　768

카. 장래의 구상권에 대한 권리변경과 변제방법　770

타. 그 밖의 회생채권에 대한 권리변경과 변제방법　772

5. 주주·지분권자에 대한 권리변경 ·······················776

　가. 개　　요　776

　나. 주주·지분권자의 권리제한　776

　다. 자본감소에 관한 규정　777

　라. 신주발행에 관한 규정　785

6. 합　　병 ·······················795

　가. 개　　요　795

　나. 실무상의 주의사항　795

　다. 기재례(흡수합병의 예)　796

7. 영업양도 ·······················798

　가. 개　　요　798

　나. 영업양도 대상의 특정　799

　다. 채권자에 대한 변제　800

　라. 주주·지분권자에 대한 권리변경 문제　802

　마. 제3자 예탁계좌의 설정　802

　바. 채무자의 해산 등　803

8. 회사분할 ·······················805

　가. 분할의 의의　805

　나. 회생절차상 회사분할의 특징　806

　다. 회생계획과 회사분할　811

　라. 승계회사의 관리인 선임 등　815

9. 회생계획에서 정하는 그 밖의 조항 ·······················815

　가. 공익채권의 변제에 관한 규정　815

　나. 변제자금의 조달방법과 자구노력의 추진　817

　다. 예상수익금의 과부족 시 처리방법　820

　라. 개시후기타채권의 내용　822

　　　마. 분쟁이 해결되지 아니한 권리　822
　　　바. 사채의 발행　823
　　　사. 정관의 변경　831
　　　아. 임원의 선임과 해임　833
　　　자. 관리인의 보수 및 특별보상금　836
　　　차. 주식매수선택권의 부여　837
　　　카. M&A의 추진　838
　　　타. 회생절차의 종결 및 폐지신청　839
　　　파. 대중제 골프장으로의 전환　840
　　　하. 기타 사항　842

제 6 절　회생계획과 출자전환 ·· 842
　1. 출자전환 ··· 842
　　　가. 출자전환의 의의　842
　　　나. 출자전환의 법적 성질　844
　2. 출자전환에 따른 과세 문제 ·· 844
　　　가. 문제의 소재　844
　　　나. 출자전환에 관한 세법상 규율　845
　　　다. 실무상 처리　846
　　　라. 채권자에 대한 과세 문제　847
　3. 출자전환 대상 채권의 소멸 여부 및 보증채무에 미치는 효력 ···· 848
　　　가. 문제의 소재　848
　　　나. 견해의 대립　848
　　　다. 판례의 태도　849
　　　라. 출자전환 주식의 가치 평가　851
　4. 출자전환예정채권의 처리 ··· 853
　　　가. 출자전환예정채권의 개념　853
　　　나. 법적 성질　853
　　　다. 조의 분류와 관련된 문제　854
　　　라. 의결권 부여 여부 및 의결권의 액 또는 수를 정하는 방법　855
　5. 출자전환과 지배구조의 변경 ··· 856

제 7 절　이해관계인에 대한 의견조회 ·· 857
　1. 의견조회의 대상 ·· 857
　　　가. 조세 등의 징수권자에 대한 의견조회　857
　　　나. 감독행정청 등에 대한 의견조회　858
　　　다. 노동조합 등에 대한 의견조회　859
　　　라. 관리인, 채무자, 회생채권자, 회생담보권자, 주주·지분권자　860

2. 의견조회의 실시 시기와 회신기한 ·· 860
  가. 의견조회의 실시 시기 860
  나. 의견조회의 회신기한 861
3. 의견조회 회신 도착 후의 조치 ·· 861
제 8 절 회생계획안의 수정·변경 및 배제 ································· 861
1. 회생계획안의 수정·변경의 개요 ·· 861
2. 제출자에 의한 수정 ·· 862
  가. 관련 규정 862
  나. 회생계획안 수정의 요건 862
  다. 수정의 절차 864
3. 법원의 수정명령 ··· 865
  가. 수정명령의 의의 865
  나. 수정명령을 할 수 있는 시기 865
  다. 수정명령의 내용 866
  라. 수정명령신청에 대한 재판 867
  마. 수정명령 후의 절차 867
4. 회생계획안의 변경 ·· 868
  가. 의   의 868
  나. 변경의 요건 868
  다. 변경의 절차 869
5. 회생계획안의 배제 ·· 870
  가. 회생계획안 배제의 의의 870
  나. 배제할 수 있는 경우 870
  다. 배제의 시기·방법 872
  라. 배제의 효과 873
  마. 회생계획안 배제에 대한 특칙 873
제 9 절 청산을 내용으로 하는 회생계획안 ···························· 875
1. 청산형 회생계획안의 필요성 및 의의 ····································· 875
  가. 청산형 회생계획안 작성의 필요성 875
  나. 청산형 회생계획안의 의의 875
  다. 영업양도 및 물적 분할을 내용으로 하는 회생계획안 877
2. 청산형 회생계획안 작성의 허가 요건 ····································· 878
  가. 법원의 허가 878
  나. 실체적 요건 879
  다. 절차적 요건 880

　　3. 청산형 회생계획안의 작성허가와 그 취소 ·································· 880
　　　가. 작성허가결정　880
　　　나. 허가 후의 절차　881
　　　다. 허가의 취소　881
　　4. 청산형 회생계획안의 심리 및 결의 ··· 882
　　5. 실무의 운용 ··· 882
제10절　복수의 회생계획안이 제출되었을 때의 처리방법 ······················ 883
　　1. 개　　요 ·· 883
　　2. 제출자에 의한 철회, 제출자 상호 협의에 의한 병합 ·················· 884
　　3. 일부 회생계획안의 배제 ·· 885
　　4. 관계인집회에서의 선택 ··· 885
　　　가. 심리를 위한 관계인집회　885
　　　나. 결의를 위한 관계인집회　886

조문색인 ·· 889
사항색인 ·· 895

제1장

．
．
．

총 설

제1절 회생절차의 개관
제2절 구 회사정리법 등과의 차이
제3절 회생절차의 흐름
제4절 회생절차의 새로운 흐름

제1절 회생절차의 개관

1. 회생절차의 의의와 근거

회생절차는 재정적인 어려움으로 파탄에 직면해 있는 채무자에 대하여 채권자·주주·지분권자 등 이해관계인의 법률관계를 조정하여 채무자 또는 그 사업의 효율적인 회생을 도모하는 제도이다(법제1조). 개인이나 기업의 경제적 실패를 다루는 도산절차 중에서 재건형 절차인 '회생'은 사업의 재건과 영업의 계속을 통한 채무 변제가 주된 목적인 반면 청산형 절차인 '파산'은 채무자의 재산의 처분·환가와 채권자들에 대한 공평한 배당이 주된 목적이다. 회생이 가능한 채무자라면 굳이 청산시키는 것보다 계속 존속하게 하면서 순차적으로 채무를 변제하게 하는 것이 채권자 등 이해관계인에게 유리하고 사회·경제적으로도 유익하다.[1] 따라서 법은 파산절차보다 회생절차를 우선시하고 있다(법 제44조 제1호, 제58조 제2항 제1호 참조).

채권자 등 이해관계인의 여러 가지 권리가 실체법과 절차법에 따라 보장되는데도 이를 제한하면서까지 채무자에게 재기의 기회를 주는 이념적 근거는 회생절차를 통한 채권·채무관계의 집단적 해결이 가능하다는 점과 채무자의 회생이 파산적 청산과 비교하여 채권자 일반에게 이익이 되고 사회·경제적으로도 유리하다는 점에 있다. 따라서 회생절차가 대상으로 하는 것은 경제성은 있으나 재정적 파탄(financial distress)에 빠진 채무자이지, 경제성이 결여되어 경제적 파탄(economic distress)에 빠진 채무자가 아니다.[2] 요컨대, 채무자가 계속 존속하면서 사업을 할 때 얻는 이익(계속기업가치)이 채무자를 청산할 때의 이익(청산가치)보다 커야 한다. 이에 따라 법은 채무자의 계속기업가치가 청산가치를 상회하는지 여부를 따져 회생절차의 진행 여부를 판가름하는 '경제성 판단(economy test)의 원칙'을 채택하여 회생절차 진행 도중이라도 청산가치가 계속

---

1) 특히 대기업의 파산은 협력업체인 중소기업의 연쇄 도산, 대기업에 자금을 대출한 채권금융기관의 동반 부실화, 대량실업의 발생, 지역경제의 위축이라는 사회적 부작용을 낳게 된다.

2) '재정적 파탄(financial distress)'이라 함은 채무자가 파탄에 이르게 된 원인이 채무자의 부실한 재무구조에 기인한 것으로서, 예컨대, 채무자의 부채가 자산을 초과하거나 그러한 정도에 이르지 아니하더라도 유동성 부족으로 채무를 적기에 변제할 수 없는 상태를 말한다. 한편 '경제적 파탄(economic distress)'이라 함은 채무자가 파탄에 처한 근본 원인이 채무자의 영업력에 문제가 발생한 데 기인한 것으로서, 사업의 수익력이 저하되어 그 사업에 제공된 자산으로 계속 그 사업을 존속·유지시키는 것이 자원의 활용 및 분배라는 사회경제적 측면에서 비효율적이고 비경제적인 상태를 초래하는 것을 말한다.

기업가치보다 큰 것이 명백해지면 그 단계에서 더 이상의 진행을 멈추고 회생
절차를 폐지할 수 있도록 하되, 법원이 청산 등을 내용으로 하는 회생계획안의
작성을 허가하는 경우에는 예외적으로 회생절차를 계속하도록 규정하고 있다
(법 제286조 제2항).

회생절차의 근거가 되는 기본 법률로 「채무자 회생 및 파산에 관한 법률」
이 있고, 그 위임에 따라 제정된 「채무자 회생 및 파산에 관한 법률 시행령」 및
「채무자 회생 및 파산에 관한 규칙」이 있으며, 그 밖에 「회생사건의 처리에 관
한 예규」(대법원 재판예규 제1655호)가 있다.

한편, 서울회생법원은 회생절차 등에 관한 실무기준을 정해 놓은 『서울회
생법원 실무준칙』을 소속 법관 전체의 토의와 의결을 거쳐 제정한 다음 홈페
이지(slb.scourt.go.kr)에 공개하고 있다. 실무준칙을 제정하는 이유는 ① 재판부별
편차 해소와 통일적인 실무 운영을 통한 신뢰성 제고, ② 도산절차 이용자에 대
한 예측가능성 부여를 통한 편의 증진 및 원활한 절차 진행 등을 들 수 있다.
미국의 연방파산법원에서도 각 법원마다 '로컬 룰(local rule)'이라고 하는 실무
운용 기준을 마련하여 공개하고 있다.

2. 회생절차의 기본 구조와 원리

채무자가 회생절차 안에 들어오게 되면, 보통 ① 채권자의 개별적 채권회
수 시도 금지, ② 관리인의 선임을 통한 재산처분권과 업무수행권의 이전, ③
면제 또는 출자전환 등 채무의 조정, ④ 인력 감축과 적자사업 중단, 자산처
분·영업양도·M&A 등 사업·지배구조의 재편, ⑤ 회생계획안의 작성과 이에
대한 채권자 등 이해관계인의 동의, ⑥ 법원의 회생계획인가와 관리인의 회생계
획 수행 등의 과정을 거치게 된다.

가. 개별적 권리행사의 제한·금지

회생절차가 개시되면 가압류·가처분·강제집행·담보권 실행 등 채권자들
의 개별적 권리행사가 중지 또는 금지된다. 채무자도 함부로 채무를 변제하거나
재산을 처분하거나 새로운 채무를 부담하지 못하도록 하여 채무자의 재산을 동
결시킨다. 주주·지분권자도 조직법적·사단법적 활동에 일정한 제한을 받는다.
개별 행동에서 오는 혼란과 비효율을 피하고 재산의 보전을 통해 채권자들 사

이에 공평한 분배를 도모하는 한편 채무자의 회생에 필수적인 영업조직과 인적·물적 자산을 유지하려는 것이다. 회생절차개시 전에는 보전처분·중지명령·포괄적 금지명령 등을 통해 이러한 목적을 달성하게 된다. 회생절차개시를 신청하는 대부분의 채무자는 채무 초과로 자금 압박에 시달리는데 채무 변제가 유예됨으로써 한정된 자금을 통상적인 영업활동에 투입할 수 있게 된다. 일반채권자뿐 아니라 담보권자 역시 이러한 절차적 제약을 받는다는 점이 파산절차[3]와 큰 차이점이다. 하지만 공익채권자는 특별한 사정이 없는 한 이러한 구속을 받지 않는다.

나. 회생절차 진행 중인 채무자에 대한 특별한 보호

회생절차가 개시되면 채무자의 관리인에게 부인권, 쌍방미이행 쌍무계약의 선택권 등 채무자의 재산을 보전하기 위한 특별한 권한이 부여된다. 예를 들어, 파산원인이 존재하는 시점에서 특정한 채권자에게 편파적으로 변제가 되었거나 헐값으로 재산이 처분되었다면 이를 취소하여 원상회복시킬 수 있다(법 제100조). 쌍방미이행 쌍무계약은 관리인이 유·불리를 계산하여 계약을 해제 또는 해지할 수 있고, 계속 유지할 수도 있다(법 제119조). 전기·수도·도시가스의 공급업자는 비록 채무자가 회생절차개시신청 전에 그 요금을 연체하였더라도 이를 계속 공급하여야 한다(법 제122조). 한편 회생채권자 등의 상계권도 제한된다. 즉 회생채권자 등의 채권과 채무 쌍방이 채권신고기간만료 전에 상계할 수 있게 된 때에 비로소 그 기간 안에 한하여 상계할 수 있고(법 제144조 제1항), 회생채권자 등이 회생절차개시 후에 채무자에 대하여 채무를 부담한 때 및 지급의 정지, 회생절차개시의 신청이 있음을 알고 채무자에 대하여 채무를 부담한 때 등의 경우에는 상계할 수 없다(법 제145조). 이 밖에 특별법에 의한 보호도 주어진다. 예를 들면, 채무자에 대하여 회생절차개시결정이 있으면 미지급 임금에 대한 지연이자의 특례 적용에서 제외된다(근로기준법 제37조, 근로기준법 시행령 제18조 제1호, 임금채권보장법 제7조 제1항 제1호). 이러한 실체법적 또는 절차법적 특칙들은 채무자가 영업을 계속할 수 있는 기반을 조성해 주고, 또한 채권자와 협상할 수 있는 무기가 되기도 한다.

---

3) 파산절차에서는 채무자의 재건을 목적으로 하지 않고, 파산재단에 속하는 재산의 신속한 환가 및 배당을 최우선의 목적으로 삼기 때문에 담보권자의 담보권 실행을 굳이 막을 이유가 없다. 따라서 담보권자는 파산절차에서 별제권자로 인정되어 파산절차의 제약을 받지 아니한다.

다. 관리인을 통한 경영권 행사와 법원의 감독

회생절차가 개시되면, 채무자의 업무수행권, 재산의 관리처분권, 소송수행권 등 모든 권리와 권한이 관리인에게 이전된다. 관리인은 채무자, 채권자, 주주등 이해관계인 모두를 대표하는 공적 대표자로서 역할을 수행하며, 신탁관계에서의 수탁자와 유사한 책임과 의무를 부담한다. 이처럼 관리인의 직무와 역할이 막중하기 때문에 법원은 관리인의 일정한 행위에 대해 미리 법원의 허가를 받도록 하거나, 관리인으로부터 주요 업무의 진행상황 및 추진 실적에 대해 보고를 받는 등 다양한 방법으로 관리인을 감독한다.

라. 채권의 확정과 기업가치의 평가

회생절차의 주된 목적은 재정적 파탄에 처한 채무자 또는 그 사업의 재기를 도모하는 한편 계속기업으로 가지는 가치를 채권자들에게 공평하게 배분하여 채무를 변제하는 것이다. 채무자의 회생을 통한 가치 배분을 위해서는, ① 채무자의 가치를 나눠 가질 대상 집단이 확정되어야 하고, ② 채권자들에게 분배의 대상이 되며 회생의 발판이 될 채무자의 자산과 가치가 산정되어야 한다. 전자는 채권조사확정절차를 통해, 후자는 재산실태조사 및 기업가치평가 절차를 통해 결정하게 된다.

마. 채무 조정과 지배구조 변경

채무자가 회생절차를 통해 재정적 파탄에서 벗어나기 위해서는 기존 채무의 감축, 면제 등 채무 조정이 필요하다. 채무 조정은 회생절차에서 회생계획을 통해 이루어지는데, 회생계획이 인가되면 채권자의 권리가 회생계획에 따라 변경된다(법제252조). 회생계획에서 채권자의 권리를 변경하는 방법에는 변제기 유예에 의한 분할변제, 채무면제 등이 있고, 채무변제에 대신하여 신주를 발행하는 출자전환의 방법도 사용된다.

한편 주식회사의 주주는 채권자가 변제받은 후 잔여재산에 대하여만 분배받을 권리를 보유하므로(상법제538조), 공정·형평의 원칙상 회생절차에서 주주는 채권자보다 더욱 불리하게 권리가 변경되어야 한다(법제217조). 회생계획에는 주주의 권리변경에 대한 내용이 반드시 포함되어야 하는데(법제193조제1항제1호), 일반적으로 기존 주주의 주식을 병합하거나 소각하는 방법[4] 및 출자전환을 이용한 신주발행을 통해 구주식의 비율을 감소시키는 방법을 사용한다. 이러한 채권의 출자전환 및 기존 주식의 감자 과정을 통해 부실의 정도가 심한 채무자의 지배권은 기존 주주로부터 출자전환을 받은 채권자에게로 이전되고, 채권자는 회생절차종결 이후에도 채무자의 경영진의 행위를 통제할 수 있는 권한을 갖게 된다.

바. 회생계획안의 작성과 집단적 의사결정

회생절차는 채권자 등 이해관계인의 양보를 전제로 하므로(당장은 부채가 자산을 초과하거나 지급능력이 없으므로, 채무를 줄여주거나 지급시기를 늦추어주는 양보가 필요하다), 이해관계인의 집합적 의사결정에 따라 채무자의 운명이 결정된다. 관리인이 구체적인 권리변경과 변제방법을 포함한 회생계획안을 제출하면 이해관계인이 이를 받아들일지 여부를 표결로 결정한다. 회생계획의 인가 여부는 원칙적으로 여기에 가장 직접적이고 중요한 이해가 걸려 있는 이해관계인의 선택을 존중하는 것이 타당하지만, 가결 요건을 갖추기 위해 부당하게 버티기를 하는 일부 채권자 등에게 무리한 양보를 해야 하거나, 일부 채권자 등의 불합리한 의사 때문에 회생절차에서 진행되었던 이해관계인의 모든 노력이 허사로 돌아가고 살아날 가망이 있는 채무자의 회생이 무산되는 상황을 막기 위해 법 제244조는 일정한 조건이 충족되면 법원이 직권으로 권리보호조항을 정하고 회생계획을 인가(보통 '강제인가'라고 표현한다)할 수 있도록 하고 있다.

사. 분배의 원칙과 방법

채무변제의 방법이 채무자의 사업을 청산·해체하고 그 재산을 분리 처분하여 나누어 갖는 것이 아니라 사업을 계속 존속시키면서 벌어들이는 영업이익 등으로 순차 변제한다는 차이가 있을 뿐 회생절차 역시 집단적·포괄적 채권회수절차라는 본질은 변함이 없다. 따라서 채무자의 가치를 이해관계인 사이에 어떻게 공평하게 분배하느냐의 문제는 회생절차의 가장 중요한 과제 중 하나이다.

분배에 관한 이해관계인 상호간의 우선순위는 특별한 사정이 없는 한 실체

---

4) 법은 주식회사인 채무자의 지분 구조 변경 등을 위해 회생계획에 감소할 자본의 액 등을 정하는 방법으로 기존 주주의 주식을 임의적으로 소각하거나 병합할 수 있도록 규정하는 한편(법 제205조 제1항), 회생절차개시 원인의 발생에 중대한 책임이 있는 이사나 지배인의 행위에 상당한 영향력을 행사한 주주 및 이와 특수관계에 있는 주주의 주식에 대하여는 회생계획에 필요적으로 일정 비율 이상의 징벌적인 소각 또는 병합을 정하도록 규정하고 있다(법 제205조 제4항).

법상의 권리의 우선순위를 존중하여야 한다. 권리의 우선순위는 담보권자, 무담보 채권자, 주주·지분권자의 순으로 규정되어 있는데(법제217조), 위와 같은 권리의 우선순위를 위반하여 작성한 회생계획안은 위법한 것이 되어 법원으로부터 인가를 받을 수 없다.

법은 분배의 대원칙으로, 이종의 권리 간에는 '공정하고 형평에 맞는 차등의 원칙'(법제217조)을, 동종의 권리 간에는 '평등의 원칙'(법제218조)을 명시하고 있다. 또한 회생계획에 의한 변제방법이 채무자의 사업을 청산할 때 각 채권자에게 변제하는 것보다 불리하지 아니하게 변제하는 내용이어야 한다는 '청산가치 보장의 원칙'을 규정하면서 채권자가 동의한 경우에는 예외를 인정하고 있다(법제243조제1항제4호).

이처럼 최소한 청산가치가 보장되어야 하기 때문에 실무상 계속기업가치와 청산가치의 차액을 누구에게 어떻게 분배할 것이냐가 관건이 되는데, 이는 법제217조 제1항이 정하는 공정하고 형평에 맞는 차등의 범위 내에서 채무자의 관리인과 채권자들 사이의 협상을 통해 결정되어 회생계획에 반영된다.

제2절 구 회사정리법 등과의 차이

구 회사정리법 등의 재건절차와 현행 법은 다음과 같은 차이점이 있다. ① 법 시행 이전의 재건절차는 구 회사정리법 및 구 화의법에서 이원적으로 규정하고 있었는데, 법은 화의절차를 폐지함과 아울러 이원화된 재건형 절차를 제2편 회생절차로 일원화하였다. ② 구 회사정리법은 '주식회사'만을 적용대상으로 하고 있었는데, 법은 개인·법인의 구분 없이 모든 채무자를 그 적용대상으로 하였다. ③ 구 회사정리법하에서는 회사정리계획이 폐지되거나 불인가된 경우 법원이 반드시 파산선고를 하도록 하여 당사자들이 회생절차신청을 기피하는 문제가 생겼으므로 이를 해결하기 위하여 법은 회생계획인가 후에 회생절차폐지결정이 확정되고 채무자에게 파산의 원인이 되는 사실이 있다고 인정하는 때에 한하여 필요적으로 직권 파산선고를 하도록 하였다(법제6조). ④ 과거 회사정리절차에서 채권자협의회의 역할은 채권자들의 이해를 조정하여 법원에 의견을 제시하는 데 불과하여 채권자들의 권리보호에 취약하다는 지적이 있어 법은 채권자협의회의 권한을 강화하였다(법제20조및제21조).[5] ⑤ 그동안 법률행위별로 개별적 중

─────
5) 이에 따라 법은 원칙적으로 중소기업과 개인을 제외하고는 채권자협의회의 구성을 의무화하

지명령만 인정되어 다수의 재산이 서로 다른 법원의 관할 지역에 산재한 경우 등에는 책임재산의 보전이 곤란한 문제점이 있었다. 그리하여 법은 법원이 하나의 결정으로 모든 회생채권자 등에 대하여 채무자의 전체 재산에 대한 강제집행 등의 금지를 명할 수 있도록 하고 있다(법 제45조). ⑥ 1997년 말 외환위기 사태 이후 구 회사정리법상의 절차만으로는 인수·합병을 활성화하는 데 크게 미흡하다는 지적이 제기되어 법은 인수·합병 절차의 요건을 완화하였다(법 제62조, 제63조 및 제222조).[6] ⑦ 과거 회사정리절차에서는 기존 대표자를 회사 경영에서 배제하였기 때문에 경영권 박탈을 우려한 대표자가 회사정리절차를 기피하는 경향이 뚜렷하였는바 법은 이러한 현상을 개선하기 위해서 원칙적으로 현재의 법인 대표자를 관리인으로 선임하도록 하고 있다(법 제74조). ⑧ 채무자가 계열회사나 친인척 등 특수관계인과 거래하는 경우에는 편파적 행위의 가능성이 높음에도 불구하고 구 회사정리법은 특수관계인과의 거래를 제3자와의 거래와 동일하게 취급하여 실질적인 형평을 저해한다는 비판을 받아왔다. 법은 이를 개선하여 채무자가 친족 등 특수관계인에게 담보의 제공이나 채무소멸 행위 등 채권자를 해하는 행위를 한 경우, 부인권 대상 행위를 통상의 지급정지 전 60일 이내가 아닌 지급정지 전 1년 이내의 행위로 소급하도록 하여 특수관계인에 대한 부인권 행사를 용이하게 하고 있다(법 제101조). ⑨ 법은 지급결제제도 및 청산결제제도의 완결성을 위하여 한국은행총재가 금융위원회와 협의하여 지정한 지급결제제도 및 증권·파생금융거래 등의 청산결제제도의 참가자에 대하여 회생절차개시결정이 있는 경우에는 회생절차에 관한 일정 규정의 적용을 배제하고 있다. 또한 옵션·스왑 등 파생금융거래로서 대통령령이 정하는 거래에 대하여는 당사자 일방에 대하여 회생절차개시결정이 있는 경우에도 기본계약에서 당사자가 정한 바에 따라 효력이 발생하고, 해제·해지·취소 및 부인의 대상이 되지 아니하도록 하고 있다(법 제120조).[7] ⑩ 과거 회사정리절차에서는 채권자들이 신고기간 내에 채권을 신고하여야 하

고, 채권자협의회가 법인인 채무자의 감사 선임에 대한 의견을 제시하고, 회생계획인가 후 채무자의 경영상태에 관한 실사를 청구할 수 있도록 하고 있다

6) 법은 회생계획인가 전이라도 법원의 허가를 얻어 영업 또는 사업의 전부 또는 중요한 일부를 양도할 수 있도록 하고 있고, 또한 채무자의 청산가치가 계속기업가치보다 높은 경우에도 영업양도를 허용하여 영업양도를 내용으로 하는 회생계획안의 제출을 허가할 수 있도록 하고, 이를 가결하기 위하여 종전에는 정리담보권자 전원의 동의를 얻도록 하던 것을 회생담보권자 조의 의결권 총액의 5분의 4 이상에 해당하는 의결권을 가진 자의 동의를 얻도록 그 요건을 완화하고 있다.

7) 그동안 금융의 자유화 및 국제화를 도모하기 위하여 금융기관이 도산한 경우, 결제의 완결성을 법적으로 보장하는 제도를 마련하는 것이 필요하다는 지적이 있어 왔다.

고, 채권신고를 하지 아니하면 실권되므로 채권자가 불의의 손실을 입는 경우가 발생하고, 또한 조사기일을 열어 채권의 조사를 실시한 관계로 이해관계인이 다른 권리에 대하여 충분히 검토하고 이의할 기회를 갖지 못하게 되는 문제점이 지적되어 왔다. 그리하여 법은 먼저 관리인으로 하여금 채권자목록을 제출하도록 하고, 신고기간 및 조사기간을 통한 조사절차를 거치도록 함으로써 실권의 부작용을 최소화하였고, 이의가 있는 회생채권·회생담보권에 관하여는 채권조사확정재판이라는 간이·신속한 절차를 통하여 확정할 수 있도록 하였다(법 제147조 내지 제178조). ⑪ 과거 회사정리절차에서는 정리계획이 정리채권 등의 청산가치를 보장하여야 한다는 '청산가치보장의 원칙'에 관한 명시적인 규정이 없어서, 다수의 채권자들이 청산가치에 못 미치는 내용의 정리계획에 동의하는 경우, 정리계획에 반대하는 소수 채권자들의 권리를 제한하거나 변경하는 내용의 정리계획이 정당성을 갖는다고 보아야 하는지 의문이 있었다. 그리하여 법은 회생계획에 의한 변제방법이 채무자의 사업을 청산할 때 각 채권자에게 변제하는 것보다 불리하지 아니하여야 함을 명시하고, 다만 동의한 채권자의 경우에는 예외로 할 수 있도록 하고 있다(법 제243조 제1항 제4호).

제3절 회생절차의 흐름

1. 회생절차의 흐름도

회생절차개시의 신청부터 회생절차의 폐지 또는 종결 등의 사유로 회생절차가 종료되기까지의 흐름을 간략히 도표로 표시하면 〈그림 1-1〉과 같다.

2. 회생절차의 통상적 진행 방식

〈그림 1-1〉의 회생절차의 흐름도에 따라 회생절차의 진행과정을 간략하게 설명하면 다음과 같다.

가. 회생절차개시신청

① 사업의 계속에 현저한 지장을 초래하지 아니하고는 변제기에 있는 채무를 변제할 수 없는 경우, ② 채무자에게 파산의 원인인 사실이 생길 염려가 있

〈그림 1-1〉회생절차

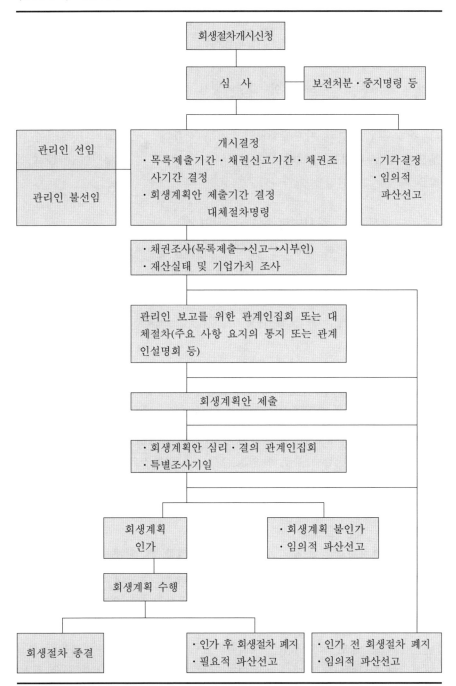

는 경우 채무자는 회생절차개시의 신청을 할 수 있다. ②의 사실이 있는 경우에는 일정한 액수 이상의 채권을 가진 채권자 또는 일정한 비율의 주식을 가진 주식회사의 주주 등도 신청권이 있다(법 제34조 제1항·제2항).

　보통 회생절차개시 신청서에는 채무자의 개요, 연혁, 사업현황, 재무현황, 재정적 파탄에 이르게 된 원인, 회생가능성, 채권자별 채권금액 현황, 부채 상환 계획 및 이행가능성, 회생의 경제적 가치(청산가치와 계속기업가치) 등이 포함된다. 신청서에 필수적 기재사항 또는 첨부 서류가 누락되었거나 설명이 부족한 부분이 있을 때에는 법원에서 보정명령을 하게 되고, 신청인이 이를 이행하지 않을 때에는 그 신청을 기각한다.

나. 보전처분·중지명령 등과 예납명령

　채무자의 재산에 대한 보전조치는 사업의 계속에 필요한 재산이 흩어지는 것을 방지하고, 전체 채권자의 이해관계를 총체적으로 조정하기 위해 필수적이다. 법은 채무자에 대해서는 보전처분결정과 보전관리명령(법 제43조)을, 채권자에 대해서는 중지명령(법 제44조)과 포괄적 금지명령(법 제45조)을 통해 이러한 목적을 달성하고 있다.

　법원은 채무자의 보전처분신청이 있는 경우 보통 신청일로부터 2~3일 안에 보전처분결정을 한다. 보전처분의 내용은 ① 보전처분 기준시점 이전에 생긴 일체의 금전채무에 관한 변제 및 담보제공 금지, ② 부동산·자동차·건설기계·특허권 등 등기 또는 등록의 대상이 되는 일체의 재산 및 일정 금액 이상의 기타 재산에 관한 소유권의 양도, 담보권·임차권의 설정 기타 일체의 처분행위 금지(계속적이고 정상적인 영업활동에 해당하는 제품, 원재료 등의 처분행위는 제외), ③ 어음할인을 포함한 일체의 자금의 차입 금지, ④ 노무직, 생산직을 제외한 임직원의 채용 금지를 포함하고 있다.

　한편 보전처분은 채무자의 행위만을 제한할 뿐 회생채권자·회생담보권자의 채무자 재산에 대한 가압류·가처분, 강제집행, 담보권실행을 위한 경매절차를 막지는 못한다. 따라서 회생채권자·회생담보권자에 의한 강제집행 등을 막기 위해서는 개별적 강제집행 등의 중지·취소명령(법 제44조) 또는 포괄적 금지명령(법 제45조)을 받아야 한다. 가압류 등의 취소명령 제도는 채무자가 보유한 현금시재가 부족한 상황에서 예금이나 매출채권 등에 대한 가압류, 가처분 등을 취소한 후 예금을 인출하거나 채권을 회수하여 운영자금으로 사용하는 방법으로 활용된다.

법원은 신청인에게 절차 진행에 필요한 비용을 미리 납부하게 한다. 신청인이 제시한 자산을 기준으로 산정된 조사위원의 기준보수 금액에 일정한 절차비용을 가산한 금액의 예납을 명하는 것이 보통이다. 이 예납명령에 대해서는 불복할 수 없고, 법원이 정한 기간까지 예납을 하지 않을 경우 신청을 기각한다.

다. 대표자심문과 현장검증

보통 해당 사건의 주심판사가 수명법관이 되어 대표자심문[8]과 현장검증을 한다. 대표자심문은 미리 심문사항을 이메일로 신청인 또는 그 대리인에게 보내주어 준비하게 한 뒤 답변서를 제출받아 그 내용을 확인하는 방법으로 진행한다. 현장검증은 먼저 사업체의 현황에 대해 대표이사나 임원으로부터 간략하게 보고를 받은 후 사무소, 공장 및 영업시설을 둘러본다. 이때 공장이 제대로 가동되고 있는지, 사업의 미래 전망이 있는지, 종업원들은 협력적인지 등을 파악하게 된다. 종업원 대표자와의 면담을 통해 회사의 실태를 확인하기도 한다. 대표자심문과 현장검증은 같은 날, 같은 장소에서 진행하기도 한다. 감염병 확산 이후 대표자심문과 현장검증을 위 사무소 등의 현장에서 대면으로 하지 않고 영상심문 등의 방법으로 비대면으로 하는 경우가 있고,[9] 대면으로 하더라도 법원에서 대표자심문만 하고 필요한 경우[10]에 한하여 현장검증을 한다.

라. 회생절차개시결정과 관리인 등 선임

① 회생절차의 비용을 미리 납부하지 아니한 경우, ② 회생절차개시신청이 성실하지 아니한 경우, ③ 그 밖에 회생절차에 의함이 채권자 일반의 이익에 적합하지 아니한 경우 법원은 회생절차개시신청을 기각한다(법 제42조). 이러한 신청기각사유가 없다면 사업의 계속에 현저한 지장을 초래하지 아니하고는 변제기에 있는 채무를 변제할 수 없는 경우 또는 채무자에게 파산의 원인인 사실이 생길 염려가 있는 경우 회생절차개시결정을 한다. 이때 관리인 및 조사위원 선임과

---

8) 채권자가 신청한 사건의 경우 채권자 심문도 아울러 진행하여야 한다. 이때 특별한 사정이 없는 한 채무자가 신청한 사건에서는 보전처분과 포괄적 금지명령 등을 신속하게 발령하고 대표자를 심문하는 반면에, 채권자가 신청한 사건에서는 먼저 채권자와 채무자를 모두 심문한 이후 보전처분 및 포괄적 금지명령 등을 발령하는 것이 바람직하다(전대규, 채무자회생법 제7판, 110쪽).

9) 법 제33조, 민사소송법 제287조의2.

10) 예를 들어 회생절차의 본래적 목적, 즉 사업의 재건과 영업의 계속을 통한 채무 변제를 위해서가 아닌, 개인적 이익을 취득하려는 등의 목적으로 회생절차를 남용하기 위하여 회생개시의 신청을 한 것으로 의심할 만한 사정이 있어 그 확인이 필요한 경우를 들 수 있다.

이들의 역할 수행과 관련된 각종 결정(재산목록·재무상태표, 각종 보고서의 제출기간 결정 등)을 한꺼번에 하게 된다. 개시결정의 주문, 관리인의 성명 등을 공고하여야 하고, 알고 있는 회생채권자 등에게 위 사항 등을 기재한 서면을 송달하여야 한다($^{법}_{제51조}$). 보통 관리인과 조사위원을 법원으로 출석하게 하여 선임증을 수여하면서 개시결정의 내용을 설명하고 유의사항과 당부사항을 전달한다. 일정한 금액 이상의 지출, 재산의 처분, 권리의 포기, 재산의 양수 등 일정한 사항에 관하여 법원의 허가를 받아야 함을 고지하고 이를 위반한 경우 관리인 해임과 같은 일정한 제재가 있을 수 있음을 안내하기도 한다. 아울러 사건의 진행일정표도 작성하여 교부한다.

회생절차개시결정이 있고 관리인이 선임되면 채무자는 업무수행권과 재산의 관리처분권을 상실하고, 이러한 권한은 관리인에게 전속한다($^{법 제56조}_{제1항}$). 채무자의 재산에 관한 소송절차는 중단되고, 중단한 소송절차 중 회생채권 또는 회생담보권과 관계없는 것은 관리인 또는 상대방이 이를 수계할 수 있다($^{법}_{제59조}$). 또한 파산 또는 회생절차개시의 신청, 회생채권 또는 회생담보권에 기한 채무자의 재산에 대한 강제집행 등을 할 수 없고, 파산절차나 채무자의 재산에 대하여 이미 행한 회생채권 또는 회생담보권에 기한 강제집행 등은 중지된다($^{법}_{제58조}$). 회생담보권자나 회생채권자는 원칙적으로 회생계획에 의하지 않으면 변제를 받을 수 없게 된다($^{법}_{제131조}$).

마. 채권의 확정

회생절차는 채무자의 원활한 회생을 통한 채권자의 채권 변제를 목표로 하므로, ① 변제대상이 될 채권이 확정되어야 하고(이는 곧 회생절차에 참여할 자의 범위를 정하는 것이기도 하다. 목록에 기재되거나 신고된 회생채권자, 회생담보권자는 회생절차에 참가할 수 있고, 회생계획에 의하여 변제를 받을 수 있다. 따라서 변제받을 자격을 부여함과 아울러 채권의 종류와 금액도 결정하게 된다), ② 변제의 재원이 되는 자산을 포함한 채무자의 가치가 확정되어야 한다. 채권의 확정은 일단 관리인의 채권자목록 제출, 채권자의 신고, 이해관계인의 이의라는 간이한 절차를 통해 시간과 노력을 절감하도록 하고, 여기에서 다툼이 생길 경우에는 채권조사확정재판, 그리고 이 재판에 대한 이의의 소를 통해 채권의 내용과 범위를 결정하도록 하고 있다. 따라서 이러한 채권조사절차가 진행되는 동안에는 통상적인 소송절차는 중단된다. 회생채권자 또는 회생담보권자는 그 책임을 질 수 없는 사유로 인하여 신고기간 안에 신고를 하지 못한 때에는 그 사유가 끝난 후 1월 이내에 그 신고를 보완할 수 있는데 이를 '추후 보완신고'라고 한다($_{제152조}^{법}$). 신고 기간이 경과한 후에 생긴 회생채권과 회생담보권도 그 권리가 발생한 후 1월 이내에 신고하여야 한다($_{제153조}^{법}$). 이러한 신고는 회생계획안 심리를 위한 관계인 집회가 끝난 후에는 불가능하다.[11] 법원은 이렇게 신고된 회생채권 및 회생담 보권을 조사하기 위한 특별조사기일을 정하여야 하는데 보통 회생계획안 심리 및 결의를 위한 관계인집회와 한꺼번에 진행한다.

위와 같은 절차를 정리하면, 『관리인의 채권자목록 제출 → 채권자의 권리 신고(신고와 중복 또는 충돌하는 범위에서 목록은 실효되고, 신고하지 않았으나 목록에 기재된 채권자는 신고가 의제됨) + 추후 보완신고 + 신고기간 경과 후 생긴 채권의 신고 → 이해관계인(관리인, 채무자, 목록에 기재되거나 신고된 회생채권자·회생담보권 자·주주·지분권자)의 이의 → 채권의 확정(권리의 내용과 의결권의 액수 및 우선권 있는 채권에 관한 우선권 확정) 또는 조사확정재판』의 순서로 진행된다. 비록 진정 한 채권자라 하더라도 채권조사확정절차에 참가하지 않으면 실권되게 된다.[12]

한편 회생절차에서는 회생채권($_{제118조}^{법}$)과 공익채권($_{제179조}^{법}$)을 구별하여 달리 취 급하고 있는데, 공익채권에는 회생절차 진행 비용 등 공동의 이익을 위해서 지 출된 비용채권과 회생절차개시 후 각종 거래로 발생한 채권, 그리고 임금채권처 럼 사회 정책적 필요에 따라 공익성을 인정한 채권 등이 포함되어 있다. 공익채 권은 회생절차에 의하지 아니하고 수시로 변제하며, 회생채권과 회생담보권에 우선하여 변제한다($_{제1항, 2항}^{법 제180조}$). 회생채권 중에서도 조세채권은 그 성질을 감안하여 특수하게 취급하고 있다($_{조 등}^{법 제140}$).

---

11) 다만 예외적으로, 회생절차에서 회생채권자가 회생절차의 개시사실 및 회생채권의 신고기간 등에 관하여 개별적인 통지를 받지 못하는 등으로 회생절차에 관하여 알지 못함으로써 회생계 획안 심리를 위한 관계인집회가 끝날 때까지 채권신고를 하지 못하고, 관리인이 그 회생채권의 존재 또는 그러한 회생채권이 주장되는 사실을 알고 있거나 이를 쉽게 알 수 있었음에도 회생 채권자 목록에 기재하지 아니한 경우에는 회생계획안 심리를 위한 관계인집회가 끝난 후에도 회생절차에 관하여 알게 된 날로부터 1개월 이내에 회생채권의 신고를 할 수 있고, 해당 채권 이 회생채권자 목록에 기재되지 아니한 경우, 법 제251조의 규정에도 불구하고 회생계획이 인 가되더라도 그 회생채권은 실권되지 아니한다(대법원 2012. 2. 13. 자 2011그256 결정). 나아가 대법원 2020. 9. 3. 선고 2015다236028, 236035 판결의 취지에 비추어보면 이에 따른 추완신고 를 하지 못하고 회생절차가 종결된 때에도 그 회생채권은 실권되지 않고 이러한 경우 채권자 의 권리에 대한 변경은 '미확정채권'에 관한 회생계획의 해석에 따르게 된다.
12) 이와 달리 회생계획에서 주주·지분권자의 권리에 대하여 정하고 있는 경우에는 목록에 기 재되거나 신고하지 아니한 주주·지분권자에 대하여도 그 권리가 인정된다(법 제254조).

바. 재산실태조사 및 기업가치평가

채무자가 회생가능성이 있는지 여부나 채무변제계획을 포함한 회생계획이
어떤 내용으로 수립되어야 하는지 결정하기 위해서는 채무자의 재산 상태와 기
업가치에 대한 정확한 평가가 선행되어야 한다. 법은 관리인과 조사위원에게 이
역할을 부여하고 있지만 실제로는 대부분의 사건에서 회계전문가인 조사위원이
작성하는 조사보고서가 중요한 판단자료가 되고 있다.

'청산가치'(채무자의 사업을 구성하는 개별 재산을 분리하여 처분할 때의 가액을
합산한 금액을 말한다)가 '계속기업가치'(채무자의 사업을 계속 존속시키면서 정상적으
로 영업을 해 나갈 때의 경제적 가치를 말한다)보다 크면 청산절차 또는 파산절차로
가는 것이 채권자에게 유리할 것이므로, 계속기업가치가 청산가치보다 더 클 때
회생절차의 의미가 있다. 법에 따르면, 계속기업가치와 청산가치의 우열은 회생절
차의 개시 및 계속할지 여부에 대한 결정, 회생계획안을 사업계속형(재건형) 또는
청산형으로 할지 여부에 대한 결정 등의 기준이 되고 있다(법 제42조 제3호, 제222조 제1항, 제286조 제2항).[13]
'계속기업가치'는 채권자 등 이해관계인에게 분배할 재원이 되는 채무자의 미래
가치를 제시함으로써 회생계획안의 기본 골격을 형성하고, '청산가치'는 법률상
채권자 등 이해관계인에게 보장되어야 할 최소한의 몫이므로, 이 두 가지 가치
의 정확한 산정이 매우 중요하다.

자산과 부채는 조사위원이 채무자 측이 제시한 재산목록과 재무상태표를
기준으로 회계장부와 관련 증빙자료의 확인, 회계담당자의 진술 청취, 금융기관
및 거래처에 대한 조회, 실사, 시가감정 등을 거쳐 산정한다.

계속기업가치는 수익접근법 중 미래 수익흐름을 현재 가치로 할인하는 현
금흐름할인법을 적용하여 산정한다(회생사건의 처리에 관한 예규 제9조 제2항). 이 경우 계속기업가치는 '미
래 현금흐름의 현재가치'와 '비영업용 자산의 처분대금'을 합한 것이며, '미래 현
금흐름의 현재가치'는 '회생절차기간(보통 회생절차가 개시된 연도를 준비 연도로 하
고 이후 법이 허용하는 최장 채무상환유예기간인 10년을 추정기간으로 하여 그 기간 동
안의 영업활동으로 인한 기업가치를 산정한다) 동안 현금흐름의 현재가치'와 '회생절
차 종료 후 현금흐름의 현재가치'를 합한 것이다. 구체적으로는 회생절차기간
동안 추정손익계산서상 매출액에서 매출원가, 판매비 및 관리비를 차감한 영업

---

13) 법 제42조 제3호는 회생절차개시신청의 기각사유로 '그 밖에 회생절차에 의함이 채권자 일반
의 이익에 적합하지 아니한 경우'를 규정하고 있는데, 이는 주로 계속기업가치가 청산가치보다
작을 때를 의미한다고 볼 수 있다.

이익에서 영업이익에 대한 법인세비용을 차감한 세후 영업이익에 감가상각비 등 현금유출이 없는 비용을 가산하고, 운전자본 및 유형자산에 대한 투자액을 차감하여 산출된 현금흐름을 채무자의 위험을 반영한 적정할인율로 할인하여 산출한다. 조사위원은 계속기업가치를 산정할 때 시장성장률, 물가상승률 등 각종 경제지표, 관련 분야 산업 분석 및 향후 시장 전망, 채무자의 과거 영업실적, 업종 및 영업의 특수성, 채무자 측이 제시하는 자구계획 등을 참고한다.

청산가치는 채무자가 청산을 통하여 해체·소멸되는 경우에 기업을 구성하는 개별 재산을 분리하여 처분할 때의 가액을 합산한 금액으로서 청산재무상태표상의 개별자산의 가액을 기준으로 하여 산정한다(^{회생사건의 처리에 관한} ^{예규 제9조 제1항 본문}). 부동산의 경우 부동산경매절차의 지역별·용도별 평균 낙찰가율을 적용하고(^{회생사건의 처리에 관한} ^{예규 제9조 제1항 단서}), 매출채권, 장단기대여금, 미수금, 선급금·선급비용, 재고자산, 무형자산, 보증금, 자회사 투자자산의 경우 자산의 유형과 성질에 따라 회수 또는 청산비용, 현실적 회수가능성 등을 감안하여 산정한다.

사. 채무자 재산의 확보

재정적 파탄에 빠진 채무자가 회생하기 위해서는 인적·물적 자원의 유기적 결합체로서 채무자의 재산이 유지·보전되어야 한다. 법은 채무자의 재산을 확보하기 위해 부인권, 이사 등 기존 경영진에 대한 손해배상청구권의 조사확정재판, 쌍방미이행 쌍무계약에 대한 해제 또는 해지 여부 선택권, 상계권의 행사 제한 등 여러 가지 특별한 제도적 장치들을 마련하고 있다.

부인권은 채무자가 지급정지 등의 위기상태에서 행한 재산의 은닉행위나 편파변제행위 등의 효력을 부인하여 채무자로부터 일탈하였던 재산을 원상회복시킴으로써 채무자의 회생을 촉진하거나 이해관계인 사이에 형평에 맞는 분배를 실현하려는 제도이다(^{법 제100조 내지} ^{제113조의2}). 다시 말하면 채무자 또는 개별 채권자의 전략적, 이기적 행동을 무효화함으로써 회생의 발판이 되는 채무자의 재산을 보전·확보하려는 것이다. 채무자의 일반재산을 절대적으로 감소시켜 채권자에게 손해를 끼치는 '사해행위'와 채권자 사이의 평등을 해치는 '편파행위'가 부인의 대상이 된다.

이사 등 기존 경영진에 대한 손해배상청구권의 조사확정재판은 부실경영 등에 책임이 있는 기존 경영진에 대한 손해배상청구권의 존부와 액수를 회생절차 내에서 조사·확정하여 채무자의 재산을 조속히 회복하기 위한 절차이다. 기존 경영진의 부실경영 등의 책임은 사임 요구, 퇴직금채권의 포기 권고, 민사소송제기 등의 방법을 통하여 물을 수도 있지만, 채무자에게는 신속한 재산회복이 필요하므로 회생절차에서 별도로 마련한 절차이다(법 제114조 내지 제117조).

관리인의 쌍방미이행 쌍무계약의 선택권 행사는 채무자가 회생절차개시 전에 상대방과 사이에 서로 대가관계에 있는 쌍무계약을 체결한 상태에서, 회생절차개시 당시 채무자와 상대방 모두 아직 계약의 이행을 완료하지 아니한 때에, 관리인에게 계약을 일방적으로 해제·해지할 수 있는 권리를 부여한 것이다. 회생절차개시 당시 쌍방미이행 상태에 있는 기존 계약관계의 유지가 채무자에게 불리할 경우 관리인이 이를 해제·해지함으로써 계약관계를 해소시켜 채무자의 재산을 회수하고 채무자를 채무부담으로부터 벗어나게 할 수 있다(법 제119조, 제121조).

상계권의 행사 제한은 회생채권자·회생담보권자가 채권신고기간 말일까지만 상계권을 행사할 수 있도록 하고, 회생채권자·회생담보권자가 채무자의 지급정지 이후 취득한 채무자에 대한 채권으로 회생채권·회생담보권과 상계하는 것 등을 금지하여, 회생채권자·회생담보권자가 부당하게 자기 채권을 조기에 회수하는 결과를 방지하려는 것이다(법 제145조).

아. 관리인 보고를 위한 관계인집회 또는 대체절차

법원은 필요하다고 인정하는 경우 관리인으로 하여금 법 제92조 제1항 각 호에 규정된 사항[14]에 관하여 보고하게 하기 위한 관계인집회를 소집할 수 있다. 이 경우 관리인은 이러한 사항의 요지를 관계인집회에 보고하여야 한다(법 제98조 제1항). 한편 법원은 관리인 보고를 위한 관계인집회를 소집하게 할 필요성이 인정되지 아니하는 경우에는 관리인에 대하여 다른 조치를 취하도록 할 수 있는데(법 제98조 제2항) 이러한 조치를 실무상 '대체절차'라고 부르고 있다. 법 제98조 제2항 각호는 대체절차로 회생계획 심리를 위한 관계인집회의 개최 또는 제240조 제1항에 따른 서면결의에 부치는 결정 전에 법원이 인정하는 방법으로 제92조 제1항 각호에 규정된 사항의 요지를 관리인, 조사위원, 간이조사위원, 회생채권자 등에게 통지하는 주요 사항 요지의 통지(제1호), 제98조의2 제2항에 따른 관계인설명회의 개최(제2호), 그 밖에 법원이 필요하다고 인정하는 적절한 조치(제3호)를

---

14) 이러한 사항은 채무자가 회생절차의 개시에 이르게 된 사정, 채무자의 업무 및 재산에 관한 사항, 법인의 이사 등의 재산에 대한 보전처분 또는 이사 등에 대한 출자이행청구권이나 이사 등의 책임에 기한 손해배상청구권의 존부와 내용에 대한 조사확정재판을 필요로 하는 사정의 유무, 그 밖에 채무자의 회생에 관하여 필요한 사항이다.

규정하고 있다.[15]

자. 회생계획안의 작성 · 제출

회생계획은 채무자의 사업 재구축과 그 수익의 예측에 근거하여 채권자 등 이해관계인의 권리를 변경한 후 그 수익을 분배하는 것을 내용으로 하고 있는데, 회생계획에 의해 정해져야 하는 내용은 법에 구체적으로 규정되어 있다 (법 제193조).

관리인은 조사위원의 조사결과를 부정하지 않는 한 보통 조사위원이 조사보고서를 통해 제시한 재산 상태와 기업가치에 기초하여 회생계획안을 작성하게 된다. 회생계획안은 보통 회생절차의 진행경과, 회생계획안의 요지, 회생담보권 및 회생채권에 대한 권리변경과 변제방법, 공익채권의 변제방법, 변제자금의 조달방법, 주주의 권리변경, M&A 관련 규정, 사채 발행, 정관 변경, 임원의 선임 · 해임 등 관련 규정, 회생절차의 종결 및 폐지 등 항목으로 구성된다. 요컨대, 회생계획 수행기간인 향후 10년 동안 어떻게 사업을 운영해서 얼마를 벌어들여 채권 중 얼마를 갚고 나머지는 어떻게 처리하겠다는 것이 그 핵심 내용이다. 회생계획안에는 회생계획 수행기간 동안의 사업계획서, 추정손익계산서, 추정자금수지표 등이 첨부되는데, 이는 보통 조사위원이 제출한 조사보고서에서 산정한 매출액, 매출원가, 판매관리비, 영업이익, 자산처분대금 등을 기초로 하여 작성된다.

차. 특별조사기일 및 회생계획안 심리 · 결의를 위한 관계인집회

여기서는 관리인이 제출한 회생계획안의 내용을 심사하고, 이를 수용할지 여부를 결정하는 절차를 진행하게 된다. 회생계획안 심리를 위한 관계인집회와 회생계획안 결의를 위한 관계인집회를 같은 기일로 지정하여 잇달아 진행하게 된다. 그리고 채권신고기간이 끝난 후에 추후 보완신고[16]된 회생채권 · 회생담보권의 조사를 위한 특별조사기일도 함께 진행한다(물론 추후 보완 신고된 채권이

---

15) 서울회생법원 실무준칙 제232호 '관리인보고를 위한 관계인집회의 대체절차'에 따라 서울회생법원은 회생절차개시신청 당시 200억 원 이상의 채무를 부담하는 채무자에 관하여는 관리인보고집회의 대체절차로서 관계인설명회 개최를 명하는 것을 원칙으로 하고, 그 외의 경우는 주요사항 요지의 통지를 하도록 하고 있다. 따라서 부채 규모가 200억 원에 미치지 못하는 대부분의 사건에서 원칙적으로 주요사항 요지의 통지가 이루어지고 있다.

16) 원래 채권자는 정해진 채권신고기간 안에 자기 채권을 신고하여야 하고 이를 게을리 하면 관리인이 제출한 목록에 기재되어 있지 않는 한 실권되는 것이 원칙이지만, 특별한 사정으로 신고할 기회를 놓쳐버린 채권자에게 뒤늦게라도 신고할 기회를 주는 제도이다.

없으면 이 절차는 생략된다). 결국 한 기일에 특별조사기일 → 회생계획안 심리 집회 → 회생계획안 결의 집회가 잇달아 개최된다.

특별조사기일은 관리인이 채권신고기간 후 뒤늦게 보완신고된 채권의 내용과 금액, 채권자 등을 설명하고, 이에 대한 이의 여부를 진술한 다음, 재판장이 출석한 이해관계인의 의견을 듣고 특별한 문제가 없으면 이의가 제기된 채권자가 취하여야 할 권리보호방법(채권조사확정재판신청 등)을 설명하는 순서로 진행한다.

회생계획안 심리를 위한 관계인집회에서는 먼저 관리인 등 회생계획안 제출자가 회생계획안의 요지와 변제계획을 설명한다. 회생담보권자, 회생채권자 중 권리의 유형과 성격에 따라 대여채권, 구상채권, 상거래채권, 보증채권, 특수관계인채권, 미발생 구상채권, 조세채권, 미확정 채권 등으로 구분하여 각각의 권리변경과 변제방법을 설명한다. 기존 주식의 감자 및 채권의 출자전환도 아울러 설명한다. 공익채권은 회생계획의 내용에 구속을 받지 않지만 자금수지에 영향을 미치기 때문에 보통 변제 일정을 함께 설명한다. 이어서 조사위원이 회생계획안의 수행가능성과 청산가치 보장 여부에 관한 조사결과와 의견을 진술한다. 그 다음에는 출석한 이해관계인이 회생계획안에 대한 의견을 자유롭게 진술하게 된다. 이 과정에서 결의절차에 들어갈 수 없거나 회생계획을 수정해야 할 정도의 문제가 발견되지 않으면 바로 회생계획안 결의를 위한 관계인집회를 개최한다.

회생계획안 결의를 위한 관계인집회는 다음과 같은 방식으로 진행된다. 재판장은 먼저 조 분류 방식과 의결권 부여 기준을 설명하고 의견을 듣는다. 이때 관리인은 미확정 채권 또는 미발생 구상채권 등 의결권을 인정하기 어려운 채권에 대해 이의를 제기하고, 재판부는 즉석에서 그 이의가 상당한지 여부를 판단하여 의결권을 부여할지 여부와 부여할 의결권의 액을 결정한다. 이 과정이 끝나면 법원은 회생계획안의 가결요건을 설명한 다음 조별로 한 사람씩 채권자 등을 호명하여 찬성, 반대 여부를 묻는 방식으로 결의절차를 진행한다. 결의는 보통 ① 회생담보권자 조(의결권 총액의 3/4 이상 동의 필요, 다만 청산 등을 내용으로 하는 회생계획안은 의결권 총액의 4/5 이상 동의 필요), ② 회생채권자 조(의결권 총액의 2/3 이상 동의 필요), ③ 주주 조(출석한 주식 총수의 1/2 이상 동의 필요)로 나누어 조별로 실시한다(제237조). 하지만 회생절차개시 당시 채무자의 부채총액이

자산총액을 초과하면 주주는 의결권이 없다(법 제146조 제3항). 결의가 끝나면 현장에서 바로 컴퓨터 프로그램을 통해 집계한 다음 그 결과를 공표하고, 결의정족수 충족 여부에 따라 가결 또는 부결을 선포한다. 법원은 회생계획안이 가결된 경우 그 회생계획이 공정·형평의 원칙, 평등의 원칙, 청산가치 보장의 원칙, 수행가능성 등 요건을 모두 갖추었다고 판단되면 인가 여부에 대한 이해관계인의 의견을 들은 후 보통 관계인집회 당일 바로 회생계획인가결정을 선고한다. 부결된 경우 회생절차폐지 사유가 발생하였음을 밝히고 이에 대한 이해관계인의 의견을 든다. 추가 협상의 여지가 있는 사건이라면 이 때 통상 관리인은 속행기일 지정신청을 한다. 특별한 사정이 없으면 재판부는 보통 이러한 신청을 받아들여 속행 여부 결정을 위한 결의를 다시 진행한다. 결의절차는 회생계획안 결의와 마찬가지이지만 완화된 의결정족수(① 회생담보권자 조는 의결권 총액의 1/2 이상, ② 회생채권자 조는 의결권 총액의 1/3 이상, ③ 주주 조는 출석한 주식 총수의 1/3 이상 동의 필요)가 적용된다(법 제238조). 속행기일 지정신청이 없거나 속행기일 지정 결의가 부결되면, 법원은 일단 관계인집회를 종료한 후 나중에 회생절차폐지결정을 하거나 강제인가 조건을 갖추었다고 판단되면 강제인가결정을 하게 된다.

카. 회생계획의 수행

회생계획인가결정이 있게 되면, 채권자·주주의 권리는 회생계획의 내용에 따라 변경된다. 이해관계인이 인가결정의 공고일로부터 14일 안에 항고할 수 있지만, 항고하더라도 회생계획의 수행에 영향을 미치지 아니한다. 회생계획인가결정이 있는 때에는 관리인은 지체 없이 회생계획을 수행하여야 한다(법 제257조). 회생계획의 수행은 크게 두 가지인데, 하나는 정관변경, 채권의 출자전환 및 기존 주식의 감자, 주주총회 개최, 임원의 교체 등 후속조치를 마무리하는 것이고, 다른 하나는 정상적으로 사업을 운영하면서 예상된 영업이익을 실현하거나 비영업용 자산을 매각하여 회생계획상의 일정에 따라 각종 채무를 변제하는 것이다.

회생계획의 수행과정에서 명백하게 무리한 회생계획인 것이 드러난 경우 채권자들의 동의를 이끌어낼 수 있다면 회생계획의 변경을 고려하게 된다. 회생계획인가결정이 있은 후 부득이한 사유로 회생계획에 정한 사항을 변경할 필요가 생긴 때에는 회생절차가 종결되기 전에 한하여 법원은 관리인, 채무자 또는 목록에 기재되어 있거나 신고한 회생채권자·회생담보권자·주주·지분권자의 신청에 의하여 회생계획을 변경할 수 있다. 회생채권자 등 이해관계인에게 불리한 영향을 미칠 것으로 인정되는 회생계획의 변경은 회생계획안에 대한 인가절차와 마찬가지의 절차를 밟아야 한다(법 제282조).

타. 회생절차의 종결·폐지

회생계획에 따른 변제가 시작되면 법원은 관리인·회생채권자·회생담보권자의 신청에 의하거나 직권으로 회생절차종결결정을 한다. 다만 회생계획의 수행에 지장이 있다고 인정되는 때에는 그러하지 아니하다(법 제283조). 회생계획인가결정이 있은 후 회생계획을 수행할 수 없는 것이 명백하게 된 때에는 법원은 관리인이나 목록에 기재되어 있거나 신고한 회생채권자 또는 회생담보권자의 신청에 의하거나 직권으로 회생절차폐지결정을 하여야 한다. 그리고 회생절차폐지결정이 확정되면 법원은 그 채무자에게 파산의 원인이 되는 사실이 있다고 인정하는 때에는 직권으로 파산을 선고하여야 한다(법 제288조, 제6조).

제4절   회생절차의 새로운 흐름

1. 패스트트랙(Fast Track) 기업회생절차[17]

기업이 회생절차개시를 신청하면 낙인효과(bankruptcy stigma)로 인해 신용이 추락하고, 그와 동시에 핵심 임직원의 이탈, 필수 거래선과의 거래관계 단절, 운영자금 조달의 어려움 등으로 회생에 어려움을 겪게 된다. 이러한 현상은 회생절차기간이 길어질수록 더욱 심해진다. 법은 기존 경영자 관리인 제도(DIP)를 원칙으로 하면서 채권자협의회로 하여금 기존 경영자 관리인에 대한 감독자 역할을 수행하도록 설계되었으나, 그동안 채권자협의회가 활성화되지 못하였다.

기업회생절차는 기업을 회생시키고 동시에 채권자들의 채권회수를 극대화하기 위한 제도인데, 이는 동전의 양면이라고 할 수 있다. 법이 당초 의도했던 효과를 거두기 위해서는, 채권자협의회 등을 비롯한 회생절차 관여자들의 역할 재설정, 회생절차의 신속한 진행, DIP 파이낸싱 등이 필요하다. 법원은 회생절차에 대한 재판 및 감독기관이고, 회생절차는 채권자들과 채무자가 함께 기업구조조정이나 채무조정 등에 관하여 논의하고 이를 실행하는 포럼이다. 채권자들

17) 이에 관한 상세한 설명은, 정준영, "기업회생절차의 새로운 패러다임", 사법 제18호(2011), 사법발전재단, 4면 이하 및 정준영, "기업회생절차의 신속처리 방식: 패스트트랙 기업회생절차", 도산법연구 제3권 제2호(2012. 11.), 사단법인 도산법연구회, 143면 이하 참조.

은 채권자협의회 등을 통해 회생절차 초기부터 적극적이고 주도적으로 참여함으로써 회생절차를 성공적으로 이끌어야 한다. 또한 법원으로서는 계속기업가치의 보존과 증대를 위해, 회생계획인가 전에는 회생절차를 신속하게 진행하고, 회생계획인가 후에는 조기 종결을 추진함으로써, 회생기업의 신속한 시장복귀를 도모해야 한다.

이에 따라 시행되고 있는 패스트트랙 기업회생절차 제도는, 주로 채권자들과 사이에 사전 협상이 가능한 대규모 기업에 대해서 자율협약 등에 따른 사적 합의에 근거한 구조조정절차 또는 기업구조조정 촉진법상 부실징후기업에 대한 구조조정절차('워크아웃'이라고 부르기도 한다)와 이 법에 따른 회생절차를 접목하여 금융기관 등 주요 채권자들 주도로 신속하게(6개월 이내) 구조조정이나 채무조정을 마무리하여 조기에 채무자를 시장으로 복귀시키는 방안이다. 서울회생법원은 대규모 기업뿐만 아니라 중소기업에 대해서도 원칙적으로 패스트트랙 기업회생절차에 준하여 신속하게 절차를 진행하고 있다.[18]

패스트트랙 기업회생절차를 도입한 목적은, ① 절차진행기간을 획기적으로 단축하고, ② 이해관계인의 절차 참여를 확대하며, ③ 시장의 요구에 맞춰 효율적인 법적 절차를 제공하기 위한 것이다. 이러한 패스트트랙 기업회생절차의 가장 큰 특징은, 회생계획인가 전에는 '신속한 절차진행,' 회생계획인가 후에는 '조기 종결'이라고 할 수 있다.

회생절차의 신속한 진행을 위해서, ① 관리인을 선임하는 대신 기존 대표이사를 법률상 관리인으로 간주하는 관리인불선임 제도를 확대 실시하고, ② 채권자협의회가 기업가치평가, 회생계획안의 작성 및 검토 등 단계에서 주도적·적극적으로 회생절차에 참여할 수 있도록 지원하기 위하여 자금관리위원 파견 권한 또는 구조조정담당임원(CRO) 추천 권한을 부여함과 아울러 자문기관(회계법인, 법무법인)을 채무자의 비용으로 선임해주어 실질적인 자문을 받을 수 있도록 하고 있다.

인가 후 조기 종결을 위해서, ① 인가 후 주주총회를 통한 출자전환 주주의 의결권행사(기업지배권 변동 현실화), ② 채권자협의회의 감사 추천 등 자율적 감독시스템 구축, ③ 제1회 조기 변제 후 즉시 종결 또는 종결 파이낸싱(exit financing)을 통한 자금조달 후 종결을 추진하고, 나아가 ④ 관리인으로 하여금

---

[18] 다만 일부 중소기업의 경우 인적 자원의 부족 등으로 인하여 신속한 회생절차 업무를 제대로 수행하지 못하는 경우가 있으므로, 해당 채무자의 사정에 맞게 회생절차를 진행하는 융통성을 발휘할 필요가 있다.

채권자협의회와의 협력을 통한 M&A 추진 등을 하도록 하고 있다.

이와 같이 신속한 회생절차 진행을 통하여, 회생가능성이 없는 기업은 조기에 회생절차의 보호로부터 퇴출되고, 회생가능성이 있는 기업은 가능한 한 조기에 시장경제로 복귀할 수 있게 된다. 한편 실무에서는 채무자가 인가된 회생계획에 따른 변제시기를 기다리지 않고 그 시기를 앞당겨 변제한 후 회생절차를 가능한 빨리 종결함으로써 조기에 시장에 복귀하기도 한다.

2. 중소기업 회생컨설팅

중소기업 회생절차와 관련하여, ① 기업회생절차를 진행하기 위해서는 신청대리인 선임비용, 절차비용을 위한 예납금 등 상당한 비용이 필요한데, 이는 이미 경제적 파탄상태에 이른 중소기업에게는 상당한 부담으로 작용하는 점, ② 회생가능성을 높이기 위해서는 기업경영의 이상 징후를 조기에 발견하여 회생절차를 통한 구조조정 또는 채무조정으로 나아가, 빠른 시일 내에 기업경영을 정상화하여야 하나, 중소기업은 보유한 자금을 거의 소진한 이후에서야 비로소 회생절차 신청을 대안으로 고려하는 경우가 많은 점(보통 회생절차를 신청하기 6개월 이전부터 운영자금 조달의 곤란을 겪고 있다고 함), ③ 중소기업은, 기업가치가 상대적으로 낮고, 경제성이 인정되더라도 채권변제액 또는 변제비율이 낮으며, 재배치할 인적·물적 자원도 부족한 경우가 대부분이어서, 채권금융기관들이 중소기업의 회생 여부에 대해 관심이 적은 점, ④ 회생절차개시신청을 검토하는 중소기업은 회생절차개시신청 당시 부도 우려 등에 따른 긴급성이나 회생절차에 대한 정보부족 등으로 인하여 회생절차에 관하여 매우 부실한 자문을 받고 있고, 이로 인해 적절한 회생계획을 수립하지 못하여 회생에 실패할 확률이 높은 점 등이 문제로 지적되고 있다.

따라서 중소기업에 대해서는, ① 기업경영에 이상 징후가 발생한 초기에 회생절차개시를 신청하도록 유도하고, 나아가 경영실패의 원인에 대한 전문가적 진단을 기초로 성공가능한 사업부문에 기업가의 역량을 집중하도록 하는 한편 경제성 없는 사업부문에 대한 집착을 버리도록 유도할 필요가 있는 점(해당 중소기업이 단일한 사업을 영위하고 있을 경우, 청산 또는 파산절차를 통하여 사업을 정리한 후 대표자 등으로 하여금 새로운 도전을 할 수 있도록 유도함), ② 그럼으로써 채권금융기관들도 중소기업의 회생절차에 적극적으로 참여 또는 협력할 수 있는 계기가 마련될 수 있고, 법원으로서도 회생가능성이 높은 기업의 회생에 역량을 집중함으로써 회생절차의 효율성을 고양할 수 있는 점, ③ 채무자가 회생절차 초기에 예납하는 절차비용의 대부분은 조사위원의 보수로 지출되는데, 기업의 규모가 그리 크지 않고 사업부문 역시 비교적 단순한 중소기업의 경우에는, 조사위원의 조사보고 내용 역시 비교적 간단하고 정형적이므로, 일정한 수준이 보장되는 도산전문가(공인회계사 등)로 하여금 관리인 조사보고서를 보다 내실 있게 작성하도록 보조하게 함으로써, 조사위원의 조사보고 절차를 생략하여 절차 비용을 절감할 수 있는 점(즉 관리인 조사보고서로 조사위원의 조사보고서를 대체함으로써, 조사위원 보수에 상응하는 비용을 절감함), ④ 중소기업에 대한 회생절차의 경우, 상대적으로 채권·채무관계가 복잡하지 않고, 이해관계인이 회생절차 진행에 이의를 제기하는 경우가 많지 않으므로 회생절차개시신청 초기단계부터 적정한 수준의 회생컨설팅으로 조사위원 선임 및 조사위원의 조사보고 절차를 과감하게 생략함으로써 회생절차를 간소화할 수 있고, 나아가 도산전문가로부터 적정한 수준의 자문과 도움을 받아 채권자들과의 조기협상으로 적절한 회생계획이 수립됨으로써 회생가능한 기업이 조기에 안정될 수 있는 발판을 마련할 수 있는 점 등을 고려하면, 법원이 유관기관과의 연계 및 협력 등을 통하여, 전문가적 진단을 거친 후 성공가능한 사업부문에 기업가의 역량을 집중하도록 하는 한편 경제성 없는 사업부문은 매각 등을 통하여 과감하게 정리하게 하고, 나아가 새로운 사업에 도전할 수 있게 하는 여건을 마련할 필요가 있다.

이에 따라 서울중앙지방법원은 2013. 5.경부터 회생컨설팅 제도를 시행한 후 서울회생법원도 이를 유지하고 있고,[19] 2020년부터는 간이회생절차도 회생컨설팅의 지원대상에 포함되었다.

중소기업 진로제시컨설팅에서 지원대상으로 선정된 후 법원에 회생절차개시신청을 하는 경우(진로제시컨설팅 연계유형) 또는 회생절차개시신청 후 법원과 중소벤처기업진흥공단 사이에 체결된 업무협약에 따라 회생컨설팅 지원대상으

---

19) 중소벤처기업부는 중소벤처기업진흥공단을 주관기관으로 하여 '중소기업 재도약컨설팅 지원사업'을 시행하고 있고, 이는 다시 진로제시컨설팅, 회생컨설팅, 구조개선 계획수립컨설팅으로 나눌 수 있는데, 각 컨설팅의 개요는 다음과 같다.
　① 진로제시컨설팅: 기업의 경영위험 요소에 대한 심층진단을 통해 계속기업가치, 청산가치를 비교분석하여 구조개선, 회생지원 및 사업정리 등 진로제시를 목적으로 하는 컨설팅
　② 회생컨설팅: 경영위기에 직면한 중소기업의 효율적인 회생을 위하여 전문인력이 수행하는 컨설팅으로써 정부지원을 통해 중소기업의 효율적이면서 신속한 회생을 목적으로 하는 컨설팅
　③ 구조개선 계획수립컨설팅: 경영애로 중소기업의 역량강화를 위하여 사업구조, 생산구조, 재무구조 및 조직구조 개선 등 구체적인 구조개선 실행방안 수립을 목적으로 하는 컨설팅

로 선정된 경우(협업법원 연계유형[20])에 대하여, 법원은 조사위원 보수를 제외한 나머지 절차비용만을 예납금으로 납부하게 하고, 회생절차 진행 시 조사위원의 선임을 생략하고 그 역할을 회생컨설팅 수행기관인 회생컨설턴트로 하여금 수행하도록 하고 있다.[21][22] 이 경우 해당 중소기업[23]은 회생컨설턴트 비용 중 일부 및 부가가치세에 해당하는 기업부담금을 납부하고 나머지 비용은 중소벤처기업진흥공단(회생컨설팅사업 주관기관)으로부터 지원받으므로 절차비용을 절약할 수 있고, 이와 같이 절약한 비용을 회사 운영자금이나 변제재원으로 투입함으로써 보다 실질적인 재기를 도모할 수 있게 되었다.

한편 협업법원 연계유형의 경우 회생컨설턴트로 지원받을 수 있는 분야는 조사보고서 작성업무를 대신하는 회계전문가에 한정되나, 진로제시컨설팅 연계유형의 경우 위와 같은 회계전문가뿐 아니라 회생절차에 관한 서류제출 및 법률자문을 하는 법률전문가가 컨설턴트로 선정되어 회생절차에 관한 법률대리인 선임비용도 지원받을 수 있다는 장점이 있다. 이에 서울회생법원은 중소벤처기업진흥공단과의 협의에 따라 서울회생법원 뉴스타트 상담센터를 통해 회생절차 신청 여부를 검토하는 기업을 대상으로 회생절차를 전제로 하는 진로제시컨설팅 절차를 진행하여 법률대리인 선임비용을 지원할 수 있도록 하였다(이른바 약식진로제시컨설팅).

---

20) 2022. 9. 기준 중소기업 회생컨설팅 업무협약을 체결한 법원은 서울회생법원 외에도 인천, 수원, 의정부, 광주, 창원, 대전, 부산, 대구, 울산, 제주, 춘천, 전주, 청주지방법원이 있다. 위 각 법원에서 진행하는 회생사건 역시 중소기업 회생컨설팅 제도를 이용할 수 있다.

21) 성공적인 회생컨설팅을 위해서는 중소기업이 처한 경영상황이나 내부역량 등에 대한 전문가적 진단을 토대로 일정 수준 이상의 관리인 조사보고서 및 회생계획안을 작성하는 것이 무엇보다도 중요하고, 이를 위해서는 컨설턴트의 자격을 일정 수준 이상으로 유지·관리할 필요가 있다. 중소벤처기업진흥공단은 회생컨설팅사업 세부지침에 따라 지방법원 회생합의사건(회합사건)과 간이회생합의사건(간이회합) 조사위원 목록에 소속된 회계법인(개인공인회계사 포함) 또는 조사기관을 대상으로 컨설턴트 풀을 마련하고 있다.

22) 한편, 서울회생법원 실무준칙 제202호 '중소기업 회생컨설팅 지원대상 채무자에 대한 회생사건' 제6조는 조사위원 보수가 포함된 예납금이 납부된 후 채무자가 회생컨설팅 지원대상으로 선정되어 회생컨설턴트가 그 업무를 수행하고 그 수행결과가 적절하다고 판단되는 경우 법원은 채무자의 신청에 따라 회생절차폐지결정이나 종결결정 전이라도 조기에 예납금 중 일부를 환급할 수 있도록 규정하고 있다. 서울회생법원은 위 준칙을 적용하여 회생컨설팅 지원대상 채무자에 대해 예납금 중 일부를 환급해 줌으로써 채무자의 운영자금, 변제재원 등으로 사용하게 하고 있다.

23) 한편 중소기업 회생컨설팅 제도는 2016년까지 법인인 중소기업에 한정하여 운영하여 오다가 2017년부터 회사가 아닌 중소기업자 개인의 일반회생 사건의 경우에도 확대 실시되고 있다(법 제4편에 따른 개인회생절차에 해당되는 중소기업자는 제외).

3. P-Plan 회생절차(사전계획안 회생절차)

채무자가 회생절차 개시신청 전에 주요 채권자들과 채무자의 채무조정 또는 구조조정 방안에 관해 협의를 하고, 그 협의의 결과를 담은 회생계획안에 대해 채권자 다수의 사전 동의를 받은 다음, 이를 토대로 회생절차를 진행할 수 있다면 회생절차의 성공가능성을 크게 높일 수 있을 것이다. 이와 같은 관점에서 도입된 절차가 이른바 '사전계획안 제출제도'이다.

법에 따르면 부채의 2분의 1 이상에 해당하는 채권을 가진 채권자 또는 이러한 채권자의 동의를 얻은 채무자는 회생절차개시신청이 있은 때부터 회생절차개시 전까지 사전계획안을 제출할 수 있고($^{법 제223조}_{제1항}$), 사전계획안을 제출하거나 그 사전계획안에 동의한다는 의사를 표시한 채권자는 결의를 위한 관계인집회에서 그 사전계획안을 가결하는 때에 동의한 것으로 보며($^{법 제223조}_{제7항 본문}$), 사전계획안을 서면결의에 부친 경우에도 사전계획안을 제출하거나 법 제240조 제2항의 회신기간 전에 그 사전계획안에 동의한다는 의사를 표시한 채권자는 회신기간 안에 동의한 것으로 간주된다($^{법 제223조}_{제8항 본문}$). 따라서 채무자가 회생절차개시신청 전에 주요 채권자들로부터 사전동의를 확보한 사전계획안을 제출할 수 있게 되고, 서면결의의 경우에는 사전동의서의 동의 간주 효력을 활용할 수 있게 되었다.

실무에서는 사전계획안이 제출되는 회생절차를 사전계획안 회생절차 또는 미국 연방파산법 제11장 회생절차 중 프리패키지드 플랜(Prepackaged Plan) 절차에 빗대어 P-Plan 회생절차라고 부르고 있다

P-Plan 회생절차에 관한 상세 내용은 제13장 제2절 6. 'P-Plan 회생절차(사전계획안 회생절차)' 참조.

4. 중소기업 맞춤형 회생절차 프로그램(S-Track)

중소기업은 사업체수 기준 약 99.9%, 종사자수 기준 약 83%를 차지할 정도로 우리 경제에 미치는 비중이 높지만,[24] 대기업에 비하여 경기변동에 취약하고 도산 위험에 처할 확률도 훨씬 높다는 사실은 널리 알려진 바와 같다.

---

24) 중소벤처기업부의 중소기업통계: ① 사업체수 기준 비율 99.9%(2016년부터 2019년까지 동일 수치임), ② 종사자수 기준 비율 82.7%(2019년), 83.2%(2018년), 83.3%(2017년), 83.1%(2016년).

　　이러한 중소기업은 기업구조조정에 있어서도 대기업과 다른 특징을 가진다 할 것인데, 그중 중소기업 회생절차의 특징 내지 어려움에 대하여는 여러 가지 분석이 제시되고 있고, 그 대표적인 요소로는 ① 도산절차의 접근곤란(Access to insolvency procedures),[25] ② 중소기업가 개인의 새로운 출발의 어려움(Avail-ability of a "fresh start"),[26] ③ 채권자의 소극성(Creditor Passivity),[27] ④ 도산절차 중의 정보제약(Limited information during insolvency),[28] ⑤ 재정적 지원의 낮은 접근성(Accessibility of finance),[29] ⑥ 기업도산제도와 개인도산제도의 혼재(Overlap between business insolvency and personal insolvency regimes),[30] ⑦ 도산절차에서 필요한 자산의 부족(Insufficient assets to fund insolvency proceedings)[31] 등이 거론되고,[32] 그 외에도 ⑧ 회생절차에 성공한다 하더라도 경영권을 상실할 수 있다는 두려움이 회생절차개시신청에 부정적인 요소로 작용한다는 지적이 있었다.

　　위와 같은 중소기업의 회생절차 이용의 어려움을 해소하고 신속한 재기를 지원하기 위하여 법원과 정부부처 등 유관기관들은 다양한 지원프로그램을 시행하여 왔으나, 도산 위기에 처하여 경황이 없는 중소기업이 사회에 흩어져 있는 다양한 지원프로그램을 효율적으로 이용하고 적기에 지원받기에는 현실적 한계가 많다는 지적이 적지 않았다.

　　이에 서울회생법원은 우리 사회에 흩어져 있는 여러 재기지원제도를 회생

---

25) 재정적 어려움에 대한 인식과 반응을 위한 기술이 부족하다는 점, 회계장부 정리 등 도산절차 신청을 위한 사전문서작업 등의 역량이 부족하다는 점, 복잡한 도산 시스템(complex insolvency systems)에 대한 대응의 어려움 등을 들 수 있다.

26) 보증채무 등으로 인하여 중소기업가 개인에 대한 새로운 출발이 어렵기 때문에 기업회생의 인센티브도 낮다는 점 등을 들 수 있다.

27) 기업 규모가 작을수록 도산절차를 통해 회수할 수 있는 이익이 비용에 비해 작기 때문에 채권자들이 도산절차 참여에 소극적이 된다는 점 등을 의미한다.

28) 채권자를 포함한 절차관계인에게 재정적 정보를 포함하여 적절한 정보를 제공하기에는 아직 도산절차 시스템이 미흡하다.

29) 기업의 기본정보나 기업구조조정계획에 대한 신뢰도가 낮고, 신규자금 지원자에 대한 최우선권 부여에 관한 입법상 미비 등의 이유로 신규자금을 지원받기가 어렵다.

30) 중소기업은 그 운영과 자산·부채 등에 관해 경영자(또는 그 가족)와 기업의 권리 및 책임의 구분이 명확하지 않고, 이로 인해 절차선택에 있어서나 진행과정 그리고 회생의 가능성에 대하여도 어려움이 발생한다.

31) 많은 중소기업은 지급불능을 공식적으로 선언하지 않고, 이에 따라 도산신청도 늦어지며, 도산절차를 진행할 비용조차도 부족하게 되는 경우가 많다.

32) "Insolvency of micro, small and medium-sized enterprises (A/CN.9/WG.V/WP.147)", UNCITRAL Working Group V(Insolvency Law) Fifty-first session(2017. 5.); "Saving Entre-preneurs, Saving Enterprises: Proposals on the Treatment of MSME Insolvency", World Bank Group(2018) 등 참조.

절차와 연계하여 압축적·효율적으로 제공함으로써 중소기업의 재기에 실질적 도움을 주고자 중소기업 맞춤형 회생절차 프로그램(S-Track)33)을 운영하고 있고, 이는 서울회생법원이 지향하는 도산절차에 있어서의 허브(HUB) 코트로서의 구체적 실천방안 중 하나이다.

S-Track은 절차진행 단계에 따라 ① 신청 전 지원프로그램, ② 신청 지원프로그램, ③ 절차진행 지원프로그램, ④ 복귀 지원프로그램으로 구성되어 있다.

S-Track의 지원대상은 부채 150억 원 이하인 기업을 원칙으로 하되, 벤처기업, 경영자 개인에 대한 회생절차의 동시진행이 필요한 기업, 도산절차에 대한 정보가 취약한 기업 등도 이용가능하도록 그 범위를 확대하였다.34)

신청 전 지원프로그램 및 신청 지원프로그램은 ① 서울회생법원 뉴스타트 상담센터35) 운영방안(회생컨설팅 및 중소기업 맞춤형 회생절차 등 회생절차 시 조력 가능한 영역에 대한 상담을 제공), ② 중소벤처기업부와의 상담프로그램 연계방안 [중소벤처기업부 또는 중소벤처기업진흥공단의 채무조정 관련 상담센터(재도약종합지원센터 등)에서 중소기업 맞춤형 회생절차 안내를 신설하고, 서울회생법원 뉴스타트 상담센터의 방문자에게 이를 소개하며, 또한 회생컨설팅에서 약식진로제시컨설팅36)을 신설함], ③ 한국자산관리공사의 기업구조혁신지원센터37)와의 상담연계방안 등으로 구성되어 있다.

절차진행 지원프로그램은 ① 회생채권자 등과의 협상 조력방안[인적·물적 기반이 부족한 중소기업의 부족한 협상 능력을 보완해 주기 위해 CRO(Chief Restructuring Officer, 구조조정담당임원) 및 교섭지원 조정위원38)을 활용하여 채무자와 이해관

---

33) S-Track은 'Small and medium-sized enterprise tailored rehabilitation Track'의 약어이다.
34) 실무상 S-Track의 지원신청을 하는 모든 채무자 회사에 대하여 S-Track 이용을 허용하고 있다.
35) 2017. 3. 1. 서울회생법원 개원과 함께 설치한 도산전문 상담센터로서, 채무자의 부담 경감, 개인회생·파산제도 악용 및 브로커 개입 방지, 서민의 개인회생·파산제도에 대한 이해도 증대, 개인회생·파산제도의 활성화 등을 위하여 개인파산관재인, 전임 회생위원, 서울지방변호사회 개인파산·회생지원변호사단 소속 변호사, 중소기업진흥공단 회생컨설팅 전담 직원, 서울금융복지상담센터 직원, 신용회복위원회 직원, 고용노동부 고용복지센터 직원 등의 도산 전문가가 직접 상담서비스를 제공하고 있다. 2022. 9. 30. 기준 총 10,896명이 뉴스타트 상담센터를 이용하였다.
36) 자세한 내용은 '제1장 제4절 2. 중소기업 회생컨설팅' 부분 참조.
37) 한국자산관리공사의 기업구조혁신지원센터는 2018. 4.경 기업이 경영애로를 극복할 수 있도록 민간자금유치, 자산매각 방안, 운영자금 지원방안 등 다양한 분야를 종합적으로 상담하고 적합한 프로그램을 연계·지원하고자 설립되었는데, 재무구조개선에 필요한 자금을 조달하려는 중소·중견기업과 자본시장 투자자를 연결해주는 기업구조조정의 플랫폼으로 기능하는 것도 그 목적으로 한다.
38) 서울회생법원은 2017. 4. 6. 이후 시범실시를 거쳐, 2017. 7. 19. 도산전문가 10명을 회생·파

계인 사이의 협상을 지원], ② 인가 전 M&A 및 자금조달의 활성화 방안[ⓐ M&A 인수대금에 DIP의 특별보상금이 포함되도록 하고 이를 회생계획에도 명시함으로써 DIP 의 M&A에 대한 적극적인 추진 동기를 부여, ⓑ 금융투자협회의 비상장 주식 공개시장 인 K-OTC pro를 통한 자금지원 및 M&A 기회 제공, ⓒ 한국자산관리공사의 신규자금 지원(DIP financing),[39] 자산 매각 후 임대(Sale & Lease Back), 투자자 매칭 지원의 적 극적 활용, ⓓ 중소벤처기업부와의 협력을 통한 '인가 후 구조개선 전용자금'의 활성화 등]으로 구성된다.

복귀 지원프로그램은 ① 중소기업 지분보유조항(ERP)[40] 제도의 도입방안, ② 종결 및 회생계획 수행 조력방안(ⓐ 신용도의 조기회복 등을 위한 조기종결의 원 칙적 적용, ⓑ 부인권 등을 전담하기 위한 회생계획수행기구[41]를 분할신설하여 본래 사 업에 집중할 수 있도록 지원) 등으로 구성된다.

서울회생법원의 각 재판부는 절차단계별로 적용가능한 다양한 제도의 실질 적 활용을 위하여, 신청 직후 이루어지는 보전처분의 단계에서 S-Track 안내 및 신청서를 채무자의 대표자에게 교부하면서 제도의 개요와 취지를 상세히 설 명한 뒤, 각 단계별로 해당 채무자에 적용될 수 있는 프로그램의 적합성을 수시 로 체크하여 관리인 등과 그 적용 여부를 협의하고, 절차 종료 후에는 각 사건 별 적용결과를 평가하고 있다.[42]

산사건 교섭지원 조정위원으로 위촉하여 중소기업 채무자의 채권자와의 개별협상을 지원하고 있다. 교섭지원 조정위원을 위촉하여 채권자와의 협상을 성공적으로 지원한 사례로는 서울회생 법원 2017회합100206 (주)삼정스틸, 2018회합100026 (주)해우촌, 2018회합100038 (주)레이크힐스 순천, 2017간회합100059 대한예수교장로회 예수마을교회 사건 등 참조.

39) 이 정책의 일환으로 한국자산관리공사는 2019. 11. 1. 자본을 출자하여 회생기업 자금대여 (DIP금융)를 전담하는 '캠코기업지원금융 주식회사'를 설립하고 2021년 말까지 회생계속기업 총 86개의 회사에 대하여 713억 원의 DIP금융 지원을 완료하였다. 위 DIP금융 지원제도는 회생기 업(회생종결기업 포함)의 지원-심사-승인-집행의 단계로 이루어지는데, 그 자금대여는 운전자 금, 시설자금, 대환자금의 용도여야 한다. 서울회생법원은 한국자산관리공사, 중소벤처기업진흥 공단 등과 '성공적 회생기업 지원을 위한 업무협약'을 체결하여 서울회생법원에서 진행하는 관 리인 직무교육 프로그램 내에 '캠코 DIP금융 등 정상화 프로그램 관련 세션'을 마련하여 교육 을 진행하고, 주무 관리위원은 이러한 프로그램을 관리인들에게 적극적으로 소개하고 있다.

40) ERP는 'Equity Retention Plan'의 약어로서, 회생채권자 등에 대하여 출자전환을 할 때 상환 전환우선주의 형태로 신주를 발행하는 방식으로서, 기존 경영자의 기업재건의지를 고양하고 손 상된 채권자들의 변제율을 높이기 위한 제도이다. 상세한 내용은 '제13장 제5절 5. 라. 5)' 참조.

41) PCLV(Postconfirmation Liquidation Vehicles, 회생계획 수행기구)에 대한 상세한 내용은 '제 13장 제5절 8. 다. 4) 나)' 참조.

42) 최근에 있었던 S-Track 시행 사건은 서울회생법원 2020회합100166 이준종합건설(주), 2020회 합100010 티피피(주) 등이 있다.

5. 자율 구조조정 지원 프로그램(Autonomous Restructuring Support, ARS)의 실시

가. 의의 및 취지

'자율 구조조정 지원 프로그램(이하 ARS)'이라 함은 회생절차개시신청부터 회생절차개시까지 채무자로 하여금 자율적으로 채권자들을 상대로 구조조정 협의를 할 수 있는 기회를 주는 것을 말한다. 원래 채무자의 자구노력만으로 기업 구조조정이 이루어지지 않을 경우, 먼저 ① 채무자가 주요 채권자들과 사적 구조조정(Out-of-Court Restructuring)을 위한 협의를 하고, ② 사적 구조조정에 적합하지 않거나 채권자들과의 협의가 제대로 이루어지지 않을 경우 법적 구조조정(In-Court Restructuring)에 해당하는 회생절차를 진행한다.

회생절차는 사적 구조조정과 비교할 때 더 효과적인 부분(강제집행금지, 다수결 원칙에 따른 회생계획인가, 반대채권자의 권리변경)이 있지만, 상거래채권의 변제가 제한되고 신규자금 대출에 사실상 제약이 있는 등 정상적인 영업활동에 어려움이 있다는 지적이 있었다. 그리고 우리나라의 회생절차는 미국의 회생절차[43]와 달리 회생신청만으로 어떠한 효과가 발생하지 않고 회생절차개시결정을 하여야 회생절차를 본격적으로 시작한다. 따라서 ARS 제도를 따로 둠으로써 회생절차개시신청부터 회생절차개시 전까지의 기간(ARS 기간) 동안 채권자들과 채무자에게 우선적으로 사적 구조조정의 방식에 따른 협의를 하도록 지원함과 아울러 위와 같이 공백 상태에 있는 ARS 기간을 효과적으로 활용하도록 한 것이다.[44]

---

43) 미국 연방파산법 제11장.
44) 서울회생법원에서 이루어진 최초의 ARS 진행 사건은 2018회합100166 (주)다이나맥(협의 결렬)이다.

나. 내 용

[ARS 프로그램 적용 시 구조조정/회생절차 흐름도]

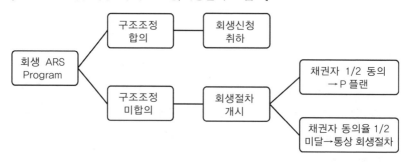

먼저 회생을 신청한 채무자나 채권자들이 ARS 회부 의사를 표시하는 경우[45] 법원은 ARS 회부 여부를 판단하기 위하여, 주요 채권자들 및 채무자, 필요한 경우 그 밖의 이해관계인을 소집하여 그 의사를 확인한다.[46]

그 결과 법원에서는 ARS 절차에 회부하는 것이 타당하다고 인정하는 경우 일정 기간 동안 회생절차개시 여부를 결정하지 않고 보류한다. 이때 법원은 별도의 재판 없이 당사자 사이의 협의 진행 경과를 기다렸다가 협의가 결렬되면 회생절차개시결정 등을 할 수 있으나, 절차의 명확성을 위하여 채무자에 대하여 '회생절차개시 여부 보류 결정'을 내리기도 하는데,[47] 이 경우 주문에는 '채권자들과 채무자 사이의 구조조정에 관한 협의를 지원하기 위하여 이 사건 회생절차개시 여부 결정은 ○○○○. ○○. ○○.까지 보류한다.'라고 기재한다(회생절차개시 여부 보류 결정의 기재례는 [별지 21-1] 참조).[48]

---

45) 한편 당사자가 ARS 회부 의사를 표시하지 않았지만, 법원에서 채권자들이 소수(3명)임을 고려하여 먼저 ARS를 권고하였으나 주채권자의 반대로 협의가 결렬되어 회생절차를 그대로 진행한 사건으로 서울회생법원 2018간회합100117 티아이인터내셔널(주)가 있고, 2019회합100155 (주)에이치케이의 경우 법원의 권유로 ARS를 진행하기로 합의한 바 있다.

46) ARS가 도입된 초기인 2018년에는 회생재판부 주재 하에 당해 사건의 채무자, 주요 채권자, 실사 회계법인 등 이해관계인이 회생절차의 진행방향을 논의하는 협의체인 '회생절차협의회'를 구성하여 ARS 의사를 확인한 바 있다. 최근에는 따로 회생절차협의회를 구성하지 않고, 신청서 및 그 첨부서류에 당사자들의 의사가 확인되는 경우[2020회합100189 쌍용자동차(주), 2021회합100043 (주)아이티엑스에이아이, 2022회합100044 (주)시스웍], 심문에서 당사자들의 동의서를 제출하라고 한 다음 그 동의서가 제출된 경우 등 비교적 자유로운 방식으로 그 의사를 확인하고 있다.

47) 참고로 채무자에 대하여 회생절차개시 보류 결정을 내린 사건으로 서울회생법원 2019회합100134 (주)티엔제이, 2022회합100044 (주)시스웍이 있다.

48) 한편 ARS 절차 및 이에 따른 회생절차개시 여부 보류 결정에 대하여 명확한 법률상 근거가 있는 것은 아니나, 결정문 이유에 들어갈 법률 조항에 대하여 대부분의 실무에서는 '법 제39조의2 제2항 제1, 6호'를 기재하고 있다[2020회합100189 쌍용자동차(주), 2021회합100043 (주)아이

ARS 기간은 최대 3개월을 원칙으로 하는데, 실무상으로는 최초 1개월을 부여하고, 위 협의의 진척 상황에 따라 추가 2개월(1회당 1개월)까지 연장하고 있다. 다만, 애초에 예상했던 것보다 협의가 길어지는 경우 ARS 기간을 3개월을 초과하여 연장한 사례도 있다.[49]

ARS 기간 동안 채무자는 종전과 동일하게 상거래채권을 변제하고 정상적으로 영업을 하면서 주요 채권자들과 자율적으로 구조조정 협의를 진행하되, 기업실사·투자계약 합의 등 일정한 단계에 이를 경우 법원에 회생절차개시 여부 보류 기간 연장신청을 할 수 있다. 그 동안 법원은 채무자로 하여금 구조조정 협의에 적극적으로 임하도록 지도하고 그 경과, 내용 등을 정기적으로 보고하도록 한다. 자율 구조조정 협의 결과 주요 채권자들과 채무자 사이에 구조조정안이 최종적으로 타결되면 신청인은 회생절차개시신청을 취하하게 되고, 보전처분이 이미 내려진 상황이라면 법원은 회생절차개시신청 취하를 허가한다.[50] 반대로 협의가 이루어지지 않는 경우 채무자에 대한 회생절차개시 요건을 심리한 다음 회생절차개시결정을 할지 여부를 판단하게 된다.[51]

다. ARS 지원을 위한 법원의 조치

법원은 ARS 기간 동안 채무자와 채권자들이 요청하는 경우 기존의 채무자회생에 관한 법제도를 활용하여 위 구조조정 협의에 대한 여러 가지 지원조치를 할 수 있다. 먼저 법원은 채무자에 대한 변제금지 등 보전처분과 채권자들에 대한 강제집행 금지 등 포괄적 금지명령을 할 수 있다. 다음으로 ARS 기간 동안 법원은 채무자의 운영자금 대출 등을 포함한 DIP금융 신청을 허가해줄 수 있는데 그 후 회생절차가 개시되더라도 위 금융채권을 최우선변제권이 있는 공익채권으로 할 수 있다. 그리고 법원은 채권자협의회 추천 등을 거쳐 CRO를 선임해 줌으로써 위 ARS 기간 동안 채권자들과 채무자 사이의 소통 창구 역할

티엑스에이아이, 2022회합100044 (주)시스웍 등].

49) 서울회생법원 2018회합100210 (주)동인광학 사건의 경우 5차에 걸쳐, 2019회합100148 (주)폴루스바이오팜 사건의 경우 8차에 걸쳐 각 회생절차개시 여부 보류 결정을 함으로써 ARS 기간을 3개월을 초과하여 부여하기도 하였다.

50) ARS 절차에 회부되었다가 당사자 간에 합의가 이루어져 회생절차개시신청을 취하하고 서울회생법원이 이를 허가한 사건으로 2019회합100191 경원포장산업(주), 2019회합100155 (주)에이치케이, 2019회합100134 (주)티엔제이, 2020회합100147 (주)남산배관센타, 2021회합100043 (주)아이티엑스에이아이 등이 있다.

51) ARS 절차에서 당사자들 간에 합의가 결렬된 이후 서울회생법원이 회생절차개시결정을 한 사건으로 2019회합100194 (주)시네마서비스, 2019회합100015 의료법인 제일의료재단, 2019간회합100057 (주)코시트, 2020회합100189 쌍용자동차(주) 등이 있다.

또는 구조조정 방안을 제시하는 역할을 수행하도록 할 수 있다. 이와 별개로 협상지원을 위한 조정위원(Mediator)을 선임함으로써 채권자와 채무자 사이뿐만 아니라 채권자들(찬성채권자와 반대채권자) 사이에서도 구조조정을 위한 협상을 중재하도록 할 수도 있다.

　설령 구조조정 협의가 결렬된다고 하더라도 법원은 회생절차를 신속하게 진행할 수 있도록 다음과 같은 조치를 할 수 있다. 즉, 구조조정을 위한 실사 회계법인이 구조조정 협의 당시 작성한 실사결과를 조사위원이 회생절차에서 작성하는 조사보고서의 참고자료로 활용할 수 있다. 그리고 구조조정 협의 당시 그 교섭에 참여하였던 인수희망자가 있는 경우 인가 전 M&A 절차를 진행할 수 있고,[52] 개시결정과 동시에 사전협상 당시 합의하였던 인가 전 영업양도에 대한 허가를 해 주어 즉시 정상 영업을 하게 할 수 있다. 또한 구조조정안이 합의에 이르지 않더라도 부채 1/2 이상 채권을 가진 채권자가 동의하는 경우 사전계획안 회생절차(P-Plan)로 진행할 수도 있다.[53]

---

52) ARS 절차 결렬 후 이루어진 회생절차에서 인가 전 M&A가 진행된 사건으로 2018회합100253 일송개발(주)가 있다. 이 사건에서 ARS 절차에 따라 진행된 사전실사에서 부외부채가 발견되었고 이에 개시 전 조사위원을 선임하여 부외부채를 정밀하게 실사함으로써 채무자의 부채 규모가 신속하게 확정되었고 이를 토대로 회생계획안을 마련하여 구조조정의 협상을 시작함과 아울러 회생개시 이후 조사위원을 재차 선임하여 조사보고서를 제출하는 과정을 거치지 않게 함으로써 회생절차의 전체적인 소요기간을 최대한 단축하도록 하였다.
53) ARS 절차에서 합의에 이르지 못하였더라도 이를 활용하여 P-Plan 절차를 진행한 사건으로 2018회합100210 (주)동인광학이 있다. 이 사건에서는 금융채권자협의회에서 채무조정에 관한 안건이 부결되었지만 회계법인이 제출한 실사보고서를 바탕으로 채권자들의 동의를 받아 P-Plan을 진행하여 회생계획인가를 받은 것이다. 반면에 2018회합100166 (주)다이나맥 사건에서는 주요 채권자들이 모두 회생개시결정에 우호적인 상황이었기는 하나 최대채권자가 채무자에 대한 채권을 매각할 예정이어서 효율적인 회생절차 진행을 위해 P-Plan 절차 대신에 통상의 회생절차 진행을 선택한 것이다.

回 生 事 件 實 務

제2장

·
·
·

총   칙

제1절 관할 및 이송 등

제2절 송달 및 공고

제3절 즉시항고

제4절 등기·등록의 촉탁

제5절 이해관계인의 사건기록의 열람·복사 등 청구권

제6절 재산조회

제7절 민사소송법 등의 준용

제1절 관할 및 이송 등

1. 관 할

가. 원칙적 관할

회생사건 및 간이회생사건은 다음 어느 한 곳을 관할하는 회생법원[1]의 관할에 전속한다($\frac{법 제3조}{제1항}$). 개인이 아닌 채무자에 대한 회생사건[2]은 제1항부터 제4항까지의 규정에 따른 회생법원의 합의부의 관할에 전속한다($\frac{법 제3조}{제5항}$).

1) 채무자의 보통재판적이 있는 곳($\frac{법 제3조}{제1항 제1호}$)

개인의 보통재판적은 그의 주소에 따라 정하고, 다만 대한민국에 주소가 없거나 주소를 알 수 없는 경우에는 거소에 따라 정하며, 거소가 일정하지 아니하거나 거소도 알 수 없으면 마지막 주소에 따라 정한다($\frac{민사소송법}{제3조}$). 법인, 그 밖의 사단 또는 재단의 보통재판적은 주된 사무소 또는 영업소가 있는 곳에 따라 정하고, 사무소와 영업소가 없는 경우에는 주된 업무담당자의 주소에 따라 정한다($\frac{민사소송법}{제5조 제1항}$). 외국법인의 보통재판적은 대한민국에 있는 사무소·영업소 또는 업무담당자의 주소에 따라 정한다($\frac{민사소송법}{제5조 제2항}$).

2) 채무자의 주된 사무소나 영업소가 있는 곳 또는 채무자가 계속하여 근무하는 사무소나 영업소가 있는 곳($\frac{법 제3조}{제1항 제2호}$)

법인, 그 밖의 사단 또는 재단의 경우에는 보통재판적 소재지가 주된 사무소 또는 영업소가 있는 곳이므로 이 조항은 별다른 의미가 없다. 그러나 개인 채무자의 경우 보통재판적이 있는 곳과 채무자의 주된 사무소나 영업소가 있는 곳, 채무자가 계속하여 근무하는 사무소나 영업소가 있는 곳이 다를 수 있으므로 이 조항에 따라 채무자의 보통재판적 소재지와는 다른 관할이 인정될 수 있다.

회사의 본점 소재지를 기준으로 관할법원을 정하지 아니한 것은 회사의 정관(등기부)상의 본점 소재지와 현실 영업의 본거지가 일치하지 아니한 예가 종종 있고,[3] 그와 같은 경우 명목적인 정관(등기부)상의 본점 소재지를 관할하는

---

1) 회생법원이 설치되지 아니한 지역은 회생법원이 설치될 때까지 관할 지방법원 또는 지방법원 본원은 이 법에 따른 회생법원으로, 관할 지방법원장은 이 법에 따른 회생법원장으로 본다 [법 부칙(제14472호) 제2조].
2) 서울회생법원은 법인에 대한 간이회생사건도 합의부에 배당하여 처리하고 있다.
3) 실무상 법인의 등기부에 기재된 주소를 주된 사무소 또는 영업소가 있는 곳으로 보되, 그 등기부상의 주소와 관할이 다른 별개의 주소가 주된 사무소 또는 영업소에 해당한다고 주장하면

법원보다 현실적으로 영업활동의 실질적인 본거지를 관할하는 법원에서 회생절차를 진행하는 것이 채무자·채권자를 위해서나 절차의 원활한 진행을 위해서도 효율적일 것이라는 점을 고려한 것이다.[4]

3) 위 1) 또는 2)에 해당하는 곳이 없는 경우에는 채무자의 재산이 있는 곳 (법 제3조 제1항 제3호)

법 제3조 제1항 제1호 또는 제2호에 해당하는 곳이 없는 경우에는 채무자의 재산이 있는 곳(채권의 경우에는 재판상의 청구를 할 수 있는 곳을 말한다)을 관할하는 회생법원에 전속한다.

1) 내지 3) 기재 관할은 전속관할이므로 민사소송법상의 합의관할이나 응소관할에 관한 규정이 적용될 여지는 없다(법 제33조, 민사 소송법 제31조). 따라서 법원은 회생절차개시신청이 있으면 직권으로 관할권 유무를 조사하여야 한다.

나. 경합적 관할(관할의 특례)

법은 회생절차를 더욱 쉽게 이용할 수 있도록 하고, 관련 사건에 관하여 동일한 법원에 회생절차를 신청함으로써 절차의 효율성을 높이기 위하여 위와 같은 원칙적 관할법원에 더하여 다음과 같은 일정한 법원에도 경합적 관할권을 인정하고 있다.

① 채무자의 주된 사무소 또는 영업소의 소재지를 관할하는 고등법원 소재지의 회생법원(법 제3조 제2항)[5][6]

서 회생절차개시의 신청을 하는 경우, 일단 예납명령 및 대표자심문기일지정결정을 하지 않고 보류하면서 보정명령 등을 통하여 위 별개의 주소가 주된 사무소 등에 해당하는지 여부를 소명하도록 함이 바람직하다. 이때 보정명령을 하기 이전에 곧바로 보전처분과 포괄적 금지명령 등을 할지 여부는 보전의 필요성, 긴급성, 관할의 상당성(일단 보정되기 전 제출된 기록만으로 살펴보아야 할 것이다) 등을 종합하여 법원의 재량에 따라 결정하여야 할 것이다.

4) 법인등기부에 기재된 본점과 달리 주된 사무소를 따로 관할로 인정한 사건으로 대표적으로 서울회생법원 2021회합100147 (주)진원(본점 소재지 울산광역시), 2021회합100149 (주)부전금속 (본점 소재지 울산광역시), 2021회합100151 (주)비.제이.코리아(본점 소재지 충남 당진군)가 있다. 위 사건에서 위 세 회사는 (주)진원이 모회사인 모자회사 관계로서 세 회사 모두 서울에 주된 사무소가 있음을 주장하였는데, 법원에서는 이를 받아들였다. 그 외에 등기부상 본점이 아닌 주된 사무소를 고려하여 서울회생법원에 관할을 인정한 사건으로 서울회생법원 2020회합 100051 지안스건설(주)(본점 소재지 천안시), 2021회합100020 이스타항공(주)(본점 소재지 군산시), 2021회합100037 실버스톤(유)(본점 소재지 부산광역시), 2021회합100136 (주)무한기업(본점 소재지 경기 광주시), 2022회합100026 (주)에이피엠(본점 소재지 대구광역시), 2022회합2 (주)씨에스텍(본점 소재지 원주시) 등이 있다.

5) 실무상 간이회생사건에 대해서도 고등법원 소재지 지방법원에 경합적 관할이 인정되는 것으로 해석하고 있다.

6) 채무자의 주된 사무소 또는 영업소의 소재지를 관할하는 서울고등법원의 관내에 있다는 이유로 서울회생법원에 관할권이 인정된 사건으로 2020회합100152 (주)다원환경(춘천시 소재지),

② 독점규제 및 공정거래에 관한 법률 제2조 제12호의 규정에 의한 계열회사에 대한 회생사건 또는 파산사건이 계속되어 있는 회생법원(법 제3조 제3항 제1호)

③ 법인의 대표자의 경우 그 법인에 대한 회생사건 또는 파산사건이 계속되어 있는 회생법원(법 제3조 제3항 제2호)

④ 주채무자 및 그 보증인,[7] 채무자 및 그와 함께 동일한 채무를 부담하는 자, 부부인 관계의 어느 하나에 해당하는 자에 대한 회생사건·파산사건 또는 개인회생사건이 계속되어 있는 회생법원(법 제3조 제3항 제3호)

⑤ 채권자의 수가 300인 이상으로서 대통령령으로 정하는 금액 이상의 채무를 부담하는 법인에 대한 회생사건은 서울회생법원(법 제3조 제4항)

⑥ 채무자의 보통재판적이 있는 곳, 채무자의 주된 사무소나 영업소가 있는 곳 등이 울산광역시나 경상남도인 경우에 회생사건, 간이회생사건은 부산회생법원(법 제3조 제11항)

①의 경우는 오랫동안 대규모 도산사건을 처리함으로써 전문성이 강하고, 업무처리상 노하우가 축적된 재판부가 존재하는 고등법원 소재지의 회생법원에 관할을 인정한 것이다. 예를 들어, 서울고등법원의 관할 지역인 경기도 북부(즉, 수원고등법원의 관할구역 제외)·강원도·인천광역시에 주된 사무소 또는 영업소를 두고 있는 채무자는 서울고등법원 소재지의 서울회생법원에 회생절차개시신청을 할 수 있다. 원래 수원고등법원이 개원하기 전에는 수원지방법원의 관할구역에 채무자의 주된 사무소 또는 영업소가 있는 경우 관할 고등법원인 서울고등법원의 관할구역에 소재한 서울회생법원에 신청이 가능하였으나, 2019. 3. 1. 수원고등법원이 개원함으로써 기존과 달리 더 이상 서울회생법원에 신청할 수 없게 되었다.[8]

① 기재 채무자가 법인 채무자만을 가리키는지 개인 및 법인 채무자 모두를 가리키는지가 문제될 수 있으나, 개인인 채무자의 경우에도 사무소 또는 영업소가 있을 수 있고, 원칙적 관할을 선언하고 있는 법 제3조 제1항과 달리 법 제3조 제2항은 사무소 또는 영업소가 있는 개인 채무자에 대한 관할의 특례를

2020회합100161 (주)한성금속(인천광역시 소재), 2021회합100039 (주)돈이월드(강원 양양군 소재), 2021회합100057 (주)동건에스티(남양주시 소재) 등이 있다.

7) 대표적으로 서울회생법원 2021회합100165 (주)셀텍과 2022회단100034 김◇◇, 그리고 2020회합100161 (주)한성금속과 2022회단100036 김○○ 사건이 있다.

8) 예를 들어 채무자의 주된 사무소가 성남시 또는 안양시에 소재한 경우 그 관할이 되는 고등법원이 2019년 새로 신설된 수원고등법원이므로 다른 규정에 의하여 관할권이 생기지 아니하고서는 서울회생법원에 신청할 수 없다.

정하고 있다고 보아야 하므로, 개인인 채무자에 관하여 ① 기재 경합적 관할을 인정하여야 할 것이다.

②・③・④의 경우는 서로 관련이 있는 채무자들의 경우에 동일한 회생법원에 회생절차개시신청을 할 수 있게 함으로써 관련 사건의 병행처리를 가능하게 하여 회생절차의 효율성을 높이기 위한 것이다. 관련 회생사건이 계속된 경우뿐만 아니라 회생사건과 종류가 다른 파산사건이 계속 중인 경우에도 관할의 특례를 인정하고 있는 데 그 특색이 있다.

④와 관련하여 주채무자 갑(甲)에 대한 회생사건 또는 파산사건이 서울회생법원에 계속되어 있는 때에는 연대보증인 을(乙)은 주소가 서울회생법원 관할 구역 내에 없더라도 서울회생법원에 회생절차를 신청할 수 있다.

⑤는 채권자가 300인 이상으로서 대통령령으로 정하는 금액[9] 이상의 채무를 부담하는 법인에 대하여 서울회생법원에도 관할권을 인정하는 것이다.[10]

⑥의 경우 2022. 12. 27. 개정된 각급 법원의 설치와 관할구역에 관한 법률 제2조 제1항의 규정에 따라 부산회생법원을 신설하였는바, 울산지방법원과 창원지방법원에 관할권이 있는 회생사건과 간이회생사건에 대하여 부산회생법원의 관할권도 중복적으로 인정하였다.[11]

다. 관할의 집중

서울회생법원은 각급 법원의 설치와 관할 구역에 관한 법률 제4조 제8호, 별표 10에 의하여 서울특별시 전체를 관할하고 있다.

---

9) 2022. 9. 30. 기준 이 금액은 500억 원이다(시행령 제1조의2).

10) 서울회생법원 2018회합100038 (주)레이크힐스순천(본점 소재지 순천시), 2018회합100081 (주)온양관광호텔(본점 소재지 아산시), 2018회합100103 (주)버드우드(본점 소재지 천안시), 2020회합100092 신한중공업(주)(본점 소재지 울산광역시), 2020회합100103 (주)나인포인트(본점 소재지 충주시), 2020회합100128 (주)베어포트리조트(본점 소재지 익산시) 사건 등이 이 규정에 따라 서울회생법원에 접수되었다.

11) 법 제3조 제2항은 '회생사건은 채무자의 주된 사무소 또는 영업소의 소재지를 관할하는 고등법원 소재지의 회생법원에도 신청할 수 있다'고 규율하여 기존에도 채무자의 주된 사무소 또는 영업소의 소재지가 울산지방법원과 창원지방법원이 관할하는 지역에 있다면 구(舊) 부산지방법원 회생재판부에 회생절차개시 신청을 할 수 없는 것은 아니었다. 다만, 위 개정법에 따라 위 채무자의 주된 사무소 또는 영업소의 소재지 외에도 채무자의 보통재판적이 있는 곳, 채무자가 계속하여 근무하는 사무소나 영업소가 있는 곳, 채무자의 재산이 있는 곳도 울산지방법원과 창원지방법원이 관할하는 지역에 속해 있다면 부산회생법원의 관할권도 인정하게 되었는바, 부산회생법원의 중복관할권 범위를 보다 넓혔다고 볼 수 있다.

〈표 2-1〉 회생사건의 관할

구　　분		관할법원
원칙적 관할	① 개인 아닌 채무자	채무자의 보통재판적 소재지를 관할하는 회생법원 합의부의 전속관할
	② 개인 채무자	채무자의 보통재판적 소재지, 주된 사무소나 영업소의 소재지 또는 계속 근무 사무소나 영업소의 소재지를 관할하는 회생법원의 전속관할
	위 ①·②에 의한 관할법원이 없는 때	채무자 재산의 소재지(채권의 경우에는 재판상의 청구를 할 수 있는 곳을 그 소재지로 본다)를 관할하는 회생법원의 전속관할
경합적 관할 (관할의 특례)	① 독점규제 및 공정거래에 관한 법률 제2조 제12호의 규정에 의한 계열회사가 있는 경우	그 계열회사에 대한 회생사건 또는 파산사건이 계속되어 있는 회생법원
	② 법인의 대표자의 경우	그 법인에 대한 회생사건 또는 파산사건이 계속되어 있는 회생법원
	③ 모든 채무자	채무자의 주된 사무소 또는 영업소의 소재지를 관할하는 고등법원 소재지의 회생법원
	④ 관련 사건 1. 주채무자 및 그 보증인 2. 채무자 및 그와 함께 동일한 채무를 부담하는 자 3. 부부	왼쪽의 어느 하나에 해당하는 자에 대한 회생사건·파산사건 또는 개인회생사건이 계속되어 있는 회생법원
	⑤ 채권자의 수가 300인 이상으로서 대통령령으로 정하는 금액 이상의 채무를 부담하는 법인	서울회생법원

2. 이　　송

가. 이송 사유 및 시기

법원이 회생사건을 다른 법원에 이송할 수 있는 경우로는 다음 두 가지가 있는데, 모두 직권으로 하여야 할 사항이고, 재판의 형식은 결정으로 한다.

이송의 시기에 대하여는 별다른 제한이 없지만, 가능한 한 초기단계에서 신속히 이송함이 바람직하다.

1) 관할위반으로 인한 이송

법원은 직권으로 관할을 조사한 결과 관할이 없다고 인정되면 관할법원으로 이송하여야 한다(법 제33조, 민사소송법 제34조 제1항).

2) 현저한 손해나 지연을 피하기 위한 이송

법원은 관할권이 있다 하더라도 현저한 손해 또는 지연을 피하기 위하여 필요하다고 인정하는 때에는 직권으로 회생사건을 ① 채무자의 다른 영업소 또는 사무소나 채무자 재산의 소재지를 관할하는 회생법원, ② 채무자의 주소 또는 거소를 관할하는 회생법원, ③ 채무자의 주된 사무소 또는 영업소의 소재지를 관할하는 고등법원 소재지의 회생법원, ④ 독점규제 및 공정거래에 관한 법률 제2조 제12호의 규정에 의하여 계열회사의 관계에 있는 회사에 대하여 회생사건 또는 파산사건이 계속되어 있는 회생법원, ⑤ 법인 대표자의 경우 그 법인에 대한 회생사건 또는 파산사건이 계속되어 있는 회생법원, ⑥ 주채무자 및 그 보증인, 채무자 및 그와 함께 동일한 채무를 부담하는 자, 부부의 어느 하나에 해당하는 자에 대한 회생사건·파산사건 또는 개인회생사건이 계속되어 있는 때에는 그 회생사건·파산사건 또는 개인회생사건이 계속되어 있는 회생법원, ⑦ 위 ③ 내지 ⑥ 기재 해당 지방법원에 회생사건이 계속되어 있는 때에는 당초의 원칙적 관할법원에 각각 이송할 수 있다(법 제4조).

나. 이송의 효과

이송결정은 이송한 사유와 이송법원의 관할 판단에 관하여 이송받은 법원을 기속하므로 사건을 이송받은 법원으로서는 반드시 사건을 심리·재판하여야 하며, 자기에게 관할권이 없다는 이유로 사건을 반송하거나 다른 법원에 재이송할 수는 없다(법 제33조, 민사소송법 제38조). 다만 관할위반을 이유로 하여 이송받은 법원이 법 제4조에 의하여 다시 이송을 하는 것은 허용된다고 본다.

이송결정에 대하여는 민사소송법과 달리 불복할 수 없으므로(법 제13조), 설령 이송법원이 관할을 오인하여 잘못된 이송결정을 하였다 하더라도 이를 다툴 방법은 없다. 이송결정은 회생절차 신청인에게 고지된 때에 바로 확정된다.[12]

---

12) 관할위반을 이유로 한 이송신청에 대한 기각결정의 경우에도 마찬가지로서, 위 이송신청은 단지 법원의 직권발동을 촉구하는 의미밖에 없는 것이고, 따라서 법원은 이 이송신청에 대하여는 재판을 할 필요가 없고, 설사 법원이 이 이송신청을 거부하는 재판을 하였다고 하여도 항고가 허용될 수 없으므로 항고심에서는 이를 각하하여야 한다(대법원 1993. 12. 6. 자 93마524 전원합의체 결정). 마찬가지로 특별항고도 허용되지 않는다(대법원 1996. 1. 12. 자 95그59 결정).

또한 이송결정이 있으면 처음부터 이송을 받은 법원에 회생절차개시신청이 있었던 것으로 보게 되므로(_{법 제33조, 민사소송} ^{법 제40조 제1항}), 각종 기간계산(_{조 제1항, 제111조, 제145조 등} ^{법 제43조 제2항, 제49조, 제100})13) 은 최초 이송법원에 회생절차개시신청을 한 때를 기준으로 산정하여야 하며, 또한 채권자가 하는 회생절차개시신청에 시효중단의 효력을 부여하는 일반적인 견해에 따르면 시효중단의 효력 역시 채권자가 이송법원에 회생절차개시신청을 한 때로부터 발생한다.

이송법원이 이송결정 전에 행한 절차, 특히 보전처분이나 다른 절차의 중지명령 등이 이송 후에도 계속 효력을 유지하느냐는 문제가 있으나, 위와 같이 회생절차개시신청의 효과에 일체성을 인정하는 이상 원래 이송법원에 관할권이 있었는지 여부를 불문하고 그대로 효력이 지속된다고 보는 것이 타당하다. 다만 이송받은 법원은 필요한 경우 중지명령이나 보전처분을 취소 또는 변경하면 될 것이다.

3. 이송의 청구

법 제60조는 채무자의 재산에 관한 소송이 계속 중인 다른 법원에 회생계속법원이 이송을 청구할 수 있는 권한을 인정하고 있다. 이는 관련 소송을 회생계속법원에 집중시킴으로써 회생절차의 신속한 진행과 편의를 도모하기 위하여 법이 특별히 인정한 것이다. 자세한 내용은 '제6장 제6절 7.' 참조.

---

13) 법 제43조 제2항은 신청일부터(통상 회생절차개시신청과 동시에 보전처분신청을 하고 있다) 7일 이내에 보전처분 여부를 결정하도록 규정하였다. 보전처분의 경우에는 시일이 촉박한 관계로 이송받은 날로부터 7일 이내에 결정하면 족하다고 볼 여지도 있으나, 회생절차의 생명은 절차진행의 신속성이라는 점을 감안하면 이 역시도 처음 신청한 때로부터 7일 이내에 하여야 한다고 보는 것이 옳을 것이다. 따라서 회생절차개시신청을 접수한 법원은 이송 여부를 신속히 결정한 후 지체없이 기록을 송부함으로써 이송받은 법원이 그 기간 내에 보전처분 여부를 결정할 수 있도록 하여야 하고, 만일 이것이 여의치 않으면 우선 보전처분을 한 후에 이송하는 것이 바람직하다.

제2절 송달 및 공고

1. 송달에 의한 재판의 고지

가. 회생절차와 송달

회생절차에 관한 재판은 원칙적으로 구두변론을 거치지 않은 결정의 형식으로 행하여지기 때문에 상당한 방법으로 고지하면 효력을 가진다($^{법 제33조, 민사소송}_{법 제221조 제1항}$). 그러나 법은 다수의 이해관계인의 권리를 집단적·강제적으로 변경하는 회생절차에 있어서 절차적인 차별을 방지하기 위해서 회생절차에 관한 재판을 직권으로 송달하여야 하는 것을 원칙으로 하고 있다($^{법 제8조}_{제1항}$). 그렇지만 회생절차는 다수의 이해관계인이 관여함과 동시에 그 권리관계에 큰 영향을 미치는 절차이기 때문에 절차상 행하여지는 각종 재판에 대해서 다수의 이해관계인에 대한 적절한 고지와 절차의 신속·원활한 진행이라는 2가지 요청을 조화시킬 필요가 있다. 그 때문에 법은 회생절차상의 재판의 고지에 대해서 해당 재판의 내용·성질에 따라 송달, 공고, 송달 및 공고 등으로 구체적인 방법을 정하고 있다(각 개별 규정에 대해서는 〈표 2-2〉 공고·송달 및 즉시항고에 관한 규정 참조).

나. 송달의 방법

법 제8조 제1항의 직권송달 규정에 따라, 개별적으로 송달이나 공고에 대하여 규정되지 않는 재판이라도 이해관계인에게 송달하는 것이 원칙이다.

즉시항고의 대상이 되는 재판 중에서도 특히 중요한 것과 엄격한 불복신청 방법으로 이의의 소를 제기할 수 있는 채권조사확정, 부인의 청구, 손해배상청구권 등의 조사확정에 관한 각 재판은 이해관계인에게 절차적 보장을 위하여 별도로 송달 규정을 두고 있다.

또한 포괄적 금지명령에 따라 중단된 강제집행 등의 취소명령과 같이 공고 및 송달을 모두 하여야 하는 경우로서 법 제10조, 제11조의 적용을 모두 배제하는 규정이 있는 경우($^{법 제46조}_{제3항}$)에는 공고로써 송달을 갈음하거나 발송송달은 할 수 없고, 포괄적 금지명령의 적용배제결정과 같이 공고 없이 송달만을 하여야 하는 경우로서 법 제10조의 적용을 배제하는 규정이 있는 경우($^{법 제47조}_{제5항}$) 등은 공고로써 송달을 갈음할 수 없다.

한편 회사인 채무자의 사채권자 또는 주주·지분권자, 등기된 담보권을 가진 담보권자에 대한 송달은 사채권자 또는 주주·지분권자, 담보권자가 법에 의하여 주소를 신고한 때에는 그 주소에, 주소를 신고하지 아니한 때에는 사채원부·주주명부·사원명부 또는 등기부에 기재된 주소 또는 그 자가 회사인 채무자에게 통지한 주소에 서류를 우편으로 발송하는 것이 인정되고 있다(법 제8조 제2항·제3항). 이는 채무자가 회사인 사건에서 채권자 또는 주주들의 수가 대규모인 경우 이들 전체에게 재판을 송달하면 회생절차의 진행에 상당한 지장을 초래할 수 있기 때문이고, 담보권자의 경우 주소를 신고하면 당연히 신고된 주소가 송달장소로 인정되고 신고하지 않으면 등기부상 주소를 송달장소를 인정하여 송달업무의 효율성을 도모함과 아울러 주소를 변경등기하지 않은 책임을 담보권자에게 부과하기 위한 취지이다.

서류를 우편으로 발송한 때에는 상대방에게 도달된 일자가 명확하지 않게 되지만, 법 제8조 제4항에 의하여 그 우편물이 보통 도달할 수 있는 때에 송달된 것으로 본다. 송달만을 하여야 하는 경우에도 공고를 하지 않음으로 인하여 효력발생시기가 불명확해지는 문제점을 해결하기 위하여 둔 특별규정이다.

발송송달 등에 의한 간이송달의 기록화를 위해서 법원사무관 등은 송달을 받을 자의 성명 및 주소, 발송의 연·월·일·시를 기재한 서면을 작성하여야 한다(법 제8조 제5항). 이와 같은 법원사무관 등 작성의 서면이 의미를 가지는 것은 송달만을 하여야 하는 경우의 발송송달에 대해서이다.[14]

2. 공 고

가. 공고의 방법과 효력

법은 관보 게재 또는 대법원규칙이 정하는 방법에 의하여 공고를 행하도록 규정하고 있는데(법 제9조 제1항), 대법원규칙은 공고에 관한 사무의 합리적 운용을 위해서 공고의 방법으로 ① 법원이 지정하는 일간 신문에 게재, ② 전자통신매체를 이용한 공고 중 어느 하나를 택하여 이용할 수 있도록 하였고, 또한 법 제9조 제1항의 규정에 따른 공고를 하는 경우에 필요하다고 인정하는 때에는 적당한 방법으로 공고사항의 요지만을 공시할 수 있도록 규정하였다(규칙 제6조 제1항·제2항). 전자통신

---

14) 결의를 위한 관계인집회를 소집할 때 회생계획안의 사본 또는 그 요지를 송달하는 경우(법 제232조 제4항)가 여기에 해당한다.

매체를 이용한 공고는 공고사항을 법원 홈페이지 법원공고란에 게시하는 방법으로 한다(회생사건의 처리에 관한 예규 제12조 제2항). 법원사무관 등은 공고한 날짜와 방법을 기록에 표시하여야 한다(규칙 제6조 제3항).

　　실무상으로는, 채무자의 자산 및 부채의 규모, 매출액, 채권자 수와 거래처의 다과 등을 고려하여 특히 일간신문에 게재하지 아니하면 공고의 실효성을 거두기 어렵다는 등의 사정이 없는 한, 공고비용의 절감과 절차의 신속을 위하여 대법원규칙에서 정하는 전자통신매체를 이용한 공고, 즉 이른바 인터넷 공고를 주로 활용하고 있다. '회생사건의 처리에 관한 예규'도 회생사건에서의 공고는 전자통신매체를 이용한 방법에 의한 공고를 원칙으로 하도록 규정하고 있다(회생사건의 처리에 관한 예규 제12조 제1항).

　　공고는 관보에 게재된 날의 다음 날 또는 대법원규칙이 정하는 방법에 의한 공고가 있는 날의 다음 날에 효력이 생기고(법 제9조 제2항), 법에 특별한 정함이 없는 한 모든 관계인에 대하여 해당 재판의 고지가 있는 것으로 본다(법 제9조 제3항).

나. 공고를 요하는 재판

　　공고를 요하는 것은 보전관리명령·포괄적 금지명령·회생절차개시의 결정 주문 등과 관계인집회의 기일·회생계획인가결정·회생절차종결결정·회생절차폐지결정 등이다. 모두 회생절차 가운데 다수 이해관계인의 권리관계에 미치는 영향이 큰 경우이다(자세한 사항은 〈표 2-2〉 공고·송달 및 즉시항고에 관한 규정 참조).

다. 송달에 갈음하는 공고

　　송달을 하여야 하는 경우 송달하여야 하는 장소를 알기 어렵거나 대법원규칙이 정하는 사유가 있는 때에는 공고로써 송달을 갈음할 수 있는데(법 제10조 제1항), 이를 '송달에 갈음하는 공고'라고 한다. 송달에 갈음하는 공고를 위해서는 송달에 갈음하는 공고 결정을 하여야 한다. 대법원규칙이 정하는 사유로는 회생절차의 진행이 현저하게 지연될 우려가 있는 때, 회생절차의 개시 당시(회생계획의 변경계획안이 제출된 경우에는 그 제출 당시) 주식회사인 채무자의 부채총액이 자산총액을 초과하는 때로서 송달을 받을 자가 주주인 경우가 있다(규칙 제7조).[15] 국내

---

15) 서울회생법원 2020회합100189 쌍용자동차(주) 사건에서, 심리 및 결의를 위한 관계인집회기일 및 특별조사기일의 통지 및 송달에 관하여 비록 채무자의 자산총액이 부채총액을 초과하였으나, 약 5만 명의 주주 중 '신고한 주주' 및 '1만 주(지분율 0.00667%) 이상을 가진 주주' 약 700명을 제외한 나머지 주주에 대하여는 '회생절차의 진행이 현저하게 지연될 우려가 있는 때'

에서 송달받을 수 있는 장소를 가지고 있지 아니한 해외 소재 채권자에게는 위 대법원규칙이 정하는 사유에 해당하는 것으로 보아 공고로써 송달을 갈음할 수 있고, 부채초과 회사의 경우 주주에게도 공고로써 송달을 갈음할 수 있게 되었으며 따로 공시송달을 할 필요는 없다.

반면에 포괄적 금지명령에 따라 중지된 강제집행 등의 취소명령과 포괄적 금지명령의 적용배제의 재판과 그 즉시항고에 대한 재판 등에 대하여는 앞서 본 바와 같이 공고로써 송달을 갈음할 수는 없다. 이는 위 명령 등이 이해관계인들의 이익에 큰 영향을 미치므로 개별적으로 송달을 할 필요가 있기 때문이다(법 제46조 제3항, 제47조 제5항, 제10조 제2항).

라. 공고 및 송달을 모두 하여야 하는 경우

공고 및 송달을 모두 하여야 하는 경우에 송달은 서류를 우편으로 발송하여 할 수 있다(법 제11조 제1항). 법은 발송송달과 같이 간이하게 송달하는 경우, 공고에 의하여 일률적으로 송달의 효력이 생기는 점을 명확히 규정하고 있다(법 제11조 제2항).

공고 및 송달을 모두 하여야 하는 경우 송달할 장소를 모르는 때에는 발송송달이 불가능하나, 이 경우에도 송달 자체를 생략할 수는 없으므로 서울회생법원은 실무상 법 제11조 제1항의 송달요건을 충족하기 위하여 송달에 갈음하는 공고 결정을 하는 것을 원칙으로 하고 있다(공고 및 송달을 모두 하여야 하는 경우의 구체적 규정은 〈표 2-2〉 참조).

제3절 즉시항고

1. 회생절차에 관한 재판에 대한 불복신청

법은 회생절차의 신속한 진행을 도모하고 회생절차에 관한 재판의 성질상 이를 신속히 확정할 필요가 있는 점을 감안하여 불복신청의 방법을 항고기간의 제한이 있는 즉시항고로 한정하고, 그 대상을 법에 따로 규정이 있는 경우에 한

에 해당한다고 보아, 공고로써 송달에 갈음하되 법원의 전자통신매체를 이용한 공고 외에 채무자의 거래소 공시 및 인터넷 홈페이지 게시, 일간지 게재를 추가로 실시하는 방법으로 공고의 단점을 보완하였다.

하여 허용하고 있다(^{법 제13조}).

즉시항고가 인정되는 재판은 〈표 2-2〉의 기재와 같은데, 이 재판에 대한 불복신청은 즉시항고에 의해서만 하여야 한다. 〈표 2-2〉에서 적시하고 있는 것 이외의 회생절차에 관한 재판에 대하여는 통상의 불복신청은 허용되지 아니하고 특별항고만이 허용된다고 할 것이다.16) 특별항고는 재판이 고지된 때로부터 1주 내에 하여야 한다(^{법 제33조, 민사소송법}).

또한 채권조사확정재판, 부인의 청구에 관한 재판, 이사 등의 책임에 기한 손해배상청구권 등의 조사확정재판은 불복신청방법으로서 구두변론이 요구되는 이의의 소를 제기하여야 하기 때문에 즉시항고의 대상이 되지 않는다.

2. 즉시항고의 절차

가. 신청권자

즉시항고의 신청권자는 그 재판에 대해서 이해관계를 가진 자이다. '이해관계'는 사실상 해당 절차에 이해관계를 가지는 것만으로는 부족하고, 해당 재판에 의하여 법률상 이익이 부당하게 침해되었는가 여부를 기준으로 하여 개별적으로 판단하여야 한다.17) 예를 들어, 업무를 감독하는 행정청 등은 일반적으로 즉시항고를 신청할 이해관계인이라고 할 수 없으나, 조세·벌금 등 공법상의 채권을 행사할 권한을 가진 시장·구청장·세무서장·검사 등은 이해관계인이라고 할 수 있다.

나. 즉시항고기간

1) 재판의 공고가 있는 경우

즉시항고가 허용되는 기간은 재판의 공고가 있는 때에는 그 공고가 있은 날부터 14일 이내에 하여야 한다(^{법 제13조}). 실무에서는 위 기간을 불변기간으로 본다.18) 공고는 관보에 게재된 날의 다음 날 또는 공고가 있은 날의 다음 날에 그 효력이 생기고(^{법 제9조}), 공고의 효력이 발생하는 것은 오전 0시이므로 즉시항고기간은 공고의 효력이 발생한 당일부터 기산한다(^{법 제33조, 민사소송법}).

16) 대법원 2011. 2. 21. 자 2010마1689 결정, 등 참조.
17) 대법원 2006. 1. 20. 자 2005그60 결정 참조.
18) 주석 채무자회생법(Ⅰ) 224면 참조.

한편 공고가 법률에 위반하여 무효이거나 공고를 하여야 할 재판을 공고하지 않는 경우에는 항고기간이 진행하지 않고, 이러한 경우 유효한 공고를 하기 전에 즉시항고를 하는 것은 허용된다고 할 것이다.[19]

2) 재판의 공고가 없는 경우

재판의 공고를 하지 않는 경우에는 송달을 받은 날 또는 재판의 고지를 받은 날부터 1주간이 즉시항고기간이 되고, 위 기간은 불변기간이다(법 제33조, 민사소송법 제444조). 초일은 산입하지 않는다(법 제170조, 민법 제157조). 따라서 보전처분과 같이 송달만을 하여야 하는 경우에는 관계인에게 송달된 날 다음 날부터 또는 회생절차개시신청이 기각된 경우에는 재판의 고지를 받은 날 다음 날부터 각 1주간이 항고기간이 된다. 한편 법의 규정에 의하여 송달하여야 하는 경우로서 법 제10조 소정의 사유가 있는 때에는 공고로써 송달을 갈음할 수 있기 때문에, 실무상으로는 송달에 갈음하는 공고에 의하여 그로부터 14일이 즉시항고기간이 되는 경우도 있을 것이다.

3) 공고 및 송달을 모두 하여야 하는 경우

즉시항고가 허용되는 재판에 대하여 공고 및 송달을 모두 하여야 하는 경우에는 법 제11조 제1항에 따라 그 송달을 우편으로 발송하거나 또는 법 제11조 제1항을 적용하지 아니하고 당사자에게 직접 송달하는 경우, 모두 발송송달일자 또는 교부송달의 수령일자를 따질 필요 없이 일률적으로 해당 재판의 공고가 있는 날부터 14일이 즉시항고기간이 된다.[20]

다. 즉시항고절차

즉시항고는 원재판을 한 법원에 항고장을 제출함으로써 한다(법 제33조, 민사소송법 제445조).

라. 즉시항고의 효력

법은 즉시항고에 원재판의 집행을 정지하는 효력을 부여하고 있고(법 제13조 제3항 본문), 다만 회생절차 등의 신속한 진행을 위해서 즉시항고가 집행정지의 효력이 없다

---

19) 대법원 2016. 7. 1. 자 2015재마94 결정, 대법원 2014. 10. 8. 자 2014마667 전원합의체 결정 참조.

20) 일본에서는 종래 공고 및 당사자에게 직접 송달하여야 하는 경우 송달받은 관계인에 대해서는 송달일부터 기산하여 1주간을 즉시항고기간으로 보는 해석도 있었으나, 파산법상의 절차에 대해서 공고 및 송달을 모두 하여야 하는 경우의 즉시항고기간을 일률적으로 공고를 기준으로 기산하여야 한다는 취지의 最高裁判所 平成 12. 7. 26. 판결(民集 54-6-1981)과 平成 13. 3. 23. 판결(判例時報 1748-117)이 논의의 종지부를 찍었다. 条解 民事再生法, 36면 참조.

는 취지의 개별 규정을 두고 있는 경우에만 원재판의 집행이 정지되지 않는 것
으로 하고 있다(법 제13조,
제3항 단서). 즉시항고에 집행정지의 효력이 있는 경우에 대하여는
〈표 2-2〉에 자세히 열거되어 있다.

한편 법이 명문으로 즉시항고에 집행정지의 효력이 없다고 규정하지 않더
라도 경우에 따라서는 즉시항고에 집행정지의 효력이 없는 것으로 보아야 할
경우도 있다. 예컨대, 회생계획은 인가결정이 있은 때부터 효력이 생긴다는 규
정(법 제246조)은 즉시항고의 집행정지효를 인정하지 않는 취지로 보아야 할 것이다.[21]

마. 즉시항고 후의 절차

원재판을 한 법원은 즉시항고장을 접수한 경우 항고가 이유 있다고 인정하
는 때 재도의 고안에 의하여 그 재판을 경정하여야 하고(법 제33조, 민사
소송법 제446조), 항고가 이
유 없다고 인정되면 법원사무관 등은 기록을 항고법원에 송부한다(법 제33조, 민사소송
법 제443조 제1항,
제400조). 회생절차의 진행 중 각종 결정에 대하여 즉시항고가 제기되었으나 그 즉
시항고에 회생절차의 진행을 정지하는 효력이 없어 회생절차 자체는 계속 진행
되는 경우에는 참여사무관은 소송기록 전체의 분량이 극히 적은 경우를 제외하
고는 재판장이 지정하는 필요 부분만의 등본을 만들어 송부한다.[22]

한편 실무에서는 즉시항고의 대상이 아닌 결정(강제집행 등의 취소명령, 회생
절차종결결정)에 대하여 즉시항고를 제기하는 경우가 있는데, 즉시항고장을 접수
한 법원으로서는 그 내용이 특별항고의 대상인 경우에는 비록 당사자가 특별항
고라는 표시와 항고법원을 대법원으로 표시하지 아니하였더라도 이를 특별항고
로 보아 소송기록을 대법원에 송부하여야 한다.[23]

〈표 2-2〉 공고 · 송달 및 즉시항고의 규정

고지 등 사항 등	공고 · 송달	공고 또는 송달 규정의 적용 여부	즉시항고의 대상	즉시항고의 집행정지효의 제한
사건기록의 열람 등 불허가결정			제28조 제5항	

---

[21] 입법론적으로는 즉시항고의 집행정지효를 배제하는 명문의 규정을 두는 것이 바람직하다.
[22] 1책의 기록에 관하여 수개의 절차에서 동시에 소송이 계속하게 되는 때의 처리요령(재일 80-3) 제1항 다.목, 라.목 참조.
[23] 대법원 2016. 6. 21. 자 2016마5082 결정, 대법원 2009. 5. 20. 자 2009그70 결정, 참조.

관리인 등의 보수 결정			제30조 제3항	
대리위원 등의 보상금 지급 허가결정			제31조 제2항	
보전처분신청 기각결정, 보전처분명령(취소·변경), 보전관리명령신청 기각결정			제43조 제6항	제43조 제7항
보전관리명령 (취소·변경)	공고(제43조 제8항)		제43조 제6항	제43조 제7항
포괄적 금지명령 (취소·변경)	공고 및 송달(제46조 제1항)		제45조 제6항	제45조 제7항
강제집행 등의 취소명령	송달(제46조 제3항)	제10조, 제11조 적용배제	제45조 제6항	제45조 제7항
포괄적 금지명령 및 강제집행 등의 취소명령에 대한 즉시항고의 재판	송달(제46조 제3항)	제10조, 제11조 적용배제		
포괄적 금지명령의 적용배제 재판	송달(제47조 제5항)	제10조 적용배제	제47조 제3항	제47조 제4항
항고법원의 포괄적 금지명령의 적용 배제 재판에 대한 즉시항고의 재판	송달(제47조 제5항)	제10조 적용배제		
회생절차개시결정	공고 및 송달(제51조 제1항·제2항)		제53조 제1항	제53조 제3항
회생절차개시신청 기각결정			제53조 제1항	제53조 제3항
항고법원의 회생절차 개시결정의 취소결정	공고 및 송달(제54조 제1항·제2항)			
부채 초과 주식회사의 인가 전 영업양도에 대한 주주총회 결의에 갈음하는 결정24)	송달(제63조 제1항)		제63조 제3항	

---

24) 법 제63조 제3항은 법 제62조 제4항의 주주총회 결의에 갈음하는 법원의 결정에 대하여 주주가 즉시항고를 할 수 있다고 규정하고 있는데 이러한 주주의 즉시항고에 집행정지 효력이

관리인대리 선임 허가 결정(취소·변경)	공고(제76조 제3항)			
관리인 해임결정			제83조 제3항	제83조 제4항
부인의 청구를 인용하는 결정	송달(제106조 제4항)		이의의 소 (제107조 제1항)	
회생절차 중 이사 등의 재산에 대한 보전처분 (취소·변경)	송달(제114조 제7항)		제114조 제5항	제114조 제6항
손해배상청구권 등의 조사확정결정	송달(제115조 제9항)		이의의 소 (제116조 제1항)	
주식 또는 출자지분의 추가신고기간 지정결정	공고 및 송달(제155조 제1항)			
회생채권 등의 조사기간 변경결정	발송송달 (제161조 제2항·제3항)			
특별조사기일 결정	송달(제163조)			
채권조사확정재판	송달(제170조 제5항)		이의의 소 (제171조 제1항)	
공익채권에 기한 강제집행 등의 중지·취소명령 또는 중지명령의 변경·취소결정			제180조 제5항	제180조 제6항

있는지에 관하여는 견해의 대립이 있다. 주주의 즉시항고에 집행정지효를 배제하는 명문의 규정이 없다는 이유로 즉시항고에 집행정지효를 인정할 수밖에 없고 그로 인해 초래되는 인가 전 영업양도의 실효성 저하 문제는 입법적으로 해결할 수밖에 없다는 견해가 있는 반면, 법에 정해진 주주총회 결의에 갈음하는 결정에 관한 규정의 내용, 인가 전 영업양도의 실효성 확보 필요성에 주목하여 즉시항고에 집행정지효가 없다고 해석하는 것도 가능하다는 견해도 있다. 후자의 견해는 주주총회 결의에 갈음하는 결정의 효력 발생시기에 관하여 법 제63조 제2항이 그 결정서가 관리인에게 송달된 때라고 규정하고 있는 점을 주된 논거로 하고 있는데, 법 제246조가 회생계획인가결정이 있은 때 회생계획의 효력이 발생한다고 규정하고 있고 이 규정을 근거로 회생계획인가결정에 대한 즉시항고에 집행정지효가 없다고 해석하는 것과 마찬가지 논리로 주주총회 결의에 갈음하는 결정의 효력발생 시기에 관해 위와 같이 법이 별도로 규정하고 있으므로 주주의 즉시항고에 대해서도 집행정지효가 없다고 해석할 수 있다고 한다. 참고로 서울중앙지방법원 2016회합100211 (주)한진해운 사건은 인가 전 영업양도를 진행하면서 후자의 견해를 따랐다.

관계인집회의 기일과 목적	통지(제182조, 제183조) 및 공고(제185조 제1항)			
결의를 위한 관계인집회 소집 시 회생계획안	발송송달(제232조 제2항·제3항)	제8조 제4항·제5항 준용		
서면결의에 부치는 취지의 결정	공고 및 발송송달(제240조 제1항~제3항)			
서면결의에 의하여 가결된 회생계획안의 인가여부 결정 전 의견청취기일 지정결정	공고 및 송달(제242조의2 제4항)			
서면결의에 의한 회생계획의 인가·불인가 결정	송달(제242조의2 제6항)		제247조 제1항	제246조 (해석)
관계인집회 결의에 의한 회생계획의 인가·불인가 결정	공고(제245조 제1항)		제247조 제1항	제246조 (해석)
회생절차종결의 결정	공고(제283조 제2항)			
회생절차폐지의 결정을 하기 전 의견청취기일 또는 의견제출기한 지정결정	공고 및 송달(제288조 제3항)			
회생절차폐지의 결정	공고 (제289조)		제290조 제1항, 제247조 제1항	
파산선고	공고 및 송달 (제313조)		제316조 제1항	제316조 제3항

제4절 등기·등록의 촉탁

1. 등기·등록의 원칙

가. 채무자 및 그 재산 중 등기된 권리에 관한 등기·등록 촉탁

법은 법인 채무자의 경우 법인등기부에만 개시결정·인가결정·종결결정·폐지결정의 기입등기를 촉탁하게 하고 개별 재산 중 등기·등록된 권리에 관한 기입등기의 촉탁을 요하지 않는 반면에[25] 법인등기부가 존재하지 아니하는 법인 아닌 채무자의 경우에는 개별 재산 중 등기된 권리에 관한 등기·등록 촉탁을 하도록 규정하고 있다.

구 회사정리법은 정리회사의 개별재산 중 등기·등록 된 권리에 관하여도 개시결정 등의 기입등기 등을 촉탁하도록 규정하고 있으나, 법 제정으로 위 제도가 폐지되었는데, 그 이유는 법인 채무자의 등기·등록된 권리에 관한 개시결정·인가결정·종결결정·폐지결정의 기입등기·등록은 아무런 대항력을 가지지 못한 채 단지 채무자와 거래하는 제3자에 대하여 경고적 의미를 가지는 데 불과한 반면 그 재산의 수가 너무 많은 경우 등기에 소요되는 시간 및 비용의 부담이 크고, 나아가 회생절차 종료 후에도 그 기입등기·등록이 신속히 말소되지 않아 채무자가 부동산거래 등을 하는 데 지장을 초래하는 등 민원의 요인이 되기 때문이다.

나. 등기·등록의 촉탁 주체

법은 등기·등록의 촉탁 주체를 원칙적으로 법원사무관 등으로 규정하고, 다만 회생계획의 수행이나 법의 규정에 의하여 회생절차가 종료되기 전에 등기·등록된 권리의 득실·변경이 있는 경우 그 등기·등록의 촉탁($\frac{법 제24조}{제2항}$) 및 관리인이 부인의 등기가 된 재산을 임의매각한 경우 부인의 등기 및 부인된 행위를 원인으로 하는 등기 등의 말소의 촉탁($\frac{법 제26조}{제4항}$) 시에는 법원이 그 요건에 해당하는지 여부를 심사할 필요가 있으므로 등기·등록의 주체($\frac{법 제26조}{제4항}$)를 법원으

---

25) 법인인 채무자 명의의 부동산 등의 권리에 대해서 회생절차개시, 회생계획인가, 회생절차종결의 등기촉탁이 있는 경우, 등기관은 부동산등기법 제29조 제2호에 의하여 이를 각하하여야 한다(등기예규 제19조 참조).

로 규정하고 있다.

2. 법인 채무자에 대한 등기촉탁

가. 등기촉탁의 대상

1) 법 제23조 제1항 제1호 내지 제3호[26]

가) 회생절차개시결정의 기입등기($\frac{1}{호}$)　　회생절차개시 결정이 내려진 경우 채무자의 업무수행권 및 재산의 관리처분권이 채무자로부터 관리인에게 이전되고, 회생채권자 또는 회생담보권자의 권리행사가 제한되므로, 이러한 사실을 공시하기 위하여 그 기입등기를 등기촉탁의 대상으로 하고 있다.

나) 회생절차개시결정취소, 회생절차폐지 또는 회생계획불인가의 결정의 기입등기($\frac{2}{호}$)　　회생절차 진행 도중 법 제6조, 제7조에 의하여 파산절차가 개시·속행되거나 회생절차가 종국적으로 종료하면 파산관재인 또는 채무자가 재산의 관리처분권을 갖게 된다. 이는 회생절차가 개시되어 이미 개시결정에 관한 등기 그 밖의 공시수단이 취해진 후에 발생하는 상황이므로 그 변동을 공시하기 위하여 공고, 감독행정청 등에의 통지 등을 하는 이외에도 법원사무관 등이 위 각 기입등기를 촉탁하도록 하고 있다. 위와 같은 등기 촉탁은 법 제6조 제1항 또는 제2항에 의하여 파산선고를 한 경우에는 파산의 등기의 촉탁과 함께 하여야 한다($\frac{법\ 제6조}{제3항\ 제1호}$).

다) 회생계획인가 또는 회생절차종결 결정의 기입등기($\frac{3}{호}$)　　회생계획인가 결정에 의하여 회생계획의 효력이 발생하고($\frac{법}{제246조}$), 권리변경·면책 등의 효력이 발생하기 때문에 법인등기부에 위 각 기입등기를 촉탁하도록 하고 있다. 한편 회생절차종결 결정의 기입등기는 회생절차종결의 결정에 의하여 업무수행권과 재산의 관리처분권이 관리인으로부터 채무자에게로 회복되므로, 이를 공시하기 위하여 등기를 촉탁하는 것이다.

2) 법 제23조 제2항 및 규칙 제9조 제2항·제3항의 등기촉탁

① 법인 채무자에 대하여 보전관리인에 의한 관리를 명하는 처분($\frac{법\ 제43조}{제3항}$)의 등기

② 관리인을 선임하는 처분($\frac{법\ 제74조}{제1항}$) 및 "관리인을 선임하지 아니하고 법인

---

26) 간이회생절차의 신설에 따라 간이회생절차개시, 간이회생절차개시결정취소, 간이회생절차폐지 또는 간이회생절차종결의 결정이 있는 경우에도 등기촉탁이 이루어진다(법 제23조).

채무자의 대표자를 관리인으로 본다."라는 처분($^{법\ 제74조}_{제3항 \cdot 제4항}$)의 등기[27]

③ 국제도산관리인을 선임하는 처분($^{법\ 제636조}_{제1항\ 제4호}$)의 등기

위와 같은 각 처분이 있는 경우, 채무자의 업무수행권과 재산의 관리처분권이 보전관리인·관리인·국제도산관리인에게 전속되므로($^{법\ 제85조,\ 제56조\ 제1항,}_{제637조\ 제1항}$), 법인등기부에 그 뜻의 등기를 하도록 한 것이다. 등기된 위 각 처분이 변경·취소된 때에도 또한 같다.

위 각 처분의 등기에는 관리인·보전관리인 또는 국제도산관리인의 성명 또는 명칭과 주소 또는 사무소를 기재하여야 한다. 이 경우 기재사항이 변경된 때에는 법원사무관 등은 지체 없이 그 변경의 등기를 채무자의 각 사무소 및 영업소의 소재지의 등기소에 촉탁하여야 한다($^{법\ 제23조}_{제3항}$).

한편 회생절차개시결정취소, 회생절차폐지 또는 회생계획불인가의 결정이 확정된 경우 및 회생절차종결의 결정이 있는 경우에 회생절차는 종료하므로, 관리인을 선임하는 처분은 당연히 실효된다. 관리인을 선임하는 처분의 등기가 된 경우에는 등기관은 직권으로 관리인을 선임하는 처분의 등기의 말소등기를 하여야 한다($^{등기예규\ 제10조\ 제6항,\ 제11조}_{제3항,\ 제13조\ 제2항\ 참조}$).

3) 법 제23조 제1항 제4호 및 규칙 제9조 제1항의 등기

가) 신주발행($^{법}_{제266조}$), 사채발행($^{법}_{제268조}$), 주식의 포괄적 교환($^{법}_{제269조}$), 주식의 포괄적 이전($^{법}_{제270조}$), 합병($^{법}_{제271조}$), 분할 또는 분할합병($^{법}_{제272조}$), 신회사 설립의 등기($^{법\ 제273조,}_{제274조}$) ($^{법\ 제23조}_{제1항\ 제4호}$) 회생계획의 수행이나 법의 규정에 의하여 회생절차 종료 전에 채무자나 신회사에 관하여 등기할 사항이 생긴 경우, 절차의 신속과 비용의 절약을 위하여 법원사무관 등이 직접 위 각 등기를 촉탁하도록 하고 있다.

나) 법 제23조 제1항 제4호 이외에 회생계획의 수행이나 법의 규정에 의하여 회생절차 종료 전에 법인인 채무자나 신회사에 관하여 등기할 사항이 생긴 경우의 등기($^{규칙\ 제9조}_{제1항}$)   회생계획의 수행이나 법의 규정에 의하여 회생절차 종료 전에 법인인 채무자나 신회사에 관하여 등기할 사항이 생긴 경우는 법 제23조 제1항 제4호에서 규정한 경우에 한정되지 아니하므로, 규칙 제9조 제1항은 그에 관한 포괄적인 근거 규정을 두고 있다. 주로 여기에 해당되는 것으로는 ① 채무자의 정관을 변경함으로 인하여 등기사항이 변경된 경우($^{법\ 제202조,}_{제262조}$), ② 임원의 선임 등 변경이 있는 경우($^{법}_{제203조}$), ③ 자본의 감소가 있는 경우($^{법}_{제205조}$), ④ 납입 등

---

27) 간이회생 사건의 경우에도 간이회생절차개시결정 후에 법 제74조 제4항에 의한 관리인 간주에 관한 기입등기를 촉탁하고 있다.

이 없이 신주를 발행하여 자본의 증가가 있는 경우($^{법 제206조,}_{제265조}$), ⑤ 납입 등이 없이 사채를 발행한 경우($^{법 제209조,}_{제267조}$), ⑥ 채무자가 합병에 의하지 아니하고 해산을 한 경우($^{법 제}_{216조}$) 등을 들 수 있다.

법 제23조 제1항 제4호 및 규칙 제9조 제1항이 규정하고 있는 등기사항이 회생절차종결 이전에 발생하여 법원사무관 등이 회생절차종결 이전에 촉탁할 수 있었음에도 불구하고 착오로 이를 누락한 경우에는 회생절차종결등기가 기입된 후라도 그 등기촉탁을 하여야 할 것이고,[28] 그 사유가 회생절차종결 후에 발생한 경우(예컨대, 회생절차종결 후 회생계획에 의한 사채의 발행)라면 채무자인 법인 또는 새로운 법인의 신청에 의하여 등기하여야 하고, 법원사무관 등의 촉탁에 의하여 등기할 수 없다.

나. 등기의 절차

1) 법원사무관 등은 직권으로 지체 없이 촉탁서에 결정서의 등본 또는 초본 등 관련서류를 첨부하여 채무자의 각 사무소 및 영업소(외국에 주된 사무소 또는 영업소가 있는 때에는 대한민국에 있는 사무소 또는 영업소를 말한다)의 소재지의 등기소에 그 등기를 촉탁하여야 한다($^{법 제23조,}_{제1항}$). 법 제23조에 의한 법원사무관 등의 촉탁이 있는 때에는 관할등기소의 등기관은 이를 수리하여 그에 따른 등기를 하여야 하고, 당사자가 이러한 등기를 신청한 경우에 이를 수리하여서는 아니 된다.[29]

2) 법 제23조의 규정에 의하여 법원사무관 등이 촉탁하는 등기·등록에 관하여는 등록세 및 등기신청수수료가 면제된다($^{법 제25조 제4항,}_{등기예규 제8조 제1항}$). 규칙 제9조 제1항에 따라 회생계획의 수행이나 법의 규정에 의하여 회생절차종료 전에 법인인 채무자나 신회사에 관하여 등기할 사항이 생긴 경우의 등기·등록 촉탁에 대하여도 등록세 및 등기신청수수료가 면제된다($^{등기예규}_{제3항}$).[30]

---

28) 등기예규 제3조 제2항 단서 참조.
29) 등기예규 제3조 제1항 참조. 반면 촉탁등기사항 이외의 등기사항에 대한 등기신청권자는 회생절차개시결정 전에 법 제43조 제3항에 따라 보전관리인이 선임된 경우에는 보전관리인이고, 회생절차개시결정 후에는 관리인 또는 관리인으로 간주되는 자이다(위 등기예규 제4조 제1항, 제2항 참조). 이는 채무자의 업무수행과 재산의 관리 및 처분을 하는 권한이 보전관리인이 선임된 경우에는 회생절차개시결정 전까지 보전관리인(법 제85조)에게, 회생절차개시결정이 있은 후에는 관리인(법 제56조 제1항) 또는 관리인으로 간주되는 자(법 제74조 제4항)에게 전속되기 때문이다. 따라서 관리인 등이 아닌 '개인 채무자'나 '법인 채무자의 대표자'의 이름으로 신청한 등기는 등기원인이 회생절차개시 전에 생긴 경우라 하더라도 이를 수리하여서는 아니 된다.
30) 다만, 지방세법 제26조 제2항 제1호 단서는 회사의 정리절차에서 법인의 자본금 또는 출자금의 납입, 증자 및 출자전환에 따른 등기 또는 등록에 대하여는 등록세를 부과하도록 하는 취지

3. 채무자의 재산 중 등기·등록된 권리에 관한 등기·등록의 촉탁

법 제27조는 등기된 권리에 대한 등기촉탁에 관한 법 제24조, 등기소의 직무 및 등록세 면제에 관한 법 제25조, 부인의 등기에 관한 법 제26조를 '등록'의 경우에도 준용하고 있으므로, 이하 '등기'라고 하면 '등록'을 포함하여 사용하는 것으로 한다.

가. 채무자의 재산 중 등기·등록된 권리에 관한 촉탁 대상

1) 회생절차개시결정 및 보전처분결정의 기입등기 촉탁

가) 법인 아닌 채무자에 대한 회생절차개시결정 또는 간이회생절차개시결정의 등기   법인 아닌 채무자에 대하여 회생절차개시 또는 간이회생절차개시의 결정이 있는 경우 그 채무자의 재산에 속하는 권리 중에 등기된 것이 있는 때에는 법원사무관 등은 회생절차개시 또는 간이회생절차개시의 등기를 촉탁하여야 한다($\frac{\text{법}\ \text{제24조}}{\text{제1호}}$ 제1항).[31] 회생절차개시결정 또는 간이회생절차개시결정 후에 채무자가 등기 또는 등록의 대상이 되는 권리를 취득한 것이 있는 것을 안 때에는 법원사무관 등은 지체 없이 관할 등기소 또는 등록관청에 회생절차개시결정 또는 간이회생절차개시결정의 기입등기를 촉탁하여야 하고, 위 권리를 상실한 때에도 지체 없이 기입등기 또는 기입등록의 말소촉탁을 실시하여야 한다.

나) 처분대상인 채무자의 재산에 속하는 권리로서 등기된 것에 대한 보전처분에 관한 등기   법원은 회생절차개시신청에 대한 결정이 있을 때까지 채무자의 업무 및 재산에 관하여 가압류·가처분 그 밖에 필요한 보전처분을 명할 수 있는데($\frac{\text{법}\ \text{제43조}}{\text{제1항}}$), 채무자의 재산에 속하는 권리로서 등기된 것에 대하여 보전처분이 있는 때에는 법원사무관 등은 그 등기를 촉탁하여야 한다($\frac{\text{법}\ \text{제24조}}{\text{제1항}\ \text{제2호}}$). 그 보전처분이 변경 또는 취소되거나 효력을 상실한 때에도 또한 같다($\frac{\text{법}\ \text{제24조}}{\text{제1항}\ \text{단서}}$).

다) 법인인 채무자의 이사 등의 재산 가운데 등기된 권리에 관한 보전처분에 관한 등기   법원은 법인인 채무자에 대하여 회생절차개시결정 전 또는 후에

로 규정되어 있는바 이는 위 법 규정과 모순되므로 입법적으로 개선이 필요하다.

31) 회생절차개시결정의 등기가 이미 마쳐진 채무자의 부동산 등의 권리에 관하여, 파산선고의 등기, 회생절차개시의 등기의 촉탁이 있는 경우에 등기관은 이를 각하하여야 하고, 반면 강제집행, 가압류, 가처분 또는 담보권실행을 위한 경매에 관한 등기촉탁이 있는 경우에 등기관은 이를 수리하여야 한다(등기예규 제14조 제3항, 제4항 참조).

채무자의 발기인·이사(상법 제401조의2 제1항의 규정에 의하여 이사로 보는 자를 포함한다)·감사·검사인 또는 청산인에 대한 출자이행청구권 또는 이사 등의 책임에 기한 손해배상청구권을 보전하기 위하여 이사 등의 재산에 대한 보전처분을 할 수 있는데(_{제1항·제3항}^{법 제114조}), 위 이사 등의 재산 중 등기된 권리에 관하여 보전처분이 있는 때에는 법원사무관 등은 보전처분의 등기를 촉탁하여야 한다(_{제1항 제3호}^{법 제24조}). 그 보전처분이 변경 또는 취소되거나 효력을 상실한 때에도 또한 같다(_{제1항 단서}^{법 제24조}).

2) 회생계획의 수행 등으로 인한 권리의 득실·변경에 관한 등기

법원은 회생계획의 수행이나 법의 규정에 의하여 회생절차가 종료되기 전에 등기된 권리의 득실이나 변경이 생긴 경우에는 직권으로 지체 없이 그 등기를 촉탁하여야 한다. 다만 채무자, 채권자·담보권자, 주주·지분권자와 신회사 외의 자를 권리자로 하는 등기의 경우에는 그러하지 아니하다(_{제2항}^{법 제24조}).

'회생계획의 수행에 의하여 등기 있는 권리의 득실이나 변경이 생기는 경우'라 함은 회생계획에 따라 재산을 신회사에게 이전하거나 채무자의 재산에 담보권을 설정하거나 기존의 담보권을 소멸시키는 경우(회생계획에서 정한 매각예정 가격보다 낮은 가격으로 매각되어 배당을 받지 못한 후순위 담보권자의 담보권을 소멸시키는 경우 포함) 등이다.[32] '법의 규정에 의하여 등기된 권리의 득실이나 변경이 생기는 경우'라 함은 채무자의 부동산에 설정된 등기된 담보권이 회생계획인가에 의하여 소멸되는 경우(_{제251조}^법) 그 담보권의 말소등기촉탁 등을 들 수 있다. 그러나 회생절차개시 전에 채무자가 제3자에게 신탁한 부동산에 근저당권이 설정되어 있었던 경우, 회생절차개시 이후 그 신탁재산이 채무자에게 복귀되었다고 하더라도 위 근저당권이 회생담보권으로 되는 것은 아니므로, 법 제251조에 의한 말소등기촉탁의 대상은 되지 아니한다.

회생계획의 수행에 의하여 등기사항의 변경이 한꺼번에 광범위하게 발생할 수 있으므로, 채무자, 채권자·담보권자, 주주·지분권자와 신회사가 등기권리자인 경우에는 회생절차의 일환으로서 등기사무도 한 번에 신속히 처리하여 거래의 혼란을 방지하고자 하는 점에 의의가 있다. 위에 규정된 자 이외의 제3자가 등기권리자인 경우에는 권리자가 등기를 신청하여야 한다.

'회생계획의 수행이나 이 법의 규정에 의하여 회생절차가 종료되기 전에 등기된 권리의 득실이나 변경이 생긴 경우'를 판정하여 그 등기를 촉탁하는 것은 판단하기가 쉽지 않고 중요한 내용이어서 '법원사무관 등'을 촉탁의 주체로

---

32) 條解(上), 233면.

하지 않고 '법원'을 촉탁의 주체로 하고 있음은 앞서 본 바와 같다.

만일 회생계획의 수행 등에 의하여 등기된 권리의 득실이나 변경이 회생절차종결 전에 생겼음에도 불구하고 법원이 이를 간과하고 등기촉탁을 하지 아니한 채 회생절차를 종결시킨 경우(예컨대, 회생절차종결 전 회생담보권 완제로 인한 회생담보권의 말소등기촉탁)에는 법원은 회생절차종결등기가 기입된 후라도 직권으로 그 등기촉탁을 하여야 할 것이나, 이와 달리 그 사유가 회생절차종결 후에 발생한 경우(예컨대, 회생절차종결 후 회생담보권 변제로 인한 저당권설정등기의 말소등기촉탁)라면 등기촉탁을 할 사유에 해당하지 아니한다.

3) 법인 아닌 채무자의 재산 중 등기된 권리에 관한 법 제23조 제1항 제1호 내지 제3호의 등기

법 제24조 제5항은 "제1항의 규정은 제23조 제1항 제1호[33] 내지 제3호의 경우에 관하여 준용한다."라고 규정하고 있다.[34] 따라서 회생절차개시결정 취소·간이회생절차개시결정 취소의 결정, 회생절차폐지·간이회생절차폐지의 결정, 회생계획불인가의 결정이 확정된 경우 및 회생계획인가의 결정 또는 회생절차종결·간이회생절차종결의 결정이 있는 경우[35]에는 법원사무관 등은 법인 아닌 채무자의 재산 중 등기된 권리에 관하여 위 각 결정의 등기를 촉탁하여야 한다(법 제24조 제5항, 제23조 제1항 제2호·제3호).

4) 회생절차개시결정으로 중지되었다가 인가결정에 의하여 실효된 가압류·가처분·강제집행·담보권실행을 위한 경매 등의 기입등기 등에 대한 말소등기(법 제256조)

법에는 위와 같은 기입등기의 말소촉탁에 관하여 명문의 규정은 없다. 예규[36]에 의하면, 위와 같은 등기는 회생계획인가의 결정을 한 법원이 회생계획인가결정 기입등기와 함께 말소촉탁을 할 수 있고, 가압류사건 등의 집행법원의 말소촉탁에 의하여 말소할 수도 있다. 회생절차개시결정 이전에 등기된 가등기(담보가등기 제외) 및 용익물권에 관한 등기, 국세징수의 예에 의하여 징수할 수 있는 청구권에 기한 체납처분, 회생채권 또는 회생담보권에 기하여 채무자의 재

---

33) 제23조 제1항 제1호의 규정은 회생절차개시·간이회생절차개시의 결정이 있는 경우에 관한 것인데, 이는 이미 제24조 제1항에서 규정하고 있으므로 중복이다.

34) 법 제24조 제1항 중 제2호와 제3호는 보전처분에 관한 규정이므로 준용되지 않는다고 본다 [주석 채무자회생법(Ⅰ), 310면].

35) 회생계획은 인가결정이 있은 때로부터 효력이 생기고(법 제246조), 회생절차종결결정에 대하여는 즉시항고를 할 수 없으므로, 회생계획인가 또는 회생절차종결의 결정이 있는 경우 그 확정을 기다릴 필요 없이 지체 없이 등기를 촉탁하여야 한다.

36) 등기예규 제15조 제4항 본문.

산에 대하여 한 국세징수법 또는 지방세법에 의한 체납처분 및 조세채무담보를 위하여 제공된 물건의 처분에 따른 등기는 말소의 대상이 되지 아니한다.[37]

나. 채무자의 재산 중 등기된 권리에 관한 등기촉탁 절차

법원사무관 등은 직권으로 지체 없이 촉탁서에 결정서의 등본 또는 초본을 첨부하여 회생절차개시의 등기 또는 보전처분의 등기를 촉탁하여야 한다(법 제24조 제1항). 권리의 변동이 회생계획에 의하여 생기는 경우에는 회생계획의 등본 또는 초본을 첨부하여야 할 것이고, 만일 법원의 허가를 받는 것이 필요한 경우에는 법원의 허가결정서의 등본 또는 초본을 첨부하는 등 등기원인을 증명하는 서면을 제출하여야 한다.[38] 법 제24조에 의한 법원 또는 법원사무관 등의 촉탁이 있는 때에는 관할등기소의 등기관은 이를 수리하여 그에 따른 등기를 하여야 하고, 당사자가 이러한 등기를 신청한 경우에 이를 수리하여서는 아니 된다.[39] 그리고 법 제24조에 의한 등기에 관하여는 등록세 및 등기신청수수료가 면제된다(법 제25조 제4항, 등기예규 제4조 제1항).

4. 부인의 등기

관리인이 부인권을 행사하여 수익자 또는 전득자 명의로 된 재산을 채무자 앞으로 환원시킨 경우 부인의 목적을 확실히 달성하기 위해서는 부인에 의해 채무자의 재산에 복귀한 것을 등기할 필요가 있는데, 이것을 '부인의 등기'라고 한다. 부인의 등기는 그 성질을 어떻게 보느냐에 따라 어떠한 형태의 등기를 하고 또한 회생절차의 종료에 의하여 부인의 효과가 소멸하였을 경우 기존의 부인의 등기를 어떻게 처리하느냐에 관하여 다른 결론에 이르게 된다. 법 제26조 제1항은 부인의 등기의 절차를, 같은 조 제3항은 회생절차가 종료되어 부인의 효과가 소멸하였을 경우 등에 대한 부인의 등기의 처리 문제를, 같은 조 제4항은 회생절차 진행 중에 관리인이 부인권 행사에 의하여 회복한 재산을 제3자에게 임의매각함으로써 더 이상 부인의 등기가 불필요하게 되었을 경우 부인의

---

37) 등기예규 제15조 제4항 단서.
38) 条解(上), 234면.
39) 등기예규 제2조 참조. 반면 촉탁등기사항 이외의 등기사항에 대한 등기신청권자는 회생절차 개시결정 전에 법 제43조 제3항에 따라 보전관리인이 선임된 경우에는 보전관리인이고, 회생절차개시결정 후에는 관리인 또는 관리인으로 간주되는 자이다(등기예규 제3조 제1항·제2항 참조).

등기의 처리문제를 규정하고 있다. 이에 대한 자세한 사항은 '제8장 제1절 6.'에서 다루기로 한다.

〈표 2-3〉 등기·등록의 촉탁이 필요한 사항

구 분	법인등기촉탁 관련조항	등기된 권리에 관한 등기촉탁	
		법인 채무자	법인 아닌 채무자
보전처분(변경·취소·실효)		제24조 제1항 제2호	제24조 제1항 제2호
보전관리명령(변경·취소)	제23조 제2항		
보전관리인의 변경	제23조 제3항		
이사 등의 재산에 대한 보전처분 (변경·취소·실효)		제24조 제1항 제3호	
회생절차개시결정·간이회생절차 개시결정	제23조 제1항 제1호		제24조 제1항 제1호
관리인의 선임	제23조 제2항		
관리인의 변경	제23조 제3항		
회생절차개시결정취소·간이회생 절차개시결정취소의 결정 확정	제23조 제1항 제2호		제24조 제5항, 제23조 제1항 제2호
인가 전 영업 등 양도		제24조 제2항	제24조 제2항
부인의 청구 인용재판		제26조 제1항	제26조 제1항
회생절차폐지·간이회생절차폐지 결정의 확정	제23조 제1항 제2호		제24조 제5항, 제23조 제1항 제2호
회생계획불인가의 결정 확정	제23조 제1항 제2호		제24조 제5항, 제23조 제1항 제2호
회생계획인가의 결정	제23조 제1항 제3호		제24조 제5항, 제23조 제1항 제3호
회생계획인가의 결정에 의하여 소멸한 담보권		제24조 제2항	제24조 제2항
회생계획인가의 결정에 의하여 실효된 강제집행 등		등기예규 제1516호 제15조 제4항	등기예규
등기사항을 수반하는 회생계획의	제23조 제1항		

수행, 납입 등이 있는 신주발행, 납입 등이 있는 사채발행, 주식의 포괄적 교환, 주식의 포괄적 이전, 합병·분할 또는 분할합병, 신회사의 설립 등	제4호 및 규칙 제9조 제1항		
회생절차종결·간이회생절차종결 결정	제23조 제1항 제3호		제24조 제5항, 제23조 제1항 제3호
외국도산절차 승인 관련 보전처분		제24조 제7항	제24조 제7항
외국도산절차 승인시 국제도산관리인의 선임	제23조 제2항	제24조 제7항	제24조 제7항

제5절 이해관계인의 사건기록의 열람·복사 등 청구권

1. 법 제28조의 의의

법은 제28조에서는 이해관계인이 법원에 사건기록(문서 그 밖의 물건을 포함한다)의 열람·복사, 재판서·조서의 정본·등본이나 초본의 교부 또는 사건에 관한 증명서의 교부(이하에서는 이를 줄여서 '열람·복사 등'이라고 한다)를 청구할 수 있도록 하고, 법원은 그 청구가 채무자의 사업유지 또는 회생에 현저한 지장을 초래할 우려가 있거나 채무자의 재산에 현저한 손해를 줄 우려가 있는 때를 제외하고는 이를 허가하도록 하였다. 이는 회생절차가 당사자 간의 단순한 대립구조가 아니라 채무자, 회생채권자·회생담보권자, 주주·지분권자 등 이해관계인이 다수이고, 그들의 이해관계도 다원적이므로 민사소송법과는 다른 규율이 필요하기 때문이다.

따라서 열람·복사 등 청구에 대한 허부 판단을 함에 있어서는 이해관계인에 대한 중요 정보의 제공을 통하여 절차의 투명성을 확보한다는 취지를 고려하여 회생절차와 관련된 이해관계인의 열람·복사 등의 청구를 합리적 이유 없이 제한함으로써 이해관계인에게 회생절차 전반에 대한 불필요한 불신감이나 오해 등을 주지 않아야 할 것이다.

또한 열람·복사 등에 관하여는 본조 외에 법 제33조에 의하여 민사소송법이 준용되므로, 일반 민사소송절차에서의 열람·복사 등을 규율하는 민사소송법 제162조, 제163조가 여전히 보충적으로 적용됨을 주의하여야 할 것이다.[40]

2. 열람·복사 등의 청구

가. 청구권자

사건기록 등의 열람·복사 등을 청구할 수 있는 것은 당해 사건의 이해관계인이다. 이해관계인으로 한정하는 것은 회생절차가 소송절차와 달리 공개법정에서의 대심이 반드시 필요하지 않은 비송절차이므로, 회생절차에 관하여 법률상 이해관계를 가진 자에 한하여 열람·복사 등을 인정하려는 취지이다.

이해관계인은 회생절차에 관하여 법률상 이해관계가 있는 자를 말한다. 즉 회생절차에 의하여 직접적으로 또는 간접적으로 자기의 사법상 또는 공법상의 권리 내지 법률적 이익이 영향을 받는 자를 의미하고, 단순히 사실상 또는 경제적 이익이 영향을 받는 데에 불과한 자는 포함되지 않는다. 당해 채무자에 대한 회생채권자·회생담보권자, 주주·지분권자, 채무자에 고용되어 있는 근로자 등이 이해관계인에 포함된다. 회생절차개시결정 후에 채무자와 계약을 체결한 자도 공익채권을 가지고 회생절차에 따라 영향을 받는 구체적 법률관계가 형성되었으므로 이해관계인에 포함된다고 볼 것이지만, 회생채권자 등에 대하여 채권을 가진 자, 채무자의 자산을 취득하려고 하는 자는 사실상 또는 경제적 이익에 영향을 받는 데 불과하므로 이해관계인에 포함되지 아니한다.[41]

나. 청구의 방식

열람·복사 등의 청구는 서면으로 하여야 한다. 또한 위 청구서에는 청구하는 자가 회생절차에 관하여 이해관계를 가지고 있다는 소명자료를 첨부하여야 하고, 이해관계인인 법인이 열람·복사 등을 청구하는 경우에는 당해 사원에 대한 법인 대표자로부터의 위임의 취지가 기재된 위임장, 사원 본인의 신분증명서를 첨부하여야 한다.

또한 위 청구서에는 청구대상의 문서를 명확히 특정하여야 한다. 특정은

---

40) 이에 대하여는 법 제33조에 따라 관련 규정이 없는 경우에만 민사소송법이 준용되는데, 법 제28조는 열람 등의 신청인, 요건 및 절차에서 민사소송법 제162조와 차이가 있으므로, 민사소송법 제162조는 준용되지 않는다는 견해가 있다[주석 채무자회생법(Ⅰ), 331면].
41) 会社更生の実務(上), 49-51면.

어떠한 방법이어도 상관없지만, 적어도 재판부가 청구대상문서를 특정할 수 있을 정도로 표시될 필요가 있다. 가끔 '회생사건 기록 일체'를 청구대상으로 하는 경우가 있는데, 이러한 경우에는 청구대상 문서를 특정하도록 보완을 요구함이 타당하다.[42]

위 청구에는 '재판기록 열람·복사 규칙'이 정하는 수수료를 내야 한다.

3. 열람·복사 등 청구의 대상

열람·복사 등 청구의 대상은 법원에 제출된 사건기록(문서 그 밖의 물건을 포함한다), 법원이 작성한 재판서·조서 또는 사건에 관한 증명서 등이다(법 제28조 제1항).

가. 사건기록의 열람·복사

사건기록은 문서 그 밖의 물건을 모두 포함한다. 법원에 정식으로 접수된 문서 등은 특별한 사정이 없는 한 열람·복사의 대상이 된다. 회생절차개시신청서 및 그 첨부자료, 관리인의 각종 보고서 및 허가신청서, 채권신고서, 시·부인표, 조사보고서, 회생계획안 등이 대표적이다. 그러나 회생절차개시신청의 대리인이나 관리인, 또는 조사위원 등이 정식으로 접수하지 않고 재판부에게 내부적으로 보고하기 위하여 간이하게 작성한 문서 등은 열람·복사의 대상이 되지 않는다.

법원에 대하여 직권 발동을 촉구하기 위하여 제출된 채권자 작성의 신청서, 예를 들면 다른 채권자가 제출한 회생계획안을 결의에 부치지 않을 것을 구하는 취지의 채권자의 신청서 및 회생절차개시신청의 기각을 구하는 관계자의 의견서 등도 회생절차상의 문서이므로, 열람·복사의 대상이 된다고 봄이 타당하다. 법원이 채권자의 결의 등에 참고하도록 조사위원에게 작성을 요구한 의견서도 마찬가지이다.

---

42) 마찬가지로 문서를 특정하였더라도 그 문서에 부속된 첨부서류들(예를 들면 회생절차개시 신청서에 부속된 실사보고서, 회계장부, 주주명부 등을 들 수 있다)과 관련하여 '첨부서류 일체'라는 형태로 청구대상을 기재한 경우에는 열람 및 복사를 원하는 첨부서류를 특정하도록 요구하고, 만약 당장 그 첨부서류를 특정할 수 없는 경우에는 일단 해당 문서를 열람한 후 그 문서에 기재된 첨부서류의 제목을 살펴보고 필요한 첨부서류에 대하여 재차 열람 및 복사신청을 하도록 유도함이 바람직하다.

나. 재판서·조서의 정본·등본이나 초본의 교부 및 증명서의 교부

이해관계인은 회생절차에서 회생법원이 작성한 각종 결정문 등 재판서와 관계인집회의 조서에 대한 정본·등본 및 초본의 교부를 청구할 수 있고, 회생절차에서의 어떠한 사실에 대한 증명서의 교부도 청구할 수 있다.

다. 녹음테이프 또는 비디오테이프 등의 복제

사건기록 중 녹음테이프 또는 비디오테이프(이에 준하는 방법에 의하여 일정한 사항을 기록한 물건)[43]는 법 제28조 제1항의 열람·복사 등의 대상이 아니고, 법 제28조 제2항에 따라 이해관계인의 복제신청이 있는 때에 법원이 그 복제를 허용할 수 있다. 녹음테이프·비디오테이프 등 자기매체가 법원에 제출되는 경우는 실무상 거의 없을 것이지만, 이러한 물건들은 변경이 용이할 뿐만 아니라 성질상 열람·복사 등의 대상이 될 수 없으므로, 법원이 그 당해 물건의 복제를 허용할 수 있도록 한 것이다. 다만 이러한 물건에 대하여 서류 등을 열람시키는 것에 대응하여 당해 물건에 적합한 재생장치를 이용하여 이를 재생하게 하는 방법을 생각할 수 있지만, 법은 이러한 방법에 대하여 규정하고 있지 않으므로 이는 허용되지 않는다고 보는 것이 타당하다.

4. 열람·복사 등의 청구를 할 수 있는 시기[44]

가. 회생절차개시 신청인의 경우

회생절차개시 신청인은 언제라도 당해 사건기록의 열람·복사, 재판서·조서의 정본·등본·초본의 교부 및 증명서의 교부를 청구할 수 있다(법 제28조 제3항 단서). 밀행성(密行性)의 요청은 회생절차개시의 신청인에 대하여는 생길 여지가 없기 때문이다. 따라서 채권자가 회생절차개시신청을 한 사건에서는 신청채권자는 언제라도 열람·복사 등을 청구할 수 있다.

---

43) 사건기록 중 녹음테이프 또는 비디오테이프에 준하는 방법에 의하여 일정한 사항을 기록한 물건으로는 영화필름, 슬라이드, 마이크로필름, 전산처리된 자료가 담겨 있는 컴퓨터용 자기디스크, 광디스크 등이 이에 해당한다.
44) 실무상 회생절차가 종결되거나 폐지된 사건기록 등의 열람·복사 등이 청구되는 경우가 있다. 열람·복사 등의 청구를 할 수 있는 종기에 관하여 법 및 규칙에서 특별한 제한을 하지 않고 있으므로, 법 제28조에 따라 허가 여부를 결정하는 것이 타당하다.

나. 회생절차개시 신청인이 아닌 경우

회생절차개시 신청인이 아닌 자가 열람·복사 등을 청구하는 경우에는 다음에 기술하는 시기가 도래한 후에야 비로소 청구할 수 있다(법 제28조 제3항 제1호). 법에서 규정한 시기는 회생절차의 밀행성을 유지하기 위하여 열람·복사 등을 제한하는 최소한의 기준으로서 위 시기 중 어느 하나가 도래한 경우에는 밀행성 유지의 필요성이 없어지게 되는 것으로 해석된다.

① 법 제43조 제1항의 규정에 의한 보전처분

② 법 제43조 제3항의 규정에 의한 보전관리명령

③ 법 제44조 제1항의 규정에 의한 중지명령

④ 법 제45조 제1항의 규정에 의한 포괄적 금지명령

⑤ 회생절차개시신청 또는 간이회생절차개시의 신청에 대한 재판(개시결정·기각결정)

한편 채권자 신청 사건에서의 채무자에 의한 열람·복사 등의 청구는 위 ① 내지 ⑤의 사유 외에 다음의 재판의 어느 하나가 있는 경우에도 인정된다(법 제28조 제3항 제2호).

㉮ 회생절차개시신청 또는 간이회생절차개시의 신청에 관한 변론기일의 지정

㉯ 채무자를 소환하는 심문기일의 지정

5. 열람·복사 등의 불허가 및 불복방법

법원은 채무자의 사업유지 또는 회생에 현저한 지장을 초래할 우려가 있거나 채무자의 재산에 현저한 손해를 줄 우려가 있는 때에는 열람·복사, 정본·등본·초본의 교부 또는 녹음테이프 또는 비디오테이프의 복제를 허가하지 아니할 수 있다(법 제28조 제4항). 사건에 관한 증명서의 교부는 이에 해당하지 않으므로 증명서 교부청구는 불허가할 수 없다.

가. 불허가요건

열람·복사 등을 허가하지 아니할 수 있는 경우는 법 제28조의 입법취지에 비추어 해석하여야 한다. 위 조항은 채무자의 사업유지 또는 회생에 현저한 지

장 및 재산에 대한 현저한 손해를 초래할 우려가 있는 경우에 한정하고 있다. 따라서 위와 같은 현저한 지장 및 현저한 손해를 초래할 우려를 판단함에 있어서는 열람·복사 등을 허용할 경우 채무자의 사업유지 또는 회생 및 재산에 중대한 위험이 발생할 수 있는지 여부를 살펴보아야 한다.

열람·복사 등의 제한이 문제되는 것은 주로 채무자의 업무에 관한 각종 허가신청서, 채무자의 영업 및 재산에 관련된 각종 문서 등이다. 회생절차개시 결정과 동시에 관리인에 대하여 법원이 허가를 받도록 한 일정한 행위에 관한 허가신청(법제61조), 회생계획에 의하지 않는 영업 또는 사업의 전부 또는 중요한 일부의 양도의 허가신청(법제62조), 보전관리명령이 있는 때에 보전관리인에 대하여 법원이 허가를 받도록 한 일정한 행위에 관한 허가신청(법제86조,제61조)을 하면서 허가를 받기 위하여 제출한 자료, 관리인이 법 제93조에 의하여 법 제90조 내지 제92조의 규정에 의한 것 외에 법원의 명에 의하여 제출한 채무자의 업무와 재산의 관리상태, 그 밖에 법원이 조사를 명하는 사항에 관한 보고서, 법 제87조에 의한 조사위원의 조사·의견제출에 관계된 문서 등이 이에 해당할 것이다.[45]

사건기록 중에 당사자의 사생활에 관한 중대한 비밀이 적혀 있고, 제3자에게 비밀기재 부분의 열람 등을 허용하면 당사자의 사회생활에 지장이 클 우려가 있는 때, 또는 사건기록 중에 당사자가 가지는 영업비밀(부정경쟁방지 및 영업비밀보호에 관한 법률 제2조 제2호에 규정된 영업비밀을 말한다)이 적혀 있는 때에는 사건기록 중 비밀이 적혀 있는 부분의 열람·복사, 재판서·조서 중 비밀이 적혀 있는 부분의 정본·등본·초본의 교부를 신청할 수 있는 자를 당사자 등으로 제한할 수도 있을 것이다. 특히 회생절차에서 채무자의 영업비밀 보호는 채무자의 사업유지 및 회생에 중요한 것이므로, 채무자나 관리인은 위 비밀기재 부분의 제한을 신청할 수 있을 것이다. 그러나 이러한 제한신청은 법원의 불허

---

45) 서울고등법원 2021. 5. 6. 자 2020라21524 결정에서, 법 제28조 제4항의 취지는 이해관계인의 열람 등 신청이 회생절차 진행을 지연시키려는 의도이거나, 회생절차를 방해함으로써 다른 이해관계인보다 우선하여 이익을 얻고자 하는 경우, 또는 열람 등 신청의 대상이 된 계약에 비밀보장 약정이 존재하여 이를 공개하는 것이 계약상대방의 권리를 침해하는 것이 되고 그 결과 계약상대방의 채무자에 대한 손해배상채권이 발생하여 채무자의 재산에 손해가 발생할 가능성이 높은 반면 채무자의 회생에 가져오는 긍정적 효과는 미미하여 결국 채무자의 회생절차 진행에 지장을 주게 되는 경우 등에는 그와 같은 열람 등 신청을 불허할 수 있다는 의미라고 전제한 다음, 채무자가 회생절차개시 신청 전에 다른 회사와 체결한 조건부투자계약서는 채무자의 영업상 비밀 등이 노출될 우려가 있는 점, 조건부투자계약서에는 당사자 사이의 비밀유지약정이 있는 점 등을 고려하면 위 조건부투자계약서의 열람은 채무자의 사업유지 또는 회생에 현저한 지장을 초래할 우려가 있거나 채무자의 재산에 현저한 손해를 줄 우려가 있다는 이유로 열람신청을 불허한 제1심 결정은 정당하다고 판단하였다.

가결정의 직권발동을 촉구하는 의미만 있을 뿐이므로, 이러한 경우 법원은 열람·복사 등의 필요성과 이로 인한 채무자의 손해 등을 종합적으로 검토하여 열람·복사 등에 관한 결정을 하여야 할 것이다.

나. 불허가결정 및 의견청취

1) 불허가결정

이해관계인이 열람·복사 등을 청구하는 경우 법원이 불허가 요건에 해당한다고 판단하는 때에는 당해 사건기록 및 재판서·조서에 대한 열람·복사 등을 제한하는 결정을 하여야 한다(불허가결정문의 기재례는 [별지 74] 참조). 여기서의 '법원'이라 함은 당해 회생사건을 처리하는 재판부를 의미한다.

2) 불허가 요건이 있는 문서 등의 일부에 대한 열람·복사 등

불허가 요건에 해당하는 사항이 문서 또는 재판서·조서의 일부인 경우에는 당해 문서 또는 재판서·조서의 전체에 대한 열람·복사 등을 불허가하여야 하는지, 당해 일부만을 불허가하여야 하는지 논란이 있을 수 있다. 이해관계인의 알 권리와 회생절차의 투명성 확보를 위하여 열람·복사 등의 제한은 최소한에 그쳐야 하므로, 불허가 요건이 당해 문서 또는 재판서·조서의 일부에 해당하는 경우에는 당해 부분만을 특정하여 불허가하는 취지의 결정을 하여야 한다(일부 불허가결정문의 기재례는 [별지 75] 참조).[46]

3) 문서 등 제출자의 의견청취

이해관계인이 열람·복사 등 청구를 한 때에 법원이 불허가 요건에 해당하는 문서 또는 재판서·조서가 있다고 판단하는 경우에는 당해 문서 등 제출자 또는 관련자의 의견을 청취하여 이를 결정하는 것도 한 방법이 될 수 있다.

채무자나 관리인은 문서 등을 제출하면서 당해 문서 등에 대한 열람·복사 등이 허가되어서는 안 된다는 취지의 서면을 함께 제출할 수 있을 것이다.

다. 불복방법

열람·복사 등의 불허가결정에 대하여는 즉시항고를 할 수 있다(제28조 제5항). 그

---

46) 다만 전자기록이 일부의 열람·복사가 불가능하게 구성되어 있는 등 기술적인 문제로 인하여 문서 일부만의 열람·복사가 불가능한 경우가 있고, 이 경우에는 당해 문서 전부의 열람·복사가 불가능하게 된다. 만일 당해 문서의 불허부분을 제외한 나머지 부분에 대한 열람·복사가 반드시 필요한 경우라고 인정된다면, 법원은 관리인 등 당해 기록의 제출자로 하여금 열람·복사가 불허되는 부분을 제외한 나머지 부분만 열람·복사할 수 있도록 당해 문서의 일부 초본을 제출하게 한 다음 이를 신청인에게 열람·복사하게 할 수도 있을 것이다.

러나 허가결정에 대하여는 법에 따로 규정이 없으므로 불복할 수 없다(^{제13조}_{제1항}).

제6절 재산조회

1. 의   의

법원은 필요한 경우 관리인·국제도산관리인 그 밖의 이해관계인의 신청에 의하거나 직권으로 채무자의 재산 및 신용에 관한 전산망을 관리하는 공공기관·금융기관·단체 등에 채무자 명의의 재산에 관하여 조회할 수 있다(^{법 제29조}_{제1항}). 면책의 효력을 받을 이해관계인이 재산조회를 신청하는 때에는 조회할 공공기관·금융기관 또는 단체를 특정하여야 한다. 이 경우 법원은 조회에 드는 비용을 미리 납부하도록 명하여야 한다(^{법 제29조}_{제2항}).

2. 재산조회의 신청방식과 비용

관리인이 채무자의 재산조회를 신청하는 때에는 ① 채무자의 표시, ② 신청취지와 신청사유, ③ 과거의 재산보유내역에 대한 조회를 요구하는 때에는 그 취지와 조회기간 등을 기재한 서면으로 신청하여야 한다(^{규칙 제45조}_{제1항}).

면책의 효력을 받을 이해관계인이 채무자의 재산조회를 신청하는 때에는 ① 채무자, 신청인과 그 대리인의 표시, ② 신청취지와 신청사유, ③ 조회할 공공기관·금융기관 또는 단체, ④ 조회할 재산의 종류, ⑤ 과거의 재산보유내역에 대한 조회를 요구하는 때에는 그 취지와 조회기간 등을 기재한 서면으로 신청하여야 한다(^{규칙 제45조}_{제2항}).

채무자 명의의 재산에 관한 조회를 신청하는 때에는 신청인이 조회비용을 예납하여야 하고, 법원이 직권으로 재산조회를 하는 때에는 채무자 또는 관리인에게 재산조회에 소요되는 비용을 예납하도록 명하여야 한다(^{법 제29조 제2항·제4항}_{규칙 제45조 제3항·제4항}). 재산조회에 소요되는 비용은 규칙 제45조 제3항·제4항 별표 3에 규정되어 있다.

재산조회 신청에 대해 담당재판부는 각하(보정명령 불응, 비용미납 등) 또는 이송, 기각(조회요건의 소명 부족), 조회결정(결정문을 작성하지 않고 결정내역 용지에 날인)을 한다.

3. 재산 등의 조회절차

재산조회는 조회할 기관 또는 단체의 장에게 그 기관 또는 단체가 전산망으로 관리하는 채무자 명의의 재산에 관하여 실시한다(규칙 제46조 제1항). 토지·건물의 소유권에 관하여는 회생절차의 신청이 있기 전 2년 안에 채무자가 보유한 재산내역도 조회할 수 있다(규칙 제46조 제2항).

특히 금융기관이 회원사·가맹사 등으로 되어 있는 중앙회·연합회·협회 등이 개인의 재산 및 신용에 관한 전산망을 관리하고 있는 경우에는 그 협회 등의 장에게 채무자 명의의 재산에 관하여 조회할 수 있다(규칙 제46조 제3항). 법 제29조 제3항은 재산조회에 있어 민사집행법 제74조 제3항·제4항 및 제75조 제1항의 규정을 준용하고 있으므로 법원은 채무자의 인적 사항을 적은 문서에 의하여 해당 기관·단체의 장에게 채무자의 재산 및 신용에 관하여 그 기관·단체가 보유하고 있는 자료를 한꺼번에 모아 제출하도록 요구할 수 있고, 공공기관·금융기관·단체 등은 정당한 사유 없이 이를 거부하지 못한다(민사집행법 제74조 제3항·제4항). 또한 같은 협회 등에 소속된 다수의 금융기관에 대한 재산조회는 협회 등을 통하여 할 수 있고, 이 경우 금융기관의 장은 소속협회 등의 장에게 채무자의 재산보유내역 등에 관한 정보와 자료를 제공하여야 하고, 그 협회 등의 장은 제공받은 정보와 자료를 정리하여 한꺼번에 제출하여야 한다(규칙 제47조 제2항·제4항).

법원은 ① 채무자의 인적 사항, ② 조회할 재산의 종류, ③ 조회에 대한 회답기한, ④ 과거의 재산보유내역에 대한 조회를 요구하는 때에는 그 취지와 조회기간 등 규칙 제47조 제1항 각호에 기재된 사항을 적은 서면으로 재산조회를 실시하나(규칙 제47조 제1항), 재산조회규칙이 정하는 바에 따라 전자통신매체를 이용하는 방법으로 할 수도 있다(규칙 제47조 제7항).

법원으로부터 재산조회를 받은 기관·단체의 장은 그 회답기한 내에 채무자의 재산보유내역에 관한 조회회보서를 작성·제출하여야 한다(규칙 제47조 제3항). 재산조회를 받은 기관·단체의 장은 제3항에 규정된 조회회보서나 자료의 제출을 위하여 필요한 때에는 소속 기관·단체, 회원사, 가맹사, 그 밖에 이에 준하는 기관·단체에게 자료 또는 정보의 제공·제출을 요청할 수 있다(규칙 제47조 제5항). 법원은 제출된 조회회보서나 자료에 흠이 있거나 불명확한 점이 있는 때에는 다시 조회하거나 자료를 다시 제출하도록 요구할 수 있다(규칙 제47조 제6항). 조회를 받은 공공기관·금융기관·단체 등의 장이 정당한 사유 없이 자료제출을 거부하거나 허위의 자료를 제출한 경우에는 500만 원 이하의 과태료에 처해진다($^{법\ 제660조}_{제1항}$).

면책의 효력을 받을 이해관계인은 법 제28조에 정해진 절차에 의하여 재판기록 열람·복사 규칙이 정하는 수수료를 납부하고 재산조회결과의 열람·복사를 청구할 수 있고, 규칙 제47조 제7항에 따라 전자통신매체를 이용하는 방법으로 재산조회를 한 경우에는 재산조회규칙이 정하는 바에 따라 열람·출력할 수 있다($^{규칙}_{제48조}$).

4. 전자통신매체를 이용한 재산조회절차

도산절차에서 재산조회는 '재산조회규칙($^{대법원규칙}_{제2818호}$)'에서 정하는 바에 따라 전자통신매체를 이용하는 방법으로 할 수 있다($^{규칙\ 제47조}_{제7항}$). 이는 대한민국 법원 웹서버에 인터넷을 이용하여 접속이 가능한 재산조회시스템을 통해 이루어진다.

담당재판부가 재산조회결정을 하면, 법원장의 지정에 의해 재산조회를 담당하는 전담관리자는 재산조회시스템에 사건의 표시, 조회대상기관의 명칭, 채무자의 인적사항, 조회할 재산의 종류, 조회에 대한 회답기한 등을 입력하는 방법으로 재산조회를 한다. 재산조회시스템에 조회명령을 입력한 날을 조회대상기관의 장에게 조회명령이 도착한 날로 본다($^{재산조회규칙}_{제3조,\ 제12조}$).

전담관리자만이 재산조회결과를 검색하거나 열람·출력할 수 있다($^{재산조회규칙}_{제12조\ 제3항}$). 신청에 의해 재산조회가 이루어진 경우에는 신청인이 재산조회규칙 제15조에 따라 수수료를 납부하고 전담관리자에게 재산조회결과의 열람·출력을 신청하고, 필요한 경우 그 출력물을 담당재판부에 제출하여야 한다($^{재산조회규칙}_{제13조,\ 제15조}$). 법원이 직권으로 재산조회를 한 경우에는 담당재판부가 전담관리자로 하여금 재산조회결과를 열람·출력한 후 제출하도록 하여 사건기록에 편철하도록 한다.

⟨표 2-4⟩ 법상 재산조회와 민사집행법상 재산조회의 비교

구 분	법상 재산조회	민사집행법상 재산조회
관할법원	도산사건 담당 법원	재산명시절차의 관할 법원
신청인	관리인·파산관재인 그 밖의 이해관계인	재산명시를 신청한 채권자
직 권	직권으로 할 수 있음	직권으로 할 수 없음

요 건	필요한 경우		재산명시 관련 요건
비용 부담	신청(회생위원 제외)의 경우	신청한 이해관계인	채권자
	회생위원의 신청 또는 직권의 경우	채무자 또는 관리인·파산관재인·국제도산관리인	
편철방법	합철47)		별도 기록
사건부호	회기		카조
인지액	1,000원		1,000원

제7절 민사소송법 등의 준용

회생절차 및 국제도산절차에 관하여 법에 규정이 없는 때에는 민사소송법 및 민사집행법을 준용한다(별제33조).48) 따라서 특정한 사안에 관하여 법에 규정이 없더라도 민사소송법 및 민사집행법에 관련 규정이 있어 보충적으로 적용될 여지가 없는지 검토할 필요가 있다.

---

47) '합철'이라 함은 사건입력 프로그램에 전산입력한 민사접수서류를 주기록에 시간적 접수순서에 따라 편철하고 주기록표지에 사건번호와 사건명을 병기하는 것을 말한다(민사접수서류에 붙일 인지액 및 그 편철방법 등에 관한 예규 제2조 제2호).
48) 규칙 제12조는 규칙에서 규정한 것 외에 도산절차에 관하여 필요한 사항은 민사소송규칙, 민사집행규칙 및 재산조회규칙의 규정을 준용한다고 규정하고 있다.

回 生 事 件 實 務

제3장

・
・
・

회생절차
개시의 신청

제1절 신청권자
제2절 신청서의 기재사항 및 첨부서류
제3절 회생사건의 접수 및 검토·조치

제1절 신청권자

1. 개   요

회생절차개시신청을 할 수 있는 자는 신청사유에 따라 차이가 있다. 즉 ①
법 제34조 제1항 제1호의 사유(사업의 계속에 현저한 지장을 초래하지 아니하고는
변제기에 있는 채무를 변제할 수 없는 경우)로 인한 회생절차개시신청의 경우에는
해당 채무자만이 신청권을 가지며, ② 법 제34조 제1항 제2호의 사유(채무자에게
파산의 원인인 사실이 생길 염려가 있는 경우)로 인한 회생절차개시신청의 경우에는
채무자 이외에도 i) 채무자가 주식회사 또는 유한회사인 때에는 자본의 10분의
1 이상에 해당하는 채권을 가진 채권자, 자본의 10분의 1 이상에 해당하는 주식
또는 출자지분을 가진 주주·지분권자, ii) 채무자가 주식회사 또는 유한회사가
아닌 때에는 5천만 원 이상의 금액에 해당하는 채권을 가진 채권자, 합명회사·
합자회사 그 밖의 법인 또는 이에 준하는 자에 대하여는 출자총액의 10분의 1
이상의 출자지분을 가진 지분권자도 신청을 할 수 있다($_{제1항·제2항}^{법\ 제34조}$). 채무자가 주
식회사 또는 유한회사인지 여부는 신청서에 첨부된 법인등기사항전부증명서에
의하여 확인한다.

2. 신청권자 관련 문제

가. 청산 중의 법인이나 파산선고를 받은 채무자의 회생절차개시신청

채무자가 청산 중인 경우 청산인은 다른 법률에 의하여 채무자에 대한 파
산을 신청하여야 하는 때에도 회생절차개시의 신청을 할 수 있다($_{제1항}^{법\ 제35조}$). 청산
중의 회사나 파산선고를 받은 회사인 채무자가 신청을 함에 있어서는 합명회사
의 경우에는 사원의 전부 또는 일부의 동의($_{상법\ 제229조\ 제1항}^{법\ 제35조\ 제2항}$)(동의하지 아니한 사원은
퇴사한 것으로 봄), 합자회사의 경우에는 잔존한 무한책임사원 또는 유한책임사
원 전원의 동의($_{상법\ 제285조\ 제2항}^{법\ 제35조\ 제2항·}$), 주식회사의 경우에는 상법 제434조의 규정에 의
한 주주총회의 특별결의($_{상법\ 제519조}^{법\ 제35조\ 제2항·}$)(출석한 주주의 의결권의 3분의 2 이상의 수와
발행주식총수의 3분의 1 이상의 수), 유한회사의 경우에는 상법 제585조의 규정에
의한 사원총회의 특별결의($_{상법\ 제610조}^{법\ 제35조\ 제2항·}$)(총 사원의 반수 이상이며 총 사원의 의결권의

4분의 3 이상을 가지는 자의 동의)가 있어야 한다.

파산선고를 받아 파산관재인이 선임되어 있는 경우에도 위 요건을 갖춘 채무자의 대표자가 회생절차개시신청을 하여야 할 것이다. 회생절차개시결정이 있으면 진행 중인 파산절차는 중지되고(법 제58조 제2항 제1호), 회생절차개시결정 전이라도 법원이 필요하다고 인정하는 때에는 채무자에 대한 파산절차의 중지명령(법 제44조 제1항 제1호)을 할 수 있다. 그러나 파산선고를 받은 채무자가 회생절차개시신청을 한 경우에는 회생절차의 개시신청이 성실하지 않은 경우(법 제42조 제2호) 또는 회생절차에 의함이 채권자 일반의 이익에 적합하지 아니한 경우(법 제42조 제3호)에 해당할 여지가 많을 것이므로, 파산절차의 중지명령 발령 및 개시요건 심리에 신중을 기하여야 한다.[1]

나. 채권자나 주주·지분권자의 회생절차개시신청

채권자나 주주·지분권자가 하는 신청의 경우, 반드시 1인의 채권자나 주주·지분권자가 자본 또는 출자총액의 10분의 1 이상 또는 5천만 원 이상의 금액에 해당하는 채권을 가진 자라는 요건을 충족하여야 하는 것은 아니고, 여러 채권자의 채권액 또는 여러 주주·지분권자의 주식 또는 출자지분을 합산하여 자본 또는 출자총액의 10분의 1 이상 또는 5천만 원 이상의 금액에 달하기만 하면, 그 여러 채권자나 주주들이 공동으로 회생절차개시의 신청을 할 수 있다고 본다.[2] 채권자나 주주·지분권자가 회생절차개시의 신청을 함에 있어서는 신청서에 그 채권액과 채권의 원인이나 주식 또는 출자지분의 수 또는 액을 기재하고, 이를 소명하여야 한다(법 제36조 제10호, 제11호, 제38조 제2항). 그러나 채권자와 주주·지분권자와의 비율에 의한 혼합적 신청(예컨대 자본의 5%에 해당하는 채권을 가진 채권자와 자본의 5%에 해당하는 주식을 가진 주주가 하는 공동신청)은 인정되지 않는다.

위와 같은 채권자나 주주·지분권자의 자격 요건은 개시신청 당시부터 개시결정시까지 유지되어야 한다고 보는 견해와 개시결정시에 구비되면 된다는

---

1) 서울중앙지방법원은 파산선고 후에 채무자의 지분 33%를 보유한 주주 겸 채권자가 회생절차 개시신청을 하였던 2011회합94 니나리치코리아(주) 사건에서 파산절차의 중지명령을 발령하지 않은 채 개시전 조사를 실시하여 그 결과에 따라 개시신청 기각결정을 하였으며, 2012회합15 토스에듀케이션(유) 사건에서도 파산절차의 중지명령을 발령하지 않은 채 회생절차개시의 요건을 심리하여 개시신청 기각결정을 하였다. 한편 파산신청 후 파산선고 전에 회생절차개시신청이 있었던 2010회합113 파이시티 사건에서는 파산절차의 중지명령을 발령하지 않은 채 약 3개월 가량 개시전 조사 등을 통해 개시요건을 심리한 뒤 회생절차개시결정을 하여 회생절차를 진행하였다.
2) 서울중앙지방법원 2012회합104 캐슬파인리조트(주) 사건에서는 채무자가 운영하는 골프클럽의 입회예탁금반환청구권을 가진 골프클럽 회원들 73명이 공동으로 회생절차개시신청을 하여 자본의 1/10 이상에 해당하는 채권액의 요건을 충족하였다.

견해가 있다. 개시신청 당시에는 위 채권액 또는 지분비율의 요건을 갖추고 있었으나 개시 여부의 결정을 하기 전에 사정변경으로 채권자의 채권액이나 주주·지분권자의 지분율이 위 기준을 충족하지 못하게 된 경우에는 회생절차개시신청을 각하하여야 한다.[3]

한편 회생절차개시 신청권자인 채권자에는 특별한 제한이 없으므로, 회생채권자·회생담보권자뿐 아니라 공익채권자 등 모든 채권자가 포함되는 것으로 봄이 타당하다.[4]

다. 회사가 아닌 법인 또는 기타 단체의 회생절차개시신청

법은 회생신청을 할 수 있는 채무자의 자격에 특별한 제한을 두지 않고, 법 제34조 제2항 제2호는 '합명회사·합자회사 그 밖의 법인 또는 이에 준하는 자'의 회생신청도 예정하고 있으므로, 회사가 아닌 비영리 사단법인 또는 재단법인, 비법인사단 또는 재단 등의 기타 단체도 민사소송법상 당사자능력이 있다면 회생절차개시신청을 할 수 있다.[5] 5천만 원 이상의 금액에 해당하는 채권을 가진 채권자도 주식회사 또는 유한회사가 아닌 법인 또는 기타 단체에 대한 회생절차개시신청을 할 수 있다(법 제34조 제2항 제2호).[6] 최근에는 주식회사, 유한회사 등의 회

---

3) 서울중앙지방법원은 2013회합12 어울림정보기술(주) 사건에서 채무자가 채권자들의 회생절차개시신청 후 사내유보금을 자본에 편입하여 자본이 증가함에 따라 신청 채권자들의 채권액이 자본의 1/10에 미치지 못하게 되자 채권자들의 회생절차개시신청을 각하하였다.

4) 대법원 2014. 4. 29. 자 2014마244 결정은 다음과 같은 이유로 공익채권자들의 회생절차개시신청을 적법하다고 판단하였다. "법 제34조 제2항 제1호 (가)목은 '주식회사인 채무자에 대하여 자본의 10분의 1 이상에 해당하는 채권을 가진 채권자는 회생절차개시의 신청을 할 수 있다'고 규정할 뿐, 여기에 다른 제한을 두고 있지 않다. 한편, 임금·퇴직금 등의 채권자에게도 채무자에게 파산의 원인인 사실이 생길 염려가 있는 경우에는 회생절차를 통하여 채무자 또는 그 사업의 효율적인 회생을 도모할 이익이 있고, 개별적인 강제집행절차 대신 회생절차를 이용하는 것이 비용과 시간 면에서 효과적일 수 있다. 따라서 주식회사인 채무자에 대한 임금·퇴직금 등의 채권자도 법 제34조 제2항 제1호 (가)목에서 정한 요건을 갖춘 이상 회생절차개시의 신청을 할 수 있다고 할 것이고, 이는 그 임금 등의 채권이 회생절차에 의하지 아니하고 수시로 변제해야 하는 공익채권이라고 하여 달리 볼 수 없다."

5) 수원지방법원은 2018회합10036 대한불교영각사재단 사건에서 파산자 주식회사 부산저축은행의 파산관재인 예금보험공사가 채무자 대한불교영각사재단을 상대로 한 회생절차개시신청을 받아들여 2018. 6. 27. 회생절차개시결정을 하였고, 2019. 11. 20. 회생계획인가결정을 하였다. 위 회생계획인가결정에 대한 항고심에서 채무자 재단의 단체성이 문제되었으나, 수원고등법원은 "채무자 재단이 봉안시설 등 사업을 영위하기 위하여 세법상 단체를 조직하여 운영하여 온 점 등에 비추어 채무자 재단의 단체성이 없다고 단정하기에 부족하다."라고 판시하면서 채무자 재단의 단체성을 인정하여 회생절차를 진행한 제1심 결정이 적법하다는 이유로 항고를 기각하였다(수원고등법원 2021. 3. 25. 자 2019라10251 결정, 대법원 2021. 7. 23. 자 2021마5618 심리불속행 기각 확정).

6) 서울중앙지방법원은 채권자가 회생절차개시신청을 한 2009회합153 구로시영아파트재건축주택조합 사건에서 신청인의 채권의 원인과 액수에 대한 소명이 부족하다는 이유로 회생절차개

사가 아닌 법인이나 기타 단체가 회생신청을 하는 경우도 늘고 있는데, 의료법
인, 학교법인, 사회복지법인, 종교재단 등의 재단법인, 영농조합법인, 영어조합법
인, 재건축조합과 같은 비영리 법인,[7] 교회, 사찰 등의 비법인 사단, 재단 등이
그 예이다.

비영리 법인이나 비영리인 비법인 사단 또는 재단[8]도 정관으로 정한 목적
의 범위 내에서 권리와 의무의 주체가 되고(민법제34조), 비영리사업의 목적을 달성하
기 위하여 필요한 한도에서 그 본질에 반하지 않는 정도의 영리행위를 하는 것
과 영리행위의 수익을 사업목적의 수행에 충당하는 것은 허용된다고 할 것이므
로, 비영리 법인이나 비영리인 비법인 사단, 재단도 원칙적으로 회생절차개시신
청의 주체가 될 수 있다고 봄이 타당하다.[9] 다만 정관의 목적과 목적수행을 위
한 채무자의 활동 내용에 비추어 회생절차에 의함이 채권자 일반의 이익에 적
합하지 아니한 경우에 해당하는지 여부 등 회생절차개시신청의 기각사유(법제42조)
해당 여부를 판단하면 될 것이다.[10]

다만 집합건물의 관리단 등과 같이 법률상 당연히 존재하는 단체이거나 종
중과 같이 자연발생적인 종족집단으로서 해산, 청산 등으로 소멸될 수 없어 파
산능력이 부정되는 경우에도 회생절차의 신청인 적격이 있는지에 대하여는 의

시신청을 각하하였다.
7) 의료법인은 의료법에 의하여, 학교법인은 사립학교법에 의하여, 사회복지법인은 사회복지사
   업법에 의하여, 영농조합법인과 영어조합법인은 농어업경영체 육성 및 지원에 관한 법률에 의
   하여, 재건축조합은 도시 및 주거환경정비법에 의하여 각 규율되는 법인이다. 한편 비영리 법
   인의 경우 공익법인법의 적용을 받는 공익법인인지 단순한 민법상의 비영리 법인인지는 사안
   에 따라 다를 것이다.
8) 학술, 종교, 자선, 기예, 사교 기타 영리 아닌 사업을 목적으로 하는 사단 또는 재단은 주무관
   청의 허가를 얻어 이를 법인으로 할 수 있고(민법 제32조), 비법인 사단 또는 재단의 경우에는
   민법의 법인에 대한 조항을 유추적용한다.
9) 서울회생법원은 비영리 법인인 재단법인 한국산업보건연구재단에 대하여 회생절차개시결정
   을 하였다(2019회합100145).
10) 서울중앙지방법원은 2012회합178 전국교수공제회 사건에서 전국교수공제회는 비영리인 비법
    인 사단으로서 정관이 정한 목적의 범위 내에서 권리능력을 가지는데 정관이 정한 목적사업인
    공제사업이 위법한 유사수신행위에 해당하고, 목적사업이 위법하여 계속할 수 없는 것인 이상
    부수적인 수익사업인 부동산 임대사업도 정관의 목적범위를 벗어나는 활동으로 독자적으로 계
    속할 수 없다고 보아 전국교수공제회의 채권자들이 신청한 회생절차개시신청을 기각하였다(법
    제42조 제3호).
    한편 교회나 종교재단의 경우 주 수입원이 신도들의 헌금이어서 영업수익으로 인한 계속기
    업가치라는 회생절차의 목적에 적합한 것인지에 대한 논의도 있으나, 회생절차를 통해 달성하
    고자 하는 목적이 채무자의 경제적 회생이라는 관점에서 보면 회생절차를 진행하는 것이 채권
    자 일반의 이익에 반한다고만 볼 수는 없을 것이다. 서울중앙지방법원 및 서울회생법원은 재단
    법인 기독교대한하나님의성회(2012회합259), 대한예수교장로회 물댄동산교회(2017회합100222),
    대한예수교장로회 예수마을교회(2017간회합100059) 등 종교재단과 교회에 대하여 회생절차개시
    결정을 한 바 있다.

견이 나뉘고 있다.[11] 특히 통치단체의 성격까지 겸하고 있는 지방자치단체의 경우에는 법에 특별한 근거 규정이 없는 상태에서 회생절차의 신청인 적격을 인정할 수 있는지 논란이 있다.[12]

한편 회사가 아닌 법인이나 기타 단체의 경우에는 회생절차개시신청을 한 대표자에게 적법한 대표권이 있는지 여부, 적법한 의사결정과정을 거쳐 신청이 이루어진 것인지 여부가 종종 다투어진다.[13] 특히 비법인 사단의 경우에는 재산이 총유관계에 있고 총유물의 관리 및 처분은 사원총회의 결의에 의하되 ^(민법 제276조 제1항) 정관 기타 규약에 다른 정함이 있는 경우는 그에 따르게 되므로, 총회의 결의 또는 정관이나 기타 규약에 따른 의사결정과정을 거쳐 회생절차개시신청이 이루어져야 한다. 따라서 회생절차개시신청이 적법한 대표자에 의하여 관련 법령이나 정관 등의 규정에 따른 의사결정과정을 거친 것인지 유의하여 검토하여야 한다.

---

11) 서울중앙지방법원 2013회합265 하이해리엇관리단 사건에서는 집합건물의 소유 및 관리에 관한 법률에 근거한 집합건물 관리단의 회생능력이 문제되었다. 집합건물 관리단은 어떠한 조직행위가 없더라도 구분소유자 전원을 구성원으로 하여 구분소유 건물 및 그 대지와 부대시설의 관리에 관한 사업의 시행을 목적으로 하는 구분소유자 단체로서 당연히 성립되는 것(대법원 1997. 6. 29. 선고 97다19625 판결)이므로 파산능력이 없고, 이에 따라 회생능력도 부정하여야 한다는 견해도 있었으나, 법이 채무자의 자격에 대하여 특별한 제한을 두고 있지 않은 점, 관리단의 채무조정을 통한 회생의 필요성이 인정되고 청산가치의 산정은 관념적인 것이므로 반드시 파산능력을 전제로 하는 것은 아닌 점 등을 근거로 하여, 집합건물 관리단인 채무자에 대하여 회생절차개시결정을 하였다.
12) 미국 연방파산법은 제9장에서 지방자치단체의 회생절차에 대한 별도의 규정을 두어 수정헌법 제10조에 따라 유보된 통치권을 침해하지 않도록 파산법원의 권한과 채권자의 권리행사를 적절히 제한하고 있다(11U.S.C. Chapter9. adjustment of debts of a municipality). 이러한 명문의 규정이 없는 우리나라 현행법하에서는 견해가 대립되고 있다. 상세한 내용은 박용석, "지방자치단체의 지불유예(모라토리움) 선언과 도산절차", 도산법연구 제3권 제1호.(2012. 5.), 사단법인 도산법연구회, 29면 및 양민호, "지방자치단체와 회생절차", 법경제학연구 제10권 제1호.(2013. 6.), 한국법경제학회, 70면 이하 참조.
13) 서울중앙지방법원은 2008회합87 의료법인 송운의료재단 사건에서, 채무자의 정관에 따르면 대표자의 대표행위 중 기본재산의 취득과 처분 및 그 유지, 관리에 관한 중요사항에 관하여는 이사회의 결의를 거치도록 되어 있는데, 대표자가 이사회의 결의 없이 회생절차개시신청을 한 것은 흠결 있는 대표권의 행사에 해당하여 부적법하다는 이유로 회생절차개시신청을 각하하였다.

제2절 신청서의 기재사항 및 첨부서류

1. 신청서의 기재사항

회생절차개시신청은 서면으로 하여야 하고, 신청서에는 신청인과 대리인의 성명과 주소, 채무자가 개인인 경우에는 채무자의 성명·주민등록번호(주민등록번호가 없는 사람의 경우에는 외국인등록번호 또는 국내거소번호) 및 주소, 채무자가 개인이 아닌 경우에는 채무자의 상호, 주된 사무소 또는 영업소의 소재지 및 대표자의 성명(외국에 주된 사무소 또는 영업소가 있는 때에는 대한민국에 있는 주된 사무소 또는 영업소의 소재지 및 대한민국에서의 대표자의 성명), 신청의 취지, 회생절차개시의 원인, 채무자의 사업목적과 업무의 상황, 채무자의 발행주식 또는 출자지분의 총수, 자본의 액과 자산·부채 그 밖의 재산상태, 채무자의 재산에 관한 다른 절차 또는 처분으로서 신청인이 알고 있는 것, 회생계획에 관하여 신청인에게 의견이 있는 때에는 그 의견, 채권자가 신청하는 경우에는 채권의 액과 원인, 주주·지분권자가 신청하는 때에는 주식 또는 출자지분의 수 또는 액을 기재하여야 한다(법 제36조). 그 외에도 필수적인 것은 아니지만 채무자의 자구계획 및 갱생방안, 채무자의 경영에 관한 의견 등을 같이 기재하는 것이 보통이다. 그 밖에 경제성의 비교, 즉 채무자의 청산가치와 계속기업가치에 관한 사항을 신청서에 기재하기도 하나, 신청인의 입장에서 개시신청 당시 객관적인 자료를 토대로 대략적인 청산가치와 계속기업가치를 산정하여 기재하는 것에서 더 나아가 회계사나 회계법인 등에 의뢰하여 청산가치와 계속기업가치를 산정하여 기재하는 것은 회생절차개시신청을 준비하는 채무자 등에게 시간적, 경제적인 부담을 가중시킬 우려가 있고, 무엇보다도 법이 요구하는 신청사항이 아닐뿐만 아니라 어차피 회생절차가 개시되면 조사위원이 다시 청산가치와 계속기업가치를 산정하게 되어 중복되는 측면이 있으므로, 이를 기재할 필요가 없다고 봄이 타당하다.

채무자의 회생은 시간을 다투는 문제이므로 신청을 준비하는 채무자 등으로서는 법 제36조의 소명자료를 중심으로 신청서를 준비하여 접수한 후 추후 보정을 하는 것이 바람직하다.[14]

---

14) 서울회생법원은 회생절차개시신청 당시 제출되는 자산 및 부채의 현황, 채권자목록 등의 자

2. 첨부서류

가. 법인 채무자

법인 채무자의 경우에는 신청서에 아래와 같은 서류를 첨부하여야 한다. 채무자가 아닌 채권자 등이 회생절차의 개시를 신청한 경우에 만일 채무자가 신청인의 채무자의 업무상황, 자산 및 부채의 상황에 관한 자료수집에 협조하지 않는다면 법원이 채무자에 대하여 필요한 첨부서류의 제출을 명할 수 있다.[15] 법 제40조 제1항은 채무자의 업무를 감독하는 행정청·금융위원회·관할세무서장·관세청장[16]에게 회생절차개시신청의 뜻을 통지하도록 되어 있으므로, 위 통지에 필요한 감독관청 등의 명칭과 주소도 신청서에 기재하거나 첨부함이 요구된다.

① 채무자의 업무현황 및 조직에 관한 서류

- 정관, 법인등기사항전부증명서, 채무자 사업의 연혁표(채무자의 사업경력서), 본점·지점·공장의 명칭과 소재지, 채무자의 조직도, 회사인 채무자의 경우 사원명부·주주명부·주요 임원의 이력서
- 노동조합의 명칭 및 종업원의 가입현황·단체협약서·취업규칙 기타 중요한 사규·사칙
- 계열회사 또는 관계회사의 현황(자산, 부채, 영업종목, 채무자의 자본금출자현황, 현재의 영업상태)

② 자산 및 부채의 상황에 관한 자료

- 재무상태표 및 손익계산서(가장 최근의 결산보고에 기한 것을 제출하여야 한다. 다만 신청시까지 상당한 기간이 경과한 때에는 최근에 가결산한 것을 제출한다. 또 분식계산이 있거나 외부회계감사인이 수정한 사항이 있으면 수정 후의 것을 제출한다)
- 최근 3년간 외부회계감사보고서

료가 다소 부실하다 하더라도 대부분의 경우 곧바로 대표자심문기일을 지정하여 채무자로 하여금 심문기일에서 자세한 사항을 정리하여 답변할 수 있도록 하되, 추가로 보완할 사항이 있는 경우에는 심문기일에 자료의 추가 제출을 명하고 있다. 다만 개시신청 당시 제출되는 자료가 매우 부실한 경우에는 대표자심문에 앞서 자료의 보완을 요구하는 보정명령을 발령하는 경우도 있다.

15) 회생사건의 처리에 관한 예규 제4조 참조.
16) 관세청장에 대하여는 위 예규 제3조 참조.

- 주요 자산목록
- 등기·등록의 대상이 되는 재산의 목록 및 그 재산의 등기·등록부등본
- 현재 강제집행, 경매, 가압류·가처분, 체납처분을 받고 있는 물건목록 및 해당 채권자 성명
- 채권자명부(회생담보권자와 회생채권자로 분류하여 이름·주소·채권금액을 기재하되 회생담보권자에 대하여는 담보의 목적물과 피담보채권의 내용을, 회생채권자에 대하여는 채권의 내용을 기재한다. 다만 금융기관 채권자의 경우에는 그 전화번호·모사 전송기번호 등을 기재하되 다액채권자의 순으로 기재한다)
- 채무자명부(이름·주소, 채무의 종류·금액을 기재한다)
- 보증채무내역(물상보증을 포함하여 제3자를 위하여 제공한 보증 및 제3자로부터 제공받은 보증의 내역을 기재)
- 주요 거래처 명부(상호나 회사명, 주소나 소재지, 전화번호를 기재한다)

③ 사업의 동향에 관한 서류
- 과거 5년간의 비교재무상태표 및 비교손익계산서(매출액증가율·원가율·판관비율·각종 수익성 비율 등의 변동추이 기재)
- 최근 1년간 이상의 월별 자금운용실적표 및 회생절차를 신청하지 않았을 경우의 향후 1년간 월별 자금수지계획표
- 생산능력표·생산실적 및 판매실적표·수출실적표·L/C 매도현황표·수주잔고일람표

④ 경제성에 관한 서류
- 향후 사업계획서·추정손익계산서·추정자금수지표·자금조달계획서[17]

⑤ 신청인의 자격 등에 관한 서류
- 이사회의사록,[18] 어음 등 채권원인증서, 주권의 사본 등

---

17) 이러한 서류는 변호사나 회계사 등 전문가의 도움 없이 작성하기 어려운 것이 대부분이고 향후 회생절차가 개시되는 경우 선임되는 조사위원의 조사보고서나 관리인의 조사보고서에 포함될 내용이므로, 신청 단계에서는 제출 서류가 다소 미흡하다고 하더라도 회생절차개시신청의 기각사유가 없는 한 일단 회생절차를 진행하는 것이 바람직하다. 특히 위에서 본 바와 같이 채무자의 청산가치와 계속기업가치에 대한 서류는 신청인이 손쉽게 작성할 수 있는 정도면 충분하고 회계사 등 전문가에게 의뢰하여 상세하게 작성하여 제출할 필요는 없다.

18) 대법원은 주식회사에서의 이사회의 역할 및 주식회사에 대한 회생절차개시결정의 효과 등에 비추어 보면 주식회사의 회생절차개시신청은 대표이사의 업무권한인 일상 업무에 속하지 아니한 중요한 업무에 해당하여 이사회 결의가 필요하다고 판시하였다(대법원 2019. 8. 14. 선고 2019다204463 판결).

나. 개인 채무자

개인 채무자(영업을 하는 경우)의 경우에는 아래와 같은 서류를 첨부하여야 한다.

① 업무현황 및 조직에 관한 서류
  - 영업장의 소재지, 사업의 연혁, 출자자 현황, 종업원 현황
② 자산 및 부채의 상황에 관한 자료
  - 재무상태표 및 손익계산서, 주요 자산 목록, 등기·등록의 대상이 되는 재산의 목록 및 등기부 등본, 현재 강제집행 여부 및 집행채권자와 해당 물건목록
  - 채권자명부
  - 채무자명부
  - 보증채무 내역
  - 주요 거래처 명부
③ 사업의 동향에 관한 서류
  - 과거 5년간의 비교재무상태표 및 비교손익계산서
  - 최근 1년간 월별 자금운용실적표 및 향후 1년간 월별 자금수지계획표
  - 생산실적 및 판매실적표
④ 경제성에 관한 서류
  - 향후 사업계획서·추정손익계산서·추정자금수지표·자금조달계획서

개인이 영업자가 아닌 경우라면 위와 같은 서류는 제출할 필요가 없고, 회생채권자목록, 회생담보권자목록, 중요한 재산목록, 등기·등록의 대상이 되는 재산의 목록과 등기부 등본, 월별 자금수지표, 소득에 관한 자료 등을 제출하는 것으로 족할 것이다. 사업을 영위하는 채무자의 경우에도 위 가.에서 본 바와 같이 신청 단계에서 필수적으로 제출하여야 하는 서류는 아니므로, 추후 채무자 심문 등으로 보완될 수 있다(개인 채무자의 회생절차개시신청에 관한 자세한 사항은 '제20장 제2절' 참조).

제3절 회생사건의 접수 및 검토·조치

1. 파 산 과

가. 기록조제 및 인지첩부 확인

1) 사건의 접수

회생절차개시의 신청은 서면으로 하여야 한다($^{별제}_{36조}$). 회생절차개시신청서가 접수되면 우선 소정의 인지액이 첩부되었는지 여부, 관할권 유무를 확인하고 기록을 조제한다. 한편 민사소송 등에서의 전자문서 이용 등에 관한 법률 제3조 제6호, 제5조 제1항에 따라 전산정보처리시스템을 이용한 전자문서로 신청서를 제출하는 것도 가능하다.

회생절차개시신청을 함에 있어 보통 채무자의 재산보전처분의 신청을 함께 하는 것이 대부분일 것인데, 회생절차개시신청 사건과 보전처분신청 사건이 동시에 계속하는 경우에 보전처분 기록은 별책으로 하지 아니하고 주기록인 회생사건에 합철한다. 사건번호는 회생절차개시신청 사건에 대하여만 부여하되 사건부호는 '회합' 또는 '회단'으로 하고, 보전처분신청에 대하여는 별도로 사건번호를 붙이지 아니한다(기록의 편철은 회생신청서·보전처분신청서·소명자료 순으로 한다).[19]

2) 인지액과 송달료

회생절차개시신청 사건에 첩부할 인지액은 30,000원이고($^{민사소송 등 인지법}_{제9조 제1항 제2호}$), 보전처분 사건에 첩부할 인지액은 2,000원($^{규칙}_{제4조}$)이다.[20] 또한 송달료규칙의 시행에 따른 업무처리요령 별표 1에 따라 예납명령 전에 [40회분+(채권자수×3회분)]의 송달료를 납부받고 있다.

나. 금융위원회에 대한 통지

1) 금융위원회에 대한 통지

주식회사인 채무자에 대하여 회생절차개시의 신청이 있는 때에는 법원은 금융위원회에 그 뜻을 통지하여야 한다($^{법}_{제40조}_{제1항}$). 이는 일반 투자자보호를 위한

---

19) 사건별 부호문자의 부여에 관한 예규의 별표.
20) 다만 현재 회생 사건은 대부분 전자소송으로 진행되는데 이 경우에는 위 인지액의 10분의 9에 해당하는 인지를 붙이면 된다(민사소송 등 인지법 제16조, 민사접수서류에 붙일 인지액 및 그 편철방법 등에 관한 예규 제3조 제2항).

것으로서 회사 주식의 상장 여부를 불문한다.[21] 실무상으로는 주식회사가 아닌 회사의 경우에도 같은 통지를 하고 있다.

2) 통지방법

법원사무관은 신청서가 접수된 후 지체 없이 금융위원회에 신청 접수사실을 팩시밀리로 통지하고, 통지서 원본의 상단우측 여백에 전송시각을 기재하여 날인한 후 사건기록에 편철한다.[22]

다. 감독행정청 등에 대한 통지

주식회사인 채무자에 대하여 회생절차개시의 신청이 있은 때에는 법원은 채무자의 업무를 감독하는 행정청, 채무자의 주된 사무소 또는 영업소(외국에 주된 사무소 또는 영업소가 있는 때에는 대한민국에 있는 채무자의 주된 사무소 또는 영업소를 말한다)의 소재지를 관할하는 세무서의 장에게 회생절차개시신청 사실을 통지하여야 한다(법 제40조 제1항). 이 통지는 필요적인 것으로 실무에서는 통상 접수일부터 3일 이내에 통지하고 있다. 실무상 채무자의 등기사항증명서상 주소와 실제 주된 사무소 또는 영업소의 주소가 다른 경우에는 양쪽 소재지를 관할하는 세무서의 장에게 모두 통지한다. 또한 실무는 국세·관세·지방세 등의 징수업무를 담당하는 국세청장·관세청장[23]·지방자치단체장 등에게도 회생절차개시신청 사실을 통지하고 있다.

채무자의 업무를 감독하는 행정청에 관하여는 실무상 기획재정부장관·법무부장관·고용노동부장관 등을 포함시키고 있고, 그 밖의 감독행정청에 관하여는 채무자의 업종에 따라 관계부처의 장관(예를 들어, 제조회사의 경우에는 산업통

---

21) 한편 유가증권시장주권상장법인, 코스닥시장상장법인은 또는 코넥스시장상장법인은 회생절차 개시신청 사실이 있는 때에는 그 사실을 개시신청일 당일에 한국거래소에 신고하여야 한다(자본시장과 금융투자업에 관한 법률 제391조, 유가증권시장 공시규정 제7조 제1항 제3호 나목(2), 코스닥시장 공시규정 제6조 제1항 제3호 나목(2), 코넥스시장 공시규정 제6조 제7호 나목(1) 참조). 유가증권시장주권상장법인 또는 코스닥시장상장법인은 회생절차개시신청이 있으면 일단 관리종목으로 지정되고(유가증권시장 상장규정 제47조 제1항 제11호, 코스닥시장 상장규정 제53조 제1항 제10호), 그 후 법원의 회생절차개시신청 기각, 회생절차개시결정 취소, 회생계획 불인가 및 회생절차폐지의 결정 등이 있은 때에는 유가증권시장주권상장법인은 상장적격성 실질심사를 실시한 결과 기업의 계속성, 경영의 투명성, 그 밖에 공익 실현과 투자자 보호 등을 종합적으로 고려하여 필요하다고 인정하는 경우, 코스닥시장상장법인은 기업심사위원회의 상장 적격성 실질심사를 거쳐 상장을 폐지한다(유가증권시장 상장규정 제48조 제2항 제1호, 코스닥시장 상장규정 제56조 제1항 제1호). 코넥스시장상장법인의 경우 회생절차개시신청이 있으면 코넥스시장 상장공시위원회의 심의를 거쳐 해당기업의 상장을 폐지한다(코넥스시장 상장규정 제28조 제2항 제2호).
22) 회생사건의 처리에 관한 예규 제2조 참조.
23) 회생사건의 처리에 관한 예규 제3조 참조.

상자원부장관, 제약회사의 경우에는 보건복지부장관, 건설회사의 경우에는 국토교통부장관 등이고, 그 밖에 업종에 따라 농림축산식품부장관, 해양수산부장관, 과학기술정보통신부장관, 문화체육관광부장관 등이 포함될 수 있다)에게 통지하고 있다. 감독행정청은 신청서에 의하여 파악하되 불분명한 경우에는 신청인이나 대리인 등에게 확인한다. 주식회사가 아닌 회사의 경우에도 위와 같은 통지를 하는 것이 실무임은 금융위원회에 대한 통지에서 살핀 바와 같다.

2. 법 원

가. 회생절차개시신청서의 검토

1) 신청적격

상법상의 주식회사뿐만 아니라 합명회사·합자회사·유한회사, 그 밖에 자연인이 개인사업체 형태로 운영하는 기업에 대해서도 회생절차를 신청할 수 있다. 또한 기업뿐만 아니라 비영리 법인,[24] 급여 소득을 얻는 자연인 등도 회생절차를 신청할 수 있다.

2) 관할권 유무

관할권이 있는지를 확인하여야 한다. 관할권 유무에 관한 상세한 내용은 '제2장 제1절' 참조.

3) 신청권 유무

신청권이 있는지를 확인하여야 한다. 신청권 유무에 관한 상세한 내용은 '제3장 제1절' 참조.

4) 개시요건의 존부

가) 개시원인의 존부   법 제34조는 회생절차를 개시하기 위한 적극적 요건으로 ① 사업의 계속에 현저한 지장을 초래하지 아니하고는 변제기에 있는 채무를 변제할 수 없는 경우와 ② 채무자에게 파산의 원인인 사실이 생길 염려가 있는 경우의 두 가지로 규정하고 있다. 개시원인이 위 둘 중 어디에 있다고 주장하느냐에 따라 신청권자가 달라진다는 점은 위에서 이미 설명한 바와 같다.

구체적으로 어떠한 경우에 위 두 가지 개시원인이 있다고 보아야 하는지, 두 가지 개시원인 상호간의 관계 등에 관하여는 '제5장 제2절 2.'에서 상세히 설명하기로 한다.

---

24) 비영리법인의 신청적격에 대해서는 '제3장 제1절 2. 다.' 참조.

나) 개시신청 기각사유($\frac{법 제}{42조}$)의 존부 법 제42조는 아래와 같은 사유가 있는 경우에는 회생절차개시신청을 기각하여야 한다고 규정하고 있고, 이는 필요적 기각사유이므로 이에 해당하는 사유가 있는지 검토하여야 한다. 이에 대한 자세한 내용은 '제5장 제2절 2.'에서 살펴보기로 한다.

① 회생절차의 비용을 미리 납부하지 아니한 경우($\frac{1}{호}$)

② 회생절차개시신청이 성실하지 아니한 경우($\frac{2}{호}$)

③ 그 밖에 회생절차에 의함이 채권자 일반의 이익에 적합하지 아니한 경우($\frac{3}{호}$)

5) 필요적 기재사항 및 첨부서류의 구비 여부

회생절차개시신청서에 필요적 기재사항은 다 기재되었는지, 필요한 서류는 다 첨부되었는지 여부를 검토하여야 한다. 신청서의 필요적 기재사항 및 필요한 첨부서류에 관한 상세한 내용은 '제3장 제2절'에서 상세히 설명하기로 한다.

특히 주의할 것은 신청 당시 최근 경영실적에 관한 자료, 외부회계감사보고서, 금융기관별 부채 현황·보증채무 현황·신청을 전후한 자금수지표(아직 부도가 나지 않은 경우 개시원인의 존부를 판단함에 있어 유용함), 대주주의 주식변동 상황 등 심리에 필요한 자료가 불충분하거나 누락된 경우가 자주 있다는 점이다. 개시신청서를 검토하면서 이러한 것이 드러나면 보정명령을 하거나 대리인 등에게 전화연락을 하는 방법 등으로 이를 보완하도록 조치한다(특히 지급보증으로 인한 우발채무 현황 등이 누락되는 경우가 많다).

나. 비용예납명령

회생절차개시의 신청을 하는 때에는 신청인은 회생절차의 비용을 미리 납부하여야 한다($\frac{법 제39조}{제1항}$). 위 비용은 법원이 사건의 규모 등을 고려하여 정한다. 채무자 이외의 자가 신청을 하는 때에는 회생절차개시 후의 비용에 관하여 채무자의 재산에서 지급할 수 있는 금액도 고려하여 정하여야 한다($\frac{법 제39조}{제2항}$). 비용예납명령에 대하여는 항고할 수 없다($\frac{법 제13조 제1항,}{제39조 참조}$).

실무에서는 통상 신청서를 검토하면서 대표자 심문기일 지정결정과 함께 비용예납명령을 하고 있는데, 채무자가 개시신청을 하는 경우에는 조사위원의 보수도 결국 채무자의 재산에서 지출되는 것이고, 개시결정과 조사절차의 개시 사이에 시간적 차이도 없으므로 그 보수도 포함하여 예납명령을 하고 있다. 채무자 이외의 자가 개시신청을 하는 경우에도 조사위원의 보수를 포함하여 예납명령을 하는 것이 실무이다. 서울회생법원에서는 통상 회생절차개시신청 당시의 자산 액수에 따라 회생사건의 처리에 관한 예규 제8조 [별표]에 정해진 금액[25]을 기준으로 한 조사위원의 보수 추정액(부가가치세 10% 포함)에 기타 예상 절차비용[26]을 더하여 예납비용을 결정하고 있다(비용예납명령의 양식은 [별지 3] 참조)(간이회생절차에서의 특칙에 관해서는 제19장 제2절 4. 가. 참조).

다. 대표자 심문 및 현장검증

1) 대표자 심문

회생절차개시의 신청이 있는 때에는 법원은 채무자 또는 그 대표자를 심문하여야 한다(법 제41조 제1항). 다만 채무자 또는 그 대표자가 외국에 거주하여 채무자에 대한 심문이 절차를 현저히 지체시킬 우려가 있는 때, 채무자 또는 그 대표자의 소재를 알 수 없는 때에는 심문을 하지 아니할 수 있다(법 제41조 제2항). 실무는 보전처분을 발령하면서 동시에 대표자심문기일 지정결정을 하여 신속하게 심문을 시행하고 있다. 채권자가 회생절차개시신청을 한 경우에는 채무자 또는 그 대표자가 심문절차에 성실하게 응하지 않는 경우가 있을 수 있으나, 이로 인하여 회생절차가 지연되지 않도록 유의하여야 한다. 또한 채권자 신청사건의 경우 원칙적으로 신청 채권자에 대한 심문도 실시하고 있다.[27] 한편 회생절차개시신청 후 대표자심문기일 전에 대표자가 변경된 경우에는 변경된 대표자를 심문하여야 한다.

법 제74조 제2항·제3항의 기존 경영자 관리인 제도가 도입된 현행법에서는 관리인을 선임하는 경우 법원은 급박한 사정이 있는 때를 제외하고는 채무자나 채무자의 대표자를 심문하여야 하는바(법 제74조 제5항), 실무상 법 제41조에 의한 심문시 법 제74조 제5항의 관리인 선임에 관한 심문도 함께 시행하는 것이 더 효율적일 것이다.

가) 심문사항 작성　　　　대표자 심문기일에 재판부가 심문사항을 미리 작성

---

25) 제반 사정을 고려하여 증액이 필요할 경우, 미리 예상 금액을 포함하여 예납받아야 할 것이다.
26) 자산의 규모와 채권자의 수 등을 고려하여 사안에 따라 적절한 절차비용을 더하고 있다. 절차비용 중 하나인 송달료는 실무상 회생절차개시신청과 동시에 납부를 받고 있고, 공고는 대부분 인터넷 공고를 활용하고 있어 별도의 공고비용이 필요하지 않으므로, 결국 예납비용은 사실상 조사위원 보수를 기준으로 결정되고 있다. 여기서 고려할 절차비용에 개시결정이 기각되거나 폐지될 경우 견련파산을 염두에 둔 파산절차비용을 포함시킬 것인가에 대하여는 논란이 있을 수 있으나 실무상 파산절차비용을 포함시켜 예납비용을 결정하고 있다.
27) 채권자 신청사건의 경우 채권자를 먼저 심문한 뒤 채무자에 대한 보전처분 발령 여부를 결정하는 것이 원칙이다.

하여 심문하므로 신청서를 중심으로 먼저 대표자 심문사항을 작성하여 둔다. 심문사항의 구체적인 내용은 대표이사 등의 인적 사항, 채무자의 개요, 계열회사 관계, 자본 및 자산과 부채, 영업 및 운전자금조달, 회생절차개시를 위한 요건, 자구노력 등에 관하여 심문사항을 작성하되 신청서만으로는 불분명하거나, 의심나는 부분을 염두에 두고 작성하면서 회생계획 수립방안·변제조건 등 필요한 항목을 추가하고 있다. 특히 대표이사를 비롯한 채무자의 임원들 중에서는 채무자의 업무와 관련하여 과거에 형사처벌을 받았거나 현재 수사를 받고 있는 경우가 있고, 부정수표단속법과 관련하여 수사절차가 진행되고 있는 경우에는 그 처벌을 피하기 위하여 회생절차를 악용하고 있을 가능성도 배제할 수 없으므로, 이러한 사항을 심문절차를 통하여 미리 확인하여 두어야 한다.

　　나) 채무자나 그 대표자 또는 채권자협의회 대표자 등의 소환　　채무자 또는 대표자 심문은 보전처분결정이 내려진 후 3일 내지 5일 이내에 시행한다. 보전처분결정이 신청서 접수일부터 2일 내지 3일 내에 이루어지므로 신청서 접수일기준으로 5일 내지 8일 사이에 채무자 또는 대표자 심문이 이루어지는 셈이다.[28] 심문기일은 신청서를 검토하면서 비용예납명령과 함께 바로 결정하고(주무 관리위원이 심문기일에 참석하는 데 지장이 없는지를 미리 확인한다), 기일통지서를 송달함과 병행하여 대표이사나 신청대리인에게 전화 또는 팩스로 심문의 일시와 장소를 연락하며, 송달보고서가 심문기일 전에 도착하지 않은 경우 영수증을 받고 있다.

　　채무자 또는 대표자 심문 시에는 일반적으로 회계담당자가 배석하도록 요청하고 있으며, 채무자 또는 대표자 외에 대주주에 대하여 심문을 할 필요가 있다고 인정되는 경우에는 대주주도 채무자 또는 대표자 심문기일에 출석하게 하여 함께 심문한다. 또한 대표이사가 수인일 경우에는 모두 소환하여 심문하는 경우도 있으나, 주된 대표이사만 소환하여 심문하는 경우가 더 많다. 필요한 경우에는 채권자협의회의 대표자, 채권자협의회의 구성이 완료되어 있지 아니한 경우에는 주거래은행 또는 최대채권자를 위 대표자 심문과정에 참여시켜 채무자가 파탄에 이르게 된 경위, 기존 경영진 및 지배주주의 부실경영의 책임유무, 채무자와 채권자들과의 신뢰관계 등을 파악하는 것도 회생절차의 진행에 도움이 될 것이다.

---

28) 사건에 따라 신속한 회생절차개시결정이 이루어져야 하는 경우에는 비용예납명령, 보전처분, 대표자심문 사이의 시간적 간격을 두지 않고 이루어지기도 한다.

다) 심문의 방식   심문은 통상 수명법관으로 하여금 심문하게 하고 있고, 주무 관리위원도 배석하여 수명법관의 심문 후 추가 심문을 하고 있으며, 관리위원의 질문이 끝난 후 대리인에게도 보충심문의 기회를 부여하고, 답변이 불충분할 경우에는 추가로 답변서 또는 소명자료의 제출을 명하고 있다.

법원은 채무자 또는 대표자의 답변이 불충분하다고 판단되면, 배석한 회계·재무 담당임원의 도움을 받아 답변하게 할 수도 있다. 다만 필요적 심문이라 하더라도 의견진술의 기회를 부여하는 것으로 족하다. 채무자 또는 대표자의 심문을 하지 아니할 수 있는 경우(법 제41조 제2항)라 하더라도 필요하다면 심문기일을 지정하여 전무이사, 회계·재무 담당이사 등을 심문하는 것이 바람직하다(대표자 심문기일의 지정결정과 심문조서 기재례는 [별지 4] 및 [별지 7] 참조).

코로나19 감염증의 확산 등의 영향으로 인터넷 화상장치를 이용한 영상심문 방식을 활용하기도 한다.[29]

2) 현장검증

유통업종이나 건설업종의 회사와 같은 경우를 제외하고는 재판부 또는 수명법관으로 지정된 판사가 채무자의 주요 공장이나 사업장을 방문하여 검증하면 채무자의 영업상황, 직원들의 자구의지 등을 파악하는 데 많은 도움이 된다. 현장검증시에는 공장의 가동현황, 설비자재의 유무 및 관리상황, 작업환경, 생산공정, 종업원의 작업태도, 재고자산, 복지후생시설, 폐수처리시설 등을 확인하고, 필요한 경우에는 현장에서 근로자대표 등의 의견을 청취할 수도 있다. 검증의 요령, 검증조서의 작성 등은 일반 민사소송에 준하면 된다(검증조서 작성례는 [별지 6] 참조). 코로나19 감염증의 확산 등의 영향으로 인터넷 화상장치를 이용한 영상 현장검증 방식을 활용하기도 한다.

라. 관리인 선임 등에 관한 의견조회

기존 경영자 관리인 제도가 도입된 현행법에서는 법 제74조 제2항 각호의 예외사유가 없는 한 원칙적으로 채무자 또는 채무자의 대표자를 관리인으로 선임하거나 혹은 관리인 불선임 결정을 함으로써 채무자 또는 채무자의 대표자를 관리인으로 보게 된다. 따라서 회생절차개시결정 전까지 법 제74조 제2항 각호의 예외사유에 관한 명백한 소명이 없는 한 기존 경영자가 관리인의 지위에 서게 되므로, 서울회생법원은 채무자 또는 채무자의 대표자에 대한 심문 직후 기

---

29) 법 제33조, 민사소송법 제287조의2 제1항.

존 경영자를 관리인으로 선임하거나 관리인불선임 결정을 하는 데 대한 의견조회를 지체 없이 시행함을 원칙으로 하고 있다. 의견조회는 관리위원회와 채권자협의회를 대상으로 한다(법 제74조 제1항). 의견조회의 회신기간은 통상적으로 2일 내지 5일을 부여한다. 그러나 대표자 심문 과정이나 관리위원회 또는 채권자협의회의 의견조회회신 등으로부터 기존 경영자에게 법 제74조 제2항 각호의 예외사유가 있음이 명백히 소명된 경우에는 지체 없이 제3자 관리인이나 공동관리인 후보자를 물색하는 등 관리인의 선임을 준비하여야 한다(이에 관한 자세한 사항은 '제7장 제3절' 참조).

마. 조사위원의 선임 등에 관한 의견조회

실무상 채무자 또는 채무자의 대표자에 대한 심문이 끝난 후 지체 없이 조사위원을 배정하고 관리인 선임 등에 관한 의견조회를 실시하면서 그와 동시에 조사위원의 선임에 관하여 채권자협의회 및 관리위원회에 의견조회를 실시하고 있다(법 제87조 제1항)(이에 관한 자세한 사항은 '제7장 제5절' 참조).

3. 관리위원회

관리위원회는 회생절차개시신청이 있은 후 채무자의 주요 채권자를 구성원으로 하는 채권자협의회를 구성하여야 한다(법 제20조 제1항).[30] 채권자협의회의 구성은 회생절차개시신청 후 7일 내에 마쳐야 한다(규칙 제34조 제1항).

---

30) 채권자협의회의 구성 방법·기능·업무·운영 등에 관한 상세한 내용은 '제7장 제4절' 참조.

제4장

·
·
·

회생절차개시 전의 채무자 재산의 보전

제1절 보전처분

제2절 강제집행 등의 중지·취소명령 및 포괄적 금지명령

제1절 보전처분

1. 보전처분의 개요

가. 보전처분의 의의와 종류

1) 보전처분의 의의

회생절차개시결정이 있으면 채무자의 업무수행권과 재산의 관리·처분권은 관리인에게 전속하게 되고, 또한 이해관계인의 채무자에 대한 개별적인 권리행사가 금지된다. 그러나 이와 같은 효과는 회생절차개시신청은 있었지만 개시 여부를 심리하고 있는 단계에서는 아직 발생하지 않으므로, 이 시기에는 채무자가 재산을 도피·은닉할 우려가 있고, 또한 이해관계인에 의한 권리행사가 쇄도할 가능성이 있다. 만약 그렇게 된다면 이해관계인 사이의 불공평, 경영상의 혼란과 기업존속의 곤란을 초래하여 그 결과 채무자의 재건이 어려워진다.

이러한 사태를 방지하기 위하여 법 제43조 제1항은 "법원은 회생절차개시의 신청이 있는 때에는 이해관계인의 신청에 의하거나 직권으로 회생절차개시신청에 대한 결정이 있을 때까지 채무자의 업무 및 재산에 관하여 가압류·가처분 그 밖에 필요한 보전처분을 명할 수 있다"고 규정하고, 법 제43조 제3항은 "법원은 제1항의 규정에 의한 보전처분 외에 필요하다고 인정하는 때에는 관리위원회의 의견을 들어 보전관리인에 의한 관리를 명할 수 있다"고 규정하고 있다(보전처분에 대한 의견조회의 기재례는 [별지 5] 참조).

법 제43조 제1항은 보전처분에 관하여 가압류·가처분을 예시하고 있으나, 이는 민사집행법상의 보전처분과 다른 특수한 보전처분이라 보는 것이 통설이다.[1]

하지만 보전처분은 채무자의 행위만을 제한할 뿐 회생채권자·회생담보권자들의 채무자의 재산에 대한 강제집행, 가압류, 가처분, 또는 담보권실행을 위한 경매절차를 막지는 못한다. 따라서 회생채권자·회생담보권자들에 의한 강제집행 등을 막기 위해서는 개별적 강제집행 등의 중지·취소명령($\frac{법 제}{44조}$) 또는 포괄적 금지명령($\frac{법 제}{45조}$) 등을 이용하여야 한다.

2) 보전처분의 종류

보전처분은 강학상 업무제한 보전처분 및 처분금지 보전처분, 조직법상의

---

[1] 임채홍·백창훈(상), 230면.

보전처분으로 나뉘어 설명된다. 업무제한 보전처분과 처분금지 보전처분은 법 제43조 제1항의 채무자의 업무 및 재산에 관한 보전처분을 말하고, 조직법상의 보전처분은 법 제43조 제3항의 보전관리인에 의한 관리명령(이하 "보전관리명령"이라고 함)을 말한다.

또한 보전처분은 조문체계상 협의의 보전처분과 광의의 보전처분으로 나누어 볼 수 있다. 협의의 보전처분은 법 제43조 제1항에 규정된 보전처분만을 의미하는 데 반하여, 광의의 보전처분은 협의의 보전처분과 보전관리명령을 포함하는 의미이다. 보전관리명령도 보전처분의 일종이나 법은 보전처분과 보전관리명령을 별개의 조항으로 구별하여 규정하고 있으므로, 통상 보전처분이라고 하면 협의의 보전처분만을 의미한다.

나. 보전처분의 신청권자

법원은 이해관계인의 신청에 의하거나 직권으로 보전처분을 명할 수 있다(법 제43조 제1항). 이해관계인의 범위에 관하여, 채무자 외에 채권자, 주주·지분권자이기만 하면 회생절차개시신청권이 없는 소액 채권자나 소액 주주·지분권자도 신청권이 있다고 보는 견해가 통설이다.[2]

보전처분은 신청에 의한 경우에도 법원의 직권발동을 촉구하는 성격이 강하고, 법은 개시신청의 경우와 달리 신청권자를 '이해관계인'이라고만 규정하고 있으며, 민사집행법상의 보전처분과 다른 특수한 보전처분이라는 점에서 보전처분 신청권자의 범위를 반드시 회생절차개시의 신청권자와 동일하게 볼 필요는 없다고 본다. 따라서 보전처분의 신청권자를 회생절차개시신청의 요건과 같이 제한하여 해석할 필요는 없다. 실무상으로는 회생절차개시 신청인이 개시신청과 동시에 보전처분신청을 하는 경우가 보통이다.

2. 업무와 재산에 관한 보전처분(협의의 보전처분)

가. 보전처분의 시기

법원은 이해관계인의 신청이 있으면 그 신청일부터 7일 이내에 관리위원회의 의견을 들어 보전처분 여부를 결정하여야 한다(법 제43조 제1항·제2항).

서울회생법원은 제출된 소명자료만을 검토하여 특별한 사정이 없는 한 대

---

2) 임채홍·백창훈(상), 234면.

표자 심문을 거치지 않고 늦어도 2일 내지 3일 내에[3] 보전처분 결정을 하는 것을 원칙으로 하고 있다. 회생절차개시신청 후 곧바로 보전처분을 발령하는 것이 적절하지 않은 예로는 회생절차개시 신청권자의 자격이 의문시되거나 회사, 법인 또는 단체가 적법한 의사결정과정을 거치지 않은 채 회생절차개시신청을 한 경우,[4] 채권자가 단지 채무자를 압박하기 위한 수단으로 채무자에 대한 회생절차개시신청을 한 것으로 보이는 경우,[5] 파산절차에서 이미 보전처분이 발령되거나(제323조) 파산관재인이 선임된 상태에서 회생절차개시신청을 하여 보전처분의 필요성이 없는 경우,[6] 회생절차개시의 원인이 없음에도 부정수표단속법위반의 처벌을 면하는 등의 목적 또는 오로지 경매절차 진행을 중지시키기 위한 목적 또는 이미 회생절차개시신청이 기각되거나 기존의 회생절차가 폐지된 직후 별다른 사정변경이 없음에도 신청하는 경우로서 신청을 남용하는 것으로 보이는 경우,[7] 회생절차 개시원인이 존재한다고 보기 어려운 경우,[8] 채권자 일반의 이

---

3) 서울중앙지방법원은 2016회합100109 STX조선해양(주), 2016회합100211 (주)한진해운 사건 등에서 개시신청 당일 보전처분을 발령하기도 하였다.

4) 서울중앙지방법원 2013회합209 하이해리엇관리단 사건에서, 채무자의 신청적격이 의문시되고 관리단집회의 결의가 없는 점 등을 고려하여 보전처분을 발령하지 않은 채 대표자 심문을 실시하였고, 서울중앙지방법원 2015회합100112 (주)디아이디 사건에서, 대표이사 직무대행자가 이사회 결의 없이 회생절차개시신청 및 보전처분신청을 한 것으로 보아 보전처분을 발령하지 않고 접수된 때로부터 8일 후에 회생절차개시신청 및 보전처분신청을 모두 각하하였다.

5) 채권자가 신청한 사건의 경우 일반적으로 보전처분 발령에 신중을 기하고 있다. 서울중앙지방법원 2013회합50 (주)한성아이티엘 사건, 2013회합12 어울림정보기술(주) 사건에서, 채권자들의 회생절차개시신청이 있은 후 보전처분을 발령하지 않은 채 회생절차개시를 신청한 신청인과 채무자의 대표자 심문을 실시하고 회생절차개시신청 기각결정을 하였다. 서울중앙지방법원 2016회합5 하나파트너(주) 사건 역시, 분양업을 영위하는 채무자를 상대로 공사대금 채권자들이 회생절차개시신청을 하였는데, 보전처분을 발령하지 않은 채 신청인들과 채무자의 대표자 심문을 실시하여 회생절차개시신청이 법 제34조 제2항 제1호의 요건을 갖춘 것인지를 우선 검토하였고, 결국 신청을 취하한 1인을 제외한 나머지 신청인들에 대하여 예납명령 불이행을 이유로 회생절차개시신청 기각결정을 하였다.

6) 서울중앙지방법원 2012회합178 전국교수공제회 사건, 2012회합15 토스에듀케이션(유) 사건, 서울회생법원 2018회합100090 (주)가온피앤이 사건 등에서, 채무자에 대한 파산절차가 진행 중이어서 회생절차에서 보전처분을 발령하지 않은 채 개시요건을 심사하여 회생절차개시신청 기각결정을 하였다.

7) 서울중앙지방법원 2016회합100201 법무법인(유한) 푸르메 사건에서, 회생절차개시신청의 주된 목적이 이전 회생사건의 취하로 채무자 소유 부동산에 관한 경매절차가 다시 진행되는 것을 중지시키기 위한 것에 있다고 보아 채무자의 보전처분신청 및 회생절차개시신청을 모두 기각하였고, 서울중앙지방법원 2016회합100067 (주)케이팝호텔 사건에서, 과거에 채무자에 대한 개시 전 조사를 거쳐 채무자의 청산가치가 계속기업가치보다 크고, 최대 채권자가 회생절차개시에 반대하고 있다는 등의 이유로 채무자의 회생절차개시신청이 기각되었는데, 그 때로부터 한 달여만에 채권자가 다시 회생절차개시신청을 하자 법원은 종전 기각 당시와 비교하여 사정변경이 없다고 보아 보전처분을 발령하지 않은 채 회생절차개시신청을 기각하였다.

8) 서울회생법원 2019회합100149 (주)에이치에스파트너스그룹 사건에서, 채권자가 채무자를 상대로 회생절차개시신청을 하였으나 개시 전 조사결과 채무자가 파산의 원인인 사실이 생길 염려가 있는 경우, 즉 채무자가 부채초과 및 지급불능 상태에 있다거나 그러한 상태가 생길 염려

익에 적합하지 아니한 신청일 가능성이 높은 경우,[9] 신청에 필요한 자료가 극히 부실한 경우 등이 있다. 보전처분 결정 후 대표자 심문을 통하여 보전처분을 유지할 필요성이 없다고 판단되거나 신청인이 예납명령을 이행하지 않는 등의 경우에는 보전처분을 취소하거나 변경해야 할 것이다.[10]

실무상 보전처분 결정 전날 미리 채무자와 신청대리인에게 전화 등으로 연락하여 결정 당일 법원에 대표자와 주요 임원들을 출석하도록 하고 있다.[11] 보전처분 결정의 고지는 주무 관리위원도 참석한 자리에서 이루어지고, 즉시 보전처분의 취지와 향후 업무처리요령 등에 대하여 관리위원의 안내를 받도록 하고 있다.

나. 보전처분의 주문례 및 구체적 내용

1) 주 문 례

실무상으로는 변제금지, 처분금지, 자금의 차입금지, 임직원채용금지 등 4가지 사항의 금지를 명하는 내용으로 보전처분을 주로 발령하고 있는데, 그 주문례는 다음과 같으며, 보전처분 결정문 기재례는 [별지 11]과 같다.

이 사건에 관하여 회생절차개시신청에 대한 결정이 있을 때까지 채무자는 아래 1. 내지 4.의 각 행위를 하여서는 아니 된다. 다만 미리 이 법원의 허가를 받았을 때에는 그 제한을 받지 아니한다.

1. 2023. ○. ○. ○○:○○ 이전의 원인으로 생긴 일체의 금전채무에 관한 변제 또는 담보제공

2. 부동산, 자동차, 건설기계, 특허권 등 등기 또는 등록의 대상이 되는 채무

가 있다고 단정하기 어려우므로, 채무자에 대한 회생절차의 개시원인인 사실에 대한 소명이 부족하다고 보아 회생절차개시신청 및 보전처분 신청을 모두 기각하였다.

9) 서울회생법원 2020회합100004 (주)베어포트리조트 사건에서, '회생절차에 의함이 채권자 일반의 이익에 적합하지 아니한 경우'에 회생절차개시의 신청을 기각하여야 한다고 규정하고 있는바, 채무자의 청산가치가 계속기업가치를 초과함이 명백하게 밝혀진 경우에는 원칙적으로 회생절차를 진행하기 보다는 신속히 파산절차를 진행하는 것이 채권자 일반의 이익에 부합한다고 보아 회생절차개시신청 및 보전처분신청을 모두 기각하였다.

10) 자세한 것은 '제4장 제1절 5.' 참조. 원래 보전처분은 '회생절차개시신청에 대한 결정이 있을 때까지' 그 효력이 있으므로, 대표자 심문을 통해 밝혀진 사정을 이유로 개시 여부에 대한 판단을 할 경우에는 기왕의 보전처분결정에 관하여 취소·변경의 결정을 할 필요가 없다. 결국 보전처분 취소·변경의 결정이 필요한 경우는 회생절차개시신청에 대하여 판단할 때까지 적지 않은 시간을 요하고, 기왕의 보전처분결정을 취소·변경할 상당한 사정이 대표자 심문 결과 드러난 사건에 한할 것이다.

11) 관리명령을 발하는 경우에는 당연히 보전관리인도 법원에 출석하게 하여야 한다.

> 자 소유의 일체의 재산 및 ○○원[12] 이상의 기타 재산에 관한 소유권의 양도,
> 담보권·임차권의 설정 기타 일체의 처분(그러나 계속적이고 정상적인 영업활동
> 에 해당하는 제품, 원재료 등의 처분행위는 예외)
>   3. 명목 여하를 막론한 일체의 자금의 차입(어음할인 포함)
>   4. 노무직, 생산직을 제외한 임직원의 채용

법은 채무자의 업무 및 재산에 관하여 가압류·가처분 그 밖에 필요한 보전처분을 명할 수 있다고 규정하고 있으므로, 실무상 활용되는 위와 같은 보전처분 외에도 다양한 형태의 보전처분이 가능하고, 따라서 유체동산 또는 부동산에 관한 가압류, 자동차 및 장부의 집행관 보관을 명하는 가처분, 영업 일부의 중단, 일정액 이상의 거래금지 보전처분 등도 가능할 것이나, 실무상 거의 활용되지는 않고 있다. 아래에서는 실무상 주로 활용되는 보전처분에 관하여 그 내용 및 효력에 관하여 설명한다.

2) 보전처분의 효력

다양한 보전처분이 가능하므로 그 내용에 따라 효력도 다양하게 나타난다. 다만 원칙적으로 보전처분은 채무자에 대하여만 효력이 미치고 보전처분에 반하여 한 채무자의 행위의 효력에 대하여는 상대방의 선의·악의를 불문하고 유효하다는 견해가 있으나, 상대방이 악의인 경우에는 무효라고 보는 것이 지배적인 견해이다. 그리고 보전처분에 반한 행위를 한 채무자의 대표이사 등에 대하여는 회생절차에서 손해배상책임을 물을 수 있다.

3) 변제금지 보전처분

가) 의 의   변제금지 보전처분은 업무제한 보전처분의 일종으로서 채무자에 대하여 변제금지라는 부작위를 명하는 것이어서 그 효력은 원칙적으로 채무자에 대하여만 미치고 제3자에 대하여는 미치지 않는다.[13] 이 보전처분은 공시할 수 있는 적절한 방법이 없으므로, 실무상 공시를 하지 아니한다.

---

12) 서울회생법원은 보전처분 결정시 법원의 허가가 필요한 금액의 기준을 통상 회생절차 개시결정에서 채무자의 지출행위 중 법원의 허가가 필요한 금액의 기준과 동일하게 정하고 있다. 기준의 자세한 내용은 '제5장 제3절 3. 나. 1)' 참조. 제16조 제1절 2, 다. 참조.

13) 대법원은 정리법원이 변제금지 보전처분을 발하였다고 하더라도 그 처분의 효력은 원칙적으로 회사에만 미치는 것이어서 회사가 채권자에게 임의로 변제하는 것이 금지될 뿐 회사의 채권자가 강제집행을 하거나 구 회사정리법 제162조에 기한 상계권을 행사하는 것까지 금지되는 것은 아니라고 판시하였다(대법원 1993. 9. 14. 선고 92다12728 판결 참조). 같은 취지로 변제금지 보전처분이 있었다 하더라도 채권자가 회생절차개시결정 전에 채무자의 제3채무자에 대한 채권에 관하여 발부받은 전부명령도 유효하다. 그러나 법 제104조에 의하여 집행행위가 부인될 수는 있다.

나) 효   력

(1) 변제 등 채무소멸금지   채무자는 변제 등 채무를 소멸시키는 행위를 할 수 없다. 채무자가 이에 위반되어 변제 등의 행위를 하였을 경우에는 변제를 수령한 채권자가 악의인 경우에 무효로 보는 것이 타당하다.[14]

(2) 이행기의 도래 및 채무자의 이행지체   변제금지 보전처분이 있다 하더라도 채무 이행기 도래의 효과가 생기는 것을 막지 못한다. 따라서 채무자가 이행기에 변제를 하지 아니하면 채무불이행의 책임을 지며, 지연손해금의 지급의무도 발생한다.[15] 그런데 이 경우 나아가 채권자가 채무자의 이행지체를 이유로 계약을 해제할 수 있는가에 관하여는 견해가 나누어진다. ① 변제금지 보전처분이 있더라도 민법상 이행지체의 모든 효과가 발생하므로 해제권을 행사할 수 있다는 견해와,[16] ② 보전처분에 의하여 채무자는 채무를 변제해서는 아니되는 구속을 받기 때문에 채무를 변제하지 않는 것에 대하여 민법상 정당한 사유를 가지므로 해제권을 행사할 수 없다는 견해[17]가 있다. 판례는 화의법하의 보전처분에 관하여, 보전처분의 효력은 원칙적으로 채무자에게만 미치는 것이므로 채무자가 채권자에게 임의로 변제하는 것이 금지될 뿐이고, 채무자의 채권자가 이행지체에 따른 해지권을 행사하는 것까지 금지되는 것은 아니라고 하였다.[18]

(3) 제3자의 변제, 제3자에 대한 청구   채무자의 채무에 대한 보증인·물상보증인 등의 제3자는 보전처분이나 회생절차개시와 아무런 상관이 없다. 따라서 채권자는 회생채권에 관하여 제3자의 재산에 담보권이 설정되어 있는 경우

---

14) 한편 일본 민사재생법 제30조 제6항은 "법원이 재생채무자에 대하여 재생채권자에게 변제 기타 채무를 소멸시키는 행위를 하는 것을 금지하는 취지의 보전처분을 명한 경우에는 재생채권자는 재생절차관계에서는 당해 보전처분에 반하여 행해진 변제 기타 채무를 소멸시키는 행위의 효력을 주장할 수 없다. 다만 재생채권자가 그 행위 당시 당해 보전처분이 행해진 것을 알고 있었던 때에 한한다"라고 규정하여 변제금지 보전처분에 위반하는 행위의 효력을 입법적으로 해결하였다.

15) 이에 대하여는 채무자에게 귀책사유가 없어 채무불이행 책임을 부담하지 않고, 손해배상책임도 지지 않는다는 반대견해도 있다. 会社更生法, 72면.

16) 条解(上), 396면.

17) 会社更生法, 72면; 임채홍·백창훈(상), 360면; 김정만, "화의법상 보전처분", 사법논집 제29집(1998), 법원도서관, 354-358면; 오수근 외 3인 도산법, 한국사법행정학회(2012), 212면; 임채웅, 회생절차상 리스료채권의 지위에 관한 연구, 인권과 정의 제356호(2006. 4.), 74면, 또한 소유권유보부매매와 관련하여 채권자는 회사의 이행지체를 이유로 계약을 해제할 수 없다는 일본 최고재판소 판결이 있다[일본 最高裁判所 昭和 57. 3. 30. 판결(民集 36권 3호, 484면)]. 그 외 해제권 자체는 발생하나 해제권을 행사하여 어떠한 회사재산을 환취하는 것은 정리회사의 재건에 지장이 생기고, 구 회사정리법 제103조에 따른 관리인의 선택권을 박탈하기 때문에 할 수 없다는 견해(홍일표, "회사정리법상의 변제금지의 보전처분과 이행지체", 재판자료 제38집, 법원도서관, 636면; 한국산업은행, 55면)가 있다.

18) 대법원 2007. 5. 10. 선고 2007다9856 판결 참조.

에는 회생절차와 관계없이 그 담보권을 실행하여 채권의 만족을 얻을 수 있고, 보증인에 대하여는 언제든지 본래의 채권을 청구하고 강제집행을 할 수 있으며, 회생계획에 의하여 회생채권의 액수나 변제기가 변경되었다 하더라도 그것은 보증인의 보증책임에 대하여는 아무런 효력을 미치지 아니한다. 보증인이 변제금지 보전처분에도 불구하고 채무자의 채무를 변제할 수 있음은 물론이다. 또한 약속어음의 발행인에 대하여 변제금지 보전처분이 내려져도 어음소지인은 배서인을 상대로 상환청구권을 행사할 수 있다.

(4) 이행의 소 및 강제집행에 대한 효력　　채무자에 대하여 이행의 소가 제기된 경우, 채무자는 변제금지 보전처분을 받았음을 이유로 항변할 수 있는지에 대하여는, 위와 같은 항변은 아무런 효력이 없고, 무조건의 이행의 소가 허용된다고 보는 것이 확립된 견해이다. 또한 대법원은 정리법원이 변제금지 보전처분을 발하였다고 하더라도 그 처분의 효력은 원칙적으로 회사에 대하여만 미치는 것이어서 회사가 채권자에게 임의로 변제하는 것이 금지될 뿐 회사의 채권자가 강제집행을 하는 것까지 금지되는 것은 아니라고 판시하였고,[19] 양도담보권자의 담보권 실행을 저지하는 효과도 없다고 판시하였다.[20] 따라서 채무자가 소송이나 강제집행을 저지하고자 하는 경우에는 법 제44조에 의한 중지·취소명령 또는 법 제45조에 의한 포괄적 금지명령을 받아야 할 것이다.

(5) 부정수표단속법과의 관계　　보전처분이 내려진 후 은행이 그 보전처분에 따른 지급제한에 따라 수표를 부도처리한 경우에는 부정수표단속법상의 처벌대상이 되지 아니한다.[21] 따라서 채무자 또는 그 대표자가 부정수표단속법상의 처벌을 면하기 위하여 보전처분을 악용하는 경우도 있을 수 있으므로, 보전처분 여부의 결정, 개시 여부의 결정, 취하허가 여부의 결정시에는 이 점을 유의하여 검토하여야 한다.

---

19) 대법원 1993. 9. 14. 선고 92다12728 판결.
20) 대법원 1992. 10. 27. 선고 91다42678 판결.
21) 대법원 1990. 8. 14. 선고 90도1317 판결은 "수표가 제시기일에 지급거절되더라도 그 지급거절사유가 예금부족, 거래정지처분이나 수표계약의 해제 또는 해지로 인한 것이어야만 부정수표단속법 제2조 제2항 위반죄를 구성하는 것이고, 구 회사정리법상의 보전처분이 있을 경우에는 그 지급을 위탁받은 은행은 예금이 있는지의 여부에 관계없이 보전처분을 이유로 당연히 지급거절을 하여야 하는 것이므로, 회사에 대한 보전처분이 있은 이후에 지급제시된 수표에 대하여 비록 은행이 지급거절사유를 예금부족으로 하였다 하더라도 그 지급거절이 보전처분에 따른 지급제한에 기한 것인 이상 수표발행행위는 부정수표단속법 제2조 제2항 위반의 범죄를 구성하지 않는다."라고 판시하였다. 법 시행 이후의 판례로는 대법원 2010. 1. 28. 선고 2009도12457 판결, 대법원 2012. 11. 29. 선고 2012도11242 판결.

4) 처분금지 보전처분

가) 의   의   처분금지 보전처분은 채무자가 그 소유 재산을 은닉하거나 처분함으로써 채권자간의 형평을 해하고 효율적 회생을 저해하는 것을 방지하기 위하여 하는 보전처분이다. 재산처분에는 채무자에 의한 은닉, 채권자에 의한 반출과 같은 사실상의 처분도 있고, 채무자에 의한 담보제공·임대와 같은 법률상의 처분도 있다.

처분금지 보전처분은 그 대상의 특정 여하에 따라 개별적인 재산에 대한 보전처분, 일정한 종류의 재산에 대한 보전처분(예 : 채무자 소유의 모든 부동산에 대한 보전처분), 일반적 처분금지의 보전처분(채무자의 모든 재산에 대한 보전처분)으로 구분될 수 있다. 실무는 일반적 처분금지를 명하는 보전처분을 하고 있다.

나) 효   력[22]

(1) 처분금지 효력   보전처분의 효력은 보전처분 결정의 내용에 따라 정해지므로, 개별적인 재산에 대한 처분금지 보전처분은 특정 재산에 대하여만 효력이 미친다. 따라서 보전처분 당시 누락된 재산이나 보전처분 이후에 채무자가 취득한 재산에 관하여는 보전처분의 효력이 미치지 않고, 이러한 재산에 대하여 보전처분을 할 필요성이 있으면 별도의 보전처분을 하여야 할 것이다.

다음으로 일반적인 재산에 대한 처분금지 형태의 보전처분은 채무자 재산의 산일(散逸) 방지라는 보전처분의 궁극적인 목적을 달성하는 데 보다 효율적이라고 볼 수 있다. 이 경우에도 영업의 계속을 전제로 하는 회생절차의 속성상 채무자의 제품이나 원재료에 대해서까지 처분금지의 효력이 미치게 하는 것은 타당하지 않으므로, 위에서 본 주문례와 같이 보전처분 결정문에 이를 명시함이 바람직하다. 대법원은 처분금지 보전처분 후의 물품납품계약의 이행에 관하여 "회사 소유에 속하는 물건과 권리에 관한 소유권양도 등 일체의 처분행위를 금지하는 내용의 회사재산 보전처분 결정은 회사의 자산의 잠정적 유지와 회사정리에 지장을 주는 재산의 처분행위를 방지함을 목적으로 한 것이고, 구 회사정리법에 의한 회사정리는 조업의 계속을 전제로 하는 절차이므로, 위와 같은 내

---

22) 처분금지 보전처분의 효력이 회생절차개시신청 이전에 위탁자인 채무자가 수탁자에게 신탁한 부동산에도 미치는지 여부가 실무상 종종 문제된다. 담보신탁의 경우 신탁자의 위탁에 의하여 수탁자 앞으로 그 소유권이전등기를 경료하게 되면 대내외적으로 소유권이 수탁자에게 완전히 이전되는 것(대법원 2002. 4. 12. 선고 2000다70460 판결 참조)이므로 위탁자가 신탁한 부동산은 더 이상 위탁자인 채무자의 재산이 아니다. 따라서 보전처분 이후 신탁재산의 수탁자 등이 신탁계약에서 정한 방법과 절차에 따라 회생법원의 허가를 받지 아니하고 이를 처분하는 등의 행위를 하더라도 이에는 보전처분의 효력이 미친다고 할 수 없다.

용의 보전처분 결정이 있었다고 하여 회사의 계속적이고 정상적인 조업을 가능
하게 하는 영업활동에 해당하는 물품납품계약의 이행까지 금지되는 것이라고
볼 수 없다"고 판시하였다.[23]

처분금지 보전처분에 위반한 행위의 효력에 관하여는 보전처분이 등기부나
등록원부에 공시된 이후에는 양수인이 그 재산의 취득을 대항할 수 없는 반면
보전처분의 내용이 공시되지 않는 한 제3자에게는 그 효력을 주장할 수 없으므
로 양수인은 유효하게 그 재산을 취득할 수 있고, 공시방법이 없거나 공시가 되
지 않은 재산에 관하여는 상대방의 악의인 경우에만 무효라고 해석된다. 다만
이를 유효라고 해석하더라도 상대방이 악의인 경우에는 부인권($^{법제}_{100조}$)의 대상이
될 것이다.

(2) 강제집행 등에 대한 효력[24]   처분금지 보전처분에 의하여 처분금지가
된 채무자 재산에 관하여 등기·등록이 된 때에 당해 재산에 대하여 새로이 강
제집행 또는 경매절차개시를 신청할 수 있는지 여부가 문제된다.

보전처분의 등기 전에 등기된 담보권에 기한 때 또는 보전처분의 등기 전
에 경매개시결정의 등기가 된 때에는 강제집행의 개시 또는 속행을 방해하지
않는다고 보아야 한다. 이러한 경우에는 매수인 명의로 소유권이전등기를 함에
있어서 보전처분에 관한 등기를 말소하여야 한다.[25]

보전처분 이후에 등기가 마쳐진 담보권 또는 경매개시결정에 기한 강제집
행에 관하여는 경매개시신청을 하여 경매개시결정을 할 수 있다는 견해가 다수
이고, 현금화 절차에 나아갈 수 있는지 여부에 대해서는 견해가 나뉜다.[26] 설령
현금화 절차에 나아갔다 하더라도 매수인은 회생절차와의 관계에서는 경매 목
적물에 관한 권리의 취득을 주장할 수 없다.[27]

---

23) 대법원 1991. 9. 24. 선고 91다14239 판결.
24) 대법원 2014. 6. 17. 자 2014그85 결정. 대법원은 보전처분 이전에 임의경매가 개시되어 배당
    요구 종기가 보전처분 이후 임의의 시점으로 정해져 공고되었고 이후 해당 회생절차 폐지로
    인해 경매절차가 다시 진행되었으며, 이에 채권자가 보전처분으로 인해 종기 내에 배당요구를
    못하였다는 이유로 배당요구 종기의 연기를 신청하자 경매법원이 배당요구 종기를 첫 매각 기
    일 이후로 연기하는 처분을 한 사건에서, 배당요구 종기 공고 후 경매절차의 중지 무렵까지 배
    당요구의 기회가 없었던 것이 아닌 점, 경매법원의 배당요구 종기 연기 처분 후 비로소 배당요
    구를 한 임금채권자가 다수이어서 위 처분으로 인해 기존 배당요구채권자들의 기대이익을 침
    해하는 것을 부정할 수 없는 점 등을 종합하여 볼 때 위 연기 처분이 부당하다고 판단한 원심
    은 정당하다고 판시하였다.
25) 민사집행 Ⅱ, 63면.
26) 민사집행 Ⅱ, 63면.
27) 임채홍·백창훈(상) 245면, 노영보, 도산법강의, 박영사(2018), 112면.

5) 자금의 차입 금지 보전처분

자금의 차입 금지 보전처분은 고리의 자금을 차용하는 등 합리적인 회생계획을 방해하는 채무의 증가를 방지하는 것을 목적으로 한다. 단순한 금전차용뿐만 아니라 실질적인 여신행위인 융통어음의 발행, 어음할인 등도 자금의 차입에 포함된다. 이 시기에 법원의 허가를 받아 행한 자금의 차입으로 인하여 생긴 청구권은 공익채권이 된다(법 제179조 제1항 제12호).

6) 임직원 채용금지 보전처분

회생절차개시신청을 한 채무자의 경우 그 사업에 사용하는 인원을 감축하는 것이 불가피한 경우가 많은데, 채무자가 새로이 임직원을 채용함으로써 이에 역행하고 채무자의 비용부담을 증가시키는 것을 방지하기 위한 것이다. 다만 노무직·생산직의 충원은 부득이한 경우가 대부분일 것이기 때문에 금지대상에서 제외하였다.

다. 보전처분과 관련된 문제

1) 보전처분에 의하여 제한되는 행위에 대한 법원의 허가

위 보전처분에 의하여 제한되는 행위라도 법원의 허가를 받았을 때에는 이를 할 수 있다. 이러한 행위에 대한 허가신청이 있는 경우 그 허가 여부는 법원의 재량에 속하는 것인데, 채무자가 하고자 하는 행위의 내용이 채무자의 재산의 산일방지, 채무자의 회생의 도모, 모든 이해관계인간의 공평이라는 보전처분제도의 목적에 배치되는지 여부, 그 행위가 불가피한 정도, 채무자의 회생에 미치는 영향, 상충되는 이해관계간의 이익형량, 새로이 이해관계를 맺게 되는 자의 손해발생 여부 등의 제반사정을 따져서 그 허가 여부를 신중하게 결정하여야 한다. 특히 변제허가의 경우는 법 제132조에서 정하고 있는 허가요건을 감안하여야 한다.[28]

2) 담보제공의 문제

보전처분의 신청인에게 담보제공을 명할 수 있는지에 관하여 학설의 대립이 있는데, 부당한 보전처분에 의한 손해발생의 개연성을 부정할 수 없으므로 담보제공을 명할 수 있다고 본다. 그러나 실무상 보전처분을 할 때 담보를 제공하게 하는 경우는 거의 없다.

---

28) 개시결정 전 보전처분 단계에서의 변제허가와 관련하여, 이는 회생채권이 아니라고 보아 법 제132조 제3항에 규정된 관리위원회 및 채권자협의회에 대한 의견조회 절차를 거치지 않는 것이 다수의 실무례이다.

3) 공익채권의 발생

회생절차개시 전의 원인으로 인하여 발생한 채권은 원칙적으로 회생채권이 되나, 법 제179조 제1항 제12호는 채무자 또는 보전관리인이 회생절차개시신청 후 그 개시 전에 법원의 허가를 받아 행한 자금의 차입, 자재의 구입 그 밖에 채무자의 사업을 계속하는 데에 불가결한 행위로 인하여 생긴 청구권을 공익채권의 하나로 규정하고 있다.[29] 법원이 채무자의 행위에 개입하여 보전처분을 하고 허가를 한 이상, 회생절차개시 전의 원인으로 인하여 발생한 것이더라도 공익채권화하여 상대방을 보호하려 하는 것이 입법취지이다. 학설은 법 제43조 제1항의 보전처분이 있은 후에야 본 호의 공익채권이 된다고 한다. 또한 원칙적으로 법원의 허가를 받은 행위에 한하여 공익채권이 되나, 보전처분시 채무자의 상무에 속하여 법원의 허가를 받지 않아도 되도록 한 행위에 대하여는 법원의 허가가 없더라도 보전처분이 있은 후에는 공익채권이 된다고 보아야 할 것이다.[30]

3. 보전관리명령

가. 보전관리명령의 의의와 필요성

보전관리명령은 회생절차개시의 신청이 있고 법원이 보전처분 외에 필요하다고 인정하는 때에 보전관리인을 선임하여 채무자의 기존 임원진으로부터 업무수행권과 재산의 관리처분권을 박탈하고 보전관리인에 의한 관리를 명하는 것이다(법 제43조 제3항). 그런데 법은 회생절차개시의 신청일부터 1월 이내에 개시 여부를 결정하도록 규정하고 있어(법 제49조 제1항) 보전관리인을 선임할 사건이라면 바로 관리인을 선임하여 개시결정을 하면 되므로, 실무에서 보전관리명령을 발하는 경우는 드물다. 특히 기존 경영자 관리인 제도가 도입된 현행법 하에서는 보전관리명령의 활용도는 크지 않다.

다만 회생절차개시 전 단계에서 기존 경영진을 배제한 채 신속한 재산보전의 필요성이 인정되고, 개시요건 심리를 위해 다소의 시간이 소요될 것으로 예상되는 때에는 여전히 보전관리명령 제도를 활용할 필요가 있다.[31]

---

29) 법 제179조 제1항 제12호에 따른 자금의 차입을 허가함에 있어, 법원은 채권자협의회의 의견을 들어야 하며, 채무자와 채권자의 거래상황, 채무자의 재산상태, 이해관계인의 이해 등 모든 사정을 참작하여야 한다(법 제179조 제2항).

30) 임채홍·백창훈(하), 91-92면.

31) ① 서울중앙지방법원은 채무자 소속 전현직 기자 등 201명의 채권자가 회생절차개시를 신청한 2013회합142 (주)한국일보사 사건에서 기존 경영진에 대한 형사고발과 파행적 신문발행 등

나. 보전관리명령의 시기

특별한 사정으로 보전관리명령이 필요한 경우에는 협의의 보전처분을 발하면서 즉시 필요한 보전관리인을 물색하고, 관리위원회와 채권자협의회에 의견조회를 거치는 등의 절차를 밟아야 할 것이다(^{법 제86조,} ^{제74조}).

다. 보전관리명령의 내용·주문례, 선임증의 기재례

보전관리명령의 내용과 주문례 선임증의 기재례는 [별지 12] 및 [별지 13]과 같다.

라. 보전관리인의 선임

1) 선임방법

법원은 관리위원회와 채권자협의회의 의견을 들어 보전관리인을 선임하여야 한다(^{법 제86조,} ^{제1항, 제74조}). 보전관리인의 선임방법, 지위와 권한, 의무와 책임, 직무의 제한, 보수 등은 관리인의 그것과 공통되므로, 여기서는 간략히 언급만 하고 자세한 것은 뒤에 관리인에 관한 부분에서 설명한다. 다만 보전관리명령은 원칙적으로 채무자나 채무자의 기존 경영진을 신임할 수 없어 이들로부터 신속히 채

의 사정으로 인해 개시 전 보전관리인에 의한 보전이 필요하다고 보아 개시신청 후 신속하게 보전관리인을 선임하여 보전관리명령을 발령하였다. 그 후 법원은 약 한 달간의 보전관리기간을 거쳐 채무자에 대한 회생절차개시결정을 하였고, 보전관리인을 그대로 제3자 관리인으로 선임하였다. ② 서울중앙지방법원은 유한회사의 사원들 사이에서 지분권 양도를 둘러싸고 다툼이 있어 사원권 확인 소송이 진행 중이고, 그러한 상황에서 1인의 대표이사 직무대행자가 회생절차개시를 신청한 2016회합100047 신영화학(유) 사건에서, 나머지 1인의 대표이사와 대표이사 직무대행자 사이에 회생절차개시신청에 관한 의견의 대립이 있고 채무자의 정상적 경영도 어렵다고 보아 보전관리명령을 발하였다. ③ 서울중앙지방법원은 구 회사정리법상의 회사정리사건인 서울지방법원 2003회25 (주)굿모닝시티 사건에서 기존 경영진이 사기·횡령 등 혐의로 형사 입건되는 등 기존 경영진을 신뢰할 수 없다는 이유로 보전관리명령을 발하기도 하였다. ④ 서울중앙지방법원은 2016회합3 (주)성창에프앤디 사건에서 보전관리인을 선임하고 개시 전 조사명령을 한 후 조사결과 등을 고려하여 회생신청을 기각하였다. ⑤ 서울회생법원은 소액 주주가 신청한 2017회합100149 삼환기업(주) 사건에서 신청인의 주장 내용과 개시 요건을 심사하기 위하여 보전관리인을 선임하였다가, 후에 개시결정시 관리인 불선임 결정을 하여 기존 대표이사가 법률상 관리인이 되었다. ⑥ 서울회생법원은 대주주가 기존 대표이사를 불신임하여 신임 대표이사를 선임하고 회생절차 개시신청한 2018회합100131 신촌역사(주) 사건에서 채권자와 대주주 사이에 다툼이 있고 신임 대표이사도 개시신청 직전에 선임되어 채무자에 대한 제3자의 관리가 필요함을 이유로 보전관리인을 선임하였다. ⑦ 서울회생법원은 2016회합17 현대페인트(주) 사건에서 기존 경영진이 횡령 등 혐의로 형사 입건되는 등 기존 경영진을 신뢰할 수 없다는 이유로 보전관리명령을 발하기도 하였다. ⑧ 서울회생법원은 2019회합100120 에스이에너지(주) 사건에서 보전관리인을 선임하고 개시 전 조사명령을 한 후 조사결과 등을 고려하여 회생신청을 기각하였다.

무자의 업무수행권과 재산의 관리처분권을 박탈하기 위해서 내려지는 조치이므로, 채무자나 채무자의 기존 경영자를 채무자의 관리인으로 선임하도록 하는 법 제74조 제2항은 원칙적으로 보전관리명령을 발하는 경우에는 준용되지 않는다고 보아야 한다. 따라서 보전관리명령을 발하는 경우에는 특별한 사정이 없는 한 기존 경영자 이외의 제3자를 보전관리인으로 선임할 수 있다고 본다. 채권자협의회는 보전관리인 후보자를 추천할 수 있다(법 제86조 제1항,
제74조 제7항).

2) 지위와 권한

보전관리명령이 내려지면 채무자의 업무수행, 재산의 관리 및 처분을 하는 권한은 보전관리인에게 전속하고, 그 권한은 회생절차개시결정 전까지 계속된다(법 제85조). 보전관리인의 위 권한은 채무자의 의사결정기관·대표기관으로서 가지는 것이 아니므로, 이사회나 주주총회의 결의를 요할 사항에 관하여도 그러한 의결을 필요로 하지 않는다.[32]

그 결과 채무자의 기존 대표이사·이사·감사 등 임원은 업무수행권과 재산의 관리처분권을 잃게 되고, 주주총회나 이사회를 소집하거나 개최하는 등의 권한만을 갖게 된다. 따라서 채무자의 기존 임원은 등기 여부를 불문하고 보전관리인으로부터의 별도의 신임과 법원의 허가를 받지 않는 한 업무를 관장할 수 없다.

3) 보   수

채무자의 대표이사 등 기존 임원진의 보수액과 보전관리인이 종전 직장에서 받았던 보수액을 고려하여 보전관리인의 보수를 결정하되 비용절감을 통한 자구노력이라는 차원에서 가능한 한 기존 대표이사의 보수액보다 하향조정하고, 상여금도 종전 지급률보다 감액하여 결정하는 것이 일반적이다.

4) 사임과 해임

보전관리인은 정당한 사유가 있는 때에는 법원의 허가를 받아 사임할 수 있고, 법원은 보전관리인을 해임할 수 있다(법 제86조 제1항,
제83조 제1항·제2항). 개시결정이 있으면 보전관리인의 지위는 당연히 소멸한다.

마. 보전관리명령이 소송절차 등에 미치는 영향

보전관리명령이 내려진 경우 채무자의 재산에 관한 소송절차는 중단되고 그중 회생채권 또는 회생담보권과 관계없는 것은 보전관리인 또는 상대방이 이

---

[32] 임채홍·백창훈(상), 256면.

를 수계할 수 있다(법 제86조 제2항). 법문상으로는 위와 같이 중단된 소송절차 중
회생채권 또는 회생담보권에 관한 소송은 보전관리명령의 단계에서는 수계의
여지가 없는 것으로 보이지만, 회생절차개시 후에 회생채권 또는 회생담보권에
관한 소송이 중단되는 것은 개별적 권리행사가 금지되는 결과이고, 보전처분의
단계에서는 채무자에 대한 권리자의 권리행사가 당연하게 금지되는 것이 아니
므로 채권자 등은 보전관리명령 후에 새롭게 보전관리인에 대하여 소를 제기할
수 있다. 이와 같이 보전관리명령 당시 계속 중인 소송절차와 그렇지 않은 소송
절차를 차별하는 것은 불합리하다는 등의 이유로 법 제59조 제2항 가운데 "회
생채권 또는 회생담보권과 관계없는 것"이라고 한정하는 문구는 법 제86조 제2
항에 의하여 보전관리명령에 준용함에 있어서는 특별한 의미가 없는 것으로 보
고, 법 제59조 제1항에 의하여 중단된 일체의 소송에 관하여 보전관리인 또는
상대방이 수계할 수 있다고 해석하는 견해도 있다.[33]

이와 같이 소송절차가 중단된 경우에 채무자에 대한 소송비용청구권은 공
익채권으로 된다(법 제59조 제2항 후문). 그 의미는 보전관리명령 단계에서 소송비용청구권이
확정된 때에는 보전관리명령 전에 생긴 것을 포함하여 보전관리인이 채무자 재
산에서 수시로 우선변제할 수 있고, 그 변제가 이루어지지 않은 채 회생절차개
시결정이 된 경우에는 이는 공익채권으로 된다는 뜻이다.[34]

한편 법 제59조 제2항의 규정에 의한 보전관리인 또는 상대방에 의한 수계
가 있기 전에 보전관리명령이 취소되거나 회생절차개시신청이 기각 또는 각하
되거나 회생절차개시신청이 취하되어 보전관리명령이 효력을 상실한 경우에는
채무자가 당연히 소송절차를 수계한다(법 제59조 제3항). 또한 보전관리인 또는 상대방에
의한 수계가 이루어진 후 위와 같은 사유로 보전관리명령이 실효된 때에는 소
송절차는 다시 중단되고 채무자가 이를 수계하여야 하며, 상대방도 이를 수계할
수 있다(법 제59조 제4항·제5항). 그리고 보전관리인 또는 상대방에 의하여 수계가 이루어진
후 회생절차개시결정이 내려진 경우에 소송절차는 다시 중단되나, 이때에는 법
제59조 제2항에 의하여 회생채권 또는 회생담보권과 관계없는 것만 관리인 또
는 상대방이 수계할 수 있고, 회생채권 또는 회생담보권과 관계있는 것은 조사
기간 동안에 이의유무에 따라 중단된 소송이 당연히 종료하거나 수계를 거치게
된다. 보전관리명령 당시 채무자의 재산에 관한 사건으로서 행정청에 계속 중인

---

33) 임채홍·백창훈(상), 242면 이하; 条解(上), 433면 참조.
34) 대법원 2016. 12. 27. 자 2016마5762 결정 참조.

것도 위와 같다($\substack{법 \ 제59조 \\ 제6항}$).

채무자의 재산에 대한 강제집행·가처분·가압류 등은 별도의 중지·취소 명령 또는 포괄적 금지명령을 받지 않는 한 아무런 영향을 받지 아니하나, 보전 관리명령 이후에는 보전관리인이 절차상의 당사자가 된다.

바. 보전처분에 반하는 행위의 효력

보전처분이 발령되면 채무자의 처분행위 등 일정한 행위가 금지되는데 보 전관리인도 채무자를 대신하여 업무수행이나 재산의 관리처분을 하는 기관이므 로 보전처분의 효력을 받는다고 보는 것이 타당하다.[35] 실무상으로는 보전처분 에서 금지한 행위를 보전관리인이 법원의 허가를 받아 할 수 있는 행위로 다시 정하고 있으며, 그 밖의 사항도 법원의 허가를 받아 한 행위는 유효하다고 본 다. 다만 보전처분에 의하여 제한되는 행위를 법원의 허가 없이 한 경우에는 그 행위는 무효이다. 그러나 거래 상대방으로서는 허가를 받은 행위인지 여부를 알 기 어려우므로 선의의 제3자에게는 대항하지 못한다($\substack{법 \ 제61조 \ 제3항, \\ 제86조 \ 제1항}$). 다만 소송행위 에 관하여는 엄격한 해석을 요하므로, 법 제61조 제3항 단서의 적용이 배제된다 고 봄이 타당하다.[36]

4. 보전처분 후의 후속조치

가. 송달 및 공고

협의의 보전처분결정은 채무자에게 고지된 때에 효력이 발생하고, 보전관 리명령은 채무자와 보전관리인에게 고지된 때에 효력이 발생하므로 법원은 결 정문을 즉시 송달하여야 한다. 실무상으로는 발령 당일 보전관리인, 채무자 또 는 법인 채무자의 대표이사 및 주요 임원들을 법원에 출석하게 하여 발령 즉시 고지하고 있다. 코로나19 감염증의 확산 등의 영향으로 인터넷 화상장치를 이용 하여 보전처분결정을 고지하기도 한다.

보전관리명령에 관한 사항은 공고하여야 한다($\substack{법 \ 제43조 \\ 제8항}$)(공고문의 기재례는 [별 지 14] 참조).

---

35) 임채홍·백창훈(상), 255면.
36) 条解(上), 414면.

나. 등기·등록의 촉탁

처분대상인 채무자의 재산에 속하는 권리로서 등기된 것에 관하여 협의의 보전처분이 있는 때에는 법원사무관등은 직권으로 지체 없이 그 보전처분의 등기·등록을 촉탁하여야 한다(법 제24조 제1항).37) 채무자의 재산에 속하는 권리로서 등기된 것이란 부동산에 관한 물권뿐만 아니라, 상호(상법 제22조), 선박소유권·저당권(상법 제743조, 선박법 제8조, 선박등기법 제3조), 공장재단(공장 및 광업재단 저당법 제11조), 광업재단(공장 및 광업재단 저당법 제54조, 제11조) 등으로 소유권, 그 밖에 저당권, 지상권·임차권 등의 용익권의 등기, 나아가 매매예약·대물변제예약에 기한 가등기가 된 것 등 채무자 재산에 속하는 등기된 모든 권리를 말한다.38)

한편 법인 채무자에 대하여 보전관리명령의 처분이 있는 때에는 법원사무관등은 직권으로 지체 없이 법인 채무자의 각 사무소 및 영업소의 소재지의 등기소에 그 처분의 등기를 촉탁하여야 한다(법 제23조 제2항).39)(촉탁서의 양식은 [별지 15] 참조).

다. 효력의 존속기간

보전처분의 효력은 회생절차개시신청에 대한 결정이 있을 때까지 존속한다(법 제43조 제1항). 회생절차개시결정이 내려지면 그 효과로서 회생계획에 의하지 아니한 변제가 금지된다(법 제131조).

5. 보전처분결정의 취소·변경·실효

가. 보전처분결정의 취소·변경

법원은 회생절차개시결정 또는 각하 및 기각결정이나 개시신청의 취하허가

---

37) 보전처분의 기입등기는 그 등기 이전에 가압류, 가처분, 강제집행 또는 담보권 실행을 위한 경매, 체납처분에 의한 압류등기 등 처분제한 등기 및 가등기가 되어 있는 경우에도 할 수 있다. 또, 보전처분은 채무자 등에 대하여 일정한 행위의 제한을 가하는 것이고 제3자의 권리행사를 금지하는 것은 아니므로, 보전처분등기가 경료된 채무자의 부동산 등에 대하여 가압류, 가처분 등 보전처분, 강제집행 또는 담보권 실행을 위한 경매, 체납처분에 의한 압류 등의 기입등기촉탁이 있는 경우에도 이를 수리하여야 한다[채무자 회생 및 파산에 관한 법률에 따른 부동산 등의 등기 사무처리지침(등기예규 제1516호) 제9조 참조].

38) 条解(上), 230면.

39) 등기 및 말소등기 촉탁 방식은 채무자 회생 및 파산에 관한 법률에 따른 법인등기 사무처리 지침(등기예규 제1518호) 제9조 참조.

에 이르기까지 언제든지 관리위원회의 의견을 들어 일단 명한 보전처분을 변경 또는 취소할 수 있다(법 제43조 제4항). 다만 이 경우 민사집행법의 가압류·가처분에 관하여 인정되는 각종의 취소·변경제도, 즉 본안의 소 제소기간 도과에 의한 취소, 사정변경에 의한 취소, 특별사정에 의한 취소는 적용되지 않는다.

　보전처분의 취소·변경의 결정은 채무자에 대한 고지로써 효력이 생긴다. 이 때 보전처분의 취소·변경의 결정 후에는 등기 및 등록의 촉탁을 하여야 하며(법 제24조 제1항, 제23조 제2항), 보전관리명령을 취소·변경하는 경우에는 이를 공고하여야 한다(법 제43조 제8항).

나. 보전처분결정의 실효

　일단 발령된 보전처분은 법원에 의한 취소·변경 이외에도 개시결정, 개시신청의 각하결정이나 기각결정이 있으면 그 효력을 상실한다. 한편 개시신청의 취하허가결정이 있는 경우에도 이에 준하여 그 효력을 잃게 되는 것으로 보아야 한다.

　보전처분이 효력을 상실하면 법원사무관등은 개시신청의 각하결정이나 기각결정, 개시신청의 취하허가결정의 결정서의 등본 또는 초본을 첨부하여 보전처분등기의 말소등기를 촉탁하여야 한다(법 제24조 제1항, 후문·제2호).[40] 말소등기의 촉탁을 위하여 별도로 보전처분의 취소결정을 할 필요는 없다.

6. 보전처분에 관한 재판에 대한 불복절차

　보전처분신청을 인용하여 보전처분(보전관리명령 포함)을 명하는 결정과 보전처분을 취소·변경하는 결정은 물론 보전처분신청을 기각하는 결정에 대하여

---

40) 보전처분 발령 후 회생절차개시결정이 있는 경우에도 보전처분은 그 효력을 상실하나, 채무자 회생 및 파산에 관한 법률에 따른 부동산 등의 등기 사무처리지침(등기예규 제1516호) 제10조 제1항에서는 "보전처분이 변경 또는 취소되거나, 보전처분 이후 회생절차개시신청, 파산신청 또는 개인회생절차개시신청의 기각결정, 취하 또는 취하허가 기타 사유로 보전처분이 그 효력을 상실한 경우, 법원사무관등의 촉탁으로 보전처분 등기 등을 변경 또는 말소한다"라고만 규정하여, 회생절차개시결정의 등기를 촉탁하는 경우에는 보전처분 등기의 말소등기를 촉탁하지 않도록 하고 있다. 보전처분에 위배된 등기가 있는 경우에 그 등기원인이 확정적으로 무효가 되어 해당 등기가 말소되기 전에 보전처분 등기를 말소할 경우, 그 등기가 보전처분에 저촉되지 않는 것으로 공시될 우려가 있기 때문이다[부동산등기실무Ⅲ, 법원행정처(2015), 355면]. 결국 회생절차개시 이후 종결 결정 전에 보전처분의 등기가 되어 있는 재산을 처분하는 등의 이유로 보전처분 등기를 말소할 필요가 있는 경우에는 법원의 허가를 받도록 하여 말소등기를 촉탁하고 있다.

도 즉시항고할 수 있다($\frac{법 제43조}{제6항}$). 협의의 보전처분을 명하는 결정, 이를 취소·변경하는 결정, 보전처분(보전관리명령 포함) 신청을 기각하는 결정에 대한 항고기간은 결정의 고지가 있은 날, 즉 결정정본 송달일부터 1주일이다($\frac{법 제33조, 민사}{소송법 제444조}$). 보전관리명령, 이를 취소·변경하는 결정에 대한 항고기간은 공고가 있은 날부터 14일 이내이다($\frac{법 제43조 제8항,}{제13조 제2항}$). 위와 같은 즉시항고는 집행정지의 효력이 없다($\frac{법 제43조}{제7항}$).

보전처분신청 기각결정에 대하여 신청인이 즉시항고할 수 있음은 당연하나, 그 외 채권자 또는 주주·지분권자 등 제3자가 항고할 수 있는지에 관하여는 채무자, 개시신청을 할 수 있는 채권액 및 주식 또는 출자지분을 가지는 채권자 또는 주주·지분권자도 항고할 수 있다는 견해가 있다. 그러나 위 제3자 등은 별도로 보전처분신청을 하면 되는 것이므로 항고할 수 없다고 해석하는 것이 타당하다.

보전처분에 관한 재판에 대하여 즉시항고가 있어 항고법원이 심리해 본 결과 보전처분을 발령하거나 기존의 보전처분을 취소·변경할 필요가 있다고 인정되는 경우 보전처분 여부의 결정에 신속성이 요망된다는 측면에서도 항고심은 스스로 보전처분을 발령하거나 보전처분을 취소·변경할 수 있다고 해석하는 것이 타당하다.[41]

또한 이러한 경우 법 제43조 제8항에 의한 공고 및 법 제23조 제2항, 제24조 제1항에 의한 등기촉탁을 항고심이 하여야 하는가, 원심법원이 하여야 하는가 하는 문제가 다시 생기나, 양쪽 법원이 모두 할 수 있다고 본다.

제2절 강제집행 등의 중지·취소명령 및 포괄적 금지명령

1. 강제집행 등의 중지명령

가. 의   의

법원은 회생절차개시의 신청이 있는 경우 필요하다고 인정하는 때에는 이해관계인의 신청에 의하여 또는 직권으로 회생절차개시의 신청에 대한 결정이

---

41) 이와 같이 해석한다면, 항고심에서 보전관리인에 의한 관리명령을 내리는 것도 가능하다.

있을 때까지 ① 파산절차, ② 회생채권 또는 회생담보권에 기한 강제집행, 가압류, 가처분 또는 담보권실행을 위한 경매절차로서 채무자의 재산에 대하여 이미 행하여지고 있는 것, ③ 채무자의 재산에 관한 소송절차, ④ 채무자의 재산에 관하여 행정청에 계속하고 있는 절차, ⑤ 국세징수법 또는 지방세징수법에 의한 체납처분, 국세징수의 예(국세 또는 지방세 체납처분의 예를 포함)에 의한 체납처분 또는 조세채무담보를 위하여 제공된 물건의 처분의 각 중지를 명할 수 있다 (법 제44조 제1항 제1호 내지 제5호).

강제집행 등의 중지명령은 보전처분과 함께 채무자 재산의 산일을 방지함을 목적으로 하는 제도인데, 중지명령은 주로 채무자의 채권자·담보권자 등 제3자에 대하여 강제적인 권리실현행위를 금지함으로써 채무자 재산의 보전을 도모하려는 것임에 비하여, 보전처분은 주로 채무자 자신에 대하여 일정한 행위를 제한함으로써 채무자 재산의 산일을 방지하려는 점에 차이가 있음은 앞에서 설명한 바 있다.

회생절차개시결정이 있는 때에는 법 제58조에 의하여 채권자 등의 권리행사가 제한되는데, 여기서 말하는 다른 절차의 중지 등은 회생절차개시결정의 당연한 효과로서 이미 진행되고 있는 회생채권·회생담보권에 기한 강제집행 등 일정한 절차를 일반적으로 중지시키고, 새롭게 이를 개시하는 것을 금지하는 것이다. 이에 비하여 법 제44조의 중지명령은 회생절차개시 이전에 이미 계속되고 있는 특정절차를 개별적으로 중지하는 점에서 구별된다.

중지명령의 기재례는 [별지 16]과 같다.

나. 요 건

1) 신청권자

취소명령과 달리 중지명령은 "이해관계인"의 신청 또는 직권에 의하여 가능하다. 이때의 이해관계인의 의미에 관하여 회생절차개시신청권자와 같이 한정할 것은 아니고, 개별 채권자와 주주 모두 신청할 수 있다고 본다.[42]

2) 필요하다고 인정하는 때

필요하다고 인정하는 때란 그 절차의 진행을 그대로 방치하면 회생절차개시결정까지 사이에 채무자 재산이 처분되거나 또는 채권자간의 형평을 해하게 되어 채무자의 회생에 장애가 될 가능성이 높은 경우를 말한다. 보전처분 또는

---

42) 임채홍·백창훈(상), 218면.

회생절차개시신청을 기각할 것이 분명한 경우에는 중지명령신청도 받아들일 수 없는 것은 당연하다.

3) 부당한 손해를 끼칠 염려가 없을 것

강제집행, 가압류, 가처분 또는 담보권실행을 위한 경매절차에 관하여는 회생채권자 또는 회생담보권자에게 부당한 손해를 끼칠 염려가 없어야 한다는 요건을 추가로 갖추어야 한다(법 제44조 제1항 단서). '부당한 손해'라 함은 중지에 의하여 받는 채무자의 이익에 비하여 중지에 의하여 입는 회생채권자 등의 손해가 너무 큰 경우를 가리킨다. 회생채권자 등이 긴급히 강제집행 등을 하지 않으면 자신이 도산할 염려가 많은 경우,[43] 채무자의 회생절차개시신청이 불성실하기 때문에 중지명령을 하게 되면 채권자에게 불필요한 손해를 줄 염려가 있는 경우,[44] 채무자의 재산을 경매 등을 통하여 신속하게 현금화하지 않으면 현금화가 곤란하게 되거나 가치가 크게 하락할 염려가 있는 경우 등을 들 수 있다.

국세징수법 또는 지방세징수법에 의한 체납처분, 국세징수의 예(국세 또는 지방세 체납처분의 예를 포함한다)에 의한 체납처분 또는 조세채무 담보를 위하여 제공된 물건의 처분의 중지를 명하는 경우에는 징수의 권한을 가진 자의 의견을 들어야 한다(법 제44조 제1항 제5호 후문).

다. 중지할 수 있는 절차

1) 파산절차

파산절차는 회생절차와 대조적인 목적을 가지고 있기 때문에 회생절차와 양립할 수 없다. 따라서 파산절차는 회생절차가 개시되면 당연히 중지되지만(법 제58조 제2항 제1호), 필요하다고 인정하는 때에는 회생절차개시결정 전이라도 중지할 수 있도록 한 것이다.[45]

---

43) 임채홍·백창훈(상), 215면.

44) 서울중앙지방법원은 2013회합283 (주)가든씨티 사건(예납명령 불이행으로 기각된 뒤 약 4개월 만에 재신청한 사건)에서, 부동산개발사업의 대상인 토지에 대한 경매절차의 제5차 매각기일이 있기 4일 전에 회생절차개시신청을 하면서 경매절차의 중지명령신청을 한 채무자에 대하여, 채무자가 진행하려고 하는 부동산개발사업의 진행 여부도 불명확한 상태에서 경매절차의 중단만을 목적으로 개시신청이 이루어진 것으로 보아 중지명령을 발령하지 않았다.

45) 그러나 앞서 설명한 바와 같이 파산선고를 받은 채무자가 회생절차개시신청을 한 경우에는 회생절차의 개시신청이 성실하지 않은 경우(법 제42조 제2호) 또는 회생절차에 의함이 채권자 일반의 이익에 적합하지 아니한 경우(법 제42조 제3호)에 해당할 여지가 많으므로, 파산절차의 중지명령 발령에는 신중을 기하여야 한다. 서울중앙지방법원 2011회합94 니나리치코리아(주) 사건 및 서울회생법원 2018회합100090 (주)가온피앤이 사건에서, 파산절차의 중지명령을 발령하지 않고 개시요건을 심리한 후 개시신청 기각결정을 하였고, 서울중앙지방법원은 2010회합113 (주)파이시티 사건에서는 파산절차의 중지명령을 발령하지 않고 개시요건을 심리한 후 회

2) 강제집행, 가압류, 가처분 또는 담보권실행을 위한 경매절차

회생절차가 개시된다면 회생채권 또는 회생담보권으로 될 채권에 기하여 채무자 재산에 대하여 행하여진 강제집행,[46] 가압류, 가처분 또는 담보권실행을 위한 경매절차에 한하여 중지할 수 있다.[47][48] 환취권에 기한 것이거나 공익채권으로 될 채권에 기한 절차는 중지할 수 없다. 회생절차개시결정의 시기에 따라 공익채권과 회생채권의 한계가 정해지는 채권의 경우에는 집행채권 중의 일부라도 공익채권으로 될 채권이 포함되어 있을 때에는 그 강제집행 등의 절차를 중지할 수 없는 것으로 해석된다.

한편 중지명령의 대상인 강제집행 등은 그것이 회생절차개시신청 전에 행하여졌는지, 그 후에 행하여졌는지를 불문한다.

3) 소송절차

소송절차에 관하여는 채무자의 재산에 관한 소송에 한하여 중지할 수 있으므로, 재산에 관한 소송이 아닌 해산의 소, 설립무효의 소, 주주총회결의 무효·취소의 소, 합병무효의 소 등은 중지할 수 없다. 재산에 관한 소송이라면 회생채권 또는 회생담보권으로 될 채권에 관한 소송이냐 그렇지 않은 소송이냐를 불문하고, 채무자가 당사자로 되지 않은 소송이라도 채권자대위권에 의한 소송, 채권자취소소송, 주주의 대표소송도 중지할 수 있는 것으로 해석된다.[49]

생절차개시결정을 하였다.

46) 하도급거래 공정화에 관한 법률 제14조에 의한 수급사업자의 발주자에 대한 하도급대금 직접지급청구가 법 제58조에서 금지하는 '채무자의 재산에 대한 강제집행'에 해당하지 않는다는 것이 판례이므로(대법원 2007. 6. 28. 선고 2007다17758 판결 참조), 원사업자에 대한 회생절차개시신청이 있는 경우 수급사업자의 발주자에 대한 직접지급청구는 중지명령의 대상이 될 수 없다고 보아야 한다.

47) 실무상 위탁자인 채무자가 수탁자에게 신탁한 부동산에 대하여 공매절차 등 강제집행과 유사한 절차가 행하여지고 있을 경우 회생법원이 중지명령 또는 포괄적 금지명령으로 위 절차를 중지시킬 수 있는지 여부가 문제된다. 이는 담보신탁의 경우에 문제될 수 있는 쟁점인데, 담보신탁은 채무가 불이행되면 신탁재산을 처분하여 그 대금으로 채권자의 채무를 변제할 것을 예정하는 제도이기에 채무불이행 등 환가요인이 발생할 경우 우선 수익자인 채권자가 수탁자에 대하여 신탁부동산의 처분을 요청할 수 있는 권리가 부여되어 있고, 따라서 수탁자는 우선 수익자의 청구가 있는 경우 위탁자의 의사와는 상관없이 공매절차 등을 진행할 수 있기 때문이다. 중지명령 또는 포괄적 금지명령은 채무자의 재산에 대하여 행하여지는 강제집행 등을 중지 또는 금지할 수 있는 것인데, 신탁재산은 법률적으로 수탁자 소유의 재산이므로 중지명령이나 포괄적 금지명령이 있다고 하더라도 이로써 신탁재산에서 이미 행하여지고 있는 공매절차 등을 중지시킬 수는 없다고 할 것이다.

48) 한편, 법 제141조 제1항은 가등기담보권, 양도담보권도 회생담보권에 포함되는 것으로 규정하고 있으므로, 양도담보권 등의 실행행위도 법 제44조 제1항에 의한 중지의 대상이 된다고 해석된다. 포괄적 금지명령에 의하여 금지되거나 중지되는 '회생담보권에 기한 강제집행 등'에는 양도담보권의 실행행위도 포함한다고 본 대법원 2011. 5. 26. 선고 2009다90146 판결 참조.

49) 임채홍·백창훈(상), 216면.

4) 행정청에 계속되어 있는 절차

채무자의 재산에 관하여 행정청에 계속되어 있는 절차도 중지할 수 있다. 예를 들면 조세에 관한 처분에 대한 불복신청사건, 특허심판사건 등이 이에 해당한다.

5) 체납처분, 조세담보물의 처분

법 제44조 제1항 제5호에서 규정하는 "국세징수법 또는 지방세징수법에 의한 체납처분"은 관세 기타 특별한 법률에 의하여 규정된 것 이외의 국세 또는 지방세가 체납된 경우에 세무공무원이 체납자의 재산에 대하여 행하는 조세징수를 위한 강제처분을 말하고, "국세징수의 예(국세 또는 지방세 체납처분의 예를 포함)에 의한 체납처분"은 공법상의 금전지급채무의 강제이행에 있어서와 같이 국세징수법 등이 정하는 바에 의하여 행하는 강제적인 징수행위를 말한다. 또한 "조세채무 담보를 위하여 제공된 물건의 처분"이라 함은 조세징수권자가 징수를 확보하기 위하여 필요하다고 인정하여 제공을 명한 담보물건에 관하여 조세를 납기 내에 완납하지 않은 것 등을 이유로 이를 환가하여 조세에 충당하는 처분을 말한다.

체납처분의 중지에 관하여는 미리 징수의 권한을 가진 자의 의견을 들어야 한다(^{법 제44조 제1항}_{제5호 후문}). 다만 의견을 듣는 것으로 족하고 그 동의를 얻어야 하는 것은 아니므로, 징수권자가 반대하더라도 법원이 필요하다고 인정하면 중지명령을 내릴 수 있다. 의견을 진술할 기회를 주었음에도 불구하고 징수권자가 의견을 진술하지 아니한 경우에도 중지명령을 내릴 수 있다. 위 규정에 위배하여 징수권자의 의견을 듣지 아니하고 중지명령이 발하여진 경우 그 명령의 효력에 관하여 무효설과 유효설이 있으나, 위 규정이 효력규정이 아니라고 본다면 유효설이 타당할 것이다.[50]

한편 포괄적 금지명령이 발령된 경우에 체납처분은 중지되지 않으므로 (^{법 제45조}_{제3항}), 체납처분의 중지가 필요한 경우에는 별도의 중지명령 신청을 하여야 한다.

라. 중지명령의 효력

1) 효력 일반

중지명령이 있으면 명령의 대상인 절차는 현재의 상태에서 동결되어 그 이

---

50) 임채홍·백창훈(상), 217면; 条解(上), 336면.

상 진행할 수 없게 된다. 이에 반하여 진행된 절차는 무효이지만, 집행 또는 집행행위의 외형을 제거하기 위해서는 집행방법에 관한 이의, 즉시항고 등을 제기하여야 한다.

중지명령은 구체적인 절차를 계속하여 진행하려는 것을 중지시키는 효력밖에 없으므로 새로이 동종 절차의 개시를 신청하는 것은 상관이 없다. 그 절차를 중지하려면 새로운 중지명령을 얻어야 한다. 또한 중지명령은 이미 진행된 절차의 효력을 소급하여 무효로 만드는 것은 아니므로 기왕에 집행된 압류 등의 효력은 그대로 유지된다.

중지명령은 회생절차개시의 신청에 대한 결정이 있을 때까지 집행의 일시적 정지를 명하는 재판이므로, 중지명령 정본은 민사집행법 제49조 제2호가 정하는 '강제집행의 일시정지를 명한 취지를 적은 재판의 정본'에 해당한다. 채무자가 중지명령 정본을 집행기관에 제출한 경우 집행기관은 그 이후 집행행위를 하지 않고 현상을 유지하면 되고(민사집행법
제49조 제2호), 집행이 완료된 이후[51]에 중지명령 정본이 제출된 경우에는 중지명령은 그 목적을 달성할 수 없게 되며, 이미 이루어진 집행행위는 그대로 효력을 유지하게 된다. 중지명령 정본이 제출되었음에도 불구하고 집행기관이 집행을 정지하지 아니하고 집행처분을 한 경우에는 이해관계인은 집행에 관한 이의신청 또는 즉시항고에 의하여 취소를 구할 수 있으나, 이러한 불복의 절차 없이 강제집행절차가 그대로 완결되면 그 집행행위에 의하여 발생된 법률효과를 부인할 수 없다.[52]

2) 중지명령의 존속기간

중지명령의 효력은 회생절차개시의 신청에 대한 결정이 있을 때까지 존속한다. 회생절차개시결정이 이루어진 후에는 법 제58조 제2항·제3항, 제59조에 따라 파산절차, 강제집행, 가압류, 가처분 또는 담보권실행을 위한 경매절차, 소송절차, 행정쟁송절차, 체납처분 등이 중지 또는 중단된다.

3) 시효중단 효력의 지속

중지명령이 있어도 당해 절차에 관하여 그 때까지 행하여진 행위를 소급하여 무효로 하는 것은 아니므로, 파산, 강제집행, 경매, 소송 등에 의하여 이미 발생한 시효중단의 효력은 중지명령 후에도 계속된다.

---

51) 강제집행의 종료시기는 유체동산·부동산에 대한 금전집행은 압류금전 또는 매각대금을 채권자에게 교부 또는 배당한 때, 채권에 대한 추심명령의 경우에는 채권자가 추심의 신고를 한 때나 배당절차가 끝난 때, 전부명령의 경우에는 그 명령이 확정된 때이다. 민사집행(Ⅰ), 291면.
52) 민사집행(Ⅰ), 307면. 대법원 1992. 9. 14. 선고 92다28020 판결 참조.

법 제44조 제2항은 같은 조 제1항 제5호(체납처분 또는 조세채무담보를 위하여 제공된 물건의 처분)의 중지기간 중에는 시효가 진행되지 않는다고 규정하고 있다. 체납처분의 시효중단의 효력은 당연히 중지명령 후에도 계속된다고 해석되므로, 위 조항은 조세채무 담보를 위하여 제공된 물건의 처분에도 시효중단의 효력이 있음을 확인하는 데 의미가 있을 뿐이다.

마. 중지명령의 취소·변경 및 불복

법원은 소송절차 등의 중지명령을 변경하거나 취소할 수 있다(법 제44조 제3항). 법원이 필요하다고 인정하면 명령 이전의 사유이든, 명령 이후의 사정변경이든 어느 것을 이유로도 중지명령을 변경하거나 취소할 수 있다. 중지명령에 대하여는 불복이 인정되지 않는다(법 제13조 참조).

2. 강제집행 등의 취소명령

가. 의   의

회생절차개시신청을 전후하여 채무자의 자금사정이 악화되거나 부도가 나면 채권자들이 개별적으로 채무자의 재산에 대하여 가압류, 가처분, 강제집행 또는 담보권실행을 위한 경매(이하 '강제집행 등'이라고 함)를 신청함으로써 영업활동에 타격을 받는 경우가 있다. 이러한 경우 회생절차가 개시되면 회생채권 또는 회생담보권에 기하여 채무자의 재산에 대하여 행하여진 강제집행 등은 법 제58조 제5항에 의하여 취소할 수 있음은 명백하다. 문제는 회생절차개시 후에 위와 같은 취소를 명하는 것만으로는(앞에서 본 바와 같이 중지명령이 있다 하더라도 기왕에 개시된 강제집행 등의 효력은 그대로 유지된다) 회생절차개시결정이 있기 전까지의 기간 동안 채무자의 업무에 심각한 타격을 주는 것을 막기 어렵다는 점에 있다(예를 들어 매출채권이 가압류되어 이를 회수하지 못함으로써 운영자금 확보에 어려움을 겪게 되는 경우가 종종 있다).

그리하여 법은 이러한 문제점의 해결을 위하여 강제집행 등이 회생절차개시의 신청 전·후에 행하였는지 여부를 묻지 아니하고 중지된 회생채권 또는 회생담보권에 기하여 채무자의 재산에 행하여진 강제집행 등을 모두 취소할 수 있게 하고 있다(법 제44조 제4항).

나. 요 건

1) 신청권자 및 시기

채무자는 법원에 강제집행 등의 취소명령을 신청할 수 있다. 보전관리인이 선임되어 있는 경우에는 보전관리인에게 그 신청권이 귀속한다. 채무자나 보전관리인의 신청이 없더라도 법원은 직권으로 강제집행 등의 취소를 명할 수 있다. 강제집행 등의 취소명령을 하기 위해서는 이미 보전처분이나 보전관리명령이 내려졌을 것을 요하지 아니한다.

2) 채무자의 회생을 위하여 특히 필요하다고 인정하는 때

"채무자의 회생을 위하여 특히 필요하다고 인정하는 때"라 함은 강제집행 등이 유지될 경우 채무자의 갱생이라는 목적 달성에 장애가 되는 경우를 말하는데, 법원이 구체적 사정을 종합하여 판단하여야 한다.[53]

원래 강제집행 등은 회생절차개시결정이 내려지면 법 제58조 제2항에 의하여 중지될 뿐 아니라, 그 후 인가결정이 내려지면 법 제256조 제1항에 의하여 실효될 운명의 것인데, 운영자금이 모자라기 마련인 채무자의 채권에 대하여 강제집행 등을 하거나 영업용 부동산(건설회사의 사업부지 등)에 대하여 강제집행 등을 하면 회생채권자나 회생담보권자로서도 즉시 현실적인 만족을 얻지 못하면서 채무자의 영업만 방해하는 결과가 되어 강제집행 등을 존속시킬 가치가 별로 없는 것으로 귀착되는 경우가 많다. 그러나 만일 1개월 이내에 개시 여부가 결정되는 과정에서 회생절차의 개시신청이 기각되는 것으로 귀결되는 경우에는 비용을 들여 해 놓은 강제집행 등만 취소되어 버린 결과가 된다. 따라서 취소명령을 발하기 위해서는 위와 같은 제반 사정을 참작하여 신중하게 결정하여야 할 것이다.[54]

채무자의 매출채권·예금반환채권에 관하여 강제집행 등이 행하여져서 채

---

[53] 한편 개시결정 전 중지된 강제집행 등의 취소에 관한 법 제44조 제4항은 "채무자의 회생을 위하여 특히 필요하다고 인정하는 때"라고 규정하고, 포괄적 금지명령에 의하여 중지된 강제집행 등의 취소에 관한 법 제45조 제5항은 "채무자의 사업의 계속을 위하여 특히 필요하다고 인정하는 때"라고 규정한 반면, 개시결정 후에 중지된 강제집행 등의 취소에 관한 법 제58조 제5항은 "회생을 위하여 필요하다고 인정하는 때"라고 규정하고 있으므로, 법은 개시결정 전 취소의 요건을 엄격히 하였다고 해석된다.

[54] 그러나 담보권실행을 위한 경매절차 이외의 강제집행, 가압류, 가처분 절차의 경우, 개시신청 기각 후 파산선고까지 예정하고 있으므로(법 제6조 제2항 제1호), 만일 파산선고까지 예정하고 있는 사안에 해당하여 그 강제집행·가압류·가처분 절차 등이 파산절차에서 효력을 상실할 것이라면 취소하더라도 무방할 것이다.

무자가 매출에 따른 수입 또는 예금을 운영자금으로 사용할 수 없는 경우, 채무자의 원자재에 관하여 강제집행 등이 행하여져서 생산시설을 가동할 수 없는 경우에는 강제집행 등의 취소에 대한 특별한 필요성을 비교적 용이하게 인정할 수 있을 것이다.

다. 취소할 수 있는 대상

취소의 대상은 회생채권 또는 회생담보권에 기하여 행하여진 강제집행, 가압류, 가처분 또는 담보권실행을 위한 경매절차이다.[55] 그 강제집행 등이 행하여진 시기가 회생절차개시신청 전·후인지를 묻지 않고 모두 취소할 수 있다. 위와 같이 강제집행 등을 취소하기 위해서는 먼저 중지명령에 의하여 그 절차가 중지되어 있을 것을 요한다. 당해 강제집행 등의 절차를 중지시키지 아니한 채 바로 취소명령을 하는 것은 허용되지 아니한다.

법원은 취소명령으로 인하여 회생채권자 또는 회생담보권자가 예측하지 못하는 손해를 입는 것을 방지하기 위하여 필요한 경우에는 담보를 제공하게 할 수 있다(법 제44조 제4항 후문)(결정문의 기재례는 [별지 17] 참조).[56]

라. 취소명령의 효력

법원의 취소명령으로 인하여 종전의 강제집행 등은 소급하여 그 효력을 잃는다.[57] 이 점에서 소급효가 없는 중지명령과 구분된다. 취소명령에 대하여 불복은 인정되지 않는다(법 제13조 참조).[58]

---

55) 반면 조세 등 청구권에 기한 체납처분이나 담보물건의 처분은 회생절차개시결정 후 회생계획인가결정 전까지는 취소가 가능하나(법 제58조 제5항), 회생절차개시결정 이전에는 취소할 수 없음에 주의할 필요가 있다.

56) 실무상 채무자가 담보를 제공할 수 있는 경우는 거의 없다. 서울회생법원은 취소명령에 앞서 채무자가 담보를 제공하지 못할 경우 "취소명령 후 회생절차개시신청이 기각되거나 회생절차가 인가 전에 폐지될 경우 가압류 취소로 회수한 금액을 정당한 가압류 채권자들에게 반환하지 못하면 채무자에 대한 파산절차를 진행하는 데에 이의가 없다."라는 내용의 서약서를 제출받기도 한다. 이는 가압류 취소 후 회생계획이 인가되지 못할 경우, 취소된 가압류 채권자들의 이익을 침해하는 결과를 초래할 수도 있으므로, 인가 전 회생절차폐지의 경우 파산선고가 임의적이라고 하더라도 파산을 선고하고, 파산절차를 통하여 채권자들 사이에 공정한 배분이 이루어지도록 하기 위함이다.

57) 이 점에서 법 제44조 제4항의 취소명령의 효력은 법 제58조 제5항의 취소명령의 효력과 같다고 해석된다.

58) 구 회사정리법 제37조 제7항은 정리절차개시신청 후에 행하여진 가압류 또는 가처분에 한하여 취소명령을 할 수 있도록 규정하면서 취소명령에 의하여 효력을 잃은 절차로 인하여 회사에 대하여 생긴 채권과 그 절차에 관한 회사에 대한 비용청구권은 공익채권으로 하도록 규정하였는데, 현행법은 위와 같은 규정을 두고 있지 아니하므로 이를 공익채권으로 보기 어려울 것이다.

3. 포괄적 금지명령

가. 의의 등

1) 의   의

법원은 회생절차개시의 신청이 있는 경우 법 제44조 제1항의 규정에 의한 중지명령만으로는 회생절차의 목적을 충분히 달성하지 못할 우려가 있다고 인정할 만한 특별한 사정이 있는 때에는 이해관계인의 신청에 의하거나 직권으로 회생절차개시의 신청에 대한 결정이 있을 때까지 모든 회생채권자 및 회생담보권자에 대하여 회생채권 또는 회생담보권에 기한 강제집행, 가압류, 가처분 또는 는 담보권실행을 위한 경매절차(이하 "회생채권 또는 회생담보권에 기한 강제집행 등"이라고 함)의 금지를 명할 수 있다(^{법 제45조}_{제1항}). 위와 같은 포괄적 금지명령을 할 수 있는 경우는 채무자의 주요한 재산에 관하여 보전처분 또는 보전관리명령이 이미 행하여졌거나 포괄적 금지명령과 동시에 보전처분 또는 보전관리명령을 행하는 경우에 한한다(^{법 제45조}_{제2항}). 포괄적 금지명령이 있는 때에는 채무자의 재산에 대하여 이미 행하여진 회생채권 또는 회생담보권에 기한 강제집행 등은 중지된다(^{법 제45조}_{제3항}).

포괄적 금지명령 제도는 법 제44조에 의한 개별적 중지명령에 의해서 회생절차의 목적을 충분히 달성하지 못할 특별한 사정이 있는 경우에 법원이 하나의 결정으로 모든 회생채권자 등의 채무자 재산에 대한 강제집행 등의 금지를 명할 수 있도록 함으로써, 다수의 재산이 서로 다른 법원의 관할 지역에 산재하여 책임재산 보전이 곤란한 경우 등을 개선하고, 회생절차를 효율적으로 진행하며, 채권자 간의 형평을 도모하기 위하여 도입되었다.[59]

2) 기 재 례

[별지 19]와 같다.

나. 요   건

다음 세 가지의 요건 모두가 만족된 경우에 한하여 인정될 수 있다.

1) 신청권자

포괄적 금지명령은 직권 또는 이해관계인의 신청에 의한다.

---

[59] 노영보, 도산법강의, 박영사(2018), 106면.

2) 채무자의 주요한 재산에 관하여 보전처분 또는 보전관리명령이 이미 행하여졌거나 포괄적 금지명령과 동시에 보전처분 또는 보전관리명령을 행할 것

이 취지는, 포괄적 금지명령이 발령되면 개시결정을 기다리지 않고 회생채권자 및 회생담보권자의 권리행사에 제약이 가해지는 데 반해, 채무자가 재산의 관리·처분에 관하여 아무런 제약을 받지 않는다면 채무자의 재산을 위태롭게 할 위험성이 생기게 되고, 따라서 채무자에게는 보전처분·보전관리명령에 의하여 채무자의 재산을 산일시키지 않도록 하는 조처가 필요하기 때문이다.

3) 중지명령에 의하여는 회생절차의 목적을 충분히 달성하지 못할 우려가 있다고 인정할 만한 특별한 사정이 있을 것

회생신청을 한 회사가 다수의 거래처로부터 물품대금을 회수할 것이 예정되어 있는 경우, 또는 자산 혹은 담보여력이 있는 자산이 전국 각지에 산재해 있고, 채권자가 어떠한 자산에 대하여 어떠한 권리행사를 할 것인지 알 수 없으며, 집행권원을 가진 채권자가 상당수 존재하는 경우 등이 이에 해당할 것이다. 한편, 최근의 실무는 개별적 중지명령보다 포괄적 금지명령을 발령하는 것이 채권자들 사이의 형평을 해할 우려가 적고 실무 처리도 간명한 점, 채무자의 재산에 대한 보전처분이 발령되는 경우 이에 대응하여 채권자들의 권리행사를 포괄적으로 금지하는 것이 회생절차의 원활한 진행을 위해 필요한 경우가 많은 점, 회생절차개시신청 후 회생절차개시결정시까지의 기간이 그다지 길지 않아 포괄적 금지명령이 회생절차개시 전 채권자들의 권리행사를 부당하게 제한한다고 볼 경우는 많지 않은 점, 필요한 경우 개별 채권자에 대한 포괄적 금지명령을 배제하는 결정도 할 수 있는 점 등을 이유로, 포괄적 금지명령을 발령할 수 있는 특별한 사정을 넓게 해석하고 있다.[60]

다. 포괄적 금지명령의 대상

포괄적 금지명령의 대상은 회생채권 또는 회생담보권에 기한 강제집행, 가압류, 가처분 또는 담보권실행을 위한 경매절차이다(법 제45조 제1항, 제44조 제1항 제2호).

회생절차가 개시된다면 회생채권 또는 회생담보권으로 될 채권에 기하여 채무자의 재산에 대하여 행할 강제집행, 가압류, 가처분 또는 담보권실행을 위

---

[60] 미국 연방파산법은, 채무자가 제11장의 재건절차개시를 신청하면 별도의 법원 명령이 없어도 채무자의 재산에 대한 채권자의 담보권 행사, 강제집행 등 채권 실행에 관한 일체의 행위가 자동적으로 금지 및 중지되는 것으로 규정하고 있다(11U.S.C. §362 Automatic Stay).

한 경매절차에 한하여 금지할 수 있다. 양도담보권의 실행행위는 회생담보권에 기한 강제집행에 포함되므로, 포괄적 금지명령의 효력에 의하여 금지된다.[61] 또한 비금전채권도 대상이 될 수 있다.[62] 환취권[63]에 기한 것이거나 공익채권으로 될 채권에 기한 절차는 금지할 수 없다. 체납처분 등은 그 대상에 포함되어 있지 않다. 따라서 포괄적 금지명령에 의하여 체납처분 등을 사전에 금지시킬 수는 없고, 사후적으로 개별적 중지명령에 의하여 대처할 수밖에 없다.[64]

라. 공고 및 송달

1) 공고 및 송달

포괄적 금지명령이나 이를 변경 또는 취소하는 결정이 있는 때에는 법원은 이를 공고하고, 그 결정서를 채무자(보전관리인이 선임되어 있는 때에는 보전관리인을 말한다) 및 신청인에게 송달하여야 하며, 그 결정의 주문을 기재한 서면을 법원이 알고 있는 회생채권자·회생담보권자 및 채무자(보전관리인이 선임되어 있는 때에 한한다)에게 송달하여야 한다(법 제46조 제1항). 주주·지분권자의 경우에는 포괄적 금지명령에 의하여 영향을 받지 않으므로, 송달의 대상에서 제외된다.

---

61) 대법원 2011. 5. 26. 선고 2009다90146 판결. 대법원은 채무자 회생 및 파산에 관한 법률 제141조 제1항은 양도담보권도 회생담보권에 포함되는 것으로 규정하고 있으므로 회생절차개시 결정의 효력을 규정하고 있는 같은 법 제58조 제2항 제2호의 '회생담보권에 기한 강제집행 등'에는 양도담보권 실행행위도 포함되고, 같은 법 제45조 제1항, 제3항에 의한 포괄적 금지명령은 회생절차개시신청에 대한 결정이 있을 때까지 모든 회생채권자 및 회생담보권자에게 회생채권 및 회생담보권에 기한 강제집행 등의 금지를 명하는 것이므로, 포괄적 금지명령에 의하여 금지되거나 중지되는 '회생담보권에 기한 강제집행 등'에는 양도담보권의 실행행위도 포함된다고 판시하였다. 대법원 2020. 12. 10. 선고 2017다256439, 256446 판결도 같은 취지로 "채권이 담보 목적으로 양도된 후 채권양도인인 채무자에 대하여 회생절차가 개시되었을 경우 채권양수인인 양도담보권자가 제3채무자를 상대로 그 채권의 지급을 구하는 이행의 소를 제기하는 행위는 회생절차개시결정으로 인해 금지되는 양도담보권의 실행행위에 해당한다."라고 판시하였다.

62) 대법원 2016. 6. 21. 자 2016마5082 결정은 "포괄적 금지명령에 따라 보전처분 등이 금지되는 회생채권은 '채무자에 대하여 회생절차개시 전의 원인으로 생긴 재산상의 청구권'을 의미하는데(법 제118조 제1호), 회생채권은 이른바 금전화, 현재화의 원칙을 취하지 않고 있으므로 그러한 재산상의 청구권은 금전채권에 한정되지 아니하고 계약상의 급여청구권과 같은 비금전채권도 대상이 될 수 있다."라고 판시하였다(채권양도통지 이행청구권을 회생채권으로 인정한 사례임).

63) 한편 동산 소유권유보부매매 계약의 매도인은 매수인에 대한 회생절차에서 회생담보권자에 해당하므로 매매목적물인 동산에 대하여 환취권을 행사할 수 없다는 취지의 대법원 2014. 4. 10. 선고 2013다61190 판결에 의하면, 위와 같은 경우 매도인의 강제집행은 포괄적 금지명령의 대상이 될 것이다.

64) 그러나 채무자의 재산에 대한 권리행사를 일률적으로 억제할 필요성은 체납처분 등의 경우에도 마찬가지이므로 체납처분 등을 포괄적 금지명령의 대상에서 제외한 것은 입법론상 의문이다.

법 제45조 제5항의 규정에 의한 취소명령과 같은 조 제6항의 즉시항고에 대한 재판(포괄적 금지명령을 변경 또는 취소하는 결정을 제외한다)이 있는 때에는 법원은 그 결정서를 당사자에게 송달하여야 한다(법 제46조 제3항). 이 경우 법 제10조 및 제11조의 규정은 적용하지 아니한다(법 제46조 제3항). 따라서 송달하여야 하는 장소를 알기 어렵거나 대법원규칙이 정하는 사유가 있는 때에도 공고로써 송달을 갈음할 수 없고, 발송송달을 할 수 없으며, 공고에 송달의 효력이 인정되지 아니한다. 위 취소명령 및 즉시항고에 대한 재판은 채무자·회생채권자·회생담보권자 등에 대한 영향이 크기 때문에 총칙에 정한 간이한 고지방법에 대한 예외를 정한 것이다.

2) 공고 기재례

[별지 20]과 같다.

마. 포괄적 금지명령의 효력

1) 효력의 발생시기

포괄적 금지명령은 채무자에게 결정서가 송달된 때부터 효력을 발생한다(법 제46조 제2항). 포괄적 금지명령의 상대방은 채권자이므로 채권자에게 송달되었을 때 효력이 발생한다는 견해도 있을 수 있지만, 회생절차개시 전의 단계에서는 모든 채권자가 알려져 있다고 할 수 없고, 또한 알려져 있는 채권자에 대한 송달시기가 다르면 금지·중지의 효력의 발생시기가 개별적으로 나뉘어져 바람직하지 않으므로, 위와 같이 정한 것이다.

2) 효   과

회생채권자·회생담보권자는 채무자의 모든 재산에 관하여 회생채권 또는 회생담보권에 기한 강제집행 등을 새로이 할 수 없게 되고(법 제45조 제1항), 또한 이미 행한 경우에는 중지된다(법 제45조 제3항).[65] 포괄적 금지명령이 있는 때에는 그 명령이 효력을 상실한 날의 다음 날부터 2월이 경과하는 날까지 회생채권 및 회생담보

---

65) 대법원은, 중지명령과 달리 포괄적 금지명령은 별도로 그 정본을 제출하지 않더라도 집행법원에 대해 당연히 그 효력이 미친다는 전제 하에 다음과 같이 판시하였다(대법원 2016. 6. 21. 자 2016마5082 결정 참조). 즉, 포괄적 금지명령이 채무자에게 송달된 후 채권의 추심 및 처분금지 가처분이 발령되었고, 이에 대하여 채무자가 집행취소신청을 하였으나 기각된 사건에서, 위 가처분은 포괄적 금지명령의 효력에 반하여 이루어진 것이어서 무효이므로, 집행법원으로서는 채무자의 집행취소신청에 따라 집행을 취소하였어야 한다고 판시하였다. 따라서 채무자가 집행법원에 포괄적 금지명령이 있었다는 사실을 고지하지 않더라도 강제집행 절차 등에 효력이 당연히 미친다.

권에 대한 시효는 완성되지 아니한다($^{법 제45조}_{제8항}$).

포괄적 금지명령에 반하여 이루어진 회생채권 또는 회생담보권에 기한 강제집행 등은 무효이다. 또한 회생절차폐지결정에는 소급효가 없으므로, 이와 같이 무효인 보전처분이나 강제집행 등은 사후적으로 회생절차폐지결정이 확정되더라도 여전히 무효이다.[66]

한편, 포괄적 금지명령이 있은 이후에 그 효력에 반하여 이루어진 회생채권 또는 회생담보권에 기한 강제집행 등에 대한 취소절차에 관하여는 원칙적으로 집행법원이 취소하는 것이 타당하다.

3) 취소명령

법원은 채무자의 사업의 계속을 위하여 특히 필요하다고 인정하는 때에는 채무자 또는 보전관리인의 신청에 의하여 중지된 회생채권 또는 회생담보권에 기한 강제집행 등의 취소를 명할 수 있다($^{법 제45조}_{제5항 전문}$). 다만 이 경우에는 채권자의 권리가 침해될 위험이 중지의 경우보다 한층 크게 되므로, 법원은 채무자에게 담보를 제공하게 할 수 있다($^{법 제45조}_{제5항 후문}$). 위 취소명령에 관한 설명은 앞서 본 강제집행 등의 취소의 경우와 동일하다(이에 관한 자세한 것은 "제4장 제2절 2." 참조).

개별적인 중지명령에 따라 중지되어 있는 강제집행 등을 취소하는 취소명령의 경우와 달리, 포괄적 금지명령에 의하여 중지된 강제집행 등을 취소하는 취소명령에 대하여는 즉시항고의 방법으로 불복할 수 있도록 되어 있으나, 이와 같은 차이를 두는 것이 타당한지는 입법론상 의문이다.

바. 포괄적 금지명령의 변경·취소

법원은 포괄적 금지명령을 변경하거나 취소할 수 있다($^{법 제45조}_{제4항}$). 포괄적 금지명령의 적용 배제 결정이 개별적인 회생채권 또는 회생담보권에 기한 강제집행 등의 금지·중지의 효력을 배제시키는 것임에 반하여, 포괄적 금지명령의 변경·취소는 전체 회생채권자 및 회생담보권자에게 효력이 미친다. 위 변경·취소결정은 결정서가 채무자 또는 보전관리인에게 송달된 때부터 효력을 발생한다($^{법 제46조}_{제2항}$).

사. 포괄적 금지명령 등에 대한 불복

포괄적 금지명령, 이를 변경하거나 취소하는 결정, 중지된 강제집행 등의

---

66) 대법원 2016. 6. 21. 자 2016마5082 결정.

취소명령에 대하여는 즉시항고를 할 수 있다(법 제45조 제6항). 이러한 즉시항고에는 집행정지의 효력이 없다(법 제45조 제7항). 포괄적 금지명령, 이를 변경하거나 취소하는 결정에 대한 즉시항고 기간은 공고가 있은 날부터 14일 이내이며(법 제46조 제1항, 제13조 제2항), 중지된 강제집행 등의 취소명령은 공고를 요하지 아니하므로 해당 회생채권자·회생담보권자에게 재판이 고지된 날부터 1주 이내가 즉시항고기간이다(법 제33조, 민사소송법 제444조). 포괄적 금지명령 신청을 기각하는 결정에 대하여는 즉시항고를 할 수 있다는 규정이 없으므로, 즉시항고의 대상이 되지 않는다(법 제13조 제1항).

아. 포괄적 금지명령의 적용 배제

1) 의   의

법원은 포괄적 금지명령이 있는 경우, 회생채권 또는 회생담보권에 기한 강제집행 등의 신청인인 회생채권자 또는 회생담보권자에게 부당한 손해를 끼칠 우려가 있다고 인정하는 때에는 그 회생채권자 또는 회생담보권자의 신청에 의하여 그 회생채권자 또는 회생담보권자에 대하여 결정으로 포괄적 금지명령의 적용을 배제할 수 있다. 이 경우 그 회생채권자 또는 회생담보권자는 채무자의 재산에 대하여 회생채권 또는 회생담보권에 기한 강제집행 등을 할 수 있으며, 포괄적 금지명령이 있기 전에 그 회생채권자 또는 회생담보권자가 행한 회생채권 또는 회생담보권에 기한 강제집행 등의 절차는 속행된다(법 제47조 제1항).

포괄적 금지명령은 채권자의 권리행사에 대한 큰 제약이므로, 그 구제수단으로서 포괄적 금지명령의 적용 배제에 관한 규정을 둔 것이다. '부당한 손해'란 강제집행을 할 수 없는 것으로부터 생기는 개개 채권자의 불이익을 의미하는바, 각각의 사정이 다를 것이므로 그 내용을 일률적으로 논하기는 어렵다.

2) 기 재 례

[별지 21]과 같다.

3) 시효 정지기간의 단축

포괄적 금지명령의 적용 배제 결정을 받은 자에 대하여 시효의 정지에 관한 법 제45조 제8항의 규정을 적용하는 때에는 "그 명령이 효력을 상실한 날"은 포괄적 금지명령의 적용 배제 결정이 있은 날로 한다(법 제47조 제2항). 따라서 포괄적 금지명령의 적용 배제 결정을 받은 회생채권자 또는 회생담보권자에 대하여는 그 결정일로부터 2월이 경과하는 날까지만 시효가 정지된다.

4) 즉시항고

법 제47조 제1항의 규정에 의한 신청에 관한 재판에 대하여는 즉시항고를 할 수 있다(법 제47조 제3항). 위 즉시항고는 집행정지의 효력이 없다(법 제47조 제4항).

법 제47조 제1항의 규정에 의한 신청에 대한 재판과 제3항의 즉시항고에 대한 재판이 있는 때에는 법원은 그 결정서를 당사자에게 송달하여야 한다. 이 경우 제10조의 규정은 적용되지 아니한다(법 제47조 제5항). 따라서 송달하여야 하는 장소를 알기 어렵거나 규칙이 정하는 사유가 있는 때에도 공고로써 송달을 갈음할 수 없다.

제5장

·
·
·

회생절차개시 신청 등에 대한 재판

제1절 개시신청 등의 취하허가

제2절 개시신청 등의 기각결정

제3절 개시결정

제1절 개시신청 등의 취하허가

1. 신청취하에 대한 허가와 그 절차

　　신청인은 회생절차개시결정 전에 한하여 회생절차개시의 신청을 취하할 수 있다(법 제48조 제1항).

　　신청인은 법 제43조 제1항의 규정에 의한 보전처분, 제43조 제3항의 규정에 의한 보전관리명령, 제44조 제1항의 규정에 의한 중지명령, 제45조 제1항의 규정에 의한 포괄적 금지명령이 있기 전에는 자유로이 신청을 취하할 수 있으나, 위 보전처분등이 있은 후에는 법원의 허가를 얻지 아니하면 회생절차개시신청 및 보전처분신청을 취하할 수 없다(법 제48조 제2항). 입법취지는 신청인이 일단 보전처분등을 받아 채무의 일시유예·부도유예의 혜택을 받거나, 회생채권 또는 회생담보권에 기한 강제집행 등이 중지·금지되게 하여 위기를 넘긴 다음 임의로 절차를 종료시키는 것과 같이 보전처분제도등이 악용되는 것을 막기 위한 것이다. 따라서 보전처분등이 발령된 이후에 신청인이 개시신청의 취하서를 제출한 경우에는 개시신청 이후에 이를 취하할 만한 정당한 사유가 발생하였는지, 신청인이 보전처분제도등을 악의적으로 이용한 것은 아닌지, 개시신청을 취하하는 것이 채권자나 주주 등의 이해관계인의 이익과 부합하는지 등의 제반사정을 참작하여 취하허가 여부를 결정하여야 한다.[1]

　　회생절차개시신청 및 보전처분신청의 취하 허가는 신청인이 법원에 서면으로 신청하여야 한다. 신청취하의 허가 신청과 함께 회생절차개시신청 및 보전처분신청의 취하를 함께 하는 것도 허용되는데, 이 경우 취하는 법원의 허가결정이 있을 것을 조건으로 하는 것이 된다. 법원은 다른 이해관계인들이 절차의 진행을 원하고 있는지 등을 참작하여 취하의 허가 여부를 결정하면 된다. 허가결

---

1) 서울중앙지방법원 2012회합183 (주)알켄즈 사건에서 법원은 채무자에 대하여 제3자 관리인 선임사유가 있다고 판단하여 제3자 관리인 선임절차를 진행하였는데, 이를 안 채무자가 회생절차개시신청 취하허가신청서를 제출하자 취하를 허가하지 아니하고 회생절차개시결정 및 제3자 관리인 선임결정을 하였다. 또한 서울중앙지방법원 2012회합94 (주)드림스퀘어 사건에서 법원은 보전처분 발령 후 채무자의 청산가치가 계속기업가치를 명백히 초과하는 경우인지를 판단하기 위하여 개시 전 조사위원을 선임하여 조사를 실시하였는데, 채무자가 중간보고서 제출기한까지 조사위원에게 필요한 자료를 제공하지 아니한 채 법원에 개시신청 취하서를 제출하자 회생절차개시신청의 취하를 허가하지 아니하고 회생절차개시신청이 성실하지 아니한 경우(법 제42조 제2호)에 해당한다고 보아 회생절차개시신청을 기각하였다.

정은 회생절차개시선청 및 보전처분신청의 취하를 허가하는 것이나, 허가신청과 함께 취하서를 이미 제출한 경우에는 허가결정으로써 취하의 효력이 발생한다.2)

취하허가에 관한 재판은 신청인에게 결정을 고지함으로써 효력이 생기고, 그 재판에 대하여는 즉시항고의 방법으로 불복할 수 없다(허가결정문의 기재례는 [별지 24], [별지 25] 참조).

2. 신청취하 허가 후 후속조치

보전처분 또는 보전관리명령이 있은 후 법원이 회생절차개시신청 및 보전처분신청의 취하신청을 허가한 경우에는 보전처분 또는 보전관리명령은 그 목적을 상실하여 즉시 실효하게 되고, 별도의 보전처분취소결정이나 보전관리명령취소결정을 요하지 아니한다. 실무상 보전처분이 내려진 경우에도 개시신청의 취하만 허가 신청하는 경우가 많은데, 개시신청 취하 허가결정이 있으면 보전처분 또는 보전관리명령도 실효하게 되므로, 역시 별도의 취소결정을 요하지 않는다. 다만 법 제43조 제8항이 보전관리명령을 취소하는 경우, 관리·처분권이 보전관리인으로부터 채무자에게로 회복하는 점을 대외적으로 공시하기 위해서 이를 공고하여야 한다고 규정하고 있는 취지에 비추어, 보전관리명령이 실효되는 경우에도 그 취지를 공고하여야 한다고 봄이 타당하다.3)

보전처분이 실효된 경우에는 법원사무관 등은 지체 없이 직권으로 처분대상인 권리의 목적물을 관할하는 등기소·등록관청에 회생절차개시신청 및 보전처분신청의 취하 허가결정서와 취하서의 등본 또는 초본을 첨부하여 말소등기·등록을 촉탁하여야 한다(법 제24조 제1항 제2호, 제27조). 보전관리명령이 실효된 경우에는 법원사무관 등은 법인 채무자의 사무소 및 영업소의 소재지의 등기소에 보전처분신청 또는 회생절차개시신청의 취하서 등본 및 이에 대한 법원의 허가결정서 등본을 첨부하여 보전처분신청 또는 회생절차개시신청의 취하에 따른 보전관리 및 보전관리인선임 등기의 말소를 촉탁하여야 한다.4)

한편 법은 회생절차개시의 신청이 있는 때(법 제40조 제1항), 회생절차개시의 결정을

---

2) 실무상 취하서만 제출되는 경우가 빈번하다. 서울회생법원은 신청취하서만 제출된 경우, 회생절차개시신청 및 보전처분신청의 취하허가신청도 함께 있는 취지로 선해하여 취하를 허가하는 결정을 하고, 취하의 효력이 취하허가결정시 발생한 것으로 처리하고 있다.
3) 条解(上), 441면.
4) 채무자 회생 및 파산에 관한 법률에 따른 법인등기 사무처리지침(등기예규 제1518호) 제9조 참조.

한 때($\substack{법제\\52조}$), 회생절차개시결정을 취소하는 결정이 확정된 때($\substack{법제54조\\제2항,제52조}$)에는 감독행정청 등에 관련 사실을 통지하도록 정하고 있으나, 회생절차개시신청의 취하신청을 허가한 때에 대하여는 감독행정청 등에 통지하도록 하는 규정을 두고 있지 않다. 따라서 회생절차개시신청의 취하허가가 있더라도 이를 감독행정청 등에 통지할 필요는 없으나, 업무상 편의를 제공한다는 측면에서 서울회생법원은 회생절차개시신청의 취하허가가 있는 때에는 '업무연락'의 형식(법에 근거한 것은 아니므로 '통지'의 형식을 취하지 않고 있다)으로 회생절차개시신청의 통지를 한 감독행정청 등에 그 뜻을 알려주고 있다(업무연락의 기재례는 [별지 26] 참조).[5]

제2절 개시신청 등의 기각결정

1. 개 요

회생절차개시의 원인($\substack{법 제34조\\제1항}$)을 갖추지 못하였거나 회생절차개시신청의 기각사유($\substack{법제\\42조}$)가 있는 경우, 법원은 회생절차개시신청을 기각하여야 한다. 법은 회생절차개시신청의 기각사유로 회생절차의 비용을 미리 납부하지 아니한 경우($\substack{법 제42조\\제1호}$), 회생절차개시신청이 성실하지 아니한 경우($\substack{법 제42조\\제2호}$), 그 밖에 회생절차에 의함이 채권자 일반의 이익에 적합하지 아니한 경우($\substack{법 제42조\\제3호}$)를 들고 있다.

2. 기각사유

가. 개시원인의 흠결

법 제34조는 회생절차를 개시하기 위한 적극적 요건으로 ① 사업의 계속에 현저한 지장을 초래하지 아니하고는 변제기에 있는 채무를 변제할 수 없는 경우와 ② 채무자에게 파산의 원인인 사실이 생길 염려가 있는 경우의 두 가지로 규정하고 있다. 개시원인이 위 둘 중 어디에 있다고 주장하느냐에 따라 신청권자가 달라진다는 점 등은 앞서 '제3장 제1절'에서 설명하였다.

1) 변제기에 있는 채무의 변제불능(사업계속에 현저한 지장을 초래하지 아니하

---

5) 보전처분·보전관리명령·중지명령·포괄적 금지명령이 있기 전에 회생절차개시신청의 취하가 있는 때에도 마찬가지이다.

고는 채무변제를 할 수 없는 경우)

이는 법 제305조의 파산원인인 '지급불능'과는 다소의 차이가 있다. 즉 변제기가 도래한 채무의 변제가 현재 일반적으로 불가능할 정도임을 요구하지는 아니한다. 파산원인인 지급불능은 재산·신용 등을 종합적으로 고려하여 판단할 때에 변제능력이 계속적으로 결여되어 있는 상태이지만, 여기서 말하는 '변제불능'은 그 정도로 심각한 상태일 것을 요하지 않는다. 그러나 적어도 채무 변제를 하거나 이를 위하여 자금을 조달한다면, 사업의 계속에 현저한 지장을 초래하는 경우이어야만 한다.[6)]

요컨대 회생절차에서 말하는 '변제불능'은 절대적 변제불능이 아니라 상대적 변제불능이다. 즉 변제는 가능하지만 그 변제로 인하여 또는 변제자금을 마련하기 위하여 사업의 계속에 지장이 초래된다면, 재정적 궁핍요건은 충족되는 것이다. 절대적 변제불능을 요구하는 파산개시요건과는 달리 파산의 정도에 이르기 전에 미리 채무조정을 통한 채무자의 회생을 가능하게 하는 취지이다.

2) 파산원인인 사실이 생길 염려

파산절차상 파산의 원인인 사실에는 지급불능($^{법 제305조}_{제1항}$)과 부채초과($^{법 제}_{306조}$)의 두 가지가 있는데, 전자는 자연인과 법인에 공통적으로 적용되는 파산원인이고, 후자는 법인에만 적용되는 파산원인이다.

'지급불능'이라 함은 채무자의 변제능력이 계속적으로 결여되어 즉시 변제하여야 할 채무를 변제함이 일반적으로 불가능한 재정상태를 일컫는다. 재산만을 기준으로 하는 '부채초과'와 달리 재산 외에 신용 등의 모든 변제수단을 강구하더라도 변제기가 도래하여 이행의 청구를 받은 채무의 대부분을 변제할 수 없는 상태를 말하며, 지급정지가 있으면 지급불능인 것으로 추정된다($^{법 제305조}_{제2항}$).

---

6) 예를 들어, 가동 중인 공장 또는 특허권의 처분, 원재료의 매각, 제품의 염가판매, 단기간 내에 반환가망이 없는 고리채의 이용 등은 이러한 경우에 해당하는 경우가 많을 것이다. 서울회생법원은 2018회합100111 대일피혁(주) 사건에서, 채무자가 2017. 12. 31. 기준 자산총계 약 248억 원, 부채총계 약 122억 원, 개시결정일 기준 자산총계 약 151억 원, 부채총계 약 125억 원에 달하고 있으나, 금융기관 차입금 약 37억 원의 만기가 곧 도래할 예정으로 근래의 매출감소 및 수질초과 배출부과금 부과 등으로 인하여 만기연장이 불가능할 것으로 보이는 반면, 신청 당시의 보유 현금, 예금 및 매출채권과 매출실적 등에 비추어 채무변제를 하거나 이를 위하여 자금을 조달한다면 사업의 계속에 현저한 지장을 초래할 것으로 보아 회생절차 개시결정을 하였고, 2020회합100148 에이치엔티일렉트로닉스(주) 사건에서 채무자의 신청일 기준 자산은 약 596억 원이고, 부채는 약 226억 원이나, 채무자는 코스닥상장법인으로 외부감사인으로부터 의견거절의 감사의견을 받아 상장폐지심사 중이고, 상장폐지가 되면 금융기간 채무의 기한이익이 상실되거나 만기가 연장되지 않을 것으로 보이는 이상 '사업의 계속에 현저한 지장을 초래하지 아니하고는 변제기에 있는 채무를 변제할 수 없는 경우'에 해당한다고 보아 회생절차개시결정을 하였다.

'부채초과'라 함은 소극재산(부채)이 적극재산(자산)을 초과하는 상태를 말한다. 다만 자산평가를 함에 있어 파산절차의 경우에는 청산가격을 기준으로 하여야 하지만, 회생절차의 경우에는 채무자가 사업을 계속하는 것을 전제로 하여야 할 것이다.

파산의 원인인 사실이 현재 존재하고 있을 것을 요하지는 않고, 그것이 생길 '염려'가 있으면 족하다.[7] 따라서 경제적 상황이 지급불능 내지 부채초과가 될 것이 객관적으로 예상되는 경우에 회생절차를 신청할 수 있다.[8]

3) 개시원인 상호간의 관계

채무자는 어느 원인(① 사업에 현저한 지장을 초래하지 아니하고는 변제불능, ② 파산원인인 사실이 생길 염려)에 의하여서도 개시신청을 할 수 있지만, 채권자나 주주・지분권자는 둘째 원인을 이유로 할 때에만 신청을 할 수 있다. 채무자가 첫째의 원인에 기하여 신청한 경우, 법원은 첫째의 원인은 없으나 둘째의 원인은 존재한다고 인정할 때에는 그에 기하여 개시결정을 할 수 있다. 채무자가 둘째의 원인에 기하여 신청을 하였지만, 첫째의 원인만 존재한다고 인정하는 경우도 마찬가지이다. 이에 반하여 채권자 또는 주주・지분권자가 둘째의 원인에 기하여 신청한 경우에 둘째의 원인이 존재하지 않는다고 인정할 때에는 비록 첫째의 원인이 존재한다고 판단되어도 법원이 이를 들어 직권으로 개시결정을 할 수는 없다.

4) 검   토

개시원인이 있느냐를 판단함에 있어서 우선 채무자가 이미 부도가 났거나 재무상태표상 부채초과임이 명백한 경우에는 개시원인이 존재한다고 보는 데 무리가 없고, 실제 그러한 사례가 대부분이다.

그런데 아직 부도가 나지 않았고, 장부상 부채초과도 아닌 경우에는 좀 더 심리가 필요하다.[9] 재무상태표에 자산초과로 기재된 경우라도 보증채무 현황표

---

7) 서울회생법원은 주주가 회생절차개시신청을 한 2017회합100035 (주)아도니스 사건, 2020회합 3 (주)삼호에너지 사건에서, 채무자의 재무상태표상 자산이 부채를 초과하고 있고, 신청인이 제출한 자료만으로는 채무자에게 파산의 원인사실이 발생할 염려가 있다는 점이 소명되지 않았다고 보아 회생절차개시신청을 기각하였다. 또한 주주가 회생절차개시신청을 한 2020회합 100050 (주)에이원자산 사건에서, 재무상태표상 부채가 자산을 초과하고 있으나, 재무상태표가 외부감사를 거치지 않고 작성된 점, 자산과 부채의 차이가 근소한 점, 자산인 대여금이 재무상태표에 적절하게 반영되어 있지 않았고, 부채 중 단기차입금의 상당 부분은 곧 변제될 수 있을 것으로 보이는 점 등을 들어 채무자에게 파산의 원인인 사실이 생길 염려가 있다고 볼 수 없다고 보아 회생절차개시신청을 기각하였다.

8) 전병서, 도산법 제4판, 485면.

9) 회생절차개시신청 당시 제출한 재무상태표상으로는 부채초과가 아닌 경우라도 심리결과 사

등을 통해 우발채무[10](특히 보증채무의 발생가능성)를 부채에 가산하는 문제를 검토하여야 한다. 왜냐하면 우발채무(특히 보증채무의 발생가능성)의 회계처리방법에 관하여 현행 일반기업회계기준 제14장은 지출의 시기 또는 금액이 불확실한 경우라도 그 발생가능성이 매우 높고 발생금액을 신뢰성 있게 추정할 수 있는 경우에는 이를 충당부채로 인식하도록 하고 있고, 그렇지 않은 경우에는 우발부채[11]로 하여 주석에 기재하도록 하고 있기 때문이다.[12] 따라서 파산원인으로서의 '부채초과' 여부를 따짐에 있어서 이러한 충당부채의 계상 여부, 주석에 기재된 우발부채의 적정성 등을 합리적으로 평가할 필요가 있다.

이렇게 우발채무를 합리적으로 평가하여 부채로 계상하고도 자산초과인 경우에는 과연 사업에 현저한 지장을 초래하지 아니하고는 변제기에 있는 채무를 갚을 수 없는 상태인지, 파산원인이 생길 '염려'가 있는지 따져 보아야 하는데, 이 경우 도래할 채무변제기 일람표, 최근 월별 자금수지표 및 향후 몇 달간의 예상자금수지표, 보증채무 현황표 및 주채무자의 자력상태, 회생절차개시신청에 이른 경위 등을 종합적으로 검토하여 판단하여야 한다.

다만 실무상 채무자가 개시원인이 없음에도 회생절차를 신청한 사례를 접해 보기란 매우 어렵다. 이는 회생절차개시신청에 따른 신용도 추락으로 말미암아 야기되는 유·무형의 사업상 손실이 매우 크며, 보전처분결정 이후에는 법원의 허가가 있어야만 회생절차에서 벗어날 수 있고, 개시결정이 이루어지면 기존 경영진의 재산처분권이 상실되거나 지배주주의 주식이 거의 전부 소각될 가능성을 배제할 수 없기 때문이다. 결국 개시원인의 존부가 심도 있게 문제될 수

실은 부채초과인 경우가 거의 대부분이다. 이는 흔히 회생절차개시신청을 한 회사의 재정상태가 실제보다 좋은 것처럼 분식되어 있는 경우가 많기 때문이다. 이는 금융기관으로부터 쉽게 대출을 받기 위한 목적이나 회사의 좋은 이미지를 그대로 유지할 목적으로 재정상태를 좋은 것처럼 만들어 왔기 때문일 수도 있고, 개시신청 무렵 악화된 재정상태를 미처 재무상태표에 반영시키지 못하고 그 이전의 회계장부를 제출하였기 때문일 수도 있다.

10) 실무상 채권조사결과 채권이 확정되지 아니한 채권은 미확정채권으로, 채권조사결과 채권이 확정되었으나 그 채권이 채무자의 채무를 보증한 보증채무자 등 장래의 구상권 등인 경우에 이를 미발생채권으로 분류하여, 이와 같이 발생여부가 확정되지 아니한 채무를 우발채무로 부르고 있다. 즉, 우발채무는 회계상 우발부채만을 의미하는 것이 아니다. 자세한 내용은 '제11장 제1절 5. 라.' 참조.

11) 다음의 (1)이나 (2)에 해당하는 잠재적인 부채
  (1) 과거사건은 생겼으나 기업이 전적으로 통제할 수 없는 하나 이상의 불확실한 미래 사건의 발생 여부로만 그 존재 유무를 확인할 수 있는 잠재적인 의무
  (2) 과거사건으로 생긴 현재의무이지만 그 의무를 이행하기 위하여 자원을 유출할 가능성이 매우 높지 않거나, 또는 그 가능성은 매우 높으나 해당 의무의 이행에 필요한 금액을 신뢰성 있게 측정할 수 없는 경우

12) 주권상장법인, 금융회사 등에 적용되는 K-IFRS 제1037호도 같은 취지로 규정하고 있다.

있는 경우란 채무자 신청의 경우보다는 대개 채권자나 주주 신청의 경우이다.

나. 개시신청 기각사유($\frac{법}{42조}$제)의 존재

법 제42조는 다음과 같은 사유가 있는 경우에는 회생절차개시신청을 기각하여야 한다고 규정하고 있다. 이는 필요적 기각사유로서 이를 이유로 신청을 기각하기 전에 반드시 관리위원회의 의견을 들어야 한다.

① 회생절차의 비용을 미리 납부하지 아니한 경우($\frac{1}{호}$)

② 회생절차개시신청이 성실하지 아니한 경우($\frac{2}{호}$)

③ 그 밖에 회생절차에 의함이 채권자 일반의 이익에 적합하지 아니한 경우($\frac{3}{호}$)

아래에서 회생절차개시신청 기각사유를 구체적으로 살펴본다.

1) 회생절차의 비용을 미리 납부하지 아니한 경우($\frac{1}{호}$)

법원은 회생절차개시신청이 있으면 일정한 기간을 정하여 비용을 예납할 것을 명하는데, 위 기간 내에 비용을 예납하지 아니하면 개시신청 기각사유에 해당한다(비용예납명령에 관하여는 '제3장 제3절 2. 나.' 참조). 다만 서울회생법원의 실무는 신청인이 정해진 기간 내에 비용을 예납하는 것이 어렵지만, 단시일 내에 예납 비용을 마련할 가능성이 있는 경우에는 상당한 기간 동안 기각결정을 보류하거나, 예납기간 연장결정($\frac{법}{소송법}$ 제39조, 제33조, 민사 제172조 제1항)을 하기도 한다.

2) 회생절차개시신청이 성실하지 아니한 경우($\frac{2}{호}$)

회생절차개시신청이 성실하지 아니한 경우라 함은 일률적으로 단정하기는 어렵고, 개별적 사안에 따라 구체적 사정을 종합하여 위 요건에 해당하는지 여부를 판단하여야 한다. ① 회생절차의 진행 이외의 목적으로 회생절차개시신청을 한 경우, 예컨대 채권자 신청의 회생사건에 있어서 개시신청취하를 교환조건으로 하여 자기의 채권을 우선 지급받고자 하거나 금전 기타의 이익 강요(를) 목적으로 하는 신청,[13] 채권자 일반의 이익을 고려하지 않은 채 특정 채권자나 주주에게 유리한 인수계약 등을 통해 채무자의 인수를 확정하는 등 공정·형평의 원칙에 맞게 이해관계인의 이익을 두루 고려해야 하는 회생절차의 근본취지에 반하는 신청[14] 등, ② 회생절차가 개시되는 것은 원하지 아니하고 단지 회생

---

13) 대법원 2004. 5. 12. 자 2003마1637 결정, 서울회생법원은 2020회합100050 (주)에이원자산 사건에서 주주인 신청인의 이 사건 신청은 제3자 관리인의 선임, 관련 민·형사 분쟁에서 우월한 지위 획득 등을 목적으로 신청한 것으로 신청이 불성실한 것이라고 판단하였다.

14) 서울회생법원은, 채무자가 대출계약 등에서, 이미 발생했거나 장래 발생할 신용카드 매출채권

절차 진행에 따르는 부수적 효과, 특히 다른 절차의 중지명령·보전처분의 효과만을 목적으로 하는 경우, 예컨대 일시적으로 다른 절차를 중지시키거나 보전처분을 받아 그동안의 시간을 이용하여 자금을 융통하고 신청을 취하하려는 경우[15][16]나 부정수표단속법 위반죄로 처벌되지 않기 위해서 회생절차를 신청하는 경우(법 제643조 제1항 제3호)[17] 등을 신청이 성실하지 아니한 예라고 볼 수 있다.

채무자가 회생절차개시신청 직전에 다액의 채무를 부담하거나 어음 또는

의 회수에 따른 카드대금을 지정된 계좌로 입금받은 후 대주단에 대한 대출금채권에 우선적으로 충당하기로 하였음에도 불구하고, 회생신청 전 특정 회사와 위탁운영계약을 체결하면서 한 식당 영업을 특정 회사의 명의로 영위하면서 사용하는 신용카드 단말기 명의도 종전의 채무자에서 특정 회사로 변경한 2017회합100208 (주)진진바라 사건에서, ① 채무자가 대주단과 상의 없이 채무자의 영업, 시설과 관련한 권리를 위탁운영계약이란 이름으로 위탁운영회사에 넘김으로서 채권자의 담보물이자 신탁재산인 신용카드매출채권을 사라지게 한 점, ② 인가 전 M&A 없이는 채무자의 자체적인 회생이 불가능한 이 사건에서 위탁운영회사의 수의계약 내지 조건부인수계약을 통한 회생방안은 위탁운영의 형식을 빌려 채무자의 영업을 인수한 후 회생절차에서 위탁운영회사에 유리한 수의계약 등을 통해 채무자의 인수를 확정지으려는 것으로서 회생절차의 근본취지에 반하는 점, ③ 채무자에 대한 향후 계속기업가치 산정 등을 위해서는 위탁운영회사의 사업장에서의 정확한 매출 등의 파악이 필수적임에도 불구하고 관련 내역을 구체적으로 밝히고 있지 않은 점 등을 이유로 이 사건 회생신청은 불성실한 것이라고 판단하였다.

15) 서울회생법원은, 2020회합100127 (주)펜트라 사건에서 채무자가 당시 영업을 중단한 상태였고, 공장부지에 관한 경매절차에서 최고가 매각허가결정이 내려지기 직전에 회생절차개시신청을 한 점, 개시 전 조사위원에게 조사에 필요한 자료를 제대로 제출하지 않은 점 등에 비추어 채무자가 경매진행을 중지시키려는 등 개시결정의 부수적 효과만을 목적으로 회생절차개시신청을 하였다는 이유로 그 신청이 성실하지 아니하다고 판단하여 그 개시신청을 기각하였고, 서울중앙지방법원은, ① 2010회합41 타가즈코리아(주) 사건에서 채무자의 모(母)회사가 자금지원을 할 의사가 없고 외상매입금 지급의무를 부담하고 있는 관계 회사도 회생절차개시 및 운영 정상화가 될 경우에만 외상매입금을 분할변제하겠다는 의사를 표시하는 등의 사정을 종합하면, 채무자가 진정으로 회생하려는 의사로 회생절차개시신청을 하였다기보다는 보전처분 및 포괄적 금지명령에 따른 효과 등을 개시결정을 통하여 그대로 누리겠다는 것으로서 단지 회생절차 진행에 따른 부수적 효과 또는 회생절차개시결정에 따른 효과만을 목적으로 회생절차개시신청을 하였다고 보이므로, 그 신청이 성실하지 아니한 경우에 해당한다고 판단하여 그 개시신청을 기각하였으며, ② 2016회합100255 의료법인 덕영의료재단 사건에서 법원은 이미 두 차례에 걸친 회생절차가 모두 폐지(첫번째 회생절차는 조사폐지, 두 번째 회생절차는 부결폐지)되었고, 회생계획안에 부동의한 회생담보권자들의 의사에 사정변경이 없는 점 등에 비추어 채무자가 진정으로 회생절차를 진행하려는 의사로 회생절차개시신청을 하였다기보다는 채무자 소유의 부동산에 대한 경매진행을 중지시키려는 등 회생절차개시결정의 부수적 효과를 목적으로 신청을 하였다고 판단하여 그 개시신청을 기각하였다.

16) 서울고등법원 2017. 2. 28. 자 2016라21103 결정, 법원은 종전 회생신청이 3회 매각기일 일주일 전에 신청되었다가 3회 매각기일이 변경되자 종전 회생신청을 취하하였고, 부동산이 매각기일에서 매각되자 매각허가결정일 전날 재차 회생신청을 한 사건에서, 신청 경위 및 시점에 비추어 신청인은 부동산에 대한 경매절차를 중지시키거나 지연시킬 의도로 회생신청을 한 것으로 보이고, 회생신청에 구체적인 회생방안도 포함되어 있지 않으므로 이 사건 회생신청을 기각한 원심은 정당하다고 판단하였다.

17) 다만, 서울회생법원은 개시신청 당시 총 채무 중 수표금 채무가 41.29%에 달하고, 해당수표의 대부분이 신청일로부터 5개월 내에 발행된 2018회단100121 사건에서, 개시 전 조사를 실시한 후, 채무자의 채무부담 경위, 회생신청에 이른 경위 및 부인대상 행위가 해소된 점 등을 고려하여 개시결정을 하였다.

사채를 발행하거나 원재료를 대량으로 구입하고 대금을 지급하지 않은 상태에서 신청을 한 경우에 그 신청을 성실하지 아니하다는 이유로 기각할 수 있는지가 문제된다. 제3자를 기망하여 이득을 얻을 목적으로 회생절차개시신청을 한 것으로 인정된다면 그 신청은 제도남용의 목적을 가진 것으로서 불성실하다고 볼 수도 있으나, 채무자의 재정적 파탄의 원인이 채무자의 이사 등의 재산 유용 또는 은닉이나 중대한 책임 있는 부실경영에 기인하는 경우 제3자 관리인을 선임하여 회생절차를 진행하도록 규정되어 있는 점, 회생절차개시의 원인이 존재한다면 개시신청을 기각하는 것보다 회생절차를 통하여 회사의 채무를 조정하고 재무상태를 건전하게 함으로써 채권자 등 이해관계인들의 경제적인 이익을 도모하는 것이 제도의 취지에 부합하는 점, 회생절차개시신청 직전에 자금 차입이나 원재료 구입, 어음이나 사채의 발행 등이 이루어졌다는 사정만으로 곧바로 채무자가 회생절차제도를 남용하기 위한 목적을 가졌다고 볼 수는 없는 점 등에 비추어 보면, 대부분의 경우 기존 경영진의 민·형사상의 책임은 별도로 논하더라도 법 제42조 제2호의 기각사유에 해당한다고 보기는 어렵다.

　3) 그 밖에 회생절차에 의함이 채권자 일반의 이익에 적합하지 아니한 경우($\frac{3}{8}$)

　법은 개인회생절차를 제외한 다른 집단적 채무처리절차(파산절차 및 다른 회생절차)와 회생절차 사이에서는 진행 중인 회생절차를 우선시하는 방침을 취하고 있다(법 제44조 제1항 제1호, 제58조 제1항 제1호, 제256조 제1항, 제600조 제1항 제1호).[18] 그러나 다른 집단적 채무처리절차에 의하는 쪽이 변제율, 변제기 등에서 채권자에게 유리한 경우에는 새삼스럽게 회생절차를 개시하기보다도 오히려 그 절차에 의하게 하는 것이 타당하다는 뜻에서 법 제42조 제3호는 "그 밖에 회생절차에 의함이 채권자 일반의 이익에 적합하지 아니한 경우"를 회생절차개시신청 기각사유로 규정하고 있다.[19] '채권자의

---

18) 서울중앙지방법원은 인가된 회생계획에 의하여 회생계획을 수행하고 있었으나, 한국거래소 유가증권시장에서 상장폐지되자 주주들이 회생을 신청한 2015회합31 삼환기업(주) 사건에서 채무자가 부채초과 상태인 것이 인정되나, 2012. 12. 21. 인가된 회생계획에 따라 변제가 이루어지고 있거나 아직 변제기가 도래하지 아니하였으므로, 파산원인이 있다는 사정만으로는 현 상태에서 회생절차를 개시하는 것은 회생절차에 의함이 채권자 일반의 이익에 적합하지 아니한 경우에 해당함을 이유로 회생절차개시신청을 기각하였다.

19) 서울회생법원은 회생절차 인가 후 회생담보권 등의 변제가 이루어지지 않아 회생절차 폐지 및 견련파산절차(수원지방법원 2017하합10066) 진행 중 채권자가 회생을 신청한 2018회합100090 (주)가온피앤이 사건에서, 채무자에 대한 파산절차가 상당부분 진행되었고, 채무자의 영업은 중단되었으며 직원도 전혀 없는 점, 채무자나 신청인이 사업을 다시 시작하기 위한 운영자금을 마련하기 어려운 것으로 보이는 점, 기존 회생사건의 감사가 해당 사업의 특성상 중단 기적으로 판관비를 충당하고 영업이익을 창출하기 어렵다고 판단한 점 등을 종합하여 회생절차를 진행하는 것이 채권자 일반의 이익에 적합하지 아니한 경우에 해당한다고 판단하였다.

일반의 이익'이란 특정의 채권자(예를 들면 담보권을 가진 채권자나 소액채권자)가 아니고 채권자 전체를 하나의 집단으로 본 경우, 이들에게 이익이 되는 것을 말한다.[20]

현재 파산절차·개인회생절차 등이 계속되어 있지 아니하더라도 향후 그러한 다른 절차에 의하는 것이 회생절차에 의하는 것보다 채권자 일반에게 유리할 것으로 보이는 경우에는 기각사유에 해당한다.[21] 일부 이해관계인 혹은 대상 금융기관이 공적인 회생절차 외에 기업구조조정 촉진법에 의한 절차[22] 등 사적 도산절차를 원한다는 사유만으로는 기각사유에 해당하지 않는다.

또한 다수의 채권자들이 사적 도산절차 등에 의한 구조조정을 원하고 있다고 하여도 그 절차에 의한 구조조정이 실현가능성이 없다고 보이는 경우에는 다수의 채권자들이 그 구조조정절차를 선호하고 회생절차를 반대한다는 사유만으로 그 사적 도산절차 등이 채권자 일반의 이익에 적합하다고 볼 수 없다.[23]

한편 청산가치가 계속기업가치를 초과함이 명백하게 밝혀진 경우에는 회생절차를 진행하기보다는 신속히 파산절차를 진행하는 것이 채권자 일반의 이익에 부합하다고 볼 여지가 있으나, 실무상 신청서와 첨부서류 및 대표자 심문 등의 심리만으로 청산가치가 계속기업가치보다 큰 것이 명백하게 드러나는 경우는 그리 많지 않다. 채무자의 직원이 대부분 퇴사하고 영업설비가 훼손되는 등 사실상 영업기반이 와해되고 회생절차를 통해서도 복구될 가능성이 없는 사정이 인정될 경우에는 제3호의 기각사유에 해당할 수 있다. 그러나 주의할 점은 청산가치가 계속기업가치를 명백하게 초과한다고 보이더라도 M&A 등을 위하

---

20) 条解(上), 347면. 서울중앙지방법원은 채무자가 파산을 신청하자, 주주들이 회생을 신청한 2015회합100266 (주)레보 사건, 파산신청일로부터 2개월이 경과한 후 회생절차개시신청을 한 2010회합113 (주)파이시티 사건에서, 개시 전 조사를 통해 채무자의 계속기업가치를 산정해본 뒤 개시기각 사유가 있음을 단정할 근거가 없다는 이유로 회생절차개시결정을 하였다.

21) 서울회생법원은 2021회합100065 (주)짐코 사건에서, 채무자가 서울회생법원 2019하합100369호로 파산선고를 받았고 파산재단 대부분에 대한 환가가 마쳐진 이상 회생절차를 진행하기보다는 파산절차를 계속 진행하는 것이 채권자 일반의 이익에 부합한다고 판단하여 회생절차개시신청을 기각하였다.

22) 채권금융기관협의회에 의한 채권금융기관 공동관리, 채권은행협의회에 의한 채권은행 공동관리, 주채권은행에 의한 은행관리 등.

23) 한편 서울회생법원은 2021회합100031 광산관광개발(주) 사건에서 채무자가 현재 기업구조조정촉진법에 따른 채권금융기관 관리절차를 진행하고 있고, 회생담보권자 100%, 회생채권자 약 72%가 위 관리절차에 의한 구조조정을 희망하면서 회생절차 진행에 반대하고 있으며, 위 관리절차를 통하여 채무자의 재무구조를 개선하는 것이 충분히 가능해 보이는 이상 회생절차를 진행하는 것이 채권자 일반의 이익에 적합하지 아니하다고 판단하여 회생절차개시신청을 기각하였고, 서울고등법원은 그 항고심인 2021라20489 사건에서 법 제42조 제3호를 적용하기 위해 다른 집단적 채권처리절차가 회생절차보다 채권자에게 더 유리함이 객관적·구체적으로 소명되어야 한다고 한정적으로 해석할 근거는 없다고 판단하면서 항고를 기각하였다.

여 회생절차를 통하여 기업가치를 보전할 필요가 있는 경우가 있고, 이 경우 회생절차 진행이 채권자 일반의 이익에 부합하여 채권자도 회생절차의 진행을 원하는 사례가 있다는 것이다. 따라서 청산가치가 계속기업가치를 명백히 초과하는 경우라도 채권자 등 이해관계인의 의사는 어떠한지, M&A 등을 통한 회생가능성은 있는지 여부 등을 고려하여 제3호의 기각사유 해당 여부를 판단하는 것이 바람직하다. 한편, 재도의 회생절차개시신청 등 청산가치가 계속기업가치를 초과하는 것으로 보이는 합리적 사정이 있고 채권자들이 개시에 반대하는 등 회생절차에 의함이 채권자 일반의 이익에 부합하지 않을 가능성이 큰 경우에는 예외적으로 개시 전이라도 조사위원을 선임하여 조사를 실시하기도 한다 (개시 전 조사위원의 선임에 대한 자세한 것은 '제7장 제5절 2.' 참조).

다. 재도의 회생절차개시신청

실무상 채무자가 회생절차의 폐지결정 또는 불인가결정 이후에 전과 동일한 재정적 파탄을 원인으로 하여 다시 회생절차의 개시신청을 하는 사례가 있다. 법은 재도의 회생절차개시신청을 금지하는 명문의 규정을 두고 있지 않다. 또한 법은 개시신청의 기각사유에 의하여 대부분의 남용적 신청을 배제하고 있다.

대법원은 회생절차의 폐지결정이나 회생계획의 불인가결정이 확정되어 채무자에 대한 회생절차가 종료되었음에도 채무자가 새로운 회생절차개시의 신청을 한 경우, 그 신청에 법 제42조 제2호 및 제3호에 정한 회생절차개시신청의 기각사유가 존재하는지 여부의 판단 기준에 관하여 "종전 회생절차의 종료 시점과 새로운 회생절차개시신청 사이의 기간, 종전 회생절차의 폐지사유가 소멸하거나 종전 회생계획에 대한 불인가사유가 소멸하는 등 그 사이에 사정변경이 발생하였는지 여부, 채무자의 영업상황이나 재정상황, 채권자들의 의사 등의 여러 사정을 고려하여야 한다."라고 판시하고 있다.[24]

---

24) 대법원 2009. 12. 24. 자 2009마1137 결정. 위 사건은 수행가능성이 없고 청산가치가 보장되어 있지 않다는 이유로 제1차 회생계획안에 대한 항고법원의 불인가결정이 확정된 후 8일만에 채무자가 새로이 제출한 회생절차개시신청을 제1심 법원이 받아들여 회생절차개시결정을 하고, 이에 대하여 즉시항고가 제기된 후 채무자가 새로운 회생계획안을 제출하여 제1심 법원으로부터 인가결정을 받은 사안이다. 이에 대하여 대법원은, 회생절차개시의 요건 충족 여부는 개시신청 당시를 기준으로 판단하는 것이 원칙이나, 개시결정에 대하여 즉시항고가 제기된 경우에는 항고심의 속심적 성격에 비추어 개시결정 후에 발생한 사정까지 고려하여 항고심 결정시를 기준으로 판단하여야 하는 것이므로, 개시결정 이후에 채무자가 제출한 새로운 회생계획안에 대한 인가결정을 받은 경우라면 항고심으로서는 그와 같은 사정을 참작하여 법 제42조 제2호, 제3호에 정한 사유의 존부를 판단하여야 하고, 이를 위해서는 새로 제출된 회생계획의 수행가능성 및 회생담보권자 등에 대한 청산가치 보장 여부 등도 참작함이 상당하다고 전제한 후, 원

실무상 재도의 회생절차개시신청이 이루어지는 경우는 대체로 종전 회생절차에서 청산가치가 계속기업가치보다 명백히 크다는 이유로 폐지결정이 있었던 경우이거나, 또는 회생계획안의 결의를 위한 관계인집회에서 회생계획안이 부결되어 폐지결정이 있었던 경우이다.

먼저, 청산가치가 계속기업가치보다 명백히 크다는 이유로 종전 회생절차가 폐지된 경우에는, 회생절차의 폐지 이후 채무자에게 예상을 뛰어넘는 재산의 증가나 수익의 증대가 발생하였다거나, 새로운 사업계획, 영업환경의 변화 등으로 인해 수익의 증대가 예상되어 종전 회생절차의 폐지 사유가 해소되었다는 등의 사정변경이 있는 경우라면 다시 회생절차를 개시하는 데 별 문제가 없을 것이다.[25] 그러나 그러한 사정변경이 없는 경우라면 이러한 회생절차개시신청은 회생절차개시신청이 성실하지 아니하거나 채권자 일반의 이익에 적합하지 아니한 경우에 해당한다고 볼 여지가 많을 것이다.[26]

심이 새로 제출된 회생계획의 수행가능성 등에 대한 심리를 하지 아니한 채 제1차 회생계획에 근거한 수행가능성 등에 관하여만 심리하여 별다른 사정변경이 발생하지 않았다고 속단하여 회생절차개시신청이 위법하다고 판단하였다는 이유로 원심결정을 파기하였다.

25) 서울중앙지방법원 및 서울회생법원에서 위와 같은 사정변경이 있다는 이유로 재도의 회생절차개시신청에 대하여 회생절차개시결정을 한 사례는 다음과 같다.

① 2016회합100056 재단법인 한국전기직업전문학교 사건: 종전 사건(서울중앙지방법원 2016회합100021)에서 개시 전 조사결과 청산가치가 계속기업가치보다 명백히 크다(채무자의 회생계획 주요내용은 일부 부동산에 대한 매각계획이 포함된 것이나 감독관청이 법인 기본재산의 감소에 대하여 불허가 의사를 표시하고 있어 채무자가 제시한 회생계획은 수행가능성이 없고, 기타 청산가치가 계속기업가치를 초과하고 있음)는 이유로 2016. 3. 23. 회생절차 개시신청 기각결정이 있었고, 2016. 3. 28. 서울중앙지방법원에 재차 회생절차개시신청을 한 것에 대하여 개시 전 조사를 실시한 결과 감독관청의 허가대상이 아닌 보통재산의 매각을 통하여 청산가치를 초과하는 계속기업가치의 산정가능성이 소명되어 2016. 5. 13. 회생절차개시결정을 하였다.

② 2018회합100026 (주)해우촌 사건: 종전 사건(수원지방법원 2016회합10055)에서 청산가치가 계속기업가치보다 명백히 크다는 내용의 조사보고서가 제출되었고, 이에 관리인이 법원의 허가를 받아 인가 전 M&A 절차를 진행하였으나, 공고된 입찰일에 아무도 응찰하지 않아 2018. 1. 10. 폐지결정이 이루어졌고, 이후 2018. 1. 25. 서울회생법원에 인수희망자의 구체적인 인수의향서를 제출하면서 재도의 회생절차개시신청을 한 것에 대하여, 예상되는 조건부 인수금액을 기준으로 회생계획안을 작성할 경우 종전의 청산배당률보다 높은 이익을 채권자들에게 실현시킬 가능성이 있는 등 사정변경이 있음을 이유로 2018. 2. 12. 회생절차개시결정을 하였다.

③ 2018간회합100028 (주)캐스터 사건: 종전 사건(의정부지방법원 2017간회합513)에서 청산가치가 계속기업가치보다 명백히 크다는 이유로 2018. 3. 18. 회생절차폐지결정이 있었고, 2018. 4. 17. 서울회생법원에 재도의 회생절차개시신청을 한 것에 대하여, 대표자심문 결과 기존 조사위원의 보고서와 달리 계속기업가치를 산정할 여지(매출원가의 변경가능성)가 소명되어 2018. 5. 1. 회생절차개시결정을 하였다.

26) 서울중앙지방법원 및 서울회생법원에서 재도의 회생절차개시신청이 채권자 일반의 이익에 적합하지 않은 경우에 해당한다는 이유로 이를 기각한 사례는 다음과 같다.

① 2015회합100080 대한예수교장로회 부천제일교회 사건: 종전 사건에서 청산가치가 계속기업가치보다 명백히 크다는 이유로 회생절차폐지결정이 있었고, 그로부터 6개월 정도 경과한 후에 재도의 회생절차개시신청을 한 것에 대하여, 종전 사건의 조사 이후 특별한 사정변경이 발생하지 아니하였고, 회생담보권의 약 67%를 보유한 채권자가 회생절차의 진행을 반대하고 있

　　다음으로 종전 회생절차에서 회생계획이 부결되어 폐지결정이 내려진 경우
와 관련하여, 채무자가 종전과 다른 회생계획을 입안하여 채권자들과 협의할 가
능성도 없는 상태에서 채권자들을 다시 한 번 설득해 보겠다고 하면서 회생절
차개시를 신청한 경우가 문제된다. 회생절차개시결정이 있으면 회생채권 또는
회생담보권에 기한 채무자의 재산에 대한 강제집행·가압류·가처분 또는 담보
권실행을 위한 경매를 할 수 없게 되는 등 채권자들이 권리행사에 큰 제약을
받게 되는 점을 고려하면, 이러한 회생절차개시신청은 회생절차개시신청이 성실
하지 아니하거나 채권자 일반의 이익에 적합하지 아니한 경우에 해당하여 개시
기각사유가 존재한다고 보아야 할 여지가 많을 것이다. 다만 종전과 다른 회생
계획으로 다시 채권자들과 이해관계를 적절히 조절하여 회생을 도모할 가능성
이 있다는 등의 사정변경이 있거나,[27] 채권자들 전원 또는 절대 다수의 채권자
들이 재도의 회생절차개시에 대하여 동의를 하여 권리행사의 제약을 감수하겠
다는 의사를 명백히 하고 있는 경우[28] 등에는, 재도의 회생절차개시신청이 회생

　　으며, 회생절차가 다시 진행되어 임의경매절차가 중지되는 경우 채권자의 권리행사를 제약하게
　　된다는 이유로 회생절차개시신청에 대한 기각결정을 하였다.
　　② 2015회합13 조선무약 합자회사 사건: 종전 사건에서 청산가치가 계속기업가치보다 명백히
　　크다는 이유로 회생절차폐지결정이 있었고, 그로부터 약 5년 후에 재도의 회생절차개시신청을
　　한 것에 대하여, 이 사건 회생절차개시신청 무렵부터 제품의 생산, 판매가 사실상 중단되어 있
　　는 상태인 점, 조사위원의 새로운 조사결과 현재도 청산가치가 계속기업가치보다 명백히 크다
　　는 점을 들어 회생절차개시신청이 불성실하거나 회생절차에 의함이 채권자 일반의 이익에 적
　　합하지 않다는 이유로 회생절차개시신청에 대한 기각결정을 하였다.
　　③ 2017회합100175 (주)동양해운 사건: 종전 사건에서 청산가치가 계속기업가치보다 명백히
　　크다는 이유로 회생절차폐지결정이 있었고, 그로부터 약 2월 후에 재도의 회생절차개시신청을
　　한 것에 대하여, 조사위원의 새로운 조사결과 현재도 청산가치가 계속기업가치보다 명백히 크
　　다는 점을 들어 회생절차에 의함이 채권자 일반의 이익에 적합하지 않다는 이유로 회생절차개
　　시신청에 대한 기각결정을 하였다.
　　④ 2019회합1 (주)어진 사건: 종전 사건에서 청산가치가 계속기업가치보다 명백히 크다는 이
　　유로 회생절차폐지결정이 있었고, 그로부터 43일 후에 재도의 회생절차개시신청을 한 것에 대
　　하여, 사정변경이 존재하지 않고, 채무자가 제출한 자료만으로는 신규 매출이 발생하였다거나
　　향후 발생할 것으로 보이지 아니하다는 점을 들어 회생절차개시신청이 성실하지 아니하거나
　　회생절차에 의함이 채권자 일반의 이익에 적합하지 않다는 이유로 회생절차개시신청에 대한
　　기각결정을 하였다.
27) 서울중앙지방법원은 2008회합40 언양의료재단 사건에서, 종전 사건에서 회생계획안이 회생담
　　보권자의 부동의로 부결되어 폐지결정이 있었고, 그로부터 1년 4개월여가 경과한 후에 재도의
　　회생절차개시신청을 한 것에 대하여, 부동의한 회생담보권자의 채권을 대위변제하겠다는 제3자
　　가 존재하는 사정을 감안하여 회생절차개시결정을 하였다.
28) 서울중앙지방법원 및 서울회생법원에서 채권자들의 동의가 있었다는 이유로 재도의 회생절
　　차개시신청에 대하여 개시결정을 한 사례는 다음과 같다.
　　① 2009회합133 (주)취영루 사건: 종전 사건에서 회생계획안이 회생채권자조의 부동의로 부
　　결되어 폐지결정이 있었고, 그로부터 20여일 만에 재도의 회생절차개시신청을 한 것에 대하여,
　　회생채권자조의 70%가 회생절차개시에 동의하는 등 회생계획안의 가결요건을 넘는 채권자들의
　　동의가 있다는 점을 들어 회생절차개시결정을 하였다.

절차개시신청이 성실하지 아니하거나 채권자 일반의 이익에 적합하지 아니하다고 보기는 어려울 것이다.

3. 기각결정의 절차

가. 의견조회

법 제42조에 열거된 사유를 근거로 개시신청을 기각하기 전에는 반드시 관리위원회의 의견을 들어야 한다.[29]

나. 기각결정과 후속조치

개시신청의 기각은 결정으로 한다. 기각결정을 할 때까지 보전처분을 하지 않았다면 보전처분신청을 기각하여야 한다. 보전처분 또는 보전관리명령이 이미 내려진 경우라면 개시신청의 기각결정에 의하여 그 효력이 소멸하게 되므로, 채무자는 개시신청 기각결정과 동시에 관리처분권을 회복하게 된다. 개시신청 기

② 2009회합171 (주)새천년산업 사건: 종전 사건에서 회생계획안이 회생채권자조의 부동의로 부결되어 폐지결정이 있었고, 그로부터 1주일 만에 재도의 회생절차개시신청을 한 것에 대하여, 회생계획안 가결요건에 해당하는 회생채권자가 회생절차개시에 동의하고 있고, 투자자를 새로이 유치하였으며, 현재 공장이 가동되어 실제 매출도 발생 중이라는 점을 들어 회생절차개시결정을 하였다.

③ 2009회합174 상원아이티(주) 사건: 종전 사건에서 회생계획안이 회생담보권자조 및 회생채권자조의 부동의로 부결되어 폐지결정이 있었고, 그로부터 2주 만에 재도의 회생절차개시신청을 한 것에 대하여, 회생담보권자조의 100%, 회생채권자조의 83%가 회생절차개시에 동의하여 회생계획안의 가결요건을 넘는 채권자들의 동의가 있다는 점을 들어 회생절차개시결정을 하였다.

④ 2022회합100037 현진소재(주) 사건: 1차 사건에서 회생계획안이 회생채권자조의 부동의로 부결되어 폐지결정이 있었고, 2차 사건에서는 사정변경이 없다는 이유로 기각결정을 받았으나, 그로부터 4개월 만에 3번째 회생절차개시신청을 한 것에 대하여, M&A 절차가 진행 중이고, 회생담보권자 대부분이 회생절차 개시에 동의하고 있다는 점을 들어 회생절차개시결정을 하였다.

한편 서울중앙지방법원은 2010회합14 (주)가인산업 사건에서 종전 사건의 회생계획안에 부동의하였던 회생담보권자의 동의서가 제출되는 사정변경이 있었음에도 재도의 회생절차개시신청을 기각하였다. 즉 종전 사건에서 회생계획안이 회생담보권자조의 부동의(100%)로 부결(회생채권자 동의율 76.12%)되어 폐지결정이 있었고, 그로부터 1개월 보름여 만에 재도의 회생절차개시신청을 한 것에 대하여, 회생절차개시결정 전 조사위원을 선임하여 조사한 결과 청산가치가 계속기업가치보다 명백히 크다는 점을 들어 회생절차에 의함이 채권자 일반의 이익에 적합하지 않다는 이유로 회생절차개시신청을 기각하였다. 위 사건에서는 재도의 회생절차개시에 대한 회생담보권자(100%)의 동의서가 제출되었음에도, 종전 사건이 진행된 이후 채무자의 영업실적이 종전 회생계획안에서보다 매우 저조한 반면 회생담보권자가 종전 회생계획안보다 더 높은 변제율에 따른 회생계획안이 작성됨을 전제로 한 동의서를 제출한 점을 감안하여 회생절차개시결정 전 조사위원을 선임하였다.

29) 다만 회사정리절차에 관한 것이나, 대법원은 법원이 관리위원회의 의견을 듣지 않고 개시신청을 기각하였다고 하여 바로 그 결정이 위법한 것으로 볼 수는 없다고 판시하였다(대법원 1999. 1. 11. 자 98마1583 결정).

각결정이 확정된 경우에 채무자에게 파산의 원인인 사실이 있다고 인정되는 때에는 직권으로 법에 따라 파산을 선고할 수 있다(법 제6조제2항 제1호). 법원의 직권 파산선고는 필요적이 아니라 임의적인데, 채무자가 견련파산신청을 하는 등의 특별한 사정이 없는 한 직권파산선고를 하지 않는 것이 실무이다.

개시신청의 기각결정으로 이미 발령된 보전처분과 보전관리명령이 실효됨에 따라 취하여야 할 후속조치는 앞서 설명한 바와 같다('제5장 제1절 2.' 참조).

다. 기 재 례

회생절차개시신청의 기각결정의 기재례는 [별지 27], 기각결정에 관한 업무연락의 기재례는 [별지 28]과 같다.

4. 기각결정에 대한 불복절차

회생절차개시신청에 관한 재판에 대하여는 즉시항고를 할 수 있다(법 제53조제1항). 항고를 할 수 있는 자는 그 재판에 이해관계를 가진 자(법 제13조제1항)이나, 신청기각결정의 경우 신청인 이외에 스스로 독립하여 개시신청을 할 수 있는 자는 따로 개시신청을 하면 되므로, 신청인만이 즉시항고를 할 수 있다.[30]

회생절차개시결정을 할 경우에는 공고를 하여야 하므로 개시결정에 대한 즉시항고기간은 재판의 공고가 있은 날부터 기산하여 2주간이나(법 제13조제2항), 기각결정은 공고되지 않으므로 민사소송법이 준용되어 재판이 신청인에게 고지된 때로부터 1주간이다(법 제33조, 민사소송법 제444조 제1항).

신청기각결정에 대한 즉시항고가 있는 경우에도 법 제43조에 의한 보전처분, 법 제44조에 의한 중지명령, 법 제45조에 의한 포괄적 금지명령을 발할 수 있다(법 제53조제2항). 이는 신청기각의 결정으로 그 때까지 행해진 법 제43조에 의한 보전처분, 법 제44조에 의한 중지명령 및 법 제45조에 의한 포괄적 금지명령이 효력을 잃게 되면, 그 즉시항고에 대한 재판이 있을 때까지 상당한 시간이 소요되므로 그 사이에 있을 수 있는 채무자에 의한 재산 처분 또는 파산, 강제집행, 담보권실행을 위한 경매 등의 절차에 의하여 채무자 재산이 처분되어 장래 기각결정이 번복되어 회생절차가 개시되어도 회생절차의 목적을 달할 수 없게 될

---

30) 임채홍·백창훈(상), 254면. 개시신청 각하결정의 경우에도 신청각하의 결정은 신청인만의 문제이므로, 그 신청인만이 항고할 수 있다.

가능성이 있기 때문에 둔 규정이다. 이 경우 보전처분·중지명령·포괄적 금지명령을 할 수 있는 법원은 항고법원이다.

제3절 개시결정

1. 개시결정 여부의 판단

가. 개시원인의 존재 — 적극적 요건

회생절차를 개시하기 위한 적극적 요건으로는 ① 사업의 계속에 현저한 지장을 초래함이 없이는 변제기에 있는 채무를 변제할 수 없는 경우와 ② 회사에 파산의 원인인 사실이 생길 염려가 있을 경우의 두 가지가 있다(법 제34조 제1항). 각 개시원인의 구체적인 해당 여부에 관하여는 '제5장 제2절 2.'에서 설명하였다.

나. 개시기각사유의 부존재 — 소극적 요건

개시신청 기각사유는 ① 회생절차의 비용을 미리 납부하지 아니한 경우(법 제42조 제1호), ② 회생절차신청이 성실하지 아니한 경우(같은 조 제2호), ③ 그 밖에 회생절차에 의함이 채권자 일반의 이익에 적합하지 아니한 경우(같은 조 제3호)로서 '제5장 제2절 2.'에서 설명하였다.

2. 회생절차개시결정

가. 개시결정의 내용

1) 주   문
[별지 31], [별지 32]와 같다.

2) 이   유
개시결정의 이유에 반드시 포함되어야 할 사항에 대하여 특별히 정하고 있는 규정은 없다. 그러나 회생절차개시요건에 맞추어 통상 채무자의 개요 및 현황, 재정적 어려움으로 인하여 파탄에 직면하였다는 점(개시원인의 존재), 필요적 기각사유의 부존재 등을 기재하고 있다. 채권자가 개시신청을 하였으나 채무자는 파탄에 이르지 않았다고 다투는 경우와 같이 특히 중점적으로 언급하여야 할 사항이 있는 경우를 제외하고는 간결하게 기재한다.

3) 개시결정 연월일시의 기재(법 제49조 제2항)

개시결정은 각종 법률관계에 중대한 영향을 미치므로 그 개시결정의 연·월·일·시를 명확히 할 필요가 있는데, 특히 시(時)의 기재를 누락하지 않도록 유의하여야 한다.

4) 개시결정 당일 관계자의 출석

실무상 개시결정을 하기 전날 관리인 또는 관리인으로 보게 되는 채무자의 대표자, 주요 임원 등을 개시결정 시간에 맞추어 법원에 출석하도록 연락한다. 개시결정 당일 재판장 또는 주심판사가 이들이 참석한 자리에서 관리인 또는 관리인으로 보게 되는 채무자의 대표자에게 선임증 또는 증명서를 수여하고, 주심판사가 개시결정의 의미 및 향후절차에 관하여 안내를 한다. 개시결정 당일 조사위원도 선임하므로, 같은 시각에 조사위원도 법원에 출석하도록 미리 안내하여 관리인 등이 있는 자리에서 역시 재판장이 선임증을 교부하고 조사절차를 객관적이고도 엄정하게 진행해 줄 것을 당부한다. 특히 법원은 관리인 등에게 향후 조사위원의 조사결과에 따라 '채무자의 사업을 청산할 때의 가치가 채무자의 사업을 계속할 때의 가치보다 명백히 크다고 인정되는 때'에는 회생계획안이 제출되기 전에도 회생절차가 폐지될 수 있다는 것을 주지시켜야 한다. 다만 감염병 확산 등 부득이한 사정이 있는 경우 인터넷 화상장치 등을 활용하여 개시절차를 비대면으로 진행하는 것도 가능하다.

나. 회생절차개시결정의 효력

1) 절차적인 효력

회생절차개시결정은 그 결정시부터 효력이 발생한다(법 제49조 제3항). 개시결정에 대하여 즉시항고를 하더라도 집행정지의 효력이 없다(법 제53조 제3항·제1항).

2) 실체적인 효력

이 부분에 관하여는 '제6장'에서 상세히 설명하기로 한다.

다. 개시결정에 대한 불복

회생절차개시결정에 대해서는 즉시항고를 할 수 있고, 항고기간은 공고가 있은 날부터 2주간이다. 채권자 등의 신청에 의해 회생절차개시결정이 내려진 경우 채무자가 이해관계인으로서 즉시항고를 할 수 있고, 이때 채무자가 법인인 경우 채무자의 기존 대표자가 채무자를 대표하여 즉시항고를 제기할 수 있다.[31] 자세한 내용은 '제5장 제2절 4.'에서 개시신청 기각결정에 대한 불복에 관하여 설명한 내용과 같다.

라. 개시결정의 취소

1) 취소결정

회생절차개시결정은 그 확정 전에도 곧 효력이 발생하는데, 그에 대한 취소결정이 있으면 개시결정의 효력은 소급적으로 소멸하게 된다. 취소결정이 내려지는 경우란 제1심의 개시결정에 대한 즉시항고에 기하여 항고심이 취소결정을 하는 경우와 개시결정을 한 법원이 이에 대한 즉시항고가 제기된 후 재도의 고안(법 제33조, 민사소송법 제446조)을 하여 스스로 취소결정을 하는 경우를 말한다. 개시결정의 취소결정은 법 제49조 제3항, 제246조와 같은 특칙이 없으므로 확정되어야 효력이 있다.

2) 취소결정의 후속조치

취소결정이 확정되면 개시결정의 효력이 소급적으로 소멸하므로, 개시결정의 공고, 송달, 관계행정청 등에 대한 통지, 사무소 및 영업소의 소재지 등기소에 대한 등기촉탁, 채무자의 재산에 관한 등기·등록 촉탁에 대응하여 취소결정의 경우도 마찬가지의 후속조치를 취하여야 한다(법 제54조, 제51조 제2항, 제52조, 제23조 제1항 제2호, 제24조 제1, 3, 5항, 제27조).[32]

3) 취소결정 확정의 효과

가) 개   요   개시결정은 소급적으로 그 효력을 잃는다. 그러나 취소결정의 소급효는 무제한적인 것은 아니다. 취소결정이 확정되었다고 하여 이미 지금까지 적법한 개시결정을 기초로 이루어진 행위를 모두 무효로 보는 것은 제3자에 불측의 손해를 가하고 법률관계를 불필요하게 복잡하게 만들게 되어 부당하기 때문이다.

나) 채무자의 지위   채무자는 업무수행권 및 재산의 관리처분권을 회복하고, 회생채권에 대한 변제금지의 효력도 없어진다. 또한 그러한 효과는 소급

---

31) 대법원 2021. 8. 13. 자 2021마5663 결정, 원심법원은 회생절차가 개시된 이상 업무수행권과 관리처분권이 관리인에게 전속되므로, 기존 대표자는 즉시항고를 제기할 수 없다고 판단하였으나, 대법원은 그와 같이 판단하면 채무자로서는 회생절차개시결정에 대하여 사실상 다툴 수 없게 된다는 이유로 원심결정을 파기하였다.
32) 어느 심급의 법원에서 이러한 후속조치를 취할 것인지가 문제될 수 있으나, 법 제54조는 취소결정 확정 즉시 공고하도록 규정하고 있을 뿐만 아니라 취소결정이 확정된 줄 모르고 채무자와 새로운 이해관계를 맺는 관계인이 있을 수 있다는 점을 감안하면 취소결정의 확정은 신속하게 공시할 필요가 있는데, 항고기록 반환시까지는 일정시간이 소요되므로 취소결정이 확정된 심급단계의 법원이 지체 없이 후속조치를 취해야 할 것이다.

하게 되므로, 개시결정 후 채무자가 한 법률행위($^{법_{64조}제}$), 채권자의 권리취득($^{법_{65조}제}$), 등기·등록의 경료($^{법_{66조}제}$), 채무자에 대한 변제($^{법_{67조}제}$), 회생채권의 변제($^{법_{131조}제}$) 등도 소급하여 유효가 된다.

다) 관리인의 지위　　　채무자가 권한을 회복하는 반면 관리인의 권한은 소멸한다. 그러나 개시결정 후 그 권한에 기하여 한 행위는 그 효력을 가진다. 실체법상의 행위뿐 아니라 소송행위의 결과도 마찬가지이다. 관리인의 권한이 소멸되므로 차후 관리인의 권한에 기한 행위를 하지 못함이 원칙이나, 이에 대하여는 다음과 같은 예외가 있다.

관리인은 공익채권을 변제하고, 이의가 있는 공익채권에 관하여는 그 채권자를 위하여 공탁하여야 한다($^{법_{제3항}제54조}$). 그러므로 이 범위 내에서 관리인의 권한은 존속하는 것이다. 여기서 말하는 공익채권의 범위는 절차폐지의 경우에 관한 법 제291조의 공익채권의 범위보다 좁게 해석하는 것이 타당하다. 즉 관리인의 행위로 인하여 생긴 채권($^{법 제121조 제2항, 제}_{179조 제1호·제2호 등}$)을 의미하는 것으로 보아야 하고, 회생절차의 존속을 전제로 한 공익채권($^{법 제58조 제6항, 제59}_{조 제2항, 제177조 등}$)은 포함되지 않는다고 보아야 한다.[33]

법 제54조 제3항의 "이의 있는"의 뜻은 관리인과 채권자 사이에 다툼이 있는 채권뿐만 아니라 관리인과 회사 사이에 다툼이 있는 채권도 포함된다.[34] 관리인이 공익채권을 변제한다는 뜻은 관리인이 그 자격으로 채무자의 재산으로 변제한다는 것이지 관리인 개인의 재산으로 변제하라는 것은 아니다.

라) 기타 절차　　　그 때까지 채무자에 대하여 할 수 없었던 각종 절차, 즉 회생채권에 기한 이행소송의 제기, 채무자의 재산에 대한 강제집행, 가압류·가처분·경매 절차, 체납처분 및 파산절차는 취소결정 확정 이후에 자유로이 할 수 있다.

개시결정에 의하여 중단된 소송절차는 취소결정의 확정으로 당연히 채무자가 수계하고, 개시결정 후 관리인 또는 상대방이 수계한 소송절차는 취소결정에 의하여 다시 중단되고 채무자가 수계한다. 개시결정에 의하여 중지된 강제집행·가압류·가처분·담보권실행 등을 위한 경매절차 및 체납처분은 중지상태가 종료되고 당연히 속행된다.

마) 회생절차상의 행위　　　소급효가 없는 회생절차폐지나 불인가의 경우와 달리 취소결정에 있어서는 회생절차에 특유한 효과가 취소결정의 확정으로 소

---

33) 条解(上), 479면.
34) 条解(上), 479면.

멸한다. 채권자표의 기재에 부여하는 확정판결과 동일한 효력도 소멸하고, 이사 등의 책임에 기한 손해배상청구권 등의 조사확정재판절차·부인절차는 처음부터 없었던 것으로 된다. 취소결정 확정 전에 채권의 확정에 관한 재판이 확정된 경우에는 그 재판은 효력을 잃지 아니하나, 부인권은 오로지 회생절차 중에만 특별히 인정되는 권리이므로 비록 부인의 소에 관한 판결이 확정되었더라도 그 효력은 부정되어야 한다.[35]

3. 개시결정과 동시에 정하여야 할 사항[36]

가. 필수적 결정사항

개시결정과 동시에 다음의 사항을 정해야 한다.

1) 관리인의 선임 또는 불선임의 결정

법원이 관리인 불선임의 결정을 하는 경우 이외에는 반드시 개시결정과 동시에 관리인을 선임해야 한다(법 제50조 제1항). 서울회생법원은 법 제74조 제2항, 법 제83조의 해석상 기존 경영자를 채무자의 관리인으로 선임하는 경우에는 임기제를 정하지 않고(서울회생법원 실무준칙 제211호 '관리인 등의 선임·해임·감독기준' 제14조 제1항), 기존 경영자 이외의 제3자를 관리인으로 선임하는 경우에는 관리인을 선임하면서 임기를 정하는 것을 원칙으로 하고 있는데, 후자의 경우 통상 개시결정과 동시에 정하는 임기는 회생계획인가결정일로부터 60일(위 준칙 제21조 제3항)까지로 정하고 있다.

한편 채무자가 개인·중소기업 그 밖에 대법원규칙이 정하는 자[37]인 경우에는 관리인을 선임하지 아니할 수 있고(법 제74조 제3항), 나아가 서울회생법원의 실무는 제3자 관리인 선임사유가 없는 대부분의 사건에서 관리인 불선임 결정을 하고

---

35) 条解(上), 483-484면.
36) 간이회생절차 개시결정과 동시에 정하여야 할 사항에 관하여 '제20장 제3절 3.' 참조
37) ① 비영리 법인 또는 합명회사·합자회사, ② 회생절차개시신청 당시 「증권거래법」 제2조 제13항에서 규정된 상장법인과 같은 조 제15항에서 규정된 코스닥 상장법인에 해당하는 채무자, ③ 회생절차개시 당시 재정적 부실의 정도가 중대하지 아니하고 일시적인 현금 유동성의 악화로 회생절차를 신청한 채무자, ④ 회생절차개시 당시 일정한 수준의 기술력, 영업력 및 시장점유율을 보유하고 있어 회생절차에서의 구조조정을 통하여 조기 회생이 가능하다고 인정되는 채무자, ⑤ 회생절차개시결정 당시 주요 회생담보권자 및 회생채권자와 사이에 회생계획안의 주요 내용에 관하여 합의가 이루어진 채무자, ⑥ 회생절차개시 당시 자금력 있는 제3자 또는 구 주주의 출자를 통하여 회생을 계획하고 있다고 인정되는 채무자, ⑦ 그 밖에 관리인을 선임하지 아니하는 것이 채무자의 회생에 필요하거나 도움이 된다고 법원이 인정하는 채무자(규칙 제51조).

있는데($^{위 준칙}_{제7조}$), 이 경우에는 관리인을 선임하지 아니한다는 취지의 기재와 함께 채무자 또는 그 대표자를 관리인으로 보게 된다는 취지를 결정문에 기재하여 채무자의 업무수행권과 재산의 관리·처분권이 누구에게 전속되는지를 명확히 하고 있다.

2) 회생채권자, 회생담보권자, 주주·지분권자의 목록을 작성하여 제출하여 야 하는 기간

법원은 개시결정과 동시에 관리인이 법 제147조 제1항에 규정된 회생채권 자, 회생담보권자, 주주·지분권자의 목록을 작성하여 제출하여야 하는 기간을 정해야 하는데, 그 제출기간의 말일은 결정일로부터 2주 이상 2월 이하 사이에 서 정하여야 한다($^{법 제50조}_{제1항 제1호}$). 서울회생법원에서는 개시결정일로부터 2-3주 전후 로 정하는 것이 보통이다.[38]

3) 회생채권, 회생담보권과 주식·출자지분의 신고기간

법원은 개시결정과 동시에 회생채권, 회생담보권, 주식·출자지분의 신고기 간을 정해야 하는데, 그 신고기간의 말일은 위 회생채권자, 회생담보권자, 주 주·지분권자의 목록제출기간의 말일부터 1주 이상 1월 이하 사이에서 정하여 야 한다($^{법 제50조}_{제1항 제2호}$). 서울회생법원에서는 목록 제출기간의 말일부터 1-2주 전후로 정하는 것이 보통이다.

4) 회생채권과 회생담보권의 조사기간

법원은 개시결정과 동시에 회생채권·회생담보권의 조사기간을 정해야 한 다. 그 조사기간의 말일은 신고기간의 말일로부터 1주 이상 1월 이하 사이에서 정하여야 한다($^{법 제50조}_{제1항 제3호}$)(조사기간의 결정과 특별조사기일 및 관계인집회와의 병합에 관한 자세한 사항은 '제11장 제1절 2.' 참조). 서울회생법원에서는 신고기간의 말일 부터 1-2주 전후로 정하는 것이 보통이다.

5) 회생계획안 제출기간

법원은 개시결정과 동시에 회생계획안 제출기간을 정하고 있는데, 그 기간 은 조사기간의 말일로부터 4개월 이하(채무자가 개인인 경우에는 조사기간의 말일 로부터 2개월 이하)여야 한다($^{법 제50조}_{제1항 제4호}$). 서울회생법원에서는 주요사항통지 내지 관 계인설명회가 마쳐진 날로부터 2-3주 전후로 정하는 것이 일반적이다.

---

[38] 사전계획안 회생절차(P-Plan)에서 사전계획안 제출자가 채권자 목록을 제출한 경우 회생절차 개시결정시 채권자목록 제출기간을 정하지 아니한다(법 제50조 제1항 제1호). 자세한 내용은 '제13장 제2절 7.' 참조.

6) 결정문례

서울회생법원에서는 개시결정과 동시에 결정하여야 할 사항에 대하여는 하나의 결정으로 하고 있다(결정문례는 [별지 31], [별지 32] 참조).

나. 임의적 결정사항

통상 개시결정과 동시에 다음의 사항을 정하고 있다.

1) 관리인이 법원의 허가를 받아야 할 행위의 지정

법원이 필요하다고 인정할 때에는 관리인의 일정한 행위에 대하여 법원의 허가를 얻은 후에야 할 수 있도록 정할 수 있는데(법 제61조), 실무에서는 개시결정시에 예외 없이 관리인이 법원의 허가를 얻어야 할 사항을 정하고 있다.

서울회생법원에서는 법 제61조 제1항 제1호 내지 제8호의 사항은 물론,[39] 채무자에게 중요한 영향을 미치는 행위들로서 법원의 감독을 확실하게 할 필요가 있는 행위에 대하여는 같은 조 제9호(그 밖에 법원이 지정하는 행위)에 근거하여 법원의 허가를 얻도록 하고 있다. 그 대체적인 내용은 소송대리인의 선임 기타 일체의 소송행위, 과장급 이상의 인사 및 보수결정, 관리인의 자기 또는 제3자를 위한 채무자와의 거래, 항목당 일정액을 초과하는 계약의 체결 및 금원의 지출,[40] 경영상 이유에 의한 근로자의 해고, 자본의 감소, 신주나 사채의 발행, 합병, 해산, 회사인 채무자의 조직변경이나 계속 또는 이익이나 이자의 배당 기타 채무자의 상무(常務)에 속하지 아니하는 행위 등인데, 허가를 받아야 하는 사항 중 채무자의 통상적인 업무에 속하는 사항에 대해서는 대법원규칙이 정하는 바에 따라 관리위원에게 허가사무를 위임하고 있다(관리위원 위임사항에 대한 자세한 설명은 '제16장 제1절 2. 다.' 참조).

2) 회생절차개시 당시의 재산목록과 재무상태표[41]의 제출기간의 결정

관리인은 회생절차개시 후 지체 없이 채무자의 모든 재산의 가액을 평가하여야 하고(법 제90조), 개시결정시의 재산목록과 재무상태표를 작성하여 이를 법원에 제출하여야 한다(법 제91조). 실무에서는 개시결정시에 위와 같은 서류의 제출기간을

---

39) 다만 현재 실무는 계속적이고 정상적인 영업활동에 해당하는 상품·제품·원재료 등의 처분행위는 관리인이 법원으로부터 허가를 받지 않더라도 처분할 수 있도록 하고, 허가사항에 대한 결정문에서 예외를 두고 있다.

40) 서울회생법원은, 서울회생법원 실무준칙 제212호 '채무자의 지출행위 중 법원의 허가가 필요한 금액의 기준'을 마련하여 시행하고 있다. 자세한 내용은 '제16장 제1절 2. 다.' 참조.

41) 법은 '대차대조표'라는 명칭을 사용하고 있으나 국제회계기준(IFRS)에 따라 '재무상태표'라한다. 자세한 내용은 '제7장 제3절 8. 나. 2)' 참조.

정하고 있는데, 일반적으로 조사위원의 조사보고서 제출기간과 같은 기간으로 정하고 있다.

3) 그 밖의 보고서 제출기간

관리인은 법원이 정하는 바에 따라 그 업무와 재산의 관리상태 기타 법원이 명하는 사항을 법원에 보고하여야 할 의무가 있다(법 제93조). 서울회생법원에서는 개시결정시부터 관리인의 업무에 대한 효율적인 감독을 위하여 채무자 현황에 대한 상세한 보고서를 제출하도록 하고 있다(자세한 내용은 '제16장 제1절 2. 라.' 참조).

4) 법 제51조 제1항 제4호에 의한 기간

개시결정과 동시에 관리인을 선임하게 되면 채무자 재산의 관리처분권한은 관리인에게 전속하게 되므로, 개시결정을 할 때에는 채무자의 재산을 소지하고 있거나 그에게 채무를 부담하는 자는 회생절차가 개시된 채무자에게 그 재산을 교부하여서는 아니 된다는 뜻이나 그 채무자에게 그 채무를 변제하여서는 아니 된다는 점을 명시하고, 회생절차가 개시된 채무자의 재산을 소지하고 있거나 그에게 채무를 부담하고 있다는 사실을 일정한 기간 안에 관리인에게 신고하게 하여야 한다. 따라서 법원은 개시결정을 함과 동시에 채무부담사실과 재산소지 사실을 신고할 기간을 정하여야 하는데, 일반적으로 그 기간은 채권신고기간과 같은 기간으로 정하고 있다. 다만 이 기간은 별도의 결정문으로 정하지는 않고, 뒤에서 보는 바와 같이 개시결정의 공고를 할 때에 그 내용을 함께 공고하는 것으로 갈음하고 있다(기재례는 [별지 39] 참조). 고의 또는 과실로 채무부담사실과 재산소지사실에 관한 신고를 게을리 한 자는 이로 인하여 채무자의 재산에 생긴 손해를 배상하여야 한다(법 제51조 제4항). 그러나 실무상 이와 같은 내용이 관리인에게 신고되는 경우는 거의 없다.

5) 관리인 보수의 결정

관리인은 보수를 받을 수 있고, 법원은 관리인을 선임할 때에는 관리인이 받을 보수를 결정하여야 한다(법 제30조 제1항)(자세한 내용은 '제7장 제3절 6.' 참조). 이 규정은 관리인 불선임 결정에 의하여 관리인으로 보게 되는 채무자의 대표자에게도 적용되지만(법 제74조 제4항), 서울회생법원의 실무는 관리인으로 보게 되는 대표자의 보수를 따로 정하지 않는다(자세한 것은 '제7장 제3절 6. 나.' 참조).

6) 조사위원 관련사항

서울회생법원은 개시결정과 동시에 조사위원 선임결정을 별도로 하고 있으며, 위 결정문에 조사명령·조사보고서 제출기간일 지정결정을 함께 하고 있다 (법 제 87조).

7) 결정문례

서울회생법원에서는 개시결정과 동시에 결정하는 사항 중 관리인의 보수결정·조사위원 관련 결정 이외의 사항에 대하여는 하나의 결정으로 하고 있다(관리인 보수결정 이외의 임의적 결정사항에 대한 기재례는 [별지 36], 관리인 보수결정은 [별지 38], 조사위원 선임결정은 [별지 58] 참조).

4. 개시결정 후의 후속조치

가. 공   고

1) 근   거

법 제51조 제1항

2) 방   법

공고는 관보에의 게재의 방법 또는 규칙 제6조가 정하는 ① 법원이 지정하는 일간신문에 게재, ② 전자통신매체를 이용한 공고 중 어느 하나를 택하여 이용할 수 있다(법 제9조 제1항). 자세한 사항은 '제2장 제2절 2.' 참조.

3) 시   기

법원은 지체없이 공고하여야 하는바, 통상 개시결정 당일 또는 다음 날 공고가 완료되도록 하고 있다(법 제51조 제1항).

4) 공고할 사항

가) 법에는 개시결정의 주문(법 제51조 제1항 제1호), 관리인의 성명 또는 명칭(같은 항 제2호), 관리인이 법 제147조 제1항에 규정된 목록을 작성하여 제출하여야 하는 기간, 회생채권 등의 신고기간, 회생채권 등의 조사기간, 회생계획안 제출기간(같은 항 제3호), 회생절차가 개시된 채무자의 재산을 소지하고 있거나 그에게 채무를 부담하는 자는 회생절차가 개시된 채무자에게 그 재산을 교부하여서는 아니 된다는 뜻이나 그 채무자에게 그 채무를 변제하여서는 아니 된다는 뜻과 회생절차가 개시된 채무자의 재산을 소지하고 있거나 그에게 채무를 부담하고 있다는 사실을 일정한 기간 안에 관리인에게 신고하여야 한다는 뜻의 명령(법 제51조 제1항 제4호)이 규정되어 있다.

나) 공고문의 기재례   [별지 39]와 같다.

나. 송 달

1) 근 거

법 제51조 제2항

2) 방 법

공고 및 송달을 모두 하여야 하는 경우이므로 발송송달의 방법으로 송달할 수 있다(법 제8조, 제11조 참조). 회생절차의 진행이 현저하게 지연될 우려가 있는 때 또는 회생절차의 개시 당시(변경회생계획안이 제출된 경우에는 그 제출 당시) 주식회사인 채무자의 부채총액이 자산총액을 초과하는 때로서 송달을 받을 자가 주주인 경우에는 공고에 의하여 송달을 갈음할 수 있다(규칙 제7조). 자세한 사항은 '제2장 제2절' 참조.

3) 송달대상자

가) 법 제51조 제2항   관리인, 채무자, 알고 있는 회생채권자·회생담보권자, 주주·지분권자, 회생절차가 개시된 채무자의 재산을 소지하고 있거나 그에게 채무를 부담하는 자

나) 다만 '알고 있는 회생채권자·회생담보권자, 주주·지분권자'라고 함은 법원이 알고 있는 채권자를 말하므로, 그 이외의 자에 대하여는 송달을 받을 자의 주소·거소 기타 송달을 할 장소를 알기 어려운 경우라고 보아 법 제10조 제1항에 의하여 공고로써 송달에 갈음하게 된다. 다만 현실적으로 결정문에 많은 채권자의 명부를 첨부하는 것이 곤란하므로, [별지 40]과 같이 채권자명부를 생략한 채 간략히 표시한다.

그러나 그러한 공고가 있었음을 알지 못한 채 신고를 하지 못하여 회생절차에 참가하지 못한 채권자들이 불이익을 입을 수 있는 점을 고려해 보면, 회생절차를 신청한 채무자로 하여금 신청과 동시에 혹은 신청 직후 채권자 등의 명단 및 주소 일람표를 제출케 한 후 가급적 많은 채권자 등에게 송달을 하여 절차참가권을 보장하는 것이 바람직하다. 이 경우 회생채권자 등의 숫자가 많아 송달에 많은 시간과 노력이 소요되는 경우에는 관리인으로부터 회생채권자 등의 성명 또는 명칭과 주소가 적힌 봉투를 미리 교부받는 등 협조를 받아 송달을 실시하는 것도 한 방법이다.

4) 송달할 서면에 기재할 사항

법원이 송달할 서면에 기재할 사항은 법 제51조 제1항에 열거된 사항이다.

실무에서는 법 제51조 제1항의 사항이 기재된 통지서를 작성하여 송달하고 있다(기재례는 [별지 41] 참조). 그리고 실무에서는 편의상 통지서 외에도 관리인명의로 작성한 회생채권, 회생담보권, 주식·지분권 신고안내서 1부와 회생채권·회생담보권, 주식·지분권 신고서 2부, 접수증 1부, 위임장 2부를 송달서류에 포함시키고 있다. 채무자가 알고 있는 권리자로서 법원이 알고 있는 권리자가 아닌 자에 대하여 통지할 때에는 재판장 명의의 통지서를 제외한 나머지 서류를 송부하고 있다(회생채권·회생담보권, 주식·지분권 신고 안내서의 기재례는 [별지 42], 회생채권·회생담보권, 주식·지분권 신고서는 [별지 91-94], 신고접수증은 [별지 95], 위임장은 [별지 43] 참조). 회생채권 등의 신고서는 부본을 1부 받아야 한다(규칙 제56조 제1항). 신고접수증은 본래 신고서 접수 시 파산과에서 발급하여 주는 것이지만, 편의상 미리 권리자에게 송부한 후 실제 접수할 때에 권리자가 지참하여 온 접수증에 확인을 해 주고 있다.

다. 감독행정청 등에 대한 통지

1) 근 거

법 제52조

2) 통지대상

법 제52조에서 규정하는 통지대상인 채무자의 업무를 감독하는 행정청·법무부장관·금융위원회 이외에도 실무상 기획재정부장관, 국세청장, 관세청장, 본점 소재지의 관할 세무서의 장, 지방자치단체의 장에게도 통지하고 있다.

3) 통지사항

법 제51조 제1항 각호에 규정된 사항

4) 기 재 례

[별지 44]와 같다.

라. 채권자협의회에 대한 통지

1) 근 거

규칙 제39조

2) 방 법

채권자협의회의 대표채권자에게 개시결정문과 채권신고기간 등의 지정결정문의 등본을 개시결정 직후 송부하고 있다.

3) 기 재 례

[별지 45]와 같다.

마. 법인 채무자의 사무소 등의 소재지 등기소에 대한 등기 등 촉탁

법인 채무자에 대하여 회생절차개시결정이 있는 때에는 법원사무관 등은 직권으로 지체 없이 촉탁서에 결정서의 등본 또는 초본 등 관련서류를 첨부하여 채무자의 각 사무소 및 영업소(외국에 주된 사무소 또는 영업소가 있는 때에는 대한민국에 있는 사무소 또는 영업소를 말한다)의 소재지의 등기소에 그 등기를 촉탁하여야 한다. 자세한 사항은 '제2장 제4절 2.' 참조.

1) 근   거

법 제23조 제1항·제2항, 규칙 제9조 제2항·제3항

2) 등기사항

개시결정 및 관리인 선임 결정 또는 "관리인을 선임하지 아니하고 채무자의 대표자를 관리인으로 본다"라는 결정의 기입등기

3) 촉탁서 양식

[별지 46]과 같다.

바. 개인 채무자의 재산에 관한 등기 등 촉탁

개인 채무자에 대하여 회생절차개시결정 후에 등기 또는 등록의 대상이 되는 권리를 취득한 것이 있는 것을 안 때에는 법원사무관은 지체 없이 관할 등기소 또는 등록관청에 회생절차개시결정의 기입등기를 촉탁하여야 하고, 위 권리를 상실한 때에도 지체 없이 기입등기 또는 기입등록의 말소촉탁을 실시하여야 한다(자세한 사항은 '제2장 제4절 3.' 참조).

1) 근   거

법 제24조 제1항, 제27조

2) 등기·등록 사항

개시결정 기입 등기·등록

3) 기입 등기·등록 촉탁서 양식

[별지 47]과 같다.

4) 기입 등기·등록 말소등기 촉탁서 양식

[별지 48]과 같다.

사. 관리인 선임증 등의 교부

1) 근 거

법 제81조 제2항

2) 선임증·증명서 양식

[별지 49], [별지 50]과 같다.

3) 교부시기

개시결정일시에 관리인을 소환하여 구두로 그 취지를 고지한 후 교부한다.

4) 서울회생법원에서는 법원이 선임한 관리인에 대하여는 '선임증'을, 법원의 관리인 불선임 결정에 의하여 관리인으로 보게 되는 채무자 또는 채무자의 대표자에게는 '증명서'를 작성하여 재판장의 관인을 날인한 후 이를 교부하고 있다. 그리고 관리인 등으로부터 [별지 51] 또는 [별지 52]와 같은 내용의 각서를 징구하고, [별지 53], [별지 54]의 유의사항을 교부하고 있다.

回 生 事 件 實 務

제6장

· · ·

회생절차개시
결정의 효과

제1절 회생절차개시결정과 관리처분권의 이전

제2절 회생절차개시 후 채무자의 행위 등의 효력

제3절 종래의 법률행위에 미치는 영향

제4절 다른 절차에 미치는 영향

제5절 지급결제제도 등에 대한 특칙

제6절 계속 중인 소송 등에의 영향

제1절 회생절차개시결정과 관리처분권의 이전

회생절차는 그 개시결정을 한 때로부터 효력이 생긴다($^{법}_{제49조}_{제3항}$). 개시결정에 대한 즉시항고가 있더라도 집행정지의 효력은 없다($^{법}_{제53조}_{제3항}$). 회생절차개시결정이 있고 관리인이 선임되게 되면, 채무자는 업무수행권과 재산의 관리처분권을 상실하고, 이러한 권한은 관리인에게 전속하게 된다($^{법}_{제56조}_{제1항}$). 한편 법 제74조 제3항에 의하여 법원이 관리인을 선임하지 아니하는 결정을 하는 경우에도 같은 조 제4항에 의하여 개인 채무자나 법인 채무자의 대표자는 법 제2편 회생절차의 규정에 의한 관리인으로 보게 되므로, 특별한 사정이 없는 한 관리인에 관한 규정이 그대로 적용된다.

관리인의 지위와 관련하여, 대법원은 "관리인은 채무자나 그의 기관 또는 대표자가 아니고 채무자와 그 채권자 등으로 구성되는 이른바 이해관계인 단체의 관리자로서 일종의 공적 수탁자에 해당한다."라고 판시하였다.[1] 즉 법이 원칙적으로 회생절차가 개시된 개인 채무자 또는 법인 채무자의 대표자를 관리인으로 선임하도록 하거나($^{법}_{제74조}_{제2항}$), 혹은 관리인 불선임 결정에 의하여 개인 채무자나 법인 채무자의 대표자를 관리인의 지위에 있는 것으로 보고 있다 하더라도($^{법}_{제74조}_{제3항·제4항}$) 이들 개인 채무자 또는 법인 채무자의 대표자는 단순히 자신의 사익을 추구하는 존재 또는 법인의 주주·지분권자를 위한 신인의무(信認義務, fiduciary duty)[2]를 지는 법인의 기관 또는 대표자가 아니라 회생절차 내의 채권자 및 주주로 구성되는 이해관계인 단체를 위하여 선관주의의무를 지는 별개의 독립된 지위를 갖게 됨[3][4]을 의미하는 것이다.[5]

---

1) 대법원 2013. 3. 28. 선고 2010다63836 판결, 대법원 2015. 2. 12. 선고 2014도12753 판결.
2) 상법상 이사는 회사에 대하여 충실의무(duty of loyalty)와 선관주의의무(duty of care)를 지고 있고, 이 의무 위반시 회사에 대하여 손해배상의무를 지게 된다.
3) 관리인의 지위에 있는 법인 채무자의 대표자가 법인의 기관이 아닌 별개의 지위를 갖고 있느냐 여부는 위 대표자가 스스로 한 법률행위를 부인하고 원상회복을 구할 수 있는지, 통정허위표시의 상대방에 대하여 선의의 제3자임을 주장하여 그 행위의 유효함을 주장할 수 있는지 등의 문제와 관련이 있다. 파산관재인이 통정허위표시나 사기에 의한 의사표시 또는 상대방의 이사회 결의 없는 거래행위에 있어서 이해관계 있는 제3자에 해당하고, 선의·악의 여부의 판단 기준은 파산관재인 개인의 선의·악의를 기준으로 할 수 없고, 총파산채권자를 기준으로 하여 파산채권자 모두가 악의로 되지 않는 한 파산관재인은 선의의 제3자로 보아야 한다는 판결로는, 대법원 2010. 4. 29. 선고 2009다96083 판결, 대법원 2014. 8. 20. 선고 2014다206563 판결 참조.
4) 취득시효기간 중 점유 부동산의 등기명의자에 대하여 구 회사정리법에 따른 정리절차가 개시되어 관리인이 선임된 사실이 있다고 하더라도 점유자가 취득시효 완성을 주장하는 시점에

따라서 관리인은 회생절차가 진행되는 동안 선량한 관리자의 주의로써 직무를 수행하여야 하고(법제82조제1항), 만일 이러한 주의의무를 게을리하여 이해관계인에게 손해를 입혔을 때에는 이를 배상할 책임이 있다(법제82조제2항).

제2절 회생절차개시 후 채무자의 행위 등의 효력

1. 관리인의 행위와 채무자의 행위의 구별

회생절차개시에 의하여 채무자의 업무수행권이나 재산의 관리처분권은 관리인에게 이전되고, 이러한 관리인의 행위는 법원의 감독 아래 놓이게 되며, 법원의 허가를 받도록 정한 사항에 관하여는 법원의 허가결정을 받은 경우에만 유효하게 된다(법제61조). 따라서 그 당연한 귀결로서 회생절차개시 후 업무수행권이나 재산의 관리처분권을 박탈당한 채무자의 행위 등은 회생절차 내에서 그 효력을 주장할 수 없게 된다.

특히 이는 관리인으로 선임되거나 관리인으로 보게 되는 개인 채무자나 법인 채무자의 대표자의 경우에도 동일하게 적용되므로, 이들 개인 채무자나 법인 채무자의 대표자가 '관리인의 지위에서가 아니라' 사익추구의 주체로서 혹은 법인의 기관으로서 한 행위는 회생절차 내에서 그 효력을 주장할 수 없다.[6][7]

서 정리절차가 이미 종결된 상태라면 등기명의자에 대하여 정리절차상 관리인이 선임된 적이 있다는 사정은 취득시효기간 중 점유 부동산에 관하여 등기명의자가 변경된 것에 해당하지 아니하므로, 점유자는 그가 승계를 주장하는 점유를 포함한 점유기간 중 임의의 시점을 취득시효의 기산점으로 삼아 취득시효 완성을 주장할 수 있다는 판결로는 대법원 2015. 9. 10. 선고 2014다68884 판결 참조(한편 파산절차에서의 취득시효에 대하여는 대법원 2008. 2. 1. 선고 2006다32187 판결 등 참조).

5) 미국 연방파산법의 DIP(Debtor In Possession)라 함은 관리인이 선임되지 아니하였을 경우 채무자(Debtor) 자체를 말하는 것으로, 채무자가 개인인 경우에는 개인 채무자 자신, 법인인 경우에는 '채무자 회사 그 자체'를 지칭하는 것이다. 이러한 DIP의 지위는 도산절차 개시 전의 '채무자'와 구별하기 위하여 관념적으로 'DIP'라는 명칭을 붙이고 새로운 법인격을 부여한 것으로서, 실질적으로는 종전의 채무자 자신과 동일하다[N.L.R.B. v. Bildisco and Bildisco, 465 U.S. 513, 528(1984)]. 하지만 이 DIP는 회생절차개시 전의 채무자와는 달리 회생절차의 모든 이해관계인에게 신인의무를 지고 있다[CFTC v. Weintraub, 471 U.S. 343, 355(1985); Wolf v. Weinstein, 372 U.S. 633, 649-50(1963)].

6) 통상 도산절차 밖의 법인 채무자의 대표자는 법인의 기관 또는 대표자로서 상법이나 기타 정관의 규정 등에 의하여 수권된 범위 내에서 독자적으로 행위를 할 수 있는 한편 그 이외의 행위에 대하여는 이사회의 결의나 주주총회의 결의를 요한다. 그러나 회생절차가 개시된 법인 채무자의 대표자는 상법, 정관, 이사회결의나 주주총회결의에 따라 어떤 행위를 하였다 하더라도 이들 행위가 회생절차의 제반 규정에 위배되거나 법원의 허가가 필요한 사항임에도 법원의

이하에서는 회생절차개시 후 채무자의 행위의 효력에 관하여 법이 어떠한 규정을 두고 있는지 살펴본다.

2. 회생절차개시 후 채무자의 행위

채무자가 회생절차개시 후 채무자의 재산에 관하여 한 법률행위는 회생절차와의 관계에 있어서는 그 효력을 주장하지 못한다(법 제64조 제1항). 법률행위라 함은 매매, 임대차, 권리의 포기, 채무의 승인 등 채무자의 재산에 관한 권리의무에 영향을 미치는 모든 행위를 의미한다. 회생절차와의 관계에 있어서는 그 효력을 주장하지 못한다 함은 행위의 상대방이 채무자에 대하여 그 행위의 유효를 주장하지 못한다는 의미이고, 관리인이 그 행위의 유효를 주장하는 것은 무방하다.[8] 이 때 상대방의 선의·악의는 불문한다. 채무자가 회생절차개시일에 행한 법률행위는 회생절차개시 후에 한 것으로 추정된다(법 제64조 제2항).

채무자의 행위가 무효로 된 경우 상대방의 반대이행이 이미 되어 있는 때에는 채무자는 이를 부당이득으로 반환해야 하고, 상대방은 이를 공익채권으로 주장할 수 있다(법 제179조 제1항 제6호).

3. 회생절차개시 후의 권리취득의 효력

회생절차개시 후 회생채권 또는 회생담보권에 관하여 채무자의 재산에 대한 권리를 채무자의 행위에 의하지 아니하고 취득하여도 그 취득은 회생절차와의 관계에 있어서는 그 효력을 주장하지 못한다(법 제65조 제1항). 회생절차개시일의 권리

허가결정 없이 한 것이라면 회생절차 내에서 그 효력을 주장할 수 없다. 반대로 관리인으로 선임되거나 관리인 불선임 결정에 의하여 관리인으로 보게 되는 법인 채무자의 대표자가 법원의 허가를 얻거나 법 규정 및 회생계획의 조항에서 정하여진 권한을 행사하는 경우에는 위와 같은 이사회결의나 주주총회결의를 거치지 아니하였다 하더라도 그 행위는 모두 유효한 행위로 볼 수 있게 된다.

7) 채무자가 은행으로부터 대출을 받으면서 은행과 사이에 채무자의 국민건강보험공단에 대한 향후 의료비 등 채권을 담보목적물로 한 채권양도담보계약을 체결한 후 채무자에 대해 회생절차가 개시된 사안에서, 회생절차개시 후 발생한 의료비 등 채권은 채무자가 아닌 관리인의 지위에 기한 행위로 인하여 발생하는 것으로서 채권양도담보계약의 목적물에 포함되지 아니하여 그러한 채권에 대하여는 담보권의 효력이 미치지 아니한다는 판결로는, 대법원 2013. 3. 28. 선고 2010다63836 판결 참조(집합채권양도담보와 관련하여 자세한 내용은 '제9장 제3절 5.' 참조).

8) '회생절차와의 관계에 있어서는'이라는 문언에 대하여, 회생절차 폐지의 경우 어떻게 해석할지 문제되는데, 이에 대하여 회생계획인가 전후로 나누어 그 해석을 달리하는 견해가 있다[주석 채무자회생법(Ⅰ) 577-578면].

취득은 회생절차개시 후에 한 것으로 추정된다(법 제65조 제2항, 제64조 제2항).

4. 회생절차개시 후의 등기와 등록의 효력

부동산 또는 선박에 관하여 회생절차개시 전에 발생한 등기원인에 의하여
회생절차개시 후에 한 등기 및 가등기는 회생절차와의 관계에 있어서는 그 효
력을 주장할 수 없다(법 제66조 제1항 본문). 다만 등기권리자가 회생절차개시의 사실을 알지
못하고 한 본등기는 그러하지 아니하다(법 제66조 제1항 단서). 위와 같은 등기 및 가등기에
관한 규정은 권리의 설정·이전 또는 변경에 관한 등록 또는 가등록에 관하여
준용한다(법 제66조 제2항).

구 회사정리법 제58조 제1항 단서는 "등기권자가 정리절차개시의 사실을
알지 못하고 한 등기 또는 가등기는 그러하지 아니하다."라고 규정하고 있었는
데, 그중 '가등기' 부분은 삭제되고 법 제66조 제1항 단서로 개정되었으므로 회
생절차개시의 사실을 알지 못하고 한 경우에도 가등기는 회생절차와의 관계에
있어서는 그 효력을 주장할 수 없다. 법 제66조 제1항 단서는 '본등기'라고 규정
하고 있어 가등기에 기한 본등기에 대하여만 적용되는 것인지 의문이 있으나,
'본등기'라는 표현은 구 회사정리법이 실체법상 등기원인이 구비되지도 아니한
상태에서 이루어지는 가등기에 대하여 그 효력을 주장할 수 있도록 규정한 것
은 부당하다는 비판에 따라 가등기를 법 제66조 제1항 단서의 적용대상에서 제
외한다는 취지를 명확히 하기 위한 것이므로, 이를 가등기에 기한 본등기에 한
정하는 것으로 해석할 이유는 없다. 법 제66조를 적용함에 있어서 회생절차개시
의 공고 전에는 회생절차개시의 사실을 알지 못한 것으로, 공고 후에는 그 사실
을 안 것으로 추정한다(법 제68조).

구 회사정리법 하에서 대법원은 "구 회사정리법 제58조 제1항 본문의 반대
해석으로 정리절차개시 전의 등기원인으로 정리절차개시 전에 부동산등기법에
의하여 한 가등기는 정리절차와의 관계에 있어서 그 효력을 주장할 수 있고, 따
라서 이와 같은 가등기권자는 정리회사의 관리인에 대하여 본등기를 청구할 수
있다."라고 판시하였다.[9] 이 판례는 정리절차개시 전에 한 가등기는 정리절차와
의 관계에 있어서 그 효력이 있으므로 관리인에 대하여 그에 기한 본등기를 청
구할 수 있고, 따라서 관리인은 구 회사정리법 제103조에 의한 쌍방미이행 쌍무

---

9) 대법원 1982. 10. 26. 선고 81다108 판결.

계약의 계약해제권을 행사할 수 없다고 한 것이다.[10] 그런데 앞서 본 바와 같이 조문이 개정되었기 때문에 이 판례가 현행법 아래에서도 적용될 수 있는지에 관하여 부정적 견해가 유력하다.[11]

5. 회생절차개시 후 채무자에 대한 변제의 효력

회생절차개시 후에 채무자에 대하여 채무를 부담하는 자는 관리인 또는 관리인으로 보게 되는 개인 채무자 또는 법인 채무자의 대표자에게 변제하여야 하나, 그 사실을 알지 못하고 회생절차가 개시된 채무자에게 변제한 경우에는 회생절차와의 관계에 있어서도 그 효력을 주장할 수 있다(법제67조
제1항). 또한 회생절차개시 후 그 사실을 알고 채무자에 변제한 경우에도 이로써 채무자의 재산이 이익을 얻은 때에는 그 이익의 한도에서만 회생절차와의 관계에 있어서 그 효력을 주장할 수 있다(법제67조
제2항). 다만 위 각 규정의 실제 적용에 있어서, 개인 채무자 또는 법인 채무자의 대표자가 관리인으로 선임된 때 채무자에게 변제한 경우나, 관리인 불선임 결정에 의하여 개인 채무자 또는 법인 채무자의 대표자를 관리인으로 보게 되는 때 채무자에게 변제한 경우에는 사실상 그 지위의 구분이 불가능하여 위 각 규정의 적용이 곤란할 수 있을 것이다.

법 제67조를 적용함에 있어서는 회생절차개시의 공고 전에는 그 사실을 알지 못한 것으로, 공고 후에는 그 사실을 안 것으로 추정한다(법제68조).

제3절   종래의 법률행위에 미치는 영향

회생절차가 개시되더라도 채무자의 종래 법률관계는 단절되지 않고 동일성

---

10) 가등기에 기한 본등기 청구를 할 수 있다고 해석하더라도 관리인은 쌍방미이행 쌍무계약에서 해제권을 행사할 수 있어야 한다는 견해로는 임준호, "소유권이전청구권보전의 가등기가 있는 경우 쌍방미이행의 쌍무계약에 대한 관리인의 해제권의 제한 여부", 민사판례연구 제14집(1992), 민사판례연구회, 395면; 전대규, 244-245면; 강병섭, "회사정리절차에 있어서 관리인의 쌍무계약 해제권", 대법원판례해설 제4호(1988), 법원도서관, 104-105면 참조. 그 밖에 위 판결에 대한 비판적 견해는 임채홍·백창훈(상), 354-356면;, 박병대 "파산절차가 계약계약에 미치는 영향, 재판자료 82집, 파산법의 제문제(상)(1999), 486-490면 참조. '경료되어 있는 가등기의 성격, 가등기권자와 정리회사의 관계 등을 고려하여 개별적으로 판단할 문제'라는 견해로는 서경환, "회사정리절차가 계약관계에 미치는 영향", 재판자료 86집(회사정리법·화의법상의 제문제), 법원도서관(2000), 649-650면 참조.
11) 주석 채무자회생법(Ⅰ) 586-587면.

을 유지한다고 보는 것이 원칙이나, 회생절차개시로 말미암아 종래의 법률관계에 영향을 미치는 경우가 있다.

1. 쌍방미이행 쌍무계약

가. 개   요

회생절차개시결정이 있더라도 채무자의 종래 법률관계는 단절되지 않고 동일성을 유지하는 것이 원칙인바, 쌍무계약의 일방 당사자에 대하여 회생절차가 개시되었을 때, ① 채무자는 그 채무의 이행을 완료하였으나 상대방이 미이행 상태인 경우에는 관리인이 상대방에게 채무의 이행을 청구하면 될 것이고, ② 반대로 상대방은 채무의 이행을 완료하였으나 채무자가 미이행 상태인 경우에는 상대방의 채권은 회생담보권 또는 회생채권으로 회생계획에 따라 변제받게 될 것이다. 그런데 ③ 개시결정 당시 채무자와 상대방 모두 미이행 상태인 경우, 관리인은 채무자의 회생을 위하여 유리한 계약은 존속되기를 원하고 불리한 계약은 종료되기를 원할 것이므로, 법은 회생절차개시 당시에 쌍방 모두 아직 이행을 완료하지 않은 쌍무계약이 있는 경우에는 원칙적으로 관리인에게 계약의 해제·해지 또는 이행을 선택할 수 있는 권한을 부여하되 상대방 보호를 위한 일련의 규정을 둠으로써 채무자 사업의 정리·재건을 원활하게 함과 동시에 양 당사자 사이의 형평을 도모하고 있다.

대법원은 쌍방미이행의 쌍무계약에 관한 법 제119조 제1항, 제121조 제2항의 규정들에 관하여 "쌍방의 채무가 법률적·경제적으로 상호 관련성을 가지고 원칙적으로 서로 담보의 기능을 하고 있는 쌍무계약에 관하여 쌍방 당사자가 아직 이행을 완료하지 아니한 상태에서 당사자인 일방의 채무자에 대하여 회생절차가 개시된 경우, 관리인에게 계약을 해제할 것인가 또는 상대방 채무의 이행을 청구할 것인가의 선택권을 부여함으로써 회생절차의 원활한 진행을 도모함과 아울러, 관리인이 계약의 해제를 선택한 경우 이에 따른 원상회복의무도 이행하도록 함으로써 양 당사자 사이에 형평을 유지하기 위한 취지에서 만들어진 쌍무계약의 통칙"이라고 판시하였다.[12]

---

[12] 대법원 2017. 4. 26. 선고 2015다6517, 6524, 6531 판결. 위 사안에서 대법원은 그와 같은 이유로 상법 제374조의2에서 규정하고 있는 영업양도 등에 대한 반대주주의 주식매수청구권 행사로 성립한 주식매매계약에 관하여 법 제119조 제1항의 적용을 제외하는 취지의 규정이 없는이상, 쌍무계약인 위 주식매매계약에 관하여 회사와 주주가 모두 이행을 완료하지 아니한 상태

나. 원 칙

1) 법 제119조의 적용요건

쌍무계약에 관하여 채무자와 그 상대방이 모두 회생절차개시 당시에 아직 그 이행을 완료하지 아니한 때에는 관리인은 계약을 해제 또는 해지하거나 채무자의 채무를 이행하고 상대방의 채무이행을 청구할 수 있다(법 제119조).[13]

위 규정이 적용되는 '쌍무계약'은 쌍방 당사자가 상호 대등한 대가관계에 있는 채무를 부담하는 계약으로서, 쌍방의 채무 사이에는 성립, 이행, 존속상 법률적·경제적으로 견련성을 갖고 있어서 서로 담보로서 기능하는 것을 가리킨다.[14] 단순히 부수적인 채무에 불과한 경우에는 그 미이행이 있다고 하더라도 위 규정에서 정한 미이행이라고 할 수 없다.[15] 또한 본래적으로 쌍방의 채무 사이에 법률적·경제적 견련관계가 없는데도 당사자 사이의 특약으로 쌍방의 채무를 상환 이행하기로 한 경우는 여기서 말하는 쌍무계약이라고 할 수 없다.[16]

회생절차개시 당시 '유효하게 성립한 쌍무계약'이어야 한다.[17] 따라서 일방의 청약만 있고 승낙이 없는 상태라면 위 규정이 적용되지 않는다.[18] 그러나 회생절차개시 당시에 쌍무계약을 체결할 권리가 존재하였다면 위 규정이 유추적용될 수 있다.[19][20]

에서 회사에 대하여 회생절차가 개시되었다면, 관리인은 법 제119조 제1항에 따라 주식매매계약을 해제하거나 회사의 채무를 이행하고 주주의 채무이행을 청구할 수 있다고 판단하였다.

13) 외국적 요소가 있는 계약을 체결한 당사자에 대한 회생절차가 개시된 경우, 계약이 쌍방미이행 쌍무계약에 해당하여 관리인이 이행 또는 해제·해지를 선택할 수 있는지, 그리고 계약의 해제·해지로 인하여 발생한 손해배상채권이 회생채권인지는 도산법정지법인 채무자 회생 및 파산에 관한 법률에 따라 판단되어야 하지만, 계약의 해제·해지로 인한 손해배상의 범위에 관한 문제는 계약 자체의 효력과 관련된 실체법적 사항으로서 도산전형적인 법률효과에 해당하지 아니하므로 국제사법에 따라 정해지는 계약의 준거법이 적용된다(대법원 2015. 5. 28. 선고 2012다104526, 104533 판결).

14) 대법원 2007. 9. 6. 선고 2005다38263 판결, 대법원 2002. 5. 28. 선고 2001다68068 판결 참조.

15) 대법원 1994. 1. 11. 선고 92다56865 판결 참조.

16) 대법원 2007. 3. 29. 선고 2005다35851 판결, 대법원 2007. 9. 7. 선고 2005다28884 판결 참조.

17) 형성권의 행사로 쌍무계약이 성립한 경우도 포함한다. 대법원 2017. 4. 26. 선고 2015다6517, 6524, 6531 판결 참조.

18) 채무자의 청약이 있었으나 상대방이 승낙을 하기 전에 정리절차가 개시된 경우, 아직 계약이 성립하지 않았기 때문에 이행 완료의 문제도 발생하지 않지만, 일단 효력이 발생한 청약의 의사표시는 정리절차개시 후에도 당연히 무효로 되는 것은 아니므로, 그 후 상대방이 승낙하면 미이행 쌍무계약에 관한 규정을 유추적용하여야 한다는 견해로는 條解(中), 294면 참조.

19) 대법원 2007. 9. 6. 선고 2005다38263 판결은 합작투자계약상의 도산해지조항에 따른 계약해지권 및 주식매수청구권을 행사하지 아니한 채 정리법원에게 그 행사를 정지조건으로 주식의 인도를 청구할 정리채권이 있음을 신고한 사안에서, "정리절차개시 당시에 매매계약을 체결할 권리가 존재하였고 정리절차가 개시된 후에 비로소 상대방의 권리행사에 의하여 매매계약이

개시결정 당시에 채무자와 상대방 모두 이행을 완료하지 아니한 '쌍방' 미이행의 쌍무계약이어야 하고, '그 이행을 완료하지 아니한 때'는 전부 불이행뿐만 아니라 채무의 일부를 이행하지 아니한 것도 포함하며, 그 이행을 완료하지 아니한 이유는 묻지 아니한다.[21)22)]

한편, 파산 사건에서, 법 제119조 제1항 본문과 같은 취지로 규정된 법 제335조 제1항에 대하여, 대법원은 "쌍무계약의 특질을 가진 공법적 법률관계에도 쌍방미이행 쌍무계약의 해지에 관한 법 제335조 제1항이 적용 또는 유추적용될 수 있다."라는 설시를 하였는데,[23)] 법 제119조 제1항 본문도 마찬가지로 쌍무계약의 특질을 가진 공법적 법률관계에 적용 또는 유추적용될 수 있다고 봄이 타당하다.

2) 관리인의 선택권

관리인은 쌍방미이행 쌍무계약의 해제 또는 해지나 이행을 선택할 권한을 가지나, 법원은 필요하다고 인정하는 때에는 관리인이 계약의 해제 또는 해지를 선택할 경우에 법원의 허가를 받도록 할 수 있다(법 제61조 제1항 제4호).[24)] 서울회생법원의 경우 회생절차개시결정을 하면서 '계약의 해제 또는 해지를 선택할 경우'를 허가사항으로 정하고 있다. 이행을 선택할 경우에는 법원의 허가사항은 아니지

성립하거나 장차 매매계약이 성립할 수 있어 아직 쌍방의 채무가 이행되지 아니한 경우에도 구 회사정리법 제103조 및 제104조에서 정한 쌍방미이행 쌍무계약에 관한 조항이 유추적용된다."라고 판시하였다.

20) 개시 당시 상대방이 예약완결권을 가지는 쌍무계약의 예약이 존재하는 경우에 개시 후에 상대방이 예약완결의 의사표시를 하여 본계약인 쌍무계약이 성립되면 위 규정을 유추적용하여야 한다는 견해로는 백창훈·임채홍(상), 352면 참조.

21) 대법원 2003. 5. 16. 선고 2000다54659 판결, 대법원 2017. 4. 26. 선고 2015다6517, 6524, 6531 판결(주식매수청구권 행사 후 회사의 귀책사유로 주식대금 지급채무의 일부가 미이행된 사례) 등 참조.

22) 한편 골프회원권 입회금 125,000,000원 중 124,999,000원이 정리회사의 정리절차개시 전에 납부되고 1,000원이 정리절차개시 후에 납부된 사안에서, "미납된 1,000원은 입회금 125,000,000원의 극히 일부분으로서 상대방의 채무이행을 담보하는 기능을 하고 있다고 볼 수 없어 구 회사정리법 제103조 제1항이 정한 쌍방미이행 쌍무계약에 해당한다고 보기 어렵다."라고 본 사례로는, 대법원 2013. 9. 26. 선고 2013다16305 판결 참조.

23) 대법원 2021. 5. 6. 선고 2017다273441 전원합의체 판결. 위 사안은 갑 주식회사가 을 지방자치단체와 구 사회기반시설에 대한 민간투자법 제4조 제1호에서 정한 이른바 BTO(Build-Transfer-Operate) 방식의 '지하주차장 건설 및 운영사업' 실시협약을 체결한 후 관리운영권을 부여받아 지하주차장 등을 운영하던 중 파산하였는데, 갑 회사의 파산관재인이 법 제335조 제1항에 따른 해지권을 행사할 수 있는지 문제된 사안이다. 위 판결은 쌍방미이행 쌍무계약에 해당하기 위하여는 미이행된 쌍방의 채무 사이에 성립·이행·존속상 법률적·경제적 견련성이 있어야 한다는 점을 재확인하였다는 점에서 의미가 있다. 위 판결에서 다수의견과 반대의견은 지방자치단체가 사업자에게 관리운영권을 설정해줌으로써 실시협약에 따른 의무를 다한 것인지에 관해 견해를 달리하였는데, 이는 실시협약의 구체적 내용을 기초로 한 해석의 문제이므로, 향후 BTO 방식의 실시협약이 문제되는 경우 그 구체적 내용이 검토되어야 할 것이다.

24) 한편 파산절차에서는 이와 반대로 파산관재인이 이행의 청구를 할 경우 원칙적으로 법원의 허가 또는 감사위원의 동의를 얻어야 한다(법 제492조 제9호).

만,[25] 통상 관리인이 사후적으로 이행의 선택을 하였다는 보고서를 제출하고 있다.

법은 관리인이 쌍무계약에 대한 해제권을 행사할 수 있는 기간을 회생계획 안 심리를 위한 관계인집회가 끝나기 전 또는 법 제240조의 규정에 의한 서면 결의에 부치는 결정이 있기 전까지로 제한하고 있다(법 제119조 제1항 단서). 이는 회생계획안 심리를 위한 관계인집회가 끝난 후 또는 법 제240조의 규정에 의한 서면결의에 부치는 결정이 있은 후에는 원칙적으로 회생채권의 추후 보완신고를 할 수 없 기 때문에(법 제152조 제3항), 형평의 원칙상 관리인의 해제권 행사를 위 시점 이전까지로 제한함으로써 관리인의 해제권 행사로 인하여 비로소 발생하는 상대방의 손해 배상청구권에 대하여 추후 보완신고가 가능하도록 하기 위한 것이다. 따라서 관 리인이 위 행사기간까지 해제권을 행사하지 않을 경우, 이행의 선택을 한 것으 로 간주된다.[26]

한편 쌍무계약에 관하여 채무자와 그 상대방이 모두 회생절차개시 당시에 아직 그 이행을 완료하지 아니한 때에는 관리인은 계약을 해제 또는 해지하거 나 이행의 청구를 선택할 권리가 있으므로, 상대방은 관리인이 계약의 이행을 선택하거나 계약의 해제권이 포기된 것으로 간주되기까지는 임의로 변제를 하 는 등 계약을 이행하거나 관리인에게 계약의 이행을 청구할 수 없고,[27] 관리인 이 채무를 이행하지 않더라도 그에게 책임 있는 사유로 인하여 채무불이행에 빠졌다고 할 수 없으므로 상대방은 채무불이행을 이유로 해제권을 행사할 수 없다.[28] 하지만 회생절차개시 전에 이미 해제권을 취득하여 언제라도 해제의 의사표시를 할 수 있는 상태에 있는 경우에는 회생절차개시 후라도 계약을 해 제할 수 있다고 보아야 할 것이다.[29][30]

관리인이 국가를 상대로 하는 방위사업법 제3조에 따른 방위력개선사업 관 련 계약을 해제·해지하는 경우에는 방위사업청장과 협의하여야 한다(법 제119조 제5항).

3) 상대방의 최고권

상대방은 관리인에 대하여 계약의 해제나 해지 또는 그 이행의 여부를 확

---

25) 다만, 계약이행에 일정 규모 이상의 자금 지출이 수반되는 경우에는 법원의 허가를 받아야 한다. 법원이 회생절차 개시 당시 일정 규모 이상의 자금 지출에 대하여 허가를 받도록 하였기 때문이다.
26) 대법원 2012. 10. 11. 자 2010마122 결정.
27) 대법원 1992. 2. 28. 선고 91다30149 판결 참조.
28) 임채홍·백창훈(상), 360면.
29) 임채홍·백창훈(상), 360면.
30) 한편 변제금지 보전처분이 있은 후에 발생한 채무미변제를 원인으로 하여 채권자가 해제권을 행사할 수 있는지에 관하여 견해가 대립되고 있다(자세한 내용은 '제4장 제1절 2. 나. 3)' 참조).

답할 것을 최고할 수 있는데, 이 때 관리인이 그 최고를 받은 후 30일 이내에 확답을 하지 아니하는 때에는 관리인은 해제권 또는 해지권을 포기한 것으로 본다($^{법 \, 제119조}_{제2항}$).[31] 법원은 관리인 또는 상대방의 신청에 의하거나 직권으로 위 기간을 늘이거나 줄일 수 있다($^{법 \, 제119조}_{제3항}$).[32] 위 기간의 연장은 법적으로 1회에 한하지 않으나, 계약 상대방의 지위를 불안정하게 한다는 점에서 2회 이상의 연장에는 신중을 기하여야 할 것이다.[33]

4) 해제·해지 선택의 경우

가) 해제·해지권의 행사   채무의 일부가 이행되지 아니한 쌍무계약의 경우에도, 일부 미이행된 부분이 상대방의 채무와 서로 대등한 대가관계에 있다고 보기 어려운 경우가 아닌 이상, 관리인은 법 제119조 제1항에 따라 일부 미이행된 부분뿐만 아니라 계약의 전부를 해제할 수 있다.[34][35] 한편, 공사도급계약의 도급인에 대하여 회생절차가 개시되어 도급인의 관리인이 도급계약을 미이행쌍무계약으로 해제한 경우에는, 파산절차에 관한 특칙인 민법 제674조 제1항이 유추적용되어 그 경우 도급계약의 해제는 해석상 장래에 향하여 도급의 효력을 소멸시키는 것을 의미하고 원상회복은 허용되지 아니하므로, 그 때까지 일의 완성된 부분은 도급인에게 귀속되고, 수급인은 법 제121조 제2항에 따른 급부의 반환 또는 그 가액의 상환을 구할 수 없고 일의 완성된 부분에 대한 보수청구만 할 수 있다[36](이에 관하여 자세한 내용은 '제9장 제5절 1. 마. 3)' 참조).

관리인이 위 규정에 따라 쌍무계약을 해제함에 있어서는 계약 당사자의 일방 또는 쌍방이 수인인 경우에도 그 성질상 해제·해지의 불가분성에 관한 민

---

31) 파산절차에서는 파산관재인이 상대방이 정한 상당한 기간 안에 확답을 하지 아니한 때에는 계약을 해제 또는 해지한 것으로 보는 것과 비교된다(법 제335조 제2항).

32) 서울중앙지방법원은 2013회합110 에스티엑스팬오션(주) 사건에서, 수십 개의 BBCHP(국적취득 조건부 나용선) 계약과 관련하여, 관리인의 신청으로 확답기간을 연장해 주었고, 서울회생법원은 2017회합100149 삼환기업(주) 사건에서 의료원 건립 공사계약 및 철도건설 노반신설 공사계약과 관련하여, 2018회합100008 (주)카페베네 사건에서 허니브래드 등의 정기구매계약과 관련하여, 2018회합100157 (주)태성에코테크 사건에서 수십 개의 기계렌탈계약과 관련하여 각 관리인의 신청으로 확답기간을 연장해 주었다(쌍방미이행 쌍무계약 확답기간 연장결정문의 기재례는 [별지 55] 참조).

33) 서울중앙지방법원은, 2009회합24 (주)삼선로직스 사건에서 관리인이 30일 이내에 쌍무계약의 대가성의 적정함을 판단하기 곤란하다고 주장하여 확답기간을 한 달씩 수회 연장해 주었고, 2013회합79 현대피앤씨(주) 사건에서 공장부지 매도계약과 관련하여 3회 연장해 준 사례가 있다.

34) 대법원 2017. 4. 26. 선고 2015다6517, 6524, 6531 판결.

35) 관리인에게 해제권이 아닌 이행거절권을 부여하는 것이 타당하다는 의견에 대해서는, 최준규, 계약법과 도산법 — 민법의 관점에서 도산법 읽기, 경인문화사(2021), 88-282면 참조.

36) 대법원 2017. 6. 29. 선고 2016다221887 판결.

법 제547조의 제한을 받지 아니한다.[37]

　나) 해제·해지의 효과　　　관리인에 의해 계약이 해제 또는 해지된 경우, 상대방은 손해배상에 관하여 회생채권자로서 그 권리를 행사할 수 있다 (법 제121조 제1항). 손해배상채권은 회생채권이므로 채권자가 신고를 게을리하면 회생계획인가결정으로 인하여 실권된다.

　한편 원상회복과 관련하여서는 채무자가 받은 반대급부가 채무자의 재산 중에 현존하는 때에는 상대방은 그 반환을 청구할 수 있으며, 현존하지 아니하는 때에는 상대방은 그 가액의 상환에 관하여 공익채권자로서 그 권리를 행사할 수 있다(법 제121조 제2항). 그런데 부당이득으로 취득한 것이 금전상의 이득인 때에는 그 금전은 이를 취득한 자가 소비하였는지 여부를 불문하고 현존하는 것으로 추정되므로, 채무자가 상대방으로부터 취득한 반대급부가 금전상의 이득인 때에는, 특별한 사정이 없는 한 반대급부에 의하여 생긴 이익이 현존하는 것으로 추정된다.[38]

　회생계획인가의 결정이 있은 후 회생절차가 폐지되는 경우 그동안의 회생계획의 수행이나 법률의 규정에 의하여 생긴 효력에 영향을 미치지 아니하므로 (법 제288조 제4항), 회생절차가 폐지되기 전에 관리인이 법 제119조 제1항에 따라 계약을 해제하였다면 이후 회생계획폐지의 결정이 확정되어 채무자회생법 제6조 제1항에 의한 직권 파산선고에 따라 파산절차로 이행되었다고 하더라도 위 해제의 효력에는 아무런 영향을 미치지 아니한다.[39] 이는 회생계획인가의 결정이 있기 전 회생절차가 폐지되는 경우에도 마찬가지이다.[40]

　5) 이행 선택의 경우

　관리인이 이행을 선택하는 경우에는 상대방이 채무자에 대하여 가지는 채

---

37) 대법원 2003. 5. 16. 선고 2000다54659 판결 참조.
38) 대법원 2022. 8. 25. 선고 2022다211928 판결 참조.
39) 대법원 2017. 4. 26. 선고 2015다6517, 6524, 6531 판결.
40) 대법원 2022. 6. 16. 선고 2022다211850 판결. 위 판결의 구체적 사안은 다음과 같다. ① 채무자 (주)바이오빌에 대하여 2019. 3. 18. 서울회생법원 2019회합100028호로 회생절차개시결정이 내려졌다. ② 채무자의 관리인이 회생절차에서 회생법원에 법 제119조 제1항에 따라 채무자가 (주)이야모바일과 사이에 체결한 총판계약에 대한 해제 허가를 신청하여 2019. 5. 21. 이를 허가받았다. ③ 채무자는 (주)이야모바일을 상대로 한 부당이득금 청구소송에서 소장 및 준비서면 등을 통하여 법 제119조에 의하여 위 계약을 해제한다는 주장을 하였고 그 무렵 위 각 서면이 상대방에 송달되었다. ④ 이후 회생계획이 인가되지 않은 채 법 제286조 제1항 제1호에 따라 2020. 3. 11. 회생절차폐지결정이 내려져 그 무렵 확정되었다. 대법원은 채무자의 관리인이 소장 및 준비서면 등의 송달로 법 제119조 제1항에 따라 위 계약에 관한 해제의 의사표시를 한 이상, 채무자에 대하여 회생계획이 인가되기 전에 회생절차폐지결정이 확정되었더라도, 위 계약은 그 무렵 종국적으로 그 효력이 상실되었다고 판단하였다.

권은 공익채권이 되므로(^{법 제179조}_{제1항 제7호}) 상대방은 회생절차에 의하지 아니하고 수시로 변제받을 수 있고,[41] 그 불이행으로 인한 손해배상청구권[42] 역시 공익채권에 해당한다. 이와 관련하여 채무자가 도급인으로서 공사도급계약을 체결하고 공사가 진행되던 도중에 회생절차가 개시되고, 관리인이 공사를 계속 진행하기 위하여 쌍방미이행 상태인 도급계약의 이행을 선택한 경우, 향후 발생할 수급인의 공사대금 채권이 공익채권이 됨은 의문이 없으나, 기시공 부분에 대한 공사대금 채권을 공익채권으로 볼 것인지, 회생채권으로 볼 것인지 여부가 문제된다. 구 회사정리법 당시 대법원[43]은 기성공사부분에 대한 대금청구권이 공익채권에 해당한다고 판시하였다(자세한 내용은 '제9장 제5절 1. 마. 2)' 참조).

다. 예   외

법은 다음의 경우에는 관리인이 법 제119조 제1항에 의한 해제권을 행사할 수 없도록 규정하고 있다.

첫째, 임대인인 채무자에 대하여 회생절차가 개시된 경우, 임차인이 주택임대차보호법 제3조(대항력 등) 제1항의 대항요건을 갖춘 때나 상가건물 임대차보호법 제3조(대항력 등)의 대항요건을 갖춘 때(^{법 제124조}_{제4항})

둘째, 단체협약(^{법 제119조}_{제4항})의 경우

2. 계속적 공급계약

채무자에 대하여 계속적 공급의무를 부담하는 쌍무계약의 상대방은 회생절

---

41) 대법원 2021. 1. 14. 선고 2018다255143 판결은, 갑 주식회사가 을 주식회사와 물품공급계약을 체결하면서 을 회사에 물품대금 정산을 위한 보증금을 지급하였고, 그 후 을 회사에 대하여 회생절차가 개시되어 관리인이 갑 회사와 물품을 계속 공급하기로 협의하였는데, 계약기간이 만료한 후 갑 회사가 을 회사를 상대로 보증금 반환을 구한 사안에서, 갑 회사의 보증금반환채권은 법 제179조 제1항 제7호에서 정한 공익채권에 해당한다고 본 원심판결이 정당하다고 하였다. 이에 대해 위 판결이 ① 이행·존속상 견련성의 의미를 혼동하고 있고, ② 관리인이 법에 따라 쌍무계약의 이행을 선택하였다는 것이 갖는 법적 의미를 오해하고 있다고 비판하고, 쌍무계약에서 동시이행관계에 있는 자신의 의무를 선이행한 당사자는 자진해서 상대방의 무자력 위험을 부담한 것이므로(신용거래) 상대방이 도산절차에 들어가면 다른 일반채권자와 마찬가지로 채권자평등주의의 적용을 받는 도산채권자로 취급함이 원칙이고, 이러한 원칙은 당사자가 선이행한 급부의 원상회복을 청구하는 경우에도 관철되어야 한다는 견해로 최준규, "쌍무계약, 신용거래, 그리고 채권자평등주의 ─ 대법원 2021. 1. 14. 선고 2018다255143 판결의 비판적 검토", 사법 제57호(2021), 사법연구지원재단, 387-416면 참조.
42) 대법원 2004. 11. 12. 선고 2002다53865 판결.
43) 구 회사정리법 당시의 판례로서 대법원 2004. 8. 20. 선고 2004다3512, 3529 판결 참조.

차개시신청 전의 공급으로 발생한 회생채권 또는 회생담보권을 변제하지 아니함을 이유로 회생절차개시신청 후 그 의무의 이행을 거부할 수 없다(법 제122조 제1항).[44][45] 위 규정은 전기·가스·수도 등 독점적 공공재나 원자재 등 채무자의 사업을 영위하는 데에 필요한 급부의 계속적 공급을 목적으로 하는 쌍무계약에서 공급자가 채무자의 대금 미변제 등을 이유로 절차개시 후에 공급을 중단함으로써 채무자의 회생을 저해하는 것을 방지하기 위한 것이다.[46]

이 경우 그 상대방이 회생절차개시신청 후 회생절차개시결정 전까지 사이에 한 공급으로 생긴 청구권은 공익채권으로 보호된다(법 제179조 제1항 제8호). 그 입법취지는 공급자의 자산상태가 악화되는 사정을 참작하여 즉시 신용거래를 정지할 수 있는 다른 채권자와의 균형상 위와 같은 공급자의 채권을 공익채권으로 보장함으로써 계속적 공급이 이루어지게 하여 회생절차의 원활한 수행을 도모하려는 것이다.[47]

3. 단체협약의 특칙과 정리해고

가. 쌍방미이행 쌍무계약의 해제 등에 관한 적용 배제

근로계약은 근로자는 임금을 목적으로 노무를 제공하고, 사용자는 그 대가로 임금을 지급함으로써 노무제공과 임금지급이 서로 대가적 견련관계에 있는 쌍무계약으로서 민법상 채권계약의 한 유형인 고용계약에 속하지만(민법 제655조), 근로자 보호를 위한 근로기준법과 기타 계약의 자유를 제한하는 여러 법령의 적용을 받는다는 점에서 특수한 계약형태라고 할 수 있다. 회생절차는 파산절차처럼

---

44) 서울회생법원 2016회합100140 고성조선해양(주) 사건에서 전기사업자가 회생절차개시 전의 전기요금이 미납되었음을 이유로 채무자에 대하여 3개월분의 보증금을 요구하면서 불이행시 전기공급을 중단하겠다고 통보한 행위는 법 제122조 제1항에 반하는 것으로서 위법하다고 한 사례가 있다.

45) 위 조항은 회생절차개시신청 당시까지 계속적 공급을 목적으로 하는 쌍무계약이 유지되고 있음을 전제로 하는 것이므로, 개시신청 이전에 그 계약이 적법하게 해지된 경우에는 적용되지 아니한다. 한편, 채무자의 전기요금 미납으로 전기사용계약이 적법하게 해지되어 전기공급이 중단된 상태에서 채무자에 대한 회생절차가 개시되어 미납전기요금이 회생채권으로 신고가 되고 그 후 채무자의 관리인이 전기공급을 요청한 사안에서, 회생채권인 미납전기요금의 미변제를 이유로 전기공급을 거절하는 것은, 전기사업자로서의 독점적 지위를 이용하여 회생절차개시로 그 권리행사가 제한되어 있는 체납전기요금에 대한 즉시 변제를 강요하는 것이 되고, 나아가 다른 회생채권자들의 권리를 해하는 결과에 이르게 되므로, 전기사업법 제14조의 '정당한 사유'에 해당하지 않는다고 한 사례로는 대법원 2010. 2. 11. 자 2009마1930 결정 참조.

46) 임채홍·백창훈(상), 363면; 条解(中), 327-329면.

47) 임채홍·백창훈(상), 364면; 임채홍·백창훈(하), 89면.

채무자의 사업을 청산하는 것이 아니라 채무자의 사업을 계속하여 그 재건을
도모하는 것을 목적으로 하는 절차이므로, 절차가 개시되더라도 채무자와 근로
자 사이의 근로계약은 바로 영향을 받아 당연 소멸하는 것은 아니다. 법은 사용
자인 채무자와 근로자 사이에 맺어진 단체협약에 관하여 회생절차가 개시된 이
후에도 미이행 쌍무계약임을 이유로 해제할 수 없도록 하고 있고(법 제119조), 계속
적 급부를 목적으로 하는 쌍무계약에 관한 법 제122조 제1항의 규정은 단체협
약에 관하여는 적용하지 아니한다는 특칙을 두고 있다(법 제122조).

   이는 단체협약을 단순한 민법상 고용계약과 동일시하는 것은 부당하므로,
가능한 한 종래의 노사관계를 유지·존속시키고자 하는 취지의 규정이다. 따라
서 관리인은 회생절차개시 전에 체결된 단체협약이 회생절차를 진행하는 데에
지장이 있다고 하여도 그 내용을 변경하여 새로운 단체협약을 체결하거나[48] 유
효기간이 경과하지 않는 한 이에 구속된다.[49] 또한 단체협약을 체결한 근로자
는 사용자인 채무자가 체불임금을 지급하지 아니한 것을 이유로 근로의 제공을
거부할 수 있다. 다만 채무자의 근로자의 임금은 법 제179조 제1항 제10호 소정
의 공익채권이므로, 법 제122조 제2항이 적용될 여지는 별로 없어 보인다.

   나. 정리해고(경영상 이유에 의한 해고)

   대부분의 채무자의 경우 고용인원의 합리적인 감축이 회생절차의 성공적
수행을 위하여 필수불가결할 뿐 아니라, 기본적으로 근로자에 대한 해고의 권한
은 채무자의 인격적 사항에 관한 문제가 아니라 관리인의 전권사항인 채무자의
업무수행권, 재산의 관리처분권에 속하는 법률관계를 처리하는 것이기 때문에
미이행 쌍무계약 해제에 관한 규정이 단체협약에 적용되지 않는 것과 관계없이
관리인은 일반 법리에 따라 근로자를 정리해고할 수 있다.

   일반적으로 관리인이 고용인원을 정리해고할 때에는 처음부터 해고권을 행
사하지는 않고 1차적으로 희망퇴직자의 모집 등을 통하여 근로자의 자발적 퇴

---

48) 정리절차개시결정이 있는 경우 회사사업의 경영과 재산의 관리 및 처분을 하는 권한이 관리
   인에게 전속되므로, 정리회사의 대표이사가 아니라 관리인이 근로계약상 사용자의 지위에 있게
   된다. 따라서 단체협약의 사용자측 체결권자는 대표이사가 아니라 관리인이다(대법원 2001. 1.
   19. 선고 99다72422 판결 참조).
49) 파산절차에서는 파산관재인이 법 제335조에 의하여 단체협약을 미이행 쌍무계약으로서 해제
   할 수 있다. 이처럼 양 절차가 단체협약에 대한 취급을 달리하는 것은 단체협약은 경제적으로
   우위에 있는 사용자의 존재를 전제로 노사대등한 관계를 이루려고 하는 것인데, 파산절차는 사
   용자가 그 사업주체로서의 지위를 상실하여 단체협약이 제대로 기능할 가능성이 없고, 현실적
   으로도 대부분 단체협약 자체에서 파산선고를 그 실효사유로 정하고 있기 때문이다.

직을 유도하고, 그러한 사전절차에도 불구하고 근로자의 자발적 협력이 불충분하여 당초 계획하였던 인원의 감축이 불가능한 경우에 비로소 정리해고를 하는 수순을 밟게 된다.[50] 그리고 관리인에 의한 정리해고가 정당한지 여부는 근로기준법에 정해진 경영상 이유에 의한 해고의 요건(근로기준법 제24조 참조)과 동일한 기준에 의하여 판단한다. 다만 현재 회생절차가 진행 중임을 감안할 때 해고 대상자를 선정함에 있어 대상 근로자가 기업재건에 필요불가결한 노동능력을 구비하고 있는지 여부에 대한 평가를 상대적으로 중시하여야 할 것이다. 그리고 관리인의 정리해고권이 회생절차의 원활한 수행을 위하여 관리인에게 전속되는 권리라고 하더라도 그 효력이 채무자에게 미칠 뿐만 아니라, 관리인 자체를 근로기준법상의 사용자로 볼 수 있는 만큼 근로기준법 등 노동법이 적용된다는 점에 주의하여야 한다.

4. 지급결제제도 등에 대한 특칙

법 제120조는 지급결제제도 등에 대하여 미이행 쌍무계약 등에 관한 특칙을 두고 있는바, 이에 대하여는 '제5절'에서 상세히 설명한다.

5. 임대차계약의 특칙

임대인인 채무자에 대하여 회생절차가 개시된 경우 임차인이 주택임대차보호법 제3조(대항력 등) 제1항의 대항요건을 갖춘 때나 상가건물 임대차보호법 제3조(대항력 등)의 대항요건을 갖춘 때에는 관리인은 그 임대차계약이 미이행 쌍무계약에 해당함을 주장하여 해제권을 행사할 수 없다(법 제124조 제4항). 주택임대차보호법 및 상가건물 임대차보호법의 대항요건을 갖춘 임차인은 등기된 물권에 준하는 권리를 갖는 것이어서 이러한 준물권적 권리를 임대인인 채무자에 대하여 회생절차가 개시되었다는 이유로 함부로 소멸시킬 수 없다는 당연한 법리와 함께, 만일 이러한 임대차계약에 대하여 미이행 쌍무계약에 관한 해제권을 인정한다면 다수의 임차인이 큰 피해를 입을 수 있다는 점을 고려하여 명시적인 규정을 둔 것으로 해석된다.

---

50) 그러한 일련의 과정에서 근로자의 의사에 반하여 관리인이 해지권을 행사하여 근로관계를 종료하는 경우에는 그 형식적 명칭이나 절차에 관계없이 실질적으로 해고로 보아야 한다(대법원 1993. 10. 26. 선고 92다54210 판결 등 참조).

다만 위와 같은 주택 또는 상가 임차인이 회생담보권인 저당권의 설정등기
일자보다 앞서서 대항요건을 갖춘 경우에는 별다른 문제가 없으나, 만일 회생담
보권의 저당권설정등기보다 늦게 대항요건을 갖추었을 경우에도 위 해제금지의
특칙이 여전히 적용되는 것인가에 관하여는 논란이 있을 수 있다. 왜냐하면, 회
생절차가 개시되지 아니한 상태에서 저당목적물(임대차 목적물)에 관하여 민사집
행법상의 경매가 행하여지는 경우에는 저당권보다 대항요건을 늦게 갖춘 임대
차는 매각에 의하여 소멸하게 되므로, 저당권자는 임대차의 부담으로 인하여 매
각대금이 하락하는 불이익을 전혀 받지 아니한 채 피담보채권을 회수할 수 있
게 된다. 그런데 회생절차에 들어와서 구조조정의 일환으로[51] 주택임차권 또는
상가임차권이 설정된 토지 및 건물을 매각하는 경우, 관리인이 저당권보다 권리
의 우선순위가 후순위인 임대차계약을 여전히 해제하지 못한다면 당해 토지 및
건물의 매각이 어려워질 뿐만 아니라, 매각된다 하더라도 그 매각대금이 주택임
차권 또는 상가임차권의 부담만큼 낮아지게 되어 그 손해를 결국 당해 저당권
자뿐만 아니라 채무자 및 다른 전체 채권자가 부담하게 되기 때문이다. 회생절
차에서는 담보권자를 비롯한 다른 모든 채권자가 불이익을 받고 있음에도 불구
하고, 원래 담보권자보다 후순위인 주택 또는 상가 임차인만이 회생절차에 들어
와서 더 우월적 지위를 누리게 되는 것은 불합리한 측면이 있다.[52]

[51] 회생담보권자는 회생절차에 의하지 아니한 담보권실행이 금지되므로, 특별한 사정이 없는 한 담보권실행을 위한 경매절차를 속행하거나 개시할 수 없다. 다만 대부분의 회생계획에서는 부동산매각에 의한 담보권의 조기변제를 규정하고 있는데, 이는 담보권실행을 위한 경매절차에서는 임의매각의 경우보다 훨씬 저가로 경락되는 경우가 많기 때문에 고가의 임의매각이 당해 회생담보권자에게도 유리할 뿐만 아니라 채무자의 재정적 부담도 덜어 주고, 다른 회생채권자를 위한 변제재원의 확보에서도 긍정적인 역할을 하고 있기 때문이다. 그런데 최근에는 부동산의 임의매각이 여의치 않을 경우, 근저당권자인 회생담보권자가 집행법원에 경매신청을 할 수 있도록 하는 내용을 회생계획안에 포함시켜 달라고 요구하는 회생담보권자가 있고, 실제로 위와 같은 내용이 포함된 회생계획안이 작성되어 인가된 사례도 있으나, 회생담보권자의 경매신청이 가능한지 여부에 관하여 견해가 갈리고 있고, 가능하다고 하더라도 그 경매의 성격은 무엇인지, 배당권자 및 배당순위를 정하는 기준은 무엇인지 등에 관하여 논란이 있을 수 있다(이에 대한 자세한 내용은 '제13장 제5절 3. 다. 3)' 참조).

[52] 한편 위와 같은 특칙은 임대차계약이 미이행 쌍무계약임을 전제로 하는 것인데, 관리인이 위특칙에 기하여 임대차계약을 해지할 수 없거나 또는 임차인이 대항력을 갖추지 아니하였다고 하더라도 관리인이 이행을 선택하는 경우 그 임대차보증금반환채권은 법 제179조 제1항 제7호 소정의 공익채권이 되는 것이 아닌가 하는 의문이 있을 수 있다. 임대차보증금이 임대인의 차임채권에 대하여 담보적 기능을 하고 있고, 임대차보증금의 반환과 임대차목적물의 반환이 동시이행의 관계에 있기는 하지만, 현재 서울회생법원의 실무는 임대차보증금반환채권을 공익채권이 아닌 회생채권으로 보고 있다(같은 견해로는, 東京地方裁判所 平成 14. 12. 5. 판결 참조). 회생계획상 임대차보증금반환채권의 취급에 대하여는 '제13장 제5절 3. 바. 3), 같은 절 4. 마.' 참조.
　한편 임차인인 회생채무자에 대하여 임대인이 가지는 월차임 채권의 성격과 관련하여서는, ① 회생절차개시 전에 발생한 월차임은 개시 전 원인에 의한 것으로 보아 회생채권이지만, 개

6. 공유관계

채무자가 타인과 공동으로 재산권을 가진 경우, 채무자와 그 타인 사이에 그 재산권을 분할하지 아니한다는 약정이 있더라도 회생절차가 개시된 때에는 관리인은 분할의 청구를 할 수 있다(법 제69조 제1항). 다만 위 경우에 다른 공유자에게 불이익을 줄 가능성이 있으므로, 다른 공유자는 상당한 대가를 지급하고 채무자의 지분을 취득할 수 있다(법 제69조 제2항).

7. 환 취 권

회생절차개시는 채무자에게 속하지 아니하는 재산을 채무자로부터 환취하는 권리에 영향을 미치지 아니한다(법 제70조). 환취권의 기초가 되는 권리는 소유권인 경우가 일반적이나 소유권에 한하지 않는다. 환취권을 행사함에 있어서 반드시 회생절차에 의할 필요는 없으나, 법원은 필요하다고 인정하는 때에는 관리인이 환취권을 승인하고자 하는 경우 법원의 허가를 받도록 할 수 있다(법 제61조 제1항 제8호). 환취권에 대한 자세한 설명은 '제8장 제3절' 참조.

제4절 다른 절차에 미치는 영향

회생절차개시결정이 있으면 파산 또는 회생절차개시의 신청과 회생채권 또는 회생담보권에 기한 채무자의 재산에 대한 강제집행·가압류·가처분 또는 담보권실행 등을 위한 경매(이하 이 절에서는 '회생채권 또는 회생담보권에 기한 강제집행 등'이라고 한다), 국세징수의 예에 의하여 징수할 수 있는 청구권으로서

시 후에 발생한 월차임은 개시 전 원인에 의한 것으로 볼 수 없고 개시 후 업무 및 재산의 관리·처분에 관한 비용청구권으로서 법 제179조 제1항 제2호 소정의 공익채권에 해당한다는 견해(회생사건실무 제3판 개정증보판, 360, 409면)와, ② 임차인인 회생채무자의 관리인이 법 제119조에 따라 쌍방미이행 쌍무계약인 임대차계약의 이행선택을 한 경우, 개시 전의 차임채권은 회생채권으로, 개시 후의 차임채권은 법 제179조 제1항 제7호 소정의 공익채권으로 보고, 관리인이 법 제119조의 해지권을 행사한 경우에는, 개시 전 차임채권은 회생채권으로, 개시 후 해지 전까지의 차임채권은 법 제179조 제1항 제2호의 공익채권으로, 해지 후의 부당이득반환청구권은 같은 항 제6호의 공익채권으로 보는 견해(서경환, "회사정리절차가 계약관계에 미치는 영향", 재판자료 제86집, 657면 이하) 등이 있다.

그 징수우선순위가 일반 회생채권보다 우선하지 아니한 것에 기한 체납처분을 할 수 없으며($_{제1항}^{법 제58조}$), 파산절차 및 채무자의 재산에 대하여 이미 행한 회생채권 또는 회생담보권에 기한 강제집행 등, 국세징수의 예에 의하여 징수할 수 있는 청구권으로서 그 징수우선순위가 일반 회생채권보다 우선하지 아니한 것에 기한 체납처분은 중지된다($_{제2항}^{법 제58조}$).

1. 파산 또는 회생절차 신청의 금지 및 절차의 중지 등

파산절차는 회생절차와 대립적인 목적을 가지고 있으므로, 회생절차개시결정이 있으면 파산을 신청할 수 없다. 또한 동일 채무자에 대하여 별개의 회생절차를 개시할 실익이 없으므로, 회생절차신청도 할 수 없다.

이미 진행하고 있는 파산절차는 중지된다. 다만 회생절차가 개시된 후에 회생절차가 폐지될 경우 다시 파산절차로의 이행이 가능한데, 이에 관하여는 뒤에서 설명하는 '제18장 제3절' 이하에서 자세히 다루기로 한다.

한편 개인 채무자의 경우에는 회생절차가 개시되었다 하더라도 제4편 개인회생절차를 신청하는 것은 가능하다. 개인 채무자에 대하여 개인회생절차가 개시되었을 경우에는 회생절차의 진행은 중지된다($_{600조}^{법 제}$).

2. 강제집행신청 등의 금지 및 절차의 중지

회생절차개시결정이 있으면, 회생채권 또는 회생담보권에 기하여 채무자의 재산에 대한 강제집행 등을 할 수 없으며, 채무자의 재산에 대하여 이미 행한 회생채권 또는 회생담보권에 기한 강제집행 등은 중지된다($_{제1항 \cdot 제2항}^{법 제58조}$).[53][54]

개시결정으로 인하여 금지되거나 중지되는 절차는 회생채권 또는 회생담보

---

53) 한편 원사업자에 대하여 회사정리절차가 개시된 경우 하도급거래 공정화에 관한 법률 제14조에 의한 수급사업자의 발주자에 대한 하도급대금 직접지급청구는 구 회사정리법 제67조 제1항이 금지하는 '회사재산에 대한 강제집행'에 해당하지 않는다는 것이 판례이다(대법원 2007. 6. 28. 선고 2007다17758 판결).

54) 대법원 2018. 11. 29. 선고 2017다286577 판결 참조(개개의 강제집행절차가 종료된 후에는 그 절차가 중지될 수 없는데, 부동산에 대한 금전집행은 매각대금이 채권자에게 교부 또는 배당된 때에 비로소 종료한다. 따라서 채무자 소유 부동산에 관하여 경매절차가 진행되어 부동산이 매각되고 매각대금이 납부되었으나 배당기일이 열리기 전에 채무자에 대하여 회생절차가 개시되었다면, 그 집행절차는 중지되고, 만약 이에 반하여 그 집행이 이루어졌다면 이는 무효이다. 이후 채무자에 대한 회생계획인가결정이 있은 때에 중지된 집행절차는 효력을 잃게 된다).

권에 기한 강제집행 등에 한하므로, 환취권 또는 공익채권에 기한 강제집행 등은 금지나 중지의 대상이 아니다. 다만 공익채권에 기한 강제집행 또는 가압류가 회생에 현저하게 지장을 초래하고 채무자에게 환가하기 쉬운 다른 재산이 있는 때나, 채무자의 재산이 공익채권의 총액을 변제하기에 부족한 것이 명백하게 된 때에는 법원은 직권 또는 관리인의 신청에 의하여 담보를 제공하거나 하지 아니하게 하고, 공익채권에 기한 강제집행 또는 가압류를 중지 또는 취소시킬 수 있다(^{법 제180조}_{제3항}). 공유물분할을 위한 경매(^{민법 제269조}_{제2항}), 자조매각금의 공탁을 위한 경매(^{민법}_{제490조}), 상사매각 등에 있어서의 자조매각에 의한 경매(_{제70조, 제109조}^{상법 제67조,}) 등도 금지·중지의 대상이 되지 아니한다.

다만, 담보권실행 등을 위한 경매절차에 동산 질권자의 질물에 의한 간이변제충당(^{민법 제338조}_{제2항}), 채권질의 직접청구(^{민법}_{제353조}), 상사채권을 위한 유질의 실행(^{상법 제59조,}_{민법 제339조})이 포함되는지 여부가 문제로 되나, 이러한 절차는 법 제58조의 규정을 기다리지 않고 법 제131조의 회생채권의 변제금지 효과로서 직접 그 채권을 실현하는 것이 금지된다고 볼 것이다.[55] 한편, 가등기담보권, 양도담보권[56]의 실행행위는 회생담보권에 기한 강제집행 등에 포함되므로 법 제58조에 의한 금지·중지의 대상이 된다.[57]

그리고 채무자의 재산에 대하여 행하는 것에 한하므로, 연대채무자·보증인·물상보증인 등 제3자의 재산에 대하여 행하는 것은 금지·중지되지 않는다.[58] 다만 채무자에 대하여 채무를 부담하는 자에 대한 압류·전부명령·추심

---

55) 한편, 대법원은, 동산의 소유권유보부 매매의 경우 유보된 소유권은 담보권의 실질을 가지고 있으므로 양도담보와 마찬가지로 매수인에 대한 회생절차에서 회생담보권으로 취급함이 타당하고 매도인은 그 동산에 대하여 환취권을 행사할 수 없다고 판시하였다(대법원 2014. 4. 10. 선고 2013다61190 판결 참조).

56) 대법원 2020. 12. 10. 선고 2017다256439, 256446 판결(회생절차개시결정이 있는 때에 금지되는 법 제58조 제2항 제2호의 '회생담보권에 기한 강제집행 등'에는 양도담보권의 실행행위도 포함된다. 채권이 담보 목적으로 양도된 후 채권양도인인 채무자에 대하여 회생절차가 개시되었을 경우 채권양수인인 양도담보권자가 제3채무자를 상대로 그 채권의 지급을 구하는 이행의 소를 제기하는 행위는 회생절차개시결정으로 인해 금지되는 양도담보권의 실행행위에 해당한다).

57) 법 제58조 제2항에 의하여 비전형담보권의 실행절차를 중지하는 경우 그 중지절차에 대하여, 가등기담보권에 관하여는 실행통지(가등기담보 등에 관한 법률 제3조)에 의한 실행절차의 개시부터 청산완료시까지 사이에 채무자가 회생절차개시사실을 가등기담보권자에게 알리는 방법 등으로 실행절차를 중지시키고, 양도담보도 이에 준하는 방법으로 중지시키면 된다는 견해로는, 임채홍·백창훈(상), 406면; 조재건, "도산절차와 소송절차·강제집행·보전처분", 재판실무연구(2001), 광주지방법원, 80-82면 참조.

58) 서울중앙지방법원 2013회합44 (주)케이제이산업개발 사건에서, '채무자 소유 부동산에 관하여 근저당권이 설정되고 위 부동산이 신탁회사에 신탁된 후 채무자에 대한 회생절차가 개시된 다음 신탁해지를 원인으로 하여 위 부동산의 소유권이 채무자에게 복귀되는 경우 회생절차개시 이전에 진행 중이던 위 근저당권에 기한 경매절차가 개시결정의 효과로 중지되는지 여부'가 쟁

명령은 채무자의 재산에 대한 강제집행이므로, 역시 금지·중지된다. 채무자의 재산에 대하여 행하는 것에 한하므로, 채무자의 인격적 활동의 면에 대하여 행하여지는 가처분, 예컨대 이사의 직무집행정지 또는 직무대행자선임 가처분 등은 금지·중지의 대상이 되지 않는다.

3. 체납처분 등의 금지 및 중지

회생절차개시결정이 있는 때에는 ① 회생절차개시결정이 있는 날부터 회생계획인가가 있는 날까지, ② 회생절차개시결정이 있는 날부터 회생절차가 종료되는 날까지, ③ 회생절차개시결정이 있는 날부터 2년이 되는 날까지 중 말일이 먼저 도래하는 기간 동안 회생채권 또는 회생담보권에 기한 채무자의 재산에 대한 국세징수법 또는 지방세징수법에 의한 체납처분, 국세징수의 예에 의하여 징수할 수 있는 청구권으로서 그 징수우선순위가 일반 회생채권보다 우선하는 것에 기한 체납처분과 조세채무담보를 위하여 제공된 물건의 처분은 할 수 없으며, 이미 행한 처분은 중지된다. 이 경우 법원은 필요하다고 인정하는 때에는 관리인의 신청에 의하거나 직권으로 1년의 범위 안에서 그 기간을 늘일 수 있

점이 되었다. 이에 대하여 ① 법 제58조 제2항 제2호에 기하여 중지되는 강제집행은 법문상 '회생절차개시 당시 채무자의 재산'에 실행 중인 것을 의미하고, ② 개시 이후에 채무자의 재산이 된 것에 대한 강제집행이 일반적으로 중지된다고 해석한다면 강제집행을 막기 위한 방편으로 악용될 소지가 있으며, ③ 위와 같은 경우의 강제집행은 위 제2호 소정의 '회생채권 또는 회생담보권에 기한' 강제집행으로 보기 어렵다는 등의 이유로 경매절차가 중지되지 않는다고 해석하여야 한다는 견해와 ① 법 제58조 제2항 제2호는 '채무자의 재산'을 개시 당시의 채무자 재산으로 한정하지 않고 있고, ② 처음부터 물상보증인의 재산에 담보권이 설정된 경우와 달리 당초 채무자의 재산에 담보권이 설정되었던 위와 같은 경우에는 회생절차개시 후 신탁해지로 채무자에게 소유권이 복귀되면 경매절차가 중지된다고 하여도 불합리한 결과라고 볼 수 없으며, ③ 신탁재산이 중요한 영업재산인 경우 채무자가 이를 이용하여 사업을 계속하는 것이 근저당권자나 신탁의 우선수익권자들에게도 유리할 수 있다는 등의 이유로 경매절차가 중지된다고 해석하여야 한다는 견해가 대립하였는데, 서울중앙지방법원은 경매절차가 중지되지 않는다는 입장에서 관리인의 신탁해지 허가신청을 불허하였다. 대법원은 신탁자가 그 소유의 부동산에 채권자를 위하여 저당권을 설정하고 저당권설정등기를 마친 다음, 그 부동산에 대하여 수탁자와 부동산 신탁계약을 체결하고 수탁자 앞으로 신탁을 원인으로 한 소유권이전등기를 해 주어 대내외적으로 신탁부동산의 소유권이 수탁자에게 이전하였는데, 그 후 신탁자에 대한 회생절차가 개시된 사안에서, 채권자가 신탁부동산에 대하여 갖는 저당권은 법 제250조 제2항 제2호의 '채무자 외의 자가 회생채권자 또는 회생담보권자를 위하여 제공한 담보'에 해당하여 회생계획이 여기에 영향을 미치지 않고, 또한 회생절차에서 채권자의 권리가 실권되거나 변경되더라도 이로써 실권되거나 변경되는 권리는 채권자가 신탁자에 대하여 가지는 회생채권 또는 회생담보권에 한하고, 수탁자에 대하여 가지는 신탁부동산에 관한 담보권과 그 피담보채권에는 영향이 없다고 하면서 이는 회생계획에 대한 인가결정 후 신탁부동산이 신탁계약의 해지로 다시 신탁자에게 소유권이 귀속되었다고 하더라도 달리 볼 수 없다고 판시한 바 있다(대법원 2017. 11. 23. 선고 2015다47327 판결).

다(^{법 제58조}_{제3항}). 한편, 국세징수의 예에 의하여 징수할 수 있는 청구권으로서 그 징수우선순위가 일반 회생채권보다 우선하지 아니하는 것에 기한 체납처분은 일반회생채권에 기한 강제집행 등과 마찬가지로 금지 또는 중지된다(^{법 제58조 제1항}_{제3호, 제2항 제3호}).

금지되거나 중지되는 처분은 회생채권 또는 회생담보권인 조세 등의 청구권에 기한 채무자의 재산에 대한 것이므로, 공익채권인 조세 등의 청구권에 기한 처분은 금지·중지의 대상이 아니다. 조세 등의 청구권이 회생채권·회생담보권인지 공익채권인지 여부는 회생절차개시 전의 원인으로 생긴 청구권인지 여부에 따라 결정되나, 조세청구권 중 원천징수하는 조세[다만 법인세법 제67조(소득처분)의 규정에 의하여 대표자에게 귀속된 것으로 보는 상여에 대한 조세는 원천징수된 것에 한한다], 부가가치세·개별소비세·주세, 본세의 부과징수의 예에 따라 부과징수하는 교육세 및 농어촌특별세, 특별징수의무자가 징수하여 납부하여야 하는 지방세의 각 조세 중 회생절차개시 당시 아직 납부기한이 도래하지 아니한 것은 공익채권이다(^{법 제179조}_{제1항 제9호}).⁵⁹⁾

일반 회생채권보다 우선하는 조세 등의 청구권에 기한 체납처분 등은 회생계획의 인가가 있거나 개시결정한 날로부터 2년을 경과하면 당연히 그 절차를 속행할 수 있다. 따라서 회생계획에 대한 인가결정이 있은 후 채무자가 납부하지 않았던 이른바 회생채권인 체납세금에 대하여 한 국세징수법에 의한 압류처분은 적법하다. 그러나 회생계획안을 작성함에 있어서는 조세채권에 대하여도 기한의 유예를 정하는 것이 일반적이므로, 이러한 기한의 유예가 규정되어 있을 경우에는 그 유예된 변제기까지는 체납처분 등의 절차가 속행되지 않는다(자세한 사항은 '제9장 제2절 6.' 참조).⁶⁰⁾

---

59) 구 회사정리법하에서 정리절차개시 전에 발생하여 정리회사가 납부한 부가가치세에 대하여 세무서에서 심사한 결과 일부 신고오류로 인한 미납액을 발견하고 개시 후 경정하여 부과한 경우, 이를 개시 후 납부기한이 도래한 것으로 보고 공익채권으로 취급한 예가 있었는데, 대법원 2012. 3. 22. 선고 2010두27523 전원합의체 판결은, 다수 이해관계인의 법률관계를 조절하는 회생절차의 특성상 회생채권과 공익채권은 객관적이고 명확한 기준에 의하여 구분되어야 하는데, 과세관청의 의사에 따라 공익채권 해당 여부가 좌우되는 결과를 가져오는 해석은 회생절차의 취지에 부합하지 않고 조세채권이 갖는 공공성을 이유로 정당화되기도 어렵다는 이유로, 법 제179조 제1항 제9호의 '납부기한'은 '지정납부기한'이 아니라 '법정납부기한'으로 보아야 한다고 판시하였다.

60) 대법원 2012. 7. 12. 선고 2012다23252 판결(정리계획이 정한 징수의 유예기간이 지난 후 정리채권인 조세채권에 기하여 이루어진 국세징수법에 의한 압류처분은 적법하다고 판시한 사례) 참조.

4. 절차의 금지 · 중지 등의 효력과 그 기간

강제집행 등 신청이 금지되는 절차가 새로이 신청된 경우에는 부적법하므로 각하하여야 하고, 이에 위반되어 개시된 절차는 그 본래의 효력을 발생시킬 수 없으므로 무효이다.[61] 이미 행한 절차의 중지는 개시결정에 의하여 당연히 중지되는 것이고, 법원의 재판을 기다려 중지되는 것은 아니다. '절차의 중지'라 함은 진행되던 절차가 그 시점에서 중지되고 그 속행이 허용되지 아니함을 뜻하고, 그 이상의 효력은 없다.

회생절차의 개시는 집행장애사유에 해당하고 집행장애사유의 존재는 집행기관의 직권조사사항이므로,[62] 집행기관은 채무자에 대하여 회생절차개시결정이 있은 사실을 발견한 때에는 개시결정 정본의 제출 등을 기다릴 필요 없이 직권으로 이미 집행되고 있는 집행절차를 정지하여야 한다.[63] 집행기관은 그 이후 집행행위를 하지 않고 현상을 유지하면 된다.[64] 집행법원은 집행개시 전에 회생절차가 개시된 경우에는 집행의 신청을 각하 또는 기각하여야 하고, 집행장애사유가 존재함에도 간과하고 집행절차를 개시한 다음 이를 발견한 때에는 이미

---

61) 대법원 2016. 6. 21. 자 2016마5082 결정. 아울러 위 결정은 위와 같이 무효인 보전처분이나 강제집행 등은 사후적으로 회생절차폐지결정이 확정되더라도 여전히 무효라고 보아야 한다고 판시하였다.

62) 민사집행(Ⅰ), 248면.

63) 포괄적 금지명령 및 회생절차개시결정의 경우 '집행의 일시정지를 명한 취지를 적은 재판'에 해당한다고 볼 수 없고, 그 강제집행 정지의 효력은 법률의 규정에 따라 발생하는 것으로서 법정 집행장애사유에 해당하므로, 별도로 그 정본을 제출하지 않더라도 집행법원에 대하여 당연히 그 효력이 미친다는 판시로는, 서울고등법원 2013. 6. 28. 선고 2013나12442 판결 참조. 대법원 2015. 4. 9. 선고 2014다229832 판결도 같은 취지이다[이 판결의 구체적 사안은 다음과 같다. ① 원고는 2011. 9. 15. 우림건설 주식회사(이하 '우림건설'이라고 한다)가 피고와 우림건설산업 주식회사(이하 '우림건설산업'이라고 한다)에 가지는 공사대금채권에 대하여 가압류결정을 받았다. ② 원고는 2012. 5. 29. 판결정본에 기하여 위 가압류를 본압류로 이전하는 채권압류 및 전부명령을 받았고, 이 사건 전부명령은 2012. 5. 31. 피고에게 송달되었다. ③ 한편 우림건설은 2012. 6. 1. 회생절차개시신청을 하여 2012. 6. 4. 포괄적 금지명령이 내려졌고, 그 명령이 같은 날 우림건설에 송달되었다. ④ 이 사건 전부명령은 2012. 6. 8. 우림건설에 송달되었다. ⑤ 위 회생절차에서 2012. 6. 11. 회생절차개시결정이 내려지고, 2012. 11. 29. 회생계획인가결정이 내려졌다. 이와 같은 사안에서, 원심(서울고등법원 2014. 10. 15. 선고 2013나2024304 판결)은, 이 사건 전부명령이 채무자인 우림건설에 송달되기 전에 이미 포괄적 금지명령이 우림건설에 송달되었으므로, 이 사건 전부명령은 포괄적 금지명령에 의하여 확정이 차단되어 그 절차가 중지된 후 회생절차개시결정에 의하여 그 중지 상태가 유지되다가 회생계획인가결정에 의하여 그 효력이 발생할 수 없게 되었다고 판단하였고, 대법원은 이를 수긍하였다].

64) 강제집행의 종료시기는 유체동산·부동산에 대한 금전집행은 압류금전 또는 매각대금을 채권자에게 교부 또는 배당한 때, 채권에 대한 추심명령의 경우에는 채권자가 추심완료를 신고하였을 때, 전부명령의 경우에는 그 명령이 확정된 때이다. 민사집행(Ⅰ), 237면 참조.

한 집행절차를 직권으로 취소하여야 한다.[65] 집행장애사유가 있음에도 불구하고 집행기관이 집행을 개시하거나 집행을 정지하지 아니하고 집행처분을 한 경우에는 이해관계인은 가압류·가처분 결정에 대한 이의신청 또는 집행에 관한 이의신청·즉시항고를 하여 그 취소를 구할 수 있다.[66]

　회생계획인가결정이 있은 때에는 중지된 파산절차·강제집행·가압류·가처분·담보권실행 등을 위한 경매절차는 그 효력을 잃는다(법 제256조 제1항).[67][68] 다만 이 때 효력을 잃은 파산절차에서의 재단채권(법 제473조 제2호 및 제9호에 해당하는 조세 등의 청구권·부조료 등 제외)은 공익채권으로 된다(법 제256조 제2항).

　회생계획인가결정 전에 회생절차폐지 또는 회생계획불인가의 결정이 확정된 경우 중지된 절차가 당연히 속행되나, 만일 법원이 파산을 선고한 경우(법 제6조 제2항), 파산절차에서 파산채권에 기하여 파산재단에 속하는 재산에 대하여 한 강제집행·가압류·가처분은 파산재단에 대하여는 그 효력을 잃게 되므로(법 제348조 제1항 본문),[69] 중지 중인 절차가 파산절차에서 파산채권으로 보게 되는 회생채권에 기하여 한 강제집행·가압류·가처분인 경우라면 당연히 속행에 관한 규정은 무의미하게 된다. 다만 파산관재인은 파산재단을 위하여 강제집행절차를 속행할 수 있다(법 제348조 제1항 단서).

---

65) 대법원 2000. 10. 2. 자 2000마5221 결정.

66) 민사집행(Ⅰ), 273면. 같은 취지에서 대법원은, 포괄적 금지명령이 채무자에게 송달된 후 발령된 채권 추심 및 처분금지 가처분에 대하여 채무자가 집행취소신청을 하였으나 집행법원이 집행취소결정을 하지 아니하였고 이에 채무자가 위 집행법원의 처분에 대한 이의를 한 사안에서, 위 가처분은 포괄적 금지명령에 반하여 이루어진 것이어서 무효이므로, 집행법원으로서는 신청인의 집행취소신청에 따라 집행을 취소하였어야 한다고 판시하였다(대법원 2016. 6. 21. 자 2016마5082 결정).

67) 일반 회생채권보다 우선하는 조세 등의 청구권에 기한 체납처분 등은 법 제256조 제1항이 적용되지 아니하므로 실효되지 아니한다. 한편, 법 제256조 제1항 본문 및 단서는 국세징수의 예에 의하여 징수할 수 있는 청구권으로서 일반 회생채권보다 우선하지 아니하는 것에 기한 체납처분 등이 회생계획의 인가결정에 의하여 효력을 상실하는지 여부에 관하여 아무런 규정을 하지 않고 있어 견해가 대립되나, 법이 명시적으로 열거하지 않고 있는 이상 실효된다고 보기는 어렵고, 다만 중지된 상태에서 법 제58조 제5항에 의해 취소할 수 있다고 봄이 타당하다(체납처분 실효에 관하여는 '제9장 제2절 6. 다. 3)', 체납처분 취소에 관하여는 '제6장 제4절 5. 나.' 각 참조).

68) 한편, 회생채권에 관하여 회생절차개시 이전부터 회생채권 또는 회생담보권에 관하여 집행권원이 있었다 하더라도, 회생계획인가결정이 있은 후에는 법 제252조에 의하여 모든 권리가 변경·확정되고 종전의 회생채권 또는 회생담보권에 관한 집행권원에 의하여 강제집행 등은 할 수 없으며, 회생채권자표와 회생담보권자표의 기재만이 집행권원이 된다(대법원 2017. 5. 23. 자 2016마1256 결정).

69) 반면, 국세징수법 또는 지방세징수법에 의하여 징수할 수 있는 청구권(국세징수의 예에 의하여 징수할 수 있는 청구권으로서 그 징수우선순위가 일반 파산채권보다 우선하는 것을 포함한다)에 기한 체납처분의 경우에는 파산절차로 이행되더라도 파산선고에 의하여 그 속행을 방해받지 않는다(법 제349조 제1항).

신청금지의 효력이 지속되는 기간은 회생절차의 종료시까지이다($^{법 제292조,}_{제2항}$). 따라서 회생절차가 종료되지 아니한 경우에는 회생채권 등이 회생계획인가결정으로 권리변경이 확정된 후 채무자가 변제기에 이를 변제하지 아니하여도 강제집행 등을 신청할 수 없다.

5. 절차의 속행 또는 취소 명령[70]

가. 속행명령

법원은 회생에 지장이 없다고 인정하는 때에는 관리인이나 법 제140조 제2항의 청구권[국세징수법 또는 지방세징수법에 의하여 징수할 수 있는 청구권(국세징수의 예에 의하여 징수할 수 있는 청구권으로서 그 징수우선순위가 일반 회생채권보다 우선하는 것을 포함)]에 관하여 징수의 권한을 가진 자의 신청에 의하거나 직권으로 중지한 절차 또는 처분의 속행을 명할 수 있다($^{법 제58조,}_{제5항}$).

신청은 관리인이나 조세 등의 청구권에 관하여 징수의 권한을 가진 자만이 할 수 있으므로, 일반 회생채권자와 회생담보권자는 이러한 신청을 할 자격이 없다.

조세 등의 청구권에 기한 체납처분이나 담보물권의 처분을 속행한 경우에는 목적물을 환가하여 얻은 금전은 조세 등의 청구권의 만족에 충당할 수 있고, 체납처분에 의한 압류를 당한 채무자의 채권(압류의 효력이 미치는 채권을 포함)에 관하여 그 체납처분의 중지 중에 제3채무자가 징수의 권한을 가진 자에게 임의로 이행하는 경우에도 그러하나, 일반 회생채권·회생담보권에 의한 강제집행이나 경매절차를 속행하는 경우에는 회생채권 등에 대한 회생절차에 의하지 아니한 변제가 금지됨에 따라 속행 절차에 의하여 얻은 금전이 있어도 법원의 허가를 받지 아니하는 한 그 채권의 변제에 충당할 수 없다($^{법}_{제131조}$).

법 제58조 제5항에 의하여 속행된 절차 또는 처분에 관한 채무자에 대한 비용청구권은 공익채권으로 된다($^{법 제58조,}_{제6항}$).

---

70) 개시결정 후 체납처분 등에 대한 속행명령이나 취소명령에 관하여 법 제58조 제5항 본문 전단은 같은 조 제2항만을 인용하고 있어 "국세징수의 예에 의하여 징수할 수 있는 청구권으로서 그 징수우선순위가 일반 회생채권보다 우선하지 아니하는 청구권"만을 대상으로 하고 있는 듯이 보인다. 그러나 법 제58조 제5항 본문 전단이 그 규정 대상으로서 "국세징수의 예에 의하여 징수할 수 있는 청구권으로서 그 징수우선순위가 일반 회생채권보다 우선하는 청구권"을 포함하는 규정인 제140조 제2항을 인용하고 있는 점 등에 비추어 법 제58조 제5항 본문 전단에서 인용하는 '제2항'은 '제2항·제3항'의 오기라고 보인다. 또한 법 제58조 제5항 본문 후단에서 인용하는 '제2항' 역시 종전 구 회사정리법 및 현행법의 제반 규정을 종합하면 '제2항·제3항'의 오기라고 보아야 한다.

한편, 법원은 파산절차의 속행을 명할 수 없다($^{법}_{제5항}{}^{제58조}_{단서}$).

속행명령에 대하여는 즉시항고를 할 수 없다($^{법}_{제1항}{}^{제13조}$).

나. 취소명령

법원은 회생을 위하여 필요하다고 인정하는 때에는 관리인의 신청에 의하거나, 직권으로 담보를 제공하게 하거나, 제공하게 하지 아니하고 중지한 절차 또는 처분의 취소를 명할 수 있다($^{법}_{제5항}{}^{제58조}$).[71]

'회생을 위하여 필요하다고 인정하는 때'라 함은 회생계획인가 전에 그 절차의 대상이 된 재산(유휴부동산 등)을 관리인이 환가하여 운전자금으로 하거나, 집행관이 점유하는 동산(원재료·기계 등)을 사업의 계속을 위하여 채무자에게 가지고 올 필요가 있는 경우 등이다. 취소명령이 있으면, 그 대상이 되었던 절차는 소급하여 효력을 잃고, 압류 등의 효력도 소멸한다.

실무에서는 매출채권이나 원자재에 대한 가압류 등 강제집행과 체납처분 등에 대하여는 채무자가 당해 매출채권이나 원자재 등을 이용할 수 없어 채무자의 정상적 운영에 방해가 된다고 보아 취소명령을 발하는 경우가 많고, 부동산에 대한 가압류 등 강제집행은 그 부동산의 처분시 필요에 따라 취소하면 충분하므로 이를 처분하기 전에는 관리인으로 하여금 취소명령신청을 하지 않도록 유도하고 있다.

다만 체납처분의 경우는 회생계획인가결정이 있더라도 다른 강제집행 등의 경우와 달리 효력이 소멸되지 않는데($^{법}_{제1항}{}^{제256조}_{참조}$), 특히 법 제58조 제3항 기재 체납처분의 경우 회생계획인가결정이 있게 되면 당연히 속행하게 되어 더 이상 같은 항의 규정에 의하여 중지한 처분으로 볼 수 없으므로, 그 취소는 회생계획인가의 결정이 있기 전까지만 가능하다는 점을 주의해야 하고, 파산절차로 이행하는 경우에도 파산선고가 법 제58조 제3항 기재 체납처분의 속행을 방해하지 아니하며($^{법}_{제1항}{}^{제349조}$), 체납처분이 이루어진 조세는 압류선착주의 및 법정기일 선후 등의 비교에 의하여 실체법적으로 담보권과 권리의 우선순위를 다투는 담보권 유사의 법적 지위를 갖고 있으므로,[72] 체납처분의 취소[73]에 있어서는 일반 회

---

71) 참고로, 개시결정 전에는 '중지된 회생채권 또는 회생담보권에 기한 강제집행 등'에 대한 취소명령을 할 수 있으나, 체납처분에 대하여는 명문의 규정이 없으므로 취소명령을 할 수 없다(법 제44조 제4항 참조).

72) 국세기본법 제35조, 제36조, 지방세기본법 제71조, 제73조 등.

73) 대법원 2004. 1. 12. 자 2001그22 결정. 서울중앙지방법원은 2014회합146 동아건설산업(주) 사건에서 다수의 체납처분을 취소하였다.

생채권에 기한 강제집행 등의 취소보다 좀 더 신중한 검토가 필요하다(체납처분 취소결정례는 [별지 18] 참조).

한편 법원은 파산절차의 취소를 명할 수 없다(법 제58조 제5항 단서).

취소명령에 대하여는 즉시항고를 할 수 없다(법 제13조 제1항).

제5절 지급결제제도 등에 대한 특칙

1. 입법의 필요성

금융거래 중에는 일정한 결제체계 하에서 지급(payment)과 청산(clearing)이 이루어지는 것이 있는데, 이러한 결제체계는 내부적인 규칙에 따라 지급과 청산을 하며, 복수의 당사자들은 그런 결제체계를 신뢰하고 거래를 하게 된다. 그러한 결제체계의 예로는 통화결제제도·증권결제제도, 그리고 정형화된 금융결제제도를 들 수 있다.

이러한 결제체계 내에서 거래하는 당사자 중 일부에 대한 도산절차가 진행되면 권리행사의 중지, 부인권 행사, 미이행 쌍무계약의 선택 등 도산법의 특이한 규정들이 적용될 수밖에 없게 되는데, 그렇게 되면 결제체계 자체가 붕괴될 위험이 있다. 따라서 각국은 이러한 결제체계를 도산법의 적용에서 배제하는 특별입법을 두고 있으나, 구 회사정리법과 파산법에는 그러한 내용이 없어 우리나라의 금융거래에 대한 국제적 신인도에 부정적인 영향을 미쳤다.[74]

이에 금융시스템의 위험을 방지하고 국제금융환경과의 정합성을 고려하여 구 파산법·회사정리법에서의 의문점을 해소하고, 입법으로 이를 명확히 하기 위하여 회생절차에 대하여 금융거래에 관한 특칙인 법 제120조가 신설되었다.[75] 입법과정에서 특별법의 제정을 주장하는 견해와 채무자 회생 및 파산에 관한 법률에 포함시키자는 견해가 있었으나 법은 후자를 택하였다.[76] 법 제120조는 3

---

74) 오수근, "통합도산법의 과제와 전망(Ⅰ)", 저스티스 통권 제85호, 한국법학원, 14-15면.

75) 파산절차에 관하여는 법 제336조가 회생절차에 관한 법 제120조를 준용하도록 규정하고 있다. 이하 구별하여 설명하는 경우를 제외하고 '회생절차 등'이라 표시한다.

76) 이 점에 관한 외국의 입법례는 특별법을 제정하는 방식과 파산법에 규정하는 방식이 있다. 일본은 금융기관 등의 특정금융거래에 관하여 도산절차에서도 일괄정산을 허용하는 특별법을 제정하였다가 이를 그대로 유지하면서 2004. 6. 2. 개정된 파산법에 일괄정산을 허용하기 위하여 미이행 쌍무계약에 관한 제58조의 내용을 개정하였다. 미국은 특별법에서 규정하다가 1990년 파산법을 개정하였다.

개 항으로 구성되어 있다. 제1항은 지급결제제도, 제2항은 금융상품청산결제제도, 제3항은 장외금융상품 거래를 그 대상으로 하고 있다.[77]

2. 법 제120조 제1항의 거래(지급결제제도)

가. 조문의 내용

지급결제의 완결성[78]을 위하여 한국은행총재가 금융위원회와 협의하여 지정한 지급결제제도의 참가자에 대하여 회생절차가 개시된 경우, 그 참가자에 관련된 이체지시 또는 지급 및 이와 관련된 이행, 정산, 차감, 증거금 등 담보의 제공·처분·충당 그 밖의 결제에 관하여는 이 법의 규정에도 불구하고 그 지급결제제도를 운영하는 자가 정한 바에 따라 효력이 발생하며, 해제, 해지, 취소 및 부인의 대상이 되지 아니한다.

나. 지급결제제도의 의의

지급결제(settlement)라 함은 증권매매 등 원인이 되는 실물거래 또는 금융거래 이후에 이루어지는 자금에 대한 이체와 증권에 대한 대체를 통한 계약이행의 종결절차를 의미한다. 즉 실물거래 및 금융거래 등 각종 경제활동에 따라 발생하는 거래 당사자 사이의 채권채무 관계를 화폐적 가치의 이전을 통하여 청산하는 행위를 말한다.[79] 이러한 지급결제를 가능하게 하는 운영조직을 지급결제제도라 한다. 협의의 지급결제제도는 원인거래가 아닌 결제지시의 이행과정이라는 점에서 증권의 매매라는 원인거래에서 발생하는 채무의 인수를 통한 이행과정인 청산과 구별된다.

---

77) 과거 자본시장에 대한 규제는 구 증권거래법·선물시장법·간접투자자산 운용업법·신탁업법 등으로 산재되어 있었는데, 자본시장의 주요 법령들을 통합하고, 각종 금융투자업무의 영위주체들을 금융투자업자로 일원화한 자본시장과 금융투자업에 관한 법률이 2007. 7. 8. 3. 공포되어 2009. 2. 4.부터 시행되고 있다. 금융기관별로 산재해 있던 금융관련 업무의 기능별 분류에 관하여는, 한국증권법학회, 자본시장법 주석서(Ⅰ), 박영사, 35-38면 참조.

78) 결제완결성(Settlement Finality) 보장이란 지급결제시스템을 통해 이루어지는 지급지시·청산·결제가 참가기관의 파산 등의 상황이 발생하더라도 취소되지 않고, 해당 지급결제시스템의 운영규칙에 따라 무조건적으로 이루어지도록 하는 것을 의미한다. 한국은행, 한국의 지급결제제도(2014), 112면.

79) 이은재, "통합도산법에서의 결제완결성보호조항", 도산법상 결제시스템의 보호, 이화여대 도산법센터(2004), 6면. 결제는 경제활동에 수반하여 생긴 채권채무를 대가의 이전에 의하여 해소하는 것으로서 안정성과 효율성이 강조되는 경제학상의 공공정책적인 개념이다. 久保田 隆, "資金決濟システムの法的課題", 私法 제66호(2004), 有斐閣, 156면.

다. 지급결제제도의 종류[80]

1) 결제방법에 따른 분류

지급결제제도는 지급될 자금총액이 실시간에 결제되는 실시간 총액결제제도(Real Time Gross Settlement : RTGS)와 지급될 다수의 자금을 차감계산하여 차액만을 결제하는 차액결제제도 및 양자의 중간 형태로서 각종 복합시스템이 있다.[81]

총액결제제도는 지급지시의 결제가 실시간 건별로 완결되고 청산과정 없이 지급에서 바로 결제과정으로 이어지므로 신속하게 처리할 수 있어 신용위험을 근본적으로 제거할 수 있는 장점이 있으나, 결제할 금액이 거액으로 은행의 일시적 유동성 부족으로서 시스템이 원활하게 운영되지 못할 수 있다. 한국은행은 1994년 12월부터 우리나라 유일의 거액결제시스템인 한국은행금융결제망('한은금융망,' BOK-Wire, 실시간 총액결제방식)을 구축·운영하다가 2009년 4월부터 기존 한은금융망이 사용하던 실시간 총액결제방식 외에 상계결제 기능이 추가된 혼합형결제방식을 도입하였고(BOK-Wire+) 2020년 10월 결제방식 개선(유동성절감결제방식 중 양자간 동시처리를 폐지하고 다자간 동시처리의 실행주기를 단축), 결제계좌 정비(결제전용예금계좌 폐지, 결제전용당좌예금계좌 추가 개설), 증권대금동시결제 효율성 제고, 지급결제정보시스템 확충 등을 주요 내용으로 하는 차세대 한은금융망을 운영하고 있다.

이에 반하여 차액결제제도는 결제금액을 줄일 수는 있으나, 결제시간이 실시간으로 이루어지지 아니하므로[82] 신용위험에 노출되는 단점이 있다. 신용위험을 줄이기 위하여 신용한도의 설정, 사전담보의 징구 및 손실부담제도를 마련하고 있다. 은행공동망의 결제제도와 한국거래소와 한국예탁결제원이 공동으로 운영하는 유가증권 및 코스닥 시장결제제도는 유가증권 및 코스닥 시장의 참가기관인 금융투자업자·은행의 다자간 차액결제방식이다.

---

80) 우리나라의 지급결제제도에 관하여는 한국은행, "2021년도 지급결제보고서(2022. 4.)", 2022. 5. 30. 자 검색 한국은행 홈페이지 "금융안정>지급결제" 부분 참조.

81) 정순섭, "증권 선물 결제시스템의 보호방안", 도산법상 결제시스템의 보호방안, 이화여대 도산법센터(2004. 11. 17.), 20면.

82) 전자금융공동망 등 국내 소액결제시스템의 경우 참가기관 사이의 차액결제는 대고객 거래일의 다음 영업일 11:00에 이루어지므로 참가기관들은 거래발생시점부터 다음 영업일 차액결제시점까지 신용위험에 노출되어 있다.

2) 운영주체에 따른 분류

운영주체에 따라 중앙은행결제제도와 민간결제제도로 구분할 수 있다. 먼저 우리나라의 지급결제제도는 자금결제제도·증권결제제도·외환결제제도로 구분할 수 있으며, 이를 다시 중요도에 따라 핵심·중요·기타 3가지로 구분할 수 있다. 핵심지급결제제도 중 한국은행과 금융기관 또는 금융기관 간 자금거래를 처리하는 한은금융망이 중앙은행결제제도이다.

민간결제제도는 민간기관(은행연합회·청산기구 등)이 소유·운영하는 결제제도이다. 우리나라에는 금융결제원이 운영하는 은행공동망(CD 공동망·타행환공동망·전자금융공동망 등)과 어음교환제도 등 11개와 기타 민간기관이 운영하는 신용카드결제제도·모바일결제제도·전자화폐결제제도 등이 있고, 한국거래소와 한국예탁결제원이 운영하는 유가증권시장결제제도·코스닥시장결제제도 등이 있다.

그 외 CLS 은행(Continuous Linked Settlement Bank International)[83]이 운영하는 외환동시결제제도(CLS 시스템)가 있다.

3) 대상거래에 따른 분류

가) 거액결제제도와 소액결제제도   고액의 자금을 취급하는 제도를 거액결제제도라 하고, 소액자금을 대량으로 취급하는 제도를 소액결제제도라 한다. 금융기관 간 자금거래·국채의 매매대금지급·외환거래 등이 거액결제제도를 통하여 결제되고, 신용카드·수표·계좌이체·지로 등이 소액결제제도를 통하여 결제된다.

나) 증권결제제도   증권결제제도는 증권이 거래된 이후 증권을 인도하고 대금을 지급함으로써 거래쌍방이 채권과 채무를 이행하여 거래를 완결시키는 지급결제제도이다.

증권결제 관련기관으로는 청산기관·중앙예탁기관 및 결제은행이 있다. 청산기관은 매매확인과 거래 당사자 간 증권과 대금에 대한 채권과 채무의 내용을 산정하는 청산업무를 담당하는 기관이다. 일부 청산기관은 증권시장에서 체결된 계약의 매도자에 대해서는 매수자 역할을, 매수자에 대하여는 매도자 역할을 수행하기도 하는데, 이러한 경우 청산기관을 중앙거래당사자(Central Counter-

---

83) 외환결제리스크 감축에 관한 국제결제은행(BIS)의 권고에 따라 1999년 주요 국제상업은행들이 세계 외환거래의 동시결제를 구현할 목적으로 미국 뉴욕에 설립한 국제외환결제전문은행이다. 한편 CLS(Continuous Linked Settlement)란 동 시간대 중 CLS은행 내 결제회원 계좌 간 가상결제와 각 통화별 중앙은행에 개설된 결제회원과 CLS은행 계좌 간 실제 자금이체(자금납입 및 지급)가 연속적(Continuous)으로 연계(Linked)되어 일어남을 의미한다.

party : CCP)라 한다. 중앙예탁기관은 고객으로부터 유가증권을 집중 예탁받아 증권의 인도나 질권 설정 등의 권리이전을 실물증권의 인도가 아닌 예탁자계좌부상의 기재(계좌대체, book entry)에 의하여 처리하는 기관이다. 우리나라에서는 유가증권의 집중예탁과 계좌 간 대체 업무를 담당하고 있는 한국예탁결제원(자본시장과 금융투자업에 관한 법률 제294조 제1항)이 이에 해당한다. 결제은행은 증권거래와 관련된 대금의 결제를 처리하는 기관으로 중앙은행 또는 상업은행이 이에 해당한다. 요약하면 증권대체는 한국예탁결제원이 담당하지만, 자금지급결제는 원칙적으로 한은금융망 또는 은행공동망을 이용한다.

〈표 6-1〉 우리나라의 지급결제제도

구 분	운영기관	시스템
거액결제시스템	한국은행	한국은행금융결제망
소액결제시스템*	금융결제원	어음교환시스템
		지로시스템
		은행공동망 - 현금자동인출기(CD)공동망 - 타행환공동망 - 지방은행공동망 - 자금관리서비스(CMS)공동망 - 직불카드공동망 - 전자화폐(K-CASH)공동망 - 전자금융공동망
		전자상거래 지급결제시스템 - B2B(기업간) 전자상거래 결제시스템 - B2C(기업개인간)전자상거래 결제시스템
증권결제시스템	한국거래소 한국예탁결제원	유가증권시장결제시스템
		코스닥시장결제시스템
	한국거래소	파생상품시장결제시스템
	한국예탁결제원	채권기관투자자결제시스템
		주식기관투자자결제시스템
		기관간RP(환매조건부채권매매)결제시스템
외환결제시스템	CLS 은행	CLS (외환동시결제)시스템

* 금융결제원이 운영하는 소액결제시스템 이외에 신용카드사가 운영하는 신용카드결제시스템, 이동통신회사가 운영하는 모바일결제시스템, 전자화폐 발행기관이 운영하는 전자화폐결제시스템 등 다양한 소액결제시스템이 생겨나고 있다.

증권결제제도는 대금이체와 증권대체가 필요하고, 결제의 대상이 돈이 아니라 증권으로서 다양하고, 근거법규가 상이하며, 더구나 중앙거래당사자(Central Counterparty : CCP)가 개입하게 되므로 결제절차가 자금결제보다 복잡하다. 자금결제와 증권대체 사이에 시차가 발생하면 일방을 수취하지 못하는 위험이 발생하게 된다. 그리하여 증권대금동시결제(Delivery versus Payment : DVP)의 개념이 도입되었다.[84]

라. 법 제120조 제1항의 지급결제제도

법 제120조 제1항의 지급결제제도는 원인거래가 아닌 결제지시의 이행과정이라는 점에서 원인거래의 이행과정의 일부로서 한국거래소와 참가자 사이의 채무인수를 통한 청산과 구별된다.

지급결제제도 중 차액결제는 개별 참가자가 지시하는 지급 금액이 다른 참가자 모두의 차액 결제금액에 영향을 주는 거래 방식으로서 신용위험에 노출되어 있으므로 참가자에 대하여 회생절차 등이 개시되어 포괄적 금지명령이 발하여져 결제가 중단되거나 이미 지급한 결제금액이 부인권의 행사로 인하여 소급적으로 변경되면 전체 참가자를 상대로 완료된 정산을 다시 정리하여야 하는데, 이는 결제제도의 근간을 뒤흔드는 혼란을 야기하게 된다. 그리하여 각국은 입법을 통하여 지급결제제도에 참가하는 기관에 대하여 회생절차개시결정이 내려진 경우에도 담보물을 유효하게 처분할 수 있게 하여 이미 완료된 결제의 완결성을 법적으로 보호하고 있다.[85]

현물인수도에 의한 결제는 법 제120조 제1항에 포함되지 아니한다. 한국예탁결제원이 수행하는 증권에 대한 결제와 관련하여, 증권결제제도가 법 제120조 제1항에 포함되는지 여부에 관하여는 견해의 대립이 있다.[86]

---

84) 한국은행, 한국의 지급결제제도(2014), 25면.

85) 다자간 차액결제제도에 관한 국제적인 기준이 BIS가 1990년에 발표한 소위 Lamfalussy 보고서이다. BIS는 2001년 중요 지급결제제도의 핵심원칙을 제정·공표하여 각국에서 새로운 지급결제제도를 구축하거나 기존 제도를 개선하는 데 있어 모범적인 실무기준을 제시하고 있다. 양자 모두 지급결제제도에 대하여 확고한 법적 근거를 갖출 것을 요구하고 있는바, 법 제120조 제1항 및 제2항은 이러한 국제적인 배경에서 입법된 것이다.

86) 이를 긍정하는 견해는, 입법과정에서 자금결제와 증권결제제도를 분리하여 규정할 것인지에 관한 논의가 있었으나 증권결제제도 중 청산에 대하여는 법 제120조 제2항으로, 결제에 대하여는 자금결제와 합하여 같은 조 제1항으로 규정하는 방안이 채택된 것이라는 점, 시행령 제5조 제3호에서 지급결제제도 지정 신청시 제출할 서류를 정하면서 이체지시는 자금의 이체와 유가증권의 대체를 포괄한다고 규정하고 있는 것에 비추어 법 제120조 제1항의 '이체지시'는 자금의 이체뿐 아니라 증권의 대체도 포함된 개념이라는 점 등을 근거로 한다. 임치용, "지급결제제도에 관한 회생 및 파산절차의 특칙 — 제120조의 해석론", 인권과 정의 제356호(2006. 4.), 100

위에서 본 우리나라의 지급결제제도 중 어느 제도가 법 제120조 제1항의 적용대상이 되는지는 그 위임에 따라 한국은행총재가 지정하게 되어 있는데, 한국은행총재는 위 각 지급결제제도 중에서 한국은행이 운영하는 한은금융망, 금융결제원이 운영하는 CD 공동망, 타행환공동망, 전자금융공동망, 어음교환시스템, 지로시스템, 자금관리서비스(CMS)공동망, CLS 은행이 운영하는 CLS 시스템 등 8개 지급결제시스템을 법 제120조 제1항의 적용대상으로 지정하여 시행하고 있다.[87] 일반적인 지급결제제도에 속하더라도 한국은행총재가 지정한 것이 아니면 특칙의 적용을 받을 수 없다. 지급결제제도의 지정 및 지정취소에 관하여 필요한 구체적인 사항은 시행령 제5조 이하 제13조에 규정되어 있다.

마. 특칙의 내용

한은금융망의 참가기관은 대국민 지급결제서비스를 제공하는 은행 등 금융기관뿐 아니라 넓은 의미의 지급결제서비스인 증권거래서비스를 제공하는 증권 관련 유관기관(금융투자업자·한국거래소·한국예탁결제원·한국증권금융 등)이 모두 참가기관으로 되어 있다.[88]

법 제120조 제1항에는 같은 조 제3항과 달리 중지명령과 포괄적 중지명령의 대상이 되지 아니한다는 조항이 없으나, 법 대신 지급결제제도의 운영규정에 따르게 되므로 같은 조 제3항과 같이 해석하여야 할 것이다.

한국은행은 한은금융망에 참가하는 은행 및 농·수협 중앙회와 당좌거래 약정을 맺고 있다. 한국은행은 참가기관의 당좌예금잔액이 부족할 경우에 대비하여 사전에 국채·통화안정증권 등을 담보로 잡고 있다가 담보의 범위 내에서

면 참조. 이를 부정하는 견해는, 증권결제제도는 법 제120조 제2항에 포함되는 것이라고 하면서, 법 제120조 제2항의 '청산결제'는 청산뿐만 아니라 협의의 결제를 모두 포괄하는 개념으로 보아야 하는 점(이에 관하여는 '제6장 제5절 3. 나.' 참조), 긍정설에 의할 경우 증권결제제도 중 청산에 관하여는 별도의 지정절차 없이 제2항을 적용하고 결제에 관하여는 제1항을 적용하여 지급결제제도로서 지정받아야 한다는 것은 균형에 맞지 않는 점 등을 근거로 한다. 박준, 홍선경, 김장호 "채무자회생 및 파산에 관한 법률 제120조의 해석 — 지급결제제도, 청산결제제도 및 적격금융거래에 대한 특칙의 적용범위", BFL 22호, 64, 68~69면; 윤관식, "자본시장법 시행에 따른 증권결제제도 변경에 관한 고찰", 증권예탁 제68호; 한국은행, 한국의 지급결제제도 (2014), 112면 참조.

87) 한국은행 홈페이지(http://www.bok.or.kr) "금융안정>지급결제>한국은행의 역할>결제완결성 보장대상 지급결제시스템 지정" 부분 참조.

88) 증권결제제도가 법 제120조 제1항에 포함된다는 견해에 따르면, 법 제120조 제1항의 참가자에는 증권결제제도에 참가하는 자도 포함될 것이다. 증권결제제도에 참가하는 자는 예탁자로서 금융투자업자·은행·보험회사 그 밖의 기관투자자 등이다(자본시장과 금융투자업에 관한 법률 제303조 제1항, 한국예탁결제원 증권등결제업무규정 제8조).

즉시 자동대출을 함으로써 일중 결제가 가능하도록 하기 위하여 일중당좌대출제도(daylight overdrafts)[89]를 운영하고 있다. 예를 들면 만일 은행에 대하여 오전 10시에 회생절차가 개시되었다고 하더라도 그 날 자동대출된 금액에 대하여 개시결정 후에도 한국은행이 일중당좌대출제도의 담보물을 처분하는 것은 허용된다고 해석된다. 그러나 이것은 이론의 문제이고 실제로 금융기관에 대하여 회생절차가 신청되면 사전에 금융감독기관에 알려져 있을 것이므로[90] 지급결제제도의 이용을 정지당하거나 퇴출된 상태일 것이다.

그리고 법원이 회생절차개시 전에 변제금지가처분이나 중지명령을 발하게 되더라도 법 제120조 제1항에 의하여 변제금지가처분이나 중지명령의 효력은 지급결제제도에 영향을 미치지 아니하므로 자동대출과 담보물의 처분은 지급결제제도의 운영약정에 따라 이루어질 것이다. 만일 개시결정 후에도 지급결제제도에 참가하고자 하는 경우라면, 관리인이 결제제도의 운영자와 새로이 참가약정을 맺을 것이므로 그 후에는 그에 따라 결제가 이루어질 것이다.

구체적인 내용에 대하여는 후술하는 법 제120조 제3항의 특칙의 내용 부분 참조.

3. 법 제120조 제2항의 거래(청산결제제도)

가. 조문의 내용

자본시장과 금융투자업에 관한 법률, 그 밖의 법령에 따라 증권·파생금융거래의 청산결제업무를 수행하는 자 그 밖의 대통령령에서 정하는 자가 운영하는 청산결제제도의 참가자에 대하여 회생절차가 개시된 경우 그 참가자와 관련된 채무의 인수, 정산, 차감, 증거금 그 밖의 담보의 제공·처분·충당 그 밖의 청산결제에 관하여는 법의 규정에도 불구하고 그 청산결제제도를 운영하는 자가 정한 바에 따라 효력이 발생하며, 해제, 해지, 취소 및 부인의 대상이 되지 아니한다.

---

89) 이는 실시간 총액결제제도의 원활한 운영을 위해 수반되는 장치로서 중앙은행에 개설된 참가기관의 당좌예금잔액이 자금이체 신청금액에 비해 부족할 경우 사전에 설정된 일정 한도 범위 내에서 즉시 자동대출이 지원되어 영업시간 중 연속적인 자금결제가 가능하도록 하기 위한 대출방식이다. 한국은행, 한국의 지급결제제도(2014), 164~165면.

90) 한편 금융기관 파산의 경우 금융산업의 구조개선에 관한 법률 제15조 제1항에 의하면, 금융위원회는 법원에 대통령령이 정하는 금융전문가 또는 예금보험공사의 임직원을 파산관재인으로 추천할 수 있고, 법원은 원칙적으로 피추천인을 파산관재인으로 선임하고 있으므로, 금융위원회가 미리 파산선고 사실을 알게 된다.

나. 청산결제제도

청산(clearing)은 청산기관(clearing house)이 거래당사자 사이에 개입하여 결제를 위해 교환된 어음, 수표, 계좌이체 등의 지급수단을 확인한 후 최종적으로 수취하거나 지급해야 할 차액을 산출하는 것이다. 즉 거래 이후 결제 전에 일어나는 지급수단의 수령 · 조회 · 통지 및 차액계산(netting)이나 결제 전의 포지션 산출과정 모두가 청산에 해당된다.[91] 결제(settlement)는 청산과정을 통해 계산된 금액을 지급하여 완결시키는 과정이다.[92]

증권의 청산결제라 함은 유가증권 매매시장에서 증권이 거래된 이후 증권을 인도하고, 대금을 지급함으로써 거래 쌍방이 채권과 채무를 이행하여 거래를 완결시키는 것을 말한다.[93] 증권의 청산결제는 청산과 협의의 결제로 구분할 수 있다. 청산이란 매매거래 후 계약체결 확인 · 오류자료 수정 · 차감을 거쳐 차액결제의 방식을 통하여 결제자료를 산출하는 일련의 과정이다. 이 과정에서 청산기관인 중앙거래당사자(CCP)[94]가 결제참가자가 상대방에 대하여 부담하는 채권 · 채무를 인수하는 등의 방법으로 개입하여 다자간 네팅(multilateral netting)을 통하여 차액정산하게 된다. 협의의 결제는 청산을 통하여 산출된 결제자료에 따라 최종적으로 증권과 대금을 교환하여 매매에 따른 채권채무 관계를 해소한다.

현재 증권시장 및 파생상품시장에서의 매매거래에 따른 매매확인, 채무인수, 차감, 결제증권 · 결제품목 · 결제금액의 확정, 결제이행보증, 결제불이행에 따른 처리 및 결제지시업무는 청산기관으로서 한국거래소가 수행한다.[95] 한편 증권시장에서의 매매거래에 따른 증권인도 및 대금지급 업무는 결제기관으로서 한국예탁결제원이,[96] 파생상품시장에서의 품목인도 및 대금지급업무는 결제기관

---

91) 다자간 청산은 그 법적 구조에 따라 청산대리인 구조(agency clearing)와 중앙의 거래당사자 구조(Central Counterparty, CCP clearing)로 구분된다. 전자의 청산기구는 회원을 위한 대리인으로 기능하므로 회원의 채무를 부담하지 아니한다. 이에 반하여 후자는 스스로 거래당사자가 되어 회원들의 거래관계에 채무인수 등의 방법으로 개입함으로써 상계의 요건인 대가관계를 완화하여 절차참가자 사이의 채권채무관계를 중앙의 거래당사자와의 대가적인 관계로 전환하여 청산한다.
92) 청산과 결제의 개념에 관하여는 한국은행, 한국의 지급결제제도(2014), 7면 참조.
93) 한국은행, 한국의 지급결제제도(2014), 7면.
94) 중앙거래당사자는 증권거래 계약의 매도자에 대하여 매수자 역할을, 매수자에 대하여 매도자의 역할을 수행하는 기관으로서 이러한 방식으로 다자간 차감에 의한 청산업무를 수행하여 결제유동성을 절약하는 한편 결제이행보증 서비스를 제공하여 참가자의 위험관리 부담을 경감시키는 역할을 한다. 한국은행, 한국의 지급결제제도(2014), 260면.
95) 자본시장과 금융투자업에 관한 법률 제378조 제1항.
96) 자본시장과 금융투자업에 관한 법률 제296조 제1항 제4호, 제297조, 주식 · 사채 등의 전자등

으로서 한국거래소가 수행한다.[97]

다. 특칙의 내용

이 조항의 입법취지는 거래소의 청산제도가 참가자에 대한 회생절차 등의 개시의 법률효과로부터 침해받지 않도록 하기 위한 것이다.[98] 한국거래소가 수행하는 회원의 채권채무의 인수, 정산, 증거금 그 밖의 담보의 제공에 관하여 부인권 등에 관한 조항이 배제된다는 것이지, 회원과 투자자 사이의 거래행위에 관하여 업무규정을 적용한다는 뜻은 아니다. 증거금이라 함은 거래개시의 증거금뿐 아니라 변동증거금도 포함하는 것으로 해석된다.

법 제120조 제2항은 유가증권 등 금융투자상품의 청산과 협의의 결제와 관련하여 청산결제업무를 수행하는 자가 운영하는 청산결제제도를 거친 거래에 대하여 규정하고 있다. 현재 자본시장과 금융투자업에 관한 법률에 따라 한국거래소가 개설하는 금융투자상품 거래시장은 유가증권시장·코스닥시장·코넥스시장 및 파생상품시장이다(같은 법 제386조 제1항, 한국거래소 정관 제2조). 현재 국내의 금융투자상품(증권·파생상품)거래에 대한 청산업무는 한국거래소에서 이루어지고 있다. 법 제120조 제2항은 대통령령이 정하는 자가 운영하는 청산절차에 대하여도 규정하였으나, 시행령에는 이에 관하여 달리 정한 바가 없다. 따라서 한국거래소가 운영하는 청산결제제도가 이에 해당된다.[99] 이러한 시장에서 거래되는 금융투자상품(증권·파생상품)의 거래에 참가하는 자에게 회생절차 등이 개시된 경우에 참가자와 청산기구와의 청산결제제도에 법 제120조 제2항이 적용된다.

제2항의 내용에 대하여는 후술하는 법 제120조 제3항의 특칙의 내용부분 참조.

4. 법 제120조 제3항의 거래(적격금융거래)

가. 조문의 내용

일정한 금융거래에 관한 기본적 사항을 정한 하나의 계약(이 항에서 '기본계

록에 관한 법률 부칙(제14096호, 2016. 3. 22.) 제8조.

97) 자본시장과 금융투자업에 관한 법률 제378조 제2항.

98) 정순섭, "증권 선물 결제시스템의 보호방안", 도산법상 결제시스템의 보호방안, 이화여대 도산법센터(2004. 11. 17.), 6면.

99) 한국예탁결제원이 운영하는 증권결제제도가 법 제120조 제2항의 청산결제제도에 포함되는지에 관하여는 견해의 대립이 있다(이에 관하여는 '제6장 제5절 2. 라.' 참조).

약'이라 한다)에 근거하여 다음 각 호의 거래(이 항에서 '적격금융거래'라고 한다)를
행하는 당사자 일방에 대하여 회생절차가 개시된 경우, 적격금융거래의 종료 및
정산에 관하여는 이 법의 규정에도 불구하고 기본계약에서 당사자가 정한 바에
따라 효력이 발생하고, 해제, 해지, 취소 및 부인의 대상이 되지 아니하며, 제4
호의 거래는 중지명령 및 포괄적 금지명령의 대상이 되지 아니한다. 다만 채무
자가 상대방과 공모하여 회생채권자 또는 회생담보권자를 해할 목적으로 적격
금융거래를 행한 경우에는 그러하지 아니하다.

    1. 통화, 유가증권, 출자지분, 일반상품, 신용위험, 에너지, 날씨, 운임, 주파
       수, 환경 등의 가격 또는 이자율이나 이를 기초로 하는 지수 및 그 밖의
       지표를 대상으로 하는 선도, 옵션, 스왑 등 파생금융거래로서 대통령령
       이 정하는 거래
    2. 현물환거래, 유가증권의 환매거래, 유가증권의 대차거래 및 담보콜거래
    3. 제1호 내지 제2호의 거래가 혼합된 거래
    4. 제1호 내지 제3호의 거래에 수반되는 담보의 제공·처분·충당

나. 적격금융거래의 적용요건

    법 제120조 제3항은 장외파생금융상품과 유가증권의 대차거래 가운데 일정
한 요건을 갖춘 적격금융거래에 관한 특칙을 적용한 것이다. 따라서 장외파생금
융상품이라 하여 모두 여기에 해당하는 것은 아니다. 법 제120조 제3항에 해당
하기 위한 요건은 다음과 같다.

1) 기본계약의 존재

    가) 기본계약의 의의   법 제120조 제3항은 기본계약에 대하여 "일정한
금융거래에 관한 기본적 사항을 정한 하나의 계약"이라고 규정하였을 뿐 구체
적인 의미에 대하여 정의하고 있지 않다. 그러나 법 제120조 제3항의 입법취지
가 회생(또는 파산) 절차의 예외를 인정할 가치가 있는 파생금융상품의 거래에
한하여 회생(또는 파산) 절차의 특칙을 적용한다는 것임에 비추어 금융시장에서
널리 사용되는 표준적인 기본계약을 의미한다고 해석된다. 참고로 일본의 일괄
청산법은 제2조 제5항에서 기본계약서라 함은 특정금융거래를 하고자 하는 금
융기관 등과 그 상대방과의 사이에 두 개 이상의 특정금융거래를 계속하기 위
하여 작성되는 계약서로서 계약의 당사자 사이에 이루어지는 특정금융거래에
관한 채무에 대한 이행방법 기타 당해 특정금융거래에 관한 기본적 사항을 정

하는 것을 말한다고 규정하고 있다. 법 제120조 제3항의 기본계약의 해석론에 참조할 필요가 있다.

은행과 처음으로 파생상품거래를 하는 기업 사이에 아직 기본계약서를 작성하기 전에 거래확인서(confirmation)만 작성한 상태로서 1회의 개별적인 파생상품거래가 이루어지고, 또 가까운 장래에 그러한 계약서를 체결할 의사가 없는 상태라면 거래확인서가 두 당사자를 구속하는 중요한 자료가 된다.[100] 만일 그러한 거래확인서상으로 당사자가 일괄정산조항 등을 포함하고 있는 사전 인쇄된 ISDA(International Swaps and Derivatives Association) 기본계약서(ISDA 기본계약서 양식)[101]의 조건들에 구속된다고 합의한 것이 명확한 경우에는, ISDA 양식 및 거래확인서의 내용을 합하여 법 제120조 제3항의 목적상 기본계약이 존재하는 것으로 해석할 수 있다.

이와 같이 특정한 ISDA 기본계약 양식의 내용에 구속된다는 취지를 명시하는 거래확인서는 'long form confirmation'이라고 불리며, 당사자 사이에 ISDA 기본계약을 체결하지 않은 경우 널리 사용된다. 일단 ISDA 기본계약이 체결된 경우에는, 당사자들은 이미 체결된 ISDA 기본계약의 조건을 포섭하는 (incorporate) 'short form confirmation'을 사용하며, 사전의 'long form confirmation'에 따라 이루어진 거래들 역시 당사자 사이에 체결된 ISDA 기본계약의 조건에 따르게 된다.[102]

나) 기본계약의 종류   파생금융상품의 경우에는 ISDA의 기본계약서가 대표적인 것이다. 그러나 그 외에 파생금융상품거래에 널리 사용하는 기본계약서로는 뉴욕외국환위원회 등이 작성한 1997년 외국환옵션기본계약서(Foreign Exchange and Options Master Agreement: FEOMA), 선물환거래에 사용되는 1997년 국제외국환기본계약서(International Foreign Exchange Master Agreement: IFEMA), 통화옵션거래에 사용되는 1997년 국제통화옵션기본계약서(International Currency

---

100) 황민택, 장외 파생금융거래 계약 실무, 탐진(2005), 224면.
101) ISDA 기본계약은 사전에 미리 인쇄된 정형화된 양식으로 진술과 보증, 거래해지사유 및 조기종료 등 당사자 사이의 법률관계를 정하는 자세한 조항들이 포함되어 있다. ISDA 기본계약의 체결은 당사자 사이의 신용공여 조건 및 기본계약 양식에 대한 변경내용에 관한 협상과 문서화를 의미하며, 계약의 조건을 구체적으로 특정하는 ISDA 기본계약의 별첨서류(Schedule)를 작성, 체결함으로써 이루어진다. 1992년 양식과 2002년 양식이 모두 사용되고 있다.
102) 통상적으로 당사자들은 'long form confirmation' 사후에 ISDA 기본계약이 체결되면 그 confirmation은 사후에 체결된 ISDA 기본계약의 조건에 따른다는 내용을 명시하고 있다. 사후에 ISDA 기본계약을 체결하는 경우 ISDA 기본계약의 실제 서명일과 계약의 효력발생일을 달리하여, 계약의 효력발생일은 첫 번째 거래일 또는 그 이전일로 소급하여 정한다.

Options Master Agreement: ICOM), 환매조건부채권 매매에서 사용되는 국제증권시장협회(International Securities Market Association)와 채권시장협회(The Bond Market Associate)가 작성한 2002년 국제환매기본계약서(Global Master Repurchase Agreement: GMRA), 국제증권대주협회(International Securities Lenders Association)가 작성한 2000년 국제증권대차계약서(Global Master Securities Lending Agreement: GMSLA), 1995년 해외증권대차계약서(Overseas Securities Lending Agreement: OSLA) 등을 들 수 있다.[103] 이러한 계약서를 기본으로 하여 필요한 조항을 수정하더라도 무방하다.

국내에서는 은행연합회가 마련한 통화옵션거래약정서·스왑거래약정서·선도금리계약거래약정서·금리하한거래약정서·금리상한거래약정서 등이 기본계약에 해당한다.[104] 장외금융파생상품은 당사자 사이의 계약으로 이루어지는 계약형과 예금이나 사채 등 다른 전통적인 금융상품의 일부로 편입되어 유가증권의 형태로 거래되는 상품형으로 구분할 수 있다. 법 제120조 제3항의 적격금융거래는 기본계약을 요구하므로 원칙적으로 계약형을 의미한다.[105]

2) 적격금융거래

가) 적격금융거래의 의의　　모든 장외파생금융거래를 포함하는 것이 아니라 시행령이 정하는 거래에 한한다. 당초 제정안은 적격금융거래의 내용으로 종전의 증권거래법과 외국환거래법상의 파생금융상품에 대한 정의를 인용하였으나, 수시로 바뀌는 대통령령이나 재경부령에 의하여 기본법인 신법의 내용이 결정된다는 불안정성을 염려하여 시행령 제14조에서 독자적인 정의규정을 두도록 하였다.[106]

「법 제120조 제3항 제1호에서 "파생금융거래로서 대통령령이 정하는 거래" 라 함은 다음 각 호의 기초자산 또는 기초자산의 가격·이자율·지표·단위나

---

103) 오수근·김나영, "적격금융거래의 일괄정산에 관한 입법론", 법학논집 제8권 제2호(2004. 2.), 이화여자대학교 법학연구소, 38면.
104) 스왑거래약정서를 사용하는 경우에는 이와 별도로 ISDA의 기본계약서를 사용하지 않고, 위 약정서를 master agreement로 간주할 수 있다. 실무상으로는 ISDA의 기본계약서가 자주 사용된다고 한다.
105) 앞으로 유가증권형 파생금융상품의 종류가 다양해지면 기본계약서를 작성할 필요가 있는 경우도 있을 것이다.
106) 2005. 3. 28. 당시 구 증권거래법 시행규칙에 제13조 제1항 제5호가 신설되기 전에는 신용파생상품거래는 증권회사의 업무에서 제외되었다. 반면 외국환거래법 시행령 제8조 제5호는 이를 파생금융거래에 포함하고 있어 범위에 있어서 양자의 차이가 있었다. 그러나 위 개정 이후 장외파생금융거래 인가를 받은 증권회사는 장외신용파생금융거래도 할 수 있게 되었다. 신용파생상품에 관한 기초적인 설명으로는 김규진·오한영, "파생상품의 이해와 활용", 새로운 제안(2003), 357-402면.

이를 기초로 하는 지수를 대상으로 하는 선도, 옵션, 스왑거래를 말한다.

1. 금융투자상품(유가증권, 파생금융거래에 기초한 상품을 말한다)

2. 통화(외국의 통화를 포함한다)

3. 일반상품(농산물·축산물·수산물·임산물·광산물·에너지에 속하는 물품 또는 이 물품을 원재료로 하여 제조하거나 가공한 물품 그 밖에 이와 유사한 것을 말한다)

4. 신용위험(당사자 또는 제3자의 신용등급의 변동·파산 또는 채무재조정 등으로 인한 신용의 변동을 말한다)

5. 그 밖에 자연적·환경적·경제적 현상 등에 속하는 위험으로서 합리적이고 적정한 방법에 의하여 가격·이자율·지표·단위의 산출이나 평가가 가능한 것」

나) **적격금융거래의 주체**   거래의 주체를 당사자 일방은 금융기관으로 한정하자는 견해[107]도 있었으나, 거래의 성질에서 파산법의 예외를 인정하여야 하지 거래의 상대방이 누구냐에 따라 파산법의 적용을 배제한다면 다른 파산채권자와의 차별의 문제가 발생하게 된다는 지적[108]과 거래의 주체를 국내의 금융기관이나 당시의 증권거래법상 증권회사로 한정하게 되면 기업이 외국금융기관과 유가증권의 대차거래를 하는 경우 등이 배제될 수도 있다는 점을 고려하여 법은 거래의 주체를 한정하지 않고, 일괄정산의 필요성이 있는 장외파생금융상품거래를 적용대상으로 정하였다.

3) **적격금융거래의 종류**

가) **제1호 거래**   통화 등을 기초자산으로 삼는 선도, 옵션, 스왑 등 전통적인 장외파생상품거래로서 대통령령이 정하는 거래이다. 앞에서 설명한 대로 파생금융상품의 종류는 다양하므로, 기초자산의 종류를 불문하고 시행령 제14조 제5호를 두어 포괄적인 규정방식을 채택하고 있다. 법 제정 당시 시행 중이던 외국환거래법 시행령 제8조의 파생금융상품의 정의와 구 증권거래법 시행령 제36조의2, 구 증권거래법 시행규칙 제13조의 장외파생금융상품거래의 정의규정을 참작한 것이다.

---

107) 그 이유로 입법취지가 금융시스템의 안정성 유지에 있는 것이지 특정한 거래에 우연히 종사하게 된 거래주체를 보호하고자 하는 것이 아니라는 점을 든다. 정순섭, "채무자 회생 및 파산에 관한 법률상 금융거래의 특칙에 관한 의견", 법률신문 2004. 11. 8. 자 참조.

108) 오수근·김나영(주 97), 58면; 재정경제부 초안; 석광현, 국제사법과 국제소송(제2권), 박영사(2001), 520면의 개정시안.

나) 제2호 거래   현물환거래, 유가증권의 환매거래(Repo거래, Repurchase Agreement Transaction), 유가증권의 대차거래 및 담보콜거래도 포함한다. 이러한 거래는 강학상 파생금융상품거래에는 속하지 아니하지만 현실적으로 리포(Repo) 거래의 규모가 확대되고, 리포거래에도 일괄정산의 필요성이 있다는 점을 반영하여 이러한 거래에 대하여도 포괄할 수 있는 규정을 둔 것이다.[109] 현재 유가증권의 환매거래의 법적 성질에 관하여 증권매매설·담보부소비대차설 등의 견해가 나뉘어 있어, 만일 후자(後者)로 보게 되면 유가증권의 환매거래에 따른 일괄정산을 담보권의 실행으로 보게 되어 부인권의 대상이 될 염려가 있다. 이러한 염려를 배제하기 위하여는 적격금융거래의 범위에 포함시키는 것이 타당하다.

ISDA 기본계약서(2002년 양식)나 일본의 일괄청산법 시행규칙 제1조 제3호·제4호 역시 유가증권의 환매·대차 내지 그의 담보거래를 포함시키고 있다. 현재 유가증권대차거래와 환매조건부 채권매매거래에 관하여는 증권회사의 약관운용규칙에 의하여 작성된 약관을 따르도록 강제되어 있다.

(1) 현물환거래   선물환거래의 반대개념으로서 계약일로부터 2영업일 이내에 외환의 인수도와 결제가 이루어지는 외환거래를 말한다. 반면 선물환거래는 계약일로부터 일정기간(통상 2영업일)이 경과한 후 장래의 특정일에 외환의 인수도와 결제가 이루어지는 외환거래이다.[110]

(2) 유가증권의 환매거래   유가증권을 매매하면서 장래 일정한 가격에 동일한 종류·수량의 유가증권을 환매하기로 약정하는 거래이다. 실무에서는 환매조건부 채권매매거래라는 용어가 사용되고 있으나 의미는 동일하다.

(3) 유가증권의 대차거래   유가증권의 보유자가 유가증권을 결제 또는 투자활동을 목적으로 필요로 하는 상대방에게 빌려 주는 거래이다. 법적으로는 차입자가 동종·동량으로 반환할 것을 정함으로써 성립하는 민법상의 소비대차 계약이다.

(4) 담보콜거래   신용콜의 반대개념으로서 신용콜은 은행 사이에 1일에서 15일까지 기간 동안 거래하는 초단기자금이다. 그런데 담보콜거래라 함은 여기에 30일을 추가하여 은행 이외의 금융기관들이 담보물[111]을 제공하고 단기자금의 대출거래를 하는 것이다. 그러나 실무상은 대부분의 담보콜거래는 제2금융

---

109) 입법과정에서 파생금융상품 외에 유가증권의 환매거래를 포함할 것인지에 대하여는 논의가 있었다.
110) 외국환거래규정 제1-2조 제11호 참조.
111) 담보물은 국채·지방채·공모사채인 회사채에 한하며, 사모사채나 주식은 제외된다.

권이 콜 이용자(차주)이고 은행이 콜 제공자(대주)가 될 것이므로, 일괄정산의 문제는 발생하지 않을 가능성이 크다.

다) 제3호 거래　　　제3호 거래는 제1호 거래와 제2호 거래가 혼합된 거래로서 새로운 상품에 대비하기 위한 조항이다.

라) 제4호는 제1호 내지 제3호의 거래에 수반되는 담보의 제공·처분·충당에 관한 것이다. 이에 관하여는 항을 나누어 담보제도에 관하여 후술한다.

4) 일괄정산조항의 존재

법 제120조 제3항에 해당하기 위하여는 기본계약에 일괄정산조항이 있어야 한다. 기본계약에는 대부분 일괄정산조항이 들어 있을 것이므로, 일괄정산조항이 없는 거래[112]라면 기본계약의 요건을 충족하지 않을 가능성이 많다. 일괄정산조항이 없는 금융거래는 비록 적격금융거래에 해당한다고 하더라도 본조의 적용이 없다. 특칙의 입법취지는 일괄정산을 거쳐 남은 단일한 채권에 대하여 일괄정산의 효력과 담보물의 처분을 인정하려는 것이다. 일괄정산은 본질상 거래의 위험구조가 쌍방향일 것을 전제로 하고 있기 때문이다. 기본계약에 의하면 회생절차 등의 신청시에 거래가 종료하도록 규정하고 있으므로, 이때를 기준으로 일괄정산을 하여 하나의 채권만이 남게 된다.

다. 특칙의 내용

법 제120조 제3항은 당사자 일방에 대하여 회생절차가 개시된 경우, 적격금융거래의 종료 및 정산에 관하여는 "이 법의 규정에도 불구하고 기본계약에서 당사자가 정한 바에 따라 효력이 발생"한다고 규정하고 있다. 회생절차 등이 신청만 되고 개시결정이 나지 아니한 경우라면, 미이행 쌍무계약·부인권 등의 문제가 발생하지 아니하므로 특별히 일괄정산에 관하여 논의할 실익이 적다. 일괄정산의 효력이 회생절차 등에서 문제가 되는 것은 개시결정이 난 이후에 개시결정 전에 이루어진 일괄정산의 효력을 회생절차 등에서 어떻게 취급할 것인가 하는 점이다.

앞에서 본 적격금융거래에 대한 특징을 고려하여 법의 어떠한 조항을 배제할 것인지가 문제된다. 법은 적격금융거래에 대하여 부인권·미이행 쌍무계약·담보권의 행사에 관한 중지명령에 관한 조항의 적용을 배제하였다. 일본의 특별법은 미이행 쌍무계약에 관하여만 특칙조항을 두고 있을 뿐 부인권·담보권의

---

112) 위에서 본 거래확인서만으로 거래가 1회 종료되는 경우가 그 예이다.

행사 등에 관하여는 별도의 규정을 두지 않고 있는 점에서 우리 법보다 예외
조항의 범위가 협소하다.

1) 개별 집행금지의 원칙 유지

적격금융거래에 관하여 회생절차 등이 개시되어 복수의 채권채무가 차액정
산하여 하나의 채권으로 성립되더라도 회생절차 등과 관계없이 회생채권을 행
사할 수 있는가 하는 점이 문제가 된다. 아무리 적격금융거래의 특징을 인정한
다고 하더라도 다른 회생채권자와 달리 개별적인 권리행사를 허용할 수는 없다.
따라서 개별 집행금지원칙에 관한 법 제58조는 여전히 적용된다.

2) 미이행 쌍무계약에 관한 해제·해지의 배제

법 제120조 제3항은 적격금융거래에 대하여는 미이행 쌍무계약의 해제에
관한 법 제119조의 적용을 배제하였다. 따라서 중도 종료 사유가 발생하면 당사
자 사이에 사전에 정한 시기(보통은 부도발생 등 회생절차개시 전이다)에 거래가
해지된 것으로 약정하는 것은 유효하다.[113] 다만 회생절차 등 개시 후에도 거래
를 계속하는 것을 허용할 것인지가 문제이다. 실무상으로는 회생절차 등의 개시
후에는 추가적인 담보제공이 이루어지지 않는 한 거래는 해지되는 것이 원칙이
고, 상대방으로서도 거래의 전제인 신용에 변동이 발생하였으므로 거래를 계속
할 유인이 없다. 따라서 회생절차 등의 개시 후에는 개별 집행금지의 원칙이 적
용되므로 거래를 계속하는 것은 원칙적으로 허용되지 아니한다고 해석된다.

3) 부인권의 배제

회생절차 등의 개시 전에 이루어진 변제라도 적격금융거래에 기한 경우에
는 부인할 수 없다. 이를 허용하게 되면 금융시스템의 안정성이 무너지게 되기
때문이다. 또한 적격금융거래에 기한 담보권의 제공도 부인권 행사에서 제외된
다. 파생금융상품거래시 일괄정산을 이용하여 정산한 후 남는 최종잔액채권에
대하여는 여전히 신용부담이 남는다. 이를 감소하기 위하여 이용하는 것이 담보
이다.

4) 회생담보권의 행사 제한의 예외

가) 필 요 성   파생금융상품거래의 일방당사자는 현금(증거금, margin)이
나 유가증권 등의 자산 또는 인적 보증을 상대방에게 제공하고, 담보제공자에게
신용불안사유가 발생한 경우 해당 담보를 처분하여 담보제공자가 담보취득자에
게 부담하는 채무에 충당하게 된다. 파생금융상품거래에서 담보제공자가 도산하

---

113) 쌍방미이행 쌍무계약과 관련한 도산해제조항의 효력에 관하여는 '제8장 제5절 2.' 참조.

는 경우에 대비하여 담보취득자가 상대방의 의무 이행을 확보하기 위하여 담보를 제공받음으로써 신용위험을 감소시킨다. 파생금융상품의 경우 일반 대출상품과 달리 신용노출액을 원금으로 확정할 수 없고, 금리나 주가 등 시장상황의 변화에 따라 변동하게 되므로 일반 대출거래와 달리 사전에 피담보채권금액과 이자율을 담보권설정시에 확정하는 것이 어렵다.

나) 특   징   일반 거래에서 담보는 신용이 낮은 당사자가 부담하는 것이지만, 파생금융상품거래에서는 쌍방이 모두 신용위험에 노출되므로 쌍방이 담보제공의무를 부담하고 잉여담보는 담보제공자에게 반환하게 된다. 따라서 담보의 성질이 일반 거래의 담보와 다르게 되므로 담보제공 행위에 대하여 도산법상의 부인권의 배제라는 특칙이 필요하게 된다. 법 제120조 제3항에서 담보에 관하여 중지명령 또는 포괄적 금지명령의 대상에서 제외하는 규정을 두게 되었다.

다) 내   용   회생절차에서는 담보권자도 권리행사가 제한되는 것이 원칙이지만, 적격금융거래에 기한 담보권자는 회생절차개시신청 후에도 담보물을 처분할 수 있다. 즉 법 제120조 제3항 제1호 내지 제3호의 거래에 수반되는 담보의 제공·처분·충당에 대하여는 회생절차에서 발하는 중지명령($^{법\,제}_{44조}$) 및 포괄적 금지명령($^{별\,제}_{45조}$)의 대상이 되지 아니한다. 따라서 회생절차신청시를 기준으로 거래를 정산하고, 제공받은 담보를 환가처분하는 것은 허용된다.

여기에서 말하는 '담보'라 함은 반드시 우리나라 민법에 의하여 인정되는 담보물권의 목적물에 한하지 아니하고 담보적 기능을 하는 것이라면 소유권이 전방식에 의한 증거금, 유가증권담보도 포함된다.

입법취지가 다른 채권자들의 희생 하에 적격금융거래상의 채권자를 우대하는 것이므로 가급적 법 제120조 제3항을 엄격하게 해석할 필요가 있다. 따라서 담보권을 행사한다고 하는 것은 당초 적격금융거래를 시작하면서 지정한 일괄정산시에 사용할 담보물을 자동종료시점을 기준으로 환가정산한다는 것으로 한정적으로 해석하여야 한다. 그렇지 아니하고 일괄정산 후 남은 하나의 회생채권에 대하여 적격금융거래 약정시에 정하지 아니한 별도의 담보물을 새로이 제공한다든가, 회생절차개시 후에도 담보물을 환가처분하는 것은 허용되지 아니한다. 이를 허용하게 되면 개별 집행금지의 원칙에 어긋나게 되기 때문이다.[114]

---

114) 회생절차개시 후 담보권의 실행이 제한되는 범위에 관한 논의에 대하여는 정순섭, 김필규, 이종구, 한민(좌담회), "파생상품거래와 국내법상 합성증권화의 가능성", BFL 제14호(2005. 11.), 28~31면.

5) 상계금지의 유지

회생절차 등에서는 절차 신청 후에 신청사실을 알고 부담한 채무를 갖고 회생채권과 상계하지 못한다(별제145조 본문). 그러나 일괄정산조항에 의한 상계의 대상이 되는 손해배상채권은 일괄정산사유의 발생에 의하여 자동적으로 발생하는 채권이지 일괄정산사유의 발생(회생절차신청)의 사실을 알고서 취득하거나 부담하는 채권채무가 아니므로 상계금지의 요건에 해당하지 아니한다.

또한 회생절차 등 개시 이전에 합리적인 상계기대가 있는 경우에는 수동채권(반대채무)이 '신청이 있음을 알기 전에 생긴 원인'에 기한 상계로 보아 상계금지의 예외에 해당하여 상계가 허용된다(별제145조 나목). 따라서 대부분의 일괄정산조항의 합의는 위기시기 이전인 개별 거래 약정시에 포함되어 있으므로 '전에 생긴 원인'에 해당하여 상계가 허용될 것이다.

채권의 이행기가 도래하지 않았거나 또는 채권의 목적이 상이한 경우에도 상계를 허용하는 약정은 당사자 사이에 상계적상의 범위에 관하여 합의한 일종의 상계계약의 성질을 갖는 것이므로 그 유효성을 부정할 필요는 없다. 그러므로 대부분 적격금융거래의 일괄정산조항에 기한 상계처리는 회생절차 등에서도 그 유효성을 인정할 수 있다. 다만 적격금융거래라도 회생절차 등의 개시 후에는 절차에 의하지 아니하고 개별적인 권리행사를 할 수 없는 것이므로, 절차 개시 후에 채무자에 대하여 채무를 부담함으로써 일괄정산 후 성립한 회생채권과 상계하는 것은 상계금지의 요건에 해당한다(별제145조 1호). 이러한 배경에서 법은 상계에 관하여는 별도로 예외를 인정하는 조항을 두지 아니하였다.

6) 특칙의 예외

채무자가 상대방과 공모하여 회생채권자 또는 회생담보권자를 해할 목적으로 적격금융거래를 행한 경우에는 부인권뿐 아니라 미이행 쌍무계약·포괄적 금지명령 등 제3항에 관한 특칙 자체의 적용이 배제된다.

그러나 당사자 사이에 체결된 계약서의 내용이 앞에서 본 기본계약서와 큰 차이가 있어 일방당사자에게 유리하다든가, ISDA의 기본계약서의 자동종료조항과 달리 회생절차의 개시 후에도 거래가 해지되지 않고 계속하여 거래할 수 있도록 약정하거나,[115] 채무불이행 사유가 발생한 후에 담보의 추가 또는 다액의

---

115) ISDA 기본계약서 제5조 (a)항 제7호는 도산신청과 도산절차의 개시를 채무불이행사유로 삼고 있고 있으며, 특히 청산절차가 개시된 경우로서 자동조기 해지하기로 약정한 경우에는 청산절차 개시일에 조기해지된다고 규정하고 있다. 그리하여 통상 ISDA 기본계약서를 체결하는 당사자들은 어느 당사자에게 파산사유가 발생하는 경우, 해당 사유가 발생하는 즉시 모든 거래에

담보제공을 요구할 수 있도록 하는 조항이 있다면, 먼저 기본계약서의 요건을 갖추지 못할 가능성이 크다. 만일 이 심사기준을 통과한 경우라도 채무자와 상대방이 특칙을 남용하기 위하여 공모하였다고 추정할 수 있을 것이다.

파생상품거래에서는 신용위험이 상존하므로 상대방의 신용도가 떨어지는 경우에는 추가로 담보를 제공하는 것이 상례이므로 회생절차 등의 신청에 임박하여 추가적인 담보를 제공하는 것은 부인권의 대상에서 제외될 것이다. 그러나 회생절차 등의 신청에 임박하여 새로이 회생채권자 등과 파생상품거래를 시작하면서 다액의 담보를 제공하였다면, 단서에 따라 파생상품거래 약정 자체[116] 또는 담보제공행위가 부인의 대상이 될 수 있을 것이다.

제6절 계속 중인 소송 등에의 영향[117]

1. 소송절차의 중단

회생절차개시결정이 있은 때에는 채무자의 재산에 관한 소송절차는 중단된다($\frac{법\ 제59조}{제1항}$).[118] 회생절차개시에 의하여 재산관계 소송절차가 중단되어야 하는 이유는, 첫째, 회생절차개시에 의하여 재산의 관리처분권이 채무자로부터 관리인에게 이전되므로, 재산의 관리처분권과 밀접한 관련이 있는 재산관계 소송의 수행권을 채무자에게서 빼앗아 관리인에게 부여하여야 효율적인 재산의 관리가 가능하게 되는 점, 둘째, 회생절차개시 직후 관리인이 채무자의 재산의 관리에 착수하고 회생절차의 진행 구도를 효율적으로 구상하기 위해서는 소송에 휘말림 없이 재무구조 및 재산상황을 파악하는 기간이 필요한 점, 셋째, 수많은 회

대하여 자동적으로 계약이 해지되도록 하는 조항을 Schedule에 별도로 둔다. 그와 같은 사유가 발생한 거래상대방에 대한 신용위험을 부담하면서 추가적인 거래를 하거나 계속 거래를 유지하기를 원하는 금융기관은 없기 때문이다.

116) 弥永眞生, "倒産處理手続における一括清算条項の取扱い", 金融商事判例 제1060호, 182면.

117) 회생절차개시결정이 소송절차에 미치는 효과와 관련하여, 자세한 내용은 서울회생법원 재판실무연구회, 도산절차와 소송 및 집행절차, 박영사(2022), '제1장 제3절 2.' 부분 참조.

118) 소송상대방에 대한 회생절차개시결정이 있어 소송절차가 중단됨으로써 재판장의 인지보정명령상의 보정기간은 그 기간의 진행이 정지되었고, 소송절차가 중단된 상태에서 행한 재판장의 보정기간연장명령도 효력이 없으므로, 각 보정명령에 따른 기간불준수의 효과도 발생할 수 없다고 한 사례로, 대법원 2009. 11. 23. 자 2009마1260 결정 참조. 지급명령이 송달된 후 이의신청 기간 내에 회생절차개시결정 등과 같은 소송중단 사유가 생긴 경우, 이의신청 기간의 진행이 정지된다고 한 사례로는, 대법원 2012. 11. 15. 선고 2012다70012 판결 참조.

생채권·회생담보권의 확정은 많은 시간과 비용이 소요되는 소송절차에 의하지 아니하고 간이·신속한 채권조사절차에 의하여 해결하는 것이 경제적이고 효율적이라는 점에서 찾을 수 있다.

　회생절차개시에 의하여 중단되는 소송은 회생채권·회생담보권에 관한 소송뿐만 아니라 환취권·공익채권 등 어떠한 채권에 기한 것이라도 채무자의 재산에 관한 소송이면 모두 여기에 해당된다.[119] 다만 채무자의 인격적 활동에 관한 권한(이사회·주주총회·사원총회 등의 결의의 무효 또는 취소의 소 등)은 회생절차가 개시되더라도 여전히 채무자에게 귀속되므로 채무자의 대표자에게 그 소송수행권이 있다고 할 것이고, 따라서 회생절차개시로 소송절차가 중단되지도 않는다. 또한 주주에 의하여 제기된 주주지위의 확인의 소나 채무자에 대한 주식의 명의개서청구의 소도 채무자 내부의 조직법적·사단적 활동에 관한 것이므로 재산관계의 소에 해당하지 않는다. 이러한 소송에서는 회생절차개시 후에도 관리인이 아니라 채무자가 당사자가 되고, 채무자의 대표자가 소송을 수행하여야 한다.

　위 소송절차의 중단과 수계에 관한 규정이 법 제74조 제3항의 관리인 불선임 결정에 의하여 관리인으로 보게 되는 개인 채무자나 법인 채무자의 대표자에게 적용될 수 있는가에 관하여 논란이 있을 수 있다. 법 제59조가 회생절차개시에 의하여 채무자의 재산에 관한 소송절차를 아무런 제한 없이 일률적으로 중단시키고 관리인에 의하여 수계하도록 하고 있는 점, 법 제74조 제4항이 개인 채무자나 법인 채무자의 대표자를 관리인으로 보도록 규정하고 있는 점, 관리인으로 보게 되는 개인 채무자나 법인 채무자의 대표자의 경우에도 위에서 본 소송절차 중단의 필요성이 존재하는 점 등에 비추어, 이 경우에도 소송절차의 중단은 관리인이 선임된 경우와 마찬가지로 적용된다고 본다.

---

119) 일본 민사재생절차의 경우 재생절차가 개시되더라도 채무자가 '재생채무자'라는 이름으로 재산의 관리처분권을 계속 보유하는데, 민사재생법 제40조 제1항은 "재생절차 개시결정이 있은 때에는 재생채무자의 재산관계에 관한 소송절차 중 '재생채권에 관한 것'은 중단된다."라고 규정하고 있다. 관리처분권의 이전이 없음에도 재생채권에 관한 소송절차를 중단시키는 것은 민사재생절차 내의 채권조사절차에 의하여 간이하게 채권의 존부 등을 가릴 필요가 있기 때문이다. 그러나 그러한 필요성이 없는 '재생채권' 이외의 다른 재산권에 관한 소송은 관리처분권의 변동이 없으므로 소송절차의 중단 없이 재생채무자가 그대로 소송을 담당하도록 하고 있다.

2. 소송절차의 수계

　개시결정에 의하여 중단된 채무자의 재산에 관한 소송절차 중 회생채권·
회생담보권에 관계없는 것은 관리인 또는 상대방이 이를 수계할 수 있다
(법 제59조 제2항). 즉 환취권과 공익채권에 관한 소송, 채무자가 가지는 권리에 기한 이
행 또는 적극적 확인을 구하는 소송 등은 관리인 또는 상대방이 이를 수계할
수 있다. 수계에 의하여 관리인이 채무자의 소송상의 지위를 승계한다. 이 경우
에 채무자에 대한 소송비용청구권은 공익채권으로 된다(법 제59조 제2항). 즉 상대방이 승
소한 경우의 소송비용청구권은 관리인이 수계한 이후의 소송비용뿐만 아니라
관리인의 소송수계 이전에 채무자가 소송을 수행한 경우의 비용까지도 공익채
권으로 된다.[120]

　회생채권 또는 회생담보권에 관한 소송절차는 즉시 수계를 하여야 하는 것
이 아니라, 먼저 간이·신속한 절차인 회생채권 등의 조사절차를 거치고, 그 조
사절차에서 이의가 있는 경우에 회생채권자 또는 회생담보권자가 그 권리의 확
정을 구하고자 하는 때에는 이의자 전원을 그 소송의 상대방으로 하여 소송절
차를 수계하여야 하고(법 제172조 제1항),[121] 권리확정을 구하는 것으로 청구취지를 변경하
여야 한다.

　채무자에 대한 회생절차가 개시되었을 때 관리인이 여럿인 경우 법원의 허
가를 얻어 직무를 분장하였다는 등의 특별한 사정이 없는 한 채무자의 업무와
재산에 관한 소송에서는 관리인 전원이 당사자가 되어야 하고 그 소송은 필수
적 공동소송에 해당한다.[122]

　한편 소송 계속 중 일방 당사자에 대하여 회생절차개시결정이 있었음에도
법원이 이를 알지 못한 채 관리인의 소송수계가 이루어지지 아니한 상태 그대
로 소송절차를 진행하여 판결을 선고하였다면 마치 대리인에 의하여 적법하게
대리되지 아니하였던 경우와 마찬가지로 위법하다.[123][124] 다만 변론종결 후 회

---

120) 대법원 2016. 12. 27. 자 2016마5762 결정.
121) 따라서 당사자는 이의채권이 되지 아니한 상태에서 미리 소송수계신청을 할 수는 없다(대법
　　 원 2013. 5. 24. 선고 2012다31789 판결, 대법원 2016. 12. 27. 선고 2016다35123 판결, 대법원
　　 2019. 1. 31. 선고 2018다259176 판결 등 참조).
122) 대법원 2014. 4. 10. 선고 2013다95995 판결.
123) 대법원 2012. 9. 27. 선고 2012두11546 판결, 대법원 2016. 12. 27. 선고 2016다35123 판결 등 참조.
124) 한편 당사자 사이의 중재합의에 따라 다툼 있는 회생담보권 및 회생채권에 관한 중재절차가

생절차개시결정이 있은 경우에는 판결의 선고는 할 수 있고, 소송수계가 이루어질 때까지 항소기간이 진행되지 않을 뿐이다(법 제33조, 민사
소송법 제247조).[125]

3. 행정청에 계속한 사건의 중단과 수계

채무자의 재산에 관한 사건으로서 회생절차개시 당시 행정청에 계속한 것에 관하여도 회생절차개시결정이 있은 때에는 절차는 중단되고(법 제59조 제
6항·제1항), 회생채권 또는 회생담보권과 관계없는 절차는 관리인 또는 상대방이 이를 수계할 수 있다(법 제59조
제6항·제2항).[126] 한편 회생채권이나 회생담보권에 관한 것이라면 관리인이 채무자가 할 수 있는 방법으로 불복을 신청할 수 있는데(법 제157조
제1항), 회생절차개시 당시 소송이 계속하는 경우에는 관리인이 소송절차를 수계하여야 하고(법 제157조 제2항,
제172조 제1항), 이 경우에도 당해 불복 신청 및 수계는 법문상 조사기간의 말일 또는 특별조사기일로부터 1월 이내에 하여야 하는 것으로 해석된다(법 제157조 제2항, 제172조
제2항, 제170조 제2항).[127]

진행 중일 경우, 그 절차가 회생절차개시결정에 따른 중단 및 수계의 대상이 되는지 여부가 문제된다. 이와 관련하여, ① 중재절차도 중단 및 수계의 대상이 되고, 회생담보권 등을 주장하는 채권자로서는 중단된 중재절차를 수계한 후 회생담보권 등의 확인을 구하는 내용으로 신청취지를 변경하여야 한다는 견해, ② 중재절차는 법률상 또는 사실상 중단되고, 채권자로서는 별개의 채권조사확정재판을 통하여 회생담보권 등의 확정을 구하여야 한다는 견해, ③ 중재절차는 특별한 사정이 없는 이상 중재법상의 종료사유 발생으로 종료되고, 채권자는 별개의 채권조사확정재판을 통하여 회생담보권 등의 확정을 구하여야 한다는 견해(위 ②설 및 ③설의 경우 당사자가 중재절차에서의 판정결과를 조사확정재판에 반영하기로 합의하는 등의 특별한 사정이 있는 경우에는 예외적으로 중재절차가 계속 진행되어 판정을 할 수 있다고 해석하는 것으로 보인다) 등이 대립하고 있다. 서울회생법원의 경우, 당사자의 의사나 중재절차의 진행 정도 등을 고려하여, 중재절차를 계속 진행하도록 하고 그 중재절차의 판정 결과를 조사확정재판에 그대로 반영하여 처리한 실무례가 있다. 이와 관련하여 대한상사중재원은 신청인의 중재신청 이후 상대방에 대한 회생절차개시결정이 있자 신청인이 상대방을 관리인으로 수계한 후 신청취지를 회생채권확정을 구하는 취지로 변경한 사안에서, '회생채권의 확정은 채권조사확정재판에 의하여 또는 그 조사확정재판에 대한 이의의 소에 의하여 확정될 수 있을 뿐이라는 이유로 중재신청의 이익이 없다.'고 보아 중재신청을 각하하였다[중재 제12111-0097호, 건설중재판정사례집(2015)].

125) 소송수계에 관하여 그 이외의 사항은 '제11장 제4절 5.' 참조.

126) 부당 공동행위를 처분사유로 한 공정거래위원회의 과징금 납부명령에 대하여 그 과징금 부과 및 액수를 다투는 소송은 법 제59조 제1항의 '채무자의 재산에 관한 소송'에 해당하여 회생절차개시결정으로 중단된다고 한 사례로는 대법원 2012. 9. 27. 선고 2012두11546 판결 참조.

127) 일본 회사갱생법은 위와 같은 경우 불복 신청 및 수계는, 관재인이 '조세 등의 신고가 있음을 안 날부터 1월의 불변기간 내로 하도록 규정하고 있는데(제164조 제2 내지 4항), 그와 같이 규정한 이유는 조세 등 채권은 갱생절차에서 조사의 대상이 되지 않기 때문인 것으로 보인다.

4. 채권자취소소송 등

　　회생채권자가 채권자취소권에 기하여 제기한 소송($^{민법}_{제406조}$), 사해신탁($^{신탁법}_{제8조}$)에 따라 회생채권자가 제기한 소송 또는 파산절차에 의한 부인의 소송이 회생절차 개시 당시 계속되어 있는 때에는 그 소송절차는 중단된다($^{법 제113조}_{제1항}$).[128] 중단된 소송절차는 관리인 또는 상대방이 이를 수계할 수 있다($^{법 제113조 제2항,}_{제59조 제2항}$).[129] 이러한 소송은 채무자를 당사자로 하는 소송이 아니기 때문에 채무자의 재산관계의 소송이 아닌 경우가 많으나, 사해행위 취소소송은 채무자의 채권자가 총 채권자를 위하여 채무자의 재산의 회복을 도모하고자 하는 소송이므로 관리인이 채권자의 역할을 인수하는 것이 보다 적절하다는 고려에서 관리인으로 하여금 수계하게 한 것이다. 또한 채무자에 대한 파산절차 중에 그 채무자에 관하여 회생절차가 개시되면 파산절차는 중지되므로($^{법 제58조}_{제2항}$), 파산관재인에게 부인소송을 수행시킬 수는 없게 되기에 관리인이 파산관재인의 역할을 인수할 수 있도록 관리인으로 하여금 수계하게 한 것이다.[130]

　　관리인이 수계한 경우 명문의 규정은 없으나, 관리인은 원칙적으로 채무자 재산에 대한 관리처분권자로서 자신의 고유 권한인 부인권을 행사할 수 있는데, 채권자취소권은 개별 채권자의 권리인 점, 부인권의 행사가 채권자취소의 경우보다 부인할 수 있는 경우 및 그 입증의 정도에 있어서 훨씬 강력한 수단인 점 등에 비추어 보면, 관리인은 청구취지를 부인의 소로 변경하여야 하는 것으로 봄이 타당하다.[131]

---

[128] 회생절차개시 이후에 회생채권자에 의하여 제기된 사해행위취소소송은 부적법하다(개인회생절차에 관하여 부적법한 것으로 판시한 사례로는 대법원 2010. 9. 9. 선고 2010다37141 판결, 파산절차에 관하여 부적법한 것으로 판시한 사례로는 대법원 2018. 6. 15. 선고 2017다265129 판결). 한편, 대법원 2014. 9. 4. 선고 2014다36771 판결, 대법원 2019. 4. 11. 선고 2018다203715 판결은 사해행위의 수익자 또는 전득자에 대하여 회생절차가 개시된 경우 채무자의 채권자가 사해행위의 취소와 함께 회생채무자로부터 사해행위의 목적인 재산 그 자체의 반환을 청구하는 것은 환취권의 행사에 해당하여 회생절차개시의 영향을 받지 아니한다고 판시하였다.

[129] 법문 그대로 수계 여부가 임의적인 것인지 아니면 관리인에게 수계의무가 있는지, 상대방이 수계신청을 하더라도 관리인이 수계를 거절할 수 있는지 문제되는데, 회생절차개시에 의하여 중단된 채권자취소소송에 대한 관리인의 수계의무 존부 등에 관해 명시적으로 입장을 밝힌 판례는 찾기 어려우나, 실무에서는 관리인에게 수계거절권을 인정하지 않고 부인의 소로 청구변경을 하도록 하고 있다.

[130] 条解(中), 221-222면.

[131] 부인의 소로 청구취지 변경시 회생계속법원으로의 사건 이송에 관하여 자세한 내용은 제8장 제1절 3. 나. 2) 나) 참조.

5. 채권자대위소송 및 주주대표소송

채권자취소소송과 같은 명문의 규정은 없지만, 회생채권자가 민법 제404조에 기해 채무자를 대위하여 제3채무자를 상대로 제기한 채권자대위소송도 회생절차개시로 중단된다고 보아야 한다.[132] 이는 위 소송 역시 채무자의 책임재산 보전을 목적으로 채무자에게 속하는 권리를 채권자로서 행사하는 것인 점, 회생절차가 개시된 이상 채무자 재산의 관리처분권은 관리인에게 이전하고, 회생채권자의 개별적인 권리행사는 인정되지 않는 점 등을 이유로 한다.[133]

또한 상법 제403조에 기한 주주대표소송도 명문의 규정은 없으나 같은 이유로 채권자대위소송과 같이 회생절차개시로 중단된다고 본다. 상법 제401조에 의하여 제3자가 이사를 상대로 제기한 손해배상청구소송은 중단되지 않는다고 봄이 상당하다.[134]

6. 소송대리권의 문제

유상계약인 위임계약이 회생절차의 개시 당시 아직 쌍방미이행의 상태인 경우에는 법 제119조가 적용되는 것은 당연하다. 그러나 위임계약에 법 제119조가 적용되는 것과 회생절차개시 전에 채무자가 제3자에게 수여한 대리권이 회생절차와의 관계에서 그 효력이 있다고 볼 것인지는 별개의 문제이다. 대리권은 재산의 관리, 처분을 위한 법적 수단이므로, 채무자가 부여한 대리권에 기하여 회생절차의 개시 후에 한 법률행위는 채무자 자신의 재산관리행위와 마찬가지로 회생절차의 관계에서는 그 효력을 주장할 수 없다고 보아야 한다. 다만 관리인 또는 관리인 불선임 결정에 의하여 관리인으로 보는 개인 채무자 또는 법인 채무자의 대표자가 대리권 수여의 기초가 된 위임계약의 이행을 선택한 때에는 그

---

132) 임채홍·백창훈(상), 425-426면.

133) 정준영, "신도산법의 파산절차가 소송절차에 미치는 영향", 재판실무연구(5) 도산관계소송, 한국사법행정학회(2009. 8.), 340면. 비슷한 이유로 파산채권자가 제기한 채권자대위소송이 채무자에 대한 파산선고 당시 법원에 계속되어 있는 때에는 다른 특별한 사정이 없는 한 그 소송절차는 중단되고 파산관재인이 이를 수계할 수 있다고 한 사례로는, 대법원 2013. 3. 28. 선고 2012다100746 판결 참조.

134) 정준영, "신도산법의 파산절차가 소송절차에 미치는 영향", 재판실무연구(5) 도산관계소송, 한국사법행정학회(2009. 8.), 340-341면.

이행에 필요한 대리권을 수여한 것으로 해석함이 타당하다.[135] 이 경우 착수금
이나 성공보수금 등 수임료채권은 법 제179조 제1항 제7호 소정의 공익채권으로
되고, 만약 위임계약을 해제할 경우라면 법 제121조에 따라 처리하면 될 것이다.

한편 예컨대 회생절차개시까지의 신청대리업무만 수임한 사례와 같이 회생
절차개시시에 이미 수임인인 대리인의 이행이 완료된 경우에는 쌍방미이행 쌍
무계약의 문제가 발생하지 않으므로, 수임료채권을 어떻게 취급할 것인지가 문
제된다. 이에 대한 자세한 내용은 '제9장 제5절 1. 나. 1)' 참조.

7. 이송의 청구

회생법원은 회생절차개시 당시 채무자의 재산에 관한 소송이 다른 법원에
계속하고 있는 때에는 결정으로써 그 이송을 청구할 수 있다. 회생절차개시 후
다른 법원에 계속되어 있게 된 것에 관하여도 또한 같다(법 제60조 제1항). 재산에 관한
소송에 한하여 이송을 청구할 수 있기 때문에 그 이외의 것, 예컨대 회사해산의
소(상법 제520조), 설립무효의 소(상법 제328조)는 이송의 대상이 되지 않는다. 이송을 청구하는
결정은 회생법원이 직권으로 하며, 관리인 또는 기타의 자의 신청은 직권발동촉
구의 의미만을 가질 뿐이다.[136] 한편 이송을 청구하는 결정은 소송이 계속하는
법원에 대하여 이송결정을 할 의무를 생기게 할 뿐 직접 이송의 효과가 생기는
것은 아니므로 결정을 그 소송당사자에게 송달할 필요가 없고, 소송이 계속하는
법원에 상당한 방법으로 고지하면 족하다.[137] 위 결정에 의하여 이송의 청구를
받은 법원은 소송을 회생법원에 이송하여야 한다(법 제60조 제2항). 이송은 소송절차의 중
단 또는 중지 중에도 할 수 있다(법 제60조 제3항). 이송의 효과는 이송결정에 의하여 비
로소 생기는 것이므로, 이송을 청구하는 결정의 통지를 받은 후라도 이송결정
전에 행하여진 소송행위는 유효하다.[138] 다만 법 제60조 제1항 내지 제3항의 규
정은 상소심 법원에 계속되어 있는 소송에 관하여는 적용되지 않는다(법 제60조 제4항).

---

135) 条解(中), 317-318면.
136) 이는 관련 소송을 회생법원에 집중시킴으로써 회생절차의 신속한 진행과 편의를 도모하기
위하여 상대방의 관할의 이익을 박탈하면서까지 이송을 인정하는 것이므로, 이송의 필요성을
판단함에 있어서는 단순히 관리인의 소송수행이나 응소의 편의를 위한 것만으로는 부족하고,
여러 법원에 계속 중인 동종사건을 통일적으로 해결하는 것이 회생절차의 신속한 진행을 위하
여 필요한 경우라든가 그 소송의 신속한 진행이 회생계획을 입안하는 데 불가피한 경우 등 특
별한 사정이 있어야 할 것이다[임채홍·백창훈(상), 426면 참조].
137) 임채홍·백창훈(상), 427면.
138) 임채홍·백창훈(상), 427면.

제7장

·
·
·

회생절차의
기관 · 기구

제1절 개   요

제2절 관리위원회

제3절 관 리 인

제4절 채권자협의회

제5절 조사위원

제6절 회생 · 파산위원회

제1절 개   요

　　회생절차개시신청 후에는 채권자·주주·지분권자 기타 이해관계인의 이해
를 조정하고, 채무자 또는 그 사업의 신속하고 효율적인 재건이라는 목적을 달
성하기 위하여 회생절차의 진행을 총체적으로 관장하는 회생법원의 감독 아래
여러 회생절차의 기관·기구가 관여한다. 이들 회생절차의 기관·기구는 회생절
차의 진행에서 중추적인 역할을 담당하므로, 회생절차의 성패는 이들 기관·기
구들이 맡은 기능과 역할을 얼마나 성실히 수행하느냐에 달려 있다. 아래에서는
회생절차의 기관·기구에 대하여 개략적으로 설명하기로 한다.

　　먼저 관리위원회(^{법 제15조 내지}_{제19조의2})는 전문지식을 갖춘 관리위원들로 구성되어 회
생법원의 전문성을 보완하고, 법원의 허가 업무 등의 일부를 위임받아 처리함으
로써 회생절차의 신속하고 적정한 진행을 도모한다.

　　관리인 또는 관리인 불선임 결정에 의하여 관리인으로 보게 되는 채무자
또는 개인이 아닌 채무자의 대표자(^{법 제74조}_{내지 제84조})는 채무자의 업무수행권과 재산의
관리처분권을 배타적으로 보유하고 소송절차에서 당사자가 되는 등 모든 이해
관계인에 대하여 선관주의의무를 지는 공적수탁자로서 회생절차에서 가장 핵심
적인 역할과 기능을 수행한다. 특히 법은 제74조 제2항 내지 제4항에서 기존 경
영자를 관리인으로 선임하거나 관리인으로 보도록 하는 기존 경영자 관리인 제
도를 도입함으로써 부실기업의 조기 회생절차 진입과 경영노하우의 계속적인
활용으로 회생절차의 효율성을 도모하고 있다.

　　채권자협의회(^{법 제20조}_{내지 제22조})는 회생절차개시신청 직후 관리위원회에 의하여 구성
되는 협의체로서 전체 채권자를 대표하여 채권자 일반의 이익을 옹호하기 위하
여 관리인의 선임·해임, 회생계획안의 작성 등 회생절차의 진행 과정에 참여하
면서 채권자들의 이익을 대변하는 의견을 제시한다. 특히 법 제74조에 의하여
도입된 기존 경영자 관리인 제도 하에서, 기존 경영자 관리인의 권한 남용의 위
험성을 방지하고, 채권자 일반의 이익이 적정하게 보장되는 방향으로 회생절차
를 이끌어 나가기 위해서는 채권자협의회의 활동이 강화되어야 한다. 이에 법은
채권자협의회의 기능과 역할을 강화하기 위하여 법원과 관리인 등으로 하여금
주요자료를 제공하도록 하는(^{법 제22조,}_{제39조} ^{규칙}) 한편 그 활동에 필요한 비용을 채무자

에게 부담시킬 수 있도록 하고 있다(법 제21조 제3항).

조사위원(법 제87조, 제88조)은 회생절차 진행과정에서 채무자의 재무·경영분석, 채무자가 재정적 파탄에 이르게 된 경위, 청산가치와 계속기업가치의 산정, 담보목적물의 평가, 회생계획의 수행가능성 여부 등 고도의 전문적인 회계·경영·경제지식과 판단능력이 요구되는 사항의 조사를 명하기 위하여 법원이 선임하는 기관이다. 조사위원의 조사결과는 회생절차에서 '기존 경영자 관리인 또는 제3자 관리인 선임 여부', '지배주주 및 특수관계인 등의 보유주식 강제소각', '회생절차의 폐지 여부', '회생계획의 수립에 필요한 매출 및 영업이익의 추정' 등에 핵심적인 역할을 한다. 조사위원은 법상 회생절차의 필수적인 기관은 아니지만, 실무상으로는 그 역할의 중요성과 필요성에 비추어 대부분의 사건에서 조사위원을 선임하고 있다.[1]

한편 회생·파산위원회 설치 및 운영에 관한 규칙에 근거하여 설립된 회생·파산위원회는 회생·파산절차와 관련한 정책 수립, 제도 개선과 절차 관계인에 대한 체계적·통일적인 감독을 위한 기구로서, 회생·파산 절차의 투명성을 제고하고 공정성을 강화하는 역할을 한다.

제2절 관리위원회

1. 관리위원회의 설치

법 제15조는 회생사건·파산사건 및 개인회생사건을 적정·신속하게 처리하기 위하여 대법원규칙이 정하는 회생법원에 관리위원회를 두도록 규정하고 있다. 관리위원회 제도는 전문지식을 갖춘 관리위원회의 보조를 받아 회생법원의 전문성을 보완하고 과중한 업무를 경감함으로써 회생절차의 신속·적정한 진행을 도모하기 위하여 1998. 2. 24. 구 회사정리법 개정에 의하여 도입된 제도로서, 서울중앙지방법원에는 1998. 5.부터 설치·운영되었고, 서울회생법원에는 2017. 3. 1. 개원 당시부터 설치·운영되었으며,[2] 현재 의정부지방법원·인천지

[1] 서울중앙지방법원 및 서울회생법원에서는 2013. 5.경부터 중소기업의 효율적인 회생절차 진행을 위하여 '중소기업 회생컨설팅제도'를 시행하고 있다. 회생컨설팅 대상 기업으로 선정된 경우에는 통상 조사위원 선임이 생략된다(이에 대한 자세한 설명은, '제1장 제4절 2.' 부분 참조).
[2] 서울회생법원 내규 제31호 '관리위원 등의 지위에 관한 경과 내규'에 의하여 2017. 2. 28. 기

방법원·수원지방법원·춘천지방법원·대전지방법원·청주지방법원·대구지방법원·부산지방법원·울산지방법원·창원지방법원·광주지방법원·전주지방법원·제주지방법원 등 전국 모든 지방법원에 관리위원회가 설치되어 있다($^{규칙 \ 제13조}_{제1항 \ 별표1}$).[3] 회생법원은 다른 회생법원의 관리위원회에 현장조사 등의 사무수행을 촉탁할 수 있다($^{규칙 \ 제13조}_{제2항}$).

2. 관리위원회의 업무 및 권한

관리위원회는 회생절차와 관련하여 법원의 지휘를 받아 다음과 같은 업무를 수행한다. 관리위원회는 필요한 경우 공공기관·관련전문가 또는 이해관계인에 대하여 의견을 조회할 수 있고($^{규칙 \ 제26}_{조 \ 제1항}$), 그 직능을 수행하기 위하여 필요한 경우에는 공공기관 또는 관계당사자에게 자료의 제출을 요청하거나 그 밖의 필요한 협력을 요청할 수 있으며($^{규칙 \ 제26}_{조 \ 제2항}$), 법원은 필요하다고 인정하는 경우 관리위원으로 하여금 채무자의 서류를 열람하거나 공장 등의 현장에 출입하여 조사, 검사, 확인하게 할 수 있다($^{규칙 \ 제27}_{조 \ 제1항}$).

가. 법 제17조 제1항에 규정된 업무

① 관리인·보전관리인·조사위원·간이조사위원의 선임에 대한 의견의 제시($\frac{1}{호}$)

관리위원회는 법 제74조 제2항에 의하여 기존 경영자가 관리인으로 선임되거나 같은 조 제3항의 관리인 불선임 결정에 의하여 기존 경영자를 관리인으로 보게 될 경우 같은 조 제2항 각호의 예외사유가 명백하게 존재하는지 여부에 관한 의견을 제시하거나, 평소 기존 경영자 이외의 제3자 관리인, 보전관리인 및 조사위원 등을 선임할 경우에 대비하여 인물 정보를 관리하고, 회생법원에 적절한 인물을 추천하며, 선임에 대한 의견을 제시한다.

준 서울중앙지방법원에서 위촉된 관리위원은 서울회생법원에서 위촉된 것으로 본다.

3) 앞서 본 바와 같이, 2016. 12. 27. 법률 제14472호로 개정된 채무자 회생 및 파산에 관한 법률 (2017. 3. 1. 시행)에 따라 회생법원이 설치되지 아니한 지역은 회생법원이 설치될 때까지 관할 지방법원 또는 지방법원 본원은 위 법에 따른 회생법원으로 보고, 그 지방법원에 관리위원회를 둔다. 다만 수원회생법원 및 부산회생법원의 설치를 내용으로 하는 채무자 회생 및 파산에 관한 법률(2022. 12. 27. 법률 제19102호로 개정) 및 각급 법원의 설치와 관할구역에 관한 법률 (2022. 12. 27. 법률 제19149호로 개정)이 각 2023. 3. 1. 시행되므로, 그때부터는 수원회생법원과 부산회생법원에 관리위원회가 설치될 것이다.

② 관리인·보전관리인·조사위원·간이조사위원의 업무 수행의 적정성에 관한 감독 및 평가($\frac{2}{\bar{\Sigma}}$)

  - 관리인·보전관리인·조사위원·간이조사위원의 업무수행 성과에 대한 평가와 향후 추천 여부 및 보수결정 등에 반영할 의견 제시
  - 관리인·보전관리인·조사위원·간이조사위원의 업무감독
  - 관리인에 대한 법원의 감독업무 보조(관리인의 허가신청서를 미리 검토하고 의견을 제시하는 것 등)[4]
  - 회생절차개시신청서의 검토 및 보고
  - 개시결정 후 조사위원의 조사 단계에서 해당 기업의 경제성에 대한 검토(재무제표의 검토, 향후 관련 업종의 전망 등 포함)

③ 회생계획안에 대한 심사($^{제3, 7호, 규칙}_{제22조 제1호}$)

  - 관리인의 회생계획안 작성에 관한 지도 또는 권고
  - 회생계획안에 대한 인가요건 구비 여부 검토

④ 채권자협의회의 구성과 채권자에 대한 정보의 제공($\frac{4}{\bar{\Sigma}}$)

⑤ 회생절차의 진행상황에 대한 평가($\frac{5}{\bar{\Sigma}}$)

  - 회생절차 진행상황에 대한 전반적인 평가를 실시하여 법원의 직권 폐지 또는 종결 결정 등에 관한 의견 제시
  - M&A 절차의 적정성에 관한 보고
  - 회생절차에 관련된 불만처리 및 조사

⑥ 관계인집회와 관련된 업무($\frac{6}{\bar{\Sigma}}$)

  - 관리인 등에 대한 관계인집회 절차 진행 지도
  - 관계인집회의 출석 및 관리인에 대한 조언

⑦ 관리인의 부인권 행사, 회생채권·회생담보권에 관한 이의 제출에 대한 지도 또는 권고($^{제7호, 규칙}_{제22조 제1호}$)

⑧ 그 밖에 회생절차에 필요한 의견의 제시[5] 또는 대법원규칙 또는 법원이 정하는 업무($^{제7호, 규칙}_{제22조 제2호}$)

---

4) 다만 이 업무를 처리하면서 관리위원회가 사실상 법원의 역할을 대행하고 있다는 오해를 불러일으키거나, 담당 재판부에 서류를 인계할 때까지 지나치게 시간을 소비하여 처리가 지연되는 일이 없도록 유의하여야 한다.

5) 서울회생법원에서는 법상 의무적인 것은 아니나 법 제257조 제4항, 제288조 제2항에 의하여 회생절차의 폐지나 종결 결정을 하는 경우에도 관리위원회에 대한 의견조회를 실시하고 있다(의견조회의 기재례는 [별지 193], [별지 213] 참조).

나. 개별 규정에서 정한 업무

관리위원회가 행하여 할 업무로서 법 제17조 제1항에서 규정하는 것 이외에 개별 규정에서 정하고 있는 업무는 다음과 같다. 이 업무에 대하여는 법원은 반드시 관리위원회의 의견을 들어야 한다.

① 법 제42조에 규정된 회생절차개시신청의 기각결정에 대한 의견의 제시
② 법 제43조 제1항·제3항·제4항에 규정된 채무자의 재산에 대한 보전처분 또는 보전관리명령 및 그 변경·취소 등에 대한 의견의 제시
③ 법 제62조 제2항에 규정된 회생계획인가 전 영업 등의 양도의 허가에 대한 의견의 제시
④ 법 제114조 제4항에 규정된 법인의 이사 등의 책임에 기한 손해배상청구권 등을 보전하기 위한 보전처분의 변경 또는 취소에 대한 의견의 제시
⑤ 법 제132조 제3항에 규정된 회생채권의 변제허가에 대한 의견의 제시

다. 업무의 위임

관리위원회는 위와 같은 업무를 효율적으로 처리하기 위하여 업무의 일부를 관리위원에게 위임할 수 있고(법 제17조 제2항), 법원은 업무를 위임받아 수행하는 관리위원이 해당 업무를 수행하는 것이 적절하지 않다고 인정하는 경우에는 관리위원회에 대하여 다른 관리위원에게 그 업무를 위임할 것을 요구할 수 있다(법 제17조 제3항). 관리위원회가 업무의 일부를 특정 관리위원에게 위임한 경우에는 이를 즉시 서면으로 법원에 보고하여야 한다. 관리위원회가 법원으로부터 관리위원의 교체를 요구받은 경우에는 즉시 해당 관리위원을 교체한 후 이를 법원에 서면으로 보고하여야 한다(규칙 제25조).

한편 관리위원회 위원장은 관리위원회의 원활한 운영을 위하여 필요하다고 인정하는 때에는 특정 관리위원을 주무위원으로 지정하여 미리 안건을 검토하여 관리위원회에 보고하게 할 수 있다(규칙 제16조). 관리위원회가 업무를 수행하는 내부절차로서 주무위원을 정할 수 있는 것이다.

3. 관리위원회의 구성

관리위원회는 위원장 1인 및 부위원장 1인을 포함한 3인 이상 15인 이내의

관리위원으로 구성하고, 관리위원은 상임으로 할 수 있다(법제16조 제1항, 규칙 제14조 제1항). 관리위원의 임기는 3년으로 한다(법제16조 제2항). 관리위원은 변호사, 공인회계사, 은행법에 의한 은행 그 밖에 대통령령이 정하는 법인에서 15년 이상 근무한 경력이 있는 자, 상장기업의 임원으로 재직한 자, 법률학·경영학·경제학 또는 이와 유사한 학문의 석사학위 이상을 취득하고 관련 분야에서 7년 이상 종사한 자 기타 이에 준하는 자로서 학식과 경험을 갖춘 자 중에서 회생법원장이 위촉한다(법제16조 제3항).6) 위원장은 관리위원 중에서 회생법원장이 지명하고, 그 임기는 1년이다(규칙 제15조 제1항). 위원장은 관리위원회의 의장이 되고, 대외적으로 관리위원회를 대표하며, 관리위원회의 사무를 총괄한다(규칙 제15조 제2항). 관리위원은 형법 그 밖의 법률의 규정에 의한 벌칙의 적용에 있어서 공무원으로 본다(법제16조 제7항).

요컨대, 관리위원회가 법률·회계·경영·경제 등 다방면에 걸쳐 우수한 자질과 인격을 갖춘 고급 전문가로 구성될 수 있도록 하기 위하여 관리위원의 자격요건 및 임기를 법률에 명시하는 등 여러 가지로 신분보장을 하고 있다.7) 관리위원의 수는 각 법원의 사정에 따라 정한다.

4. 관리위원회의 운영

관리위원회의 회의는 위원장이 필요에 따라 수시로 소집 가능하고(규칙 제23조 제1항), 법원이 관리위원회의 의견을 요구한 경우에는 위원장은 즉시 관리위원회를 소집하여야 한다(규칙 제23조 제2항). 관리위원회는 재적위원 과반수의 출석과 출석위원 과반수의 찬성으로 의결한다(법제16조 제5항). 주요 사항은 관리위원회의 의결을 거치도록 하고, 기타 사항은 주무 관리위원이 단독으로 수행한다. 구체적인 운영방법은 규칙 제23조 내지 제33조에서 규정하고 있다.8)

5. 관리위원의 지위 및 보수

관리위원은 관리위원회의 구성원(법제16조), 관리위원회의 업무수임인(법제17조 제2항), 관리위원회 내의 주무위원(규칙 제16조), 법원의 업무수임인의 지위(법제18조)를 가진다.

---

6) 관리위원 위촉과 관련한 자세한 내용은 '제7장 제6절 3.' 참조.

7) 구체적인 내용은 규칙 제17조 참조.

8) 법 제16조 제6항은 관리위원회의 설치·조직 및 운영, 관리위원의 자격요건·신분보장 및 징계 등에 관하여는 대법원규칙으로 정한다고 규정하고 있다.

관리위원에 대하여는 예산의 범위 내에서 상임관리위원에게는 전임 전문계약직공무원(나급)에 해당하는 금액을, 비상임관리위원에 대하여는 회의에 참석하는 경우에 한하여 지방법원장이 정하는 회의출석수당을 지급한다(규칙 제18조 제1항 별표 2).

6. 관리위원에 대한 허가사무의 위임

법원은 법 제61조 제1항 각호의 행위 중 통상적인 업무에 관한 허가사무를 관리위원에게 위임할 수 있고(법 제18조), 위임은 결정[9])으로 하여야 하며(규칙 제30조 제1항), 위임할 수 있는 허가사무의 범위는 아래와 같이 규칙 제29조 제1항 각호에 규정되어 있다.

1. 재산의 처분행위(다만, 등기 또는 등록의 대상이 되는 재산의 처분행위를 제외한다)
2. 재산의 양수(다만, 제3자의 영업을 양수하는 경우를 제외한다)
3. 자금의 차입 등 차재
4. 법 제119조의 규정에 의한 계약의 해제 또는 해지[10])
5. 소의 제기, 소송대리인의 선임 그 밖의 소송행위(다만, 소의 취하, 상소권의 포기, 화해 또는 중재계약, 청구의 포기·인낙, 소송탈퇴의 경우를 제외한다)
6. 임원을 제외한 모든 직원의 인사 및 보수결정
7. 계약의 체결 그 밖의 의무부담행위
8. 어음·수표계좌의 설정 및 어음·수표용지의 수령행위
9. 운영자금의 지출
10. 그 밖에 법원이 지정하는 허가사무[11])

7. 관리위원에 대한 기피·이의신청

이해관계인은 관리위원에게 심의·의결의 공정을 기대하기 어려운 사정이 있는 경우에는 그 사유를 서면으로 소명하여 법원에 기피신청을 할 수 있고, 이

---

9) 서울회생법원은 실무상 회생절차개시결정과 동시에 관리인이 허가를 받아야 하는 사항을 정하고 동시에 관리위원에게 위임하는 사항도 정하고 있다. 자세한 내용은 '제7장 제3절 8. 가. 3)' 참조.
10) 다만, 서울회생법원은 법 제119조에 의한 계약의 해제 또는 해지가 이해관계인에게 끼치는 영향이 중대함을 고려하여 관리위원에게 위임하지 않고 있다.
11) 법원이 위임한 허가사무의 결과 보고 등에 관하여는 '제16장 제1절 2. 다.' 참조.

경우 법원은 결정으로 재판하여야 한다(규칙 제20조). 관리위원이 위와 같은 사유에 해당하는 경우에는 스스로 그 사건의 심의·의결에서 회피할 수 있다(규칙 제20조 제3항).

또한 법 제18조의 규정에 의하여 위임을 받아 관리위원이 행한 결정 또는 처분에 불복하는 자는 관리위원에게 이의신청서[12]를 제출하여야 한다(법 제19조 제1항). 관리위원은 이의신청이 이유 있다고 인정하는 때에는 지체 없이 그에 따른 상당한 처분을 하고 이를 법원에 통지하여야 하고, 이의신청이 이유 없다고 인정하는 때에는 이의신청서를 제출받은 날부터 3일 이내에 이의신청서를 법원에 송부하여야 한다(법 제19조 제2항·제3항). 이의신청은 집행정지의 효력이 없다(법 제19조 제4항). 법원은 이의신청서를 송부받은 때에는 이유를 붙여 결정을 하여야 하며, 이의신청이 이유 있다고 인정하는 때에는 관리위원에게 상당한 처분을 명하고 그 뜻을 이의신청인에게 통지하여야 한다(법 제19조 제5항). 즉시항고를 허용하는 규정이 따로 없으므로, 법원의 이의신청 기각결정에 대해서는 불복할 수 없다.

8. 보고서의 발간 및 국회 상임위원회 보고

2016. 12. 27. 개정법에 따라 회생법원장은 관리위원회를 통한 관리·감독 업무에 관한 실적을 매년 법원행정처장에게 보고하여야 하고(법 제19조의2 제1항), 법원행정처장은 제1항에 따른 관리·감독 업무에 관한 실적과 다음 연도 추진계획을 담은 연간 보고서를 발간하여야 하며, 그 보고서는 국회 소관 상임위원회에 보고하여야 한다(법 제19조의2 제2항).

앞서 본 바와 같이 관리위원회 제도는 전문지식을 갖춘 관리위원회의 보조를 받아 회생법원의 전문성을 보완하고 업무를 경감함으로써 회생절차의 신속·적정한 진행을 도모하기 위하여 도입되었고, 실무상 회생절차의 발전에 큰 역할을 담당하였다. 특히 관리위원회는 관리인 등의 업무수행 적정성을 감독 및 평가하고 회생절차의 진행상황을 평가함으로써 회생절차의 공정성과 투명성을 확보하는 데 큰 기여를 하고 있다.

연간 보고서 제도는 이러한 관리위원회의 도산 절차관계인(관리인, 파산관재인 등) 선임 내역, 관리·감독 업무 수행 내역 등을 투명하게 공개하여, 도산 관리·감독 기능에 대한 공정성과 국민의 신뢰도를 높이고 관리위원회 제도 운영의 예측가능성을 확보하기 위하여 개정법으로 도입되었다.

---

12) 이의신청의 방식은 규칙 제32조에 규정되어 있다.

이에 따라 연간 보고서는 크게 관리위원회를 통한 관리·감독(절차관계인 선임에 대한 의견 제시, 절차관계인 업무수행 적절성에 대한 관리·감독, 사건관리 현황 등 포함)과 향후 추진계획으로 구분되어 작성한다.

제3절 관 리 인

1. 관리인 제도의 기본 구조

회생절차가 개시되면 그 절차가 종료될 때까지 채무자의 업무수행권과 재산의 관리처분권은 채무자로부터 관리인에게로 이전된다. 관리인은 이러한 권한을 행사하여 채무자 또는 그 사업의 원활한 회생을 도모하는 한편 회생절차를 주도적으로 이끌어 나가게 된다. 따라서 관리인은 사업가 내지 경영자로서 능력을 발휘해야 할 뿐 아니라 회생절차와 관련된 법률과 법원의 실무를 이해하고 자기에게 부여된 역할을 적절하게 수행할 수 있어야 한다.

누구를 관리인으로 할 것인지는 회생절차의 전반적인 흐름과 방향을 결정하는 매우 중요한 과제이다. 법 제74조는 구 회사정리법상의 관리인 제도의 기본 구조를 거의 그대로 유지하면서 원칙적으로 기존 경영자를 관리인으로 선임하게 하거나, 개인 채무자·중소기업 등의 경우에는 관리인을 선임하지 아니하고 개인 채무자 또는 법인 채무자의 대표자를 관리인으로 보는 '기존 경영자 관리인 제도'(DIP, Debtor In Possession)를 규정하고 있다.

법 제74조가 기존 경영자 관리인 제도를 도입한 배경은 다음과 같다. 구 회사정리법 시행 당시 기존 경영자들을 경영에서 배제하고 제3자를 관리인으로 선임하자 기존 경영자들이 경영권을 유지할 수 없다는 이유로 회사정리절차 개시신청을 기피하는 경향이 강하였고, 기존 경영자들의 경영노하우가 그대로 인계되지 못하는 단점이 있었다. 그러한 이유로 기존 경영자들이 경영 파탄의 초기 단계에서 조기에 회생절차개시신청을 할 수 있도록 하는 동기를 제공하고, 기존 경영자들이 경영 노하우를 살려서 조기에 회생에 성공할 수 있도록 원칙적으로 기존 경영자를 관리인으로 선임하거나 관리인으로 보도록 하는 제도를 도입한 것이다.[13]

---

13) 이 밖에도 회생에 필수적인 기존의 거래처 등과 계속적인 거래관계를 유지하고, 내부 직원들

다만 법 제74조 제2항 각호 및 같은 조 제3항 단서는 채무자의 재정적 파탄의 원인이 기존 경영자의 재산의 유용 또는 은닉이나 그에게 중대한 책임이 있는 부실경영에 기인하는 때, 채권자협의회가 요청하는 경우로서 상당한 이유가 있는 때, 그 밖에 채무자의 회생에 필요한 때에는 예외적으로 기존 경영자 이외의 제3자를 관리인으로 선임하도록 함으로써 기존 경영자 관리인 제도의 부작용을 방지하고 있다.

한편 법 제74조 제3항은 개인, 중소기업, 그 밖에 대법원규칙이 정하는 채무자인 경우에는 관리인을 선임하지 아니할 수 있도록 하고, 이 경우 채무자 또는 개인이 아닌 채무자의 대표자를 관리인으로 보도록 하고 있다(법 제74조 제4항). 법원이 관리인 불선임 결정을 한 경우 기존 경영자가 업무수행권과 관리처분권을 유지한다는 점에서 '기존 경영자 관리인 제도'에 포함된다고 볼 수 있으나, 별도의 선임절차를 필요로 하지 않는다는 점에서 법 제74조 제2항의 기존 경영자 관리인과 차이가 있다. 법원이 회생절차개시결정 당시 관리인 불선임 결정을 한 경우 개인 채무자나 법인 채무자의 대표자는 제2편 회생절차에서 관리인으로 보게 되므로(법 제74조 제4항), 관리인으로 보게 되는 개인 채무자나 법인 채무자의 대표자에 대하여는 성질상 극히 일부분의 규정을 제외하고는 선임된 관리인에게 적용하는 규정이 그대로 적용된다.[14][15]

2. 관리인 등의 지위

가. 지 위

법원의 선임결정에 의하여 선임된 관리인(법 제74조 제2항)은 물론이고, 관리인 불선임 결정에 의하여 관리인으로 보게 되는 개인 채무자 또는 법인 채무자의 대표자(법 제74조 제3항·제4항) 역시 채무자의 업무를 수행하고, 그 재산을 전속적으로 관리·처분할 권한과 의무를 갖는다(법 제56조). 또한 관리인 등은 채권자목록을 제출하고

의 동요를 최소화할 수 있는 이점이 있다.

14) 이 절에서는 용어사용의 혼돈을 피하기 위하여 법원의 선임결정에 의하여 선임된 관리인(기존 경영자를 관리인으로 선임한 경우와 그 이외의 제3자를 선임한 경우를 포함한다)과 법원의 관리인 불선임 결정에 의하여 관리인으로 보게 되는 채무자나 채무자의 대표자를 모두 포함하는 경우에는 '관리인 등'이라는 용어를 사용하고, 이와 달리 '관리인'이라고 쓰는 경우에는 법원의 선임결정에 의하여 선임된 관리인만을 뜻하는 것으로 사용한다.

15) 간이회생절차의 경우에는 관리인을 불선임하는 것이 원칙이어서, 통상의 회생절차와는 달리 별도의 불선임 결정을 하지는 않는다(법 제293조의6).

($^{법 \ 제147조}_{제1항}$) 시부인표를 제출하는($^{법 \ 제161조}_{제1항, \ 제162조}$) 등 채권조사를 하고, 재산가액 평가 등 채무자의 회생에 필요한 사항을 조사보고하며($^{법 \ 제90조}_{내지 \ 제93조}$), 회생계획안을 작성·제출하고($^{법}_{제220조}$), 회생계획안이 관계인집회의 결의를 거쳐 법원의 인가를 받으면 그 계획을 수행해 나갈 권한과 의무도 부담한다($^{법 \ 제257조}_{제1항}$). 이렇듯 관리인 등은 회생절차에서 가장 중추적인 역할을 수행하는 위치에 있다.

이러한 관리인 등의 지위를 어떻게 파악할 것인가에 대하여 여러 가지 견해가 있으나, 대법원은 "관리인은 채무자나 그의 기관 또는 대표자가 아니고 채무자와 그 채권자 등으로 구성되는 이른바 이해관계인 단체의 관리자로서 일종의 공적수탁자에 해당한다."라고 판시하였다.[16] 따라서 관리인으로 선임되거나 관리인으로 보게 되는 개인 채무자는 사익 추구의 주체로서가 아니라 모든 채권자를 위한 법 제82조 제1항의 선관주의의무를 지는 독립된 제3자의 지위에 서게 되는 것이다. 또한 관리인으로 선임되거나 관리인으로 보게 되는 개인이 아닌 채무자의 대표자도 단순히 주주·지분권자 등의 이익을 대변하는 법인의 기관이 아니라 회생절차 내의 모든 채권자 및 주주 등으로 구성되는 이해관계인을 위하여 법 제82조 제1항의 선관주의의무를 지는 독립된 제3자의 지위에 있게 되는 것이다.

나. 관리인 등과 임원의 관계

1) 법인의 존속

회생절차에서는 개시결정이 있다고 하여 법인이 해산되는 것이 아니고, 법인은 여전히 존속하고 회생계획에서 해산의 시기를 정하는 경우에 한하여 해산하게 된다. 이는 파산의 경우 파산선고와 동시에 회사가 해산($^{상법 \ 제227조, \ 제287조의38,}_{제517조, \ 제609조}$)하는 것과는 다르다.

회생절차개시결정이 있으면 법인 채무자의 업무수행권과 재산의 관리처분권은 관리인 등에게 전속되나, 법인 채무자의 활동은 업무의 수행과 재산의 관리처분이 전부가 아니므로 그 이외의 활동은 여전히 법인에 의하여 영위되어야 한다. 즉 조직법적·사단법적 관계에서의 채무자의 활동은 원칙적으로 허용되는 것이고, 따라서 회생계획의 인가결정시까지는 이사나 감사도 그대로 존속하고,[17] 부분적이나마 주주총회나 이사회도 개최할 수 있다. 또한 이사·감사의

---

16) 대법원 2013. 3. 28. 선고 2010다63836 판결, 2015. 12. 12. 선고 2014도12753 판결 등 참조.
17) 대법원 1964. 4. 12. 선고 63다876 판결 참조.

선임 및 해임, 주주명부의 정비, 정관의 변경 등은 원칙적으로 채무자의 권한에
속하고, 관리인 등의 권한은 거기에까지는 미치지 아니한다. 다만 이러한 법인
채무자의 조직법적·사단법적 활동을 무제한 허용할 경우 회생절차에 지장을
초래할 수 있으므로, 법은 원활한 회생절차의 진행을 위하여 부분적인 제한을
가하고 있다.

2) 조직법적·사단법적 활동의 제한

법 제55조 제1항은 회생절차개시 이후부터 그 회생절차가 종료될 때까지는
채무자는 회생절차에 의하지 아니하고 자본 또는 출자액의 감소, 지분권자의 가
입, 신주 또는 사채의 발행, 자본 또는 출자액의 증가, 주식의 포괄적 교환 또는
주식의 포괄적 이전, 합병·분할·분할합병 또는 조직변경, 해산 또는 회사의
계속, 이익 또는 이자의 배당을 할 수 없는 것으로 규정하고 있다. 위의 사항들
은 모두 주주총회 결의사항이므로 그 결의사항에 제한을 가한 것이라 할 수 있
다. 위와 같은 금지사항은 회생계획에 의하지 않고는 법원의 허가를 얻어서도
할 수 없다.[18)]

법 제55조 제2항은 "회생절차개시 이후부터 그 회생절차가 종료될 때까지
회생절차에 의하지 아니하고 법인인 채무자의 정관을 변경하고자 하는 때에는
법원의 허가를 받아야 한다."라고 규정하고 있다. 정관변경은 상법상 주주총회
결의사항($\frac{상별}{433조}제$)이므로, 역시 주주총회 결의사항에 대한 제한이라고 할 수 있다.
다만 정관변경이 회생절차의 일환으로서 필요한 경우에는 회생절차에 의하여,
즉 구체적으로는 회생계획의 내용에 의하여 이루어져야 한다($\frac{법}{제2호,} \frac{제193조}{제262조,} \frac{제2항}{제202조).}$
그러므로 법원의 허가를 얻어서 할 수 있는 정관변경은 회생절차와 관계없는
사항에 국한된다. 예컨대, 영업목적의 변경, 본점의 이전, 공고방법의 변경 등이
이에 속한다. 법 제55조 제2항에 따라 정관을 변경하는 경우에도 상법에서 정한
주주총회 특별결의 요건($\frac{상별}{제434조}$)을 배제하는 취지의 규정이 없으므로, 주주총회
특별결의와 법원의 허가를 모두 필요로 한다고 봄이 타당하다.[19)]

또한 법 제260조는 "회생계획을 수행함에 있어서는 법령 또는 정관의 규정
에도 불구하고 법인인 채무자의 창립총회·주주총회 또는 사원총회 … 의 결의
를 하지 아니하여도 된다."라고 규정함으로써 회생계획인가 후 단계에서는 주주
총회의 기능을 무력화시키고 있다.

---

18) 임채홍·백창훈(상), 324면.
19) 条解(上), 491면.

3) 임원의 지위 및 선임

회생절차개시결정이 있고 채무자의 업무수행권과 재산의 관리처분권이 관리인 등에게 전속한다고 하여도 회생계획이 인가되기까지는 종래의 이사나 감사의 지위에 변동이 없다.

그러나 채무자의 업무수행권과 재산의 관리처분권은 관리인 등에게 전속하므로, 이사의 권한은 그 외의 인격적 활동의 영역에서만 극히 제한적으로 인정된다.[20] 법 제56조 제2항은 개인이 아닌 채무자의 이사는 제1항에 규정된 관리인의 권한을 침해하거나 부당하게 그 행사에 관여할 수 없도록 규정하고 있고, 법 제260조는 "회생계획을 수행함에 있어서는 법령 또는 정관의 규정에도 불구하고 법인인 채무자의 … 이사회의 결의를 하지 아니하여도 된다."라고 규정함으로써 이사회의 기능을 현저히 약화시키고 있다.

일반적으로 업무수행권과 재산의 관리처분권을 배타적으로 갖는 관리인 등이 존재하는 현행법하에서 회생절차 중 법률 또는 정관에 정한 이사 또는 감사의 수를 결하여도 반드시 즉시 그 결원을 보충할 필요는 크지 않다. 임기만료 또는 사임에 의하여 퇴임한 자는 후임자가 취임할 때까지 이사 또는 감사로서의 권리의무를 가지기 때문이다($\substack{상법 \ 제386 \\ 조, \ 제415조}$). 다만 법 제74조 제3항에 의한 관리인 불선임결정에 의하여 법인의 대표자를 관리인으로 보게 되는 경우에 대표이사의 임기가 만료된 때에는 주주총회 등을 소집[21]하여 대표이사를 새로 선출해야 할 것이다.

회생절차개시 후 회생계획인가 전 단계에는 관리인이 이사 또는 감사를 선임·해임할 권한이 없다. 또한 이사 또는 감사의 사임 의사표시는 관리인에 대하여 하는 것이 아니라 채무자에 대하여 하여야 한다. 그러나 회생계획인가 후부터 회생계획종결 전 단계에서 이사의 유임·선임·임기·선임방법 등에 관하여 회생계획에서 이를 정하도록 규정되어 있으므로($\substack{법 \ 제203조, \\ 제263조}$), 결국 회생계획에서 정하는 내용에 따라 기존 임원의 유임 여부 및 새 임원의 선출방법 등이 달라

---

20) 회생절차가 개시되어도 법인 채무자는 인격적 활동의 면에서는 자유로우므로 회생절차개시 전부터 채무자에 대하여 설립무효의 소(상법 제184조)가 제기되어 있는 경우에는 회생절차가 개시되어도 소송절차는 중단되지 않고(법 제59조 제1항 참조) 여전히 대표이사가 그 소송을 수행하며, 또 대표이사는 회생절차 중에도 부득이한 경우에는 주주총회를 소집할 수 있다. 주주명부의 정비에 관한 사무는 회사의 인격적 활동에 관한 것이므로 원칙적으로 관리인이 아닌 대표이사가 관장하여야 한다.

21) 일반적으로 정기주주총회는 계산서류의 승인을 위한 것인데(상법 제449조), 회생절차에서는 계산서류의 승인이란 아무런 의미가 없으므로 위와 같은 특별한 사정이 없는 한 정기총회는 열 필요성이 희박할 것이다.

질 것이다.

한편 감사의 경우에는 법원이 임기를 정하여 선임하도록 규정되어 있으므로(법 제203조,) 회생계획인가 후 단계에서는 주주총회가 감사를 선임할 권한을 완전히 상실하고, 법원이 그 권한을 행사하게 된다.

3. 법 제74조 제2항에 의한 기존 경영자 관리인

법 제74조 제2항은 같은 항 각호의 예외사유에 해당하는 때를 제외하고는 원칙적으로 채무자의 대표자를 관리인으로 선임하여야 한다고 규정함으로써 예외 사유가 존재하지 않는 한 기존 경영자를 관리인으로 선임하도록 하고 있다. 여기서 중요한 것은 위 각호의 사유를 제한적으로 해석하느냐, 폭넓게 해석하느냐 여부에 따라 기존 경영자의 관리인 선임여부가 달라질 수 있다는 점이다. 기존 경영자 관리인 제도가 경영권 박탈을 우려한 기존 경영자의 회생절차개시신청 기피라는 부작용을 막기 위하여 생긴 제도라는 점을 고려할 때, 위 각호의 예외사유를 어떻게 해석할지의 문제는 부실기업의 경영진에게는 매우 중대한 이해관계가 걸려 있는 사항이므로, 이 부분에 대한 합리적인 실무 운영방침을 정립할 필요가 있었고, 현재는 기존 경영자를 관리인으로 선임하거나 관리인 불선임 결정을 하는 실무가 정착되었다.

가. 선임원칙

법 제74조 제2항은 관리인을 선임함에 있어서 각호의 사유가 없는 한 법원은 법인 채무자의 대표자를 관리인으로 "선임하여야 한다"라고 규정하고 있다. 이 조항은 제2편 회생절차에서 관리인을 선임하는 경우에는 기존 경영자를 관리인으로 선임하여야 하고, 예외적으로 각호의 사유가 있는 경우에 한하여 제3자를 관리인으로 선임할 수 있다는 매우 중요한 원칙을 천명하고 있다.

따라서 법 제74조 제2항에 의하면, 회생절차개시신청으로 법인의 기존 대표자는 관리인으로 선임될 수 있다는 강한 추정을 받게 되고, 기존 경영자의 경영권 유지에 관련된 위 추정을 번복하기 위해서는 법원이 명확하고 설득력 있는 자료에 의해 각호의 사유의 존재를 인정할 수 있어야 할 것이다.[22]

---

[22] 미국의 DIP 제도에서는 위와 같은 원칙이 확고히 정립되어 있다. In re Evans, 48 B.R. 46, 47(Bankr. W.D. Tex. 1985) 사건에서 미국 법원은 "제11장 사건에서 관재인의 선임은 매우 특별한 경우에 해당한다. 채무자가 기존 경영권을 유지하여야 한다는 데 대하여 강한 추정

실무상으로는 회생절차개시신청 후 1개월 이내에 회생절차개시 여부를 결정하여야 하므로($^{법}_{제1항}^{제49조}$), 회생절차개시신청서의 기재 내용과 채무자의 대표자에 대한 심문($^{법}_{제1항}^{제41조}$)만으로는 법 제74조 제2항 각호에 해당하는 사유가 있는지를 확정할 수 없는 경우가 대부분이다. 그러나 위와 같이 개시결정단계에서 기존 경영진에게 중대한 책임이 있는 부실경영 등이 있다는 점에 대한 명백한 자료가 없는 경우에는 일단 기존 경영자를 관리인으로 선임하는 것이 입법취지에 부합하는 실무운영일 것이다. 만일 그 후 조사위원의 조사결과나 채권자협의회의 소명에 의하여 기존 경영진의 재산의 유용, 은닉, 중대한 책임이 있는 부실경영이 밝혀진 경우에는 법 제83조 제2항에 의하여 관리인을 해임[23]하고 새로운 관리인을 선임하면 된다.[24]

법 제74조 제2항은 채무자의 대표자를 관리인으로 선임하도록 규정하고 있는데, 만일 회생절차개시결정 당시의 대표자 갑(甲)을 관리인으로 선임하였는데 회생절차 진행 도중에 채무자의 대표자가 을(乙)로 변경되었을 경우, 법원은 위 대표자 을(乙)을 관리인으로 선임하여야 하는지 여부가 문제될 수 있다. 법 제74조 제2항이 규정하는 '기존 경영자 관리인 제도' 역시 본질적으로 '법원의 선임에 의한 관리인 제도'라는 점에서 다르지 아니하므로, 법원의 '결정'에 의한 관리인의 선정이 채무자 내부 사정 등에 의한 대표자의 변경으로 영향을 받거나 법원이 그러한 대표자 변경에 기속된다고 볼 수 없다. 이는 법 제83조 제2항이 채무자의 대표자 변경을 관리인의 해임사유로 열거하고 있지 아니한 점과, 같은 조 제5항에서 해임결정 후 관리인을 선임하는 때에는 채무자의 대표자를 관리인으로 선임할 의무가 없음을 명시적으로 규정하고 있는 점에 비추어도 알 수 있다.

결국 법 제74조 제2항에 의하여 보호되는 대상은 '기존 경영자'일 뿐 회생절

(strong presumption)이 존재하고, 이러한 추정을 번복하기 위해서는 채권자측이 관재인 선임의 필요성에 관한 명백하고 설득력 있는 증거(clear and convincing evidence)를 제출하여야 한다. 이 사건에서 신청인은 채무자측의 무능력과 중대한 부실경영(gross mismanagement)을 주장하고 있지만, 모든 사건에서 일정한 수준의 무능력 또는 부실경영은 존재하므로, 따라서 법원은 단순한 부실경영과 무능력 이상을 요구하여 온 것이다"라고 판시하였다. 이 사건에서는 채무자가 세법에서 요구하는 연방소득세 신고서를 3년간 미제출하였고, 회수가능한 채권의 추심과 편파행위의 의심이 있는 거래에 대한 조사를 게을리 하였다는 이유로 관리인의 선임을 인정하였다.

23) 법원의 관리인 해임결정에 대하여는 관리인이 즉시항고를 제기할 수 있으나 그 즉시항고는 집행정지의 효력이 없으므로, 새로운 관리인이 회생절차를 진행하는 데에는 장애가 되지 아니한다.

24) 만약 법 제74조 제3항 본문에 따라 관리인 불선임 결정을 하였던 경우라면, 별도로 관리인 해임 절차를 거칠 필요가 없다. 법 제83조는 법원의 관리인 선임결정을 전제로 하는 것이기 때문이다.

차 진행 도중에 선출된 채무자의 대표자는 아니므로, 회생절차 도중에 다른 우연한 사정에 의하여 채무자의 대표자가 되었다 하더라도 법원은 이미 적법하게 선임한 관리인을 경질하고 새로 대표자가 된 자를 관리인으로 선임할 의무가 없다.[25]

한편 채무자가 법인인 경우 누구를 기존 경영자로 인정할 것인지 문제가 될 수 있다. 법 규정상으로 '채무자의 대표자'로 되어 있으므로, 주식회사 및 유한회사의 경우 대표이사,[26] 합명회사의 경우 대표사원,[27] 합자회사의 경우 무한책임사원[28]이 각각 관리인이 될 것이다. 사단법인이나 재단법인의 경우에는 대표자로 등기된 사람이 관리인이 되어야 할 것이다.

나. 선임의 예외사유

법 제74조 제2항 각호는 기존 경영자 이외의 자를 관리인으로 선임하는 예외 사유로서 "채무자의 재정적 파탄의 원인이 기존 경영자의 재산의 유용 또는 은닉이나 그에게 중대한 책임이 있는 부실경영에 기인하는 때", "채권자협의회가 요청하는 경우로서 상당한 이유가 있는 때", "그 밖에 채무자의 회생에 필요한 때"를 열거하고 있다. 한편 채무자의 특수한 상황에 따라 기존 경영자와 제3자 관리인이 공동관리인으로 선임되는 경우도 있다.

1) 법 제74조 제2항 제1호 사유

제1호는 "채무자의 재정적 파탄의 원인이 개인인 채무자, 개인이 아닌 채무자의 이사, 채무자의 지배인의 어느 하나에 해당하는 자가 행한 재산의 유용 또는 은닉이나 그에게 중대한 책임이 있는 부실경영에 기인하는 때"를 기존 경영자 이외의 자를 관리인으로 선임할 수 있는 사유로 들고 있다.[29]

---

25) 서울회생법원 실무준칙 제211호 '관리인 등의 선임·해임·감독기준' 제14조 제2항도 기존 경영자를 관리인으로 선임한 후 채무자의 대표자가 변경된 사정은 기존 경영자 관리인의 지위에 영향을 미치지 아니한다고 규정하고 있다.

26) 이사는 회사를 대표하고, 이사가 수인인 경우에 정관에 다른 정함이 없으면 사원총회에서 회사를 대표할 이사를 선정하여야 한다(상법 제562조 제1항·제2항).

27) 정관으로 업무집행사원을 정하지 아니한 때에는 각 사원은 회사를 대표한다. 수인의 업무집행사원을 정한 경우에 각 업무집행사원은 회사를 대표한다. 그러나 정관 또는 총사원의 동의로 업무집행사원 중 특히 회사를 대표할 자를 정할 수 있다(상법 제207조).

28) 무한책임사원은 정관에 다른 규정이 없는 때에는 각자가 회사의 업무를 집행할 권리와 의무가 있다(상법 제273조).

29) 미국 연방파산법 제1104조 (a)항은 관리인을 선임할 수 있는 사유로서 회생절차개시 전 또는 개시 후 현재의 경영진(current management)에 의한 채무자의 사기, 불성실, 무능력, 중대한 부실경영이 있거나 이와 유사한 사유가 있는 경우, 관리인의 임명이 채권자, 회사의 사원 또는 파산재단에 이익이 되는 경우(다만 주주들의 숫자, 자산이나 부채의 규모는 고려사항이 아님)를 규정하고 있다.

가) 재정적 파탄의 원인이 된 재산의 유용 또는 은닉이나 중대한 책임이 있는
부실경영   법 제74조 제2항 제1호의 사유는 법 제203조(이사 등의 변경) 제2
항 단서가 "이사 또는 대표이사에 의한 채무자의 재산의 도피·은닉 또는 고의
적인 부실경영 등의 원인에 의하여 회생절차가 개시된 때에는 유임하게 할 수
없다."라고 규정하고 있는 점 및 법 제205조 제4항이 지배주주 등에 대한 징벌
적인 주식소각의 요건으로서 "주식회사인 채무자의 이사나 지배인의 중대한 책
임이 있는 행위로 인하여 회생절차개시의 원인이 발생한 때에는"을 규정하고
있는 것과 그 궤를 같이 한다고 볼 수 있다.[30]

① 재정적 파탄의 원인이 된 재산의 유용 또는 은닉   재정적 파탄의
원인이 된 재산의 유용 또는 은닉을 이유로 제3자를 관리인으로 선임하기 위해
서는 그에 관한 구체적인 사실관계의 진술과 소명이 있어야 할 것이다. 재산의
유용 또는 은닉은 일반적으로 거래과정에 대한 정확한 장부 기록의 누락 또는
거래장부의 분식과도 연관되어 있다고 볼 수 있다. 장부에 금전 차입·대여·이
익배당·상여금 지출 등에 대한 정확한 기록 없이 회사자금을 유용하여 사용한
것은 재산의 유용 또는 은닉이 있다고 추정할 수 있는 유력한 자료이다.[31]

실무상 개시결정 당시에 재산의 유용 또는 은닉의 사정이 명백히 드러나
제3자를 관리인으로 선임한 사례로는, 채무자의 대표이사 및 대주주가 약 10억
원 상당의 현금을 인출하고 법인인감과 중요한 회사서류를 가지고 잠적한 후
만기도래한 어음을 결제하지 못해 파탄에 이른 경우,[32] 채무자의 대표이사가 회
사자금을 유용하여 주식, 도박 등으로 탕진하고 해외로 도피한 경우,[33] 분양업
무 관련 회사인 채무자의 공동대표이사 중 1인은 채권자대표 자격으로 공동대

30) 구 회사정리법하에서의 회사정리사건처리요령(대법원 재판예규 재민 92-5)은 "법률상 이사가
아닌 지배주주가 이사 등을 배후에서 지휘하여 회사의 주요업무에 대한 지시를 하거나 영향력
을 행사하는 등으로 실제적으로 회사업무에 관여하고 이사 등이 위와 같은 지배주주의 사실상
의 지시나 영향하에 회사 재산의 유용·은닉 행위, 정관이나 법령에 위반한 행위, 임무해태행
위를 하여 회사에 중대한 손해를 발생시킨 사실이 법원의 판결, 수사기관의 수사결과, 조사위
원 또는 관리인의 조사결과에 의하여 객관적으로 명백히 입증되는 경우"에 지배주주 등에 대
한 징벌적 주식소각 요건에 해당하는 것으로 보고 있었다. 이는 제1호 사유의 해석에서 유력한
참조가 될 것이다.
31) 미국 연방파산법원은 In re Matter of Anchorage Boat Sales, Inc., 4 B.R. 635(Bankr.
E.D.N.Y. 1980) 사건에서, 보트 소매상인 채무자가 담보가 설정된 재고자산을 함부로 처분하
면서도 그 처분대금을 담보채권자에게 변제하지 아니하였으며, 그러한 처분과정을 장부에 기록
하지도 아니하였는데, 채무자의 이러한 행위를 단순히 비리의 정도를 넘어선다고 판단하면서
이러한 행위는 관재인의 선임을 정당화할 만큼 경영진의 무능력과 비리를 표상한다고 보고 관
재인을 선임하였다.
32) 서울중앙지방법원 2006회합1 남경전자통신(주) 사건.
33) 서울중앙지방법원 2006회합8 동원개발(주) 사건.

표이사로 등재된 후 이중분양대행계약 및 이중분양계약을 체결하고 분양대행보 증금과 분양대금을 편취하여 형사재판을 받고 있고, 다른 공동대표이사 1인은 이중분양대행계약 피해자인 경우,[34] 대표이사가 채무자의 코스닥 우회 상장을 위하여 관계회사의 유상증자에 참여하고, 채무를 대위변제하는 바람에 74억 원 가량의 손해를 입게 되었고, 관계회사의 채무인수를 위하여 약 150억 원의 어 음·수표를 발행하여 유동성 위기를 초래하였으며, 가지급금 24억 원을 유용한 혐의로 검찰에 고발된 경우[35] 등이 있다.

그런데 재산의 유용 또는 은닉 여부는 회사의 내부 사정에 밝지 아니한 법 원이나 채권자의 입장에서 쉽게 파악하기 어렵고, 대부분 조사위원의 조사보고 서 단계에서 드러날 것인데, 이러한 경우에는 일단 개시결정 당시 기존 경영자 를 관리인으로 선임한 다음, 조사위원의 조사결과에 따라 기존 경영자 관리인의 해임 여부를 검토하면 된다.

한편 개시결정 당시에 재산의 유용 또는 은닉 여부가 명백히 드러나지는 않았지만 상당한 의혹이 제기되고 채무자 측에서 그 의혹을 제대로 해소하지 못하는 경우에도 법 제74조 제2항 각호의 다른 사유들, 즉 기존 경영자에게 중 대한 책임이 있는 부실경영이 있거나, 채권자협의회의 요청이 있는 경우로서 상 당한 이유가 있거나, 그 밖에 채무자의 회생에 필요한 때에는 그 제반 사정을 두루 참작하여 제3자를 관리인으로 선임할 것인지 여부를 판단한다. 실무상 이 러한 이유로 제3자를 관리인으로 선임한 사례로는, 채무자의 대표이사가 공장 부속토지를 개인 소유 명의로 등기하고 재무제표에 허위의 단기대여금 및 매출 채권을 계상하고서도 그 토지의 매수자금 출처 및 단기대여금과 매출채권을 허 위로 계상한 이유를 소명하지 못하여 재산 유용·은닉의 개연성이 높고, 제품을 매출원가 이하로 판매하면서도 과다한 차입경영을 계속하여 적자규모가 급격히 늘어나는 등 부실경영에 상당한 책임이 있다고 판단된 경우,[36] 대표이사가 회사 자금을 유용하였을 개연성이 높고, 대표이사로 선임되는 과정에서 주주총회의사 록을 위조하여 직무집행정지가처분신청이 되어 있어 향후 대표이사의 자격을 상실할 가능성이 있는 경우,[37] 장기간의 경영권 분쟁과정에서 회계장부가 제대

---

34) 서울중앙지방법원 2007회합3 (주)점프밀라노 사건.
35) 서울중앙지방법원 2009회합147 (주)성일종합건축사사무소 사건(재신청된 서울중앙지방법원 2011회합130 사건에서도 같은 이유로 제3자 관리인이 선임되었다).
36) 서울중앙지방법원 2006회합10 (주)이지콘 사건.
37) 서울중앙지방법원 2007회합14 서원산업개발(주) 사건.

로 보관되어 있지 아니하고 자금관리도 불명확하여 회사자금의 유용 가능성이 있는데다가 대표이사가 직무집행정지 중인 경우,[38] 회사자금을 유용하였을 개연성이 높고, 채권자협의회에서 제3자 관리인의 선임을 강력히 요청한 경우,[39] 회생절차개시 전 법원이 선임한 조사위원의 조사결과, 지출내역을 명확히 확인할 수 없는 약 1,000억 원에 가까운 대규모의 자금흐름이 발견되고, 채무자의 기존 경영자가 그 의혹을 제대로 해소하지 못하는 경우,[40] 재신청 사건으로서 종전 사건의 조사보고서상 채무자 파탄의 원인으로 과거 누적분석으로 인한 재무상태의 악화를 들고 있었고, 채권자들로부터 대표이사의 자금유용에 대한 상당한 의혹이 제기된 경우[41] 등이 있다.[42]

② 재정적 파탄의 원인이 된 중대한 책임이 있는 부실경영 중대한 책임이 있는 부실경영이라 함은 앞서 본 회사정리사건처리요령에서 규정한 바와 같이 이사가 법령이나 정관에 위반하여 회사에 중대한 손해를 발생하게 한 경우나, 악의 또는 중대한 과실로 인하여 그 임무를 게을리하여 제3자에게 중대한 손해를 발생시킨 경우를 말한다.

제1호가 파탄의 원인이 기존 경영진의 '책임 있는 부실경영'에 기인하는 때가 아니라 '중대한 책임이 있는 부실경영'에 기인하는 때라고 명시하고 있는 점에 비추어 보면, 입법취지는 법원이 기존 경영진에게 '일정 정도의 부실경영의 책임'이 밝혀지기만 하면 모두 제3자를 관리인으로 선임하도록 규정한 것이 아님을 유의하여야 한다.

즉 '중대한 책임이 있는 부실경영'이라고 명시하고 있는 것은 법 자체가 회생절차에 들어온 거의 모든 기업의 경우에는 어느 정도의 부실경영이 존재하고 있다는 것을 전제로 하여, 만일 부실경영의 책임이 중대한 정도에 이르지 아니한 경우에는 오히려 기존 경영자를 관리인으로 선임하여야 한다는 취지를 규정한 것이라고 볼 수 있다.[43][44]

---

38) 서울중앙지방법원 2007회합16 서진운수(주) 사건.

39) 서울중앙지방법원 2007회합12 (주)에치엘스포츠 사건.

40) 서울중앙지방법원 2010회합113 (주)파이시티 사건.

41) 서울중앙지방법원 2012회합24 륜근건설(주) 사건.

42) 개시결정 당시 관리인 불선임 결정을 하였으나 이후 조사위원의 조사결과 대표이사가 채무자의 재정적 파탄에 일부 책임이 있고, 과거 대표이사가 개인적으로 돈을 차용하면서 채무자 소유 부동산에 근저당권을 설정한 부인대상행위가 존재하는 등의 정황이 밝혀져 제3자 관리인을 선임한 사례로 서울회생법원 2021회합100004 (주)티티써디펜스 사건이 있다.

43) Collier, 1104-10, 11.

44) 미국 연방파산법원은 In re Crescent Beach Inn, Inc., 22 B.R. 155(Bankr. D.Me. 1982) 사건에서, 사실상 거의 모든 제11장 사건에는 어느 정도의 부실경영의 사유가 존재하므로 단순한 부

중대한 책임이 있는 부실경영의 의미는 고의 또는 이에 준하는 행위로 인하여 회사를 파탄상태로 이끌어 놓은 것으로서, 경영 무능력 이외에도 회사설립 단계에서 극히 적은 자기자본만을 투자하고 과도한 타인자본을 차입하여 설립함으로써 부실한 상태에서 사업을 개시한 경우,[45] 관계회사에 대한 과도한 지급보증이나 무리한 대여로 인하여 직접적으로 재정적 파탄을 초래한 경우[46] 등을 포함하는 포괄적 개념이라고 볼 것이다.[47]

그러나 정상적인 사업예측을 통하여 공장이나 시설투자를 하였으나 홍수·화재 등의 천재지변, 경기침체, 인건비의 급증, 신규업체의 진입으로 인한 경쟁심화 등의 사유로 인하여 매출과 영업이 감소한 것이 원인이 되어 재정적 파탄에 직면하게 된 경우에는 그 경영판단 과정이 그 경영판단 당시의 제반사정에 비추어 합리적이라고 인정되는 한 사후적인 부실의 중대성만을 탓하여 부실경영에 중대한 책임이 있다고 단정해서는 아니 될 것이다.[48]

나) 채무자, 채무자의 이사, 채무자의 지배인의 행위로 인한 재정적 파탄   법 제74조 제2항 제1호는 이사나 지배인의 개념에 관하여 별도의 정의규정을 두고 있지 아니하다. 그러나 앞서 본 바와 같이 중대한 책임이 있는 부실경영을 논하는 경우, 이사의 회사에 대한 책임(상법 제399조 제1항)이나 이사의 제3자에 대한 책임(상법 제401조 제1항) 유무가 주로 문제됨에 비추어, 법 제74조 제2항 제1호에서 정한 '이

실경영(mere mismanagement)을 근거로 관재인을 선임하게 되면, 채무자에게 새 출발의 기회를 주기 위하여 법이 설정한 DIP 체제의 근본 구도를 무너뜨리게 된다는 전제 하에 기존 경영진의 행위가 중대한 부실경영(gross mismanagement)에는 미치지 못하는 이상 단순한 부실경영이 있다는 이유만으로 관재인을 선임하여 DIP의 관리처분권을 박탈할 수 없다고 판시하였다.

45) 서울지방법원 99회5 정리회사 (주)리베라에 대한 조사보고서는 정리회사가 설립 당시 자기자본금은 20억 원인 반면 차입금이 1,012억 원에 달하였으나, 유상증자나 부채규모의 축소 없이 사업을 계속해 재정적 파탄에 이른 것을 '임무해태행위'로 적시하고 있다.

46) 대법원 2004. 6. 18. 자 2001그132 결정은 "정리회사의 지배주주인 특별항고인이 정리회사 경영진을 자주 교체하여 책임경영 및 경영의 일관성을 이루지 못하고, 정리회사의 이사들로 하여금 통일그룹 산하의 관계회사에 대하여 과도한 재무를 지원하게 하고, 신규투자자금을 차입금에 의존하게 하여 금융비용의 부담을 증가시키는 등 중대한 책임이 있는 행위를 하게 하고, 위행위로 인하여 정리절차 개시의 원인이 발생하였다고 판단한 조사위원의 조사보고서를 근거로 특별항고인을 회사정리법 제221조 제4항의 부실경영 주주로 본 원심의 사실인정 및 판단은 정당하다"라고 판시하였다.

47) 대표이사가 의료기관 개설 자격이 없는 자들과 함께 채무자 소유의 건물에 의료기관을 개설하는 범죄를 저질러 채무자에게 15억 원에 이르는 손해배상채무를 부담하게 한 행위가 법 제74조 제2항 제1호의 '중대한 책임이 있는 부실경영'에 해당한다고 본 사례도 있다[서울중앙지방법원 2016회합100146 (주)아이티웰 사건].

48) 미국의 경우 DIP의 경영행위에 대해서도 일반 기업과 마찬가지로 경영판단기준(business judgment standard)을 적용한다. 법원은 관리인이 법률 규정에 의한 관리인의 직무 범위 안에서 상당한 근거에 기초하여 선량한 관리자로서의 주의를 다해 한 경영판단에 간섭하지 않는다. In re Curlew Valley Associates, 14 B. R. 506, 5 C. B. C. 2d 255(Bankr. D. Utah 1981).

사'의 개념을 해석함에는 상법 제401조의2 제1항을 유추 적용함이 타당하다. 따라서 법 제74조 제2항 제1호에서 말하는 채무자의 이사라 함은 형식적으로 상업등기부에 이사나 지배인으로 등기된 자 이외에 회사에 대한 자신의 영향력을 이용하여 이사에게 업무집행을 지시한 자, 이사의 이름으로 직접 업무를 집행한 자, 이사가 아니면서 명예회장·회장·사장·부사장·전무·상무·이사 기타 회사의 업무를 집행할 권한이 있는 것으로 인정될 만한 명칭을 사용하여 회사의 업무를 집행한 자도 포함된다고 할 것이다(_{상법 제401조}
_{의2 제1항}).

다만 기존 경영진에게 재산의 유용 또는 은닉이나 중대한 책임이 있는 부실경영이 있는지 여부 등을 판단함에 있어서는 회생절차개시 당시의 '현존 경영진'을 기준으로 위 사유를 판단하여야 하고, 과거 경영진이 위와 같은 비리 등이 있는지 여부는 원칙적으로 묻지 아니 한다.[49] 따라서 과거 경영진에게 재산의 유용 또는 은닉이나 중대한 책임이 있는 부실경영이 있을 수 있다는 등의 사정은 현존 경영진이 위 과거의 경영진의 비리와 무관한 경우에는 현존 경영진을 관리인 선임에서 제외시킬 사유가 되지 아니한다.[50] 이러한 점은 회사가 재정적 부실에 처해 있을 때 종종 과거 경영진을 교체하고, 새로운 임원진을 선출하여 구조조정을 단행하여 나가는 것이 일반적인 점을 고려하면 더욱 분명해진다. 한번 과거 경영진에게 부실경영의 전례가 있다고 하여 그로 인하여 회사의 구조조정을 위하여 선출된 새로운 임원진까지 기존 경영자 관리인이 될 자격을 상실하게 하는 것은 회사 구조조정의 현실을 제대로 반영하지 못할 뿐만 아니라, 회생절차의 조기신청을 유도하기 위한 법의 취지와도 맞지 아니하기 때문이다.

하지만 과거 경영진의 재산의 유용 또는 은닉의 정도가 매우 심대하고 부실경영의 정도도 극히 중하며, 회생절차개시 당시의 현존 경영진이 그러한 중대한 부실경영 등의 잔영(殘影)에서 벗어나지 못하고 있을 때에는 상황이 달라질 수도 있다. 즉 현존 경영진이 적어도 부실경영으로 인한 재정적 파탄으로부터 벗어나 채무자를 회생시키기 위하여 적절한 조치를 취하고 구조조정 계획을 실행하는 등의 노력을 하였음을 알 수 있는 사정이 드러나야 한다.[51] 그러하지

---

49) 서울회생법원 실무준칙 제211호 '관리인 등의 선임·해임·감독기준' 제12조도 특별한 사정이 없는 한 회생절차개시 당시의 이사, 지배인 등을 기준으로 하여야 한다고 규정하고 있다. Collier, 1104-9.
50) In re Sharon Steel Corp, Inc., 871 F.2d 1217(3rd Cir. 1989).
51) Collier, 1104-9.

아니하고 현존 경영진이 과거 경영진의 부실경영에 영향력을 행사한 지배주주의 영향력 아래 계속 놓인 채 과거 경영진의 부실경영을 은폐하거나, 부실경영의 고리를 끊지 아니한 채 계속 심화시켜 온 경우에는 현존 경영진 역시 과거 경영진의 부실경영과 무관하다고 볼 수 없기 때문에, 이러한 경우에는 현존 경영진에게도 관리인으로 선임되는 데 부적격 사유가 존재한다고 할 수 있다.

한편 현존 경영진이 과거 경영진의 중대한 책임이 있는 부실경영으로부터 자유로워지려면, 그 경영진 전체가 완전히 쇄신된 구성원으로 재구성되어야 한다. 만일 회생절차개시 당시의 현존 경영진 중 대표이사는 새로 선출되었으나 다른 이사진이나 지배인은 그대로 남아 있는 경우에는 그 경영진은 전체적으로 보아 새로운 경영진이라고 볼 수 없을 뿐만 아니라 이와 같이 대표이사 1인만이 교체되고 부실경영에 책임이 있는 이사·지배인 등이 잔존하고 있는 상황하에서는 그 대표이사가 과거 경영진의 부실경영에 영향력을 행사한 지배주주나 다른 문제 있는 과거 경영진의 영향력에서 벗어나 강력하고 효율적인 구조조정을 이끌어나가기 어렵기 때문이다.

여기서 특히 중요한 것은, 상업등기부에 이사나 지배인으로 등재되지 아니하였으나, 회사에 대한 자신의 영향력을 이용하여 이사에게 업무집행을 지시한 자, 이사의 이름으로 직접 업무를 집행한 자, 이사가 아니면서 명예회장·회장·사장·부사장·전무·상무·이사 기타 회사의 업무를 집행할 권한이 있는 것으로 인정될 만한 명칭을 사용하여 회사의 업무를 집행한 자(상법 제401조의2 제1항)가 과거 경영진의 부실경영에 중대한 책임을 함께 지고 있다면, 이러한 자 역시 새로운 임원진에 대하여 영향력을 행사할 수 있는 지위에서 벗어나 있다는 점이 명백히 밝혀져야 한다는 것이다.

따라서 채무자가 과거 경영진의 중대한 책임이 있는 부실경영을 문책하고 새로운 경영진을 구성한 후 기존 경영자 관리인 제도의 적용을 받아 회생의 길을 걷기 원한다면, 명목 여하를 막론하고 과거의 중대한 부실경영에 관여하였던 경영진 일체를 교체·쇄신한 후 회생절차를 통하여 강력하고 효율적인 구조조정을 계속하여 나갈 의지가 있음을 법원에 보여 주어야 한다.

2) 법 제74조 제2항 제2호 사유

채권자협의회는 채권자들의 대표기구로서 재정적 파탄에 이른 채무자의 회생절차에 있어서 가장 큰 이해관계를 가지고 있고, 채무자의 업무수행권과 재산의 관리처분권을 누가 갖는지에 대하여도 큰 관심을 가지고 있으므로, 법 제74

조 제2항 제2호는 채권자협의회의 요청이 있는 경우로서 상당한 이유가 있는
때를 기존 경영자 관리인 선임의 예외 사유로 규정하고 있다.

채무자가 재정적 파탄에 이르게 된 원인이 무엇인지, 채무자의 규모, 채무
자의 영업의 내용, 채무자의 재정적 상태 등이 어떠한지에 따라 편차가 있겠지
만, 채권자협의회는 대체로 기존의 경영진에 대하여 불신을 가지고 있는 경우가
많으므로, 채무자의 대표자 이외의 자를 관리인으로 선임할 것을 요청하는 경우
가 상당수 있다.

그러나 법은 채권자협의회의 요청이 있다고 하여 항상 채무자의 대표자 이
외의 자를 관리인으로 선임하도록 규정한 것이 아니라, 별도로 상당한 이유가
있을 것을 요건으로 한다는 점을 주의하여야 한다.

즉 채권자협의회가 비록 회생절차에서 최대 이해관계를 갖고 있는 채권자
들의 대표 조직이기는 하나, 회생절차는 채권자들만을 위한 제도가 아니라 채권
자, 주주·지분권자, 근로자 등 여러 이해관계인의 법률관계를 조정하여 채무자
또는 그 사업의 효율적인 회생을 도모하려는 제도이므로, 채권자협의회가 '상당
한 이유 및 그에 대한 소명자료'를 제시하지 않고 기존 경영자 이외의 자의 선
임을 요청하였다는 사유만으로는 법원이 기존 경영자가 아닌 제3자를 관리인으
로 선임할 의무는 없는 것이다.[52]

무엇이 상당한 이유에 해당하는지가 가장 중요한 문제인데, 법이 도입한
기존 경영자 관리인 제도의 취지와 채권자협의회의 이익 등을 비교형량하여 기
존 경영자를 관리인으로 선임하지 아니하는 것이 객관적으로 채무자 또는 그
사업의 효율적인 회생에 적합한지를 종합적으로 고려하여 판단하여야 한다. 기
존 경영자를 채무자의 관리인으로 선임하는 데 반대하는 채권자협의회로서는
위와 같은 상당한 이유가 있다는 점을 소명하여야 하는데, 실무적으로 이 역시
조사위원의 조사결과를 기다려 밝히게 되는 것이 대부분일 것이다.

서울중앙지방법원에서 채권자협의회의 요청을 받아들여 제3자 관리인을 선
임한 사례로는, 현 외국인 대표이사가 사임의 의사표시를 한 후 국내에 체류하

---

52) 서울중앙지방법원 2007회합11 (주)한승건설 사건에서, 채권자협의회가 대표이사를 관리인으
로 선임하는 것에 반대하였고 일부 채권자가 대표이사의 횡령 의혹을 제기하며 형사고소할 예
정이라는 이유로 기존 경영자 관리인 선임에 반대하였으나, 대표이사의 횡령 등을 확인할 자료
가 없고, 달리 기존 경영자를 관리인으로 선임하는 것이 부적절하다고 볼 객관적 자료가 없다
고 판단하여 대표이사를 관리인으로 선임하였다. 서울중앙지방법원 2012회합185 (주)웅진홀딩
스 사건에서도 일부 채권자들로부터 기존 경영진에 대한 의혹이 제기되었으나, 마찬가지 이유
로 관리인을 별도로 선임하지 아니하고 회생절차를 개시하였다.

고 있지 아니하고, 채무자 및 채권자협의회도 제3자 관리인의 선임을 원하고 있
으며, 채무자는 페이퍼컴퍼니(paper company)에 불과하여 구체적인 업무는 외국
모(母)회사의 지시를 받는 국내 자(子)회사의 직원들이 수행하여 왔기 때문에 관
리인이 빠른 시일 안에 사무실의 임차, 직원의 고용 등을 통해 회사 조직을 정
비하여야 하는 상황인 경우,[53] 직원들과의 불화가 심하여 직원들이 현 대표이사
를 불신하고 있고, 채권자협의회도 기존 경영자의 관리인 선임에 반대하자, 대
표이사가 스스로 회생에 방해가 된다면 사임할 뜻을 표시한 경우,[54] 채무자가
코스닥 우회상장을 위하여 합병을 하면서 대표이사들 사이에 향후 다시 물적
분할을 하기로 하는 이면합의를 하였고, 합병 후에도 두 조직이 실질적으로 분
리·대립하고 있는 상태로 회생절차개시신청을 한 사안에서, 채권자협의회 역시
채무자의 대표이사가 우회상장의 과정에서 회사에 손해를 끼쳤을 가능성과 대
표이사의 조직 장악력을 지적하면서 제3자 관리인의 선임을 요청한 경우[55] 등
이 있다.

3) 법 제74조 제2항 제3호 사유

제3호는 "그 밖에 채무자의 회생에 필요한 때"를 기존 경영자 관리인 선임
의 예외 사유로 규정하고 있다. 제3호 사유는 매우 추상적이고 포괄적인 규정으
로서 어떻게 보면 법원에 대하여 제3호를 이유로 기존 경영자 이외의 제3자를
선임할 수 있는 재량권을 준 것으로 볼 수도 있다. 그러나 만일 법원이 제3호를
너무 탄력적으로 적용한다면, 법이 제1호 및 제2호의 예외 사유를 엄격하게 규
정하는 취지와 맞지 아니하고 기존 경영자 관리인 제도의 취지를 퇴색시킬 수
있기 때문에 법원은 제3호의 적용에 있어서 매우 신중을 기하지 않으면 아니
된다.[56]

제1호 및 제2호에 해당되지 아니한 것으로서 제3호에 해당되는 것으로 볼
수 있는 사유로는 다음과 같은 것을 들 수 있다.

첫째, 비록 기존 경영진에게 재산의 유용이나 은닉, 중대한 책임이 있는 부
실경영 등의 사유가 존재하지는 않지만 채무자의 지배구조를 둘러싸고 대표이

---

53) 서울중앙지방법원 2008회합56 지케이아이디벨로프먼트(주) 사건.
54) 서울중앙지방법원 2008회합67 (주)신원스틸 사건.
55) 서울중앙지방법원 2012회합50 동양텔레콤(주) 사건.
56) 미국 연방파산법 제1104조(a)(2)항은 "관재인의 선임이 채권자·주주 기타 재단에 이익이 될
    경우"를 관재인 선임사유로 규정하고 있는데, 형식적으로 이를 관재인 선임에 관한 별도의 사
    유로 보더라도 실질적으로 법원이 관재인 선임사유인 제1104조(a)(1)항에 정한 '사기, 불성실
    또는 중대한 부실의 사유'가 없음에도 불구하고 관재인을 선임한 경우는 매우 드물다.

사를 포함한 채무자 내부의 경영진 사이에 분열이 발생하여 기존 경영진이 회생절차를 효율적이고 신속하게 수행할 수 없는 경우이다.[57] 이 경우에는 제3자 관리인을 선임하는 것이 채무자의 지배구조를 둘러싼 소모적인 다툼을 끝내고 신속하게 회생절차를 진행할 수 있는 효과적인 처방일 것이다.

둘째, 그 밖에 채무자의 대표자를 포함한 기존 경영진이 성실하고 경영능력 자체는 우수하나 회생절차의 진행 및 기업구조조정에 필요한 숙련된 지식이나 경험이 부족한 경우에 그러한 지식과 경험을 갖추고 있는 관리인을 파견함으로써 채무자의 회생을 보다 더 효율적으로 이끌어 낼 수 있는 경우이다.[58] 다만 CRO 위촉 등으로 문제가 해결되지 않는 예외적 경우에 한하는 것이 바람직하다. 그리고 채무자의 대표자와 제3자를 공동관리인으로 선임하는 방법도 고려해 볼 수 있다.

셋째, 채무자에 공동대표자가 선임되어 있는 경우, 이들 대표자 모두를 공동관리인으로 선임하게 되면 업무분장이 불분명하여 책임소재가 명확하지 않게 되고, 상호 간에 불화가 발생하여 회생절차에 지장을 초래할 수도 있다. 따라서 법원은 공동관리인의 선임이 특히 채무자의 회생에 필요한 경우[59]가 아닌 한 공동대표자 중 1인만을 관리인으로 선임할 수 있다.[60][61]

---

57) Collier, 1104-15.

58) Collier, 1104-15-16.

59) 서울회생법원 실무준칙 제211호 '관리인 등의 선임·해임·감독기준' 제13조는 공동대표자가 존재하는 경우 기존 경영자 관리인은 1인을 선임함을 원칙으로 하고(제1항), 채무자의 업무를 적절히 수행하기 위하여 2개 이상 분야의 전문적 역량을 필요로 하는 경우나 채무자 내부의 대립되는 이해관계의 조정을 위하여 필요한 경우에는 수인의 기존 경영자 관리인을 선임할 수 있다고 규정하고 있다(제2항).

60) 공동대표이사 중 1인을 관리인으로 선임한 사례로, 서울중앙지방법원 2006회합12 (주)세창 사건, 서울중앙지방법원 2006회합11 비오이하이디스테크놀로지(주) 사건(채무자가 그 발행주식의 100%를 보유하고 있던 모그룹의 결정에 따라 17인치 이상의 중대형 TET-LCD 제품 생산은 모그룹의 자회사에 넘기고 자신은 17인치 이하의 중소형 제품만을 생산하기로 하여 위 자회사에 핵심 연구인력 및 생산인력을 파견하고 1억 2,500만 불을 투자하였다가, 연구인력 부족으로 독자생존에 필요한 신제품을 개발하지 못하고 제품가격의 하락으로 적자가 누적되어 회생절차개시신청에 이르게 된 사안에서, 공동대표이사 3인 중 기술 및 자금유출에 관여하지 아니하여 파탄에 책임이 없다고 판단된 1인을 관리인으로 선임한 사례), 서울중앙지방법원 2012회합21 (주)엠아이텍 사건(회생절차를 신청한 주주측에서 공동대표이사인 실질 사주의 방만한 경영 및 비리 등을 주장하면서 반대하여, 나머지 1명의 대표이사를 관리인으로 선임한 사례), 서울중앙지방법원 2012회합250 (주)공간종합건축사사무소, 2012회합251 (주)지티에스이엔씨건축사사무소, 2013회합132 아이엠콘스(주), 2013회합4 (주)진셍케이, 서울회생법원 2017회합100032 (주)브랜드인텍스, 2017회합100120 (주)범건축종합건축사무소, 2017회합100159 (주)지노시스템, 2017회합100198 케이피엘써키트(주), 2018회합100002 (주)길진인터내셔널, 2018회합100073 (주)신아금속, 2018회합100100 (주)어린이가천재, 2018회합100113 (주)에스피알씨, 2018회합100134 (주)젬스메디컬 사건 등 참조.

61) 2인의 공동대표이사 중 1인이 회생절차개시결정 전에 대표이사를 사임하여, 남은 대표이사에

넷째, 법 제74조 제3항의 관리인 불선임 결정에 의하여 법인의 대표자를 관리인으로 보게 되는 경우, 회생절차개시 후 회생계획인가 전 단계에서는 상법의 규정에 따라 주주들이 법인의 대표자를 선출하고, 회생계획인가 후 단계에서는 회생계획에서 법인의 대표자를 선출할 권한을 부여받은 자들이 법인의 대표자를 선출하게 된다. 이 경우 법인의 대표자나 기타 임원의 선임은 전체 채권자, 주주·지분권자 일반의 이익에 합치되어야 하는데(법제204조), 만일 법인의 대표자 등의 선출이 이러한 요건에 위반되어 주주 일방 또는 특정 주주나 특정 채권자에게 유리한 방향으로, 그러한 자의 영향력이 미치게 할 의도로 이루어지는 경우에는 법원은 제3자를 관리인으로 선임하는 결정을 함으로써 법 제74조 제3항·제4항에 의하여 부여된 법인의 대표자의 관리처분권을 박탈할 수 있을 것이다.

마지막으로, 종래 기존 경영자가 경영권을 계속 유지할 수 있는 화의절차는 자산 및 부채가 일정 규모 이하의 중소기업만을 대상으로 하고, 자산 및 부채의 규모가 큰 대기업은 원칙적으로 회사정리절차를 이용하도록 하였다. 그러나 구 화의법을 폐지하고 채무자의 재건절차를 제2편 회생절차로 단일화시킨 현행법하에서는 이러한 구분은 '채무자의 회생에 필요한 때'를 판단하는 기준으로 사용될 수 없다. 즉 자산 및 부채의 규모는 원칙적으로 기존 경영자를 관리인으로 선임할지 여부를 결정하는 데 영향을 주어서는 아니 된다.[62]

서울중앙지방법원 또는 서울회생법원에서 제3호 사유로 제3자 관리인을 선임한 것으로 볼 수 있는 사례로는, 골프연습장을 운영하는 채무자의 전·현직 대표이사와 회원들 사이에 마찰과 불신이 있어 회원들이 현 대표이사를 신뢰하지 못하고 비상대책위원회를 구성하여 골프연습장을 자율적으로 운영하고 있으며, 대표이사가 사기·횡령·배임 등으로 형사처벌을 받은 전력이 있는 경우,[63] 현 대표이사는 모(母)회사의 직원으로서 모(母)회사의 실질적 사주가 채무자의 현황을 파악하기 위해 파견한 직원인데, 대표이사 취임 후 3, 4회 정도 채무자를 방문하였으나 직원들의 비협조로 인하여 실제로 대표이사로서의 직무를 수행하지 못하고 있는 경우,[64] 현 대표이사 A가 주식 및 경영권을 양도하여 양수인 측이 선임한 대표이사와 함께 각자 대표이사로 재직하면서 양수인 측 대표

대하여 관리인을 따로 선임하지 않고 회생절차를 개시한 사례로는, 서울중앙지방법원 2012회합96 (주)건우이앤씨, 2012회합72 풍림산업(주), 2013회합193 동양시멘트(주) 사건 등이 있다.

62) 미국 연방파산법 제1104조 (a)(2)항도 관리인의 선임 여부를 판단함에 있어서 주주들의 숫자, 자산이나 부채의 규모는 고려사항이 아니라고 규정하고 있다.

63) 서울중앙지방법원 2009회합70 인천국제공항공사 사건.

64) 서울중앙지방법원 2009회합155 (주)올아이원 사건.

이사의 배임행위(개인 채무 변제 또는 담보를 위해 회사 명의의 어음을 발행)를 제대로 감시하지 못하였고, 또 회사 제품을 A가 설립한 개인 기업을 통해 판매하는 영업구조여서 향후 매출처 다변화를 통한 수익구조 개선 과정에서 회사와 A의 이익이 충돌할 여지가 있었던 경우,[65] 현 대표이사는 채무자의 종전 사주로부터 경영권을 인수한 새로운 사주에 의해 선임된 사람인데, 경영권 인수 후 몇 달 만에 부도가 나자 현 대표이사는 임직원들의 요구로 1차 회생절차개시신청을 하였다가 회생절차에 부정적 태도를 보이며 독단적으로 이를 취하한 반면 직원들은 새로운 경영권 인수자들을 신뢰하지 못한 채 현 대표이사의 전산 및 회계자료에의 접근을 막고 현 대표이사와 새로운 사주를 횡령·배임 혐의로 고발하였으며, 이후 채권자들에 의한 2차 회생절차개시신청에서 상당수의 채권자들과 소액주주들이 현 대표이사의 관리인 선임을 반대하는 의사를 표시한 경우,[66] 비록 채무자가 피해자가 아니더라도 채무자의 대표이사가 횡령, 배임, 증권거래법 위반 등의 죄로 형사재판을 받고 있어 관리인 직무수행의 공정성에 의문이 제기된 경우,[67] 채무자의 명의상 대표이사와 실질적 경영자가 달라 회생절차를 실질적 경영자로 하여금 진행하도록 하는 것이 적절하다고 판단되어 제3자 관리인으로 선임한 경우,[68] 개시신청 당시부터 채무자의 소액주주들이 기존 대표이사의 자금 유용을 거론하면서 주주총회를 소집하여 대표이사를 해임하겠다는 취지의 탄원서를 수차 제출하였고, 대표이사는 회생절차개시신청에 즈음하여 그 소유의 지분을 이미 처분한 경우,[69] 회생절차개시신청 당시 종전 대표이사와 현 대표이사 사이에 채무자의 파탄 원인 등과 관련한 분쟁이 있었고, 특수관계인의 차입금 문제, 회사의 운영 방식과 관련된 문제 등을 고려할 때, 기존 경영자를 관리인으로 선임하기에 부적절하다고 판단한 경우,[70] 관리인 불선임 결정으로 관리인으로 보게 된 회사의 대표자가 회생절차 개시 후 법원의 허가 없이 회생채권을 다액 변제하여 제3자 관리인을 선임한 경우,[71] 대표이사가 횡령 등으로 형사처벌을 받은 전력이 있고 일방적으로 회사의 주요 거래처에게 계약 해지를 통보하는 등 회사의 이익에 반하는 행위를 하여 대부분의 임직원들이 대표이사

---

65) 서울중앙지방법원 2010회합39 (주)유성티에스아이 사건.
66) 서울중앙지방법원 2010회합93 (주)톰보이 사건.
67) 서울중앙지방법원 2011회합136 범양건영(주), 2011회합137 (주)베리티비티 사건.
68) 서울중앙지방법원 2011회합147 (주)두두로지텍, 2011회합148 (주)우아미씨엔에프 사건.
69) 서울중앙지방법원 2012회합164호 (주)배명금속 사건.
70) 서울중앙지방법원 2013회합101 (주)룩앤룩 사건.
71) 서울회생법원 2016회합100289 (주)로얄비앤비 사건.

가 관리인으로 선임되는 것을 원하지 않은 경우,[72] 신청인인 대주주가 회생절차 개시신청 직전 대표이사를 새로 선임하였으나 신임 대표이사가 관리인으로 선임되기에 부적당하다고 스스로 판단하여 신청서에서 제3자 관리인 선임을 요청한 경우,[73] 채무자의 대표자가 관리인으로서 회생계획안까지 작성·제출한 후 사기죄로 법정구속되었는데, 채무자가 소규모 기업으로 전문경영인을 제3자 관리인으로 선임하기에는 재원이 충분치 않고 간이회생절차가 상당 부분 진행된 상태인 점 등을 고려하여 채무자의 경영 및 회생절차 진행 상황을 숙지하고 있는 CRO를 제3자 관리인으로 선임한 경우[74] 등이 있다.

4) 공동관리인 선임

실무상 기존 경영자를 단독관리인으로 선임하지 않고 제3자와 함께 공동관리인으로 선임하는 경우가 간혹 있다. 특히 회사의 규모가 크고, 내부 사정이 복잡하며, 기존 경영자에게 전적으로 경영을 맡기기에는 거래나 회계의 투명성 측면에서 불안한 구석이 있는 경우에 이런 방식이 활용된다. 효율적인 조직 장악과 경영의 지속성 확보라는 기존 경영자의 장점을 최대한 흡수하면서도 제3자 관리인의 견제와 감시 역할을 통해 경영의 투명성과 공정성에 대한 기대를 충족시킬 수 있는 장점이 있기 때문이다. 하지만 공동관리인 선임은 자칫 특별한 예외적 사유가 없는 한 기존 경영자에게 경영권을 보장하려는 법의 취지와 배치될 수 있고, 공동관리인 사이에 갈등과 의견 차이로 경영에 혼선을 빚을 수도 있으므로[75] 채무자의 여러 가지 상황과 채권자 이해관계인의 의견을 신중하게 고려하여 선임 여부를 결정하는 것이 바람직하다.[76]

서울중앙지방법원에서 공동관리인을 선임한 실제 사례로는 다음과 같은 것들이 있다. 대표이사가 전문경영인으로서 채무자의 모(母)회사의 대표이사를 겸임하고 있어 소액주주들이 대표이사가 회사 자금을 모(母)회사에 유출하였다는 혐의로 형사 고소한 경우,[77] 자동차를 제조·판매하는 채무자의 노동조합과 지배주주인 중국계 기업 사이에 심각한 갈등이 있어 지배주주가 회사 운영을 사

---

72) 서울회생법원 2018회합100123 디엠씨(주) 사건.
73) 서울회생법원 2018회합100131 신촌역사(주) 사건.
74) 서울회생법원 2020간회합100062 (주)하나로푸드시스템 사건.
75) 공동관리인의 직무집행은 대표이사의 경우와 달리 공동으로 하는 것이 원칙이다(법 제75조).
76) 서울회생법원 실무준칙 제211호 '관리인 등의 선임·해임·감독기준' 제13조 제3항 및 제20조 제3항에서 기존 경영자 관리인이 수인인 경우 또는 제3자 관리인이 수인인 경우 필요한 때에는 그 상호간의 직무분장을 정할 수 있다고 규정하고 있는바, 상호간 직무분장을 명확히 하여 혼선을 방지할 수도 있을 것이다.
77) 서울중앙지방법원 2008회합108 (주)희훈디앤지 사건.

실상 포기한 상황에서 노조와 협상력을 발휘할 수 있고, 회사 내부 사정에 밝은 회사 상무 출신과 자동차 회사 전문경영인 출신의 제3자를 공동관리인으로 선임한 경우,[78] 부동산 개발업을 영위하는 채무자의 관리인에 대하여 회생계획인가 이후 수사기관으로부터 회사자금 횡령 등의 혐의에 대하여 수사가 진행되고 있는데다가 외국에 소재하고 있는 자회사의 자금운용에 대하여 채권자들로부터 지속적으로 의혹이 제기되고 있고, 채무자 소유 부동산 중 회생계획상 매각대상 재산의 원활한 매각 추진을 위하여 채권자협의회로부터 공동관리인 선임 요구가 있었던 경우,[79] 현 대표이사는 영업이나 기술 분야에 관여하지 않고 주로 관리업무를 담당했으며, 대표이사가 관여된 뇌물공여행위의 여파로 회사가 재정적 파탄에 이르게 되었고, 채무자가 부외자금의 조성 등 회계의 투명성에 대해 의심을 받는 상황에서 인가 전 M&A를 적극 추진하기 위해 전문경영인인 전무와 외부의 제3자를 공동관리인으로 선임한 경우,[80] 주요 회생채권자인 은행들이 기존 경영자 관리인 선임에 대하여 강하게 반대하고 있으나 기존 경영자를 배제할 명시적인 사유는 없고, 즉시 현금화할 수 있는 고가의 유동자산을 보유하고 있어 매각대금 유용의 염려가 있는 경우,[81] 채무자가 건설회사로서 상당한 규모의 분식회계 처리를 해왔고, 관계회사들과 사이의 불필요한 거래를 통해 매출을 증대시키고 수익을 분산시키는 등 투명하지 못하게 회사를 운영하여 왔으며, 1차 부도 직전 양도담보로 제공한 채무자 소유의 자산을 직원들에게 이중으로 양도하는 계약을 체결하는 등의 문제가 있는 경우,[82] 시공능력 순위 70위 안에 드는 대형 건설회사로서 시행사, 프로젝트 파이낸싱 대출자, 협력업체가 관련된 민간건설사업 현장의 분쟁을 시급히 해결해야 하기 때문에 현 대표이사의 경험과 노하우를 활용해야 하는 반면 전국적으로 여러 곳의 공사현장이 산재해 있고, 건설회사의 특성상 자금 관리의 투명성을 확보할 필요가 있어 현 대표이사와 건설회사 부사장 출신의 제3자를 공동관리인으로 선임한 경우,[83] 채무자가 모(母)회사에 거액의 자금 지원과 연대보증을 하여 재정적 파탄에 이르게 된 상황에서, 현 대표이사는 모회사의 사주에 의해 선임된 자로서 실권이 없어 채권자 등 이해관계인의 공적수탁자로서 관리인의 직무를 단독으로 수행하기에는

---

78) 서울중앙지방법원 2009회합6 쌍용자동차(주) 사건.
79) 서울중앙지방법원 2008회합99 (주)에스알개발 사건.
80) 서울중앙지방법원 2009회합52 (주)케너텍 사건.
81) 서울중앙지방법원 2010회합16 (주)더갤러리 사건.
82) 서울중앙지방법원 2010회합70 종광건설(주) 사건.
83) 서울중앙지방법원 2010회합73 성지건설(주) 사건.

부적절하다고 보이는 경우,[84] 대형 해운회사로서 회생절차개시신청을 하기 직전 대규모의 유상증자를 실시하여 투자자들로부터 격렬한 항의가 있었던 경우,[85] 회생절차개시신청 무렵 채무자의 대표이사가 변경되는 바람에 향후 주주총회의 적법성, 주주 명의개서 여부 등에 대한 분쟁 가능성이 있어서 추후 주주 및 채권자들과의 협의를 거쳐 정식으로 대표자를 정하기로 하고 일단 양 대표이사 모두를 공동관리인으로 선임하여 회생절차를 진행한 경우,[86] 채무자의 대표이사가 공적자금의 목적 외 사용 등으로 형사재판을 받고 있는 사실을 감춘 상태에서 법률상 관리인이 된 후 회생절차 진행 중 실형선고를 받은 사실이 발각되었는데, 당시 회생계획안의 심리 및 결의를 위한 관계인집회를 목전에 두고 있어 효율적이고 신속한 회생절차진행이 필요함에 따라 기존 대표이사와 제3자를 공동관리인으로 선임한 사례,[87] 기존 경영자 관리인을 배제할 뚜렷한 사유는 없으나, 기존 경영자의 경영판단 실수 등으로 인하여 회사의 부실이 확대되었을 가능성이 크고, 구조조정에 대한 전문가를 영입할 필요가 있으며, 채권자협의회에서도 공동관리인의 선임을 강력히 요청한 경우,[88] 그룹 회장 등을 비롯한 전략기획본부의 주도 아래 그룹 전체가 동반 부실화되었지만, 현 대표이사의 관여 여부가 명확하지 않고, 반면 채무자의 효율적인 회생을 위해서는 현 대표이사의 경험과 노하우를 활용해야 할 필요성이 있는 경우[89] 등이 있다.

다. 중대한 책임이 있는 부실경영 유무에 관한 실무운영

부실경영에 중대한 책임이 없는 기존 경영자나 기존 지배주주의 경영권은 법이 인정하고 있는 정당한 권리이므로, 법원은 이들 권리가 법적 테두리 안에서 보호될 수 있도록 배려를 하여야 한다.

기존 경영진 및 지배주주의 중대한 책임이 있는 부실경영 여부는 조사위원의 조사결과[90]에 의하여 판명되는 경우가 많을 것이다. 따라서 조사위원으로서

---

84) 서울중앙지방법원 2010회합76 (주)청구 사건.
85) 서울중앙지방법원 2011회합14 대한해운(주) 사건.
86) 서울중앙지방법원 2012회합154 (주)북경운수 사건.
87) 서울중앙지방법원 2012회합43 코막중공업(주) 사건.
88) 서울중앙지방법원 2013회합110 에스티엑스팬오션(주) 사건.
89) 서울중앙지방법원 2013회합186 (주)동양 사건.
90) 대법원 2004. 6. 18. 자 2001그132 결정은 "조사위원은 구 회사정리사건처리요령(재민 92-5, 1999. 7. 9. 재판예규 제731호로 개정되기 전의 것) 제2조 다.항에 의하여 구 회사정리법 제221조 제4항의 주식의 무상소각의 판단 기준이 되는 '회사의 이사나 이에 준하는 자 또는 지배인의 중대한 책임이 있는 행위로 인하여 정리절차개시의 원인이 발생하였는지 여부 및 위와 같은 이사 등의 중대한 책임이 있는 행위에 상당한 영향력을 행사한 주주 및 그 친족 기타 특수

는 조사보고서를 작성함에 있어서, 첫째 이사들이 어떠한 형태의 회사재산의 유용·은닉 행위, 정관이나 법령에 위반한 행위, 임무해태행위를 하였는지 및 그로 인하여 회사에 어떠한 중대한 손해를 발생시켰는지 여부에 관하여 구체적인 사실관계의 적시와 함께 그에 관한 소명자료를 확보하여야 하고, 둘째 지배주주 등이 어떠한 형태로 위 경영진들의 경영에 관하여 영향력을 행사하였는지 그 구체적인 사실관계를 적시하고, 그에 관한 소명자료를 준비해 두어야 한다. 한편 조사위원은 사실조사를 할 뿐 법적 책임을 평가하기에 적합한 위치에 있지 않으므로, 조사보고서에는 부실경영책임 문제가 거론될 수 있는 기초사실을 정확하고 충분하게 조사하여 기재하도록 하고, 법원이 이러한 조사결과에 근거하여 관리인을 해임하거나 징벌적 주식소각 여부를 판단하도록 하여야 한다.

라. 법 제74조 제2항에 의한 기존 경영자 관리인의 선임절차

1) 선임절차

법원이 법 제74조 제2항에 의하여 관리인을 선임함에 있어서는, 회생절차 개시신청 기록 또는 개인 채무자나 개인이 아닌 채무자의 대표자에 대한 심문을 통하여 법 제74조 제2항 각호에 해당하는 사유가 있는지 여부를 먼저 검토하는 절차를 거쳐야 한다. 또한 법 제74조 제1항은 법원으로 하여금 관리위원회와 채권자협의회의 의견을 들어 관리인의 직무를 수행함에 적합한 자를 관리인으로 선임하도록 규정하고 있으므로, 법원은 개인 채무자나 개인이 아닌 채무자의 대표자를 관리인으로 선임하는 경우에도 관리위원회와 채권자협의회에 대하여 의견을 물어보아야 한다(그 의견조회의 기재례는 [별지 22], [별지 23] 참조).

기존 경영자 관리인 제도하에서는 대표자 심문을 마치고 채권자협의회가 구성되면 지체 없이 채무자나 채무자의 대표자를 관리인으로 선임하는 것에 관한 의견을 조회하는 것을 원칙으로 한다. 기존 경영자 관리인 제도하에서 법 제74조 제2항 각호의 예외 사유에 관한 명백한 소명이 없는 이상 원칙적으로 기존 경영자를 관리인으로 선임하거나 관리인 불선임 결정을 하게 될 뿐만 아니라, 관리위원회나 채권자협의회도 위와 같은 의견조회를 받은 후 충분한 기간을 두고 기존 경영자에게 법 제74조 제2항 각호의 예외사유가 있는지를 조사하고,

---

관계에 있는 주주의 범위'를 조사할 의무가 있는바, 위와 같은 의무가 있는 조사위원이 작성한 조사보고서에 기재된 주식의 무상소각의 판단 기준에 관한 보고는 그 기재가 진실에 반한다는 등의 특별한 사정이 없는 한 그 내용의 증명력을 쉽게 배척할 수 없다고 할 것이다."라고 판시한 바 있다.

그에 관한 소명자료를 수집한 후 의견을 제시할 수 있기 때문이다.[91]

법원은 회생절차개시결정 당일 관리인과 법인인 채무자의 주요 임원을 법원에 출석하도록 하여 관리인으로 선임된 것을 증명하는 서면을 교부하여야 한다(법 제81조 제2항). 서울회생법원은 법원의 선임결정에 의하여 관리인을 선임한 경우에는 '선임증'을, 법원이 관리인 불선임 결정을 함으로써 관리인으로 보게 되는 채무자나 채무자의 대표자에 대하여는 '증명서'를 교부하고 있다(선임증 등의 양식은 [별지 49], [별지 50], [별지 51], [별지 52] 참조).[92] 또한 채무자의 회생에 노력할 것을 임원들에게 당부하면서, 관리인 등에게 관리인 등의 기본적인 지위와 책임이 기재된 '관리인이 유의할 사항'이라는 서면을 교부한다(기재례는 [별지 53], [별지 54] 참조).

2) 공동대표자의 경우

앞서 언급한 바와 같이 공동관리인을 선임하게 되면, 관리인 사이에 업무분장이 불분명하여 책임소재가 명확하지 않게 되고, 불화가 생겨 오히려 회생절차에 지장을 초래할 경우도 있다. 이러한 경우 법원은 공동대표자 중 1인만을 관리인으로 선임하는 것이 채무자의 회생에 필요한 것이라고 보아 그중 1인만을 관리인으로 선임할 수 있을 것이다.[93][94]

3) 임 기

서울회생법원은 기존 경영자를 관리인으로 선임하는 경우에는 다음과 같은 이유로 원칙적으로 임기제를 시행하지 않고 있다.[95] 먼저 기존 경영자 관리인 제도하에서는 예외사유가 존재하지 아니하는 한 기존 경영자를 관리인으로 선임하게 되므로, 제3자 관리인을 선임하는 경우처럼 법원의 권한과 재량이 개입할 여지가 적다. 무엇보다 임기제의 원칙적 실시는 기존 경영자의 경영권을 불

---

91) 관리인 불선임 결정에 의하여 기존 경영자가 법률상 관리인이 된 경우, 그 법률상 관리인도 넓은 의미의 '기존 경영자 관리인'에 포함된다고 볼 수 있다.

92) 자세한 내용은 서울회생법원 실무준칙 제211호 '관리인 등의 선임·해임·감독기준' 참조.

93) 이 경우 관리인 선임에서 제외되는 회사의 공동대표자 중 1인에게는 앞서 본 바와 같이 법 제74조 제2항 제3호 "그 밖에 채무자의 회생에 필요한 때"가 적용된 것이라고 볼 수 있다.

94) 서울회생법원 2020회합100182 (주)라온 사건.

95) 서울회생법원 실무준칙 제211호 '관리인 등의 선임·해임·감독기준' 제14조 제1항, 법 시행 후 서울중앙지방법원 또는 서울회생법원에서 회생절차개시결정과 동시에 기존 경영자를 관리인으로 선임한 사건 중 임기(회생계획인가결정일이 속하는 달의 말일까지)를 정한 사건은 소수에 불과하다. 기존 경영자 관리인을 선임하면서 임기를 지정한 사건은 대부분 법 제74조 제2항 각호의 예외사유에 대한 소명은 부족하나 어느 정도 의심이 들어 향후 조사위원의 조사보고서 내용을 보고 관리인으로 재선임할 것인지 여부를 결정함과 아울러 임기제를 통하여 기존 경영자 관리인에 대한 법원의 적절한 관리감독을 실시할 필요가 있다고 판단된 경우이다.

안하게 할 수 있다. 법 제83조는 기존 경영자 관리인 제도의 도입과 함께 해임 사유를 구체적으로 열거하고 있고, 해임에 대한 관리인의 즉시항고권을 신설하였으므로, 만일 관리인으로 선임된 기존 경영자에 대한 임기제를 실시하게 되면 '기존 경영자의 경영권 보장 제도' 및 '즉시항고 제도' 두 가지 모두를 우회적으로 무력화시켜 법의 취지에 어긋나게 된다.[96]

다만 임기제를 실시하지 아니한다고 하여 일단 관리인으로 선임된 기존 경영자가 언제까지든 관리인의 직을 유지할 수 있다는 것은 아니다. 법 제83조 제2항 각호에서 정한 해임사유가 존재할 경우에는 기존 경영자도 관리인의 직에서 해임될 수 있으므로, 관리인은 스스로 효율적이고 투명한 경영과 이해관계인 사이의 공평한 이해 조정에 전념하여야 할 것이다.

4) 기존 경영자 관리인의 사임

관리인은 정당한 사유가 있는 때에는 법원의 허가를 얻어 사임할 수 있다 (법 제83조 제1항). 관리인의 사직서가 접수되면 그 사임을 허가하기 전에 미리 후임 관리인을 물색하여 두었다가 사임허가와 동시에 선임함으로써 회생절차의 진행에 공백이 없도록 하여야 한다.

기존 경영자를 관리인으로 선임한 후 그 관리인이 사임한 경우, 법원이 새로운 관리인을 선임함에 있어서 그 당시 채무자의 대표자를 다시 관리인으로 선임하여야 하는가가 문제된다. 해임의 경우에는 기존 경영자를 원칙적으로 관리인으로 선임하도록 하는 법 제74조 제2항이 적용되지 않으나(법 제83조 제5항), 사임의 경우에는 명문의 규정이 없다. 그러나 기존 경영자 관리인 제도의 취지는 회생절차개시신청시의 기존 경영자의 경영권을 보장하고자 하는 것인 점, 관리인으로 선임된 기존 경영자가 채무자의 대표자를 겸하고 있는 경우에는 그 관리인이 사임한 후 다시 채무자의 대표자(사임한 관리인과 동일인)를 새로운 관리인으로 선임하여야 한다면 사실상 사임의 의미가 없게 되는 점, 기존 경영자 관리인과 채무자의 대표자가 회생절차개시 후 어떠한 사정으로 달라진 경우에도 그 경우의 대표자는 실제로 채무자의 업무수행과 재산의 관리처분에 전혀 관여하지 못한 대표자이므로 그 대표자를 관리인으로 선임할 필요성은 없는 점 등에 비추어 법 제83조 제5항은 당연한 내용을 확인적으로 규정한 것으로 보이고, 사임의 경우에도 달리 취급해야 할 이유가 없으므로, 법 제74조 제2항의 적용이

---

96) 다만 기존 경영자 이외의 제3자를 관리인으로 선임하는 경우에는 임기제를 실시하여도 법의 취지에 저촉되지 아니할 것이다.

없다고 보아야 할 것이다.[97)98)]

한편 기존 경영자와 제3자를 공동관리인으로 선임한 경우, 기존 경영자가 사임하였다고 하더라도 관리인의 공백은 없으므로, 추가로 기존 경영자 중 일부를 공동관리인으로 선임하여야 할 필요성이 없을 때에는 제3자 관리인 단독체제로 회생절차를 진행하여도 무방할 것이다.[99)]

5) 기존 경영자 관리인의 해임

가) 해임절차 법원은 관리인으로 선임된 후 그 관리인에게 법 제74조 제2항 제1호의 사유가 발견된 때, 관리인이 법 제82조 제1항의 규정에 의한 선량한 관리자의 주의의무를 위반한 때, 관리인이 경영능력이 부족한 때, 그 밖에 상당한 이유가 있는 때에는 이해관계인의 신청에 의하거나 직권으로 관리인을 해임할 수 있다(법 제83조 제2항). 일단 선임한 관리인이 뒤늦게 부적격자로 판명된 경우 법원이 관리인을 교체할 수 있도록 한 것이다. 법원이 채권자협의회에 해임에 관한 의견조회를 할 의무는 없다. 다만 회생절차의 원활한 진행을 위해서는 해임결정과 동시에 새로운 관리인 선임결정을 하여야 하고, 기존 경영자 관리인의 해임결정 전에 미리 채권자협의회에게 제3자를 관리인으로 선임하는 것에 관한 의견을 조회하는 절차를 거쳐야 하므로, 채권자협의회는 그 조회 과정에서 해임에 관한 의견을 제시할 수 있을 것이다(법 제21조 제1항 제2호). 법원은 해임결정을 하기 전에 반드시 관리인을 심문하여야 한다(법 제83조 제2항).

나) 해임의 요건(법 제83조 제2항)

(1) 제1호 관리인으로 선임된 후 그 관리인에게 법 제74조 제2항 제1호의 사유가 발견된 때를 해임사유로 정하고 있다. 통상적으로 회생절차개시결정 당시에는 기존 경영자의 재산의 유용 또는 은닉이나 기존 경영자에게 중대한 책임이 있는 부실경영이 밝혀지기 어렵다. 그러나 회생절차 진행 도중 조사위원의 조사결과 또는 채권자협의회의 소명자료 제출 등에 의하여 그와 같은 사유가 밝혀진 경우에는 기존 경영자 관리인을 해임할 수 있게 한 것이다.

(2) 제2호 관리인이 법 제82조 제1항의 규정에 의한 선량한 관리자의

---

97) 기존 대표이사가 관리인으로 선임되어 회생절차가 진행되었으나, 제1회 관계인집회를 앞두고 개최된 채무자의 주주총회에서 관리인이 대표이사에서 해임되었고, 이에 관리인이 향후 업무수행의 어려움을 이유로 관리인 직을 사임하여, 제3자 관리인을 선임한 사례로는, 서울중앙지방법원 2012회합19 나드리화장품(주) 사건.
98) 기존 대표이사가 관리인으로 선임되어 회생계획인가를 받은 후, 관리인과 채무자가 시행하는 사업의 시공사 사이에 분쟁이 발생하여 기존 관리인이 사임하고, 제3자 관리인을 선임한 사례로는, 서울중앙지방법원 2010회합71 풍성종합건설(주) 사건.
99) 서울중앙지방법원 2013회합110 에스티엑스팬오션(주) 사건.

주의의무를 위반한 때 역시 해임사유에 해당한다. 관리인이 회생절차 진행 도중 비자금을 조성하거나 특정인의 편의를 보아 주는 명목으로 금품을 수수하는 등의 비리를 저지르거나, 법원의 허가를 받도록 되어 있는 사항에 대하여 허가 없이 사업을 추진하거나 재산을 처분한 경우,[100) 관리인이 업무를 수행함에 있어 특정 이해관계인의 이해에 치중하는 경우 등 공적수탁자로서의 의무를 게을리한 경우가 이에 해당할 것이다.

(3) 제3호 관리인의 경영능력이 부족한 때도 해임사유이다. 관리인이 합리적 이유 없이 회생계획에서 정한 영업이익을 연속하여 달성하지 못한다거나 회생계획에 따른 변제의무를 이행하지 못하는 경우가 여기에 해당할 수 있다.

(4) 제4호 법 제83조 제2항 제1호 내지 제3호 사유 이외에 법은 "그 밖에 상당한 이유가 있는 때"를 관리인의 해임사유로 규정하고 있다. 매우 추상적이고 포괄적인 규정인데, 이를 판단함에 있어서는 기존 경영자 관리인 제도를 도입한 입법취지와 함께 기존 경영자 관리인을 도중에 해임하고 제3자를 관리인으로 선임하는 것이 객관적으로 채무자 또는 그 사업의 효율적인 회생에 도움이 되는지 여부 등 여러 사정을 종합적으로 고려하여 판단하여야 할 것이다. 관리인이 건강이나 신변상의 이유로 관리인의 업무를 수행할 수 없는 경우, 관리인이 법원의 지시사항을 잘 따르지 않거나 허위의 보고를 한 경우 등이 여기에 해당할 수 있다.

다) 해임의 효력발생시기 관리인의 해임결정은 확정되지 아니하더라도 즉시 효력을 발생한다. 관리인의 해임결정에 대하여는 즉시항고를 할 수 있지만($^{법 제83조}_{제3항}$), 그 즉시항고는 집행정지의 효력이 없기 때문이다($^{법 제83조}_{제4항}$). 따라서 해임결정 후 새로이 선임된 관리인은 즉시항고 여부에 관계없이 배타적으로 채무자의 업무수행권과 재산의 관리처분권을 가지게 된다.

라) 해임결정을 전후하여 취하여야 할 조치 관리인에게 해임사유가 발견되면 법원은 해임절차로 들어가기 전에 미리 후임 관리인을 물색하여 두었다가 해임결정과 동시에 새로운 관리인을 선임함으로써 회생절차의 진행에 차질

---

100) 기존 경영자 관리인이 법원의 허가 없이 타인과 총판계약을 체결하고 물품을 공급한 행위를 적발하여 기존 경영자 관리인을 해임하고 제3자 관리인을 선임한 사례로는, 서울중앙지방법원 2006회합6 (주)아인텍정보 사건. 기존 경영자 관리인이 3회에 걸쳐 법원의 허가 없이 계약 또는 합의각서를 체결하였고, 특히 마지막의 경우는 인가를 앞두고 인가 후 M&A 추진에 있어서의 잠재적 매수희망자 중 1인에게 임의로 공사수주에 관한 포괄적 위임장을 작성해 줌으로써 향후 인가가 되더라도 M&A 추진에 있어서 공정성에 의혹을 불러일으킬 여지가 있다고 판단하여 기존 경영자 관리인을 해임하고 제3자 관리인을 선임한 사례로는, 서울중앙지방법원 2006회합12 (주)세창 사건.

이 생기지 않도록 하여야 한다. 또한 물색한 관리인 후보에 관하여 반드시 기존 경영자 관리인의 해임결정 전에 미리 관리위원회와 채권자협의회에 제3자를 관리인으로 선임하는 것에 관한 의견을 조회하는 절차를 거쳐야 한다. 회생절차의 원활한 진행을 위해서는 해임결정과 동시에 관리인 선임결정을 하여 관리인의 공백 상태를 방지하여야 한다.

기존 경영자를 관리인에서 해임하고 새로운 관리인을 선임하는 때에는 법 제74조 제2항의 적용이 없으므로, 기존 경영자 이외의 제3자를 관리인으로 선임할 수 있다(법 제83조 제5항).

한편 실무상 관리인 해임사유가 발생한 상황에서 법원의 해임결정 전에 관리인이 자발적으로 사임하려고 하는 경우가 있다. 하지만 해임사유가 횡령·배임 등 위법행위이거나 중대한 책임이 있는 부실경영인 경우 해임 대신 사임하게 하는 것은 해임사유가 있는 관리인을 위해 편의를 봐준 것이라는 오해가 있을 수 있으므로, 해임결정을 하는 것이 타당하다.

4. 기존 경영자 이외의 제3자 관리인

가. 선임사유

1) 회생절차개시결정시

법 제74조 제2항의 기존 경영자 관리인 제도 하에서도 예외적으로 채무자의 파탄이 개인인 채무자, 개인이 아닌 채무자의 이사, 채무자의 지배인이 행한 재산의 유용 또는 은닉이나 그에게 중대한 책임이 있는 부실경영에 기인하는 때에는 법원은 제3자를 관리인으로 선임하여야 한다(법 제74조 제2항). 기존 경영자 관리인 선임의 원칙과 예외에 관하여는 앞에서 설명하였으므로, 여기서는 따로 설명하지 아니한다.

2) 회생절차개시 후 회생절차종료 전

회생절차개시 후 회생절차종료 전에 법원이 선임한 관리인에게 법 제74조 제2항 제1호의 사유가 발견된 때, 또는 관리인이 법 제82조 제1항의 규정에 의한 선량한 관리자의 주의의무를 위반한 때, 관리인이 경영능력이 부족한 때, 그 밖에 상당한 이유가 있는 때에는 이해관계인의 신청에 의하여 또는 직권으로 관리인을 해임하고(법 제83조 제2항), 제3자를 관리인으로 선임하여야 한다(법 제83조 제5항). 이 해임사유에 관하여는 앞에서 설명하였으므로, 여기서는 따로 설명하지 아니한다.

또한 관리인 불선임 결정에 의하여 개인인 채무자나 채무자의 대표자를 관리인으로 보게 된 경우에도 회생절차 진행 중에 법 제74조 제2항 각호의 사유가 있다고 인정되는 경우에는 제3자를 관리인으로 선임하여야 한다(법 제74조 제3항 단서).

나. 선임방법

관리인으로 선임될 수 있는 자는 자연인에 한하지 않고, 법인도 관리인이 될 수 있다(법 제74조 제6항 전문). 이 경우 관리인이 되는 법인은 이사 중에서 관리인의 직무를 행할 자를 지명하고 법원에 신고하여야 한다(법 제74조 제6항 후문). 이해관계인도 관리인으로 선임될 수 있다.

기존 경영자 이외의 제3자를 관리인으로 선임하여야 할 경우도 언제든지 생길 수 있는데, 이에 대비하여 서울회생법원은 관리인의 직무수행에 적합한 자를 선임하기 위하여 실무준칙 제211호 '관리인 등의 선임·해임·감독기준'을 마련해 두고 있다.[101] 위 준칙은 회사인 채무자의 관리인을 선임함에 있어서는 전문경영 또는 그와 유사한 직무수행의 경력 또는 소양이 있는지 여부와 채무자의 업종에 대한 전문 지식이 있는지 여부를 가장 중요한 요소로 고려하도록 하고 있다(제17조 제2항). 위 준칙은 또한 각종 경제단체 기타 여러 경로를 통하여 파악한 경영능력 등을 구비한 전문인력 중에서 적임자를 선정하되, 이러한 방법을 통하여 파악한 전문인력 중에 채무자의 관리인으로 선임하기에 적절한 후보가 없거나 채무자의 회생을 위하여 필요한 경우에는 채무자, 관리위원회, 채권자협의회, 주요 채권자, 자금력 있는 제3의 인수자, 관련 행정부처 기타 적절한 기관에 추천을 의뢰하거나 공개모집 등 적절한 방법으로 관리인을 선임할 수 있도록 함으로써(제18조 제4항) 적임자를 확보하기 위한 여러 가지 방안을 마련하고 있다. 그리고 회생계획에 따라 채무자를 인수한 지배적인 주주 또는 지분권자가 있는 경우에는 그의 의견을 우선적으로 참작하도록 하고 있고(제17조 제3항), 법인보다는 자연인을 관리인으로 선임하도록 하고 있다(제17조 제4항).

다. 선임절차

회생절차개시결정 전에 기존 경영자에게 법 제74조 제2항 각호의 사유가 존재하는 것으로 인정되어 개시결정시에 제3자를 관리인으로 선임하는 경우에

---

101) 제3자를 관리인으로 선임하는 절차에 대하여는 '회생사건의 처리에 관한 예규'에서도 위 준칙과 같은 취지의 규정(제5조)을 두고 있다.

는 통상의 선임절차를 따르면 되나, 회생절차 진행 도중에 법 제74조 제2항에 의하여 선임된 관리인에게 법 제83조 제1항·제2항의 사유가 존재하는 경우에는 사임 및 해임 절차를 거친 후 새로운 관리인을 선임하여야 한다.

또한 법은 채권자협의회가 제74조 제2항 각호에 해당하는 경우 법원에 관리인 후보자를 추천할 수 있다고 규정하고 있으므로(제74조 제7항), 채권자협의회에 대하여 추천에 관한 의견조회절차를 거쳐야 하고, 회생사건의 처리에 관한 예규 제5조 제1항에 의하여 회생·파산위원회의 의견도 들어야 한다.

서울회생법원에서는 실무준칙 제211호 '관리인 등의 선임·해임·감독기준'에 따라 원칙적으로 복수의 후보자에 대하여 구두 면접을 통하여 최다득점을 한 후보자를 제3자 관리인으로 선임하고 있다.[102] 다만 ① 제3자 관리인의 임기가 만료되어 그를 채무자의 제3자 관리인으로 재선임하는 경우, ② 제3자 관리인, 구조조정담당임원(CRO), 감사로 선임되어 활동한 경력이 있는 사람으로서, 자질과 경륜, 경영능력, 청렴성 등이 인정된 사람을 선임하는 경우, ③ 다른 채무자의 제3자 관리인, 구조조정담당임원(CRO), 감사 면접에 응하였으나 선임되지 않은 사람으로서, 해당 면접과정에서 자질과 경륜, 경영능력, 청렴성 등이 인정된 사람을 선임하는 경우, ④ 각종 경제단체 기타 여러 경로를 통하여 파악한 경영능력 등을 구비한 전문인력 중에서 채무자의 관리인으로 선임하기에 적절한 후보자가 없거나 채무자의 회생을 위하여 필요한 경우 등에는 면접절차를 거치지 아니하고 제3자 관리인을 선임하고 있다.[103] 그 밖의 관리인 선임절차에 관해서는 앞서 설명한 바와 같으므로, 여기서는 따로 설명하지 아니한다.

라. 임   기

기존 경영자를 관리인으로 선임하는 경우와 달리 기존 경영자 이외의 제3자를 관리인으로 선임하는 경우에는 임기를 정하여 선임함으로써 책임 경영과 투명 경영의 동기를 부여하는 것이 바람직하다. 기존 경영자와 달리 제3자 관리인은 법원의 선임권의 행사에 의하여 비로소 공적수탁자로서 채무자의 업무수행권과 재산의 관리처분권을 수탁받은 것이고, 법원의 재량적 선임권한 중에는 임기 설정의 권한도 포함되기 때문이다.

이에 서울회생법원 실무준칙 제211호 '관리인 등의 선임·해임·감독기준'

---

102) 서울회생법원 실무준칙 제211호 '관리인 등의 선임·해임·감독기준' 제18조 제2항 참조.
103) 서울회생법원 실무준칙 제211호 '관리인 등의 선임·해임·감독기준' 제18조 제3항 참조.

제21조에서는 제3자 관리인의 경우에는 임기를 부여하는 것을 원칙으로 정하고 있다. 개시결정 당시 선임하는 관리인의 임기는 보통 회생계획인가일부터 60일까지(회생계획인가 전에 회생절차가 폐지되는 경우에는 폐지결정 확정일까지)로 정하고, 회생계획이 인가된 후에 선임되는 관리인의 경우에는 채무자의 결산기, 실적평가에 필요한 기간, 업무량, 기타의 사정을 고려하여 적절하게 정한다. 다만 회생계획에 따라 채무자를 인수하거나 실질적인 지배 지분을 확보한 제3자가 스스로 관리인이 되거나 그가 추천한 자를 관리인으로 선임하는 경우에는 임기를 정하지 않을 수도 있다.

관리인의 임기가 만료된 때에는 그동안 관리인의 경영실적·근무태도 등을 고려하여 재선임 여부를 결정한다. 그러나 임기가 만료되기 전이라도 법 제83조 제2항 각호의 해임사유가 발생할 때에는 즉시 사임 또는 해임 조치를 취하여야 한다. 법 제83조 제2항 각호의 해임사유가 없는 경우에는 원칙적으로 경영의 일관성을 유지할 수 있도록 재선임한다.

재선임의 경우 임기는 관리인의 평소 직무수행태도, 채무자의 영업상황, 채무자의 분위기 등 여러 사정을 고려하여 판단해야 한다. 관리인을 재선임하는 경우에도 관리위원회와 채권자협의회에 현 관리인의 임기 동안의 경영성과와 관리인으로서의 부적격 사유가 있는지 여부에 관하여 의견조회를 하여야 한다 (관리인의 재선임에 관한 의견조회서 양식은 [별지 66], [별지 67], 관리인 재선임 결정문례는 [별지 68] 참조).[104]

다만 관리인의 임기가 만료될 무렵에는 기존 관리인의 개임을 요구하는 등 관리인의 인선과 관련하여 잡음이 발생할 소지가 많으므로, 적어도 임기만료 1개월 내지 2개월 전에는 관리인을 재선임할지 여부를 결정하는 것이 바람직하다. 만약 관리인을 재선임하지 않는 경우에는 사전에 관리인 후보를 충분히 물색하여 적임자를 선임할 수 있는 준비를 하여야 한다.

5. 법 제74조 제3항·제4항의 관리인으로 보게 되는 기존 경영자

가. 의   의

법 제74조 제3항·제4항은 개인, 중소기업, 그 밖에 대법원규칙이 정하는 자에 대하여 관리인을 선임하지 아니할 수 있도록 하고, 그 경우에 채무자 또는

---

104) 관리인 재선임시에는 공고절차를 생략한다.

그 대표자를 관리인으로 보도록 규정하고 있다. 이는 개인이나 중소기업 등의 경우에는 법원이 관리인 불선임 결정에 의하여 '기존 경영권'을 보장해 주고, 채무자의 대표자는 채무자 회생 및 파산에 관한 법률·상법·회생계획·정관 등에 의하여 자율적으로 결정되는 것으로 하여 법원은 그 과정에 원칙적으로 관여하지 아니하겠다는 규정으로 해석된다.

즉 법 제74조 제3항·제4항이 법 제74조 제2항의 기존 경영자 관리인 선임 제도와 가장 큰 차이가 있는 것은 채무자의 업무수행권과 재산의 관리처분권의 변경은 원칙적으로 '법원의 선임결정·해임결정' 등에 의하여 좌우되는 것이 아니라, 채무자의 대표자가 채무자 내부의 지배구조 여하에 따라 변경되는 사정에 의하여 좌우된다는 점이다. 다시 말하면 채무자의 대표자가 채무자 내부의 주주총회 등의 절차에 의하여 변경되거나(회생절차개시 후 회생계획인가 전의 단계), 회생계획에서 정한 대표자 선정방법(^{법 제203조}_{제263조})(회생계획인가 후 회생절차종결 전 단계)에 의하여 변경되는 경우에는 그와 같이 변경된 대표자가 법률상 자동적으로 관리인으로 간주되어 채무자의 업무수행권과 재산의 관리처분권을 갖게 되는 것이다. 따라서 법 제74조 제3항·제4항이 적용되는 사건에 있어서는 결국 '채무자의 대표자'의 선출권한을 누가 갖고 있는지가 가장 중요한 문제로 떠오르게 된다.

또한 관리인 불선임 결정이 있게 되면 기존 대표이사가 법률상 관리인으로 간주되고, 그 보수가 과다하지 않은 이상 채무자의 영업 및 재산수준에 맞추어 자율적으로 조정하게 되므로 핵심 인력의 유출을 최소화하면서 회생절차의 진행에 집중할 수 있으며, 법원으로서도 채무자에 대하여 "필요한 경우 제3자 관리인을 선임할 수 있다."라는 메시지를 보냄으로써 법률상 관리인이 된 기존 경영자로 하여금 더욱 경영에 전념하게 할 수 있다. 나아가 회생계획인가 후 출자전환으로 주식을 교부받은 채권자들이 있는 경우, 그들이 주주총회에서 새로 선임한 대표이사가 법률상 관리인이 되므로,[105] 채권자들의 기업지배권이 현실화될 수 있다. 이에, 서울회생법원에서는 제3자 관리인이나 공동관리인을 선임할 예외적인 사유가 없는 경우에는 관리인 불선임을 원칙으로 하는 실무를 운영하고 있다.

---

[105] 회생계획이 인가된 후 개최된 주주총회에서 대표이사를 포함한 새로운 경영진이 선임됨으로써 법률상 관리인이 변경된 사례로는, 서울중앙지방법원 2011회합34 엘아이지건설(주), 2011회합40 (주)우일이알에스, 2012회합117 (주)인희 사건, 서울회생법원 2016회합100269 (주)한원레저 사건 등이 있다.

나. 관리인을 선임하지 아니할 수 있는 채무자의 유형

법 제74조 제3항은 개인, 중소기업 그 밖에 대법원규칙이 정하는 자에 대하여 관리인을 선임하지 아니할 수 있도록 규정하고 있고, 이에 근거하여 규칙 제51조 제1호는 비영리 법인, 합명회사·합자회사를, 같은 조 제2호 내지 제7호는 ① 회생절차개시신청 당시 구 증권거래법[106] 제2조 제13항에서 규정된 상장법인과 같은 조 제15항에서 규정된 코스닥 상장법인에 해당하는 채무자($\frac{2}{\bar{\bar{z}}}$), ② 회생절차개시 당시 재정적 부실의 정도가 중대하지 아니하고 일시적인 현금 유동성의 악화로 회생절차를 신청한 채무자($\frac{3}{\bar{\bar{z}}}$), ③ 회생절차개시 당시 일정한 수준의 기술력·영업력 및 시장점유율을 보유하고 있어 회생절차에서의 구조조정을 통하여 조기회생이 가능하다고 인정되는 채무자($\frac{4}{\bar{\bar{z}}}$), ④ 회생절차개시 당시 주요 회생담보권자 및 회생채권자와 사이에 회생계획안의 주요 내용에 관하여 합의가 이루어진 채무자($\frac{5}{\bar{\bar{z}}}$), ⑤ 회생절차개시 당시 자금력 있는 제3자 또는 구 주주의 출자를 통하여 회생을 계획하고 있다고 인정되는 채무자($\frac{6}{\bar{\bar{z}}}$), ⑥ 그 밖에 관리인을 선임하지 아니하는 것이 채무자의 회생에 필요하거나 도움이 된다고 법원이 인정하는 채무자($\frac{7}{\bar{\bar{z}}}$)를 관리인을 선임하지 아니할 수 있는 채무자로 열거하고 있다.

다. 관리인 불선임 결정

법원이 관리인 선임을 하지 않는 경우에는 법상 필요적 사항은 아니나 채권자협의회나 관리위원회에게 이에 대한 의견을 조회하는 것이 서울회생법원의 실무이다(의견조회서 양식은 [별지 22], [별지 23]).

법원은 회생절차개시결정에 명시적으로 "채무자에 대하여 관리인을 선임하지 아니하고 채무자의 대표자를 관리인으로 본다."라는 취지를 함께 기재하여 채무자의 대표자가 업무수행권과 재산의 관리처분권을 갖고 있다는 취지를 나타내야 한다(관리인 불선임 결정문례는 [별지 32] 참조).[107][108]

---

106) 2007. 8. 3. '자본시장과 금융투자업에 관한 법률'이 제정되어 1년 6개월 후부터 시행되면서 위 법 부칙 제2조에 의하여 폐지되었다.

107) '관리인으로 보게 되는 채무자의 대표자'를 소송절차 또는 거래관계에서 표시할 때에는 '원고 (또는 매수인) 회생회사 ○○○ 주식회사의 법률상 관리인 ○○○'이라고 표시하면 될 것이다.

108) 간이회생사건의 경우에는 법 제293조의6 제1항 본문 "간이회생절차에서는 관리인을 선임하지 아니한다."라는 규정에 따라 별도의 관리인 불선임 결정을 하지 않는다.

라. 자율적인 채무자의 대표자 변경과 그 한계

1) 채무자의 대표자 변경에 따른 귀속주체의 변경

법 제74조 제2항의 관리인 선임결정에 의하여 관리인이 된 채무자의 대표자는 나중에 채무자의 대표자의 지위를 상실하였다고 하여 관리인의 지위를 상실하지 아니한다. 그러나 법 제74조 제3항·제4항에 의하여 관리인으로 보게 되는 채무자의 대표자는 회생절차개시 후 채무자의 대표자 지위를 상실하면 업무수행권과 재산의 관리처분권을 상실하게 된다. 채무자의 대표자 지위는 회생절차개시 후 회생계획인가 전 단계에서는 채무자 내부의 대표자 선임절차(주주총회결의 또는 이사회결의)에 의하여, 회생계획인가 후 회생절차종결 전 단계에서는 회생계획에서 정한 대표자의 선임절차($\frac{법\ 제203조,}{제263조}$)에 의하여 변경·교체될 수 있다.

채무자의 대표자 경질에 의하여 업무수행권과 재산의 관리처분권이 새로운 채무자의 대표자에게 귀속된다고 보는 이유는 다음과 같다. 법 제74조 제2항에 따라 선임된 관리인의 경우 업무수행권과 재산의 관리처분권을 갖게 된 근거가 법원의 선임결정이라는 수권행위에 기인한 것이므로, 일단 선임결정이 이루어진 이상 그 후 채무자의 대표자 변경은 위와 같은 선임결정의 효력에 영향을 줄 수 없어 관리인의 지위에는 변동이 없다. 그러나 법 제74조 제3항·제4항에 의하여 관리인으로 보게 되는 채무자의 대표자의 경우 관리인의 권한과 지위를 갖게 된 근거는 '채무자의 대표자'의 직위에 있다는 사실에 근거하는 것이고, 만일 나중에 '채무자의 대표자'의 직위를 상실하였을 경우에는 더 이상 채무자의 업무수행권과 재산의 관리처분권을 보유할 정당성을 잃게 된다. 더 이상 채무자의 대표자도 아니고 법원으로부터 어떠한 수권도 받지 못한 자가 위와 같은 권한을 여전히 가진다고 보기는 어렵기 때문이다.

법 제74조 제3항에 의하여 법원이 관리인 불선임 결정을 하였을 경우, 채무자의 업무수행권과 재산의 관리처분권을 갖는 자는 채무자의 대표자 선출권한을 갖는 자에 의하여 결정된다. 그러므로 누가 그러한 선출권한을 갖느냐가 매우 중요한 문제로 떠오르게 되고, 법원이 어떠한 유형의 채무자에게 법 제74조 제3항·제4항을 적용할 것인지가 회생절차에 있어서 중요한 결정사항이 된다.

법 제74조 제3항·제4항이 적용되는 채무자의 경우, 업무수행권과 재산의 관리처분권을 누가 갖는가의 문제를 둘러싸고 채무자 내부에 분쟁이 생길 위험이 있다. 이러한 분쟁은 회생절차의 실패로 귀결될 수 있으므로, 법 제74조 제3

항에 의한 관리인 불선임 결정의 대상은 불선임 결정에 의하더라도 채무자 내부에 분쟁이 생길 위험이 없고 회생절차 진행에 별다른 어려움이 없는 경우가 되어야 할 것이다. 분쟁이 발생할 위험이 있는 경우에는 기존 경영자나 특정의 제3자를 관리인으로 선임하는 것이 타당하다.

2) 회생절차개시 후 회생계획인가 전 단계

채무자가 주식회사·유한회사인 경우 이사 및 대표이사의 선출권한은 상법 및 정관의 규정에 의하여 주주총회·사원총회 또는 이사회의 권한에 속하는데, 회생절차개시 후 회생계획인가 전 단계에서 아무런 제한 없이 주주총회 또는 이사회의 결의에 의하여 회사의 대표이사를 교체·변경하는 것이 허용되는지가 문제된다.

회생절차개시 후 회생계획인가 전 단계에서 주주들이 회사의 대표자를 변경하는 것은 회사의 대표이사가 주주들에게 불리한 회생계획안을 작성한다고 보고, 주주들의 이익을 대변할 수 있는 내용의 회생계획안을 작성·제출할 것으로 예상되는 대표이사를 새로이 선임하는 데 주된 목적이 있을 것이다.

현행법하에서 주주의 공익권은 여러 가지 면에서 제약되어 있으나(법 제55조, 제203조, 제260조), 회생절차개시 후 회생계획인가 전까지는 주주들이 주주총회를 통하여 관리인으로 간주되어 업무수행권과 재산의 관리처분권을 갖게 되는 대표이사를 선출할 수 있는 합법적 통로가 열려 있으므로, 주주들의 사단법적·조직법적 활동을 아무런 제한 없이 허용할 수 있는지는 검토를 요한다. 원래 회생절차에 들어온 채무자가 부채초과 상태에 있는 경우에는 주주들은 잔여재산분배청구권이 없는 관계로 권리의 순위에 있어서 가장 후순위일 뿐만 아니라(법 제217조 제1항) 관계인집회기일의 통지를 받을 권한이나 회생계획안에 대하여 의결권을 행사할 권한도 없으므로(법 제182조 제2항, 제146조 제3항), 이러한 지위에 있는 주주들로 하여금 업무수행권과 재산의 관리처분권을 가진 대표이사를 회생절차 진행 도중에 임의로 교체·변경하게 하여 회생절차의 진행에 지장을 초래하는 것은 허용될 수 없다. 따라서 부채초과 상태에 있는 채무자의 경우 기존 주주들이 정기총회에서 임기가 만료된 대표이사를 교체하는 것까지 금하기는 어렵다 하더라도 아직 임기가 남아 있는 대표이사를 특별한 사유 없이 교체하고 새 대표이사를 선임하여 영향력을 행사함으로써 회생절차 진행 과정에서 부당한 이득을 얻고자 하는 행위는 공정한 회생절차의 진행을 방해하는 것이므로, 법원은 법 제74조 제3항 단서·제2항 제3호의 규정에 의하여 지체 없이 관리인을 선임함으로써 회생절차가 공정하게

진행될 수 있도록 하여야 할 것이다.[109)110)]

3) 회생계획인가 후의 단계

법 제203조 제1항은 "법인인 채무자의 이사를 선임하거나 대표이사(채무자가 주식회사가 아닌 때에는 채무자를 대표할 권한이 있는 자를 포함한다. 이하 이 조에서 '대표이사'라 한다)를 선정하는 때에는 회생계획에 선임이나 선정될 자와 임기 또는 선임이나 선정의 방법과 임기를 정하여야 한다."라고 규정하고 있다.

위 규정은 회생계획인가 후 회생절차종결 전 단계에서는 채무자의 이사 선임권한을 기존 주주로부터 박탈하고, 이를 실질적으로 채권자에게 부여하는 조항이다. 물론 이사 및 대표이사의 선임에 관한 회생계획 조항은 1차적으로 관리인으로 보게 되는 법인의 대표자가 작성하여 제출하게 되는 경우가 많을 것이고,[111)] 이 경우 대표자는 자신을 포함한 다른 임원들을 대부분 유임시키는 내용의 회생계획안을 작성·제출할 것이다.

그러나 채권자들은 제출된 회생계획안에 대하여 부동의를 하여 회생계획안을 부결시킬 수 있는 강력한 권한이 있으므로, 임원진 구성에 관한 회생계획안에 반대의사를 표명함으로써 종국적으로 채권자의 의사에 부합하는 새 임원진 구성을 관철시킬 수 있다.

결론적으로 회생계획안에 대한 가결 여부를 결정할 수 있는 채권자들은 회생계획안 작성 과정에서 협상을 통하여 기존 대표이사 및 이사들의 유임 또는

---

109) 회생절차개시 후에도 채무자가 경영권 및 관리처분권을 그대로 갖는 미국 연방파산법 하의 판례도 유사한 입장을 취하고 있다. In re Johns-Manville Corp., 801 F.2d 60(2d Cir. 1986) 판결의 사안은 회생계획안에 불만을 품은 주주들이 자신들에게 불리한 회생계획을 제출한 이사회 구성원들을 교체하기 위하여 법원에 주주총회 소집허가를 신청한 것이다. 미국 제2연방항소법원은 주주총회의 소집 자체는 비록 그 주된 목적이 협상력을 높이기 위한 전략적 동기에서 이루어진 것이라 하더라도 그 자체로 잘못된 것이 아니며, 오히려 주주들은 다른 이해관계인들 및 채무자의 현존 경영진 등에 대항하여 새로운 이사진의 구성 권한을 협상력으로 사용할 수 있도록 허용되어야 하나, 위와 같은 주주권의 행사가 회생절차를 무너뜨릴 위험이 있는 경우에는 명백한 권한 남용(clear abuse)으로서 허용될 수 없고, 또 만일 채무자가 부채초과 상태에 있어 주주들의 채무자에 대한 실질적인 권리가 없다면, 주주들은 실질적으로 회생절차에 관한 이해관계인이라고 볼 수 없기 때문에 주주총회의 소집권한을 부인하는 것이 타당하다고 판시하였다. 요컨대, 이 판결의 취지는 ① 주주권 행사가 명백한 권한 남용이거나, ② 채무자가 부채초과이면 대표자를 교체하기 위한 임시주주총회 소집허가 신청은 허용될 수 없다는 것이다. 임원 경질을 둘러싸고 주주들 사이에 다툼이 있는 상황에서 법원이 회생계획인가 후까지 집행임원 경질의 금지를 명한 사례도 있다. In re Lifeguard Industries, 37 B. R. 3(Bankr. S. D. Ohio 1983).

110) 이러한 사유가 경우에 따라서는 법 제74조 제2항 제3호의 "그 밖에 채무자의 회생에 필요한 때"에 해당하여 법원이 제3자 관리인을 선임할 수 있는 경우에 해당할 수 있다는 점에 관하여는 '제7장 제3절 3. 나. 3)' 참조.

111) 물론 목록에 기재되어 있거나 신고한 채권자·주주 등도 회생계획안을 제출할 수 있다(법 제221조 제1항).

새로운 대표이사 및 이사들의 선임 여부, 그 선임방법·임기 등에 관하여 채권자들의 의사를 회생계획안에 반영시킴으로써 관리인이 선임되지 아니한 회사에 대하여 적절히 견제와 감시를 할 수 있을 것이고, 회생계획이 인가된 후에도 위와 같이 회생계획에 정하여진 대표이사 및 이사들의 선임방법·임기에 관한 조항에 따라 적절하게 대표이사 및 이사의 교체에 관한 채권자들의 의사를 반영시킬 수 있다.

다만 법인인 채무자의 이사·대표이사의 선임·선정 또는 유임이나 그 선임 또는 선정의 방법에 관한 회생계획(주주총회의 결의, 이사회의 결의 등)은 형평에 맞아야 하며, 회생채권자·회생담보권자·주주·지분권자 일반의 이익에 합치하여야 한다(법제 204조).112)

따라서 채무자의 자율적 결정에 의하여 선임된 이사·대표이사 등의 선임·변경이 회생채권자·회생담보권자·주주·지분권자 일반의 이익에 합치되지 않거나, 새로 선임된 채무자의 대표자에 관하여 법 제74조 제2항 각호의 사유가 존재하는 경우에는 법원은 법 제74조 제3항 단서에 의하여 제3자를 관리인으로 선임하여야 할 것이다. 이 경우 채무자의 대표자는 제3자 관리인의 선임에 의하여 업무수행권 및 재산의 관리처분권을 상실하게 된다.

마. 공동대표자의 경우

회생절차개시 당시 공동대표자가 선임되어 있는 경우, 관리인으로 보게 되는 채무자의 대표자는 그 공동대표자 수인이 될 것이다. 이들 관리인으로 보게 되는 채무자의 공동대표자는 상법·정관 등의 규정에도 불구하고 공동으로 그 직무를 행하여야 한다(법 제75조 제1항 전문). 따라서 관리인으로 보게 되는 공동대표자는 공동명의로 법률행위를 하여야 하고, 법원에 대한 허가신청도 공동으로 하여야 한다. 그런데 공동대표자 상호 간의 알력이나 책임소재의 불분명 등으로 인하여 효율적이고 원활한 회생절차의 진행에 지장을 줄 우려가 있는 경우, 법원은 ① 법 제75조 제1항 후문에 따라 그들의 직무 분장을 허가하거나, ② 공동대표자 중 1인을 관리인으로 선임할 수 있다(제74조 제3항 단서, 제2항 제3호).

---

112) 이사·대표이사의 선임 또는 선정의 방법에 관한 회생계획은 이사·대표이사의 한계 및 자격요건을 포함하는 것이 바람직하고, 채권자 또는 주주 등 어느 특정 이해관계인의 독자적 이익만을 추구하거나 무능력한 자가 이사·대표이사로 선임 또는 선정되지 아니하도록 하는 내용이 되도록 유의하여야 한다.

바. 임　기

회생절차개시 후 회생계획인가 전까지 관리인으로 보게 되는 채무자 대표자의 임기는 상법 또는 정관에 의할 것이다. 그러나 법 제203조, 제263조는 회생계획에 이사로 선임되거나 대표이사로 선정될 자와 임기 또는 선임이나 선정의 방법과 임기, 유임하게 할 이사나 대표이사와 임기를 정하도록 규정하고 있으므로, 기존 대표이사·이사의 임기의 만료 여부 및 회생계획인가 후 회생계획 또는 회생계획에서 정한 방법에 의하여 선정된 대표이사·이사의 임기는 회생계획에 따라 정해질 것이다. 다만 법 제203조 제5항에 의하면 이사의 임기는 1년을 넘지 못하도록 되어 있으므로, 이 규정의 기속을 받을 것이다.

관리인 불선임 결정에 의하여 관리인으로 보게 되는 채무자의 대표자는 법원이 법 제74조 제3항 단서에 따라 제3자 관리인을 선임하면 업무수행권과 재산의 관리처분권을 당연히 상실하게 되고, 이 경우 관리인의 사임 및 해임에 관한 법 제83조는 적용되지 않는다. 법 제83조는 법원의 선임결정을 전제로 한 것이기 때문이다.

6. 관리인 등의 선임·변경 등과 관련한 절차

가. 공고·통지 등의 절차

법인인 채무자에 대하여 관리인을 선임하거나 변경하는 때에는 채무자의 각 사무소 및 영업소 소재지 등기소에 대한 등기 촉탁(^{법 제23조}_{제2항}), 관보에의 게재 또는 대법원규칙이 정하는 방법에 의한 공고(^{법 제51조 제1항}_{제2호·제3항 본문}), 감독행정청 등에 대한 통지(^{법 제52조, 제51조}_{제1항 제2호}) 등을 하여야 한다. 법 제74조 제3항에 의하여 관리인 불선임 결정을 함으로써 법인인 채무자의 대표자를 관리인으로 보게 되었을 경우에도 규칙 제9조 제2항·제3항에 의하여 "관리인을 선임하지 아니한다."라는 처분과 함께 "채무자의 대표자를 관리인으로 본다."라는 취지의 등기를 기입하도록 촉탁한다(관리인 불선임 결정 등기촉탁서 양식은 [별지 46] 참조).

나. 보수 및 특별보상금의 결정

1) 보 수

관리인을 선임할 때에는 관리인이 받을 보수를 결정하여야 한다($\frac{법 제30조}{제1항}$). 법원의 관리인 불선임 결정으로 인하여 관리인으로 보게 되는 채무자 또는 채무자의 대표자의 경우에도 법 제74조 제4항에 의하여 관리인에 관한 규정이 준용되므로, 법원이 관리인 불선임 결정을 한 경우 보수를 결정하여야 하는지 논란이 있다. 서울회생법원에서는 관리인을 선임하지 아니하는 실무가 확대되면서 보수의 규모가 과다하지 않은 이상 채무자의 영업 및 재산수준에 맞추어 자율적으로 조정하여 핵심 인력의 유출 없이 회생절차 진행에 집중할 수 있도록 보수결정을 따로 하지 않는다. 관리인 불선임 결정을 하는 경우 관리인으로 보게되는 법률상 관리인은 대표이사로서 보수를 받게 되고 그 보수의 증감을 할 경우[113]에는 법원의 허가를 받도록 하고 있다.[114] 보수결정을 하는 경우, 보수의 규모는 관리인 등의 직무와 책임에 상응하는 것이어야 한다($\frac{법 제30조}{제2항}$). 관리인의 보수청구권은 공익채권으로서 회생절차에 의하지 아니하고 수시로 변제하며, 회생채권과 회생담보권에 우선하여 변제한다($\frac{법 제179조 제4호, 제}{180조 제1항·제2항}$).

관리인 등의 보수를 결정함에 있어서는 고용노동부에서 발간하는 고용형태별근로실태조사보고서 중 해당 업종 경영자의 보수실태를 참작하고, 기존의 보수체계와 채무자의 재정상태, 관리인 등의 업무의 내용과 난이도 등을 고려하여 결정한다.[115] 또한 관리인 등이 퇴직하는 때에는 위 보수와는 별도로 퇴직금을 지급할 수 있다. 퇴직금의 액수는 채무자의 퇴직금 규정, 재직기간, 관리인 등이 수행한 업무의 양과 질, 퇴직 사유 등을 종합하여 정한다.[116]

임기를 정한 관리인이 임기가 만료되어 관리인의 경영실적을 평가한 후 재선임 등을 할 때에는 그 보수를 상향조정해 줄 수도 있다. 이해관계인은 관리인 등의 보수결정에 대하여 즉시항고를 할 수 있다($\frac{법 제30조}{제3항}$).

2) 특별보상금

법 제30조 제1항은 종래 관리인에게 일정한 경우, '특별 보수'를 지급하여

---

113) 개시결정과 동시에 결정하는 '법원의 허가사항과 위임사항에 관한 결정' 중 '과장급 이상의 보수결정'에 해당한다.
114) 간이회생사건에 있어서 관리인을 따로 선임하지 않는 경우에도 동일하다.
115) 서울회생법원 실무준칙 제211호 '관리인 등의 선임·해임·감독기준' 제3조 제1항 참조.
116) 서울회생법원 실무준칙 제211호 '관리인 등의 선임·해임·감독기준' 제3조 제2항 참조.

오던 실무를 반영하여 관리인에게 보수 이외에 특별보상금을 줄 수 있는 근거 규정을 두고 있다. 위 특별보상금은 그 직무와 책임에 상응하는 것이어야 한다 (법 제30조 제2항). 위 특별보상금청구권은 공익채권으로서 회생절차에 의하지 아니하고 수시로 변제하며, 회생채권과 회생담보권에 우선하여 변제한다(법 제179조 제4호, 제 180조 제1항·제2항).

실무상 특별보상금은 관리인 등의 재직 중에 제3자 인수를 성공시키거나, 회생절차를 종결시킬 수 있는 기반을 마련하는 등 그 공로가 인정되는 경우에 한하여 해당 관리인의 재직기간 동안의 경영실적을 평가하여 법원이 직권으로 관리인에게 특별보상금을 정하여 지급한다.[117] 서울회생법원 실무준칙 제211호 '관리인 등의 선임·해임·감독기준' 제3조 제3항에서는 그 공로의 예로서 ① 관리인 등이 그의 경영 수완에 의하여 회생계획이 예정한 경영 목표를 초과하여 달성한 때, ② 관리인 등의 능력과 노력에 기인하여 채무자의 재산상황이 그 관리인 등의 최초 취임 당시에 비하여 현저히 개선된 때, ③ 관리인 등이 능동적으로 신규 자본을 물색·유입하거나 다른 우량기업과 인수·합병을 이룩함으로써 채무자의 회생에 현저한 기여를 한 때를 들고 있고, 같은 조 제4항에서 위 ①, ②의 경우 그 특별보상금은 채무자의 규모와 재정상황, 기여도 등을 종합하여 3억 원을 한도로 정하되 이에 갈음하여 일정한 가격으로 주식을 매수할 권리(스톡옵션)를 부여할 수 있도록 규정하고 있으며, 같은 조 제5항에서는 위 ③의 경우에는 실무준칙 제241호 '회생절차에서의 M&A' 제39조에 따르도록 규정하고 있다.

7. 공동관리인·관리인대리·관리인의 직무를 행할 자, 법률고문 등

가. 공동관리인

관리인을 여러 명 선임한 경우, 또는 관리인이 선임되지 아니한 경우에 채무자의 대표자가 여러 명이어서 관리인으로 보게 되는 자가 여러 명인 경우에 관리인들은 공동으로 그 직무를 행한다(법 제75조 제1항 전문).[118] 따라서 공동관리인들은 공동명의로 법률행위를 하여야 하고, 법원에 대한 허가신청도 공동으로 하여야 한다. 그러나 법원의 허가를 받아 직무를 분장할 수 있다(법 제75조 제1항 후문). 관리인이 여러 명인 때에는 제3자의 의사표시는 그 1인에 대하여 하면 된다(법 제75조 제2항). 공동관리

---

117) M&A에 대한 관리인 특별보상금에 관하여는, '제17장 제3절 6.' 참조.
118) 반면, 상법상 수인의 대표이사는 각자 대표권을 행사할 수 있다.

인이 당사자가 되는 소송은 필수적 공동소송에 해당한다.[119]

공동관리인 중 1인이 단독으로 한 행위의 효력에 대해서는, 공동대표이사에 관한 법리가 준용된다는 견해와 관리인 제도의 특성상 표현대리 등의 법리를 유추적용할 수 없으므로 해당 행위는 무효라는 견해가 있다.

나. 관리인대리

관리인 등은 필요한 때에는 그 직무를 행하게 하기 위하여 자기의 책임으로 1인 또는 여러 명의 관리인대리를 선임할 수 있고, 그 선임에 있어서는 법원의 허가를 요한다(법 제76조 제1항·제2항).[120] 그 자격요건에 관하여는 아무런 제한이 없지만, 관리인대리는 최소한 관리인으로서의 결격사유가 없는 자이어야 한다.

관리인대리는 특별한 필요가 있음을 구체적으로 소명한 경우에 한하여 그 선임을 허가한다.[121] 관리인대리를 선임할 필요성이 소멸한 때에는 즉시 그 사유를 보고하게 한다.

관리인대리의 선임을 허가한 경우 또는 그 허가를 변경 또는 취소한 때에는 이를 공고하여야 하고(법 제76조 제3항), 법인인 채무자의 경우 법원사무관등은 직권으로 지체 없이 촉탁서에 결정서의 등본을 첨부하여 채무자의 각 사무소 및 영업소 소재지 등기소에 선임에 관한 등기 또는 그 변경 또는 취소에 관한 등기를 촉탁하여야 한다(법 제76조 제4항).

관리인대리는 관리인 등에 갈음하여 재판상 또는 재판 외의 모든 행위를 할 수 있다(법 제76조 제5항).[122] 한편 관리인대리가 재판 외에서 법률행위를 함에 있어서는 관리인 명의가 아닌 자기 명의로 하면 된다. 관리인대리의 보수는 법원이 정

---

119) 대법원 2014. 4. 10. 선고 2013다95995 판결은 "채무자에 대한 회생절차가 개시되었을 때 관리인이 여럿인 경우에는 법원의 허가를 얻어 직무를 분장하였다는 등의 특별한 사정이 없는 한 그 여럿의 관리인 전원이 채무자의 업무수행과 재산의 관리처분에 관한 권한을 갖기 때문에 채무자의 업무와 재산에 관한 소송에서는 관리인 전원이 소송당사자가 되어야 하고 그 소송은 필수적 공동소송에 해당한다."라고 판시하였다.

120) 관리인대리 선임 허가 결정문례는, [별지 34] 참조.

121) 구 회사정리법하에서 정리회사 동아건설산업(주)의 경우 자산규모가 거대할 뿐만 아니라 사업장이 국내와 해외에 산재해 있고, 종업원도 천여 명에 이르러 국내 관리인대리 1인과 해외 관리인대리 1인을 선임한 예가 있었다. 법 시행 이후에는 대형회사가 본점 외의 지방에서 계속 중인 소송의 수행 등을 위하여 관리인대리 제도를 활용하는 사례가 늘고 있다[서울중앙지방법원 2011회합105 대우자동차판매(주), 2014회합100212 동부건설(주) 사건, 서울회생법원 2015회합100070 경남기업(주), 2015회합100225 삼부토건(주), 2016회합100109 에스티엑스조선해양(주), 2018회합100033 풍림산업(주) 사건 등].

122) 관리인의 포괄대리인으로서 상법상의 지배인에 대응한다고 보는 것이 일반적이다. 따라서 관리인대리의 대리권에 대한 제한은 선의의 제3자에게 대항할 수 없다(상법 제11조 제3항).

한다($^{법 제30조}_{제1항}$).123)

한편 관리인대리의 대리권 범위를 제한하여 신청·허가할 수 있는지 여부에 관하여 견해의 대립이 있다. 이를 긍정하는 견해는, 관리인이 포괄적 대리권을 가진 관리인대리를 선임할 수 있는 이상 그 권한을 제한하는 것도 당연히 가능하고, 소송행위에 한하여 포괄적인 대리권을 수여하는 경우 등 제한할 현실적인 필요성도 있다는 점을 근거로 하고, 이를 부정하는 견해는, 법에 관리인대리가 포괄적 대리권을 가진다고 규정되어 있을 뿐 그 범위를 제한할 수 있는 명문의 근거 규정과 공시방법이 없다는 점을 근거로 한다. 서울회생법원의 경우, 전자의 견해와 같이 대리권 범위를 제한하여 관리인대리 선임을 허가한 사례가 다수 있다.

또한 지배인이나 법률상 대리인처럼 재판상 또는 재판 외의 대리권을 가지는 자가 회생절차개시결정 이후에도 채무자를 대리할 권한을 그대로 가지는지 여부에 관하여도 논란이 있을 수 있다. 회생절차개시결정으로 채무자의 재산에 관한 관리처분권과 소송상의 당사자적격이 관리인으로 이전되는 만큼 종전의 지배인 등의 대리권은 소멸한다고 보는 것이 타당하다.

다. 관리인의 직무를 행할 자

관리인으로 선임된 법인은 이사 중에서 관리인의 직무를 행할 자를 지명하여 법원에 신고하여야 한다($^{법 제74조}_{제6항}$). 관리인의 직무를 행할 자는 등기 촉탁 사항이 아니다. 법인이 관리인일 경우에는 관리인의 직무를 행할 자를 지명하는 이외에 관리인대리도 선임하여 채무자의 사무소에 상주하도록 하는 것이 일반적이며, 이 경우 관리인대리가 사실상 관리인의 역할을 하게 된다.

라. 법률고문 등

관리인 등은 필요한 때에는 법원의 허가를 얻어 법률 또는 경영에 관한 전문가를 고문으로 선임할 수 있고, 고문은 법원이 정하는 보수를 받을 수 있다($^{법 제77조}_{제30조 제1항}$). 그러나 실무상 관리인 등이 이 규정에 의하여 법률 또는 경영에 관한 전문가를 고문으로 선임하기보다는 특정 변호사·법무법인 또는 회계법인 등과 사이에 자문계약을 맺는 경우가 더 많다.

---

123) 관리인대리는 통상 채무자의 직원 중에서 선임하므로, 실무상 보수에 대한 결정은 하지 않고 있다.

마. 인가 전 감사

앞에서 본 것처럼 회생절차가 개시되더라도 주식회사의 감사의 지위에는 영향이 없고, 상법 규정에 따라 주주총회가 감사 선임 권한을 갖게 된다. 반면 회생계획인가 후에는 법원이 채권자협의회의 의견을 들어 감사를 선임한다 (법 제203조 제4항). 그런데 회생계획인가 전이라도 채무자가 법원 또는 채권자협의회가 추천하는 중립적 인물을 감사로 선임하는 경우가 있는데 이를 흔히 인가 전 감사라고 부른다. 이러한 방식은 경영과 회계의 투명성에 대한 의혹이나 불신이 있지만 제3자 관리인을 선임할 사유에는 해당하지 않거나 기업가치 하락에 대한 우려 때문에 제3자 관리인을 선임하기가 곤란한 경우에 기존 경영자 관리인 선임과 연계하여 중립적 감사를 통해 경영과 회계의 공정성을 보장하는 방편으로 활용되고 있다. 다만 인가 전 감사는 회계감사와 업무감사를 통하여 채무자에 대한 감독과 기존 경영자 관리인에 대한 견제기능에는 충실할 수 있으나, 주주총회의 결의(상법 제409조 제1항) 등 선임에 대한 절차적인 요건이 필요하고, 전문성 결여 등으로 회생절차에 기여하는 바가 제한적일 수밖에 없는 한계가 있다.

바. CRO(Chief Restructuring Officer, 구조조정담당임원)[124]

1) 의   의

CRO의 개념은 그 역할과 지위에 따라 다양하게 정의될 수 있는데, 일반적으로 기업의 사업부문과는 별도로 구조조정과 관련된 업무를 수행하는 간부급 직원으로 정의할 수 있다.

CRO 제도에 대한 법적 근거는, 관리인에 대한 법원의 감독권 행사를 규정한 법 제81조, 관리인에 의한 법률 또는 경영에 관한 전문가 선임을 규정한 법 제77조, 회생절차에 대한 채권자협의회의 관여를 규정한 법 제21조 제1항 제1호, 제5호 등을 들을 수 있다.

2) 도입배경

법은 기존 경영자 관리인 제도를 도입하면서 채권자협의회의 기능과 권한을 강화하여 기존 경영자 관리인을 효과적으로 견제함으로써 기업회생의 촉진

---

124) CRO(Chief Restructuring Officer; 최고 구조조정책임자 또는 구조조정담당임원. 이하 'CRO'로 약칭하기로 한다). CRO 제도에 대한 자세한 내용은, 박사랑, "CRO(Chief Restructuring Officer) 제도의 현황과 과제", 도산법연구 제3권 제2호(2012. 11.), 사단법인 도산법연구회, 283면 이하 참조.

과 회생절차의 공정성과 투명성 제고를 기대하였다. 그러나 이러한 입법적 조치에도 불구하고 실제 채권자협의회의 활동이 활발한 것은 대규모 기업 회생사건의 경우에 제한되고, 대부분의 중소기업 회생사건에서는 그 활동이 미미하거나 소극적이어서 기대하였던 채권자협의회의 기존 경영자 관리인에 대한 견제기능이 제대로 발휘되지 못하였다.

그동안 실무에서는 기존 경영자 관리인에 대한 견제장치로, ① 기존 경영자와 함께 제3자를 공동관리인으로 선임하는 방안, ② 채권자협의회를 통해 자금관리위원을 파견하는 방안, ③ 인가 전 감사를 선임하도록 하는 방안 등이 주로 활용되었다.

그러나 ① 공동관리인의 선임은 예외적 사유가 없는 한 기존 경영자의 경영권을 보장하려는 법의 취지에 비추어 제한적으로 운영되어야 한다는 점, 공동관리인 사이에 의견대립이 있는 경우 신속한 의사결정을 할 수 없게 됨에 따라 회생절차의 효율적 진행에 지장을 초래할 가능성이 있다는 점에서 활용상 제약이 따른다. 또한 ② 자금관리위원의 경우, 대규모 기업의 회생절차에 있어서 채권자협의회와 채무자 사이에 자금관리약정을 체결하고 채권자협의회 구성원인 채권자가 소속 직원을 자금관리위원으로 파견하고 있는데,[125] 채무자의 자금관리를 점검함으로써 회사를 효과적으로 견제하고, 회사의 현금흐름에 대한 정확한 정보를 획득할 수 있으나, 그 보수를 파견 금융기관 등 채권자가 부담하여야 하므로, 대규모 기업의 회생절차에서 제한적으로만 이용할 수 있고, 채무자가 회생절차 진행과 관련한 조력을 받는 데에는 한계가 있다. 그리고 ③ 인가 전 감사의 경우, 회생계획인가 전이라도 감독의 필요가 있는 경우[126] 선임할 수 있으나, 주주총회 등의 절차적인 제약이 있고, 업무의 특성상 회생절차에 기여하는 바가 제한적일 수밖에 없다.

위에서 열거한 방법들은 채무자의 감독과 통제의 측면 이외에는 여러 가지 한계가 있으므로, 채무자와 채권자 쌍방에게 이익이 되는 전향적인 제3의 방식이 요구되었다. 이에 서울중앙지방법원은 이러한 문제점들을 극복하고자 2011. 9. CRO 제도를 도입하였고, 서울회생법원은 대부분의 사건에서 CRO를 채용하

---

125) 서울중앙지방법원 2011회합34 엘아이지건설(주) 사건 이후 서울중앙지방법원에 접수된 대규모 기업 사건에서 채권자협의회가 회생절차 초기부터 자금관리위원을 파견한 사례가 다수 있고 서울회생법원에서도 2017회합100051 한일건설(주), 2017회합100033 풍림산업(주) 등 사건에서 자금관리위원을 파견하였다.

126) 예컨대, 관리인이 중지된 절차 또는 처분의 취소를 신청하는 경우(법 제58조 제5항) 자금집행에 대한 감독이 필요하다.

도록 하고 있다. 다만, 제3자 관리인이 선임된 중소기업 사건의 경우에는 회사의 재정 상태에 비추어 CRO를 채용하지 않기도 한다.

3) 선임절차

CRO는 통상 다음과 같은 과정을 거쳐 채용된다.

▷ 보전처분이나 대표자 심문시 채무자에게 CRO의 취지를 설명 ▷ CRO 채용 여부 및 보수 수준에 관한 채무자의 의사타진
▷ 채권자협의회의 후보자 추천 (추천 없거나 필요한 경우 법원이 추천)
▷ 해당 재판부의 후보자에 대한 면접 내지 서류심사
▷ 채무자 ⇔ 심사 통과자: '구조조정담당임원 위촉계약' 체결
▷ 위촉계약체결 체결에 대한 법원의 허가
▷ 채무자의 CRO 채용, 회생절차 참여

4) CRO의 지위 및 책임

CRO는 채권자협의회의 추천을 받아 채무자의 임원으로 채용되어 때로는 채무자의 회생을 위한 조언자로서, 때로는 감시자로서 서로 상반되는 역할을 수행하여야 하므로, 그 지위에 대한 혼란스러움이 존재할 수밖에 없다. CRO와 채무자의 관계는 위임으로서 업무내용, 임기, 보수 등에 관한 구체적 내용은 위임계약으로 정해지고, 보충적으로 민법상 위임에 관한 규정이 준용된다. CRO는 채무자에 대하여 선량한 관리자의 주의의무, 충실의무, 비밀유지의무 등을 부담한다.[127]

CRO가 수임인으로서 의무를 위반한 때에는 채무불이행으로 인한 손해배상책임을, CRO가 한 행위가 불법행위의 요건을 갖춘 때에는 불법행위로 인한 손해배상책임을 진다. 다만 CRO가 채무자나 채권자 어느 일방의 이익이 아닌 전체 이해관계인의 이익 조종자로서 주의의무를 다하였다면, 법적인 책임을 묻기

---

127) 서울회생법원은 CRO 위촉계약의 내용에 CRO의 의무를 명시하도록 하고 있고, 나아가 '구조조정담당임원(CRO) 윤리강령'을 포함하도록 하고 있다.

는 어렵다고 할 것이고, 선관주의의무를 위반한 경우라도 경영판단의 원칙[128]을 유추하여 그 책임이 제한되는 경우가 있을 것이다.

나아가 CRO가 주주나 채권자에 대해서도 법적인 책임을 지는지 문제될 수 있다. 그런데 CRO는 상법상 이사처럼 주주에 의하여 선임된 경우가 아니므로, 주주에 대해서 법적인 책임을 진다고 보기는 어렵고, 채권자에 대한 관계에서도 채무자와 채권자 사이에 이해관계가 대립되는 경우 CRO가 채권자에게 정확한 정보를 제공하고 의사소통의 과정을 거쳐 이해관계 조정자로서 주의의무를 다하였다면, 결과적으로 그 결정이 특정 채권자의 이익에 반하였다고 하더라도 법적인 책임을 진다고 보기 어렵다.

5) CRO의 역할

CRO는 채무자가 처한 상황, 채권자협의회의 요청 등에 의하여 다양한 역할을 수행할 수 있는데, 실무상 CRO는 기본적으로 회생절차개시 당시부터 종결 결정 또는 회생계획 인가 후 감사 선임 시까지(회생계획인가 전에 회생절차가 폐지될 경우에는 폐지결정 확정일까지) ① 회생절차 전반에 걸친 자문업무를 수행하고, ② 자금수지를 점검하여 이를 법원과 채권자협의회에 정기적으로 보고하며, ③ 채권자협의회와의 소통을 위한 가교역할을 함으로써 원활하고 효율적인 회생절차 진행이 가능하도록 하는 역할을 수행하고 있다. 또한 CRO는 ④ 부인권 행사나 이사 등에 대한 책임추궁과 관련하여 적극적 역할을 기대하기 어려운 기존 경영자 관리인을 대신하여 그 업무를 수행하기도 하고, ⑤ 기업구조조정 전반에 걸쳐 실질적인 업무를 수행하기도 한다.

CRO의 구체적인 업무 내용으로는 다음과 같은 것을 들 수 있다.

○ 자금 수지 점검 및 보고
 - 회사의 자금수지를 점검하고, 법원 및 채권자협의회에 정기보고
○ 회생절차 수행과정에서의 자문 역할
 - 채권자목록, 시·부인표 작성, 회생계획안 작성 등에 대한 사전 검토 및 조언
 - 조사위원보고서 검토 및 그에 따른 관리인 보고서 검토 및 자문
 - 법원에 제출하는 각종 허가신청서 사전 검토 및 조언
 - 월간보고서, 채무자 현황보고서, 관리인 보고서 등 작성요령 지도

---

128) 경영판단의 원칙(Business Judgement Rule)이란, 이사 등이 그 권한 범위 안에서 객관적인 정보에 따라 제반 사정을 종합적으로 고려하여 합리적인 경영상 결정을 한 경우, 그 후 결과적으로 그 판단이 잘못되었다는 이유로 책임을 지지 않는다는 원칙을 말한다.

> - 주요 현안에 대한 법원 보고129)
> ○ 채권자협의회와의 소통을 위한 가교 역할
> - 채무자의 사업 전망, 회생 필요성과 가능성 등에 관한 정보의 전달
> - 회생계획안에 대한 의견 소통

대규모 회사의 경우 CRO가 채권자협의회 회의에 참석하고, 주요 현안에 대하여 의견을 교환하는 등 소통을 위한 창구역할을 적극적으로 수행하고 있다.130) 소규모 회사의 경우에는 채권금융기관들이 회생절차개시 이후의 절차진행에 대하여 큰 관심이 없고, 관리인도 채권자와의 소통에 적극적으로 나설 수 있는 시간과 능력이 부족하므로, CRO의 적극적인 역할 수행이 필요하다.

CRO의 성패는 채권자들과의 소통 활성화에 달려 있다. CRO는 채무자의 현황과 전망, 회생의 필요성과 가능성, 회생계획안의 기초 정보 등을 채권자협의회를 비롯한 채권자에게 알리고, 채무자에게는 채권자들의 의견을 전달하여 적정한 회생계획안이 작성되도록 하여 종국에는 회생절차가 성공할 수 있도록 적극적으로 노력하여야 한다.

8. 관리인 등의 책무와 권한

가. 업무수행 및 관리처분

1) 직무의 개시

회생절차개시결정이 있은 때에는 채무자의 업무수행권과 재산의 관리처분권은 당연히 관리인 등에게 전속하게 되고(법 제56조 제1항), 개인인 채무자 또는 개인이 아닌 채무자의 이사는 관리인 등의 권한을 침해하거나 부당하게 그 행사에 관여할 수 없다(법 제56조 제2항). 따라서 관리인 등은 취임 후 즉시 채무자의 업무와 재산의 관리에 착수하고, 재산가액을 평가하며, 재산목록과 재무상태표를 작성하여 법원에 제출하여야 한다(법 제89조 내지 제91조).

제3자 관리인이 선임된 경우 채무자나 그 임직원들의 반대로 제3자 관리인

---

129) 서울회생법원 2017회합100161 엠티코리아(주) 사건의 경우, CRO가 기존 경영자 관리인이 회생절차개시 이후 법원의 허가 없이 회생채권을 변제한 사실을 적발하여 법원에 보고하였고, 그 후 법원은 관리인으로 하여금 즉시 원상회복 조치를 취하도록 하였다.
130) 서울중앙지방법원 2011회합161 임광토건(주) 사건의 경우, CRO가 채권자협의회 회의에 참석하여 부인권 행사 등 주요현안을 설명하고, 법원의 주요 허가사항에 대하여 관리인과 사전에 조율하고 협의하는 절차를 거쳤으며, 채무자가 추진하는 회생대책(부동산 개발계획, 부동산 매각계획 등)을 수시로 채권자협의회에 알리고 의견교환을 거치는 등 적극적인 역할을 수행하였다.

이 직무에 착수하지 못할 수도 있다. 회생절차에서 관리인이 얼마나 신속하게 채무자의 재산을 점유하고 업무에 착수하여 채무자를 정상화시키느냐가 회생절차의 성공 여부를 좌우한다고 할 수 있다. 관리인 등이 법 제79조 제1항에 따라 채무자의 이사·피용자 등에 대하여 채무자의 장부·서류·금전 그 밖의 물건에 대한 검사권을 행사하는 때에는 법원의 허가를 받아 집행관의 원조를 요구할 수 있으나(법 제79조 제1항·제3항), 그 밖의 경우에 관하여는 아무런 규정이 없다. 관리인 등이 채무자의 재산에 대한 인도청구소송이나 인도단행가처분을 제기하는 것을 생각해 볼 수 있으나 신속한 해결책이 되지 못한다. 입법적인 보완이 필요하다.[131]

2) 직무의 수행

회생절차가 개시되면 채무자의 재산에 대한 관리처분권은 관리인 등에게 전속된다. 관리인 등이 관리할 재산은 채무자의 전 재산으로서 적극재산과 소극재산을 모두 포함한다. 소극재산은 채권신고 및 조사절차를 통하여 확정될 것이나 적극재산은 특별한 확정절차가 없으므로 관리인 등이 이를 적극적으로 확인하여 일실되는 재산이 없도록 주의하여야 한다. 관리인이 그 주의를 게을리하면 이해관계인에게 손해배상책임을 부담할 수 있다(법 제82조 제2항).

회생절차가 개시되면 제3자와 사이에 법률관계를 맺는 자는 채무자가 아니라 관리인 등이 된다. 회생절차개시 전에 제3자가 채무자와 사이에 맺은 법률관계는 회생절차개시로 단절되는 것이 아니라 관리인 등과 제3자 사이의 관계로 변경된다. 종업원과의 관계도 마찬가지이다. 따라서 채무자의 경영진이 사실상 채무자의 운영에 관여하여 왔더라도 회생절차개시 후에 퇴직하는 근로자의 퇴직금 및 임금지급기일에 지급될 임금을 지급하여야 할 사용자로서의 법적 책임도 채무자가 아니라 관리인 등에게 있다.[132]

다만 사용자가 불황이라는 사유만을 이유로 하여 임금이나 퇴직금을 지급하지 않거나 체불하는 것은 근로기준법상 허용되지 아니하나, 사용자가 모든 성의와 노력을 다했어도 임금의 체불을 방지할 수 없었다는 것이 사회통념상 긍정할 정도가 되어 사용자에게 더 이상의 적법행위를 기대할 수 없다거나, 사용자가 임금이나 퇴직금 지급을 위하여 최선의 노력을 다하였으나 경영부진으로

---

131) 민사집행법상의 강제관리에 있어서 관리인은 관리와 수익을 하기 위하여 부동산을 점유할 수 있고, 이때 저항을 받으면 집행관에게 원조를 요구할 수 있다(민사집행법 제166조 제2항). 한편 집행관은 집행을 함에 있어서 저항을 받으면 경찰 또는 국군의 원조를 요청할 수 있다(민사집행법 제5조 제2항).

132) 대법원 1989. 8. 8. 선고 89도426 판결, 대법원 1984. 4. 10. 선고 83도1850 판결 등 참조.

인한 자금사정 등으로 도저히 지급기일 내에 이를 지급할 수 없었다는 등의 불가피한 사정이 인정되는 경우, 그러한 사유는 근로기준법 제36조 위반죄의 책임조각사유로 된다는 것이 대법원의 확립된 태도이다.[133] 따라서 관리인 등이 회생절차개시 후 자금사정의 악화 등으로 퇴직금 등의 지급에 소요되는 자금을 마련할 수 없어 근로자에 대한 임금이나 퇴직금을 지급하지 못한 경우에는 관리인 등에게 체불로 인한 근로기준법위반의 죄책을 묻기 어렵다.[134][135]

회생절차개시 이후에 채무자가 채무자의 재산에 관하여 한 법률행위(법 제64조 제1항), 회생절차개시 이후 채무자의 행위에 의하지 아니하고 회생채권과 회생담보권에 관하여 채무자의 재산에 대하여 취득한 권리(법 제65조 제1항), 부동산 또는 선박에 관하여 회생절차개시 전에 생긴 등기원인으로 회생절차 개시 후에 한 등기 및 가등기(법 제66조 제1항)는 회생절차와의 관계에 있어서 그 효력을 주장하지 못한다.[136]

관리인 등이 행사하는 업무수행의 범위는 정관에 정한 목적 범위로 제한되므로, 채무자의 회생을 위하여 그 목적 범위 외의 행위를 하려면 먼저 정관을 변경하여야 한다. 회생절차개시 이후에는 정관을 주주총회의 특별결의만으로는 변경할 수 없고, 주주총회 특별결의 및 법원의 허가에 의하여 변경하거나(법 제55조 제2항), 회생계획인가 후에는 회생계획에 의하여 변경할 수 있을 뿐이다(법 제193조 제2항 제2호, 제262조).

한편 관리인 등은 채무자의 영업을 계속하는 것이 부적당하다고 인정할 만한 특별한 사정이 있는 경우에는 법원의 허가를 얻어 그 영업을 휴지시킬 수 있다(법 제96조). 원래 회생절차는 채무자의 영업을 계속함을 전제로 하는 것이나 시장상황의 변화 또는 관리인 등의 능력부족과 같은 사유로 영업을 계속하는 것이 도리어 이해관계인의 이익에 반하는 때에는 영업을 일시 휴지할 필요가 있

---

133) 대법원 2002. 9. 24. 선고 2002도3666 판결 등 참조.
134) 대법원 1995. 11. 10. 선고 94도1477 판결 참조.
135) 나아가 관리인에 대한 기일 내 지급의무 위반죄의 책임조각사유에 대하여 대법원 2015. 2. 12. 선고 2014도12753 판결은 "회생절차에서의 관리인의 지위 및 역할, 업무수행의 내용 등에 비추어 보면, 관리인이 채무자회생법 등에 따라 이해관계인의 법률관계를 조정하여 채무자 또는 사업의 효율적인 회생을 도모하는 업무를 수행하는 과정에서 자금 사정의 악화나 관리인의 업무수행에 대한 법률상의 제한 등에 따라 불가피하게 근로자의 임금 또는 퇴직금을 지급기일 안에 지급하지 못한 것이라면 임금 및 퇴직금 등의 기일 내 지급의무 위반죄의 책임조각사유로 되는 하나의 구체적인 징표가 될 수 있다. 나아가 관리인이 업무수행 과정에서 임금이나 퇴직금을 지급기일 안에 지급할 수 없었던 불가피한 사정이 있었는지 여부는 채무자가 회생절차의 개시에 이르게 된 사정, 법원이 관리인을 선임한 사유, 회생절차개시결정 당시 채무자의 업무 및 재산의 관리상태, 회생절차개시결정 이후 관리인이 채무자 또는 사업의 회생을 도모하기 위하여 한 업무수행의 내용과 근로자를 포함한 이해관계인과의 협의 노력, 회생절차의 진행경과 등 제반 사정을 종합하여 개별·구체적으로 판단하여야 한다."라고 판시하였다.
136) 자세한 사항은 '제6장 제2절' 참조.

기 때문이다. 휴지한 영업은 법원의 허가를 얻어 다시 개시할 수 있다.

3) 허가를 요하는 행위

관리인 등은 법원의 허가를 받지 아니하고는 채무자의 영업 또는 재산을 양수하는 행위, 채무자에 대하여 자기의 영업 또는 재산을 양도하는 행위, 그 밖에 자기 또는 제3자를 위하여 채무자와 거래하는 행위를 하지 못한다(법 제61조 제2항).

법원은 필요하다고 인정하는 때에는 관리인 등이 재산의 처분, 재산의 양수, 자금의 차입 등 차재, 법 제119조의 규정에 의한 계약의 해제 또는 해지, 소의 제기, 화해 또는 중재계약, 권리의 포기, 공익채권 또는 환취권의 승인, 그 밖에 법원이 지정하는 행위를 하고자 하는 때에 법원의 허가를 받도록 할 수 있다(법 제61조 제1항). 서울회생법원은 실무상 회생절차개시결정과 동시에 관리인 등이 허가받아야 할 사항을 정하고 있다137)[허가실무에 관한 자세한 내용은 '제16장 제1절 2. 다.' 참조].

〈표 7-1〉 관리인 등이 허가를 받아야 할 주요 행위

구분	허가 대상 행위의 표시	재판부	관리위원138)
가	부동산·자동차·중기·특허권 등 등기 또는 등록의 대상이 되는 일체의 재산에 대한 소유권의 양도, 담보권·임차권의 설정 기타 일체의 처분행위	○	
나	시가 (　　)만 원139) 이상의 재산에 대한 소유권의 양도, 담보권·임차권의 설정 기타 일체의 처분행위 다만 계속적이고 정상적인 영업활동에 해당하는 상품, 제품, 원재료 등의 처분행위는 예외로 한다.		○
다	(　　)만 원 이상의 재산의 양수		○
	제3자의 영업의 양수	○	
라	항목 당 (　　)만 원 이상의 금원지출 다만 회생담보권 및 회생채권에 대한 변제는 (　　)만 원 미만의 금원지출도 포함하고, 반면 국세, 지방세, 전기료, 수도료, 가스료, 전화료, 국민연금, 장애인고용분담금, 직업훈련분담금, 개발부담금 등 제세공과금과 건강보험료, 고용보험료, 산재보험료 중 공익채권에 해당하는 금원지출은 제외한다.		○

---

137) 개시결정 당시 정해진 법원의 허가 대상에 대한 변경도 가능하다(허가사항에 대한 변경 결정문 기재례는 [별지 37]) 참조.

138) 관리위원에게 허가사무가 위임된 사항.

139) 서울회생법원 실무준칙 제212호 '채무자의 지출행위 중 법원의 허가가 필요한 금액의 기준'

	회생담보권 및 회생채권의 변제	○	
마	( )만 원 이상의 금원의 지출이 예상되는 증여, 매매, 교환, 소비대차, 임대차, 고용, 도급, 위임, 임치 등 계약의 체결 또는 의무부담행위		○
바	명목이나 방법 여하를 막론한 차재140)	○	
사	어음·수표계좌의 설정, 어음·수표용지의 수령 및 발행행위		○
아	법 제119조의 규정에 의한 계약의 해제 또는 해지	○	
자	소의 제기, 소송대리인의 선임, 화해 기타 일체의 소송행위 다만 미수채권회수를 위하여 채무자의 물건 및 채권에 대하여 하는 가압류·가처분 신청행위는 제외하되, 다만 매 3개월(분기보고서)마다 그 가압류·가처분 상황을 법원에 보고하여야 한다.		○
	단, 소 및 상소의 제기 여부의 결정, 소송대리인의 선임, 소 및 상소의 취하, 조정, 화해, 청구의 포기·인낙, 소송탈퇴, 조정에 갈음하는 결정에 대한 이의신청 여부 및 화해권고결정에 대한 이의신청 여부의 결정	○	
차	과장급 이상의 인사 및 보수결정		○
	단, 임원의 인사 및 보수결정	○	
카	권리의 포기	○	
타	회생담보권, 회생채권 등에 대한 이의의 철회	○	
파	공익채권과 환취권의 승인	○	
하	관리인의 자기 또는 제3자를 위한 채무자와의 거래	○	
거	경영상 이유에 의한 근로자의 해고	○	
너	자본의 감소, 신주나 사채의 발행, 합병, 해산, 채무자의 조직변경이나 계속 또는 이익이나 이자의 배당 기타 상무에 속하지 아니하는 행위141)	○	

　회생절차를 진행함에 있어서는 허가를 요하는 행위의 대상과 범위가 넓어 회생절차의 신속한 진행에 장애가 되는 경우가 있다. 이러한 경우를 대비하여, 서울회생법원은 관리인 등으로 하여금 회생절차개시결정에 즈음하여 채무자의

제2조는 연간 매출액에 따라 허가가 필요한 기준을 달리 정하고 있다.

140) 한편, 대법원 2015. 9. 10. 선고 2014다68303 판결은 "차재는 돈을 빌리는 것을 의미하는 데 반해, 물품공급계약에서의 선급금은 향후 공급받을 물품의 대금 명목으로 미리 지급한 돈을 의미하므로, 차재와 선급금의 수령은 그 성격을 달리하고, 따라서 선급금 수령행위를 법원의 허가를 요하는 차재행위로 볼 수는 없다."라고 판시하였다.

141) 대법원 2008. 11. 13. 선고 2006도4885 사건에서 대법원은 구 회사정리법상 회사의 상무에 속하지 아니하는 행위에 관하여 "일반적으로 당해 회사의 기구, 업무의 종류·성질, 기타 여러 사정을 고려하여 객관적으로 보아 회사에서 일상 행해져야 하는 사무나 회사가 영업을 계속하면서 통상 행하는 영업범위 내의 사무 또는 회사경영에 중요한 영향을 주지 않는 통상의 업무 등은 회사의 상무에 속하지만, 이를 제외한 나머지 업무는 회사의 상무에 속하지 아니하는 행위로서 법원의 허가를 받아야 할 행위에 해당한다."라고 판시하였다.

사업계속을 위하여 허가 대상의 각 항목별로 한도 금액을 정하는 등의 방법으로 '사업계속을 위한 포괄허가'를 신청하도록 하여 이를 심사한 후 허가하는 방식을 실무상 널리 활용하고 있고,[142] 이를 통하여 채무자는 종전의 상거래 관계를 안정적으로 유지할 수 있으며, 상거래 채권자도 회생절차에 따른 불편함이 없이 채무자와의 거래관계를 계속할 수 있을 것이다.

관리인 등이 법원의 허가를 받지 아니하고 위와 같은 행위를 한 때에는 그 행위는 무효이다. 다만 선의의 제3자에게 대항하지는 못한다(법 제61조 제3항). 선의란 허가의 유무에 관한 것이다. 선의이면 족하고 과실 유무는 묻지 아니한다. 관리인 등이 법원의 허가를 받아야 할 행위를 허가를 받지 아니하고 행한 경우에는 3년 이하의 징역 또는 3천만 원 이하의 벌금에 처한다(법 제648조 제1항).

나. 재산상태의 파악 및 조사보고

1) 재산상태의 파악

관리인 등은 취임 후 지체 없이 채무자에게 속하는 모든 재산의 회생절차

---

142) 서울회생법원 실무준칙 제212호 '채무자의 지출행위 중 법원의 허가가 필요한 금액의 기준' 제4조에서는 포괄허가의 기준 및 절차 등을 규정하고 있고, 서울회생법원 2017회합100143 진흥포장(주), 2018회합100038 (주)레이크힐스순천, 2020회합100019 (주)메이트아이, 2021회합100022 (주)이엠네트웍스 등 다수 사건에서 포괄허가 결정이 이루어졌다. 한편 대규모 건설회사가 신청한 '사업계속을 위한 포괄허가' 대상의 예는 다음과 같다.

> ① 회생절차개시결정 이후 직원 급여(퇴직금 포함) 및 체불 임금 지급
>   다만 등기임원은 급여조정 및 근로자 인정 여부에 관한 법원허가 신청(및 허가) 후 추후 포괄허가를 신청할 예정으로, 이번 포괄허가 신청에서 제외함.
> ② 회생절차개시결정 이후 진행사업장에서 공사수행을 위해 독과점을 제외한 일반품목에 대해 입찰을 통해 하도급, 용역, 자재구매 계약(신규, 변경)을 체결하는 행위
> ③ 채무자가 시공사로 참여한 아파트 사업장에서 발주자가 아파트 분양계약, 분양권 전매 및 수분양자와 약정한 분양대금 완납 후 소유권이전등기를 할 때 이에 동의하는 행위
> ④ 회생절차개시결정 이후 기업경영을 위한 운영 자금 지급
>   (④-1) 4대 사회보험 중 건강보험. 국민연금 납부
>   (④-2) 본점 및 지점의 사무실 임대료, 관리비 납부
>   (④-3) 본점 및 지점의 사무실 운영을 위한 최소 관리비 지급
>   (④-4) 진행사업장 운영을 위한 최소 현장관리비 지급
>   (④-5) 회생절차개시결정 시점에 분양 중인 모델하우스 및 준공 후 입주 중인 입주지원 센타 관리운영비 지급
>   (④-6) 투자부동산 관리비 납부
> ⑤ 수분양자 보호 등 고객 관련 약정에 대한 이행
>   (⑤-1) 진행사업장 중 재건축(재개발) 정비조합에 대한 조합운영비 지급(대여)
>   (⑤-2) 재개발(재건축) 조합원에게 이주시부터 아파트 준공 후 입주지정 기일까지 무이자 이주비 대출이자 지급

개시 당시의 가액을 평가하여야 하고, 이 경우 지체될 우려가 있는 때를 제외하고는 채무자가 참여하도록 하여야 한다(법제90조).

회생절차는 채무자의 영업을 계속하여 그로 인해 생기는 계속기업가치의 일부를 이해관계인들에게 변제하는 집단적 채무조정절차이므로, 관리인 등이 평가하는 재산가액은 채무자의 해체, 청산을 전제로 한 청산가치가 아니라 채무자의 영업 계속을 전제로 한 계속기업가치에 의하여야 한다.[143]

2) 조사보고

관리인 등은 취임 후 지체 없이 회생절차개시 당시 채무자의 재산목록 및 재무상태표[144][145]를 작성하여 법원에 제출하여야 한다(법제91조). 재산목록 및 재무상태표를 작성하는 때에는 일반적으로 공정·타당하다고 인정되는 회계관행에 따라야 한다(법 제94조 제1항).

관리인 등은 취임 후 지체 없이 채무자가 회생절차의 개시에 이르게 된 사정, 채무자의 업무 및 재산에 관한 사항, 법 제114조 제1항의 규정에 의한 보전처분 또는 제115조 제1항의 규정에 의한 조사확정재판을 필요로 하는 사정의 유무, 그 밖에 채무자의 회생에 관하여 필요한 사항을 조사하여 법원이 정한 기한까지 법원과 관리위원회에 보고하여야 한다(법 제92조 제1항 본문).[146] 실무상 회생절차개시결정과 동시에 관리인 등에게 위와 같은 사항에 대한 조사보고서의 제출을 명하고 있고, 그 제출기한은 조사위원의 조사보고서 제출기한과 동일하게 정하고 있으며, 위 법원이 정한 기한은 회생절차개시결정일부터 4개월을 넘지 못하나, 법원은 특별한 사정이 있는 경우에는 그 기한을 늦출 수 있다(법 제92조 제2항).

---

143) 법 제90조에 의한 재산가액의 평가에 있어서 그 평가의 객관적 기준은 회사의 유지·회생 즉 기업의 계속을 전제로 평가한 가액이어야 하고 회사의 해산과 청산 즉 기업의 해체, 처분을 전제로 한 개개 재산의 처분가액을 기준으로 할 것이 아니다. 이때 그 가액의 평가방법은 수익환원법 등 수익성의 원리에 기초한 평가방식이 표준적인 방식이라고 할 수 있으나, 재산의 종류와 특성에 따라 원가법 등 비용성의 원리에 기초한 평가방식이나 거래사례비교법 등 시장성의 원리에 기초한 평가방식이라도 기업의 계속성을 감안한 객관적 가액을 표현할 수 있는 것이면 족하다(대법원 2017. 9. 7. 선고 2016다277682 판결).

144) 법은 '대차대조표'라는 명칭을 사용하고 있지만, 현재 국제회계기준(IFRS)은 기존의 '대차대조표'라는 명칭 대신 '재무상태표'라는 명칭을 사용하고 있으므로, 이하에서는 국제회계기준에 따라 '재무상태표'라 한다.

145) 이렇게 작성된 재무상태표는 회생절차의 원활한 진행을 위하여 작성되는 것일 뿐이고 회생절차개시로 채무자의 회계연도가 종료되는 것은 아니므로 이를 결산재무제표로 볼 수는 없다. 따라서 관리인 등은 재무상태표를 작성함에 있어 고정자산을 시가로 평가하여 장부가액을 증액하였다 하더라도 이를 결산재무제표에 반영하지 아니하는 한 위 증액평가액으로 법인세를 신고·납부할 필요가 없다.

146) 다만, 사전회생계획안을 제출하는 자가 같은 사항을 기재한 서면을 제출하는 경우는 그러하지 아니하다(법 제92조 제1항 단서).

그 외에도 관리인 등은 법원이 정하는 바에 따라 채무자의 업무와 재산의 관리상태 그 밖에 법원이 명하는 사항을 법원에 보고하고, 회생계획인가의 시일 및 법원이 정하는 시기의 채무자의 재산목록 및 재무상태표를 작성하여 그 등본을 법원에 제출하여야 한다(별 제93조). 법원은 실무상 회생절차개시결정과 동시에 관리인 등에게 월간보고서, 분기보고서, 결산보고서 등의 제출을 명하고 있다.

법원은 위와 같이 관리인 등이 제출한 서류를 이해관계인이 열람할 수 있도록 법원에 비치하여야 하고(별 제95조), 이해관계인은 그 서류의 열람·복사 등을 청구할 수 있다(별 제28조).

법원은 제3자 관리인이 제출한 서류를 검토하여 정기적으로 제3자 관리인에 대한 평정을 실시하고, 채무자의 규모와 재정상황, 기여도 등을 종합적으로 고려하여 실적이 우수한 관리인 등에게는 특별보상금을 지급할 수 있다(서울회생법원 실무준칙 제213호, 제215호 참조).

관리인 등이 법원에 허위의 보고를 하는 경우에는 1년 이하의 징역 또는 1천만 원 이하의 벌금에 처한다(별 제648조).

다. 당사자적격 등

회생절차개시결정이 있으면 채무자의 재산에 관한 소송절차는 중단되고, 중단된 소송절차 중 회생채권 또는 회생담보권과 관계없는 것은 관리인 등 또는 상대방이 이를 수계하며(별 제59조), 관리인 등은 채무자의 재산에 관한 소에 있어서 원고 또는 피고가 된다(별 제78조).[147] 채무자의 재산에 대한 강제집행·가압류·가처분 등의 절차에 있어서도 관리인 등이 절차상의 당사자가 된다. 관리인 등만이 법률의 규정에 의하여 권리관계의 주체인 채무자에 갈음하여 소송수행권을 갖게 되므로 이는 소송법상 법정소송담당에 해당한다.

라. 보고요구·검사권

관리인 등은 개인인 채무자나 그 법정대리인, 개인이 아닌 채무자의 이사·감사·청산인 및 이에 준하는 자, 채무자의 지배인 또는 피용자에 대하여 채무자의 업무와 재산의 상태에 관하여 보고를 요구할 수 있고, 채무자의 장부·서류·금전 그 밖의 물건을 검사할 수 있다(법 제79조 제1항). 관리인 등은 필요한 경

---

147) 재산에 관한 소송에는 회생회사와 관련된 특허의 등록무효를 구하는 심판도 포함된다(대법원 2016. 12. 29. 선고 2014후713 판결 참조).

우 법원의 허가를 받아 감정인을 선임하여 감정을 하게 할 수 있다(법 제79조 제2항). 관리인 등이 검사를 하는 때에는 법원의 허가를 받아 집행관의 원조를 요구할 수 있다(법 제79조 제3항).

마. 계산의 보고의무

관리인 등의 임무가 종료된 때에는 관리인 또는 그 승계인은 지체 없이 법원에 계산에 관한 보고를 하여야 한다(법 제84조 제1항). 만약 이를 게을리할 경우에는 법 제648조 제2항의 규정에 의하여 형사처벌을 받을 수도 있다. 보고의 내용은 수입·지출 계산서, 관리인의 업무 전반을 파악할 수 있는 내용 및 관리인의 사무인계에 필요한 중요 사항 등이다. 관리인의 직을 마치는 관리인에게는 미리 이러한 계산에 관한 보고의무가 있음을 알려서 후임 관리인과 사이에 정확한 수지계산 및 원활한 업무 인수·인계가 이루어지도록 하여야 한다.

제4절   채권자협의회

1. 개   요

가. 채권자협의회의 의의

회생절차는 재정적 어려움으로 파탄에 직면한 채무자에 대하여 채권자·주주·지분권자 등 이해관계인의 법률관계를 조정함으로써 채무자 또는 그 사업의 효율적인 회생을 도모하는 제도(법 제1조)이지만, 회생계획의 인가 결정에 의하여 채권의 권리변경이 이루어진다는 점에서 회생절차에서 가장 큰 이해관계를 가진 자는 다름 아닌 채권자라고 할 수 있다.

일반적으로 재정적 어려움에 처해 있는 채무자는 부채초과 상태인 경우가 대부분이고, 이 경우 주주·지분권자는 잔여재산분배청구권이 없어 권리의 배분순위에 있어서 가장 후순위일 뿐만 아니라(법 제217조 제1항), 관계인집회기일의 통지를 받을 권한이나 회생계획안에 대한 의결권이 없으므로(법 제182조 제2항, 제146조 제3항) 회생절차에 적극적으로 참여하기 어렵다. 이에 반하여 채권자는 개별적 채권회수가 금지되고 채무자의 계속기업가치를 분배받아 채권을 회수할 수밖에 없으므로 계속기업가치의 평가 및 분배방법 등에 관하여 큰 이해관계를 가지고 회생절차에 참여할 권한과 동기를 갖게 된다. 따라서 채권자들이 효율적으로 자신의 권리를 보호하고 회생절차에 참여하기 위해서는 채권자들의 의사를 결집하여 이를 회생절차에 반영할 수 있는 단체가 필요하다.

채권자협의회제도는 위와 같이 채권자의 지위를 강화하는 방안의 하나로서 1998년 구 회사정리법 개정 당시 채권자들에게 정리절차에 관한 정보를 제공하고, 채권자들이 의견을 개진할 수 있는 창구로 활용하기 위하여 도입된 것이다. 이 제도는 채권자들에게 절차에 대한 자료 및 정보를 제공하고, 동시에 채권자들의 의사반영 기회를 확대하여 절차에 대한 참여를 보장함으로써 책임감과 주인의식을 고취하고, 궁극적으로는 회생절차의 성공적 수행을 확보하고자 하는 데 그 목적이 있다.

그리고 서울회생법원에서는 채권자협의회로 하여금 기업가치 평가·회생계획안 작성 및 검토 등 단계에 적극적으로 참여할 수 있도록 자금관리위원을 파견하거나 CRO(구조조정담당임원)를 추천하도록 하고, 채권자협의회의 활동에 관한 비용을 채무자에게 부담시킬 수 있도록 하며, 제3자 관리인의 선임을 요청할 수 있도록 하는 등 자율적인 감독시스템 구축을 유도함으로써 그 권한 및 역할을 더욱 강화하고 있다.

나. 채권자협의회의 권한 및 기능 강화

법 제74조는 기존 경영자 관리인 제도를 도입하면서 기존 경영자에 대한 실효성 있는 견제를 도모하기 위하여 채권자협의회의 기능과 권한을 강화하고 있다. 기존 경영자 관리인 제도 하에서 채권자협의회는 법원의 후견적 역할을 기대하기보다는 능동적으로 회생절차에 참여하여 정당한 권리를 보호받고, 아울러 관리인에 대한 감시자·견제자로서의 역할에도 관심을 가져야 한다. 현행법이 채권자협의회의 권한 강화를 위하여 신설한 제도는 다음과 같다.

첫째, 채권자협의회가 원활히 활동하기 위해서는 비용이 필요한데, 법 제21조 제3항은 그 비용을 채무자에게 부담시킬 수 있도록 하고, 법 제179조 제13호는 그 비용에 관한 청구권을 공익채권으로 규정하고 있다. 이와 관련하여 규칙 제42조는 채권자협의회가 변호사, 법무법인, 회계사, 회계법인 그 밖의 전문가를 선임하여 채권자협의회의 활동에 필요한 조력을 받을 수 있도록 하고, 그 비용 역시 채무자에게 부담시킬 수 있도록 하고 있다. 나아가 규칙 제43조는 그 밖에 채권자 일반의 이익을 위하여 필요한 활동에 비용을 지출한 때에도 그 비용을 채무자에게 부담시킬 수 있도록 하고 있다.

둘째, 기존 경영자 관리인 제도를 도입하면서, 채권자협의회의 요청이 있는 경우로서 상당한 이유가 있는 때에는 기존 경영자 이외의 제3자를 관리인으로 선임하도록 하고 있다(법 제74조 제2항 제2호).

셋째, 회생계획인가 후 회생계획을 제대로 수행하지 못하는 경우, 회생절차의 종결 또는 폐지 여부의 판단을 위하여 필요한 경우, 회생계획의 변경을 위하여 필요한 경우에는 채권자협의회의 신청에 의하여 조사위원으로 하여금 채무자의 재산 및 영업 상태를 실사하게 할 수 있도록 하고 있다(법 제259조).

다. 채권자협의회의 의무

채권자협의회가 회생절차의 주요 안건에 관하여 합리적인 의사결정을 하고 이에 대하여 의견제시를 할 수 있으려면, 그 전제로서 필요한 정보를 제공받는 것이 필요하다. 이에 법 제22조 제2항·제3항, 규칙 제39조, 제40조는 채권자협의회에 일정한 자료나 정보를 제공할 것을 규정하고 있는데, 문제는 채권자협의회에 대하여 채무자의 내부 정보나 영업 비밀에 관하여 어느 정도의 접근을 허용하고, 또한 그와 같이 취득한 정보에 관하여 어느 정도로 비밀을 준수할 의무를 부과할 수 있는가이다. 왜냐하면, 채권자협의회의 구성원이 채무자로부터 취득한 내부 정보나 영업 비밀 등을 외부로 유출하거나 자신의 이익을 위하여 부당하게 이용한다면, 채권자들 사이의 형평이 무너지고 채권자 전체의 이익에 반하는 결과를 초래할 수도 있기 때문이다. 이러한 문제는 특히 일정한 정도 내부 정보의 기밀유지가 필요한 채무자의 M&A 진행 과정에서 발생할 수 있다. 또한 위와 같이 내부 정보를 취득한 채권자협의회의 구성원이 채권을 양도하는 등으로 채권자협의회의 구성원에서 탈퇴하여 구성원으로서의 기본적인 의무에서 벗어나는 것을 자유로이 허용할 수 있는지도 아울러 검토를 요하는 부분이다.

이와 관련하여 미국 연방파산법상의 채권자위원회는 자신이 대표하는 채권자들에 대하여 신인의무(Fiduciary Duty)를 부담하고 있는 것으로 해석되고 있다. 그 신인의무의 구체적인 내용으로서 ① 채권자위원회의 구성원은 채무자에 관하여 비밀로 유지되어야 할 정보를 외부로 유출하여서는 아니 된다는 '비밀준수의무', ② 채권자위원회의 구성원은 채무자의 주식·출자지분을 취득하거나, 채무자와 영업상의 거래를 하거나 채권자위원회가 대표하는 이해관계인과 이해 상반되는 행위를 하여서는 아니 된다는 '이익충돌회피의무', ③ 채무자에 관하여 공개되지 않은 정보를 제공받는 채권자위원회의 구성원은 채무자에 대한 청구권 또는 채무자의 주식·출자지분에 관하여 매매 기타 거래행위를 하여서는 아니 된다는 '거래금지의무' 등이 인정되고 있다.

만일 채권자위원회의 구성원이 위와 같은 의무에 위반한 경우에는 ① 채권자위원회의 구성원 자격이 박탈되고, ② 회생계획안의 동의 여부에 관한 의결권이 박탈되며, ③ 당해 구성원이 보유한 채권이 열후화(Consensual Subordination)되고, ④ 의무위반행위로 인하여 손해를 입은 자로부터 손해배상청구를 당할 수 있다.

또한 미국 연방파산법원은 비밀정보 등을 취득한 채권자위원회의 구성원이 자유로이 채권을 양도하여 구성원의 지위에서 벗어나는 것을 통제하기 위하여 그 채권의 양도를 법원의 허가대상으로 하는 경우가 있고,[148] 실무상으로도 채권자위원회 내부 규약 등으로 채권자위원회 구성원의 채권양도를 제한하는 것이 적절하다고 해석되고 있다.[149]

현행법은 채권자협의회의 기능과 역할을 강화하면서 채권자협의회가 어떠한 의무를 부담하는지에 관하여 아무런 규정을 두지 않았기 때문에 위와 같은 신인의무를 인정할 수 있는지 여부 등이 논란이 될 수 있다. 다만 채권자협의회 구성원의 채권양도 등에 의한 탈퇴 등에 아무런 법적 통제장치가 있지 아니하고, 채권자협의회의 구성원이 비밀준수의무나 이익충돌회피의무를 위반하였을 경우에 대한 법적 제재의 가능성에 관하여 명확한 결론이 나지 아니한 상태에서는 채권자협의회에 제공하여야 할 정보와 자료의 범위에 관하여는 기밀성의 정도, 비밀 유출 시 채무자나 전체 이해관계인에게 미치는 영향, 채권자협의회의 의사결정에 당해 정보가 필요한 정도 등을 종합적으로 고려하여 신중하게 판단하여야 할 것이다.[150]

---

148) In re Kuhns, 101 B.R. 243(Bankr. D. Mont. 1989).

149) Collier, 1103-20 내지 1103-22.

150) 규칙 제39조 제1호 내지 제21호에서 법원이 채권자협의회에 제공할 자료를 열거하면서 제22호에서 "그 밖에 회생절차에 관한 주요 자료로서 법원이 정하는 것"을 규정하고 있으므로, 제1호 내지 제21호의 자료는 반드시 제공하여야 하는 데 반하여, 그 밖의 주요 자료로 기밀을 요하는 것은 제공하지 않을 수도 있을 것이다.

2. 구   성

가. 구성의 주체

채권자협의회는 원칙적으로 관리위원회가 구성한다. 다만 관리위원회가 설치되지 아니한 법원의 경우는 법원이 직접 채권자협의회를 구성하여야 한다(법 제20조 제1항). 서울회생법원에서는 채권자협의회 구성을 관리위원회가 전담하고 있으므로, 회생절차가 신청되면 주무 관리위원을 지정한 후 그로 하여금 즉시 채권자협의회를 구성하도록 지도하고 있다.

나. 구성방법

관리위원회는 법원으로부터 회생절차개시신청 사실을 통지받은 후 1주일 이내에 채권자협의회를 구성하여야 한다(규칙 제34조 제1항). 원칙적으로 모든 채무자에 대하여 회생절차개시신청 후에 채무자의 주요 채권자들을 구성원으로 하는 채권자협의회를 구성하여야 한다. 다만 채무자가 개인 또는 중소기업기본법 제2조 제1항의 규정에 의한 중소기업자인 경우에는 채권자협의회를 구성하지 않을 수 있으므로(법 제20조 제1항 단서), 채무자가 개인 또는 중소기업자인 경우에는 당해 채무자의 사업의 규모, 채권자 수 등을 감안하여 구체적 사건별로 채권자협의회 구성 여부를 결정하여야 한다. 서울회생법원은 원칙적으로 개인인 채무자의 경우나 간이회생 절차에서는 채권자협의회를 구성하지 않으나, 나머지 법인인 채무자의 경우에는 모두 채권자협의회를 구성하는 것으로 실무를 운영하고 있다. 채무자의 주요채권자는 관리위원회에 채권자협의회 구성에 관한 의견을 제시할 수 있다(법 제20조 제4항).

채권자협의회는 최대 10인 이내로 구성하여야 하고(법 제20조 제2항), 필요하다고 인정하는 때에는 소액채권자를 구성원으로 참여하게 할 수 있다(법 제20조 제3항). 채권자협의회를 구성함에 있어서는 채권액의 총액 및 주요 영업재산에 대한 담보권 보유상황을 참작하여 채권자 일반의 이익을 적절히 대표할 수 있도록 하여야 한다. 다만 주요 채권자가 채무자와 특별한 이해관계를 가지고 있거나 채권자협의회의 구성원으로서의 책무를 다할 의사를 가지고 있지 아니한 경우는 이를 제외할 수 있다(규칙 제34조 제2항). 회생절차개시신청 이전부터 채권자들의 협의체가 구성되

어 있는 경우는 이를 참작하여 채권자협의회를 구성할 수 있다(규칙 제34조 제3항).[151]

서울회생법원에서는 통상 채무자의 사업의 규모에 따라 큰 규모의 채무자는 6인 내지 10인의 채권자로, 작은 규모의 채무자는 4인 내지 5인의 채권자로 채권자협의회를 구성하고 있는데, 금융기관이 담보채권과 무담보채권을 함께 가지고 있는 경우가 많기 때문에 우선 주요 담보 채권자·주요 무담보 채권자를 포함시킨 다음 다액의 채권자를 추가하는 방법으로 구성원을 선정하는 방법을 원칙으로 하고 있다.

다만 현재 채권자협의회가 다액의 채권을 가진 금융기관들 위주로 구성되어 소액채권자나 상거래채권자가 회생절차에서 소외되는 경향이 있다는 점을 부인할 수 없고, 그들에게 회생절차가 어떤 제도인지 알리고 채권자협의회에 제공된 각종 자료의 열람 등을 통하여 채무자의 재무상태 및 향후 사업계획 등을 이해하도록 한 다음 회생계획안에 대한 찬성 또는 반대의 의사표시를 할 수 있도록 배려하는 것이 회생절차의 공정성 또는 투명성 측면에서 바람직하다. 따라서 법 제20조 제3항의 취지에 따라 소액채권자, 상거래채권자 등을 채권자협의회의 구성원으로 참여하도록 유도하여, 그들이 회생절차에 적극적·능동적으로 참가할 수 있는 기회를 부여할 수도 있을 것이다.[152]

관리위원회는 필요한 경우 채권자협의회의 구성원을 변경할 수 있다(규칙 제34조 제4항). 법원도 채권자협의회의 구성이 채권자 일반의 이익을 적절히 대표할 수 있도록 변경될 필요가 있다고 인정하는 경우에는 관리위원회에 채권자협의회의 구성원의 교체, 제외, 추가 등을 명할 수 있다(규칙 제34조 제6항). 채권자협의회의 구성원은 채권의 양도 또는 소멸 등의 사유로 채권자협의회의 구성원이 될 수 있는 자격을 상실한 때에는 즉시 그 사유 및 발생일자를 대표채권자 및 관리위원회에 통보하여야 한다(규칙 제34조 제5항).

1) 구성 통지

관리위원회는 회생절차개시신청 사실을 법원으로부터 통지받은 후 1주일 이내에 채권자협의회를 구성한 다음, 이를 채권자협의회의 구성원들에게 팩시밀리 또는 전자우편 그 밖의 적당한 방법으로 통지하고(구성통지서 양식은 [별지 8]

---

151) 서울회생법원 2017회합100115 (주)솔라파크코리아 사건에서는 채무자가 회생절차개시신청 이전부터 추진하던 인가 전 M&A를 회생절차에서 원활하게 진행하려면 종전 채권자 협의체의 이해와 협조가 필요하다는 점을 고려하여 그 협의체 구성원을 모두 채권자협의회 구성원으로 편입하였다.

152) 서울회생법원 2018회합100038 (주)레이크힐스순천 사건에서는 골프장의 특수성을 감안하여 입회보증금반환채권자 대표를 채권자협의회 구성원으로 포함하였다.

참조) 법원에 보고하여야 한다($\frac{규칙}{조}\frac{제34}{제1항}$). 관리위원회가 채권자협의회의 구성원을 변경한 경우에도 이를 법원에 보고하여야 한다($\frac{규칙}{조}\frac{제34}{제4항}$).

2) 대표채권자 지정

채권자협의회는 채권자협의회 구성통지를 받은 날부터 5영업일 이내에 대표채권자를 지정하여 법원 및 관리위원회에 팩시밀리 또는 전자우편 그 밖의 적당한 방법으로 신고하여야 한다($\frac{규칙}{조}\frac{제35}{제1항}$). 위 기간 내에 대표채권자의 신고가 없는 경우는 관리위원회가 대표채권자를 지정한다($\frac{규칙}{조}\frac{제35}{제2항}$)(지정통지서 양식은 [별지 9] 참조. 서울회생법원의 경우 통상 채권자협의회 구성통지 및 대표채권자 지정 통지를 동시에 하는데 그 양식은 [별지 10] 참조). 대표채권자는 채권자협의회의 의장이 되고, 대외적으로 채권자협의회를 대표하여 채권자협의회의 의견을 제시하며, 채권자협의회의 소집 및 연락 업무를 담당하고 그 밖의 사무를 총괄한다($\frac{규칙}{조}\frac{제35}{제3항}$). 법원 또는 관리위원회의 채권자협의회에 대한 의견조회는 대표채권자에 대하여 한다($\frac{규칙}{조}\frac{제35}{제4항}$). 대표채권자가 채권자협의회의 구성원에서 제외되거나 또는 그 밖의 사유로 대표채권자의 변경이 필요하게 된 경우, 관리위원회는 이를 채권자협의회의 구성원들에게 팩시밀리 또는 전자우편 그 밖의 적당한 방법으로 통지하고 법원에 보고하여야 한다. 이 때 새로운 대표채권자의 지정절차는 최초 대표채권자를 지정할 때의 절차와 같다($\frac{규칙}{조}\frac{제35}{제5항}$).

3. 운영·업무·정보제공 등

가. 운 영

대표채권자는 회생절차와 관련하여 필요한 경우 회의를 소집할 수 있고, 법원 또는 관리위원회로부터 의견을 요청받거나 구성원의 4분의 1 이상의 요구가 있을 때에는 5영업일 이내에 회의를 소집하여야 한다($\frac{규칙}{조}\frac{제36}{제1항}$). 채권자협의회의 의사는 출석한 구성원 과반수의 찬성으로 의결한다($\frac{법}{제21조}\frac{제21조}{제2항}$). 채권자협의회의 구성원이 아닌 채권자도 관리위원회의 허가를 얻어 채권자협의회의 회의에 참석하여 발언할 수 있으나 의결권은 없다($\frac{규칙}{조}\frac{제36}{제3항}$). 채권자협의회는 법원 등으로부터 의견을 요청받은 경우, 의결결과 및 출석 구성원들의 채권액과 의견 및 그와 같은 의견에 이르게 된 이유를 모두 기재하여 송부하여야 한다($\frac{규칙}{제1항}\frac{제37조}{·제2항}$). 의견제출기간이 정해진 경우에는 이를 넘겨서는 아니 된다. 다만, 부득이한 사정이 있는 경우에는 법원의 허가를 받아 위 기간을 연장할 수 있다(규칙 제37조 제4항, 제28조 제2항).

서울회생법원 실무준칙 제216호 '채권자협의회의 운영'은 채권자협의회의 구성, 의견제시, 관리인과 채권자협의체 간의 협약 체결 등에 관하여 규정하고 있다.

나. 업　무

1) 법 제21조 제1항에서 정한 업무

채권자협의회는 회생절차에 관하여 채권자 간의 의견을 조정하여 다음 각 호의 행위를 할 수 있다. 규칙 제38조는 법원 및 관리위원회가 법 제21조 제1항에 따라 채권자협의회가 제시한 의견에 관한 결정을 한 경우에는 이를 채권자협의회에 통지하도록 규정하고 있다.

1. 회생절차에 관한 의견의 제시
2. 관리인 및 보전관리인의 선임 또는 해임에 관한 의견의 제시(법 제50조, 제74조, 제86조)
3. 법인인 채무자의 감사(상법 제415조의2의 규정에 의한 감사위원회의 위원을 포함한다. 이하 같다) 선임에 대한 의견의 제시(법 제203조 제4항)[153]
4. 회생계획인가 후 회사의 경영상태에 관한 실사의 청구(법 제259조)
5. 그 밖에 법원이 요구하는 회생절차에 관한 사항
6. 그 밖에 대통령령이 정하는 행위

2) 법 제21조 제1항 이외의 규정에서 정한 업무

1. 법 제62조 제2항에 의한 인가 전 영업 등의 양도의 허가에 대한 의견 제시
2. 법 제74조 제2항의 개인인 채무자나 개인이 아닌 채무자의 대표자를 관리인으로 선임함에 대한 채권자협의회의 반대 의견 제시
3. 법 제132조 제3항에 의한 회생채권의 변제허가에 대한 의견 제시
4. 법 제179조 제2항에 의한 채무자·보전관리인·관리인의 신규 자금차입에 대한 의견 제시

3) 대통령령이 정한 업무(시행령 제3조)

1. 법 제17조 제1항 제3호에 따른 관리위원회의 회생계획안·변제계획안의 심사시 의견 제시

---

[153] 서울회생법원에서는 실무상 대부분의 사건에서 CRO나 감사를 선임하기 위하여 채권자협의회로부터 복수의 후보자를 추천받아 면접을 통하여 최고 득점자를 CRO나 감사로 선임하고 있다.

2. 법 제22조 제2항 및 제3항에 의하여 제공된 자료에 관한 관리인에 대한 설명 요구

3. 법 제30조에 따른 특별보상금 및 법 제31조에 따른 보상금에 대한 의견 제시

4. 법 제62조 제3항에 따른 양도대가의 사용방법에 대한 의견 제시

5. 법 제87조, 제88조에 따른 조사위원의 선임 및 해임에 관한 의견 제시

6. 법 제283조의 회생절차종결 및 법 제286조 내지 제288조에 의한 회생절차폐지에 대한 의견 제시

다. 자료의 제공 및 설명요구

채권자협의회가 그 기능을 제대로 수행하기 위해서는 채무자의 사업 및 재산 상태에 관하여 정확한 정보를 알 필요가 있으므로 법은 법원과 관리인으로 하여금 채권자협의회에 대한 일정한 자료를 제공할 의무를 규정하고 있고, 아울러 채권자협의회에 관리인을 상대로 필요한 자료의 제공을 청구할 수 있도록 규정하고 있다.

시행령 제3조 제2호는 채권자협의회가 법 제22조 제2항 및 제3항에 따라 아래 2)항 내지 3)항 기재 자료를 제공받은 경우에는 관리인의 설명을 요구할 수 있도록 규정하고 있다.

1) 법원의 채권자협의회에 대한 자료제공 의무

법원은 회생절차개시신청에 관한 서류·결정서·감사보고서, 대법원규칙이 정하는 주요 자료의 사본을 채권자협의회에 제공하여야 한다(법 제22조 제1항). 법원은 규칙 제39조에 따라 ① 회생절차개시신청서 및 그에 첨부된 재무상태표·손익계산서, 채권자 및 담보권자 일람표, 제3자에 대한 지급보증 또는 물상보증 제공명세서, ② 채무자의 업무 및 재산에 관한 보전처분결정 및 그 변경·취소 결정, ③ 보전관리명령 결정, ④ 조사위원 선임결정, ⑤ 회생절차개시신청 기각결정, ⑥ 회생절차개시결정(관리인선임 또는 불선임 결정 포함), ⑦ 영업 등의 양도허가 결정, ⑧ 회생계획을 서면결의에 부치는 결정, ⑨ 회생계획안 제출기간연장 결정, ⑩ 회생계획변경불허가 결정, ⑪ 회생계획·변경회생계획인가 결정, ⑫ 회생계획·변경회생계획 불인가 결정, ⑬ 회생계획·변경회생계획 수정명령, ⑭ 회생계획·변경회생계획 배제결정, ⑮ 회생계획수행에 관한 법원의 명령, ⑯ 회생절차종결결정, ⑰ 회생절차폐지결정, ⑱ 관리인이 작성한 재산목록·재무상태

표·조사보고서, ⑲ 조사위원의 조사보고서, ⑳ 회생계획안·변경회생계획안 및 그 수정안, ㉑ 외부 회계감사보고서, ㉒ 기타 회생절차에 관한 주요 자료로서 법원이 정하는 것의 사본을 지체 없이 채권자협의회에 제공하여야 한다.

2) 관리인의 채권자협의회에 대한 자료제공 의무

관리인은 법원에 대한 보고서류 중 법원이 지정하는 주요 서류를 채권자협의회에 분기별로 제출하여야 한다(법 제22조 제2항).

3) 채권자협의회의 관리인에 대한 자료제공 청구

채권자협의회는 법 제22조 제3항의 규정에 의하여 필요한 자료의 제공을 청구하는 때에는 자료 중 필요한 부분을 특정하여 관리인에게 열람·복사를 청구할 수 있다. 관리인이 자료에 대한 채권자협의회의 열람·복사를 전부 또는 일부 거부할 정당한 사유가 있는 경우에는 즉시 거부사유를 적은 서면으로 법원에 자료제공거부 허가신청을 하여야 한다. 관리인이 위 허가신청에 대하여 법원의 허가를 얻지 못한 경우에는 지체 없이 해당 자료에 대한 채권자협의회의 열람·복사를 허용하여야 한다(규칙 제40조).

채권자협의회는 이해관계인으로서 법 제28조에 따라 법원에 사건기록의 열람·복사, 재판서·조서의 정본·등본이나 초본의 교부 또는 사건에 관한 증명서의 교부를 청구할 수 있다.[154]

4) 채권자협의회에 속하지 아니한 채권자의 정보 접근

법 제22조 제5항의 규정에 의하여 채권자협의회에 속하지 않은 채권자의 자료제공 요청이 있는 경우, 채권자협의회는 그 채권자의 비용으로 자료의 사본을 제공하여야 한다(규칙 제41조).

채권자협의회가 구성되지 않은 경우의 채권자 또는 채권자협의회에 속하지 아니한 채권자도 이해관계인으로서 법 제28조에 따라 법원에 사건기록의 열람·복사, 재판서·조서의 정본·등본이나 초본의 교부 또는 사건에 관한 증명서의 교부를 청구할 수 있다.

4. 변호사 등 전문가의 선임과 비용 등

가. 변호사·회계사 등 전문가의 선임

채권자들은 채무자의 재정 상태나 도산절차의 법률문제 등에 관하여 정통

---

154) 자세한 내용은 '제2장 제5절' 참조.

하지 못한 경우가 대부분이고 채권자 자신의 업무를 뒤로 한 채 회생절차에만 전념하기도 어려우므로, 채권자협의회가 채권자의 이익을 보호하고 기존 경영자 관리인을 적절히 견제하는 역할을 수행하기 위하여는 전문가의 도움을 받는 것이 필요하다. 이러한 취지에서 규칙 제42조 제1항은 "채권자협의회는 채권자 일반의 이익을 위하여 필요한 때에는 법원의 허가를 받아 변호사, 법무법인, 회계사, 회계법인 그 밖의 전문가(다음부터 '변호사 등'이라 한다)를 선임하여 조력을 받을 수 있다."라고 규정하고 있다.

채권자협의회가 효율적으로 기능하기 위해서, 특히 대규모 회사의 경우에는 법률·회계자문이 필요한 경우가 많다.[155] 법률·회계자문은 원칙적으로 1명의 변호사나 회계사, 하나의 법무법인 또는 회계법인을 통하여 의견을 제시하는 것이 바람직한데[156] 그것이 채무자의 재정적 부담과 채권자를 위한 변제재원의 소실을 막을 수 있기 때문이다(규칙 제42조 제2항).[157][158]

나. 전문가 선임비용의 부담

채권자협의회의 활동에 필요한 전문가의 선임비용은 법원의 결정에 의하여 채무자에게 부담시킬 수 있다(법 제21조 제3항). 그러나 채권자협의회에 의한 전문가의 선임을 광범위하게 허용할 경우에는 채무자에게 큰 재정적 부담을 주고, 이는 채권자의 변제재원을 잠식할 수 있다는 점에서 적절한 범위에서 통제할 필요가 있다. 이러한 취지에서 규칙 제42조는 전문가의 선정 및 그 비용의 적정성에 관하여 법원에 의한 사전 및 사후 통제를 받도록 규정하고 있다.

1) 용역계약에 대한 법원의 허가

채권자협의회가 변호사 등 전문가를 선임할 경우에는 복수 후보자가 제시한 계약조건, 경력 및 전문성, 성실성, 채무자나 특정 채권자와의 이해관계의 유무, 변호사 등의 선임이 채무자의 재정 상태에 미치는 영향 등 제반 사정을 참

---

155) 서울회생법원은 2016회합100149 에스티엑스중공업(주), 2017회합100051 한일건설(주), 2017회합100149 (주)삼환기업, 2018회합100092 한국실리콘(주) 등 사건에서 채권자협의회에 대한 조력을 위하여 법무법인 내지 회계법인과의 용역계약 체결을 허가하였다.

156) Collier, 1104-6, 7.

157) 변호사 등과의 용역계약은 조력을 요하는 사안별로 체결하거나, 일정한 기간을 정하여 체결할 수 있을 것이다.

158) 한편 회계자문의 경우 '조사위원의 조사보고서 검토' 및 '회생계획안 검토'가 채권자협의회에 대한 자문범위에 포함됨은 의문의 여지가 없으나, '회생계획안의 작성'의 경우 '채권자 일반의 이익을 위하여 필요한 경우'에 해당하는지 여부와 관련하여 자문범위에서 제외되어야 한다는 견해도 있다.

작하여 특별한 사정이 없는 한 가장 적합한 1인을 선정한 다음 법원의 허가를 받아 그 1인과 용역계약을 체결하여야 한다(규칙 제42조 제2항).

변호사 등과의 용역계약에 대하여 허가신청을 하는 경우에는 ① 복수 후보자가 제시한 계약조건, 경력 및 전문성에 관한 내용, ② 채권자협의회가 1인을 용역계약 상대방으로 선정한 이유, ③ 용역계약의 상대방으로 선정된 1인이 회생절차개시신청을 전후하여 채무자나 특정 채권자와 이해관계가 있는지 여부 및 그 내용(용역계약의 상대방으로 선정된 1인도 위 사항에 관하여 작성한 진술서를 첨부하여야 한다) 등이 기재된 서면을 첨부하여야 한다(규칙 제42조 제3항).

채권자협의회는 서로 상이한 이해관계를 가진 채권자들이 모인 기구이므로, 채무자 또는 특정 회생채권자나 회생담보권자와 이해관계를 맺고 있는 전문가가 선임됨으로써 전체 채권자 일반의 이익을 해하는 결과를 초래하지 아니하도록 유의하여야 한다. 변호사 등 전문가 자신도 채무자 또는 특정 회생채권자나 회생담보권자 사이에 이해관계가 없음을 진술하는 서면을 제출하는 방법에 의하여 전체 채권자 일반의 이익을 위하여 일할 자격이 있음을 소명하여야 한다. 법원은 채권자협의회가 신청한 변호사 등 전문가가 채권자협의회의 구성원 사이에 이해상반의 결과를 불러올 우려가 있다고 판단되는 경우에는 신청을 불허하여야 할 것이다.

2) 전문가 선임비용의 부담에 관한 결정

채권자협의회는 변호사 등으로부터 용역을 제공받기 전 또는 제공받은 후 용역계약에 정하여진 비용 및 보수의 전부 또는 일부를 채무자로 하여금 지급할 것을 구하는 신청을 법원에 서면으로 할 수 있는데(규칙 제42조 제4항), 이 경우 채권자협의회는 신청서에 ① 변호사 등이 제공한 용역의 구체적인 내용, ② 변호사 등이 용역 제공에 소요한 시간, ③ 변호사 등이 용역 제공에 지출한 비용, ④ 변호사 등이 제공한 용역이 채권자 일반의 이익 증진에 기여한 내용 및 정도 등을 기재하고, 그에 관한 소명자료를 첨부하여야 한다(규칙 제42조 제5항). 비용 또는 보수의 지급에 관한 신청이 있는 경우, 법원은 해당 용역의 제공이 채권자 일반의 이익 증진에 기여하거나 기여할 내용 및 정도 등을 참작하여 합리적인 범위 내에서 채무자가 부담할 비용 및 보수를 결정한다(규칙 제42조 제6항). 법원이 위와 같이 결정한 비용은 공익채권이 되어(법 제179조 제1항 제13호) 수시로 변제하여야 하고(법 제180조 제1항), 회생채권과 회생담보권에 우선하여 변제하여야 한다(법 제180조 제2항).

다. 기타 채권자협의회의 활동에 필요한 비용의 부담

채권자협의회는 전문가의 선임 이외에 채권자 일반의 이익을 위하여 필요한 활동에 비용을 지출한 때에는 서면으로 법원에 채무자로 하여금 그 비용을 채권자협의회에 지급하도록 명할 것을 구하는 신청을 할 수 있다(법 제21조 제3항, 규칙 제43조 제1항). 이 경우 채권자협의회는 신청서에 ① 비용의 액수, ② 비용 지출의 필요성 및 그 사용처, ③ 비용 지출이 채권자 일반의 이익 증진에 기여한 내용 및 정도를 기재하고, 그에 관한 소명자료를 첨부하여야 한다(규칙 제43조 제2항). 위 신청이 있는 경우 법원은 해당 비용의 지출이 채권자 일반의 이익 증진에 기여한 내용 및 정도 등을 참작하여 합리적인 금액의 범위 내에서 채무자로 하여금 그 비용을 채권자협의회에 지급할 것을 결정할 수 있다(규칙 제43조 제3항, 제42조 제6항). 법원이 위와 같이 결정한 비용은 공익채권이 되어(법 제179조 제1항 제13호) 수시로 변제하여야 하고(법 제180조 제1항), 회생채권과 회생담보권에 우선하여 변제하여야 한다(법 제180조 제2항).

5. 기존 경영자 관리인 선임에 관한 의견 제시

법은 기존 경영자 관리인 제도를 도입하면서 기존 경영자가 부실경영에 책임이 있거나 기타 회생절차의 관리인으로 선임되는 것 또는 관리인으로 보게 되는 것이 부적당한 사유가 있는 경우에는 채권자협의회에게 반대의 의견을 제시할 권한을 부여하고 있고, 위와 같은 사유가 있는 경우 채권자협의회는 법원에 관리인 후보자를 추천할 수 있다.

즉 법 제74조 제2항 제2호 및 같은 조 제3항 단서는 "채권자협의회의 요청이 있는 경우로서 상당한 이유가 있는 때"에는 기존 경영자를 관리인으로 선임하지 않고 제3자를 관리인으로 선임하거나, 개시결정 당시에는 관리인을 선임하지 않았더라도 사후적으로 관리인을 선임할 수 있게 함으로써 채권자협의회로 하여금 기존 경영자 관리인 제도가 남용될 수 있는 소지를 적절히 차단할 수 있는 수단을 부여하고 있고, 법 제74조 제7항에서는 "채권자협의회는 제2항 각 호에 해당하는 경우 법원에 관리인 후보자를 추천할 수 있다."라고 규정하여 일정한 경우 관리인 추천권도 부여하고 있다.

실무에서는 법원이 기존 경영자 관리인이든 제3자 관리인이든 관리인 선임 결정을 하기 전에 미리 상당한 시간을 두고 채권자협의회에 관리인 후보자의 인적 정보를 제공하여 관리인으로서의 적격성 등에 대한 의견조회를 실시하고 있다. 특히 기존 경영자를 관리인으로 선임하려고 하는 경우 관리인 후보자인 채무자 또는 그 대표자의 신용성과 경영능력 등에 관한 상세한 정보를 알고 있는 채권자 측의 의견을 충분히 반영하여 관리인 선임의 적정성을 도모하게 된다.

6. 영업양도 등에 대한 의견 제시 및 영업상태 등에 대한 실사청구

가. 영업양도 등에 대한 의견 제시

규칙 제49조는, 관리인이 영업 또는 사업의 양도 등에 관하여 매각주간사, 채무자의 재산 및 영업상태를 실사할 법인 또는 우선협상대상자 등을 선정하는 때에는 미리 채권자협의회의 의견을 묻는 등 공정하게 절차를 진행하여야 하도록 규정하고 있다.

관리인이 영업 또는 사업의 양도 등에 관하여 채권자협의회의 의견을 묻기 위해서는 관리인이 채권자협의회에 의견 제시에 필요한 정보 또는 자료를 제공해야 하는데, 채무자의 업무에 관한 일정한 범위의 정보와 자료는 내부 비밀로 유지하여야 할 필요가 있으므로 채권자협의회가 어느 범위의 정보 또는 자료를 제공받을 수 있는지가 문제된다. 이는 앞서 본 바와 같이 정보 또는 자료의 기밀성의 정도, 비밀 유출시 채무자나 전체 이해관계인에게 미치는 영향, 채권자협의회의 의사판단에 당해 정보가 필요한 정도 등을 종합적으로 고려하여 신중하게 판단하여야 할 것이다('제7장 제4절 1. 다.' 참조).

나. 채무자의 재산 및 영업상태에 대한 실사청구

법은 회생계획인가 후 ① 회생계획을 제대로 수행하지 못하는 경우, ② 회생절차의 종결 또는 폐지 여부의 판단을 위하여 필요한 경우, ③ 회생계획의 변경을 위하여 필요한 경우에는 법원이 직권으로 조사위원으로 하여금 채무자의 재산 및 영업상태를 실사하게 할 수 있도록 하는 한편(법제259조), 채권자협의회도 법원에 채무자의 재산 및 영업상태에 대한 실사를 청구할 수 있도록 하고 있다 (법 제21조 제1항 제4호, 제259조).

7. 심문기일 등 절차 참여

가. 심문기일에의 참여

기존 경영자를 채무자의 관리인으로 선임하거나 관리인으로 보게 되는 경우(법 제74조 제2항 내지 제4항) 채무자의 이익을 추구하는 경향이 있을 수 있고, 기능이 강화된 채권자협의회 역시 채권자의 이익을 강하게 관철하는 과정에서 관리인 등과 마찰이 생길 우려가 있으므로, 회생절차 등의 원활한 진행을 위해서는 법원이 이를 적절히 감독하거나 조정할 필요가 있다. 그리하여 규칙 제11조 제1항은 법원은 회생절차의 원활하고 효율적인 진행을 위하여 이해관계인의 신청에 의하거나 직권으로 심문기일을 지정할 수 있다고 규정하고 있다.

따라서 채권자협의회는 만일 관리인 등과의 협의과정에서 마찰이 생겨 회생절차가 원만히 진행되지 아니하거나, 관리인이 채권자협의회에 필요한 자료나 정보를 제공하지 않는 등 채권자협의회의 활동에 협조하지 아니하는 경우에는 법원에 심문기일의 지정을 신청함으로써 회생절차의 진행을 총괄하는 지위에 있는 법원에 감독권 행사 또는 조정자로서의 역할을 기대할 수 있을 것이다.

법원은 심문기일을 지정한 경우 심문기일에 출석하여야 할 관리인, 채권자협의회의 대표자 또는 구성원 그 밖의 이해관계인[159]에게 심문기일을 통지하여야 한다(규칙 제11조 제2항).

나. 회생절차협의회에의 참여

서울회생법원에서는 사건에 따라 위 심문기일 외에도 채권자를 포함하여 주요 이해관계인 및 절차관계인들이 광범위하게 참여하는 회생절차협의회를 개최하는 경우도 있다.[160] 여기에는 채권자협의회의 구성원 뿐 아니라, 주심판사, 주무 관리위원, 채무자의 대표자 또는 관리인, CRO, 조사위원, M&A 매각주간

---

[159] 채권자협의회가 소액채권자나 상거래채권자 등 다양한 부류의 채권자들의 이해를 충분히 대변하지 못하는 경우, 법원은 이해관계인 심문을 적극 활용할 필요가 있다. 즉 법원은 채권자협의회 이외에 다른 공통의 이해관계를 가진 채권자 집단이 결성되어 있는지 여부 등을 사전에 살펴보고, 그 대표자들로 하여금 이해관계인으로서 심문기일에 참석하고 의견을 진술할 기회를 보장함으로써 채권자들의 다양한 의사를 회생절차에 반영할 수 있을 것이다.

[160] 서울회생법원은 2018회합100081 (주)온양관광호텔, 2018회합100123 디엠씨(주), 2018회합100166 (주)다이나맥, 2018회합100213 (주)스킨푸드, 2020회합100128 (주)베어포트리조트, 2021회합100164 (주)지세인 등 다수의 사건에서 회생절차협의회를 개최하고 있다. 그 법적 근거로는 법 제39조의2 제2항 제6호를 들 수 있다.

사, 관련 공공기관 등 다양한 구성원들이 참여하여 절차 초기부터 단계별로 회생절차 진행 전반에 관하여 의견을 교환한다.

다. 관계인집회에서의 의견진술

서울회생법원에서는 채권자협의회의 의사가 관계인집회에서도 충분히 반영될 수 있도록, 회생계획안의 심리를 위한 관계인집회에서 관리인과 조사위원의 진술 후 채권자협의회 대표채권자나 그 대리인에게 의견진술의 기회를 부여하기도 한다.

8. 회생절차의 조기종결 후 채무자에 대한 감독

채무자가 회생계획에 따른 변제를 개시한 후 회생채무 등을 완제하지 아니한 상태에서도 법원은 회생절차의 수행에 지장이 있다고 인정되지 않는 한 회생절차를 조기에 종결할 수 있다(별첨제283조). 회생절차의 조기종결이 채무자의 회생에 도움이 되는 경우 이를 활용할 필요성이 크다고 할 것인데, 이 경우 채무자는 더 이상 법원의 감독을 받지 않게 되므로 사안에 따라서는 채무자의 회생계획 수행을 확보하기 위한 적절한 수단을 강구할 필요가 있다.[161] 그 유력한 방안의 하나로서 회생절차의 종결과 동시에 소멸하는 채권자협의회를 대신하여 채권자들의 협의체가 채무자의 회생계획 수행을 감독하도록 할 수 있을 것이다.[162]

서울회생법원 실무준칙 제251호 '회생절차의 조기종결'에 따르면, 필요하다고 판단하는 경우 법원은 관리인에게 채권자협의체를 구성하도록 권고할 수 있는데(제4조제1항), 이처럼 채권자협의체의 구성을 권고한 경우에도 그 구성은 종결의 요건에 해당하지 않는다(제4조제3항). 채권자협의체 구성원은 특별한 사정이 없는 한 채권자협의회 구성원으로 하되, 채권자협의회 구성원이 아닌 자도 구성원이 될 수 있도록 하고 있다(제4조제2항). 나아가 관리인은 법원의 권고가 있을 경우 채권자협의체와 사이에 채권자협의체 내부의 구성과 운영, 활동범위에 관한 필요한 사항을 정하는 협약을 체결하는데(제5조제1항), 그 내용은 정기적인 보고서의 제출, 중요

---

161) 회생절차가 종결되면 채무자의 경영권은 관리인으로부터 채무자 또는 그 대표자에게로 복귀되는데, 주식회사의 경우 대부분의 사건에서 이미 출자전환에 따라 주식 분포는 채권자들이 절대 다수의 지분비율을 가지는 것으로 변경되어 주주총회 결의 등 내부적 의사결정방식에 따라 채무자를 견제·감독할 수 있다.

162) 이는 원칙적으로 채무자와 채권자들 사이의 자율적 협상 결과에 따라 결정될 사항이나 원활한 합의가 곤란할 경우라면 법원의 후견적 개입이 필요할 것이다.

자산의 처분에 관한 보고 등 회생계획의 적정한 수행을 감독하기 위하여 필요한 한도 내에서 정하도록 한다(제5조제3항). 종결 전에 협약을 체결하는 경우에는 법원의 허가를 받아야 하고, 다만 회생계획에서 달리 정하고 있는 경우에는 그에 따른다(제5조제2항).

제5절　조사위원[163]

1. 의　　의

　　회생절차가 개시되면 관리인은 즉시 채무자에게 속하는 재산의 가액을 평가하고(법제90조), 재산목록과 재무상태표를 작성하며(법제91조), 채무자가 회생절차에 이르게 된 사정, 채무자의 업무 및 재산에 관한 사항, 법 제114조 제1항에 의한 보전처분 또는 제115조 제1항에 의한 조사확정재판을 필요로 하는 사정의 유무, 그 밖에 채무자의 회생에 필요한 사항을 조사하여야 한다(법제92조).

　　그러나 위와 같은 채무자의 재정 상태 등에 관한 관리인의 조사는 정확성과 객관성이 떨어지는 경우가 많고, 그 조사에는 고도의 회계·경영·경제 지식과 판단능력이 필요하므로, 관리인 스스로 이를 산정하기가 곤란한 경우가 많다.

　　그리하여 법 제87조는 법원은 필요하다고 인정하는 때에는 채권자협의회 및 관리위원회의 의견을 들어 1인 또는 여러 명의 조사위원을 선임하여 위와 같이 관리인이 조사·작성하여야 할 사항에 관하여 제반 사정을 조사하게 하고, 회생절차를 계속 진행함이 적정한지의 여부에 관한 의견서를 제출하게 하며, 기타 필요한 사항을 조사하여 보고할 수 있도록 규정하고 있다.

　　법은 조사위원의 선임을 임의적인 것으로 규정하고 있으나, 재무·경영 분석, 기존 경영자 및 지배주주 등의 부실경영에 대한 중대한 책임의 유무, 청산가치와 계속기업가치의 산정, 수행가능한 사업계획 및 채무변제계획의 수립 등은 극히 전문적인 분야로서 회생절차의 진행에 매우 중요한 판단자료가 되므로, 특별한 사정이 없는 한 원칙적으로 조사위원을 선임하여 객관성과 정확성을 확보하여야 할 것이다. 서울회생법원은 회생절차를 개시하여 진행하는 모든 사건에서 원칙적으로 조사위원을 선임하고 있다.

---

163) 간이조사위원의 자격 및 선임, 업무내용 등에 대한 자세한 설명은 '제20장 제3절 3. 바.' 참조.

다만 서울회생법원 실무준칙 제241호 '회생절차에서의 M&A'는 회생절차개시 전 추진된 채무자에 대한 M&A 절차가 공정하게 진행되었고 제시된 인수내용이 적정하다고 판단되어 법원이 위 M&A 절차를 허가한 경우에는 채권자협의회와 관리위원회의 의견을 들어 조사위원을 선임하지 않을 수 있도록 규정하고 있다(제31조, 제32조).

이는 도산절차로 인한 충격을 최소화하고 채무자의 신속한 구조조정을 통하여 회생절차를 조기에 종결하기 위하여 채택한 방침으로서 공정한 절차에 의하여 계속기업가치와 청산가치가 평가되었을 때에는 조사위원의 선임을 생략하고, 기존의 M&A 절차를 토대로 회생절차를 신속하게 진행하여 채무자 회생의 효율성을 제고하는 데 그 목적이 있다. 이 방침은 회생절차개시 전에 추진된 M&A 절차를 신속히 완료하는 데 도움이 될 수 있을 것이다.

한편 앞서 본 바와 같이 서울회생법원은 채무자가 중소기업 회생컨설팅 제도를 통하여 회생컨설팅 지원대상으로 선정된 경우에는 조사위원의 선임을 생략하고 회생컨설팅 수행기관인 회생컨설턴트로 하여금 조사업무를 수행하도록 하고 있다(이에 대한 자세한 설명은 '제1장 제4절 2.' 참조).[164]

2. 조사위원의 선임

가. 자격 및 선임절차

조사위원은 조사에 필요한 학식과 경험이 있는 자로서 그 회생절차에 이해관계가 없는 자 중에서 선임하여야 한다(법 제87조 제2항). 따라서 채무자의 주주인 자, 채무자에 대하여 채권을 가지고 있는 자, 최근에 채무자에 대하여 외부회계감사 또는 경영컨설팅 등을 한 적이 있는 자는 배제하여야 한다.

'회생사건의 처리에 관한 예규'는 조사위원에게 조사를 명할 사항이 고도의 경제적·경영적 지식과 판단능력이 요구되는 경우에는 공인회계사, 회계법인 또는 신용평가기관을 조사위원으로 선임하여야 하고, 다만 법적인 검토가 필요한 경우에는 변호사를 공동 선임할 수 있도록 정하고 있다(제6조 제1항). 그리고 법원은 한국공인회계사회, 대한변호사협회 등으로부터 조사위원 선정대상자를 추천받아

---

164) 한편 채무자가 회생컨설팅 지원대상으로 선정된 경우에는 원칙적으로 조사위원을 선임하지 않지만, 회생절차개시 후 이해관계인 등이 회생컨설턴트의 조사결과에 대해 합리적인 이유를 들어 이의를 제기하거나, 기타 회생컨설턴트의 조사결과에 대해 사후적으로 검증할 필요성이 있을 경우에는 보완적으로 조사위원을 선임할 수도 있다.

일정한 평가를 거친 후 회생·파산위원회의 의견을 들어 미리 적임자 명단을 작성하여야 한다(제6조 제2항).

서울회생법원 실무준칙 제217호 '조사위원의 선임 및 평정'은 서울회생법원 소속 판사 및 서울회생법원 관리위원회 소속 관리위원으로 구성된 조사위원 적임자 명단 관리위원회가 조사위원 적임자 명단의 작성, 조사위원 적임자 명단에서의 삭제, 그 밖에 조사위원 적임자 명단의 작성·관리에 필요한 업무를 하도록 규정하고 있다(제2조). 또한 조사위원 적임자 명단은 국내 신용평가기관 중 규모가 3위 이내에 드는 기관이나 소속 공인회계사가 30명 이상인 국내 회계법인165)166) 중에서 한국공인회계사회, 대한변호사협회 등으로부터 추천을 받아 작성하고, 조사위원 적임자 명단 관리위원회는 매년 조사위원에 대한 평정 결과 등을 참고하여 위 적임자 명단을 갱신하되, 정당한 이유 없이 조사업무 수행을 거부하거나 조사보고 내용이 부실한 경우, 기타 조사위원으로서 부적합하다고 볼 상당한 이유가 있는 때에는 언제든지 조사위원 적임자 명단에서 삭제할 수 있다고 규정하고 있다(제3조, 제4조).

법원이 조사위원을 선임하기 전에는 채권자협의회 및 관리위원회의 의견을 들어야 한다(법 제87조 제1항)(채권자협의회 및 관리위원회에 대한 의견조회 기재례는 [별지 22], [별지 23] 참조).

서울회생법원은 조사위원 적임자 명단의 순서에 따라 차례로 조사위원을 선임함을 원칙으로 하고 있다(조사위원 선임결정 기재례는 [별지 58] 참조). 다만 최근 3년간 채무자를 외부감사하였거나 채무자에 관하여 경영컨설팅을 한 사실이 있는 경우, 조사업무의 규모와 특성 등에 비추어 채무자에 대한 조사업무를 수행하기 부적합하다고 볼 상당한 사유가 있는 경우에는 해당 채무자의 조사위원으로 선정하지 아니한다(실무준칙 제217호 제5조 제1항).

나. 선임시기 및 개시 전 조사

법에 조사위원의 선임시기에 관한 규정은 없지만, 서울회생법원은 통상 회생절차개시결정과 동시에 조사위원을 선임하는 것을 원칙으로 하고 있다. 그러

---

165) 소속 공인회계사가 30명 이상인 국내 회계법인이 아니라고 하더라도 상당한 이유가 있는 때에는 한국공인회계사회의 추천을 받아 조사위원 적임자 명단에 등재할 수 있다(서울회생법원 실무준칙 제217호 제3조 제2항).

166) 한편 서울회생법원 실무준칙 제217호 '조사위원의 선임 및 평정'은 채무자의 자산 규모나 회계법인 등의 업무능력과 경험, 규모 등을 고려하여 제1항 본문과 달리 조사위원을 선정할 수 있다고 규정하고 있다(제5조 제2항).

나 개시결정 전의 조사위원 선임이 금지되는 것은 아니다.

서울회생법원 실무준칙 제231호 '개시 전 조사'는 ① 채무자 아닌 자가 회생절차개시신청을 한 사건으로 재무상태표상 자산이 부채를 초과하고 있고 채무자가 회생절차개시의 원인이 없다고 개시 요건을 다투는 경우, ② 재신청 사건 중 종전의 회생절차개시신청 기각사유나 회생절차 폐지사유(부결된 사유 제외)가 해소되었다는 점에 관한 소명이 부족한 경우, ③ 그 밖에 채무자에 대한 개시 전 조사가 불가피한 합리적인 사정이 있는 경우로서 법원이 필요하다고 인정하는 때에는 개시 전 조사를 위한 조사위원을 선임할 수 있다고 정하고 있다(제1조, 제2조).

서울중앙지방법원 및 서울회생법원의 경우, 채권자가 회생절차개시신청을 하였는데 재무상태표상 자산이 부채를 초과하는 상황이었고, 채무자도 회생절차개시원인이 존재하지 않는다고 강하게 다투는 경우,[167] 재도의 회생절차개시신청 사건에서 종전 사건의 개시기각사유 또는 폐지사유가 해소되는 사정변경이 있다는 신청인의 주장에 관하여 소명이 부족한 경우,[168][169] 제3자 관리인 선임과 관련하여 채무자의 재정적 파탄 원인이 대표이사에게 중대한 책임이 있는 부실경영에 기인하는 것인지 규명할 필요가 있는 경우,[170] 청산가치가 계속기업

---

167) 서울중앙지방법원 2012회합104 캐슬파인리조트(주) 사건에서, 채무자는 골프장을 운영하는 회사이고, 재무상태표상 자산이 부채를 초과하고 있었는데, 채권자(골프장 회원)가 회생절차개시신청을 하였고, 반면 채무자는 회생절차개시원인이 존재하지 않는다고 강하게 다툰 상황에서, 개시 전 조사위원을 선임하였다. 조사결과, 청산가치가 계속기업가치를 초과하는 것으로 나타나 회생절차개시신청을 기각하였다.

168) 재도의 회생절차개시신청에 관하여는 '제5장 제2절 2. 다.' 참조.

169) 서울회생법원 2017회합100175 (주)동양해운 사건에서, 채무자는 인천지방법원 2017회합7 사건에서 청산가치가 계속기업가치보다 명백히 높다는 이유로 2017. 8. 18. 회생절차 폐지결정을 받은 후 운송매출 증가 등의 사정변경이 있다고 주장하면서 2017. 10. 16. 다시 회생절차개시신청을 하였다. 그러나 개시 전 조사결과 종전 사건과 마찬가지로 청산가치가 계속기업가치를 현저히 초과하는 것으로 평가되어 회생절차개시신청을 기각하였다. 서울회생법원 2022회합100041 제이에이인터내셔날(주) 사건에서는, 채무자가 종전 사건(서울회생법원 2021회합1000150)에서 청산가치가 계속기업가치보다 높은 것으로 나타나 인가 전 M&A를 시도하였으나 무산되어 2022. 5. 13. 회생절차 폐지결정을 받았는데, 폐지결정이 확정된 직후인 2022. 5. 30. M&A 절차에 참가할 유력한 인수희망자를 찾았다는 이유로 재차 회생절차개시신청을 하자 개시 전 조사위원을 선임하였다. 서울회생법원 2021회합100039 농업회사법인 (주)돈이월드 사건에서는, 채무자가 종전 사건(서울회생법원 2019회합100192, 춘천지방법원 2020회합1003)에서 각 회생계획안의 배제 후 폐지 결정, 회생절차개시신청 기각결정을 받았고, 유력한 회생담보권자가 회생절차의 남용 등을 주장하며 회생절차의 개시에 반대하고 있어 개시 전 조사위원을 선임하였다.

170) 서울회생법원 2017회합100029 (주)플래시드웨이브코리아 사건에서, 일부 채권자가 채무자의 재정적 파탄이 대표이사의 중대한 책임이 있는 부실경영에 기인한 것이라고 주장하여 위와 같은 사정을 확인하기 위하여 개시 전 조사위원을 선임하였다. 조사 결과 대표이사의 중대한 책임이 있는 부실경영 사유가 발견되지 않아 회생절차개시결정을 하면서 관리인 불선임 결정을 하였다.

가치를 초과하는 것으로 보이는 합리적 사정이 있고 회생절차에 의함이 채권자 일반의 이익에 부합하지 않을 가능성이 큰 경우[171] 등에서 개시결정 전에 조사위원을 선임한 사례가 있다.[172]

서울회생법원은 개시 전 조사위원을 선임하는 경우 조사위원으로 하여금 개시결정 전에 대략적인 계속기업가치와 청산가치 등을 포함한 중간보고서를 미리 제출하도록 하고 있는데, 개시 전 조사의 기간은 충실한 조사에 필요한 시간, 신속한 개시 여부 결정에 관한 이해관계인의 이익 등을 종합적으로 고려하여 합리적인 범위 내에서 정하도록 하고 있다(실무준칙 제231호 제3조)(개시 전 조사위원 선임결정 기재례는 [별지 60], 개시 전 조사위원 선임에 관한 관리위원회 및 채권자협의회에 대한 의견조회 기재례는 [별지 56], [별지 57] 참조).

3. 조사위원의 조사내용

가. 법 제90조 내지 제92조에 규정된 사항

법원은 조사위원을 선임한 경우에는 기간을 정하여 조사위원에게 법 제90조 내지 제92조에 규정된 사항의 전부 또는 일부를 조사하게 할 수 있다(법 제87조 제3항). 조사를 명받은 조사위원은 채무자에게 속하는 재산의 가액을 '회생절차개시 당시를 기준으로' 평가하고(법 제90조), 재산목록과 재무상태표를 '회생절차개시 당시를 기준으로' 작성하여야 한다(법 제91조). 또한 채무자가 회생절차의 개시에 이르게 된 사정, 채무자의 업무 및 재산에 관한 사항, 법 제114조 제1항, 제115조 제1항에 의한 이사 등의 손해배상청구권을 보전하기 위한 보전처분 및 조사확정재판을 필요로 하는 사정의 유무 그 밖에 채무자의 회생에 필요한 사항을 조사하여야 한다(법 제92조).

구 회사정리법 제179조 제3호와 달리 현행법은 '회사의 사업을 계속할 때의 가치가 회사를 청산할 때의 가치보다 큰지의 여부'를 조사위원의 조사사항으로 명시하고 있지는 않다. 그러나 청산가치와 계속기업가치의 산정은 ① 인가

---

171) 서울회생법원 2017회합100093 동해화학(주) 사건에서, 채무자가 종전 사건(서울중앙지방법원 2014회합16)에서 2015. 1. 28. 불인가결정을 받고 이후 자금을 확보하지 못하여 원재료를 구매할 수 없어 영업을 중단하였다가 본점 소재 부동산에 관하여 경매절차가 개시된 상황에서 2017. 5. 26. 다시 회생절차개시신청을 하였다. 이에 법원은 개시 전 조사위원을 선임하였고, 개시 전 조사결과 채무자의 청산가치가 계속기업가치를 초과함이 명백하여 회생절차를 개시하는 것이 채권자 일반의 이익에 적합하지 않다는 이유로 회생절차개시신청을 기각하였다.

172) 개시 전 조사위원을 선임한 사례 등에 관한 추가적인 설명은 '제5장 제2절 2. 나. 3) 및 다.' 참조.

전의 회생절차폐지결정($\substack{제286조 \\ 제2항}$), ② 청산 또는 영업양도 등을 내용으로 하는 회생계획안의 작성 허가결정($\substack{법 제 \\ 222조}$), ③ 채무자의 존속을 내용으로 하는 회생계획안의 기초가 되는 향후 사업계획 및 변제계획의 작성 또는 M&A를 내용으로 하는 회생계획안의 기초가 되는 적정 인수대금의 결정, ④ 회생계획의 수행가능성($\substack{법 제243조 \\ 제1항 제2호}$) 및 회생계획의 청산가치 보장 여부($\substack{법 제243조 \\ 제1항 제4호}$) 등 회생계획인가요건의 판단, ⑤ 부결된 회생계획안에 대한 강제인가시 권리보호조항의 설정($\substack{법 제 \\ 244조}$) 등에 있어서 중요한 판단 자료이다. 또한 청산가치 및 계속기업가치의 산정결과는 주요사항 통지 및 관계인설명회 등을 통하여 회생채권자 등에게 제공되어, 회생채권자 등이 회생계획안에 대한 동의 여부를 결정하는 데 중요한 참고자료가 된다($\substack{법 제98조, \\ 제98조의2}$).

이에 서울회생법원은 법 제92조 제1항 제4호에 속하는 사항으로 보아, 청산가치와 계속기업가치의 산정에 대하여 명시적으로 조사할 것을 명하고 있다.[173][174]

나. 회생절차를 진행함이 적정한지의 여부에 관한 의견

법원은 조사위원에게 회생절차를 계속 진행함이 적정한지의 여부에 관한 의견을 제출하게 할 수 있다($\substack{법 제87조 \\ 제3항}$). 실무상 법원은 조사위원에게 채무자의 청산가치와 계속기업가치의 비교, 향후 채무재조정 또는 구조조정의 필요성 및 정도, 채무자의 향후 매출 및 영업이익 추정 등을 전제로 한 채무자의 향후 부채상환능력 등을 종합하여 회생절차를 계속 진행함이 적정한지의 여부에 관한 의견을 제출하도록 하고 있다.

다. 법원이 조사·보고를 명하는 사항

1) 인가 전 보고서를 제출하도록 명하는 사항

법원은 필요하다고 인정하는 때에는 조사위원에게 법 제87조 제3항의 규정

---

173) 회생사건의 처리에 관한 예규 제7조 제1호는 법원이 조사위원에게 채무자의 사업을 계속할 때의 가치가 채무자의 사업을 청산할 때의 가치보다 큰지의 여부 및 회생절차를 진행함이 적정한지의 여부에 관하여 조사하게 할 수 있다고 규정하고 있다.

174) 한편 간이조사위원의 경우 법 제87조에 따른 조사위원의 업무를 대법원규칙으로 정하는 바에 따라 간이한 방법으로 수행할 수 있으므로(법 제293조의7 제2항), 간이조사위원 선임결정시에는 계속기업가치가 청산가치보다 큰지 여부를 조사할 것을 명하지 않고, 간이회생절차를 진행함이 적정한지의 여부에 관한 의견만을 제출할 것을 명하고 있다(이에 대한 자세한 설명은 '제20장 제3절 3. 바.' 참조).

에 의한 사항 외의 사항을 조사하여 보고하게 할 수 있다(법 제87조 제4항).

서울회생법원은 조사위원 선임결정시 다음과 같은 사항을 조사하여 그 결과 또는 의견을 법원에 보고하도록 명하고 있다. 이는 회생사건의 처리에 관한 예규 제7조에서 법원이 조사위원에게 조사하게 할 수 있는 사항으로 규정하고 있는 것들이다.

① 법 제90조 내지 제92조에 규정된 사항의 전부 또는 일부

② 채무자의 사업을 계속할 때의 가치가 채무자의 사업을 청산할 때의 가치보다 큰지 여부 및 회생절차를 진행함이 적정한지 여부에 관한 의견[175]

③ 채무자의 부채액에 산입되지 아니한 채무자의 제3자에 대한 보증채무의 금액, 내용 및 보증책임의 발생가능성

④ 채무자의 이사나 이에 준하는 자 또는 지배인의 중대한 책임이 있는 행위로 인하여 회생절차개시의 원인이 발생하였는지 여부 및 위와 같은 이사 등의 중대한 책임이 있는 행위에 지배주주 및 그 친족 기타 시행령이 정하는 범위의 특수관계에 있는 주주가 상당한 영향력을 행사하였는지 여부

⑤ 법 제100조 내지 제104조의 규정에 의하여 부인할 수 있는 행위의 존부 및 범위

⑥ 회생계획안에 의한 변제방법이 채무자의 사업을 청산할 때 각 채권자에게 변제하는 것보다 불리하지 아니하게 변제하는 내용인지 여부

⑦ 회생계획안의 수행이 가능한지 여부

서울회생법원은 조사위원에게 위 사항 중 ①항 내지 ⑤항에 관한 조사보고서는 조사위원 선임결정시 법원이 정한 기한까지 제출하도록 하고 있는데, 실무상 이를 '제1차 조사보고서'라고 부른다. 또한 위 사항 중 ⑥항 내지 ⑦항에 관한 조사보고서는 회생계획안 심리를 위한 관계인집회 전에 제출하도록 하고 있는데, 실무상 이를 '제2차 조사보고서'라고 부른다(서울회생법원 실무준칙 제218호 '조사위원의 조사·보고' 제2조, 제3조).

2) 인가 후 보고서를 제출하도록 명하는 사항

법원은 회생계획인가 이후에도 ① 회생계획을 제대로 수행하지 못하는 경우, ② 회생절차의 종결 또는 폐지 여부의 판단을 위하여 필요한 경우, ③ 회생계획의 변경을 위하여 필요한 경우에는 채권자협의회의 신청에 의하거나 직권

---

175) 법원사무관등이 조사위원으로 선임된 경우에는 이 부분에 대한 조사를 생략할 수 있다(실무준칙 제218호 제2조 단서 제2호).

으로 조사위원으로 하여금 채무자의 재산 및 영업상태를 실사하게 할 수 있다 ($\frac{법}{제259조}$).176)

실사명령은 '결정'의 형식으로 함이 타당하다(결정문 기재례는 [별지 61] 참조). 법원은 기존 조사위원으로 하여금 실사하게 할 수 있지만, 기존 조사위원이 부적절한 경우에는 새로이 조사위원을 선임하면서 실사를 명할 수도 있다. 실사를 한 조사위원에 대해서는 추가로 보수를 지급하여야 하므로, 남아 있는 예납금이 충분하지 않은 경우에는 채무자로 하여금 예상 보수에 상응하는 금액을 예납하도록 명하여야 한다(결정문 기재례는 [별지 62] 참조).

4. 조사보고서의 제출기간

조사보고서의 제출기한에 관한 특별한 규정은 없으나, 실무에서는 절차의 신속, 조사 대상 채무자의 규모, 조사의 난이도 등을 고려하여 통상 제1차 조사보고서는 회생절차개시결정 후 2개월 내지 3개월 전후의 범위(보통 회생채권 · 회생담보권 조사기간의 말일로부터 2주 내지 4주) 내에서 제출하고, 제2차 조사보고서는 심리를 위한 관계인집회의 5일 전까지 제출하도록 하고 있다.

한편 법원은 조사보고서가 제출되기 전 단계(조사위원의 조사보고서 초안 보고 단계)에서 조사내용이 명확하지 않거나 다툼이 예상되는 사항이 많이 발견되고 이에 대한 추가조사가 필요하다고 판단되는 경우 조사위원의 조사보고서 제출기간을 연장할 필요가 있다. 조사위원의 조사결과 청산가치가 계속기업가치를 초과하는 것으로 조사되었으나 계속기업가치 산정의 전제가 되는 사정의 중대한 변경이 있고 이에 따라 계속기업가치 산정결과가 달라질 수 있다고 판단되는 경우, 채무자가 조사결과에 반영되지 못한 사항에 관하여 합리적인 근거 및 자료를 제시하고 이에 대하여 추가적인 조사가 필요한 경우,177) 채무자의 최근 영업실적과 조사보고서의 예상치 사이에 상당한 불일치가 있고 채무자의 제출 자료 및 동종 사업현황 등에 비추어 최근 영업실적에 대한 추가 조사가 필요한

---

176) 서울회생법원 2014회합100150 잘만테크(주) 사건에서 회생절차 종결 여부의 판단을 위하여 회생계획에 의한 변제대상 채무의 변제 여부 등에 대하여 실사명령을 하였다.

177) 서울회생법원 2017간회합100052 셀롯와이어리스(주) 사건에서는 유일한 거래처인 기존 거래처와의 납품 일정 재개 협의를 위하여 조사보고서 제출기간을 연장하였고, 서울회생법원 2018 회합100107 아담스오텍(주) 사건에서는 정산협의가 진행 중인 매출채권의 회수 여부에 따라 신규매출의 수행 가능성이 달라지는 사정이 있어 위 채권의 회수 여부를 확인하기 위하여 조사보고서 제출기간을 연장하였다.

것으로 판단되는 경우, 신규매출을 계속기업가치에 반영하기 위하여 일정기간 해당 신규매출 추이를 지켜볼 필요가 있는 경우,[178] 채권자가 채무자의 향후 사업전망이나 영업능력·기업가치에 대해 중대한 의문을 제기하는 경우 등에는 그 추가적인 조사에 소요되는 기간만큼 조사보고서 제출기간의 연장을 검토할 필요가 있을 것이다(조사보고서 제출기간 연장결정 기재례는 [별지 63] 참조).[179]

5. 조사위원의 의무와 권한

가. 조사 및 조사보고서 제출

조사위원의 주요 임무는 법원의 명에 따라 일정한 기간 내에 법 제90조 내지 제92조에 규정된 사항의 전부 또는 일부 및 법원이 특별히 명한 사항을 조사하고, 회생절차를 계속 진행함이 적정한지의 여부에 관한 의견서를 제출하는 것이다(법 제87조 제3항·제4항). 조사위원이 작성·제출한 의견서는 이해관계인으로 하여금 열람하게 하기 위하여 법원에 비치하고(법 제95조) 채권자협의회에 1부를 송부하여야 한다(법 제22조 제1항, 규칙 제39조 제19호).

나. 관계인집회 출석 및 의견진술

관리인 보고를 위한 관계인집회에서 법원은 조사위원으로부터 회생절차를 계속 진행함이 적정한지의 여부에 관한 의견을 들어야 하므로(법 제99조), 조사위원은 관리인 보고를 위한 관계인집회에 출석하여 위 사항에 관한 의견을 제시하여야 한다. 또한 실무에서는 회생계획안의 심리를 위한 관계인집회에도 조사위원이 출석하여 제출된 회생계획안의 수행가능성, 청산가치 보장 여부 등에 대한 의견을 진술하고 있다.

---

178) 서울회생법원 2017간회합100083 농업회사법인 (주)백두농산 사건에서 신규매출추이를 지켜보기 위하여 조사보고서 제출기간을 연장하였고, 서울회생법원 2022회합100027 (주)우리일렉 사건에서는 주된 매출처와의 거래 단절로 매출이 크게 감소하여 조사일 기준 채무자의 계속기업가치가 (-)원으로 평가되었으나, 관리인이 향후 1개월 이내에 신제품의 발주가 가능하다고 주장하였고, 조사위원도 그 경과를 확인할 필요가 있다는 의견을 밝힘에 따라 조사보고서 제출기간을 연장하였다.

179) 조사보고서의 제출기간을 연장하였다면 그에 맞추어 주요사항 통지명령의 통지기간 및 회생계획안 제출기간도 연장하여야 한다(회생계획안 제출기간의 연장결정 기재례는 [별지 129] 참조).

다. 보고요구·검사권

조사위원은 개인인 채무자나 그 법정대리인, 개인이 아닌 채무자의 이사·감사와 청산인 및 이에 준하는 자, 채무자의 지배인 또는 피용자에 대하여 채무자의 업무와 재산의 상태에 관하여 보고를 요구할 수 있고, 채무자의 장부·서류·금전 그 밖의 물건을 검사할 수 있으며, 위와 같이 검사를 하는 때에는 법원의 허가를 받아 집행관의 원조를 요구할 수 있다. 조사위원은 필요한 경우 법원의 허가를 받아 감정인을 선임하여 감정을 하게 할 수 있다(법 제88조, 제79조).

라. 선관주의의무

조사위원은 선량한 관리자의 주의로써 그 직무를 수행하여야 한다. 조사위원이 그 주의의무를 게을리한 경우, 그 조사위원은 이해관계인에 대하여 연대하여 손해를 배상할 책임이 있다(법 제88조, 제82조).

마. 형사처벌

조사위원이 그 직무에 관하여 뇌물을 수수·요구 또는 약속한 경우 5년 이하의 징역 또는 5천만 원 이하의 벌금에 처한다. 조사위원이 법인인 경우에는 조사위원의 직무에 종사하는 그 임원 또는 직원이 그 직무에 관하여 뇌물을 수수·요구 또는 약속한 경우 또는 그 임원 또는 직원이 조사위원의 직무에 관하여 조사위원에게 뇌물을 수수하게 하거나 그 공여를 요구 또는 약속한 때에는 5년 이하의 징역 또는 5천만 원 이하의 벌금에 처한다(법 제645조).

6. 조사위원에 대한 선임증의 교부·감독 및 보수결정

가. 선임증의 교부

조사위원은 그 직무를 수행함에 있어 이해관계인의 요구가 있는 때에는 그 선임을 증명하는 서면을 제시하도록 되어 있으므로 법원은 조사위원에게 선임증을 교부한다(법 제88조, 제81조). 선임증 교부시기에 관하여 규정은 없으나 개시결정과 동시에 선임하는 경우 법원은 개시결정일에 관리인과 회사의 임원들을 출석하게 한 가운데 개시결정을 고지하고, 관리인 선임증을 교부하면서 조사위원도 출석하도록 하여 선임증을 교부하고, 조사위원의 기능과 역할에 대하여 안내한다

(선임증의 양식은 [별지 64] 참조). 개시결정 전에 선임하는 경우, 법원은 조사위원 선임결정일에 조사위원을 출석하도록 하여 선임증을 교부하고 조사위원의 기능과 역할에 대하여 안내하여야 한다.

필요한 경우 주심판사가 관리인 및 채무자 임직원들에게 조사위원의 조사에 협력할 것을 당부하고, 조사위원에게는 계속기업가치와 청산가치 등을 객관적이고 엄정하게 평가하도록 지도한다.

나. 감독 및 평정

조사위원은 법원의 감독을 받으며(법 제88조, 제81조 제1항), 관리위원회는 법원의 지휘를 받아 조사위원의 업무수행의 적정성에 관하여 감독한다(법 제17조 제1항 제2호).

또한 법원은 매년 1회 이상 정기적으로 조사위원이 수행한 업무의 적정성을 평가하여야 하고, 이 경우 관리위원회의 의견을 들어야 한다(회생사건의 처리에 관한 예규 제6조 제4항). 이를 위해 서울회생법원은 법인인 채무자에 대한 회생절차에 관하여 조사보고서가 제출된 이후 회생절차개시신청의 기각결정, 회생절차폐지결정 또는 회생계획인가결정이 있는 경우 조사위원 업무수행 평가표를 작성하도록 하고 있는데, 관리위원회의 조사위원에 대한 평가표 하단에 조사위원 업무수행에 대한 주심판사의 종합평가 의견을 기재하도록 하였다(실무준칙 제217호 제8조). 서울회생법원의 조사위원 적임자 명단 관리위원회는 매년 1월 말까지 조사위원 업무수행 평가표 및 기타 제반사정을 참작하여 조사위원 적임자 명단에 등재된 기관 또는 회계법인에 대하여 평정을 실시하고, 그 평정 결과 등을 참고하여 적임자 명단을 갱신하고 있는데(실무준칙 제217호 제4조 제1항, 제9조 제1항), 평정이 낮은 조사위원에 대해서는 조사위원 적임자 명단에서 삭제 또는 서면경고 등의 제재조치를 취하기도 한다.

한편 서울회생법원은 조사위원 적임자 명단에 등재된 기관 또는 회계법인에 대하여 실시한 평정의 결과를 회생·파산위원회에 통보하고 있다(실무준칙 제217호 제9조 제2항).

다. 보수결정

조사위원에 대해서는 보수가 지급되는데, 그 보수는 조사위원으로서의 직무와 책임에 상응한 것이어야 한다(법 제30조 제2항). 조사위원의 보수에 관하여 '회생사건의 처리에 관한 예규'는 조사위원의 기본보수는 위 예규에 첨부된 별표의 기준에 의하여 산정하되, 조사의 내용·기간·난이도·성실성 등을 고려하여 상당한 범위 내에서 가감할 수 있고, 조사를 위하여 외부기관의 감정이 필요하거나 그 밖에 이에 준하는 경우에는 그에 소요된 비용을 별도로 지급할 수 있도록 규정하고 있다(젤조). 한편 위 별표상의 조사위원 보수 기준표는 위 예규가 제정된 2006. 3. 29. 이후 개정된 적이 없어서, 그동안의 물가상승률 등을 고려할 때 너무 낮다는 비판이 있으므로, 조사의 내용·기간·난이도·성실성 등을 고려하여 상당한 범위 내로 증액하는 등의 조치를 취할 필요도 있다.

서울회생법원에서는 위 보수기준에 따라 조사위원의 보수를 정하되 조사를 위하여 필요한 외부기관에 대한 감정비용, 해외자산의 평가를 위한 해외출장경비 및 기타 이에 준하는 비용은 실제로 소요되는 비용을 채무자로 하여금 예납하도록 하여 조사를 위한 보수 외에 별도로 지급하고 있다.

조사위원의 보수 기준이 되는 자산은 조사위원의 조사 당시의 자산 총액이다. 따라서 분식회계에 의하여 상당한 규모의 가공자산이 계상되어 있는 등의 사정이 있는 경우에는 회생절차개시신청시의 자산을 기준으로 하여서는 아니되고, 조사 후 수정된 자산을 기준으로 보수를 결정하여야 할 것이다(보수결정 기재례는 [별지 65] 참조).

1인의 조사위원이 동일한 기업집단에 속하는 2개 이상 계열회사를 동시에 조사하는 경우에도 조사의 난이도가 낮아지는 것은 아니고, 조사위원에 대한 기본보수기준이 법원 외 다른 평가 용역에 비하여 높은 수준이 아니므로, 각 계열회사별로 조사위원 보수를 지급하도록 함이 타당하다.

한편 조사위원이 법원사무관등인 경우에는 보수를 지급하지 아니하는 것을 원칙으로 하고, 법 제88조, 제79조 제1항에 따른 검사에 필요한 조사위원 여비는 절차의 비용으로 보고 법원공무원 여비규칙에 정한 기준에 따라 그 실비를 지급한다(회생사건의 처리에 관한 예규 제8조).

원칙적으로 조사위원의 보수결정은 조사보고서가 모두 제출된 이후에 하여야 한다. 서울회생법원에서는 결의를 위한 관계인집회를 마치고 나서 지급결정을 하고, 만약 조사위원의 조사결과 청산가치가 계속기업가치보다 크다고 인정되어 회생계획 인가 결정 전에 회생절차를 폐지하는 경우에는 그 폐지결정시 위 예규상의 기본보수를 적절히 감액하여 보수를 결정하고 있다.[180] 관리인은

---

180) 서울회생법원에서는 제1차 조사보고서가 제출된 이후 회생계획 인가 결정 전에 회생절차가 폐지되는 경우 회생사건의 처리에 관한 예규 제8조에서 정한 조사위원 보수의 80%에 해당하는 금액을 기준으로 조사의 내용·기간·난이도 등을 고려하여 상당한 범위 내에서 가감하여 조사위원 보수를 결정하고 있다. 나아가 개시 전 조사위원을 선임한 후 회생절차개시신청을 기각하는 경우에도 채무자의 자료 미제출 등으로 인하여 자산 실사가치를 산정하지 못하는 등의 특별한 사정이 없는 한 위 예규에서 정하는 조사위원 보수의 70~80%에 해당하는 금액을 기준

회생계획의 수립이나 그 수행가능성 검토와 관련하여 조사위원과 별도의 용역계약을 체결하거나 조사위원에게 보수 이외에 별도의 보수를 지급하여서는 아니 된다.

조사위원이 인가 후 보고서를 제출한 경우에는 특별한 사정이 없는 한 추가로 보수를 지급하는 것이 타당하다.[181)182)]

7. 조사위원의 사임 및 해임

가. 조사위원의 사임

조사위원은 정당한 사유가 있는 때에는 법원의 허가를 얻어 사임할 수 있다(법 제88조 제3조 제1항). 조사위원 선임 당시에는 확인되지 않았던 채무자와의 이해관계가 뒤늦게 확인된 경우에는 조사위원 스스로 사임함이 적절할 것이고, 이때 이해관계는 폭넓게 해석함이 타당하다.[183)]

조사위원 사임신청이 접수되면 후임 조사위원을 미리 선정한 후, 사임허가와 동시에 조사위원을 선임함으로써 조사에 차질이 없도록 하여야 한다.

나. 조사위원의 해임

법원은 상당한 이유가 있는 때에는 이해관계인의 신청에 의하여 또는 직권으로 조사위원을 해임할 수 있다(법 제87조 제5항). '상당한 이유'가 있는 때라 함은 조사위원에게 회생절차에 이해관계가 있음이 밝혀진 때, 조사위원이 법 제82조 제1항의 규정에 의한 선량한 관리자의 주의의무를 위반한 때, 조사위원이 조사위원 업무에 필요한 학식과 경험이 부족한 때 등을 의미한다. 법원이 관리위원회에 해임에 대한 의견조회를 할 의무는 없다. 다만 회생절차의 원활한 진행을 위해서는 해임결정과 동시에 새로운 조사위원 선임결정을 하는 것이 바람직하고, 기

으로 보수를 결정하고 있다.

181) 서울중앙지방법원은 2008회합51 인정건설(주) 사건 및 2009회합94 (주)사라콤 사건에서 회생사건의 처리에 관한 예규 제8조에서 정한 조사위원 보수의 약 20% 내외의 금액을 지급하였다.

182) 한편 인가 후 회생계획변경과 관련하여, 조사위원이 변경회생계획안의 수행가능성이나 청산가치보장 여부에 관하여 조사보고서를 제출한 경우, 서울중앙지방법원은 2011회합14 대한해운(주) 사건 등에서 회생사건의 처리에 관한 예규 제8조에서 정한 조사위원 보수의 약 15% 내외의 금액을 지급하였다.

183) 서울중앙지방법원 2010회합99 (주)디자인스톰 사건에서는 채무자가 국고보조금을 지원받은 프로젝트에 대하여 조사위원이 회계감사를 하고 있음을 이유로 한 조사위원 사임신청이 허가되었다.

존 조사위원 해임 전에 새로운 조사위원의 선임에 대한 의견조회 절차를 거쳐야 하므로, 관리위원회는 그 조회과정에서 해임에 관한 의견을 제시할 수 있을 것이다(법 제87조 제1항). 법원은 해임결정을 하기 전에 조사위원을 심문하여야 한다(법 제87조 제5항). 조사위원의 해임결정에 대하여는 불복할 수 없다.

8. 조사보고서의 구성과 재산상태의 조사

가. 조사보고서의 내용과 구성

조사위원이 제출하는 조사보고서에는 위에서 설명한 바와 같이 원칙적으로 법 제90조 내지 제92조에 규정된 사항(법 제87조 제3항), 회생절차를 계속 진행함이 적정한지의 여부에 관한 의견(동조 제3항), 법원이 필요하다고 인정하여 조사·보고를 명하는 사항(동조 제4항)이 기재되어야 한다.

조사위원의 조사보고서는 기존 경영자의 업무수행권과 재산의 관리처분권이 유지 또는 박탈되는가의 문제(법 제74조 제2항·제3항)와 채무자가 회생계획안을 수립·작성하여 회생계획안을 제출하는 과정 등에 중요한 판단자료로 사용되므로, 이를 중심으로 신중하게 작성되어야 한다.

조사보고서에 기재된 보고 내용의 증명력과 관련하여 대법원은, 법원이 선임한 조사위원은 법 제90조 내지 제92조 및 회생사건의 처리에 관한 예규 제7조에서 정한 사항을 조사할 의무가 있고, 조사 사항에는 채무자가 회생절차 개시에 이르게 된 사정, 회생절차 개시 당시 채무자의 부채와 자산의 액수도 포함되는바, 위와 같은 의무가 있는 조사위원이 작성한 조사보고서에 기재된 채무자가 회생절차 개시에 이르게 된 사정에 관한 보고는 그 기재가 진실에 반한다는 등의 특별한 사정이 없는 한 그 내용의 증명력을 쉽게 배척할 수 없다고 판시하였다(대법원 2018. 5. 18. 자 2016마5352 결정 참조).

1) 제1차 조사보고서의 내용과 구성

조사위원은 다음과 같은 내용이 포함된 제1차 조사보고서를 조사위원 선임결정시 법원이 정한 기한 전까지 제출하여야 한다.

① 조사결과의 요약 및 조사위원의 의견[184]

② 채무자의 개요(조직·업무·재무 등의 현황)

③ 회생절차의 개시에 이르게 된 사정

---

184) 이하 항목에 대한 요약과 최종적인 결론을 의견으로서 제시하는 것이 보통이다.

④ 법인 채무자의 지배주주 및 임원들의 책임

⑤ 채무자의 재산상태

⑥ 우발채무(보증채무)의 내역

⑦ 부인대상 행위의 존부 및 범위

⑧ 채무자의 사업을 청산할 때의 가치 산정

⑨ 채무자의 사업의 수익성 분석 및 사업을 계속할 때의 가치 산정

⑩ 채무변제계획안 및 추정재무제표[185]

2) 제2차 조사보고서의 내용과 구성

조사위원은 회생계획안이 제출된 경우 다시 다음과 같은 내용이 포함된 제2차 조사보고서를 회생계획안의 심리를 위한 관계인집회 전까지 제출하여야 한다.

① 회생계획안의 청산가치보장 여부

㉮ 조사결과의 요약

㉯ 청산배당액

㉰ 변제액의 현재가치

㉱ 청산배당액과 변제액의 현재가치의 비교

② 회생계획안의 수행가능성 여부

㉮ 조사결과의 요약

㉯ 변제할 채무내역의 완전성

㉰ 채무면제액 및 변제할 채무(출자전환액 포함)

㉱ 변제자금의 조달가능성

나. 채무자의 재산상태의 조사 및 재산가액의 평가

채무자의 재산은 채무자가 사업을 계속할 때 기초가 되는 것이고, 청산가치 역시 이를 기초로 하는 것이므로, 조사위원으로 하여금 정확한 채무자의 재산상태, 특히 자산의 존재 여부 및 그 가치를 평가하게 할 필요가 있다(법 제87조 제3항, 제90조, 제1항, 제92조 제2호). 채무자의 재산상태에 대한 조사결과는 회생담보권을 평가하는 자료가 될 수 있고, 또 주주 또는 지분권자에게 의결권이 있는지 여부를 결정하는 데 중요한 판단자료가 된다(법 제146조 제3항·제4항).

---

185) 계속기업가치 산정시의 현금의 흐름과 변제계획안 작성시 추정 현금의 흐름이 다를 수 있다. 예를 들어, 비영업용 자산의 처분시기가, 전자(前者)의 경우는 제1차 연도에 관념적인 처분을 전제로 현금흐름에 반영되나, 후자(後者)의 경우에는 실제로 처분 가능한 연도에 처분하여 현금이 유입되는 것을 전제로 변제계획을 세우기 때문이다.

　　채무자의 재산상태의 조사는 개시결정일을 기준으로 채무자가 제시하는 재무상태표와 그 부속명세서를 기초로 하고, 일반적으로 인정되는 회계감사기준과 준칙 등을 적용하여 이루어진다.

　　1) 통상 유동자산의 경우는 위와 같은 회계감사기준에 따라 실물조사를 하고, 거래 내용, 상대방의 재무상태, 회수기일의 경과 정도나 재고의 보유기간 등을 고려하여 가치를 평가한다.

　　2) 주식·사채 등의 투자유가증권의 경우는 시가나 피투자회사의 순자산가액 등을 고려하여 가치를 평가한다. 투자유가증권을 발행한 회사의 부채가 자산을 초과하고 있다면, 그 투자유가증권은 실질적으로 가치가 없다고 볼 여지가 많다.

　　3) 특히 문제가 되는 것은 부동산이나 기계기구류 등과 같은 유형자산이다. 서울회생법원은 회생절차 개시결정 직후 관리인에게 법원이 선정한 감정인을 통하여 감정평가를 실시하도록 하고 있고, 조사위원도 그 평가결과를 기준으로 재산상태를 조사하고 있다. 다만 ① 아파트나 중고자동차 등 그 감정목적물에 관하여 공신력 있는 기관, 단체가 제공하거나 또는 널리 통용되는 평균거래시세를 원용하는 방법 등이 적당하다고 인정되는 경우, ② 회생절차개시신청일로부터 1년 전 이내에 감정평가를 실시한 사실이 있고 그 감정평가금액이 적절하다고 인정되는 경우에는 감정평가를 실시하지 않을 수 있고(서울회생법원 실무준칙 제222호 제2조), 이 경우 평균거래시세 또는 종전 감정평가금액으로 유형자산의 가액을 평가할 수 있다. 무형자산 역시 그 자산의 가치를 평가하기가 극히 어려운데, 여러 가지 사정을 종합적으로 고려하여 자산성 여부를 판단해야 한다.

　　4) 부채는 일반적인 회계감사기준에 따라 존재 여부를 검토하고, 관리인의 채권자목록 제출기간 및 채권신고기간 후에도 조사절차가 진행되므로, 그 목록 및 신고서와도 대조작업을 거쳐야 한다. 이러한 이유로 실무상 대부분의 조사위원은 채권조사기간 만료 이후에 실질적인 조사를 시작하고 있다. 부채와 관련하여 우발채무도 적절하게 평가하여 부채로 반영하여야 한다. 결국 이러한 과정을 거쳐 실사결과인 수정재무상태표가 작성된다.

9. 청산가치의 산정

가. 의   의

청산가치의 의미와 그 산정방법에 관하여는 법에 아무런 규정이 없다. 따라서 그 산정방법은 해석론에 맡겨져 있는데, 이에 관하여 '회생사건의 처리에 관한 예규'는 "청산가치란 채무자가 청산을 통하여 해체·소멸되는 경우에 기업을 구성하는 개별 재산을 분리하여 처분할 때의 가액을 합산한 금액으로서 청산재무상태표상의 개별 자산의 가액을 기준으로 하여 산정한다. 다만 유형고정자산은 법원의 부동산경매절차의 평균매각가율을 적용하여 할인한 가액을 기준으로 산정한다."라고 규정하고 있다(제9조 제1항).

나. 청산가치의 산정

1) 산정방법

채무자의 청산가치란 채무자가 파산적 청산을 통하여 해체·소멸하는 경우, 채권자를 비롯한 이해관계인의 변제재원이 되는 채무자의 모든 개별 자산을 분리하여 처분할 때를 가정한 처분금액을 합계한 금액을 말한다.[186] 그런데 채무자를 청산할 때의 처분가격은 채무자가 파산적 청산을 통하여 해체·소멸하고 채무자를 구성하는 개별 자산이 분리되어 개별 매각되는 것을 전제로 하므로, 채무자의 영업이 정상적으로 계속될 때의 공정 거래가격보다 통상 낮게 평가된다. 특히 청산기간 동안 지출될 비용(각종 절차비용과 파산관재인의 보수·인건비·임대료·제세공과금 등)도 충분히 고려하여 청산가치를 산출하여야 한다.

청산가치를 산정할 때 기초가 되는 가액은 앞서 본 자산의 실사가치이다. 토지나 건물 등 유형자산의 경우는 실사가치를 기준으로 하여 통상 해당 지역 법원경매의 평균 매각가율을 적용하여 청산가치를 산정하고,[187] 그 외의 유형자산·매출채권·재고자산 등 유동자산의 경우에도 청산에 따른 손실과 비용을 고려하여 청산가치를 산정한다. 그러나 청산에 따른 손실이 어느 정도가 될지, 즉 어느 정도를 회수할 수 있는지 명확한 기준을 세우는 데는 여전히 어려움이 있다. 결국 개별 채무자의 사정과 거래처의 재무상태, 자산의 성격 등 여러 가

---

[186] 대법원 2005. 11. 14. 자 2004그31 결정, 대법원 2007. 10. 11. 자 2007마919 결정.
[187] 회생사건의 처리에 관한 예규 제9조 제1항 단서. 여기에 경매비용 등 절차진행에 따른 제반 비용도 공제해야 한다.

지 사정을 고려하여 개별적으로 판단할 수밖에 없다.

2) 일괄매각가액의 고려 여부

제3자와 사이에 채무자 전체에 대한 포괄적인 인수 작업이 진행되고 있을 경우 개별 재산의 분리매각시보다 가액이 높게 형성되므로 그 협상가액을 기준으로 청산가치를 산정하여야 한다는 주장이 있을 수 있으나, 위 인수 협상가액은 채무자의 존속을 전제로 하고 있어 채무자의 계속기업가치가 반영되어 있기 때문에 청산가치의 산정기초로 삼기에는 부적절하다.[188]

다. 청산시 배당률의 산정

법 제243조 제1항 제4호는 청산가치보장의 원칙을 명시적으로 규정하고 있다. 청산가치보장의 원칙이란 회생계획에 의하여 변제받을 금액이 채무자가 파산적 청산을 하는 경우 배당받을 수 있는 금액(청산가치)보다 작아서는 안 된다는 원칙을 의미한다. 법원이 청산가치보장의 원칙이 지켜졌는지 여부를 심사하기 위해서는 조사위원으로 하여금 청산가치의 총액과 아울러 채권자별 청산시 배당률도 산정하여 보고하도록 하여야 한다. 조사보고서상의 배당률은 향후 회생계획에 따른 개별 채권자의 채권회수율이 청산시 배당률 이상이 되는지 여부를 판단하는 자료가 된다.

청산시 배당률을 산정할 때 조사위원들이 파산절차에서 권리의 순위에 따른 채권의 변제순위를 간과하고 청산가치의 총액을 채무의 총액으로 나누어 일률적인 배당률을 산정하는 경우가 종종 있다. 그러나 파산절차에서는 엄격하게 권리의 순위가 적용되어 담보된 재산에 대해서는 당해 담보권자(별제권자)가 최우선으로 배당받을 수 있으나(법 제411조,\n제412조), 나머지 일반 재산에 대해서는 재단채권(법 제473조,\n제476조)(각종 조세공과금·임금채권·파산재단관리비용),[189] 일반의 우선권 있는 파산채권(법 제\n441조), 일반 파산채권(법 제\n423조), 후순위 파산채권(법 제\n446조) 등의 순서로 배당이 이루어진다. 따라서 이러한 순위를 고려하여 채권자별로 배당률을 산정하도록 조사위원에게 미리 주의를 줄 필요가 있다(회생담보권자의 경우는 개별적으로 배당률이 달라질 수 있으나, 회생채권자들은 우선·일반·후순위와 같이 그룹별로 나뉘어 같은

---

188) 대법원 2004. 12. 10. 자 2002그121 결정은 "영업양도금액은 각 공장을 중심으로 조직화된 유기적 일체로서의 기능적 재산에 대한 대가인 것으로서, 해당 부문의 청산가치를 산정함에 적절한 금액이라 할 수 없다 할 것이므로, 위 각 영업양도 금액에 의할 것이 아니라 원칙적으로 청산대차대조표상의 개별 자산의 가액을 기준으로 하여 산정하여야 한다."라고 판시하고 있다.

189) 특히 재단채권이 파산채권보다 먼저 변제되어야 한다는 점을 간과하는 경우가 종종 있다.

그룹에 속하는 채권자들은 동일한 비율의 배당률이 산정된다).

라. 청산가치 산정에 있어서 실무상 유의점

조사위원이 작성·제출하는 제1차 조사보고서에는 청산가치 및 채권자별 청산시 배당률이 기재되어 있으나, 실무상 파산절차에서는 자산의 환가를 가급적 신속하게 진행할 필요가 있기 때문에 토지나 현금 및 현금등가물 등을 제외한 대부분의 자산, 특히 기타 유형자산·매출채권 및 재고자산 등은 조사보고서상의 청산가치에 비하여 낮은 가격에 처분되기도 한다. 실제 회생절차가 개시되었다가 회생계획인가 전에 회생절차가 폐지된 채무자의 조사보고서에 기재된 청산가치와 파산절차에서 실제 환가된 금액을 비교하여 보면, 조사보고서상의 청산가치가 실제 환가금액보다 지나치게 과대평가된 사례가 종종 발견된다.[190]

청산가치의 적정한 산정은 채권자에 대한 청산가치보장이라는 측면에서도 중요하지만, 이를 지나치게 낙관적으로 산정하게 되면, 회생절차에 계속 남아 있을 수 있는 채무자가 청산가치가 계속기업가치를 상회한다는 이유로 인가 전 폐지(제286조제2항)되거나 경우에 따라서는 직권 파산선고(법제6조제2항제2호)까지 당하게 된다. 따라서 조사위원은 실제 파산절차에서 채무자가 보유하고 있는 것과 같은 종류의 유형자산·매출채권 및 재고자산 등이 실제 어느 정도의 기간에 어떠한 방식을 걸쳐 얼마에 환가되는지 등을 실증적으로 조사한 후 이를 채무자의 청산가치 산정에 현실성 있게 반영할 필요가 있다.

반면 청산가치를 지나치게 낮게 산정하게 되면, 인가 전 M&A가 추진되는 경우 정당한 가격보다 낮은 가격으로 제3자에게 인수될 수 있다. 따라서 조사위원으로서는 청산가치의 적정한 산정을 위해 세심한 주의를 기울일 필요가 있다.

---

[190] 예컨대, 법 시행 이후 인가 전 폐지된 서울중앙지방법원 사건들 중에서, ① 2009회합87, 2009하합83 (주)둔산건설 사건의 경우 파산절차에서의 실제 환가액은 조사보고서상의 청산 시 환가 예상액과 대비할 때, 기타 유형자산 회수율은 18%, 매출채권 회수율은 35%, 재고자산 회수율은 21%에 그쳤고, ② 2009회합89, 2009하합99 남한제지(주) 사건의 경우 파산절차에서의 실제 환가액은 조사보고서상의 청산 시 환가 예상액과 대비할 때, 유동자산(당좌자산, 재고자산) 회수율은 28.1%, 비유동자산 회수율은 0.4%에 그쳤고, ③ 2010회합69, 2010하합101 엠팩트(주) 사건의 경우 파산절차에서의 실제 환가액은 조사보고서상의 청산 시 환가 예상액과 대비할 때, 현금성자산 회수율은 0.58%, 매출채권 회수율은 3.99%, 유형자산(토지, 건물, 기계장치, 차량운반구, 공구와 기구, 비품) 회수율은 6.1%에 그쳤고, ④ 2012회합132, 2012하합135 광진정보기술(주) 사건의 경우 파산절차에서의 실제 환가액은 조사보고서상의 청산 시 환가 예상액과 대비할 때, 재고자산 회수율은 5.88%, 투자자산 회수율은 0%, 유형자산(차량운반구, 비품) 회수율은 43.67%에 그쳤고, ⑤ 2012회합149, 2013하합24 (주)지엠알아이앤씨 사건의 경우 파산절차에서의 실제 환가액은 조사보고서상의 청산 시 환가 예상액과 대비할 때, 외상매출금 회수율은 8%, 재고자산 회수율은 28.9%, 임차보증금 회수율은 48%에 그쳤다.

10. 계속기업가치의 산정

가. 의   의

1) 산정방법

계속기업가치의 의미와 그 산정방법에 관하여도 법에 아무런 규정이 없으나, '회생사건의 처리에 관한 예규'는 "계속기업가치란 채무자의 재산을 해체·청산함이 없이 이를 기초로 하여 기업 활동을 계속할 경우의 가치로서 채무자의 미래 수익흐름을 현재가치로 할인하는 현금흐름할인법에 의하여 산정한다."라고 규정하고 있다(제9조제2항).

일반적으로 계속기업가치란 기업재산을 해체·청산함이 없이 이를 기초로 하여 사업을 계속할 경우의 가치를 의미한다. 이러한 계속기업가치의 산출방법에는 채무자의 순자산가액을 기준으로 하는 자산가치법, 채무자의 미래현금흐름을 현재가치로 할인하는 현금흐름할인법, 유사 상장기업의 주가를 기준으로 순자산규모 및 순익규모 등을 비교하여 채무자의 가치를 산출하는 상대가치법 등이 있다.

그런데 회생절차개시신청을 한 채무자의 경우 순자산가액을 기준으로 하여 채무자의 가치를 산출하는 것은 곤란하고, 채무자의 부도로 말미암아 적정한 주가수준을 적용하기가 어렵다는 점 등을 감안하면, 자산가치법이나 상대가치법을 기준으로 계속기업가치를 산출하는 것은 적절하지 않다. 재정적 파탄에 처하여 회생절차가 개시된 채무자의 미래에 대한 예측이 쉽지 않고, 할인율을 정함에 있어 위험요인을 고려하여야 하므로 평가자의 주관에 따라 평가결과가 달라질 수 있는 점이 있기는 하나, 자산가치법 등을 적용하기 어려운 상황에서도 적용이 가능하고 채권자 등 이해관계인들에게 채무자가 창출하는 미래의 현금흐름과 자금수지에 관한 정보를 제공할 수 있으므로, 서울회생법원은 현금흐름할인법에 의하여 계속기업가치를 산출하고 있다.

2) 현금흐름할인법

현금흐름할인법은 미래에 창출할 것으로 기대되는 현금흐름을 해당 기업의 위험도를 반영한 적정 할인율로 현재가치화하는 것을 의미하므로, 계속기업가치를 산출하기 위하여는 먼저 기업의 미래현금흐름을 추정하고, 이를 현재가치화하기 위한 적정 할인율이 결정되어야 한다.

또한 현금흐름할인법에 의한 계속기업가치는 총 영업현금흐름(Total Cash Flow)에서 자본적 지출과 운전자금 투자를 감안한 순 영업현금흐름(Free Cash Flow)을 해당 기업의 위험도를 반영한 적정 할인율로 나누어 산출한다.

순 영업현금흐름은 세후(稅後) 영업이익에 감가상각비와 기타 영업과 관련하여 자금지출을 수반하지 않는 비용을 가산한 총 영업현금흐름에서 영업계속성 유지를 위하여 필요한 유형고정자산투자와 운전자금투자 기타 영업관련 투자를 차감하여 산출한다.

> 총 영업현금흐름＝영업이익－법인세 등＋감가상각비＋기타 영업과 관련하여 자금
> 지출을 수반하지 않는 비용
> 순 영업현금흐름＝총 영업현금흐름－유형고정자산 투자－운전자금 투자－기타 영
> 업관련투자

미래현금흐름의 추정은 개별 예측에 의한 추정가능기간과 추정기간 이후의 기간으로 구분하여 추정하는데, 먼저 추정가능기간은 법 제195조 본문 소정의 최장 채무상환유예기간인 10년으로 하고, 추정기간 이후의 현금흐름은 일정한 성장률[191]을 전제로 하여 추정한다. 다만 법 제195조 단서는 회생계획의 정함에 의하여 사채를 발행하는 경우에는 10년을 초과하여 채무의 기한을 유예할 수 있도록 하고 있으므로, 사채를 발행하는 경우 추정기간을 10년 이상으로도 할 수 있는데, 실무상은 이 경우에도 사채의 만기가 인가일로부터 15년을 넘는 것은 쉽게 허용되지 않는 것으로 보고 있다(자세한 사항은 '본항 마.의 1' 참조).

> 미래현금흐름의 현재가치＝추정기간 현금흐름의 현재가치＋잔존가치의 현재가치
>
> $$= \sum_{t=1}^{n} \frac{C_t}{(1+r)^t} + \frac{C_{n+1}}{(1+r)^n (r-g)}$$
>
> n: 추정최종연도
> C_t: t기의 순 영업현금흐름
> C_{n+1}: n+1기의 순 영업현금흐름
> r: 할인율
> t: 연차수(추정최초연도부터)
> g: 고정성장률

---

191) 다만 대부분 보수적인 관점에서 성장률을 0%로 가정하고 있다.

이에 따라 미래현금흐름의 현재가치는 회생절차기간 중의 현금흐름의 현재
가치와 회생절차종료 후의 현금흐름(잔존수익가치, Terminal Value 또는 Continuing
Value)의 현재가치를 합산하여 산출한다.

계속기업가치는 위 미래현금흐름의 현재가치에 기업이 처분하더라도 정상
적인 영업활동을 수행하는 데 지장을 초래하지 않는 자산(비영업용 자산)의 가액
을 가산하여 산정한다.

> 계속기업가치＝미래현금흐름의 현재가치＋비영업용 자산의 처분대금

나. 적정 할인율과 고정성장률

1) 미래현금흐름의 적정 할인율

미래현금흐름을 현재가치로 환산하는 수단인 적정 할인율은 투자자가 투자
를 함으로써 발생하는 위험을 보상받고자 하는 미래의 기대수익률을 의미한다.
이러한 기대수익률은 투자위험이 없는 금융자산에 투자하는 무위험이자율에 위
험프리미엄을 가산하여 산출되어야 하며, 회생절차가 개시된 채무자의 경우 위
험프리미엄이 정상적인 회사에 비하여 높은 수준으로 결정될 수밖에 없다.

서울중앙지방법원은 회사정리절차 개시일의 3년 만기 국고채 수익률을 기
본할인율로 적용하고, 위험프리미엄은 기본할인율에 4-9%의 범위 내에서 조사
위원이 결정하도록 하였는데 이와 같이 결정된 적정 할인율이 일부 조사위원들
의 위험프리미엄에 대한 보수적인 성향과 당시 기본할인율의 급격한 상승 등으
로 시중금리에 비하여 지나치게 높다는 지적이 있었다. 이에 2006. 2. 10.부터
자본자산가격결정모형(CAPM)을 이용하여 산출한 자기자본비용을 적정 할인율
로 사용하되, 기본할인율인 3년 만기 국고채 수익률을 초과하는 위험프리미엄의
범위는 2.5-6.5%의 범위 내에서 조사위원이 결정하도록 하였고,[192] 서울회생법
원도 위와 같은 방식을 따르고 있다.

구체적으로 얼마의 위험프리미엄을 적용할 것인가는 중요한 문제인데, 채

---

[192] 자본자산가격결정모형(CAPM: Capital Asset Pricing Model)에 의한 적정 할인율은, '무위험
수익률＋위험프리미엄[베타계수×(시장수익률-무위험수익률)]'의 계산식에 따라 계산된다. 여기
서 시장수익률은 1980년 이후의 종합주가지수(매월 말 기준) 변동률의 기하평균을 이용하고,
베타계수는 조사대상 기업의 업종, 회사의 규모, 제품의 특성 및 시장경쟁력 등을 감안하여 조
사대상 기업과 유사한 기업들의 베타평균을 사용한다. 베타의 경우 상장기업이 아닌 경우에는
대용치로 회사가 속한 산업의 평균베타를 신용평가정보회사의 상장기업분석자료 등에서 발췌
하여 사용하고 있다. 서울중앙지방법원 2009회합6 쌍용자동차(주) 사건에서도 채무자가 상장기
업이었으므로 개별적 베타계수를 산정한 후, 위험프리미엄 5.58%를 적용하였다.

무자의 추정 사업계획의 내용이 전제조건이 많거나 경기변동에 민감하다고 여겨지는 경우에는 비교적 높은 위험프리미엄을, 그렇지 않은 경우에는 낮은 위험프리미엄을 적용하여야 할 것이다. 다만 서울회생법원의 경우 비상장회사는 물론 상장회사의 경우에도 대부분의 조사위원들이 권고범위 내 위험프리미엄의 최고치인 6.5%를 적용하고 있다.

  2) 고정성장률

  잔존가치를 산출하기 위한 수단인 고정성장률의 경우 조사위원이 해당 산업의 특성·경제성장률·물가상승률 등을 감안하여 합리적으로 산정한다. 그런데 이 고정성장률을 높게 정할 경우에는 미래현금흐름의 현재가치 중에서 잔존가치가 차지하는 비중이 너무 높아질 가능성이 있기 때문에 보수적인 관점에서 비교적 낮게 정하는 것이 바람직하다.[193] 대부분의 경우 보수적인 관점에서 고정성장률을 0%로 가정하고 있다.

  다. 비영업용 자산의 처분대금

  계속기업가치에는 채무자의 미래현금흐름의 현재가치(회생계획기간 동안의 현금흐름의 현재가치＋회생계획기간 종료 후의 현금흐름의 현재가치) 외에 비영업용 자산의 처분대금이 포함된다. 그런데 비영업용 자산은 영업용 자산으로 활용하지 않는 것을 전제로 하는 것이므로, 이 자산의 처분대금은 청산가치를 전제로 하여 산정한다. 또 이러한 자산은 조사시점에서 그 매각시기를 특정하는 것이 곤란하므로 일응 조사시점에 관념적으로 처분하는 것을 전제로 하여 산정한다.[194] 따라서 비영업용 자산의 처분대금에 대해서는 현재가치 환산을 위한 할인율을 적용하지 않는다. 그러므로 비영업용 자산의 처분대금은 청산가치 중 해당 자산의 청산가치와 동일한 액이 된다. 결국 계속기업가치와 청산가치를 비교한다는 것은 영업용 자산의 청산가치와 그 영업용 자산을 운용하여 얻을 수 있는 미래수익의 현재가치를 비교한다는 의미와 같은 것이다.

---

193) 채무자에 따라서는 잔존가치의 규모가 매우 크게 산정되어 미래현금흐름의 현재가치의 40-50%까지 차지하는 경우도 있다.

194) 다만 향후 일정기간 영업용 자산으로 활용하다가 비영업용 자산으로 전환하여 매각을 예정하는 경우에는 그 시점에서 예상매각가액을 현재가치로 환산하는데, 구체적 방식에 관하여는, ① 예상매각액은 감정가액 등 객관적인 가액에 채무자에게 적용하는 할인율을 적용하여야 한다는 견해, ② 예상매각액에 청산가치시 활용한 청산가치평가율을 곱하여 현재가치로 환산하여야 한다는 견해, ③ 매각시점까지의 물가상승, 감가상각과 현재가치 할인을 동시에 고려해야 한다는 견해 등이 나뉘고 있다.

라. 계속기업가치가 청산가치보다 높은 경우 추가로 고려할 사항

위와 같은 방법에 의하여 산정한 계속기업가치가 청산가치보다 높은 경우에는 채무자가 법 제195조 소정의 최장 채무상환유예기간인 10년차(사채발행에 대비해서는 보충적으로 15년차)에 정상업체로서 평균 수준의 차입금상환능력 등을 구비할 수 있는지 여부를 감안하여 채무자의 현금흐름 유지능력 유무를 판단한다. 그런데 이 현금흐름 유지능력이 있는지 여부는 신규차입금의 규모와 회생채권 등에 대한 변제조건에 따라 결정된다. 극단적인 예로서 아무리 현금흐름 유지능력이 부족한 채무자라 하더라도 영업활동으로 인한 순현금흐름이 마이너스가 아닌 이상에는 신규차입금의 규모를 상당히 높게 정하거나 회생채권의 99%를 면제하는 방법으로 현금흐름을 유지할 수 있게 되므로, 신규차입금의 규모와 채무변제조건을 적정하게 정하는 것은 매우 중요하다.

신규차입금의 규모를 정함에 있어 서울회생법원에서는 이자보상비율을 이용하고 있다(이에 대한 자세한 내용은 '제13장 제4절 2. 나.' 참조). 조사위원은 채무자의 10년간(사채발행에 대비해서는 보충적으로 15년간)의 자금조달계획을 감안하여 회생채권 등에 대한 변제조건을 가정하게 된다. 이때 조사위원이 제시하는 채무 변제조건은 채무자의 현금흐름 유지능력을 판단하기 위한 가정 중의 하나이므로, 이 변제조건이 앞으로 작성하게 될 회생계획안의 내용을 구속하는 것은 아니다. 그러나 이때 제시되는 변제조건과 실제 회생계획안에서의 변제조건의 차이가 매우 크다면, 채권자들 입장에서는 납득하기 어려운 경우가 많을 것이기 때문에 조사위원이 제시하는 변제조건도 실제 작성될 회생계획안의 내용을 염두에 두고 마련될 수 있도록 지도하는 것이 필요하다.[195]

참고로, 계속기업가치(특히 회생계획기간 중의 현금흐름 부분)는 그 산정방법의 성격상 채무 변제조건을 전제로 하는 것은 아니지만, 채무 변제조건에 따라 계속기업가치가 변동되는 경우도 있다. 왜냐하면, 채무 변제조건 중에 '채무면제' 또는 '출자전환'이 포함되어 있을 경우에는 채무면제로 인한 특별이익(채무면제익)이 발생하게 되고, 대규모의 특별이익이 발생함으로 말미암아 생긴 세전 당기순이익이 그동안의 이월결손금을 대폭 소진하는 경우에는 바로 법인세가 부과되거나 가까운 장래에 법인세가 부과될 수도 있는데, 계속기업가치를 산정하

---

195) 실무상 조사위원에게 변제조건은 가급적 권리의 순위(회생담보권자·회생채권자)에 따라 우열을 나누고, 특히 개별채권자에 대한 변제의 현재가치가 청산가치 이상이 되도록 지도하고 있다.

면서 산출하여야 하는 총 영업현금흐름은 영업이익 등의 현금흐름에서 법인세를 공제한 것이기 때문이다. 따라서 채무 변제조건이 계속기업가치의 크기를 결정하는 요소가 되는 경우가 있다는 점에 주의하여야 한다.

마. 계속기업가치 산정에 있어서 실무상 유의점

계속기업가치를 산정하기 위해서는 필연적으로 미래의 상황을 예측하여야만 하므로, 그 산정에 있어서는 미래의 상황 변화를 반영하는 여러 가지 매개변수를 입력하여야만 한다. 그런데 매개변수 중 채무자의 현금흐름의 추정기간, 미래의 추정손익과 적정 할인율 등은 그것을 어떻게 정하느냐에 따라 계속기업가치의 평가가 달라질 수 있으므로 주의를 요한다.

1) 현금흐름의 추정기간

법은 회생계획기간은 원칙적으로 10년을 넘지 못하되, 사채를 발행하는 경우에는 10년을 넘을 수 있도록 규정하고 있다(법 제195조). 원칙적인 채무의 최장 유예기간은 10년이고, 사채발행의 여부는 어디까지나 회생계획안 작성단계에서 채무자와 채권자들의 협상에 의하여 결정될 문제이므로, 계속기업가치를 산정함에 있어 기초가 되는 현금흐름의 추정기간은 10년으로 하고, 그 이후는 고정성장률을 적용하여 계속기업가치를 산정하는 것을 원칙으로 한다.

그러나 회생계획안에서 사채의 발행을 정할 가능성이 있는 경우에는 이를 대비할 필요가 있다. 이런 경우에는 제1차 조사보고서 작성 당시에 10년간의 현금흐름을 기초로 계속기업가치를 산정하는 것과는 별도로, 사채발행을 대비하여 향후 인가일로부터 15년 후까지의 현금흐름을 추정한 후 추정손익계산서 및 추정자금수지표에 기재하여 제1차 조사보고서에 첨부해 두는 것이 바람직하다. 만일 그 후 사채발행을 내용으로 하는 회생계획안이 제출되면, 조사위원은 이미 조사한 향후 15년의 현금흐름을 근거로 다시 계속기업가치를 재산정하고, 이를 토대로 하여 회생계획안의 청산가치보장 여부 및 수행가능성 여부 등을 검토하여 제2차 조사보고서를 법원에 작성·제출하도록 한다.

2) 미래의 추정손익

통상 조사위원은 제1차 조사보고서의 제출시 위에서 본 바와 같이 원칙적으로 향후 10년(사채발행에 대비해서는 보충적으로 향후 15년)까지의 추정손익계산서를 작성하여 첨부하게 된다.[196] 이 추정손익계산서에 의하여 채무자는 장래

---

196) 준비연도를 감안하여 11년간(사채발행에 대비해서 보충적으로는 16년간)의 추정 사업계획을

채무의 변제를 위한 금원을 마련할 수 있는지 여부와 그 규모를 산출하게 된다. 그런데 위 추정손익계산서 작성의 기초가 되는 추정 매출액·영업이익 등을 지나치게 과다하게 설정하면 결과적으로 실현가능성이 없는 추정손익계산서가 작성되는데, 이러한 조사 결과를 바탕으로 한다면 당연히 경제성의 판단에 오류가 생기게 될 뿐 아니라 장래 작성하게 될 회생계획안도 수행가능성이 없는 내용으로 작성된다.

매출액 등을 산정함에 있어 조사위원은 채무자의 과거 실제 매출액 및 손익 실적,[197] 채무자의 사업이 속하는 산업의 현황 및 전망 등을 바탕으로 객관적이고 합리적인 추정이 이루어질 수 있도록 주의하여야 한다.[198] 따라서 법원으로서는 계속기업가치의 산정을 위하여 작성하는 추정손익계산서의 예상 매출액·예상 매출원가·예상 영업이익 등에 관하여 위와 같은 관점에서 현실성이 있는 수준으로 반영되었는지 여부를 면밀히 검토하고, 만약 근거가 박약하면 조사위원에게 채무자가 제시하는 매출액 추정 등에 대한 근거자료, 채무자의 사업이 속하는 산업의 전망에 대한 중립적인 외부자료 및 이해관계인들의 의견 등을 종합적으로 고려하여 다시 산출하고, 그와 같은 조사위원의 의견에 대한 근거를 명확하게 제시하도록 시정을 요구하는 것이 바람직하다.

3) 적정 할인율

장래의 이자율이 어떻게 변동될 것인가 하는 점은 금융전문가라고 하더라도 이를 정확히 예상하기 어려운 일이다. 하지만 현금흐름할인법에 의한 계속기업가치를 산정하기 위하여는 미래현금흐름을 현재가치로 할인하지 않을 수 없으므로 그 할인에 적용할 적정 할인율을 얼마로 할 것인지가 필연적으로 문제되는데, 법원으로서는 조사보고서에 적용된 할인율, 특히 위험프리미엄이 합당한지 여부를 검토하여야 한다. 다만 앞서 본 바와 같이 서울회생법원의 경우 대부분의 채무자에 대해 권고범위 내 위험프리미엄의 최고치인 6.5%를 적용하고 있다.

작성하기도 한다.

197) 다만 과거의 영업실적이 분식에 의하여 과대 계상된 것이 발견된 경우, 분식 내용을 반영하여 손익을 재산정하여야 할 것이다.

198) 한편 채무자가 수익성이 없는 기존 사업을 정리하고 종전 사업의 자산을 이용하여 새로운 사업을 계획하고 있는 경우, 과거 실제 매출액 및 손익 실적 등이 없어 장래 매출액 및 매출원가 등을 추정하는 것이 쉽지 않다. 그러나 위와 같은 이유만으로 채무자가 계획하는 사업의 매출액 등을 소극적으로 평가하기보다는 채무자가 제시하는 사업계획의 근거, 진행상황 및 채무자의 노력, 실현가능성 등을 감안하여 평가하여야 할 것이다.

4) 조사보고서의 제출

서울회생법원의 경우 조사위원으로 하여금 정식으로 조사보고서를 제출하기 대략 1주일 전에 중간보고를 하도록 하고, 그 자리에 관리인, CRO, 채권자협의회 대표채권자 등 이해관계인들을 참여시키고 있다. 중간보고 과정에서 조사의 내용이나 방법 등이 일반적인 회계감사기준과 다르거나 명백한 오류 등이 발견된 경우에는 이를 지적하여 시정하도록 하고, 관리인이나 대표채권자 등 이해관계인이 합리적인 이유를 들어 이의를 제기한 내용 등에 대해서도 추가로 검토하여 반영하도록 유도한다.

조사위원이 조사보고서를 작성·제출하기에 앞서, 조사에 필요한 사항이나 조사보고서 작성의 전제가 되는 법적 쟁점 등에 대하여 법원에 보고하고 이를 협의할 수 있음은 물론이다.

실무상 조사위원들이 흔히 저지르기 쉬운 오류로는 ① 매출액 추정과 관련하여, 장래 특정 업종의 성장가능성에 대하여 객관성이 없는 부실한 자료에 기초하여 장래를 전망하는 경우, 수출물량에 일정한 쿼터제한이 있음에도 이를 인식하지 못하고 매출액의 지속적인 증가를 예정하는 경우, 일회적인 거래임에도 불구하고 동종의 거래가 지속적으로 발생할 것으로 예상하는 경우, 단지 거래협상이 진행되고 있을 뿐임에도 이를 확정적인 매출로 반영하는 경우, 건설업 등에서 공사수주를 위하여는 보증서의 발급이 필요하고, 채무자는 신용악화 등으로 인하여 당분간 위와 같은 보증서의 발급이 곤란한 상태임에도 이를 반영하지 않은 경우, ② 비용 추정과 관련하여, 판매관리비 계산에 있어 감사 보수, 외부회계감사비용을 누락하는 등 현재 발생하고 있거나 장래 발생할 비용을 인식하지 못하는 경우, 공장 등 부동산을 비영업용자산으로 처분하고 사업장을 이전하는 경우에 이전시의 비용(이전 부동산의 임차보증금 및 차임, 기타 이전비용 등)을 제대로 반영하지 않은 경우, ③ 자금수지 추정과 관련하여, 채무자의 신용이 악화되었음에도 과거와 동일한 결제조건으로 납품할 수 있음을 전제로 과거 자료에 기초하여 매입채무 회전율을 산정하는 경우, 합리적인 근거 없이 매출채권의 대손상각률을 계산하는 경우 등을 들 수 있다.

서울회생법원은 조사내용이 명백한 오류에 해당하지는 않더라도 다른 사건에 비추어 이례적인 내용에 대하여는 조사위원으로 하여금 그와 같은 추정이나 의견의 근거를 상세히 기재하도록 함으로써 이해관계인들이 조사내용의 합리성을 판단할 수 있도록 하고 있다.

나아가 조사보고서의 내용 중 견해를 달리할 수 있는 부분에 대하여는 일단 조사위원으로부터 조사보고서를 제출받은 후 추가 검토하여 조사보고서 보완명령의 형식으로 추가보고서를 제출받아 조사의 합리성을 도모하는 경우도 있다.[199]

11. 임원 및 지배주주 등의 부실경영에 관한 책임의 조사

조사위원이 임원 및 지배주주 등의 부실경영 책임을 조사한 결과는 ① 기존 경영자가 법 제74조 제2항·제3항에 따라 업무수행권과 재산의 관리처분권을 계속 보유할 수 있는지 여부, ② 지배주주 등의 보유 주식을 법 제205조 제4항에 따라 3분의 2 이상 강제소각하여야 하는지 여부, ③ 법 제114조, 제115조에 의한 이사 등의 책임에 기한 손해배상청구권 보전을 위한 보전처분 결정 및 조사확정재판 등에 관하여 중요한 증명력을 갖게 된다.[200]

따라서 조사위원은 조사보고서상의 조사결과가 기존 경영진의 경영권 및 지배주주 등의 주주권의 유지 여부 등의 판단에 중요한 증거자료가 됨을 유념하고, 구체적인 사실관계와 소명자료를 바탕으로 이 부분을 조사하여야 한다(이에 대한 자세한 설명은 '제7장 제3절 3. 다.' 참조).

12. 회생계획안의 청산가치보장 여부 및 수행가능성에 관한 검토

가. 제2차 조사보고서의 제출

서울회생법원에서는 조사위원의 제1차 조사보고서 제출 후 회생계획안이 작성·제출되면, 제1차 조사보고서상의 청산시 배당률과 회생계획에 의한 연도별 변제예정액을 현재가치로 환산한 금액을 비교·분석하여 청산가치보장 여부(법 제243조 제1항 제4호)를 검토하고, 채무자의 변제기간 동안의 자금수지를 분석하여 회생계획

---

199) 서울중앙지방법원 2010회합1 (주)씨앤우방이엔씨 사건에서는 매출액, 매출원가, 판매관리비의 추정과 관련하여 이례적이거나 합리성에 의문이 제기되는 부분에 관하여 합리적 설명과 근거를 밝히도록 하는 내용의 조사보고서에 대한 보완명령을 하였다. 한편 위 사건에서는 조사보고서상의 계속기업가치 산정의 기초가 되었던 공사와 관련된 행정청의 사업계획승인이 취소되어 계속기업가치의 재산정이 필요하다는 이유로 수정조사보고서 제출명령을 하기도 하였다.
　서울중앙지방법원 2009회합180 (주)용평개발 사건에서는 매출채권의 대손상각비율, 매입채무 회전율, 운영자금의 조달, 보증보험증권을 발급받기 곤란한 사정이 매출액에 미치는 영향 등에 대하여 합리적 설명을 요구하는 내용의 조사보고서에 대한 보완명령을 하였다.
200) 대법원 2004. 6. 18. 자 2001그132 결정 참조.

이 수행가능한지 여부($\substack{법\ 제243조 \\ 제1항\ 제2호}$)를 검토한 제2차 조사보고서를 회생계획안 심리를 위한 관계인집회기일 전까지 제출하도록 하고 있다. 즉 제2차 조사보고서는 청산가치의 보장 여부에 대한 조사, 회생계획의 수행가능성에 대한 조사로 이루어진다.

나. 청산가치보장 여부에 대한 조사

제2차 조사보고서 중 청산가치보장 여부에 대한 조사 부분은, 조사결과의 요약, 청산배당액과 그 배당률, 변제액의 현재가치와 그 변제율, 청산배당액과 변제액의 현재가치의 비교로 구성된다.

1) 조사결과의 요약

회생계획안에 의한 변제가 청산가치를 보장하고 있는지 여부에 대한 의견의 결론을 간략하게 기재한다.

2) 청산배당액

청산배당액이란 채무자의 사업을 청산하는 것을 가정하여 회생계획안에 기재된 채권자들에게 청산가치를 배분할 경우, 각 채권자들이 분배받는 금액을 말한다. 그 산정을 위해서는 제1차 조사보고서에서 산정한 청산가치를, 크게 담보권 있는 자산과 담보권이 없는 자산으로 구분하고, 각 자산에 대하여 각종 법률에 따른 채권자들의 우선순위를 정하여 그 우선순위에 따라 회생담보권·회생채권·공익채권 등에 배당할 금액을 추정한다.

청산배당률은 채권자들의 채권 액면금액 대비 청산시 배당액의 비율을 말한다. 회생담보권자의 경우 우선순위가 다르기 때문에 청산배당률이 서로 다르게 산정되고, 일반 회생채권자의 경우 대부분 순위가 동일하므로 청산배당률도 동일하게 산정되는 것이 일반적이지만, 보통 청산가치를 회생담보권자·공익채권·조세채권 등에 우선적으로 배분하다 보면 일반 회생채권자에게까지 배당되기는 어려운 경우가 많다.

3) 변제액의 현재가치 및 적정할인율

변제액의 현재가치란 회생계획안에 따라 채권자들이 변제기간 동안 분할하여 지급받는 변제액을 적정한 할인율로 할인하여 현재시점의 가치로 환산한 금액을 말한다. 회생계획안은 채무자의 자금사정을 고려하여 회생계획기간 동안 채권자들에게 분할 변제하는 것을 내용으로 하여 작성하는 것이 보통인데, 회생계획상의 채권자별 변제예정금액을 현재가치로 환산한 금액이 채권자별 청산가치 배분액과 최소한 동일하거나 이를 초과하여야만 법 제243조 제1항 제4호의 청산가치보장의 원칙에 위배되지 아니한다. 그런데 연도별 변제예정금액을 현재가치로 환산하는 데 적용되는 할인율이 높을수록 청산가치를 보장하기 위해서 채권자들에게 변제하여야 하는 금액이 늘어나고, 할인율이 낮을수록 채권자들에게 변제하여야 하는 금액이 낮아지게 되므로, 결국 어떠한 할인율을 적용할 것인가는 매우 중요한 문제이다.

  그런데 청산가치보장의 원칙이 준수되는지 여부를 확인하기 위하여 채권자별 변제예정금액을 현재가치로 할인하는 데 적용되는 할인율은 조사위원이 제1차 조사보고서 작성 당시 계속기업가치를 산정하기 위하여 적용한 할인율을 그대로 적용할 필요는 없다. 계속기업가치를 산정하기 위하여 적용한 할인율은 채권자가 아닌 채무자의 수익가치 창출능력 및 투자가치의 관점에서 채무자가 향후 벌어들이는 현금흐름을 현재가치로 할인하는 것이기 때문에 '채무자'의 개별 위험 프리미엄을 감안하여 산정하게 되는데, 채무자의 과거 영업실적, 불안정한 재무구조 등 주로 채무자에게 실제 발생하였거나 발생한 사실을 기초로 '수익가치 및 투자판단'의 관점에서 이루어지는 것이기 때문에 재정적 파탄에 빠져 회생절차가 개시된 채무자의 위험프리미엄은 정상적인 기업에 비하여 매우 높은 수준일 수밖에 없다. 그러나 청산가치보장 여부를 판단하기 위해서 채권자가 받을 연도별 변제예정금액을 할인하는 데 적용되는 할인율은 채권자가 현재 청산가치상당액을 즉시 회수하여 다른 곳에 대출하거나 투자하였을 경우 벌어들일 수 있는 이익 창출의 기회를 회생계획에 의하여 제약을 가하여 장기 분할 변제함에 따라 상실하는 손실을 보전해 주기 위해서 각 분할변제 원금에 가산해 주는 '이자율'에 상응하는 개념이므로, 채권자가 채무자가 속한 업종에 대출 또는 투자를 하였을 경우에 적용되는 평균적인 위험도만을 반영한 '시장이자율(market interest rate)'을 적용하는 것이 더 적절하기 때문이다.[201] 이 할인율이 채무자의 계속기업가치 산정시 적용되는 현재가치할인율을 넘지 못하는 것은 당연하다.

  변제율이라 함은 채권자들의 채권 액면금액 대비 회생계획에 의한 변제액의 현재가치의 비율을 말한다. 변제율은 회생계획에서 정한 채권자들의 변제시기나 변제방법 등 변제조건에 따라 달라진다.

---

201) 다만 수많은 채권자가 존재하는 회생절차에서 개별 채권자별로 '시장이자율'을 알아내어 적용하는 것은 불가능에 가까우므로, 원칙적으로 평균적인 위험을 가진 채무자에게 적용하는 이자율을 기준으로 삼으면 될 것이다.

4) 청산배당액과 변제액의 현재가치의 비교

청산배당액과 변제액의 현재가치를 비교하여 법 제243조 제1항 제4호에서 정한 청산가치보장의 원칙이 충족되었는지 여부를 기술하게 된다.

그런데 대부분의 회생계획안은 채권자에게 현금변제 이외에 채권을 주식으로 전환해 주는 출자전환을 규정하고 있는데, 이 경우 출자전환 주식의 가치를 회생계획안에 의한 변제액에 산입하여 청산가치보장 여부를 검토하여야 하는지 여부 및 출자전환 주식의 가치를 산입한다면 이를 어떻게 평가하여 산입하여야 하는지 여부가 문제될 수 있다. 구 회사정리법하에서 대법원[202]은 출자전환 예정 주식의 총수와 변경계획안이 인가됨으로써 채무의 감면이 추가로 이루어진 후의 정리회사의 순자산 규모, 배정되기로 예정된 출자전환 주식의 수 및 그 전환가격 등을 고려하여 산출된 출자전환 주식의 순자산가치와 정리회사의 경상이익의 규모 등을 고려하여 산출된 출자전환 주식의 수익가치 및 그 밖에 다른 주식의 평가방법 등을 사용하여 평가한 출자전환 부분의 변제가치를 변경계획안에 의한 변제액에 산입한 후 청산가치보장 여부를 검토하여야 한다는 취지로 판시하였다. 따라서 회생계획안에서 출자전환을 규정하고 있다면, 조사위원은 제2차 조사보고서를 작성·제출함에 있어서 출자전환 주식의 순자산가치 및 수익가치 그 밖의 다른 주식의 평가방법[203]에 의한 주식의 가치를 종합적으로 평가하여 출자전환 주식의 변제가치를 산출하고, 이 변제가치 역시 회생계획안에 의한 변제액에 포함시켜[204] 청산배당액과 비교함으로써 회생계획안이 청산가치보장의 원칙을 충족하고 있는지를 기술하여야 한다.

다. 회생계획의 수행가능성 여부에 대한 조사

수행가능성 여부에 대한 조사부분은 조사결과의 요약, 변제할 채무내역의 완전성, 채무면제액 및 변제할 채무, 변제자금의 조달가능성으로 구성되고, 추정손익계산서와 추정자금수지표를 첨부하게 된다.

---

202) 대법원 2005. 11. 14. 자 2004그31 결정.
203) 다른 주식 평가방법에 관하여는 '제13장 제6절 3.' 참조.
204) 다만 실무상 출자전환된 주식을 제외한 영업수익금과 비영업용 자산의 처분대금만으로도 회생채권 등의 현가변제율이 청산배당률을 초과하고, 출자전환 주식의 가치에 대한 평가가 쉽지 않고 평가를 위해 추가 비용이 소요되는 반면 그 주식의 실질가치가 없는 경우가 많기 때문에, 출자전환하는 주식의 가치를 현재가치 변제액에 포함시키는 방법으로 청산가치보장 원칙의 충족 여부를 판단하는 경우가 많지 않다.

1) 조사결과의 요약

수행가능성 여부에 대한 의견의 결론을 간략하게 기재한다.

2) 변제할 채무내역의 완전성

채권조사절차를 통하여 확정된 채무자의 총 채무액 중 채무자가 자기의 자금으로 상환하여야 할 채무액이 회생계획안에 적절하게 반영·기재되어 있는지 여부를 기재한다. 여기서 주로 문제되는 것은 회생계획안상의 변제계획이나 추정자금수지표에 반영되지 않은 우발채무(주로 보증채무)의 현실화 가능성인데, 보증채무가 현실화되면 변제하기로 하는 내용의 회생계획안에 있어서는 보증채무가 현실화될 경우 자금부족현상이 발생할 수 있기 때문에 앞으로 어느 정도의 보증채무가 현실화될 가능성이 있고, 이 경우 채무자의 자금으로 현실화된 보증채무를 변제할 수 있는지 여부를 검토하여야 한다. 따라서 일반적으로 회생계획안의 작성자는 그 작성시에 미리 보증채무의 현실화 가능성을 염두에 두고 자금수급계획을 세워야 하며, 법원으로서는 회생계획안의 심사 단계에서도 보증채무의 현실화 가능성 여부를 면밀하게 검토하여야 한다. 다만 보증채무의 현실화 가능성을 미리 완벽하게 예측하기는 어려운 일이므로, 자금수급계획을 수립할 때 어느 정도 여유를 두는 것이 바람직하다.

또한 조사확정재판이 계속 중인 채무의 경우도 마찬가지로 현실화 가능성을 염두에 두고 자금수급계획을 세워야 할 경우도 있다.

3) 채무면제액 및 변제할 채무

회생계획안의 각 채권별 변제조건을 요약하여 기재하고, 변제조건에 의할 경우 채무면제액, 변제할 채무를 조별로 분류하여 기재한다. 변제할 채무에는 현금으로 변제할 채무뿐만 아니라 출자전환으로 변제하는 것도 구분하여 기재한다.

4) 변제자금의 조달가능성

수행가능성 여부에 대한 조사에서 가장 중요한 부분은 변제자금의 조달가능성이다. 일반적으로 회생계획안에서 예정하고 있는 변제자금의 조달은 영업활동을 통한 자금의 조달, 자산매각을 통한 자금의 조달, 신규차입을 통한 자금의 조달로 나누어지기 때문에 조사보고서도 각 항목마다 자금의 조달가능성을 면밀하게 검토하여야 한다. 특히 회생계획안이 제1차 조사보고서에서 예정한 자금조달능력을 넘는 범위에서 작성되었는지 여부를 주의 깊게 살펴보아야 한다. 이러한 자금의 조달은 회생계획의 추정자금수지표에 함축되어 있으므로, 추정손익계산서와 추정자금수지표를 첨부하여야 한다.

우선 영업활동을 통한 자금의 조달은 향후 추정 매출액의 예상, 매출원가나 판매관리비 등 비용의 예상 등을 통하여 적절하게 검토하여야 한다. 매출액은 각 사업부문별로 합리적이고 적절한 방법으로 추정되었는지를 검토하여야하며, 매출원가나 판매관리비 등도 같은 방법으로 검토하여야 한다. 특히 비용부분 중에서 인건비의 상승률이나 매출액과 대비한 인건비의 비율 등의 분석도함께 검토한다면, 향후 회생계획 수행 중에 임금인상 여부나 그 수준에 관하여검토할 때 유용한 자료로 삼을 수 있다.

자산매각을 통한 자금조달과 관련하여 향후 채무자가 자산을 언제 어느 정도의 가격으로 매각할 수 있는지를 예측하는 것은 매우 어려운 일이다. 따라서수행가능성에 대한 제2차 조사보고서상으로도 이를 정확하게 예측한다는 것은어렵다. 그러나 회생계획상 자산매각계획이 지나치게 낙관적으로 예정되었는지여부를 검토하는 것은 가능하며, 제2차 조사보고서에서도 이러한 관점에서 자산매각계획의 수행가능성을 검토하여야 한다. 또한 회생계획상 매각과 관련하여지출되는 부대비용을 적절히 반영하였는지, 영업용 자산을 매각하면서 그와 관련된 사업을 계속하는 경우 매각되는 자산을 대체하는 비용을 적절히 반영하였는지도 검토하여야 한다.

마지막으로 신규차입을 통한 자금조달 부분과 관련하여 그 자금조달의 가능성을 적절하게 검토하여야 한다. 실무상 회사의 부채비율, 담보로 제공할 수있는 자산의 존부와 그 가액, 이자보상비율[205] 등을 통하여 그 신규차입의 가능성을 가늠하고 있다. 일반적으로 회생계획을 수행 중인 채무자의 경우 신용도가낮아 신규차입이 곤란한 경우가 많기 때문에, 신규차입을 통한 자금조달의 실현가능성은 신중하게 판단할 필요가 있다.

법원은 회생계획안 작성 단계에서부터 관리인이 채권자들의 동의를 얻기에급급하여 비현실적이거나 무리한 자금조달계획을 내용으로 하는 회생계획안을작성하지 않도록 지도할 필요가 있고, 조사위원도 수행가능성에 대하여 조사할때 이러한 관점에서 면밀하게 검토하여야 한다.

---

205) 실무상 회생절차가 진행 중인 채무자의 경우 자금 차입의 가능성이 매우 낮기 때문에 보수적인 관점에서 통상 '3' 이상의 이자보상비율을 적용하고 있다(이에 대한 상세한 설명은 '제13장 제4절 2. 나.' 참조).

제6절 회생·파산위원회

1. 설 치

2013. 10. 11. 제정된 회생·파산위원회 설치 및 운영에 관한 규칙[206](이하 이 절에서는 '회생·파산위원회 규칙'이라 한다)에 근거하여 회생·파산절차와 관련한 정책의 수립, 제도의 개선과 절차 관계인에 대한 체계적·통일적인 감독을 위하여 법원행정처에 회생·파산위원회(이하 '위원회'라 한다)를 설치하였다. 위원회는 도산감독기구로서 아래에서 보는 바와 같은 업무를 수행함으로써 회생·파산절차의 투명성을 제고하고 공정성을 강화하는 역할을 하고 있다.

2. 구 성

위원회는 위원장 1명을 포함한 15명 이내의 위원으로 구성하되, 위원장이 아닌 위원 중 1명은 상임위원으로 한다. 위원은 법관, 변호사, 대학교수, 행정기관의 공무원, 금융기관에서 근무한 경력이 있는 금융전문가, 그 밖에 학식과 경험이 있는 사람 중에서 법원행정처장이 위촉한다. 위원의 임기는 2년이고, 연임할 수 있다(회생·파산위원회 규칙 제3조 제1항·제2항·제4항).

3. 업무 및 권한

위원회의 업무는 회생·파산위원회 규칙 제2조 각호 및 회생사건의 처리에 관한 예규(재민 2006-5, 이하 이 절에서는 '예규'라고 한다) 등에서 규정하고 있다.

  1. 회생·파산절차 관련 정책의 수립, 제도의 개선 등에 관한 자문

  2. 관리위원회의 설치, 구성 및 운영에 관한 기준의 심의 및 자문

  3. 관리위원, 관리인, 조사위원, 파산관재인, 회생위원 등의 후보자 선발·관리·선임·위촉 기준과 절차의 심의 및 자문

  ① 관리위원 위촉절차 관련   2016. 11. 2. 제정·시행된 관리위원 위촉지침(재민 2016-1, 이하 이 절에서는 '관리위원 위촉지침'이라 한다)은 관리위원 위촉

---

206) 헌법 제108조, 법 제16조 제6항 등에 근거한다.

절차에 관한 자세한 사항을 규정하고 있다. 이를 요약하면 회생법원 법원장의 위원회에 대한 후보자추천의뢰 ⇨ 위원회의 위촉후보자 공개모집(지방변호사회, 전국은행연합회, 한국공인회계사회, 대한상공회의소, 한국개발연구원 등을 통한 공개모집) ⇨ 위원회의 서류 및 면접 심사(2인 이상의 심사위원 지정 가능) ⇨ 위원회의 위촉후보자 추천 의결 ⇨ 회생법원의 위촉후보자에 대한 별도 심사 후 관리위원 위촉 ⇨ 회생법원 법원장의 위원회에 대한 통보의 순서로 이루어지게 된다.

다만, 회생법원의 법원장은 기존 관리위원의 임기가 만료되어 동일한 사람을 다시 관리위원으로 위촉하고자 하는 경우와 비상임 관리위원을 위촉하는 경우에는 위원회에 후보자 추천을 의뢰하지 않을 수 있다.

② 관리인, 보전관리인, 감사 선임절차 관련   법원은 관리인(채무자의 대표자가 아닌 자를 관리인으로 선임하는 경우에 한함), 보전관리인 또는 감사를 선임하는 경우 위원회의 의견을 들어야 하고(예규 제5조 제1항), 선임과정에서 참고한 자료를 위원회에 제공하여야 하며, 위원회는 그 자료를 바탕으로 후보자의 적격여부에 대한 의견을 지체 없이 해당 법원에 제시하여야 한다(예규 제5조 제2항).

③ 조사위원 적임자 명단 작성절차 관련   법원은 조사위원을 선임함에 있어서는 한국공인회계사회, 대한변호사협회 등으로부터 조사위원 선정대상자를 추천받아 일정한 평가를 거쳐 미리 적임자 명단을 작성하여야 하며, 이 경우 위원회의 의견을 들어야 한다(예규 제6조 제2항).

4. 관리위원 등 제3호에 정한 자가 수행한 업무에 대한 전반적인 평가와 자문

① 관리위원 평가 관련   관리위원회가 구성된 회생법원은 매년 1회 이상 정기적으로 상임관리위원이 수행한 업무의 적정성을 평가하고, 평가 결과를 위원회에 통보하여야 한다(관리위원 위촉지침 제5조 제1항).

② 조사위원 후보자 평가 관련   법원은 매년 1회 이상 정기적으로 조사위원이 수행한 업무의 적정성을 평가하여야 하고, 법원은 적임자 명단 작성 과정에서 참고한 자료와 평가결과를 위원회에 통보하여야 하며, 위원회는 자료와 평가결과를 바탕으로 후보자명단에 대한 의견을 해당 법원에 제시하여야 한다(예규 제6조 제4항 내지 제6항).

③ 관리인, 보전관리인, 감사 평가 관련   관리인(대표자 아닌 자를 관리인으로 선임하는 경우에 한함), 보전관리인, 감사를 선임한 때에는 매년 1회 이상 정기적으로 관리인 등이 수행한 업무의 적정성을 평가하여야 하고, 그 평가결과

를 위원회에 통보하여야 한다(예규 제5조·제6항).

　5. 그 밖에 회생·파산절차의 체계적·통일적 운용을 위하여 필요한 업무

4. 운영 등

　위원회의 활동을 지원하기 위하여 법원행정처에 실무지원단을 두고(회생·파산위원 규칙 제5조), 위원회의 회의는 정기회의와 임시회의로 구분하여, 정기회의는 반기별 1회, 임시회의는 위원장이 필요에 따라 수시로 정한 때에 개최하며(회생·파산위원회 규칙 제6조 제1항), 회의는 재적위원 과반수의 출석으로 개회하고, 출석위원 과반수의 찬성으로 의결하되, 안건이 경미하거나 긴급을 요하는 사항에 대하여는 위원장의 결정에 따라 서면으로 의결할 수 있다(회생·파산위원회 규칙 제6조 제2항·제3항).

　한편 위원회의 위원, 실무지원단장 또는 그 직에 있었던 사람은 위원회의 심의사항 등 직무상 알게 된 비밀을 누설하여서는 아니 된다(회생·파산위원 회 규칙 제10조).

제8장

●

●

●

채무자 재산의
구성과 확보

제1절 부 인 권

제2절 법인의 이사 등에 대한 책임 추궁

제3절 환 취 권

제4절 상계의 제한

제5절 도산해제(해지)조항

제6절 과대신고 등을 이유로 한 조세의 환급

제1절 부인권

1. 개 관

가. 의의 및 취지

부인권이란 회생절차개시 전에 채무자가 회생채권자·회생담보권자를 해하는 것을 알고 한 행위 또는 다른 회생채권자·회생담보권자와의 평등을 해하는 변제, 담보의 제공 등과 같은 행위를 한 경우 회생절차개시 후에 관리인이 그 행위의 효력을 부인하고 일탈된 재산의 회복을 목적으로 하는 권리이다(법제100조).

부인권은 기업의 수익력의 회복을 가능하게 하여 채무자의 회생을 용이하게 하고, 나아가 채권자 간에 공평을 기할 수 있도록 하는 제도이며, 후자가 특히 부인권을 인정하는 실질적인 근거로 이해되고 있다. 실무를 운영하는 입장에서는 부인권이 회생절차에 진입하기 전인 회생채무자와 관련된 이해관계인들에 대하여 일정한 기능을 하고 있음을 유의하여야 한다. 사적 구조조정 등과 같은 절차에서도 향후 회생절차에서의 부인권을 의식하면서 서로의 권리를 조정하게 되고, 채무자와 개별적인 거래를 하는 상대방으로서는 부인권이 강화될수록 불안한 입장에 처하게 된다. 실무상 부인권의 이러한 제반 기능들이 적정하게 조화를 이룰 수 있도록 부인권 관련 법 규정을 해석·운영할 필요가 있다.

법은 제100조부터 제113조의2까지 부인권에 관하여 규정하고 있는데, ① 부인권의 성립요건에 대해서는 법 제100조부터 제104조까지와 제110조, 제113조의2에, ② 부인권의 행사의 방법에 대해서는 법 제105조부터 제107조까지에, ③ 부인권의 행사의 효과에 대해서는 법 제108조, 제109조에, ④ 부인권의 행사기간에 대해서는 법 제111조, 제112조에, ⑤ 채권자취소소송과 파산절차상의 부인권과의 관계에 대해서는 법 제113조에, ⑥ 부인의 등기에 대해서는 법 제26조에 각 규정하고 있다.

나. 다른 절차상의 부인권 등과 비교

회생절차상의 부인권과 파산절차상의 부인권(법제391조)은 입법목적과 규정방법이 거의 동일하다. 그러나 다음과 같은 점에서 양 제도는 차이가 있다. ① 파산절차상의 부인권은 일탈한 재산을 회복하고, 이를 환가하여 채권자 간의 공평은 물론 채권자들에게 더 많은 배당을 목적으로 한다. 그러나 회생절차상의 부인권은 회복한 재산을 반드시 환가하여야 하는 것이 아니라 기업의 유지·재건을 위하여 기업의 수익력 내지 기업가치의 회복을 목적으로 한다.[1] ② 파산절차에 있어서 담보권자는 별제권자로서 개별적인 권리행사를 할 수 있으므로 절차개시 전에 담보권을 실행하더라도 부인의 대상이 되지 않는다. 그러나 회생절차에서는 담보권자도 권리행사의 제약을 받는 점을 중시하여 절차개시 전의 담보권의 실행 또는 담보권자에 대한 변제가 부인의 대상이 된다고 보는 견해와 담보권자는 담보물의 담보가치에 대하여 배타적 지배권을 지니고 있는 이상 유해성을 갖고 있지 아니하여 부인의 대상이 되지 않는다는 견해[2]의 대립이 있다. 대법원[3]은 담보권의 실행행위에 관하여 부인의 대상이 된다는 긍정설을 취하고 있다.

한편 회생절차상의 부인권과 민법 제406조의 채권자취소권은 총 채권자의 이익을 위하여 채무자의 사해행위에 의하여 일탈된 공동담보의 회복을 도모한다는 점에서 제도적 취지를 같이하고 있다. 그러나 채권자취소권은 집단적인 채무처리절차의 개시를 전제로 하지 않고 개별적으로 채권자에게 인정되는 권리로서, 취소대상 행위나 행사의 방법 등이 매우 제한적이다. 반면 집단적 채무처리절차인 회생절차상의 부인권은 채권자 간의 공평한 처우를 기본으로 하여 기업의 회생을 도모하기 위한 권리로서, 행사권한이 관리인에게 전속하고 대상행위·요건·행사의 방법 등이 완화된 강력한 권리이다. 따라서 채무자에 대한 회생절차가 개시된 경우에는 부인권이라는 통일된 형태로 선행하는 채권자취소소송을 수계하는 것이 소송경제에 부합하는 것이 될 것이고, 회생절차개시 후에 채권자가 사해행위취소의 소를 제기하는 것은 허용되지 아니한다.[4]

다. 법적 성질

과거에는 부인권이 공권인가 사권인가에 대한 논의가 있었으나, 현재 부인

---

1) 그러나 최종적으로는 기업의 수익력 내지 기업가치의 회복을 통하여 채권자들에게 보다 많은 변제가 이루어질 수 있으므로 종국적인 목적은 같고, 다만 그 방법이 다르다고 하겠다.
2) 백창훈, [2003년 주요판례분석] 회사정리·파산, 2005. 2. 25.자 법률신문.
3) 대법원 2011. 11. 24. 선고 2009다76362 판결, 대법원 2003. 2. 28. 선고 2000다50275 판결.
4) 대법원 2010. 9. 9. 선고 2010다37141 판결은 "개인회생절차개시결정이 내려진 후에는 채무자가 총채권자에 대한 평등변제를 목적으로 하는 부인권을 행사하여야 하고, 개인회생채권자목록에 기재된 개인회생채권을 변제받거나 변제를 요구하는 일체의 행위를 할 수 없는 개인회생채권자가 개별적 강제집행을 전제로 하여 개개의 채권에 대한 책임재산의 보전을 목적으로 하는 채권자취소소송을 제기할 수는 없다"고 판시하였다.

권은 실체법상의 사권이라고 해석함에 이론이 없다. 사권으로 보는 경우에도 그 것이 청구권인가 형성권인가 견해의 대립이 있으나, 법 제108조 제1항이 '부인 권의 행사는 채무자의 재산을 원상으로 회복시킨다'고 규정하여 부인의 효과인 원상회복을 부인권의 행사에 의하게 하고 있으므로 관리인이 수익자 또는 전득 자에게 부인의 대상이 되는 행위의 효력을 부인하는 의사표시를 하여야 한다는 형성권설이 통설이다.5) 그리고 법적 성질에 관하여 불법행위설·부당이득설· 책임설·파산절차질서회복설 등도 논의되어 왔으나, 현재의 통설은 도산절차의 목적을 달성하기 위하여 법이 특별히 인정한 권리로 보고 있다.

라. 기존 경영자 관리인의 부인권 행사

1) 제3자성

부인권은 관리인이 행사한다(법제
105조). 관리인은 채무자와 별개의 존재이고 부 인권을 행사하는 것은 관리인의 고유한 권한을 행사하는 것이므로, 부인권 행사 가 신의칙 위반이나 권리남용에 해당하지 않는다.6) 그런데 기존 경영자가 법 제74조 제2항에서 정한 관리인으로 선임되거나 제74조 제3항·제4항에 의하여 관리인으로 보게 되는 경우, 스스로 행한 회생절차개시 전의 재산처분행위를 부 인하는 것은 자기모순으로 신의칙에 위배되는 것이 아닌가 하는 의문이 제기될 수 있다. 관리인으로 선임되거나 관리인으로 간주되는 개인 채무자 또는 법인 채무자의 대표자는 현상적으로는 개시 전의 채무자 또는 채무자의 대표자와 동 일인이라 하더라도 법적으로는 회생절차개시 전 채무자와 전혀 다른 의미를 가 지고 존재하는 법적 주체(legal entity)이다.7) 따라서 위와 같이 관리인으로 선임 되거나 관리인으로 보게 되는 개인 채무자 또는 법인 채무자의 대표자는 개시 전의 채무자와는 별개의 제3자적 지위에서 부인권을 행사하게 된다.8) 대법원은, 채무자가 기존 채무를 변제하면서 기왕에 담보조로 제공하였던 당좌수표를 회

---

5) 김주학, "기업도산법(제2판)", 법문사(2012), 321면; 전병서, "도산법(제4판)", 법문사(2007), 268면.
6) 대법원 1997. 3. 28. 선고 96다50445 판결.
7) 채무자와 실질적으로 동일한 DIP가 부인권을 행사하는 미국 연방파산법하에서도 부인 대상 행위는 도산절차신청 전의 주체(pre-petition entity)에 의하여 행한 것으로서, 도산절차개시 후 별개의 법인격이 부여된 DIP가 부인권을 행사하는 것은 금반언(estoppel)에 저촉되지 않는다고 한다.
8) 일본 민사재생절차에서는 채무자가 업무수행권 및 재산의 관리처분권을 계속 보유하는 DIP 형을 채택하였으나 실무는 부인권만은 일률적으로 감독위원으로 하여금 행사하도록 하고 있는 데, 이 경우에도 재생채무자의 '제3자성'을 인정하는 것이 다수설(山本 弘, "更生管財人の選任", 判例タイムズ, 126면)이다.

수하여 그 대표이사가 부정수표 발행으로 인한 형사처벌을 모면하게 된 후 회생절차개시신청을 하였는데 채무자의 대표이사가 관리인으로 선임되어 기존 채무의 변제행위를 부인한 사안에서, 마찬가지로 채무자와 관리인은 법률상 별개의 존재로서 이와 같은 부인권 행사는 관리인 고유의 권한을 행사하는 것이므로 신의칙에 반하지 않는다고 판시하였다.[9]

   2) 부인권 행사의 적정성에 대한 감독

   부인대상행위를 한 주체가 다시 부인권의 행사주체로 되는 것에 대해서는 거래관계나 법 감정상 수용하기가 쉽지 않고 상대방이 회생에 불가결한 거래처이거나, 채무자의 대표자가 기존 경영권을 유지하기 위해서 그 영향력을 무시할 수 없는 경우에는 부인권 행사의 유인이 줄어들 수밖에 없기 때문에 채무자에게 실제로 적절한 부인권 행사를 기대할 수 있는가의 문제가 지적된다.[10]

   이에 따라 법원은 법 제105조 제2항 소정의 이해관계인의 신청 또는 직권에 의한 부인권 행사 명령 제도를 적극 활용할 필요성이 크다(부인권 행사 명령의 신청서 및 결정 양식에 관하여는 [별지 76], [별지 77] 참조). 직권에 의한 부인권 행사 명령 제도의 활용을 위해서는 법원이 대표자심문과정 등을 통하여 신청일 기준으로 최소한 과거 1년 동안 있었던 재산양도, 담보권설정, 보증행위 등을 제출하도록 할 뿐만 아니라, 법 제87조 제3항·제4항, 제92조 제1항 제4호에 의하여 '조사위원'에게 부인대상행위에 대하여 구체적으로 사실관계를 조사하도록 하고(조사위원에 대한 명령 양식으로는 [별지 58] 참조), 아울러 '채권자협의회'로서도 부인권 행사의 적정성에 관하여 관심을 갖고 법 제105조 제2항에서 정하고 있는 부인권 행사 명령 신청 등을 하는 등의 조치가 필요할 것이다.

   마. 부인유형과 상호관계

   부인의 유형은 여러 가지로 나눌 수 있으나 일반적으로 다음과 같이 크게 네 가지로 나눌 수 있다.[11]

---

 9) 대법원 2011. 5. 13. 선고 2009다75291 판결.
10) 구 사주 측에서 관리인을 맡을 경우 자신의 장래를 위해서 또는 채권자와의 묵시적인 밀약 등으로 채권자를 위하여 부인대상행위를 한 것을 묵비할 가능성이 많고, 한편 구 사주와 무관한 관리인이 선임된 경우에는 구 사주 측에서 정보를 제공하지 아니하여 부인대상행위가 발생한 것을 모른 채 넘어가는 경우도 있을 수 있다.
11) 참고로 미국은 부인의 유형을 편파행위(preference) 부인(11 U.S.C. §547), 사해행위(fraudulent transfer and obligation) 부인(11 U.S.C. §548)으로 나누고 있다. 일본은 부인의 유형을 고의부인, 위기부인(본지행위와 비본지행위의 부인), 무상부인으로 구분하였으나, 현재는 사해행위부인, 편파행위부인, 무상행위부인으로 구분하고 있다. 독일은 그 대상이 되는 행위에 초

① 채무자가 회생채권자 등을 해할 것을 알면서 한 행위를 부인하는 고의부인(故意否認)(법 제100조 제1항 제1호)

② 채무자가 지급의 정지 등 경제적 파탄이 표면화된 시기에 한 행위를 부인하는 위기부인(危機否認)[위기부인은 다시 i) 채무자의 의무에 속한 행위를 부인하는 본지행위부인(本旨行爲否認)(법 제100조 제1항 제2호)과 ii) 채무자의 의무에 속하지 않는 행위를 부인하는 비본지행위부인(非本旨行爲否認)(제100조 제1항 제3호)으로 나누어진다]

③ 채무자가 한 무상행위 내지 이와 동일시해야 하는 유상행위를 부인하는 무상부인(無償否認)(법 제100조 제1항 제4호)

④ 그 밖에 특수한 부인인 성립요건 또는 대항요건 부인, 집행행위 부인

법은 고의부인·위기부인·무상부인 등을 별도로 요건을 정하여 규정하고 있지만, 상호 배타적인 관계에 있는 것이 아니라 상호 관련을 맺고 있으므로 1개의 행위가 각 부인유형에 해당하는 경우 어느 것이라도 주장하여 부인할 수 있고, 부인사유를 선택적으로 또는 예비적으로 주장할 수 있다. 법원도 당사자가 주장하는 부인유형에 구속되지 않고 당사자의 주장과 다른 유형의 부인을 인정할 수 있다.[12] 하급심 판례 중에는 부인소송의 소송물이 부인권 자체가 아니라 부인의 효과로서 발생한 권리관계에 기초한 이행청구 또는 확인청구이고, 부인의 주장은 공격방어방법으로서 변론종결일까지 소 제기 당시의 부인 주장을 변경·보완할 수 있는 것이라고 판시한 사례가 있다.[13]

바. 실무의 현황

실무상 법원은 회생절차개시결정이 나면 관리인 또는 관리인으로 보게 되는 기존 경영자에 대하여 즉시 채무자의 재산과 부채의 현황 파악에 착수하도록 하고(별 제91조 참조), 신고되는 채권에 대하여 인정할 것인지 여부를 조사하게 하는 한편 특히 법 제92조, 제93조에 의하여 부인대상행위에 관한 구체적 사실관계를 조사·보고하도록 명하여 관리인으로 하여금 가급적 회생계획안의 심리를 위한 관계인집회 이전에 부인권을 행사할지 여부를 검토하게 한다.

점을 맞추어 본지행위부인(Kongruenzanfechtung, 도산법 제130조), 비본지행위부인(Inkongruenz-anfectung, 도산법 제131조), 직접부인(Unmittelbarkeits-anfechtung, 도산법 제132조, 채권자를 직접 해하는 행위의 부인), 고의부인(Vorsatzanfechtung, 도산법 제133조 제1항), 무상부인(Schenkungsanfechtung, 도산법 제134조)으로 나눈다.

12) 注解, 253면; 条解(中), 20면.

13) 서울고등법원 2002. 7. 5. 선고 2001나72342 판결(대법원 2004. 7. 22. 선고 2002다46058 판결로 확정).

2. 성립요건

가. 일반적 성립요건

법 제100조는 부인할 행위의 내용·시기·상대방에 따라 고의부인·위기부인·무상부인의 3종의 유형을 인정하고 있는데, 각 유형마다 특유한 성립요건 외에 공통되는 일반적 성립요건으로서 채무자의 행위, 행위의 유해성 및 상당성이 문제된다.

1) 채무자의 행위 — 적극적 요건

가) 행위의 주체   법 제100조 제1항 각호는 부인의 대상이 되는 행위는 채무자의 행위에 국한되는 것처럼 규정하고 있어 부인권 행사의 대상이 반드시 채무자의 행위이어야 하는가에 대해서 논란이 있다.[14] 대물변제예약완결권의 행사, 채권자의 담보권 실행, 강제집행, 상계 등과 같이 채무자의 행위가 개입되지 않고 채권자의 일방적인 의사표시만 있는 경우, 부인권의 대상이 되는지 여부는 부인권의 대상이 채무자의 행위로 한정되는가라는 문제와 밀접한 관련이 있다.

부인의 대상은 원칙적으로 채무자의 행위라고 할 것이고, 다만 채무자의 행위가 없었다고 하더라도 채무자와의 통모 등 특별한 사정이 있어서 채권자 또는 제3자의 행위를 채무자의 행위와 동일시할 수 있는 경우에는 예외적으로 그 채권자 또는 제3자의 행위도 부인의 대상으로 할 수 있다.[15] 대법원은 금융기관이 채무자와 사이에 체결한 채무자의 대출채무를 담보하기 위하여 채무자의 매출채권의 양도를 목적으로 하는 대물변제예약(이른바 예약형 집합채권의 양도담보계약)의 내용에 따라 위기시기에 예약완결권과 대물변제로 양도·양수할 매출채권의 선택권을 행사한 것은 특별한 사정이 없는 한 채무자의 행위로 볼 수 없어 부인의 대상이 되지 않는다고 판시하였다.[16]

---

14) 일본에서는 채무자의 행위 또는 이것과 동일시할 수 있는 행위를 필요로 한다는 견해가 통설이고, 고의부인의 경우에는 채무자의 가공행위 또는 이와 동일시할 수 있는 상황이 필요하지만 위기부인의 경우에는 필요하지 않다는 절충설[条解(中), 124면 이하]이 유력하게 제기되고 있다.

15) 대법원 2004. 2. 12. 선고 2003다53497 판결, 대법원 2003. 5. 30. 선고 2002다67482 판결, 대법원 2002. 7. 9. 선고 99다73159 판결.

16) 대법원 2002. 7. 9. 선고 2001다46761 판결. 대법원 2002. 7. 9. 선고 99다73159 판결도 채권자와 주채무자 간의 어음할인약정에 따라 정리 전 회사가 주채무자의 채무에 대하여 연대보증을 한 후 주채무자의 어음할인행위가 위기시기에 이루어진 사안에서, 주채무자가 어음할인행위를 한 때에 정리 전 회사의 연대보증행위가 이루어진 것이 아닐 뿐 아니라 주채무자의 어음할인 역시 정리 전 회사의 행위와 동일시할 수 없으므로 부인대상이 될 수 없다고 판시하였다. 반면

다만 대법원은 법 제104조 후단, 제100조 제1항 제2호에 따라 집행행위를 부인하는 경우, 이와 같은 행위에 채무자의 행위가 개입할 여지가 없고 법 제100조 제1항 각호에서와 달리 법 제104조에서는 부인권의 행사 대상인 행위의 주체에 관한 아무런 규정이 없다는 이유로, 부인권의 행사 대상인 집행행위를 채무자의 행위와 같이 볼만한 특별한 사정이 있어야 하는 것은 아니라고 판시하면서, 전문건설공제조합이 채무자에 대한 융자원리금채권과 이를 담보하기 위하여 채무자의 출자지분에 설정된 질권의 실행을 통하여 취득한 출자지분에 대한 취득대금채무를 상계한 사안에서, 전문건설공제조합이 출자증권을 취득한 행위가 질권의 실행행위로서 부인의 대상이 되는 결과 상계행위는 그 효력이 유지될 수 없다고 판시하였다.[17]

나) 행위의 태양　　　부인의 대상이 되는 행위로는 부동산·동산의 매각, 증여, 채권양도, 채무면제 등과 같은 협의의 법률행위에 한하지 않고, 변제, 채무승인, 법정추인, 채권양도의 통지·승낙,[18] 등기·등록, 동산의 인도 등과 같은 법률효과를 발생시키는 일체의 행위를 포함한다. 또 사법상의 행위에 한하지 않고 소송법상의 행위인 재판상의 자백, 청구의 포기 및 인낙, 재판상의 화해, 소·상소의 취하, 상소권의 포기, 공정증서의 작성, 염가의 경매 등도 부인의 대상이 되고, 공법상의 행위도 부인의 대상이 된다.

채무자의 부작위도 부인의 대상이 된다는 것이 통설이다.[19] 따라서 시효중단의 해태, 지급명령신청에 대한 이의신청의 부제기, 지급거절증서의 미작성, 변론기일에의 불출석, 공격방어방법의 부제출 등의 경우에 부인이 될 수 있다. 다만 부인의 효과는 상대적이므로 소멸시효의 효과가 부인된 경우 관리인은 상대방인 제3채무자에 대하여 채무의 이행을 청구할 수 있는 반면 채무자와 채무자

대법원 2011. 10. 13. 선고 2011다56637, 56644 판결은 파산절차에 관한 유사 사안에서 채권자가 파산자와 통모하여 예약완결권과 선택권을 행사하는 등 예약완결 의사표시가 실질적으로 채무자의 행위와 동일시할 만한 특별한 사정이 있다고 보아 부인대상행위가 된다고 판시하였다.

17) 대법원 2011. 11. 24. 선고 2009다76362 판결(채무자회생법 제104조의 집행행위는 원칙적으로 집행기관의 행위를 가리키는 것이지만, 집행기관에 의하지 아니하고 질권자가 직접 질물을 매각하거나 스스로 취득하여 피담보채권에 충당하는 등의 행위에 대해서도 집행기관에 의한 집행행위의 경우를 유추하여 채무자회생법 제100조 제1항 제2호에 의한 부인권 행사의 대상이 될 수 있다고 보았다).

18) 일본 最高裁判所 昭和 40. 3. 9. 판결은 파산자의 행위가 없으면 부인의 대상이 될 수 없다는 이유로 대항요건의 부인과 관련해서 파산자의 채권양도에 대하여 제3채무자가 한 승낙은 부인의 대상이 되지 않는다고 한다.

19) 서울고등법원 2005. 9. 2. 선고 2004나81224 판결, 서울회생법원 2019. 2. 13. 선고 2018가합100132 판결에서 부작위가 부인의 대상이 될 수 있음을 전제로 판단하였다.

에 대하여 채무를 부담한 제3채무자 사이에는 여전히 채권이 시효완성으로 소
멸된 것으로 취급된다.[20]

또한 부인의 대상이 되는 행위는 반드시 법률적으로 유효한 것일 필요는
없고, 허위표시·착오·사회질서위반의 법률행위 등과 같이 무효 또는 취소의
사유가 있더라도 무방하다. 채무자의 급부가 불법원인급여에 해당하여 채무자가
반환을 청구할 수 없다고 하더라도 관리인은 이를 부인하고 그 반환을 청구할
수 있다. 관리인은 행위의 무효·취소와 부인의 주장을 동시에 할 수 있고, 부
인의 주장만을 할 수도 있다.

2) 행위의 유해성 — 적극적 요건

부인의 대상이 되는 행위는 회생채권자 등에게 해를 끼치는 행위이어야 한
다. 회생채권자 등에게 손해를 끼치는 행위에는 채무자의 일반재산을 절대적으
로 감소시키는 사해행위 외에 채권자 간의 평등을 저해하는 편파행위도 포함된
다.[21] 그런데 사해행위이든, 편파행위이든 청산절차를 가정하여 당해 행위로 인
하여 다른 채권자들의 배당률이 낮아질 때 행위의 유해성이 인정된다고 하는
것이 보다 간명한 설명이다.[22] 부인의 대상이 되는 행위가 회생채권자 등을 해
하는 행위인지는 행위 당시를 기준으로 판단하여야 하고, 이는 특별한 사정이
없는 한 그 행위가 정지조건부인 경우라 하더라도 마찬가지이다.[23]

이하에서는 행위의 유해성이 문제되는 몇 가지 행위 유형에 대하여 살펴본다.

가) 부동산의 매각행위   종래의 통설은 부동산의 매각에 있어서 부당한
가격으로 매각한 경우는 물론이고, 적정한 가격(기업의 존속을 전제로 한 평가액)
으로 매각한 경우라도 부동산을 소비하기 쉬운 금전으로 환가하는 것은 채권자
의 공동담보력을 감소시키는 것이므로 원칙적으로 일반 채권자를 해하는 행위
라고 보고, 특히 채무자의 재산의 중요 구성부분을 매각하는 것은 기업의 수익
력 내지 기업가치를 해하는 행위로서 부인의 대상이 될 수 있다고 보았다.[24]

그러나 부인권 행사에 관한 최근의 동향은 적정가격에 의한 부동산의 매각

---

20) 박성철, "회사정리절차 및 화의절차에 있어서의 부인권", 재판자료 제86집, 701면.
21) 대법원 2020. 6. 25. 선고 2016다257572 판결, 대법원 2006. 6. 15. 선고 2004다46519 판결.
22) 대법원 2002. 9. 24. 선고 2001다39473 판결은 "일체로 이루어진 행위에 대한 파산법상 부인
    권 행사의 요건으로서의 유해성은 그 행위 전체가 파산채권자에게 미치는 영향을 두고 판단되
    어야 할 것이며, 그 전체를 통틀어 판단할 때 파산채권자에게 불이익을 주는 것이 아니라면 개
    별약정만을 따로 분리하여 그것만을 가지고 유해성이 있다고 판단하여서는 안 된다"고 판시하
    였다.
23) 파산절차에 관한 대법원 2018. 10. 25. 선고 2017다287648, 287655 판결 참조.
24) 注解, 254면.

을 모두 부인의 대상으로 한다면, 채무자의 자체적인 구조조정행위를 봉쇄하여 채무자가 도산절차 밖에서 경제적 위기를 극복할 길을 막아 버려 기업을 파탄에 빠뜨리게 할 우려가 있으므로, 그 매각이 염가에 이루어진 것이 아닌 한 그 매각의 목적, 대금의 사용처 등을 종합적으로 판단하여 '행위의 유해성' 여부를 신중하게 결정할 필요성이 있다는 입장을 취하고 있다. 이와 관련하여 일본의 신회사갱생법 및 신파산법 등은 상당한 가격을 받고 한 재산의 처분행위는 원칙적으로 부인의 대상이 아니고, 다만 재산의 은닉 등 채권자를 해하려고 하는 특별한 사정과 상대방의 악의가 인정되는 경우에 한하여 부인의 대상이 된다는 새로운 규정을 둠으로써 거래의 안전을 확보하여 채무자의 구조조정행위가 위축되는 것을 방지하고 있다.[25]

나) 변제행위　　변제행위와 관련하여 문제되는 것은 본지변제와 고의부인, 차입금에 의한 변제와 부인, 담보권자에 대한 변제·대물변제와 부인이 문제된다.

(1) 본지변제와 고의부인　　변제기가 도래한 채권을 변제하는 본지변제행위가 위기시기에 이루어진 경우 불평등 변제[편파행위]로서 위기부인의 대상이 될 수 있다는 점에 대해서는 이론의 여지가 없으나, 나아가 고의부인의 대상이 되는지에 대해서는 논란이 있다. 통설은 지급정지 이전의 단계라고 하더라도 채무자가 이미 재정적으로 파탄상태에 빠져 모든 채권자를 만족시킬 수 없는 실질적 위기시기에는 채권자평등의 원칙이 우선 적용되어야 한다는 점 등을 이유로 본지변제에 대한 고의부인을 인정하고 있다. 판례도 채무자의 본지변제가 고의부인의 대상이 될 수 있음을 인정하고 있다.[26] 다만 대법원은 채무자의 특정 채권자에 대한 변제 등 채무소멸행위가 새로운 물품공급이나 역무제공 등과 동시에 교환적으로 행하여졌고, 채무자가 받은 급부의 가액과 당해 행위에 의하여 소멸한 채무액 사이에 합리적인 균형을 인정할 수 있다면 부인권 대상이 아니라고 본다.[27] 그리고 본지변제에 대한 고의부인을 인정함에 있어서는 주관적

25) 일본 파산법 제161조, 회사갱생법 제86조의2, 민사재생법 제127조의2. 미국 연방파산법 제548조 (a)(1)(B)항은 목적물을 상당한 가격보다 적은 가격으로 처분한 경우 부인대상행위로 의제될 수 있다는 점을 명시하고 있다.

26) 대법원 2005. 11. 10. 선고 2003다271판결, 대법원 2004. 1. 29. 선고 2003다40743 판결.

27) 대법원 2018. 10. 25. 선고 2017다287648, 287655 판결은 갑 주식회사가 지급불능 상태에서 변호사인 을 등과 부가가치세 경정거부처분에 대한 심판청구 및 행정소송에 대한 사무처리를 위임하는 계약을 체결하면서 착수금 없이 성공보수금만 지급하되 갑 회사는 을 등에게 환급세액 수령업무를 위임하며 을 등은 환급액 전액을 입금받은 후 보수를 정산한 나머지 금액을 갑 회사로 송금하기로 약정하였고, 이에 갑 회사가 국세기본법령에 따라 을에게 '국세환급금양도요

요건을 엄격하게 해석할 필요가 있고, 따라서 사해의사가 인정되기 위해서는 단순히 채권자를 해한다는 인식만으로는 부족하고, 다른 채권자의 희생 아래 특정 채권자에게만 이익을 준다는 인식이 요구된다고 봄이 타당하다.[28]

  (2) 차입금에 의한 변제   채무자가 제3자로부터 자금을 차입하여 특정 채권자에게만 변제를 한 경우, 다른 채권자와의 평등을 해하는 것으로서 원칙적으로 부인의 대상이 된다는 것이 일반적이다. 문제는 나아가 전적으로 특정채무의 변제를 위한 목적으로 차입을 하고, 그에 따라 즉시 변제가 행하여진 경우이다. 대법원은 "채무자가 제3자로부터 자금을 차입하여 특정 채권자에게만 변제를 한 경우 그 변제는 다른 채권자와의 평등을 해하는 것으로서 원칙적으로 부인의 대상이 되지만, 제3자와 채무자가 차입금을 특정 채무를 소멸시키는 데에 사용하기로 약정하고, 실제 그와 같은 약정에 따라 특정 채무에 대한 변제 등이 이루어졌으며, 차입과 변제 등이 이루어진 시기와 경위, 방법 등 제반 사정에 비추어 실질적으로 특정 채무의 변제 등이 당해 차입금에 의하여 이루어진 것이라고 볼 수 있고, 이자, 변제기, 담보제공 여부 등 차입금의 차입 조건이나 차입금을 제공하는 제3자와 채무자의 관계 등에 비추어 차입 이전과 비교할 때 변제 등 채무 소멸이 이루어진 이후에 채무자 재산이 감소되지 아니한 등의 사정이 인정된다면, 해당 변제 등 채무소멸행위는 전체적으로 보아 회생채권자 등을 해하지 아니하여 부인의 대상이 되지 아니하고, 위와 같은 제3자와 채무자의 약정은 반드시 명시적으로 행하여질 필요는 없고 묵시적으로도 이루어질 수 있다."라고 판시하였다.[29] 차입금에 의한 변제는 그 실질에 있어 채권자의 교체에 불과하다는 것이 주된 이유로 보인다.

구서'를 작성·교부하였는데, 을 등이 부가가치세 경정거부처분의 취소를 구하는 행정소송을 제기하여 승소판결이 선고·확정되자 갑 회사가 부가가치세 환급금채권 중 성공보수금 상당액을 을에게 양도하는 내용의 채권양도계약서를 작성하였고, 그 후 갑 회사가 파산선고를 받은 사안에서, 갑 회사가 을에게 환급금채권 중 성공보수금 상당액을 양도한 행위가 채무자 회생 및 파산에 관한 법률 제391조 제1호에 따라 부인할 수 있는 행위에 해당하지 않는다고 한 사례임.

28) 대법원 2006. 6. 15. 선고 2004다46519 판결은 "특정채권자에게 변제하는 편파행위를 고의부인의 대상으로 할 경우에는, 구 회사정리법이 정한 부인대상행위 유형화의 취지를 몰각시키는 것을 방지하고 거래 안전과의 균형을 도모하기 위해 회사정리절차가 개시되는 경우에 적용되는 채권자평등의 원칙을 회피하기 위하여 특정채권자에게 변제한다는 인식이 필요하다고 할 것이지만, 더 나아가 정리채권자들에 대한 적극적인 가해의 의사 내지 의욕까지 필요한 것은 아니다"라고 판시하였다. 대법원 2020. 6. 25. 선고 2016다257572 판결도 같은 취지이다. 구 파산법상의 편파행위에 대한 판결인 대법원 2005. 11. 10. 선고 2003다271 판결과 편파변제에 관한 사해행위취소에 관한 판결인 대법원 2005. 3. 25. 선고 2004다10985, 10992 판결, 2003. 6. 24. 선고 2003다1205 판결도 같은 취지이다.

29) 대법원 2018. 4. 12. 선고 2016다247209 판결, 대법원 2011. 5. 13. 선고 2009다75291 판결.

(3) 담보권자에 대한 변제와 부인　　파산절차에서는 별제권자인 담보권자에 대한 변제는 부인의 대상이 될 수 없다. 그러나 회생절차에서는 이에 대하여 견해의 대립이 있다. 회생절차가 개시되면 담보권자도 그 권리행사에 제약을 받는다는 점을 근거로 회생절차개시 전에 어느 담보권자에게만 변제를 함으로써 회생절차에서의 권리행사의 제약을 받지 않게 하는 행위는 다른 회생채권자 · 회생담보권자를 해하는 행위로서 부인의 대상이 될 수 있다는 긍정설[30]과 담보권자는 담보목적물에 대하여 배타적 가치를 지배하고 있으므로 그 담보가치 범위 안에서 변제가 이루어지는 한 다른 채권자와의 불평등을 논할 여지가 없고, 그 담보가치 안에서 이루어진 변제로 인하여 담보권이 소멸되어 동액 상당의 담보가치가 채무자에게로 복귀되어 변제재원이 증대되므로 편파성 여부 역시 논할 여지가 없으며, 실제 회생계획상 상당수의 담보권은 목적물의 조기 매각 등을 통하여 일반 회생채권자보다 조기변제를 예정하고 있는 것이 보통이므로, 담보권자가 회생절차에서의 권리제약을 받는다는 점을 논거로 하여 부인 긍정설을 취하는 것은 비합리적이라는 점을 들어 담보권자에 대한 변제를 부인 대상에서 제외하는 부정설이 있다.[31]

다) 담보권의 설정행위 및 담보권의 실행행위와 부인

(1) 담보권의 설정행위　　기존 채무에 대한 담보권의 설정이 부인 대상행위에 해당함은 이론이 없다. 문제는 신규차입을 위하여 담보권을 설정하는 행위가 부인의 대상이 될 수 있는가 여부이다. 대법원은 채무자의 담보제공이 신규차입과 동시에 교환적으로 행하여졌고, 그 차입금과 담보 목적물의 가격 사이에 합리적인 균형을 인정할 수 있으며, 채무자가 채권자를 해하는 처분을 할 우려가 없다면 부인권 대상이 아니라고 본다.[32] 또한 자금난으로 사업을 계속 추진

---

30) 전대규, 377면.

31) 오영준, "집합채권양도담보와 도산절차의 개시", 사법논집 제43집, 법원도서관(2006), 330면; 김용길, "기업회생절차상 부인할 수 있는 행위에 관한 고찰", 회생법학 통권 제12호, 한국채무자회생법학회(2016), 183면. 같은 취지에서 미국 연방항소법원은 담보권자에 대한 변제는 담보물의 가치가 채무액을 초과하는 경우(oversecured)에 있어서는 편파적 효과를 갖지 아니하게 될 것이며[In re Ehring, 900 F.2d. 184(9th Cir. 1990)], 다만 그 반대의 경우(undersecured)에만 편파적 효과를 갖게 된다[Porter v. Yukon Nat. Bank. 866 F. 2d 355(10th Cir. 1989)]는 입장을 취하고 있다.

32) 대법원 2017. 9. 21. 선고 2015다240447 판결은 "채무자가 지급불능 상태에서 특정 채권자에게 담보를 제공하였다고 하더라도 이것이 신규차입과 동시에 교환적으로 행하여졌고, 그 차입금과 담보 목적물의 가격 사이에 합리적인 균형을 인정할 수 있으며, 이로써 채무자가 차입금을 은닉하거나 증여하는 등 파산채권자를 해하는 처분을 할 우려를 생기게 하는 것이 아니라면 이러한 담보제공행위는 파산채권자를 해하는 행위로 볼 수 없어 채무자 회생 및 파산에 관한 법률 제391조 각호에 따라 부인할 수 있는 행위에 해당하지 않는다."라고 판시하였다.

하기 어려운 상황에 처한 채무자가 자금을 융통하여 사업을 계속 추진하는 것
이 채무 변제력을 갖게 되는 최선의 방법이라 생각하고 부득이 부동산을 특정
채권자에게 담보로 제공하고 신규자금을 추가로 융통받는 경우 채무자의 담보
권설정행위는 부인 대상행위에 해당하지 않으며,[33] 다만 사업의 계속 추진과는
아무런 관계가 없는 기존 채무를 아울러 피담보채무 범위에 포함시켰다면 그
부분에 한하여 부인 대상행위에 해당할 여지가 있을 것이다.[34] 일본의 학설[35]
및 판례[36]도 신규차입과 관련한 담보권 설정행위는 적정가격에 의한 부동산 매
각에 준하여 부인을 인정하지 않을 여지가 있다고 해석한다.[37][38]

(2) 담보권의 실행행위 담보권을 별제권으로 인정하는 파산절차와는 달
리 회생절차에서는 담보권의 실행행위를 다른 담보권자와의 관계에서 공평을
해하거나 채무자의 재산을 감소시키는 행위로 보아 부인의 대상이 될 수 있는
지에 관하여 위에서 본 담보권자에 대한 변제와 마찬가지로 견해의 대립이 있
다. 대법원은 채권자가 질권의 목적인 유가증권을 처분하여 채권의 만족을 얻는
행위에 대하여 그 실질에 있어 집행행위와 동일한 것으로 볼 수 있어 부인의
대상이 되는 행위에 포함된다고 판시함으로써 부인 긍정설을 취하고 있다.[39][40]

　　반면 대법원 2005. 11. 10. 선고 2003다271 판결은 채무자가 금융기관에 기존 채무의 변제를
하면서 같은 날 동액 상당을 다시 대출받고, 근저당권을 설정하여 준 사안과 관련하여 '실질적
으로는 신규자금의 대출이 아니라 기존 채무의 변제기 연장에 지나지 아니하는 것으로 보고,
사업의 계속을 도모하기 위하여 신규로 자금을 제공받은 경우와는 달리, 위 근저당권설정행위
는 부인 대상행위에 해당한다'는 원심의 판단을 긍정하였다.
33) 서울고등법원 2016. 6. 24. 선고 2015나2062768 판결.
34) 사해행위취소권에 관한 것이나 대법원 2002. 3. 29. 선고 2000다25842 판결 참조. 파산절차상
의 부인권에 관한 것이나 서울지방법원 2001. 1. 11. 선고 99가합35589 판결(서울고등법원 2002.
11. 28. 선고 2001나9948 판결, 대법원 2005. 11. 10. 선고 2003다271 판결로 확정) 참조.
35) 차입과 담보설정이 동시교환적으로 행하여지고, 차입금의 용도가 일반채권자에게 손해를 야
기하는 것이 아닌 때에는 유해성이 부정되어 위기부인의 대상이 되지 않는다는 견해로는 伊藤
眞, 破産法(全訂 第3版 補訂版, 2001), 337면, 339면, 350면.
36) 일본 最高裁判所 昭和 43. 2. 2. 판결은 일반론으로서 구제금융에 수반한 담보설정이 부인의
대상이 되지 않을 여지를 인정하고 있다.
37) 일본의 신파산법과 개정된 회사갱생법 및 민사재생법은 새로운 규정을 신설하여 부인대상행
위를 기존 채무에 관하여 한 담보제공행위 또는 채무소멸행위로 제한함으로써 구제금융을 위
한 담보제공 등 이른바 동시교환적 행위를 부인의 대상에서 제외하였다.
38) 미국 연방파산법의 경우 신규대출과 그에 따른 담보권 설정은 그 가치가 현저하게 괴리를
보이지 않는 한 제547조(c)(1)항의 동시적 거래(contemporaneous exchange)에 해당되어 부인대
상에서 제외될 수 있다.
39) 대법원 2011. 11. 24. 선고 2009다76362 판결, 대법원 2003. 2. 28. 선고 2000다50275 판결. 질
권자의 질권실행행위에 대해, 집행기관에 의한 집행행위의 경우를 유추하여 부인권 행사의 대
상이 될 수 있다고 보는 이유에 관하여 "이와 같이 보지 않으면 동일하게 회생채권자 또는 회
생담보권자를 해하는 질권의 실행행위임에도 집행기관에 의하는지 여부라는 우연한 사정에 따
라 부인의 대상이 되는지가 달라져서 불합리하기 때문"이라고 한다.
40) 한편 비교법적으로 부인권 행사를 가장 폭넓게 인정하는 미국 연방파산법에서도 미국 연방

라) 어음 · 수표의 발행 · 인수 · 배서행위   채무자가 기존 채무의 변제에 갈음하여 또는 변제를 위하여 어음 등을 발행 · 인수 또는 배서하는 경우, 부인의 대상이 될 수 있는지 논의가 있다. 통설은 어음채권에는 강력한 권리 추정의 효력이 인정되어 채권의 확정에 관한 소송에서 입증책임을 전환시키고, 어음채권이 양도된 경우 채무자가 가지는 인적 항변이 절단될 수 있으므로 부인의 여지를 인정한다.

3) 행위의 상당성 — 소극적 요건

회생절차상 부인의 대상이 되는 행위가 회생채권자 등에게 유해하다고 하더라도 행위 당시 개별적 · 구체적 사정에 따라서는 당해 행위가 사회적으로 필요하고 상당하였다거나 불가피하였다고 인정되어 회생채권자 등이 회생회사 재산의 감소나 불공평을 감수하여야 한다고 볼 수 있는 경우가 있고, 그와 같은 예외적인 경우에는 채권자 평등, 채무자 보호와 이해관계의 조정이라는 법의 지도이념이나 정의 관념에 비추어 법 제100조 제1항에서 정한 부인권 행사의 대상이 될 수 없다고 보아야 한다.

여기에서 '행위의 상당성 유무'는 행위 당시 회생회사의 재산 및 영업 상태, 행위의 목적 · 의도와 동기 등 회생회사의 주관적 상태를 고려함은 물론, 변제행위에서는 변제자금의 원천, 회생회사와 채권자의 관계, 채권자가 회생회사와 통모하거나 회생회사에게 변제를 강요하는 등 영향력을 행사하였는지 여부를 기준으로 하여 신의칙과 공평의 이념에 비추어 구체적으로 판단하여야 한다.[41] 위와 같은 상당성의 존재에 대한 주장 · 입증책임은 상대방인 수익자에게 있다.[42]

4) 벌금 · 조세 등의 예외(법 제100조 제2항)   회생절차개시 전의 벌금 · 과료 · 형사소송비용 · 추징금 및 과태료(법 제140조 제1항)와 국세징수법 또는 지방세법에 의하여 징

대법원은 담보권의 실행행위는 담보권의 실행절차가 법령의 제반 절차를 적법하게 준수하여 이루어졌다면, 담보물 매각대금 자체가 담보목적물의 합리적으로 동등한 가치(reasonably equivalent value)라 할 것이어서 부인권 행사의 대상이 될 수 없다고 판시하고 있다(BFP v. Resolution Trust Corp. 511 U.S. 531, 114S.Ct. 1757. 128 L. Ed. 2d 556). 다만 담보권실행행위라 하더라도 실질적인 사해의사가 인정되는 경우라면 미국 연방파산법 제548조(a)(1)(A)에 따라 부인대상행위로 인정될 여지가 있을 것이다.

41) 대법원 2011. 5. 13. 선고 2009다75291 판결. 한편, 무상행위의 부인은 행위의 상당성 여부의 판단에 있어서 행위의 목적 · 의도와 동기, 수익자와의 통모 여부 등 회생회사와 수익자의 주관적 상태보다는 행위 당시의 회생회사의 재산 및 영업 상태, 행위의 사회경제적 필요성, 행위의 내용 및 금액과 이로 인한 회생회사의 경제적 이익 등 객관적 요소를 종합적으로 고려하여 판단하여야 한다는 대법원 2015. 5. 29. 선고 2012다87751 판결, 대법원 2008. 11. 27. 선고 2006다50444 판결 등 참조.

42) 대법원 2020. 6. 25. 선고 2016다257572 판결, 대법원 2011. 10. 13. 선고 2011다56637, 56644 판결, 대법원 2004. 3. 26. 선고 2003다65049 판결 등 참조.

수할 수 있는 청구권(법 제140)(국세징수의 예에 의하여 징수할 수 있는 청구권으로서 그 징수우선순위가 일반 회생채권보다 우선하는 것을 포함한다)은 회생채권으로 취급되기 때문에 채무자가 징수권자에 대하여 한 담보의 제공 또는 채무의 소멸에 관한 행위도 다른 회생채권자를 해하는 것으로서 부인의 대상이 될 여지가 있다. 따라서 법은 정책적으로 법 제100조 제2항에 의하여 부인의 여지를 제한하고 있다.

한편 국세징수의 예에 의하여 징수할 수 있는 청구권으로서 그 징수우선순위가 일반 회생채권에 우선하지 아니한 청구권(예: 국유재산의 대부료·사용료, 변상금채권 등)의 경우에는 부인권 제한의 특칙이 적용되지 아니한다.

나. 개별적 성립요건

1) 고의부인(법 제100조 제1항 제1호)

채무자가 회생채권자 등을 해한다는 사실을 알면서 한 행위에 대하여 부인하는 것을 고의부인이라 한다. 채무자의 사해의사를 요건으로 하는 부인으로서 민법상의 채권자취소권과 실질을 같이한다. 고의부인의 성립요건은 ① 객관적 요건으로서 회생채권자 등을 해하는 행위가 있어야 하고(사해행위), ② 주관적 요건으로서 채무자가 행위 당시 그 행위에 의하여 회생채권자 등을 해한다는 사실을 알고 있어야 한다(사해의사). 사해행위와 사해의사에 대한 증명책임은 관리인이 부담한다.

사해행위란 회생채권자 등에게 손해를 주는 행위로서 채무자의 재산을 절대적으로 감소시키는 행위인 좁은 의미의 사해행위는 물론 회생채권자 등에게 불공평을 생기게 하는 편파행위도 포함한다. 사해의사에 관하여는 다수설과 판례[43]가 인식설을 취하고 있다. 즉 채무자가 자신의 행위로 인하여 회생채권자 등에게 손해를 생기게 한 원인인 사실에 대한 인식이 있으면 족하고, 사해의 의도 내지 악의까지 있을 필요는 없다는 것이다. 사해의사는 행위 당시 존재하면 족하다.

채무자의 행위가 위와 같은 요건을 충족하더라도 행위의 상대방인 수익자가 회생채권자 등을 해한다는 사실을 알지 못하였을 때, 즉 수익자가 선의인 때

---

43) 대법원 2020. 6. 25. 선고 2016다257572 판결(위 판결은 특정채권자에게 변제하는 편파행위를 고의부인의 대상으로 할 경우, 채권자평등의 원칙을 회피하기 위하여 특정채권자에게 변제한다는 인식이 필요하다고 할 것이지만, 채권자들에 대한 적극적인 가해의 의사 내지 의욕까지 필요한 것은 아니라고 판시하고 있다).

에는 부인할 수 없다(법 제100조 제1항). 선의의 증명책임은 수익자가 부담한다.[44] 선의인 이상 그에 대하여 과실이 있는지 여부는 묻지 않는다.[45]

고의부인을 인정한 사례로는 채무자가 담보권을 설정하여 준 후 10일이 지나 부도가 났고 담보제공 시 상대방은 채무자가 정리절차개시신청을 준비하고 있는 사실을 알고 있었던 경우,[46] 기업개선명령(일명 워크아웃) 대상기업으로 지정된 기업의 사채발행에 대하여 상대방과 사이에 사채보증보험계약상의 구상금채무에 대한 연대보증을 한 경우,[47] 부도 후 어음금채무의 변제에 갈음하여 임대차계약을 체결한 경우,[48] 사업을 통한 대출금의 변제가 불가능해지자 변제기연장을 목적으로 담보신탁계약을 체결하고 금융기관을 우선수익자로 지정한 경우[49] 등이 있고, 고의부인을 인정하지 아니한 사례로는 저가의 현물출자를 받고 신주를 발행한 행위,[50] 채권자가 채무자로부터 작성, 교부받은 공정증서에 기하여 채무자의 임대차보증금반환채권에 대하여 전부명령을 받은 후 약 3년 8개월이 지나 채무자에 대하여 회생절차가 개시된 사안에서, 위 전부명령이 편파행위에는 해당하나 채무자가 회생채권자들을 해함을 알면서도 변제한 것과 사실상 동일하다고 볼 수 있는 특별한 사정을 인정할 증거가 부족하다고 본 경우 등이[51] 있다.

2) 본지행위에 대한 위기부인(법 제100조 제1항 제2호)

채무자가 지급정지, 회생절차개시의 신청 또는 파산의 신청 등 위기시기에 한 회생채권자 등을 해하는 행위를 채무자의 사해의사의 존부와 관계없이 부인하는 것을 위기부인이라 한다. 위기부인은 법 제100조 제1항 제2호, 제3호에서 규정하고 있는데, 제2호는 채무자의 의무에 속하는 본지행위를 대상으로 한다는 점에서 채무자의 의무에 속하지 아니하는 비본지행위를 부인하는 제3호와 구별된다. 위기부인은 어느 것이나 채무자의 사해의사를 요건으로 하지 않는다는 점에서 고의부인 또는 사해행위취소권과 다르다.

본지행위에 대한 부인의 성립요건은 ① 객관적 요건으로서 회생채권자 등

44) 대법원 2011. 5. 13. 선고 2009다75291 판결.
45) 대법원 2001. 5. 8. 선고 2000다50015 판결은 사해행위취소소송에서 수익자의 선의 여부만이 문제되고, 수익자의 선의에 과실이 있는지 여부는 문제되지 않는다고 판시하였다.
46) 서울지방법원 2001. 1. 9. 선고 2000가합15314 판결.
47) 대법원 2001. 2. 9. 선고 2000다63523 판결.
48) 서울고등법원 2001. 6. 5. 선고 2000나41426 판결.
49) 대법원 2016. 1. 14. 선고 2014다18131 판결.
50) 대법원 2004. 9. 3. 선고 2004다27686 판결.
51) 대법원 2018. 7. 24. 선고 2018다210348 판결.

을 해하는 행위와 담보의 제공 또는 채무의 소멸에 관한 행위라야 하고, ② 시기적 요건으로서 채무자가 지급의 정지, 회생절차개시의 신청 또는 파산의 신청이 있은 후에 한 행위라야 하며, ③ 주관적 요건으로서 수익자가 행위 당시 지급정지 등이 있는 사실을 알거나 회생채권자 등을 해하는 사실을 알고 있을 것이 필요하다. 그와 같은 세 가지 요건에 대한 입증책임은 모두 관리인이 부담한다.

본 호에서 '회생채권자 등을 해하는 행위'란 담보의 제공, 채무의 소멸이라는 편파행위(불평등행위)를 제외한 총 채권자를 해하는 행위, 즉 일반재산의 감소행위(사해행위)를 의미한다.[52] 또 지급정지란 지급불능을 추정하게 하는 사실로서 변제자력의 결핍으로 인하여 변제기가 도래한 채무를 일반적·계속적으로 변제하는 것이 불가능함을 명시적·묵시적으로 외부에 표시하는 것을 말하고, 변제자력의 결핍이란 채무자에게 채무를 변제할 수 있는 자산이 없고 변제의 유예를 받거나 변제하기에 족한 융통을 받을 신용도 없는 것을 말한다.[53] 시기적 요건 중 '지급의 정지'는 그것이 발생하여 회생절차개시에 이르기까지 계속하고 있을 것을 요하고, '회생절차개시의 신청 또는 파산의 신청이 있은 후'라는 것은 이러한 절차가 모두 부인권이 행사되어야만 하는 회생절차에 직결되어 있을 것을 요한다.[54] 주관적 요건과 관련하여 수익자가 금융기관일 경우는 채무

---

52) 집행행위가 '회생채권자 등을 해하는 행위'에 해당하는지에 관한 판단기준에 관하여 대법원 2011. 11. 24. 선고 2009다76362 판결은, 채권자가 질권의 목적인 유가증권을 처분하여 채권의 만족을 얻는 행위를 집행행위로 보아 법 제104조 후단, 제100조 제1항 제2호에 의하여 부인하고자 하는 경우에는 부인하고자 하는 집행행위가 회생채권자 등을 해하는 행위에 해당하여야 하고, 이에 해당하는지를 판단할 때는 회생절차가 기업의 수익력 회복을 가능하게 하여 채무자의 회생을 용이하게 하는 것을 목적으로 하는 절차로서, 파산절차와 달리 담보권자에게 별제권이 없고 회생절차의 개시에 의하여 담보물권의 실행행위는 금지되거나 중지되는 등 절차적 특수성이 있다는 점 및 집행행위의 내용, 집행대상인 재산의 존부가 채무자 회사의 수익력 유지 및 회복에 미치는 영향 등 제반 요소를 종합적으로 고려하여 정하여야 한다고 판시하였다.

53) 대법원 2001. 6. 29. 선고 2000다63554 판결. 위 판결은 무상부인과 관련하여 설시하고 있지만, 채무자가 부도유예협약 대상업체로 선정하여 줄 것을 신청하거나 주거래은행이 채무자를 그 협약의 대상기업으로 결정한 것이 '지급정지'에 해당하지 않는다고 판시하고 있다. 서울고등법원 2005. 9. 2. 선고 2004나81224 판결(2005. 9. 27. 자 회사정리절차종결결정으로 대법원 2006. 10. 12. 선고 2005다59307 판결에서 소송종료 되었다)은 화의인가결정이 확정되고 화의조건에 따라 채무변제가 이루어지고 있던 중 회사정리절차가 개시되면서 화의가 취소된 경우, 화의의 원인이 되었던 최초의 지급정지 또는 화의개시신청을 회사정리법 제78조 제1항에서 정하는 '지급의 정지 등'으로 볼 수 없다고 판단하였다. 한편 파산절차상의 부인권에 관한 것이기는 하나, 선행 화의절차의 종료 여부나 그 진행 기간 내지 경과 등을 고려하지 않은 채 아무런 제한 없이 종전의 화의개시의 원인이 된 선행 지급정지상태 또는 그에 준하는 위기상태를 파산법 제64조 제5호에서 정하고 있는 '지급정지'로 보는 것은 부인권 행사의 대상을 지나치게 확대하여 채권자의 지위를 불안정하게 하고 거래의 안전을 해할 수도 있어 그대로 받아들일 수는 없다는 판결도 있다(대법원 2007. 8. 24. 선고 2006다80636 판결).

54) 서울고등법원 2005. 10. 21. 선고 2004나73469 판결(대법원 2006. 10. 26. 선고 2005다75880 판결로 확정)은 지급정지 이후 화의개시 결정·화의인가결정을 받고, 그 인가결정이 확정되었다

자가 부도를 낸 사실을 알고 있는 것이 통상이므로, 그 요건을 입증하는 것이 비교적 용이할 것이다.

본 호의 부인권을 인정한 사례로는, 채무자가 지급정지 후 담보권자에 대한 채무변제를 위하여 매출채권을 양도한 경우[55] 등이 있다. 부정한 사례로는, 1차 부도를 낸 채무자가 부도 당일 14:00경 변제합의를 하여 변제를 하고, 21:30경 회사정리절차개시신청을 하고서 다음날 최종 부도를 낸 경우가 있다.[56]

금융실무상 채무자가 채무의 담보로 특정 거래처에 대하여 갖고 있는 현재 및 장래의 매출채권을 포괄적으로 양도하는 경우, 특히 채무자의 지급정지 등을 정지조건으로 하는 집합채권의 양도담보[57]가 본 호의 부인대상이 될 수 있는 것인지가 문제된다. 일본 최고재판소 판결은 계약의 실질을 중시하여 대항요건의 구비가 채무자의 행위에 의한 것인지 여부의 문제로 보지 아니하고, 집합채권의 양도계약 당시 이미 위기시기가 도래할 경우 특정 채권자에게 이익을 줄 목적으로 이루어진 탈법적 행위로서 부인권 제도의 취지를 잠탈하는 것으로 보아, 그러한 내용의 집합채권의 양도계약을 부인의 대상이 된다고 판단하고 있다.[58] 대법원은 "부인의 대상은 원칙적으로 채무자의 행위라고 할 것이나, 다만 채무자의 행위가 없었다고 하더라도 채무자와의 통모 등 특별한 사정이 있어서

가 화의조건에 따른 채무변제가 이행할 수 없는 상태에 이르러 채권자의 신청에 기하여 회사정리절차 개시결정이 내려진 후 화의가 취소된 (주)진로 사건에서, 선행 도산절차인 화의절차 진행 당시의 채무자의 지급정지를 이유로 회사정리절차에서 부인권을 행사할 수 있으려면, 회사정리법 제67조 제1항(정리절차 개시의 결정이 있으면 화의절차는 그 효력을 잃는다)에 따라 회사정리절차 개시결정에 의하여 당해 화의절차가 중지 또는 실효될 절차일 것을 요하는 것으로 해석한 다음, 화의개시의 원인이 된 지급정지상태는 화의인가결정의 확정으로 해소되었다고 보아 회사정리절차에까지 지속되지 않은 지급정지상태의 발생 및 회사정리절차에 직결되어 있다고 할 수 없는 화의개시신청은 모두 회사정리절차에 있어서의 부인권 행사의 기준 시점으로 삼을 수 없다고 판단하였다.

55) 대법원 2007. 7. 13. 선고 2005다71710 판결.
56) 서울고등법원 2000. 5. 3. 선고 99나58367 판결. 1차 부도는 지급제시된 어음이 지급거절된 상태로, 최종부도가 있기 전까지는 거래정지처분이 내려지지 아니한 상태이므로 채무가 일반적·계속적으로 변제되지 아니하는 것으로 보기는 어렵다고 판시하였다.
57) 위기시기가 도래하기 이전에 채권의 담보를 목적으로 체결하는 채권양도계약에 채무자의 채무불이행, 지급의 정지, 도산절차신청 등의 일정한 사유가 있을 것이라는 정지조건을 붙여 채권양도계약의 효력이 지급의 정지 등이 있은 때에 비로소 발생하도록 하고, 채권자는 그 시점에 제3자에게 채권양도통지를 하는 것이 보통이다.
58) 일본 最高裁判所 平成 16. 7. 16. 판결은 채무자의 지급정지 등을 정지조건으로 하는 채권양도계약은 그 계약체결행위 자체는 위기시기 이전에 행하여졌지만, 계약당사자는 채권양도의 효력발생을 위기시기의 도래와 관련시켜 이를 정지조건으로 함으로써 위기시기에 이르기까지 채무자의 책임재산에 속하였던 채권을 채무자의 위기시기가 도래함과 동시에 곧바로 당해 채권자에게 귀속시킴으로써 이를 책임재산으로부터 일탈시키는 것을 미리 의도한 것이므로, 그 계약내용을 실질적으로 보면 채권양도는 채무자의 위기시기 도래 후 행하여진 채권양도와 같이 보아야 하므로 부인권행사의 대상으로 된다고 한다.

채권자 또는 제3자의 행위를 채무자의 행위와 동일시할 수 있는 경우에는 예외
적으로 채권자 또는 제3자의 행위도 부인의 대상이 된다."라고 판시하면서, 이
른바 예약형 집합채권의 양도담보 약정으로 채권자에게 예약을 일방적으로 완
결할 수 있는 예약완결권, 양도 대상 채권을 선택할 수 있는 선택권, 제3채무자
에 대한 채권양도사실 통지 대리권한까지 부여한 구체적 사안과 관련하여 '채무
자의 행위'가 없다는 점 등을 중시하여 부인권 대상이 되지 아니한다고 본 사
례[59]도 있고, 채무자의 행위와 동일시할 만한 특별한 사정이 있다고 보아 부인
의 대상에 해당하다고 본 사례[60]도 있다.

3) 비본지행위에 대한 위기부인(법 제100조 제1항 제3호)

비본지행위에 대한 위기부인은 담보의 제공 또는 채무의 소멸에 관한 행위
를 부인의 대상으로 한다는 점에서 제2호의 부인과 같은 점이 있으나, 채무자의
의무에 속하지 아니하는 행위(비본지행위)를 부인의 대상으로 한다는 차이가 있
다. 이에 따라 법은 제2호의 부인보다 시기적 요건을 완화하여 부인대상을 지급
정지 등이 있기 전 60일 내에 이루어진 행위까지 확대하고, 선의의 입증책임도
수익자에게 부담시키고 있다.

본 호에 의한 부인의 성립요건은 ① 객관적 요건으로서 담보의 제공 또는
채무의 소멸에 관한 행위로서 그 행위 자체나 방법 또는 시기가 채무자의 의무
에 속하지 아니하는 행위라야 하고, ② 시기적 요건으로서 채무자가 지급정지
등이 있은 후 또는 그 전 60일 내에 한 행위라야 한다. 성립요건에 대한 입증책
임은 관리인이 부담한다.

행위 자체가 채무자의 의무에 속하지 아니하는 예로는 채무자가 기존의 채
무에 대하여 담보를 제공하기로 하는 약속이 없음에도 담보제공을 하는 경우,
변제기한의 유예를 받거나 집행을 면하기 위하여 담보를 제공하는 경우[61] 등을
들 수 있다. 방법이 의무에 속하지 아니하는 예로는 본래 약정이 없음에도 대물
변제를 하는 경우를, 시기가 의무에 속하지 아니하는 예로는 변제기 전에 채무
를 변제하는 경우를 들 수 있다. 특히 문제가 되는 것은 여신거래약정서 등에
"채무자의 신용변동, 담보가치의 감소 기타 채권보전상 필요하다고 인정될 상당
한 사유가 발생한 경우에는 채무자는 채권자의 청구에 의하여 채권자가 승인하
는 담보나 추가담보의 제공 또는 보증인을 세우거나 이를 추가한다." 등과 같은

---

59) 대법원 2004. 2. 12. 선고 2003다53497 판결, 대법원 2002. 7. 9. 선고 2001다46761 판결.
60) 대법원 2011. 10. 13. 선고 2011다56637, 56644 판결.
61) 서울고등법원 2000. 6. 23. 선고 99나54624 판결.

약관 규정이 있는 경우인데, 이는 단순히 일반적·추상적인 담보제공의무만을
약정한 것에 불과하고 구체적인 담보제공의무를 부담시키는 것이 아니어서 그
약관 규정에 기한 담보제공을 채무자의 의무에 속하는 행위라고 볼 수 없다는
것이 판례이다.[62]

　수익자는 '그 행위 당시 채무자가 다른 회생채권자 또는 회생담보권자와의
평등을 해하게 되는 것을 알지 못한 경우'[63]나 그 행위가 지급의 정지 등이 있
은 후에 행한 것일 때에는 '지급정지 등이 있은 것도 알지 못한 경우'임을 입증
하여 선의자로서 보호받을 수 있다.

　비본지행위의 부인을 긍정한 판례로는, 사채의 만기가 도래한 후 근저당권
이 설정되었고 근저당권이 설정되고 나서 6일 후 부도가 난 경우,[64] 변제기의
연장을 위하여 담보제공을 하고 27일 만에 부도가 난 경우,[65] 외상대금채무의
변제기가 도래하였으나 어음개서의 방법으로 만기를 연장한 경우 개서한 어음
의 만기 전인 부도당일에 채무를 변제한 경우,[66] 실질적으로 만기가 도래한 어
음의 만기연장을 받거나 또는 부도처분을 회피하기 위하여 담보를 제공하는 경
우[67] 등이 있다.

　비본지행위의 부인을 부정한 판례로는 채무자와 사이에 성립된 조정조서에
기하여 법이 정한 절차에 따라 배당금을 수령한 경우[68]가 있다.

4) 무상부인(법 제100조 제1항 제4호)

　무상부인이란 채무자가 한 무상행위 또는 이와 동일시할 수 있는 유상행위
를 부인하는 것을 말한다. 무상부인은 그 대상인 채무자의 행위가 대가를 수반
하지 않는 것으로서 사업의 수익력과 채권자 일반의 이익을 해할 위험이 특히

---

62) 대법원 2006. 6. 29. 선고 2004다32503 판결, 대법원 2000. 12. 8. 선고 2000다26067 판결.
63) 구 회사정리법은 "채권자가 그 행위 당시 회사가 다른 정리채권자 등과의 평등을 해하게 되
　는 것을 알고 한 사실을 알지 못한 때"에는 부인할 수 없다고 규정함으로써 회사의 악의를 전
　제로 하여 그 악의에 관하여 채권자가 선의인 것의 입증책임을 채권자에게 부과하였다. 이와
　같이 이중의 악의가 부인의 요건이라고 한다면, 수익자는 그 행위가 정리채권자 등을 해하는
　행위임을 알고 있었지만 회사는 그러한 사실을 알지 못하였을 때, 또 수익자도 회사도 각각
　그 행위가 정리채권자 등을 해하는 행위임을 알고 있었지만 수익자는 회사가 그러한 사실을
　알고 있었는지에 대해서는 모르고 있었을 때 각 부인할 수 없게 되어 적절한 입법이 아니라
　는 비판이 있었다. 법은 채권자가 유해성을 알았다는 것만을 부인의 요건으로 하여 개정한 것
　이다.
64) 대법원 2001. 5. 15. 선고 2001다16852 판결(다른 사정도 언급되고 있음).
65) 서울고등법원 2000. 6. 23. 선고 99나54624 판결.
66) 서울고등법원 2000. 5. 3. 선고 99나58367 판결.
67) 대법원 2006. 6. 29. 선고 2004다32503 판결.
68) 대법원 2018. 7. 24. 선고 2018다204008 판결.

현저하기 때문에 채무자 및 수익자의 주관을 고려하지 아니하고 오로지 행위의 내용 및 시기에 착안하여 특수한 부인 유형으로서 인정되는 것이다.

　　무상부인의 성립요건은 ① 객관적 요건으로서 채무자의 행위가 무상행위 또는 이와 동일시할 수 있는 유상행위라야 하고, ② 시기적 요건으로서 채무자가 지급정지 등이 있은 후 또는 그 전 6개월 내에 한 행위라야 한다. 성립요건에 대한 입증책임은 관리인이 부담한다.

　　무상행위란 채무자가 대가를 받지 않고 재산을 감소시키거나 채무를 증가시키는 일체의 행위를 말한다. 무상행위로는 증여, 유증, 채무면제, 권리포기, 시효이익의 포기, 사용대차 등의 법률행위와 청구의 포기와 인낙, 소송상의 화해와 같은 소송행위도 포함한다. 무상행위와 동일시할 수 있는 유상행위란 상대방이 반대급부로서 출연한 대가가 지나치게 근소하여 사실상 무상행위와 다름없는 경우를 말한다.[69] 무상행위인지 여부는 채무자를 기준으로 하여 판단해야 하지, 수익자의 입장에서 무상성이 있는지를 판단해서는 안 된다. 따라서 채무자의 인적보증 또는 물상보증 행위는 그것이 채권자의 주채무자에 대한 출연의 직접적인 원인이 되는 경우에도 채무자가 그 대가로서 직접적이고도 현실적인 경제적인 이익[70]을 받지 아니하는 한 무상행위에 해당하고,[71][72] 주채무자가 계열회사 내지 가족회사라고 하여 달리 볼 것은 아니다.[73]

---

69) 대법원 2003. 9. 26. 선고 2003다29128 판결, 대법원 2001. 7. 13. 선고 2001다5388 판결, 대법원 1999. 3. 26. 선고 97다20755 판결. 서울지방법원 1999. 6. 9. 선고 98가합70776 판결은 채무자가 연대보증한 금액이 1,040억 원 정도이고, 반대급부는 72억 원 정도에 불과하여 무상행위와 동일시해야 할 경우에 해당한다고 하였고, 서울중앙지방법원 2005. 7. 28. 선고 2004가합3159 판결은 채무자가 거래정지 처분을 받은 후 상대방에게 20년간 아시아 시장에서의 소주 독점판매권을 50만 달러에 부여한 것은 무상행위와 동일시해야 할 유상행위에 해당한다고 하였다.

70) 채무자의 보증행위와 이로써 이익을 얻은 채권자의 출연과의 사이에는 사실상의 관계가 있음에 지나지 않고, 채무자가 취득하게 될 구상권이 언제나 보증행위의 대가로서의 경제적 이익에 해당한다고 볼 수도 없다(대법원 2008. 11. 27. 선고 2006다50444 판결). 즉 경제적인 동기가 있는 것만으로는 유상성을 획득할 수 없고, 그것이 행위당사자의 직접적인 법률적 이익과 연관되는 것이어야만 비로소 유상성을 갖추게 된다.

71) 대법원 2009. 2. 12. 선고 2008다48117 판결, 대법원 1999. 3. 26. 선고 97다20755 판결.

72) 대법원 2008. 11. 27. 선고 2006다50444 판결은 "무상행위의 부인은, 그 대상인 행위가 대가를 수반하지 않는 것으로서 정리회사의 수익력과 정리채권자 일반의 이익을 해할 위험이 특히 현저하기 때문에 정리회사와 수익자의 주관적 사정을 고려하지 아니하고 오로지 행위의 내용과 시기에 착안하여 특수한 부인유형으로서 규정되어 있는 점에 비추어, 그 행위의 상당성 여부의 판단에 있어서도 행위의 목적·의도와 동기, 수익자와의 통모 여부 등 정리회사와 수익자의 주관적 상태보다는 행위 당시의 정리회사의 재산 및 영업 상태, 행위의 사회경제적 필요성, 행위의 내용 및 금액과 이로 인한 정리회사의 경제적 이익 등 객관적 요소를 종합적으로 고려하여 판단하여야 한다."라고 판시하였다.

73) 대법원 2008. 11. 27. 선고 2006다50444 판결, 대법원 1999. 3. 26. 선고 97다20755 판결.

무상부인을 긍정한 사례로는 계열회사에 대한 지급보증,[74] 연대보증 후 주
채무자로부터 아무런 금전적 대가 없이 주채무자의 채권자에게 담보제공행위를
한 경우(이로 인하여 잠시나마 기한의 유예를 받았다 하더라도 무상부인에 해당한다),[75]
대가 없는 약속어음 배서행위,[76] 부도 후 부동산을 증여한 경우,[77] 채무자 회사
가 원고에게 금형의 소유권과 사용권을 모두 넘겨주고 원고에 대한 장래의 로
열티 채권을 포기하는 반면에 금형의 대가로 2,500만 원을 받기로 하는 최종부
속합의를 하였는데, 채무자 회사가 최종부속합의를 통하여 위 금형 대가 외에는
직접적이고 현실적인 경제적 이익이 전혀 없는 경우[78] 등이 있다.

무상부인을 부정한 사례로는 채무자가 최초 어음할인 당시 연대보증을 하
고, 이후 대환에 의하여 주채무가 계속 연장됨에 따라 최초의 대출거래시기가
채무자의 지급정지일로부터 6월 이전에 해당되고, 최종 연장 행위는 6개월 내에
해당되는 경우가 있다.[79]

다. 특수관계인을 상대방으로 한 행위에 대한 부인

1) 본지행위에 대한 위기부인(법 제101조 제1항)

법은 본지행위에 대한 위기부인의 특례로서 수익자가 채무자와 대통령령[80]

---

74) 대법원 2001. 5. 8. 선고 99다32875 판결, 대법원 1999. 3. 26. 선고 97다20755 판결. 연대보증
과 관련한 하급심 판결로는 서울고등법원 2000. 4. 25. 선고 99나58152 판결, 서울지방법원
1999. 12. 14. 선고 98가합88104 판결.
75) 대법원 2002. 3. 26. 선고 2000다67075 판결.
76) 서울고등법원 2000. 7. 21. 선고 2000나13339 판결.
77) 서울지방법원 2001. 11. 15. 선고 2001가합968 판결.
78) 대법원 2015. 5. 29. 선고 2012다87751 판결.
79) 대법원 2001. 11. 13. 선고 2001다55222, 55239(병합) 판결. 대환의 성질이 변제기의 연장에 불
과하고, 기존채무의 동일성이 그대로 유지됨을 전제로 판시하고 있다. 유사한 취지의 판결로 대
법원 2001. 7. 13. 선고 2001다5388 판결, 대법원 2001. 5. 29. 선고 2001다16814 판결 등이 있다.
80) 시행령 제4조
  1. 본인이 개인인 경우에는 다음 각 목의 어느 하나에 해당하는 자
    가. 배우자(사실상의 혼인관계에 있는 자를 포함한다. 이하 같다)
    나. 8촌 이내의 혈족이거나 4촌 이내의 인척
    다. 본인의 금전 그 밖의 재산에 의하여 생계를 유지하는 자이거나 본인과 생계를 함께
      하는 자
    라. 본인이 단독으로 또는 그와 가목 내지 다목의 관계에 있는 자와 합하여 100분의 30
      이상을 출자하거나 임원의 임면 등의 방법으로 법인 그 밖의 단체의 주요 경영사항에
      대하여 사실상 영향력을 행사하고 있는 경우에는 당해 법인 그 밖의 단체와 그 임원
    마. 본인이 단독으로 또는 그와 가목 내지 라목의 관계에 있는 자와 합하여 100분의 30
      이상을 출자하거나 임원의 임면 등의 방법으로 법인 그 밖의 단체의 주요 경영사항에
      대하여 사실상 영향력을 행사하고 있는 경우에는 당해 법인 그 밖의 단체와 그 임원
  2. 본인이 법인 그 밖의 단체인 경우에는 다음 각 목의 어느 하나에 해당하는 자
    가. 임원

이 정하는 범위의 특수관계에 있는 자(이하 이 조에서 '특수관계인'이라 한다)인 때에는 그 특수관계인이 그 행위 당시 지급의 정지 등이 있은 것과 회생채권자 또는 회생담보권자를 해하는 사실을 알고 있었던 것으로 추정하고 있다. 따라서 주관적 요건의 입증책임을 관리인이 부담하는 통상의 경우와 달리, 수익자는 자신이 선의라는 사실을 입증함으로써 부인의 대상에서 제외될 수 있다.

2) 비본지행위에 대한 위기부인(법 제101조 제2항)

비본지행위에 대한 위기부인의 경우에는 제100조 제1항 제3호 본문에 규정된 '60일'을 '1년'으로 연장하고, 특수관계인이 선의의 입증책임을 진다.[81]

3) 무상부인(법 제101조 제3항)

또한 무상부인의 대상이 되는 행위의 상대방이 특수관계인인 경우에는 지급정지 등이 있기 전 1년 이내에 한 무상행위 등까지 부인의 대상으로 하였다(법 제101조 제3항). 부인 대상이 연대보증행위인 경우에는 그 연대보증행위의 직접 상대방인 채권자가 채무자의 특수관계인인 경우를 말하고, 주채무자가 채무자의 특수관계인인 경우는 해당되지 않는다.[82]

라. 특별요건

1) 어음채무의 지급에 관한 부인의 제한(법 제102조)

법 제102조 제1항은 "제100조 제1항의 규정은 채무자로부터 어음의 지급을 받은 자가 그 지급을 받지 아니하면 채무자의 1인 또는 여러 명에 대한 어음상의 권리를 상실하게 된 경우에는 적용하지 아니한다."라고 규정하여[83] 어음금[84] 채무의 변제의 경우에는 일정한 요건 아래 법 제100조 제1항에서 규정한 부인

나. 계열회사(독점규제 및 공정거래에 관한 법률 제2조 제3호에 따른 계열회사를 말한다) 및 그 임원

다. 단독으로 또는 제1호 각 목의 관계에 있는 자와 합하여 본인에게 100분의 30 이상을 출자하거나 임원의 임면 등의 방법으로 본인의 주요 경영사항에 대하여 사실상 영향력을 행사하고 있는 개인 및 그와 제1호 각 목의 관계에 있는 자와 법인 그 밖의 단체(계열회사를 제외한다. 이하 이 호에서 같다) 및 그 임원

라. 본인이 단독으로 또는 그와 가목 내지 다목의 관계에 있는 자와 합하여 100분의 30 이상을 출자하거나 임원의 임면 등의 방법으로 단체의 주요 경영사항에 대하여 사실상 영향력을 행사하고 있는 경우에는 당해 법인 그 밖의 단체 및 그 임원

81) 비본지행위에 대한 위기부인은 통상의 경우에도 수익자가 선의의 입증책임을 부담하므로 제101조 제2항 후단은 무익한 규정이다.

82) 대법원 2019. 1. 17. 선고 2015다227017 판결, 대법원 2009. 2. 12. 선고 2008다48117 판결.

83) 통설과 판례는 약속어음의 경우 본 항에서 말하는 '어음의 지급'이란 발행인에 의한 지급을 의미하고, '1인 또는 수인에 대한 어음상의 권리'란 전자에 대한 상환청구권을 의미한다고 해석하고 있다.

84) 수표금도 포함된다는 것이 통설이다.

유형에 해당하더라도 부인할 수 없도록 하고 있다. 이는 어음 소지인이 채무자가 어음금을 제공함에도 이를 수령하지 않을 경우 상환청구권을 상실하게 되고, 따라서 변제를 받을 수밖에 없음에도 나중에 회생절차에서 그 변제가 부인된다면 그때는 이미 거절증서작성기간이 지나 역시 상환청구권을 상실하게 되는 불합리한 결과를 초래하고, 어음거래의 안전을 해하기 때문에 부인의 대상에서 제외한 것이다.

그러나 경우에 따라서는 법 제102조 제1항을 악용하여 어음금의 변제를 받는 방법으로 우선변제를 받을 수 있으므로, 이를 제한하기 위하여 동조 제2항은 "제1항의 경우 최종의 상환의무자 또는 어음의 발행을 위탁한 자가 그 발행 당시 지급의 정지 등이 있는 것을 알았거나 과실로 인하여 알지 못한 때에는 관리인은 그로 하여금 채무자가 지급한 금액을 상환하게 할 수 있다."라고 규정하고 있다. 예를 들어, 채권자가 자기를 수취인으로 한 약속어음을 채무자에게 발행하도록 한 다음 제3자에게 배서양도하여 대가를 받고, 제3자는 채무자에게 어음을 제시하여 어음금을 지급받은 경우, 또는 채권자가 채무자에게 위탁하여 채무자를 발행인, 제3자를 수취인으로 한 약속어음을 발행하게 하고, 제3자로부터 배서양도받아 채무자로부터 어음금을 지급받은 경우이다.

2) 권리변동의 성립요건 또는 대항요건의 부인($\substack{법 \ 제 \\ 103조}$)

법 제103조는 성립요건 또는 대항요건 등(이하 '대항요건 등'이라고 한다)의 구비행위를 권리변동의 원인행위와 분리하여 그 원인행위를 부인할 수 없는 경우에도 독자적으로 대항요건 등의 구비행위를 부인할 수 있도록 규정하고 있다. 대항요건 등의 구비행위에 대한 부인을 인정하는 취지는 원인행위가 있었음에도 상당기간 대항요건 등의 구비행위를 하지 않고 있다가 지급정지 등이 있은 후에 그 구비행위를 한다는 것은 일반 채권자들에게 예상치 않았던 손해를 주기 때문에 이를 부인할 수 있게 한 것이다.

본 조의 부인규정과 법 제100조 제1항과의 관계에 대하여 견해가 대립되고 있으나, 통설과 판례[85]는 "대항요건 등의 구비행위도 본래 법 제100조의 일반규정에 의한 부인의 대상이 되어야 하지만, 권리변동의 원인이 되는 행위를 부인할 수 없는 경우에는 가능한 한 대항요건을 구비시켜 당사자가 의도한 목적을 달성시키면서 법 제103조 소정의 엄격한 요건을 충족시키는 경우에만 특별히 이를 부인할 수 있도록 한 것이라고 해석되므로, 권리변동의 대항요건을 구

---

85) 대법원 2004. 2. 12. 선고 2003다53497 판결.

비하는 행위는 법 제103조 소정의 엄격한 요건을 충족시키는 경우에만 부인의 대상이 될 뿐이지, 이와 별도로 법 제100조에 의한 부인의 대상이 될 수는 없다."라고 함으로써 법 제103조에 규정된 15일의 기간 내에 한 대항요건 구비행위에 관하여는 형식적 위기시기의 전후를 막론하고 고의부인은 인정되지 아니한다고 보았다.[86)]

본 조에 의한 부인의 성립요건은 다음과 같고, 입증책임은 관리인에게 있다. ① 객관적 요건으로서 채무자가 권리의 설정·이전 또는 변경의 성립요건 또는 대항요건을 구비하는 행위가 있어야 한다. 즉 부동산의 등기, 동산의 인도, 채권의 양도와 입질에 관한 통지와 승낙,[87)] 지시채권의 배서·교부, 선박의 등기, 자동차의 등록 등을 구비하는 행위를 가리킨다. ② 시기적 요건으로서, 지급정지 등이 있은 후이면서 권리의 설정·이전·변경이 있은 날부터 15일을 경과한 후에 대항요건 등의 구비행위가 이루어져야 한다.[88)] 유의해야 할 점은 15일의 기산점이 원인행위가 이루어진 날이 아니라 원인행위의 효력이 발생한 날을 의미한다는 것이다.[89)] 따라서 대물변제예약의 경우 대물변제예약 시에 권리가 이전되었다고 할 수 없고, 예약완결 시에 권리가 이전되었다고 보아야 하므로 예약완결일로부터 15일 이내에 제3채무자에게 채권양도사실을 통지함으로써 대항요건을 구비하는 행위를 한 이상 본 조에 규정된 부인권을 행사할 수 없다. ③ 주관적 요건으로서 수익자가 지급정지 등이 있음을 알고 있어야 한다.

그러나 지급정지 등이 있기 전에 이루어진 가등기[90)] 또는 가등록에 기한 본등기 또는 본등록은 부인의 대상이 되지 않는다(법 제103조 제1항 단서). 이미 가등기가 마쳐진 경우에는 당해 재산이 채무자의 일반 재산으로부터 일탈될 가능성을 대외적으로 공시하고 있기 때문에 가등기에 기초하여 본등기가 이루어지더라도 일반 채권자들에게 예상치 않은 손해를 준다고 할 수 없기 때문이다.

3) 집행행위의 부인(법 제104조)

부인하고자 하는 행위에 관하여 집행력 있는 집행권원이 있거나(법 제104조 전단) 그

---

86) 심준보, "회사정리법상 대항요건의 부인", 대법원판례해설 제49호(2004), 법원도서관, 846-847면.
87) 승낙에 대해서는 부인의 성립요건으로서 채무자의 행위가 필요한가와 관련하여 부인할 수 있는지에 대하여 견해의 대립이 있다.
88) 한편 관리인의 제3자성과 관련하여 거래행위 후 15일 내이기는 하나 회생절차개시 후에 대항요건을 갖춘 행위의 효력에 관하여 논란이 있다.
89) 대법원 2004. 2. 12. 선고 2003다53497 판결, 대법원 2001. 9. 4. 선고 2001다25931 판결. 이러한 판시의 영향으로 대항요건이 부인당할 위험을 줄이기 위하여 정지조건부 채권양도와 예약형 채권양도 등의 기법이 고안되었다.
90) 여기서 말하는 가등기는 그 성질상 담보가등기는 제외되고, 15일 경과 이전에 될 것을 요한다.

행위가 집행행위에 의한 것(104조 후단)인 때에 부인권을 행사하는 것을 말한다.

법 제104조 전단의 '부인하고자 하는 행위에 관하여 집행력 있는 집행권원이 있는 때'와 관련하여 부인의 대상이 되는 행위는 ① 집행권원의 내용을 이루는 의무를 발생시키는 채무자의 원인행위,[91] ② 집행권원 자체를 성립시킨 채무자의 소송행위,[92] ③ 집행권원의 내용을 이루는 의무를 이행하는 행위[93]가 있다.

법 제104조 후단의 '부인하고자 하는 행위가 집행행위에 의한 것인 때'와 관련하여 부인의 대상은 집행행위에 의하여 실현되는 실체법상의 효과가 아니라 집행행위 자체, 즉 집행권원이나 담보권의 실행에 의한 채권의 만족적 실현을 직접적인 목적으로 하는 행위를 의미하고, 담보권의 취득이나 설정을 위한 행위는 이에 해당하지 아니한다.[94] 채권자가 채무자에 대한 집행권원에 의하여 채무자의 제3자에 대한 채권에 관하여 압류 및 추심명령을 받아 추심을 완료하고, 이를 변제에 충당한 경우에 집행행위의 부인의 대상이 된다.[95] 나아가 대법원은 채권자가 질권을 실행하여 채권의 만족을 얻는 행위 등도 법 제104조의 집행기관에 의한 집행행위의 경우를 유추하여 부인권 행사의 대상이 될 수 있다고 판시하였다.[96]

법 제104조 후단의 성질에 관하여는, ① 새로운 부인의 유형을 규정한 것이 아니라 집행행위도 부인에 관한 일반조항인 제100조 제1항의 부인대상이 된다는 것을 확인적·주의적으로 규정한 것에 불과하다고 보는 '확인적 규정설'[97]과 ② 부인의 대상행위는 채무자가 한 행위에 한정된다는 것을 전제로 하여 법 제104조는 집행행위에 관하여 예외적으로 부인의 여지를 인정한 규정이라고 보는 '예외적 규정설'이 대립되어 있다. 판례는 집행행위를 부인하는 경우에는 반

---

91) 채무자에 의한 이행이 이루어지기 전이라면 부인소송으로 채무부존재확인소송을 제기하여 채무자의 원인행위에 기한 채무를 부인하거나 청구이의소송을 제기하여 집행권원의 집행력을 배제할 수 있다. 채무자에 의한 이행이 이미 이루어진 후라면 부인소송으로 채무자로부터 받은 급부의 반환을 구하는 소송을 제기할 수 있다.

92) 이론은 있으나 부인소송으로 청구이의의 소를 제기하여 집행권원의 집행력을 배제할 수도 있을 것이다[伊藤眞 외, (주해) 파산법(상), 홍문당(2010), 1068면]. 자세한 설명은 정문경, "부인권 행사에 관한 실무상 몇 가지 쟁점", 도산법연구 제2권 제2호(2011), 사단법인 도산법연구회, 43면-47면 참조.

93) 부인소송으로 채무자로부터 받은 급부의 반환을 구하는 소송을 제기할 수 있다.

94) 대법원 2011. 11. 24. 선고 2009다76362 판결.

95) 대법원 2002. 11. 8. 선고 2002다28746 판결.

96) 대법원 2011. 11. 24. 선고 2009다76362 판결, 대법원 2003. 2. 28. 선고 2000다50275 판결.

97) 일본의 통설이다.

드시 그것을 채무자의 행위와 같이 볼만한 특별한 사정이 있을 것을 요하지 아니한다고 하여 예외적 규정설을 취하고 있다.[98] 다만 집행행위에 대하여 부인권을 행사할 경우에도 행위주체의 점을 제외하고는 법 제100조 제1항 각호 중 어느 하나에 해당하는 요건을 갖추어야 할 것이므로, 고의부인의 경우에는 채무자가 회생채권자들을 해함을 알면서도 집행행위를 적극적으로 유도하는 등 그 집행행위가 '채무자가 회생채권자들을 해함을 알면서도 변제한 것'과 사실상 동일하다고 볼 수 있는 특별한 사정이 요구되고,[99] 제2호에 의한 위기부인의 경우에는 그 집행행위로 인하여 회생채권자 또는 회생담보권자를 해하는 등의 요건이 충족되어야 한다고 본다.[100]

4) 전득자에 대한 부인(법 제110조)

부인권의 실효성을 확보하기 위해서는 전득자에 대해서도 부인의 효과가 미치도록 할 필요가 있고, 반면 이를 관철할 경우 거래의 안전을 해칠 우려가 있다. 법 제110조는 일정한 요건 아래 부인의 효력을 전득자에게 주장할 수 있도록 규정하여 전득자를 보호하고 있다. 전득자에 대하여 부인권을 행사한다는 의미는 부인의 대상이 되는 행위가 채무자와 수익자 사이의 행위이고, 다만 그 효과를 전득자에게 주장한다고 보는 것이 통설과 판례이다.[101]

전득자에 대한 부인의 공통적인 성립요건은 전득자의 전자에 대한 부인의 원인이 있어야 한다. 따라서 수익자에 대해서는 법 제100조 제1항의 각호, 제101조 내지 제104조의 요건을 충족해야 하고, 중간 전득자가 있을 때에는 중간 전득자에 대하여 법 제110조의 요건을 갖추어야 한다. 나아가 특별 성립요건으로서 고의부인이나 위기부인의 경우에는 전득자가 전득 당시 그 전자에 대하여

---

98) 대법원 2011. 11. 24. 선고 2009다76362 판결은 "부인하고자 하는 행위가 '집행행위에 의한 것인 때'는 집행기관에 의한 집행절차상 결정에 의한 경우를 당연히 예정하고 있다 할 것인데 그러한 경우에는 채무자의 행위가 개입할 여지가 없고, 또한 법 제100조 제1항 각호에서 부인권의 행사 대상인 행위의 주체를 채무자로 규정한 것과 달리 법 제104조에서는 아무런 제한을 두지 않고 있기 때문이다."라고 판시하였다.
99) 2018. 7. 24. 선고 2018다210348 판결.
100) 대법원 2011. 11. 24. 선고 2009다76362 판결.
101) 대법원 2004. 8. 30. 선고 2004다21923 판결은 채권자가 전득자를 상대로 하여 사해행위의 취소와 함께 책임재산의 회복을 구하는 사해행위취소의 소를 제기한 경우에 그 취소의 효과는 채권자와 전득자 사이의 상대적인 관계에서만 생기는 것이고 채무자 또는 수익자 사이의 법률관계에는 미치지 않는 것이므로, 이 경우 취소의 대상이 되는 사해행위는 채무자와 수익자 사이에서 행하여진 법률행위에 국한되고 수익자와 전득자 사이의 법률행위는 취소의 대상이 되지 않는다 할 것이어서, 채무자와 수익자 사이의 법률행위를 취소하고 전득자로 하여금 채무자에게 명의회복을 하도록 명한 것은 정당하다고 판시하였다. 위 법리는 부인소송에서도 동일하게 인정될 수 있다.

부인의 원인이 있음을 알고 있어야 하고($\begin{smallmatrix}본조\ 제1\\항\ 제1호\end{smallmatrix}$), 특별한 사정이 없는 한 이러한 전득자의 악의에 대한 증명책임은 전득자에 대한 부인권을 행사하는 관리인에 있다.[102] 전득자가 특수관계인인 경우 그 전득자는 전득 당시 그 전자에 대하여 부인의 원인이 있음을 알지 못하였다는 것을 입증하여야만 부인을 면할 수 있도록 입증책임이 전환되었으며($\begin{smallmatrix}본조\ 제1\\항\ 제2호\end{smallmatrix}$), 전득자가 무상행위 또는 그와 동일시할 수 있는 유상행위로 인하여 전득한 경우에는 그 전자에 대하여 부인의 원인이 있으면 족하다($\begin{smallmatrix}본조\ 제1\\항\ 제3호\end{smallmatrix}$).

3. 부인권의 행사

가. 주   체

부인권의 행사주체는 관리인 또는 관리인이 선임되지 아니한 경우의 채무자로 한정되어 있다($\begin{smallmatrix}법\ 제105조\ 제1항,\\제74조\ 제4항\end{smallmatrix}$). 따라서 회생채권자 등이 부인권을 대위하여 행사할 수 없고,[103] 법원은 회생채권자 등 이해관계인의 신청에 의하거나 직권으로 관리인에게 부인권의 행사를 명할 수 있을 뿐이다($\begin{smallmatrix}법\ 제105조\\제2항\end{smallmatrix}$).

부인권행사명령 신청과 관련하여 법원이 부인권행사명령이 필요하지 않다고 판단하는 사안에 대하여 회생채권자 등 이해관계인으로부터 부인권행사명령 신청이 있을 경우 법원이 위 신청에 대한 기각결정을 해야 하는지 여부가 문제되는데, ① 부인권행사명령 신청에 대하여 결정으로 이를 기각해야 한다는 규정이 없고, 법문도 '부인권의 행사를 명할 수 있다'라고 규정하고 있는 점, 이러한 결정에 대한 즉시항고가 허용되지 않는 점 등을 들어 부인권행사명령 신청에 대한 별도의 기각결정은 필요 없다는 견해와 ② 법이 이해관계인에게 부인권행사명령 신청권을 부여하고 있고, 기각결정에 대한 특별항고도 가능한 것이라는 점을 들어 이에 대한 판단을 결정으로 해야 한다는 견해가 대립하고 있다. 서울회생법원의 실무는 특별한 사정이 있는 경우를 제외하고는 별도의 기각결정을 하지 않고 있다.

부인권의 행사와 관련하여 유의해야 할 점은 채권조사절차와의 관계이다. 조사기간 안에 또는 특별조사기일에 관리인이 아무런 이의도 제기하지 아니하고 다른 채권자들 역시 이의를 제기하지 아니하여 회생채권 등이 그대로 확정

---

102) 대법원 2011. 5. 13. 선고 2009다75291 판결.
103) 박성철, "회사정리절차 및 화의절차에 있어서의 부인권", 재판자료 제86집, 736면.

된 경우, 그 후에는 부인권을 행사할 수 없다는 것이 학설 및 판례[104]이다.

나. 절　차

1) 행사방법

부인권은 소, 부인의 청구 또는 항변의 방법으로 행사한다(법 제105조 제1항). 어느 수단을 선택할지는 관리인이 판단한다. 부인권의 상대방은 수익자 또는 전득자 중 어느 일방 또는 쌍방을 상대로 하여 행사할 수 있고, 쌍방을 상대로 소를 제기하는 경우 필수적 공동소송이 아니라 통상의 공동소송이 된다. 앞서 본 바와 같이 부인권의 행사주체는 관리인으로 한정되어 있으므로, 채권자는 관리인을 대위하여 부인의 소를 제기할 수 없지만, 보조참가는 할 수 있다. 한편, 채권자취소소송이 회생절차개시 당시 계속되어 있는 경우에는, 관리인은 이를 수계하고 청구취지를 부인의 소로 변경할 수 있다(법 제113조 제2항, 제59조 제2항).

2) 부인의 소

가) 소 송 물　　부인소송의 법적 성질에 대하여 판결 주문에서 부인을 선언하는 형성소송설과 부인의 선언이 아닌 금전의 지급이나 물건의 반환 등 부인에 기초하여 생기는 상대방의 의무를 판결 주문에 기재하면 족하다는 이행·확인소송설이 대립하고 있다.[105] 형성소송설에 의하면 부인권을 항변의 방법으로 행사할 수 있는 것을 설명하기 어려운 점, 대법원도 명시적인 입장을 밝힌 바 없지만, 파산절차에 관한 대법원 2009. 5. 28. 선고 2005다56865 판결에서 "구 파산법 제68조 제1항에 의하면 파산법상 부인권은 소의 제기뿐만 아니라 항변에 의해서도 행사할 수 있도록 규정하고 있는데, 이 때 '부인권을 소에 의하여 행사한다'는 것은, 부인의 대상이 되는 행위가 그 효력을 소급적으로 상실하게 됨으로써 발생하는 법률적인 효과에 따라 원상회복의무의 이행을 구하는 소를 제기하거나, 그 법률관계의 존재 또는 부존재 확인을 구하는 소를 제기하는 방법에 의할 수도 있다는 의미이고, 이와 같이 부인권행사의 결과로 생기는 권리관계의 변동에 따라 그 이행 또는 확인의 소를 제기하는 경우에는 시효중

---

104) 대법원 2003. 5. 30. 선고 2003다18685 판결. 한편 채권조사절차에서 관리인의 시·부인시 주의사항에 대하여는 '제11장 제1절 5.' 참조.

105) 형성소송설에 따라 '부인한다'는 문구를 주문에 기재한 하급심 판결(서울고등법원 2004. 5. 4. 선고 2003나45092 판결)을 긍정한 대법원 판결(대법원 2004. 9. 3. 선고 2004다27686 판결)이 있는가 하면, 이행소송설에 따라 '부인한다'는 취지를 주문에 기재하지 아니한 하급심 판결(서울고등법원 2016. 10. 25. 선고 2016나2017598 판결)에 대하여 심리불속행 기각한 판결(대법원 2017. 2. 15. 자 2016다266378 판결)이 있는 등 통일되어 있지 아니하다.

단의 효력이 생긴다."라고 판시한 점 등을 고려하여, 서울회생법원의 실무는 이 행·확인소송설을 따르고 있다.[106] 이행·확인소송설에 의할 때 부인소송의 소 송물은 부인권 자체가 아니라 부인의 효과로서 발생한 권리관계에 기한 이행청 구권 또는 확인청구권이다. 따라서 부인의 주장은 공격방어방법으로서 판결이유 중에서 판단되고, 변론종결일까지 소 제기 당시의 부인의 주장을 변경·보완할 수 있다.[107] 부인권을 소에 의하여 행사한다는 것은 부인의 대상이 되는 행위가 그 효력을 소급적으로 상실하게 됨으로써 발생하는 법률적인 효과에 따라 원상 회복의무의 이행을 구하는 소를 제기하거나, 그 법률관계의 존재 또는 부존재 확인을 구하는 소를 제기하는 방법에 의할 수도 있다는 의미로 보아야 할 것이 다.[108] 실무상 청구취지에 부인과 그 효과로서 금전반환을 함께 구하는 경우도 있으나, 이행·확인소송설에 따르면 청구원인에 부인권을 행사한다는 주장을 하 고, 청구취지에는 금전반환 또는 부인의 등기절차이행 등 부인권행사로 인하여 발생하는 법률효과를 구하면 된다.

비록 법은 고의부인, 위기부인, 무상부인을 별도로 규정하고 있지만, 이 행·확인소송설에 따른다면 부인의 유형에 따라 별개의 형성소송이 인정되는 것은 아니고, 부인의 유형이 서로 상호배타적인 관계에 있는 것도 아니므로, 1 개의 행위가 각 부인의 유형에 해당하는 경우에는 어느 것이라도 주장할 수 있 다. 부인권 행사에 있어 부인의 요건은 공격방어방법에 해당하므로 관리인은 3 가지 부인유형 중 어느 것이라도 주장하여 부인대상 행위를 부인할 수 있고, 법 원은 당사자가 주장하는 부인의 유형에 구속되지 않고 다른 유형의 부인을 인 정할 수 있다. 그러나 앞서 본 바와 같이 부인의 유형에 따라 그 요건과 효과가 다르기 때문에, 관리인은 부인의 유형 중 어느 것에 속하는지 밝히고, 부인의 유형에 따라 주위적·예비적·택일적으로 주장을 구성해야 할 것이다.

나) 관   할   부인의 소는 회생계속법원의 관할에 전속한다(법 제105조
제3항).

따라서 관리인이 채권자가 제기한 채권자취소소송을 수계하여 청구변경의 방법으로 부인권을 행사하는 경우에, 채권자취소소송이 계속 중인 법원이 회생

---

106) 서울회생법원 2018. 1. 24. 선고 2017가합101275 판결(서울고등법원 2018. 6. 22. 선고 2018나 2009669 판결, 대법원 2018. 10. 4. 자 2018다251684 심리불속행 기각 확정).

107) 박성철, "파산법상의 부인권", 재판자료 제83집(1999), 법원도서관, 296면. 서울고등법원 2002. 7. 5. 선고 2001나72342 판결(대법원 2002. 7. 22. 선고 2002다46058 판결로 상고기각).

108) 파산관재인이 청구원인으로 채무자가 금융기관 예치금을 그 금융기관에 담보로 제공한 행위 를 부인하면서 청구취지로 예치금반환을 청구한 것은 적법하다고 한 것으로 대법원 2009. 5. 28. 선고 2005다56865 판결.

계속법원이 아니라면 그 법원은 관할법원인 회생계속법원으로 사건을 이송하여야 한다.[109)110)] 다만, 채권자취소소송이 항소심에 계속된 후에는 관리인이 소송을 수계하여 부인권을 행사하더라도 법 제105조 제3항이 적용되지 않고 항소심법원이 소송을 심리·판단할 권한을 계속 가진다.[111)]

한편, 배당이의의 소는 배당을 실시한 집행법원이 속한 지방법원의 관할에 전속하고(민사집행법 제21조, 제156조 제1항), 부인의 소는 회생계속법원의 관할에 전속하므로, 관리인이 부인권을 행사하면서 원상회복의 방법으로 배당이의의 소를 제기한 경우 어느 법원에 관할을 인정할 것인지가 문제된다. 파산절차에 관한 것이기는 하나 대법원은 파산관재인이 부인권을 행사하면서 원상회복으로서 배당이의의 소를 제기한 경우에는 법 제396조 제3항이 적용되지 않고, 민사집행법 제156조 제1항, 제21조에 따라 배당을 실시한 집행법원이 속한 지방법원에 전속관할이 있다고 보았다.[112)]

다) 주 문 례

(1) 부인의 선언   이행·확인소송설에 따른다면, 대상행위를 '부인한다'는 형성판결의 주문을 낼 필요는 없다. 원고가 '부인한다'는 주문을 구하는 경우, 부인의 선언을 구하는 확인청구로 이해하여 부인의 선언을 구할 이익(확인의 이익)이 있는지 판단해야 할 것인데, 별도로 원상회복 또는 가액배상을 구하는 경우에는 확인의 이익이 없다.[113)]

(2) 원상회복 또는 가액배상으로 금전의 지급을 명하는 경우   채권자취소권에서는 원상회복 등을 받을 상대방을 채무자 대신 소송을 제기한 채권자로 할

---

109) 파산관재인이 제1심법원에 계속 중이던 채권자취소소송을 수계하여 부인의 소로 변경한 경우에 관하여 같은 취지로 판시한 대법원 2018. 6. 15. 선고 2017다265129 판결 참조.

110) 계속 중인 소송에서 채권자취소소송 외에 다른 소송물이 병합되어 있는 경우에는 분리하여 부인의 소에 해당하는 부분만을 회생계속법원으로 이송하여야 한다. 한편, 채권자취소소송을 수계한 관리인에 대하여 청구취지의 변경 등에 관하여 아무런 석명을 하지 아니하고 바로 소를 각하한 것은 석명의무와 필요한 심리를 다하지 아니하였다고 판단한 서울고등법원 2019. 7. 12. 선고 2019나2009895 판결 참조.

111) 파산관재인이 항소심 계속 중인 채권자취소소송을 수계하여 부인권을 행사한 경우에 관하여 같은 취지로 판시한 대법원 2018. 6. 15. 선고 2017다265129 판결 참조.

112) 대법원 2021. 2. 16. 자 2019마6102 결정. 경매절차에서 배당표의 경정 또는 재작성을 목표로 하는 배당이의의 소의 성격상 동일한 배당액에 대한 다툼이 있는 부분에 관하여 여러 배당이의의 소가 제기될 경우 그 결과가 상호 모순되거나 저촉되지 않도록 함으로써 후속 배당절차의 원활을 기할 필요를 고려한 것이다.

113) 서울고등법원 2021. 6. 30. 선고 2020나2025565 판결(대법원 2021. 10. 28. 자 심리불속행 기각 확정). 위 2020나2025565 판결은 항소심에서 사해행위취소소송이 부인의 소로 변경되었고 원상회복에 대하여는 별소로 배당이의의 소가 제기되어 제1심에서 진행되고 있는 상황에서, 예외적으로 부인의 확인을 구할 이익이 있다고 판단하였다.

수 있지만, 부인권의 행사에서는 관리인만이 그 상대방이 된다.

피고는 원고에게 1억 원 및 이에 대하여 2023. 4. 1.부터 2023. 11. 21.까지는 연 5%의, 그 다음날부터 다 갚는 날까지는 연 12%의 각 비율로 계산한 돈을 지급하라.

(3) 부동산의 처분행위에 관하여 부인하는 경우   법 제26조 제1항은 등기의 원인인 행위가 부인된 때 또는 등기가 부인된 때 관리인은 부인의 등기를 신청하여야 한다고 규정하고 있는데, 이 등기는 회생절차가 인정하는 특별한 등기이기 때문에, 등기의 원인인 행위가 부인되거나 등기 자체가 부인된 경우에는 이전등기 또는 말소등기가 아닌 부인등기절차를 명하여야 한다.[114] 또한 법에서는 등기원인행위의 부인과 등기 자체의 부인을 명백히 구분하고 있으므로 주문 역시 이를 구분하여야 한다.[115] 그 주문례는 다음과 같다.

피고는 원고에게 별지 목록 기재 부동산에 관하여 서울중앙지방법원 2023. 4. 1. 접수 제100호로 마친 소유권이전등기(소유권이전등기 원인)의 부인등기절차를 이행하라.

(4) 채권양도 또는 그 대항요건을 부인하는 경우   채권양도뿐 아니라 채권양도 통지까지 이루어진 경우, 제3채무자에게 그 채권을 다시 관리인에 양도하였다는 통지를 이행하라고 하기도 하나,[116] 제3채무자에게 양도행위를 부인하였다는 통지를 하도록 하는 것이 타당하다.[117] 전부명령을 받았으나, 집행채권자

---

114) 소유권이전청구권가등기의 이전등기(부기등기)를 부인하는 경우에는 임치용, 파산법연구 3, 박영사(2010), 46-48면 참조. 한편 부동산 이외에 자동차, 지식재산권과 같이 등기·등록된 재산에 관하여 부인권을 행사한 경우에도 법 제27조가 제26조를 준용하고 있으므로, 부인등기절차를 이행하라는 주문을 내야한다는 견해와 부인등록절차가 마련되어 있지 않아 혼란을 야기할 수 있으므로 소유권이전등록의 말소등록절차 또는 부인권 행사를 원인으로 한 소유권이전등록절차를 이행하라는 주문("피고는 채무자에게 별지 목록 기재 자동차에 관하여 2018. 2. 4. 부인권 행사를 원인으로 한 소유권이전등록절차를 이행하라.")을 내야 한다는 견해가 대립하고 있다. 서울중앙지방법원 2006. 11. 22. 선고 2005가합58002 판결(대법원 2008. 1. 18. 자 2007다76634 판결로 심리불속행 기각되어 그대로 확정되었다)은 상표·서비스표에 관하여 설정등록의 말소등록절차를 이행하라는 주문을 낸 바 있고, 서울고등법원 2021. 8. 26. 선고 2020나2030062 판결은 상표권에 관하여 '원인의 부인등록절차를 이행하라'는 주문을 낸 바 있다.

115) 등기원인행위를 부인하면 "등기 원인의 부인등기절차를 이행하라.", 등기 자체를 부인하면 "등기의 부인등기절차를 이행하라."로 구분하여 표기해야 한다. 부동산등기실무(III), 371-373면.

116) 서울지방법원 2001. 3. 30. 선고 2000가합16683 판결(대법원 2002. 9. 6. 선고 2002다14457 판결로 확정) 등. 이 경우 양도를 받는 자가 관리인인지 아니면 채무자인지 논란이 있으나, 임채웅, "부인소송의 연구", 사법 제4호(2008), 사법연구지원재단, 91-92면은 원상회복으로 금전의 지급 또는 동산의 인도를 구하는 경우와 달리 채권양도를 부인하는 경우에는 원상회복의 상대방을 채무자로 해야 한다고 설명한다.

117) 서울회생법원 2020. 9. 2. 선고 2020가합100647 판결(서울고등법원 2021. 6. 17. 선고 2020나

가 제3채무자로부터 지급받지 않은 경우도 마찬가지이다. 주문례는 다음과 같다.

> 피고는 ○○○(제3채무자)에게 피고와 채무자 사이의 별지 목록 기재 채권에 관한 2022. 4. 1.자 양도행위(채권압류 및 전부명령에 기한 채권이전)가 2023. 4. 1. 부인되어 그 효력이 상실되었다는 취지의 통지를 하라.

채권양도행위가 아닌 대항요건 구비행위인 양도통지 자체가 부인되는 경우에는 별도로 상대방에 대하여 제3채무자를 상대로 부인의 통지의 이행을 명할 필요가 없다.[118] 주문례는 다음과 같다.

> 원고와 피고 사이에, 별지 목록 기재 채권은 채무자에게 있음을 확인한다.

한편 채권양도 또는 그 대항요건을 부인하는 경우, 제3채무자가 이미 변제공탁을 하였다면, 제3채무자는 더 이상 이행할 의무가 남아있지 않으므로 제3채무자를 상대로 부인의 통지를 할 필요는 없고, 공탁금 출급청구권 양도의 의사표시를 하고 대한민국에 그 양도 통지를 하거나(확지 공탁의 경우), 공탁금 출급청구권이 원고에게 있음을 확인(상대적 불확지공탁의 경우) 하면 된다. 주문례는 다음과 같다.

> (확지 공탁의 경우)
> 피고는 원고에게 ○○○(제3채무자)이 2023. 4. 1. 서울중앙지방법원 2023년 금 제100호로 공탁한 공탁금 1억 원에 대한 출급청구권을 양도하는 의사표시를 하고, 대한민국(소관: 서울중앙지방법원 공탁공무원)에게 위 출급청구권을 양도하였다는 취지의 통지를 하라.

> (상대적 불확지공탁의 경우)
> ○○○(제3채무자)이 2023. 4. 1. 서울중앙지방법원 2023년 금 제100호로 공탁한 공탁금 1억 원에 대한 출급청구권은 원고에게 있음을 확인한다.

(5) 원상회복 또는 가액배상이 없는 경우   부인의 대상이 되는 법률행위가 부인되어 효력이 없음을 확인하는 주문을 내면 된다.[119] 주문례는 다음과 같다.

2033580 판결, 대법원 2021. 10. 28. 자 2021다255167 심리불속행 기각 확정). 임치용, 파산법연구 3, 박영사(2010), 43-44면.

118) 인천지방법원 2020. 8. 20. 선고 2019가단239673 판결(인천지방법원 2021. 10. 20. 선고 2020나 69765 판결, 대법원 2022. 1. 27. 자 2021다291798 심리불속행 확정). 김정만·정문경·문성호·남준우, "법인파산실무의 주요 논점", 저스티스 제124호(2011), 한국법학원, 469면. 일본 東京地方裁判所 平成 10. 12. 24. 판결(平成 10(ワ)15281号) 등.

119) 예를 들어, 채무자가 채권을 양도하였으나 아직 양도를 통지하지 않은 경우, 매매계약 또는

피고와 채무자 사이에 별지 목록 기재 부동산에 관하여 2023. 4. 1. 체결된 매매계약(대물변제약정)은 무효임을 확인한다.(또는, 피고와 채무자 사이의 위 매매계약은 2023. 8. 1. 부인되었음을 확인한다.)

(6) 종된 주문　　부인권행사에 따른 원상회복 등에 관한 이행판결에 대해서는 가집행 선고가 가능하다.[120] 가액배상 등의 지연손해금 이율과 관련하여 소송촉진 등에 관한 특례법 제3조 제1항도 적용된다.[121]

3) 부인의 청구

부인의 청구는 법에서 정하고 있는 부인권 행사방법의 하나로서 결정에 의한 간이한 절차이다. 관리인이 부인의 청구를 하는 때에는 그 원인인 사실을 소명하여야 하고(법 제106조 제1항), 법원은 반드시 상대방을 심문한 후 이유를 붙인 결정으로 부인의 청구를 인용하거나 기각한다(법 제106조 제2항·제3항). 채권조사확정재판 절차에서는 조정을 할 수 있는 것으로 명시적으로 인정되고 있으나(규칙 제66조 제2항), 부인의 청구 절차에서는 이에 관한 규정이 없어서, 조정이 가능한지 여부가 논란이 되고 있다.[122]

부인의 청구 결정 주문은 부인의 소와 같다.[123] 부인의 청구도 사건을 완결하는 재판이므로 소송비용 부담의 재판은 해야 하지만(민사소송법 제104조), 판결이 아니므로 가집행선고를 할 수는 없다.[124] 가액배상 등의 지연손해금 이율과 관련하

　양도담보계약을 체결하였으나 실질적인 급부의 이전은 없는 경우 등이 있다. 한편 임치용, 파산법연구 3, 박영사(2010), 31-32면은 이 경우 부인 주문을 내야 한다고 설명한다.

120) 판례는 부인의 소와 병합하여 금전의 지급을 구하는 경우 금전지급을 명하는 부분에 대하여 가집행을 허용할 수 있다고 판시하고 있다. 대법원 2000. 3. 13. 자 99그90 결정.

121) 대법원 2014. 9. 25. 선고 2014다214885 판결은 "소로써 부인권을 행사함과 아울러 원상회복으로 금전의 반환을 구하는 경우 채무자는 그 소장 부본을 송달받은 다음 날부터 반환의무의 이행지체로 인한 지체책임을 진다."라고 하면서, "원심이 위 법리와 같은 취지에서, 피고는 원고에게 예금인출일부터 적어도 원심판결 선고일까지는 민법이 정한 연 5%의, 그 다음 날부터는 다 갚는 날까지는 소송촉진 등에 관한 특례법이 정한 연 20%의 각 비율로 계산한 이자 및 지연손해금을 지급할 의무가 있다고 판단한 것은 정당하다."라고 판시하였다.

122) 임채웅, "부인소송의 연구", 사법 제4호(2008), 사법연구지원재단, 104면은 민사조정법 제1조에서 조정절차는 민사에 관한 분쟁에 적용된다고 하여 판결절차에 국한하고 있지 아니하므로, 부인의 청구에서도 조정이 가능하다고 본다. 서울회생법원은 이러한 논란 때문에 부인의 청구 사건을 조정절차에 회부하지 않고 있고, 조정에 갈음하는 결정도 하지 않고 있다. 대신 부인의 청구를 포함한 회생절차에 관하여는 민사소송법이 준용되므로(법 제33조), 화해권고결정(민사소송법 제225조 이하)을 활용하고 있다. 참고로 일본도 부인의 청구 사건 중 재판상 화해가 가능하다고 보고 있다.

123) 부인의 청구에서 집행권원의 집행력을 배제하기 위해 청구이의의 소와 같이 형성판결의 주문을 낼 수 있는지 논란이 있으나, 형성의 소는 법률상 규정이 있어야만 가능하므로, 부인의 청구에서는 이와 같은 주문을 낼 수는 없고, "원고의 피고에 대한 공증인가 법무법인 A 2018. 1. 5. 작성 2018년 증서 제100호 약속어음공정증서에 기한 파산채무는 존재하지 아니함을 확인한다."와 같은 형식의 주문만 가능할 것으로 보인다. 수원지방법원 2007. 12. 28. 선고 2007가합11203 판결(미항소 확정).

124) 정문경, "부인권 행사에 관한 실무상 몇 가지 쟁점", 도산법연구 제2권 제2호(2011), 사단법인

여 소송촉진 등에 관한 특례법 제3조 제1항이 적용되는지에 대해 논란이 있으나,[125] 실무는 대체로 그 적용을 긍정하고 있다.[126]

부인의 청구를 인용하는 결정에 불복하는 자는 1개월 이내에 이의의 소를 제기할 수 있고(법 제107조 제1항), 이에 의하여 판결절차에 의한 재심리가 이루어지게 된다. 1개월 내에 이의의 소가 제기되지 아니한 때, 제기되어도 소가 취하 또는 각하되거나 원결정을 인가하는 판결이 확정된 때에는 부인의 청구를 인용하는 결정은 확정판결과 동일한 효력을 가지게 된다(법 제107조 제5항). 이에 반하여 부인의 청구를 기각하는 결정에 대하여는 불복신청을 할 수 없으므로 별도로 부인의 소를 제기하여야 한다.

이의의 소는 회생계속법원의 관할에 전속한다(법 제107조 제3항). 이의의 소에 대한 판결에서 결정에 대한 인가, 변경, 취소를 명한다(법 제107조 제4항). 부인권의 행사에 기하여 급부를 명하는 내용의 결정을 인가 또는 변경하는 경우 가집행선고를 붙일 수 있는지에 관하여 의문이 있으나, 실무상 가집행선고를 붙이는 예는 거의 없다.[127]

다. 부인소송 계속 중 회생절차가 종료되는 경우의 처리

대법원은 부인권은 회생절차의 진행을 전제로 관리인만이 행사할 수 있는 권리이므로 회생절차의 종결에 의하여 소멸하고, 비록 회생절차 진행 중에 부인권이 행사되었다고 하더라도 이에 기하여 채무자에게로 재산이 회복되기 이전에 회생절차가 종료한 때에는 부인권 행사의 효과로서 상대방에 대하여 재산의 반환을 구하거나 또는 그 가액의 상환을 구하는 권리 또한 소멸한다고 판시하였다.[128] 따라서 부인의 소 또는 부인권의 행사에 기한 청구의 계속 중에 회생절차종결결정 또는 회생절차폐지결정이 확정되어 회생절차가 종료한 경우에는

도산법연구회, 58면. 입법론적으로 가집행을 허용하여야 한다는 견해로는 임채웅, "부인소송의 연구", 사법 제4호(2008), 사법연구지원재단, 101-102면.

125) 소송촉진 등에 관한 특례법 제3조 제1항은 '판결(심판)을 선고할 경우'에 적용한다고 하고 있어 부인의 청구에 대한 결정에는 적용되지 않는다는 견해도 있으나, 부인의 소에서 소송촉진 등에 관한 특례법 제3조 제1항이 적용되는 점과 균형을 맞추기 위해 이를 적용해야 한다는 견해도 있다.

126) 서울중앙지방법원 2018. 1. 10. 선고 2017나45072 판결(대법원 2018. 6. 15. 자 2018다213804 판결 심리불속행 기각 확정).

127) 민사소송법에 의하여 가집행을 붙일 수 있다는 견해로는 임채웅, "부인소송의 연구", 사법 제4호(2008), 사법연구지원재단, 101면. 일본 회사갱생법 제97조 제5항, 민사재생법 제137조 제5항, 파산법 제175조 제5항은 가집행을 선고할 수 있다고 명시하였다.

128) 대법원 2016. 4. 12. 선고 2014다68761 판결.

관리인의 자격이 소멸함과 동시에 당해 소송에 관계된 권리 또한 절대적으로 소멸하고 어느 누구도 이를 승계할 수 없으므로,[129] 부인소송 또는 부인의 청구절차는 그대로 종료되고, 소송수계신청이 있을 경우에는 법원은 그 신청을 기각하고 소송종료선언을 하여야 한다.[130] 다만, 회생절차가 폐지되어 견련파산에 의하여 파산절차로 이행하는 경우에는 법 제6조 제6항에 의하여 파산관재인이 종전 회생절차에서 관리인이 수행 중이던 부인권 행사에 기한 소송절차를 수계함으로써 부인권을 계속하여 행사할 수 있고, 이러한 경우 부인권 행사에 기한 소송은 종료되지 않는다.[131]

한편, 채권조사확정재판에 대하여 제기된 이의의 소에서 항변의 방법으로 부인권이 행사된 후 소송의 계속 중에 회생절차가 종료한 때에는 그 소송절차는 중단되고 채무자와 사이에서 수계되지만, 부인의 항변은 이유 없는 것이 된다.[132]

실무상 부인권 소송 또는 부인권 항변을 계속 유지하면서도 회생절차를 신속하게 종결하기 위하여 회사분할의 방식을 활용하고 있다.[133]

라. 사해행위취소소송과 회생절차에서의 부인권 행사

회생채권자가 제기한 사해행위취소소송이 회생절차개시 당시 계속되고 있는 때에는 소송절차는 중단되고(법 제113조 제1항), 관리인 또는 상대방이 이를 수계할 수 있다(법 제113조 제2항, 제59조 제2항).[134] 채권자취소소송을 관리인이 수계한 경우 채권자취소소송을 제기한 원래의 채권자는 보조참가인으로 소송에 참여할 수 있다.[135] 관리인은 사해행위취소소송을 수계하는 대신 부인권을 행사하여 부인의 청구나 부인

---

129) 대법원 2006. 10. 12. 선고 2005다59307 판결은 부인소송의 계속 중 정리절차가 종결된 사안에서도 부인권이 소멸하여 회사가 부인소송을 수계할 수 없다는 취지로 판시하였다. 이와 동일한 취지로 대법원 2007. 2. 22. 선고 2006다20429 판결 등이 있다.

130) 대법원 2007. 2. 22. 선고 2006다20429 판결. 이 경우 주문은 "원고와 피고 사이의 이 사건 소송은 ○○○○법원 ○○○○회합○○ 회생사건의 ○○○○. ○○. ○○. 회생절차종결결정으로 종료되었다."와 "원고 소송수계신청인의 수계신청을 기각한다."가 될 것이다.

131) 대법원 2015. 5. 29. 선고 2012다87751 판결.

132) 대법원 2006. 10. 26. 선고 2005다75880 판결, 대법원 2016. 4. 12. 선고 2014다68761 판결(한편, 위 판결의 상고심 계속 중 채무자에 대한 회생절차가 다시 개시되었으나, 대법원은 상고이유서 제출기간이 지난 후에 회생절차가 다시 개시되었더라도 이와 같은 단계에 이르러 변론 없이 판결을 선고할 때에는 관리인의 소송수계가 필요하지 않다는 이유로 소송절차수계신청을 기각하였다).

133) 상세한 내용은 '제13장 제5절 8. 나. 6)' 참조.

134) 파산절차에서 사해행위취소소송의 중단 및 소송수계에 관한 규정(법 제406조, 제347조)이 채권자대위소송의 경우에도 유추적용된다는 대법원 2019. 3. 6. 자 2017마5292 결정 참조.

135) 대법원 2021. 12. 10. 자 2021마6702 결정.

의 소를 제기할 수도 있다.

한편 회생절차개시 이후 채권자는 개별적인 권리행사를 할 수 없으므로 회생절차 진행 중 제기된 사해행위취소소송은 부적법하여 각하하여야 한다.[136] 채권자는 법원에 부인권행사명령 신청을 하여 관리인으로 하여금 부인권을 행사하도록 하는 방법으로 책임재산을 회복할 수 있다. 다만, 채권자가 회생절차 개시 후에 제기한 채권자취소소송이 부적법하더라도 관리인은 이러한 소송을 수계한 다음 청구변경의 방법으로 부인권을 행사할 수 있다고 보아야 할 것이고, 관리인이 수계한 소송이 부적법한 것이었다는 이유만으로 소송수계 후 교환적으로 변경된 부인의 소마저 부적법하다고 볼 것은 아니다.[137]

부인의 소송이 계속되던 중 회생절차가 종료하면 원칙적으로 부인권은 소멸하여 부인소송이 수계되지 않지만, 회생절차개시 후 선행하였던 사해행위취소소송을 관리인이 부인소송으로 수계한 후 회생절차가 종료한 경우에는 부인소송절차는 다시 중단되고 회생절차개시 전에 사해행위취소소송을 제기하였던 회생채권자는 사해행위취소소송절차를 수계하여야 한다(법 제113조 제2항, 제59조 제4항).

4. 부인권행사의 효과

가. 원상회복

부인권의 행사로 인하여 당해 재산은 채무자의 소유로 원상회복된다(법 제108조 제1항). 즉 부인권행사의 효과는 물권적으로 발생하고, 관리인의 부인권행사에 의하여 일탈되었던 재산은 상대방의 행위를 기다리지 않고 당연히 채무자에 복귀한다(물권적 효과설). 다만 그 효과는 관리인과 부인의 상대방 사이에서만 생기고, 제3자에 대해서는 효력을 미치지 않는다(상대적 무효설).

원상회복과 관련하여 금전교부행위가 부인된 경우에는 상대방은 채무자로부터 교부받은 액수와 동액의 금전 및 교부받은 날부터 발생한 법정이자를 반환하면 된다.[138] 금전교부행위가 상행위에 기하여 이루어진 경우에는 상법 제54조의 상사법정이율이 적용된다.[139] 원상회복되는 권리의 변동에 등기 등의 공시

---

136) 개인회생절차와 관련하여 대법원 2010. 9. 9. 선고 2010다37141 판결.

137) 파산관재인이 파산채권자가 파산선고 후에 제기한 채권자취소소송을 수계한 사안에 관하여 같은 취지로 판시한 대법원 2018. 6. 15. 선고 2017다265129 판결 참조.

138) 대법원 2014. 9. 25. 선고 2014다214885 판결.

139) 서울고등법원 2019. 6. 21. 선고 (인천)2019나10413(본소), 2019나10420(반소) 판결(대법원 2019. 10. 18. 자 2019다252776 심리불속행 기각 확정) 참조.

방법이 필요하거나 채권양도 통지 등의 대항요건이 필요한 경우에 그 권리취득의 원인행위 또는 대항요건의 구비행위 자체가 부인되면, 관리인은 부인의 등기 등을 하거나 통지 등에 의한 대항요건을 구비하여야 한다.[140] 부인권행사의 효력발생시기에 대하여 판결(또는 결정)확정시설, 의사표시설, 절충설 등의 대립이 있는바, 실무는 의사표시설(행사시설)을 따르고 있다. 의사표시설에 의하는 경우 부인권행사의 효력은 판결의 확정을 기다리지 않고 그 의사표시의 효력이 상대방에게 도달한 때, 즉 부인권 행사의 취지가 기재된 서면이 상대방에게 송달된 때 발생한다. 따라서 상대방은 부인권 행사의 취지가 기재된 서면(통상 부인의 청구서 또는 소장)을 송달받은 다음 날부터 원상회복으로 반환할 금액에 대한 지연손해금(법정이율에 의함)을 지급할 의무가 있다.[141]

나. 가액배상

관리인이 부인권을 행사할 당시 이미 그 대상이 되는 재산이 물리적으로 멸실·훼손되거나 상대방이 제3자에게 처분하여 현존하지 않는다면 가액배상을 청구할 수 있다.

회생절차상으로는 가액배상을 직접적으로 규정하고 있지는 않으나 부인권 제도의 취지와 선의의 무상취득자의 현존이익반환의무를 규정한 법 제108조 제2항, 가액상환에 따른 상대방의 채권의 회복을 규정한 법 제109조 등을 근거로 인정하는 것이 통설, 판례[142]이다.

가액배상과 관련하여 문제되는 것은 배상액산정의 기준시점이다. 부인소송의 판결시(변론종결시),[143] 부인권행사시,[144] 회생절차개시시[145] 등이 기준이 될 수 있는데, 실무는 부인권 행사의 효력발생시기와 일치시켜 부인권을 행사할 때

---

140) 박성철, "회사정리절차 및 화의절차에 있어서의 부인권", 재판자료 제86집, 757면.
141) 대법원 2014. 9. 25. 선고 2014다214885 판결. 소로써 부인권을 행사함과 아울러 원상회복으로 금전의 반환을 구하는 경우 채무자는 그 소장 부본을 송달받은 다음 날부터 반환의무의 이행지체로 인한 지체책임을 진다고 판시하고 있다.
142) 대법원 2003. 2. 28. 선고 2000다50275 판결은 질권자가 그 질권의 목적인 유가증권을 처분하여 채권을 회수한 행위에 대하여 부인권이 행사된 경우 그 유가증권의 원상회복에 갈음하여 그 가액의 상환을 청구할 수 있다고 하였다.
143) 예를 들어, 매출채권의 양도를 부인의 소제기로 부인한 결과 원상회복으로 반환되어야 하는 매출채권 중 변제로 소멸한 부분의 가액은 변론종결시를 기준으로 산정한다.
144) 일본 最高裁判所 昭和 61. 4. 3. 판결(判例時報 1198호, 判例百選[45]), 最高裁判所 昭和 39. 3. 24. 판결(タイムズ 162호), 最高裁判所 昭和 40. 4. 6. 판결, 最高裁判所 昭和 41. 11. 17. 판결. 일본판례의 주류적 입장이다.
145) 노영보, 도산법 강의, 박영사, 379면.

의 가액, 즉 부인권행사시를 기준으로 배상액을 산정하고 있다.[146] 수익자가 부
인대상행위인 채권양도로 양수받은 채권을 추심한 경우에는, 금전교부행위가 부
인되어 원상회복을 구하는 경우와 마찬가지로 금전을 수령한 날부터 부인권행사
의 효력이 발생한 때까지는 법정이자의 지급을 구할 수 있고, 부인권행사의 효
력발생일 다음 날부터는 가액배상에 대한 지연손해금의 지급도 구할 수 있다.[147]

다. 무상부인과 선의자의 보호

무상부인(법 제100조 제1항 제4호)의 경우에는 상대방의 선의·악의를 묻지 않으므로 상대
방에게 가혹한 결과를 초래할 수 있다. 회생절차는 선의의 상대방을 보호하기
위하여 반환의 범위를 경감하여 이익이 현존하는 한도 내에서 상환하도록 하고
있다(법 제108조 제2항). 전득자에 대해서도 전득 당시 선의이었다면, 역시 이익이 현존하
는 범위 내에서 상환하도록 규정하고 있다(법 제110조 제2항).

라. 상대방의 지위

1) 반대급부의 반환청구(법 제108조 제3항)

부인권은 채무자의 재산을 부인의 대상이 되는 행위 이전의 상태로 원상회
복을 시키는 데 있지, 채무자로 하여금 부당하게 이익을 얻게 하려는 것이 아니
다. 따라서 채무자의 행위가 부인된 경우, 채무자의 급부에 대하여 한 상대방의
반대급부는 채무자 재산에서 반환되어야 한다.

구체적인 반환방법은 상대방이 한 반대급부가 채무자 재산에 현존하고 있
는지 여부에 따라 달라진다. 만약 상대방이 한 반대급부가 채무자의 재산 중에
현존하고 있다면, 상대방은 그 반환을 청구할 수 있고(법 제108조 제3항 제1호), 상대방은 관리
인에 대하여 동시이행의 항변권을 행사할 수 있다. 그런데 상대방이 한 반대급
부 자체는 현존하지 않으나 그 반대급부로 인하여 생긴 이익이 현존하고 있다
면, 상대방은 이익이 현존하는 한도 내에서 공익채권자로서 상환을 청구할 수
있다(법 제108조 제3항 제2호). 반대급부 자체는 물론 그 반대급부로 인하여 생긴 이익조차 현존
하지 않는다면, 상대방은 그 가액의 상환에 관하여 회생채권자로서 권리를 행사
할 수 있다(법 제108조 제3항 제3호). 또한 반대급부에 의하여 생긴 이익의 일부가 재산 중에 현
존하는 때에는 공익채권자로서 그 현존이익의 반환을, 회생채권자로서 반대급부

---

146) 대전고등법원 2017. 12. 1. 선고 2017나10112 판결(대법원 2018. 4. 26. 자 2018다202019 심리
　　불속행 기각 확정), 서울고등법원 2010. 8. 27. 선고 2009나55343 판결(상고 없이 확정) 등.
147) 대법원 2014. 9. 25. 선고 2014다214885 판결, 대법원 2007. 10. 11. 선고 2005다43999 판결 참조.

와 현존이익과의 차액의 상환을 청구할 수 있다(법 제108조 제3항 제4호). 채무자가 부인행위 상대방으로부터 취득한 반대급부가 금전상의 이득인 때에는, 특별한 사정이 없는 한 반대급부에 의하여 생긴 이익이 현존하는 것으로 추정된다.[148]

2) 상대방 채권의 회복(법 제109조 제1항)

채무의 이행행위가[149] 부인된 경우, 상대방이 그가 받은 급부를 반환하거나 그 가액을 상환한 때에는 상대방의 채권이 회복된다(법 제109조 제1항). 상대방의 선이행의무를 명시하고 있는데, 이는 상대방의 의무를 선이행시켜 먼저 채무자의 재산을 현실적으로 원상회복시킨 후에야 비로소 상대방의 채권을 부활시키겠다는 것이다. 따라서 상대방의 급부반환 또는 가액상환의무와 부활하는 채권 사이에는 동시이행의 관계가 성립하지 않을 뿐 아니라, 상대방은 부활할 채권을 자동채권으로 하여 반환 등 채무와 상계할 수도 없다.[150]

상대방의 채권이 부활되면, 채무자의 변제에 의하여 소멸되었던 연대채무·보증채무 및 물상보증 등의 권리도 다시 부활하는지 문제된다. 이에 대하여 대법원은 "부인에 의해 회복되는 상대방의 채권은 부인된 행위의 직접 대상이 된 채권에 한정되지 않고 그 채권의 소멸로 인해 함께 소멸했던 보증채권이나 보험금채권 등 다른 채권도 포함될 수 있다. 따라서 원인채무의 지급을 위해 어음을 배서·양도한 경우 원인채무와 어음상 채무가 병존하고 있다가 나중에 어음금이 지급되어 어음상 채무가 소멸하면 원인채무도 함께 소멸한다. 이러한 경우 어음금 지급행위가 부인되어 어음소지인인 상대방이 어음금을 반환한 때에는 채무자회생법 제109조 제1항에 따라 소멸했던 어음상 채권이 회복되고 어음상 채권의 소멸로 인해 함께 소멸했던 원인채권도 회복된다고 봄이 타당하다."라고 판시함으로써 부활긍정설을 취하였다.[151]

---

148) 대법원 2022. 8. 25. 선고 2022다211928 판결.

149) 따라서 본 조는 채무자의 변제 등 채무소멸행위가 부인된 경우에 한하여 적용되며, 원인행위가 부인된 경우에는 적용되지 않는다.

150) 대법원 2007. 7. 13. 선고 2005다71710 판결, 대법원 2004. 1. 29. 선고 2003다40743 판결.

151) 대법원 2022. 5. 13. 선고 2018다224781 판결. 이와 같이 부활긍정설의 입장을 취하더라도 연대채무자 및 보증인, 나아가 상대방 채권 및 연대채무 등의 소멸을 전제로 새롭게 이해관계를 가지게 된 제3자에게 부당한 불이익을 입히는 것이 아닌가의 문제가 제기된다. 예를 들어 채권자 甲에게 변제한 연대채무자 乙이 연대채무자 丙에게 구상하여 丙이 부담부분을 상환한 후에 乙에 대하여 회생절차가 개시되고 변제가 부인된 경우 해당 연대채무가 부활한다고 하면, 丙은 乙에게 상환하였음에도 甲에 대하여 전액변제책임을 부담하는 것으로 되어 가혹하고 불합리하다. 또한 물상보증의 경우 부활긍정설에 의하면 채무자의 변제 후에 담보권등기가 말소된 경우에는 상대방이 말소등기를 회복하여야 하지만, 등기가 말소되어 있는 사이에 담보의 목적재산이 이미 제3자에게 양도되어 등기가 마쳐진 경우에는 어떻게 되는가가 문제이다. 자세한 사항은 高田昌宏, "辨済否認と連帶保證債務の復活", 倒産判例百選[第3版], Jurist 별책, No.163, 2002.

3) 관계인집회 이후의 부인권행사와 상대방 권리의 보호

회생채권자 또는 회생담보권자가 책임질 수 없는 사유로 신고를 하지 못하였거나 신고기간이 경과한 후에 당해 채권이 발생한 경우, 추후 보완하여 신고를 하더라도 회생계획안 심리를 위한 관계인집회가 끝나면 이를 하지 못한다(법 제152조 제1항·, 제3항 제1호, 제153조). 따라서 관리인이 관계인집회 이후에 부인권을 행사함으로써 뒤늦게 채권이 회복되는 경우에도 채권신고기간을 도과하여 실권되는 등의 문제가 발생할 수 있는바,[152] 법 제109조 제2항은 "채무자의 행위가 회생계획안 심리를 위한 관계인집회가 끝난 후 또는 제240조의 규정에 의한 서면결의에 부치는 결정이 있은 후에 부인된 때에는 제152조 제3항의 규정에 불구하고 상대방은 부인된 날부터 1월 이내에 신고를 추후 보완할 수 있다."라고 규정함으로써 부인권 행사의 상대방을 회생채권자로 구제하도록 하고 있다.

채무자의 행위가 부인되면 법 제109조 제1항에 의하여 상대방은 관리인에게 그가 받은 급부를 반환하거나 가액으로 상환한 경우에 비로소 채권이 회복되는 것이다. 이 때 회복되는 채권의 성질은 부인권 행사의 상대방에게 원래 부인대상 행위가 없었더라면 회생절차에서 보장받았을 회생채권 또는 회생담보권으로 취급해야 할 것이다. 회생계획에는 채무자의 행위가 부인된 후 보완 신고가 될 채권에 관하여 적당한 조치를 정하여야 하는바(법 제197조 제2항), 회생계획에 해당 조항이 삽입되어 있고, 상대방 이외의 다른 채권자들은 그 권리에 아무런 불이익이 없는 이상 회생계획 변경절차나 기타 심리 및 결의 절차는 불필요하다. 신고기간 만료 후 부인권이 행사된 상대방이 회생계획에 정하여진 권리 변경을 받는 집합 분류(보증채무인지 주채무인지 여부, 금융기관인지 상거래채권자인지 여부, 특수관계인인지 아닌지 여부 등)에 관하여 다툼이 있는 경우에는 법원이 이를 정할 수 있다는 조항을 삽입한다('제13장 제5절 4. 차.' 참조).

4) 추후 보완신고 기간

법은 추후 보완신고 기간을 '부인된 날부터 1월 내'로 제한하는 규정만을 두고 있을 뿐이어서 추후 보완신고의 기산점을 결정하는 '부인된 날'의 의미에

9, 91면 참조.

152) 이에 관하여는 회사정리법 하에서 실권설·부인권행사 불가설·실권효 제한적 적용설 및 추후 보완신고 허용설 등의 견해의 대립이 있었는데, 대법원은 부인권 행사의 상대방의 법적 지위에 관하여 공익채권설의 입장을 취하였다(대법원 2003. 1. 10. 선고 2002다36235 판결). 그러나 대법원판례와 같이 공익채권설을 취한다면 부인대상 행위의 상대방이 결과적으로 더 우월한 공익채권자로서 취급받게 되어 부인대상 행위를 억제하려는 부인권 제도의 취지에 반하게 되므로, 법 제109조 제2항은 회사정리법 하에서의 학설 중 추후 보완신고를 허용하여야 한다는 견해를 입법화한 것이다.

대한 해석이 중요하다. 부인소송의 장기화에 따른 회생절차의 불확실성을 조기에 해소하기 위하여 관리인이 부인권을 행사한 사실을 상대방이 알게 된 날을 기준으로 하자는 견해와 부인소송이 확정된 날을 기준으로 해야 한다는 견해의 대립이 있다. 법 제109조가 소송상 행사되는 부인권의 인정을 그로 인하여 부활될 채권발생의 기본전제로 하고 있고, 실무상 부인의 의사표시의 존부에 대한 판단이 용이한 것만은 아니며,153) 부인권의 존부에 대한 판단 역시 실체관계에 대한 정확한 인식과 법률적용 등이 수반되기 때문에 권리관계의 불확실성을 동일한 기준에 의하여 확정한다는 점에서 실무상 후자에 따라 처리하고 있다.

5. 부인권의 소멸

가. 부인권행사의 기간

부인권은 회생절차개시일부터 2년이 경과한 때에는 행사할 수 없다(법 제112조 전문). 또한 부인의 대상이 되는 행위를 한 날부터 10년이 경과한 때에도 이와 같다(법 제112조 후문).154)155) 조속한 법률관계의 확정을 통하여 거래안전을 확보하기 위한 규정이다.

나. 지급정지와 부인의 제한

지급정지의 사실을 안 것을 이유로 부인하는 경우에는 회생절차개시의 신청이 있은 날부터 1년 전에 행하여진 행위는 부인할 수 없다(법 제113조). 부인권의 행사에 시간적 제약을 가함으로써 거래관계자의 신뢰를 보호하기 위한 것이다.

유의할 점은 본지행위부인(법 제100조 제1항 제2호)과 본 조와의 관계이다. 채무자의 회생채권자 등을 해하는 행위가 지급정지 등이 있은 후, 그러나 회생절차개시신청이 있은 날부터 1년 전에 행하여진 경우, 관리인은 수익자가 지급정지 등이 있는

---

153) 특히 법 제112조에서 정한 부인권 행사기간이 경과된 이후에 그간의 회생절차에서의 부인권 행사의 존부에 대한 다툼이 있었다.

154) 그 실질은 제척기간이다. 종래 구 회사정리법 제92조에는 "… 소멸시효가 완성된다"고 규정되어 있었으나, 법 제112조 후문은 이 부분을 삭제하였다.

155) 파산관재인이 채권자취소소송을 수계한 경우 제척기간 준수 여부 판단에 관하여, 대법원 2016. 7. 29. 선고 2015다33656 판결은 "파산채권자가 파산선고 이전에 적법하게 제기한 채권자취소소송을 파산관재인이 수계하면, 파산채권자가 제기한 채권자취소소송의 소송상 효과는 파산관재인에게 그대로 승계되므로, 파산관재인이 채권자취소소송을 수계한 후 이를 승계한 한도에서 청구변경의 방법으로 부인권 행사를 한 경우, 특별한 사정이 없는 한 제척기간의 준수 여부는 중단 전 채권자취소소송이 법원에 처음 계속된 때를 기준으로 판단하여야 한다."라고 판시하였다.

것을 알고 있더라도 이를 이유로 부인할 수 없으나 회생채권자 등을 해하는 사실을 알고 있음을 이유로는 부인(제100조 제1항 제1호의 고의부인)할 수 있다.[156]

다. 포   기

관리인은 부인의 상대방과 화해가 성립한 때와 같이 회생채권자의 이익에 합치될 경우, 부인소송의 확정 전후를 묻지 않고 소송 외에서 법원의 허가를 받고 부인권의 행사를 포기할 수 있다.

6. 부인의 등기

가. 의   의

1) 부인의 등기의 성질

법 제26조 제1항은 "등기의 원인인 행위가 부인된 때에는 관리인은 부인의 등기를 신청하여야 한다. 등기가 부인된 때에도 또한 같다."라고 규정함으로써 관리인에게 부인의 등기를 신청할 의무를 부과하고 있다. 부인의 목적을 확실하게 이루기 위하여 부인에 의해 채무자의 재산에 복귀한 것에 관하여 등기를 할 필요가 있고, 이것을 부인의 등기라고 하는 것이다. 그 부인의 등기의 성질에 관하여 논란이 있다.

현재 학설상 ① 부인등기는 특별히 인정된 등기가 아니라 말소등기와 같은 통상적인 등기의 총칭에 불과하다는 견해(각종 등기설 또는 통상등기총칭설),[157] ② 부인권을 행사하면 물권적 효과가 발생하므로 이를 제3자에 경고하기 위한 예고등기의 일종이라는 예고등기설, ③ 부인에 의하여 부동산이 회생절차 내에서 관리인과 상대방 사이에서 상대적으로 물권적으로 복귀하고 제3자에는 미치지 아니하는 특수한 물권변동을 공시하기 위하여 회생절차가 인정한 특별한 등기라는 견해(특수등기설)[158]가 대립한다. 각종 등기설 또는 통상등기설 및 예고등기설에 의하면, 판결의 주문은 상대방에게 관리인 앞으로의 이전등기 또는 말소등기를 명하게 되어 통상의 소송과 다를 바 없으나 특수등기설의 입장에 서는 경우 판결의 주문은 부인등기절차를 명하는 특수한 형태가 된다. 실무는 특

---

156) 注解, 273면.
157) 条解(上), 255면.
158) 현재 일본의 통설이다.

수등기설을 따르고 있는 것으로 보인다.[159]

2) 부인의 등기의 절차

관리인이 단독으로 부인의 등기를 신청하게 되므로, 신청인이 관리인이라는 사실을 소명하는 자료를 제출하여야 하고, 등기원인을 증명하는 서면으로 부인소송과 관련된 청구를 인용하는 판결 또는 부인의 청구를 인용하는 결정을 인가하는 판결의 판결서 등본 및 그 확정증명서 또는 부인의 청구를 인용하는 결정서 등본 및 그 확정증명서를 첨부하여야 한다(채무자 회생 및 파산에 관한 법률에 따른 부동산 등의 등기 사무처리지침 제11조 제2항·제3항).

3) 부인의 등기의 효과

현재 실무가 취하고 있는 특수등기설에 의하면, 부인의 등기는 회생절차 내에서 관리인과 상대방 사이에서 채무자의 재산으로 상대적 복귀를 공시하는 것으로서 회생절차개시결정취소 또는 회생계획인가 전 회생절차폐지 등에 의하여 회생절차가 종료하지 않는 한 채무자의 재산에 속하는 것으로 취급하게 된다.[160] 또한 회생절차개시결정취소 또는 회생계획인가 전 회생절차폐지 등에 의하여 회생절차가 종료되면 부인의 효과는 소멸하는 것으로 보는데, 이 경우에도 특수등기인 부인의 등기의 존재로 인하여 말소등기를 하지 않고서도 회생절차 개시결정취소 또는 회생절차폐지의 기입등기만으로도 부인효과의 소멸, 부인등기의 실효 및 수익자 앞으로 소유권의 복귀를 공시하는 것이 된다.

나. 법 제26조 제3항의 등기

법 제26조 제3항은 "제23조 제1항 제1호 내지 제3호의 규정은 제1항의 경우에 관하여 준용한다"고 규정하고 있다.[161] 이는 부인의 등기가 마쳐진 경우의

---

159) '채무자 회생 및 파산에 관한 법률에 따른 부동산 등의 등기 사무처리지침'도 특수등기설을 따르고 있다. 한편 이에 따른 주문례는 '제8장 제1절 3. 나. 2) 다)' 참조. 일본의 실무는 最高裁 判所 昭和 49. 6. 27. 판결(民集 28권 5호, 641면)에 의해 특수등기설로 통일되었다. 위 판결은 파산자·수익자 쌍방의 양도행위가 부인의 대상이 되고 부인등기는 이 양도를 표시하는 각 등기에 대해서 행하여지는 것으로 이해한 반면 부인등기가 전득자에 대한 관계에서 문제된 경우에 大阪高等裁判所 昭和 53. 5. 30. 판결은 부인등기가 당해 부동산이 파산재단에 복귀한 것을 표시하는 것을 목적으로 한다고 이해하고, 부인대상인 '등기의 원인인 행위'를 파산자의 행위에 한정하여 수익자·전득자 간의 소유권이전등기에 대해서는 부인등기를 할 필요가 없음을 전제로 하고 있다(春日偉知郞, "否認の登記と轉得者", 倒産判例百選[第3版], Jurist 별책, No. 163, 2002. 9, 89면).

160) 부인등기가 마쳐진 이후에는 당해 부동산 또는 당해 부동산 위의 권리는 채무자의 재산에 속하고, 등기부상 명의인이 그 부동산 또는 그 부동산 위의 권리를 관리·처분할 수 있는 권리를 상실하였다는 사실이 공시되었으므로, 부인된 등기의 명의인을 등기의무자로 하는 등기신청이 있는 경우 등기관은 이를 각하하여야 한다(채무자 회생 및 파산에 관한 법률에 따른 부동산 등의 등기 사무처리지침 제12조 제2항).

161) 법 제23조 제1항 제1호 내지 제3호는 법인에 관한 상업등기의 촉탁에 관한 규정이므로 법

부인의 등기의 취급에 관한 규정이다.

1) 회생절차개시결정의 취소, 인가 전 회생절차폐지, 회생계획불인가의 경우

부인의 등기가 마쳐진 후 회생절차개시결정의 취소·회생절차폐지 또는 회생계획불인가의 결정이 확정된 경우(법제23조 제1항 제2호), 법원사무관 등은 직권으로 지체 없이 촉탁서에 결정서의 등본 또는 초본 등 관련서류를 첨부하여 회생절차개시결정 취소·회생절차폐지 또는 회생계획불인가의 결정의 등기를 촉탁하여야 한다.

회생절차가 위와 같은 사유로 종료되면 회생계획 수행의 착수에 이르지도 못한 채 회생절차를 종료시키게 되어 부인의 효과도 원칙적으로 소멸시키는 것이 타당하므로 그 취지를 나타내기 위하여 위와 같은 등기촉탁 규정을 두고 있는 것이다. 그러나 위와 같은 개시결정의 취소결정 등의 기입등기만으로 부인의 효과가 소멸되었다는 뜻을 공시하는 데 불충분하고, 부인대상행위의 상대방은 부인의 등기가 그대로 남게 된 결과 그 권리행사에 큰 제약을 받게 된다. 그리하여 채무자 회생 및 파산에 관한 법률에 따른 부동산 등의 등기 사무처리지침 제16조 제1항은 등기상 이해관계 있는 제3자가 있는 경우를 제외하고는 법원의 촉탁에 의하여 부인의 등기를 말소할 수 있도록 규정하였다.

2) 회생계획인가, 회생절차종결, 인가 후 회생절차폐지의 경우

부인의 등기가 마쳐져 있는 경우에 회생계획인가 또는 회생절차종결의 결정이 있거나, 인가 후 회생절차폐지의 결정이 확정된 경우에는 부인의 효과는 확정되므로 법원사무관 등은 직권으로 지체 없이 촉탁서에 결정서의 등본 또는 초본 등 관련서류를 첨부하여 회생계획인가, 회생절차종결, 회생절차폐지(인가 후 폐지)의 결정의 등기를 촉탁하여야 한다.

이 경우 부인에 의하여 회복된 권리는 채무자의 회생계획 수행의 기초가 되는 것으로, 이제 와서 상대방에게 반환될 여지나 필요는 없다. 따라서 위와 같은 회생계획인가결정 등의 기입등기의 촉탁은 반환된 재산이 이제 와서 상대방에게 복귀하지 않는다는 것을 분명히 하는 의미를 갖는다.

다. 법 제26조 제4항의 등기

법원은 관리인이 제1항의 부인의 등기가 된 재산을 임의매각한 경우에 그 임의매각을 원인으로 하는 등기가 된 때에는 이해관계인의 신청에 의하여 제1

제24조 제5항을 거쳐서 법 제23조 제1항 제2호, 제3호를 준용하도록 하였어야 할 것이다. 입법론상 검토를 요한다.

항의 부인의 등기, 부인된 행위를 원인으로 하는 등기, 부인된 등기 및 위 각 등기의 뒤에 되어 있는 등기로서 회생채권자에게 대항할 수 없는 것의 말소를 촉탁하여야 한다(법 제26조 제4항).

관리인이 법원의 허가를 받아 부인권 행사로 되찾아 온 부동산을 제3자에게 임의매각한 경우, 매수인으로서는 등기부에 부인의 등기, 부인된 행위를 원인으로 한 등기 등의 존재로 인하여 소유권 행사에 사실상 지장을 받게 된다. 그리하여 법은 위와 같은 등기를 법원의 촉탁에 의하여 말소함으로써 관리인의 재산 매각업무의 효율성을 높이고, 매수인의 권리행사에 지장이 없도록 하는 것이다.

회생채권자에게 대항할 수 있는 등기를 말소촉탁의 대상에서 제외한 것은 등기상 이해관계 있는 제3자를 보호하기 위해서이다. 대항할 수 있는지 여부를 판단하는 기준으로 '회생채권자'를 든 것은 부인권의 행사의 효과가 담보권이 없는 회생채권자에게 귀속되는 점을 고려하여 일반적인 의미에서 회생채권자를 적시한 것일 뿐 그 이외에는 큰 의미가 없다.

부인의 등기 등의 말소등기를 촉탁할 경우 촉탁의 주체는 법원사무관등이 아니라 법원이다. 또한 법원의 직권발동에 의하여 말소촉탁하는 것이 아니라 이해관계인의 신청에 의하여야 하며, 촉탁의 시기는 '임의매각을 원인으로 하는 등기가 마쳐진 후'이어야 한다.[162] 부인대상행위의 상대방(수익자 또는 전득자)이 부인의 등기가 말소된 것을 기화로 이를 처분할 위험성을 방지하기 위함이다.

7. 신탁행위의 부인

가. 의   의

개정 채무자회생법(2013. 5. 28. 시행)은 채무자가 신탁법에 따라 위탁자로서 한 신탁행위를 부인하는 경우에 관한 법 제113조의2(신탁행위의 부인에 관한 특칙) 규정을 신설하였다. 개정 신탁법(2012. 7. 26. 시행)이 사해신탁의 취소에 관한 규정인 신탁법 제8조를 전면 개정[163]함에 따라 채무자회생법도 이에 대응하여

---

162) 채무자 회생 및 파산에 관한 법률에 따른 부동산 등의 등기 사무처리지침 제13조 참조.

163) 개정 전 신탁법 제8조는 사해신탁의 취소와 원상회복의 범위에 관하여 수탁자의 선의 또는 악의에 관계없이 신탁설정행위를 취소할 수 있도록 하되, 수익자가 이미 받은 이익은 원상회복의 대상에서 제외함을 원칙으로 정하고 있었는데, 개정 신탁법은 수익자가 선의인 경우 신탁설정행위의 취소를 제한하고, 선의의 수탁자인 경우 현존하는 신탁재산의 범위 내에서 원상회복의무를 부담하도록 하는 등 선의의 수탁자 또는 수익자 및 거래안전 보호를 강화하는 방향으

신탁행위의 부인에 관한 특칙을 신설한 것이다.

신탁법상 사해신탁의 취소와 도산법상 신탁행위의 부인은 채무자가 채권자를 해하는 내용이나 방법으로 신탁을 설정한 경우, 신탁행위를 취소 또는 부인하고 일탈된 재산을 원상회복시킨다는 점에서 공통점이 있다. 다만, 사해신탁의 취소는 채무초과 상태에서 책임재산을 감소시킴으로써(또는 책임재산 감소에 의해 채무초과 상태를 초래함으로써) 채권자를 해하는 사해행위에 해당하는 신탁행위, 즉 좁은 의미에서의 사해신탁을 대상으로 함에 비하여 도산법상 신탁행위의 부인은 사해행위, 편파행위, 무상행위 등에 해당하는 신탁행위, 즉 넓은 의미에서의 사해신탁을 대상으로 한다는 점에서 차이가 있다.[164]

회생절차에서는 주로 채무자가 부동산 개발사업 시행사이거나 골프장을 운영하는 경우 신탁행위의 부인에 관한 검토를 필요로 하는 때가 많다. 채무자가 대주로부터 금원을 차용하면서 그 소유 토지를 신탁회사(수탁자)에 신탁하고 대주를 우선수익자로 지정하는 방식의 담보신탁을 하는 경우가 있는데, 이러한 담보신탁을 통해 채권자인 대주는 채무자의 다른 채권자들의 강제집행으로부터 신탁재산을 보호하는 한편, 자신은 실질적으로 담보권자와 동일한 권리를 누리면서 동시에 위탁자의 도산에 영향을 받지 아니하는 '도산절연'의 이익을 향유한다.[165]

나. 성립요건

1) 부인의 상대방

채무자가 신탁법에 따라 위탁자로서 한 신탁행위를 부인할 때에는 수탁자, 수익자 또는 그 전득자를 상대방으로 한다(법 제113조의2 제1항). 여기서의 수익자는 민법상의 수익자가 아니라 신탁법상의 수익자를 의미하고, '그 전득자'는 수탁자의 특정승계인, 수익권의 전득자, 신탁재산의 전득자 등을 포괄하는 개념이다.[166]

2) 수탁자를 상대로 한 부인

수탁자를 상대방으로 하여 부인권을 행사할 경우 수탁자의 선의 또는 악의에 상관없이 신탁행위를 부인할 수 있다. 즉, 신탁행위가 법 제100조 제1항 제1호, 제2호 또는 제3호의 행위에 해당하여 수탁자를 상대방으로 하여 신탁행위를

로 개정되었다.

164) 한민, "사해신탁의 취소와 부인", BFL 제53호(서울대학교 금융법센터, 2012. 5.), 6면.
165) 자세한 내용은 '제9장 제3절 3. 마.' 참조.
166) 한민, "사해신탁의 취소와 부인", BFL 제53호(서울대학교 금융법센터, 2012. 5.), 16면.

부인할 때에는 같은 조 제1항 제1호 단서, 제2호 단서 또는 제3호 단서를 적용
하지 아니한다(법 제113조의2).167) 그리고 관리인은 수익자(수익권의 전득자가 있는 경우
에는 그 전득자) 전부에 대하여 부인의 원인이 있을 때에만 수탁자에게 신탁재산
의 원상회복을 청구할 수 있다(법 제113조의2 제4항 전문). 따라서 여러 명의 수익자가 있는 경
우 그중 1인이라도 선의인 때에는 관리인은 수탁자를 상대로 원상회복을 청구
할 수 없다. 다만 수익자 전부에 대하여 부인의 원인이 있을 때에도 수탁자가
선의라면, 수탁자는 현존하는 신탁재산의 범위 내에서 원상회복 의무를 부담한
다(법 제113조의2 제4항 후문).

3) 수익자 또는 수익권의 전득자를 상대로 한 부인

신탁행위가 법 제100조 제1항 제1호 또는 제2호의 행위에 해당하여 수익자
를 상대로 부인권을 행사할 경우 위 각호의 단서를 적용함에 있어 '이로 인하여
이익을 받은 자'를 부인의 상대방인 수익자로 본다(법 제113조의2 제3항). 이 때 수익권의
전득자는 수익자와 같이 취급하여(법 제113조의2 제5항) 부인권 행사 여부를 판단한다. 신
탁행위가 법 제100조 제1항 제1호의 행위에 해당할 경우 수익자의 악의는 추정
되므로 수익자 자신이 그 선의에 대한 증명책임을 부담한다.168) 관리인은 수익
권 취득 당시 부인의 원인이 있음을 알고 있는 수익자(전득자가 있는 경우 전득자
를 포함한다)에게 그가 취득한 수익권을 채무자의 재산으로 반환할 것을 청구할
수 있다(법 제113조의2 제5항).

결국 악의의 수익자와 선의의 수익자가 혼재하는 경우, 수탁자 및 선의의 수
익자에 대하여는 부인권을 행사할 수 없고, 악의의 수익자에 대하여만 신탁행위
를 부인하고, 받은 급부의 반환 또는 수익권의 양도를 청구할 수 있다. 이 경우
부인의 대상이 되는 신탁행위의 범위가 문제되는데, 특별한 사정이 없는 한 신탁행

---

167) 신탁법 제8조 제1항도 "채무자가 채권자를 해함을 알면서 신탁을 설정한 경우 채권자는 수탁
자가 선의일지라도 수탁자나 수익자에게 「민법」 제406조 제1항의 취소 및 원상회복을 청구할
수 있다."라고 규정하여, 수탁자의 선의 또는 악의를 묻지 않는다.

168) 대법원 2016. 1. 14. 선고 2014다18131 판결. 갑 주식회사가 대출금의 변제기 연장을 목적으
로 을 주식회사와 담보신탁계약을 체결하고 병 은행을 1순위 우선수익자로 지정한 행위가 법
제100조 제1항 제1호에 따라 부인의 대상이 되는지 문제된 사안에서, 원심이 담보신탁계약이
특정 채권자에 대한 담보제공행위로서 편파행위에 해당한다고 판단하면서 당시 갑 회사가 채
무초과 상태에 있었는지에 대한 병 은행의 인식 여부를 선의 인정의 주된 근거로 삼은 것은
잘못이고, 대출금 변제기 연장을 위해 추가담보를 제공받으면서 당해 프로젝트 파이낸싱 대출
과 관련 없는 토지에 대해 제3자에게 보수를 지급하여야 하는 부동산담보신탁계약을 이용하는
것은 금융거래관행상 이례적이라고 보이는 점, 담보신탁계약 체결 후 4개월 이내에 갑 회사가
회생을 신청한 점 등 제반 사정에 비추어 병 은행은 갑 회사에 대한 회생절차가 개시되는 경
우에 적용되는 채권자평등의 원칙을 회피하기 위하여 담보신탁계약의 우선수익자로 지정됨으
로써 다른 채권자들을 해한다는 인식이 있었다고 볼 여지가 충분하다고 판시하였다.

위 전체가 아니라 악의의 수익자 지정행위만을 부인할 수 있다고 볼 것이다.[169]

4) 신탁재산의 전득자를 상대로 한 부인

신탁재산의 전득자에 대하여 부인권을 행사하기 위하여는 전득자 이전의 신탁재산 취득자 전원에게 부인의 원인이 있어야 한다(법 제110조 제1항). 특히 고의부인이나 위기부인의 경우에는 전득자가 전득 당시 그 전자에 대하여 부인의 원인이 있음을 알고 있어야 하고(법 제110조 제1항 제1호), 특별한 사정이 없는 한 이러한 전득자의 악의에 대한 증명책임은 부인권을 행사하는 관리인에게 있다.

이와 관련하여, 선의인 수익자가 존재하여 수탁자를 상대로 신탁재산의 원상회복을 청구하지 못하는 경우에 수탁자에게 부인의 원인이 없는 것으로 보아 전득자를 상대로 하는 부인이 인정되지 않는다면 불합리하므로, 신탁재산의 전득자를 상대로 신탁행위를 부인하는 경우에는 수탁자에게 부인의 원인이 있는지 여부는 고려하지 않는다는 특칙을 두자는 견해가 있다.

다. 선의의 채권자 보호

채무자가 위탁자로서 한 신탁행위가 부인되어 신탁재산이 원상회복된 경우 그 신탁과 관련하여 수탁자와 거래한 선의의 제3자는 그로 인하여 생긴 채권을 원상회복된 신탁재산의 한도에서 공익채권자로서 행사할 수 있다(법 제113조의2 제6항).[170] 수탁자가 신탁재산의 관리·보전을 위해 제3자와 계약을 체결함에 따라 제3자가 수탁자에 대해 가지는 청구권 또는 수탁자가 신탁재산을 운영하는 과정에서 제3자와 거래함으로 인하여 발생한 제3자의 청구권 등이 그 예이다. 한편, 수탁자가 신탁사무를 처리하는 과정에서 수익자 외의 제3자에게 채무를 부담하는 경우 그 이행책임은 신탁재산의 한도 내로 제한되는 것이 아니라 수탁자의 고유재산에 대하여도 미치므로,[171] 신탁재산을 통해 권리를 전부 보전받지 못한

---

169) 서울고등법원 2013. 10. 11. 선고 2012나103846 판결(상고 없이 확정). 수익자가 수인인 신탁계약은 실질적으로 각 수익자에 대한 개개의 신탁계약이 합쳐진 것으로 볼 수 있는 점, 신탁계약 전체를 부인하는 경우 선의의 수익자에 대한 부분까지 부인되는 점, 신탁계약 중 악의의 수익자 지정행위만을 부인하여도 부인권 행사의 목적을 충분히 달성할 수 있는 점 등을 근거로 이와 같이 보았다. 신탁계약에서 수탁자가 A, X, Y를 각 1, 2, 3순위 우선수익권자로 지정하였는데, A는 선의여서 A를 우선수익자로 지정한 행위는 부인할 수 있는 행위에 해당하지 않는다고 보아, 수탁자와 A를 상대로 한 부인청구는 기각하고, X, Y를 우선수익자로 지정한 행위만을 부인한다고 판단한 사안이다.

170) 신탁법 제8조 제4항은 "신탁이 취소되어 신탁재산이 원상회복된 경우 위탁자는 취소된 신탁과 관련하여 그 신탁의 수탁자와 거래한 선의의 제3자에 대하여 원상회복된 신탁재산의 한도 내에서 책임을 진다."라고 규정하고 있다.

171) 대법원 2010. 6. 24. 선고 2007다63997 판결, 대법원 2006. 11. 23. 선고 2004다3925 판결.

제3자는 수탁자를 상대로 나머지 채권의 만족을 구할 수 있다.

제2절 법인의 이사 등에 대한 책임 추궁

1. 취 지

가. 손해배상청구권 등의 조사확정제도의 의의

재정적 파탄에 빠진 법인의 발기인·이사(상법 제401조의2 제1항에서 정한 업무집행지시자 등 이사로 보는 자 포함)·감사·검사인 또는 청산인(이하 본절에서 '이사 등'이라 한다)이 법인에 대하여 출자이행책임 또는 손해배상책임을 부담하는 경우에는 법인 채무의 변제와 재건의 자원이 되는 법인재산의 충실화를 위해서도 그 책임은 신속하게 추궁할 필요가 있다. 그러나 이러한 손해배상청구권 등의 존부 및 범위를 둘러싸고 법인과 이사 사이에 다툼이 발생할 가능성이 높다. 법인의 이사가 이러한 손해배상청구 등에 대해서 다투는 때에는 법인으로서는 통상 민사소송을 제기하여 이사의 책임을 추궁하는 것도 가능하겠으나, 소송으로 이행을 명하는 판결을 받는 데 상당한 시간과 비용을 요하여 신속을 요하는 회생절차에 적당하지 아니하다. 따라서 법 제114조 내지 제117조는 비송사건의 일종으로서 법원이 간이·신속하게 법인의 이사에 대한 손해배상청구권 등의 존재·내용을 확정하고, 이사에 대한 손해배상을 명하는 조사확정제도를 도입하였다.

나. 조사확정제도의 실정과 효용

손해배상청구권 등의 조사확정제도는 종래 이용되지 않다가 구 회사정리법 하에서 정리회사 한보철강 주식회사의 구 경영진에 대하여 고액의 손해배상청구권의 사정재판(현행 조사확정재판)이 행하여진 사례가 있었고,[172] 최근에도 동양그룹 구 경영진, 주식회사 벨류인베스트먼트코리아 구 경영진에 대한 고액의 손해배상청구권의 조사확정재판이 제기된 사례가 있다.[173]

이 제도는 분식결산에 의한 위법배당, 횡령 등 비교적 주장·입증이 용이

---

172) 서울지방법원 1998. 9. 28. 자 98파1768 결정.
173) 서울회생법원 2021. 8. 13. 자 2021회기1 결정, 서울회생법원 2019. 5. 9. 자 2014회기10 결정, 서울회생법원 2019. 4. 5. 자 2014회기21 결정.

한 개별적 손해에 관한 책임을 추궁하기 위하여 행하여질 것으로 보이는바, 신속하게 손해배상이 실현되면 변제재원이 증가하고 그 경고적 효과로 부실경영에 중대한 책임이 있는 이사에 대하여 그 책임을 추궁하기 위한 교섭이 유리하게 전개될 것도 기대할 수 있다.

이사 등에게 부실경영에 중대한 책임이 있는지 여부는 법원이 선임한 조사위원이 조사하여야 할 중요 사항 중의 하나로서(법 제87조 제3항,), 그 조사결과는 이사 등을 상대로 손해배상청구권의 조사확정절차를 개시할지 여부에 중요한 참고자료가 될 것이다(자세한 사항은 '제7장 제5절 11.' 참조).174)

2. 손해배상책임의 발생 및 배상액의 제한

가. 손해배상책임의 발생

주식회사나 유한회사인 채무자의 이사 등이 법령 또는 정관에 위반한 행위를 하거나 그 임무를 게을리한 때에는 회사에 대하여 연대하여 손해를 배상할 책임을 지게 된다(상법 제399조 제1항, 제567조).

주식회사 이사 등의 회사에 대한 손해배상책임은 일반불법행위 책임이 아니라 위임관계로 인한 채무불이행 책임이므로 그 소멸시효기간은 일반채무의 경우와 같이 10년이라고 보아야 한다는 것이 판례이다.175)

이사 등의 손해배상책임과 관련하여서는 경영판단의 원칙이 적용되어 이사 등이 손해배상책임을 면할 수 있는 사안인지 여부가 문제된다. 경영판단의 원칙이란, 이사 등이 임무를 수행함에 있어서 행한 행위가 합리적으로 이용가능한 범위 내에서 필요한 정보를 충분히 수집·조사하고 검토하는 절차를 거친 다음, 이를 근거로 회사의 최대 이익에 부합한다고 합리적으로 신뢰하고 신의성실에 따라 경영상의 판단을 내린 것이고, 그 내용이 현저히 불합리하지 않은 것으로서 통상의 이사 등을 기준으로 할 때 합리적으로 선택할 수 있는 범위 안에 있는 것이라면, 비록 사후에 회사가 손해를 입게 되는 결과가 발생하였다 하더라도 그 이사 등의 행위는 허용되는 경영판단의 재량범위 내에 있는 것이어서 회사에 대하여 손해배상책임을 부담하지 않는다는 것이다.176) 경영판단의 원칙 적

---

174) 대법원 2018. 5. 18. 자 2016마5352 결정, 대법원 2004. 6. 18. 자 2001그135 결정.
175) 대법원 2006. 8. 25. 선고 2004다24144 판결.
176) 대법원 2011. 10. 13. 선고 2009다80521 판결, 대법원 2007. 10. 11. 선고 2006다33333 판결.

용 여부는 구체적 사안에 따라 다를 수 있으나, 이사 등이 법령에 위반한 행위를 한 때에는 경영판단의 원칙은 적용될 여지가 없다.[177]

나. 배상액의 제한

이사 등의 손해배상책임이 인정되는 경우에 그 손해배상의 범위를 정함에 있어서는, 사업의 내용과 성격, 이사 등의 임무위반의 경위 및 임무위반행위의 태양, 손해발생 및 확대에 관여된 객관적인 사정이나 그 정도, 평소 이사 등의 회사에 대한 공헌도, 임무위반행위로 인한 당해 이사 등의 이득 유무, 회사의 조직체계의 흠결 유무나 위험관리체제의 구축 여부 등 제반 사정을 참작하여 손해분담의 공평이라는 손해배상제도의 이념에 비추어 그 손해배상액을 제한할 수 있다. 이때 손해배상액 제한의 참작 사유에 관한 사실인정이나 그 제한의 비율을 정하는 것은 형평의 원칙에 비추어 현저히 불합리한 것이 아닌 한 사실심의 전권사항이다.[178]

3. 보전처분

가. 취 지

책임이 문제되고 있는 이사 등이 조사확정재판이 확정되기 전에 개인 소유 재산을 은닉 또는 처분하여 버리면 사실상 손해의 회복은 곤란하게 될 우려가 있다. 따라서 조사확정재판에 기초한 이사 등에 대한 청구권의 실효성을 확보하기 위해서 이들의 개별 재산에 대해서 법원이 보전처분을 발령할 필요성이 있다.

나. 신청권자

보전처분은 직권 또는 관리인의 신청에 의하여 발령할 수 있다(법 제114조 제1항). 신청권자는 회생절차개시 전후 및 관리인 또는 보전관리인의 선임 유무에 따라 다르다. 우선 회생절차개시결정 전에 보전관리인이 선임되어 있으면 그 보전관리인만이, 보전관리인이 선임되어 있지 않으면 채무자(개시 전 회사)에게 신청권이 있다(법 제114조 제3항). 회생절차개시결정 후에는 관리인(법 제74조 제4항에 의한 법률상 관리인 포함)에게만 보전처분의 신청권이 인정된다. 관리인은 이사 등에 대한 손

---

177) 대법원 2011. 4. 14. 선고 2008다14633 판결, 대법원 2007. 7. 26. 선고 2006다33609 판결.
178) 대법원 2007. 10. 11. 선고 2007다34746 판결, 대법원 2022. 5. 12. 선고 2021다279347 판결.

해배상청구권이 있음을 알게 된 때에는 법원에 보전처분을 신청할 의무가 있다 (법 제114조 제2항).

다. 신청절차

보전처분은 민사집행법에 의하지 않는 이른바 특수보전처분의 일종이기 때문에 담보제공은 불필요하고, 신청서를 접수할 법원은 회생사건이 계속되어 있는 법원이다.[179] 보전처분 신청에 대해서도 민법상 시효중단의 효과가 인정된다.

라. 보전처분의 내용 등

1) 절   차

법원은 법인인 채무자에 대하여 회생절차개시 후 필요하다고 인정하는 때에는 채무자의 이사 등에 대한 출자이행청구권 또는 이사 등의 책임에 기한 손해배상청구권을 보전하기 위하여 해당 이사 등의 재산에 대한 보전처분을 할 수 있다(법 제114조 제1항). 또한 법원은 회생절차개시결정 전이라도 긴급한 필요가 있다고 인정하는 때에는 개시 전 채무자(보전관리인이 선임되어 있는 때에는 보전관리인)의 신청 또는 직권으로 법 제114조 제1항의 규정에 의한 보전처분을 할 수 있다(법 제114조 제3항).

2) 변경·취소와 즉시항고

보전처분은 법원의 결정으로 한다. 법원은 관리위원회의 의견을 들어 발령한 보전처분을 변경 또는 취소할 수 있다(법 제114조 제4항). 보전처분 또는 이를 변경·취소한 결정에 대하여 불복하는 자는 즉시항고를 할 수 있지만(법 제114조 제5항), 즉시항고가 있어도 집행은 정지되지 않는다(법 제114조 제6항). 보전처분 또는 이에 대한 즉시항고에 대한 재판의 결정서는 당사자에게 송달하여야 한다(법 제114조 제7항).

3) 보전처분의 내용

보전처분은 채무자의 권리를 보전할 필요가 큰 점에 비추어 민사집행법상의 가압류·가처분에 한정되지는 않는다. 손해배상청구권의 보전을 목적으로 한 가압류가 통상적인 모습이지만, 그 외에도 적당한 처분이 있으면 할 수 있다. 예를 들면 훼손의 우려가 있는 재산에 대한 집행관보관, 이사 등 소유의 주택에 관한 관리명령 등을 생각할 수 있다.[180]

---

179) 신청서에는 2,000원의 인지를 붙여야 하고, 별도의 사건번호가 부여되지 않으며, 회생사건 기록에 가철한다(민사접수서류에 붙일 인지액 및 그 편철방법 등에 관한 예규 제3조).

180) 会社更生の実務(上), 132면.

4) 보전처분의 등기

이사 등이 소유하는 부동산 등 등기된 권리에 관하여 법 제114조 제1항 또는 제3항의 규정에 의한 보전처분이 있는 때는 법원사무관 등은 직권으로 지체없이 그 보전처분의 등기를 촉탁하여야 한다. 등기된 보전처분이 변경 또는 취소되거나 회생절차개시신청의 취하 등에 의하여 보전처분이 변경 또는 취소되거나 그 효력을 상실한 때에도 등기를 촉탁하여야 한다(법 제24조 제1항 제3호).

4. 이사 등에 대한 손해배상청구권 등의 조사확정재판

가. 조사확정절차의 개시

조사확정절차는 직권 또는 관리인의 신청에 의하여 개시된다.

1) 관리인의 신청의무

회생절차에서 법인인 채무자의 이사 등에 대한 책임추궁은 채무자의 업무수행권 및 재산의 관리처분권이 전속된 관리인의 중요한 직무 중의 하나이고, 이것을 적절하게 행하지 않는 것은 관리인의 선량한 관리자로서의 주의의무위반이 될 수 있다. 따라서 관리인은 이사 등에 대한 청구권 등이 있음을 알게 된 때에는 법원에 조사확정재판을 신청하여야 한다(법 제115조 제2항).

그러나 관리인에 의한 이사 등에 대한 책임추궁의 방법은 조사확정재판의 신청에만 국한되는 것은 아니다. 예를 들어 사임요구, 퇴직금채권의 포기, 이사 등의 회생채권의 열후화, 사재의 제공 및 화해에 의한 임의적 출연, 손해배상청구소송 등 다양한 방법으로 행할 수 있다. 관리인은 해당 이사 등의 책임의 정도 및 개인적인 자산상황, 회사 채무의 개인보증의 유무, 채권자·종업원의 의사 및 경영환경 등 제반 사정을 참작하고 채무자의 회생이라는 최종 목적에 비추어 책임추궁의 상대방·방법 및 그 정도를 정책적으로 판단하여 적절히 선택하면 될 것이다. 이러한 점을 고려하면 관리인이 조사확정재판을 신청하지 않는 것이 관리인의 선량한 관리자로서의 주의의무위반에 해당되는 것은 해당 이사 등의 책임원인이 명백하고, 나아가 조사확정재판을 신청하는 것이 관리업무 수행에 특별히 지장을 초래하지 않으며, 그와 같은 조치로서 채권회수가 확실함에도 불구하고 이를 방치하는 것과 같은 재량권의 소극적 남용이라고 할 수 있는 경우에 한한다.[181]

---

181) 条解 民事再生法, 767-768면.

2) 절　차

관리인이 조사확정재판을 신청한 때에는 관리인이 이사 등의 선관주의의무 위반 등 손해배상청구권 등의 원인되는 사실을 소명하여야 한다(법 제115조). 예를 들어 위법배당의 사실은 이사회 회의록, 결산서, 주주총회 소집통지에 첨부되는 계산서류 및 감사보고서, 공인회계사의 감정서 등에 의하여 소명할 수 있다. 실무상 법원에 의하여 선임된 조사위원의 조사보고서가 중요한 판단자료가 됨은 앞서 설명한 바와 같다.

법원이 직권으로 조사확정절차를 개시하는 때에는 절차의 개시시기 및 시효중단의 시기를 명확하게 하기 위해서 법원은 조사확정절차를 개시하는 취지의 결정을 하여야 한다(법 제115조 제4항).

3) 시효중단의 효력

조사확정재판의 신청은 기본적으로 법인인 채무자가 이사 등에 대한 손해배상청구권 등을 주장하여 그 존부 및 범위의 재판상 확정을 구하는 것이므로, 재판상의 청구에 준하여 조사확정재판의 신청에는 시효중단의 효력을 인정하고 있다. 반면에 조사확정절차가 직권으로 개시된 경우에는 채무자 회사가 이사 등에 대하여 손해배상청구권 등을 주장하는 것은 아니지만, 그 경우에도 손해배상청구권 등의 재판상 확정이라고 하는 조사확정제도의 실질을 감안하여 조사확정재판의 신청이 있는 경우에 준하여 시효중단의 효력을 인정하고 있다(법 제115조 제5항).

나. 주주대표소송과의 관계

회생절차개시 후에 주주가 이사 등의 책임을 추궁하기 위하여 별도로 대표소송(상법 제403조)을 제기할 수 있는지가 문제된다. 일본의 판례[182] 및 통설[183]은 주주대표소송의 제기를 부정하고 있다. 우리나라의 경우도 파산절차에 관한 것이기는 하지만, 대법원[184]은 파산절차에서는 재산의 관리처분권과 소송의 당사자적격이 파산관재인에게 전속되어 있다는 점을 이유로 주주대표소송의 제기는 허용되지 않는다고 판시하고 있다.

---

182) 일본 東京高等裁判所 昭和 43. 6. 19. 판결(判例タイムズ 227-221), 일본 大阪高等裁判所 平成 1. 10. 26. 판결(判例タイムズ 711-253).
183) 条解(上), 616면; 注解, 239면.
184) 대법원 2002. 7. 12. 선고 2001다2617 판결.

다. 조사확정재판

1) 조사확정재판의 대상

조사확정재판의 대상이 되는 것은 회사의 이사 등에 대한 출자이행청구권이나 이사 등의 책임에 기한 손해배상청구권이다. 이사에 대한 출자이행청구권은 상법 제428조 제1항에 의한 담보책임에 기한 청구권을, 손해배상청구권은 상법 제399조, 제567조에 기한 손해배상청구권을 가리킨다.[185] 따라서 제3자가 이사 등에 대한 손해배상청구권을 행사하는 경우에는 조사확정재판의 대상이 될 수 없고, 통상의 소의 방법으로 그 책임을 추궁하여야 한다.

2) 심   리

실체법상의 청구권인 손해배상청구권 등의 존부에 관한 쟁송임에도 불구하고 간이·신속한 처리를 위해 1차적으로는 결정절차에 의하도록 한 것이 조사확정제도이다. 재판을 신속하게 행할 필요가 있는 점과 조사확정절차 후에 이의소송이라고 하는 2단계의 절차가 예정되어 있는 점에서 조사확정절차에서 구두변론은 상당하지 않다. 그러나 이사 등에게 방어의 기회를 최대한 부여하기 위해서 이사 등 이해관계인에 대한 심문이 필요적이다(법 제115조 제7항). 관리인이 신청한 때에는 관리인도 이해관계인으로 반드시 심문하여야 한다. 그 밖에 법원은 당사자로부터 제출된 자료 이외에도 직권으로 조사를 할 수 있다(법 제12조 제2항). 견해의 대립이 있으나 조사확정재판의 대상이 되는 권리는 당사자가 처분할 수 있는 것이므로 심리 도중 소송상 화해 또는 조정이 가능하다.[186]

3) 주   문

법원은 조사확정의 원인사실이 소명되었다고 인정하는 때는 이사 등에 대하여 손해배상청구권 등을 확정하는 조사확정의 재판을 하고, 그렇지 않으면 조사확정재판 신청을 기각하는 재판을 한다. 신청인은 조사확정재판 신청을 할 때 신청취지에 일정금액을 표시하여야 하지만, 사건의 비송적 성격상 법원은 이것에 구속되지 않고 자유롭게 손해배상액을 조사확정할 수 있다. 이사 등에 대하여 손해배상청구권이 있다는 조사확정의 재판 주문은 "채무자의 상대방(이사)에 대한 손해배상청구권은 ○○원으로 확정한다."로 하면 된다(별지 [양식 78] 참조).

---

185) 이 외에도 발기인에 대한 출자이행청구권(상법 제321조), 손해배상청구권(상법 제322조), 감사에 대한 손해배상청구권(상법 제414조 제1항, 제570조), 검사인에 대한 손해배상청구권(상법 제325조), 청산인에 대한 손해배상청구권(상법 제265조) 등이 있다.

186) 高田昌宏, "更生会社役員の責任の追及," 판례タイムズ No. 1132(2003. 12. 10.), 161면.

4) 이 유

청구권의 존부와 그 내용을 조사확정하는 재판과 조사확정의 신청을 기각하는 재판은 이유를 붙인 결정으로 하여야 한다(법 제115조 제6항).

5) 송 달

조사확정결정[187]이 있은 때에는 그 결정서를 당사자에게 송달하여야 한다(법 제115조 제9항).

6) 절차의 종료

조사확정절차는 회생절차의 목적을 달성하기 위하여 회생절차 계속 중에 한하여 인정되는 특수한 책임추궁 절차이기 때문에 조사확정결정이 있은 후의 것을 제외하고는 회생절차가 종료한 때에는 조사확정절차도 종료한다(법 제115조 제8항).

라. 조사확정재판의 효력

청구권의 존부와 그 내용을 조사확정하는 재판에 관하여 불복하는 이의의 소가 법 제116조 제1항의 기간 내에 제기되지 아니하거나 취하된 때 또는 각하된 때는 조사확정의 재판[188]은 확정되어 이행을 명한 확정판결과 동일한 효력이 있다(법 제117조). 즉 확정된 조사확정의 재판은 집행력을 가진다.

조사확정재판 신청을 전부 기각한 재판은 조사확정이라고 하는 간이한 방법으로는 손해배상을 명할 수 없다는 것을 확인하는 것에 지나지 않고, 손해배상청구권의 부존재 자체를 확인하는 것은 아니기 때문에 조사확정재판 신청을 기각하는 재판에는 기판력이 없고, 불복신청도 할 수 없다. 기각결정이 있더라도 통상의 소로 해당 이사 등에 대하여 책임을 추궁하는 것은 방해받지 않는다.

5. 조사확정재판에 대한 이의의 소

가. 조사확정재판에 대한 불복신청방법

법은 조사확정이라는 결정절차를 마련하고 이사 등에 대한 책임을 추궁하여 간이·신속하게 손해배상을 실현할 수 있도록 함과 동시에, 조사확정의 재판을 받은 이사 등과 조사확정재판 신청이 일부 인용된 관리인에 대하여 구두변론에 의한 판결절차를 보장하기 위하여 이의의 소라고 하는 심리의 기회를 마

---

187) 법 제115조 제9항(같은 조 제8항도 동일하다)의 '조사확정결정'은 신청 기각결정, 부존재결정, 존재결정을 모두 포함한다는 견해, 존재결정만을 의미한다는 견해가 있다.
188) 법 제117조의 '조사확정의 재판'은 법 해석상 존재결정만이 의미가 있다.

련하고 있다.

나. 이의의 소의 대상

조사확정의 재판에 불복이 있는 자는 결정을 송달받은 날부터 1월 이내에 이의의 소를 제기할 수 있다($^{법 \, 제116조}_{제1항}$). 조사확정재판은 결정의 형식으로 행해지지만, 이에 대한 불복신청으로는 이의의 소에 한정되어 즉시항고 및 통상항고는 할 수 없다.

이의의 소의 대상이 되는 조사확정재판은 이사 등에게 손해배상을 명하는 재판을 가리킨다. 법 제115조 제6항이 '조사확정의 재판'과 '조사확정의 신청을 기각하는 재판'을 명확하게 구분하여 사용하고 법 제116조 제1항이 전자에 대해서만 이의의 소를 제기할 수 있다고 규정하고 있는 것을 볼 때, 관리인의 신청에 의한 조사확정재판 신청을 전부 기각한 재판에 대해서는 이의의 소를 제기할 수 없고 별도로 통상의 민사소송을 제기할 수밖에 없다.

다. 관할법원 및 제소기간

이의의 소의 관할법원은 회생계속법원이며, 이 관할은 전속관할이다($^{법 \, 제116조}_{제4항}$). 이의의 소는 회생사건이 계속되어 있는 재판부 이외의 재판부도 담당할 수 있다.

이의의 소는 결정을 송달 받은 날부터 1월 이내의 불변기간에 제기하여야 한다($^{법 \, 제116조}_{제1항 \cdot 제2항}$).

라. 당 사 자

1) 제소권자

이의의 소를 제기할 수 있는 자는 조사확정재판에 불복이 있는 자이다($^{법 \, 제116조}_{제1항}$). 조사확정재판을 받은 이사 등은 물론이고, 조사확정재판 신청이 일부 인용된 경우, 즉 이사 등에 대한 청구권을 인정하였으나 신청액에 비하여 조사확정액이 부족한 경우에 조사확정의 신청인이 이의의 소를 제기할 수 있다.

2) 원고·피고

어느 당사자가 원고·피고로 될 것인가의 문제에 관하여는 청구권의 귀속이나 조사확정이 신청 또는 직권에 의하는지 여부에 상관없이 모두 이의의 소를 제기하는 자를 원고, 제기당하는 자를 피고로 하고 있다($^{법 \, 제116조}_{제3항}$). 구체적으로는 관리인이 신청한 조사확정의 절차에서 전부인용의 재판이 내려진 때에 이사 등이 이의의 소를 제기한 경우에는 관리인이 피고가 되고, 반대로 일부 인용의 재판에 대하여 관리인이 이의의 소를 제기한 경우에는 이사 측이 피고로 된다. 또한 조사확정의 절차가 직권으로 개시된 때에 이사 측이 이의의 소를 제기한 경우에는 관리인이 피고로 된다.

마. 이의소송의 심리

변론은 결정을 송달받은 날부터 1월을 경과한 후가 아니면 개시할 수 없다(법 제116조 제4항). 한 개의 조사확정의 재판에 대한 수개의 이의의 소가 제기되어 계속되어 있는 때에는 법원은 변론을 병합하여 일체로서 심리·판단하여야 한다(법 제116조 제5항). 반면에 복수의 이사 등에 대하여 각각 조사확정의 재판이 행하여져 이의의 소가 각각에 대하여 제기된 경우에는 공동소송으로 처리할 필요는 없다. 이의소송은 조사확정의 대상이 된 이사 등의 회사에 대한 손해배상책임 등을 둘러싼 일체의 분쟁을 해결하려는 것이기 때문에 이의소송에서 당사자는 조사확정재판에서 주장되지 아니한 사실도 주장할 수 있다.

바. 회생절차종료와 이의소송

이미 조사확정결정이 있는 경우에는 절차경제의 관점에서 회생절차종료 시에도 조사확정절차는 종료하지 않고, 회생절차종료 시에 조사확정결정이 미확정인 경우에는 회생절차종료 후라도 이의의 소를 제기할 수 있다. 이의의 소가 이미 계속되어 있는 경우에는 회생절차의 종료에 의하여 당사자적격이 관리인에서 채무자로 변경되므로, 이의의 소는 중단되고 채무자가 이를 수계하여야 한다.

사. 판 결

이의소송에서는 이사 등의 손해배상책임 등의 존부 및 범위에 대하여 심리가 이루어지는데, 이의소송의 선행절차에서 금원지급을 명하는 조사확정의 재판이 행하여진 것을 토대로, 이의의 소의 판결은 소를 부적법한 것으로 각하하는 경우를 제외하고 조사확정의 재판을 인가·변경 또는 취소하는 형태로 판단을 표시하게 된다(법 제116조 제6항).

조사확정의 재판을 인가 또는 변경하는 판결은 판결 주문에 이행을 명하는 문언은 포함되어 있지 않지만, 실질적으로는 이사 등에게 손해배상을 명하는 내용을 포함하고 있기 때문에 그 판결에 강제집행에 관하여 이행을 명한 확정판결과 동일한 효력을 인정하고 있다(법 제116조 제7항). 조사확정의 결정을 취소하는 판결이 확정된 경우에는 손해배상청구권의 부존재에 관하여 기판력이 생긴다.

제3절 환 취 권

1. 서   설

회생절차개시는 채무자에게 속하지 아니하는 재산을 채무자로부터 환취하는 권리에 영향을 미치지 아니한다(법 제70조). 채무자가 점유하고 있는 재산 중에는 채무자 이외의 자의 소유에 속하는 것이 있을 수 있다. 이 재산을 그 소유자가 채무자로부터 환취할 수 있는 것은 당연하다고 할 수 있다. 그러나 회생절차에서는 각종의 권리행사에 여러 가지 제약이 있기 때문에 채무자가 점유하고 있는 타인의 소유에 속하는 재산을 그 타인이 환취할 권리에 어떤 제약이 있지 않는가 하는 의문이 있을 수 있다. 이와 같은 의문을 해소시키기 위하여 위와 같은 규정을 둔 것이다.

2. 환취권의 기초가 되는 권리

가. 소유권 기타의 권리

환취권의 기초가 되는 권리는 실체법에 의하여 결정되는데, 소유권이 보통이다. 예컨대 피담보채무를 변제하고 질물의 반환을 청구하는 권리, 임대차나 사용대차에 의하여 채무자가 사용하고 있는 토지·건물·기계기구 등을 계약종료 후에 소유자가 반환을 청구하는 권리, 채무자에 수리가공을 위탁한 물건의 반환을 받을 권리 등이 이에 속한다.[189]

그러나 환취권의 기초가 되는 권리는 반드시 소유권에 한하지 않고, 점유권·채권적 청구권(예컨대 전대차계약 종료를 원인으로 한 목적물반환청구권)도 환취권의 기초가 된다.[190] 따라서 제3자 甲의 소유에 속하는 재산을 점유할 권리가

---

189) 금융리스계약상 리스물건의 소유권이 리스회사에 유보되어 있는 경우 리스회사는 환취권을 행사할 수 없고, 리스채권은 회생담보권으로 취급된다. 상세한 내용은 '제9장 제3절 3. 가.' 참조.
190) 대법원 2014. 9. 4. 선고 2014다36771 판결은 "사해행위취소권은 사해행위로 이루어진 채무자의 재산처분행위를 취소하고 사해행위에 의해 일탈된 채무자의 책임재산을 수익자 또는 전득

있는 乙이 채무자에 의하여 점유를 잃게 된 경우에는 乙은 당해 재산의 환취권을 가진다고 본다. 반대로 채무자 이외의 자의 소유에 속하는 재산을 채무자가 점유할 권리가 있는 경우에는 회생절차가 개시되었다고 하여 당연히 환취권의 대상으로 되는 것은 아니다. 예컨대 임대차계약·사용대차계약에서 차주에 대하여 회생절차가 개시되었다고 하여 대주에게 당연히 해지권이 발생하는 것은 아니기 때문에(민법 제637조 제1항 참조) 이들의 경우에 대주에게 당연히 환취권이 발생하는 것은 아니다.[191]

나. 선의·악의와 환취권

소유권의 귀속이 일정한 자의 선의·악의에 의해 좌우되는 경우가 있는데, 이것과 환취권과의 관계가 문제될 수 있다. 예컨대 허위표시의 무효는 선의의 제3자에게 대항할 수 없는데(민법 제108조 제2항), 허위표시에 의하여 일정한 재산의 소유권이 나중에 회생절차가 개시된 채무자에게 이전된 경우, 허위표시를 한 사람은 회생채무자에 대하여 당해 재산의 환취권을 행사할 수 있는가, 관리인과 회생채권자가 제3자에 해당하고 그들이 선의이면 환취권을 부정할 것인가, 또 환취권이 부정되려면 선의는 누구에 관하여 요구되는가가 문제이다. 사기에 의한 의사표시(나중에 회생절차가 개시된 채무자에게 재산을 매도하였는데, 그 매매에 관하여 채무자가 기망을 한 경우)의 취소에 대하여도 똑같이 문제가 된다. 대법원은 파산사건에 관하여 "파산선고에 따라 파산채무자와는 독립한 지위에서 파산채권자 전체의 공동의 이익을 위하여 직무를 행하게 된 파산관재인은 그 허위표시에 따라 외형상 형성된 법률관계를 토대로 실질적으로 새로운 법률상 이해관계를 가지게 된 제3자에 해당한다. 그 선의·악의도 파산관재인 개인의 선의·악의를 기준으로 할 수는 없고, 총파산채권자를 기준으로 하여 파산채권자 모두가 악의로 되지 않는 한 파산관재인은 선의의 제3자라고 할 수밖에 없다."라고 판시한 바 있다.[192] 이에 대하여 관리인은 채무자와 그 채권자 등으로 구성되는 이른바

자로부터 채무자에게 복귀시키기 위한 것이므로 환취권의 기초가 될 수 있다. 수익자 또는 전득자에 대하여 회생절차가 개시된 경우 채무자의 채권자가 사해행위의 취소와 함께 회생채무자로부터 사해행위의 목적인 재산 그 자체의 반환을 청구하는 것은 환취권의 행사에 해당하여 회생절차개시의 영향을 받지 아니한다. 따라서 채무자의 채권자는 사해행위의 수익자 또는 전득자에 대하여 회생절차가 개시되더라도 관리인을 상대로 사해행위의 취소 및 그에 따른 원물반환을 구하는 사해행위취소의 소를 제기할 수 있다."라고 판시하였다. 대법원 2019. 4. 11. 선고 2018다203715 판결도 같은 취지이다.

191) 임채홍·백창훈(상), 393면.
192) 대법원 2013. 4. 26. 선고 2013다1952 판결, 대법원 2010. 4. 29. 선고 2009다96083 판결, 대법

이해관계인 단체의 관리자로서 일정의 공적 수탁자이므로 채무자와는 독립된 제3자의 지위에 있음을 부정하기는 어려운 점, 관리인 개인을 기준으로 선의·악의를 판단하면 기존 경영자 관리인인지, 제3자 관리인인지에 따라 선의·악의가 달라질 수 있어 부당한 점[193] 등에 비추어 위와 같은 법리가 회생절차상 관리인에 관해서도 적용된다는 견해가 있고, 반면 회생절차와 파산절차의 차이, 그에 따른 관리인과 파산관재인 지위의 차이를 근거로 반대하는 견해도 있다.[194]

다. 양도담보·가등기담보와 환취권

1) 양도담보설정자의 환취권

구 회사정리법 제63조는 정리절차의 개시 전에 회사에 재산을 양도한 자는 담보의 목적으로 한 것을 이유로 그 재산을 환취하지 못한다고 규정하고 있어 양도담보설정자의 환취를 금지하였다. 이에 대하여 위 규정은 양도담보설정자에게 정리절차의 개시라는 자신의 책임으로 돌릴 수 없는 사정에 의하여 불이익을 강요하는 것이라는 점, 양도담보에 대하여 그 실질을 파악하여 이를 담보권으로 이론구성하는 견해가 우세하다는 점, 양도담보권을 정리담보권에 포함시킨 1998년 구 회사정리법 제123조 제1항의 개정 및 가등기담보 등에 관한 법률 제12조, 제17조의 규정취지에 맞지 않다는 비판이 있어 현행법은 위 조항을 삭제하였다. 따라서 양도담보설정자도 채무를 변제한 후에는 소유권에 기하여 환취권을 행사할 수 있다.

2) 양도담보권자·가등기담보권자의 환취권 문제

양도담보설정자에 대하여 회생절차가 개시된 경우에 양도담보권자가 양도담보목적물이 자기소유에 속한다고 하여 환취권을 행사할 수 있는지 문제된다. 1998년의 구 회사정리법 개정 전 이를 부정하는 것이 다수의 견해였고, 이에 따라 1998년 구 회사정리법 제123조의 개정으로 양도담보권을 정리담보권으로 규정함으로써 입법적으로 해결되었으며,[195] 현행법도 같은 규정을 두고 있다(법제141조). 따라서 양도담보권자는 환취권을 행사할 수 없고, 회생절차에서 회생담보권자로

원 2006. 11. 10. 선고 2004다10299 판결

193) 파산사건에 관하여 본문과 같은 판시를 한 위 2004다10299 판결도 파산관재인이 파산선고 전에 개인적인 사유로 파산자가 체결한 대출계약이 통정허위표시임을 알게 된 사안에 관한 것이었다.

194) 윤남근, "일반환취권과 관리인·파산관재인의 제3자적 지위", 회생과 파산, 사법발전재단(2012), 16-17면.

195) 1998년의 법 개정 이전의 대법원 1992. 10. 27. 선고 91다42678 판결은 양도담보권자도 정리 담보권자에 준하여 회사정리절차에서 그 권리를 행사하여야 한다고 판시하였다.

서 취급된다. 가등기담보권자도 마찬가지로 법 제141조에 의하여 회생담보권자로 취급된다.[196)]

3. 환취권의 행사

환취권은 실체법상의 권리가 회생절차에 대한 관계에서 나타나는 것이므로, 환취권의 행사는 회생절차에 의하지 않고 재판상 또는 재판 외에서 관리인에 대하여 행하여진다. 관리인은 채무자가 가지는 모든 방어방법으로 이에 대항할 수 있다. 환취권 행사의 시기에도 제한이 없다. 따라서 회생계획인가 후 환취권의 대상이 되는 재산에 관하여 회생계획으로 저당권이 설정되거나 처분대상이 된 경우에도 환취권 행사를 할 수 있다. 또한 관리인이 경솔하게 채무자 재산을 인도하는 것을 방지하기 위하여 환취권의 승인에 법원의 허가를 받도록 할 수 있고(법 제61조 제1항 제8호), 실제로 이를 허가사항으로 결정하는 것이 서울회생법원의 실무이다.

4. 운송 중의 매도물의 환취

가. 의   의

법 제71조는 매도인이 매매의 목적인 물건을 매수인에게 발송하였으나, 매수인이 그 대금의 전액을 변제하지 아니하고 도달지에서 그 물건을 수령하지 아니한 상태에서 매수인에 대한 회생절차가 개시된 때에는 매도인은 그 물건을 환취할 수 있다고 규정하고 있다. 이는 격지자 간의 거래에서 매수인에 대한 회생절차가 개시된 경우 매도인을 보호하기 위하여 인정되는 환취권이다.

그러나 위와 같은 경우 매도인이 운송인에 대하여 운송중지와 목적물의 반환을 구할 수 있고(상법 제139조), 또한 현재에는 운송기간의 단축과 신용조사 수단의 발달로 매수인의 신용정보도 쉽게 얻을 수 있기 때문에 이러한 환취권을 적용할 여지가 거의 없다.

---

196) 판례는 동산의 소유권유보부매매의 경우에, 매도인이 유보한 소유권은 담보권의 실질을 가지고 있으므로 담보 목적의 양도와 마찬가지로 매수인에 대한 회생절차에서 회생담보권으로 취급함이 타당하고, 매도인은 매매목적물인 동산에 대하여 환취권을 행사할 수 없다고 본다(대법원 2014. 4. 10. 선고 2013다61190 판결).

나. 요　　건

1) 매도인이 매수인에게 목적물을 발송한 경우

목적물을 운송인 등 제3자를 통하여 발송한 경우에만 적용되므로 원칙적으로 격지자 사이의 매매에만 적용되고, 동일한 지역에서의 거래나 현물의 교부거래의 경우에는 적용될 여지가 없다.

2) 회생절차개시 당시 매수인이 도달지에서 목적물을 수령하지 아니할 것

회생절차개시 전에 매수인이 도달지에서 목적물을 수령하였다면, 그 목적물은 원칙대로 채무자의 재산으로 혼입된 것이므로 환취권을 행사할 수 없다. 위 수령은 도달지에서 행하여져야 하므로, 도달지 이외의 장소에서 매수인이 수령하였다면 매도인은 여전히 환취권을 행사할 수 있다. 매수인에게 화물상환증이나 선하증권 등이 교부된 경우에도 운송물을 수령한 것으로 보는가에 관하여는 논란이 있을 수 있으나, 여기서 환취권의 발생을 저지하기 위한 매수인의 수령은 현실의 점유를 취득하는 것을 의미하므로 화물상환증이나 선하증권 등의 유가증권의 취득만으로는 부족하다.[197]

3) 매수인이 대금을 완제하지 않았을 것

대금이 전액 변제되면 매도인을 보호할 필요가 없기 때문이다. 관리인이 법원의 허가를 받아 대금 전액을 지급하고 그 물건의 인도를 청구한 때에는 매도인은 이를 거절하지 못한다(법 제71조 제1항 단서).

다. 환취권의 행사방법

목적물의 환취는 운송인으로부터 목적물의 점유를 회복함으로써 이루어지는 이외에 관리인에 대한 의사표시로도 이루어질 수 있다. 목적물의 점유를 회복하는 수단으로서는 운송인에 대하여 운송의 중지, 운송물의 반환 등의 청구권을 행사함으로써(상법 제139조) 목적물의 반환을 청구하는 것도 가능하며, 또 관리인이 이미 목적물을 점유하고 있고, 그것을 임의로 매도인에게 반환하지 않는 경우에는 소송으로 인도를 청구할 수 있다.[198]

---

197) 条解(上), 563면; 임채홍·백창훈(상), 399면.
198) 임채홍·백창훈(상), 400면.

라. 환취권 행사의 효과

매도인이 환취권을 행사하여 목적물의 점유를 회복하면, 관리인이 법 제71조 제1항 단서 또는 제119조에 따라 대금 전액을 제공하고 목적물의 인도를 청구하는 경우를 제외하고는 목적물을 인도할 필요가 없다. 또 매도인이 목적물의 점유를 취득하여도 매매계약의 효력에는 영향이 없다. 따라서 관리인은 법원의 허가를 받아 대금 전액을 지급하고 물건의 인도를 청구하거나, 만약 목적물의 인도를 받은 때에는 환취권을 부정할 수 있다(법 제71조). 또 관리인은 법 제119조의 요건이 충족되어 있으면, 그 조항에 따라 계약을 해제하거나 대금을 지급하고 목적물의 인도를 청구하는 것 중 하나를 선택할 수 있다(법 제71조).[199)]

5. 위탁매매인의 환취권

물건매수의 위탁을 받은 위탁매매인이 그 물건을 위탁자에게 발송한 경우에도 법 제71조 제1항의 규정에 따라 환취권이 인정된다(법 제72조). 위탁매매인과 위탁자 사이의 법률관계는 민법상의 위임계약이지만, 위탁매매인이 위탁자를 위하여 구입한 물품을 위탁자를 위하여 발송한 경우 위탁매매인과 위탁자의 관계는 법 제71조 제1항의 격지자 사이의 매매와 유사하므로 위탁매매인을 보호하기 위하여 이와 같은 규정을 둔 것이다.

6. 대체적 환취권

가. 의　　의

회생절차개시 전의 채무자 또는 회생절차개시 후의 관리인이 환취권의 목적인 재산을 양도함으로써 이미 제3자에게 처분한 경우에는 그 재산 자체의 환취를 청구할 수 없게 된다. 이 경우 채무자가 그 재산의 반대급부에 해당하는 이익을 보유하고 환취권자는 부당이득반환청구권만을 가진다고 하면, 이는 재산 양도로 인하여 환취권자의 희생으로 채무자가 부당하게 이득을 얻는 것이 되므로 법 제73조는 환취권자에게 현물을 환취한 것과 동일한 수준의 보호를 하기 위하여 그 목적물의 반대급부 이행청구권의 이전 또는 반대급부로 받은 재산의

---

199) 임채홍·백창훈(상), 400면.

반환을 청구할 수 있도록 하였다. 이를 대체적 환취권 또는 배상적 환취권이라 한다.

나. 내   용

1) 양수인이 반대급부를 이행하지 않은 경우

환취권의 목적인 재산을 채무자가 회생절차개시 전에 또는 관리인이 회생절차개시 후에 제3자에게 양도하였지만, 제3자가 반대급부를 아직 이행하지 않은 경우에는 환취권자는 관리인에 대하여 그 반대급부의 이행청구권을 자기에게 이전하도록 청구할 수 있다(법 제73조 제1항). 이러한 경우 관리인은 지명채권양도의 방식에 의하여 환취권자에게 그 반대급부의 이행청구권을 이전하여 줄 의무가 있다.

2) 관리인이 반대급부의 이행을 받은 경우

환취권의 목적인 재산을 채무자가 회생절차개시 전에 또는 관리인이 회생절차개시 후에 제3자에게 양도하고, 관리인이 반대급부의 이행을 받은 경우에는 그 반대급부로 받은 재산이 특정성을 가지고 있는 때에 한하여 그 재산의 반환을 청구할 수 있다(법 제73조 제2항). 특정성이 없는 경우에는 반대급부로 받은 재산 상당액에 관하여 부당이득반환청구권이 발생하고, 이는 회생절차개시 후에 발생한 것이므로 공익채권으로서 이를 행사할 수 있다(법 제179조 제6호). 특정성을 가지는지 여부는 반대급부로 받은 재산이라는 것을 증명할 수 있는가 여부에 의하여 판단한다. 반대급부로 받은 재산이 금전인 경우에는 물론 특정성이 없게 되지만, 동산·유가증권 등의 대체물이더라도 당연히 특정성이 없다고 말할 수는 없고, 반대급부로 받은 재산이라는 증명이 가능한 한 특정성을 가진다고 보아야 한다.[200]

3) 채무자[201]가 반대급부의 이행을 받은 경우

가) 채무자가 환취권의 목적인 재산을 회생절차개시 전에 양도하고 회생절차개시 전에 이미 반대급부의 이행을 받은 경우에는 그 반대급부로 받은 재산은 이미 채무자의 책임재산으로 되었으므로 대체적 환취권은 인정되지 않고 부당이득반환청구권이 발생할 뿐이며, 이는 회생절차개시 전에 발생하였으므로 회생채권이다.

나) 채무자가 환취권의 목적인 재산을 회생절차개시 전에 양도하고 회생절

---

200) 임채홍·백창훈(상), 402면.
201) 회생절차가 개시되기 이전의 채무자를 말한다.

차개시 후에 반대급부의 이행을 받은 경우에는 변제를 한 제3자가 선의였는지 악의였는지에 의하여 취급이 다르다. 제3자가 선의인 경우에는 변제는 유효하고 회생절차와의 관계에서도 그 효력을 주장할 수 있다(볍제67조제1항). 즉 변제자는 완전하게 면책되고, 관리인은 그에 대하여 반대급부청구권을 가지지 않게 된다. 그래서 채무자를 경유하여 관리인에게 특정성 있는 급부물이 현존하는 경우에는 그 특정물의 이행청구를, 채무자가 받은 이익이 있는 때에는 공익채권으로서 그 이익의 반환을 청구할 수 있다. 제3자가 악의인 경우에는 채무자를 경유하여 채무자의 재산이 이익을 받은 한도에서만 변제자는 회생절차와의 관계에 있어서 그 효력을 주장할 수 있는 데 불과하다(볍제67조제2항). 따라서 대항할 수 없는 부분에 관하여는 관리인은 변제자에 대하여 반대급부청구권을 가지므로 환취권자는 그 범위 내에서 관리인에 대하여는 반대급부의 이행청구권의 이전을 청구할 수 있고, 또한 채무자가 이익을 받은 범위에서는 관리인에 대하여 특정물의 이행청구 또는 부당이득반환청구권을 공익채권으로 행사할 수 있다.[202]

다. 대체적 환취권에 의하여도 보호되지 않는 손해의 배상

대체적 환취권을 행사하여 반대급부청구권을 이전받거나 관리인이 반대급부로 받은 재산을 반환받았지만, 환취권자에게 여전히 손실이 남은 때에는 채무자에 의한 양도의 경우에는 회생채권으로, 관리인에 의한 양도의 경우에는 공익채권으로 손해배상청구권을 행사할 수 있다.[203]

라. 제3자에 대한 권리행사

채무자나 관리인이 목적물을 제3자에게 양도한 때에 선의취득과 같은 이유로 환취권의 목적인 재산의 소유권이 제3자에게 이전하여 환취권자에 대한 관계에서도 유효한 경우에는 환취권자는 목적물 자체를 제3자로부터 환취할 수 없고, 대체적 환취권을 행사할 수밖에 없다. 목적물을 양수받은 제3자가 선의취득을 주장할 수 없는 경우라면 환취권자는 제3자에 대하여 소유권 등 실체법상 권리에 기한 반환청구권과 대체적 환취권을 선택적으로 행사할 수 있다. 다만, 어느 한쪽에서 만족을 얻으면 다른 한쪽의 권리는 행사할 수 없다.[204]

---

202) 전병서, "파산법상 환취권 고찰", 법조 제48권 제3호(1999. 3.), 법조협회, 173-174면.
203) 노영보, 도산법강의, 박영사(2018), 280면.
204) 전병서, 도산법(제4판), 박영사(2019), 333면.

제4절 상계의 제한

1. 제도의 취지

상계는 채권자와 채무자가 서로 동종의 채권·채무를 가지는 경우에 그 채권과 채무를 대등액에 관하여 소멸하게 하는 일방적 의사표시를 말한다(민법 제492조). 양 당사자 중 어느 일방의 자력이 악화된 경우, 타방 당사자가 자기의 채무는 전액을 변제하면서 자기의 채권의 실현이 곤란하게 된다면 공평하다고 할 수 없다는 데서 상계제도의 의의를 찾을 수 있다.

제3편 파산절차에서는 상계의 담보적 기능이 잘 발휘되고 있다. 파산채권인 자동채권은 파산선고 시에 변제기가 도래한 것으로 간주되고(법 제425조), 파산절차 진행 중에도 파산절차에 의하지 않고 상계할 수 있으며(법 제416조), 파산채권이 파산선고 시에 해제조건부 채권인 경우뿐만 아니라 비금전채권인 경우에도 상계가 인정된다(법 제417조). 또한 상계의 의사표시의 시기에 관하여도 제한이 없다.

이에 반하여 제2편 회생절차의 경우에는 파산절차에 비하여 상계에 상당한 제한을 가하고 있다. 즉 회생절차가 개시된 후에는 회생채권 또는 회생담보권은 회생계획에 의하지 않고는 변제 등 이를 소멸시키는 행위(면제를 제외한다)를 할 수 없으므로 관리인 측의 상계는 원칙적으로 허용되지 않고, 다만 법원의 허가가 있는 경우에 그 범위 내에서 가능하다(법 제131조).[205] 또한 자동채권에 관하여 변제기가 도래된 것으로 간주되지 않고 회생채권 등의 신고기간 만료일까지 변제기가 도래하여야만 상계적격을 갖는다는 점, 상계의 의사표시도 신고기간 만료일까지 하지 않으면 안 되는 점 등 파산절차와 비교할 때 상계에 상당한 제한이 따른다(법 제144조 제1항). 이와 같이 제2편 회생절차의 경우에 상계가 제한되는 이유는 상계를 광범위하게 인정할 경우 채무자의 자산 감소로 회생이 어려워지고, 개시결정 당시 채권의 현재화·금전화가 이루어지지도 않으며, 상계에 의하여 소멸하는 채권채무의 범위가 일정 시기까지 확정되지 않으면 회생계획의 작성 등 이후의 절차진행에 지장을 줄 염려가 있기 때문이다.[206] 다만 회생절차가 종

---

[205] 대법원 2018. 9. 13. 선고 2015다209347 판결, 대법원 1988. 8. 9. 선고 86다카1858 판결. 위 2015다209347 판결에 의하면 주채무자에 대하여 회생절차가 개시된 경우 보증인의 민법 제434조에 기한 상계권도 제한된다.

[206] 임채홍·백창훈(상), 540면; 条解(中), 882면.

결된 경우에는 더 이상 이와 같은 염려가 없고, 회생계획에서 달리 정함이 없는 한 회생채권자들의 개별적인 권리행사가 가능해지므로 상계에 관한 위와 같은 제약도 해소된다.[207]

2. 상계의 요건

가. 상계적상

회생채권자 또는 회생담보권자는 회생절차에 의하지 않으면 변제를 받을 수 없음에도 불구하고 채무자에 대하여 부담하는 자기의 채무는 완전히 변제하지 않으면 안 된다고 한다면 형평의 견지에서 타당하지 않기 때문에 법은 회생절차개시 당시 회생채권자 또는 회생담보권자가 채무자에 대하여 가지는 채권(자동채권)과 채무자가 회생채권자 또는 회생담보권자에 대하여 가지는 채권(수동채권) 쌍방이 회생채권 등의 신고기간 만료 전에 상계할 수 있게 된 때에는 회생채권자 또는 회생담보권자는 그 기간 안에 한하여 상계할 수 있도록 하고 있다(법 제144조 제1항).

나. 자동채권

자동채권, 즉 회생채권 또는 회생담보권은 회생채권 등의 신고기간 만료 전까지 변제기가 도래하여야 한다. 신고기간 만료 당시 자동채권의 변제기가 도래하지 않으면 신고기간 만료 전에 상계적상에 있어야 한다는 요건이 충족될 수 없으므로 상계는 인정되지 않는다. 민법에 의한 상계의 요건을 모두 갖춘 경우이어야 함은 물론이다.

자동채권은 해제조건부 채권이라도 관계없지만 정지조건부 채권이나 비금전채권의 경우에는 상계가 인정되지 않는다.[208] 회생절차에서는 파산절차와 달리 채권의 현재화·금전화가 이루어지지 않기 때문이다. 다만 정지조건부 채권의 경우 그 조건성취가 회생절차개시 전에 이루어지면 위기상태에 있는 때에도 상계가 인정되는데, 이는 법 제145조 제4호 단서의 문제로 된다.[209]

자동채권, 즉 회생채권 또는 회생담보권은 신고하지 않고서도 상계할 수 있는지 여부가 문제된다. 상계는 신고기간 만료 전까지 회생절차에 의하지 아니

---

207) 대법원 2009. 1. 30. 선고 2008다49707 판결.
208) 임채홍·백창훈(상), 541면; 条解(中), 882면.
209) 条解(中), 882면.

하고 할 수 있기 때문에 굳이 자동채권을 신고한 것에 한정할 필요가 없다. 따라서 채권자는 신고기간 만료 전까지 자동채권을 신고함이 없이 관리인을 상대로 적법하게 상계할 수 있다. 회생절차개시신청 후 회생절차가 개시되기 전에 채권자가 상계하는 경우에도 마찬가지이다.[210]

다. 수동채권

수동채권, 즉 회생채권자 또는 회생담보권자가 채무자에 대하여 부담하는 채무는 신고기간 만료 시까지 그 변제기가 도래하지 않더라도 회생채권자 또는 회생담보권자가 기한의 이익을 포기함으로써 상계적상에 있게 할 수 있으므로, 자동채권이 신고기간 만료 시까지 이행기에 이르렀다면 상계가 허용된다. 법 제144조 제1항 후단이 "채무가 기한부인 때에도 같다."라고 함은 이를 의미한다.[211]

수동채권이 회생절차개시 후의 차임 또는 지료채무인 경우에는 당기와 차기의 것에 한하여 상계가 허용된다(법 제144조 제2항·제3항). 이와 같은 제한을 둔 이유는 변제기 미도래의 차임·지료 또는 장래의 차임·지료에 관하여 기한의 이익을 포기하거나 또는 선급한 것으로 하여 상계를 허용한다면 그 금액은 다액에 이를 수 있고, 따라서 상계를 무한정 인정하게 되면 회생채권자 또는 회생담보권자는 전액에 관하여 완전한 변제를 받는 것과 동일한 결과를 가져와 다른 채권자와의 사이에서 형평을 해하고 채무자는 재산의 사용대가를 받지 못하는 결과가 되기 때문이다. 차임 등의 선급에 관하여 당기와 차기의 2기분만 효력을 인정하는 것(법 제124조)과 같은 취지라고 할 수 있다.

그러나 회생채권자 또는 회생담보권자가 보증금을 지급한 때에는 2기분의 차임 이외에 그 후의 차임에 관하여도 보증금에 상당한 액까지는 상계가 인정된다(법 제144조 제2항 단서). 보증금에 상당한 부분에 관하여는 채무자는 현실적으로 차임을 미리 받은 것과 동일하고, 임차인과의 통모에 의하여 채무자 재산의 충실을 해할 염려가 없어 그 부분에 관하여는 상계를 인정하여도 폐해가 없기 때문이다. 다만 이 경우 상계의 자동채권은 보증금반환청구권이 아니고 기존의 회생채권

---

210) 대법원 2000. 2. 11. 선고 99다10424 판결.
211) 대법원 2017. 3. 15. 선고 2015다252501 판결은 채무가 기한부인 때에도 상계가 가능하도록 한 것은, 기한부 채무는 장래에 실현되거나 도래할 것이 확실한 사실에 채무의 발생이나 이행의 시기가 종속되어 있을 뿐 채무를 부담하는 것 자체는 확정되어 있으므로 상계를 인정할 필요성은 일반채권의 경우와 다르지 않기 때문이라고 한다.

또는 회생담보권이다. 보증금반환청구권은 임대차계약의 해제 또는 해지 시에 비로소 생기는 것이고, 이 경우는 임대차의 계속을 전제로 하므로 자동채권으로서 현실화되지 않았기 때문이다.[212]

3. 상계권의 행사

가. 시기적 제한

상계의 의사표시는 신고기간 만료 전에 하지 않으면 안 된다(법 제144조 제1항). 그 후에 상계의 의사표시가 행하여진 경우에는 비록 상계적상에 있다 하더라도 상계의 효력이 인정되지 않는다. 회생계획의 작성 등을 위하여 회생채권 또는 회생담보권의 액 및 채무자가 갖는 채권액을 일정 시점까지 확정할 필요가 있기 때문이다.[213]

회생채권 등의 신고기간 개시 전에도 상계할 수 있는지가 문제되나, 신고기간 개시 전에 이를 금지할 이유는 없으므로 법 제144조가 적용되지 않고 상계가 가능하다고 할 것이다.[214]

나. 상 대 방

상계의 의사표시는 관리인에 대하여 하여야 한다.[215] 회생절차개시 후에는 채무자의 재산의 관리처분권은 관리인(다만 관리인이 선임되지 않은 경우에는 법 제74조 제4항에 의하여 관리인으로 간주되는 채무자 또는 개인이 아닌 채무자의 대표자)에게 전속하고(법 제56조), 채무자는 그 의사표시를 수령할 능력을 상실하기 때문이다. 그리고 회생채권 또는 회생담보권의 신고 시에 상계할 뜻을 기재하는 것이 관리인에 대한 상계의 의사표시가 되는지 여부가 문제되나, 신고는 법원에 대하여 하는 것인 데 반해, 상계의 의사표시는 관리인에 대하여 하는 것이므로 부정하여야 할 것이다.[216] 한편 회생절차개시 후에 그 사실을 모르고 채무자에

---

212) 임채홍·백창훈(상), 541면; 条解(中), 884면.
213) 임채홍·백창훈(상), 544면; 条解(中), 887면.
214) 대법원 2000. 2. 11. 선고 99다10424 판결.
215) 대법원 2019. 5. 10. 선고 2018다291033 판결, 대법원 1988. 8. 9. 선고 86다카1858 판결.
216) 임채홍·백창훈(상), 544면; 条解(中), 888면. 이에 대하여 법원에 대한 신고서가 관리인에게 전달되도록 예정되어 있는 점과 회생채권자 등의 의사를 고려하여 상계의 의사표시가 관리인에 대하여도 행해진 것으로 볼 여지가 있다는 견해가 있다. 주석 채무자회생법(Ⅱ), 581면.
　　한편 은행이 회생절차개시된 채무자를 수신인으로 하여 대출금채권과 예금채권 상계예정통지 송달한 후 대출금채권을 포함하여 채권 신고하였고, 신고기간 이후 상계안을 작성하여 채무

대하여 상계의 의사표시를 한 경우에는 회생절차의 관계에 있어서도 그 효력을 주장할 수 있다.[217] 상계의 의사표시는 회생절차개시 후 그 사실을 알지 못하고 채무자에 대하여 한 변제의 경우($^{법\ 제67조}_{제1항}$)와 동일하게 취급하는 것이 타당하기 때문이다. 보전관리인이 선임된 경우에는 채무자의 재산의 관리처분권은 보전관리인에게 전속하므로($^{법\ 제}_{85조}$) 상계의 의사표시는 보전관리인에게 하여야 한다. 변제를 보전관리인에게 하여야 한다는 규정은 없으나, 재산의 관리처분권을 가진 자만이 상계의 의사표시를 수령할 능력이 있다고 보아야 하기 때문이다.

다. 상계의 효과

상계의 효력은 상계의 의사표시가 있는 때가 아니고 상계적상에 달한 때에 생기며, 그 시점에서 채권채무가 소멸한다($^{민법\ 제493}_{조\ 제2항}$). 회생채권자 또는 회생담보권자가 기한미도래의 수동채권에 관하여 기한의 이익을 포기하고 상계한 경우에는 그것이 정기예금채권과 같은 이자부채권인 때에는 원금에 기한까지의 이자를 가산한 금액을 수동채권으로 하여야 하고, 무이자채권인 때에는 중간이자를 공제할 필요는 없다. 채무자가 당해 채권에 대하여 가지는 기한의 이익을 무시하여서는 안 되기 때문이다.[218]

한편 제3편 파산절차의 경우 일정한 범위의 후순위파산채권은 자동채권액에서 공제되지만($^{법\ 제}_{420조}$), 제2편 회생절차에서는 그러한 규정이 없으므로 공제되지 아니한다.

라. 상계와 공제

한편 상계와 구별할 개념으로서 공제가 있다. 공제는 하나의 계약관계에서 발생한 채권·채무 관계를 상호 가감하여 정산하는 것으로서, 별개의 계약관계에서 발생한 채권·채무 관계를 소멸시키기 위한 상계와 구별된다. 공제는 특별한 약정이 없는 한 당사자 쌍방의 채권이 서로 상계적상에 있는지 여부와 관계없이 가능하고 별도의 의사표시 없이도 당연히 공제되는 것이 원칙이다.[219] 공제의 전형적인 예로는, 임대차관계의 종료 후 임대차 목적물이 반환될 때에 임

자에게 전송한 사안에서, 위 상계예정통지를 최종적이고 확정적인 상계의사표시로 보기 어렵다고 판시한 대법원 2019. 5. 10. 선고 2018다291033 판결 참조.

217) 임채홍·백창훈(상), 545면; 条解(中), 888면.
218) 임채홍·백창훈(상), 545면; 条解(中), 889면.
219) 대법원 2018. 1. 24. 선고 2015다69990 판결.

대차보증금에서 그 임대차보증금이 담보하는 임대차에 따른 임차인의 모든 채무를 별도의 의사표시 없이 당연히 공제하는 것을 들 수 있다.[220]

공제의 법리가 적용될 경우에는 채권자는 상계의 시한에 관한 제한에 걸리지 아니하고 공제를 주장할 수 있다.

생명보험계약의 약관에 보험계약자는 보험계약의 해약환급금의 범위 내에서 보험회사가 정한 방법에 따라 대출을 받을 수 있고, 이에 따라 대출이 된 경우에 보험계약자는 그 대출원리금을 언제든지 상환할 수 있으며, 만약 상환하지 아니한 동안에 보험금이나 해약환급금의 지급사유가 발생한 때에는 위 대출원리금을 공제하고 나머지 금액만을 지급한다는 취지로 규정되어 있는 경우가 있다. 대법원[221]은 이와 같은 약관에 따른 대출계약은 비록 '대출'이라는 용어를 사용하고 있더라도 소비대차로서의 법적 성격을 가지는 것은 아니며, 보험금이나 해약환급금에서 대출원리금을 공제하고 지급한다는 것은 보험금이나 해약환급금의 선급금의 성격을 가지는 대출원리금을 제외한 나머지 금액만을 지급한다는 의미이므로 민법상의 상계와는 성격이 다르다고 한 후, 생명보험계약의 해지로 인한 해약환급금과 보험약관대출금 사이에서는 상계의 법리가 적용되지 아니하고 구 회사정리법 제162조 제1항의 상계제한규정도 적용될 여지가 없다고 판시하였다.

이러한 판례에 따르면, 생명보험계약의 약관에 따른 대출원리금은 단순히 선급금의 성격을 가지게 되므로 대출을 실행한 보험회사가 회생절차에서 회생채권자로 인정될 수 없고, 관리인은 이러한 대출원리금과 관련하여 당해 보험회사를 회생채권자목록에 기재하여서는 아니 된다.

마. 부인권의 대상이 되는지 여부

상계가 법 제100조의 부인권의 대상으로 될 수 있는지가 문제된다. 회생채권자가 회생절차개시로 인하여 회생절차개시 전부터 가지는 상계권에 영향을 받는 것은 부당하고, 회생채권자의 상계권 행사 자체를 채무자의 행위와 동일시하기는 곤란하므로 부인권 행사의 대상으로 될 수 없다고 할 것이다.[222] 다만

---

220) 계속적 물품공급계약에서 매수인이 물품대금 정산을 위하여 매도인에게 교부한 보증금은 물품대금의 공제 대상인 '선급금'에 해당한다고 판시한 대법원 2021. 1. 14. 선고 2018다255143 판결 참조.

221) 대법원 2007. 9. 28. 선고 2005다15598 전원합의체 판결.

222) 대법원 2014. 9. 24. 선고 2013다200513 판결은 "법 제100조상의 부인은 원칙적으로 채무자의 행위를 대상으로 하는 것이고, 채무자의 행위가 없이 채권자 또는 제3자의 행위만 있는 경우에

상계적상을 가져오는 채무자의 행위를 부인대상으로 보게 되면, 실질적으로는 회생채권자의 상계 자체를 부인하는 것과 동일한 결과가 될 수 있다.[223][224]

4. 상계의 금지

가. 취 지

법 제145조는 회생절차에서 상계가 금지되는 경우를 열거하고 있다. 그 이유는 상계를 인정하면 본래 증가되어야 할 채무자의 재산의 증가를 방해하고, 상계를 주장한 자에게 부당한 이익을 줄 염려가 있기 때문이다. 그러나 법 제145조의 각호의 사유에 해당하는 경우에도 이전부터 상계의 담보적 작용을 신뢰하여 온 상태에 있고, 이러한 신뢰를 보호할 가치가 있다고 인정되는 때[225] 기타 상계를 인정할 합리적 이유가 있는 때에는 예외적으로 상계가 허용되고 있다(제2호 단서, 제4호 단서).

나. 상계가 금지되는 경우

1) 회생절차개시 후에 부담한 채무를 수동채권으로 하는 상계

회생채권자 또는 회생담보권자가 회생절차개시 후에 채무자에 대하여 채무를 부담한 경우에는 이를 수동채권으로 하여 상계하는 것은 허용되지 않는다(법 제145조 제1호). 이러한 경우 그 대가가 현실적으로 관리인에게 확보될 필요가 있고, 상계를 인정한다면 회생채권자 또는 회생담보권자가 회생계획에 의하지 않고

는 채무자가 채권자와 통모하여 가공하였거나 기타의 특별한 사정으로 인하여 채무자의 행위가 있었던 것과 같이 볼 수 있는 예외적 사유가 있을 때에 한하여 부인의 대상이 될 수 있는 것"이라고 하면서, 회생채무자의 의사와는 무관하게 회생채권자의 상계 의사표시에 의하여 이루어진 대출금채무 소멸행위는 부인의 대상이 아니라고 판단한 원심의 판단을 수긍하였다.

223) 대법원 1993. 9. 14. 선고 92다12728 판결은 "회사가 정리절차 개시신청이 있음을 알고 있는 채권자인 원고에게 어음의 매입을 의뢰하여 원고가 위 어음을 매입하고, 그로 인하여 위 회사에게 지급하게 되는 어음매입대금을 자신의 위 회사에 대한 채권의 변제에 충당하였다고 한다면, 그 후 정리절차 개시결정이 있은 때에는 위 회사의 위와 같은 어음매입의뢰행위는 결과적으로는 위 회사의 채무를 소멸시키는 것으로서 회사정리법 제78조 제1항의 규정에 의하여 부인권의 대상이 되어 원고의 변제충당행위는 효력을 잃게 되었을 것이다."라고 판시하였다.

224) 한편 채권자가 채무자의 출자증권에 대한 질권을 실행하기 위하여 채무자의 출자증권을 자기 앞으로 명의개서하여 취득한 다음, 채무자에 대한 융자원리금채권과 위 출자증권의 취득대금 등을 대등액에서 상계하는 의사표시를 함으로써 출자증권에 대한 질권을 확정적으로 실행한 사안에서, 위 출자증권 취득행위가 부인되는 결과 상계 의사표시의 효력이 유지될 수 없게 되었다는 대법원 2011. 11. 24. 선고 2009다76362 판결 참조.

225) 대법원 2019. 1. 31. 선고 2015다240041 판결, 대법원 2014. 9. 24. 선고 2013다200513 판결, 대법원 2008. 7. 10. 선고 2005다24981 판결, 대법원 2005. 9. 28. 선고 2003다61931 판결.

채무자로부터 변제 또는 대물변제를 받는 것과 동일한 결과가 되기 때문이다.[226] 위 규정의 '회생절차개시 후에 채무를 부담한 때'라 함은 그 채무 자체가 회생절차개시 후에 발생한 경우[227]만을 의미하는 것이 아니라, 회생절차개시 전에 발생한 제3자의 채무자에 대한 채무를 회생절차개시 후에 채권자가 인수하는 경우도 포함되고, 그 인수는 포괄승계로 인한 것이라도 관계없다.[228]

　　2) 위기상태에 있음을 알면서 부담한 채무를 수동채권으로 하는 상계

　　회생채권자 또는 회생담보권자가 채무자의 위기상태, 즉 지급정지, 회생절차개시의 신청 또는 파산의 신청이 있음을 알면서 채무자에 대하여 채무를 부담한 때에는 이를 수동채권으로 하는 상계는 허용되지 않는다(법 제145조 제2호 본문). 상계금지의 취지는 법 제145조 제1호와 같지만 제1호와는 달리 채무부담이 회생절차개시결정 전의 위기상태에서 행해지는 반면 위기상태에 대한 악의를 요건으로 한다.

　　다만 회생채권자 또는 회생담보권자가 채무자가 위기상태에 있음을 알면서 채무를 부담하였다고 하더라도 법 제145조 제2호 단서에 해당하는 때에는 예외적으로 상계가 허용된다. 즉 회생채권자 또는 회생담보권자가 부담하게 된 채무에 대하여, ① 그 부담이 법률에 정한 원인에 기한 때(단서 제2호 가목), ② 회생채권자 또는 회생담보권자가 지급의 정지, 회생절차개시의 신청 또는 파산의 신청이 있은 것을 알기 전에 생긴 원인에 의한 때(단서 제2호 나목), ③ 회생절차개시시점 및 파산선고시점 중 가장 이른 시점보다 1년 이상 전에 생긴 원인에 의한 때(단서 제2호 다목)에는 상계가 가능하다.

　　법 제145조 제2호 단서 나목의 규정취지는 회생채권을 취득한 것은 회생채무자에게 위기상태가 생긴 이후이지만 그 이전에 이미 채권발생의 원인이 형성되어 있었던 경우에는 상계에 대한 회생채권자의 기대를 보호해 줄 필요가 있으므로, 그러한 경우에는 예외적으로 상계를 할 수 있도록 한 것으로서, 여기서 '전에 생긴 원인'은 채권자에게 상계의 기대를 발생시킬 정도로 직접적인 것이어야 할 뿐 아니라 구체적인 사정을 종합하여 상계의 담보적 작용에 대한 회생

---

226) 임채홍·백창훈(상), 546면; 条解(中), 892면.
227) 쌍방미이행 쌍무계약에서 관리인이 이행을 선택함에 따라 채권자가 이행하여야 할 채무는 회생절차개시 후에 발생한 것으로 되어 회생절차개시 전에 발생한 채무자에 대한 채권과 상계할 수 없다.
228) 대법원 2003. 12. 26. 선고 2003다35918 판결. 한편, 파산절차에 관하여 파산선고 전에 발생한 제3자의 파산채권자에 대한 채권을 파산선고 후에 파산관재인이 양수한 경우에 법 제422조 제1호에 의하여 파산채권자의 상계가 허용되지 않는다는 대법원 2014. 11. 27. 선고 2012다80231 판결 참조.

채권자의 신뢰를 보호할 가치가 있는 정당한 것으로 인정되어야 한다.[229)

3) 타인의 회생채권 또는 회생담보권을 회생절차개시 후에 취득한 경우의 상계

회생절차가 개시된 채무자의 채무자가 회생절차개시에 의하여 실가가 하락한 타인의 회생채권 또는 회생담보권을 염가로 취득하고, 이를 자동채권으로 하여 자기가 부담하고 있는 채무와의 상계를 허용한다면, 그 채무자에게 부당한 이익을 주고 회생절차가 개시된 채무자의 재산이 증가되지 않기 때문에 이러한 상계는 허용되지 않는다(법 제145조 제3호). 따라서 그 채무자는 전액을 변제하고, 자기가 취득한 회생채권 또는 회생담보권에 대하여는 회생계획에 따라 변제받을 수 있을 뿐이다.[230)

4) 위기상태에 있음을 알면서 취득한 채권을 자동채권으로 하는 상계

회생절차가 개시된 채무자의 채무자가 지급정지, 회생절차개시의 신청 또는 파산의 신청과 같은 위기상태에 있음을 알면서 회생채권 또는 회생담보권을 취득한 때에는 이를 자동채권으로 하는 상계는 허용되지 않는다(법 제145조 제4호 본문). 그 취지는 법 제145조 제3호와 동일하나 회생절차가 개시된 채무자의 위기상태에 대한 악의를 요하고, 타인의 회생채권 또는 회생담보권을 취득할 것을 요하지 않는다는 점에서 차이가 있다.

다만 법 제145조 제4호 단서는 예외적으로 상계가 허용되는 경우를 들고 있는데, 회생채권 또는 회생담보권의 취득이 ① 법률에 정한 원인에 기한 때(제4호 단서 가목),[231) ② 회생절차가 개시된 채무자의 채무자가 위기상태, 즉 지급의 정지, 회생절차개시의 신청 또는 파산의 신청이 있은 것을 알기 전에 생긴 원인에 의한 때(제4호 단서 나목),[232) ③ 회생절차개시시점 및 파산선고 시점 중 가장 이

---

229) 대법원 2014. 9. 24. 선고 2013다200513 판결. 위 판결은 갑 은행이 을 주식회사와 물품대금 등을 납품업체의 대출금 변제에 충당할 수 있도록 갑 은행에 개설된 지정계좌로 지급하기로 협약을 체결하고, 납품업체 병 주식회사와 여신거래약정을 체결하여 대출을 실행한 다음 위 계좌에 입금된 돈을 대출금 변제에 충당해 왔는데, 을 회사가 병 회사에 대한 회생절차개시신청 후에도 위 계좌로 물품대금을 입금하자 갑 은행이 예금반환채무와 대출금 채권의 상계를 주장한 사안에서, 위 상계의 의사표시는 회생절차개시신청이 있음을 알기 전의 원인인 여신거래약정에 따라 부담하게 된 채무에 관한 것이어서 법 제145조 제2호 단서 (나)목에 따라 유효하다고 하였다.

230) 임채홍·백창훈(상), 549면; 条解(中), 908면.

231) 예를 들어, 회생절차가 개시된 채무자의 제3자에 대한 채무에 관한 보증인은 위 채무를 이행함에 따라 변제자대위의 법리에 의하여 취득한 제3자의 회생절차가 개시된 채무자에 대한 채권과 자신의 회생절차가 개시된 채무자에 대한 채무를 상계할 수 있다.

232) 대법원 2017. 3. 15. 선고 2015다252501 판결은 갑 주식회사는 을 주식회사가 운영하는 골프장의 회원권에 관하여 입회계약을 체결하고 입회금을 납부한 회원이자 임대차보증금을 받고

른 시점보다 1년 이상 전에 생긴 원인에 의한 때($^{제4호\ 단서}_{제2호\ 단서\ 나목}$)가 이에 해당한다. 이들 사유의 존부에 관한 입증책임은 상계의 효력을 주장하는 측에 있다.[233]

다. 상계의 금지에 반하여 한 상계의 효과

법 제145조에 의하여 상계가 금지되는 경우에는 상계의 의사표시를 하더라도 그에 따른 법률효과가 발생하지 않는다. 즉, 회생채권 또는 회생담보권과 회생채무자의 채권은 소멸하지 않고 그대로 존속한다. 따라서 관리인은 회생채권자 또는 회생담보권자에 대하여 그 채권의 이행을 청구할 수 있고, 반면 회생채권자 또는 회생담보권자는 회생계획에 따라 그 채권을 변제받을 수밖에 없다. 법 제145조에서 정한 금지사유가 있는 경우에는 회생절차개시 전에 상계의 의사표시를 하였더라도 회생절차가 개시되면 그 상계는 소급하여 효력을 잃는다.[234]

제5절 도산해제(해지)조항

1. 의   의

계약의 당사자들 사이에 채무자의 재산상태가 장래 악화될 때에 대비하여 당사자 일방에게 지급정지나 파산, 회생절차의 개시신청 등 도산에 이르는 과정상의 일정한 사실이 발생한 경우에 상대방에게 계약의 해제·해지권이 발생하는 것으로 정하거나 또는 계약의 당연 해제·해지사유로 정하는 특약을 두는 경우가 있다.[235] 이를 '도산해제(해지)조항(Ipso Facto Clause)'이라고 한다. 이러한 도산해제(해지)조항이 이용되는 것은 계약당사자가 지급불능상태에 빠진 상대방

을 회사에 위 골프장 부지 및 건물을 임대한 임대인인데, 임대차기간 중 을 회사가 회생절차개시 신청을 하자, 골프장 회원권에 관한 탈회 신청을 하면서 을 회사를 상대로 갑 회사의 입회금반환채권 중 일부를 자동채권으로 하여 을 회사의 임대차보증금반환채권과 상계한다는 의사표시를 한 사안에서, 위 입회금반환채권은 법 제145조 제4호 단서, 제2호 단서 (나)목에서 정한 상계금지의 예외사유인 '회생절차개시의 신청이 있은 것을 알기 전에 생긴 원인'에 의하여 취득한 회생채권에 해당한다고 하였다.

233) 임채홍·백창훈(상), 550면; 条解(中), 911면.
234) 대법원 2015. 9 .10. 선고 2014다68303 판결.
235) 예컨대, 리스회사에서 사용하고 있는 표준약관에는 리스료지급채무의 기한이익 상실 및 리스계약의 해지 사유 중 하나로 "파산, 회생, 개인회생 절차개시의 신청이 있는 때"를 규정하고 있다.

과 계약관계를 유지하는 것에 대하여 불안감을 느끼기 때문이다.

도산해제(해지)조항은 그 효력을 인정할 경우 회생절차개시신청 등의 사실이 발생하였음을 이유로 한 해지로 인하여 채무자는 그동안 사용·수익하여 오던 계약 목적물의 사용·수익권을 상실하는 반면 계약 상대방은 환취권을 행사하여 계약 목적물의 점유를 회수할 수 있게 되므로, 그 목적물이 회생절차의 진행에 긴요한 경우에는 채무자의 회생에 큰 지장을 초래하게 된다.

이러한 문제는 실무상 특히 리스계약에서 자주 발생한다. 위와 같은 사유가 발생하는 경우에 ① 리스회사는 최고 없이 통지만으로 리스계약을 해지할수 있고, 리스계약이 해지된 경우 리스이용자는 리스물건을 즉시 리스회사에 반환함과 동시에 규정손해금을 지급해야 한다고 규정하거나, ② 리스회사는 이용자의 기한의 이익을 상실시켜서 잔존 리스료 전액의 일괄 변제청구를 할 수 있다고 규정하고 있는 경우가 많다.[236]

2. 도산해제(해지)조항의 효력

도산해제(해지)조항의 유효성 여부에 관하여는 계약자유의 원칙을 강조하는 입장에서 긍정하는 견해와 회생절차의 목적과 취지에 반한다는 이유로 부정하는 견해가 있을 수 있으나, 우리나라에서는 도산해제(해지)조항의 효력을 원칙적으로 부정하고 예외적인 경우에만 그 효력을 인정하여야 한다는 견해[237]가 대부분이다.

대법원[238]은 회생절차의 목적과 취지에 반한다는 이유만으로 도산해지조항

---

236) 서경환, "회사정리절차가 계약관계에 미치는 영향", 재판자료 제86집(2000), 671면.

237) 도산해제약정이 원칙적으로 효력이 없다고 보면서도 도산절차의 목적달성과 개개 채권자의 이익보호 사이의 균형이 필요한 영역, 예를 들어 도산절차에 들어간 채무자가 이행할 수 없는 경우, 상대방 당사자가 채무자인 당사자 이외의 사람이 이행하는 것을 원하지 않는 합리적 이유가 있는 경우, 해지를 못하게 하면 상대방 당사자가 다른 채권자와 비교해 부당한 불이익을 받는 경우 등이 있으므로 도산절차의 목적을 존중하되 이를 넘어서서 보호해야 하는 개별적 법률관계가 있는지에 유의하여야 한다는 견해[오수근, "도산실효조항의 유효성", 판례실무연구(Ⅸ), 사법발전재단(2010), 451면], 쌍방미이행 쌍무계약 중 대출계약이나 증권발행계약 등 금전소비대차나 그에 준하는 금융계약에 대해서는 도산해지조항의 효력을 인정해야 한다는 견해[한민, "미이행쌍무계약에 관한 우리 도산법제의 개선방향", 선진상사법률연구 53호, 법무부(2011), 64면], 리스계약의 경우 도산해지조항의 효력을 인정해야 한다는 견해[이연갑, "리스계약과 도산절차", 민사판례연구 28권, 박영사(2006), 952면] 등이 있다.

238) 대법원 2007. 9. 6. 선고 2005다38263 판결. 이 판결은 조합계약에 해당하는 합작투자계약에서 계약당사자들이 상호 출자하여 회사를 설립함으로써 조합 구성에 관한 채무의 이행을 마쳤고 이후 설립된 회사에 관한 의결권의 행사 등을 위하여 서로 협조하여야 하는 의무 등이 남게 되었다면 이에 대하여는 쌍방미이행 쌍무계약에 관한 회사정리법 제103조가 적용된다고 할

을 일률적으로 무효라고 할 수 없다고 하면서도, 쌍방미이행의 쌍무계약의 경우
에는 도산해지조항의 효력을 부정할 여지가 있다고 판단하였다. 즉 "도산해지조
항이 회사정리법에서 규정한 부인권의 대상이 되거나 공서양속에 위반된다는
등의 이유로 효력이 부정되어야 할 경우를 제외하고 도산해지조항으로 인하여
정리절차 개시 후 정리회사에 영향을 미칠 수 있다는 사정만으로는 그 조항이
무효라고 할 수는 없다."라고 하면서도, "쌍방미이행의 쌍무계약의 경우에는 계
약의 이행 또는 해제에 관한 관리인의 선택권을 부여한 회사정리법 제103조의
취지에 비추어 도산해지조항의 효력을 무효로 보아야 한다거나 아니면 적어도
정리절차 개시 이후 종료시까지의 기간 동안에는 도산해지조항의 적용 내지는
그에 따른 해지권의 행사가 제한된다는 등으로 해석할 여지가 없지는 않을 것"
이라고 판시하였다.

　　쌍방미이행의 쌍무계약에 관하여 도산해제(해지)조항의 효력을 인정한다면
상대방에게 회생절차개시 이전에 항상 해제(해지)권이 발생하여 법이 관리인에
게 계약에 관하여 이행 또는 해제(해지)의 선택권을 부여한 의미가 몰각되므로,
이러한 경우에는 도산해제(해지)조항의 효력을 원칙적으로 부정함이 타당하
다.[239] 일본이나 독일, 미국 역시 쌍방미이행 쌍무계약의 도산해제(해지)조항의
효력을 부정하고 있다.[240] 쌍방미이행 쌍무계약이 아닌 경우 도산해제(해지)조항

　　수 없고, 계약당사자는 도산해지조항에 의하여 상대방의 도산에 대비할 정당한 이익을 갖는다
　　고 보아야 한다는 이유로 위 합작투자계약에 정해진 도산해지조항을 무효라고 단정할 수 없다
　　고 판시하였다.

239) 서울고등법원 2016. 9. 23. 선고 2016나6608 판결(상고 없이 확정).
240) 新注釋 民事再生法(上), 238면 참조. 일본 最高裁判所 昭和 57. 3. 30. 판결은 회사갱생절차에
　　서 회사갱생절차개시신청 사실을 약정해제사유로 한 소유권유보부 매매계약상의 해제권유보
　　특약조항이 무효라고 판시하였다. 위 판결은 할부대금이 전액 변제되기 전에 매수인이 회사갱
　　생절차개시신청을 하여 재판소로부터 변제금지 보전처분이 발령되자, 매도인이 위와 같은 해제
　　권유보 특약에 기하여 매수인(갱생회사)에게 매매계약의 해제의사표시를 하고 그 후 회사갱생
　　절차가 개시되면서 관리인이 선임되자 관리인을 상대로 소유권에 기한 환취권을 행사하여 매
　　매목적물의 인도를 청구한 사안에서, 갱생절차개시신청의 원인사실이 발생한 것을 매매계약의
　　해제사유로 하는 취지의 특약을 하는 것은 채권자·주주 기타 이해관계인의 이해를 조정해 곤
　　궁에 처해 있는 채무자의 사업의 유지·갱생을 도모하기 위한 회사갱생절차의 취지·목적을
　　해치는 것이므로 그 효력을 인정할 수 없다고 판시하였다. 독일에서는 당초 신도산법의 제정과
　　정에서 "도산절차의 개시를 이유로 쌍무계약의 일방 당사자에게 해제권을 부여하는 합의는 효
　　력이 없다."라는 규정이 초안에 포함되어 있었으나, 논의과정에서 삭제되었다고 한다. 그러나
　　현행 독일 도산법 제103조는 관리인의 쌍방미이행 쌍무계약에 관한 이행 또는 이행거절에 관
　　한 선택권을 규정하면서, 같은 법 제119조는 위 규정에 반하는 사전합의는 효력이 없다고 규정
　　하고 있는바, 쌍방미이행 쌍무계약에 있어 도산해제조항은 독일 도산법 제103조의 규정에 반하는
　　것으로 효력이 없다고 보는 것이 현재 독일의 다수설이다[Eberhard Braun, Insolvenzordnung
　　(Kommentar), 5. Auflage, Verlag C. H. Beck München(2012), 726-727면]. 미국 연방파산법 제
　　365조(e)(1)은 도산절차의 개시를 이유로 미이행 쌍무계약이 자동적으로 해지되거나 일방적인
　　해지권을 부여한 약정을 유일한 근거로 절차개시 이후에 계약을 해제 또는 변경하는 것을 금

의 효력이 부정되어야 하는지 여부는 회생절차상 부인권을 인정한 취지를 몰각
시킨다거나 공서양속에 위반되는 등의 사정이 있는지를 개별적으로 검토하여
결정하여야 할 것이다.

3. 리스계약의 해지 문제

가. 리스계약의 도산해지조항 효력

리스계약에는 리스이용자의 목적이 리스물건 자체의 사용에 있는 운용리스
와 리스물건의 구매에 필요한 자금을 융통하고자 하는 데에 있는 금융리스가
있다. 운용리스계약에 있어 리스이용자는 일정기간 리스물건에 대한 사용대가로
리스료를 지급하게 되는 것이므로, 이를 쌍방미이행 쌍무계약으로 파악할 수 있
게 된다. 반면 금융리스계약에 있어 리스이용자가 지급하는 리스료는 리스물건
에 대한 사용대가라기보다는 리스물건 구매를 위해 융통한 자금을 리스기간 동
안 분할하여 지급하는 것으로 보아야 하고, 리스채권의 담보를 위해 리스기간
동안 리스물건의 소유권을 리스회사에 유보하는 것이 일반적이므로, 이 경우 리
스채권은 회생담보권 또는 이에 준하는 것으로 보는 것이 타당하다.[241]

따라서 도산해지조항이 포함된 리스계약을 쌍방미이행 쌍무계약으로 파악
하는 경우 앞에서 본 바와 같이 도산해지조항의 효력은 원칙적으로 부정되어야
할 것이다. 그러나 리스채권을 회생담보권으로 파악하는 경우라 하여 당연히 도
산해지조항의 효력이 인정되는 것은 아니고, 도산해지조항이 회생절차상 부인권
을 인정한 취지를 몰각시킨다거나 공서양속에 위반되는 등의 사정이 있는지를
개별적으로 검토하여 도산해지조항의 효력 유무를 결정하여야 한다.

나. 리스회사의 법정해지권 행사

리스회사가 리스이용자(채무자)의 채무불이행을 이유로 법정해지권을 행사
하는 경우가 있다. 리스거래약관에는 통상 리스료의 지급을 1회라도 지체하는
때에는 기한의 이익을 상실하고, 이 경우 리스회사는 일정한 기한을 정하여 이
행을 최고하며, 그 기한 내에 이행이 없을 경우에는 계약을 해지할 수 있다고
규정하고 있다. 이 문제는 다음과 같이 경우를 나누어 살펴볼 필요가 있다.

지하고 있다. 이연갑, "리스계약과 도산절차", 민사판례연구, 박영사, 951면.
241) 리스채권의 성질에 관한 자세한 내용은 '제9장 제3절 3. 가.' 참조.

1) 회생절차개시에 의하여 변제금지의 효력이 발생하기 전에 리스회사가 리스계약 해지의 의사표시를 한 경우, 또는 개시 전에 리스계약의 해지의 의사표시를 하지는 아니하였지만 해지권을 취득해서 언제라도 해지의 의사표시를 할 수 있는 상태에서 개시 후에 해지의 의사표시를 한 경우(최고기간이 도과하여 해지권이 발생한 경우)에는 그 해지가 유효하다고 해석한다.[242] 따라서 이 경우 리스회사는 리스물건의 반환을 환취권으로서 청구할 수 있을 뿐만 아니라 약정에 따라 잔존리스료·규정손해금을 회생채권으로 청구할 수 있다.

2) 법원의 보전처분에 의하여 변제금지의 효력이 발생된 후 리스이용자가 리스료를 지급하지 아니한 경우에는 변제금지 보전처분이 있다 하더라도 채무의 이행기 도래의 효과가 생기는 것을 막지 못하므로, 이 때 리스이용자는 채무불이행의 책임을 지며, 지연손해금의 지급의무도 발생한다. 그런데 이 경우 리스회사가 채무자의 이행지체를 이유로 계약을 해지할 수 있는가에 관하여는 변제금지 보전처분이 있더라도 민법상 이행지체의 모든 효과가 발생하므로 채권자는 채무자의 이행지체를 이유로 해지권을 행사할 수 있다는 견해[243]와 보전처분이 있은 후 리스료를 지급하지 않는 것은 보전처분에 따른 것이므로 채무자에게 귀책사유가 없어 해지권을 행사할 수 없다는 견해가 있다.[244]

3) 회생절차개시 후 회생채권자는 개별적인 권리행사를 할 수 없고 회생절차에 의하지 않고는 채권을 변제받지 못하므로, 리스채권을 회생담보권으로 파악하는 경우 리스채권자는 회생절차개시 후의 리스료 미지급을 이유로 하여 해제권을 행사할 수는 없다. 반면 리스계약을 쌍방미이행 쌍무계약으로 파악하는 경우 리스회사는 리스이용자의 채무불이행을 이유로 리스계약을 해지할 수 있다.[245]

---

242) 이연갑, "리스계약과 도산절차", 민사판례연구, 박영사, 953면. 반면 리스료채권을 회생담보권으로 보아 회생절차개시 후 해지권을 행사하여 리스물건을 환취하는 것은 회생담보권의 실행으로서 허용되지 않는다는 견해도 있다[배현태, "회사정리절차에 있어서 리스채권의 취급", 법조 제49권 제2호(통권 제521호)(2000), 법조협회, 165-166면 참조].

243) 임채홍·백창훈(상), 249면; 条解(上), 396면.

244) 일본 最高裁判所 昭和 57. 3. 30. 판결에서 일본 최고재판소는, 회사갱생절차에서 회사갱생절차 개시신청 사실을 약정 해제사유로 한 소유권유보부 매매계약상의 해제권유보 특약조항이 무효라고 판시하면서, 채무자가 변제금지 보전처분을 받은 경우에는 위 변제금지의 구속을 받는 것이기 때문에 그 후에 채무자가 부담한 계약상의 채무에 대하여 변제기가 도래하여도 채권자는 채무자의 이행지체를 이유로 계약을 해제할 수 없다고 하였다.

245) 한편, 리스회사가 리스계약에 따른 채권을 회생담보권으로 신고하여 확정받고, 채무자의 리스물 사용을 전제로 한 회생계획이 수립되어 인가결정이 내려진 이후 비로소 리스계약을 해지하고 환취권을 행사하였다고 주장하면서 채무자의 관리인을 상대로 위 기계의 인도를 구한 사건에서, 대법원은 리스회사가 리스계약을 해지하고 환취권을 행사하는 것은 신의성실의 원칙에 비추어 허용될 수 없는 것이라고 볼 여지가 있다고 판단하였다(대법원 2022. 10. 14. 선고 2018다210690 판결).

제6절 과대신고 등을 이유로 한 조세의 환급

1. 의 의

회생절차개시신청을 하기 이전에 순손실이 발생하였음에도 법인인 채무자의 구 사주 또는 임원이 자금조달 등을 목적으로 재무구조가 양호한 것으로 보이게 하기 위하여 분식회계(가공매출 및 가공재고의 계상, 채무의 과소계상, 대손금의 미계상, 자산평가익의 과대계상 등)를 하여 세법상 과세표준을 과대신고하거나 결손금을 축소신고하는 경우가 있다. 이러한 경우 만약 채무자가 분식회계를 하지 아니하였더라면 결손상태이므로 법인세 부과대상이 되지 아니할 것인데, 분식회계로 인하여 순이익이 발생한 것처럼 회계처리를 한 것이므로 실질과세의 원칙에 따라 거래의 실질내용을 기준으로 과세소득을 다시 계산할 수 있다.[246] 회생절차개시신청 후 보전관리인 또는 관리인은 국세기본법 등 관계 법령이 정한 기간 내에 과세표준 및 세액의 경정청구 등을 통하여 법인세를 환급받기 위한 조치를 취하여야 함을 유의하여야 한다.

또한 분식회계로 인하여 납부한 법인세에 관하여 부당이득반환청구가 가능한지 여부가 문제되나, 신고납세방식을 취하고 있는 법인세의 경우 납세의무자의 신고행위가 중대하고 명백한 하자로 말미암아 당연무효가 되는 경우라야만 부당이득반환을 청구할 수 있을 것인데,[247] 채무자의 법인세 신고가 분식결산에 근거한 것이라는 사유만으로는 그 신고행위가 중대하고 명백한 하자에 해당하여 당연무효라고 보기는 곤란할 것이다. 한편 법인이 분식결산에 터 잡아 과다하게 법인세를 신고·납부한 행위는 민법 제746조에 규정된 불법원인급여에 해당하지 않으므로,[248] 과세관청은 과다하게 납부된 법인세의 반환청구를 불법원인급여에 해당한다는 이유를 들어 거부할 수 없다.

---

246) 대법원 2006. 1. 26. 선고 2005두6300 판결(대우전자 법인세등부과처분취소 사건).

247) 대법원 2009. 4. 23. 선고 2006다81257 판결, 대법원 2006. 9. 8. 선고 2005두14393 판결, 대법원 2005. 5. 12. 선고 2003다43346 판결 등 참조. 또한 대법원은 위 2005두14394 판결에서 신고납세방식을 채택하고 있는 취득세에 있어서 과세관청이 납세의무자의 신고에 의하여 취득세의 납세의무가 확정된 것으로 보고 그 이행을 명하는 징수처분으로 나아간 경우, 납세의무자의 신고행위에 하자가 존재하더라도 그 하자가 당연무효 사유에 해당하지 않는 한, 그 하자가 후행처분인 징수처분에 그대로 승계되지는 않는 것이라고 판시하였다.

248) 대법원 2006. 1. 26. 선고 2005두6300 판결.

2. 절   차

보전관리인 또는 관리인은 우선 국세기본법 제45조의2의 규정에 따라 관할
세무서장에게 분식회계로 인하여 과세표준 및 세액을 과대신고하였거나 결손금
을 과소신고하였음을 이유로 과세표준 및 세액의 경정청구를 하여야 한다.

만약 관할세무서장이 과세표준 및 세액의 경정을 거부하는 경우에는 보전
관리인 또는 관리인은 국세기본법 제55조에 의한 심판청구 또는 국세기본법 제
56조 및 행정소송법 제4조에 의한 법인세부과처분 취소소송 등 행정쟁송을 제
기하여야 한다.

여기서 분식회계를 한 납세의무자인 채무자 스스로 과거의 언동에 반하여
경정청구 또는 법인세부과처분의 취소 등을 구하는 것이 신의성실의 원칙에 반
하는지 여부가 문제로 된다. 판례는 "납세의무자가 자산을 과대계상하거나 부채
를 과소계상하는 등의 방법으로 분식결산을 하고, 이에 따라 과다하게 법인세를
신고·납부하였다가 그 과다납부한 세액에 대하여 취소소송을 제기하여 다툰다
는 사정만으로 신의성실의 원칙에 위반될 정도로 심한 배신행위를 하였다고 볼
수는 없는 것이고, 과세관청이 분식결산에 따른 법인세 신고를 그대로 믿고 과
세하였다고 하더라도 이를 보호받을 가치가 있는 신뢰라고 할 수도 없다."라고
하여 납세의무자에 대한 신의성실의 원칙의 적용을 극히 제한하는 입장을 취하
고 있다.[249]

다만, 현행 법인세법 제58조의3은 일정한 요건[250]에 해당하는 경우 사실과
다른 회계처리를 하여 과세표준 및 세액을 과다하게 계상함으로써 국세기본법
제45조의2에 따라 경정을 청구하여 경정을 받은 경우에는 과다납부한 세액을
환급하지 아니하고 경정일이 속하는 사업연도부터 각 사업연도의 법인세액에서
과다납부한 세액을 공제[251]한다고 규정하여, 분식회계를 한 납세의무자의 환급
을 제한하고 있다.

---

249) 대법원 2006. 4. 14. 선고 2005두10170 판결, 대법원 2006. 1. 26. 선고 2005두6300 판결, 대법
원 1997. 3. 20. 선고 95누18383 전원합의체판결.
250) '자본시장과 금융투자업에 관한 법률 제159조에 따른 사업보고서 및 주식회사 등의 외부감사
에 관한 법률 제23조에 따른 감사보고서를 제출할 때 수익 또는 자산을 과다 계상하거나 손비
또는 부채를 과소 계상할 것(제1호)'과 '내국법인, 감사인 또는 그에 소속된 공인회계사가 대통
령령으로 정하는 경고·주의 등의 조치를 받을 것(제2호)'의 요건을 모두 충족하는 경우.
251) 이 경우 각 사업연도별로 공제하는 금액은 과다 납부한 세액의 100분의 20을 한도로 한다.

回　生　事　件　實　務

제9장

•
•
•

회생채권,
회생담보권,
주식·지분권,
공익채권,
개시후기타채권

제1절　회생절차에 관여하는 이해관계인

제2절　회생채권

제3절　회생담보권

제4절　주식·출자지분

제5절　공익채권·공익담보권

제6절　개시후기타채권

제1절 회생절차에 관여하는 이해관계인

회생절차는 재정적 어려움으로 인하여 파탄에 직면하여 있는 채무자에 관하여 채권자·주주·지분권자 등 이해관계인의 법률관계를 조정하여 채무자 또는 그 사업의 효율적인 회생을 도모하는 제도이므로(법제1조), 먼저 회생절차에 관여하는 이해관계인의 범위를 확정할 필요가 있다.

법은 제1조에서 말하는 이해관계인의 범위를 명문으로 규정하고 있지는 않으나, 회생절차에 관여하는 이해관계인은 법 제1조에서 예시한 채권자·주주·지분권자 이외에도 관계인집회기일의 통지를 요하는 자, 즉 관리인, 회생을 위하여 채무를 부담하거나 담보를 제공한 자(법제182조)는 물론 그 밖에 법률상 이해관계를 가지는 모든 자를 포함하는 개념이다.

다만 법은 이와 같은 이해관계인 중 관리인과 채무자 본인을 제외한 나머지 이해관계인을 회생절차개시결정 전후로 나누어 대별하고 있다. 다시 말하자면 법은 이해관계인을 회생절차개시결정 시를 기준으로 하여 ① 회생채권자(법제118조)·회생담보권자(법제141조) 및 주주·지분권자(법제146조) 등 개시결정 이전의 이해관계인과, ② 공익채권자(법제179조) 및 개시후기타채권자(법제181조) 등 개시결정 이후의 이해관계인으로 구분하고, 달리 취급하고 있다.

제2절 회생채권

1. 회생채권의 의의

법은 채무자에 대하여 회생절차개시 전의 원인으로 생긴 재산상의 청구권 일반(법제118조 제1호)[1]과 회생절차개시 후에 생기는 재산상의 청구권 중에 법이 개별적으로 정한 것(법 제108조 제3항 제3호 및 제4호, 제118조 제2호 내지 제4호, 제121조 제1항, 제123조 제1항, 제124조 제2항, 제125조 제2항)을 회생채권으로 규정하고 있다.

---

[1] 다만 회생절차개시 전의 원인으로 발생한 청구권 중에서도 다음의 제5절에서 보는 바와 같이 법이 형평의 관념이나 사회정책적 이유 등으로 공익채권으로 인정하는 것들도 있다.

회생절차는 재정적 어려움으로 인하여 채무를 변제할 수 없어 파탄에 직면한 채무자에 대하여 이해관계인의 법률관계를 조정하여 채무자 또는 그 사업의 효율적인 회생을 도모함을 그 목적으로 하는데($\frac{법}{제1조}$), 이 경우 채무자가 채무 전부를 변제하는 것은 불가능하므로 절차가 개시된 채권, 즉 회생을 목적으로 그 법률관계가 조정되는 채권을 일괄 파악하여 그 상호관계에서는 평등하게 취급하는 한편 채무자에 대한 다른 권리와는 구별하여 달리 규율하는 것이 합목적적이다. 이에 법은 회생채권이라는 개념을 두어 해당하는 채권을 일괄하여 취급하고 있다.

회생채권은 파산채권($\frac{별제}{423조}$)에 상응하는 것이지만 파산채권과 달리 이른바 현재화, 금전화의 원칙($\frac{법 제425조,}{제426조}$)을 취하지 않고 있다. 따라서 비금전채권, 기한미도래의 채권이 회생채권으로 된 때에는 본래의 내용 그대로 회생채권이 된다. 회생절차에서는 파산절차와 달리 즉시 금전에 의한 변제를 하지 아니하고 회생채권의 변제방법 등은 회생계획에서 정한 바에 따르기 때문이다. 다만, 관계인집회에서 행사할 의결권을 어느 정도로 부여할 것인가에 관해서는 금전평가의 원칙을 채용하고 있다($\frac{법 제133조}{내지 제138조}$).[2] 한편 법은 회생채권과 별도로 제179조 제1항에서 공익채권을 규정하고 있는데, 공익채권은 그 대부분이 회생절차개시 후의 원인으로 생긴 채권이다. 회생채권과 공익채권은 그 효과에 있어서 커다란 차이가 있는데, 회생채권은 회생절차에 의하여서만 변제가 가능하고, 그 이외에 이를 소멸하게 하는 행위(면제는 제외)는 원칙적으로 금지되지만($\frac{별 제131}{조 본문}$), 공익채권은 회생절차에 의하지 않고도 수시로 회생채권과 회생담보권에 우선하여 변제할 수 있다($\frac{법 제180조}{제1항·제2항}$).

2. 회생채권의 기본 요건

가. 개   요

법 제118조 제1호에서 규정한 '채무자에 대하여 회생절차개시 전의 원인으로 생긴 재산상의 청구권'은 회생채권의 원칙적 모습인데, 실무상 회생채권으로 취급되는 청구권의 대부분이 이에 해당한다.

---

2) 條解(中), 280면; 임채홍·백창훈(상), 501면 참조.

나. 요 건

1) 채무자에 대한 청구권

채무자의 일반재산을 책임재산으로 하는 채권적 청구권이어야 한다.[3] 채무자의 일반재산이 아닌 특정재산에 대한 물권에 기한 청구권, 예를 들면 소유권에 기한 물권적 청구권,[4] 특허권 기타의 무체재산권에 기한 물권적 청구권 유사의 청구권 등은 회생채권이 아니다. 다만 이들 물권 등 절대권의 침해를 이유로 하는 손해배상청구권·부당이득반환청구권은 회생채권에 해당한다. 채무자에 대한 청구권이어야 하므로 보증인 등과 같이 채무자가 아닌 제3자에 대한 청구권은 회생채권에 해당하지 않는다.

사해행위의 수익자 또는 전득자에 대하여 회생절차가 개시된 경우 채무자의 채권자가 사해행위의 취소와 함께 회생채무자로부터 사해행위의 목적인 재산 그 자체의 원물반환을 청구하는 것은 법 제70조에 따른 환취권의 행사에 해당하여 회생절차개시의 영향을 받지 아니하므로,[5] 위 채권자의 원물반환의 방법에 의한 원상회복청구권은 회생채권에 해당하지 않는다. 한편 가액배상의 방법으로 원상회복을 청구하는 경우에 판례는 수익자 또는 전득자에 대한 회생절차개시 후 회생재단이 가액배상액 상당을 그대로 보유하는 것은 취소채권자에 대한 관계에서 법률상의 원인 없이 이익을 얻는 것이 되고, 이러한 부당이득반환의무는 사해행위의 취소를 명하는 판결이 확정된 때에 비로소 성립된다는 전제하에 법 제179조 제1항 제6호의 '부당이득으로 인하여 회생절차개시 이후 채무자에 대하여 생긴 청구권'인 공익채권에 해당한다고 하였으므로,[6] 사실상 환취권의 행사와 유사한 효과를 누리게 된다.

---

3) 한편 채권적 청구권이라도 채무자의 재산에 속하지 않는 재산의 인도를 목적으로 하는 채권은 회생채권이 아니라 법 제70조의 환취권에 해당할 수 있다. 条解(中), 280면; 임채홍·백창훈(상), 502면 참조.

4) 피담보채권이 변제로 소멸하였음을 원인으로 한 담보가등기의 말소청구권은 소유권에 기하여 실체관계에 부합하지 아니하는 가등기의 말소를 구하는 물권적 청구권이므로 구 회사정리법상 정리채권이 아니라고 판시한 대법원 1994. 8. 12. 선고 94다25155 판결 참조. 구 회사정리법상 후순위정리채권으로 취급되던 일부가 현행법상 회생채권으로 취급되고 있을 뿐 구 회사정리법상 정리채권과 현행법상 회생채권의 범위는 대부분 일치한다.

5) 대법원 2019. 4. 11. 선고 2018다203715 판결, 대법원 2014. 9. 4. 선고 2014다36771 판결 참조.

6) 대법원 2019. 4. 11. 선고 2018다203715 판결 참조. 이와 달리 사해행위 취소로 인한 가액배상청구권은 회생채권이 된다는 견해[条解(中), 281면; 임채홍·백창훈(상), 503면; 온주(로앤비) 채무자회생법(2015), 제118조 참조], 이익이 현존하는 한도에서는 법 제73조의 대체적 환취권에 해당한다는 견해[김희중, "2014년 하반기 도산법 관련 대법원 판례 소개", 도산법연구 제6권 제1호(2015. 6.), 사단법인 도산법연구회(2015), 81-84면 참조]가 있다.

2) 재산상의 청구권

회생채권은 채무자의 재산에 의하여 만족을 얻을 수 있는 재산상의 청구권이어야 한다. 다만 회생채권에 있어서는 파산절차에서 채택하고 있는 이른바 현재화·금전화의 원칙을 취하지 않고 있기 때문에 재산상의 청구권이라면 금전채권에 한정되지 아니하고 비금전채권도 그 대상이 된다. 판례는 금전채권이라는 측면 이외에도 골프장과 그 부대시설을 이용할 수 있는 비금전채권의 측면을 갖고 있는 골프장 회원권에 대하여 회생채권성을 긍정하였고,[7] 채권양도통지 이행청구권에 대하여는 비금전채권이나 회생채무자의 재산감소와 직결되는 것이므로 재산상 청구권으로서 회생채권이라 보았다.[8] 그 밖에 비금전채권인 회생채권으로는 분양대금 전액을 납부한 수분양자의 소유권이전등기청구권, 계약에 따른 물품인도청구권 등이 있다.

계약상의 부작위청구권은 재산상의 청구권이 아니므로 회생채권에 해당하지 않지만, 부작위의무위반을 내용으로 하는 손해배상청구권은 회생채권이 될 수 있다. 반면 계약상의 작위청구권(예컨대 건설계약, 제작물공급계약, 운송계약 등에 기한 작위청구권)은 손해배상청구권으로 변하여 회생채권이 될 수 있지만, 원채권 그대로도 채무자의 재산가치의 이용에 따라 이행될 채권이므로 재산상 청구권으로서 회생채권에 해당할 수 있다.[9]

일방적 의사표시를 통하여 계약을 성립시키는 등 일정한 법률관계를 형성할 수 있는 형성권에 관하여는, ① 재산상 '청구권'이 아니므로 회생채권에 해당하지 않는다는 견해[10]와 ② 민법과 도산법은 권리의 구분기준이 다르고 형성권의 범주에 포섭되는 권리의 내용이 다양한 점 및 도산법의 입법목적까지 고려하면 일률적으로 회생채권에 해당하지 않는다고 보기는 어렵다는 견해[11]가 대립하고 있다. 대법원판례에는, 용선계약의 내용 중 용선주의 경영권이 변동되는 경우 용선계약은 당연 승계되며 선주가 요구할 경우 운송권을 선주에게 이관하도록 하는 조항과 관련하여 '운송권의 이관을 요구할 수 있는 권리'는 형성권으로서 회생채권에 해당하지 않는다고 판단한 원심을 수긍한 판결이

---

7) 대법원 1989. 4. 11. 선고 89다카4113 판결 및 같은 취지의 대법원 2016. 5. 25. 자 2014마1427 결정 참조.
8) 대법원 2016. 6. 21. 자 2016마5082 결정 참조.
9) 条解(中), 282-283면; 임채홍·백창훈(상), 503면 참조.
10) 전대규 479면.
11) 오수근, "도산절차에서 형성권의 취급", 충남대학교 법학연구 제28권 제4호, 충남대학교 법학연구소(2017), 219-253면.

있고[12] 투자계약 내용 중 일정한 사유가 발생할 경우에 부여된 '일방적 의사표시로 주식매매계약을 성립시킬 수 있는 권리'와 관련하여 위 주식매수청구권은 형성권의 일종인 예약완결권에 해당하고 회생채권이 아니라는 원심판결에 대하여 회생절차가 개시될 당시는 물론 이후 회생절차가 종결될 때까지도 행사요건이 갖추어지지 않아 주식매수청구권이 행사될 수 없었던 상황에서 위 주식매수청구권과 그 행사로 성립할 주식매매계약상 매매대금채권이 회생절차에서 신고되지 않았다는 이유로 실권되지 않는다는 원심의 결론은 정당하다'고 하여 원심의 결론을 수긍한 판결[13]이 있으나, 아직 형성권 일반에 관한 법리를 명시적으로 판시한 것은 아니다.[14]

3) 회생절차개시 전의 원인에 의한 청구권

가) 의 의   회생채권은 의사표시 등 채권 발생의 원인이 회생절차개시 전의 원인에 기해 생긴 청구권을 말하는 것으로, 채권 발생의 원인이 회생절차개시 전의 원인에 기한 것인 한 그 내용이 구체적으로 확정되지 아니하였거나 변제기가 회생절차개시 후에 도래하더라도 회생채권으로 되는 데 영향이 없다.[15] 일반적으로 불법행위나 채무불이행으로 인한 손해배상청구권 또는 부당이득반환청구권은 현실적으로 손해가 발생한 때 성립한다고 할 것이나,[16] 회생절차에서는 비록 손해가 회생절차개시 후에 발생하더라도 채권 발생의 주요한 원인이 회생절차개시 전에 갖추어져 있다면 이를 회생채권으로 본다. 예를 들어, 불법행위의 원인행위가 회생절차개시 전에 종료한 것이라면, 그 손해의 내용이 그 이후 구체적으로 확정되었더라도 손해배상청구권은 개시 전의 원인에 기해 생긴 재산상의 청구권으로서 회생채권이 된다. 그리고 청구권의 발생원인의 전부가 회생절차개시 전까지 갖추어져 있을 것을 요구하는 것(전부 구비설)이 아니고, 청구권의 주요한 발생원인이 회생절차개시 전에 갖추어져 있으면 된다(일부 구비설).

이와 같은 채권인 한 확정기한 미도래의 채권(법제134조), 장래의 정기예금채권,

---

12) 대법원 2018. 2. 28. 선고 2017다261134 판결.
13) 대법원 2022. 7. 28. 선고 2020다277870 판결.
14) 참고로 형성권인 전환사채의 전환권, 신주인수권부사채의 신주인수권, 주식매수선택권 등의 회생절차상 취급에 관해서는 '제9장 제4절 3.' 참조.
15) 대법원 2019. 8. 29. 선고 2018다286512 판결, 대법원 2016. 11. 25. 선고 2014다82439 판결, 대법원 2015. 4. 23. 선고 2011다109388 판결, 대법원 2014. 5. 16. 선고 2012다114851 판결, 대법원 2002. 12. 10. 선고 2002다57102 판결, 대법원 2001. 8. 24. 선고 2001다34515 판결 등 참조.
16) 대법원 2003. 4. 8. 선고 2000다53038 판결, 대법원 1998. 4. 24. 선고 97다28568 판결 등 참조.

불확정기한부 채권(법제136조), 해제조건부 채권이나 정지조건부 채권과 같은 조건부 채권(법 제138조 제1항)[17]은 물론 장래의 구상권이나 장래의 정기예금채권과 같은 장래의 청구권(법 제138조 제2항)도 법 제118조 제1호의 회생채권에 해당할 수 있다.[18]

나) 판례에서 회생채권으로 인정된 청구권　　이에 관하여 대법원은 아래와 같은 사례에서 문제된 청구권을 회생채권으로 인정하였다.

① 건축공사 도급계약에서 도급인에게 완공된 건축물이 인도된 후 수급인인 채무자에 대한 회생절차가 개시되었는데 회생절차개시 후에 건축물의 하자가 현실적으로 발생한 경우에, 특별한 사정이 없는 한 도급인의 하자보수에 갈음한 손해배상청구권은 회생채권이고, 나아가 하자담보책임을 넘어 수급인이 도급계약에 따른 의무를 제대로 이행하지 못함으로 인해 도급인에게 확대손해(선행소송에서 소송비용 등으로 지출한 재산상 손해)가 발생한 경우 도급인의 위와 같은 채무불이행으로 인한 손해배상청구권 역시 회생절차개시 전에 주요한 발생원인을 갖춘 것으로서 회생채권에 해당한다.[19]

② 공사도급계약의 도급인에 대하여 회생절차가 개시되어 관리인이 도급계약을 미이행쌍무계약으로 해제한 경우 민법 제674조 제1항이 유추 적용되므로 그때까지 일의 완성된 부분은 도급인에게 귀속되고 원상회복은 허용되지 아니하므로, 수급인은 법 제121조 제2항에 따른 급부의 반환 또는 그 가액의 상환을 구할 수 없고 일의 완성된 부분에 대한 보수청구만 할 수 있는데, 이때 수급인이 갖는 보수청구권은 주요한 발생원인이 회생절차개시 전에 이미 갖추어져 있다고 봄이 타당하므로 회생채권에 해당한다.[20]

③ 채무자의 연대보증인이 회생절차개시 후에 주채권자인 회생채권자에게 변제 등으로 연대보증채무를 이행함으로써 구상권을 취득한 경우, 그 연대보증계약이 채무자에 대한 회생절차개시 전에 체결되었다면 구상권 발생의 주요한 원인인 연대보증관계는 회생절차개시 전에 갖추어져 있는 것이므로, 위와 같은

---

17) 조건부채권은 채권의 전부 또는 일부의 성립 또는 소멸이 장래의 불확정한 사실인 조건에 의존하는 채권을 말하고, 위 조건은 채권의 발생원인인 법률행위에 붙은 의사표시의 내용인 부관에 한정되지 않으므로, 가집행선고의 실효를 조건으로 하는 가지급물의 원상회복 및 손해배상채권(민사소송법 제215조 참조)은 그 채권 발생의 원인인 가지급물의 지급이 회생절차개시 전에 이루어진 것이라면 조건부채권으로서 회생채권에 해당한다(대법원 2021. 7. 8. 선고 2020다221747 판결, 대법원 2014. 5. 16. 선고 2012다114851 판결 등 참조).
18) 다만 회생절차개시 후의 원인에 기해 생긴 청구권인 경우에도 법에 의하여 특별히 회생채권으로 취급하는 경우가 있다. 이에 대하여는 아래 4. 참조.
19) 대법원 2015. 6. 24. 선고 2014다220484 판결 참조.
20) 대법원 2017. 6. 29. 선고 2016다221887 판결 참조.

연대보증계약 등에 근거한 구상권은 장래의 청구권으로서 회생채권에 해당한다.[21]

④ 공동불법행위자 사이의 구상권은 특별한 사정이 없는 한 불법행위가 있었던 때에 주요한 발생원인이 갖추어진 것으로 볼 수 있어 비록 회생절차개시 당시까지는 변제 기타 출재로 인한 공동면책행위가 없었더라도 공동불법행위자 사이의 구상금 채권은 회생채권에 해당한다.[22]

⑤ 과징금 청구권의 경우는, 회생절차개시 전에 과징금 부과의 대상인 행정상의 의무위반행위 자체가 성립하고 있으면 그 부과처분이 회생절차개시 후에 있는 경우라도 회생채권이 된다.[23]

⑥ 관리인이 회생법원의 허가를 얻어 회생채무자가 회생절차개시 전에 체결하였던 보증보험계약의 보험가입금액이나 보험기간 등을 변경하는 계약을 체결하였는데, 이후 보험사고가 발생하여 보험자가 변경된 계약에 정해진 보험금을 지급한 경우, 보험자의 회생채무자에 대한 구상금 채권이 회생절차개시 전의 원인에 의한 청구권으로서 회생채권에 해당하는지 문제된다. 판례는 보험자가 부담하는 위험의 본질적인 부분이 변경되지 않았다면 보험자의 구상금 채권은 그 청구권의 주요한 발생원인이 회생절차개시 전에 갖추어진 것으로서 회생채권에 해당한다고 보았다.[24] 반면, 보증보험계약의 주요 내용이 변경되었다면 보

---

21) 대법원 2015. 4. 23. 선고 2011다109388 판결 참조.

22) 대법원 2016. 11. 25. 선고 2014다82439 판결 참조. 또한 대법원은 위 판결에서, 공사를 공동으로 수급한 업체들 각각의 설계상 잘못, 감리상 잘못, 시공 과정에서의 잘못이 경합하여 준공 후(공사의 준공은 회생채무자에 대한 회생절차개시 이전에 마쳤다) 5년 이상이 지나 잠복된 하자가 표면화되었고, 이후 수급업체들의 하자에 관한 공동불법행위책임이 인정된 사안과 관련하여, 공동불법행위로 인한 손해배상책임의 원인은 회생절차개시 이전에 이미 존재하였지만 출재로 인한 구상금 채권은 관계인집회가 끝나거나 서면결의 결정이 있은 후에 발생하였고, 나아가 공동불법행위의 시점 및 공동불법행위자들의 관계, 구상금 채권 발생의 직접적 원인인 변제 기타 출재의 경위, 공동불법행위자들 사이의 내부적 구상관계 발생에 대한 예견가능성, 공동불법행위로 인한 손해배상채무가 구체화된 시점과 구상금 채권이 성립한 시점 사이의 시간 간격 등 제반 사정에 비추어 구상금 채권자가 회생법원이 정한 신고기간 내에 장래에 행사할 가능성이 있는 구상권을 신고하는 등으로 회생절차에 참가할 것을 기대할 수 없는 사유가 있는 때에는, 법 제152조 제3항에도 불구하고 회생채권신고를 보완하는 것이 허용되어야 하며, 이는 책임질 수 없는 사유로 회생채권신고를 할 수 없었던 채권자를 보호하기 위한 것이므로 그 신고기한은 법 제152조 제1항을 유추하여 그 사유가 끝난 후 1개월 이내에 하여야 한다고 판시하였다.

23) 대법원 2018. 6. 15. 선고 2016두65688 판결, 대법원 2018. 6. 2. 선고 2016두59102 판결, 대법원 2016. 1. 28. 선고 2015두54193 판결, 대법원 2013. 6. 27. 선고 2013두5159 판결 참조.

24) 대법원 2019. 8. 29. 선고 2018다286512 판결 참조(이 사안에서 대법원은 변경된 계약이 변경 전 계약의 보험기간을 연장하지 않은 점, 실제로 지급된 보험금의 액수가 변경 전 계약의 보험가입금액에 훨씬 못 미치는 금액이었던 점, 변경된 계약으로 보험가입금액이 증가하였으나 증가된 보험가입금액이 전체 보험가입금액에서 차지하는 비중이 미미한 점에 비추어, 보험자의 구상금 채권은 그 주요한 발생원인이 회생절차개시 전에 갖추어진 것이라고 판단하였다).

험자의 구상금 채권은 관리인이 채무자의 업무 및 재산에 관하여 회생절차개시
후에 한 행위로 인하여 생긴 청구권으로 법 제179조 제1항 제5호의 공익채권에
해당한다고 보았다.[25]

다) 그 밖에 실무상 회생채권 여부가 문제되는 청구권

① 계속적 계약인 임대차계약은 법 제119조가 정한 쌍방미이행 쌍무계약에
해당하여 관리인이 해지권을 가지는데(다만 법 제124조 제4항에 따라, 임대인이 채
무자인 경우 대항요건을 갖춘 주택 및 상가의 임차인에 대하여는 법 제119조는 적용되
지 아니한다), 임차인인 채무자의 관리인이 임대차계약의 이행을 선택하였다면
회생절차개시 후에 발생한 차임채권은 법 제179조 제1항 제7호에 따라 공익채
권이 된다. 그러나 회생절차개시 전에 이미 발생한 개별 차임채권은 독립된 가
분적 급부로서 상대방인 임대인이 그 반대급부의 이행을 완료한 것이 되므로,
위 같은 호가 적용되지 않는다. 따라서 임대차계약에 기한 월차임 채권 가운데
회생절차개시 전에 발생한 것은 회생채권이 된다.[26][27]

② 한편 임대인인 채무자의 관리인이 임대차계약의 이행을 선택한 경우 그
임대차보증금반환채권이 법 제179조 제1항 제7호가 정한 공익채권에 해당하는
지 여부가 문제될 수 있는데, 현재 서울회생법원의 실무는 회생채권으로 보고
있음은 앞에서 살펴 본 바와 같다.[28] 임대차계약상 쌍방미이행의 대가관계 있

---

25) 대법원 2017. 6. 29. 선고 2017다207352 판결 참조(이 사안에서 대법원은 변경된 계약이 회생
절차개시 전의 보증보험계약을 기초로 체결되었지만, 보험기간과 보험가입금액, 보험료 등 보
증보험계약의 주요 내용이 변경됨으로써 보험자와 채무자의 채무가 모두 가중된 점, 보험사고
가 변경 전 계약에서 정한 보험기간 이후에 발생한 점, 보험자가 변경된 보증계약에서 정한 보
험금을 지급한 점을 종합하여, 보험자의 구상금 채권은 그 청구권의 주요한 발생원인이 회생절
차개시 전에 갖추어졌다고 보기 어렵다고 판시하였다).

26) 서경환, "회사정리절차가 계약관계에 미치는 영향", 재판자료 제86집(2000), 657면 이하; 条解
(中), 309면 이하. 회생절차상 차임채권의 취급에 관하여는, '제6장 제3절 5.' 참조.

27) 반면, 매월 1회씩 기성고에 따라 공사대금을 지급하기로 하는 도급계약에 기하여 공사를 하
던 중 도급인에 대하여 회사정리절차가 개시되었고, 도급인의 관리인이 수급인에 대하여 단순
히 도급계약에 따른 계약이행의 청구를 한 것을 넘어 수급인과 당초의 도급계약의 내용을 변
경하기로 하는 새로운 계약을 체결하였다가 그 후 공사를 더 이상 시행할 수 없게 되었다는
사유로 도급계약을 해지하였던 사안에서, 대법원은 일반적으로 수급인이 완성하여야 하는 일은
불가분이므로 그 대금채권이 회사정리절차개시 전의 원인으로 발생한 것과 그렇지 않은 것으
로 분리될 수 없는 것이 원칙이고, 공사대금의 지급방법에 관하여 매월 1회씩 기성고에 따라
지급하기로 한 약정은 중간공정마다 기성고를 확정하고 그에 대한 공사대금을 지급하기로 한
것과는 다르며 관리인이 수급인과 변경계약을 체결함으로써 도급계약에 따른 채무이행을 선택
하였으므로, 수급인의 공사대금채권은 구 회사정리법 제208조 제7호(현재의 법 제179조 제1항
제7호)가 규정하는 공익채권에 해당한다고 판단하였다(대법원 2003. 2. 11. 선고 2002다65691
판결).

28) 이에 관하여는 '제6장 제3절 5.' 참조, 회생계획상 임대차보증금반환채권의 취급에 관하여는
'제13장 제5절 3. 바. 3), 같은 절 4. 마.' 참조.

는 채무는 목적물을 사용·수익하게 할 채무와 차임지급채무이고, 임대차계약 종료 시 발생하는 임대차보증금반환채권은 관리인의 이행 선택으로 상대방이 갖게 된 청구권이라고 보기 어렵다는 취지이다.

③ 보증금이라는 명목으로 수수된 돈이라 하더라도, 계속적 공급계약에서 향후 대금의 정산을 염두에 두고 물품이나 용역대금에 대한 선급금의 성격을 가지는 경우가 있는데, 이때 보증금반환채권은 물품대금채권과 이행·존속상 견련성을 갖고 있어서 서로 담보로서 기능한다고 볼 수 있으므로 관리인이 이행을 선택한 경우 보증금반환채권은 법 제179조 제1항 제7호에서 정한 공익채권에 해당한다.[29]

4) 강제할 수 있는 청구권

회생절차도 재판상 강제적인 권리실현절차로서의 측면을 가지고 있으므로, 재판상 주장할 수 없는 청구권, 강제집행에 의하여 실현할 수 없는 청구권은 회생채권이 될 수 없다. 따라서 불법원인급여의 반환청구권(민법 제746조) 등은 회생채권이 될 수 없다. 부제소계약 또는 부집행계약이 있는 채권 등은 그 채권을 회생절차에서 주장하는 것까지 배제하는 취지라면 회생채권이 될 수 없다.[30]

5) 물적 담보를 가지지 않는 청구권

회생채권은 채무자의 재산상 물적 담보를 가지지 않는 청구권이어야 한다. 회생절차개시 당시 채무자의 재산상에 존재하는 질권·저당권·유치권 등에 의하여 담보된 범위의 것은 회생담보권(법 제141조 제1항)으로서 회생채권과는 구별된다. 다만 회생담보권자가 가지는 채권이더라도 그 담보목적물의 가액을 초과하는 부분은 회생채권이 된다(법 제141조 제4항).

다. 범 위

위의 요건에 해당하는 채권은 원칙적으로 회생채권이 되고, 그 채권이 공

---

29) 대법원 2021. 1. 14. 선고 2018다255143 판결. 이 판결에 대하여는, ① 보증금반환의무와 매매대금지급의무 사이에는 이행·존속상 견련성이 없고, ② 매수인의 보증금반환채권은 계약의 종료 후 비로소 발생(또는 변제기가 도래)하는 권리로서, 관리인은 계약내용의 실현을 위해 이행을 선택한 것이지, 계약종료 후 원상회복 법률관계의 실현을 위해 이행을 선택한 것이 아니므로 관리인의 이행선택을 근거로 매수인의 보증금반환채권이 공익채권으로 격상될 수는 없으며, ③ 쌍무계약에서 동시이행관계에 있는 자신의 의무를 선이행한 당사자는 상대방의 무자력 위험을 부담해야 하므로, 대상판결의 사안에서도 매수인의 보증금반환채권은 채권자평등주의의 적용을 받는 회생채권으로 취급하여야 한다는 반대의견이 있다[최준규, "쌍무계약, 신용거래 그리고 채권자평등주의—대법원 2021. 1. 14. 선고 2018다255143 판결의 비판적 검토—", 사법 57호, 사법발전재단(2021), 388면 이하].

30) 條解(中), 285면; 주석 채무자회생법(Ⅱ), 333면; 온주(로앤비), 채무자회생법(2015) 제118조 참조.

법상의 채권이든 사법상의 채권이든 불문한다. 따라서 벌금·과료·형사소송비용·추징금·과태료(법 제140조), 국세징수법 또는 지방세징수법에 의하여 징수할 수 있는 청구권, 국세징수의 예에 의하여 징수할 수 있는 청구권으로서 그 징수 우선순위가 일반 회생채권에 우선하지 않거나 우선하는 것(법 제58조 제1항 제3호, 제140조 제2항)도 회생채권이 된다.

외부의 제3자가 가지는 거래상 또는 거래 외의 채권뿐 아니라, 주주·지분권자, 이사·대표이사·감사의 채권도 위 요건을 갖추는 한 회생채권이 된다. 따라서 회생절차개시 전에 주주총회의 결의에 따라 발생한 구체적 배당금 지급 청구권, 정관 또는 주주총회결의에 따라 회생절차개시 전에 발생한 이사·대표이사·감사의 미지급보수청구권도 회생채권이 된다. 반면, 주주의 자익권(이익배당청구권, 잔여재산분배청구권, 신주인수권 등) 또는 공익권(주주총회 의결권, 대표소송 제기권, 주주총회결의에 관한 각종 소권 등)과 같은 사단관계에 기초한 청구권은 회생절차개시 전에 금전채권으로 구체화된 경우가 아니면 그 자체로는 재산상의 청구권으로 보기 어려워 회생채권이 될 수 없다.[31]

한편 법은 위 나.항 기재의 요건을 갖추고 있는 채권이라도 일정한 종류의 채권에 대하여는 사회정책적 고려, 형평성 등을 이유로 공익채권으로 규정하여 회생채권에서 제외하고 있는 한편 위의 요건을 갖추지 못한 채권 중에서도 일부를 회생채권에 포함하고 있다.

3. 회생절차개시 후에 생기는 회생채권

가. 쌍방미이행 쌍무계약의 해제·해지로 인한 손해배상청구권

쌍무계약에 관하여 채무자와 그 상대방이 회생절차개시 당시 아직 쌍방 모두 그 이행을 완료하지 않은 때에는 관리인은 그 계약을 해제 또는 해지하거나 채무자의 채무를 이행하고 상대방의 채무이행을 청구할 수 있는데(법 제119조), 만일 계약이 해제 또는 해지된 경우에는 상대방은 손해배상에 관하여 회생채권자로서 그 권리를 행사할 수 있다(법 제121조 제1항)(쌍방미이행 쌍무계약에 관한 자세한 내용은 '제6장 제3절 1.' 참조).

---

31) 주석 채무자회생법(Ⅱ), 329면.

나. 어음 등에 대한 선의 지급인의 채권

환어음의 발행인 또는 배서인인 채무자에 관하여 회생절차가 개시된 경우 지급인 또는 예비지급인이 그 사실을 알지 못하고 인수 또는 지급을 한 때에는 그 지급인 또는 예비지급인은 이로 인하여 생긴 발행인 또는 배서인에 대한 자금관계상 채권에 관하여 회생채권자로서 그 권리를 행사할 수 있고(법 제123조 제1항), 이는 수표와 금전 그 밖의 물건 또는 유가증권의 지급을 목적으로 하는 유가증권에 관하여 준용된다(법 제123조 제2항). 이 경우 회생절차개시에 관한 선의 또는 악의의 추정 규정인 법 제68조가 준용되므로, 회생절차개시의 공고 전에는 그 사실을 알지 못한 것으로 추정하고, 공고 후에는 그 사실을 안 것으로 추정한다(법 제123조 제3항).

환어음을 발행하거나 배서한 채무자에 대하여 회생절차가 개시되었을 경우에 지급인 또는 예비지급인이 그 사실을 알지 못하고 또는 채무자와의 자금관계상 아직 자금을 수령하기 전에 그 어음에 관하여 인수 또는 지급하였을 경우, 지급인 또는 예비지급인의 채무자에 대한 자금관계상 청구권을 회생절차개시 후에 생긴 것이라는 이유로 개시후기타채권(법 제181조 제1항)으로 보게 되면, 지급인 또는 예비지급인은 인수 또는 지급에 있어서 신중한 조사를 하게 되어 어음의 유통성을 해할 수 있다. 본조는 선의의 지급인 또는 예비지급인이 가지는 채권을 회생채권으로 취급하여 어음 등 유가증권의 유통성을 보호하기 위한 것이다. 악의의 지급인 또는 예비지급인이 인수 또는 지급하여 생긴 채권은 개시후기타채권이 된다(법 제181조 제1항).

다. 차임지급을 주장하지 못함으로 인한 손해배상채권

채무자가 임대인인 경우에 채무자가 회생절차개시 전에 차임의 선급을 받거나 또는 차임채권 양도 기타의 처분을 하였을 때에 그 해당액에 대한 정산이 완료된 것으로 인정하는 것은 채무자가 임차인과 통모하여 차임채권을 사전에 처분하거나 다액의 선급이 있었다고 주장하는 것을 가능하게 함으로써 채무자의 재산의 충실을 해할 우려가 있다. 그래서 임대인인 채무자에 대하여 회생절차가 개시되었을 경우, 차임의 선급 또는 차임채권의 처분은 회생절차개시 당시의 당기와 차기에 관한 것을 제외하고는 회생절차의 관계에 있어서는 그 효력을 주장할 수 없도록 하였고(법 제124조 제1항), 이로 인하여 손해를 받은 자는 회생채권자로서 손해배상청구권을 행사할 수 있게 하였다(법 제124조 제2항). 이 규정은 지상권의 지료에 대하여도 준용된다($^{법\ 제124조}_{제3항}$).

라. 상호계산 종료의 경우 상대방의 잔액청구권

상호계산($^{상법\ 제}_{72조}$)은 원래 당사자의 신용을 기초로 하는 것이므로 각 당사자는 언제든지 이를 해지할 수 있다($^{상법\ 제}_{77조}$). 나아가 법은 상호계산은 당사자의 일방에 대하여 회생절차가 개시된 때에는 해지의 의사표시가 없이도 당연히 종료하는 것으로 규정하면서, 이 경우에 각 당사자는 계산을 폐쇄하고 잔액의 지급을 청구할 수 있도록 하였다($^{법\ 제125조}_{제1항}$). 상호계산을 종료하여 결산을 한 결과 상대방이 잔액청구권을 가지는 경우에는 비록 그것이 개시결정 이후에 채권을 취득한 것이지만 회생채권이 된다($^{법\ 제125조}_{제2항}$).

마. 채무자의 행위가 부인된 경우 상대방이 갖는 가액상환청구권

채무자의 행위가 부인된 경우 상대방은 채무자가 받은 반대급부에 의하여 생긴 이익이 채무자의 재산 중에 현존하지 아니하는 때에는 회생채권자로서 반대급부의 가액상환을 청구할 수 있다($^{법\ 제108조}_{제3항\ 제3호}$). 또한 채무자가 받은 반대급부에 의하여 생긴 이익의 일부가 채무자의 재산 중에 현존하는 때에는 상대방은 공익채권자로서 그 현존이익의 반환을 청구하는 권리를 가질 뿐만 아니라, 회생채권자로서 반대급부와 현존이익과의 차액의 상환을 청구하는 권리도 가진다($^{법\ 제108조}_{제3항\ 제4호}$).

바. 법 제118조 제2호 내지 제4호의 회생채권

1) 회생절차상 취급

법 제118조 제2호 내지 제4호는 회생절차개시 후의 이자, 회생절차개시 후의 불이행으로 인한 손해배상금 및 위약금, 회생절차참가의 비용을 회생채권으로 규정하고 있다. 다만 의결권을 부여하지 않고($^{법\ 제191조}_{제3호}$), 회생계획의 변제조건을 다르게 정하거나 차등을 둘 수 있도록 예외를 인정하여($^{법\ 제218조}_{제1항\ 제2호}$) 회생절차상 일반 회생채권과 다른 취급을 하고 있다.

2) 회생절차개시 후의 이자($^{법\ 제118}_{조\ 제2호}$)

회생절차개시결정 후 회생계획인가결정 시까지 생긴 이자를 말하고, 개시결정일의 이자도 여기에 포함된다. 결정 전날까지 발생한 이자는 법 제118조 제1호의 회생채권이다. 예를 들면 회생절차개시신청이 기한의 이익 상실 사유인 경우, 채무자는 원금에 관한 기한의 이익을 상실하고 그 시점에서 원금상환채무

의 이행기가 도래하지만, 이자의 상환채무는 한꺼번에 그 시점에 발생하지 아니
하고 순차로 발생하므로, 개시 후에 순차로 발생한 이자는 회생절차개시 후의
이자에 해당한다.[32]

3) 회생절차개시 후의 불이행으로 인한 손해배상금 및 위약금(법 제118조 제3호)

여기서 손해배상금이나 위약금이라 함은 회생절차개시 전부터 채무자가 재
산상의 의무를 이행하지 않음으로써 상대방에 대한 손해배상금과 위약금을 정
기적으로 지급하여야 하는 관계에 있을 경우, 회생절차개시 후에 발생하는 손해
배상금과 위약금을 가리킨다.[33]

따라서 회생절차개시 시점까지 발생한 손해배상금이나 위약금은 법 제118
조 제1호에 의하여 일반 회생채권에 해당하며, 회생절차개시 후에 관리인이 자
기의 권한에 의하여 한 자금 차입이나 영업행위와 관련하여 발생한 손해배상금
이나 위약금은 법 제179조 제1항 제5호에 의하여 공익채권으로 되는 것이지 일
반 회생채권이 되는 것은 아니다. 또 관리인이 미이행 쌍무계약을 해제하거나
해지하는 경우 상대방은 그로 인하여 생기는 손해배상에 관하여 법 제121조 제1
항에 의하여 회생채권자로서 권리를 행사할 수 있으므로, 이 손해배상금도 여기
서 말하는 회생채권의 범주에 포함되지 않는다. 회생절차개시 전에 생긴 근로자
의 임금, 퇴직금 및 재해보상금에 대하여 회생절차개시 후 변제의무의 이행을 지체
하여 생긴 지연손해금도 여기의 회생채권이 아닌 공익채권으로 봄이 타당하다.[34]

4) 회생절차참가의 비용(법 제118조 제4호)

회생채권자 또는 회생담보권자의 신고비용[35]이 이에 해당한다.[36] 회생절차
개시의 신청비용은 총채권자를 위하여 출연하는 것으로 공익채권이 되므로[37][38]

---

[32] 대법원 2002. 5. 10. 선고 2001다65519 판결 참조(다만, 이 판결은 정리절차개시 후의 이자를
후순위채권으로 취급하던 회사정리절차에 대한 것이다).
[33] 대법원 2004. 11. 12. 선고 2002다53865 판결 참조. 임채홍·백창훈(상), 527면; 条解(中), 469
면 참조.
[34] 파산절차에 관한 것이나, 대법원 2014. 11. 20. 선고 2013다64908 판결은 재단채권인 임금, 퇴
직금에 대하여 파산선고 후 발생한 지연손해금을 재단채권으로 판단하였다.
[35] 신고서 작성 등에 관하여 변호사, 법무사에게 지출한 비용 및 그 제출에 든 비용을 예로 들
수 있다.
[36] 주주의 개별적인 절차참가가 인정되나, 회생채권자 또는 회생담보권자의 권리를 주주의 이익
보다 우선시하는 취지를 고려할 때 주주의 신고비용은 이에 포함되지 않는다고 보는 의견으로,
주석 채무자회생법(Ⅱ), 341면; 임채홍·백창훈(상), 527면 참조.
[37] 임채홍·백창훈(상), 527면; 条解(中), 472면.
[38] 채무자 외의 자가 회생절차개시를 신청하여 회생절차개시결정이 있는 때에는 신청인의 채무
자에 대한 비용상환청구권이 공익채권이 된다는 점을 법 제39조 제4항, 제3항이 별도로 규정하
고 있다.

($^{법\ 제179조}_{제1항\ 제1호}$) 여기에 포함되지 않는다.

4. 회생채권의 분류와 순위

가. 개   요

법 제217조 제1항은 회생계획에서는 권리의 순위를 고려하여 회생계획의 조건에 공정하고 형평에 맞는 차등을 두어야 한다고 규정하고 있는데, 위 규정에서 회생채권은 그 권리의 순위에 따라 일반의 우선권 있는 회생채권($^{법\ 제217조}_{제1항\ 제2호}$)과 그 외의 회생채권($^{법\ 제217조}_{제1항\ 제3호}$)으로 구분된다.

회생절차개시 전의 벌금·과료·형사소송비용·추징금 및 과태료의 청구권($^{법\ 제140조}_{제1항}$)과 국세징수법에 또는 지방세징수법에 의하여 징수할 수 있는 청구권(국세징수의 예에 의하여 징수할 수 있는 청구권으로서 그 징수우선순위가 일반 회생채권보다 우선하는 것을 포함한다)($^{법\ 제140조}_{제2항}$)에 대하여는 법 제217조 제1항이 적용되지 아니하므로, 회생계획에서 회생담보권, 회생채권 등보다 우선하는 조건으로 취급될 수 있다($^{법\ 제217조}_{제2항}$). 조세 등 청구권에 관하여는 아래 5. 참조.

나. 권리의 순위에 따른 구분

1) 일반의 우선권 있는 회생채권($^{법\ 제217조}_{제1항\ 제2호}$)

민법·상법 등의 규정에 의한 일반의 우선권 있는 채권이 이에 해당한다. 예컨대 회사의 사용인의 우선변제청구권($^{상법\ 제}_{468조}$), 특별한 적립금에 대한 우선변제청구권($^{보험업법}_{제32조,\ 제33조}$) 등이 있다. 그 밖에 근로자의 임금·퇴직금·재해보상금 등의 청구권도 일반의 우선권이 있는 채권에 해당하나($^{근로기준법\ 제38조,\ 근로자}_{퇴직급여\ 보장법\ 제12조}$), 법은 근로자의 보호라는 공익적인 이유로 이를 공익채권으로 규정하고 있다($^{법\ 제179조}_{제1항\ 제10호}$).[39]

2) 일반 회생채권($^{법\ 제217조}_{제1항\ 제3호}$)

일반 회생채권은 회생채권 중에서 우선적 회생채권과 후순위 회생채권 이외의 회생채권을 말하는 것으로서 대부분의 회생채권이 이에 해당한다. 회생채권자는 원칙적으로 확정된 채권액에 따라 의결권을 행사할 수 있지만($^{법\ 제188조}_{제1항}$), 법 제118조 제2호 내지 제4호의 회생채권은 의결권을 행사할 수 없고($^{법\ 제191조}_{제3호}$),

---

39) 상법 제468조가 정한 '신원보증금의 반환을 받을 채권 기타 회사와 사용인 간의 고용관계로 인한 채권'도 법 제179조 제1항 제11호가 정한 '회생절차개시 전의 원인으로 생긴 채무자의 근로자의 임치금 및 신원보증금의 반환청구권'에 해당한다면, 회생채권이 아닌 공익채권으로 취급된다.

회생계획의 변제조건에 있어서 일반 회생채권보다 열등한 취급을 받을 수 있다(법 제218조 제1항 제2호).

3) 후순위 회생채권

구 회사정리법이 정한 후순위정리채권이 폐지되면서 법정 후순위 회생채권의 개념은 없어졌으나 당사자 사이의 약정에 의하여 성립하는 후순위 회생채권이 있을 수 있다. 대표적인 것으로 변제순위에 있어 담보부 사채, 무담보부 사채, 기타 은행대출 등의 일반 사채보다 후순위로 변제받기로 하는 후순위특약을 한 후순위사채 등을 들 수 있다. 불이익을 받는 자의 동의가 있는 경우에는 회생계획의 조건을 일반의 회생채권자에 비하여 불리하게 취급할 수 있으므로(법 제193조 제3항, 제218조 제1항 제1호), 일반 채권에 비하여 후순위로 취급받을 것을 사전에 동의한 경우에 약정에 의한 후순위 회생채권도 성립할 수 있다고 본다. 따라서 약정에 의한 후순위 회생채권은 회생절차개시가 있으면 그 특약에서 선순위의 지위를 부여하기로 정한 일반 회생채권보다 후순위로 변제를 받게 된다(선순위특약의 상대적 효력).[40]

다. 권리의 성질에 따른 구분

회생계획의 조건은 같은 성질의 권리를 가진 자 간에는 평등하여야 한다(법 제218조 제1항 본문). 그러나 법은 회생채권 중에서도 그 성질에 따라 예외적으로 다른 취급을 허용하고 있다. 채권이 소액인 회생채권자에 대하여 형평을 해하지 않는 범위 내에서 변제조건을 달리 정할 수 있고(법 제218조 제1항 제2호), 채무자의 거래상대방인 중소기업자의 회생채권에 대하여 그 사업의 계속에 현저한 지장을 초래할 우려가 있는 경우에는 다른 회생채권자보다 우대하여 변제할 수 있으며(법 제218조 제1항 제3호), 그 밖에 차등을 두어도 형평을 해하지 않는 때에는(법 제218조 제1항 제4호) 변제조건 등에 차등을 둘 수 있다. 회생절차개시 전에 채무자와 시행령이 정하는 범위의 특수관계에 있는 자에 대한 일정한 청구권은 다른 회생채권자보다 불이익하게 취급할 수 있다(법 제218조 제2항).

---

40) 다만 법 제193조 제3항의 경우에는 채권자들 사이에 채권의 변제순위에 관한 합의가 되어 있더라도 법 제92조 제1항에 따라 법원이 정한 기일까지 법원에 증명자료가 제출되지 않았다면, 특별한 사정이 없는 한 법원이 회생계획의 인가 여부에 관한 결정을 할 때 채권자들 사이의 채권의 변제순위에 관한 합의를 반드시 고려하여야 하는 것은 아니다. 이러한 취지의 판례로는 대법원 2015. 12. 29. 자 2014마1157 결정 참조.

5. 조세 등 청구권[41]

가. 개   요

조세채권은 국가 또는 지방자치단체의 존립을 위한 재정적 기초가 되므로 국세기본법 제35조 제1항 등은 그 공익목적을 중시하여 조세를 일반채권에 우선하여 징수하도록 규정하고 있고, 조세채권이 아니더라도 공공의 이익을 도모하기 위하여 필요한 경우에는 개별 법률에서 조세채권과 같은 방식으로 징수를 할 수 있도록 규정하거나, 나아가 그 징수의 순위를 일반채권에 우선하는 것으로 규정하고 있는 것들이 있다.[42]

파산절차에서는 청산을 목적으로 하는 집단적 채권추심절차라는 특성에 따라 조세우선권이 강하게 관철된다. 조세 등 청구권은 원칙적으로 재단채권으로 취급되어($^{법\ 제473조}_{제2호}$) 파산절차에 의하지 아니하고 수시로 변제받을 수 있다.

그러나 회생절차는 재정적 어려움으로 말미암아 파탄에 직면해 있는 채무자의 효율적인 재건을 도모하고자 마련된 제도인데, 여기에서 조세우선권을 강하게 관철하려다 보면 회생의 목적 자체를 달성하기 어렵게 된다. 이에 법은 원칙적으로 조세 등 청구권을 일반채권과 동등하게 취급하여 회생절차개시 전의 원인으로 생긴 것이면 회생채권에 포함시키되($^{법\ 제118조}_{제1호}$), 법 제179조 제1항 각호에 해당하는 경우에만 공익채권으로 인정하고 있다.[43] 따라서 조세 등 청구권

---

41) 일반적으로 조세 등 청구권은 법 제140조 제2항이 규정하는 국세징수법 또는 지방세징수법에 의하여 징수할 수 있는 청구권(조세채권)과 국세징수의 예에 의하여 징수할 수 있는 청구권으로서 그 징수우선순위가 일반 회생채권보다 우선하는 것을 말한다.

42) 개별 법률에서 국세징수의 예에 의하여 징수할 수 있는 것으로만 규정하고 있는 것으로는 과태료, 국유재산법상 사용료·대부료·변상금채권 등이 있고, 나아가 징수의 순위가 일반채권에 우선하는 것으로 규정하고 있는 것으로는 국민건강보험법상 보험료 등, 국민연금법상 연금보험료 등, 고용보험 및 산업재해보상보험의 보험료징수 등에 관한 법률상 보험료 등, 임금채권보장법상 부담금, 어선원 및 어선 재해보상보험법상 어선원보험료 등, 개발이익환수에 관한 법률상 개발부담금 등, 장애인고용촉진 및 직업재활법상 고용부담금 등이 있다.

43) 대법원 2012. 3. 22. 선고 2010두27523 전원합의체 판결 참조. 위 판결에서는, 다수 이해관계인의 법률관계를 조절하는 회생절차의 특성상 어떠한 조세채권이 회생채권과 공익채권 중 어디에 해당하는지는 객관적이고 명확한 기준에 의하여 구분되어야만 함을 전제로, 만약 법 제179조 제9호의 '납부기한'을 법정납부기한이 아닌 지정납부기한으로 보아 과세관청이 회생절차개시 전에 도래하는 날을 납부기한으로 정하여 납세고지를 할 수 있었음에도 이를 하지 않거나 회생절차개시 후에 도래하는 날을 납부기한으로 정하여 납세고지를 한 경우에는 공익채권이 된다고 한다면, 과세관청의 의사에 따라 공익채권 해당 여부가 좌우되는 부당한 결과를 초래하게 되므로, 위의 납부기한은 원칙적으로 과세관청의 의사에 따라 결정되는 지정납부기한이 아니라 개별 세법이 객관적이고 명확하게 규정하고 있는 법정납부기한을 의미하는 것으로 보아야 한다고 판시하였다.

은 다른 회생채권과 마찬가지로 신고를 필요로 하고(법 제156조 제1항), 개별적인 권리행사가 금지됨과 동시에 회생계획에 의하여만 변제받을 수 있도록 하고 있으며(법 제131조 본문), 나아가 조세 등 청구권을 감면하는 것도 가능하다(법 제140조 제3항). 또한 관리인이 제출한 목록에 기재되지 않고 신고도 없으면 다른 회생채권과 마찬가지로 원칙적으로 실권된다(법 제251조). 그러나 조세 등 청구권은 그 성질상 특수성을 갖고 있어 일반채권과 전적으로 동일시할 수는 없으므로, 법에서는 여러 가지 특칙을 두고 있다.

나. 회생채권인 조세채권과 공익채권인 조세채권의 구별

조세 등 청구권이 회생절차개시 전의 원인으로 생겼다면 원칙적으로 법 제118조 제1호에 따라 회생채권이 된다. 회생절차개시 후에 생긴 조세 등 청구권은 회생채권이 아니고,[44] 채무자의 업무 및 재산의 관리·처분에 관한 비용(법 제179조 제1항 제2호)에 해당하는 등의 경우 법 제179조 제1항 각호에 따라 공익채권이 될 수 있다.[45)46)] 결국 조세 등 청구권을 회생채권과 공익채권으로 구분하는 기준은 청구권이 회생절차개시결정 전에 성립하였는지 여부가 되는데, 조세채권의 성립이란 법률이 정한 과세요건을 모두 충족하여 납세의무가 추상적으로 발생하는 것을 말한다.[47)48)] 조세채권의 성립시기에 관하여는 국세기본법 제21조, 지

---

44) 과세관청이 법인의 사외유출금에 대하여 대표자 상여로 소득처분을 하고 소득금액변동통지를 하는 경우 그에 따른 원천징수분 근로소득세의 납세의무는 소득금액변동통지서가 송달된 때에 성립함과 동시에 확정되므로, 소득금액변동통지서가 당해 법인에 대한 회생절차개시 후에 송달되었다면 그 원천징수분 근로소득세 채권은 회생절차개시 후의 원인으로 생긴 것으로서 회생채권에 해당하지 않는다(대법원 2015. 6. 11. 선고 2015두844 판결, 대법원 2013. 2. 28. 선고 2012두23365 판결 등 참조).

45) 개시 후에 생긴 조세 등 청구권이 법 제179조 제1항 각호에 해당하지 않는다면 법 제181조의 개시후기타채권에 해당할 것이다.

46) 한편 파산절차에서는 파산선고 전의 원인으로 발생한 조세 등 청구권은 원칙적으로 파산채권이 아닌 재단채권(파산선고 후의 이자는 후순위파산채권에 해당함)에 해당한다. 파산선고 이후의 원인으로 발생한 조세 등 청구권은 '파산재단에 관하여 생긴 것'에 한하여 재단채권이 되고, 그렇지 않다면 재단채권도 아니고 파산채권도 아닌 일반채권이 된다(법 제473조 제2호 참조). 일반채권인 조세채권의 납세의무자는 파산관재인이 아닌 파산자가 되고, 재단채권이나 파산채권에 해당하지 않는 일반채권은 파산재단이 아닌 자유재산으로부터 징수할 수밖에 없다.

47) 조세채권의 성립은 실체법상의 개념으로 법이 정한 과세요건(① 납세의무자, ② 과세물건, ③ 과세표준, ④ 세율)에 따라 채권이 추상적으로 성립하는 것을 말하고, 성립된 조세채권을 현실적인 일정액의 금전채무로 구체화하는 것은 절차법상의 개념으로 조세채권의 확정이라고 한다. 전자는 부과권의 제척기간, 후자는 징수권의 시효기간과 각 연결된다. 한편 조세채권의 확정방법은 ① 신고납세방식(납세의무자가 스스로 과세요건 충족을 조사확인하고 과세표준과 세액을 신고함으로써 확정되는 방식), ② 부과과세방식(정부가 과세표준과 세액을 결정하는 때 확정되는 방식), ③ 자동확정방식(확정을 위한 특별한 절차가 필요하지 않고 성립과 동시에 확정되는 방식)으로 분류할 수 있다.

48) 회생절차개시결정 전에 법률에 의한 과세요건이 충족되어 있으면 부과처분이 회생절차개시

방세기본법 제34조에 세목별로 규정되어 있다.

다만 회생절차개시결정 전에 성립된 조세채권이라도 회생절차개시 당시 아직 납부기한이 도래하지 아니한 것으로서, ① 원천징수하는 조세[다만 법인세법 제67조(소득처분)의 규정에 의하여 대표자에게 귀속된 것으로 보는 상여에 대한 조세는 원천징수된 것에 한한다], ② 부가가치세·개별소비세·주세 및 교통·에너지·환경세, ③ 본세의 부과징수의 예에 따라 부과징수하는 교육세 및 농어촌특별세, ④ 특별징수의무자가 징수하여 납부하여야 하는 지방세는 법 제179조 제1항 제9호에 의하여 공익채권이다(이에 관하여는, '제5절 1. 나.' 참조).

한편 납부지연가산세[49]는 납세의무자가 세법에 정하여진 의무를 성실하게 이행하도록 촉구하는 취지와 함께, 납부기한과 납부일 사이의 연체기간에 상응하는 지연손해금[50]에 상당하는 금액을 가산하여 납부하도록 함으로써 납부기한 내에 납부한 사람과의 형평을 유지하기 위한 성격도 가진다.[51] 그런데 회생절차개시신청 이후 보전처분이나 회생절차개시결정에 따라 변제금지의 효력이 생기더라도, 채무자는 법원의 허가를 받아 조세를 납부하거나 지방세징수법 제25조의2에 의한 징수유예 또는 국세징수법 제13조에 의한 납부기한 등의 연장을 받을 수 있으므로, 그와 같은 조치 없이 고지된 세액을 납부기한 내에 납부하지 않은 경우에는 단지 회생채권에 해당한다는 사유만으로 납부기한 도과에 정당한 사유가 있었다고 볼 수 없어 납부지연가산세의 징수를 면할 수 없게 된다.[52]

후에 있는 경우라도 그 조세채권은 회생채권이 된다(대법원 2012. 3. 22. 선고 2010두27523 전원합의체 판결, 대법원 2002. 9. 4. 선고 2001두7268 판결, 대법원 1994. 3. 25. 선고 93누14417 판결, 대법원 1982. 5. 11. 선고 82누56 판결, 대법원 1981. 12. 22. 선고 81누6 판결 등 참조). 위 2010두27523 전원합의체 판결에서 대법원은 부도가 난 갑 주식회사의 회생절차개시결정 전 갑 회사의 공급자들이 대손세액공제를 받자 과세관청이 갑 회사 파산관재인에게 대손세액 상당의 부가가치세 경정부과처분을 하였는데, 이후 위 경정부과처분이 당연무효인 것을 전제로 한 화해권고결정이 확정되자 다시 갑 회사에 대손세액공제에 따른 부가가치세 채권 중 부과제척기간이 도과하지 않은 부분에 대해 부가가치세 부과처분을 한 사안에서, 회생절차개시결정일 전에 납부기한이 도래한 부가가치세 채권은 회생채권이고, 회생채권이 실권·면책된 이상 위 부과처분은 위법하다고 본 원심판단을 수긍하였다.

49) 구 국세징수법(2018. 12. 31. 법률 제16098호로 개정되기 전의 것) 제21조, 구 지방세징수법(2020. 12. 29. 법률 제17770호로 개정되기 전의 것) 제30조 등 가산금 관련 규정이 위 각 법률 개정으로 삭제되고, 현재는 납부지연가산세로 규정하고 있다. 납부지연가산세는 미납 세액·과소납부세액·초과환급세액에 해당 경과일수 및 대통령령이 정하는 이자율을 곱한 금액을 기본으로 하되, 미납세액·과소납부세액에 대하여는 각 세액에 3/100을 곱한 금액을 더한 금액으로 한다(국세기본법 제47조의4 제1항, 지방세기본법 제55조 제1항).

50) 대법원 1996. 4. 26. 선고 96누1627 판결(국세징수법 제21조가 규정하는 가산금은 국세가 납부기한까지 납부되지 않는 경우, 미납분에 관한 지연손해금의 의미로 부과되는 부대세의 일종이라고 보았다).

51) 전대규, 497면.

52) 대법원 1982. 5. 11. 선고 82누56 판결 참조. 한편 회생계획에서 조세채권에 관하여 '회생절차

납부지연가산세가 회생채권인지 공익채권인지는 본세의 종류 및 발생 시점에 따라 살펴볼 필요가 있는데, 회생절차개시 당시 이미 본세의 납세의무가 성립되어 회생채권이 되는 조세채권에 관하여 회생절차개시 전에 발생한 납부지연가산세는 물론 개시 이후에 발생한 납부지연가산세도 회생채권이 되고(법제118조 제1호, 제3호), 본세가 회생절차개시 후에 발생한 공익채권에 해당한다면 그 납부지연가산세 역시 공익채권이 되며(법제179조 제2호, 제15호), 본세가 회생절차개시 후에 발생한 개시후기타채권에 해당하는 경우 납부지연가산세 역시 개시후기타채권이 된다.[53] 한편 회생담보권으로 구분된 조세채권인 경우에는 회생절차개시결정 전일까지 발생한 가산금은 회생담보권으로, 회생절차개시결정일 이후에 발생한 가산금은 회생채권이 된다(법제141조 제1항 단서).

다. 조세 등 청구권에 관한 특칙

1) 회생절차개시신청의 통지 및 의견진술에 관한 특칙

일반 회생채권자는 회생절차개시결정이 있어야 비로소 통지를 받으나(법제51조 제2항), 주식회사인 채무자의 주된 사무소 또는 영업소(외국에 주된 사무소 또는 영업소가 있는 때에는 대한민국에 있는 주된 사무소 또는 영업소를 말한다)를 관할하는 세무서장은 회생절차개시의 신청이 있을 때 통지를 받는다(법제40조 제1항 제3호). 실무상 채무자가 주식회사가 아닌 회사인 경우에도 통지를 하고 있다.

일반 회생채권자는 관계인집회를 통해서만 의견진술이 가능하지만, 조세 등 청구권의 경우에는 법원이 징수권한을 가진 자에 대하여 채무자의 회생절차에 관한 의견의 진술을 요구할 수 있고(법제40조 제2항), 또한 이러한 자는 스스로 법원에 대하여 회생절차에 관한 의견을 진술할 수 있다(법제40조 제3항).

2) 중지명령·포괄적 금지명령에 관한 특칙

회생절차개시신청이 있는 경우에 법원이 국세징수법 또는 지방세징수법에 의한 체납처분, 국세징수의 예(국세 또는 지방세 체납처분의 예를 포함한다)에 의한 체납처분, 조세채무담보의 목적으로 제공된 물건의 처분에 대하여 중지명령을 할 수 있음은 다른 채권자의 경우와 같으나, 미리 징수의 권한을 가진 자의 의

개시결정일부터 이 회생계획안에서 정한 변제기일까지의 이자는 전액 면제'한다는 부분은 위 기간 동안 발생하였거나 발생할 조세채권의 중가산금은 면제한다는 취지라고 판단한 사례에 관하여는 대법원 2005. 6. 10. 선고 2005다15482 판결 참조.

53) 전대규, 498면 참조. 한편 납부지연가산세를 제외한 가산세는 그 종류마다 성립시기가 다르므로(국세기본법 제21조 제2항 제11호, 지방세기본법 제34조 제1항 제12호 참조), 회생채권인지 공익채권인지 여부는 본세와 마찬가지로 가산세의 납세의무의 성립시기에 따라 결정될 것이다.

견을 들어야 한다는 점$\binom{법\ 제44조\ 제1항}{제5호\ 단서}$에서 차이가 있다.

일반 회생채권·회생담보권의 경우에는 회생절차개시신청 후 개시 전에 발령되는 포괄적 금지명령에 의하여 강제집행·가압류·가처분 또는 담보권실행을 위한 경매절차가 금지·중지되나, 국세징수법 또는 지방세징수법에 의한 체납처분, 국세징수의 예(국세 또는 지방세 체납처분의 예를 포함한다)에 의한 체납처분, 조세채무담보의 목적으로 제공된 물건의 처분은 포괄적 금지명령에 의해서도 절차의 진행이 금지·중지되지 아니한다$\binom{법\ 제45조\ 제1항의}{반대해석}$.54) 따라서 체납처분 등을 중지할 필요가 있는 경우에는 별도로 중지명령을 신청하여야 한다.

3) 개시결정에 따른 중지·금지 관련 특칙

조세 등의 청구권도 회생채권이므로 회생절차개시결정에 의하여 체납처분 등 그 집행이 중지·금지된다. 국세징수의 예에 의하여 징수할 수 있는 청구권으로서 그 징수순위가 일반 회생채권보다 우선하지 아니하는 것에 기한 체납처분도 일반 회생채권에 기한 강제집행 등과 마찬가지로 금지 또는 중지된다$\binom{법\ 제58조\ 제1항}{제3호\ ·\ 제2항\ 제3호}$.

한편 국세징수법 또는 지방세징수법에 의하여 징수되는 조세, 국세징수의 예에 의하여 징수할 수 있는 청구권으로서 그 징수순위가 일반 회생채권보다 우선하는 조세 등의 청구권에 기한 체납처분, 조세채무담보를 위하여 제공한 물건의 처분 등은 금지·중지되기는 하지만, 회생계획인가결정이 있는 날, 회생절차가 종료되는 날 또는 회생절차개시결정이 있은 날부터 2년이 되는 날 중 먼저 도래하는 날까지의 기간 동안에만 금지 또는 중지되고, 다만 법원은 채무자의 회생 등을 위하여 필요하다고 인정하는 때에는 관리인의 신청에 의하거나 직권으로 그 기간을 1년 범위 내에서 연장할 수 있을 뿐이다$\binom{법\ 제58조}{제3항}$.

위와 같이 법 제58조 제2항, 제3항55)에 따라 중지한 체납처분 등에 대하여 법원은 관리인이나 법 제140조 제2항 소정의 징수권한 있는 자의 신청에 의하거나 직권으로 그 속행을 명할 수 있다$\binom{법\ 제58조}{제5항}$.

회생계획인가결정이 있은 때에는, 일반 회생채권보다 우선하는 조세 등의 청구권에 기한 체납처분 등은 법 제256조 제1항이 적용되지 아니하므로 실효되

---

54) 그러나 포괄적 금지명령을 통해 채무자의 재산에 대한 권리행사를 일률적으로 억제할 필요성은 체납처분 등의 경우에도 마찬가지이므로, 입법론상 재검토를 요한다. 이에 대하여는 '제4장 제2절 3. 다.' 참조.

55) 법 제58조 제5항 본문 전단 및 후단에서는 같은 조 '제2항'의 규정에 의하여 중지한 절차 또는 처분만을 인용하고 있으나, '제2항'은 '제2항, 제3항'의 오기라고 보아야만 합리적인 해석이 가능하다(이에 대하여는 '제6장 제4절 5.' 참조).

지 않고, 법 제58조 제3항에 따라 금지·중지의 제한도 받지 아니한다. 따라서 위 조세 등의 청구권에 관하여 회생계획에서 징수 또는 환가의 유예를 정하지 아니하였거나 정한 유예기간이 지난 경우에는 법 제58조 제3항에 따른 금지·중지기간의 연장결정이 없는 한 새로이 체납처분 또는 조세담보물의 처분을 개시하거나 중단된 절차를 속행할 수 있다.[56] 한편 국세징수의 예에 의하여 징수할 수 있는 청구권으로서 그 징수순위가 일반 회생채권보다 우선하지 아니하는 것에 기한 체납처분 등의 경우, 법 제58조 제5항에 따라 속행된 절차 등은 회생계획인가결정이 있은 때에도 실효되지 않는다(법 제256조 제1항 단서).[57]

4) 변제에 관한 특칙

일반 회생채권은 원칙적으로 회생계획에 의하지 아니하고는 변제 등 소멸하게 하는 행위를 할 수 없으나(법 제131조 본문), 일반 회생채권보다 우선하는 조세 등 청구권의 경우에는 체납처분 등이 허용되는 경우나 체납처분에 의해 압류를 당한 채무자의 채권에 관해 제3채무자가 임의로 이행하는 경우 그 예외를 인정한다(법 제131조 단서).

한편 위 허용된 체납처분 등에 의한 강제환가절차에서는 조세 등 청구권이 회생채권이라고 하더라도 공익채권보다 우선하여 변제받는다는 것이 판례이다.[58]

---

56) 대법원 2012. 7. 12. 선고 2012다23252 판결, 대법원 1971. 9. 17. 선고 71그6 판결.

57) 법 제58조 제2항에 따라 중지된 국세징수의 예에 의하여 징수할 수 있는 청구권으로서 그 징수우선순위가 일반 회생채권보다 '우선하지 아니한 것'에 기한 체납처분으로서 같은 조 제5항에 의하여 속행되지 않은 것에 대하여는, 법 제256조 제1항 본문이 법 제58조 제2항에 따라 중지되었다가 회생계획인가결정에 의하여 효력을 상실하는 절차로서 '파산절차·강제집행·가압류·가처분·담보권실행을 위한 경매절차'만을 명시하고 있어 위 체납처분이 실효대상에 포함되는지 여부가 법문언상으로는 명확하지 않다. 법이 실효대상으로 명시적으로 열거하지 않고 있는 이상 위 체납처분이 인가결정에 의하여 실효된다고 보기는 어렵고, 다만 중지된 상태에서 법 제58조 제5항에 의하여 취소할 수 있다고 해석함이 타당하다.

58) 대법원 2012. 7. 12. 선고 2012다23252 판결 참조. 위 판결은 구 회사정리법상 사안으로 채무자에 대한 회사정리절차가 폐지된 다음 국세징수권자가 채무자의 부동산을 공매처분하여 정리채권인 조세채권을 우선 배분받아가자 공익채권자가 부당이득 반환청구를 한 것인데, 대법원은 ① 정리계획이 정한 징수의 유예기간이 지난 후 정리채권인 조세채권에 기하여 이루어진 국세징수법에 의한 압류처분은 구 회사정리법 제67조 제2항, 제122조 제1항 등에 비추어 보면 적법하고, ② 회사정리절차에서 공익채권은 정리채권과 정리담보권에 우선하여 변제한다는 구 회사정리법 제209조 제2항(현행법 제180조 제2항)은 정리회사의 일반재산으로부터 변제를 받는 경우에 우선한다는 의미에 지나지 아니하며, ③ 구 회사정리법 제209조 제2항이 국세기본법 제35조 제1항이나 국세징수법 제81조 제1항에 대한 예외규정에 해당한다고 볼 수도 없으므로, 국세의 우선권이 보장되는 체납처분에 의한 강제환가절차에서는 정리채권인 조세채권이라 하더라도 공익채권보다 우선하여 변제를 받을 수 있다고 판시하였다. 그러나 위 판결에 대해서는 ① 법 제180조 제7항에 따르면 공익채권인 조세채권은 법령에 정하여진 우선권에도 불구하고 다른 공익채권과 채권액의 비율에 따라 변제한다고 하여 조세채권의 우선권을 참작하지 않고 있는 점, ② 해당 재산에 대하여 공익채권자가 먼저 강제집행을 하였을 경우와의 형평에 어긋난

5) 채권신고 및 채권조사에 관한 특칙

조세 등 청구권도 회생채권이므로 목록에 기재되거나 신고를 요하지만(법제156조), 신고기간 내에 회생채권이나 회생담보권으로 신고하여야 하는 다른 일반 회생채권(법 제148조, 제149조)과 달리 '지체 없이' 신고하면 족하다(법 제156조 제1항). 다만 회생계획안 수립에 장애가 되지 않는 시기로서 늦어도 통상 회생계획안 심리를 위한 관계인집회 전까지는 신고하여야[59] 회생채권자표에 기재되고(법 제167조 제1항, 제156조), 목록에 기재되지 아니하거나 신고가 없으면 실권될 수 있다(법제251조). 비록 회생절차개시결정 전에 조세채권이 추상적으로 성립한 것에 불과하고 아직 부과처분이 없었다고 하더라도 장차 부과처분에 의하여 구체적으로 정하여질 조세채권을 회생채권으로 신고하지 아니한 채 회생계획인가결정이 된 경우에는 과세관청은 더 이상 부과권을 행사할 수 없다.[60]

국세징수법 또는 지방세징수법에 의하여 징수할 수 있는 청구권(국세징수의 예에 의하여 징수할 수 있는 청구권으로서 일반 회생채권보다 우선하는 것을 포함한다)은 행정처분에 의하여 발생한 청구권으로서 그 부과처분이 취소되지 않는 한 공정력을 가지고 있어 신고가 있으면 일응 진정한 채권으로 인정되므로 채권조사의 대상이 되지 않으며, 관리인만이 채무자가 할 수 있는 방법으로 불복할 수 있을 뿐이다(법제157조).[61][62] 한편 국세징수의 예에 의하여 징수할 수 있는 청구권으

다는 점 등에 비추어 보면, 위 대법원판결은 도산절차에서 조세채권의 취급 법리를 제대로 반영하지 못하였다고 비판하는 견해가 유력하다. 이의영, "체납처분에 의한 강제환가절차에서 정리채권인 조세채권의 우선권," 도산판례백선, 박영사(2021), 121면 이하 참조.

59) 대법원 2002. 9. 4. 선고 2001두7268 판결, 대법원 1994. 3. 25. 선고 93누14417 판결, 대법원 1981. 7. 28. 선고 80누231 판결 등 참조. 정리계획안 심리기일 이전인 제2회 관계인집회일(종료) 전까지 신고하지 아니한 경우 정리채권인 조세채권이 실권, 소멸된다고 판시하였다. 회생채권의 신고기한에 관한 법 제152조 제3항(구 회사정리법 제127조 제3항)을 직접 적용하지는 않았으나, 유사한 기준을 적용하였다고 보인다.

60) 대법원 2007. 9. 6. 선고 2005다43883 판결. 이 판결은 정리절차개시 전에 조세채권이 추상적으로 성립하였더라도 장차 부과처분에 의하여 구체적으로 정하여질 조세채권을 정리채권으로 신고하지 않았던 상황에서 정리계획인가결정에 의하여 실권된 조세채권에 관하여 정리계획인가결정 후에 한 부과처분은 부과권이 소멸한 뒤에 한 위법한 과세처분으로서 그 하자가 중대하고도 명백하여 당연무효라고 판단하였다.

61) 법에는 조세채권에 대하여 특별한 불복방법이 마련되어 있지 않으므로, 행정심판이나 행정소송 등 일반 조세 관련 법령상 마련된 불복절차를 의미한다.

62) 대법원 1967. 12. 5. 선고 67다2189 판결, 대법원 1967. 9. 5. 선고 67다1298 판결 등. 위 67다2189 판결에서 대법원은, 정리채권 중 조세채권은 우선 진정한 권리로 인정할 수 있으므로 신고가 있으면 조사절차 없이 정리채권자표에 기재하여야 하고 이 경우 관리인만이 채무자가 할 수 있는 방법으로 행정소송 등의 방법으로 불복할 수 있으며 그 불복의 방법으로 변경되면 그 결과를 정리채권자표에 기재하게끔 되어 있으므로, 관리인은 이에 대하여 회사정리법에 의한 이의를 할 수 없으며, 정리채권확정의 소로 그 권리의 확정을 구할 이익도 없다고 판시하였다.

로서 일반 회생채권보다 우선하지 아니하는 것은 법 제140조 제2항이 정한 청구권에 해당하지 않으므로 법 제156조, 제157조의 적용대상이라고 볼 수는 없다. 그러므로 이와 같은 청구권은 신고기간 내에 신고하여야 한다. 다만 국가 등 행정기관이 사경제 주체로서 상대방과 대등한 위치에서 행하는 사법상의 계약관계에 기초한 것[63]이 아니라 행정청이 공권력의 주체로서 상대방의 의사 여하에 불구하고 일방적으로 행하는 행정처분에 의하여 발생한 청구권인 경우[64]에는 앞서 살펴본 '국세징수법 또는 지방세징수법에 의하여 징수할 수 있는 청구권(국세징수의 예에 의하여 징수할 수 있는 청구권으로서 그 징수우선순위가 일반 회생채권보다 우선하는 것을 포함한다)의 원인이 행정심판, 소송 그 밖의 불복이 허용되는 처분인 때'와 마찬가지로 그 청구권에 관하여 채무자가 할 수 있는 방법으로 불복을 신청하여야 하고, 회생절차상 조사확정의 재판이나 이의의 소를 통해 그 처분의 위법·부당을 다투는 방법으로 그 권리의 확정을 구할 수는 없다.[65][66]

---

63) 예를 들어, 국유재산법상 국유잡종재산의 사용료나 대부료 납부고지 등이 이에 해당하는바, 국유잡종재산에 관한 사용료나 대부료 납부고지 등은 사법상의 이행청구에 해당하는 것이지 항고소송의 대상이 되는 행정처분이라 할 수 없다(대법원 2000. 2. 11. 선고 99다61675 판결, 대법원 1995. 5. 12. 선고 94누5281 판결 등 참조). 그러므로 이와 같은 사용료, 대부료 등 청구권의 경우에는 채권조사의 대상이 된다.

64) 국유재산법상 국유재산의 무단점유자에 대한 변상금 부과처분이 이에 해당한다(대법원 2014. 7. 16. 선고 2011다76402 전원합의체 판결, 대법원 1992. 4. 14. 선고 91다42197 판결 등 참조).

65) 같은 취지로는 주석 채무자회생법(Ⅱ), 347면 참조. 이에 대하여 법 제157조 제1항은 일반 회생채권에 대한 특칙으로 엄격하게 해석할 필요가 있고, 그렇지 않으면 명문의 규정에 반한다는 이유로 채권조사의 대상이 된다는 반대견해도 있다(전대규, 502면). 그러나 법 제157조 제1항이 법 제140조 제1항 및 제2항의 청구권 이외의 다른 청구권에 관하여는 설령 그 원인이 '행정심판, 소송 그 밖의 불복이 허용되는 처분인 때'에도 채무자가 할 수 있는 방법(행정심판, 소송 등) 외에 다른 방법으로 다투어야 한다는 의미로 해석하기는 어렵다.

66) 대법원 2000. 12. 22. 선고 99두11349 판결. 위 판결은 구 토지구획정리사업법(1999. 2. 8. 법률 제5904호로 개정되기 전의 것) 제62조 제5항, 제68조의2의 규정에 의하면 토지구획정리사업에 있어서 과부족분에 대한 청산금은 환지처분 공고일의 다음날에 확정되고, 이 청산금을 징수할 권리는 5년간 이를 행사하지 아니하면 시효로 소멸하도록 하고 있는데, 한편 구 회사정리법 제5조 본문은 정리절차참가는 시효중단의 효력이 있다고 규정하고 있으므로 청산금 납부의무자에 대하여 회사정리절차가 개시되어 사업시행자가 청산금 징수채권을 정리채권으로 신고하였다면 이로써 시효가 중단된다고 할 것이나, 구 회사정리법 제157조 제2항, 제158조 제1항에 의하면 청산금 징수채권과 같이 체납처분이 가능한 공법상의 채권에 대하여는 일반 정리채권과 같은 조사·확정절차를 거치지 아니한 채 정리채권자표에 기재하도록 하되 다만 그러한 기재가 있었다고 하더라도 그 청구권의 원인이 행정심판·소송 등 불복의 신청을 허용하는 처분인 때에는 관리인이 여전히 회사가 할 수 있는 방법으로 불복을 신청할 수 있도록 하고 있어서, 이 경우에는 정리채권으로 신고되어 정리채권자표에 기재되면 확정판결과 동일한 효력이 있다고 규정한 구 회사정리법 제245조는 적용될 여지가 없고, 따라서 청산금 징수채권이 정리채권으로 신고되어 정리채권자표에 기재되었다고 하더라도 그 시효기간이 민법 제165조에 의하여 10년으로 연장되는 것으로 볼 수도 없다고 판시하면서 회사정리절차 종결결정일 다음날로부터 5년의 시효기간이 경과된 때 청산금 징수채권이 소멸시효 완성으로 소멸되었다고 판단

6) 권리변경 등에 관한 특칙

국세징수법 또는 지방세징수법에 의하여 징수할 수 있는 청구권(국세징수의 예에 의하여 징수할 수 있는 청구권으로서 일반 회생채권보다 우선하는 것을 포함한다)에 관하여 회생계획에서 권리변경을 정하기 위해서는 그 변경의 정도에 응하여 개별적으로 징수권자의 동의를 얻거나 그 의견을 들어야 한다. 징수를 유예하거나 체납처분에 의한 재산의 환가를 유예하는 기간이 3년 이하인 때에는 징수권자의 의견을 들어야 하고(법 제140조 제2항), 위 유예기간이 3년을 초과하거나, 채무의 승계, 조세의 감면 그 밖에 권리에 영향을 미치는 내용을 정하는 때에는 징수권자의 동의를 얻어야 한다(같은 조 제3항). 다만 이미 회생계획인가결정이 확정된 이상 징수의 권한을 가진 자의 동의를 받지 아니한 절차상 하자가 있다는 사정만으로 회생계획의 효력을 다툴 수는 없다.[67]

7) 회생계획안의 작성 원칙에 관한 특칙

조세 등 청구권의 경우 회생계획에 적용되는 공정하고 형평에 맞는 차등원칙이 적용되지 않는다(법 제217조 제2항). 또한 조세 등 청구권의 현가할인된 변제율이 청산배당률에 미치지 못하더라도 청산가치보장의 원칙에 반하는 것은 아니라고 보고 있는데, 그 근거는 권리변경 등에 관한 특칙인 법 제140조 제2, 3항에서 찾을 수 있다.[68]

8) 관계인집회에서 결의절차 참가에 관한 특칙

일반 회생채권보다 우선하는 조세 등 청구권을 가진 자는 회생계획안의 결의에 있어서 어느 조에도 속하지 않는다(법 제236조 제2항 단서). 또한 위 조세 등 청구권자에게는 동의 여부를 결정할 수 있는 권한이나 의견진술의 기회가 미리 주어지므로 의결권을 행사할 수 없다(법 제191조 제2호).

한편 국세징수의 예에 의하여 징수할 수 있는 청구권으로서 일반 회생채권보다 우선하지 아니하는 청구권은 권리변경에 반드시 징수권자로부터 개별적인

한 원심을 유지하였다.

67) 대법원 2005. 6. 10. 선고 2005다15482 판결 참조.

68) 대법원 2009. 1. 30. 자 2007마1584 결정은, 법 제140조 제2항, 제3항에서 규정하는 조세 등 청구권도 법 제251조에서 규정하는 권리변경의 대상이 되는 회생채권에 속하므로, 채무자가 회생계획인가 후 이러한 조세 등 청구권에 대하여 변제하여야 할 채무의 범위는 다른 일반 회생채권과 마찬가지로 인가된 회생계획의 내용에 따라 정해지게 되고, 회생계획에서 조세 등 청구권에 대하여 징수유예의 규정을 둔 이상, 징수가 유예된 체납액 등에 대하여는 회생계획에서 정한 바에 따라 중가산금이 부과될 수 없는 것이며, 별도로 징수유예에 관한 국세징수법의 규정이나 세무서장 등의 징수유예에 따라 그 효력이 발생하는 것은 아니라고 판시하였다. 조세채권의 청산가치에 관한 보다 자세한 내용은, '제13장 제3절 5.' 참조.

동의를 얻거나 의견을 들을 필요가 없고, 권리의 우선순위에 있어서도 일반 회생채권과 동순위로서 일반 회생채권과 동일한 정도의 권리변경이 가능하므로, 회생계획안의 결의에 있어서 일반 회생채권에 속하는 것으로 조분류를 하고 (법 제217조 제1항 제3호) 그 청구권의 액만큼 의결권을 부여하여야 할 것이다.

9) 부인권 행사 제한에 관한 특칙

조세 등 청구권도 회생채권에 해당하지만, 일반 회생채권보다 우선하는 조세 등 청구권에 관하여 그 징수의 권한을 가진 자에 대하여 한 담보의 제공 또는 채무 소멸행위는 부인권의 대상이 되지 아니한다(법 제100조 제2항). 그 반대해석으로 국세징수의 예에 의하여 징수할 수 있는 청구권으로서 일반 회생채권보다 우선하지 아니하는 청구권에 대하여 한 담보의 제공 또는 채무소멸행위는 부인권의 대상이 될 것이다.

라. 납세보증보험자의 조세채권 대위행사

납세보증보험이란 국세, 지방세, 관세 기타 조세에 관한 법령에서 규정하는 납세담보제공의무자가 보험계약자가 되고 국가 또는 지방자치단체가 피보험자가 되어, 납세의무자가 그 납세의무를 납부기한에 이행하지 아니함으로써 국가 또는 지방자치단체가 재산상의 손해를 입은 경우 보험자가 이를 보상하는 보험을 말한다.[69]

납세보증은 조세법의 규정에 의하여 조세채권자와 납세보증인이 체결하는 납세보증계약에 의하여 성립하는 공법상의 채무이고, 조세법률주의의 요청상 세법에 근거가 없는 사법상의 보증계약에 의한 납세보증은 허용되지 아니한다.[70] 그러나 납세보증채무도 조세채권자와 납세보증인 간의 보증계약에 의하여 성립하고 그 본질이 민법상의 보증계약과 다를 바 없으므로 세법에 별도의 규정이 있거나 세법의 특성이 적용되어야 할 특별한 경우를 제외하고는 사법상의 보증계약의 법리가 그대로 적용된다.[71]

납세보증계약에 따라 보험자가 징수권자에게 보험금을 지급하여 조세를 납

---

69) 국세징수법에 의하면 일정한 사유가 있는 경우 관할 세무서장은 조세채권의 납부기한을 연장하거나 납부고지를 유예하면서 그 연장 또는 유예와 관계되는 금액에 상당하는 납세담보의 제공을 요구할 수 있고(국세징수법 제15조), 그 담보 중 하나로 납세보증보험증권을 인정하고 있다(국세징수법 제18조 제1항 제3호). 지방세에 관하여는 지방세기본법 제26조 제2항, 제65조 제4호, 지방세징수법 제27조 참조.

70) 대법원 2005. 8. 25. 선고 2004다58277 판결, 대법원 1990. 12. 26. 선고 90누5399 판결 참조.

71) 임승순, 조세법, 박영사(2020), 126면.

부한 경우 민법 제481조의 변제자대위와 같은 규정이 국세기본법 등에 별도로 규정되어 있지 아니하므로, ① 피보험자인 징수권자가 납세의무자에 대하여 가지는 채권을 보험자가 대위행사할 수 있는지 여부, ② 대위행사가 가능하다면 대위변제된 조세채권이 회생채권일 때, 회생절차상 보험자에게 조세채권자와 동일한 지위를 인정할 수 있을지 여부 등이 문제된다.

1) 납세보증보험자의 변제자대위 인정 여부

판례는 납세보증보험은 보험금액의 한도 안에서 보험계약자가 보증 대상 납세의무를 납기 내에 이행하지 아니함으로써 피보험자가 입게 되는 손해를 담보하는 보증보험으로서 보증에 갈음하는 기능을 가지고 있어, 보험자의 보상책임을 보증책임과 동일하게 볼 수 있으므로, 납세보증보험의 보험자가 그 보증성에 터 잡아 보험금을 지급한 경우에는 변제자대위에 관한 민법 제481조를 유추적용하여 피보험자인 징수권자가 보험계약자인 납세의무자에 대하여 가지는 채권을 대위행사할 수 있다고 본다.[72] 이는 보증보험의 보험자에 대하여 민법상 구상권 및 변제자대위를 인정해 온 대법원의 기존 입장[73]을 재확인한 것인데, 대위할 권리가 공법상 채권인 조세채권인 경우에도 구상권 발생을 전제로 변제자대위를 인정하였다는 점에서 의미가 있다.[74][75]

이 경우 보험자는 구상권과 별도로 조세채권을 대위행사할 수 있게 된다. 구상권과 변제자대위권은 원본, 변제기, 이자, 지연손해금의 유무 등에 있어서 내용이 다른 별개의 권리로서, 대위변제자가 고유의 구상권을 행사하든 대위하여 채권자의 권리를 행사하든 자유이며, 다만 채권자를 대위하는 경우에는 민법 제482조 제1항에 의하여 고유의 구상권의 범위에서 채권 및 그 담보에 관한 권

---

72) 대법원 2009. 2. 26. 선고 2005다32418 판결('공익채권'에 해당하는 조세를 납세보증보험자가 납부한 사안이다). 위 판결에 관한 상세한 평석으로, 권성수, "조세채권을 대위변제한 납세보증보험자의 회생절차상 지위", 사법 제21호(2012), 사법발전재단, 268면 이하 참조.

73) '일반 보험'에 대하여 대법원은 보험금을 지급한 보험자는 자신의 계약상 채무이행으로 보험금을 지급한 것이어서 민법 제480조, 제481조에 의한 대위권을 행사할 수 없다고 본다(대법원 1995. 11. 7. 선고 94다53327 판결, 대법원 1993. 1. 12. 선고 91다7828 판결 등). 한편 '보증보험'에 대하여는 형식적으로는 보험계약이나 실질적으로는 보증의 성격을 가지고 보증계약과 같은 효과를 목적으로 하는 것이라고 보아 민법의 보증에 관한 규정, 특히 보증인의 구상권에 관한 민법 제441조 이하의 규정이 준용된다고 보고 있다(대법원 2015. 3. 26. 선고 2012다25432 판결, 대법원 2012. 2. 23. 선고 2011다62144 판결, 대법원 2004. 12. 24. 선고 2004다20265 판결 등). 이 경우 보증보험의 보증성에 터 잡아 보험자의 민법상 변제자대위도 인정하고 있다(대법원 2015. 3. 26. 선고 2012다25432 판결, 대법원 2008. 4. 24. 선고 2007다1715 판결 등).

74) 조세채권의 변제자대위 인정 여부를 논한 글로는, 김재형, "조세채권과 변제자대위", 저스티스 110호(2009), 한국법학원, 29면 이하 참조.

75) 나아가 납세보증보험자에 대한 상법 제682조의 보험자대위 인정 여부에 관한 논의로, 권성수(주 72), 282면 참조.

리를 행사할 수 있다.[76]

2) 회생채권인 조세채권을 대위변제한 납세보증보험자의 회생절차상 지위[77]

민법 제482조 제1항은 변제자대위의 효과에 관하여 채권자의 "채권 및 그 담보에 관한 권리를 대위행사할 수 있다."라고 규정하고 있는데, 조세채권의 경우 체납처분과 같은 공법적 법률관계에 따른 특성 모두를 그대로 유지한 채 권리가 이전된다고 볼 수는 없을 것이다. 조세채권을 대위행사하는 납세보증보험자를 회생절차에서 어떻게 취급할 것인지, 즉 조세채권자가 갖는 우선적 지위 등이 어느 범위에서 유지·이전되었다고 볼 것인지에 관하여 실무상 견해가 대립하고 있다.

구체적으로는 ① 회생계획안 작성에 관한 특칙(법 제217조 제2항), ② 권리변경 등에 관한 특칙(법 제140조 제2항·제3항), ③ 관계인집회에서의 결의절차 참가에 관한 특칙(법 제191조 제2호, 제236조 제2항 단서) 등을 납세보증보험자에게 그대로 적용할 수 있을지가 문제된다.[78]

이에 관하여는 조세채권자의 법적 지위, 조세우선권이 이전되는 정도에 따라 ① 조세채권과 사실상 동일하게 취급하는 견해, ② 일반의 우선권 있는 회생채권으로 취급하는 견해, ③ 우선권 없는 일반 회생채권으로 취급하는 견해의 구성이 가능하다. 위 ①견해에 따르면 조세채권에 관한 위 특칙이 모두 그대로 적용된다고 볼 수 있을 것이고, ②견해[79]에 따르면 법 제217조 제1항 제2호, 제236조 제2항 제2호, 제188조의 회생채권으로 취급되므로 사인이 아닌 징수권자

76) 대법원 2021. 2. 25. 선고 2016다232597 판결, 대법원 2009. 2. 26. 선고 2005다32418 판결, 대법원 1997. 5. 30. 선고 97다1556 판결 등.

77) 이는 공법상 특성을 가지는 조세법적 측면과 변제자대위에 관한 사법적 측면 그리고 채무자의 효율적 회생을 위해 이해관계인의 법률관계를 집단적으로 조정하는 도산법적 측면이 서로 연계되어 있는 부분으로, 위 세 가지 측면에서 종합적으로 살펴볼 필요가 있다. 상세한 논의는 권성수(주 72), 284면 이하 참조. 한편, 공익채권인 조세채권을 대위변제한 경우에는 앞서 본 바와 같이 조세채권에 대하여도 변제자대위를 인정하는 이상 변제자대위의 효과에 따라 공익채권인 조세채권은 그 공익채권으로서의 성질을 그대로 유지한 채 납세보증보험자에게 이전되므로(대법원 2009. 2. 26. 선고 2005다32418 판결), 공익채권인 조세채권을 대위변제한 납세보증보험자는 회생절차에 의하지 아니하고 수시로 변제받을 수 있고(법 제180조 제1항), 관리인이 변제하지 않으면 관리인을 상대로 별도의 이행청구소송을 제기할 수도 있다.

78) 그 밖에도, 실무상 납세보증보험자가 구 국세징수법(2018. 12. 31. 법률 제16908호로 개정되기 전의 것) 제21조, 구 지방세징수법(2020. 12. 29. 법률 제17770호로 개정되기 전의 것) 제30조 등에 의한 가산금(위 각 법률의 개정으로 국세 및 지방세의 가산금 관련 규정이 삭제되었고, 현행 법률은 납부지연가산세와 그 밖의 가산세로 규정하고 있다) 등을 회생계획인가 예정일까지 산정하여 신고한 경우 이를 어떻게 처리할 것인지도 문제된다. 종래 가산금, 중가산금은 국세나 지방세를 납부기한까지 완납하지 아니한 때 위 개정 이전의 국세징수법과 지방세징수법에 의하여 고지세액에 가산하여 징수하는 금액을 말하는데, 서울회생법원은 대위변제일 이후에는 가산금 등이 별도로 발생하지 않는 것으로 처리하여 왔다.

79) 김정만, "조세채무자의 대위변제자의 회생절차상의 지위", 서울중앙지방법원 파산부 2010. 5. 26. 발표문(미공간)상의 입장이 위 견해에 가깝다.

의 지위를 전제로 하는 조세채권의 특칙은 적용되지 않는 대신 회생계획의 조건에 있어 일반 회생채권보다 우선하는 차등적 취급을 받게 된다.[80] ③견해[81]에 따르면 법 제217조 제1항 제3호, 제236조 제2항 제3호, 제188조의 회생채권으로 취급되어 마찬가지로 조세채권의 특칙이 적용되지 않고, 일반 회생채권자와 동일하게 취급받게 된다.

　서울회생법원은 변제자대위권을 행사한 납세보증보험자를 일반의 우선권 있는 회생채권자(법 제217조 제1항 제2호)에 준하여 취급한 바 있다.[82] 징수권자에게 부여하던 권리변경에 대한 의견진술권 내지 동의권(별 제140조 제2 내지 4항)은 별도로 인정하지 않았고, 관계인집회 결의 시에는 일반의 우선권 있는 채권(별 제236조 제2항 제2호)으로 분류하여 의결권을 부여하였다(별 제188조). 조세채권에 대한 권리변경 및 결의절차 참가에 관한 특칙은 적용하지 아니하였다. 다만 인가결정이 내려진 사건 중 사실상 징수권자의 동의 없이 조세채권을 징수 등 유예하는 경우에 준하여, 즉 인가결정일로부터 3년간의 분할변제 조건에 준하여 권리변경이 이루어진 것이 있다.[83]

마. 회생절차개시 전의 벌금·과료·형사소송비용·추징금과 과태료(법 제140조 제1항)

　벌금·과료·형사소송비용·추징금과 과태료(이하 '벌금 등'이라 한다)는 조세채권에 해당하지는 않지만, 형사처벌이나 행정벌로서 부과된다는 특성상 법 제140조 등에 별도의 규정을 두고 있다.

　회생절차개시 전에 채무자에 대하여 부과된 벌금 등도 개시 전의 원인으로 생긴 재산상의 청구권이므로 본질적으로는 일반 회생채권에 해당한다. 구 회사정리법상 다른 정리채권자의 이익을 해하게 된다는 이유로 이를 후순위정리채권으로 규정하고 있었는데, 법은 이를 일반 회생채권으로 규정한 것이다. 국가나 공공단체는 이러한 청구권이 있으면 지체 없이 법원에 신고하여야 하나(별 제156조), 신고하지 않은 경우에도 채무자가 회생계획인가의 결정에 의해 면책되지

---

80) 다만 ②견해를 취하는 경우 청산가치보장의 원칙(제243조 제1항 제4호)의 적용과 관련한 문제에 관하여는, 권성수(주 72), 290면 이하 참조.
81) 납세보증보험자가 세금을 대위변제함에 따라 조세수입은 확보되었으므로 조세채권에 우선성을 부여한 취지는 이미 달성되었고, 제3자인 납세보증보험자는 징수권자가 아니므로 우선성을 주장할 수 없음을 근거로 한다. 전대규, 508-509면 참조.
82) 서울중앙지방법원 2010회합93 (주)톰보이 사건, 2011회합172 (주)지원콘텐츠 사건, 2012회합37 (주)아시아경제신문사 사건, 서울회생법원 2020회합100138 동인산업(주) 사건 등.
83) (주)톰보이 사건은 3년간 분할변제할 경우의 변제액을 현재가치로 할인한 돈(원금의 92.3%)을 일시변제하는 내용이었고(인가 전 M&A 성공에 의하여 일시변제를 하는 내용의 회생계획으로, 시인된 가산금 및 중가산금은 면제함), (주)지원콘텐츠 사건, (주)아시아경제신문사 사건과 동인산업(주) 사건은 인가일로부터 3년간 분할변제하는 내용이었다.

는 않는다(법 제251).84) 또한 신고된 청구권의 원인이 행정심판, 소송 그 밖의 불복
이 허용되는 처분인 때에는 그 청구권에 관하여 채무자가 할 수 있는 방법으로
불복을 신청할 수 있을 뿐(법 제157) 채권조사확정의 대상이 되지 않는다. 이러한
청구권에 관하여는 회생계획에서 감면 기타 권리에 영향을 미칠 규정을 하지
못하고(법 제140), 그 청구권자는 의결권을 행사할 수 없다(법 제191). 나아가 벌금 등
청구권에 관하여는 법 제217조 제1항의 공정·형평의 원칙이 적용되지 아니하
여(법 제217) 회생계획에서 회생담보권 등 다른 권리보다 우선하는 조건으로 취급
할 수 있다.

6. 회생채권과 다수당사자의 관계

가. 채무자가 다른 자와 함께 전부 이행을 하여야 하는 의무를 부담한 경우 권리행사의 범위

여럿이 각각 전부 이행을 해야 하는 의무를 지는 경우 그중 1인의 변제는
다른 전부 이행을 할 의무를 지는 자(이하 '전부의무자'라 한다)에 대해서도 절대
적 효력이 있으므로 채권자는 자신의 채권 중 변제 등으로 소멸된 나머지 채권
에 대해서만 다른 전부의무자에게 청구할 수 있다. 그러나 전부의무자 전원 또
는 일부에 관하여 회생절차가 개시되면, 법 제126조 제1항, 제2항에 따라 채권
자의 회생채권액은 회생절차개시 당시를 기준으로 고정되고, 그 이후 다른 전부
의무자가 채무를 변제하더라도 그 채권 전액이 소멸한 경우를 제외하고는 회생
채권액에는 아무런 영향을 주지 않는다. 이는 여러 명이 동일한 급부의 내용에
관하여 이행의무를 부담하는 경우를 말하는 것으로, 구체적으로 불가분채무자,
연대채무자, 부진정연대채무자, 연대보증채무자,85) 보증채무자, 어음·수표법 및

---

84) 이는 회생계획인가의 결정에 따른 회생채권 등의 면책에 대한 예외를 정한 것으로서 그에
해당하는 청구권은 한정적으로 열거된 것으로 보아야 하고, 위 규정에 열거되지 않은 청구권은
회생계획인가의 결정이 있더라도 면책되지 않는 청구권에 해당한다고 볼 수 없다. 대법원
2018. 6. 12. 선고 2016두59102 판결, 대법원 2013. 6. 27. 선고 2013두5159 판결 등 참조. 위
2013두5159 판결은 회생계획인가결정이 있은 후 행정청이 채무자의 회생절차개시결정 전에 성
립한 부동산 실권리자명의 등기에 관한 법률 위반행위를 이유로 부과한 과징금 청구권이 문제
된 사안으로, 대법원은 "과징금 청구권이 회생채권으로 신고되지 아니한 채 회생계획인가결정
이 된 경우에는 법 제251조 본문에 따라 과징금 청구권에 관하여 면책의 효력이 생겨 행정청
이 더 이상 과징금 부과권을 행사할 수 없다. 따라서 그 과징금 청구권에 관하여 회생계획인가
결정 후에 한 부과처분은 부과권이 소멸된 뒤에 한 부과처분이어서 위법하다."라고 판시하였다.
85) 다만 채권자가 중소벤처기업진흥공단, 신용보증기금, 기술보증기금인 경우에는 법 제250조 제
2항에도 불구하고 중소기업·벤처기업이 회생계획인가결정을 받는 시점에 주채무가 감경 또는
면제된 경우 연대보증채무도 동일한 비율로 감경 또는 면제된다는 예외규정이 신설되었다(중소

전자어음의 발행 및 유통에 관한 법률에 의한 합동책임을 부담하는 발행인, 인수인, 배서인, 중첩적 채무인수자 등을 말한다.[86] 전부의 이행을 하여야 하는 의무란, 여럿이 채권의 전부에 대해 이행하는 경우만을 말하는 것이 아니라 채권의 일부라도 동일한 부분에 대하여 이행해야 할 자가 여럿 있는 경우라면 그 일부의 범위에서 이에 해당한다.

한편 채권자는 회생절차가 개시될 때를 기준으로 하여 그 때에 채무자에 대하여 주장할 수 있는 채권액을 가지고 회생채권자로서 권리를 행사하는 것이므로(이를 '현존액주의'[87]라고 한다),[88][89] 회생절차개시 전에 채권소멸사유가 있으

기업진흥에 관한 법률 제74조의2, 신용보증기금법 제30조의3, 기술보증기금법 제37조의3). 이에 따라 대법원은 2023. 4. 13. 선고 2022다289990 판결에서 '중소기업에 대한 회생계획인가결정으로 신용보증기금에 대한 주채무가 감면되면 신용보증기금이 연대보증인에 대한 회생절차에서 행사할 수 있는 권리 역시 감면된 채무에 상응하는 범위에 한정되며, 이는 연대보증인에 대한 회생절차가 개시된 후 중소기업에 대한 회생계획인가결정으로 주채무가 감면된 경우에도 마찬가지'라고 판시하였다(만약 그렇게 해석하지 않는다면, 중소기업 및 그 연대보증인에 대한 각 회생절차의 선후 또는 진행경과라는 우연한 사정에 의해 신용보증기금이 연대보증인에 대한 회생절차에서 행사할 수 있는 채권의 범위가 달라지게 되어 부당할 뿐만 아니라 연대보증인은 중소기업에 대한 회생계획인가결정으로 주채무의 감면이라는 법률효과가 발생할 때까지 자신에 대한 회생절차개시신청을 미룰 가능성이 커지게 되고, 결과적으로 재정적 어려움에 빠진 중소기업의 실효성 있는 회생과 함께 중소기업의 채무를 연대보증한 경영자 등의 재기를 도모하는 신용보증기금법 제30조의3의 입법취지에도 반하기 때문이다). 그 밖에 예외규정의 적용범위에 관하여는, '제15장 제5절 5. 나.' 참조.

86) 여럿이 전부의 이행을 하여야 하는 전부의무자에 해당하는지 여부는 법률관계의 실질을 살펴서 판단하여야 한다. 판례에 의하면, 갑 주식회사가 대주인 을 은행 및 차주인 병 주식회사와 체결한 자금보충약정의 내용상 병 회사가 을 은행에 지급해야 할 대출원리금에 부족이 있는 경우 을 은행의 요청으로 갑 회사가 자금보충의무를 부담하되, 그 보충자금은 을 은행의 영업점에 개설된 병 회사 명의 대출금상환계좌로 입금되어 실질적으로 을 은행이 대출원리금 채권의 독점적 만족을 얻는 효과를 발생시키기로 한 경우 병 회사의 을 은행에 대한 대출원리금 지급의무와 갑 회사의 을 은행에 대한 자금보충약정상의 손해배상채무는 법 제126조가 정한 '여럿이 각각 전부를 이행하여야 하는 의무'에 해당한다고 보았다. 이에 따라 을 은행이 병 회사에 대한 대출원리금 채권에 관하여 인적·물적 담보를 보유하고 있더라도, 담보가 실행되어 변제가 현실적으로 이루어지지 아니한 이상 갑 회사의 자금보충의무 불이행으로 인한 을 은행의 손해액은 '대출원리금 전액'이 된다고 보아야 하며, 갑 회사의 회생절차개시 후에 을 은행의 병 회사에 대한 대출원리금 채권 전액이 소멸한 경우가 아닌 이상 회생채권인 을 은행의 갑 회사에 대한 손해배상채권액의 확정에 아무런 영향을 미치지 못한다(대법원 2019. 1. 10. 선고 2015다57904 판결 참조).

87) 법 제126조는 현존액주의를 채택하여 회생절차에서 채권자가 확실히 채권의 만족을 얻을 수 있도록 함으로써 채권자를 보호하기 위한 규정이다. 즉, 여럿이 각각 전부 이행을 해야 하는 의무를 지는 경우 그 전원 또는 일부에 관하여 회생절차가 개시된 후 다른 전부의무자의 변제 등으로 채권자의 채권 일부가 소멸하더라도 이러한 사정을 회생절차에서 채권자의 채권액에 반영하지 않는다. 이에 따라 채권자는 회생절차개시 당시의 채권 전액으로 권리를 행사할 수 있는 반면, 일부 변제 등을 한 전부의무자는 회생절차에서 구상권이나 변제자대위권을 행사하는 것이 제한된다(대법원 2021. 11. 11. 선고 2017다208423 판결).

88) 한편 파산절차가 진행되다가 회생절차로 이행한 경우, 파산절차 중 회생절차개시 전에 보증인으로부터 일부 변제받아 소멸한 채권액은 회생절차에서 행사할 수 없다(즉 파산선고 시의 현존액주의가 적용되지 않는다)라고 본 사례로, 대법원 2009. 11. 12. 선고 2009다47739 판결 참조. 회생절차 진행 중 회생계획인가 전에 파산절차로 전환된 이른바 견련파산의 경우 회생절차

면 당초의 채권액으로부터 소멸된 부분을 제외한 잔액이 회생채권액이 되나, 개시 후에는 다른 전부의 이행을 할 의무를 지는 자가 변제 그 밖에 채무를 소멸시키는 행위를 하더라도 채권의 전액이 소멸한 경우를 제외하고는 채권자는 개시 시에 가지는 채권의 전액에 관하여 권리를 행사할 수 있다(^{법 제126조}_{제2항}).[90][91] 또한, 물상보증인에 대하여도 현존액주의가 적용된다(^{법 제126조}_{제5항·제2항}).

법 제126조 제2항은 전부의무자의 개시 후 채무소멸행위에 관한 것이므로, 당해 회생절차 내에서 법원의 허가에 기하여 이루어진 채무자의 일부 변제는 그 한도에서 회생채권액을 감소시킨다고 해석되며,[92] 전부의무자가 아닌 제3자가 일부 변제를 한 경우에도 전부의무관계의 문제가 아니기 때문에 본조의 적용대상이 안 된다.

현존액주의는 채권자에게 가급적 채권의 완전한 만족을 주기 위한 특칙이

상 현존액주의가 파산절차까지 관철되는 것과 구별된다(법 제6조 제2항, 제5항).

89) 현존액주의는 채권자를 위한 책임재산을 보호하기 위한 것인데, 우리나라의 입법은 독일법의 영향을 받은 것이다. 현존액주의에 관한 상세한 글로는, 김정만, "도산절차상 현존액주의", 사법논집 제52집(2011), 법원도서관, 109면 이하 참조. 한편 현존액주의가 회생계획의 권리변경 및 변제방법에 관하여도 관철되어야 함을 전제로, ① 주채무자에 대하여 개시된 회생절차에서 작성된 회생계획 중에 "회생계획인가결정일 이후 채권자가 보증인 기타 제3자로부터 대위변제받은 경우에는 회생계획에서 변제받을 채권에 충당한다."라는 취지의 변제충당규정이 포함되는 경우(이 경우 대위변제한 제3자가 충당된 회생계획상 채권을 승계하여 제3자가 회생계획에 따른 변제를 받는다는 조항이 포함된다), ② 보증인에 대하여 개시된 회생절차에서, 회생절차개시 당시의 채권 전액이 아니라 회생계획인가 이후 일정시점을 기준으로 주채무자로부터 변제받은 금액을 공제한 잔액만을 기준으로 권리변경을 하여 변제하는 것으로 회생계획이 작성된 경우, ③ 보증인에 대하여 개시된 회생절차에서, 주채무자에 대한 채권이 감축 또는 면제되는 경우 보증인에 대한 채권도 감축 또는 면제되는 것으로 회생계획이 작성된 경우 등이 현존액주의에 위반된다고 보는 견해가 있다[상세한 내용은, 박재완, "현존액주의에 관하여", 민사재판의 제문제 제17권(2008. 12.), 한국사법행정학회, 209면 이하 참조]. 그러나 실무상으로는 위와 같은 내용의 회생계획의 작성이 공정·형평의 원칙 및 청산가치보장의 원칙에 반하지 않는 한 허용되고 있다(구체적인 회생계획안의 조항 작성에 관하여는, '제13장 제5절 2.' 이하 참조).

90) 대법원 2009. 9. 24. 선고 2008다64692 판결, 대법원 2005. 1. 27. 선고 2004다27143 판결, 대법원 2003. 5. 30. 선고 2002다67482 판결 등 참조.

91) 다만 다른 전부의무자가 채권자에 대한 반대채권으로 상계한 경우에는 비록 상계의 의사표시를 절차개시 후 하였더라도 상계적상이 절차개시 전이라면 채무소멸의 효과는 그 시점으로 소급하므로 그 한도에서 채권자의 권리행사에 영향을 미친다. 현존액주의는 회생절차개시 이후 채무가 소멸한 경우에 적용되는 것이기 때문이다.

92) 그러므로 회생절차가 개시된 주채무자가 회생계획에 따라 회생채권의 일부를 변제한 경우에는 보증채무 역시 그 변제액만큼 소멸하고(대법원 2017. 7. 18. 선고 2013다211551 판결, 대법원 2005. 1. 27. 선고 2004다27143 판결 등 참조), 이는 회생채권자가 일부청구임을 명시하여 보증인에 대한 채권 중 일부에 대해서만 지급명령 신청을 하여 그 지급명령이 확정된 경우에도 마찬가지이며, 이 경우 회생채권의 일부 변제에 따라 소멸하는 보증채무의 범위가 문제되는데, 특별한 사정이 없는 한 민법상 변제충당 규정을 유추적용하여 보증채무 중 지급명령이 확정된 부분부터 소멸한다거나 또는 보증채무 중 지급명령이 확정된 부분과 나머지 부분이 안분비례하여 소멸한다고 볼 수는 없고, 보증채무 중 지급명령이 확정되지 않은 부분부터 소멸한다고 보아야 한다(대법원 2017. 7. 18. 선고 2013다211551 판결 참조).

기 때문에, 채권의 만족과 관계없는 채권소멸사유의 효력은 법 제126조 제2항이
아닌 민법상 일반 원칙에 따른다. 예를 들면, 다른 연대채무자와 채권자 사이에
일부 경개나 일부 면제가 이루어진 경우에는 민법 제417조, 제419조에 따라 면
제 또는 경개의 효력이 회생채무자에게 미치는 한도에서 회생채권액이 감소한
다고 본다.[93]

나. 보증인에 대한 회생절차에서 현존액주의

보증채무는 주된 채무와 동일한 급부를 목적으로 하는 것을 원칙으로 하므
로 원래 주채무자와 보증인과의 관계도 법 제126조의 '여러 명이 각각 전부의
이행을 할 경우'에 해당한다. 법 제127조는 "보증인인 채무자에 관하여 회생절
차가 개시된 때에는 채권자는 회생절차개시 당시 가진 채권의 전액에 관하여
회생채권자로서 권리를 행사할 수 있다."라고 규정하여 보증인에 관하여 회생절
차가 개시된 때에는 보증채무의 보충성에 따른 최고 및 검색의 항변권(민법 제437조, 제438조)
에도 불구하고 채권자는 바로 회생절차개시 당시의 채권액을 가지고 회생절차
에 참가할 수 있도록 하고 있다.[94]

다. 법인의 채무에 대해 무한 또는 유한 책임을 지는 자와 관련한 회생 절차상 절차 참가

구 회사정리법은 적용대상을 주식회사로 한정하고 있었음에 반하여, 법은
주식회사 이외의 법인을 포함하는 것으로 그 적용대상을 확대하고 있는데
(법 제1조, 제34조), 그 가운데에는 법인의 사원이 직접 법인의 채권자에 대하여 무한책임
을 부담하는 경우가 있다. 이와 같은 무한책임을 부담하는 자는 법 제127조에서
규정한 보증인에 준하는 지위에 있으므로,[95] 법은 법인의 채무에 대하여 무한책
임을 지는 자에 관하여 회생절차개시의 결정이 있는 경우에는 해당 법인의 채

---

93) 条解(中), 354면 이하.
94) 이에 대하여는 주채무자의 변제 등 구상권 행사나 변제자대위와 같은 문제가 발생할 여지가
    없는 채권의 절대적 소멸의 경우에는 비록 회생절차개시 후의 사유라도 회생절차의 채권액에
    영향을 미쳐야 하고, 따라서 회생계획에서는 그 감소된 잔액을 기초로 권리변경이 이루어져야
    다른 회생채권자들과 형평에 어긋나지 않는다는 의견이 있다. 김용덕, "회사정리절차와 채권자
    의 지위", 청주법률논단, 충북법률실무연구회(2000), 448면 참조. 판례는 이 경우에도 현존액주
    의를 적용하고 있다(대법원 2005. 1. 27. 선고 2004다27143 판결 참조).
95) 합명회사의 사원이나 합자회사의 무한책임사원은 회사의 재산으로 회사의 채무를 완제할 수
    없는 경우, 회사재산에 대한 강제집행이 주효하지 못한 경우에 회사의 채무에 대하여 무한책임
    을 부담하는바(상법 제212조, 제269조 참조), 이는 최고·검색의 항변권을 갖는 보증채무자와
    유사하다.

권자는 회생절차개시 당시에 가진 채권의 전액에 관하여 회생절차에 참가할 수 있다(법제128조)고 규정하고 있다. 합명회사의 사원 및 합자회사의 무한책임사원과 같이 법인의 채무에 대하여 무한의 책임을 지는 경우에는, 채권자의 입장에서 보면 여럿이 각각 전부의 이행을 하여야 하는 의무를 지는 경우(법제126조)와 같이 동일한 채권에 대한 인적 담보로 기능하기 때문이다.

한편 유한책임사원은 그 출자가액에서 이미 이행한 부분을 공제한 가액을 한도로 하여 회사채무를 변제할 책임이 있을 뿐인데(상법 제279조제1항), 이와 같은 유한책임사원에 대하여 회생절차가 개시된 경우 법인의 채권자 다수가 회생절차에 참가하는 데 따른 혼잡을 피하기 위하여 법은 법인의 채권자가 회생절차에 참가할 수 없다(법 제129조제1항)고 규정하고 있다. 이때 법인은 미이행 출자액을 회생채권으로 행사할 수 있고, 이로써 법인의 채권자들의 이익 또한 보호된다.[96]

나아가 법인에 대하여 회생절차개시의 결정이 있는 경우에 법인의 채권자는 법인의 채무에 관하여 유한의 책임을 지는 사원에 대하여 그 권리를 행사할 수 없다(법 제129조제2항)고 규정하고 있는데, 이는 법인에 대한 회생절차가 개시되면 관리인이 유한책임사원에 대한 출자청구권 등을 행사하게 되므로 관리인의 권리행사를 채권자들의 개별적 권리행사보다 우선시킨 것이다.[97]

라. 전부의무자의 장래의 구상권 및 변제자대위

1) 장래의 구상권 행사의 허용

다수의 전부의무자 중 일부에 대하여 회생절차가 개시된 경우 채권자는 회생절차에서 채권 전액의 만족을 기대할 수 없는 것이 보통이므로, 다른 전부의무자에게 청구를 하게 되고, 이러한 경우 청구를 받은 자가 채권자에게 변제를 하여 면책을 얻은 후 채무자에게 구상을 하려고 해도 이미 회생절차가 종결되거나 회생계획인가결정이 있다면 문제이다. 그리하여 법 제126조 제3항은 사전구상을 일반적으로 인정하지 않는 민법의 원칙(민법 제442조)을 수정하여 회생절차가 개시된 때에는 장래의 구상권을 행사할 수 있도록 하고 있다.

즉 여럿의 의무자 전부 또는 일부에 대하여 회생절차가 개시된 경우, 장래에 채권자에게 변제하거나 기타 자기의 출재로 공동의 면책을 함으로써 회생절차에서 전부 또는 일부의 구상을 할 수 있는 자는 현실적으로 변제 등을 하기

---

96) 온주(로앤비), 채무자회생법(2015), 제129조 참조.
97) 온주(로앤비), 채무자회생법(2015), 제129조; 전대규, 522-523면 참조.

전이라도 그 장래의 구상권을 회생채권으로 행사할 수 있다(법 제126조 제3항 본문).[98] 이에 따라 회생채무자에 대하여 구상권을 가지는 다른 전부의무자와 채권자 사이의 회생절차상 권리를 조정할 필요가 생기므로, 법 제126조 제3항, 제4항은 같은 조 제1항, 제2항에서 정한 법률관계를 전제로 다른 전부의무자와 회생채무자 사이의 구상관계를 규정하고 있다.

2) 채권자의 권리행사와의 관계

채권자가 채권 전액을 가지고 회생채권자로서 권리행사를 한 경우에는 장래의 구상권 행사는 배제된다(법 제126조 제3항 단서). 따라서 채권자가 채권의 일부에 관하여만 권리를 행사한 때에 장래의 구상권자는 잔액의 범위 내에서 권리를 행사할 수 있게 되고, 만약 구상권자가 이 권리의 행사를 게을리하여 채권 신고를 하지 않으면 실권된다.[99] 이와 같은 규정은 채권자의 권리와 구상권자의 권리 중 채권자 권리의 우월성을 인정함과 아울러 동일한 채무에 대하여 이중의 권리행사가 이루어지지 않도록 한 것이다.

채권자의 권리신고와 구상권자의 권리신고 사이에 경합이 있을 때에는 관리인 및 다른 이해관계인은 후자에 대하여 이의할 수 있고, 회생채권 조사확정재판, 이의의 소 또는 회생채권 확정의 소송에서 항변할 수 있다.

3) 채권자의 회생절차 참가 시 장래의 구상권자의 변제자대위

채권자가 회생절차에 참가한 경우, 채무자에 대하여 장래에 행사할 가능성이 있는 구상권을 가지는 자가 회생절차개시 후에 채권자에 대한 변제 등으로 그 채권의 전액이 소멸한 경우에는 그 구상권의 범위 내에서 채권자가 가진 권리를 행사할 수 있다(법 제126조 제4항). 이때 '채권 전액'이라 함은 회생계획인가결정으로 인하여 권리의 변경(법 제252조 제1항 참조)이 되기 이전의 원래의 채권액 전부를 의미하므로, 주채무자에 대해 회생절차가 개시된 경우 연대보증인이 회생계획인가 후 변제한 금액이 회생계획에 따라 감면되고 남은 주채무자의 채무액을 초과하더라도 연대보증계약에 따른 채권자의 채권액에는 미치지 못한다면 회생절차개시 후에 채권자의 채권액 전부를 변제한 것으로 볼 수 없다.[100]

---

98) 이러한 채권신고는 예비적 신고가 아니다. 그러나 스스로 사전구상권 행사임을 밝히지 않고 막연히 회생채권으로 신고하는 경우가 많으므로 주의를 요한다.

99) 대법원 1995. 11. 10. 선고 94다50397 판결. 위 판결은 채무자의 연대보증인 등 장래의 구상권자가 구상금 채권을 가지고 회생절차에 참가한 바 없다면, 그 후에 연대보증인이 채무자의 채권자에 대하여 변제한 금액 중 채권자가 회생채권으로 신고하여 확정된 부분을 초과하는 부분에 대한 연대보증인의 구상권은 상실된다고 판시하였다.

100) 대법원 2021. 11. 11. 선고 2017다208423 판결.

채권 전액의 소멸시기가 채권자의 채권신고 전이라면 법 제148조, 제149조, 제152조에 의하여 회생채권 또는 회생담보권의 신고를 할 수 있고, 채권자가 신고를 한 후라도 회생계획인가결정 전이라면 신고명의의 변경을 받아 절차상 권리를 대위행사할 수 있다(법제154조). 이때 채권자는 채권신고를 취하해서는 안 되고, 변제를 한 구상권자의 신고명의 변경에 협조하여야 한다. 한편 회생계획인가결정 후에는 신고명의의 변경이 인정되지 아니하므로,[101] 관리인에게 권리이전사유를 입증하거나 대항요건을 갖추어 직접 회생계획상의 변제를 받을 수 있다.

그러나 대위변제 등으로 채권의 일부만 소멸한 때[102]에는 채권자만이 회생절차개시 당시 가진 채권의 전액에 관하여 회생채권자로서 권리를 행사할 수 있을 뿐 채권의 일부에 대하여 대위변제를 한 구상권자가 자신이 변제한 가액에 비례하여 채권자와 함께 회생채권자로서 권리를 행사할 수는 없다. 법 제126조 제4항에 따라 구상권자 1인이 전액 변제한 경우에는 대위변제로 취득한 구상권의 범위 내에서 채권자의 권리를 대위행사하고, 2인 이상의 구상권자가 공동하여 전액 변제를 한 경우에는 각 구상권자가 변제액의 비율에 따라 대위하게 된다.[103] 이는 종래의 실무를 입법화한 것이다.[104][105]

101) 신고명의의 변경은 회생계획인가 후에는 할 수 없다. '제10장 제4절 5.' 참조.
102) 주채무자에 대한 회생절차에서 보증인이 채권의 일부만 변제한 경우 채권자의 주채무자에 대한 채권 가운데 회생계획인가결정으로 권리의 변경이 되고 난 이후의 잔존부분과 면제부분 중 어느 부분에 우선 충당되는지가 문제될 수 있다. 법 제126조 제2항, 제4항의 규정 취지 및 여러 명의 전부의무자를 확보한 채권자를 위한 인적 담보의 기능을 존중하려는 현존액주의 원칙에 비추어 면제부분에 우선 충당된다고 봄이 타당하다.
103) 다만 채권자가 전부의무자에게 일부 채권을 양도하여 이것이 전부의무자에 대하여 회생채권에 관한 우선변제권을 부여하거나 안분하여 회생채권에 관한 권리를 행사할 수 있도록 한다는 의미로 해석되는 경우에는, 전부의무자는 법 제126조 제4항과는 별도로 양수받은 회생채권을 행사할 수 있을 것이다. 대법원 2006. 4. 13. 선고 2005다34643 판결은 정리채권자가 정리회사 보증인으로부터 일부 변제를 받으면서 채권양도계약서를 작성하였으나 이는 향후 정리채권에 관한 완전한 변제가 이루어졌을 경우 채권을 대신 행사할 수 있도록 한다는 의미에 불과하다고 보았다.
104) 예를 들어 채무자의 채무가 400만 원인 경우에 회생절차개시 후에 보증인 갑이 100만 원, 보증인 을이 200만 원을 변제하였더라도 그 변제액이 채무액의 전액에 미치지 못하므로, 채권자는 회생절차개시 당시에 가지는 400만 원의 채권에 관하여 회생채권자로서 권리를 행사하게 된다. 따라서 회생계획에서 채권액이 1/4인 100만 원으로 감축된 경우에는 채권자는 100만 원 전액에 대하여 변제를 받게 되고, 채권액이 1/2인 200만 원으로 감축된 경우에는 채권자는 그 중 100만 원에 대하여 변제를 받고, 갑과 을은 나머지 100만 원에 대하여 1:2의 비율로 변제받게 되는데, 회생계획상 200만 원을 2년간 균등 분할변제하도록 정하고 있다면, 1차 연도에 변제되는 100만 원은 채권자가 먼저 변제받게 된다. 실무상으로는 회생계획을 정함에 있어 이와 같은 해석에 따라 채권자와 대위자 사이의 권리행사의 순위를 명문화하는 경우가 많다.
105) 구 회사정리법 제110조 제2항은 장래 구상권자가 변제한 때에는 '변제의 비율'에 따라 채권자의 권리를 취득한다고 규정하고 있어 장래 구상권자가 채권의 전액이 아닌 일부를 변제한 경우에도 채권자의 권리를 대위행사할 수 있는지가 문제되었다. 종래 실무는 채권자가 채권 전액의 만족을 얻게 되는 경우에 구상권자가 그 변제액의 비율에 따라 채권자를 대위한다는 의미로 보았고, 따라서 채권의 일부만이 소멸한 경우에는 위 규정에 따른 대위를 허용하지 않았다.

한편 구상권자의 대위변제액이 주채권자의 채권신고액을 초과하는 경우, 구상권자가 추완신고 등의 방법으로 차액에 관하여 권리를 행사할 수 있는지가 문제된다. 채권자의 채권신고 전에 변제 등으로 채권 전액이 소멸한 경우 구상권자는 법 제148조 등에 의하여 회생채권 등의 신고를 할 수 있고, 이때 대위변제한 주채무의 원리금, 지연손해금 등 전액을 구상원금으로 삼아 구상권을 행사할 수 있다. 그러나 개시 후에 대위변제함으로써 법 제126조 제4항에 따라 채권자의 권리를 행사하는 경우에는 채권자의 회생채권 등이 그 동일성을 유지하면서 구상권자에게 그 변제의 비율에 따라 이전될 뿐이어서, 당초 채권자가 신고한 회생채권 등의 범위 내에서만 권리를 행사할 수 있다. 따라서 신고기간 경과 후에 대위변제를 함으로써 구상금 채권이 발생하였다고 하더라도 구상권자가 대위변제액과 채권자의 회생채권 신고액과의 차액에 대하여 법 제153조 제1항에 의한 신고기간 경과 후 생긴 회생채권 등의 추완신고를 할 수 없으며, 같은 법 제152조 제4항에 의하여 신고된 회생채권 중 이자를 원금으로 변경하는 신고도 허용되지 않는다.[106)]

채무자의 채무의 담보로서 자기 소유물 위에 담보권을 설정한 물상보증인의 장래의 구상권도 법 제126조 제3항과 제4항의 법리가 적용된다(법 제126조 제5항). 따라서 물상보증인이 자신이 담보로 제공한 목적물의 환가 등에 의하여 채권자의 채권 일부가 변제되었다고 하더라도 채권 중 그 담보목적물의 환가로 변제되지 않은 부분이 있는 경우에는(채권 전액이 소멸하지 않은 경우에는) 구상권을 행사할 수 없다.

대법원도 위 조항을 같은 취지로 해석해 왔다(대법원 2009. 9. 24. 선고 2008다64942 판결, 대법원 2006. 4. 13. 선고 2004다6221 판결 등). 법 제126조 제4항은 이러한 실무와 판례의 해석을 명문화한 것이다.

106) 구 회사정리법하의 대법원판결로는, 대법원 2002. 1. 11. 선고 2001다11659 판결 참조. 이는 정리절차개시 후의 이자 또는 손해배상 등을 원금과 달리 후순위정리채권으로 규정한 구 회사정리법(구법 제121조 제1호, 제2호)하의 판결로서 회생절차개시 후의 이자 또는 손해배상 등을 회생채권으로 규정하고 있는 현행법(법 제118조 제2호, 제3호)하에서 그대로 유지될 수 있는지가 문제될 수 있다. 그러나 현행법하에서도 회생절차개시 후의 이자 또는 손해배상에 대하여는 의결권 행사가 금지되고(법 제191조 제3호), 권리의 순위에 있어서도 일반 회생채권에 비하여 열등한 취급을 받을 수 있는 등(법 제218조 제1항 제2호) 그 법적 효력에 있어 원금과 엄연한 차이가 있는 점, 현존액주의를 규정한 법 제126조 제4항의 취지가 채권자의 권리와 구상권자의 권리 모두가 회생절차상의 권리인 경우 구상권의 행사범위를 채권자의 회생절차상 권리의 범위 내로 제한하고자 한 것으로 보이는 점에 비추어 보면, 현행법하에서도 위 대법원판결과 마찬가지로 보아야 할 것이다.

마. 일부보증에 대한 현존액주의 적용

여러 명의 보증인이 채무의 일부를 각기 부담한 경우에 그 부담 부분에 관하여는 전부 이행의 의무를 지는 경우와 성질이 같으므로 법 제126조, 제127조의 규정이 준용되고 있다(법 제130조).[107] 현존액주의는 여럿이 1개 채권의 전부에 대하여 각자 이행을 하여야 하는 경우뿐만이 아니라 채권의 일부에 대하여 채무가 병존하는 경우(예를 들어, 주채무자 갑의 5,000만 원의 채무 중 3,000만 원에 관하여 갑1, 갑2, 갑3이 보증을 한 경우[108])에도 중첩적으로 채무를 부담하는 부분에 관하여는 전부의무자와 마찬가지로 적용된다는 취지이다. 채무의 일부를 부담하는 여럿의 보증인들 중 일부에 대하여 회생절차가 개시된 경우에도 법 제127조가 준용되어 그 보증인의 관리인은 최고·검색의 항변권을 행사할 수 없다.

1) 보증인들 사이에 분별의 이익이 없는 경우

여러 명의 보증인들 사이에 분별의 이익이 없는 경우(보증연대 또는 연대보증의 경우)에는 주채무자와 각각의 보증인 사이에서만이 아니라 보증인들 사이에서도 전부의무자 관계가 성립한다. 그러므로 위의 사례에서 보증인들 중 일부(갑1, 갑2)에 대하여 회생절차가 개시된 경우 어떤 회생절차(갑1의 회생절차)에서 변제가 되더라도 부담부분 전액(3,000만 원)에 달하지 않은 이상 채권자는 여전히 다른 회생절차(갑2의 회생절차)에서 회생절차개시 당시 가지는 채권 전액(3,000만 원)에 관하여 그 권리를 행사할 수 있고, 마찬가지로 회생절차개시 후 어떤 전부의무자(갑3)에 의하여 일부 변제가 되더라도 그것이 부담부분 전액에 이르지 않는 한 각 회생절차에서 채권자가 행사할 수 있는 회생채권액은 감축되지 아니한다(법 제126조 제2항).

만약 채권자가 주채무자나 어떤 보증인(갑1)의 회생절차에서 채권신고를 하지 않았다면, 다른 보증인(갑2의 관리인, 갑3)은 주채무자 갑에 대한 회생절차에

---

107) 일부보증의 경우 보증인이 변제자대위를 행사하려면 채권자의 채권 전액을 변제하여야 하는지 해당 보증인이 보증하는 부분을 변제한 것으로 족한지에 관하여는 논란이 있다. 구체적인 논의에 관하여는, 김정만, "도산절차상 현존액주의 — 일부보증 및 물상보증을 중심으로 —", 회생과 파산 1(2012), 사법발전재단, 310면 이하 참조. 보증하는 부분의 변제로 족하다고 본 하급심 결정으로, 대전고등법원 2010. 12. 31. 자 (청주)2010라38 결정(확정).
108) 다음에서 보는 바와 같이, 보증인들 사이에 분별의 이익이 있는 경우에는 갑1, 갑2, 갑3이 각각 1,000만 원에 관하여 보증채무를 부담하는 것이 되고(이에 따라 주채무자와 각 보증인 사이에서만 1,000만 원에 관하여 법 제126조 제1항이 말하는 전부의무자 관계에 있게 된다), 분별의 이익이 없는 경우에는 주채무자와 보증인들이 각자 부담부분 전부(3,000만 원)를 이행하여야 하므로 보증인들 상호간에도 전부의무자 관계가 있게 된다. 온주(로앤비), 채무자회생법(2015), 제130조; 전대규, 523면 이하 참조.

서는 일부보증 부분 전액(3,000만 원), 보증인 갑1의 회생절차에서는 그 보증인의 내부적 부담부분에 상응하는 금액(만약 보증인들 사이의 부담부분이 평등한 경우라면 1,000만 원이 될 것이다)의 장래구상권을 각각 회생채권으로 행사할 수 있다 (법 제126조 제3항).

2) 보증인들 사이에 분별의 이익이 있는 경우

보증인들 사이에 분별의 이익이 있는 경우(여럿의 보증인이 주채무 중 개별 부분을 각각 보증하는 것)에는 보증인들 중 일부(갑1, 갑2)에 대하여 회생절차가 개시된 때에 각 보증인의 부담부분(1,000만 원)에 관하여 주채무자와 사이(갑과 갑1, 갑과 갑2, 갑과 갑3)에서만 현존액주의가 준용되고, 보증인들 상호간에는 준용되지 않는다.

이때 주채무자와 보증인 중 일부에 대하여 회생절차가 개시되면 채권자는 주채무자에 대한 절차에서는 그에 대한 채권 전액(5,000만 원)을, 보증인에 대한 절차에서는 그 부담부분(1,000만 원)을 각 회생채권으로 행사할 수 있다. 또한 보증인들은 각각 1,000만 원의 한도에서 주채무자에 대하여 장래구상권을 가지므로, 이에 대하여는 법 제126조 제3항, 제4항에 따라 처리하게 된다.

7. 회생채권자의 지위

가. 회생채권의 개별적 행사 및 변제의 금지[109]

1) 회생절차 중에 있는 회생채권의 개별적 행사를 인정하면 채무자의 사업의 정리·재건을 도모하기 어렵다. 따라서 회생절차가 개시된 경우에 회생채권의 개별적 행사는 금지된다. 구체적으로 살펴보면 첫째, 회생절차개시 후에는 회생채권에 관하여 목록의 기재 또는 채권신고와 채권조사의 결과를 기다리지 않고 바로 소를 제기할 수 없다. 또 절차개시 당시 계속 중인 회생채권에 관한 소송은 절차의 개시에 의하여 중단되고(법 제59조 제1항), 후에 그 회생채권에 관하여 분쟁이 있으면 수계를 통하여 소송절차가 계속된다(법 제172조). 둘째, 회생절차개시결정이 있으면 회생채권에 기하여 채무자의 재산에 대한 강제집행·가압류·가처분을 새로이 신청하는 것은 허용되지 않고, 또 이미 행한 개별 집행절차는 중지된다(법 제58조 제1항 제2호·제2항 제2호).[110][111] 국세징수의 예에 의하여 징수할 수 있는 청구권으로서

---

109) 아래 논의는 회생담보권의 경우에도 그대로 적용된다.
110) 대법원 2004. 4. 23. 선고 2003다6781 판결. 위 판결은 회생담보권자인 주식의 약식질권자가

그 징수우선순위가 일반 회생채권보다 우선하지 아니한 것에 기한 체납처분 또한 마찬가지로 금지·중지된다($\frac{법 제58조 제1항}{제3호 · 제2항 제3호}$). 회생채권인 조세채권 등에 기한 체납처분 및 조세채무담보를 위하여 제공된 물건의 처분도 회생절차개시결정일부터 일정 기간 동안 금지·중지된다($\frac{법 제58조}{제3항}$).[112]

   2) 또한 원칙적으로 회생채권에 관하여는 회생절차가 개시된 후에는 법에 특별한 규정이 있는 경우를 제외하고는 회생계획에 규정한 바에 따르지 아니하고는 변제하거나 변제받는 등 이를 소멸하게 하는 행위(면제를 제외한다)를 하지 못한다($\frac{법 제131조}{본문}$). 이는 회생절차에 있어서 회생채권의 변제는 회생계획에 의한 자본구성 변경과 불가분의 관계에 있으므로 종전의 채권·채무관계는 일단 동결할 필요가 있고, 만약 변제를 금지하지 아니하면 채무자의 적극재산이 감소되어 기업의 유지를 도모할 수 없으며, 일부 회생채권자에게만 회생계획에 의하지 아니하고 우선 변제하는 것은 회생채권자 사이의 공평을 해할 염려가 있기 때문이다.[113] 만일 이에 위반하여 변제 등 채무소멸행위를 하였다면 이는 무효가 되고,[114][115] 그 채권은 소멸하지 않은 것으로 취급된다. 금지되는 채무소멸행위로는 변제가 전형적인 경우이지만, 그 밖에 대물변제, 경개, 공탁 등도 포함되

주식의 소각대금채권에 대하여 물상대위권을 행사하기 위하여는 민법 제342조, 제355조, 구 민사소송법(2002. 1. 26. 법률 제6626호로 전문 개정되기 전의 것) 제733조 제2항, 제3항에 의하여 질권설정자가 지급받을 금전 기타 물건의 지급 또는 인도 전에 압류하여야 하나, 한편 구 회사정리법 제67조 제1항에서 개별집행절차개시를 금지하는 규정을 둔 목적의 하나는 정리채권과 정리담보권 모두가 회사정리절차에 따라야 한다는 회사정리절차의 기본구조를 뒷받침하려는 데 있으므로 회사정리절차개시결정이 있은 후에는 물상대위권의 행사를 위한 압류의 허용 여부와는 별도로 추심명령은 그 효력을 발생할 수 없다고 판시하였다.

111) 대법원 2007. 9. 21. 선고 2006다9446 판결. 위 판결은 추심명령에 기한 집행채권자의 추심금 청구에도 불구하고 제3채무자가 집행채무자에 대하여 구 회사정리법에 의한 회사정리절차의 개시가 임박하였음을 인식하면서 그 추심금 청구에 불응하여 추심금을 지급하지 아니하고 있던 중에 집행채무자에 대하여 회사정리절차가 개시되어 집행채권자가 받았던 추심명령이 취소되고 집행채권이 정리계획에 따라 감액되었다고 하더라도, 위와 같은 제3채무자의 추심금 지급 거절을 가리켜 위법한 행위에 해당하는 것으로 볼 수 없고, 집행채권자가 받은 추심명령의 취소 또는 정리계획에 따른 집행채권의 감액 등으로 인한 집행채권자의 손해와 상당인과관계가 있는 것으로 볼 수도 없다고 판시하였다.

112) 구체적인 금지·중지의 내용 및 기간에 관하여는, '제9장 제2절 6. 다.' 참조.

113) 대법원 2018. 9. 13. 선고 2015다209347 판결, 대법원 1998. 8. 28. 자 98그11 결정.

114) 대법원 1980. 10. 14. 선고 80도1597 판결. 위 판결은 구 회사정리법 제112조 규정에 위반하여 한 채무의 변제행위는 원칙적으로 무효이고, 또한 그 변제행위가 유효임을 전제로 하여 나머지 채무를 면제한 행위도 무효이며, 따라서 정리회사의 관리인대리가 위 법 규정에 위반하여 임의로 채권자들에게 변제한 경우, 위 채무는 소멸되지 않고 현재도 존속하고 있다고 할 것이고, 관리인대리가 법률상 효력도 없는 채무변제를 함으로써 특단의 사정이 없는 한 정리회사·주주 및 기타 채권자에게는 재산상 손해를 가하고 위 채권자들에게는 재산상 이익을 얻게 하였다고 할 것이므로 업무상 배임죄의 죄책을 면할 수 없다고 판시하였다.

115) 절대적으로 무효라 본다[条解(中), 374-375면]. 한편 보전처분에 반한 행위의 효력에 관하여는, '제4장 제1절 2.' 참조.

며, 다만 채권자가 하는 면제는 채무자 자산의 출연을 수반하지 않기 때문에 금지 대상에서 제외된다.

법 제131조에서 금지하는 행위에는 회생채무자 또는 관리인에 의한 회생채권 변제뿐만 아니라, 제3채무자가 하는 변제,[116] 회생채무자 또는 관리인에 의한 상계[117]와 보증인 등 제3자에 의한 상계도 포함되는바, 위 규정은 행위의 주체를 한정하지 않고 있는 데다가 이러한 상계도 '회생채권을 소멸하게 하는 행위'에 해당하기 때문이다.[118]

3) 그러나 회생절차에 의하지 아니한 권리행사가 금지된다고 하여도 기존에 정하여진 변제기는 그대로 유효하며, 특히 금전채무불이행의 경우 채무자는 과실 없음을 항변하지 못하므로(민법 제397조 제2항) 변제기를 도과한 경우에는 지연손해금이 발생한다.[119]

4) 한편 위와 같은 개시결정의 효과는 당해 채무자에만 미칠 뿐 보증인 등 제3자에게까지 미치는 것은 아니므로, 채권자의 보증인에 대한 권리행사나 물상보증인에 대한 저당권 실행에는 지장이 없다. 법 제131조는 회생절차의 목적을 달성하기 위하여 채무자의 재산이 감소되는 것을 방지하기 위한 규정이기 때문이다.

또한 주된 납세의무자에 대하여 회생절차가 개시되어도 제2차 납세의무자에 대한 체납처분은 방해받지 않는다. 발행인인 채무자에 대한 회생절차에서 어음소지인의 어음채권이 회생채권으로 확정되었더라도 어음법상 합동책임을 부담하는 어음배서인에 대하여 소구권을 행사하는 것이 이중으로 권리를 취득하게 된다거나 신의칙에 반한다고 볼 수 없다.[120]

---

116) 条解(中), 372면 참조. 이에 따라 채무자가 제3채무자에 대하여 가지는 채권에 대한 압류·추심명령이 송달된 후 채무자에 대하여 회생절차가 개시된 경우, 제3채무자는 회생채권자인 압류채권자에게 임의로 변제할 수 없다. 다만 제3채무자의 공탁은 허용된다(민법 제487조).

117) 다만, 회생채권자 또는 회생담보권자는 법 제144조에 따라 일정한 범위에서 회생절차에 의하지 아니한 상계를 하는 것이 허용된다.

118) 대법원 2018. 11. 29. 선고 2015다240201 판결, 대법원 2018. 9. 13. 선고 2015다209347 판결 등 참조. 위 각 판결에서 대법원은, 건설산업기본법에 따라 계약보증을 한 건설공제조합이 민법 제434조에 따라 일반적으로는 채무자의 채권에 의한 상계로 보증채권자에게 대항할 수 있다고 하더라도, 채무자에 대하여 회생절차가 개시된 경우에는 법 제131조 본문의 금지규정에 의하여 건설공제조합이 민법 제434조에 따른 상계로 보증채권자의 회생채권을 소멸시킬 수 없다고 판시하였다.

119) 대법원 1982. 5. 11. 선고 82누56 판결은, 정리채권인 조세채권에 관하여는 징수유예를 받거나 법원의 허가를 얻어 납부할 수 있으므로 조세채권이 정리채권에 해당한다는 사유만으로 납부기한 도과에 정당한 사유가 있었다고 볼 수 없다고 하여 가산금이 발생한다는 취지로 판시하였다.

120) 대법원 1998. 3. 13. 선고 98다1157 판결.

하도급거래 공정화에 관한 법률상의 원사업자에 해당하는 채무자에 대하여 회생절차가 개시된 경우, 수급사업자가 발주자에 대하여 위 법률 제14조에 따라 하도급대금의 직접지급을 청구하는 것도 허용된다.[121]

나. 변제금지의 원칙에 대한 예외

1) 개 요

법은 아래 2), 3)과 같이 중소기업자가 그가 가지는 소액채권을 변제받지 아니하면 사업의 계속에 지장을 초래할 우려가 있는 경우 또는 채무자의 회생을 위하여 필요하다고 인정되는 경우 예외적으로 회생계획인가 전이라도 회생계획에 의하지 아니하고 관리인·보전관리인·채무자가 법원의 변제허가를 받아 변제할 수 있도록 특칙을 두고 있다(법제132조). 이 특칙에 따라 법원이 변제허가를 함에 있어서는 반드시 관리위원회와 채권자협의회의 의견을 들어야 하며(의견조회의 양식은 [별지 79, 80] 참조), 채무자와 채권자의 거래상황, 채무자의 자산상태, 이해관계인의 이해 등 모든 사정을 참작하여야 한다(법 제132조 제3항).[122] 법원의 변제허가 여부의 결정에 대한 불복은 허용되지 않는다(별제13조). 한편 법원이 법 제132조에 따라 회생절차에 의하지 아니한 변제를 허가하였다 하더라도, 그 효과는 법 제131조 본문에서 정한 회생채권 소멸금지의 효력이 해제됨에 그칠 뿐이고, 허가받은 내용대로 변제가 이루어지지 아니한 경우에 회생절차와 무관하게 개별적인 권리행사에 나아갈 수 있는 것은 아니다.[123][124]

또한 국세징수법 또는 지방세징수법에 의하여 징수할 수 있는 청구권(국세징수의 예에 의하여 징수할 수 있는 청구권으로서 일반 회생채권보다 우선하는 것을 포함한다)으로서, 그 체납처분이나 담보물건의 처분 또는 그 속행이 허용된 경우[125] 또는 체납처분에 의한 압류를 당한 채무자의 채권(압류의 효력이 미치는 채

---

121) 대법원은 영세한 수급사업자의 보호를 위해 원사업자가 파산한 경우에 인정되는 하도급대금 직접청구제도가 원사업자에 대하여 회사정리절차가 개시된 경우라 하여 배제될 이유는 없는 것이므로, 정리채권의 소멸행위를 금지하는 구 회사정리법 제112조의 규정에 의하여 하도급거래 공정화에 관한 법률 제14조의 적용이 배제되어야 한다고 볼 수 없고, 이러한 하도급대금 직접청구가 구 회사정리법 제67조 제1항이 금지하는 회사재산에 대한 강제집행에 해당하지도 않는다고 보았다(대법원 2007. 6. 28. 선고 2007다17758 판결).

122) 한편 회생절차개시 전에 법원이 보전처분을 한 다음 변제허가를 하는 경우 관리위원회 및 채권자협의회의 의견조회 절차를 거치지 않는 것이 다수의 실무례이다.

123) 대법원 2004. 4. 23. 선고 2003다6781 판결 참조.

124) 그러므로 관리인이 회생채권자에게 법원의 변제허가를 받아 변제하겠다는 약속을 한 경우라도, 회생채권자로서는 현실적으로 변제를 받을 때까지 채권신고 등 회생절차에서 요구하는 절차를 반드시 밟아야 실권되지 않는다. 전대규, 532면 참조.

125) 조세 등 청구권에 의한 체납처분이나 담보물건의 처분은 원칙적으로 회생절차개시결정이 있

권을 포함한다)에 관하여 그 체납처분의 중지 중에 제3채무자가 징수의 권한을 가진 자에게 임의로 이행하는 경우는 변제금지의 대상이 아니다(법 제131조 단서).

위와 같은 변제금지 원칙의 예외로서 변제한 회생채권은 회생계획에 그 허가 건수와 총액을 개괄적으로라도 명시하여야 한다(법 제198조).[126]

2) 중소기업자의 소액채권(법 제132조 제1항)

채무자를 거래상대방으로 하는 중소기업자가 채무자에 대하여 갖는 소액채권의 변제를 받지 아니하고서는 사업의 계속에 지장을 초래할 우려가 있을 때에는 법원은 회생계획인가결정 전이라도 관리인·보전관리인 또는 채무자의 신청에 의하여 그 전부 또는 일부의 변제를 허가할 수 있다. 이 규정은 협력업체들의 보호를 위하여 1981년 구 회사정리법 당시 도입된 조항이었는데,[127] 법에서는 채무자의 거래상대방이 채무자를 주된 거래 상대방으로 하지 아니하여도 회생계획인가 전에 변제를 받을 수 있도록 요건을 완화하였다. 또한 개정 전 법은 중소기업자의 사업계속에 "현저한" 지장을 초래할 우려가 있을 것을 요건으로 정하고 있었는데, 2016. 5. 29. 법 개정으로 "현저한" 부분이 삭제됨으로써 변제허가의 요건이 더욱 완화되었다.[128]

위 허가대상으로 되기 위하여는 '중소기업자'·'소액채권'·'중소기업자가 그 변제를 받지 않으면 사업의 계속에 지장을 초래할 우려가 있는 경우'의 세 가지 요건이 충족되어야 한다. 그런데 채무자와 관련이 있는 중소 협력업체의 구성이나 형편 등은 채무자별로 차이가 크기 때문에 위와 같은 요건들을 한마디로 정의하기에는 어려움이 많다. 결국 법원으로서는 중소기업의 연쇄도산을 방지하기 위한 입법목적과 이해관계인의 사정을 종합적으로 고려하여 공정·형평의 관념에

는 날부터 2년간(그 전에 회생계획이 인가되거나 회생절차가 종료하는 경우에는 그 인가일 또는 종료일까지) 금지·중지되나, 회생에 지장이 없다고 인정되는 때에는 법원은 중지한 절차 또는 처분의 속행을 명할 수 있다(법 제58조 제5항).

126) 실무상 회생계획의 '시인된 총채권의 변동내역' 중 변제로 소멸한 내역으로 정리하고 있다.

127) 구 회사정리법 제112조의2 (정리채권의 변제허가) ① 회사를 주된 거래상대방으로 하는 중소기업자가 회사에 대하여 갖는 소액채권의 변제를 받지 아니하고서는 사업의 계속에 현저한 지장을 초래할 우려가 있을 때에는 법원은 정리계획인가결정 전이라도 보전관리인, 관리인 또는 회사의 신청에 의하여 그 전부 또는 일부의 변제를 허가할 수 있다.
② 법원은 정리채권을 변제하지 아니하고는 회사의 갱생에 현저한 지장을 초래할 우려가 있다고 인정되는 경우에는 정리계획인가결정 전이라도 보전관리인, 관리인 또는 회사의 신청에 의하여 그 전부 또는 일부의 변제를 허가할 수 있다.

128) 한편 2016. 5. 29. 개정법은 상거래채권자에 대한 보호를 강화하기 위하여 회생계획인가 요건인 평등의 원칙에 위반되지 않는 사유로 "채무자의 거래상대방인 중소기업자의 회생채권에 대하여 그 사업의 계속에 현저한 지장을 초래할 우려가 있어 다른 회생채권보다 우대하여 변제하는 때"를 추가하였다(법 제218조 제1항 제3호). 이에 관한 자세한 내용은 '제13장 제3절 3. 나.' 참조

반하지 않는 범위 내에서 개별 사안에 따라 변제허가 여부를 결정하여야 한다.129)

3) 채무자의 회생을 위하여 필요한 경우(법 제132조 제2항)

법원은 회생채권의 변제가 채무자의 회생을 위하여 필요하다고 인정되는 경우에는 회생계획인가결정 전이라도 관리인·보전관리인 또는 채무자의 신청에 의하여 그 전부 또는 일부의 변제를 허가할 수 있다. 이는 1998년 구 회사정리법 개정 시 신설된 조항으로, "채무자의 회생에 현저한 지장을 초래할 우려가 있다고 인정되는 경우"를 변제허가의 요건으로 정하고 있었는데, 2016. 5. 29. 법 개정으로 "채무자의 회생에 현저한 지장을 초래할 우려" 부분이 "채무자의 회생을 위하여 필요한 경우"로 변경됨으로써 변제허가의 요건이 완화되었다. 다만 그 변제로 인하여 회생채권자 사이에 형평을 저해하는 점을 고려하여 신중하게 허가 여부를 결정하여야 한다. 예를 들면, 기존 거래처와의 거래관계가 다른 거래처로 대체 불가능하고 그 거래관계의 유지가 회생에 필수적이며 기존 거래처가 회생채권의 조기변제를 거래유지의 조건으로 요구하는 경우, 예외적으로 변제허가를 신중히 검토해 볼 수 있을 것이다.130)

다. 회생절차의 참여

회생채권에 관하여는 개별적인 권리실현이 금지되는 반면 회생채권자에게는 그 회생채권을 가지고 절차에 참가하는 자격이 인정된다(법 제133조). 따라서 회생채권자는 회생계획이 정하는 바에 따라 만족을 얻을 수 있고, 회생계획안의 심리 및 결의에 참가할 수 있다.131) 이를 위하여 회생채권자는 회생채권자의 목록

---

129) 서울중앙지방법원 2012회합128 삼환기업(주)의 경우 1억 원 이하, 2012회합183 (주)알퀜즈의 경우 200만 원 이하, 2013회합110 에스티엑스팬오션(주)의 경우 3,000만 원 이하, 2013회합186 (주)동양의 경우 100만 원 이하, 2013회합195 동양시멘트(주)의 경우 3,000만 원 이하, 서울회생법원 2020회합100189 쌍용자동차(주)의 경우 1,000만 원 이하에 해당하는 중소기업자의 상거래채권을 조기변제한 사례가 있다. 변제대상 채권액이 소액에 해당하는지 여부는 채무자 자산 및 영업의 규모, 전체 회생채권의 규모 및 구조, 당해 채권자의 영업 규모 및 현황 등을 종합적으로 고려하여 판단하고 있다. 또한 특정 금액을 기준으로 정함이 없이 위의 사정을 종합적으로 고려하여 사안별로 조기변제를 허가하거나, 회생채권 금액에 비하여 의결권행사, 분할변제 등 절차 유지 및 관리비용이 과다한 경우 원활한 회생절차 진행을 위하여 중소기업자의 요건을 완화하여 조기변제를 허가하고 있다.
130) 예를 들면, 기존 사업장의 임차관계 유지가 회생에 필수적인 상황에서 임대차 유지 및 갱신 등을 위하여 회생절차개시 전 발생한 임대료 채권의 조기변제를, 해운회사의 경우 거래관계 유지를 통한 계속영업을 위하여 항비(港費,) 화물비, 연료비, BBCHP(소유권이전부 나용선계약)상 개시 전 발생한 용선료 등의 조기변제를, 건설회사의 경우 대체인력의 확보가능성, 근로에 대한 대가라는 성격 등을 고려하여 파견사업주에 대한 용역비 중 파견근로자 임금 상당액의 조기변제를 각 허가한 예가 있다.
131) 의결권 액수의 산정에 관하여는 '제10장 제2절, 제3절' 참조.

에 기재되거나($\substack{법_제 \\ 147조}$), 법원이 정하는 신고기간 내에 회생채권을 신고하고($\substack{법_제 \\ 148조}$), 채권조사절차를 통하여 그 권리가 확정되지 않으면 안 된다. 따라서 회생채권자의 목록에 기재되지 아니하고 신고도 하지 않은 채권자는 회생절차에 참여할 수 없으며, 결국 법 제140조 제1항의 청구권을 제외하고는 회생계획에 그 권리가 인정되지 못하여 실권된다($\substack{법_제 \\ 251조}$).

라. 상계의 제한

회생채권은 회생절차에 의하지 아니하고는 권리를 행사할 수 없다고 하여도 상계까지 금지되는 것은 아니다. 회생채권자 또는 회생담보권자는 회생절차개시 당시 채무자에 대하여 채무를 부담하는 경우, 채권과 채무의 쌍방이 신고기간 만료 전에 상계할 수 있게 된 때에는 신고기간 안에 한하여 회생절차에 의하지 아니하고 상계할 수 있다($\substack{법_제144조 \\ 제1항}$). 다만 관리인에 의한 상계는, 회생채권은 회생절차에 의하지 아니하면 소멸시킬 수 없다는 법 제131조의 규정에 따라 원칙적으로 허용되지 않고 법원의 허가가 있는 경우에만 가능하다.[132] (회생절차에서 상계의 취급에 관한 자세한 사항은 '제8장 제4절' 참조).

제3절 회생담보권

1. 회생담보권의 의의

회생담보권이란 ① 회생채권 또는 ② 회생절차개시 전의 원인에 기하여 생긴 채무자 이외의 자에 대한 재산상의 청구권으로서,[133] 회생절차개시 당시 채무자의 재산상에 존재하는 유치권·질권·저당권·양도담보권·가등기담보권·「동산·채권 등의 담보에 관한 법률」에 따른 담보권·전세권 또는 우선특권으로 담보된 범위 내의 것을 말한다($\substack{법_제141조 \\ 제1항}$).

채무자의 재산에는 이미 채권자를 위한 담보권이 설정되어 있는 것이 보통인데, 만약 담보권자의 개별적인 권리행사가 가능하다면 사업계속에 필요한 생산설비 등의 일실을 초래하여 채무자의 회생이 불가능해진다. 이에 법은 회생담

---

132) 대법원 1988. 8. 9. 선고 86다카1858 판결.
133) ①은 채무자가 담보권설정자인 경우이고, ②는 채무자가 타인의 채무를 위하여 물상보증인이 되는 경우이다.

보권의 개념을 창설하여 개별적 권리행사를 금지($\frac{법 제141조}{제2항, 제131조}$)하는 대신, 회생절차에 참가하여($\frac{법 제141조}{제3항·제4항}$), 회생계획인가결정에 따른 면책이나 권리변경의 대상이 되어($\frac{법 제251조,}{제252조 제1항}$) 회생계획의 수행에 따라 만족을 얻도록 정하고 있다. 이러한 점에서 회생절차는 담보권자에게 파산절차 외에서 별제권에 의한 권리행사를 허용하는($\frac{법 제411조,}{제412조}$) 파산절차와 구별된다.

회생담보권은 엄밀하게 말하면 담보권 그 자체가 아니라 채무자의 특정 재산으로 담보된 청구권이라 할 수 있다.[134] 회생담보권은 담보권 목적의 가액 범위 내에서 인정되고, 가액을 초과하는 부분이 있으면 무담보의 회생채권이 된다($\frac{법 제141조}{제4항}$).[135] 따라서 이 경우에는 하나의 청구권이 회생절차개시 시점을 기준으로 회생담보권과 회생채권으로 나뉘는 현상이 발생한다. 회생담보권에 대하여도 다수당사자의 회생채권에 관한 조항($\frac{법 제126조}{내지 130조}$), 회생채권의 변제금지에 관한 조항($\frac{법}{제131조}$), 우선권의 기간계산에 관한 조항($\frac{법}{제139조}$), 회생채권자의 의결권에 관한 조항($\frac{법 제133조 제2항,}{제134조 내지 제138조}$)이 준용된다($\frac{법 제141조}{제2항·제6항}$). 한편 법 제141조 제2항이 회생채권의 변제허가에 관한 법 제132조를 명시적으로 준용하고 있지는 않지만, 법 제131조 단서가 관리인이 법원의 허가를 받아 변제하는 경우를 변제금지의 예외로 규정하고 있으므로, 법 제141조 제2항에 의하여 준용되는 제131조에 의하여 회생담보권도 법원의 허가를 받아 변제할 수 있다고 본다.[136]

회생계획에서 피담보채권이 회생담보권으로 인정된 경우에도 회생계획에 담보권 자체의 존속을 정하지 아니하면 담보권은 인가결정에 따라 소멸한다($\frac{법}{제251조}$).[137] 다만 회생담보권은 회생계획에서 최우선순위를 부여받고($\frac{법 제217조}{제1항 제1호}$), 회생계획안의 가결요건 역시 가중되어 있다($\frac{법 제237조}{제2호}$).

---

134) 김재형, "도산절차에서 담보권자의 지위", 민사판례연구 28권(2006. 2.), 박영사, 1120면 참조.

135) 회생담보권은 회생채권 중에서 유치권 등 담보권에 의하여 담보된 범위의 채권을 의미하므로, 채권조사확정재판 또는 채권조사확정재판에 대한 이의의 소에서 어떠한 채권을 회생담보권으로 확정하는 경우, 동일한 채권을 회생채권으로 중복하여 확정할 이익은 없다(대법원 2021. 2. 4. 선고 2018다304380, 304397 판결 참조).

136) 대법원 2004. 4. 23. 선고 2003다6781 판결은 회생담보권에 대하여도 법 제132조가 준용될 수 있음을 전제로, 법원이 특정 정리채권(담보권)을 변제하지 아니하고서는 회사의 갱생에 현저한 지장을 초래할 우려가 있다고 인정하여 구 회사정리법 제112조의2 제2항에 따라 정리절차에 의하지 아니한 변제를 허가하였다 하더라도, 그 효과는 같은 법 제112조에서 정한 정리채권 소멸금지의 효력이 해제됨에 그칠 뿐이고, 허가받은 내용대로 변제가 이루어지지 아니한 경우에 정리절차와 무관하게 개별적인 권리행사에 나아갈 수 있는 것은 아니라고 판시한 바 있다.

137) 회생계획상 담보목적물의 처분에 관한 규정에 대하여는, '제13장 제5절 3. 다.' 참조.

2. 회생담보권의 요건

가. 개   요

회생담보권은 ① 회생채권 또는 회생절차개시 전의 원인으로 생긴 채무자 이외의 자에 대한 재산상의 청구권으로서, ② 회생절차개시 당시 채무자의 재산상에 존재하는 ③ 유치권·질권·저당권·양도담보권·가등기담보권·「동산·채권 등의 담보에 관한 법률」에 따른 담보권·전세권 또는 우선특권으로 ④ 담보된 범위 내의 것을 말한다($_{제1항}^{법 제141조}$).

나. 청구권의 범위

법 제141조 제1항에 따라 회생담보권이 되는 청구권은 회생절차개시 전의 원인으로 생긴 것으로서 채무자의 재산상에 물적 담보를 가지는 청구권을 의미한다. 청구권이 회생절차개시 후의 원인으로 생긴 경우에는 담보약정 등에 따라 채무자의 재산상에 존재하는 담보권으로 담보되어야 할 것이라도 회생담보권으로 되지 않는다. 예컨대 근담보의 경우에 회생절차가 개시되지 않았으면 담보되었어야 할 청구권이라도 그것이 회생절차개시 후의 거래에 의하여 생긴 것이라면 회생담보권으로 취급되지 않는다.[138)139)] 회생채권 중에 이자 또는 채무불이행으로 인한 손해배상이나 위약금의 청구권에 관하여는 회생절차개시결정 전날까지 생긴 것에 한하여 회생담보권이 될 수 있으므로($_{제1항 단서}^{법 제141조}$), 회생절차개시 후의 이자($_{제2호}^{법 제118조}$)나 회생절차개시 후의 불이행으로 인한 손해배상금 및 위약금($_{제3호}^{법 제118조}$)은 회생담보권이 될 수 없다.[140)]

다. 담보권의 종류

회생담보권의 종류는 법 제141조 제1항에 명시된 담보권에 한정된 것이 아니고 위 규정은 회생담보권의 종류를 예시한 것이다. 회생담보권으로 인정되기 위해서는 담보권에 관하여 등기 기타의 효력요건은 물론이고, 권리질권 설정 시에 필요한 확정일자 있는 통지·승낙과 같은 제3자에 대한 대항요건도 구비하

---

138) 條解(中), 511면; 임채홍·백창훈(상), 565면 참조
139) 대법원 2021. 1. 28. 선고 2018다286994 판결, 대법원 2007. 4. 26. 선고 2005다38300 판결, 대법원 2001. 6. 1. 선고 99다66649 판결 등 참조.
140) 대법원 2016. 4. 12. 선고 2014다68761 판결 참조.

여야 하며, 만일 이와 같은 대항요건을 갖추지 않은 담보권에 의하여 담보되는 채권을 회생담보권으로 신고한 경우에 관리인이나 다른 회생채권자 등은 채권 조사기간 내에 또는 특별조사기일에서 이의할 수 있다.[141]

1) 유 치 권

유치권은 민사유치권과 상사유치권[142]을 모두 포함한다. 유치권은 그 유치적 효력 때문에 채무자의 회생에 지장을 초래할 가능성이 있다. 예컨대 제품이나 중요한 생산부품의 보관을 창고업자에게 맡긴 경우 창고업자가 그 보관료채권에 기하여 유치권을 행사하면 그 목적물의 반환을 구할 수 없게 되어 회생절차 진행에 장애가 될 수 있다. 그런데 민사유치권에 관하여는 민법 제327조에 따라 담보를 제공하고 유치권의 소멸을 청구할 수 있으므로 별 문제가 없으나, 상사유치권의 경우에도 민사유치권과 같이 유치권 소멸을 청구할 수 있는지 문제된다. 이에 관하여 민사유치권에 관한 규정이 상사유치권에도 적용되므로 관리인이 유치권 소멸을 청구할 수 있다는 견해[143]와 민사유치권에 관한 규정이 준용되지 않음을 전제로 유치권소멸 청구제도의 도입을 주장하는 견해가 있다.[144)145]

2) 질 권

질권은 동산질권 및 권리질권, 민사질권 및 상사질권 모두를 포함한다. 지명채권에 대한 질권[146]의 경우에는 확정일자 있는 통지, 승낙과 같은 제3자에 대한 대항요건을 갖추어야 하고($\binom{민법 \ 제349조,}{제450조}$), 회생절차개시 당시 이와 같은 대항

---

141) 실무에서는 단지 담보설정계약만 체결한 경우에도 회생담보권으로 신고하는 예가 적지 않다. 따라서 관리인은 조사기간 또는 특별조사기일에서의 시부인을 준비하면서 부동산 담보의 경우에는 부동산 등기부등본의 내용을 확인하고, 주식 담보의 경우에는 질권자의 주권 보유 여부 등을 일일이 확인하여 이의할지 여부를 가려야 한다.

142) 채무자에 대하여 대출금채권을 가지고 있던 은행이 회생절차개시 당시 채무자로부터 추심을 위임받아 제3자 발행의 약속어음을 보관하고 있었던 경우, 은행이 위 어음에 대하여 상사유치권을 취득하였음을 전제로 신고한 그 어음금 상당의 채권을 회생담보권으로 취급한 사례로 대법원 2012. 9. 27. 선고 2012다37176 판결 참조.

143) 김재형(주 134), 1104면; 남효순·김재형 편, 통합도산법, 법문사(2006), 7면.

144) 온주(로앤비), 채무자회생법(2015), 제141조; 임채홍·백창훈(상), 567면; 우성만, "회사정리법상 담보권자의 지위", 재판자료 제86집, 286면.

145) 이 견해를 따를 경우 유치권으로 담보된 회생담보권의 변제가 채무자의 회생을 위하여 필요하다고 인정되면 법 제141조 제2항, 제131조 단서, 제132조 제2항에 따라 조기 변제 후 유치된 물건을 회수하는 방법을 검토할 수 있을 것이다.

146) 한편, 채무자의 제3채무자에 대한 금전채권을 목적으로 한 질권의 경우 회생절차개시 후에는 민법 제353조 제3항을 유추적용하여 제3채무자에 대하여 변제금을 공탁하도록 하고 질권은 그 공탁금 위에 존재하게 된다는 견해[온주(로앤비), 채무자회생법(2015), 제141조]가 있는 반면, 수령불능을 이유로 한 공탁(민법 제487조 전문)은 요건 불비로 할 수 없고 채권자불확지공탁(민법 제487조 후문)은 인정될 여지가 있으나 궁극적으로는 입법적 보완이 필요하다는 견해(전대규, 550면)도 제시된다.

요건을 갖추지 못한 경우에는 회생담보권이 될 수 없다. 상사질권의 경우에는 유질계약이 허용되므로(상법 제59조, 채무의 변제기 전에 채무자가 질권자에게 변제에 갈음하여 질물의 소유권을 취득하게 하거나 법률에 정한 방법에 의하지 아니하고 질물을 처분하는 것을 약정하는 내용의 유질계약 체결이 가능하지만, 회생절차개시 이후에는 회생담보권의 변제금지효에 따라 유질계약에 기한 담보권 실행이 금지된다. 실무상 골프장 회원권이나 콘도 회원권, 특허권, 건설공제조합 등 공제조합 출자증권에 관하여 설정된 질권이 자주 문제된다.

3) 저 당 권

저당권은 민법의 저당권에 한정되는 것이 아니라, 협의의 공장저당권, 공장재단저당권, 광업재단저당권, 입목저당권, 자동차·항공기·건설기계·선박저당권 등 특별법에 기한 저당권도 포함된다. 근저당권도 이에 포함된다(근저당권의 피담보채무 확정 등에 관하여는 아래 '본절 4.' 참조).

한편 부동산 경매절차에서 채무자 소유 부동산이 매각되고 매수인이 매각대금을 납부하여 매각 부동산 위의 저당권이 소멸하였더라도 배당절차에 이르기 전에 채무자에 대해 회생절차개시결정이 있었다면, 저당권자는 이후 배당절차에서 그 저당권의 순위와 내용에 따라 저당부동산의 교환가치에 해당하는 매각대금으로부터 피담보채권에 대한 우선변제를 받게 되어 회생절차개시 당시 저당권으로 담보되는 채권 또는 청구권을 가진 회생담보권자에 해당하므로, 이를 신고하지 않은 경우에는 회생계획인가결정으로 인해 법 제251조에 따라 실권된다.[147]

4) 양도담보권

양도담보권은 목적물의 소유권을 채권자에게 이전하는 형식을 취하지만 그 실질은 채권담보에 있으므로 법은 양도담보권을 회생담보권으로 규정하고 있다.[148] 개시 당시 양도담보계약에 기한 채권채무관계가 존재하는 경우 양도담보권이 회생담보권이 되는 것이고, 개시 당시 이미 가등기담보 등에 관한 법률의 담보권 실행절차에 따라 청산을 완료한 경우[149]와 같이 채권채무관계가 소멸된

---

147) 대법원 2018. 11. 29. 선고 2017다286577 판결 참조. 이 사안에서 대법원은 회생담보권을 신고하지 않은 자가 회생계획인가결정으로 인해 효력을 상실한 경매절차에서 이루어진 배당절차에 따라 배당금을 수령한 것은 법률상 원인 없이 이익을 얻은 것에 해당한다고 보았다.
148) 양도담보권은 1998년 회사정리법 개정에 의해 정리담보권으로 명시되었는데, 그 전부터도 실무와 판례(대법원 1992. 10. 27. 선고 91다42678 판결)는 양도담보권자를 정리담보권자에 준하여 취급하여 왔다. 파산절차에서도 환취권이 아닌 별제권의 대상으로 취급하고 있다.
149) 양도담보권자는 청산기간이 지난 후 청산금을 채무자에게 지급한 때에 담보목적물의 소유권

경우라면 양도담보권은 더 이상 문제되지 아니하고 양도담보권자였던 자는 소유자로서 환취권을 행사할 수 있다.

양도담보권에는 부동산양도담보, 동산양도담보,[150] 어음양도담보,[151] 채권양도담보,[152] 주식양도담보 등 다양한 형태가 있다.

한편 채권이 담보 목적으로 양도된 후 채권양도인인 채무자에 대하여 회생절차가 개시된 경우, 채권양수인인 양도담보권자가 제3채무자를 상대로 채권의 지급을 구하는 이행의 소를 제기하는 행위는 회생절차개시결정으로 인해 금지되는 양도담보권의 실행행위에 해당하므로 허용되지 않는다고 봄이 타당하다.[153]

5) 가등기담보권

가등기담보권은 가등기담보 등에 관한 법률의 담보가등기권리를 의미한다.[154] 따라서 채권담보의 목적으로 채무자의 재산에 관하여 대물변제예약 또는 조건부 대물변제계약을 맺고 소유권이전등기 가등기를 한 상태에서 그 채무자

을 취득한다(가등기담보 등에 관한 법률 제4조 제2항).

150) 대법원은 동산양도담보의 법적 성질에 대하여 이른바 신탁적 양도설을 취하여 동산의 소유권이 신탁적으로 양도담보권자에게 이전되는 것이므로, 대내적 관계에서는 채무자가 소유권을 보유하나 대외적인 관계에서는 채무자는 동산의 소유권을 이미 채권자에게 양도한 무권리자가 된다고 보고 있다. 이에 따라 점유개정의 방법으로 동산에 대한 이중의 양도담보설정계약이 체결된 경우 뒤에 설정계약을 체결한 후순위 채권자는 양도담보권을 취득할 수 없으며(현실의 인도가 아닌 점유개정의 방법으로는 선의취득도 인정되지 아니한다), 담보설정자의 일반 채권자가 담보목적물에 강제집행을 할 수도 없고, 양도담보권자는 그 강제집행의 배제를 구할 수 있다고 본다(대법원 2005. 2. 18. 선고 2004다37430 판결, 대법원 2004. 12. 24. 선고 2004다45943 판결 등). 한편 법 제141조 제1항은 양도담보권을 회생담보권으로 규정하여 담보목적물을 담보설정자의 재산으로 취급함으로써 양도담보권자의 환취권 행사를 배제하고 있다. 이는 도산법의 특수성에 따른 것으로 민법상의 소유권 개념이 도산법에서 반드시 관철되는 아니함을 보여주는데, 이러한 특징은 리스채권, 소유권유보부 매매 등과 관련하여도 나타난다(아래 '본절 3.' 참조).

151) 대법원 2009. 12. 10. 선고 2008다78279 판결 참조. 위 판결은 어음의 양도담보가 구 회사정리법 제123조 제1항이 정한 '정리담보권'에 해당함을 전제로, 회사정리절차에서 채권자가 어음의 양도담보를 정리담보권으로 신고하였음에도 관리인이 그 법률적 성질이 정리채권이라는 확고한 입장을 취하여 채권자에게 그 어음은 채무자(정리회사)의 재산이 아니어서 자유로이 그에 관한 권리를 행사할 수 있다는 신뢰를 부여하였고, 이에 따라 채권자가 정리담보권 확정의 소를 제기하지 않은 채 대출금 채권에 관하여 정리담보권보다 훨씬 불리한 조건인 정리채권으로 권리변경이 이루어지는 불이익을 감수하였으며 채무자나 관리인으로부터 아무런 이의를 받지 아니하고 어음상 권리를 행사하여 왔는데, 정리절차종결 후 채무자가 어음의 양도담보가 정리담보권인데 정리채권으로 확정되었으므로 담보권이 소멸되었다고 주장하면서 채권자가 그 어음에 기하여 취득한 이득의 반환을 청구하는 것은 신의성실의 원칙에 반하여 허용될 수 없다고 판시하였다.

152) 집합채권양도담보의 취급에 관하여는 아래 '본절 5.' 참조.

153) 대법원 2020. 12. 10. 선고 2017다256439, 256446 판결 등 참조.

154) 가등기담보 등에 관한 법률 제17조 제3항은 담보가등기권리는 채무자 회생 및 파산에 관한 법률을 적용할 때에는 저당권으로 본다고 규정하여, 가등기담보권이 회생담보권이 됨을 규정하고 있다.

에 대하여 회생절차가 개시되면 담보가등기권리자는 저당권자와 같이 회생담보권 신고를 하여야 하고 만일 신고가 없으면 실권된다. 한편 위 법률은 '차용물의 반환'에 관하여 '차주'가 차용물을 갈음하여 다른 재산권을 이전할 것을 예약할 때 '그 재산의 예약 당시 가액이 차용액과 이에 붙인 이자를 합산한 액수를 초과하는 경우'에 적용된다(가등기담보 등에 관한 법률 제1조).

　동일한 채권을 피담보채권으로 한 가등기담보권과 저당권이 함께 설정된 경우, 가등기담보권과 저당권 모두 조사·확정의 대상이 된다. 이들 권리가 모두 담보권으로 확정된 경우에는 회생계획에 각각의 존속 또는 변경에 관하여 정하여야 할 것이고, 이들 중 회생계획에 반영되지 않은 권리는 회생계획이 인가되면 소멸한다(법 제251조).[155]

　6) 동산·채권 등의 담보에 관한 법률에 따른 담보권

　위 법률이 2012. 6. 11.부터 시행됨에 따라 실무상 이용되던 집합동산, 집합채권에 대한 양도담보를 포함한 담보약정에 기한 담보를 담보등기부에 등기할 수 있고, 지식재산권에 대하여도 공동담보가 가능하게 되었다. 동산담보권은 담보등기부에 등기한 때에 효력이 발생하고(같은 법 제7조 제1항), 채권담보권은 담보등기부에 등기를 한 때에 지명채권의 채무자(이하 '제3채무자'라 한다) 외의 제3자에 대한 대항력을 취득하게 되며 담보권자 또는 담보권설정자는 제3채무자에게 같은 법 제52조의 등기사항증명서를 건네주는 방법으로 그 사실을 통지하거나 제3채무자가 승낙한 경우 제3채무자에 대하여도 대항할 수 있게 된다(같은 법 제35조 제1항, 제2항). 지식재산권담보권은 해당 지식재산권 등록부에 등록을 한 때에 각 개별 법률에 따라 질권을 설정한 것과 같은 효력이 발생한다(같은 법 제59조).

　7) 전 세 권

　민법 제303조의 전세권을 의미한다. 전세권은 본래 용익물권이지만 전세금반환채권을 담보하기 위하여 민법은 전세권자에게 우선변제권(민법 제303조 제1항)과 경매청구권(민법 제318조)을 인정하고 있다. 법은 전세권의 담보물권적 측면을 반영하여 회생담보권으로 취급한다.

　8) 우선특권

　우선특권은 정책상의 고려에 의하여 특별히 보호할 필요가 있는 채권에 관하여 각각의 경우에 개별법에서 채무자의 재산으로 우선변제권이 인정되는 한편 그 우선권의 내용이 동일하지 않고 이에 대한 공시방법도 갖추어지지 않은

---

155) 주석 채무자회생법(Ⅱ), 554면 참조.

불완전한 담보권이라 할 수 있다.[156] 개별법률에서 우선특권으로 규정한 것은 상법상의 선박우선특권(상법 제777조 이하), 해난구조자의 우선특권(상법 제893조) 등이 있고, 강학상 우선특권으로 부르는 것으로는 근로자의 임금채권 우선변제권(근로기준법 제38조), 주택임차인의 보증금에 대한 우선변제권(주택임대차보호법 제3조의2 제2항, 제3조의3 제5항, 제8조), 상가임차인의 보증금에 대한 우선변제권(상가건물 임대차보호법 제5조 제2항, 제6조 제5항, 제14조), 회사사용인의 우선변제권(상법 제468조), 국가·지방자치단체의 조세, 기타 공과금의 우선징수권(국세기본법 제35조, 지방세기본법 제71조), 체납 우편요금 등의 우선징수권(우편법 제24조 제3항) 등이 있다. 이러한 우선특권은 목적물에 대하여 점유 또는 등기를 하지 않더라도 채무자의 일반재산 또는 특정재산에 대하여 우선변제권을 가진다.

그런데 법이 우선특권을 회생담보권으로 규정하고 있다고 하여, 모든 우선특권이 회생담보권으로 취급되는 것은 아니다. 우선특권 중에서 회생담보권으로 취급되는 것은 채무자의 특정재산에 대한 우선특권이다. 위에서 열거한 우선특권 중 채무자의 특정재산에 대한 우선특권에 해당하는 것으로는 상법상의 우선특권, 주택임차인 및 상가임차인의 보증금 우선변제권[157]이 있다.

한편 채무자의 일반재산에 대하여 우선특권이 있는 청구권은 회생담보권으로 취급되지 아니한다. 우선특권 있는 청구권이 법 제179조 제1항 제10호 소정의 근로자의 임금 등에 해당하거나 같은 항 제11호 소정의 근로자의 임치금 및 신원보증금의 반환청구권에 해당하는 경우에는 공익채권으로 취급된다. 우선징수권이 있는 조세 등 청구권에 해당하는 경우에는 회생채권으로 취급되나, 법 제217조 제2항에 따라 같은 조 제1항 소정의 다른 회생채권과 구분하여 절차상 각종 특칙이 인정된다.[158] 위와 같은 별도 규정이 없는 경우에는 일반의 우선권

---

156) 우성만(주 144), 288면.

157) 보증금반환채권의 경우, 일반 회생채권으로 취급되는 경우에도 회생계획안 작성 시 다소 특별하게 취급하고 있는데, 자세한 것은 '제13장 제5절 4. 마.' 참조. 이와 관련하여 대법원은, 임차인 갑이 을 주식회사로부터 상가를 임차한 후 을 회사에 대한 회생절차가 개시되었으나 관리인이 채권자목록에 갑의 임대차보증금반환채권을 기재하지 않았고, 갑은 회생절차에 관하여 알지 못하여 채권신고를 하지 못한 채 회생절차가 종결되었는데, 회생계획에서 미확정 회생채권이 확정될 경우 권리의 성질 및 내용을 고려하여 가장 유사한 회생채권의 권리변경 및 변제방법에 따라 변제한다고 정한 사안에서, 위 임대차보증금반환채권은 회생계획인가에 의하여 실권되지 아니하고, 미확정 회생채권에 해당하는 갑의 위 채권과 가장 유사한 회생채권이 회생계획에 구체적으로 기재되어 있지 않으므로, 종합적인 해석을 통해 권리변경 및 변제방법을 정하여야 하는데, 제반 사정에 비추어 갑은 을 회사를 상대로 임대차보증금반환채권의 원금 전액에 관하여 반환을 구할 수 있다고 본 원심판단을 수긍하였다(대법원 2020. 9. 3. 선고 2015다 236028, 236035 판결). 한편 파산절차에서는 별제권은 아니지만 법 제415조에 따라 우선하여 변제받을 수 있도록 특수하게 취급하고 있다.

158) 구체적인 특칙의 내용에 관하여는, '제9장 제2절 5.' 참조. 한편 법 제179조 제1항 제9호에 따라 원천징수하는 조세 등 일정한 세목에 해당하는 조세에 대하여는 회생절차개시 전에 성립하

있는 회생채권($\frac{제217조}{제1항 제2호}$)으로 보아야 할 것이다.

라. 회생절차개시 당시 채무자의 재산상에 존재하는 담보권

회생담보권은 회생절차개시 당시 채무자의 재산상에 담보권이 존재하면 충분하므로 그 후에 목적물이 양도되어 채무자의 재산이 아닌 것이 되더라도 여전히 회생담보권자로 취급되고, 개시 후 담보목적물이 멸실된 경우라도 회생담보권으로 취급하는 데 영향이 없다.[159] 다만 담보된 목적물이 멸실된 이상 담보부채권은 아니므로 회생절차개시결정이 취소되거나 회생계획인가 전에 회생절차가 폐지되는 경우에는 채권은 무담보채권으로 존속하게 된다.[160] 회생절차개시 신청 당시는 채무자 이외의 자의 재산상에 존재하는 담보권이었지만, 회생절차 개시 전에 채무자 명의로 소유권이전등기가 마쳐져 채무자의 재산상에 존재하는 담보권으로 변경된 경우는 회생담보권으로 취급된다. 회생절차개시 후 채무자가 담보권이 있는 재산을 양수한 경우에 그 담보권자는 회생담보권자가 아니다.

회생담보권은 채무자의 재산상에 존재하는 것이어야 하므로, 채무자의 재산이 아닌 채무자의 이사 혹은 주주의 개인 재산에 담보권이 설정된 경우에는 회생담보권으로 취급되지 않는다.[161]

마. 담보권으로 담보된 범위의 것

회생담보권자는 그 채권액 중 회생절차개시 당시를 기준으로 평가한 담보권의 목적의 가액(선순위의 담보권이 있는 때에는 그 담보권으로 담보된 채권액을 담보권의 목적의 가액으로부터 공제한 금액을 말한다)을 한도로 회생담보권자로 인정되고,[162][163] 이를 초과하는 부분에 관하여는 회생채권자로서 회생절차에 참가할

여더라도 회생절차개시 당시 아직 납부기한이 도래하지 아니한 것은 공익채권으로 규정하고 있다.

159) 대법원 2014. 12. 24. 선고 2012다94186 판결 참조. 이 판결은 회생절차개시 당시 채권자가 채무자 소유의 공장에 대해 유치권을 보유하고 있었던 이상 개시 후에 유치권의 요건인 '점유'를 상실하였다고 하더라도, 개시 당시 공장의 가액 범위에서 회생담보권이 된다고 원심을 긍정하였다.

160) 임채홍·백창훈(상), 565-566면.

161) 채무자의 재산이 아닌 채무자의 이사 혹은 주주의 개인 재산에 담보권이 설정된 경우에는 그 이사 또는 주주가 채무자의 채무를 위하여 물상보증인이 된 것이므로 사전구상권을 회생채권으로 신고할 수 있을 것이다. 한편 채무자인 회사의 자기주식이 아닌 주주 개인이 소유하는 주식 위에 설정된 질권 또는 양도담보의 피담보채권을 회생담보권으로 신고하는 사례가 간혹 있으므로 주의를 요한다.

162) 회생채권조사확정재판에 대한 이의의 소에서 '원고가 주장하는 회생담보권 채권액이 담보목적물의 가액에서 선순위 담보권의 채권액을 공제한 금액을 초과하지 않는다는 사실'은 회생담

수 있다(법 제141조 제4항).

담보권의 목적의 가액을 산정하는 기준에 관하여는 법에 아무런 규정이 없다.[164] 대법원은 회생담보권의 목적의 가액을 산정함에 있어서 그 평가의 객관적 기준은 기업의 계속을 전제로 평가한 가액이어야 하고 회사의 청산을 전제로 한 개개 재산의 처분가액을 기준으로 할 것이 아니라고 하면서, 그 가액의 평가방법은 수익환원법 등 수익성의 원리에 기초한 평가방식이 표준적인 방식이라고 할 수 있으나, 재산의 종류와 특성에 따라 원가법 등 비용성의 원리에 기초한 평가방식이나 거래사례비교법 등 시장성의 원리에 기초한 평가방식이라도 기업의 계속성을 감안한 객관적 가액을 표현할 수 있는 것이면 족하다고 판시한 바 있다.[165]

3. 실무상 회생담보권인지 문제되는 경우

가. 리스채권

리스회사는 리스기간 동안 리스물건의 소유권을 유보한 채로[166] 리스이용

보권 발생의 요건사실 중 하나로서 원고가 이를 주장·증명하여야 한다(대법원 2016. 4. 12. 선고 2014다68761 판결, 대법원 2012. 11. 15. 선고 2011다67897 판결 참조).

163) 예를 들어, 회생절차가 개시된 채무자가 소유하는 2억 원짜리 부동산에 회생담보권자 갑이 피담보채권액 1억 원인 1순위 저당권을, 회생담보권자 을이 피담보채권액 2억 원인 2순위 저당권을 가지고 있는 경우, 갑은 1억 원의 회생담보권을 가지게 되고 을은 부동산 가액에서 선순위 담보권의 채권액 1억 원을 공제한 나머지 1억 원의 회생담보권을 가지게 되는데(을의 나머지 피담보채권 1억 원은 회생채권이 된다), 일단 회생담보권으로 그 존재와 내용이 인정되면 실체법상 우선순위는 의미가 없어지고 갑과 을은 각 1억 원의 회생담보권자로서 회생절차에 참가하게 된다(전대규, 570면 참조).

164) 참고로, 일본 회사갱생법 제2조 제10항은 갱생담보권에 관한 담보목적물의 가치는 "갱생절차 개시 당시의 시가"로 평가하도록 정하였고, 회사갱생규칙 제48조는 담보목적물의 가치평가방법에 관하여 "당해 부동산이 소재하는 장소, 환경, 종류, 규모, 구조 등에 따라 거래사례비교법, 수익환원법, 원가기준법 기타의 방법을 적절하게 이용하여야 한다."라는 취지의 일본 민사재생규칙 제79조 제2항을 준용하도록 정함으로써 갱생담보권의 담보목적물의 가치에 관하여 구체적 사안에 따른 시가로써 평가하도록 하고 있다.

165) 대법원 2017. 9. 7. 선고 2016다277682 판결 참조. 이 판결은 채무자가 경기도로부터 일반연구용지를 매수하면서 '채무자는 위 부동산에 대한 전매가 10년간 금지되고, 위 토지를 전매하는 경우 경기도는 처분가액과 취득원가 사이의 차액을 환수할 수 있는 권리가 발생한다'는 내용의 전매제한 약정을 한 사건에서, 회생담보권의 목적이 된 위 부동산의 가액은 채무자가 이를 계속 보유하여 기업활동을 함을 전제로 평가되어야 하므로, 채무자가 전매제한 약정을 위반하여 위 부동산을 전매하는 상황만을 전제로 하여 위 부동산의 취득원가를 기준으로 그 가액을 산정하여서는 아니 되고, 회생절차개시결정일을 기준으로 한 감정평가액을 위 부동산의 가액으로 평가함이 타당하다는 취지의 원심 판단을 그대로 유지하였다.

166) 한편 여신전문금융업법에서는 시설대여업자가 건설기계나 차량의 시설대여 등을 하는 경우, 「건설기계관리법」 또는 「자동차관리법」에도 불구하고 대여시설이용자(연불판매의 경우 특정물건의 소유권을 취득한 자는 제외한다)의 명의로 등록할 수 있도록 하는 근거 규정을 두고 있다

자에게 리스물건의 점유를 넘겨 사용할 수 있도록 해 주고 대신 리스료를 지급 받는데, 리스이용자에 대하여 회생절차가 진행될 경우 리스채권자의 지위가 문 제된다. 리스의 종류에는 통상 금융리스와 운용리스가 있는 것으로 논의된다. 금융리스와 운용리스의 구별은 그 계약서의 제목이나 회계처리방법만으로 결정 해서는 안 되고, 그 계약내용의 실질을 검토하여 결정하여야 한다.[167]

금융리스는 리스이용자가 선정한 특정 물건을 리스회사가 새로이 취득하거 나 대여받아 리스물건에 대한 직접적인 유지·관리 책임을 지지 아니하면서 리 스이용자에게 일정 기간 사용하게 하고 대여 기간 중에 지급받는 리스료에 의 하여 리스물건에 대한 취득자금과 이자, 기타 비용을 회수하는 거래관계로서, 그 본질적 기능은 리스이용자에게 리스물건의 취득자금에 대한 금융편의를 제 공하는 데에 있다.[168][169] 금융리스에서 리스료는, 리스회사가 리스이용자에게 제공하는 취득자금의 금융편의에 대한 원금의 분할변제 및 이자·비용 등의 변 제의 기능을 갖는 것은 물론이거니와 그 외에도 리스회사가 리스이용자에게 제 공하는 이용상의 편익을 포함하여 거래관계 전체에 대한 대가로서의 의미를 지 닌다.[170] 이러한 리스계약의 법적 성질에 대하여 대법원은, 형식에서는 임대차 계약과 유사하나 그 실질은 물적 금융이며 임대차계약과는 여러 가지 다른 특 질이 있기 때문에 금융리스계약은 비전형계약(무명계약)이고, 이에 대하여는 민 법의 임대차에 관한 규정이 바로 적용되지 아니한다고 본다.[171]

먼저 금융리스에 쌍방미이행의 쌍무계약에 관한 법 제119조가 적용되는지 에 관하여 본다. 임대차의 경우에는 일정 기간 동안의 임대목적물 사용과 그 차

(제33조 제1항). 이는 리스계약의 편의를 위하여 리스물건의 등록을 소유자인 시설대여업자가 아닌 대여시설이용자 명의로 할 수 있도록 「건설기계관리법」 또는 「자동차관리법」에 대한 특 례규정을 둔 것으로서, 대여시설이용자 명의로 등록된 리스물건의 소유권은 대내외적으로 시설 대여업자에게 있다(대법원 2018. 10. 4. 선고 2017다244139 판결, 대법원 2000. 10. 27. 선고 2000다40025 판결 등 참조).

167) 금융리스와 운용리스의 구별에 관하여는, 황한식, "리스계약의 법적 성질", 재판자료 제63집 (1994), 법원도서관, 109면 이하; 최준규, "금융리스와 도산절차 ―재론―", 저스티스 통권 제183 호(2021), 416면 이하 참조.

168) 대법원 2013. 7. 12. 선고 2013다20571 판결, 대법원 1997. 11. 28. 선고 97다26098 판결 참조.

169) 여신전문금융업법 제2조 제10호에서는 '시설대여'란 물건을 새로 취득하거나 대여받아 거래상 대방에게 일정기간 이상 사용하게 하고 그 사용 기간 동안 일정한 대가를 정기적으로 나누어 지급받으며 사용 기간이 끝난 후의 물건의 처분에 관하여는 당사자 간의 약정으로 정하는 방 식의 금융이라고 규정하고, 상법 제168조의2에서는 '금융리스업자'란 금융리스이용자가 선정한 물건을 제3자로부터 취득하거나 대여받아 금융리스이용자에게 이용하게 하는 것을 영업으로 하는 자라고 규정하고 있다.

170) 대법원 2001. 6. 12. 선고 99다1949 판결.

171) 대법원 1997. 10. 24. 선고 97다27107 판결, 대법원 1994. 11. 8. 선고 94다23388 판결.

임지급의무가 대가관계에 있으므로 원칙적으로 법 제119조가 적용된다고 본다. 따라서 임차인에 대하여 회생절차가 개시되었을 경우, 관리인이 이행을 선택하였다면 개시 이후 발생하는 차임채권은 법 제179조 제1항 제7호에 따라 공익채권이 된다.[172] 그러나 금융리스계약에 있어서는 리스료의 산정과 그 지급방법의 결정과정으로 볼 때, 리스이용자가 지급하는 리스료는 리스물건의 사용대가라고만 보기는 어렵고, 리스물건의 인수와 함께 지급하여야 하는 대금을 리스회사와의 계약을 통하여 분할하여 지급하도록 하는 금융계약에 의하여 발생하는 것이라고 보는 것이 타당하다. 따라서 금융리스에 대하여는 법 제119조가 적용되지 않는다고 본다.[173]

다음으로, 금융리스계약상 리스물건의 소유권이 리스회사에 유보되어 있는 것과 관련하여 리스회사에 환취권을 인정할 것인지가 문제된다. 리스물건의 소유권유보가 실질적으로 리스채권에 대한 담보적 기능을 하고 있으므로, 회생절차 내에서는 리스회사에 환취권을 인정하지 않고 리스채권을 회생담보권이나 이에 준하는 것으로 취급하는 것이 공정하다.[174][175] 특히 리스계약에서 설령 해지권에 관한 사항을 정하였더라도, 리스회사가 리스이용자에 대한 회생절차에서 스스로 리스채권을 회생담보권으로 신고하였고 이에 따라 리스이용자가 리스물건을 계속 이용하는 것을 전제로 회생계획이 수립되었으며, 리스회사도 의결권을 부여받아 참여한 관계인집회에서 회생계획이 결의·인가되는 과정에서 이의를 제기하거나 인가결정에 즉시항고를 하지 않음으로써 해지권 및 환취권 행사를 통해 리스물건의 인도를 요구하지 않을 것 같은 태도를 보였다가, 이후에야 리스계약을 해지하고 리스물건에 대한 환취권을 행사하는 것은 신의성실의 원칙에 비추어 허용될 수 없는 것이라고 볼 여지가 있다.[176]

---

172) 법 제119조의 임대차관계 적용에 관한 구체적인 설명은, '제6장 제3절 1. 및 5.' 참조.
173) 서울고등법원 2000. 6. 27. 선고 2000나14622 판결(확정) 참고. 이 사건에서 법원은 리스이용자의 리스료지급의무에 대응하는 리스회사의 의무는 단순히 리스물건의 사용수익을 수인할 의무에 그칠 뿐 적극적으로 무엇을 이행하여야 하는 것은 아니기 때문에 위 양 의무 사이에는 상호 대등한 대가관계가 있다고 볼 수 없으므로 금융리스계약에는 쌍방미이행 쌍무계약에 관한 구 회사정리법 제103조가 적용되지 아니한다고 판단하였다. 이에 대하여 금융리스는 그 목적에 비추어 '환가담보'인 양도담보가 아니라 '소유권담보'(물건반환청구권을 담보하는 것)인 소유권유보부 매매와 유사한 것으로서, 금융리스를 담보권으로 보는 별도의 입법이 없는 한 물권법정주의 원칙상 리스이용자 도산 시 리스회사가 담보권자가 된다고 볼 수는 없으며, 금융리스 역시 쌍방미이행 쌍무계약에 해당한다는 반대견해가 있다[최준규(주 167), 444면 이하].
174) 자세한 것은, 배현태, "회사정리절차에 있어서 리스채권의 취급", 법조 제521호(2000. 2), 법조협회, 150면 이하 참조.
175) 한편 리스계약상 도산해지조항의 효력 등에 관하여는 '제8장 제5절' 참조.
176) 대법원 2022. 10. 14. 선고 2018다210690 판결.

한편 금융리스가 아닌 운용리스[177])의 경우에는 대부분 금융적 성격보다는 임대차적 성격이 강한 계약들이기 때문에 임대차의 경우와 같은 방법으로 실무 취급을 하는 것이 바람직하다. 따라서 운용리스의 경우 쌍방미이행 쌍무계약에 관한 법 제119조가 적용된다. 이에 따라 리스이용자에 대하여 회생절차가 개시 되었을 경우 관리인이 이행을 선택하였다면 개시결정일 이후에 발생하는 리스 료는 법 제179조 제1항 제7호의 공익채권으로 처리하고, 개시 전에 발생한 부분 은 기간에 따른 가분적 급부로 보아 회생채권으로 처리하면 된다.

나. 소유권유보부 매매의 경우

동산에 관한 매매계약 중 계약과 함께 매도인이 목적물을 매수인인 채무자 에게 인도하고 그 사용·수익을 허용하면서도, 그 소유권을 매도인에게 유보시 킨 채 매수인의 매매대금 완납 시 소유권이 매수인에게 이전한다는 특약을 하 는 경우가 있다. 이러한 경우 그 소유권의 유보는 실질적으로 잔대금채권의 확 보를 위한 담보적인 성격을 가지는 것이므로, 위의 금융리스에 관한 리스채권과 마찬가지로 회생담보권으로 취급함이 타당하고, 매도인은 매매목적물인 동산에 대하여 환취권을 행사할 수 없다.[178])

다. 어음담보대출의 경우

어음담보대출,[179]) 예컨대 금융기관으로부터 대출을 받으면서 자기가 가지는

---

177) 금융리스 이외의 리스(렌탈 포함)를 총칭하여 운용리스라고 하는데, 리스이용자의 목적이 금 융에 있지 아니하고 물건 자체의 사용에 있고, 금융리스가 특정 리스이용자를 대상으로 범용성 과 전용가능성이 희박한 물건을 대상으로 함에 비하여 운용리스는 불특정다수를 대상으로 범 용성이 높은 물건(예를 들어 자동차, 컴퓨터, 복사기, 정수기 등)을 대상으로 한다.
178) 대법원 2014. 4. 10. 선고 2013다61190 판결. 동산 소유권유보부 매매의 법적 성질과 관련하 여 소유권유보부 매매의 매도인이 쌍방미이행 쌍무계약임을 들어 잔존 대금채권이 공익채권이 라고 주장하거나 매매목적물에 대하여 환취권을 행사할 수 있는지에 관하여 과거 논란이 있었 으나, 위 판결은 "동산의 소유권유보부 매매의 경우에 매도인이 유보한 소유권은 담보권의 실 질을 가지고 있으므로 담보 목적의 양도와 마찬가지로 매수인에 대한 회생절차에서 회생담보 권으로 취급함이 타당하고, 매도인은 매매목적물인 동산에 대하여 환취권을 행사할 수 없다."라 고 판시하여 회생절차에서 매도인의 권리를 양도담보의 경우와 마찬가지로 회생담보권으로 판 단하였다.
179) 제3자 발행의 어음을 이용하여 할인하는 방식으로 금전을 지급받는 거래를 한 경우, 어음할 인의 성질이 소비대차에 해당하는지 아니면 어음의 매매에 해당하는지 여부는 그 거래의 실태 와 당사자의 의사에 의하여 결정된다(대법원 2008. 1. 18. 선고 2005다10814 판결, 2002. 9. 24. 선고 2000다49374 판결 등). 소비대차에 해당하는 경우라면 위 어음담보대출의 법리에 따르겠 지만, 어음의 매매에 해당하는 경우라면 채권자가 어음상 권리를 확정적으로 취득하게 되고 소 비대차를 전제로 한 권리·의무관계는 발생하지 않게 된다. 다만 어음의 매매에 해당하는 경우 에도 약정에 기한 어음환매청구권이 문제될 수 있는데, 이에 관한 논의는, 강민성, "회생정리절

제3자 발행의 상업어음을 채권자에게 배서양도하는 경우에 그 상업어음의 양수인(채권자)을 양도담보권자로 보아 일반재산의 양도담보권자와 같이 회생담보권자로 인정할 것인가에 관하여 학설의 대립이 있다. 이는 채권자가 회생절차개시후 만기가 도래한 담보어음을 추심하여 피담보채권 변제에 충당할 수 있는지, 아니면 회생절차에 의하지 않고는 변제를 받을 수 없는지 하는 문제와 관련이 있다.

이에 관한 학설로는 첫째, 어음의 양도담보권자를 회생담보권자로 취급하여 담보권자는 어음의 만기일에 담보물의 보관의무로서 추심을 하여야 하지만, 이것을 대출금 변제에 충당하여서는 안 된다고 하는 견해, 둘째, 양도담보권자를 회생담보권자로 보지 않고 회생채권자로 취급하여 어음의 발행인(환어음의 경우는 인수인)을 법 제250조 제2항 제1호 소정의 '회생절차가 개시된 채무자와 함께 채무를 부담하는 자'로 보아 양도담보권자의 어음상 권리행사를 인정하자는 견해, 셋째, 양도담보의 경제적 실질에 따라 구분하여 회생담보권자 또는 회생채권자로 취급하여야 한다는 견해가 있다.[180]

구 회사정리법하의 대법원판결은 채무자가 제3자 발행 어음을 이용하여 금융기관으로부터 할인하는 방식으로 대출을 받은 경우 채무자는 금융기관에 대하여 대출채무와 더불어 어음의 배서인으로서 책임을 부담한다고 할 것이고, 배서의 방식에 의하여 양도된 제3자 발행의 어음은 채무자의 대출채무를 담보하기 위하여 어음상에 양도담보권을 설정한 것이라고 보면서, 법이 정리담보권으로 열거하고 있는 양도담보권에서 어음의 양도담보권자만 배제할 이유가 없다는 이유로 어음양도담보가 정리담보권에 해당한다고 판시하였다. 어음의 양도담보권자를 정리채권자로 볼 경우 정리채권자는 정리절차 외에서 어음상 권리를 행사하여 변제에 충당할 수 있는 결과가 되어 어음의 양도담보권자에 대하여만 다른 정리담보권자보다 우월한 지위를 부여하는 것이 되어 채권자 평등의 원칙에도 반하므로 특별한 사정이 없는 한 어음의 양도담보는 정리담보권에 해당한다고 보았다.[181]

서울회생법원에서는 어음의 양도담보권자를 회생담보권자로 취급하고 회생

차상 어음 — 대법원 2009. 12. 10. 선고 2008다78279 판결 —", 판례연구회 논문집 창간호(2013), 서울동부지방법원, 54면 참조. 어음할인이 아닌 기존 원인채무의 지급을 위하여 어음을 교부한 경우의 법률관계에 대하여도, 위 같은 글 50면 이하 참조.

180) 条解(中), 529면 이하.

181) 대법원 2009. 12. 10. 선고 2008다78279 판결.

계획안에서도 분할변제를 받도록 규정하면서도 어음의 만기가 도래할 경우, 어음채무자로부터 지급받을 어음금을 양도담보권자에게 지급하도록 규정하는 형태로 취급하고 있다.

이와 달리 회생담보권이 아닌 회생채권으로 신고되어 확정된 경우라면, 회생계획인가결정에 의하여 법 제251조에 따라 담보권이 소멸하므로 양도담보권자는 어음의 발행인을 상대로 어음상의 권리를 행사할 수 없게 된다. 이 경우 양도담보권자가 추후에 어음 발행인을 상대로 어음상의 권리를 행사하여 변제를 받았다면, 이는 법률상 원인 없이 이익을 얻고, 이로 인하여 채무자에게 귀속되어야 할 어음상 권리를 침해함으로써 손해를 발생시킨 것으로 보아야 할 것이므로, 채무자는 양도담보권자가 취득한 이익에 대하여 원칙적으로 부당이득반환청구를 할 수 있다.[182]

한편 상업어음이 아닌 융통어음의 경우, 융통어음의 항변 때문에 채무자가 어음발행인에 대하여 어음상 권리를 주장할 수 없게 되므로, 어음의 양도담보권자가 회생담보권자로서 '채무자의 재산'상에 담보권을 가진다고 볼 수 있는지가 문제될 수 있다. 어음발행인은 양도담보권자에 대하여는 융통어음이라는 항변으로 대항할 수 없으므로 상업어음과 마찬가지로 회생절차상 회생담보권자로 보아야 한다.[183]

라. 어음사고신고담보금의 경우

어음발행인이 어음의 피사취 등을 이유로 지급은행에 사고신고와 함께 그 어음금의 지급정지를 의뢰하면서 예탁하는 사고신고담보금[184]은 어음발행인인 채무자가 출연한 재산이라고 하더라도 은행에 예탁된 이상 그 소유권이 은행에 이전된다. 채무자는 어음교환소규약이나 사고신고담보금처리에 관한 약정에서 정한 조건이 성취된 때에 한하여 은행에 대하여 사고신고담보금 반환청구권을

---

182) 위의 대법원 2008다78279 판결 참조.
183) 파산절차와 관련하여 융통어음의 양도담보권자에 대하여 별제권을 인정한 대법원 2010. 1. 14. 선고 2006다17201 판결 참조. 채무자가 어음발행인에 대하여 융통어음의 항변 때문에 어음상 권리를 주장할 수 없다고 하더라도 이러한 어음상 권리가 파산재단에 속하지 않는 것이라고 할 수는 없고, 여전히 융통어음에 대한 양도담보권자인 채권자가 파산재단에 속하는 재산에 대하여 담보권을 설정한 것으로 보아야 한다고 판시하였다.
184) 어음사고신고담보금은 사고신고 내용의 진실성과 어음발행인의 자력을 담보로 하여 부도제재회피를 위한 사고신고의 남용을 방지함과 아울러 어음소지인의 어음상 권리가 확인되는 경우에는 당해 어음금채권의 지급을 담보하려는 데 제도의 취지가 있다(대법원 2017. 2. 3. 선고 2016다41425 판결 참조).

가지게 되는데, 이때 어음소지인의 사고신고담보금에 대한 권리는 회생담보권이라고 볼 수 없다.[185] 왜냐하면, 사고신고담보금 자체는 앞서와 같이 채무자의 재산이라고 할 수 없고, 위 조건부 담보금반환청구권은 채무자의 재산이기는 하나 어음소지인의 사고신고담보금에 대한 권리와 서로 양립할 수 없는 관계에 있어 그 내용상 어음소지인의 어음채권(회생채권)을 담보한다고 볼 수 없기 때문이다. 따라서 어음의 정당한 소지인은 회생절차에 의하지 아니하고 지급은행을 상대로 사고신고담보금의 지급청구권을 행사하여 그 채권의 만족을 얻을 수 있지만, 이 경우 어음소지인이 정당한 어음권리자로서 지급은행으로부터 사고신고담보금을 지급받기 위하여 제출이 요구되는 확정판결 등의 증서를 얻기 위하여는 회생채권자로서 회생절차에 참가하여 채권신고를 하고 채권조사절차 또는 채권확정소송 등을 거쳐 그 채권을 확정받는 방법을 통하여야 한다.[186]

또한 어음소지인의 어음이 목록에 기재되거나 채권신고가 된 경우에는 어음발행인이 지급은행과 체결한 사고신고담보금의 처리에 관한 약정은 제3자를 위한 계약이므로, 어음발행인에 대한 회생절차에서 어음소지인의 어음상의 권리가 변경되었다고 하더라도 어음소지인의 사고신고담보금에 대한 권리에는 아무런 영향이 없다. 따라서 어음상의 권리가 회생계획의 규정에 따라 변경되었다고 하더라도 이는 회생채권인 어음상의 권리에만 영향을 미치는 것에 불과하고, 어음소지인의 사고신고담보금에 대한 권리에는 아무런 영향을 미칠 수 없는 것이어서 지급은행은 어음소지인에게 약정에 따라 사고신고담보금을 지급할 의무가 있다.[187]

다만 어음소지인의 어음채권이 목록에 기재되지 않고 회생채권신고도 되지 아니하여 실권되는 경우, 대법원은 어음금 채권은 채무자에 대한 관계에서 자연채무 상태로 남게 되어 어음소지인을 사고신고담보금의 지급을 구할 수 있는 어음의 정당한 권리자로 볼 수 없으므로 어음소지인은 따로 약정이 없는 한 어음을 발행하였던 채무자의 관리인을 상대로 은행이 사고신고담보금을 지급하는 데 동의하라고 소구할 수 없고, 또한 위 규약이 정하는 요건을 갖추지 않는 한 위 사고신고담보금에 대한 지급청구권이 어음소지인에게 있다는 확인을 구할 수도 없다고 판시하였다.[188]

185) 대법원 2001. 7. 24. 선고 2001다3122 판결, 대법원 1995. 1. 24. 선고 94다40321 판결.
186) 대법원 2009. 9. 24. 선고 2009다50506 판결 참조.
187) 대법원 2005. 3. 24. 선고 2004다71928 판결.
188) 대법원 2001. 7. 24. 선고 2001다3122 판결.

마. 신탁법상의 신탁 및 자산유동화의 경우

금전채권에 관하여 담보권을 설정받은 담보권자라고 하더라도 담보물 소유자에 대하여 회생절차가 개시되는 경우, 회생절차에 의하여만 변제받아야 하므로 이러한 도산위험에 대비하여 신탁법상의 신탁 또는 자산유동화의 방법이 널리 활용되고 있고, 이 경우 그 처리가 문제된다.

1) 신탁법상의 신탁[189]

신탁 중 특히 부동산신탁의 위탁자에 대해 회생절차가 개시된 경우, 위탁자의 채권자로서 채권을 담보하기 위해 신탁부동산에 관하여 근저당권을 설정받거나 우선수익권을 부여받은 자의 회생절차상 지위가 어떻게 되는지가 실무상 자주 논의된다.[190] 위탁자의 채권자를 회생담보권자로 인정할 수 있는지가 문제되는데, 이를 인정하려면 우선 채권자가 제공받은 부동산이나 우선수익권이 위탁자의 재산에 해당하여야 한다. 그러나 신탁부동산은 수탁자의 소유가 되므로, 이에 근저당권을 설정받은 자가 회생담보권자가 될 수는 없다. 우선수익권의 경우도 채권자가 우선수익권을 부여받았다는 점만으로는 그 우선수익권이 위탁자의 재산이라고 볼 수 없어 회생담보권자가 될 수 없게 된다.[191] 결국 이 경우 위탁자의 채권자는 회생채권자로 취급된다.

이와 관련하여 대법원은, 신탁자가 그 소유의 부동산에 채권자를 위하여 저당권을 설정하고 저당권설정등기를 마친 다음, 그 부동산에 대하여 수탁자와 부동산 신탁계약을 체결하고 수탁자 앞으로 신탁을 원인으로 한 소유권이전등기를 해 주어 대내외적으로 신탁부동산의 소유권이 수탁자에게 이전된 사안에

---

189) 신탁법상의 신탁은 위탁자가 수탁자에게 특정의 재산권을 이전하거나 담보권의 설정 또는 그 밖의 처분을 하고 수탁자로 하여금 수익자의 이익 또는 특정의 목적을 위하여 그 재산의 관리, 처분, 운용, 개발, 그 밖에 신탁 목적의 달성을 위하여 필요한 행위를 하게 하는 것인바(신탁법 제2조), 부동산의 신탁에서 수탁자 앞으로 소유권이전등기를 마치게 되면 대내외적으로 소유권이 수탁자에게 완전히 이전되고, 위탁자와의 내부관계에서 소유권이 위탁자에게 유보되어 있는 것이 아니다. 신탁의 효력으로서 신탁재산의 소유권이 수탁자에게 이전되는 결과 수탁자는 대내외적으로 신탁재산에 대한 관리권을 갖는 것이고, 다만 수탁자는 신탁의 목적 범위 내에서 신탁계약에 정하여진 바에 따라 신탁재산을 관리하여야 하는 제한을 부담함에 불과하다(대법원 2021. 11. 11. 선고 2020다278170 판결, 대법원 2002. 4. 12. 선고 2000다70460 판결 등 참조).
190) 회생절차의 진행단계에 따라 관련 쟁점을 논의한 글로는, 남동희, "부동산신탁의 위탁자에 대한 회생절차의 실무상 쟁점", 사법 제15호(2011. 3.), 사법발전재단, 121면 이하 참조.
191) 위탁자가 자익신탁의 방법으로 자신을 수익자로 지정한 후 위탁자 자신의 수익권을 채권자에게 양도담보로 제공한 경우에만 회생담보권이 인정될 수 있을 것이다(대법원 2002. 12. 26. 선고 2002다49484 판결 참조).

대하여, 수탁자는 저당부동산의 제3취득자와 같은 지위를 가지므로 그 후 신탁자에 대한 회생절차가 개시된 경우 채권자가 신탁부동산에 대하여 갖는 저당권은 채무자회생법 제250조 제2항 제2호의 '채무자 외의 자가 회생채권자 또는 회생담보권자를 위하여 제공한 담보'에 해당하여 회생계획이 여기에 영향을 미치지 않는다고 판단하였다. 또한 회생절차에서 채권자의 권리가 실권되거나 변경되더라도 이로써 실권되거나 변경되는 권리는 채권자가 신탁자에 대하여 가지는 회생채권 또는 회생담보권에 한하고, 수탁자에 대하여 가지는 신탁부동산에 관한 담보권과 그 피담보채권에는 영향이 없다고 보았다.[192]

또한 대법원은 분양형 토지(개발)신탁에서 위탁자의 채권자를 수익자로 지정한 사안에 대하여 비록 위탁자의 채권담보 목적으로 그렇게 지정하였다 할지라도 그 수익권은 신탁계약에 의하여 원시적으로 채권자에게 귀속하는 것이지, 위탁자인 채무자에게 귀속되어야 할 재산권을 채권자에게 담보 목적으로 이전하였다고 볼 수는 없는 것이어서, 그 경우 그 수익권은 정리절차개시 당시 채무자의 재산이라고 볼 수 없고, 따라서 채권자가 정리절차에서 그 수익권에 대한 권리를 정리담보권으로 신고하지 아니하였다고 하여 구 회사정리법 제241조(현행법 제251조)에 의하여 소멸된다고 볼 수는 없다고 판시하였다.[193]

따라서 위와 같은 사안들에서 위탁자의 채권자는 근저당권, 수익권 등을 회생절차에 의하지 아니하고 행사할 수 있게 된다.[194][195]

한편 위탁자가 아닌 수탁자에 대하여 회생절차가 개시된 경우 신탁법 제24조는 "신탁재산은 수탁자의 파산재단, 회생절차의 관리인이 관리 및 처분 권한을 갖고 있는 채무자의 재산이나 개인회생재단을 구성하지 아니한다."라고 규정하고 있으므로, 신탁재산은 수탁자의 고유재산과도 구별되어 회생절차개시결정

---

192) 대법원 2017. 11. 23. 선고 2015다47327 판결. 구 회사정리법하에서 동일한 취지의 판결로는 대법원 2001. 7. 13. 선고 2001다9267 판결(위탁자인 채무자가 자신의 채무 담보를 위하여 타익신탁의 형태로 채권자에게 부동산신탁의 우선수익권을 부여한 사안). 대법원 2003. 5. 30. 선고 2003다18685 판결(관리신탁에서 신탁부동산에 관하여 위탁자의 채권자 앞으로 근저당권을 설정한 사안) 참조.

193) 대법원 2002. 12. 26. 선고 2002다49484 판결.

194) 이와 같이 신탁재산이 위탁자의 재산을 구성하지 않음으로써 위탁자의 도산이 채권자의 신탁재산에 관한 권리에 영향을 주지 않게 되는 결과를 두고 강학상 '도산절연,' '도산격리'라고 표현하기도 한다. 금전 대여와 관련하여 이루어지는 자산의 양도가 양도담보가 아닌 신탁 또는 이른바 진정 매매(true sale)로 평가되는 경우 위와 같은 효과를 누리게 되는데, 이는 신용위험도와 금융비용을 낮추어 자산의 담보가치를 활용한 금융을 활성화시키게 된다.

195) 다만 사해행위, 편파행위, 무상행위 등 채권자를 해하는 방법으로 신탁을 설정한 경우, 법 제113조의2에 따라 부인권 대상이 된다. 이에 관하여는 '제8장 제1절 7.' 참조.

의 효력을 받지 않으며 신탁재산의 독립성은 그대로 유지된다.[196]

2) 자산유동화

자산유동화란 대출채권·매출채권 등 유동화자산을 양도 또는 신탁받아 유동화증권의 형태로 전환하는 일련의 행위를 말한다.[197] 자산유동화에 관한 법률은 자산유동화거래에 관하여 민법상 채권양도의 대항요건을 완화하는 등(같은 법 제7조) 민법상 특례를 인정하는 한편 양도방식의 유동화거래가 자산관리자에 대한 도산절차에 의하여 영향을 받지 않는다는 취지의 규정을 두고 있다.[198] 즉 유동화전문회사와의 자산관리위탁계약에 의하여 위탁된 채무자(자산보유자)의 유동화자산이 파산이 선고되거나 회생절차가 개시된 채무자의 재산에 포함되지 않고, 채무자의 채권자가 이를 강제집행할 수 없으며, 보전처분이나 중지명령의 대상도 되지 아니한다고 규정하고 있다(같은 법 제12조 참조). 다만 위 규정의 적용을 받기 위해서는 위 법 제13조가 정한 바에 따라 아래 방식에 의하여 유동화자산의 양도가 이루어져야 한다. 아래 방식에 따르지 아니하면 담보권의 설정으로 보고 양도로 보지 아니한다.[199][200]

---

196) 경매절차가 진행 중인 목적물이 정리회사의 고유재산이 아니라 신탁재산이라면 구 회사정리법 제67조(현행법 제58조에 해당)에 따른 경매절차의 금지 내지 중지조항의 적용대상이 아니라고 판시한 대법원 2002. 12. 6. 자 2002마2754 결정 참조.

197) '유동화자산'이라 함은 자산유동화의 대상이 되는 채권·부동산 기타의 재산권을 말하는데(자산유동화에 관한 법률 제2조 제3호), 자산유동화의 유형은 여러 가지가 있으나 대표적인 것으로는 유동화전문회사 또는 신탁회사 등이 자산보유자로부터 유동화자산을 양도 또는 신탁받아 이를 기초로 유동화증권을 발행하고, 당해 유동화자산의 관리·운용·처분에 의한 수익이나 차입금 등으로 유동화증권의 원리금·배당금 또는 수익금 등을 지급하는 일련의 행위를 들 수 있다(같은 법 제2조 제1호의 가. 나.). 유동화증권은 유동화자산을 기초로 하여 같은 법상 자산유동화계획에 따라 발행되는 출자증권·사채·수익증권 기타의 증권 또는 증서를 말하는데(같은 법 제2조 제4호), 일반적으로 '자산담보부 증권(ABS, Asset-Backed Securities)'으로 불리던 것을 말한다. 자산유동화의 상당수는 신용카드대금채권, 통신사 단말기할부채권, 자동차할부금융채권, 리스료채권, 부실대출채권(NPL) 등 집합채권의 양도에 의하여 이루어진다.

198) 신탁방식의 유동화거래에 관하여는 명시적인 규정을 두고 있지 않으나, 앞에서 본 신탁법리에 따라 유동화자산은 자산보유자의 재산에 포함되지 않는다고 해석된다.

199) 집합채권을 양도하고 이를 이용해 대출이 이루어지는 경우로서, 자산유동화에 따른 유동화증권을 발행하지 않는 경우를 두고 통상 자산담보부 대출(Asset-backed Loan)이라고 하는데, 이 경우 「자산유동화에 관한 법률」은 적용되지 않으나 마찬가지로 거래당사자가 취한 '양도'의 형식이 실질적으로 진정한 양도(true sale)인지 양도를 가장한 담보거래(disguised secured transactions)인지 논란이 될 수 있다. 이는 실제로 정리회사 주식회사 두루넷(서울중앙지방법원 2003회5) 사건에서 쟁점이 되었는데, 이 경우에도 진정한 양도인지 담보거래인지 여부를 판단할 때 「자산유동화에 관한 법률」이 정한 ① 내지 ④의 요건을 판단기준으로 활용할 수 있을 것이다. 위 두루넷 사건에서 법원은 자산담보부 대출거래가 신용카드매출채권의 진정한 양도에 해당한다고 보아, 두루넷이 정리절차개시 후 영업을 통하여 발생시킨 신용카드매출채권은 두루넷이 아닌 유동화회사의 재산에 속한다고 보았다. 이에 따라 관련 채권자를 정리담보권자로 취급하지 아니하였고, 정리절차개시 이후 발생한 신용카드매출채권에 대하여 채권자가 계속 추심하여 변제에 충당하는 것을 허용하였다. 위 사안의 구체적인 내용과 진정한 양도 및 담보부 거

① 매매 또는 교환에 의할 것.

② 유동화자산에 대한 수익권 및 처분권은 양수인이 가질 것. 이 경우 양
수인이 당해 자산을 처분하는 때에 양도인이 이를 우선적으로 매수할
수 있는 권리를 가진 경우에도 수익권 및 처분권은 양수인이 가진 것으
로 본다.

③ 양도인은 유동화자산에 대한 반환청구권을 가지지 아니하고, 양수인은
유동화자산에 대한 대가의 반환청구권을 가지지 아니할 것.

④ 양수인이 양도된 자산에 관한 위험을 인수할 것. 다만 당해 유동화자산
에 대하여 양도인이 일정기간 그 위험을 부담하거나 하자담보책임을 지
는 경우에는 그러하지 아니하다.

따라서 채무자(자산보유자)가 유동화전문회사나 신탁회사 등에게 관련 규정
에 따라 양도, 신탁한 유동화자산은 채무자의 재산을 구성하지 아니하므로, 위
유동화자산에 관하여 수익증권 등의 권리를 가진 채권자는 회생절차의 개시에
의하여 위 권리행사에 아무런 제약을 받지 아니한다고 할 것이다.

바. 담보부사채신탁

담보부사채신탁법에 의하여 발행된 담보부사채의 경우 수탁회사와 사채권
자 중 누가 회생담보권자인지 문제된다. 신탁계약에 의한 물상 담보는 신탁증서
에 적은 총사채를 위하여 수탁회사에 귀속되고, 수탁회사는 총사채권자를 위하
여 담보권을 보존하고 실행하여야 한다(담보부사채신탁법 제60조 제1항). 수탁회사를 회생담보권자로
보는 견해는 담보권은 수탁회사에 귀속되고 사채권자는 그 수익자에 불과하다
고 한다.[201] 이에 대하여 수탁회사는 법 제143조 제1항에 따라 사채권자집회의
결의에 의하여 총사채권자를 위하여 권리의 신고 등 회생절차에 관한 행위를

래의 구체적인 구별기준에 관하여는, 오영준, "집합채권양도담보와 도산절차의 개시", 사법논집
제43집(2006), 법원도서관, 353면 이하 참조(위 글은 ① 양수인의 상환청구권의 존부, ② 자산보
유자의 환수권 및 잉여추심금에 대한 권리의 존부, ③ 매매의 가격결정체제 및 미수금의 추심
및 관리 권한 등을 그 기준으로 들고 있다). 만일 집합채권의 양수인이 집합채권의 추심률이
일정 비율 이하로 떨어졌을 경우에 대비하여 양도인에게 보증책임을 지우고, 이에 대하여 책임
을 추궁하거나 아니면 양도계약을 해지할 수 있도록 한 계약 조항이 있다면, 이는 실은 담보거
래에 해당하는 것으로 보아야 하므로 집합채권의 양수인은 '회생담보권자'로 취급되어 회생절
차의 제약을 받을 수 있을 것이다.

200) 집합채권의 양도가 진정한 양도가 아닌 담보거래, 즉 양도담보에 해당하는 경우, 이에 대한
회생절차상 취급에 관하여는 '아래 5. 집합채권양도담보의 취급' 참조.

201) 임채홍·백창훈(상), 569면. 이 견해에 의하면 수탁회사는 사채권자집회의 결의가 없더라도
회생담보권을 신고할 수 있다.

할 수 있을 뿐이고, 사채권자집회의 결의가 없는 때에는 사채권자가 개별적으로 회생절차에 관한 행위를 하도록 예정되어 있으므로 회생담보권자는 사채권자라는 견해가 있다.[202]

사. 변제자대위의 법리와 관련된 문제

채권자의 채무자에 대한 채권에 관하여 담보권이 설정되어 있는 경우에 보증인이 채권 전액을 변제하였다면 민법상의 변제자대위의 법리에 따라 보증인이 회생담보권자로서 권리행사를 하는 데는 아무런 문제가 없다. 그러나 그 채권의 일부만을 변제한 보증인이 그 담보권에 관하여 변제자대위의 법리를 주장하여 회생담보권자로서 권리를 행사할 수 있을 것인가가 문제된다. 변제시기가 회생절차개시 전이라면 담보물 가액에서 채권자의 잔존채권액을 공제한 나머지 금액에 한하여 채권자를 대위하여 회생담보권을 행사할 수 있는 것으로 볼 것이다.[203] 예를 들어 원채무액이 1,000만 원이고 그에 관하여 담보권이 설정된 담보물가액이 600만 원인 경우에 보증인이 채무액 중 500만 원을 변제하였다면, 채권자는 잔여채권액 500만 원 전액에 대하여 회생담보권자로서 권리를 행사하게 되고, 보증인은 담보물 가액의 잔액 100만 원에 대하여는 회생담보권자로서, 나머지 변제액 400만 원에 대하여는 회생채권자로서 권리를 행사하게 된다는 것이다.

한편 회생절차개시 후에 변제를 한 경우로서 채권자가 회생절차개시 시에 가지는 채권 전액에 관하여 채권신고를 하여 회생절차에 참가한 때에는, 법 제126조 제3, 4항에 따라 보증인은 채권의 전액이 소멸한 경우에 한하여 구상권의 범위 안에서 변제자대위권을 행사할 수 있다. 따라서 위 같은 사안에 대하여 채권자가 1,000만 원 전액에 대해 채권을 신고하여 절차에 참가하였다면, 설령 보증인이 회생절차개시 후 500만 원을 변제하였다고 하더라도 잔여 500만 원 전액이 소멸된 경우에 한하여 보증인은 변제자대위권을 행사할 수 있을 것이다.[204]

---

202) 주석 채무자회생법(Ⅱ), 561면; 온주(로앤비), 채무자회생법(2015), 제141조; 条解(中), 510면.
203) 일부 대위변제의 경우, 일부 대위변제자와 채권자 사이의 변제의 순위에 관하여 대법원은 채권자를 우선하는 입장을 취하고 있다. 다만 일부 대위변제자와 채권자 사이에 변제의 순위에 관하여 따로 약정을 한 경우에는 그 약정에 따라 변제의 순위가 정해진다(대법원 2017. 7. 18. 선고 2015다206874 판결, 대법원 2017. 7. 18. 선고 2015다206973 판결, 대법원 2010. 4. 8. 선고 2009다80460 판결, 대법원 2009. 11. 26. 선고 2009다57545, 57552 판결 등).
204) 물론 이 경우 채권자가 채권 전액이 아닌 변제 후 잔여채권액 500만 원만을 회생담보권으로 신고하였다면, 보증인은 법 제126조 제3, 4항의 제한을 받지 아니하고 구상권자로서 회생담보권 100만 원, 회생채권 400만 원의 권리를 행사할 수 있을 것이다.

아. 회생담보권자와 물상대위권의 행사

회생절차 진행 도중에 담보목적물이 멸실, 훼손, 또는 공용징수된 경우 민법의 규정(민법 제342조, 제355조, 제370조)에 의하면, 담보권자는 담보권설정자가 받을 금전 기타 물건에 대하여 물상대위권을 행사할 수 있으나, 이를 위해서는 그 지급 또는 인도 전에 압류조치를 취하여야 한다. 그러나 회생담보권자는 회생절차에 의하지 아니하고서는 개별적 권리행사가 금지되므로, 이러한 물상대위권의 행사를 허용할 것인지가 문제된다. 특히 물상대위권을 행사하기 위해서는 담보목적물의 변형물이 손해배상채권 또는 보상금채권인 경우 이를 압류한 후 추심·전부 등의 절차를 밟아야 하는데, 이에 관하여는 압류 및 추심·전부를 모두 허용하여야 한다는 견해, 압류만을 허용하고 추심·전부는 금하여야 한다는 견해, 압류 및 추심·전부를 모두 금하여야 한다는 견해, 채권질의 행사에 관한 민법 제353조 제3항을 유추적용하여 공탁을 청구할 수 있다는 견해 등이 제시되고 있다.[205]

구 회사정리법하에서 대법원[206]은 "회사정리법 제67조 제1항에서 개별집행절차개시를 금지하는 규정을 둔 목적의 하나는 정리채권과 정리담보권 모두가 회사정리절차에 따라야 한다는 회사정리절차의 기본구조를 뒷받침하려는 데 있으므로 회사정리절차개시결정이 있은 후에는 물상대위권의 행사를 위한 압류의 허용 여부와는 별도로 추심명령은 그 효력을 발생할 수 없다."라고 판시하여 압류의 허용 여부에 대하여는 입장을 밝히지 아니한 채 추심명령의 효력을 부정하였다.

회생절차에 들어온 채무자라고 하더라도 회생계획을 반드시 성공적으로 수행한다고 할 수는 없고, 회생절차가 도중에 폐지되어 파산절차로 이행되거나 회생계획을 변경하여야 하는 가능성은 항시 존재한다. 그런데 위와 같이 회생절차에서 파산절차로 이행된 경우 회생담보권자가 별제권자로 권리를 행사하려면 담보권을 실제 확보하고 있어야만 하므로, 물상대위권 행사를 금지하여 가치변형물인 금전이나 물건 등이 채무자의 일반 재산에 혼입된 경우에는 그 회생담보권자는 파산절차에서 별제권을 행사할 수 없게 된다. 회생계획변경절차에서도 회생담보권자에 대한 분배의 기준은 변경계획안 인가 당시 그 회생담보권자가

---

205) 구체적인 내용에 관하여는, 최동렬, "회사정리절차개시 후 주식의 약식질권자가 정리회사의 주식소각대금채권에 대하여 물상대위권을 행사하여 얻은 추심명령의 효력", 대법원판례해설 제49호(2004), 법원도서관, 825면 이하 참조.

206) 대법원 2004. 4. 23. 선고 2003다6781 판결.

갖고 있는 담보목적물의 청산가치가 됨에 비추어 볼 때 실제 담보목적물을 확보하고 있지 아니한 회생담보권자에 대하여는 청산가치가 없는 것으로 보아 불이익한 취급을 받을 가능성도 있다.

이와 같은 사정을 고려하면, 담보목적물이 멸실, 훼손, 또는 공용징수된 경우 가치변형물로 지급될 금전 등이 채무자에게 혼입되기 전에 그 특정성을 보전하기 위한 압류는 담보권자가 자신의 권리보호를 위해 취하는 필요한 최소한의 조치라고 볼 것이고, 그 압류 역시 통상의 환가를 목적으로 한 강제집행절차와는 달리 특정성을 보존하기 위한 성격이 강하므로 위와 같은 압류까지 부정할 것은 아니라고 본다.[207]

다만 회생담보권자의 보호를 위해서 위와 같은 압류조치를 허용한다고 하더라도 회생절차의 특성상 위 대법원 판결이 판시한 바와 같이 추심단계에까지 나아가는 것은 허용되지 아니한다고 보아야 하는데, 위와 같이 회생담보권자가 압류만을 하여 놓은 상태가 지속된다면 이는 채무자나 회생담보권자 입장에서도 결코 바람직한 상태가 아니다. 먼저 채무자의 입장에서는 회생담보권자가 이를 압류한 이상 담보목적물의 변형물인 손해배상채권 등을 변제받아 이를 찾아올 길이 없게 된다. 특히 회생계획에서는 회생담보권자에게 비교적 고율의 개시 후 이자를 지급하도록 규정하는 것이 통례인바, 위와 같이 회생담보권의 분할변제기간이 완료될 때까지 고율의 개시 후 이자를 계속 지급하면서도 정작 당해 담보목적물의 변형물인 손해배상채권 등을 추심하지 못하는 상태가 지속되는 것은 채무자에게 오히려 손실만 가중시키는 결과가 된다. 또한 회생담보권자의 입장에서도 압류만 하여 놓고 이를 즉시 변제받을 수 없다면, 결코 바람직한 상태는 아닐 것이다.

이러한 점을 고려하여, 서울회생법원의 실무는 회생계획안 중 회생담보권의 권리변경과 변제방법 항목에서 담보목적물에 대하여 화재 등 보험사고가 발생하는 경우 해당 보험금으로, 기타의 담보목적물의 멸실, 훼손, 또는 공용징수의 경우 담보목적물의 변형물인 손해배상채권 등을 채무자가 추심하여 당해 회생담보권을 조기변제할 수 있도록 정하고 있다.[208]

---

207) 이와 같은 법리는 회생절차개시 전에 담보목적물이 멸실, 훼손 또는 공용징수되었으나 담보권자가 회생절차개시 전에 그 가치변형물인 금전지급청구권 등을 압류하지 않은 경우에도 마찬가지로 적용되어, 제3채무자가 가치변형물을 지급하기 전까지는 회생절차개시 후에도 담보권자가 물상대위에 기해 압류를 하고 회생담보권을 주장할 수 있다는 논의에 관하여는 전대규, 571-572면 참조.

208) 구체적인 내용은, '제13장 제5절 3. 라. 마.' 참조.

4. 근저당권의 피담보채무 확정 등의 문제

가. 회생절차개시결정과 근저당권의 피담보채무 확정

채무자에 대하여 회생절차가 개시된 경우, 채무자 재산에 설정된 근저당권에 의하여 담보되는 피담보채무가 확정되는가에 관하여 민법과 법에 아무런 규정이 없어 확정설과 비확정설의 견해가 대립되고 있다.[209] 비확정설[210]은 개시결정에 의하여 피담보채무를 확정시키지 않고 근저당권을 존속시킨다면 그 한도액에 여유가 있는 경우 관리인이 이를 이용하여 회생절차개시 후 그 사업경영에 관한 비용 등 공익채권을 용이하게 차입할 가능성이 있고, 채무자의 회생에 크게 기여할 수 있다고 주장한다. 이에 반하여 확정설[211]은 회생절차개시에 의하여 채무자 사업의 경영 및 재산의 관리처분권이 관리인에게 전속되고, 이때를 기준으로 하여 법률관계의 각 분야에 걸쳐 새로운 단계에 들어간다는 점을 고려하여 채무자에 대하여 회생절차개시결정이 있으면 근저당권의 피담보채무도 확정된다는 견해이다.

비확정설에 따르면 선순위 근저당권자의 입장은 매우 유리해지나 후순위 근저당권자의 입장은 현저하게 불리하게 되는 점, 실제로 회생절차에 들어 온 채무자의 경우 담보권 설정액이 자산의 평가액을 초과하는 경우가 대부분인 점, 회생절차가 개시를 기준으로 법률관계를 구분하여 그 이전의 법률관계를 조정하고 있는 점 등을 고려하면 확정설이 타당하다.

대법원도 근저당권이 설정된 뒤 채무자 또는 근저당권설정자에 대하여 회생절차개시결정이 내려진 경우, 그 근저당권의 피담보채무는 특별한 사정이 없는 한 회생절차개시결정을 기준으로 확정되는 것으로 보아야 하므로, 그 이후 새로운 거래관계에서 발생한 원본채권이 근저당권에 의하여 담보될 여지는 없다고 함으로써 확정설의 입장을 취하고 있다.[212]

---

209) 한편 일본은 비확정설을 전제로 민법 제398조의20 제1항에서 파산절차개시만을 근저당권 피담보채무의 확정사유로 규정하고 있고, 회사갱생법 제104조에서는 관재인이 재판소에 담보목적물의 가액 상당 금전을 납부하고 근저당권 소멸허가를 신청하는 경우, 근저당권자가 근저당권 소멸허가신청서를 송달받은 때로부터 2주가 경과한 때 근저당권의 피담보채권이 확정된다고 규정하고 있다.

210) 온주(로앤비), 채무자회생법(2015), 제141조.

211) 임채웅, "회사정리절차개시가 근저당권채무확정사유인지 여부", 대법원판례해설 제36호(2001), 법원도서관, 365면; 전대규, 288면.

212) 대법원 2021. 1. 28. 선고 2018다286994 판결, 대법원 2007. 4. 26. 선고 2005다38300 판결, 대

나. 담보되는 채권의 범위

회생계획의 인가결정이 있으면 회생담보권자의 권리는 회생계획에 따라 변경된다($^{법}_{제1항}$ 제252조). 통상 회생계획안에서 회생담보권에 대한 권리변경과 변제방법에 관하여 회생담보권으로 확정된 원금 및 개시결정 전날까지 발생한 이자 이외에 원금에 대한 개시결정일로부터 변제기일까지의 연장기간에 대한 이자, 변제기일까지 변제하지 못할 경우에 발생하는 지연손해금 등을 규정하는 경우가 많다. 법이 회생절차개시 후의 이자나 회생절차개시 후의 불이행으로 인한 손해배상 및 위약금을 회생담보권에서 제외하고 있음에도($^{법}_{제1항}$ 제141조 단서) 회생계획인가결정에 의하여 권리 변경된 회생담보권의 담보를 위해 근저당권 등을 존속시키면서 위와 같은 개시 이후 발생하는 이자나 지연손해금도 피담보채권의 범위 안에 포함시킬 수 있는지 여부가 다음 두 가지 경우에서 특히 문제된다.

첫째는 위 이자나 지연손해금이 발생한 상태에서 회생계획변경절차가 진행되는 경우 회생담보권으로 이미 확정된 원금 및 개시 전 이자 이외에 개시 후 발생한 이자나 지연손해금을 모두 포함시킨 금액을 회생담보권과 동일하게 취급하여 회생채권보다 우선하는 것으로 취급하여야 하는지 여부이다. 대법원은 "정리계획에서 정리담보권자에게 원금을 분할변제하되 각 분할원금에 대하여 이자를 가산하여 변제하기로 정한 경우에는 원금뿐만 아니라 이자도 정리담보권으로 인정되는 채권의 범위 안에 포함되므로, 정리계획에 따른 정리담보권의 변제조건을 변경하는 정리계획변경계획을 작성함에 있어서 그 담보목적물의 청산가치가 정리담보권의 원리금과 같거나 이를 상회하는 경우에는 정리담보권자에게 원금뿐만 아니라 이자에 대하여도 담보목적물의 청산가치 상당액을 분배하여야만 청산가치보장의 원칙에 위반되지 아니한다."라고 판시하였다.[213] 실무도 회생담보권 원금에 대하여 개시 후 발생한 이자나 지연손해금도 회생담보권에 포함시켜 회생채권보다 우월하게 취급하고 있다. 통상 회생계획안에서 개시 후의 이자나 지연손해금을 규정하는 것은, 회생담보권의 변제가 유예 또는 지체됨에 따라 현재가치로 환산된 회생담보권의 변제금액이 감소한 것을 보전하기 위한 것이다.[214] 결국, 개시 후에 발생한 이자 및 지연손해금은 회생담보권으로

법원 2001. 6. 1. 선고 99다66649 판결 등 참조.
213) 대법원 2008. 6. 17. 자 2005그147 결정.
214) 예를 들면, 회생계획에 의하여 변제하여야 할 회생담보권 원금이 1억 원으로 확정된 경우, 위 원금을 일시에 변제하지 아니하고 5년에 걸쳐 균등 분할변제한다면 1년에 2천만 원씩 변제한

인정된 원금 및 개시 전 이자 자체의 권리변경 결과에 포함된다고 보아야 하므로, 회생계획변경절차에서 그 전체를 회생담보권으로 취급하고 있다.[215]

둘째는 회생계획의 인가 후 회생절차가 폐지되어 파산절차로 이행되었을 경우, 별제권자로서 취급되는 담보권자가 위와 같은 개시 후 발생한 이자나 지연손해금을 피담보채권의 범위에 포함시켜 별제권을 행사할 수 있는지 여부이다. 근저당권자인 정리담보권자가 회사정리절차폐지 후에 진행된 부동산 임의경매절차에서 개시 후의 이자를 피담보채권에 포함해 배당을 받은 사안에서 대법원[216]은 관계인집회에서의 심리 및 결의를 거쳐 최종적으로 법원의 인가결정을 받음으로써 효력을 발생하게 되는 정리계획은 향후 정리절차 수행의 기본규범이 되는 것으로서, 사적 자치가 허용되는 범위 내에서는 정리담보권의 권리변경 및 변제방법, 정리담보권의 존속범위 등과 같은 내용을 자유롭게 정할 수 있다고 전제한 후, 정리계획의 내용 등에 비추어 볼 때 정리담보권에 의해 담보되는 채권의 범위 안에 미상환원금에 대한 정리절차개시 이후의 이자까지 포함된다고 한 원심의 판단을 수긍하였다.[217] 결국 판례에 의하면, 법 제141조 제1항 단서 규정은 회생담보권자가 회생절차에 참가할 수 있는 회생담보권의 범위를 정한 것일 뿐이고, 이를 넘어서 인가된 회생계획에 따른 회생담보권의 권리 변경과 변제 방법, 존속 범위 등을 제한하는 규정으로 볼 수 없으므로,[218] 파산절차에서 별제권자로 취급되는 회생담보권자는 개시 후의 이자나 지연손해금이 피담보채권에 포함된다고 주장할 수 있다.

것이 1억 원을 즉시 변제한 현재가치와 동일하다고 할 수 없다. 변제 유예나 지체에 따른 회생담보권자의 손실을 보전하여 즉시 1억 원을 받는 것과 동일한 경제적 이익을 보장하기 위해서는 적정현가율에 상응한 이자 또는 지연손해금을 가산하여 지급해야 하는 것이다. 특히 변제 유예로 인하여 현가환산된 변제금이 청산 시 배당금에 미치지 못하게 되는 경우라면 청산가치 보장원칙의 위반 문제가 발생하므로, 연장기간에 대한 이자를 반영하여야만 한다.

215) 변경회생계획안의 결의 시 의결권의 부여 방식에 관하여는, '제16장 제2절 6. 라.' 참조.
216) 대법원 2005. 10. 27. 선고 2005다33138 판결.
217) 동일한 취지의 판결로 대법원 2021. 10. 14. 선고 2021다240851 판결 등 참조.
218) 대법원 2021. 10. 14. 선고 2021다240851 판결 참조. 한편 위 판결에서는 저당권의 피담보채권 범위에 관한 민법 제360조 단서는 근저당권에는 적용되지 않으므로 근저당권의 피담보채권 중 지연손해금도 근저당권의 채권최고액 한도에서 전액 담보된다고 하였다.

5. 집합채권양도담보의 취급[219]

가. 문제점

집합채권양도담보란 채권양도인이 가진 현재의 또는 장래 발생할 다수의 지명채권(이하 '장래채권'이라 한다)을 채권양수인에게 일괄하여 담보 목적으로 양도하는 것을 말한다.

개별 장래채권의 양도가 유효한지에 관하여 대법원[220]은 "장래 발생할 채권이라도 현재 그 권리의 특정이 가능하고 가까운 장래에 발생할 것임이 상당한 정도로 기대되는 경우에는 채권양도의 대상이 될 수 있다."라고 판시함으로써 특정성과 발생개연성을 그 요건으로 들고 있다. 한편 건설회사가 현재 보유하고 있거나 장래에 보유하게 될 공사대금채권을 일괄하여 양도담보로 제공하여 제3채무자가 특정되지 아니한 집합채권양도담보가 쟁점이 된 사안에서, 대법원[221]은 당해 양도담보약정을 본계약이 아닌 예약이라고 해석함으로써 특정성과 발생개연성의 요건을 완화해 그 유효성을 인정한 바 있다.[222] 이에 대하여 학설은 제3채무자가 특정되지 아니한 집합채권양도담보가 이용되고 있는 거래계의 현실과 그 필요성, 합리성에 비추어 유효성의 요건을 완화하여 법률행위 일반에 요구되는 특정성, 즉 양도의 목적이 될 채권을 양도인이 보유하는 다른 채권으로부터 구별할 수 있는 정도의 특정성이 충족되면 그 유효성을 인정하여야 한다는 입장을 취하고 있다.

집합채권양도담보가 유효하다고 하더라도 이는 당해 담보권자와 담보설정

---

219) 집합채권양도담보의 취급에 관한 상세한 내용은 오영준(주 199), 363면 이하 참조.

220) 대법원 2010. 4. 8. 선고 2009다96069 판결, 대법원 1996. 7. 30. 선고 95다7932 판결, 대법원 1991. 6. 25. 선고 88다카6358 판결 등.

221) 대법원 2003. 9. 5. 선고 2002다40456 판결. 한편 위 판결에서는 집합채권양도담보의 예약인지 대물변제의 예약인지가 문제되었다. 이에 대하여 대법원은, 계약내용에 따를 것이지만 그 채권이 다른 채무의 변제를 위한 담보로 양도되는 것을 예정하고 있는지 또는 다른 채무의 변제에 갈음하여 양도되는 것을 예정하고 있는지 명백하지 아니한 경우에는 특별한 사정이 없는 한 집합채권양도담보의 예약으로 추정함이 상당하다고 보았다. 유사한 취지의 판결로는 대법원 2016. 7. 14. 선고 2014다233268 판결 참조.

222) '본계약형' 집합채권양도담보는 담보설정계약 시 채권양도의 합의를 하는 유형이고, '예약형' 집합채권양도담보는 담보설정계약 시 양도의 예약만을 해 두고 예약완결권은 채권양도인에게 재정상황 악화 등 일정한 사유가 발생한 경우 채권양수인이 장래에 행사하는 것으로 약정하는 유형이다. 집합채권양도담보의 유형을 본계약형, 예약형, 정지조건형, 채권형으로 분류하여 상세하게 설명한 것으로, 오영준(주 199), 233면 이하 참조. 본계약형이 아닌 예약형에 해당하는 경우에 대한 부인권 행사와 관련하여, '제8장 제1절 2. 나.' 참조.

자(채무자) 사이에 그 계약이 유효하다는 의미에 불과하므로 제3자에게 대항하려면 민법 제450조가 정한 채권양도의 대항요건을 갖추어야 한다. 따라서 회생절차에서 그 담보권을 인정받으려면 확정일자 있는 증서에 의한 양도의 통지나 제3채무자의 승낙이 필요하다.[223]

회생절차와 관련하여서는 ① 집합채권양도담보의 효력이 회생절차개시 이후 발생한 채권에 미치는지 여부, ② 관리인이 회생절차개시 이후에 발생한 채권을 추심하여 그것을 사용할 수 있는지 여부, ③ 집합채권양도담보권을 회생담보권으로서 어떻게 평가하여 조사·확정하여야 하는지가 문제된다.

나. 양도담보의 효력이 회생절차개시 후에 발생한 채권에 미치는지 여부

긍정설은, 회생절차개시 후 관리인의 활동에 의하여 취득한 재산이 별도의 재산을 구성하는 것이 아니라, 일체로서 채무자의 재산으로 되는 점, 집합채권양도담보에 관하여 제3자 대항요건이 구비되어 있다면, 집합채권의 양도담보설정 시에 이미 관리인에게 대항할 수 있는 대항요건을 구비하는 것이 되는 점, 법에 명문의 규정이 없는 상태에서 회생절차개시 후에 발생한 장래채권을 양도담보 대상에서 제외한다면 채권자의 예측가능성을 저해하고 특히 장래채권에 대하여 담보권설정 방식이 아닌 유사 자금조달 방식[예를 들어, 진정 매매(true sale)[224]의 형식 등]을 취하는 경우와의 불균형을 초래한다는 점[225] 등을 들어 회생절차개시결정 후에 발생한 채권에도 채권양도담보의 효력이 미친다는 견해를 취한다.

부정설은, 장래채권의 경우 그 발생원인은 관리인 자신이 관리처분권을 행사하여 채무자의 경영을 수행한 결과 발생한 것이고, '채무자'의 사업활동에 의하여 발생한 채권은 아니기 때문에 채권의 발생원인이 다르다는 점을 강조하여 집합채권양도담보설정계약의 실체법상 효과로서 관리인의 사업활동을 원인으로 하여 발생한 장래채권에는 담보의 효력이 미치지 아니한다고 해석하거나, 회생절차개시 후 신규자금을 조달하여 생산된 제품이나 매매대금채권을 회생절차개시 전의 양도담보권자에게 귀속시키는 것은 형평에 반한다고 하거나,[226] 회생절

---

223) 한편 동산·채권 등의 담보에 관한 법률에 따라 양도담보를 제공한 경우라면, 같은 법 제35조 제1항에 따라 담보등기부에 등기함으로써 제3자에 대한 대항력을 취득한다.

224) 앞에서 살펴본 서울중앙지방법원 2003회5 주식회사 두루넷 사건이 이에 해당한다고 보았다.

225) 박진수, "회생절차개시결정과 집합채권양도담보의 효력이 미치는 범위", 민사판례연구 제36권, 박영사(2015), 595면 이하 참조.

226) 전대규, 547면 참조.

차가 개시되면 담보권이 실행된 것처럼 그 개시 시점을 기준으로 담보목적물이 유동성을 상실하고 고정되는 이른바 담보물의 고정화(固定化)가 이루어지기 때문에, 회생절차개시 후에 발생한 채권에는 집합채권양도담보의 효력은 미치지 아니한다고 해석한다.

종래 서울회생법원의 실무는 회생절차개시 후에 발생한 채권에는 집합채권 양도담보의 효력이 미치지 않는 것으로 처리해 왔다. 그 근거로는 회생절차개시 결정이 이루어지면 담보권자는 스스로 담보권을 실행하는 것이 불가능하게 될 뿐 아니라 회생담보권 목적물의 평가가 회생절차개시결정의 시점에서 이루어지므로 개시결정으로 담보목적물의 유동성은 없어지고 목적물의 고정화가 이루어지는 점 등을 들었다.[227]

대법원[228]도 의사인 채무자가 국민건강보험공단에 대한 장래의 요양급여 및 의료급여비 채권을 담보로 양도한 사안에서, 회생절차개시 후에 발생하는 채권에 양도담보의 효력이 미치지 않는다는 견해를 취하였다. 장래 발생하는 채권이 담보목적으로 양도된 후 채권양도인에 대하여 회생절차가 개시되었을 경우 회생절차개시결정으로 채무자의 업무의 수행과 재산의 관리 및 처분권한은 모두 관리인에게 전속하게 되는데, 관리인은 채무자나 그의 기관 또는 대표자가 아니고 채무자와 그 채권자 등으로 구성되는 이른바 이해관계인 단체의 관리자로서 일종의 공적 수탁자에 해당하므로, 회생절차가 개시된 후 발생하는 채권은 채무자가 아닌 관리인의 지위에 기한 행위로 인하여 발생하는 것으로서 채권양도담보의 목적물에 포함되지 아니한다는 점을 이유로 들었다.[229] 한편 집합채권의 양도담보권자가 회생절차개시 전에 담보권 실행에 착수한 경우 그 이후 새로운 담보목적물의 취득을 인정할 것인지, 아니면 그 시점에서 담보목적물이 고정된다고 보아야 하는지 여부가 문제되었는데, 대법원은 회생절차개시 전에 양

227) 서울고등법원 2010. 7. 7. 선고 2010나1786 판결(대법원 2013. 3. 28. 선고 2010다63836 판결의 원심판결)은 위 이유에, 담보권자는 개시결정 당시에 채무자가 갖고 있는 담보목적물만을 원칙적으로 담보권의 가치로 파악하여야 하는데, 만약 채무자가 회생절차에 들어와서 창출한 기업의 수익가치까지 담보권의 목적물이 된다고 한다면 채무자의 운영자금이나 변제재원의 마련이 어렵게 되어 기본적인 회생절차의 구도와 부합하지 않는 점을 추가로 들었다.

228) 대법원 2013. 9. 27. 선고 2013다42687 판결, 대법원 2013. 3. 28. 선고 2010다63836 판결.

229) 명문의 규정이 없는 이상 도산절차를 둘러싼 이해관계인의 이익을 적절하게 조정하기 위하여 회생절차개시 시점을 기준으로 담보목적물이 확정된다고 보아야 한다는 점에서 대법원의 결론에 찬성하면서도, 판결이유인 '회생절차개시 후 발생하는 채권은 채무자가 아닌 관리인의 지위에 기한 행위로 인하여 발생하는 것이므로 채권양도담보의 목적물에 포함되지 않는다'는 입론에 대하여는, 관리인이 한 행위라고 하더라도 그로 인하여 취득한 재산은 채무자에게 귀속하는 것으로 볼 수 있다는 점에서 문제가 있다고 지적한 견해로는, 김재형, "동산담보권의 법률관계", 저스티스 통권 제137호(2013. 8.), 한국법학원, 18면.

도담보권자가 담보권을 실행하였더라도 채권양도담보계약의 내용상 피담보채권 전액의 만족을 얻지 아니한 이상 그 후 발생하는 채권에 대하여도 담보권을 실행할 수 있다고 보아, 담보권 실행으로 이른바 담보목적물의 고정화가 이루어지는 것은 아니라고 보았다.[230]

다. 관리인의 추심권·사용권 행사

판례의 입장을 따른다면, 회생절차개시 후에 발생하는 장래채권에 대하여는 양도담보의 효력이 미치지 않으므로 관리인이 이를 추심하고 채무자의 회생을 위하여 사용할 수 있다.

라. 회생담보권의 평가

개별 사안에서 개시 전에 담보목적물이 고정화되었다고 볼 만한 특별한 사정[231]이 없다면 회생담보권의 평가는 회생절차개시 당시에 해당 양도담보가 파악하고 있는 채권의 가치를 기준으로 하여야 한다. 따라서 채권양도담보의 목적이 예컨대 대부채권이나 매출채권인 경우에는 그 회수율, 채권의 관리비용, 회수비용 등을 고려하여 평가된 담보물의 가치를 평가하여야 한다.[232] 회생절차개시 이후에 발생한 장래채권에 관하여 집합채권양도담보의 효력이 미치지 아니한다는 입장에서는, 회생담보권의 평가는 개시결정 시에 존재하는 담보목적채권의 가치에 한정되고 개시결정 후에 발생하는 장래채권의 가치는 포함되지 않는다.[233]

---

230) 대법원 2013. 3. 28. 선고 2010다63836 판결.
231) 양도담보설정계약 내용의 해석상 담보권의 실행 등 일정한 시점을 기준으로 하여 그 시점에 존재하는 채권만을 담보대상으로 삼았다고 볼 수 있는 경우로서, 개시 전에 위 고정 사유가 발생한 경우를 말한다. 이때는 계약 내용에 따른 시점을 기준으로 담보목적물을 특정한 다음 회생절차개시 시점을 기준으로 그 가치를 평가하여야 할 것이다.
232) 会社更生の実務(上), 270면.
233) 반면, 회생절차개시 이후에 발생한 장래채권에 관하여 집합채권양도담보의 효력이 미친다는 입장을 취한다면, 개시결정 이후에 존재하는 채권의 가치에 더하여 채무자의 합리적인 사업활동을 전제로 하는 경우에 장래 발생하는 채권의 액으로부터 그 채권을 발생시키는 데 필요한 비용의 액을 뺀 금액에, 적정할인율로 할인하여 그 채권의 현재가치를 산출한 것이 당해 회생담보권의 평가액이 된다.

제4절 주식·출자지분

1. 회생절차가 주주·지분권자에 대하여 미치는 영향

회생절차가 개시되면 업무의 수행권한과 재산의 관리처분권은 관리인에게 전속하게 되지만 법인인 채무자는 그대로 존속하므로, 주주와 지분권자는 사단적 관계에 있어서의 활동은 할 수 있다. 따라서 주주와 지분권자는 회생절차에 관계없이 주주총회·사원총회 등을 통하여 활동에 참가할 수 있다.[234] 그러나 채무자에게는 재산의 관리처분권이 없으므로 채무자의 사단적 활동이라도 비용을 요하는 경우에는 그 사단적 활동에 참가할 수 있는 권리, 즉 공익권에는 사실상 큰 제약이 있고, 또한 회생절차개시 후 그 종료까지는 회생절차에 의하지 아니하면 자본 또는 출자액의 증가·감소나 지분권자의 가입, 신주의 발행, 이익의 배당 등이 금지되고 있으므로(법 제55조 제1항) 주주·지분권자의 자익권 역시 그 행사에 한계가 있다.

2. 주주·지분권자의 회생절차상의 지위

주주·지분권자는 그가 가진 주식 또는 출자지분으로 회생절차에 참가할 수 있다(법 제146조 제1항). 즉 주주·지분권자는 채권조사기간 내에 서면으로 이의를 하거나(법 제161조 제1항), 특별조사기일에 출석하여 회생채권 또는 회생담보권에 대하여 이의를 진술하고(법 제164조 제2항), 관계인집회에 출석하여 의견을 진술하고 의결권을 행사할 수 있다(법 제182조, 제225조, 제232조). 그러나 회생절차의 개시 당시 채무자의 부채총액이 자산총액을 초과하는 경우에는 의결권을 가지지 아니한다(법 제146조 제3항). 자산총액이 부채총액을 초과하는 경우는 주주·지분권자에게 의결권이 부여되는데, 주식거래가 수시로 이루어지는 경우는 신고한 주주와 의결권 행사 무렵의 주주가 서로 달라지는 문제가 있으므로, 법원은 기간을 정하여 주주명부를 폐쇄할 수 있다(법 제150조 제2항). 주주·지분권자가 회생절차에 참가하기 위해서는 목록에 기재되거나

---

234) 다만 회생계획인가 후 회생계획을 수행함에 있어서는 법령 또는 정관의 규정에 불구하고 법인인 채무자의 창립총회·주주총회 또는 사원총회(종류주주총회 또는 이에 준하는 사원총회를 포함한다)의 결의를 하지 아니하여도 된다(법 제260조).

신고기간 내에 신고하여야 한다($^{법 \, 제150조}_{제1항}$). 또한 주주 · 지분권자는 회생계획안을
작성하여 법원에 제출할 수 있고($^{법 \, 제221조}_{제1항}$), 회생절차에 있어서 그 권리의 변경을
받으며($^{법,제}_{193조}$), 그 권리의 변경에 있어서 가장 후순위의 지위에 서게 된다($^{법 \, 제217조}_{제1항}$).
회생계획에 의하여 인정된 주주 · 지분권자의 권리는 주식 또는 출자지분의 신
고를 하지 아니하더라도 인정되므로($^{법,제}_{제254조}$), 목록에 기재되지 않거나 신고하지
않더라도 실권되지 아니한다.

3. 전환사채 · 신주인수권부 사채 · 주식매수선택권 등

가. 의   의

1) 전환사채는 사채를 상환받는 대신에 사채를 발행회사의 신주로 전환할
수 있는 권리가 사채권자에게 부여된 사채이다. 사채권자가 정해진 기간 내에
전환의 청구를 하면 그 일방적 의사표시에 의해 전환의 효력이 생기고, 사채권
자는 사채권자로서의 지위를 상실하고 주주가 된다. 신주인수권부 사채는 사채
를 그대로 두고 주식인수대금을 새로 납입하는 방법 또는 사채를 상환받는 대
신에 사채로써 주식인수대금을 대용납입하는 방법에 의하여 발행회사의 신주를
인수할 수 있는 권리가 사채권자에게 부여된 사채이다.[235] 대용납입을 선택하지
않은 경우에는 사채권자의 지위가 존속한다는 점에서 전환권 행사 시 사채가
소멸하는 전환사채와 구별된다. 전환권, 신주인수권은 사채권자의 일방적 선택
에 따라 주식 기타 유가증권을 취득할 수 있는 형성권이다.

2) 한편 이와 유사한 것으로는 채무자의 임원 · 종업원 등에게 부여된 주식
매수선택권($^{상법 \, 제340조의2}_{내지 \, 제340조의5}$)이 있다. 주식매수선택권은 사채권자에게 부여된 것은 아
니지만, 이를 부여받은 임원 · 종업원의 일방적인 권리행사로 채무자가 그들에게
주식을 발행하여야 한다는 점에서는 그 법적 성질이 유사하다.

나. 회생절차에서의 취급

1) 먼저 전환권 · 신주인수권 등의 형성권을 회생절차에서 회생채권으로 취

---

235) 신주인수권부 사채에는 분리형과 비분리형의 두 가지 유형이 있다. 분리형은 사채권과 신주
인수권이 각각 사채권과 신주인수권증권에 표창되어 분리양도가 허용되고, 비분리형은 사채권
과 신주인수권이 동일한 사채권에 표창되어 분리양도가 허용되지 않는다. 비분리형의 경우 사
채권자가, 분리형의 경우 신주인수권증권 소지자가 신주인수권을 행사한다.

급할 것인지에 관하여 제시되고 있는 견해는 다음과 같이 나누어진다.[236) 첫째, 전환권 등을 회생채권으로 보거나 회생채권에 준하여 취급하여야 한다는 견해이다. 다만 위 견해를 취하더라도 위 권리를 회생절차 전반에 걸쳐 회생채권과 동일하게 취급하여야 한다는 것인지는 명확하지 않다. 즉 회생절차개시 후에 전환권 등을 행사하여 권리를 발생시키는 것이 회생채권의 소멸행위를 금지하는 법 제131조와의 관계에서 금지된다고 보는 견해와 허용된다고 보는 견해 모두 가능하다. 둘째, 전환권 등을 재산상의 청구권인 회생채권으로는 파악하지 않는 대신에 전환권 등 행사에 따른 권리를 예약완결의 의사표시를 정지조건으로 하는 권리로 파악하는 견해이다. 위 견해에 따르면, 전환권 등은 원칙적으로 형성권에 해당하여 그 행사 자체에 대하여는 회생채권의 소멸행위를 금지하는 법 제131조가 적용되지 아니하므로 조건성취행위로서 전환권 등의 행사는 회생절차개시 후에도 가능하다.

2) 전환사채권자, 신주인수권부 사채권자, 주식매수선택권을 갖고 있는 임원·종업원 등이 회생절차에서 전환권·신주인수권·주식매수선택권을 행사하는 것이 가능한지, 그 효력은 어떠한지에 관하여는 보전처분의 효력(변제금지보전처분, 보전관리인에 대한 관리명령), 법 제55조(회생절차개시 후 회생절차에 의하지 아니한 신주발행 등의 금지), 법 제131조(회생채권 소멸행위의 금지)와 관련하여 견해대립이 있을 수 있다.

3) 회생절차가 개시된 경우 그 회사 발행 주식을 대상으로 한 전환권 등의 가치는 사실상 0에 가까워 굳이 이를 행사하려고 하지 않아 회생절차개시신청 또는 개시결정 후 전환권, 신주인수권의 행사가 허용되는지가 문제되는 경우는 적다. 다만 상장회사의 경우에 장래의 주가상승을 기대하고 회생절차개시 후 신주인수권을 행사하는 사례가 있다. 실무에서는 개시 후 신주인수권 행사를 이유로 한 관리인의 신주발행허가신청에 대하여 회생절차에 의하지 아니한 자본증가를 금지한 법 제55조 제1항 제3호에 위반한다는 이유로 이를 불허한 예가 있다.[237)238)

4) 전환권자 등의 회생절차상 지위와 관련하여 서울회생법원은 전환권자

---

236) 개별 견해의 이론구성과 관련한 자세한 내용은 한민, "전환사채·신주인수권부 사채 및 교환사채 채권자의 도산절차에서의 지위", 민사판례연구 제28집(2006), 박영사, 1017면 이하 참조.
237) 서울중앙지방법원 2013회합106 ㈜보루네오가구 사건. 위 불허결정에서 법원은, 사채로써 대용납입하는 것을 허용할 경우에는 회생절차개시 후 회생채권의 변제를 금지하는 법 제131조에 위반된다는 점도 함께 이유로 들었다.
238) 이에 대한 반대견해로는, 전대규, 479면 참조.

등을 주주·지분권자에 준하여 취급하고 있다.[239] 이는 전환권 등이 형성권으로서 그 행사를 정지조건으로 하여 전환권자 등이 주주가 되는 권리를 취득한다는 점을 고려한 것이다. 이에 따라 신고를 요하지 않고, 신고가 있는 경우에도 조사의 대상은 아니라고 보며, 회생계획에서 권리변경을 가할 수 있다고 본다(법 제252조). 다만 전환권 등을 행사하지 않은 전환권자 등은 주주가 되기 전의 지위에 있으므로 채무자의 자산이 부채를 초과하더라도 의결권은 가질 수 없다고 할 것이다. 이러한 입장에서 회생계획 중 '주주의 권리변경' 부분에서 전환권[240]·신주인수권[241]·주식매수선택권[242]이 모두 소멸하는 것으로 정하는 것이 서울회생법원의 대체적인 실무이다. 드물지만 권리소멸이 아닌 방식의 권리변경도 가능은 하겠으나,[243] 회생채권자, 주주 등 다른 이해관계인과의 관계에서 공정·형평의 원칙, 평등의 원칙을 준수하여야 할 것이다.[244](이에 관한 회생계획안 기재례에 관해서는 '제13장 제5절 4. 바.' 참조) 회생계획에서 이에 대하여 정함이 없는 경우에는 회생계획인가결정으로 전환권 등 또는 그 행사에 따른 권리는 실권되어 모두 소멸한다고 볼 것이다(법 제251조).

---

[239] 한편 전환사채·신주인수권부 사채의 채권자가 사채의 상환청구권을 행사하는 경우에는 사채원리금 등에 관한 금전채권자로서의 지위에 서게 되고, 이는 일반 회생채권자의 지위와 다를 것이 없다.

[240] 서울회생법원 2018회합100123 디엠씨(주), 2019회합100105 웅진에너지(주), 2019회합100179 (주)키위미디어그룹, 2020회합100049 (주)포스링크, 2021회합100050 (주)엔지스테크널러지 사건.

[241] 서울회생법원 2021회합100104 (주)티앤더블유코리아 사건. 한편 전환권과 신주인수권을 소멸하는 것으로 정한 사건은 서울회생법원 2021회합100020 이스타항공(주).

[242] 전환권, 신주인수권, 주식매수선택권을 소멸하는 것으로 정한 사건은 서울회생법원 2020회합100048 (주)유양디앤유, 신주인수권과 주식매수선택권을 소멸하는 것으로 정한 사건은 서울회생법원 2019회합100165 (주)바른전자.

[243] 상장회사의 경우에는 신주인수권자가 향후 주가상승을 기대하여 권리소멸이 아닌 방식의 권리변경을 요청하기도 한다. 전환권 및 신주인수권을 유지시킨 사례로는 서울회생법원 2018회합100158 (주)감마누 사건 등이 있다.

[244] 서울중앙지방법원 2013회합110 에스티엑스팬오션(주) 사건에서, 법원은 일부 회생채권자와 신주인수권자들이 제출한 회생계획안이 회생채권자나 주주보다도 신주인수권자에게 더 유리하게 권리변경을 하고 있으므로 공정·형평의 원칙 및 평등의 원칙에 반한다고 보아 관계인집회의 결의에 부치지 아니하는 회생계획안 배제결정을 하였다. 위 사건에서 법원은, 신주인수권자는 회생채권자보다 불리할 뿐만 아니라 주주와 동등하게 또는 그보다 유리하지 아니하게 권리변경이 이루어져야 함을 전제로, 신주인수권의 행사가격 및 신주인수권 행사 시 취득가능지분율을 비교하는 방식으로 권리변경의 유·불리를 판단하였다. 나아가 신주인수권자는 주식을 인수할 수 있는 권리를 보유한 자에 불과할 뿐 아직 주주의 지위에 있다고 볼 수 없으므로 법 제221조 제2호의 회생계획안을 작성·제출할 권한이 있는 자에 해당하지 않는다고 보았다.

제5절 공익채권·공익담보권

1. 공익채권

가. 의   의

공익채권이란 회생절차의 수행에 필요한 비용을 지출하기 위하여 인정된 채무자에 대한 청구권으로서 공익채권에 대한 일반규정인 법 제179조에 의하여 인정되는 채권이거나 개별적인 규정에 의하여 공익채권으로 인정된 청구권을 말한다.245)246) 법은 공익채권을 회생채권과 구분하여 회생채권보다 우선하는 권리를 부여하고 있다. 즉 공익채권은 회생절차에 의하지 아니하고 수시로 변제할 수 있고(법 제180조 제1항), 회생채권과 회생담보권에 우선하여 변제한다(법 제180조 제2항). 공익채권을 회생채권과 구별한 것은 회생절차개시 후에 발생하는 각종 채권에 대하여도 회생채권과 마찬가지로 일부 변제, 변제기 유예 등 제약이 따른다면 이러한 조건을 감수하고 채무자와 거래할 채권자들은 거의 없을 것이기 때문에 채무자의 회생을 위하여 반드시 필요한 각종 거래가 가능하도록 고려한 것이다.

공익채권은 주로 회생절차개시 후의 원인에 기하여 생긴 청구권인데, 회생절차개시 후의 원인에 기하여 생긴 청구권이라 하더라도 법 제179조 등 개별규정에서 공익채권으로 규정되지 아니한 청구권은 개시후기타채권이 될 뿐이다(법제181조). 즉 회생절차개시 후의 원인으로 생긴 청구권은 공익채권이라는 규정이 없는 한 개시후기타채권이다.247)

법 제179조에서 규정하는 공익채권 가운데에는 회생절차개시 전의 원인에 기하여 생긴 청구권이므로 관념상 회생채권에 해당하는 것이지만, 형평의 관념이나 사회정책적인 이유 등으로 공익채권으로 규정하고 있는 것도 있다. 계속적

---

245) 법은 공익채권의 발생에 관하여 열거주의를 채택하여 제179조 제1항 또는 개별규정에서 공익채권으로 인정한 청구권에 한정하여 공익채권으로 취급하고, 일정한 경우 법원의 허가를 받도록 정하고 있다. 대법원 2014. 9. 4. 선고 2013다204140, 204157 판결은 "공익채권은 구 회사정리법 제208조에 해당되는 채권이거나 구 회사정리법의 개별적인 규정에 의해 인정되는 청구권이어서, 관리인이 채권의 법적 성질에 대하여 정확하게 법률적인 판단을 하지 못하고 정리채권을 공익채권으로 취급하였다고 하여 바로 정리채권의 성질이 공익채권으로 변경된다고 볼 수 없다."라고 판시하였다.
246) 이에 반하여 법 제118조 제1호는 "채무자에 대하여 회생절차개시 전의 원인으로 생긴 재산상의 청구권"을 회생채권이라고 규정하여 매우 포괄적으로 회생채권의 개념을 정의하고 있다.
247) 예외적으로 회생절차개시 후에 생기는 회생채권에 대하여는, '제9장 제2절 4.' 참조.

공급의무상의 채권($\frac{법 제179조}{제1항 제8호}$), 회생절차개시신청 전 20일 이내에 공급받은 물건에 대한 대금청구권($\frac{법 제179조}{제1항 제8호의2}$), 원천징수할 국세 등($\frac{법 제179조}{제1항 제9호}$), 근로자의 임금·퇴직금 및 재해보상금($\frac{법 제179조}{제1항 제10호}$), 채무자의 근로자의 임치금 및 신원보증금의 반환청구권($\frac{법 제179조}{제1항 제11호}$), 개시신청 후의 차입금 등($\frac{법 제179조}{제1항 제12호}$) 및 부양료($\frac{법 제179조}{제1항 제14호}$)가 여기에 해당한다.

나. 법 제179조 제1항의 공익채권[248]

1) 공동의 이익을 위하여 하는 재판상의 비용청구권

회생채권자·회생담보권자와 주주·지분권자의 공동의 이익을 위하여 한 재판상 비용청구권은 공익채권으로 한다($\frac{법 제179조}{제1항 제1호}$).

이러한 비용청구권은 회생절차의 존립 그 자체의 기초를 이루는 것이기 때문에 공익채권으로 규정한 것이다. 예를 들면, 회생절차개시신청의 비용(신청수수료), 신청서류 작성·제출비용, 보전처분·개시결정 기타 재판을 위한 비용, 각종 재판의 공고 및 송달 비용, 기일의 공고 및 소환 비용, 회생계획안의 송달 비용 등이 여기에 해당한다. 한편 회생절차 신청인의 대리인인 변호사의 보수나 비용이 법 제179조 제1항 제1호의 비용에 해당하여 공익채권인지에 대하여는 해석상 논란이 있다.[249]

신고기간이 도과한 후에 신고된 회생채권이나 회생담보권 등을 조사하기 위한 특별기일의 조사비용은 그 회생채권자 또는 회생담보권자의 부담으로 하므로($\frac{법}{제162조}$), 여기에서 말하는 비용에 포함되지 않는다.

---

248) 이에 대한 상세한 내용은 임채홍·백창훈(하), 81-93면 참조.

249) 대법원은 구 회사정리법하에서 재판상의 비용은 구 민사소송법 또는 구 민사소송비용법에 따라 그 범위가 정해지는 것이라는 이유로 정리절차개시신청 업무의 위임업무 처리에 관한 변호사의 약정보수금청구권은 공익채권에 해당하는 재판상의 비용에 해당하지 않는다고 보아 정리채권으로 취급한 바 있다(대법원 1967. 3. 27. 자 66마612 결정). 그러나 이후 민사소송법이 개정되어 변호사 보수의 일부가 소송비용에 산입되고 있으므로, 그 취지에 따라 신청대리인의 보수 일부를 공익채권으로 인정하여야 한다고 해석할 여지도 있다. 다만 민사소송법 제109조 제1항, 변호사 보수의 소송비용 산입에 관한 규칙은 민사소송에서 소송목적의 값을 기준으로 하는 것이어서 회생절차에 사용하기에 적합하지 아니하고, 실무상 처리기준은 정립되지 아니한 상태이지만, 합리적인 범위 내에서 공익채권으로 인정할 수 있다는 견해가 유력하다[주석 채무자회생법(II) 824면; 전대규, 583면]. 한편 위임계약상 회생절차개시 후의 업무가 위임업무의 범위에 포함된 경우라면 법 제119조가 정한 쌍방미이행의 쌍무계약에 해당할 것이고, 이때 관리인이 이행을 선택하면 보수청구권 등은 법 제179조 제1항 제7호가 정한 공익채권에 해당할 것이다. 따라서 사실상 신청대리인의 보수청구권 등이 같은 항 제1호의 공익채권에 해당하는지가 문제되는 것은 개시 전까지의 업무만을 수임한 경우에 한할 것이다.

2) 개시 후의 업무 및 재산의 관리·처분에 관한 비용청구권

회생절차개시 후의 채무자의 업무 및 재산의 관리와 처분에 관한 비용청구권은 공익채권으로 한다(법 제179조 제1항 제2호).

회생절차는 사업의 계속을 전제로 하므로, 채무자의 업무 및 재산의 관리·처분 비용이 계속적으로 발생한다. 예를 들면, 원재료 구입비, 공장 기타 시설 및 기계기구 등의 임차료, 전력·가스·수도 등의 요금, 각종 조세 등이 여기에 해당한다. 공익채권이나 환취권에 기한 소송에 응하여 발생하는 비용, 채무자의 변제자금을 조달하기 위하여 자산의 매각에 드는 비용 등도 여기에 해당한다.

3) 회생계획수행에 관한 비용청구권

회생계획의 수행을 위한 비용청구권은 공익채권으로 한다. 다만 회생절차종료 후에 생긴 것을 제외한다(법 제179조 제1항 제3호).

회생절차는 인가결정으로 바로 종료하지 않고 회생계획을 수행하는 것이 회생절차의 일환이다. 회생계획의 수행에 소요되는 비용도 공익채권이 된다. 예를 들면, 회생계획에 기하여 신회사를 설립하고, 다른 회사와 합병하거나 신주나 사채를 발행하는 데 드는 비용 등이다.

다만 회생절차는 회생계획의 수행에 지장이 있다고 인정되지 않는 때에는 회생계획에 따른 변제가 시작되면 법원의 회생절차종결결정으로 종료되는데(법 제283조), 법은 회생절차종료 후에 생긴 것은 제외되도록 하였다.

4) 제30조 및 제31조의 규정에 의하여 지급하여야 할 보수 등의 청구권

법 제30조 및 제31조의 규정에 의한 비용·보수·보상금 및 특별보상금청구권은 공익채권으로 한다(법 제179조 제1항 제4호).

법원은 관리인·관리인대리·보전관리인, 조사위원, 고문, 그 직무를 수행하는 관리위원 등의 보수 및 특별보상금을 그 직무와 책임에 상응하도록 정할 수 있다(법 제30조). 이 경우 그 보수 및 특별보상금은 공익채권이 된다.

또한 법원은 회생채권자·회생담보권자·주주·지분권자나 그 대리위원 또는 대리인 등에 대하여 적절한 범위 안에서 비용을 상환하거나 보상금을 지급하도록 허가할 수 있다(법 제31조). 이 경우 그 비용이나 보상금도 공익채권이 된다.

5) 개시 후 관리인의 자금 차입 그 밖의 행위로 생긴 청구권

채무자의 업무 및 재산에 관하여 관리인이 회생절차개시 후에 한 자금의

차입 그 밖의 행위로 인하여 생긴 청구권은 공익채권으로 한다(법 제179조
제1항 제5호).

회생절차는 채무자가 사업을 계속 운영함을 전제로 하므로, 관리인이 그 권한에 기하여 제3자와 계약을 하거나 기타 관리인의 행위에 의하여 상대방에게 청구권이 발생하는 경우가 많다. 이러한 청구권은 대부분 법 제179조 제1항 제2호의 공익채권에도 해당할 것이지만, 위 제2호는 비용의 지급 면에서, 위 제5호는 상대방의 청구권 면에서, 즉 관점을 달리하여 공익채권임을 명백히 한 것이다.

자금의 차입에는 운영자금의 차입뿐만 아니라 변제자금의 차입도 포함되고 차입금을 위하여 새로이 담보를 제공한 경우에는 공익담보권이 된다.

관리인의 그 밖의 행위에는 매매, 임대차, 고용, 도급, 위임, 운송, 임치, 보험, 어음행위 등이 포함되고 이러한 행위에 기한 상대방의 청구권은 공익채권으로 한다. 이러한 청구권은 금전채권임을 요하지 아니하고 매매에 기한 목적물의 인도청구권이나 등기이전청구권 등도 공익채권이 된다.

관리인의 그 밖의 행위는 법률행위에 한정되지 않는다. 관리인이 채무자의 업무를 관리함에 있어서 업무집행에 관한 관리인 자신이나 사용인의 고의·과실로 인하여 또는 공작물의 설치·보존의 하자에 의하여 타인에게 손해를 입혔을 경우에 그 타인이 가지는 손해배상청구권,[250] 개시 후 관리인의 공익채권 이행지체로 인한 손해배상청구권[251]도 공익채권이 된다고 해석하여야 할 것이다.

한편 법 제179조 제1항 제5호에 의한 자금의 차입을 법원이 허가함에 있어서는 채권자협의회의 의견을 들어야 한다(법 제179조
제2항).[252]

---

250) 대법원 2005. 11. 10. 선고 2003다66066 판결. 구 회사정리법 제208조 제5호에 의하면, '회사의 업무와 재산에 관하여 관리인이 권한에 의하여 한 자금의 차입, 기타의 행위로 인하여 생긴 청구권'은 정리회사에 대한 공익채권으로 규정되어 있는바, 같은 법 제53조에서 정리절차개시의 결정이 있은 때에는 회사 사업의 경영과 재산의 관리 및 처분을 하는 권리는 관리인에게 전속하도록 규정되어 있음에 비추어 볼 때, 위 법률 조항에서 규정하고 있는 관리인의 행위로 인하여 생긴 청구권에는 관리인이 회사 사업의 경영과 재산의 관리 및 처분과 관련하여 적법하게 법률행위를 한 경우에 상대방이 그 법률행위에 기하여 갖는 청구권뿐만이 아니라, 관리인이 회사 사업의 경영과 재산의 관리 및 처분을 함에 있어서 그 업무집행과 관련하여 고의·과실로 인하여 타인에게 손해를 입힌 경우에 그 타인이 가지는 불법행위에 기한 손해배상청구권도 포함된다고 할 것이므로, 정리회사는 특별한 사정이 없는 한 관리인이 업무집행과 관련하여 저지른 불법행위로 인하여 타인이 입은 손해를 배상할 책임을 부담한다고 판시하였다.
251) 공익채권인 임금, 퇴직금채무의 정리절차개시 후 이행지체로 인한 손해배상청구권이 공익채권에 해당한다고 본 것으로 대법원 2011. 6. 24. 선고 2009다38551 판결, 쌍방미이행 쌍무계약(아파트 분양계약)에서 이행의 선택을 한 경우 발생하는 공익채권(소유권이전등기청구권)의 이행지체로 인한 손해배상청구권이 공익채권에 해당한다고 본 것으로 대법원 2004. 11. 12. 선고 2002다53865 판결 참조.
252) 구체적인 내용은 아래 다. 참조.

6) 개시 후 사무관리 또는 부당이득으로 생긴 청구권

사무관리 또는 부당이득으로 인하여 회생절차개시 이후 채무자에 대하여 생긴 청구권은 공익채권으로 한다(법 제179조, 제1항 제6호.).

회생절차개시 후 타인이 의무 없이 채무자의 사무를 관리하거나, 채무자가 법률상 원인 없이 타인의 재산 또는 노무로 인하여 이익을 얻고 이로 인하여 타인에게 손해를 가한 경우, 그 타인의 채무자에 대한 비용상환청구권 또는 부당이득반환청구권[253][254]이 이에 속한다. 그러나 회생절차개시 후의 것에 한하고 개시 전의 청구권은 회생채권이 된다.[255]

법 제179조 제1항 제6호는 사무관리의 비용상환청구권, 부당이득반환청구권의 일반규정인데, 개별 규정에서 공익채권으로 규정한 것들 중에 위와 같은 청구권의 성질을 가지는 것들이 있다. 예를 들면, 회생절차에서 회생에 공적이 있는 채권자·담보권자·주주·지분권자나 그 대리위원 또는 대리인의 비용청구권(법 제31조 제1항 제1호, 제179조 제1항 제4호.), 회생채권 또는 회생담보권의 확정에 관한 소송으로 채무자의 재산이 이익을 받은 경우 이의를 주장한 회생채권 또는 회생담보권자, 주

---

253) 대법원 2010. 1. 28. 선고 2009다40349 판결, 대법원 2003. 1. 10. 선고 2002다36235 판결 등. 법 제109조 제2항에 의하면, 채무자의 행위가 회생계획안 심리를 위한 관계인집회가 끝난 후 또는 서면결의에 부치는 결정이 있은 후에 부인된 때에는 법 제152조 제3항의 규정에 불구하고 상대방은 부인된 날로부터 1월 이내에 신고를 추후 보완할 수 있고, 법 제197조 제2항에 의하면, 회생계획에는 법 제109조 제2항의 규정에 의하여 신고할 수 있는 채권에 관한 적당한 조치를 정하여야 하므로, 현행법상으로 부인권 행사의 시기가 법 제152조 제3항에서 정한 시기 이후에 이루어지더라도 이를 신고하고 회생계획에 반영할 방법이 마련되어 있으나, 구 회사정리법 제89조, 제215조 등에는 이와 관련한 규정을 두지 아니하여 문제되었다. 위 판례들은 정리회사의 관리인이 정리계획안 심리를 위한 관계인집회가 끝난 이후 부인의 소를 제기함으로써 상대방이 그 부활한 채권을 행사할 수 없게 된 때에는 정리회사가 상대방의 손실에 의하여 부당하게 이득을 얻은 것이 되므로, 정리회사의 관리인은 이를 정리절차개시 이후에 발생한 부당이득으로서 구 회사정리법 제208조 제6호의 공익채권으로 상대방에게 반환할 의무가 있고, 다만 그 경우에 반환하여야 할 부당이득액은 부활한 채권이 정리채권으로서 회사정리절차에 참가하였더라면 정리계획에 의하여 변제받을 수 있었던 금액이라고 봄이 상당하므로 그 상대방의 채권과 같은 성질의 채권에 대하여 정리계획에서 인정된 것과 동일한 조건으로 지급할 의무가 있다고 보았다.

254) 한편 사해행위의 수익자 또는 전득자에 대하여 회생절차가 개시되고 이후 사해행위취소에 따른 원상회복으로 가액배상을 하게 되는 경우, 위 가액배상청구권이 법 제179조 제1항 제6호에서 정한 '부당이득으로 인하여 회생절차개시 이후 채무자에 대하여 생긴 청구권'인 공익채권에 해당한다고 본 것으로는 대법원 2019. 4. 11. 선고 2018다203715 판결 참조.

255) 회생절차개시 전에 선고된 가집행선고부 판결에 기하여 집행을 하였다가 개시 후에 해당 판결이 실효된 경우 집행에 따른 가지급물에 대한 반환청구권이 법 제179조 제1항 제6호에서 정한 '부당이득으로 인하여 회생절차개시 이후 채무자에 대하여 생긴 청구권'으로서 공익채권에 해당할 것인지 문제된다. 이에 대하여 대법원은, 민사소송법 제215조에서 정한 가집행선고의 실효를 조건으로 하는 가지급물의 원상회복 및 손해배상채권은 그 채권발생의 원인인 가지급물의 지급이 회생절차개시 전에 이루어진 것이라면 조건부 채권으로서 법 제118조 제1호에서 정한 회생채권에 해당한다고 판시하였다(대법원 2015. 5. 28. 선고 2013다88102 판결).

주·지분권자의 소송비용상환청구권(법제177조)은 사무관리 비용상환청구권의 성질을
가지는 것이고, 채무자의 행위가 부인된 경우 상대방이 행사하는 권리로서, 채
무자가 받은 반대급부에 의하여 생긴 이익의 전부가 채무자의 재산 중에 현존
하는 때에 그 반환을 구하는 권리(법제108조제3항제2호), 쌍방미이행 쌍무계약이 해제된 경우
에 채무자가 받은 급부가 채무자의 재산 중에 현존하지 아니하는 때에 상대방
이 행사하는 그 가액의 상환청구권(법제121조제2항)은 부당이득반환청구권의 성질을 가
지는 것이다.

7) 쌍방미이행 쌍무계약의 이행에 따라 상대방이 갖는 청구권

법 제119조 제1항에 의하면 회생절차개시 당시에 쌍방미이행의 쌍무계약이
있는 때에는 관리인은 계약을 해제 또는 해지하거나 채무자의 채무를 이행하고
상대방의 채무이행을 청구할 수 있는데,[256] 관리인이 이행의 선택을 한 경우 상
대방이 가지는 청구권을 공익채권으로 한 것이다(법제179조제1항제7호).[257] 판례에 따르면,
관리인이 이행 또는 해제·해지를 선택하기 전에는 상대방의 청구권은 회생채
권이나 공익채권 어느 경우에도 해당하지 아니한 상태에 있다가[258] 관리인이
이행의 선택을 한 경우 공익채권이 된다. 이 청구권은 회생절차개시 전의 원인
에 기한 것이지만 회생채권으로 하면 상대방의 채무에 대하여는 완전이행을 강
제하면서 그 채권에 대하여는 회생계획에서 권리변경을 수인하게 하는 결과 형
평에 반하므로 관리인에게 이행, 해제 또는 해지에 대한 선택권을 부여함에 대
응하여 이행이 선택된 경우에는 상대방의 청구권을 공익채권으로 하여 보호한
것이다.[259]

예를 들면, 매매계약에 기하여 목적물의 인도나 등기의 이전을 구하는 매
수인의 권리, 도급계약에 기하여 목적물의 완성·인도를 구하는 도급인의 권리,
위임계약에서 위임사무의 처리를 구하는 위임자의 권리 등이다. 그러나 이때 채
무자와 상대방의 채무는 쌍무계약상의 상호대등한 대가관계에 있는 채무를 의

---

256) 쌍방미이행 쌍무계약의 해제·해지권에 관한 자세한 내용은, '제6장 제3절 1.' 참조.
257) 쌍방미이행 쌍무계약의 이행선택에 해당한다고 보아 그 이행청구권을 공익채권으로 인정한
    것으로서 대법원 2021. 1. 14. 선고 2018다255143 판결, 대법원 2012. 10. 11. 자 2010마122 결정,
    대법원 2004. 11. 12. 선고 2002다53865 판결, 대법원 2004. 8. 20. 선고 2004다3512, 2004다3529
    판결, 대법원 2002. 5. 28. 선고 2001다68068 판결 등. 이와 반대로 쌍방미이행 쌍무계약에 해당
    하지 않는다고 보아 공익채권으로 인정하지 아니한 것으로서 대법원 2013. 9. 26. 선고 2013다
    16305 판결, 대법원 2007. 3. 29. 선고 2005다35851 판결, 대법원 2000. 4. 11. 선고 99다60559
    판결 등.
258) 대법원 2012. 10. 11. 자 2010마122 결정, 대법원 2007. 9. 6. 선고 2005다38263 판결 등.
259) 대법원 2014. 9. 4. 선고 2013다204140, 204157 판결.

미하고 계약상의 채무와 관련이 있다 하여도 막연한 협력의무에 불과한 것은 이에 해당하지 않는다.[260)

한편 관리인이 법 제119조의 규정에 의하여 계약을 해제 또는 해지한 때에는 상대방은 법 제121조에 따라 권리를 행사할 수 있다. 즉 상대방은 손해배상에 관하여는 회생채권자로서 권리를 행사할 수 있고, 채무자가 받은 반대급부가 채무자의 재산 중에 현존하는 때에는 그 반대급부의 반환을 청구할 수 있으며, 위 반대급부가 현존하지 아니하는 때에는 그 가액의 상환에 관하여 공익채권자로서 권리를 행사할 수 있다.

8) 계속적 공급의무상의 채권

계속적 공급의무를 부담하는 쌍무계약의 상대방이 회생절차개시신청 후 회생절차개시 전까지의 사이에 한 공급으로 생긴 청구권도 공익채권이다(법 제179조 제1항 제8호). 이 조항은 전기·가스·수도 등 독점적 공공재나 원자재 등 채무자의 사업을 영위하는 데에 필요한 급부의 계속적 공급을 목적으로 하는 쌍무계약상 공급자로 하여금 회생절차개시신청 후 채무자에 대하여 공급을 거절할 수 없도록 하는 법 제122조 제1항에 대응하여 계속적 공급의무자를 보호하기 위한 정책적 규정이다.

9) 회생절차개시신청 전 20일 이내에 공급받은 물건에 대한 대금청구권[261)

회생절차개시신청 전 20일 이내에 채무자가 계속적이고 정상적인 영업활동으로 공급받은 물건에 대한 대금청구권은 공익채권으로 한다(법 제179조 제1항 제8호의2). 회생절차개시신청 직전 채무자에게 물품을 공급한 상거래채권자를 보호하기 위해 2016. 5. 29. 자 법률 제14177호로 법 제179조 제1항 제8호의2가 신설되었다. 종래 법 제179조 제1항 제8호가 회생절차개시신청 후부터 그 개시 전까지 사이의 일정한 청구권을 공익채권으로 보호하는 반면, 법 제179조 제1항 제8호의2는 보호의 시적 범위를 회생절차개시신청 전 20일 이내까지로 넓혀서, 그 사이에 채무자가 계속적이고 정상적인 영업활동으로 공급받은 물건에 대한 상대방의 대금청구권도 공익채권으로 정하였다.

---

260) 대법원 1994. 1. 11. 선고 92다56865 판결.

261) 위 조항은 미국 연방파산법 §503(b)(9)를 참조하여 상거래채권자들에 대한 보호를 강화하려는 데 그 취지가 있다. 제342회 국회 법제사법위원회회의록 제1호(2016. 4. 28), 국회사무처, 제11면 및 채무자 회생 및 파산에 관한 법률 일부개정법률안 심사보고서 제4면 참조. 법 제179조 제1항 제8호, 제8호의2, 제12호의 공익채권의 요건 및 실무상 문제점 등에 관하여는, 차승환 "회생절차 개시 전을 요건으로 하는 공익채권: 채무자회생법 제179조 제1항 제8호, 제8호의2, 제12호의 공익채권", 도산법연구 제7권 제2호(2017), 1면 이하 참조

이 조항의 적용 시기(始期)가 되는 '회생절차개시신청 전 20일'의 의미에 관하여, 회생절차개시신청이 있은 날인 초일은 산입하지 아니하고 그 전날부터 역산하여 20일이 되는 날로 해석함이 상당하다(법 제33조, 민사소송법 제170조, 민법 제157조 본문, 제159조).[262] 예를 들어 회생절차개시신청일이 2018. 11. 21.이라면 2018. 11. 20.부터 역산하여 20일 전인 2018. 11. 1.이 '회생절차개시신청 전 20일'이 된다고 할 것이다.

'물건'에 대한 대금청구권을 대상으로 정하고 있으므로, 한국전력공사, 한국가스공사, 한국수자원공사 등이 전기·가스·수도 등을 공급한 경우에도 이 조항에 의한 공익채권이 될 수 있을 것이나, 순수한 용역의 제공에 대한 보수청구권은 여기에 포함되지 않는다.

10) 원천징수할 국세 등

가) 규정의 취지   회생절차개시결정 전에 성립된 조세채권은 원칙적으로 회생채권에 해당할 것이나,[263] 법 제179조 제1항 제9호에서 일부 예외를 두고 있다. 즉 회생절차개시 전에 성립하였더라도 개시 당시 아직 납부기한이 도래하지 아니한 것으로서 ① 원천징수하는 조세[다만 법인세법 제67조(소득처분)의 규정에 의하여 대표자에게 귀속된 것으로 보는 상여에 대한 조세는 원천징수된 것에 한한다], ② 부가가치세·개별소비세·주세 및 교통·에너지·환경세, ③ 본세의 부과징수의 예에 따라 부과징수하는 교육세 및 농어촌특별세, ④ 특별징수의무자가 징수하여 납부하여야 할 지방세는 회생채권이 아닌 공익채권이 된다.

위와 같이 예외를 인정한 이유는, 이들 조세의 경우 법적인 납세의무자 이외에 실질적인 담세자가 별도로 존재한다는 사정, 즉 본래의 실질적인 담세자와 법적인 납세의무자가 일치하였다면 회생절차에 의한 징수상의 제약을 받지 않았을 것임에도 징수의 편의를 위한 기술적 장치인 원천징수·특별징수나 간접세 제도로 인하여 실질적인 담세자와 법적인 납세의무자가 분리된 결과로 회생절차에 따른 징수상의 제약을 받게 됨으로써 국가의 세수 확보에 지장이 초래되어서는 아니 된다는 공익적인 요청 때문으로 이해된다. 다만 이를 모두 공익채권으로 인정하면 채권자·주주·지분권자 등 회생절차에 관여하는 다른 이해관계인에게 미치는 영향이 크고 채무자의 재건을 도모하려는 회생절차의 목적을 달성하는 데 과도한 제약이 될 수 있으므로, 공익채권으로 인정되는 조세채권의 범위를 합리적으로 제한하여 납부기한을 기준으로 회생채권과 공익채권

---

262) 대법원 2020. 3. 2. 선고 2019다243420 판결.

263) 회생채권에 해당하는 조세채권에 대하여는, '제9장 제2절 6.' 참조. 한편 회생절차개시 후 성립한 조세채권은 법 제179조 제1항 제2호, 제5호의 공익채권에 해당하는 경우가 많다.

여부를 결정하도록 규정한 것이다.[264]

나) 납부기한의 해석　　세법상 납부기한이란 조세를 납부하여야 할 기한을 말하는데,[265] 세법이 규정하는 납부기한에는 ① 개별 세법이 신고납세방식이나 자동확정방식의 조세에 관하여 조세를 자진하여 납부하도록 미리 정해 둔 법정납부기한과 ② 부과과세방식의 조세에 관하여 과세관청이 납세고지를 하면서 고지일로부터 30일 내로 지정하는 지정납부기한이 있다. 한편 ③ 신고납세방식이나 자동확정방식의 조세의 경우도 신고미납, 무신고미납(신고납세방식) 또는 원천징수의무불이행, 원천징수세액 미납(자동확정방식)의 경우 과세관청이 징수고지(또는 부과·징수고지)를 하면서 납부기한을 정하는데 이는 법정납부기한이 아닌 지정납부기한에 해당한다.[266]

본조에서 규정하고 있는 조세는 ① 부가가치세 등과 같이 납세의무자 스스로 법정신고기한까지 과세표준과 세액을 신고함으로써 구체적인 조세채무를 확정 짓는 신고납세방식의 조세와 ② 원천징수하는 조세 등과 같이 구체적인 조세의무가 특별한 절차 없이 성립과 동시에 확정되는 자동확정방식의 조세로 분류할 수 있고, 각 근거 법률에는 신고 또는 세액을 납부하여야 하는 법정납부기한이 규정되어 있는데,[267] 이 경우에도 과세관청은 ① 신고미납 또는 무신고미

---

264) 대법원 2012. 3. 22. 선고 2010두27523 전원합의체 판결.

265) 실체법상 조세채권과 담보물권과의 우열을 가리는 기준이 되는 '법정기일'과는 다른 개념으로 주의를 요한다. 원칙적으로 조세채권은 일반채권에 우선하나(국세기본법 제35조 제1항 본문, 지방세기본법 제71조 제1항 본문), 법정기일 전에 담보물권이 설정된 재산의 매각금액 중에서 당해세를 제외한 국세나 지방세를 징수하는 경우에 담보물권의 피담보채권은 조세채권에 우선한다(국세기본법 제35조 제1항 단서 제3호, 지방세기본법 제71조 제1항 단서 제3호). 위 각호에서 말하는 '법정기일'은 ① 신고납세방식으로 확정되는 조세는 그 신고일, ② 정부가 결정·경정하는 경우 고지한 세액은 그 납세고지서 발송일, ③ 원천징수의무자로부터 징수하는 조세는 납세의무의 확정일 등으로 규정되어 있다.

266) 조세는 납세의무 확정의 방식에 따라, ① 납세의무자 스스로 법정신고기한까지 과세표준과 세액을 신고함으로써 구체적인 조세채무가 확정되는 신고납세방식의 조세, ② 과세관청이 결정하여 고지함으로써 구체적인 조세채무가 확정되는 부과과세방식의 조세, ③ 신고나 고지 같은 특별한 절차 없이 성립과 동시에 확정되는 자동확정방식의 조세로 구분된다. 한편 가산세는 본세와 별도로 부과·징수하는 것이므로 본세의 확정방식과 관계없이 부과과세방식의 조세에 해당한다.

267) 원천징수하는 소득세, 법인세의 법정납부기한은 징수일(납세의무성립일)이 속하는 달의 다음달 10일(법인세법 제73조, 소득세법 제128조, 국세기본법 제22조 제4항)로서, 위 징수일(납세의무성립일)은 소득금액 또는 수입금액을 지급하는 때이다(국세기본법 제21조 제3항). 법인세법 제67조에 따른 과세관청의 소득처분과 그에 따른 소득금액변동통지가 있는 경우에는, 원천징수의무자인 법인은 소득금액변동통지서를 받은 날에 그 통지서에 기재된 소득의 귀속자에게 당해 소득금액을 지급한 것으로 의제되어 당해 소득금액에 대한 법인의 원천징수의무가 성립함과 동시에 확정되므로(대법원 2012. 1. 26. 선고 2009두14439 판결, 대법원 2006. 4. 20. 선고 2002두1878 전원합의체 판결 등 참조), 이 경우 법정납부기한은 소득금액변동통지서를 받은 날이 속하는 달의 다음달 10일이 된다.

납의 경우(신고납세방식의 조세)에 징수고지를 하면서, ② 원천징수불이행 또는 원천징수세액을 미납한 경우(자동확정방식의 조세)에 징수고지를 하면서 지정납부기한을 정할 수 있다. 따라서 회생채권과 공익채권을 구별하는 기준이 되는 법 제179조 제1항 제9호의 '납부기한'을 법정납부기한으로 볼 것인지, 지정납부기한으로 볼 것인지 문제된다.

법 제179조 제1항 제9호의 '납부기한'의 의미에 대하여 대법원은 전원합의체 판결에서 이른바 법정납부기한설을 취하였다.[268] 대법원은, 회생채권과 공익채권은 회생절차에서 인정되는 지위가 달라 어떠한 조세채권이 회생채권과 공익채권 중 어디에 해당하는지는 채권자·주주·지분권자 등 다른 이해관계인에게 미치는 영향이 지대하기 때문에 다수 이해관계인의 법률관계를 조절하는 회생절차의 특성상 회생채권과 공익채권은 객관적으로 명확한 기준에 의하여 구분되어야만 하므로, 원칙적으로 과세관청의 의사에 따라 결정되는 지정납부기한이 아니라 개별 세법이 객관적이고 명확하게 규정하고 있는 법정납부기한을 의미하는 것으로 보아야 한다고 판시하였다.[269]

한편 조세의 납부기한이 국세기본법 제6조에 의하여 연장된 경우 대법원은 그 연장된 기한이 회생절차개시 당시 도래하지 아니한 경우에는 회생절차개시 당시 그 납부기한이 경과하지 아니한 것에 해당하므로 위 조세채권은 공익채권에 해당한다고 판단하였다.[270]

부가가치세의 법정납부기한은 납세의무성립일로부터 25일(부가가치세법 제49조)로서, 통상 매년 1. 25. 및 7. 25.이다(같은 법 제5조, 국세기본법 제21조 제2항 제4호). 다만 부가가치세법 제17조의2에 따른 공급자의 대손세액 공제로 인하여 그 대손세액 상당의 매입세액 차감액에 대하여 공급을 받은 사업자가 부담하는 부가가치세 납세의무의 성립시기는 공급자의 대손이 확정된 날이 속하는 과세기간의 말일(대법원 2006. 10. 12. 선고 2005다3687 판결 등)이므로, 이 경우 법정납부기한은 공급자의 대손이 확정된 날이 속하는 과세기간 종료 후 25일이 된다.

268) 대법원 2012. 3. 22. 선고 2010두27523 전원합의체 판결.

269) 한편 위 판결의 반대의견은 원칙적으로는 법정납부기한으로 보아야 하지만, 신고납세방식의 조세에 관하여 납세의무자가 법정납부기한 내에 과세표준액과 세액을 신고하지 아니하거나 신고내용에 오류 또는 탈루가 있어 과세관청이 결정 또는 경정하여야 하는 경우에는, 회생절차개시 당시 법정납부기한의 도래만으로는 구체적인 조세채무가 확정되어 있다고 할 수 없고 강제징수를 하기 위해 별도로 납부기한을 정한 납세고지가 필요하므로 이때의 납부기한은 지정납부기한을 뜻하는 것으로 보아야 한다고 설시하였다. 과세관청의 자의적인 시기 조정 등으로 인하여 공익채권으로 되는 조세채권의 범위가 부당하게 확장되는 문제는 신의칙 등을 적용할 수 있다고 보았다. 한편 일본 최고재판소는 지정납부기한설의 입장에 선 것으로 보인다[最高裁判所 昭和 49. 7. 22. 판결(昭和 46年 行ツ 第88号)]. 구체적인 견해의 대립에 관하여는, 이진만, "공익채권으로 되는 조세채권의 범위", 자유와 책임 그리고 동행: 안대희 대법관 재임기념, 사법발전재단(2012), 712면 이하; 하태흥, "조세채권을 회생채권과 공익채권으로 구분하는 기준인 '납부기한'의 의미", 대법원판례해설 제92호(2012년 상반기), 법원도서관, 249면 이하 각 참조.

270) 대법원 2009. 2. 26 선고 2005다32418 판결 참조.

다) 인정상여에 대한 원천징수 소득세   법은 원천징수하는 조세 중 법인세법 제67조(소득처분)의 규정에 의하여 대표자에게 귀속된 것으로 보는 상여에 대하여는 '원천징수된 것'에 한하여 공익채권으로 인정하고 있다. 구 회사정리법에는 없던 제한규정을 신설한 것인데, 위 규정에 따라 공익채권에서 제외되는 채권의 범위가 문제된다. 특히 회생절차개시 당시 원천징수되지 아니한 경우 소득금액변동통지 시기를 불문하고 공익채권이 아닌 회생채권으로 취급할 수 있는지가 문제된다.

당해 규정의 체계 및 연혁에 비추어 보면, 법 제179조 제1항 제9호가 적용되는 조세채무는 '회생절차개시 전에 성립한 것'으로서, 아직 납부기한이 도래하지 아니한 재산상 청구권에 한한다고 해석된다.[271] 한편 대법원은 인정상여 소득에 관하여 원천징수하는 조세의 납세의무는 소득금액변동통지서가 당해 법인에게 도달한 때에 성립함과 동시에 확정된다고 보고 있으므로,[272] 회생절차개시 후에 소득금액변동통지서가 법인에 도달하였다면 원천징수분 소득세 채권은 회생절차개시 후의 원인으로 생긴 것이다.[273] 따라서 이 경우 조세채권은 법 제179조 제1항 제9호가 아예 적용되지 아니하며, 그 제한사유인 원천징수사실 여부도 문제되지 아니한다. 위 조세채권은 법 제179조 제1항 제2호, 제5호가 정한 공익채권에 해당한다.

결국 구 회사정리법상 공익채권으로 인정되다가 법개정으로 회생채권으로 취급되는 것은, 회생절차개시 전에 소득금액변동통지가 이루어진 경우로서 개시 당시 그 납부기한이 경과 내지 도래하지 않은 청구권 중 원천징수가 이루어지지 않은 것에 한한다.[274]

11) 근로자의 임금·퇴직금 및 재해보상금

채무자의 근로자의 임금·퇴직금 및 재해보상금은 공익채권이다(법 제179조 제1항 제10호). 이 중 근로자의 '임금'이란 사용자가 근로의 대가로 근로자에게 임금, 봉급, 그 밖에 어떠한 명칭으로든지 지급하는 일체의 금품(근로기준법 제2조 제1항 제5호)을 말하는 것으로서,[275]

---

271) 대법원 2012. 3. 22. 선고 2010두27523 전원합의체 판결.
272) 대법원 2006. 4. 20. 선고 2002두1878 전원합의체 판결 등.
273) 대법원 2010. 1. 28. 선고 2007두20959 판결.
274) 다만 이러한 해석에 따르면 개정법의 적용범위가 지나치게 제한적이므로, 채무자의 재건을 도모하는 법개정의 취지를 살려 조세채무의 성립시기, 즉 소득금액변동통지의 도달시기가 개시 후에 있는 경우에도 회생채권에 해당하는 것으로 해석하여야 한다는 입장으로, 임치용, "판례를 통하여 본 회생절차와 조세채권", 도산법연구 제1권 제1호(창간호)(2010. 1.), 사단법인 도산법연구회, 104면 참조.
275) 근로기준법 제44조의2, 제44조의3에 따라 건설업의 직상수급인으로서 하수급인이 사용한 근

그 채권의 발생시기를 불문하고 공익채권으로 취급하여야 한다. 근로기준법 제
46조 제1항에서 정한 '사용자의 귀책사유로 휴업하는 경우'에 지급하는 휴업수
당은 비록 현실적 근로를 제공하지 않았다는 점에서는 근로 제공과의 밀접도가
약하기는 하지만, 근로자가 근로 제공의 의사가 있는데도 자신의 의사와 무관하
게 근로를 제공하지 못하게 된 데 대한 대상(代償)으로 지급하는 것이라는 점에
서 임금의 일종으로 보아야 하므로 휴업수당청구권은 법 제179조 제1항 제10호
가 정한 공익채권에 해당한다고 본다.[276] 근로복지공단이 근로자의 임금, 퇴직
금을 체당금으로 지급하고 그에 해당하는 근로자의 임금 등 채권을 대위행사하
는 경우에도 공익채권에 해당하고, 그 이행지체로 인한 손해배상청구권 또한 공
익채권에 해당한다.[277]

회사의 이사 등 임원의 경우에도 그 계약의 실질을 살펴 근로기준법상의
근로자에 해당한다고 보아야 하는 경우에는 이 조항의 적용을 받게 된다.[278] 한

로자의 임금을 지급할 책임을 부담하는 경우, 근로자가 직상수급인인 채무자에 대하여 가지는
임금채권에 대하여 본호의 공익채권이 아닌 회생채권에 해당한다고 보아 소각하 판결한 예로
의정부지방법원 2013. 7. 18. 선고 2011나14160 판결(확정), 갑 병원을 개설·운영하는 을 사회
복지법인이 병 병원을 개설·운영하는 정 의료법인과 전공의파견계약을 체결하고 갑 병원 소
속 전공의를 병 병원에 파견하였는데, 계약에 따른 파견대가를 지급받지 못한 상태에서 정 법
인에 대한 회생절차가 개시되어 파견대가에 관한 채권이 회생채권자 목록에 포함되자, 을 법인
이 회생절차의 관리인을 상대로 위 채권이 법 제179조 제1항 제10호에서 정한 공익채권에 해
당한다고 주장하면서 이를 회생절차와 관계없이 지급할 것을 구한 사안에서, 위 채권은 공익채
권이 아니라 회생절차개시 전의 원인으로 발생한 채권으로서 회생채권에 해당하므로, 회생절차
가 아닌 별도의 민사소송을 통해 지급을 구하는 것은 권리보호의 이익이 없다고 판결한 예로
대구고등법원 2017. 1. 25. 선고 2016나24612 판결(확정)이 있다. 한편 파견근로자의 개시 전 발
생한 임금채권이 사업사용자인 채무자에 대하여 본호의 공익채권에 해당하는지 여부가 문제되
는데, 서울중앙지방법원 2011회합81 양해해운(주), 2012회합141 남광토건(주) 사건에서 파견근
로자가 사업사용자에게 직접 고용된 근로자가 아닌 점을 들어 공익채권이 아닌 회생채권으로
취급하되 근로의 대가라는 측면을 고려하여 채권자협의회 등의 의견조회를 거쳐 조기변제한
바 있다.

276) 대법원 2013. 10. 11. 선고 2012다12870 판결.
277) 대법원 2011. 6. 24. 선고 2009다38551 판결.
278) 근로기준법상 근로자는 직업의 종류와 관계없이 임금을 목적으로 사업이나 사업장에 근로를
제공하는 사람을 말하며, 이에 해당하는지 여부는 계약의 형식에 관계없이 실질적으로 임금을
목적으로 종속적인 관계에서 사용자에게 근로를 제공하였는지 여부에 따라 판단하여야 한다(대
법원 2013. 9. 26. 선고 2012다28813 판결 등 참조). 따라서 회사의 임원이라 하더라도, 그 업무
의 성격상 회사로부터 위임받은 사무를 처리하는 것으로 보기에 부족하고 실제로는 업무집행
권을 가지는 대표이사 등의 지휘·감독 아래 일정한 노무를 담당하면서 그 노무에 대한 대가
로 일정한 보수를 지급받아 왔다면, 그 임원은 근로기준법에서 정한 근로자에 해당할 수 있다
(대법원 2003. 9. 26. 선고 2002다64681 판결 참조). 그러나 회사의 임원이 담당하고 있는 업무
전체의 성격이나 그 업무수행의 실질이 위와 같은 정도로 사용자의 지휘·감독을 받으면서 일
정한 근로를 제공하는 것에 그치지 아니하는 것이라면, 그 임원은 위임받은 사무를 처리하는
지위에 있다고 할 수 있으므로, 근로기준법상 근로자에 해당한다고 보기는 어렵다(대법원 2013.
9. 26. 선고 2012다28813 판결 참조). 특히 대규모 회사의 임원이 전문적인 분야에 속한 업무의
경영을 위하여 특별히 임용되어 해당 업무를 총괄하여 책임을 지고 독립적으로 운영하면서 등

편 근로기준법상의 근로자에 해당하지 아니하는 임원에 관한 것으로서, ① 회생절차개시 전에 결정된 이사와 감사의 퇴직위로금, ② 이사와 감사의 보수 중 회생절차개시 전의 미지급분, ③ 이사와 감사의 상여금 중 회생절차개시 전의 미지급분 등은 회생채권이 된다.

12) 근로자의 임치금과 신원보증금의 반환청구권

회생절차개시 전의 원인으로 생긴 채무자의 근로자의 임치금 및 신원보증금의 반환청구권은 공익채권으로 한다(법 제179조 제1항 제11호). 근로자의 임치금과 신원보증금은 근로자보호라는 측면에서 사회정책적으로 고려할 필요가 있고, 채권의 성질상 보관금의 성격을 가지므로, 환취권에 준하여 공익채권으로 취급한 것이다.

13) 개시신청 후의 차입금 등

채무자 또는 보전관리인이 회생절차개시신청 후 그 개시 전에 법원의 허가를 얻어 자금의 차입, 자재의 구입 기타 채무자의 사업의 계속에 불가결한 행위를 함으로 인하여 생긴 청구권은 공익채권으로 한다(법 제179조 제1항 제12호).

실무에서는 보전처분으로 법원의 허가를 받아 행하여야 할 행위를 결정하고 있다. 따라서 실무상 보전처분이 있기까지는 법원의 허가가 필요하지 않으므로, 이 때 발생한 채권은 채무자의 사업 계속에 불가결한 행위를 함으로써 생긴 것이라도 법 제179조 제1항 제15호가 정한 공익채권이 되는 경우는 별론으로 하고 법 제179조 제1항 제12호가 정한 공익채권으로 되는 경우는 거의 없다. 실무상 보전처분에서 법원의 허가대상에서 제외하는 일정 금액 미만의 재산처분행위나 계속적이고 정상적인 영업활동에 해당하는 처분행위에서 파생하는 채권도 마찬가지이다.

반면 보전처분에 의해 법원의 허가대상으로 지정되는 법률행위의 범위는 매우 넓으며, 따라서 보전처분 후 채무자가 하는 대부분의 법률행위(거래처와의 새로운 계약 체결, 원재료의 구입, 자산의 매각 등)로 인하여 생기는 채권은 대부분 공익채권의 범위에 포함된다. 그럼에도 불구하고 실무에서는 권리자들이 회생절차개시 전에 법원의 허가를 얻어 한 행위의 결과 발생한 채권을 회생채권으로 신고하는 경우가 적지 않으므로, 관리인은 채권 시·부인시 무심코 그 거래행위가 회생절차개시 전에 있었다는 점만을 생각해 회생채권으로 분류하지 않도록

기 이사와 마찬가지로 회사 경영을 위한 의사결정에 참여하여 왔고 일반 직원과 차별화된 처우를 받은 경우에는, 이러한 구체적인 임용 경위, 담당 업무 및 처우에 관한 특수한 사정을 충분히 참작하여 회사로부터 위임받은 사무를 처리하는지 여부를 가려야 한다(대법원 2017. 11. 9. 선고 2012다10959 판결).

유의하여야 한다.

한편 제179조 제1항 제5호의 자금의 차입과 마찬가지로, 법원이 제179조 제1항 제12호에 따른 자금의 차입을 허가함에 있어서는 채권자협의회의 의견을 들어야 한다(법 제179조 제2항).[279]

14) 채권자협의회의 활동에 필요한 비용

법은 채권자협의회가 구 회사정리법하에서 수행하던 회생절차에 관한 의견 제시, 관리인 등의 선임에 관한 의견 제시 등의 기능 이외에 회생계획인가 후 회사의 경영상태에 관한 실사청구 기타 대통령령이 정하는 행위를 할 수 있도록 하여 회생절차에 대한 감시 기능을 강화하고 있다. 채권자협의회의 이러한 기능은 회생채권자·회생담보권자 및 주주·지분권자 전체의 이익에 기여하는 것이므로 채권자협의회의 활동으로 인한 비용은 법원의 결정으로 채무자에게 부담시킬 수 있고(법 제21조 제3항), 법원이 이에 따라 필요한 것으로 결정한 채권자협의회의 활동으로 인한 비용청구권은 공익채권으로 한다(법 제179조 제1항 제13호)(이에 대한 자세한 사항은 '제7장 제4절 4.' 참조).[280]

15) 부 양 료

채무자 및 그 부양을 받는 자의 부양료는 공익채권으로 한다(법 제179조 제1항 제14호).

채무자 및 그 가족의 생계보호를 위한 사회정책적 이유로 2014. 5. 20. 자 개정으로 법 제179조 제1항 제14호가 신설되어 공익채권에 부양료가 추가되었다.

16) 채무자를 위하여 지출하여야 할 부득이한 비용

법 제179조 제1항 제1호 내지 제8호까지, 제8호의2, 제9호부터 제14호까지에 규정된 것 외의 것으로서 채무자를 위하여 지출하여야 할 부득이한 비용은 공익채권으로 한다(법 제179조 제1항 제15호).

회생절차 중에 이사가 채무자의 인격적 활동을 하는 경우 관리인이 이를 채무자의 업무상 불가피하다고 보아 지출한 비용은 공익채권이 된다. 예를 들면, 주주명부 정리에 소요되는 비용, 이사에 결원이 생긴 경우에 이를 선임하고 또는 정관을 변경할 필요가 있는 경우 등의 주주총회소집·개최의 비용, 채무자의 대표이사가 신주발행무효의 소와 같은 비재산관계의 소송을 수행한 때 그 소송에 소요된 비용 등이 여기에 해당할 수 있다.

또한 엄밀한 의미에서 법 제179조 제1항 제2호의 업무의 관리와 처분에 관

---

279) 구체적인 내용은 아래 다. 참조.

280) 실무상으로는 법원의 허가를 받아 관리인이 직접 채권자협의회의 자문기관과 위임계약을 체결하고 그 수임료를 지급하는 방식으로 처리한 예가 있다.

한 비용에 해당하지 않지만, 업무와 관련하여 2차적, 3차적으로 파생하는 비용이 여기에 해당할 수 있다.

다. 법원의 허가에 의한 신규자금의 차입

1) 개   요

법 제179조 제1항 제5호 및 제12호에 따른 자금의 차입을 허가함에 있어 법원은 채권자협의회의 의견을 들어야 하며, 채무자와 채권자의 거래상황, 채무자의 재산상태, 이해관계인의 이해 등 모든 사정을 참작하여야 한다(법 제179조 제2항). 한편 채무자의 재산이 공익채권의 총액을 변제하기에 부족한 것이 명백하게 된 때에는 법 제179조 제1항 제5호 및 제12호의 청구권 중에서 채무자의 사업을 계속하기 위하여 법원의 허가를 받아 차입한 자금에 관한 채권을 우선적으로 변제한다(법 제180조 제7항).

위 규정은 채무자 회생 및 파산에 관한 법률이 2009. 10. 21. 일부개정되면서 신설된 것으로서 같은 날부터 시행되었다.

위 신설 규정은 채무자에게 필수적인 신규자금이 지원된 경우 그에 기한 공익채권에 대하여 다른 공익채권보다 우선적으로 회수될 수 있는 지위를 부여함으로써 채무자의 회생에 필요한 운영자금이 원활하게 조달되도록 하려는 데에 그 입법취지가 있다.

2) 자금의 차입

법 제179조 제1항 제5호에는 자금의 차입 외에 관리인이 개시 후 채무자의 업무 및 재산에 관하여 한 그 밖의 행위로 인하여 생긴 청구권이 함께 규정되어 있고, 같은 항 제12호에는 자금의 차입 외에 채무자 또는 보전관리인이 회생절차개시신청 후 그 개시 전에 법원의 허가를 받아 행한 자재의 구입 그 밖에 채무자의 사업을 계속하는 데에 불가결한 행위로 인하여 생긴 청구권도 함께 규정되어 있다.

법 제179조 제2항 및 제180조 제7항의 취지나 문언에 비추어, 법 제179조 제2항 및 제180조 제7항의 규정은 자금의 차입에 한정되어 적용되는 것이 명백하다.[281]

---

281) 어음할인이 자금의 차입에 해당하는지 실무상 문제된다. 어음할인의 법적 성질이 소비대차에 해당하는지 아니면 어음의 매매에 해당하는지 여부는 그 거래의 실태와 당사자의 의사에 따라 결정된다(대법원 2008. 1. 18. 선고 2005다10814 판결, 대법원 2002. 9. 24. 선고 2000다49374 판결 등). 어음할인을 어음과 어음에 표창된 권리의 매매로 볼 수 있는 경우 채무자가 취득하는

3) 채권자협의회에 대한 의견조회

법 제179조 제2항에 의하면 법원이 자금 차입의 허가를 하기 위하여는 채권자협의회의 의견을 들어야 하며, 채무자와 채권자의 거래상황, 채무자의 재산상태, 이해관계인의 이해 등 모든 사정을 참작하여야 한다. 실무상 서울회생법원은 채권자협의회와 관리위원회에 의견을 조회하고 있다(채권자협의회에 대한 의견조회의 기재례는 [별지 126] 참조).[282]

4) 법원의 허가

자금의 차입에 관한 채권이 법 제180조 제7항에 의한 우선변제의 지위를 가지기 위해서는 관리인 등이 그 차입을 함에 있어서 법원의 허가를 받아야 한다(법 제180조 제7항). 회생절차개시신청 후 그 개시 전에는 채무자가 법원의 보전처분에 따라 법원의 허가를 받아야 하고, 보전관리인이 선임된 경우에도 보전관리명령에 따라 법원의 허가를 받아야 한다. 회생절차개시 후 법원은 필요하다고 인정하는 때에 관리인의 자금의 차입행위를 법원의 허가사항으로 정할 수 있고(법 제61조 제1항 제3호), 실무상 법원은 명목이나 방법 여하를 막론한 차재를 그 액수와 무관하게 법원의 허가사항으로 하는 결정을 하고 있으므로, 관리인은 법원의 허가를 받아야 한다. 서울회생법원은 관리인으로 하여금 차입금의 예상사용처를 설명하도록 함으로써 차입의 필요성을 심사하고 있고, 주로 원자재구매자금 결제나 급여 지급 등 사업을 계속하기 위하여 필요한 범위에서 차입을 허가하고 있다.

법 제61조 제3항 본문은 법원의 허가를 받지 아니하고 한 관리인의 행위는 무효로 한다고 규정하고 있고, 같은 항 단서는 다만 선의의 제3자에게 대항하지 못한다고 규정하고 있으며, 이는 보전처분을 위반한 채무자 또는 보전관리명령을 위반한 보전관리인의 행위에도 준용된다고 보는 것이 일반적이다. 관리인 등이 자금의 차입 시 법원의 허가를 받지 아니한 경우, 채무자에게 자금을 지원한 상대방이 그 사실을 알지 못하여 선의인 때에 상대방이 법 제180조 제7항의 우선변제적 지위를 주장할 수 있는지 문제되나, 법 제61조 제3항 단서의 규정은

어음할인금은 어음 양도의 대가가 된다. 채무자가 거래처로부터 거래의 대가로 지급받은 진성어음을 할인받는 경우는 어음매매에 해당한다고 볼 여지가 있고 이 경우에는 법 제179조 제2호 및 법 제180조 제7항의 적용이 없다고 할 것이다. 반면 어음할인을 어음을 담보로 제공한 신규 대출로 볼 수 있는 경우, 채무자가 취득하는 어음할인금은 차입금이 된다. 실무상 융통어음의 할인은 자금의 차입에 해당한다고 보아서 법 제179조 제2항, 제180조 제7항의 적용이 있다고 본다.

282) 한편 전자방식 외상매출채권 담보대출(이른바 B2B대출)의 경우에는 향후 발생할 동종 대출을 포함한 포괄적인 의견조회를 실시하기도 한다. 이러한 방식으로 의견조회를 거친 경우에는 차후 개별 대출 시 추가 의견조회 없이 법원이 허가 여부를 결정한다.

관리인 등이 법원의 허가를 받지 아니하고 자금을 차입한 경우, 선의의 상대방이 관리인에 대하여 차입행위의 유효함을 주장할 수 있다는 의미에 불과할 뿐, 나아가 그 차입자금에 관한 채권에 대하여 우선변제적 지위까지 부여하려는 규정은 아니므로, 상대방이 우선변제적 지위까지 주장할 수는 없다고 본다.

5) 신규자금 차입으로 발생한 채권의 효력

채무자의 재산이 공익채권의 총액을 변제하기에 부족한 것이 명백하게 된 때에는 법 제179조 제1항 제5호 및 제12호의 청구권 중에서 채무자의 사업을 계속하기 위하여 법원의 허가를 받아 차입한 자금에 관한 채권을 우선적으로 변제하고, 그 밖의 공익채권은 법령에 정하는 우선권에 불구하고 아직 변제하지 아니한 채권액의 비율에 따라 변제한다(법제180조제7항 본문). 즉 채무자의 재산이 공익채권의 총액을 변제하기에 부족한 상태에 이른 경우 신규자금의 차입으로 발생한 채권은 다른 공익채권자보다 우선하여 변제받게 된다.

다만 위와 같은 공익채권자 간의 변제에 관한 규정은 공익채권을 위한 유치권·질권·저당권·「동산·채권 등의 담보에 관한 법률」에 따른 담보권·전세권 및 우선특권의 효력에는 영향을 미치지 아니하므로(법제180조제7항 단서), 공익담보권자는 그 담보권의 실행절차에서 여전히 우선변제를 받을 수 있고, 신규자금 차입에 관한 채권이 공익담보권보다 우선하는 효력을 가지는 것은 아니다.

라. 법 제179조에 열거된 이외의 공익채권

그 밖에 법 제39조 제4항(채무자 이외의 자가 회생절차개시를 신청하여 회생절차개시결정이 있는 때 신청인의 비용상환청구권), 제58조 제6항(개시결정에 의하여 중지한 강제집행·체납처분 등의 속행을 명한 경우 속행된 절차 또는 처분에 관한 비용청구권), 제59조 제2항(개시결정에 의하여 중단한 회생채권이나 회생담보권과 관계없는 소송을 관리인 또는 상대방이 수계한 경우의 소송비용청구권),[283] 제108조 제3항 제2호, 제4호(채무자의 행위가 부인된 경우에 채무자가 받은 반대급부에 의하여 생긴 이익의 전부나 일부가 채무자의 재산 중에 현존하는 때에 그 현존이익의 반환을 청구하는

---

283) 이 경우 공익채권이 되는 소송비용의 범위에 관하여 대법원은, "법 제59조 제2항 전문에 따라 관리인이 중단된 회생채무자의 재산에 관한 소송절차를 수계한 경우, 상대방이 소송에서 승소한 경우에 회생채무자에 대하여 가지는 소송비용 상환청구권은 법 제59조 제2항 후문에 의하여 관리인이 소송절차를 수계한 이후의 소송비용뿐만 아니라 관리인의 소송수계 이전에 회생채무자가 소송을 수행한 때의 소송비용까지 포함하여 공익채권으로 된다."라고 하여 수계 전의 소송비용까지 공익채권이 된다는 것을 명확히 하였다. 대법원 2016. 12. 27. 자 2016마5762 결정 참조.

권리), 제113조의2 제6항(채무자가 위탁자로서 한 신탁행위가 부인되어 신탁재산이 원상회복된 경우 그 신탁과 관련하여 수탁자와 거래한 선의의 제3자가 원상회복된 신탁재산의 한도에서 가지는 채권), 제121조 제2항(쌍방미이행의 쌍무계약을 관리인이 해제 또는 해지한 경우에 채무자가 받은 반대급부에 대하여 상대방이 가지는 현존이익의 반환 또는 그 가액의 상환청구권), 제177조(채무자의 재산이 회생채권 또는 회생담보권의 확정에 관한 소송으로 이익을 받은 경우에 있어서 이의를 주장한 회생채권자 등이 그 이익의 한도에서 가지는 소송비용 상환청구권), 제256조 제2항(개시결정에 의하여 중지되었다가 회생계획인가결정에 의하여 실효된 파산절차에서의 재단채권)에서 공익채권으로 되는 경우를 규정하고 있다.

마. 공익채권과 관련한 기타 문제

1) 공익채권자의 회생채권 신고

공익채권자가 자신의 채권이 공익채권인지 회생채권인지 여부에 대하여 정확한 판단이 어려운 경우에, 회생채권으로 신고를 하지 아니하였다가 나중에 공익채권으로 인정받지 못하게 되면 그 권리를 잃게 될 것을 우려하여 일단 회생채권으로 신고할 수도 있다. 따라서 공익채권자가 자신의 채권을 회생채권으로 신고한 것만 가지고 바로 공익채권자가 자신의 채권을 회생채권으로 취급하는 것에 대하여 명시적으로 동의를 하였다거나 공익채권자의 지위를 포기한 것으로 볼 수는 없으며, 나아가 공익채권을 단순히 회생채권으로 신고한 결과 회생채권자표 등에 기재되었다 하더라도 공익채권의 성질이 회생채권으로 변경된다고 볼 수 없다.[284][285]

2) 수급인의 공사대금청구권

법 제119조의 쌍방미이행 쌍무계약의 이행 선택은 계약 전체를 대상으로 하여야 하고, 특정 부분만을 골라 이행을 선택하고 나머지는 해제하는 방식은 허용되지 아니한다. 이와 관련하여 채무자가 도급인으로서 공사도급계약을 체결하여 공사가 진행되던 도중에 회생절차가 개시되고, 관리인이 쌍무계약으로서 이행을 선택한 경우에 수급인의 기성고에 대한 공사대금청구권이 회생채권인지

---

284) 대법원 2007. 11. 30. 선고 2005다52900 판결, 대법원 2004. 8. 20. 선고 2004다3512, 3529 판결.
285) 원인채무의 지급과 관련하여 어음이 수수된 경우, 어음채권은 회생채권에 해당하나 원인채무는 쌍방미이행 쌍무계약의 이행선택으로 인하여 공익채권이 되는 경우가 있다. 이 경우 채권자가 어음채권을 회생채권으로 신고하였더라도 원인채권인 공익채권을 함께 행사할 수 있으므로 주의를 요한다.

공익채권인지 여부가 문제된다. 과거 회사정리실무는 공사도급계약상 중간공정마다 기성고를 확정하고 그에 대한 공사대금을 지급하는 형태로 되어 있는 경우, 공사대금청구권과 대가관계에 있는 공사이행청구권 역시 분할되는 급부라는 점을 중시하여 개시결정 이후 완성된 공사분에 한하여 공익채권으로 취급하였다.[286] 그러나 대법원은 "공사도급계약에 있어서 기성고에 따라 대금을 지급받기로 하는 약정이 있다고 하더라도 수급인이 완성하여야 하는 공사는 원칙적으로 불가분이므로 도급계약에서 정한 공사가 일부 이루어졌고, 그 기성공사부분에 대하여 수급인에게 대금청구권이 발생한 경우에도 전체 공사가 끝나지 않았다면 그 기성공사부분을 따로 떼어내 그 부분에 대한 수급인의 채무가 이행완료되었다고 할 수 없는 것인바, 기성공사부분에 대한 대금을 지급하지 못한 상태에서 도급인인 회사에 대하여 회사정리절차가 개시되고, 상대방이 정리회사의 관리인에 대하여 구 회사정리법 제103조 제2항에 따라 계약의 해제나 해지 또는 그 이행의 여부를 확답할 것을 최고했는데, 그 관리인이 그 최고를 받은 후 30일 내에 확답을 하지 아니하여 해제권 또는 해지권을 포기하고 채무의 이행을 선택한 것으로 간주될 때에는 상대방의 기성공사부분에 대한 대금청구권은 같은 법 제208조 제7호에서 규정한 같은 법 제103조 제1항의 규정에 의하여 관리인이 채무의 이행을 하는 경우에 상대방이 가진 청구권에 해당하게 되어 공익채권으로 된다"라고 판시하였다.[287]

　　이와 같은 판례의 취지에 따라 현재 실무는 건설회사의 관리인이 쌍방미이행의 공사계약의 이행을 선택하는 경우 회생절차개시 이전의 기성고에 대한 공사대금청구권을 포함한 공사대금청구권 전부를 공익채권으로 취급하고 있다.[288]

---

[286] 일본의 실무 역시 같은 입장이다[동경지방재판소 판사 門口正人, "종합건설회사의 회사갱생사건을 수리하여", 금융법무사정(1998. 3. 5), 20면 이하 참조]. 회생절차개시 전의 기성고에 대한 공사대금청구권을 회생채권으로 취급하여야 한다는 점에 관한 논거는 河野玄逸, "ゼネコン倒産の諸問題", 講座 倒産の法システム 第4卷, 日本評論社(2006), 419-420면 참조.

[287] 대법원 2004. 8. 20. 선고 2004다3512, 3529 판결 참조(같은 취지로 대법원 2003. 2. 11. 선고 2002다65691 판결). 위 판결에 대한 평석으로, 최종길, "도급공사의 기성공사 부분에 대한 대금청구 채권이 회사정리법상 공익채권에 해당하는 경우", 대법원판례해설 제52호(2005), 법원도서관, 193면 이하 참조.

[288] 공익채권의 이행지체로 인한 지연손해금채권도 법 제179조 제1항 제5호의 공익채권에 해당한다. 따라서 도급인의 관리인이 쌍방미이행 공사도급계약에 관하여 이행을 선택하였을 때 상대방의 기성고에 대한 공사대금채권을 공익채권으로 본다면, 그 공사대금채권에 대한 지연손해금채권도 공익채권이 된다. 역으로 수급인의 관리인이 쌍방미이행 공사도급계약에 관하여 이행을 선택하면, 상대방의 공사이행청구권이 공익채권이 될 뿐만 아니라 이행지체로 인한 지체상금까지 공익채권이 된다. 따라서 관리인은 쌍방미이행 공사도급계약의 이행을 선택함에 있어서 위와 같은 지연손해금채권 또는 지체상금채권의 발생 여부 및 범위까지 고려하여야 한다. 만일 쌍방미이행 공사도급계약의 이행 선택으로 인한 공익채권의 발생이 큰 부담이 된다면, 관리인

한편 채무자가 도급인인 경우 회생절차개시 이전의 기성고에 대한 공사대금청구권을 공익채권으로 취급하여 회생절차에 의하지 아니하고 수시로 변제하는 것은 자금운용에 지장을 초래할 수 있는바, 이러한 경우 관리인이 수급인과 개별적으로 접촉하여 공사대금청구권의 감면 내지 유예에 관한 합의를 도출한 후 자금수지에 이를 반영한 회생계획안을 입안하는 경우도 있다.[289]

3) 도급계약 해제 시 수급인의 기성고에 대한 공사대금청구권

도급인인 채무자가 공사도급계약을 법 제119조에 의하여 해제한 경우, 수급인의 기성고에 대한 공사대금청구권이 공익채권인지, 회생채권인지 여부가 문제된다.

채무자가 받은 반대급부가 채무자의 재산 중에 현존하지 아니하는 경우로서 법 제121조 제2항 후단에 따라 기성고 상당의 공사대금에 대하여 공익채권자로서 권리를 행사할 수 있다고 해석할 여지가 있다. 그러나 대법원은 파산절차에 관한 특칙인 민법 제674조 제1항[290]을 유추적용하여, 도급인의 관리인이 도급계약을 미이행쌍무계약으로 해제한 경우 그때까지 일의 완성된 부분은 도급인에게 귀속되고, 수급인은 법 제121조 제2항에 따른 급부의 반환 또는 그 가액의 상환을 구할 수 없고 일의 완성된 부분에 대한 보수청구만 할 수 있다고 하면서, 이때 수급인이 갖는 보수청구권은 특별한 사정이 없는 한 기성비율 등에 따른 도급계약상의 보수에 관한 것으로서 주요한 발생원인이 회생절차개시 전에 이미 갖추어져 있다고 봄이 타당하므로, 이는 법 제118조 제1호의 회생채권에 해당한다고 판시하였다.[291]

4) 개시 후 발생한 하자에 관한 하자보수에 갈음한 손해배상채권

채무자가 수급인인 경우, 개시 전에 발생한 하자의 보수에 갈음한 손해배상채권이 법 제118조 제1호가 정한 회생채권에 해당한다는 점에 대하여는 특별한 이론(異論)이 없다.[292] 그러나 개시 후 발생한 하자의 보수에 갈음한 손해배

은 이행을 선택하기보다는 상대방과 합의를 통하여 기존 공사계약을 적절히 변경하는 것이 바람직할 것이다.

289) 한편 회생절차에서 공익채권에 대한 변제기 유예 합의가 이루어진 경우, 이는 채무에 대한 승인으로서 소멸시효 중단사유가 된다고 본 사례로 대법원 2016. 8. 29. 선고 2016다208303 판결 참조.

290) 도급인이 파산선고를 받은 때에는 수급인 또는 파산관재인은 계약을 해제할 수 있다. 이 경우에는 수급인은 일의 완성된 부분에 대한 보수 및 보수에 포함되지 아니한 비용에 대하여 파산재단의 배당에 가입할 수 있다.

291) 대법원 2017. 6. 29. 선고 2016다221887 판결.

292) 대법원 2000. 3. 10. 선고 99다55632 판결 등.

상채권이 회생채권에 해당하는지 공익채권에 해당하는지 문제된다.

이에 대하여 대법원은 수급인인 채무자가 회생절차개시 전에 이미 건물을 완공하여 인도하는 등으로 도급계약에 관한 이행을 완료한 사안에서, 비록 수급인에 대한 회생절차개시 후에 완성된 목적물의 하자로 인한 손해가 현실적으로 발생하였더라도, 특별한 사정이 없는 한 도급인이 수급인에 대하여 가지는 손해배상청구권의 주요한 발생원인은 회생절차개시 전에 갖추어져 있다고 봄이 타당하므로, 위와 같은 도급인의 손해배상청구권은 회생채권에 해당하고, 나아가위 하자담보책임을 넘어서 수급인이 도급계약에 따른 의무를 제대로 이행하지못함으로 말미암아 도급인의 신체 또는 재산에 확대손해가 발생하여 수급인이도급인에게 그 손해를 배상할 의무가 있다고 하더라도, 특별한 사정이 없는 한도급인의 위와 같은 채무불이행으로 인한 손해배상청구권 역시 회생절차개시전에 주요한 발생원인을 갖춘 것으로서 회생채권에 해당한다고 판시하였다.[293]

5) 공익채권의 변제자대위

공익채권을 대위변제한 채권자는 민법 제481조에 따라 그 공익채권을 대위행사할 수 있다. 보증보험의 보험자가 그 보증성에 터잡아 보험금을 지급한 경우에도 민법 제481조를 유추적용하여 공익채권을 대위행사할 수 있다고 본다.[294] 한편 변제자대위 시에 구상권자는 민법 제482조 제1항에 의하여 그 고유의 구상권의 범위에서 채권자의 권리를 행사할 수 있는데, 구상권이 회생채권에 해당하는 경우 구상권에 적용되는 회생절차상의 각종 제한이 대위행사하는 공익채권에도 적용되는지가 문제된다.

이 점에 관하여 대법원이 명시적인 언급을 한 바는 없으나, 정리절차개시전에 체결된 납세보증보험계약을 체결한 보험자가 공익채권인 조세채권을 변제자대위하는 것을 허용하였고, 이때 구상권이 정리채권이라는 이유로 공익채권행사에 정리절차상의 제약을 가하지는 아니한 바 있다.[295] 한편 일본의 최고재판소는 민사재생법이 적용된 사건에서, 공익채권을 변제자대위로 행사하는 경우구상권이 재생채권에 불과하다 하여도 재생절차에 의하지 않고 공익채권을 행사할 수 있고, 재생계획에 의해 구상권이 변경되는 경우에도 공익채권을 행사하

293) 대법원 2015. 6. 24. 선고 2013다210824 판결, 대법원 2015. 6. 24. 선고 2014다220484 판결 등 참조.
294) 대법원 2009. 2. 26. 선고 2005다32418 판결은 납세보증보험의 보험자가 공익채권인 조세채권을 변제자대위로 행사하는 것을 허용하였다.
295) 대법원 2009. 2. 26. 선고 2005다32418 판결.

는 한 재생계획에 의한 구상권의 권리변동의 효력은 미치지 않는다고 판시하였다.[296]

구상권과 변제자대위권이 그 원본, 변제기, 이자, 지연손해금의 유무 등에 있어서 서로 내용이 다른 별개의 권리인 이상, 구상권이 회생채권이라고 하여 공익채권의 행사에 회생절차상의 제한을 받지 아니한다고 보아야 할 것이다.[297]

6) 사 채

회생계획상 회생채권이나 회생담보권에 대하여 권리변경의 방법으로 사채를 발행하는 경우(법 제209조, 제267조), 그 사채의 성질이 공익채권인지 아니면 회생채권인지 여부에 대하여 논란이 있다.

즉 회생계획상 회생채권 등에 대하여 사채를 발행·교부하는 당사자의 의사는 회생채권 등을 변제하기 위하여 현금 대신에 교부하는 대물변제의 성격을 가지고 있고, 회생채권으로 인정할 경우 추후 회생계획변경에 의하여 그 권리가 변경될 수 있게 되어 사채거래의 안전을 해치므로 공익채권이라고 보는 입장과 회생계획에 따라 회생채권 등에 대하여 사채를 발행하는 것은 권리변경의 한 태양에 불과하고 그 동일성이 상실된다고 볼 수 없으며, 회생계획수행에 관한 비용(법 제179조 제1항 제3호)이나 관리인의 행위로 생긴 청구권(법 제179조 제1항 제5호) 등에 해당한다고 볼 수도 없으므로 회생채권이라고 보는 입장이 대립된다.[298] 종래 서울중앙지방법원의 실무는 후자의 입장을 취하고 있고, 이에 따라 원정리계획에서 정리채권 또는 정리담보권에 대하여 발행된 사채를 역시 정리채권 또는 정리담보권으로 보아 정리계획변경계획에서 변경한 사례가 있다.[299]

바. 공익채권의 효력

1) 수시변제

회생채권 및 회생담보권은 원칙적으로 회생절차에 의하지 아니하면 변제할

---

296) 일본 最高裁判所 2011. 11. 24. 판결(民集 第65券 第8号 3213면). 그와 같이 판단하더라도 다른 재생채권자는 원래의 채권자에 의한 공익채권의 행사를 감수해야 하는 입장이었으므로, 이들이 부당한 불이익을 받았다고 할 수 없다고 보았다. 파산법에 관한 같은 취지의 판결로는, 일본 最高裁判所 2011. 11. 22. 판결(民集 第65券 第8号 3165면).

297) 한편 대법원 2015. 11. 12. 선고 2013다214970 판결은 채무자에 대한 회생절차에서 회생채권자가 자신의 구상권을 회생채권으로 신고하지 아니하여 채무자가 구상권에 관하여 책임을 면한다 하더라도 회생채권자가 민법 제481조, 제482조 제1항의 규정에 의한 변제자대위에 의하여 채권자를 대위하여 채권자의 채권 및 그 담보에 관한 권리를 행사하는 데에는 영향이 없다고 판시하였다.

298) 임채홍·백창훈(하), 86면.

299) 서울지방법원 97파7758 (주)기아특수강, 서울지방법원 92파426 (주)영남방직 사건.

수 없음에 반하여($^{법 제131조,}_{제141조 제2항}$), 공익채권은 회생절차에 의하지 아니하고 수시로 변제할 수 있다($^{법 제180조,}_{제1항}$). 따라서 공익채권은 본래의 변제기에 따라 그때 그때 변제하여야 하며, 관리인이 변제를 게을리하면 강제집행을 할 수 있다. 회생계획의 수행가능성을 평가할 때 자금수지상 공익채권 변제시기와 액수를 고려하여야 한다.

한편 법 제193조 제1항 제2호에 의하면, 회생계획에는 공익채권의 변제에 대한 사항을 기재하여야 하지만, 공익채권의 변제기의 유예 또는 채권의 감면 등 공익채권자의 권리에 영향을 미치는 규정을 정할 수는 없으며, 설령 회생계획에서 그와 같은 규정을 두었다고 하더라도 그 공익채권자가 동의하지 않는 한 권리변경의 효력은 공익채권자에게 미치지 않는다.[300][301] 따라서 회생계획에 의하여 주식회사인 회생채무자를 분할·합병 등을 할 경우에, 상법 제530조의9 제1항 등에서 정한 연대책임 및 채권자보호 절차의 배제를 허용하는 내용의 법 제272조 제4항과 같은 특례규정들은 회생채권과 회생담보권에 대하여 적용될 수 있지만 공익채권에 대하여는 적용되지 아니한다. 설령 회생계획에서 상법 제 530조의9 제1항에서 정한 연대책임을 배제하는 취지의 규정을 두었더라도 분할회사의 공익채권자에 대하여는 그가 동의하지 아니하는 한 효력을 미치지 아니하며, 모든 승계회사와 분할 후에 존속하는 분할회사는 분할 전에 성립한 분할회사의 공익채무에 관하여 연대하여 변제할 책임을 진다.[302]

2) 우선변제

공익채권은 회생채권 또는 회생담보권에 우선하여 변제한다($^{법 제180조,}_{제2항}$). 그런데 "우선하여 변제한다"는 의미가 공익채권 또는 공익담보권이 선순위의 회생담보권이 설정된 재산에 대해서도 우선한다는 의미인가 하는 의문이 있을 수 있다. 이에 대하여 대법원은 정리담보권이 설정된 재산 위에 공익담보권이 설정·실행된 사안에 대하여 "구 회사정리법 제209조 제2항($^{법 제180조}_{제2항과 동일}$)은 회사의 일

---

300) 대법원 2010. 1. 28. 선고 2009다40349 판결. 한편 대법원 1991. 3. 12. 선고 90누2833 판결은 공익채권에 관하여 채권자와의 합의하에 변제기를 연장하는 등 권리변동에 관한 사항을 정하고 그 취지를 정리계획에 기재한 때에는 채권자도 이에 구속된다고 보았는데, 이는 인가된 정리계획의 효력이라기보다는 관리인과 채권자 사이의 합의에 따른 효력으로 보인다.

301) 같은 취지에서 대법원 2006. 3. 29. 자 2005그57 결정은 정리계획인부의 결정에 대하여는 '법률상 이해관계'를 갖는 자, 즉 정리계획의 효력발생 여부에 따라 자기의 이익이 침해되는 자만이 즉시항고를 할 수 있는데, 공익채권자는 정리회사와 합의하여 그 내용을 정리계획에 기재한 경우가 아닌 한 정리계획에 의하여 권리변동의 효력을 받지 아니하므로, 공익채권자가 변경계획 인부결정에 대하여 한 즉시항고는 원칙적으로 부적법하다고 판시하였다.

302) 대법원 2016. 2. 18. 선고 2015다10868, 2015다10875(병합) 판결, 대법원 2016. 2. 18. 선고 2014다31806 판결.

반 재산으로부터 변제를 받는 경우에 우선한다는 의미이지, 정리담보권이 설정
된 특정 재산의 경매매득금으로부터도 우선변제를 받는다는 의미는 아니며, 정
리담보권이 설정된 재산 위에 공익담보권이 설정된 경우에는 정리담보권이 우
선한다."라고 판시하였다.[303] 또한 대법원은 정리채권에 해당하는 조세채권의
체납처분에 의한 강제환가절차에서도 "구 회사정리법 제209조 제2항은 정리회
사의 일반 재산으로부터 변제를 받는 경우에 우선한다는 의미에 지나지 아니하
며, 위 조항이 국세기본법 제35조 제1항이나 국세징수법 제81조 제1항에 대한
예외규정에 해당한다고 볼 수 없으므로, 국세의 우선권이 보장되는 체납처분에
의한 강제환가절차에서는 정리채권인 조세채권이라 하더라도 공익채권에 우선
하여 변제를 받을 수 있다."라고 하였다.[304]

3) 채무자의 재산이 부족한 경우의 변제방법[305]

채무자의 재산이 공익채권의 총액을 변제하기에 부족한 것이 명백하게 된
때에는 앞서 '다.' 부분에서 본 신규자금의 차입에 관한 채권을 우선 변제하고
그 밖의 공익채권은 법령에 정하는 우선권에 불구하고 아직 변제하지 아니한
채권액의 비율에 따라 변제한다. 다만 공익채권을 위한 유치권·질권·저당권·
「동산·채권 등의 담보에 관한 법률」에 따른 담보권·전세권 및 우선특권의 효
력에 영향을 미치지 아니한다(법 제180조 제7항).

관리인은 채무자의 재산이 공익채권을 변제하기에 부족한 것이 명백하게
된 때에는 즉시 공익채권의 변제를 정지하고 법원의 허가를 받아 신규 차입한
자금에 관한 채권을 우선변제하고 그 밖의 공익채권에 대하여는 채권액에 따른
안분 변제를 준비하여야 한다. 이러한 상태에서도 공익채권에 대한 수시변제를
허용하면 공익채권자간의 공평이 이루어질 수 없기 때문이다. 법 제180조 제7항
은 회생절차 내부에서 공익채권을 위한 파산절차라고 할 수 있다.

'채무자의 재산이 공익채권의 총액을 변제하기 부족한 것이 명백하게 된
때'에서, '채무자의 재산'은 채무자의 일반 재산을 뜻하고 회생담보권의 목적이

---

303) 대법원 1993. 4. 9. 선고 92다56216 판결.
304) 대법원 2012. 7. 12. 선고 2012다23252 판결. 그러나 ① 법 제180조 제7항에 따르면 공익채권
    인 조세채권은 법령에 정하는 우선권에 불구하고 다른 공익채권과 채권액의 비율에 따라 변제
    한다고 하여 조세채권의 우선권을 참작하지 않고 있는 점, ② 해당 재산에 대하여 공익채권자
    가 먼저 강제집행을 하였을 경우와의 형평에 어긋난다는 점 등에 비추어 보면, 위 대법원판결
    은 도산절차에서 조세채권의 취급 법리를 제대로 반영하지 못하였다고 비판하는 견해가 유력
    하다. 이의영, "체납처분에 의한 강제환가절차에서 정리채권인 조세채권의 우선권," 도산판례백
    선, 박영사(2021), 121면 이하 참조.
305) 임채홍·백창훈(하), 102면 이하.

되는 재산은 포함되지 않는다. 이 경우 채무자의 재산은 조만간 환가대상이 될 것이므로 청산가치로 평가하여야 한다.

또한 '공익채권의 총액'은 미변제의 공익채권 전부의 총액을 의미한다. 금전채권, 기한도래의 채권에 한정되지 아니하고 기한미도래의 금전채권, 비금전채권, 조건부 채권도 포함한다. 기한도래의 금전채권은 그 채권액을 총액에 그대로 포함시키면 되고, 기한미도래의 금전채권, 비금전채권, 조건부 채권은 법 제478조, 제425조 내지 제427조를 유추적용하여 평가한 액수를 포함시킬 수 있을 것이다.

한편 앞서 '다.' 부분에서 본 신규자금의 차입에 관한 채권을 제외한 나머지 공익채권은 법령에 정하는 우선권에 불구하고 아직 변제하지 아니한 채권액의 비율에 따라 변제하므로, 변제비율에 있어서는 채권액만이 유일한 기준이 되고 공익채권 상호간에는 법 제477조 제2항과 같은 우열의 순위가 없으며 법령에서 정하는 우선권도 고려되지 않는다. 예를 들면, 국세, 지방세 등은 다른 채권에 대하여 일반적 우선권을 가지나, 법 제180조 제7항에 따라 이러한 우선권은 참작되지 아니한다.

4) 공익채권에 기한 강제집행·가압류의 중지·취소 등

구 회사정리법하에서는 공익채권에 기한 강제집행으로 인하여 채무자의 회생에 지장을 초래하는 경우에도 이를 저지할 법률적인 근거가 없어 입법론적으로 재검토를 요한다는 지적이 있었다. 그리하여 법은 ① 공익채권에 기한 강제집행 또는 가압류로 인하여 회생에 현저한 지장이 초래되고, 채무자에게 환가하기 쉬운 다른 재산이 있는 때 또는 ② 채무자의 재산이 공익채권의 총액을 변제하기에 부족한 것이 명백하게 된 때에는 공익채권에 기한 강제집행 또는 가압류의 중지 또는 취소를 명할 수 있도록 하였다(법 제180조 제3항)(공익채권에 기한 강제집행의 중지·취소 양식은 [별지 127], [별지 128] 참조).

위 ①의 사유는 공익채권의 강제적 만족이 채무자의 회생을 방해하는 경우에는 그와 같은 강제적 실현을 억지하면서 아울러 공익채권자의 이익을 해하지 않도록 채무자에게 환가하기 쉬운 다른 재산이 있는 때에 한하여 강제집행 또는 가압류의 중지·취소를 명함으로써 이해관계의 조정을 도모하기 위한 것이다.

한편 위 ②의 사유는 채무자의 재산이 공익채권의 총액을 변제하기에 부족한 것이 명백하게 된 경우 신규자금 차입으로 발생하는 채권을 제외한 나머지 공익채권에 대하여는 회생절차 내에서 공익채권의 우선권에 관계없이 잔존 채권액의 비율에 따라 변제하여야 하고(법 제180조 제7항), 나아가서는 종국적으로 회생절차가 폐지되어 파산절차에서 평등분배를 받아야 하므로 강제집행 또는 가압류의 중지·취소를 명함으로써 공익채권자 사이의 공평을 도모하기 위한 것이다. 따라서 신규자금 차입으로 발생하는 공익채권에 기한 강제집행 등에 대하여 중지나 취소를 명하는 것에 대하여는 신중을 기하여야 할 것이다.

　　법원은 이미 발한 중지명령을 변경하거나 취소할 수 있다(법 제180조 제4항). 중지 또는 취소의 명령과 중지명령을 변경하거나 취소한 결정에 대하여 불복이 있는 이해관계인은 즉시항고를 할 수 있으나, 즉시항고는 집행정지의 효력이 없다(법 제180조 제5항·제6항).

2. 공익담보권

　　채무자의 재산에 의하여 담보되는 공익채권을 공익담보권이라고 한다. 이러한 공익담보권은 약정에 의해서도 발생할 수 있고, 법률의 규정에 의해서도 발생할 수 있다. 회생절차는 사업의 계속을 전제로 하므로 저당권이나 질권을 설정하고 신규자금을 차입할 필요도 있다. 관리인은 신규자금 차입 등으로 발생하는 공익채권에 관하여 법원의 허가를 받아 담보를 제공함으로써 공익담보권을 설정할 수 있다.[306] 또한 쌍방미이행의 쌍무계약에서 관리인이 이행을 선택함으로써 상대방의 채무자에 대한 채권이 공익채권이 되는 경우, 위 공익채권에 대한 담보권은 공익담보권이 된다.[307]

　　판례는 회사정리절차에 있어서 공익채권을 정리채권과 정리담보권에 우선하여 변제한다는 구 회사정리법 제209조 제2항은 회사의 일반 재산으로부터 변제를 받는 경우에 우선한다는 의미이지, 정리담보권이 설정된 특정재산의 경매매득금으로부터도 우선변제를 받는다는 의미는 아니며, 정리담보권이 설정된 재산 위에 공익담보권이 설정된 경우에는 정리담보권이 우선한다고 보았다.[308]

　　한편 채무자의 재산이 공익채권의 총액을 변제하기에 부족한 것이 명백하게 된 때에는 제179조 제1항 제5호 및 제12호의 청구권 중에서 채무자의 사업을 계속하기 위하여 법원의 허가를 받아 차입한 자금에 관한 채권을 우선적으

---

306) 실무상 하자보증보험증서 발급 등을 위하여 건설공제조합 등에 출자금을 추가 납입하고 출자증권에 질권을 설정하는 경우가 있다.
307) 이러한 예로, 대법원 2012. 10. 11. 자 2010마122 결정 참조(상법 제807조의 유치권과 제808조 제1항의 우선변제권이 공익담보권으로 인정되어 운송물경매허가결정이 내려진 사안임).
308) 대법원 1993. 4. 9. 선고 92다56216 판결.

로 변제하고 그 밖의 공익채권은 법령에 정하는 우선권에 불구하고 아직 변제하지 아니한 채권액의 비율에 따라 변제하여야 하는데, 이 경우에도 공익채권을 위한 유치권·질권·저당권·「동산·채권 등의 담보에 관한 법률」에 따른 담보권·전세권 및 우선특권, 즉 공익담보권의 효력에는 영향을 미치지 아니하므로 (법 제180조 제7항), 공익담보권의 우선변제권은 보장된다.

제6절   개시후기타채권

1. 의   의

법은 구 회사정리법에 규정된 법정 후순위정리채권을 폐지하면서 구법이 후순위정리채권의 하나로 규정하고 있던 '정리절차개시 이후의 원인에 기하여 생긴 청구권으로서 공익채권이 아닌 것' 중에서 일부를 법 제181조에서 '개시후기타채권'이라는 항목으로 규정하고 있다. 개시후기타채권은 '회생절차개시 후[309] 의 원인에 기하여 생긴 청구권'이므로 회생채권도 아니고, 그와 동시에 공익채권도 아니며, 회생절차 밖에 위치하는 채권을 뜻한다. 따라서 개시후기타채권은 회생계획에 의한 권리변경의 대상에서 제외되나, 성질상 공익성이 인정되지 아

---

309) 대법원 2006. 8. 25. 선고 2005다16959 판결은, 건설회사인 채무자에 대한 회사정리절차가 개시되기 전에 수급인인 채무자의 아파트 건설공사계약상 의무를 연대보증하였던 자가 회사정리절차개시 후 보증의무의 이행으로서 잔여공사를 완료한 경우, 보증인이 취득한 사후구상금채권이 후순위정리채권에 해당한다고 보았다. 위 판결은 위 사후구상금채권이 구 회사정리법 제102조의 정리채권에 해당한다고 볼 수 없고, 같은 법 제208조에 열거된 공익채권에 해당한다고 볼 수도 없으므로, 결국 같은 법 제121조 제1항 제4호에 규정된 '전호에 게기한 것 외에 정리절차개시 후의 원인에 기하여 생긴 재산상의 청구권으로서 공익채권이 아닌 것'으로서 후순위정리채권에 해당한다고 본 것이다. 위 논리대로라면 보증인의 위 사후구상권은 현행법상 개시후기타채권에 해당한다고 보게 되고, 따라서 사후구상권자는 법 제181조 제1항이 정하는 기간이 만료한 후 채무자에게 그 권리를 행사할 수 있다는 결론에 이르게 되는데, 이는 의문이다. 회생절차개시 전에 체결된 보증계약에 기하여 보증의무를 이행함으로써 구상권을 취득하였다면, 구상권 취득 시기가 회생절차개시 이후라고 하더라도 이는 법 제118조 제1호가 정한 '회생절차개시 전의 원인으로 생긴 재산상의 청구권'으로서 회생채권에 해당한다고 보아야 한다. 같은 견해로는, 오민석, "건설회사의 회생절차에 관한 소고", 도산관계소송(편집대표 고영한/강영호), 한국사법행정학회(2009), 109면 이하; 임치용, "건설회사에 대하여 회생절차가 개시된 경우의 법률관계", 사법 제18호(2011), 사법발전재단, 74면 이하 각 참조. 한편으로 대법원은, 채무자의 연대보증인이 회생절차개시 후에 주채권자인 회생채권자에게 변제 등으로 연대보증채무를 이행함으로써 구상권을 취득한 경우, 연대보증계약이 채무자에 대한 회생절차개시 전에 체결되었다면 구상권 발생의 주요한 원인인 연대보증관계는 회생절차개시 전에 갖추어져 있는 것이므로, 연대보증계약 등에 근거한 구상권은 장래의 청구권으로서 회생채권에 해당한다고 판시하였다(대법원 2015. 4. 23. 선고 2011다109388 판결).

니하고 구 회사정리법에서도 다른 회생채권보다 후순위로 취급되었던 채권이어서 원칙적으로 회생계획으로 정하여진 변제기간이 만료하는 때까지 사이에는 변제 등을 받을 수 없게 되어 있다.[310]

　개시후기타채권이 실제 발생하는 경우는 많지 않으나,[311] 이에 해당하는 것으로 설명되고 있는 것으로는 ① 환어음 등의 지급인 또는 예비지급인이 발행인 또는 배서인인 채무자에 대하여 회생절차가 개시된 것을 알고서 인수 또는 지급을 한 경우에 생기는 자금관계에 기한 채권(법제123조제1항참조), ② 관리인이 선임된 이후에 채무자의 대표이사 등이 조직법적·사단법적 행위를 함으로써 발생하는 청구권 중 채무자를 위하여 지출하여야 하는 부득이한 비용(법제179조제1항제15호참조)이라고 인정되지 않는 것, ③ 채무자가 회생절차개시 후에 채무자 재산에 관하여 한 법률행위에 의하여 손해를 발생시킨 경우, 그 상대방이 갖는 손해배상청구권(법제64조참조) 등을 들 수 있다.

2. 개시후기타채권의 취급

가. 개시후기타채권에 대한 변제 금지

　개시후기타채권은 회생절차개시 후의 원인에 기하여 생긴 것이므로 회생채권이 아니고, 또 공익성을 갖고 있지 못하여 공익채권도 되지 못하는 것이기 때문에 회생절차가 개시된 때로부터 회생계획으로 정하여진 변제기간이 만료하는 때까지 사이에는 변제 등을 받을 수 없다(법제181조제1항).

　그러나 개시후기타채권이 공익성을 갖고 있는 것이 아니라고 하더라도 회생계획으로 정한 변제기간이 만료되는 때, 회생계획인가결정 전에 회생절차가 종료된 경우, 회생계획으로 정하여진 변제기간 만료 전에 회생계획에 기한 변제가 완료된 경우에는 위와 같은 변제 금지의 제약을 가할 합리적인 이유가 없으므로 회생계획으로 정한 변제기간이 만료되는 시점, 회생계획인가결정 전에 회

310) 한편 후순위정리채권의 경우, 정리계획인가결정에 따라 권리가 변경되고(구 회사정리법 제242조), 정리계획에 의하여 인정되지 않을 경우 회사는 책임을 면하며(같은 법 제241조), 주주의 주주권보다 우선하되 정리채권보다는 후순위로 취급되므로 사실상 변제받는 것을 기대할 수 없는 채권이다.
311) 채무자의 자회사인 관광호텔업체의 주식에 관하여 채무자와 신탁계약을 체결한 은행이, 채무자에 대한 회생절차개시 후 수탁기간 동안의 관광호텔업체 과점주주로서 제2차 납세의무자로 지정되어 세금을 납부한 다음 채무자에 대하여 신탁계약에 따라 가지게 된 세금 상당의 약정금채권이 개시후기타채권에 해당한다는 취지로 판시한 서울고등법원 2022. 3. 3. 선고 2021나2019338 판결 참조(대법원 2022. 7. 14. 자 2022다226715 심리불속행 판결로 확정).

생절차가 종료되는 경우에는 회생절차 종료시점, 회생계획으로 정하여진 변제기간 만료 전에 회생계획에 기한 변제가 완료되는 경우에는 변제가 완료된 시점 후에는 변제 등을 받을 수 있다(법 제181조 제1항).

나. 회생계획상의 취급

개시후기타채권은 회생절차개시 후의 원인에 기하여 생긴 재산상의 청구권이어서 회생채권·회생담보권이 아니므로 회생계획에서 권리변경을 가하는 내용을 정할 수 없고(법 제252조), 따라서 회생계획의 인가 여부와 상관없이 그 채권은 그대로 존속하게 되며, 단지 위에서 본 바와 같이 변제시기만 회생채권보다 후순위로 취급될 뿐이다.

다. 회생계획의 필요적 기재사항

채무자가 알고 있는 개시후기타채권이 있는 때에는 이를 회생계획에 필요적으로 기재하여야 한다(법 제193조 제1항 제5호). 회생계획에 의하여 권리변경이 되지 않는 개시후기타채권을 회생계획의 필요적 기재사항으로 규정한 취지는 이미 존재하는 개시후기타채권의 내용을 알지 못하는 경우에는 회생계획의 당부를 충분히 판단하지 못할 수도 있고, 또 이해관계인에 대하여 충분한 정보를 제공함으로써 회생계획의 결의 및 인가를 적절히 하기 위한 것이다.[312]

라. 개시후기타채권에 기한 강제집행 등의 금지

개시후기타채권은 앞서 '가.' 부분에서 기술한 각 시점까지는 변제 등을 받을 수 없는 제약이 있으므로, 법은 그러한 취지를 관철하기 위하여 그와 같은 기간 동안에는 개시후기타채권에 기한 강제집행·가압류·가처분 또는 담보권 실행을 위한 경매의 신청도 할 수 없다고 규정하고 있다(법 제181조 제2항).

---

312) 村松秀樹, "開始後債權", 判例 タイムズ, 216면.

回 生 事 件 實 務

제10장

·
·
·

회생채권자 등의 목록의 제출과 회생 채권 등의 신고

제1절 개   요
제2절 회생채권자 등의 목록
제3절 회생채권, 회생담보권, 주식·출자지분의 신고
제4절 회생채권, 회생담보권, 주식·출자지분의 신고기간

제1절 개   요

채무자의 회생을 목적으로 하는 재건형 도산절차에서는 채무조정을 주요 내용으로 하는 회생계획이 그 핵심이 되는데, 회생계획안을 적정하게 작성하기 위해서는 이에 반영될 채무의 규모를 정확히 파악하는 것이 선행되어야 한다. 즉, 채권자가 누구인지, 채권의 액수, 채권의 성질(회생담보권인지 회생채권인지) 등이 확정되어야 한다.

법은 회생채권자 등의 채권신고의 불편함을 덜어주고 미신고채권이 회생계획인가결정으로 실권의 불이익을 받게 되는 것을 줄이기 위하여 관리인이 회생채권자 등의 신고에 앞서 회생채권자, 회생담보권자, 주주・지분권자(이하 이 장에서는 '회생채권자 등'이라고 한다)의 목록을 작성하여 법원에 제출하도록 하는 (법제 147조) 목록 제도를 도입하였다. 법은 법원으로 하여금 회생절차개시결정과 동시에 회생채권 등의 신고기간 이전에 관리인이 회생채권자 등의 목록을 제출하여야 하는 기간을 정하도록 하여(법 제50조 제1항 제1호, 제147조) 조기에 회생채권자 등의 목록을 제출하도록 규정함으로써 목록에 기재된 회생채권자 등의 신고부담을 경감하고 있고, 목록에 기재된 회생채권・회생담보권・주식・출자지분은 신고된 것으로 본다고 규정하여(법제 151조) 목록에 기재된 이상 회생채권자 등이 별도로 신고를 하지 않더라도 실권의 제재를 받지 않도록 하고 있다. 또한 목록에 기재된 회생채권자 등이라도 목록의 기재내용에 이의가 있는 경우에는 목록의 기재 여부와 관계없이 스스로 신고할 수 있도록 함으로써(법 제148조, 제149조, 제150조)[1] 실권의 불이익을 최소화하도록 하고 있다.

---

[1] 입법의 주요 내용에 관하여는 오수근, "채무자 회생 및 파산에 관한 법률 제정배경 및 주요 내용", 법조 제54권 제5호(2005. 5.), 법조협회, 36면 참조.

제2절 회생채권자 등의 목록

1. 회생채권자 등의 목록의 기재대상

회생채권자 등의 목록의 기재대상이 되는 것은 회생채권, 회생담보권, 주식·출자지분으로서(법 제147조), 회생채권 등의 신고 대상과 같다. 공익채권은 목록의 기재나 신고가 필요하지 않으며, 회생절차와 관계없이 그 권리를 행사할 수 있다(법 제180조). 회생채권에 해당하는 벌금·과료·형사소송비용·추징금·과태료(법 제140조 제1항), 국세징수법 또는 지방세기본법에 의하여 징수할 수 있는 청구권, 국세징수의 예에 의하여 징수할 수 있는 청구권도 목록의 기재대상이다. 벌금 등과 달리 회생채권인 조세 등 청구권은 다른 회생채권과 마찬가지로 반드시 목록에 기재되거나 신고되어야만 실권되지 않으므로 주의를 요한다(법 제251조).

개시후기타채권은 회생채권이 아니므로 관리인이 이를 목록에 기재할 필요가 없고, 채권자로서도 이를 신고할 필요가 없으며, 목록에 기재되지 않고 신고가 되지 않더라도 실권되지 아니한다.

주주·출자지분권자의 경우 주식·출자지분이 목록에 기재되지 않거나 신고를 하지 않는다 하더라도 주주·지분권자로서의 일반적인 권리가 소멸되는 것은 아니지만(법 제254조), 목록에 기재되지 않거나 신고를 하지 않은 상태에서는 회생절차에 참가할 자격을 얻지 못하게 되어 회생계획안의 심리(법 제225조) 및 결의(법 제188조 제1항)에 참가할 수 없고, 회생계획의 인가 여부의 결정에 대하여 즉시항고(법 제247조 제1항)를 할 수도 없게 되므로, 이 한도 내에서는 목록의 기재 또는 신고가 필요하다.

2. 회생채권자 등의 목록의 작성 및 제출 의무자 등

가. 회생채권자 등의 목록의 작성·제출 의무자

회생채권자 등의 목록을 작성·제출하여야 하는 자는 관리인이다.[2] 법 제74조 제3항에 따라 관리인이 선임되지 아니한 경우에는 같은 조 제4항에 따라

---

[2] 다만, 법 제223조에 의하여 사전계획안이 제출되는 경우에는 같은 조 제4항에 따라 사전계획안을 제출하는 채권자나 채무자가 회생절차개시 전까지 회생채권자 등의 목록을 작성·제출하여야 한다(이에 관하여는 '제13장 제2절 6. 라. 1)' 참조).

관리인으로 보는 채무자 또는 채무자의 대표자가 회생채권자 등의 목록을 작성하여 제출하여야 한다.

나. 회생채권자 등의 목록의 작성·제출기간의 결정·공고·송달 등

1) 회생채권자 등의 목록의 제출기간의 결정

법원은 회생절차개시결정을 하는 경우에 개시결정일부터 2주 이상 2월 이하의 범위 내에서 관리인이 회생채권자, 회생담보권자, 주주·지분권자의 목록을 작성·제출하여야 하는 기간을 정하여야 한다(법 제50조 제1항 제1호).[3] 다만 채권자의 수가 매우 많고 복잡한 경우와 같이 특별한 사정이 있는 경우에는 관리인의 목록 제출기간을 늘일 수 있다(법 제50조 제2항). 관리인은 위 기간 내에 회생채권자 등의 목록을 작성하여 법원에 제출하여야 한다(법 제147조). 서울회생법원에서는 특별한 사정이 없는 한 제출기간을 개시결정일부터 2주간으로 정하고 있다.

2) 공 고

법원은 회생절차개시결정을 하면서 회생채권자 등의 목록의 제출기간을 정한 경우에는 이를 공고하여야 하고(법 제51조 제1항 제3호), 이미 정한 제출기간을 변경하는 경우에도 이를 공고하여야 한다(같은 조 제3항).

3) 송 달

회생채권자 등의 목록의 제출기간이 정해진 경우에는 법원은 관리인, 채무자, 알고 있는 회생채권자·회생담보권자·주주·지분권자, 회생절차가 개시된 채무자의 재산을 소지하고 있거나 그에게 채무를 부담하는 자에게 위 제출기간 및 법 제50조 제1항에서 정한 다른 사항을 기재한 서면을 송달하여야 한다(법 제51조 제2항·제1항). 관리인이 목록을 제출하는 것 자체는 재판이 아니므로 목록을 송달할 필요는 없고, 이해관계인이 열람할 수 있도록 법원에 비치하는 등의 조치를 취하면 족하다(법 제147조 제3항).

4) 통 지

주식회사인 채무자에 대하여 회생절차개시결정을 한 때에는 법원은 회생채권자 등의 목록의 제출기간을 채무자의 업무를 감독하는 행정청·법무부장관·금융위원회에 통지하여야 하고, 이를 변경한 경우에도 같다(법 제52조). 실무상 채무자

---

3) 다만, 사전계획안 제출자가 회생절차개시 전까지 회생채권자 등의 목록을 제출한 때에는 그 목록을 법 제147조 제1항의 목록으로 보므로(법 제223조 제5항) 법원은 회생절차개시결정을 할 때 법 제147조 제1항의 목록 제출 기간을 지정하지 않는다(법 제50조 제1항 제1호)(이에 관하여는 '제13장 제2절 6. 마. 1)' 참조).

가 주식회사 아닌 회사인 경우에도 통지하고 있다.

다. 회생채권자 등의 목록 미제출의 효과

관리인은 법원이 정한 기간 내에 회생채권자 등의 목록을 작성하여 법원에 제출하여야 한다(법제147조). 관리인이 목록에 기재하지 아니하고 회생채권자 등도 신고를 아니하여 회생계획에서 인정되지 아니한 회생채권·회생담보권은 회생계획이 인가되면 원칙적으로 실권된다(법제251조). 그러나 회생채권자·회생담보권자가 회생절차의 개시사실 및 회생채권 등의 신고기간 등에 관하여 개별적인 통지를 받지 못하는 등으로 회생절차에 관하여 알지 못함으로써 회생계획안 심리를 위한 관계인집회가 끝날 때까지 채권신고를 하지 못하고, 관리인이 그 회생채권 등의 존재 또는 그러한 회생채권 등이 주장되는 사실을 알고 있거나 이를 쉽게 알 수 있었음에도 회생채권자 등 목록에 기재하지 아니한 경우 또는 회생채권자·회생담보권자가 회생법원이 정한 신고기간 내에 회생채권 등을 신고하는 등으로 회생절차에 참가할 것을 기대할 수 없는 사유가 있는 경우에는 그 회생채권 등은 실권되지 아니하고 예외적으로 회생채권자·회생담보권자가 회생절차에 관하여 알게 된 날로부터 1개월 내에 또는 회생절차에의 참가를 기대할 수 없게 했던 사유가 끝난 후 1개월 내에 추완신고가 허용된다.[4] 회생절차가 종결되어 회생채권 등을 신고하는 것이 불가능하게 된 경우에도 회생계획의 종합적인 해석을 통해 정해진 권리변경 및 변제방법에 따른 변제를 받을 수 있다[5](이에 관하여는 '제10장 제4절 4. 마.', '제15장 제5절 2. 나.' 참조).

한편 관리인이 고의 내지 과실로 회생채권자 등의 목록 기재를 누락하여 회생채권 등이 실권된 경우 관리인의 불법행위책임 성립 여부가 문제될 수 있는데, 대법원은 "회생채권자는 법 제152조 제3항에 불구하고 회생계획안 심리를 위한 관계인집회가 끝난 후에도 회생절차에 관하여 알게 된 날로부터 1개월 이내에 회생채권의 신고를 보완할 수 있는 점에 비추어 보면, 비록 관리인이 회생채권의 존재 또는 그러한 회생채권이 주장되는 사실을 알고 있거나 이를 쉽게 알 수 있었음에도 회생채권자 목록에 그 회생채권을 기재하지 아니하였다 하더라도, 회생채권자가 채무자에 대한 회생절차에 관하여 알게 되어 회생채권의 신고를 통해 권리보호조치를 취할 수 있었는데도 이를 하지 아니함으로써 그 회

---

4) 대법원 2018. 7. 24. 선고 2015다56789 판결, 대법원 2016. 11. 25. 선고 2014다82439 판결, 대법원 2012. 2. 13. 자 2011그256 결정.
5) 대법원 2020. 9. 3. 선고 2015다236028, 236035 판결 참조.

생채권이 실권된 경우에는, 관리인이 회생채권자 목록에 회생채권을 기재하지 아니한 잘못과 회생채권의 실권 사이에 상당인과관계가 있다고 할 수 없고, 따라서 관리인의 불법행위책임이 성립하지 아니한다."라고 판시한 바 있다.[6]

3. 회생채권자 등의 목록의 작성 방법과 제출

가. 회생채권자 등의 목록에 기재할 사항

1) 회생채권자의 목록에 기재할 사항(별 제147조 제2항 제1호, 규칙 제52조)(양식은 [별지 83] 참조)
① 회생채권자의 성명과 주소
② 회생채권의 내용과 원인
③ 의결권의 액수
④ 일반의 우선권 있는 채권이 있는 때에는 그 뜻
⑤ 법 제118조 제2호 내지 제4호의 규정에 의한 회생채권일 때에는 그 취지 및 액수
⑥ 집행력 있는 집행권원 또는 종국판결이 있는 회생채권인 때에는 그 뜻
⑦ 회생채권에 관하여 회생절차개시 당시 소송이 계속하는 때에는 법원·당사자·사건명 및 사건번호

2) 회생담보권자의 목록에 기재할 사항(별 제147조 제2항 제2호, 규칙 제52조)(양식은 [별지 85] 참조)
① 회생담보권자의 성명 및 주소
② 회생담보권의 내용 및 원인, 담보권의 목적 및 그 가액,[7] 회생절차가 개시된 채무자 외의 자가 채무자인 때에는 그 성명 및 주소
③ 의결권의 액수
④ 집행력 있는 집행권원 또는 종국판결이 있는 회생담보권인 때에는 그 뜻
⑤ 회생담보권에 관하여 회생절차개시 당시 소송이 계속하는 때에는 법원·당사자·사건명 및 사건번호

3) 주주·지분권자의 목록에 기재할 사항(별 제147조 제2항 제3호)(양식은 [별지 88] 참조)
① 주주·지분권자의 성명 및 주소
② 주식 또는 출자지분의 종류 및 수

---

6) 대법원 2014. 9. 4. 선고 2013다29448 판결.
7) 회생절차개시 당시 기준으로 평가된 객관적인 시가를 말한다.

4) 벌금·조세 등의 목록에 기재할 사항(양식은 [별지 90] 참조)

① 법 제140조 제1항, 제2항이 규정하는 벌금·조세 등의 청구권을 갖고 있는 자의 명칭과 주소

② 청구권의 내용과 원인

③ 청구권에 관하여 회생절차개시 당시 행정심판 또는 소송이 계속 중인 때에는 그 행정심판 또는 소송이 계속하는 행정기관 또는 법원, 당사자, 사건명 및 사건번호(규칙 제52조 제4호)

나. 회생채권자 등의 목록 작성 시 유의사항

관리인이 작성하여 법원에 제출한 회생채권자 등의 목록에 기재된 회생채권·회생담보권·주식 또는 출자지분은 신고된 것으로 간주되고(별제151조), 그 결과 회생채권자·회생담보권자가 별도로 자신의 권리를 신고하지 않는 경우에는 목록에 기재된 내용이 관리인, 채무자, 다른 회생채권자, 회생담보권자, 주주·지분권자의 이의의 대상이 된다(별제161조). 따라서 관리인은 회생채권자 등의 목록을 작성하면서 다음과 같은 점을 유의하여야 한다.

1) 관리인이 목록에 기재한 회생채권 또는 회생담보권은 그 기재 내용대로 확정될 수 있는 것이므로(별조 제166 제2호), 무엇보다도 권리의 존부와 귀속 및 내용에 관하여 면밀한 검토가 선행되어야 한다. 다만 법 제147조의 회생채권자 목록 제도가 회생채권자가 회생절차에 관하여 알지 못하여 자신의 채권을 신고하지 못함으로써 회생계획인가에 따른 실권의 불이익을 받는 것을 방지하기 위한 취지임에 비추어 볼 때, 관리인은 비록 소송절차에서 다투는 등으로 회생절차에 관하여 주장되는 어떠한 회생채권의 존재를 인정하지 아니하는 경우에도, 그 회생채권의 부존재가 객관적으로 명백한 예외적인 경우가 아닌 한 이를 회생채권자 목록에 기재하여야 할 의무가 있다.[8]

2) 실무상 사채권의 경우, 개별 사채권자 및 그 액수의 특정에 어려움이 있다. 이 경우 관리인은 법원에 증권회사 등을 상대로 금융정보 제출명령을 신청하는 등의 방법으로 사채권자의 인적사항과 사채액수를 파악한 다음 사채권자

---

8) 대법원 2014. 9. 4. 선고 2013다29448 판결, 대법원 2012. 2. 13. 자 2011그256 결정. 위 대법원 결정에 관한 평석으로는, 민정석, "회생채권의 존재를 다투는 관리인이 이를 회생채권자 목록에 기재할 의무가 있는지 여부 및 관리인이 이러한 의무를 해태한 경우 회생채권자 목록에 누락된 회생채권의 운명", 도산법연구 제3권 제2호(2012. 11.), 사단법인 도산법연구회, 1면 이하 참조.

의 목록을 제출함이 바람직하다.9) 'ㅇㅇ주식회사 제2회 무보증사채 사채관리회
사 ㅇㅇㅇ' 등과 같이 개별 사채권자를 특정하지 않고 집합적으로 표시하는 것
은 허용되지 않는다고 할 것이나, 목록 제출기간 안에 제출명령 회신이 도착하
지 않는 등으로 그 특정이 어려운 경우에는, 예외적으로 위와 같이 개별 사채권
자가 특정되지 아니한 목록을 우선 제출한 후 신고기간의 말일까지 법원의 허
가를 받아 목록에 기재된 사항을 변경하거나 정정할 수 있다(별 제147조 제4항,).10)

3) 관리인이 주주·지분권자의 목록을 작성함에 있어서는 주식·출자지분
의 양도가능성이 있는지 여부를 고려하여야 한다. 주주의 신고의 경우(법 제150조)
와는 달리 주주의 목록을 제출하는 단계에서는 주주명부를 폐쇄할 수 없기 때
문에 주주의 특정에 어려움이 있다. 상장법인의 주주 목록 작성 시에는 그 당시
주주임이 비교적 명백한 이들을 중심으로 주주 목록을 작성·제출하되,11) 자산
이 부채를 초과하여 주주가 의결권을 행사할 경우라면 추후 주주명부를 폐쇄한
뒤 주주로 하여금 적극적으로 신고를 하도록 유도할 필요가 있다.12)

4) 회생채권·회생담보권의 내용과 원인을 회생채권자 등의 목록 자체로
특정이 될 수 있도록 작성하여야 한다. 일반적으로 회생채권자 등이 하는 회생
채권 등의 신고에 관하여는 신고되는 회생채권 등이 다른 채권과 식별하여 그
채권을 특정할 수 있을 정도로 기재되어 있으면 족하다고 설명된다. 회생채권자
등은 신고 시 증거서류를 첨부하여 제출하여야 하므로(법 제148조, 제149조, 제150조), 신고된 채권
의 내용과 원인이 특정되었는지 여부는 신고의 기재 내용뿐 아니라 신고 시에
제출하는 증거서류 등에 의하여 특정될 수 있으면 족하다.13) 그러나 관리인이
회생채권자 등의 목록을 작성하여 제출할 때에는 증거서류를 제출하지 아니하
므로 목록의 기재 내용이 분명하지 아니하면 이를 특정할 수 없는 문제가 있다.
목록의 기재 내용은 해당 회생채권자 등뿐 아니라 다른 이해관계인에게도 영향
을 미치는데, 목록의 기재 내용, 특히 그중 채권의 내용과 원인에 관한 기재 내

9) 이 경우 구체적으로는 ① 우선 한국예탁결제원에 사실조회를 통하여 채무자 발행 사채에 관한 계좌를 보유하고 있는 증권회사 등을 조회, 확인하고, ② 이렇게 확인된 증권회사 등 금융기관에 대해 금융정보 제출명령을 통하여 개별 사채권자의 인적사항 등을 제출받는 2단계로 진행하는 것이 효율적이다.
10) 이진웅, "사채관리회사(社債管理會社) 제도와 회생절차", 도산법연구 제4권 제1호(2013. 5.), 사단법인 도산법연구회, 51면 이하.
11) 다만 관리인에게는 주주 목록 제출 의무가 있는 점, 상장법인에 대한 회생절차가 개시되면 주식 거래가 빈번하지 않은 경우가 많은 점 등을 고려할 때, 관리인은 주식의 양도 가능성을 이유로 주주 목록을 너무 부실하게 작성하여 제출하는 일이 없도록 유의하여야 한다.
12) 주주명부의 폐쇄에 관하여는 '제10장 제3절 1. 다.' 참조.
13) 대법원 2001. 6. 29. 선고 2000다70217 판결.

용이 명확하지 않은 경우에는 해당 회생채권자 등으로서는 신고하여야 하는지 여부를 판단하기 어렵고, 다른 이해관계인으로서도 이에 대하여 이의를 제기하여야 할 것인지 여부를 판단하기 쉽지 아니할 수 있으며, 불명확한 기재로 말미암아 회생채권 등의 이중 확정의 가능성도 있으므로 회생채권자 등의 목록 기재는 그 자체로 명확하여야 하고, 다른 자료를 보완하거나 대조하여서야 비로소 이를 특정할 수 있게 하여서는 아니 된다.

5) 관리인은 의결권의 액·수의 평가에 관하여도 세심한 주의를 하여야 한다. 회생채권자의 권리가 금전채권인 경우에는 원칙적으로 채권액이 의결권액이 되지만($^{법\ 제133조}_{제2항}$), 이자 없는 기한부 채권($^{법\ 제}_{134조}$), 정기금채권($^{법\ 제}_{135조}$), 이자 없는 불확정 기한부 채권($^{법\ 제136조}_{전문}$), 금액 또는 존속기간이 불확정한 정기금 채권($^{법\ 제136}_{조\ 후문}$), 비금전채권, 채권액이 불확정한 채권, 외국의 통화를 목적으로 하는 채권($^{법\ 제}_{137조}$), 조건부 채권과 장래의 청구권($^{법\ 제}_{138조}$) 등에 대하여는 특칙을 두고 있다.

회생채권자 등의 의결권의 액과 수는 필요적으로 목록에 기재하여야 할 사항이므로($^{법\ 제147조}_{제2항}$), 의결권의 액과 수의 기재를 생략할 수는 없다. 만일 관리인이 의결권의 액을 과도하게 평가하여 기재하고 다른 이해관계인으로부터 이의가 제출되지 아니하는 경우에는 그 기재대로 의결권이 확정되고($^{법\ 제166}_{조\ 제2호}$), 추후 목록에 기재된 의결권에 관하여 이의를 제기할 수 없으므로($^{법\ 제187}_{조\ 참조}$), 해당 회생채권자 등은 목록에 기재된 대로 의결권을 행사하게 되어 의결권의 왜곡이 일어날 수 있다는 점을 유의하여야 한다.

해당 회생채권이 금전채권이고 그 금액에 따라 의결권을 산정하는 통상적인 경우에는 특별한 문제는 없으나, 불확정기한부 채권, 금전을 목적으로 하지 않는 채권, 조건부 채권, 장래의 청구권 등의 경우에는 의결권의 평가가 쉽지만은 않다. 관리인이 평가하기 어려운 경우에는 함부로 목록에 의결권의 액을 기재하여서는 아니 되고, 가장 보수적인 방법으로 평가한 의결권액을 기재하거나 극단적인 경우 의결권의 액을 '0'이라고 기재하는 것도 한 방법이 될 수 있다. 이 경우에는 결국 관계인집회에서 법원이 의결권의 액을 결정하게 될 것이다($^{법\ 제187조,}_{제188조}$).

다. 법원과의 사전 협의

회생채권자 등의 목록의 제출기간은 원칙적으로 개시결정일부터 2개월 이내($^{법\ 제50조}_{제1항\ 제1호}$)로서 시간적인 여유가 많지 않고, 목록 작성자인 관리인이나 목록 작성을 돕는 채무자의 직원들은 법률전문가가 아닌데다가 회생절차에 대한 이해가 부족한 경우가 많다. 그런데 회생채권자 등의 목록을 잘못 작성하였을 경우에는 많은 문제점이 발생하므로, 관리인이 회생채권자 등의 목록을 작성함에 있어서는 사전에 주심판사나 주무 관리위원으로부터 충분한 지도 또는 조언을 받을 필요가 있다.

서울회생법원에서는 늦어도 제출기간 말일의 1~2일 전까지는 주심판사가 주무 관리위원의 최종 검토 및 수정 지도를 거친 목록 초안을 이메일로 전달받아 이에 대한 최종 검토 및 수정 지도를 한 후에 목록이 제출되도록 하고 있다.

4. 회생채권자 등의 목록 제출의 효과

가. 시효의 중단

관리인이 회생채권자 등의 목록을 작성하여 법원에 제출하면 시효중단의 효과가 있다($^{법 \, 제32조}_{제1호}$). 목록 제출의 법적 성격을 일종의 채무승인으로 보는 것이다.[14] 시효중단의 시점은 관리인이 작성한 목록이 법원에 실제로 제출되는 때이다(시효중단의 효력에 대하여는 '제10장 제3절 5.' 참조).

나. 신고 의제

회생채권자 등의 목록에 기재된 회생채권, 회생담보권, 주식·출자지분은 신고기간 안에 신고된 것으로 본다($^{법 \, 제}_{151조}$). 따라서 그 이해관계인이 신고를 하지 아니하여도 회생채권자 등의 목록에 기재되어 확정되었다면 확정된 의결권의 액이나 수에 따라 회생절차에 참가할 수 있으며($^{법 \, 제188조}_{제1항}$), 회생계획인가결정으로 실권되지 않고 목록의 기재에 따라 회생계획에서 정하는 대로 변제받을 수 있다.

한편 관리인이 기간을 경과하여 목록을 제출한 경우, 법 제151조의 규정에 의한 신고의제의 효과를 인정할 수 있는지가 문제될 수 있다. 법 제50조에서 회생절차개시결정과 동시에 목록의 제출기간을 정하도록 하고 있고, 법 제147조에서 관리인의 기간준수의무를 부과하고 있다는 측면에서 기간 경과 후 제출된

---

14) 소멸시효 중단사유로서의 채무승인은 시효이익을 받을 당사자인 채무자가 소멸시효의 완성으로 채권을 상실하게 될 자 또는 그 대리인에 대하여 상대방의 권리 또는 자신의 채무가 있음을 알고 있다는 뜻을 표시함으로써 성립하고, 그에 있어서 채무자가 권리 등의 법적 성질까지 알고 있거나 권리 등의 발생 원인을 특정하여야 할 필요는 없으므로, 관리인이 공익채권의 법적 성질을 잘못 파악하여 회생채권자 목록에 기재하여 제출한 경우에도 법 제32조 제1호에 따라 소멸시효 중단의 효력이 발생한다(서울고등법원 2014. 6. 27. 선고 2014나9429 판결).

목록에 신고의제의 효과를 인정할 수 없다는 견해가 있을 수 있으나, 관리인이
스스로 채무를 인정하여 목록을 제출한 경우를 목록을 제출하지 않은 경우와는
다르게 볼 필요가 있다는 점, 목록제출에 대한 신고의제를 정한 법의 취지가 채
권자의 이익이나 편의를 위한 것인 점 등에 비추어 보면, 관리인이 회생채권 등
의 신고기간이 지나기 전에 목록을 제출한 경우라면 목록의 변경·정정(법 제147조 제4항)
의 경우에 준하는 것으로 보아 법원의 허가를 받은 경우 신고의제의 효과를 인
정할 수 있다고 보아야 할 것이다.

다. 권리의 내용 및 원인의 확정

1) 법 제166조는 조사기간 안에 또는 특별조사기일에 관리인, 회생채권자,
회생담보권자, 주주·지분권자의 이의가 없는 경우에 ① 신고된 회생채권 및 회
생담보권에 따라 그 권리의 내용과 의결권의 액수가 확정되고, ② 신고된 회생
채권 또는 회생담보권이 없는 때에는 관리인이 제출한 목록에 기재되어 있는
회생채권 또는 회생담보권의 권리의 내용과 의결권의 액수가 확정된다고 규정
하고 있다. 회생채권자·회생담보권자가 자신의 권리에 관한 회생채권자 등의
목록을 열람하고서 목록에 기재된 것과 다른 신고를 하였다면 당사자의 의사는
자신의 회생채권 등이 목록에 기재된 것과 다르다고 판단하였기 때문일 것이고,
신고를 하지 아니하였다면 회생채권자 등도 목록의 기재 내용에 동의하기 때문
일 것이라고 보는 것이 합리적이므로, 이러한 당사자의 의사를 감안하면 회생채
권자 등이 적극적으로 신고를 한 경우에는 그 신고가 목록에 기재된 내용에 우
선한다고 보는 것이 합리적이기 때문에 위와 같이 규정한 것으로 보인다.[15]

2) 그런데 법 제166조는 목록의 기재와 신고의 내용과의 관계를 신고된 채
권이 있는지 여부로만 구별하도록 되어 있기 때문에 목록의 기재와 신고 내용
이 서로 다를 경우에는 양자의 관계를 어떻게 볼 것인가가 문제된다. 법문상 목
록의 기재와 신고 내용이 서로 다를 경우에 관하여 아무런 규정을 하고 있지
않다고 볼 소지가 있으나, 이는 앞서 본 바와 같은 입법취지에 부합하지 않을
뿐 아니라 이와 같이 볼 경우에는 청구의 기초와 목적은 동일한 채권이나 목록
의 기재와 신고 내용이 다를 경우에는 회생채권 등의 내용을 확정할 방법이 없

---

15) 미국 연방파산규칙에서도 이러한 취지로 규정하고 있다. Federal Rules of Bankruptcy Pro-
cedure §3003 (c) (4)[Effect of Filing Claim or Interest] "A proof of claim or interest
executed and filed in accordance with this subdivision shall supersede any scheduling of
that claim or interest pursuant to §521 (a) (1) of the Code."

게 된다. 따라서 위 조항은 회생채권자 등의 목록에 기재된 채권과 회생채권자 등이 신고한 채권이 청구의 기초와 목적이 동일한 경우에는 회생채권자 등의 의사에 기하여 이루어진 신고가 목록에 우선한다는 취지를 규정하고 있는 것으로 봄이 타당하다.

3) 목록에 기재된 채권과 신고된 채권이 청구의 기초와 목적이 동일한 경우라도 신고된 내용이 목록에 기재된 내용을 전부 포함하고 있지 않은 경우에는 아래와 같이 신고가 목록에 우선한다고 볼 수 있는지 여부가 문제되는 경우가 있다.

가) 동일한 원인에 기한 가분적 급부를 목적으로 하는 채권의 경우   회생채권이 금전채권과 같이 가분적인 급부를 내용으로 하는 채권인 경우에 관리인이 회생채권자 등의 목록에 기재하여 제출한 금액과 회생채권자가 스스로 신고한 금액이 서로 다를 수 있다. 그 신고가 자신의 권리 전체를 신고한 것이라면 신고가 목록에 우선한다고 보는 것에 별 문제가 없지만, 그 신고가 목록 기재 내용을 초과한 부분만을 신고한 것이라면 신고한 회생채권자의 의사와는 다르게 회생채권의 내용이 조사, 확정되는 문제가 발생할 수 있다. 그런데 신고한 회생채권자의 의사가 무엇인지 신고서 자체로서 명확히 알 수 없는 경우가 많고, 관리인이 회생채권의 신고가 어느 경우에 해당하는지를 일일이 대조·확인하여 채권조사·회생채권자표 작성 등을 행하는 것은 지나치게 많은 시간과 노력이 소요되어 회생절차의 간이·신속화의 요청에 역행하고 비효율을 낳을 수 있다. 따라서 회생채권자가 목록에 기재되어 있는 회생채권과 청구원인이 동일한 회생채권을 신고한 경우에는 금액이 다르더라도, 목록에 기재된 내용은 일응 법 제166조에 따라 실효되었다고 보고 신고 내용만이 채권조사와 조사확정재판의 대상이 된다고 보아야 할 것이다.[16] 따라서 회생채권자에 대하여는 사전에 채권신고 시 자신이 정당하다고 평가하는 채권 전부를 신고하도록 지도하여야 할 것이다.[17]

나) 원인을 달리하는 채권의 경우   다음으로 회생채권자가 신고한 회생

16) 입법론적으로는 일본의 민사재생법과 같이 채권자에게 먼저 채권신고를 하게 하고, 관리인은 그 후 누락된 채권이 있는 경우 그 누락된 채권만을 목록에 기재하도록 의무를 부과하는 방법이 더 효율적일 수 있다(일본 민사재생법 제101조 제3항 참조).
17) 서울회생법원은 회생절차개시결정문을 송달할 때 채권신고 시 채무자를 상대로 권리를 행사할 수 있는 채권금액 전부를 신고하여야 한다는 내용이 기재된 회생채권·회생담보권·주식·출자지분 신고 및 이의절차 안내서([별지 42] 참조)를 함께 송달하고 있다. 그럼에도 불구하고 목록 기재 금액을 초과하는 부분만을 신고한 회생채권자는 실효된 목록 기재 금액 부분에 관하여는 추후 보완신고를 하는 방법을 고려해볼 수 있을 것이다.

채권과 목록에 기재된 회생채권이 청구의 기초에 있어서는 동일하지만, 청구원인이 다른 경우를 생각해 볼 수 있다. 예컨대, 회생채권자 B가 개시결정 전에 채무자와 매매계약을 체결하고, 그 이행을 위하여 약속어음을 발행받아 소지하고 있는 경우에 관리인이 목록을 작성함에 있어서 B의 회생채권을 매매대금 채권이라고 기재하였는데, B는 자신의 채권을 약속어음금 채권으로 신고한 경우를 들 수 있다. 이 경우 회생채권자 B의 어떤 권리가 채권조사의 대상이 되는지가 문제된다.

　법 제173조는 조사확정재판 및 이의의 소 등의 절차에서 이의채권의 원인 및 내용에 관하여 회생채권자표 또는 회생담보권자표에 기재된 사항만을 주장할 수 있는 것으로 제한하고 있는데, 조사확정재판 및 이의의 소 등에서 허용되는 주장의 범위에 관하여 ① 신고·조사된 채권과 청구의 기초는 동일하지만 청구의 원인을 달리하는 권리의 확정을 구하는 것(예컨대 매매대금 채권으로 신고를 하였다가 추후 매매대금의 지급을 위하여 발행된 약속어음금 채권으로 변경하는 경우, 또는 매매대금 채권으로 신고하였다가 사후에 위임계약상의 채권으로 변경하는 경우, 약속어음금 채권으로 신고하였다가 손해배상채권으로 변경하는 경우 등)은 허용되지 아니한다는 학설과, ② ⓐ 채권자표에 기재된 권리와 급부의 내용이나 수액이 동일할 것, ⓑ 청구의 기초가 동일하나 그 발생원인을 달리하는 채권일 것, ⓒ 관리인 등의 이의권을 실질적으로 침해하지 않을 것 등과 같은 요건을 충족할 경우에는 허용해야 한다는 견해가 대립하는데,[18] 위 각 견해에 따라 확정되는 회생채권의 내용도 달라지는 것으로 파악하는 것이 논리적일 것이다. 위 사례의 경우, 위 ①의 견해에 의하면 목록에 기재된 내용과 신고된 내용은 별개의 것으로 각각 채권조사의 대상이 되어 각각에 대하여 시·부인을 하고 모두 조사확정재판의 대상이 된다고 보는 것이 논리적일 것이고, 위 ②의 견해에 의하면 목록에 기재된 내용과 신고된 내용은 동일한 급부를 목적으로 하면서 이에 대한 법률적인 근거만 달리하는 것이므로 목록에 기재된 내용은 법 제166조에 의하여 실효되고 신고 내용을 기준으로 채권조사를 하며, 회생채권자로서는 조사확정재판에서 어느 것을 주장하여도 무방하다고 할 것이다.

---

18) 자세한 내용은 '제11장 제4절 3. 마. 2)' 참조

5. 회생채권자 등의 목록의 변경·정정

가. 회생채권자 등의 목록의 변경·정정 제도

관리인은 개시결정과 동시에 결정되는 목록 제출기간 내에 스스로 회생채권·회생담보권 등을 조사하고, 그에 대한 의결권과 담보권의 목적의 가액을 모두 평가하여 회생채권자 등의 목록을 제출하여야 하는데, 그 기간은 원칙적으로 개시결정일부터 2주 이상 2월 이하로서 시간적인 여유가 많지 않고, 관리인 스스로 위 내용을 조사·평가하여 목록을 작성하게 되므로 그 기재 내용에 오류나 누락이 있을 수 있다. 따라서 관리인이 회생채권자 등의 목록을 제출한 후 오류나 누락 등을 발견한 경우, 신고기간의 말일까지 법원의 허가를 받아 목록에 기재된 사항을 변경 또는 정정할 수 있도록 하였다(법 제147조 제4항, 규칙 제53조 제1항). 회생채권자 등의 목록의 변경·정정에는 목록의 기재 내용이 당초부터 잘못된 경우뿐 아니라, 목록 제출 후 발생한 원인에 기하여 회생채권 등의 내용이 변경된 경우를 포함하고, 당초 제출한 회생채권자 등의 목록에 누락된 회생채권 등을 추가하거나 목록 제출 후에 후발적인 사유로 소멸한 회생채권 등을 삭제하는 것도 포함한다.

나. 회생채권자 등의 목록의 변경·정정의 시한

관리인이 회생채권자 등의 목록을 변경·정정할 수 있는 것은 목록 제출기간의 말일부터 1주 이상 1월 이하의 기간 내로 결정되는 회생채권 등의 신고기간 말일까지이다(법 제147조 제4항, 제50조 제1항 제2호). 목록의 변경·정정의 종기를 신고기간 경과 이전으로 한정한 취지는 회생채권자 등의 신고 기회를 충분히 보장하기 위함이다.

이와 같이 목록의 기재 내용을 변경·정정할 수 있는 종기가 정해져 있으므로, 관리인은 목록을 제출한 이후에도 목록의 기재 내용의 정확성을 면밀히 검토하여 기재 내용의 오류가 확인된다면 지체 없이 법원의 허가를 받아 목록을 변경·정정하여야 한다.

다. 법원의 허가

관리인이 회생채권자 등의 목록을 변경 또는 정정하는 경우에는 법원의 허가를 받아야 한다(법 제147조 제4항). 회생채권자 등의 목록의 기재 내용이 당해 회생채권자는 물론이고, 다른 회생채권자 등 이해관계인 전체에 중대한 영향을 미칠 수 있다는 점을 감안하여 법원이 이를 감독할 수 있도록 한 것이다. 관리인이 목록을 변경·정정하고자 하는 경우에는 해당 회생채권, 회생담보권, 주식·지분권과 변경 또는 정정의 이유 및 그 내용 등을 기재하여 서면으로 법원에 허가신청을 하여야 한다(규칙 제53조 제1항).

라. 신고기간 경과 후 회생채권자 등의 목록의 변경·정정 가부

관리인이 회생채권자 등의 목록의 기재 내용을 변경 또는 정정할 수 있는 기간은 회생채권 등의 신고기간의 말일까지로 한정되므로, 신고기간이 경과한 뒤에는 이를 변경 또는 정정할 수 없다. 관리인은 조사기간 내에 자신이 작성하여 제출한 회생채권자 등의 목록에 대하여도 이의를 할 수 있다고 해석되므로, 신고기간 이후 목록에 오류가 있다면 이에 대하여 이의를 하여 해결할 수 있고, 앞서 본 바와 같이 목록에 기재된 회생채권 등에 관하여 신고가 있는 경우에는 목록의 기재는 실효된다고 보아야 하므로 목록의 기재와 신고가 중복됨으로 인한 채권의 이중 확정의 문제도 없을 것이다. 따라서 회생채권자 등의 목록의 변경·정정 기간을 법에서 정하고 있는 기간을 넘어 확장할 필요는 없다고 본다.

마. 회생채권자 등의 목록의 변경·정정의 통지

법원은 신고기간 동안 회생채권자 등의 목록을 이해관계인이 열람할 수 있도록 하면 족하므로(법 제147조 제3항), 회생채권자 등의 목록이 변경·정정된 경우에 그 내용을 해당 회생채권자 등에게 통지하여야 하는지에 관하여는 따로 법에서 정하고 있지 않다. 그러나 회생채권자 등으로서는 목록에 기재된 내용을 신뢰하여 별도로 신고를 하지 않을 수도 있으므로, 법원은 해당 회생채권자 등의 신고 기회를 보장하기 위하여 관리인의 목록 변경·정정 허가신청에 대하여 허가결정을 한 때에는 그 내용을 해당 회생채권자 등에게 지체 없이 통지하여야 한다(규칙 제53조 제2항)(양식은 [별지 120] 참조).

제3절 회생채권, 회생담보권, 주식·출자지분의 신고

1. 회생채권자, 회생담보권자, 주주·지분권자의 신고사항

회생채권자, 회생담보권자, 주주·지분권자가 회생절차에 참가하기 위해서는 법이 정한 바에 따라 법원에 대하여 그 권리를 신고해야 한다.

가. 회생채권자가 신고할 사항(법제148조)(양식은 [별지 91], [별지 92] 참조)

1) 회생채권자의 성명·주소 등

성명과 주소는 회생채권자의 동일성을 밝힐 수 있을 정도로 기재되어야 한다. 법인의 경우에는 본점(주된 사무소) 소재지 및 대표자의 성명을 기재하여야 한다. 개인 사업자의 경우에는 반드시 상호를 병기할 필요는 없으나, 회생채권 시·부인표나 회생계획안 등에 채권자의 성명과 상호를 병기하는 것이 실무상 편리하기 때문에 채권을 신고할 때부터 상호를 병기하는 것이 좋다. 그 밖에 통지 또는 송달을 받을 장소(대한민국 내의 장소로 한정한다) 및 전화번호·팩시밀리번호·전자우편주소 등을 신고하여야 한다(규칙 제55조 제1항 제1호).

2) 회생채권자의 목록의 번호

법이나 규칙이 정한 신고사항은 아니나, 회생채권자의 목록에 기재된 회생채권을 보유하고 있는 자는 신고 시에 목록상의 번호를 기재하는 것이 편의상 좋다.

3) 회생채권의 내용 및 원인

채권의 내용 및 원인의 기재는 그 내용과 첨부된 증거서류 등에 의하여 다른 채권과 식별하여 그 채권을 특정할 수 있을 정도이면 족하다. 금전채권의 경우에는 그 채권액·변제기·이자·이행지체 시 손해배상액의 예정을 하였을 경우에는 그 취지 등을 기재하여야 하고, 비금전채권의 경우에는 그 목적·이행기·조건·불이행 시 손해배상액의 예정을 하였을 경우에는 그 취지 등을 기재하여야 하며, 각 채권이 어떠한 사실에 기초하여 발생하였는지를 기재하여야 한다. 회생절차개시 후 채권의 일부가 상계, 법원의 허가에 의한 변제 등의 사유로 소멸한 경우에는 그 잔액을 신고하여야 하는데, 이때 채권을 명확하게 특정하기 위하여 위와 같은 사유로 소멸하고 남은 잔액이라는 취지를 기재할 필요

가 있다.[19]

조세채권의 경우 본세가 아닌 납부지연가산세 등은 납기일의 경과 여부나 추후 작성될 회생계획안의 변제조건에 따라 그 액수가 정해지는 경우가 많으므로, 채권신고 당시에 신고액을 특정시키는 것이 어려울 수도 있다. 따라서 불가피하게 채권 총액이 확정되지 아니한 상태에서는 '○○○원 및 액 미정'이라는 채권액을 기재하고 그 산정방법을 부기하는 형태의 신고도 가능하다. 그러나 조세채권이 아닌 일반 채권의 경우에는 대부분 확정된 채권액을 신고하는 것이 가능하고,[20] 또 실무상으로도 확정액을 신고하는 것이 의결권 행사 및 기타 관련 업무 처리에 편리하기 때문에 가능한 한 신고 접수 시 창구지도를 통하여 채권신고인으로 하여금 확정된 채권액을 신고하도록 하는 것이 바람직하다.

4) 의결권의 액수

회생채권신고 시에는 반드시 의결권의 액수를 신고하여야 한다.

금전채권의 경우에는 원칙적으로 채권액이 의결권액이 되지만(법 제133조 제2항 후단), 이자 없는 기한부 채권(법 제134조), 정기금채권(법 제135조), 이자 없는 불확정기한부 채권, 정기금채권 중 금액 또는 존속기간이 불확정한 채권(법 제136조), 비금전채권, 채권액이 불확정한 채권, 외국의 통화로 정해진 채권(법 제137조), 조건부 채권, 채무자에 대하여 행사할 수 있는 장래의 청구권(법 제138조) 등에 대하여는 특칙이 있다(법 제133조 제2항 전단).[21]

예를 들어, 채무자가 보유하고 있는 부동산을 매수하였다는 이유로 소유권이전등기청구권을 회생채권으로 신고한 경우에는 법 제137조에 의하여 회생절차개시 당시의 평가금액이 의결권액인데, 통상 이미 매매계약이 체결되어 있는 부동산의 평가는 조사위원의 조사보고서나 관리인 보고서에서 매매대금 상당액을 부동산의 가액으로 평가하기 때문에 위 청구권은 부동산의 매매가액이 의결권액으로 된다(조사위원의 조사보고서와 관리인 보고서는 개시결정 당시를 기준으로 하여 자산을 평가하여야 한다).

의결권액의 산정을 위하여 평가가 필요한 채권에 대하여는 회생채권자가

---

19) 주석 채무자회생법(Ⅱ), 618~619면.

20) 당사자 사이에 다툼이 있는 손해배상채권 등은 확정액을 신고하는 것이 어려울 것이나, 채권신고인이 생각하는 손해배상액을 신고하도록 하고, 다툼이 있어 관리인으로부터 부인되는 부분에 대하여는 추후에 회생채권 등의 조사확정재판 등을 통하여 그 액을 확정시키면 될 것이다.

21) 위와 같은 특칙에 의하여 회생채권 신고액과 회생채권으로 회생절차에 참가할 수 있는 의결권의 액 사이에 차이가 발생할 수 있다. 관리인은 조사절차에서 확정된 회생채권과 회생담보권의 의결권에 관하여는 이의를 할 수 없으므로(법 제187조 단서), 특칙이 정한 채권에 대하여는 회생채권 신고액을 그대로 의결권의 액으로 시인하지 말고, 특칙이 정한 기준에 따른 의결권의 액만을 시인하여야 한다.

일응의 평가를 하여 의결권액을 기재하면 된다. 그 의결권액에 관하여 이의가 있는 경우로서 회생채권의 존부와 금액에 관하여 함께 이의가 있는 경우에는 회생채권의 조사확정재판 또는 그에 대한 이의의 소에 의하여 확정된 채권액에 따라 의결권을 행사할 수 있을 것이다. 회생채권 등의 확정에 관한 소송이 종료되지 아니한 상태에서 결의를 위한 관계인집회가 열리거나 조사확정재판의 대상이 되지 아니하는 의결권액에 대하여만 이의가 있는 경우라면 법원이 의결권을 행사하게 할 것인지 여부와 의결권액을 정하면 족하다(법 제187조, 제188조). 이 경우 법원은 그동안 진행하여 왔던 미확정 회생채권 등에 대한 조사확정재판에서 얻은 심증에 기하여 현실화 예상액을 고려하거나 법 제134조 내지 제138조가 정한 특칙에 따라 의결권 액을 정하면 될 것이다.

의결권의 액에 대한 기재가 없는 채권신고는 법이 정한 신고사항을 누락하여 위법하지만 법 제133조 제2항 후단에 따라 채권액에 상응하여 의결권을 가지는 경우 등 채권의 내용 및 원인의 기재로 의결권액을 알 수 있는 경우에는 채권액의 기재만으로도 의결권의 기재가 있었다고 해석하여 의결권을 부여하는 것이 타당하고, 현재의 실무에서도 그와 같이 처리하고 있다.

한편 불확정기한부 채권, 금전을 목적으로 하지 않는 채권, 조건부 채권, 장래의 채권의 의결권액은 채권의 내용 및 원인의 기재로부터 자동적으로 산출할 수 없기 때문에 우선 보정의 기회를 주는 것이 좋다. 다만, 법원이 보정명령을 하였음에도 채권신고인이 이에 응하지 않는 경우 그 처리가 문제된다. 이에 대하여는 신고가 부적법하다고 보아 각하하여야 한다는 견해, 신고 자체를 각하할 것이 아니라 단지 의결권 행사를 인정하지 아니하면 된다는 견해[22]가 있으나, 조사위원의 조사보고서나 관리인 보고서 등에 의하여 회생절차개시 당시의 금액을 평가하여 평가된 금액을 의결권액으로 시인하고, 이러한 평가가 어려운 경우에는 의결권액에 대하여만 부인하는 것으로 처리하는 것이 바람직하다.

5) 일반의 우선권 있는 채권인 경우에는 그 뜻

회생채권 중에서 일반의 우선권 있는 부분은 따로 신고하여야 하는데(법 제148조 제2항), 이때 일반의 우선권 있는 채권이라는 취지를 기재하여야 한다. 일반의 우선권 있는 채권이더라도 그 취지의 기재가 없으면 우선권을 인정받지 못하고 일반 회생채권으로 취급된다.[23]

---

22) 박홍우, "정리채권 등의 신고·조사·확정에 있어서의 문제점", 재판자료 제86집, 215면.
23) 주석 채무자회생법(II), 620면.

6) 회생절차개시 당시 소송 계속 중인 회생채권은 법원, 당사자, 사건명과 사건번호

7) 법 제118조 제2호 내지 제4호의 규정에 의한 회생채권일 때에는 그 취지 및 액수($^{규칙 제55조}_{제1항 제2호}$)

회생절차개시 후의 이자($^{법 제118조}_{제2호}$), 회생절차개시 후의 불이행으로 인한 손해배상금 및 위약금($^{법 제118조}_{제3호}$), 회생절차참가의 비용($^{법 제118조}_{제4호}$)에 해당하는 회생채권의 경우 의결권 행사가 금지되고($^{법 제191}_{조 제3호}$), 권리의 순위에 있어서도 일반 회생채권에 비하여 열등한 취급을 받을 수 있으므로($^{법 제218조}_{제1항 제2호}$), 이를 다른 회생채권과 구분하여 기재하여야 한다.

8) 집행력 있는 집행권원 또는 종국판결이 있을 경우에는 그 뜻($^{규칙 제55조}_{제1항 제3호}$)

집행력 있는 집행권원 또는 종국판결이 있는 채권에 대하여 관리인이 이의를 한 경우에는 관리인은 채무자가 할 수 있는 소송절차에 의해서만 이의를 주장할 수 있는 것이고($^{법 제174조}_{제1항}$), 다른 채권처럼 관리인이 이의를 하였다고 하여 채권자가 권리확정소송을 제기하여야 하는 것은 아니다. 그런데 채권신고인이 집행력 있는 집행권원 또는 종국판결이 있으면서도 그 취지를 신고하지 않은 상태에서 관리인이 채권에 대하여 이의를 제기한 경우에는 채권자가 법 제170조에 의한 채권조사확정재판에 대한 출소책임을 지게 된다.[24] 따라서 그러한 집행권원 또는 종국판결이 있는 채권자는 그 취지를 기재하는 것이 자기 권리 확보를 위하여 필요하다. 이 경우에는 신고서에 집행력 있는 집행권원 또는 판

---

24) 부산고등법원(창원) 2020. 2. 10. 자 2019라10080 결정은 ① 채무자 회생 및 파산에 관한 규칙 제55조 제1항 제3호가 회생채권자 등에게 회생채권 등 신고를 할 때 '집행력 있는 집행권원 또는 종국판결이 있는 회생채권·회생담보권인 때에는 그 뜻'을 함께 신고할 의무를 부과하고 있고, 같은 규칙 제55조 제2항 제2호가 그 집행력 있는 집행권원 또는 종국판결의 사본을 첨부할 의무까지 부과하고 있는 점, ② 회생채권 등에 관하여 집행력 있는 집행권원 또는 종국판결이 있는지 여부는 그 권리관계의 당사자가 아니라면 잘 알기 어려우므로 회생채권자 등이 자신에게 부여된 신고 등 의무를 해태하여 다른 회생채권자 등 절차에 참여하는 제3자가 집행력 있는 집행권원 또는 종국판결의 존재를 전혀 알 수 없었던 경우에까지 법 제174조 제1항을 적용하여 의무 해태의 귀책사유가 있는 회생채권자 등을 보호하는 것은 신의성실에 반하여 정당하지 못할 뿐 아니라 제3자에게 원시적으로 불가능한 이의방법을 요구하는 것이며, 오히려 이를 인정하면 집행력 있는 집행권원 또는 종국판결을 가지고 있는 회생채권자 등이 이를 악용할 소지가 있는 점, ③ 회생채권 등 신고 시에 집행력 있는 집행권원 또는 종국판결이 있다는 취지를 함께 신고하고 그 사본을 첨부하는 것에 그다지 큰 노력이 필요하지 않으므로 회생채권자 등에게 위와 같은 신고 등 의무를 부과하고 이를 해태하는 경우 불이익하게 취급하는 것이 가혹하다고 보기는 어려운 점 등을 근거로 법 제174조 1항의 적용을 위해서는 회생채권 등이 집행력 있는 집행권원 또는 종국판결이 있는 것에 해당한다는 취지가 채권 신고 시에 함께 신고되거나 채권자목록에 기재되어야 한다고 판시하였다. 다만 반대 취지의 판결이 있고(대전고등법원 2015. 9. 9. 선고 2014나12827 판결 참조), 반대견해도 있다. 자세한 내용은 '제11장 제4절 6. 나.' 참조.

결서의 사본을 첨부하여야 한다(규칙 제55조 제2항 제2호).

9) 증거서류25) 또는 그 등본이나 초본

채권의 내용 및 원인의 기재를 통하여서도 채권을 특정할 수는 있으나, 제출된 증거서류로써 이를 더 명확히 할 수 있다. 실무상 채권신고가 많은 경우에는 신속한 채권조사절차를 위하여 반드시 필요한 내용이기도 하다. 일반적으로 관리인이 채권을 부인하는 경우 중의 상당수가 채권신고인이 채권의 존재에 관한 소명자료를 갖추지 못한 경우이기 때문이다. 하지만 채권신고인이 증거서류를 제출하지 않았다 하더라도 채권을 특정할 수 있다면, 채권신고 단계에서 그 신고를 각하하여서는 안 된다.

나. 회생담보권자가 신고할 사항(법 제149조)(양식은 [별지 91], [별지 93] 참조)

회생담보권자가 신고할 사항 중 회생채권자의 경우와 공통되는 부분은 회생담보권자의 성명·주소 등, 회생담보권자의 목록 번호, 회생담보권의 내용과 원인, 의결권의 액수, 회생절차개시 당시 소송 계속 중인 회생담보권에 관하여는 법원·당사자·사건명·사건번호, 집행력 있는 집행권원 또는 종국판결이 있는 회생담보권에 관하여는 그 뜻 등이다. 회생담보권에 특유한 신고사항은 회생담보권의 목적 및 그 가액,26) 회생절차가 개시된 채무자 이외의 자가 채무자인 때에는 그 성명·주소 등이다.

다. 주주·출자지분권자가 신고할 사항(법 제150조, 제148조 제3항)(양식은 [별지 91], [별지 94] 참조)

1) 주주·지분권자가 신고할 사항은 주주·지분권자의 성명·주소 등, 주주·지분권자의 목록 번호, 주식 또는 출자지분의 종류 및 수 또는 액수이고, 주권·출자지분증서 기타의 증거서류 또는 그 등본이나 초본을 제출하여야 한다. 주주권·출자지분권에 관하여 회생절차개시 당시 소송이 계속하는 때에는 법원·당사자·사건명·사건번호를 신고하여야 한다.

2) 주주명부의 폐쇄

가) 구 회사정리법하에서의 실무 방식   구 회사정리법하에서 주주가 회

---

25) 한편 어음금채권을 회생채권으로 신고하여 회생절차에 참가하기 위하여는 어음 원본을 제출할 필요까지는 없다고 하더라도 어음을 소지하고 있어야 한다(대법원 2016. 10. 27. 선고 2016다235091 판결).

26) 회생절차개시 당시 기준으로 평가된 객관적인 시가를 말한다.

사정리절차에 참가하고자 하는 경우에는 같은 법 제130조 제1항에 따라 법원이 정한 신고기간 이내에 그 권리를 법원에 신고할 것이 요구되었다. 특히 자산이 부채를 초과하는 회사의 경우에는 주주가 의결권을 행사할 수 있으므로 주주로서의 권리를 행사할 자를 확정하는 것이 중요하였다. 그런데 상장법인과 같이 수시로 주식의 거래가 이루어지는 회사의 경우에는 주주가 신고를 마친 뒤라도 주식을 양도할 수 있어 관계인집회에서 의결권을 행사할 무렵에는 실제로는 주주로서의 권리를 보유하고 있지 않을 수도 있었으므로 문제가 되었다. 종래 서울중앙지방법원의 실무는, 구 회사정리법에 명문의 규정은 없었으나 주식의 신고를 받으면서 상법 제354조에서 규정한 기준일 제도와 유사한 방식을 취하여 왔다. 즉 법원은 관계인집회의 15일 전 무렵에 관계인집회 7일 전 무렵의 기간까지를 주식의 신고기간으로 정하여 이를 공고하면서 신고하는 주주로 하여금 관계인집회의 2일 또는 3일 전의 특정 시점을 기준으로 하여 발행된 실질주주증명서(상장법인의 경우)를 제출하게 하거나, 그 시점의 주주명부상의 기재 내용(비상장법인의 경우)을 기준으로 주주권을 행사할 자를 확정하여 왔다. 법은 아래 나)에서 설명하는 주주명부 폐쇄제도를 신설하면서 종래 구 회사정리법하에서의 실무 방식에 대하여 따로 명문의 규정을 두지 않았지만, 특별히 이를 금지하고 있지 아니하므로 종전 구 회사정리법하의 실무 방식을 그대로 활용할 수도 있다고 본다.

나) 주주명부 폐쇄의 근거 규정 신설　　　　법은 회생절차에 참가하고자 하는 주주는 신고기간 내에 주식의 신고를 할 수 있고, 법원은 기간을 정하여 주식회사인 채무자의 주주명부를 폐쇄할 수 있도록 하는 규정을 두고 있다(법 제150조 제2항).[27] 주주명부 폐쇄제도는 주주권을 행사할 주주를 확정하기 위해 일정 기간 주주명부의 명의개서를 금지하는 제도이다. 이는 특히 회생절차개시 당시 자산이 부채를 초과하여 주주가 의결권을 행사할 수 있는 경우에 이용되는데, 통상 결의를 위한 관계인집회기일을 폐쇄기간의 말일로 정하고 있다. 주주명부 폐쇄의 기간은 2월을 초과하지 못하고(법 제150조 제2항 후문), 주주명부를 폐쇄하는 결정을 하는 경우 주주명부의 폐쇄가 시작되는 날로부터 2주 전에 그 취지를 공고하여야 한다(규칙 제54조). 법은 주주명부 폐쇄의 구체적인 방법에 관하여는 규정을 두고 있지 않은데, 회

---

27) 참고로 일본 구 회사갱생법 제130조 제2항은 회사에 대한 주주명부 폐쇄명령 제도를 규정하고 있었으나, 주주명부의 관리와 명의개서 등은 사단적·조직적 활동으로서 그 권한이 대표이사에게 속한다고 해석되고, 주주명부 등의 폐쇄로 말미암아 원활한 거래가 방해된다는 점을 고려하여 신 회사갱생법은 주주명부 폐쇄명령 제도를 폐지하고 기준일 제도를 두고 있다(제194조).

생절차가 진행 중이어도 채무자의 사단적·조직적 활동에 관한 권한은 여전히 대표이사에게 있으므로 법원은 주주명부를 폐쇄하는 결정을 대표이사에게 통지하여 명의개서에 응하지 않도록 할 필요가 있다[28](주주명부 폐쇄결정 양식은 [별지 96], 주주명부 폐쇄결정 공고 양식은 [별지 97], 주주명부 폐쇄결정 통지서 양식은 [별지 98] 참조).

법은 제155조에서 주식의 추가신고에 관하여 규정하면서 주주명부 폐쇄의 근거규정인 제150조 제2항을 준용하는 규정을 따로 두고 있지 않다. 그렇지만 법 제150조 제2항의 문언상 신고기간 내의 주식 신고에만 위 조항이 적용된다고 규정되어 있지 않고, 신고기간 내 주식의 신고와 신고기간 경과 후 주식의 추가신고의 절차를 달리 취급할 특별한 이유는 없으므로, 이 경우에도 법 제150조 제2항에 따라 주주명부를 폐쇄할 수 있다고 보아야 할 것이다.[29]

2. 신고의 주체

권리자 본인 또는 대리인이 신고할 수 있으며, 대리인에 의하여 신고할 경우 대리인이 반드시 변호사일 것을 요하지는 않지만, 대리권을 증명하는 서면(위임장 등)을 첨부하여야 한다(규칙 제55조 제2항 제1호). 외국에 거주하는 채권자가 위임장을 첨부하지 아니하고 국내에 있는 대리인을 통하여 신고하는 경우가 종종 있는데, 조사기간 안에 또는 특별조사기일까지 위임장을 첨부하면 적법한 신고가 있는 것으로 처리하여야 한다. 회생채권자 등이 법원의 허가를 얻어 대리위원을 선임한 경우(법 제142조)에는 대리위원이 신고할 수 있다.

담보부사채신탁법상의 수탁회사의 경우(법 제143조)에는 사채권자집회의 결의에 의하여[30] 수탁회사가 신고할 수 있는데(법 제143조 제1항), 수탁회사가 총사채권자를 위하여 채권신고를 하는 때에는 각각의 사채권자를 표시하지 않을 수 있다(법 제143조 제2항). 상법상의 사채관리회사가 지정·위탁된 경우(상법 제480조의2)에도 사채관리회사가 개별 사

---

28) 주석 채무자회생법(Ⅱ), 633면.

29) 주식의 추가신고에 관한 결정을 하면서 주주명부 폐쇄결정을 한 사례로는 서울회생법원 2021회합100050 (주)엔지스테크널리지 사건이 있고, 주주명부 폐쇄결정을 한 이후에 폐쇄기간 내로 주식의 추가신고기간을 정한 사례로는 서울회생법원 2016회합100149 에스티엑스중공업(주), 2018회합100158 (주)감마누, 2022회합100053 (주)휴먼엔 사건이 있다.

30) 담보부사채신탁법에서는 "신탁업자는 신탁계약에서 따로 정하지 아니하였을 때에는 총사채권자를 위하여 채권변제를 받는 데에 필요한 모든 행위를 할 권한을 가진다."라고 규정하고 있어 (제73조) 서로 모순되는 면이 있다.

채권자 전원을 대리하여 신고할 수 있는데,[31] 사채관리회사가 총사채권자를 위하여 채권신고를 하는 경우 신고방식에 관한 명문의 규정은 없으나 사채관리회사 제도의 취지를 고려할 때 법 제143조 제2항을 유추하여 개별 사채권자를 표시하지 않고 '○○주식회사 제2회 무보증사채 사채관리회사 ○○○' 정도로 표시할 수 있다고 해석된다.[32] 그 밖의 일반 회사채의 경우에는 상법 제490조, 제491조에 따라 사채권자집회를 개최하고, 일정한 자에게 신고 등의 권한을 위임할 수 있다.

회생채권에 관하여 신고 전에 전부명령 내지 추심명령이 발령된 경우에는 전부(추심)채무자가 아닌 전부(추심)채권자만이 자신을 회생채권자로 신고할 수 있다고 보아야 한다. 전부명령이 있게 되면 회생채권이 전부채권자에게 이전하고, 추심명령이 발령된 경우에는 추심채권자가 압류채권의 추심에 필요한 채무자의 권리 일체를 채무자에 갈음하여 자기 명의로 재판상 또는 재판 외에서 행사할 수 있기 때문이다.[33]

한편 회생채권자의 채권자도 회생채권자를 대위하여 채권신고를 할 수 있다. 다만 채권자대위권의 행사요건을 갖추고 있어야 하므로, 회생채권자가 스스로 회생채권의 신고를 하는 등 회생절차에서 권리를 행사하고 있는 경우에는 대위할 수 없다.[34]

3. 신고의 상대방

신고는 법원에 대하여 하여야 하고(법 제148조 제1항, 제149조 제1항, 제150조 제1항, 제156조 제1항), 채무자나 관리인에 대하여 한 신고는 효력이 없다. 다만 채권자의 수가 매우 많아 법원이 이를 처리하기가 어려운 경우에는 일시적으로 신고접수업무에 관하여 채무자의 직원의 업무협조를 받는 경우가 많고, 관리인 이름으로 회생채권·회생담보권·주식신고안내서(양식은 [별지 42] 참조)를 발송하고 있는데, 이 경우도 채무자의 직원이나 채무자에 대하여 신고를 하는 것은 아니다.

---

31) 사채권의 신고는 상법 제484조 제4항 본문이 사채권자집회결의 대상의 예외로 정한 '사채에 관한 채권을 변제받거나 채권의 실현을 보전하기 위한 행위'에 해당한다고 볼 것이므로, 사채권자집회의 결의를 필요로 하지 않는다고 해석된다.

32) 이진웅(주 8), 35면 이하. 한편 사채관리회사와 사채권자의 신고가 중복된 경우의 채권 시·부인, 의결권 부여 방법에 관한 논의는, 같은 글 37면 이하 참조.

33) 이에 관하여는 '제11장 제1절 5. 다.' 참조.

34) 주석 채무자회생법(Ⅱ), 615~616면.

그리고 조사위원이 채무자의 부채 현황을 조사하면서 일부 채권자들에 대하여 채권의 존재나 범위에 관한 확인을 구하는 경우가 있는데, 흔한 경우는 아니지만 채권자가 조사위원에게 채권의 존재에 관하여 답변해 주었다는 이유로 채권신고를 하지 않아 실권하는 경우도 있으므로 회생절차개시 당시에 미리 관리인으로 하여금 미신고로 인한 실권을 방지하기 위하여 회생채권자 등의 목록에 알고 있는 회생채권 등을 빠짐없이 기재하여 제출하도록 하여야 한다.

4. 신고의 방식

회생채권자·회생담보권자·주주·지분권자가 그 권리에 관한 신고를 하는 때에는 신고서 및 그 첨부서류의 부본을 1부 제출하여야 한다(규칙 제56조 제1항). 실무상 회생계획안 심리를 위한 관계인집회가 개최되는 날 뒤늦게 채권신고를 하겠다는 채권자가 있을 수 있는데, 이 경우에도 가능하다면 서면으로 신고서를 제출받은 후에 특별조사기일의 조사대상으로 삼는 것이 바람직하다.[35]

신고가 접수되면 파산과에서는 채권자에게 접수증을 교부한다. 접수증은 채권신고를 확인하는 서면이 될 뿐 아니라, 회생절차 중에 여러 번 개최되는 관계인집회에서 이해관계인의 출석 여부, 이해관계인 여부를 확인하는 데 도움을 준다(신고접수증의 양식은 [별지 95] 참조).

대개의 경우 채권자들이 채권신고에 관하여 채무자에게 문의하는 경우가 많으므로 개시결정 당시에 관리인으로 하여금 신고서 양식을 비치해 놓도록 하고 있으며, 알고 있는 채권자들에게 회생절차개시결정 등이 기재된 서면을 송달할 때에 신고서 양식을 동봉하여 보내고 있다.

5. 신고의 효력

회생채권자, 회생담보권자가 목록에 기재되지 않은 상태에서 그 권리를 신

---

35) 채권자 본인이나 대표자가 출석하지 않은 관계로 서면신고가 불가능하지만 그 채권이 존재할 개연성이 높고, 절차 미비를 이유로 이를 실권시키는 것이 가혹하다고 판단되는 경우에는 일단 구두로 신고를 접수하도록 한 후 추후에 신고서류를 보완하도록 하는 것이 바람직하다. 다만 이 경우에는 증거서류도 갖추지 못한 경우가 많기 때문에 신고된 채권의 내용을 증거서류를 통하여 정확히 확인하기 전까지 이를 시인하는 것이 어려운 경우가 많으며, 따라서 관리인으로서는 특별조사기일에서는 신고된 채권에 대하여 부인을 하고, 추후에 증거자료를 확인한 후 그 이의를 철회하면 될 것이다.

고하지 않으면 설령 채권이 존재한다 하더라도 이해관계인으로서 관계인집회에
서 의결권을 행사할 수 없을 뿐만 아니라 회생계획에서 제외되고 회생계획이
인가되면 법 제251조에 따라 실권된다.[36] 미신고로 인하여 실권된 회생채권, 회
생담보권은 회생절차가 회생계획 인가결정 후에 폐지된 경우에도 부활하지 않
는다.[37] 다만 회생채권에 해당하는 벌금·과료·형사소송비용·추징금·과태료
의 청구권(법 제140조 제1항)은 목록에 기재되지 않고 신고도 하지 않은 상태에서 회생계
획이 인가되더라도 채무자가 면책되지 않는다(법 제251조 단서). 주주·지분권자는 목록에
기재되지 않은 상태에서 신고를 하지 않았더라도 주주·지분권자로서의 일반적인
권리가 소멸되는 것은 아니지만(법 제254조), 회생절차에 참가할 자격을 얻지 못한다.

　　회생채권자 등의 목록 제출과 더불어 회생절차참가에는 시효중단의 효력이
있는데(법 제32조 제1호), 회생채권·회생담보권의 신고가 위 회생절차참가에 해당한다.
다만 목록에 기재된 회생채권자 또는 회생담보권자는 이미 위 조항에 의하여
시효중단의 효력이 발생하였으므로, 목록에 기재되어 있지 아니한 자가 신고한
경우가 시효중단 사유로서 회생절차참가에 해당하는 의미가 있다. 한편 목록에
기재되어 있지 아니한 회생채권자 또는 회생담보권자가 그 신고를 취하하거나
그 신고가 각하된 때에는 시효중단의 효력이 인정되지 아니한다(법 제32조 제1호 단서).

　　시효중단의 효력은 회생절차참가라는 권리행사가 지속되는 한 그대로 유지
된다. 따라서 권리변경이 이루어지지 아니한 채 회생절차가 종료된 경우(회생절
차개시결정이 취소되거나 회생계획인가 전 폐지결정 또는 회생계획불인가결정이 이루어
진 경우)에는 이러한 결정이 확정된 때로부터 소멸시효가 다시 진행한다. 회생계
획인가로 권리변경이 이루어진 후 회생절차가 폐지된 경우에는 회생계획에서
새롭게 정한 변제기와 폐지결정의 확정 시 중 늦게 도래하는 때로부터 소멸시
효가 다시 진행하고, 회생절차가 종결된 경우에는 원칙적으로 회생계획에서 정
한 변제기가 도래한 때로부터 소멸시효가 다시 진행한다.[38] 채권자가 주채무자
에 대한 회생절차에 참가하는 경우 보증채무에 대한 시효도 중단된다.[39]

---

36) 다만, 예외적으로 실권되지 아니하는 경우가 있다. 이에 관하여는 '제10장 제4절 4. 마.', '제15
　　장 제5절 2. 나.' 참조.
37) 대법원 2010. 12. 9. 선고 2007다44354, 44361 판결 참조.
38) 전대규, 643면 이하.
39) 대법원은 정리계획에서 주채무의 일부를 면제하고 나머지는 현금변제하기로 하면서 변제기
　　를 유예한 경우 보증채무에 대한 시효중단의 효과가 언제 소멸되는지에 관하여, 대법원은 주채
　　무가 면제된 부분의 경우 정리계획의 인가로 인하여 주채무가 소멸함에 따라 채권자의 권리행
　　사도 종료되므로 그에 대응하는 보증채무의 소멸시효는 인가결정 확정 시부터 진행하고, 면제
　　되지 아니한 부분은 주채무가 남아 있고 정리절차의 종료 시까지 권리행사가 계속되므로, 보증

6. 예비적 신고와 관련된 문제점

실무상 이른바 '예비적 신고'가 가능한지 여부가 문제된다. 예비적 신고란 일반적으로 채권신고인이 내심으로는 자신의 채권이 신고의 대상이 되지 않는 채권(예를 들어, 공익채권)이라고 생각하고 있지만, 후에 신고 대상이 되는 채권으로 판명되는 경우 신고 누락으로 인하여 실권되는 불이익을 우려하여 그 채권을 신고하는 것을 말한다.[40] 신고 당시 채권신고인이 예비적으로 신고한다는 취지를 신고서에 기재하는 경우가 많지만, 그러한 취지를 기재하지 않았다 하더라도 성격에 비추어 예비적 신고로 인정되는 경우도 있다. 채권신고인이 자신의 채권을 가지고 채무자의 반대채권을 상계하였는데, 그 상계가 인정되지 않을 경우에 대비하여 채권신고를 하는 경우, 회생절차개시결정 전에 채무를 변제받은 행위가 추후에 법 제100조에 의하여 부인될 것에 대비하여 신고하는 경우가 이러한 예이다.[41]

실무에서는 이러한 예비적 신고를 인정하고 있지만 두 가지 점에서 논란이 있다.

첫째로 채권자가 공익채권을 예비적으로 회생채권으로 신고하고 관리인이 이를 회생채권으로서 시인한 경우에 그 채권이 회생채권으로 되는지에 관한 문제인데,[42] 채권조사의 성격에 비추어 이를 부정하는 것이 판례이다.[43]

채무의 소멸시효는 종결결정이나 폐지결정 확정 시부터 진행하며, 정리계획에 의하여 잔존 주채무의 변제기가 유예되었다고 하더라도 그 유예된 변제기까지 시효중단의 효력이 존속하는 것은 아니라고 판시하였다(대법원 2007. 5. 31. 선고 2007다11231 판결. 대법원 2017. 8. 30. 자 2017마600 결정도 같은 취지이다). 회생계획인가결정의 보증인 등에 대한 효력에 관하여는 '제15장 제5절 4. 나.' 참조.

40) 회생담보권자가 자신의 채권의 전부 또는 일부가 회생담보권 목적물 가액의 범위 내에 속하지 아니하여 회생채권으로 인정될 것을 예상하면서도(법 제141조 제4항 참조), 일응 자신의 채권 전부를 회생담보권으로 신고하는 경우를 '예비적 신고'의 일종으로 볼 수도 있다. 이 경우에는 신고된 회생담보권 중 일부만 시인된다 하더라도 그 신고에는 회생채권의 예비적 신고가 포함된 것으로 보아 회생채권으로 시인하여야 한다.

41) 한편, 대법원 2004. 9. 13. 선고 2001다45874 판결은 "정리담보권으로 신고된 채권에 대하여 관리인이 조사기일에 이의를 제기하므로 채권자가 제기한 정리담보권확정의 소에서 관리인이 부인권을 행사하는 경우, 그 부인권의 행사로 인하여 부활될 채권까지 원래의 채권신고내용에 포함되어 신고되었다고 할 수 없다."라고 판시하였다.

42) 실무에서는 관리인의 채권 시·부인 전에 재판부와 관리위원회가 사전 검토를 하기 때문에 공익채권이 회생채권으로 시인되는 경우는 거의 없다.

43) 대법원 2007. 11. 30. 선고 2005다52900 판결, 대법원 2004. 8. 20. 선고 2004다3512, 3529 판결은 "공익채권을 단순히 정리채권으로 신고하여 정리채권자표 등에 기재된다고 하더라도 공익채권의 성질이 정리채권으로 변경된다고 볼 수는 없고 … 공익채권자가 자신의 채권을 정리채

둘째로 예비적으로 신고된 채권을 관리인이 시인하였을 경우에 의결권액을 어느 범위에서 시인하여야 하는가 하는 문제이다. 일반적으로 실무에서는 예비적 신고 시 전제한 조건이 성취되지 않은 경우에는 의결권에 대하여 이의를 제기하고 있다.[44]

제4절　회생채권, 회생담보권, 주식·출자지분의 신고기간

1. 회생채권 등의 신고기간과 조사방식

법원은 회생절차개시결정을 하면서 개시결정일부터 2주 이상 2월 이하의 기간 범위 내에서 회생채권자 등의 목록의 제출기간을 정하여야 하고, 동시에 회생채권자 등의 목록의 제출기간의 말일부터 1주 이상 1월 이하의 기간 내에서 신고기간을 결정하여야 하며, 회생채권자 등의 목록에 기재되거나 신고기간 내에 신고된 회생채권·회생담보권의 조사를 위하여 신고기간의 말일부터 1주 이상 1월 이하의 범위 내에서 조사기간을 결정하게 된다(법 제50조 제1항)(결정문례는 [별지 32], [별지 33] 참조). 다만 법원은 특별한 사정이 있는 경우에는 위 각 기간을 늘일 수 있다(법 제50조 제2항). 서울회생법원에서는 특별한 사정이 없는 한 목록 제출기간은 개시결정일부터 2주간으로, 신고기간은 위 제출기간 말일 다음날부터 2주간(간이회생사건의 경우 1~2주간)으로, 조사기간은 위 신고기간 말일 다음날부터 2주간(간이회생사건의 경우 1~2주간)으로 정하고 있다.[45]

구 회사정리법하에서는 신고기간 내에 신고된 정리채권 등을 조사하기 위하여 일반조사기일을 개최하였으나, 법은 신고기간 내에 신고된 회생채권 및 회생담보권의 조사를 위하여 기일을 개최하지 아니하는 조사기간을 두어 그 기간 내에 관리인과 이해관계인 등이 서면으로 이의를 하고(법 제161조), 신고기간 이후에 추후 보완신고된 회생채권·회생담보권만 특별조사기일에서 조사를 하도록 규

권으로 신고한 것만 가지고 바로 공익채권자가 자신의 채권을 정리채권으로 취급하는 것에 대하여 명시적으로 동의를 하였다거나 공익채권자의 지위를 포기한 것으로 볼 수는 없다."라고 판시하였다.
44) 이에 관하여는 '제14장 제5절 5. 나.' 참조.
45) 채권액이 소액인 간이회생사건의 경우에는 절차의 신속한 진행을 위하여 신고기간과 조사기간을 각 1주간으로 정하고 있는 재판부도 있다.

정하고 있다($^{법 제}_{162조}$).

2. 벌금, 조세 등 청구권의 경우

회생절차개시 전의 벌금·과료·형사소송비용·추징금 및 과태료의 청구권($^{법 제140조}_{제1항}$)과 일반 회생채권보다 징수순위가 우선하는 조세 등 청구권($^{법 제140조}_{제2항}$)은 신고기간 내에 신고하여야 하는 다른 회생채권·회생담보권($^{법 제148조,}_{제149조}$)과 달리 지체 없이 신고하면 족하다($^{법 제156조}_{제1항}$).

벌금·과료·형사소송비용·추징금 및 과태료의 청구권의 경우는 회생계획에서 감면 기타 권리에 영향을 미치는 내용을 정하지 못하고($^{법 제140조}_{제1항}$), 신고하지 않았다 하여 회생계획인가의 결정에 의해 채무자가 면책되지도 아니하므로($^{법 제251조}_{단서}$), 신고기간의 제한을 받지 아니한다.

한편 일반 회생채권보다 징수순위가 우선하는 조세 등의 청구권($^{법 제140조}_{제2항}$)의 경우는 일반 회생채권과 마찬가지로 회생계획안 심리를 위한 관계인집회가 끝나기 전 또는 법 제240조에 의하여 서면결의에 부친다는 결정이 있기 전까지는 신고를 하여야 한다($^{법 제152조}_{제3항}$). 국세징수의 예에 의하여 징수할 수 있는 청구권으로서 일반 회생채권보다 징수순위가 우선하지 아니하는 청구권도 마찬가지로 보아야 할 것이다.

3. 신고기간의 공고·송달 및 통지

가. 공   고

법원은 신고기간을 정한 후 이를 관보게재 또는 대법원규칙이 정하는 방법으로 공고하여야 한다($^{법 제51조 제1항 제3호,}_{제50조 제1항 제2호}$). 그리고 이미 정한 신고기간을 부득이 변경하는 경우에도 위와 같은 방법으로 공고하여야 한다($^{법 제51조}_{제3항}$).

나. 송   달

법원은 관리인, 채무자, 알고 있는 회생채권자 등에게 신고기간을 비롯한 법 제50조 제1항에서 정한 사항을 기재한 서면을 송달하여야 하고($^{법 제51조}_{제2항·제1항}$)(통지서 양식은 [별지 41] 참조), 신고기간을 변경하는 경우에도 송달하여야 한다

($^{법 \ 제51조}_{제3항}$). 채권자들이 회생절차가 개시된 사실을 알지 못하거나 채권신고기간 등을 알지 못하여 그 신고를 누락하는 경우에는 실권이라는 가혹한 피해를 입게 되어 채권자 보호의 차원이나 기업 윤리의 차원에서도 문제가 있다. 따라서 법원은 회생절차개시결정을 한 다음 법 제50조 제1항에서 정한 사항을 기재한 서면을 회생채권자 등에게 송달하는 한편 관리인에 대하여 채권자들에게 회생절차개시결정이 있었다는 사실과 향후 절차 진행의 일정 등을 다시 한번 통지하도록 하는 것이 바람직하고(이에 관하여는 '제5장 제3절 4. 나.' 참조), 나아가 회생채권자 등의 실권 방지를 위하여 관리인으로 하여금 회생채권 등의 존부와 내용 및 귀속을 인정할 수 있는 경우에는 회생채권자 등의 목록에 이를 기재하여 제출하도록 하는 것이 바람직하다.

다. 통   지

채무자가 주식회사인 경우 법원은 정해진 신고기간을 감독행정청·법무부장관·금융위원회에 통지하여야 하는데($^{법 \ 제52조}_{제51조 \ 제1항}$)(통지문의 양식은 [별지 44] 참조), 실무상으로는 주식회사가 아닌 법인에 대하여도 같은 통지를 하고 있다. 채권자협의회에도 신고기간의 통지를 하고 있다($^{규칙 \ 제39조}_{제6호}$)(양식은 [별지 45] 참조).

4. 신고의 추후 보완 및 주식의 추가신고

가. 추후 보완이 가능한 시기

회생채권자 또는 회생담보권자는 그 책임을 질 수 없는 사유로 인하여 신고기간 안에 신고를 하지 못한 때에는 그 사유가 끝난 후 1월 이내에 추후 보완신고를 할 수 있다($^{법 \ 제152조 \ 제1항}_{규칙 \ 제57조 \ 제1항}$). 다만 위 1월의 기간은 불변기간이므로($^{법 \ 제152조}_{제2항}$) 연장이나 단축이 불가능하고, 이와 같은 추후 보완신고도 회생계획안 심리를 위한 관계인집회가 끝난 후 또는 법 제240조에 의한 서면결의에 부친다는 결정이 있은 후에는 원칙적으로 할 수 없다는 점에 주의하여야 한다($^{법 \ 제152조}_{제3항}$).

나. 추후 보완사유의 의미

여기서 '그 책임을 질 수 없는 사유'는 민사소송법 제173조 제1항에서 정한 사유와 용어는 동일하지만, 민사소송법의 규정은 자신이 직접 담당하던 소송행위에 관한 규정임에 반하여, 법이 정한 신고기간은 그러한 것도 아니고 신고를 게을리하였다고 하여 바로 실권하게 된다면 결과적으로 채권자에게 너무나 가혹하기 때문에 실무에서는 민사소송법의 규정보다는 넓게 해석하는 경향이 있다. 다만 회생채권 등을 추후 보완신고하는 경우에는 회생채권자는 그 신고서에 신고기간 내에 신고를 할 수 없었던 사유와 그 사유가 끝난 때를 기재하여야 한다(규칙 제57조 제1항·제2항).

서울회생법원에서는 추후 보완사유를 넓게 해석하여 회생계획안 심리를 위한 관계인집회를 개최하기 전까지 접수된 대부분의 추후 보완신고를 그대로 받아 주고, 특별조사기일에서의 조사를 통하여 결정된 채권의 실질을 존중해 주고 있다.[46]

다. 추후 보완신고가 접수된 경우의 처리

1) 접수 직후의 조치

추후 보완신고가 접수되면 파산과에서는 신고인에게 접수증을 교부함과 동시에 접수번호를 붙여야 한다. 접수번호는 신고기간까지 접수된 채권과 달리 '추완○○번'이라는 식으로 매긴다. 다만 주식의 추가신고기간이 지정된 경우에 추가로 신고되는 주식의 경우에는 '추가○○번'이라는 번호를 매긴다.

2) 추후 보완신고의 요건 심사

① 회생채권 등이 신고기간 경과 전에 발생하였지만 그 권리자가 책임을 질 수 없는 사유로 인하여 법원이 정한 기간 안에 신고를 하지 못하였고, 그 사유가 끝난 후 1월이라는 불변기간 내에 추후 보완신고를 한 경우(법 제152조 제1항), ② 회생채권 등이 신고기간 경과 후에 발생한 경우에 그 권리자가 권리 발생 후 1월의 불변기간 내에 신고를 한 경우(법 제153조), ③ 회생채권 등이 신고기간 경과 후에 발생하였고 그 권리자가 책임을 질 수 없는 사유로 법 제153조에서 정한 불변기간인 1월 내에 신고를 하지 못하였지만, 그 사유가 끝난 후 2주 이내에 추후 보완신고를 한 경우(법 제33조, 민사소송법 제173조)에는 법 제162조에 의하여 특별조사기일을 따로 지정하여 조사하여야 한다.

---

46) 대법원 1999. 11. 17. 자 99그53 결정, 대법원 1999. 7. 26. 자 99마2081 결정은 "회사정리절차에서는 개별적인 송달 외에 공고 등으로써 송달을 갈음하고 있어 이해관계인이 직접 결정문을 송달받지 못하는 경우가 적지 아니한 반면 정리채권자가 신고를 해태하는 경우 채권이 실권되는 등 그 불이익이 큰 점 등을 고려하여 정리절차에 중대한 지장을 초래하지 않는 한 실권시키는 것이 가혹하다고 인정되는 경우에는 가급적 회사정리법 제127조 제1항 소정의 '책임질 수 없는 사유'를 넓게 해석하여 같은 법 제138조에 의하여 조사를 하기 위한 특별기일을 정하여야 한다."라고 판시하였다.

반면에 ④ 회생채권 등이 신고기간 경과 전에 발생하였지만, 그 권리자가 책임 있는 사유로 신고기간이 경과된 후나 위 불변기간(1월)이 경과된 후에 신고를 한 경우, ⑤ 회생채권 등이 신고기간 경과 후에 발생하였고, 그 권리자가 책임 있는 사유로 위 불변기간 내에 신고를 하지 않은 경우에는 그 신고를 각하하여야 한다. 위 각하결정에 대하여는 즉시항고를 할 수 없고($\frac{법제}{13조}$), 민사소송법 제449조의 특별항고만 허용된다.[47]

그러나 위 나.항에서 본 바와 같이 서울회생법원의 실무는 추후 보완신고 사유를 넓게 해석하여, 회생계획안 심리를 위한 관계인집회를 개최하기 전까지 접수된 추후 보완신고에 대하여는 대부분 특별조사기일을 지정하여 조사하고 있다(이에 관하여는 '제10장 제4절 4. 나.' 참조)

3) 특별조사기일의 지정 등

신고기간 경과 후에 추후 보완신고된 회생채권 등이 있는 경우에는 법원은 이를 조사하기 위하여 특별조사기일을 정하여야 한다($\frac{법 제162}{조 전문}$).

특별조사기일을 진행하는 데 소요되는 비용은 추후 보완신고한 회생채권자 등의 부담으로 하여야 하므로($\frac{법 제162}{조 후문}$), 법원은 기간을 정하여 특별조사기일에서 조사의 대상이 되는 회생채권자 등에게 송달료 등 그 조사비용의 예납을 명할 수 있고($\frac{규칙 제64}{조 제1항}$), 이를 납부하지 아니한 경우에는 그 권리에 관한 신고를 각하할 수 있다($\frac{규칙 같은}{조 제2항}$). 특별조사기일의 지정결정은 관리인, 채무자, 목록에 기재되거나 신고된 회생채권자 등에게 송달하여야 한다($\frac{법 제}{163조}$).

특별조사기일은 관계인집회와 병합하여 진행할 수도 있는데, 그 기일 지정 결정을 관리인, 채무자, 목록에 기재되거나 신고된 회생채권자 등에게 송달하여야 하는 실무부담을 감안하면 가능한 한 개최 횟수를 최소화하는 것이 바람직하다. 즉 특별조사기일은 법 제240조에 의한 서면결의의 경우를 제외하고는 될 수 있으면 추후 보완신고의 종기인 회생계획안 심리를 위한 관계인집회와 병합하여 실시하는 것이 송달에 관한 부담과 추후 보완신고 권리자의 특별조사기일 개최 비용의 부담 측면에서 더 효율적일 것이다. 서울회생법원은 대부분 회생계획안 심리를 위한 관계인집회와 특별조사기일을 병합하여 실시하고 있고, 이 경우 추후 보완신고한 회생채권자 등에게 별도로 조사비용의 예납을 명하지 않고 있다.

---

47) 대법원 1999. 7. 26. 자 99마2081 결정.

4) 특별조사기일에서의 조사

추후 보완신고된 채권을 조사기일에서 조사함에 있어서 별도로 추후 보완 사유가 있다는 결정을 할 필요는 없다. 회생법원이 추후 보완신고가 적법하다고 판단하여 특별조사기일을 열어 추후 보완신고된 채권에 대한 조사절차까지 마 쳤다면, 법에서 정한 신고의 추후 보완 요건을 구비하지 않았다는 것을 사유로 하는 이의는 허용되지 않고, 그 채권조사확정재판과 조사확정재판에 대한 이의의 소에서도 신고의 추후 보완 요건을 구비하지 않았다는 사유를 주장할 수 없다.[48]

5) 목록에 기재된 회생채권 등이 추후 보완신고된 경우

채권신고기간 내에 신고되지 않아 회생채권자 등의 목록에 기재된 대로 신 고 의제된 회생채권 등이 추후 보완신고된 경우 그 처리방법이 문제될 수 있다. 특별조사기일에서 조사 대상으로 삼되, 목록에 기재된 부분과 중첩되는 부분은 '기시인(부인)하였으므로 부인'하도록 하고, 목록에 기재된 부분을 초과하는 부분 이 있는 경우에는 이 부분에 대하여 새롭게 시·부인을 하도록 하며, 목록에 기 재된 금액보다 적은 금액을 신고했을 경우에는 신고채권자에게 차액에 해당하 는 채권의 소멸 여부를 확인한 후 소멸처리하는 것이 서울회생법원 다수의 실 무례이다.

---

48) 대법원 1990. 10. 23. 선고 90다카19906 판결, 대법원 2018. 7. 24. 선고 2015다56789 판결(A는 회생계획안 심리 및 결의를 위한 관계인집회가 개최되기 2일 전에 관리인의 쌍방미이행 쌍무 계약 해제 통지에 의하여 주식에 관한 매매계약이 해제됨에 따른 손해배상채권을 취득하였는 데, 위 관계인집회에서 회생계획이 인가된 지 3일이 경과한 후에 위 손해배상채권을 뒤늦게 신 고하였고, 이에 회생법원은 이를 조사하기 위한 특별조사기일을 개최하였는데, 위 특별조사기 일에서 위 손해배상채권에 관하여, 관리인은 '회생계획안 심리를 위한 관계인집회 후 추후 보 완신고로 채권 실효'라는 취지의 부인사유가 기재된 시부인표를 제출·진술하고, 채권자 B는 'A의 신고가 지연된 것은 A의 귀책사유에 의한 것'이라는 이유로 이의를 제기하였는바, 이에 회생법원이 회생채권자표에 특별조사기일의 조사결과로 관리인만이 이의를 제기하였다는 취지 로 기재하고 같은 취지의 이의통지서를 A에게 통지한 사안에서, 채권자 B의 이의는 추후 보완 신고의 적법 여부에 관한 진술일 뿐이어서 A가 관리인만을 상대로 채권조사확정재판을 신청한 데에 어떠한 잘못이 있다고 할 수 없고, 회생법원이 A의 추후 보완신고에 대하여 추후 보완신 고의 요건을 갖춘 것으로 인정하고 특별조사기일을 연 이상 채권조사확정재판에 대한 이의의 소에서 위 추후 보완신고의 적법 여부를 다툴 수 없다고 판시한 사례). 한편, 대법원 1999. 7. 26. 자 99마2081 결정은 구 회사정리법 하에서 신고기간이 경과한 이후에 정리채권이 추후 보 완신고되었는데 그 후 개최된 일반조사기일에서 이를 조사함에 대하여 관리인 및 이해관계인 등이 별다른 이의를 제기하지 아니하였다면 추후 보완신고의 하자는 치유되어 그 정리채권은 특별한 사정이 없는 한 그 기일에서 조사되어야 할 것임에도, 위 추후 보완신고가 추후 보완 요건을 갖추지 못하여 부적법하다는 이유로 같은 날 각하한 원심 결정에는 재판에 영향을 미 친 위법이 있다고 판시한 바 있다.

라. 신고기간 경과 후에 발생한 회생채권의 경우

1) 개   요

회생채권 등이 신고기간 경과 후에 발생한 경우 그 권리자는 권리발생 후 1월 이내에 추후 보완신고를 할 수 있으나(법 제153조 제1항), 이는 회생계획안 심리를 위한 관계인집회가 끝나기 전까지 또는 법 제240조에 의하여 서면결의에 부친다는 결정이 있기 전까지로 제한된다(법 제153조 제2항, 제152조 제3항). 이와 관련하여 법은 다음과 같은 몇 가지 규정을 두고 있다.

2) 채무자의 행위가 부인되는 경우

채무자의 행위가 부인되는 경우에 상대방이 받은 급부가 반환되거나 그 가액이 상환된 때에는 상대방의 채권은 원상으로 회복되어 회생채권으로 취급하게 된다(법 제109조 제1항). 이 경우 채권자로서는 회생계획안 심리를 위한 관계인집회가 끝나기 전까지 또는 법 제240조에 의하여 서면결의에 부친다는 결정이 있기 전까지는 법 제153조에 의하여 추후 보완신고를 하여 회생절차에 참가할 수 있다. 이 경우의 실무상 처리는 추후 보완신고된 일반적인 회생채권 등에 대한 것과 동일하다(법 제162조).

그러나 채무자의 행위가 회생계획안 심리를 위한 관계인집회가 끝난 후 또는 법 제240조에 의하여 서면결의에 부친다는 결정이 있은 후에 부인된 경우에는 법 제153조에 따라 추후 보완신고도 할 수 없고, 이에 따라 부활된 회생채권이 실권된 것으로 보아야 하는 것이 아닌가 하는 논란이 발생할 수 있다. 법은 이런 논란을 해결하기 위하여 법 제152조 제3항의 규정에도 불구하고 상대방은 부인된 날부터 1월 이내에 신고를 추후 보완할 수 있도록 하여(법 제109조 제2항) 통상의 추후 보완신고 기한이 만료된 후에도 실권의 제약 없이 회생채권자로서 회생절차에 참가할 수 있는 기회를 부여하였다.[49][이에 관한 자세한 내용은 '제8장 제1절 4. 라. 3)' 참조].

3) 쌍방미이행 쌍무계약이 해제·해지되는 경우

관리인이 쌍방미이행 쌍무계약을 해제 또는 해지한 경우 상대방이 취득하는 손해배상채권은 그것이 회생절차개시 후에 발생한 것이라도 회생채권으로 취급되는데(법 제121조 제1항), 만일 관리인이 신고기간 경과 후에 쌍무계약을 해제 또는

---

49) 이와 같이 부인권 행사에 의하여 부활될 채권에 대비하여 회생계획에는 그에 관한 적당한 조치를 정하여야 한다(법 제197조 제2항).

해지한 경우에는 채권자는 권리발생 후 1개월 내에 채권의 신고를 하여야 하며(법 제153조 제1항), 이 경우의 처리는 추후 보완신고된 일반적인 회생채권 등에 대한 것과 동일하다(법 제162조).

그러나 만일 관리인이 회생계획안 심리를 위한 관계인집회가 종료된 뒤 또는 법 제240조에 의하여 서면결의에 부친다는 결정이 있은 뒤에 해제권 또는 해지권을 행사하게 되면 상대방은 그로 인한 손해배상채권을 취득하면서도 법 제152조 제3항에서 정한 추후 보완신고기간이 만료되어 더 이상 추후 보완신고할 방법이 없게 되고, 이 경우 상대방이 취득한 손해배상채권은 실권되는 불이익을 입게 된다(법 제251조 본문). 그리하여 법은 이러한 문제점을 해결하기 위하여 관리인이 회생계획안 심리를 위한 관계인집회가 종료된 뒤 또는 법 제240조에 의하여 서면결의에 부친다는 결정이 있은 뒤에는 더 이상 법 제119조를 이유로 해제권 또는 해지권을 행사하지 못하도록 하여 실권의 불이익을 방지하고 있다(법 제119조 제1항 단서). 쌍방미이행 쌍무계약을 위 기간 내에 해제 또는 해지하지 못한 경우에는 그 계약은 결국 관리인이 모두 이행을 선택한 것과 마찬가지의 효력이 생기게 되어 계약상 상대방이 관리인에 대하여 갖는 이행청구권 및 손해배상청구권은 모두 공익채권화되므로(법 제179조 제1항 제7호),50) 관리인은 쌍방미이행 쌍무계약의 해제 또는 해지 시기를 놓치는 일이 없도록 주의하여야 한다.

마. 회생계획안 심리를 위한 관계인집회 종료 후 또는 서면결의에 부친다는 결정이 있은 후에 추후 보완신고된 경우의 처리

법 제152조에 따른 추후 보완신고는 회생계획안 심리를 위한 관계인집회가 끝나기 전 또는 회생계획안을 법 제240조에 의한 서면결의에 부친다는 결정이 있기 전까지만 할 수 있다(법 제152조 제3항). 회생계획안에 대한 심리가 종결되어 결의에 부쳐진 이후에 신고된 채권을 회생계획안에 반영시킬 방법이 없기 때문이다. 따라서 위 각 기한 이후에 추후 보완신고된 회생채권에 대하여는 원칙적으로 부적법한 신고로서 각하결정을 하여야 한다(결정문례는 [별지 99] 참조). 이 경우 채권신고 각하결정에 대하여는 즉시항고가 허용되지 아니하고 민사소송법상 특별항고만 가능하다.51)

---

50) 대법원 2004. 11. 12. 선고 2002다53865 판결, 대법원 2002. 5. 28. 선고 2001다68068 판결.

51) 대법원 2020. 8. 20. 자 2019그534 결정은 회생채권 추후 보완신고 각하결정에 대하여 특별항고가 있어 대법원에 계속 중에 회생절차가 종결된 사안에서, 회생절차종결결정의 효력이 발생함과 동시에 채무자는 업무수행권과 재산의 관리처분권을 회복하고 관리인의 권한은 소멸하므

대법원은 위 추후 보완신고의 기한에 대하여 일정한 경우 예외를 인정하고 있다. 즉 회생절차에서 회생채권자가 회생절차의 개시사실 및 회생채권 등의 신고기간 등에 관하여 개별적인 통지를 받지 못하는 등으로 회생절차에 관하여 알지 못함으로써 회생계획안 심리를 위한 관계인집회가 끝날 때까지 채권신고를 하지 못하고, 관리인이 그 회생채권의 존재 또는 그러한 회생채권이 주장되는 사실을 알고 있거나 이를 쉽게 알 수 있었음에도 회생채권자 목록에 기재하지 아니한 경우에는, 법 제251조의 규정에 불구하고 회생계획이 인가되더라도 그 회생채권은 실권되지 아니하고, 이때 그 회생채권자는 법 제152조 제3항에 불구하고 회생계획안 심리를 위한 관계인집회가 끝난 후에도 회생절차에 관하여 알게 된 날로부터 1개월 이내에 회생채권의 신고를 보완할 수 있다.[52] 또한, 회생채권자가 회생법원이 정한 신고기간 내에 회생채권을 신고하는 등으로 회생절차에 참가할 것을 기대할 수 없는 사유가 있는 경우에는 법 제152조 제3항에도 불구하고 회생채권의 신고를 보완하는 것이 허용된다.[53]

따라서 회생계획이 인가된 후 이루어진 추후 보완신고가 위와 같이 실권되지 않는 경우에 해당한다면 법원은 이러한 신고를 각하할 것이 아니라 특별조사기일을 다시 지정하여 관리인으로 하여금 채권의 시·부인을 하도록 하여야 한다.[54]

그리고 이와 같은 추후 보완신고의 경우에도 회생법원이 그 추후 보완신고가 적법하다고 판단하여 특별조사기일에서 추후 보완신고된 채권에 대한 조사 절차까지 마쳤다면, 그 채권조사확정재판에서 신고의 추후 보완 요건을 구비하

로, 채권자는 채무자를 상대로 이행의 소를 제기하는 등으로 그 권리를 구제받을 수 있을 뿐, 더 이상 회생채권 신고 및 조사절차 등 법이 정한 회생절차에 의하여 회생채권을 확정받을 수 없다는 이유로 특별항고가 부적법하다고 판시하였다.

52) 대법원 2012. 2. 13. 자 2011그256 결정은 이 경우 추후 보완신고를 허용하지 않는 것은 헌법상 적법절차 원리 및 과잉금지 원칙에 반하여 재산권을 침해하는 것이라고 보았다.

53) 대법원 2018. 7. 24. 선고 2015다56789 판결, 대법원 2016. 11. 25. 선고 2014다82439 판결(공동불법행위로 인한 손해배상책임의 원인은 회생절차개시 이전에 이미 존재하였지만 구상금채권은 관계인집회가 끝나거나 서면결의 결정이 있은 후에 발생하였고, 나아가 제반 사정에 비추어 구상금채권자가 회생법원이 정한 신고기간 내에 장래에 행사할 가능성이 있는 구상권을 신고하는 등으로 회생절차에 참가할 것을 기대할 수 없는 사유가 있는 때에는, 회생계획이 인가되더라도 그 구상금채권이 실권된다고 볼 수 없고 추후보완이 허용되어야 한다는 이유로, 회생절차가 개시된 후 회생채권자가 장래에 행사할 가능성이 있는 구상권을 신고하거나 위와 같이 특별한 사정을 주장하여 추후 보완신고를 하여 그 절차에 따라 권리행사를 하는 대신에 관리인을 상대로 직접 구상금채권의 이행을 구하는 것은 허용될 수 없다고 판시한 사례) 참조.

54) 이에 관하여는, '제14장 제3절 2. 라.' 참조. 구체적인 후속절차에 대하여 논의한 글로, 오병희, "회생절차에서의 추완신고에 따른 후속 절차 검토 — 대법원 2012. 2. 13. 자 2011그256 결정과 관련하여 —", 도산법연구 제3권 제2호(2012. 11.), 사단법인 도산법연구회, 311면 이하 참조.

지 않았다는 사유를 주장할 수 없다.[55]

서울회생법원에서는 회생계획인가결정을 한 이후에도 주심판사와 주무 관리위원이 수시로 추후 보완신고된 채권이 있는지 여부를 확인하고, 신고의 적법성이 인정되는 경우에는 특별조사기일 지정 등의 후속절차를 신속히 진행하여, 추후 보완신고로 인해 회생절차의 종결이 늦어지는 것을 최대한 방지하고 있다.

회생절차가 종결된 이후에 회생채권이 신고된 경우, 회생법원은 회생절차가 종결된 이상 그 신고에 대하여 이를 각하하거나 특별조사기일을 지정하는 등의 조치를 취할 필요가 없다. 따라서 회생절차에 참여하지 못한 회생채권자는 회생절차가 종결된 후에는 민사소송 등을 통하여 분쟁을 해결하여야 하는데, 이 경우 회생채권자가 회생채권의 확정을 구하는 소를 제기할 수 있다는 원심에 대한 상고를 명시적 판단 없이 심리불속행 기각한 판례[56]가 있기는 하나, 이행의 소를 제기해야 한다는 판례[57]가 주류이다. 특히 대법원 2021. 12. 30. 선고 2020다245033 판결은 회생절차가 종결된 경우 실권되지 않은 회생채권에 관하여 이행의 소를 제기하여 권리구제를 받을 수 있으므로, 주위적 청구인 이행의 소가 소의 이익이 없어 부적법하다고 본 원심 판단에는 법리오해의 잘못이 있다고 명시적으로 판시하였다.

바. 주식·출자지분의 추가신고

1) 의의 및 필요성

주주·지분권자가 회생절차에 참가하기 위해서는 관리인이 작성·제출하는 주주·지분권자의 목록에 기재되어 있거나, 스스로 법원이 정한 신고기간 내에 주식·출자지분의 신고를 하여야 한다(법 제150조 제1항). 법원은 상당하다고 인정하는 때에는 신고기간이 경과한 후 다시 기간을 정하여 주식·출자지분의 추가신고를 하게 할 수 있다(법 제155조 전문).[58]

---

55) 대법원 2018. 7. 24. 선고 2015다56789 판결.
56) 서울고등법원 2014. 7. 23. 선고 2013나3738 판결은, 채권자의 채무자에 대한 손해배상청구 소송 계속 중 채무자에 대하여 회생절차가 개시되었다가 회생계획인가를 거쳐 종결되었는데, 채권자의 위 손해배상채권이 회생절차에서 회생채권자 목록에 기재되거나 신고되지 아니하였던 사안에서, 채권자가 위 손해배상채권에 관하여 회생절차종결 이후에도 회생채권 추후 보완신고에 준하는 권리를 행사하도록 허용해야 하는 경우로서 위 소송 계속 중인 법원에 회생채권의 확정을 구할 수 있다고 판시하였는데, 대법원 2014. 12. 11. 선고 2014다59422호로 심리불속행 기각되어 확정되었다.
57) 대법원 2021. 12. 30. 선고 2020다245033 판결, 대법원 2020. 9. 3. 선고 2015다236028, 236035 판결, 대법원 2020. 8. 20. 자 2019그534 결정 등 참조.
58) 추가신고기간이 정해지지 않은 상태에서 신고기간을 넘겨 이루어진 주식·출자지분의 신고

　실무상으로는 회생절차의 개시 당시 채무자의 부채총액이 자산총액을 초과하는 경우가 대부분이어서 주주·지분권자는 의결권을 가질 수 없고(법 제146조 제3항), 주주·지분권자가 그 신고를 하지 않았더라도 실권되는 것은 아니므로(법 제254조) 주주·지분권자가 주식·출자지분 신고를 하는 사례는 실제로 많지 않을 것이고, 따라서 법원이 주식·출자지분의 추가신고기간을 지정해야 할 필요도 거의 없을 것이다. 그러나 회생절차개시 당시 채무자의 자산총액이 부채총액을 초과하는 경우에는 주주·지분권자에게도 의결권이 있고, 의결권 행사는 주식·출자지분 신고를 전제로 하는 것이므로, 가급적 의결권을 행사하고자 하는 주주·지분권자의 의결권을 보장함으로써 전체 주주·지분권자의 총의(總意)를 수렴할 수 있을 것이다.

　따라서 주주·지분권자의 의결권이 인정되는 경우에는 관리인으로 하여금 주식·출자지분 신고를 적극적으로 유도하게 함은 물론 최초에 정한 신고기간 내에 신고를 하지 못한 주주·지분권자가 회생계획안의 결의를 위한 관계인집회 전에 추가로 주식·출자지분의 신고를 희망하거나, 신고된 주식·출자지분의 수가 발행 주식 수 또는 출자지분의 총액수에 비하여 지나치게 적다고 보이면, 가급적 추가신고기간을 정하여 주주·지분권자의 의결권을 보장해 주는 쪽으로 실무를 운영함이 바람직하다.

　주식·출자지분의 추가신고 제도의 취지는 신고하지 않은 회생채권·회생담보권이 회생계획인가로 인하여 실체적으로 실권되는 불이익을 구제하기 위한 채권의 추후 보완신고 제도와는 달리 앞서 본 바와 같이 관리인에 의하여 주주·지분권자의 목록에 기재되지 않았음에도 불구하고 당초 정해진 신고기간 내에 신고를 하지 못한 주주·지분권자의 의결권을 보장하고, 아울러 목록에 기재되어 있거나 신고된 주식·출자지분이 거래되어 의결권 행사 당시의 주주·지분권자가 신고명의자와 달라지는 경우를 구제하기 위한 것이다. 따라서 회생절차개시 당시 회사의 자산총액이 부채총액을 초과하여 주주·지분권자의 의결권이 인정되는 경우에는 법 제155조의 '상당하다고 인정하는 때'를 가급적 넓게 해석할 필요가 있다.

　실무상 주식 추가신고를 받은 사례로는, 자산이 부채를 초과하여 관계인집회에서 주주의 의결권이 인정되었음에도 불구하고 당초의 신고기간 내에 신고된 주식의 수가 적고, 그 이후 대규모의 주주 변동이 있어, 주식 추가신고를 받

───────────

는 부적법하므로(법 제152조 참조) 각하하여야 할 것이다(결정문례는 [별지 101] 참조).

아 회생계획안 결의를 위한 관계인집회를 열고, 그 속행 집회 전에도 재차 주식 추가신고를 받은 사례,[59] 자산이 부채를 초과하는 상장회사로 관계인집회에서 의결권을 행사할 주주를 확정하기 위하여 주식 추가신고를 받으면서 주주명부 폐쇄결정을 한 사례,[60] 자산이 부채를 초과하는 상장회사로 사전계획안 회생절차 진행으로 인하여 당초 신고기간이 짧았고, 소액 주주의 의결권을 보장할 필요가 있어 주식 추가신고를 받은 사례,[61] 원 회생계획안 결의를 위한 관계인집회 당시에는 부채가 자산을 초과하여 주주들에게 의결권이 부여되지 않았으나 출자전환 및 채무면제로 부채가 줄어들면서 변경계획안 결의를 위한 관계인집회 당시에는 자산이 부채를 초과하여 의결권이 인정됨으로써 주식 추가신고를 받은 사례[62] 등이 있다.

2) 추가신고기간을 정하는 방법

추가신고기간의 종기에 관하여는 법률상 제한이 없다. 채권의 신고명의 변경은 회생계획인가 전까지만 가능하다고 해석되나, 주식·출자지분의 경우에는 이와 같이 제한하여야 할 필요가 없고, 회생계획안에 대한 서면결의 또는 관계인집회에서의 결의에서 의결권 행사에 필요하다면 회생계획인가 후 회생계획변경을 위한 관계인집회 전에도 추가신고를 못할 이유는 없다고 본다. 다만 주식 신고인의 주식 보유 여부를 확인하기 위하여 소요되는 기간을 감안하여 결의를 위한 관계인집회기일 1~2주 전에는 신고기간을 마감하고 있다.

주식·출자지분의 추가신고기간을 정한 경우에는 이를 공고하고 관리인, 채무자와 알고 있는 주주·지분권자로서 신고를 하지 아니한 자에 대하여 같은 취지를 기재한 서면을 송달하여야 한다(법 제155조 제1항 후문)(결정문과 공고문의 양식은 [별지 100] 참조).[63]

---

59) 서울중앙지방법원 2001회13 동서산업(주) 사건. 추가신고한 주주에 대하여 관리인이 그 주주 여부를 확인할 수 있는 기간이 필요하여 관계인집회기일 10일 전에 추가신고기간을 마감하였다.

60) 서울회생법원 2021회합100050 (주)엔지스테크널러지 사건. 관계인집회기일까지 주주명부를 폐쇄하면서 그 9일 전에 추가신고기간을 마감하였다.

61) 서울회생법원 2022회합100053 (주)휴먼엔 사건. 이미 관계인집회기일을 말일로 하는 주주명부 폐쇄결정이 있는 상태에서 그 7일 전까지 추가신고기간을 정하였다.

62) 서울중앙지방법원 2004회13 (주)엔터프라이즈네트웍스, 2012회합40 (주)피에스티 사건, 서울회생법원 2016회합100149 STX중공업(주) 사건.

63) 한편 법 제155조 제2항은 추완신고된 회생채권 등의 특별조사기일에 관한 법 제162조 내지 165조의 규정을 준용하고 있는데, 주주권·지분권 유무는 조사대상이 아니므로 서울회생법원의 실무는 위 준용규정에 따른 특별조사기일을 별도로 지정하지 않고 있다.

5. 신고의 변경

가. 신고명의의 변경

1) 신고명의 변경의 시기

이미 목록에 기재되어 있거나 신고된 회생채권 등을 취득한 자는 신고기간의 경과 전·후를 불문하고 증거서류를 첨부하여 신고명의의 변경을 할 수 있다(법제154조). 신고명의의 변경이 필요한 경우의 대표적인 예는 채권의 양도·상속·합병 등이다. 그러나 신고명의의 변경은 회생계획이 인가되기 전까지만 가능하고, 인가 이후에는 신고명의의 변경절차가 마련되어 있지 않다. 따라서 회생계획인가 이후에는 권리를 양수한 자로서는 일반 민사법의 원리에 따라 관리인에 대하여 권리의 이전을 입증하거나 대항요건을 갖추어 권리를 행사하여야 한다.[64]

판례는 채권의 귀속을 둘러싸고 사전 또는 사후라도 분쟁이 있고, 그 분쟁당사자 중 어느 일방이 채권신고를 하였으나 나중에 신고하지 아니한 다른 당사자가 진정한 채권자임이 판명된 경우에는 관리인으로서는 회생절차의 진행과 관련하여 일단 회생채권 신고를 한 자를 회생채권자로 취급하여 절차를 진행하다가 나중에 진정한 채권자가 따로 있는 것이 밝혀지면 그때부터 종전 신고자를 배제한 채 진정한 채권자를 회생채권자로 취급하여야 하고, 이와 같은 의미에서 무권리자가 한 채권신고도 권리자에 대한 관계에서 그 효력이 인정된다고 한다.[65]

2) 신고명의 변경의 방법

신고명의의 변경을 하고자 하는 자는 성명 및 주소·통지 또는 송달을 받을 장소·전화번호·팩시밀리번호·전자우편주소, 취득한 권리와 그 취득의 일시 및 원인 등을 신고하여야 하고, 증거서류 또는 그 등본이나 초본을 제출하여

---

64) 회생계획변경 당시 위와 같은 채권양도 또는 대위변제가 밝혀진 경우에는 변경회생계획안에 채권양수인 또는 대위변제자를 기재 또는 병기함으로써 채권양수인 또는 대위변제자가 직접 채무자로부터 변경회생계획안에 의하여 변제받을 수 있도록 조치하는 것이 실무이다.

65) 대법원 2003. 9. 26. 선고 2002다62715 판결(채권이 가압류된 이후에 채권을 양수한 자들이 정리채권 신고를 한 사안에서, 가압류권자가 정리채권 신고를 하지 않았다고 하더라도 채권양수인들이 정리채권 신고를 한 이상 해당 채권에 대하여는 적법하게 정리채권 신고가 있다고 본 사례), 대법원 2016. 3. 10. 선고 2015다243156 판결(채권에 대한 압류 및 추심명령이 있은 후 추심채무자가 회생채권을 신고하고 나중에 추심채권자가 압류 및 추심명령 신청을 취하하여 추심채무자가 추심권능을 회복한 사안에서, 추심채무자의 회생채권 신고는 효력이 있다고 한 사례) 등 참조.

야 하며(법 제154조 제2항, 규칙 제58조, 제55조 제1항 제1호)(양식은 [별지 102] 참조), 신고서 및 첨부서류의 부본을 1부 제출하여야 한다(규칙 제58조 제56조 제1항)(양식은 [별지 102] 참조).

3) 신고명의 변경 접수 시 처리방법

신고명의 변경신고가 접수되면, 법원사무관등은 그 신고가 명의변경에 필요한 요건을 갖추었는지 여부(예를 들어 채권양도의 경우에는 채권양도의 사실 및 대항요건의 구비 여부, 대리인이 신고할 경우에는 본인의 위임장 등 필요한 증거서류를 갖추었는지 여부)를 반드시 확인한 후 이미 작성되어 있는 회생채권자표(회생담보권자표)의 비고란에 그 취지를 기재하고 날인하여야 한다.

채권양도의 경우 채권양도의 승낙은 관리인이 하여야 하므로, 채무자 명의로 된 채권양도 승낙서는 부적법하다. 다만 채권양도의 통지는 관리인을 상대로 하여야 함에도 당사자의 법률지식 부족으로 인하여 채무자만을 상대로 하여 이루어지는 경우가 있는데, 대표자가 관리인으로 기재되어 있는 경우에는 적법한 것으로 보아 처리하여도 될 것이지만, 대표자의 기재가 없거나 종전 대표이사를 대표자로 기재한 경우에는 적법한 채권양도의 통지가 없다고 보아야 하므로 명의변경을 허용해서는 안 된다.

4) 신고명의 변경의 효과

신고명의가 변경되면 명의변경된 채권자는 종전의 채권자를 대신하여 회생절차에 참가할 수 있다. 다만 실무상 회생계획안에 소액채권자(특히 상거래채권자)에 대한 권리변경 및 변제방법을 우대하는 형태로 규정하는 경향이 있는데, 이러한 이유로 다액의 채권자가 채권을 분할하여 타인에게 양도하는 경우가 있다. 그러나 이 경우에도 권리변경 및 변제방법을 우대하는 것은 소액채권을 우대하는 본래의 취지에 반하기 때문에 회생계획에 달리 정함이 없는 경우에는 회생절차개시결정 당시의 채권액을 기준으로 하여 권리변경 및 변제방법의 적용을 받는다고 해석하여야 하며, 관리인으로 하여금 그와 다른 해석의 여지가 없도록 그러한 취지를 회생계획안에 기재하도록 지도하여야 한다.[66]

5) 변제자대위와 신고명의 변경

여러 명이 각각 전부의 이행을 하여야 하는 의무를 부담한 경우(연대채무, 부진정연대채무, 보증채무 등) 그 일부 채무자에 대하여 회생절차가 개시되면 채

---

[66] 회생계획안의 총론 부분인 '용어의 정의'에서, "회생담보권 또는 회생채권에 관하여 회생절차개시결정일 이후 본 회생계획안의 인가일까지 채권의 양도 등의 원인으로 채권자가 변경되었다 하더라도 채권의 승계취득자에 대하여 회생절차개시결정일의 채권자 및 채권액을 기준으로 하여 본 회생계획안의 권리변경 및 변제방법을 적용한다."라고 기재한다.

권자는 회생절차개시 당시 가진 채권의 전액에 관하여 채권신고를 할 수 있고 (법 제126조 제1항), 다른 연대채무자 등은 채권자에게 전액을 변제한 경우에 한하여 채권자가 신고한 채권신고의 명의변경을 할 수 있다(법 제126조 제4항).[67]

나. 신고내용의 변경

1) 신고기간 내의 변경

신고기간 내에는 신고내용을 자유롭게 변경할 수 있다. 다른 이해관계인의 이익을 해하는지 여부를 가리지 않는다.

2) 신고기간 경과 후의 변경

가) 다른 채권자의 이익을 해하지 않는 경우 회생계획안의 심리·결의를 위하여 관계인집회를 개최하는 경우에는 회생계획안 심리를 위한 관계인집회 시까지 변경이 가능하다고 할 것이고,[68] 법 제240조에 의하여 서면결의에 의한 결의를 하는 경우에는 서면에 의한 결의에 부친다는 결정이 있은 후에는 신고내용이 변경되어도 이를 회생계획에 반영할 수 없으므로, 신고내용의 변경은 위 결정이 있기 전까지 가능하다고 할 것이다.

나) 다른 채권자의 이익을 해하는 경우 예컨대 금액을 증액하거나 회생채권을 회생담보권으로 변경하는 경우 등인데, 신고한 채권자가 책임질 수 없는 사유가 있을 때에 한하여 그 사유가 끝난 후 1월 내에 변경신고가 가능하며, 회생계획안 심리를 위한 관계인집회가 끝나기 전 또는 법 제240조에 의하여 서면결의에 부친다는 결정이 있기 전까지 가능하다(법 제152조 제4항). 변경신고의 처리는 추후 보완신고된 일반적인 회생채권 등과 동일하다. 이때에도 신고채권자는 신고서에 변경의 내용 및 원인과 함께 신고기간 내에 신고를 할 수 없었던 사유 및 그 사유가 끝난 때를 기재하여야 한다(규칙 제57조 제2항).

3) 신고의 철회와의 관계

앞서 설명한 바와 같이 법원의 실무관행이 추후 보완신고를 넓게 인정해주고 있으므로, 실무에서는 신고기간이 경과하였는지 여부를 불문하고 신고 내용의 변경을 하기보다는 기존의 신고 자체를 철회한 후 변경된 내용으로 재신고 또는 추후 보완신고를 하는 사례가 많다.

---

67) 이에 관하여는 '제9장 제2절 6. 라. 3)' 참조
68) 임채홍·백창훈(상), 595면.

6. 회생채권자표, 회생담보권자표, 주주·지분권자표의 작성

가. 작성권자

회생채권자 등의 표의 작성권자는 법원사무관등[69]이다(법 제158조).

나. 작성의 시기와 방법

법원사무관등은 회생채권 등의 신고기간이 만료되면 회생채권자표 등을 지체 없이 작성하여야 한다(규칙 제60조 제1항). 법원사무관등은 회생채권자표 등을 작성함에 있어 목록에 기재되거나 신고된 내용대로 작성하여야 하며, 법적 판단을 가하여 수정·보충을 하여서는 안 된다.

다. 기재사항(법 제158조)

1) 회생채권자표

① 회생채권자의 성명과 주소, ② 회생채권의 내용과 원인, ③ 의결권의 액수, ④ 일반의 우선권 있는 채권이 있는 때에는 그 뜻, ⑤ 법 제118조 제2호 내지 제4호에 의한 회생채권일 때에는 그 뜻 및 액수(규칙 제60조 제2항 제1호), ⑥ 집행력 있는 집행권원 또는 종국판결이 있는 회생채권인 때에는 그 뜻(규칙 제60조 제2항 제2호).

2) 회생담보권자표

① 회생담보권자의 성명과 주소, ② 회생담보권의 내용과 원인, 담보권의 목적과 그 가액, 채무자 이외의 자가 채무자인 때에는 그 성명과 주소, ③ 의결권의 액수, ④ 집행력 있는 집행권원 또는 종국판결이 있는 회생담보권인 때에는 그 뜻

3) 주주·지분권자표

① 주주·지분권자의 성명과 주소, ② 주식·출자지분의 종류와 수 또는 액수

4) 기재례

[별지 109(회생채권자표)], [별지 110(회생담보권자표)], [별지 111(주주·지분권자표)] 참조.

---

69) 구 회사정리법은 정리채권자표 등의 작성주체를 '법원'으로 규정하였으나(같은 법 제144조 제1항), 현행법은 '법원사무관등'으로 규정하고 있다.

라. 등본의 교부 및 비치

법원사무관등은 회생채권자표 등을 작성한 후 그 등본을 관리인에게 교부하여야 한다(법 제159조). 그리고 이해관계인으로 하여금 회생채권자표 등을 열람할 수 있게 하기 위하여 이를 법원 내에 비치하여야 한다(법 제160조 제3호).

마. 잘못된 기록 또는 계산의 경우

회생채권자표 등에 명백히 잘못된 계산이나 기재, 그 밖에 이와 비슷한 잘못이 있는 경우 작성권자인 법원사무관등이 직권으로 정정할 수 있는지, 법원이 경정결정을 해야 하는지에 관해서는 견해의 대립이 있다.[70]

바. 회생채권자표 등에의 기재와 그 효력

확정된 회생채권 및 회생담보권을 회생채권자표 및 회생담보권자표에 기재한 때에는 그 기재는 회생채권자·회생담보권자·주주·지분권자 전원에 대하여 확정판결과 동일한 효력이 있고(법 제168조), 회생채권자 또는 회생담보권자는 채권조사확정재판, 제171조 제1항의 규정에 의한 채권조사확정재판에 대한 이의의 소 및 제172조 제1항의 규정에 의하여 수계한 소송절차에서 이의채권의 원인 및 내용에 관하여 회생채권자표 및 회생담보권자표에 기재된 사항만을 주장할 수 있다(법 제173조).

---

70) 자세한 내용은 '제11장 제3절 3. 가. 3)' 참조.

제11장

. . .

회생채권 · 회생 담보권의 조사 및 조사절차

제1절 회생채권 · 회생담보권의 조사

제2절 회생채권 등의 조사의 진행

제3절 조사 이후의 후속조치

제4절 회생채권 등의 조사확정재판, 조사확정재판에 대한
　　　 이의의 소 등

제1절 회생채권·회생담보권의 조사

1. 조사의 의의·주체·대상 등

가. 조사의 의의

회생채권·회생담보권에 대한 조사는 목록에 기재되거나 신고된 회생채권·회생담보권에 관하여 그 존부, 내용과 원인, 의결권액 등의 진실 여부를 검토·확정하는 과정이다($\substack{\text{법 제161조,} \\ \text{제162조}}$). 통상적으로 관리인이나 이해관계인이 목록에 기재되거나 신고된 내용을 시인하거나 부인(법문상으로는 '이의'라고 표현되고 있음)한다는 점에서 '시·부인'이라고도 한다. 이러한 채권의 조사를 통하여 관리인과 이해관계인은 채무자의 채무규모를 파악하고, 향후 회생계획안을 작성하면서 이 조사의 결과를 반영하게 된다.

나. 조사의 방법

법은 목록에 기재되거나 신고된 회생채권 등을 조사하는 방법으로 두 가지를 규정하고 있는데, 회생채권 등이 신고된 시기에 따라 조사방법이 다르다. 우선, 관리인이 목록에 기재하여 제출한 회생채권 등이나 법원이 개시결정 시에 결정한 신고기간 안에 신고된 회생채권 등에 대하여는 회생채권 등에 대한 조사기일을 열지 않고 기일 외에서 관리인 또는 이해관계인이 조사기간 안에 이의를 제기하는 방식으로 조사하고($\substack{\text{법 제} \\ \text{161조}}$), 신고기간이 경과한 뒤에 추후 보완신고된 회생채권 등에 대하여는 특별조사기일을 열어 관리인 또는 이해관계인이 그 기일에서 이의를 제기하는 방식으로 조사한다($\substack{\text{법 제} \\ \text{162조}}$).

다. 조사의 주체(조사절차 참가자)

회생채권 등의 조사에 참가하는 자는 관리인, 채무자, 목록에 기재되거나 신고된 회생채권자·회생담보권자·주주·지분권자이다.

1) 관 리 인

관리인은 회생채권 등 조사의 담당자이고, 실제 가장 중요한 역할을 수행한다. 관리인은 법 제50조 제1항 제1호에 따라 결정된 기간 안에 채무자가 부담하는 채무를 파악하여 회생채권자 등의 목록을 작성하여 제출하여야 하고, 자신이 목록에 기재한 회생채권 등과 신고기간 안에 신고된 회생채권 등의 내용을 검토하여 조사기간 안에 이의의 내용 및 그 사유를 구체적으로 기재한 서면을 제출하는 방식으로 이의를 제출할 수 있다(법 제161조 제1항 제1호, 규칙 제61조 제1항). 또 관리인은 신고기간 경과 후에 추후 보완신고된 채권의 조사를 위한 특별조사기일에 반드시 출석하여야 하고, 관리인이 출석하지 않으면 특별조사기일에서 조사절차를 진행할 수 없다(법 제165조). 관리인이 여럿인 때(공동관리인)에는 법원의 허가를 얻어 직무가 분장되어 있지 않는 한 공동관리인이 모두 출석하여야 하고(법 제75조 제1항 본문), 관리인대리가 있는 경우에는 관리인을 대신하여 관리인대리가 출석해도 된다(법 제76조 제1항·제5항). 만약 관리인이 특별조사기일에 출석하지 아니하면 기일을 변경 또는 연기할 수밖에 없다.

관리인은 회생채권 등에 대한 이의제기로, 신고된 회생채권 등 중에서 허위 또는 부당한 회생채권 등을 배제함으로써 채무자의 부담을 경감시키고 정확하고 건전한 회생계획안을 작성할 수 있는 것이므로, 이의권의 행사는 관리인의 가장 중요한 임무에 속한다. 따라서 이의권을 당연히 행사하여야 함에도 불구하고 관리인이 이를 행사하지 아니한 때에는 선량한 관리자의 주의의무를 태만히 한 것으로 인정되어 이해관계인에게 손해배상책임을 질 수 있다(법 제82조). 그러므로 관리인은 선량한 관리자의 주의의무를 다하여 채무자의 재산과 채무변동 원인인 법률행위의 성립시기, 대가관계, 상대방, 쟁점 법률사항 등을 정확하게 파악하고 정리하여야 한다.

2) 채 무 자

채무자도 조사기간 안에 목록에 기재되거나 신고기간 안에 신고된 회생채권 등에 대하여 이의의 내용 및 그 사유를 구체적으로 기재한 서면을 제출하는 방식으로 이의를 제기할 수 있다(법 제161조 제1항 제2호, 규칙 제61조 제1항). 개인인 채무자 또는 개인이 아닌 채무자의 대표자는 특별조사기일에 출석하여 그 의견을 진술하여야 한다(법 제164조 제1항 본문). 왜냐하면 채무자는 자신이 부담하는 회생채권 등에 관하여 가장 잘 알고 있는 자이기 때문이고, 특히 법률적으로는 회생계획인가 전에 회생절차가 폐지되는 경우에도(법 제286조 제287조) 확정된 회생채권 및 회생담보권에 관한 회생채권자표 등의 기재는 '채무자'에 대하여 확정판결과 동일한 효력을 갖는 것이지만(법 제292조 제1항 본문), 채무자가 조사기간 또는 특별조사기일에 이의를 한 때에는 예외가 인정되는 것이므로(같은 항 단서), 이러한 이의를 할 수 있는 기회를 채무자에게 줄 필요가 있기 때문이다. 채무자의 기존 대표자가 법 제74조 제2항에 따라 관리인으로 그대로 선임되거나 법원이 법 제74조 제4항에 따라 관리인불선임결정을 하여 채무자의 대표자를 관리인으로 보게 되는 경우에는 채무자의 대표자가 관리인의 지위를 겸하게 되므로 특별히 문제가 없으나, 제3자 관리인이 선임된 경우에는 관리인이 이의하더라도 이를 채무자의 이의로 볼 수 없으므로 주의를 요한다.

한편 개인인 채무자 또는 개인이 아닌 채무자의 대표자는 특별조사기일에 출석하여 의견을 진술하여야 하나, 정당한 사유가 있는 때에는 대리인을 출석하게 할 수 있다(법 제164조 제1항 단서). 회생채권 등에 관한 채무자의 이의는 회생채권 등의 확정을 방해하지는 못한다(법 제166조). 실무상 채무자가 관리인의 조사결과 이외에 추가로 이의를 하는 경우는 거의 없다.

3) 목록에 기재되거나 신고된 회생채권자 등

목록에 기재되거나 신고된 회생채권자·회생담보권자 및 주주·지분권자는 다른 회생채권 등에 관하여 조사기간 안에 서면으로 법원에 이의를 제출할 수 있고(법 제161조 제1항 제3호), 본인 또는 대리인이 특별조사기일에 출석하여 다른 회생채권 등에 관하여 이의를 진술할 수 있다(법 제164조 제2항). 대리인은 반드시 변호사일 필요는 없으나, 조사기간 안에 이의를 제기하거나 특별조사기일에 출석하여 이의를 진술하기 위해서는 대리권을 증명하는 서면을 제출하는 등 대리인의 자격을 소명하여야 한다(법 제164조).

목록에 기재되거나 신고된 회생채권자 등이 다른 회생채권 등에 대하여 이의를 진술하려면, 목록에 기재되거나 신고기간 안에 신고된 회생채권 등에 관하여는 조사기간 안에 이의의 내용 및 그 사유를 구체적으로 기재한 서면을 제출하는 방식으로 이의를 제기하여야 한다(법 제161조 제1항, 규칙 제61조 제1항 참조). 신고기간 후에 추후 보완신고된 회생채권 등에 관하여는 특별조사기일에 출석하여 구두로 이의의 내용 및 그 사유를 구체적으로 진술하여야 하나(법 제164조, 규칙 제61조 제2항 참조), 이의의 내용 등을 명확히 하는 의미에서 이를 서면으로도 제출하는 것이 바람직할 것이다. 추후 보완신고된 회생채권 등에 대한 이의는 특별조사기일에서 구두로 하여야 하며 특별조사기일 이외에서 이의하거나 서면으로 이의의 취지를 제출하는 것만으로는 부족하다. 왜냐하면 이의는 특별조사기일에서 진술하고 이의의 이유를 밝힘에 의해서 다른 출석자의 의사결정에 서로 영향을 주는 데에 그 의미가 있기 때문이다. 그런데 목록에 기재되어 있거나 신고된 회생채권자 등이 다른 회생채권 등에 대하여 이의를 하는 경우에는 회생채권 등 조사확정재판을 신청할 의무는 없지만($^{법\ 제170조}_{제1항}$) 조사확정재판에 응소하여야 하는 부담이 있고, 목록에 기재되거나 신고된 회생채권자 등은 다른 회생채권 등에 관한 자료를 갖고 있지 않은 경우가 대부분이기 때문에 실제로 회생채권자 등이 다른 회생채권 등에 대하여 이의를 하는 경우는 많지 않을 것이다.

주주·지분권자도 다른 회생채권 및 회생담보권에 관하여 이의할 수 있는데, 채무자의 부채총액이 자산총액을 초과하여 의결권이 없는 주주·지분권자($^{법\ 제146조}_{제3항\ 본문}$)라 하더라도 마찬가지이다.

라. 조사의 대상

회생채권·회생담보권 등이 조사의 대상으로 되며, 조사의 내용은 목록에 기재되거나 신고된 회생채권 등의 신고서에 기재되어 있는 사항(권리의 내용·원인, 의결권의 액, 일반의 우선권이 있는지 여부, 담보권의 목적, 그 가액 등)에 관한 진실 여부이다.

한편 관리인이 목록에 기재한 회생채권·회생담보권에 관하여 당해 회생채권자·회생담보권자가 신고를 하는 경우에는 회생채권자·회생담보권자의 의사에 기하여 이루어진 신고가 목록에 기재된 내용에 우선한다고 보는 것이 합리적이기 때문에,[1] 회생채권자·회생담보권자가 신고한 내용만이 조사의 대상이 되고, 종전에 관리인이 제출한 목록의 기재는 조사의 대상이 되지 않게 된다.

회생절차개시결정 전의 벌금·과료·형사소송비용·추징금과 과태료($^{법\ 제156조}_{제140조\ 제1항}$), 국세징수법 또는 지방세징수법에 의하여 징수할 수 있는 청구권($^{법\ 제156조}_{제140조\ 제2항}$)(국세징수의 예에 의하여 징수할 수 있는 청구권으로서 그 징수우선순위가 일반 회생채권보다 우선하는 것을 포함한다) 등은 조사의 대상으로 되지 않으며, 이러한 청구권에 대하여는 관리인이 채무자가 할 수 있는 방법, 즉 행정심판이나 행정소송, 형사소송법상의 불복방법 등으로 불복을 신청할 수 있을 뿐이다($^{법\ 제157조}_{제1항}$).

국세징수의 예에 의하여 징수할 수 있는 청구권으로서 일반 회생채권보다 우선하지 아니하는 것(국유재산법상의 사용료·대부료·변상금채권 등)은 법 제140조 제2항의 문언에 의할 때 제156조, 제157조의 규정대상에 해당하지는 않는다. 그러나 행정주체가 사용료·대부료·변상금 등의 명목으로 하는 행위 중에는 국유재산 무단점유자에 대한 변상금 부과처분처럼 행정소송 등의 대상이 되는

---

1) '제10장 제2절 4. 다.' 참조.

것도 있고 국·공유 일반재산에 관한 사용료나 대부료의 납입고지처럼 그렇지 아니한 것도 있는데, 행정소송 등으로 불복하는 것이 가능한 처분을 원인으로 하는 청구권의 경우에는 그 처분이 취소되지 아니하는 한 공정력을 갖고 있으므로 신고가 있으면 채권조사의 대상이 되지 않고, 관리인이 행정소송 등 채무자가 할 수 있는 방법으로 불복할 수 있다고 봄이 타당하다. 이와 달리 그 청구권의 원인이 행정소송 등의 불복이 허용되는 처분이 아닌 경우에는 채권조사의 대상이 될 수 있다.

주주·지분권자의 권리는 시·부인의 대상으로 되지 아니한다.

2. 조사기간·특별조사기일의 결정

조사기간은 회생채권·회생담보권의 조사를 위하여 관리인·이해관계인이 이의를 제출할 수 있는 기간을 말하고, 특별조사기일은 회생채권·회생담보권을 조사하기 위하여 정하여진 기일을 말하며, 그 성질은 재판상 기일의 일종이다.

가. 조사기간

1) 조사기간의 결정

법원은 개시결정과 함께 목록에 기재되거나 신고기간 안에 신고된 회생채권 등의 조사를 위한 조사기간을 정하여야 하는데, 조사기간은 신고기간의 말일부터 1주 이상 1월 이하의 기간 내로 정하도록 되어 있다(법 제50조 제1항 제3호).

신고기간의 말일과 조사기간의 말일 사이에 기간을 두는 이유는 목록에 기재되거나 신고된 채권의 시·부인을 위한 검토 작업 등에 상당한 기간이 소요되기 때문이다.

2) 결정문례

[별지 31], [별지 32], [별지 33] 참조.

3) 공고·송달 및 통지

신고기간의 경우('제10장 제4절 3.')와 같다.

4) 조사의 대상으로 되는 회생채권 등

조사의 대상으로 되는 것은 목록에 기재되거나 신고기간 안에 신고된 회생채권·회생담보권이다. 신고기간 경과 후에 추후 보완신고된 회생채권 등에 관하여는 특별조사기일에서만 조사할 수 있다(법 제162조).

나. 특별조사기일

1) 기일의 지정

신고기간 경과 후에 추후 보완신고된 회생채권과 신고기간 경과 후에 생긴 회생채권 등이 있는 경우에 이를 조사하기 위하여 특별조사기일을 지정한다(법 제162조). 실무상 특별조사기일은 회생계획안의 심리 및 결의를 위한 관계인집회기일을 지정하면서 같이 지정하고 있다.[2] 특별조사기일은 관계인집회기일과 병합하여 또는 별도로 수회 개최할 수도 있으나, 특별조사기일 지정결정의 송달 부담 및 비용 부담을 경감하기 위하여 특별한 사정이 없는 한 추후 보완신고의 종기인 회생계획안 심리를 위한 관계인집회기일과 병합하여 실시하는 것이 일반적이다.

2) 결정문례

[별지 147], [별지 148] 참조.

3) 공고·송달 및 통지

특별조사기일을 지정하는 결정은 관리인, 채무자, 목록에 기재되거나 신고된 회생채권자·회생담보권자, 주주·지분권자에게 송달하여야 한다(법 제163조).

4) 조사의 비용

특별조사기일에서의 조사비용은 신고기간 후에 신고한 회생채권자 등의 부담으로 한다(법 제162조 후단). 법원은 특별조사기일에서 조사의 대상이 되는 회생채권 또는 회생담보권을 갖고 있는 자에게 기간을 정하여 조사비용의 예납을 명할 수 있고(규칙 제64조 제1항), 회생채권자 등이 정해진 기간 내에 이를 납부하지 아니하는 경우에는 그 권리에 관한 신고를 각하할 수 있다(같은 조 제2항).[3]

다. 조사기간·특별조사기일의 변경·연기·속행

조사기간은 신고기간의 말일부터 1주 이상 1월 이하의 기간으로 지정되어야 한다. 그러나 조사를 위해 필요한 경우에는 조사기간 지정 당시부터 이를 늘

---

2) 회생담보권 및 회생채권에 대한 조사기간 이후에 관계인집회 지정결정 시까지 추후 보완신고된 회생채권 등이 없는 경우에도 특별조사기일을 미리 지정할 필요가 있다. 그 지정결정 이후에 추후 보완신고가 이루어지는 경우가 있기 때문이다.

3) 앞서 본 바와 같이 특별조사기일은 회생계획안의 심리 및 결의를 위한 관계인집회기일과 병합하여 진행하는 것이 일반적이고, 이 경우 회생계획안의 심리 및 결의를 위한 관계인집회의 기일 통지 시에 특별조사기일의 통지도 같이 하고 있으므로, 이와 같이 별도로 비용이 발생할 가능성이 거의 없는 경우에는 실무상 회생채권자 등에게 조사비용의 예납을 명하지 않고 있다.

일 수 있고, 한번 지정된 조사기간이라도 변경할 수 있으며, 추후 보완신고된 회생채권 등의 조사를 위한 특별조사기일은 변경·연기 또는 속행할 수 있다.

조사기간을 변경하는 경우에는 관리인, 채무자, 목록에 기재되거나 신고된 회생채권자 등에게 송달을 하여야 하지만(법 제161조 제2항), 그 송달은 우편으로 발송하여 할 수 있으며(같은조 제3항), 공고는 하지 아니할 수 있다(법 제51조 제3항 단서). 법 제163조에서 특별조사기일이 연기·속행되는 경우 송달에 관하여 특별한 규정을 두고 있지 아니하므로, 관리인, 채무자, 목록에 기재되거나 신고된 회생채권자 등에게 항상 송달하여야 하는 것이 아닌가 하는 의문이 있을 수 있다(법 제163조 제8조 제1항). 하지만 구 회사정리법에서 특별조사기일의 연기·속행에 관하여 선고가 있는 경우에는 송달을 하지 아니할 수 있도록 규정하고 있었고(같은 법 제142조 단서), 현행법에서도 회생절차상의 기일의 하나인 관계인집회의 연기·속행에 관하여 선고가 있는 때에는 송달을 하지 않을 수 있도록 규정하고 있으므로(법 제185조 제2항), 이를 유추적용하여 특별조사기일의 경우에도 연기·속행에 관하여 선고가 있는 때에는 송달을 하지 아니할 수 있다고 본다.

3. 조사작업 착수 이전의 준비

가. 실무 보조직원의 선정 및 교육

일반적인 상거래채권자들은 회생채권 등을 신고하기 전에 법원보다는 먼저 채무자에 문의하는 경우가 많으므로, 그러한 채권자들에게 절차에 관한 정보를 적절하게 제공하여 주고, 관리인이 효율적으로 조사기간 안에 회생채권 등에 대한 조사 및 특별조사기일에 필요한 준비를 할 수 있도록 법원은 관리인으로 하여금 채권 등의 조사업무를 담당할 자를 미리 선정하도록 권고하고 있다. 그러한 직원이 선정되면 주심판사·주무 관리위원 등은 관리인과 담당직원에게 신고의 방식, 조사의 내용, 절차, 주의사항, 사전에 준비할 사항 등을 지도·교육한다.[4] 특히 채권조사의 준비 단계에서는 ① 이중신고·채권양도·상계 여부, ② 이자·지연손해금의 발생근거, ③ 등기사항전부증명서와 담보권설정계약에

---

4) 관리인은 시·부인표와는 별도로 구체적인 시·부인 작업 전에 채무자의 지급정지일을 확정하고, 시·부인 기준을 미리 정리하여야 하며, 조사기간 안에 또는 특별조사기일에서 시·부인 결과에 대하여 예상되는 질문에 대한 답변을 준비해 두어야 한다. 시·부인 기준은 모든 채무자에 공통되는 사항과 당해 채무자에 특수한 사항을 법리에 맞게 구분하여 정리한 것이고, 예상질문에 대한 답변은 채권자의 질문이 예상되는 사항과 이에 대한 관리인의 답변 내용을 미리 정리한 것이다.

의하여 담보목적물을 정확하게 특정하고, 근저당권설정계약·채권양도계약 외에 등기 또는 채권양도통지 등의 대항요건을 갖추었는지 여부, ④ 의결권액에 대하여 이의할 사유가 있는지 여부, ⑤ 부인대상행위인지 여부를 면밀하게 검토하여야 한다. 또한 시·부인표 작성에 있어서는 ① 신고한 채권자가 2인 이상일 경우 '채권자 외 ○인'으로 표시할 수 없고, 채권자 모두를 특정하여야 하며, 채권자들 간의 균등·분할 또는 연대관계를 명시하여야 하고, ② 신고한 채권자가 민법상 권리·의무의 주체가 될 수 있는지를 확인하고, 신고한 채권자가 법인인 경우 등기사항전부증명서 등에 따라 정확한 법인명을 표시하여야 한다.[5]

나. 쌍방미이행 쌍무계약[6]

1) 쌍방미이행 쌍무계약의 해제나 해지 또는 이행 선택의 준비

쌍무계약에 관하여 채무자와 그 상대방이 모두 회생절차개시 당시에 아직 그 이행을 완료하지 아니한 때에는, 관리인은 계약을 해제 또는 해지하거나 채무자의 채무를 이행하고 상대방의 채무이행을 청구할 수 있다(법 제119조 제1항 본문). 다만, 법은 관리인이 쌍방미이행 쌍무계약에 대한 해제·해지권을 행사할 수 있는 기간을 회생계획안 심리를 위한 관계인집회가 끝나기 전 또는 법 제240조의 규정에 의한 서면결의에 부치는 결정이 있기 전까지로 제한하고 있으므로(법 제119조 제1항 단서), 관리인이 위 행사기간까지 해제·해지권을 행사하지 않으면, 관리인은 계약의 이행을 선택한 것으로 간주되고, 이에 따라 관리인이 채무의 이행을 하는 때에 상대방이 가지는 채권은 공익채권이 된다(법 제179조 제1항 제7호 참조).

한편, 쌍방미이행 쌍무계약의 상대방은 불안정한 계약상의 지위에서 벗어나기 위하여 관리인에게 해제나 해지 또는 이행 여부의 확답을 최고할 수 있고, 관리인이 최고를 받은 후 30일 이내에 확답을 하지 않으면, 관리인은 법 제119조 제1항에 따른 해제·해지권을 포기한 것으로 간주되고(법 제119조 제2항), 이 때에도 관리인이 채무의 이행을 하는 때에 상대방이 가지는 채권은 공익채권이 된다.

따라서 관리인은 회생절차개시 직후부터 쌍방미이행 쌍무계약이 있는지 여부, 이에 대한 해제·해지권을 행사할 것인지 아니면 이행을 선택할 것인지 여부를 검토하여 그 해제·해지권 행사나 이행 선택 여부를 신속히 결정할 필요가 있고, 특히 채무자의 입장에서 이행하지 않는 것이 유리한 쌍방미이행 쌍무

---

5) 채권자가 개인 영업자인 경우에는 시·부인표 작성 시 성명 표시 다음에 상호를 괄호 속에 병기하도록 한다.
6) 이와 관련한 법리는, '제6장 제3절 1.' 이하 참조.

계약의 경우에는 해제·해지권을 포기한 것으로 간주되지 않도록 주의하여야 한다. 재판부 역시 관리인에게 이행을 완료하지 아니한 쌍무계약이 있는지 여부와 그 내역을 빠짐없이 파악하여 채무자의 필요에 따라 계약관계를 계속 유지할 것인지, 계약을 해제할 것인지 여부를 신속히 결정하도록 지도하는 것이 바람직하다.

2) 관리인이 계약의 이행을 선택한 경우의 처리

서울회생법원에서는 통상 쌍방미이행 쌍무계약의 해제 또는 해지를 법원의 허가사항으로 정하고 있으나, 계약이행의 선택은 허가사항으로 정하고 있지 않으므로 관리인이 계약이행을 선택한 경우 '계약이행(또는 계약유지) 선택보고'라는 보고서를 제출하도록 하고 있다. 이 경우 상대방이 채무자에 대하여 가지는 채권은 공익채권이 되므로(법 제179조 제1항 제7호), 그 채권은 신고할 필요가 없다. 또한 계약의 주된 채권이 공익채권이 된 이상 그 부수채권인 손해배상채권도 공익채권이 되므로,[7] 이 역시 채권신고가 불필요하다.

3) 관리인이 계약을 해제·해지하는 경우의 처리

법원이 쌍방미이행 쌍무계약의 해제 또는 해지를 법원의 허가사항으로 정한 경우(법 제61조 제1항 제4호), 관리인이 그 계약을 해제 또는 해지하기 위해서는 법원의 허가를 얻어야 한다. 이 경우 상대방이 채무자에 대하여 가지는 권리 중 원상회복청구권(채무자가 받은 반대급부가 현존하는 경우에는 그 반환을 청구할 수 있고, 현존하지 않으면 그 가액을 청구할 수 있음)은 공익채권이므로 그 채권을 신고할 필요가 없으나(법 제121조 제2항), 계약이 해제됨으로 인하여 발생하는 손해배상청구권은 회생채권이므로 상대방은 이를 신고하여야 한다(법 제121조 제1항).

다. 담보목적물 가액평가를 위한 준비

회생담보권의 목적물가액을 초과하는 부분은 회생담보권이 아닌 회생채권으로만 인정되기 때문에 회생담보권의 목적물가액을 적정하게 평가하는 것은 매우 중요한 문제이다.[8] 특히 신고기간 안에 신고된 회생담보권에 대한 이의는 신고기간의 말일부터 1월 이내에서 정하여지는 조사기간 안에 하여야 하기 때문에 시간적인 여유가 많지 않으므로 담보목적물의 가액 평가는 신속하게 하여

---

7) 대법원 2004. 11. 12. 선고 2002다53865 판결.

8) 관리인이 담보목적물의 가액평가 및 회생담보권 시인을 과다하게 하면, 회생계획인가 후 담보목적물의 실제 처분가격이 회생담보권 시인액에 미치지 못하여 회생계획의 수행에 나쁜 영향을 미치게 될 가능성이 크다.

야 한다.

서울회생법원은 채무자가 부동산, 기계기구류 등을 보유한 경우, 회생절차 개시결정 직후 관리인에게 법원의 허가를 받아 감정인을 선임하여 이에 대한 감정평가를 실시하도록 하고 있다.[9]

4. 시·부인표의 작성

가. 시·부인표 작성의 필요성 및 시기

1) 작성의 필요성 및 작성 의무

관리인은 채무자의 재산에 관한 사항과 그 밖에 채무자의 회생에 관하여 필요한 사항을 관리인 보고를 위한 관계인집회에서 보고하거나, 그 요지를 회생채권자 등에게 통지하거나, 관계인설명회에서 설명하여야 한다(법 제98조, 제98조의2, 제92조). 그런데 채무자의 재산에 관한 사항 중에는 채무자의 채무에 관한 사항도 포함되고, 채무자의 회생에 관하여 필요한 사항을 파악하기 위해서는 채무의 현황도 파악할 필요가 있으므로 관리인은 회생채권 등에 관한 신고내역과 그 시·부인 내역 등을 총괄적으로 정리할 필요가 있다. 한편, 법은 관리인의 시·부인표 작성에 관한 별도의 규정을 두고 있지 않으나, 규칙에 의하면 관리인은 회생채권 등에 관하여 이의 있는 채권 금액 및 이의 없는 채권 금액 등을 기재한 시·부인표를 작성하여 조사기간 말일까지 법원에 제출하여야 하고(규칙 제63조 제1항), 추후 보완신고된 회생채권 등에 관하여도 위 사항 등을 시·부인표에 추가 기재하여야 하므로(같은 조 제2항),[10] 관리인은 어느 경우에나 회생채권 등에 관한 시·부인표를 작성하여야 한다.

2) 작성시기

회생채권 등의 신고를 접수함과 동시에 관리인은 목록에 기재되어 있거나 신고된 채권에 대한 조사작업에 들어가게 된다. 그리고 채권신고기간이 종료되면 바로 시·부인표를 작성하기 시작하여야 하지만, 대부분의 경우 관리인은 회

---

9) 서울회생법원 실무준칙 제222호 '채무자 자산의 감정평가를 위한 감정인의 선임과 보수기준' 제2조. 다만, 아파트나 중고자동차 등 그 감정목적물에 관하여 공신력 있는 기관, 단체가 제공하거나 또는 널리 통용되는 평균거래시세를 원용하는 방법 등이 적당하다고 인정되는 경우, 회생절차개시신청일부터 1년 전 이내에 감정평가를 실시한 사실이 있고 그 감정평가금액이 적절하다고 인정되는 경우에는 감정평가를 실시하지 않고, 그 평균거래시세나 이전 감정평가금액으로 자산의 가액을 평가할 수 있도록 하고 있다.

10) 다만, 실무상 추후 보완신고된 회생채권 등에 관한 사항만을 기재한 시·부인표를 별도로 작성하여 제출하고 있다.

생절차에 대한 이해가 부족한 상태이고, 시·부인 결과가 기재된 회생채권자표와 회생담보권자표는 확정판결과 동일한 효력이 있기 때문에 신중하게 조치하여야 한다. 따라서 관리위원회의 지도 또는 권고를 받을 필요가 있다(규칙 제22조 제1호). 실무상 관리인은 늦어도 조사기간의 말일 전에 시·부인 내용을 확정하여야 하고, 특별조사기일의 3일 내지 5일 전에 추후 보완신고된 회생채권 등에 대한 시·부인 내용을 확정하여야 할 것이다. 법원에 제출하거나 이해관계인에게 배포하기 위하여 인쇄작업에 들어가야 하기 때문이다.

다만 추후 보완신고된 회생채권 등에 대한 시·부인표의 내용을 확정하여 이미 인쇄작업에 들어간 후에도 추가로 추후 보완신고되는 회생채권 등이 있는 경우가 있을 수 있다. 이 경우에는 추가로 추후 보완신고된 채권의 수가 많지 않고 그 내용도 그대로 시인할 수 있는 것이라면, 특별조사기일에서 구두로 시인을 하고 나중에 확정된 시·부인표를 법원에 다시 제출할 수도 있고, 그렇지 않은 경우라면 특별조사기일에서는 부인한 후 1개월의 기간 내에 채권의 심사를 한 후에 이의를 철회할 수도 있을 것인데, 그 선택은 당시 상황에 따라 처리하면 된다.

나. 시·부인표의 작성요령

1) 작성순서

실무상 시·부인표는 대체로 '① 표지, ② 목차, ③ 회생담보권, 회생채권 시·부인 기준표, ④ 회생담보권, 회생채권, 주식·출자지분의 목록·신고 및 시·부인 총괄표, ⑤ 회생담보권 시·부인 명세서(회생담보권 배분 상세명세서 포함), ⑥ 회생채권 시·부인 명세서, ⑦ 조세채권 등 목록·신고명세서, ⑧ 추완 회생담보권 시·부인 명세서(회생담보권 배분 상세명세서 포함), ⑨ 추완 회생채권 시·부인 명세서, ⑩ 주식·출자지분의 목록·신고명세서'의 형태로 작성되고 있다(다만 ⑧·⑨ 항목은 추후 보완신고된 회생담보권·회생채권에 관한 것이므로 특별조사기일을 위해 작성되는 시·부인표에만 기재된다). 필요한 경우에는 각 항목마다 '상세명세서'를 첨부할 수도 있고, '우발채무 명세서'를 각 항목(⑤·⑥·⑧·⑨항목) 뒤나 시·부인표 말미에 첨부하기도 하며, 담보목적물에 대한 감정평가서도 시·부인표 말미에 첨부하기도 한다.

2) 시·부인 기준표

시·부인 기준표에는 용어의 정의, 회생채권과 회생담보권의 개념, 시·부인의 공통사항에 대한 기준, 시·부인의 특정사항에 대한 기준, 부인권 행사의 기준(지급정지 등의 기준일 포함) 등을 기재한다.

3) 목록·신고 및 시·부인 총괄표

목록·신고 및 시·부인 총괄표는 목록에 기재되거나 신고된 회생채권 등의 현황과 그 시·부인 내용을 한 장에 표시한 것으로서, 그 표의 기재만으로도 현재까지 채무자의 부채 규모를 한눈에 알 수 있게 기재하면 된다(기재례는 [별지 103] 참조).

4) 회생담보권 시·부인 명세서

회생담보권 시·부인 명세서에는 '① 목록번호 및 신고번호, ② 담보권자(성명), ③ 주소, ④ 담보권의 종류 및 목적물, ⑤ 담보목적물 평가액 및 배분내역, ⑥ 채권의 내용, ⑦ 신고액, ⑧ 시인액, ⑨ 부인액, ⑩ 의결권 인정액, ⑪ 회생채권 시인액, ⑫ 시·부인 사유, ⑬ 우선권'의 내용이 포함되어야 한다(기재례는 [별지 104] 참조). 회생담보권 시·부인 명세서 내용을 명확하게 하기 위하여 회생담보권 배분 상세명세서(기재례는 [별지 105] 참조)와 회생담보권 중 회생채권으로 시인된 명세서를 별도로 작성함이 바람직할 것이다.

① **목록번호 및 신고번호** 관리인이 당초 제출한 목록에 기재된 번호와 회생담보권자의 신고시에 부여된 접수번호를 기재한다. 한 채권자에 대하여 목록에 기재된 채권이 있고, 또 이와 별도로 신고된 채권이 있는 경우에는 목록번호와 신고번호를 모두 기재하고, 한 곳에 신고내용과 시·부인내용을 모두 기재하여 다른 채권자와 쉽게 구별할 수 있도록 한다. 신고번호를 2개 이상 기재할 경우에는 어디에서 이기(移記)되었는지 표시하는 것이 좋다. 목록에 기재된 회생담보권에 관하여 신고가 있는 경우에는 목록의 기재는 실효된다고 보아야 하는데, 이러한 취지를 시·부인표에 명확하게 기재하는 것이 좋을 것이다. 다만 추후 보완신고된 부분은 조사기간 안에 서면으로 법원에 이의를 제출하는 방식에 의한 조사의 대상이 될 수 없으므로, 이를 목록에 기재되거나 신고기간 안에 신고된 채권과 함께 기재하여서는 안 되고, 추후 보완신고된 회생담보권의 시·부인 명세서에 따로 기재하여야 한다.

② **담보권자의 성명** 개인인 경우에는 성명과 함께 상호를, 법인인 경우에는 법인명과 함께 대표자를 각각 병기한다.

③ **담보권자의 주소** 개인인 경우에는 개인의 주소 혹은 영업소 소재지를, 법인인 경우에는 본점 소재지를 기재한다.

④ **담보권의 종류 및 목적물**　　우선 채무자의 재산상에 존재하는 유치권·질권·저당권·양도담보권·가등기담보권·'동산·채권 등의 담보에 관한 법률'에 따른 담보권·전세권·우선특권 등 담보권의 종류를 기재하고, 담보목적물을 기재한다. 그리고 담보권이 등기·등록의 대상이 되는 것으로서 순위가 있는 것은 그 순위, 근저당권의 경우에는 채권최고액을 기재한다. 그리고 담보의 제공이 법 제100조에 의하여 부인될 수 있는 것인지 여부를 확인할 수 있도록 담보권설정일을 병기하는 것이 바람직하다.

⑤ **담보목적물 평가액 및 배분 내역**　　담보목적물의 평가액은 법원의 허가를 받아 선임한 감정인의 감정평가액 등을 기재한다. 선순위 담보권자가 있는 경우에는 담보목적물의 '총 평가액'에서 선순위 담보권자에게 배분할 담보목적물 가액(선순위 배분액)과 당해 담보권자에게 배분할 가액(당 배분액)을 공제한 나머지 잔액(배분 후 잔액)도 함께 표시한다([별지 105] 회생담보권 배분 상세명세서 참조).

⑥ **채권의 내용**　　담보권 신고인이 신고한 채권의 내용을 기재한다. 통상 회생계획안에서 원금과 이자 사이에 권리변경과 변제방법의 차등을 두므로 채권의 내용을 기재할 때에도 그 내역을 정확하게 기재하도록 한다.

⑦ **신 고 액**　　채권신고액을 채권의 내용에 따라 정확하게 기재한다.

⑧·⑨·⑫ **시인액, 부인액 및 시·부인 사유**　　관리인의 시·부인액을 기재하고, 시·부인 사유를 기재한다. 일반적으로 시인하는 사유는 기재하지 않으나, 우발채무 성격의 채무(대부분의 보증채무와 보증기관에 대한 장래 구상금채무가 이에 해당한다)의 경우에는 비고란 등에 그 취지와 지급보증의 수혜자를 기재해 주는 것이 좋다. 부인하는 사유는 이해관계인이 이해할 수 있도록 요령 있게 기재한다. 한편, 부인권 행사 대상인지 여부가 문제되는 회생담보권 등을 그대로 시인하게 되면 향후 부인권 행사를 할 수 없게 되므로 주의를 요한다.[11] 회생담보권에서의 주된 부인 사유의 기재례는 다음과 같다.

---

11) 대법원 2003. 5. 30. 선고 2003다18685 판결은 "채권조사기일 당시 유효하게 존재하였던 채권에 대하여 관리인 등으로부터의 이의가 없는 채로 정리채권자표가 확정되어 그에 대하여 불가쟁의 효력이 발생한 경우에는 관리인으로서는 더 이상 부인권을 행사하여 그 채권의 존재를 다툴 수 없게 되었다고 할 것이고, 나아가 관리인이 사후에 한 그러한 부인권 행사의 적법성을 용인하는 전제에서 정리채권으로 이미 확정된 정리채권자표 기재의 효력을 다투어 그 무효확인을 구하는 것 역시 허용될 수 없다."라고 판시하였다.

> · 담보가액 초과로 회생담보권 부인하고, 회생채권으로 시인
> · 법 제100조 제1항 제2호12)에 의하여 부인권 행사 대상에 해당되므로 부인, 담보권설정일 2022. ○. ○, 지급정지일 2022. ○. ○.
> · 법 제126조 제3항 단서에 의하여 부인, 주채권자가 담보권 ○○번으로 신고13)

⑩ 의결권 인정액 의결권 인정액은 일반적으로 시인된 담보권액을 그대로 기재하면 된다. 다만 주로 사채지급보증에 있어서 사채소지자가 회생채권자이고, 사채지급보증기관이 그 장래의 구상권에 관한 회생담보권자일 경우에는 달리 취급할 필요가 있다. 자세한 내용에 관하여는 뒤에서 설명한다('제11장 제1절 5. 라.' 장래의 구상권자 부분 참조).

⑪ 회생채권 시인액 회생담보권의 신고행위에는 회생담보권이 인정되지 않을 경우 예비적으로 회생채권의 신고의사도 포함되어 있다고 이해하는 것이 타당하다. 따라서 신고된 회생담보권액이 담보목적물의 가액을 초과하거나 담보제공행위가 법 제100조에 의하여 부인되는 경우라도 본래의 채권이 시인되어야 할 것이라면 회생채권으로 시인하여야 한다.

⑬ 우선권 있는 담보권인지 여부 회생담보권 신고시에 그와 같은 취지의 기재가 있으면, 이를 시·부인 명세서에 기재하여야 한다.

5) 회생채권 시·부인 명세서

회생채권 시·부인 명세서에는 '① 목록번호 및 신고번호, ② 회생채권자(성명), ③ 주소, ④ 채권의 내용과 원인, ⑤ 신고액, ⑥ 시인액, ⑦ 부인액, ⑧ 의결권 인정액, ⑨ 시·부인 사유, ⑩ 우선권'의 내용이 포함되어야 한다(기재례는 [별지 106] 참조).

대체적인 내용은 회생담보권에서의 설명과 같다. 주의할 것은 회생담보권에서 담보권 가액의 범위 내로 포섭되지 못하여 회생채권으로 인정되는 채권을 다시 회생채권 시·부인 명세서에 기재할 필요는 없다는 점이다.

회생채권의 일반적인 부인 사유의 기재례는 다음과 같다.

> · 이미 변제하였으므로 부인(변제일 2022. ○. ○.)
> · 공익채권 부분은 부인
> · 어음신고분은 어음 미제시로 부인

---

12) 명확성을 기하기 위하여 가급적 해당 법조문을 구체적으로 기재하고 있다.
13) '제11장 제1절 5. 라.' 장래의 구상권자 부분 참조.

· 소송진행 중인 부분 중 당사자 사이에 다툼이 없는 부분을 초과하는 부분(○
○○원)은 부인
· 법 제100조 제1항 제4호에 의하여 부인권 행사 대상에 해당되므로 부인, 연대
보증일 2022. ○. ○, 지급정지일 2022. ○. ○.
· 선급금과 상계된 부분 부인

공익채권의 경우에는 채권조사대상이 아니기 때문에 특별히 시·부인의 내용을 기재할 필요가 없지만, 채권신고인에 대하여 당해 채권이 공익채권임을 명확하게 해 주는 의미가 있으므로 '공익채권이므로 부인'한다는 취지로 기재해도 무방하다.[14)15)]

6) 조세채권 등 목록·신고명세서

조세채권 등 목록·신고명세서에는 '① 신고 접수번호, ② 채권자, ③ 주소, ④ 채권의 내용, ⑤ 신고액, ⑥ 비고'의 내용이 포함되어야 한다. 국세징수법 또는 지방세징수법에 의하여 징수할 수 있는 청구권, 국세징수의 예에 의하여 징수할 수 있는 청구권으로서 일반 회생채권보다 우선하는 것(법 제140조 제2항)은 물론, 국세징수의 예에 의하여 징수할 수 있는 청구권으로서 일반 회생채권에 우선하지 아니하는 것도 함께 기재하여야 한다(기재례는 [별지 107] 참조).

① 목록번호 및 신고번호 　　관리인이 회생채권자 등의 목록 제출시 조세채권 등의 목록도 제출하므로, 조세채권 등에 대하여도 목록번호가 있을 수 있고, 그 경우 목록번호와 신고번호를 모두 기재한다.

②·③ 채권자·주소 　　국세인 경우에는 '대한민국(○○세무서)', 지방세인 경우에는 해당 지방자치단체를 기재하고, 송달가능한 주소를 기재하면 된다.

④·⑤ 채권의 내용·신고액 　　조세의 종류와 신고금액을 기재한다. 본세와 납부지연가산세의 내역도 구분하여 기재한다.

⑥ 비　　고 　　비고란에는 조세의 부과일·납부기한 등을 기재하면 된다. 공익채권인 조세로서 착오로 신고된 부분은 공익채권이라는 취지를 기재해 주어야 한다.

---

14) 이러한 경우에도 채권신고인에게 이의통지서를 발송하는 것이 바람직하다. 시부인표 작성 무렵에는 그 채권이 공익채권인지 회생채권인지 확실히 파악하기 어려울 수 있는 점까지 고려하면 더욱 그러하다.
15) 실무상 임금·퇴직금채권에 관하여 개시 전 이자를 포함하여 모두 '공익채권이므로 부인'이라는 사유로 부인하는 경우가 드물지 않은데, 개시 전 이자 부분은 공익채권이 아니므로 특별한 사정이 없는 한 이와 같은 부인은 삼가는 것이 바람직하다.

7) 주식·출자지분의 목록·신고명세서

주식·출자지분 목록·신고명세서에는 '① 목록번호 및 신고번호, ② 주주·지분권자의 성명, ③ 주소, ④ 주식·출자지분의 종류, ⑤ 주식·출자지분의 수 또는 그 액수, ⑥ 의결권의 수, ⑦ 비고' 등을 기재하면 된다(기재례는 [별지 108] 참조).

①·②·③ 목록번호·신고번호 및 주주·지분권자의 성명과 주소   앞서 설명한 내용을 참조.

④·⑤ 주식·출자지분의 종류 및 수 또는 그 액수   목록에 기재되거나 신고서에 기재된 주식·출자지분의 종류 및 수 또는 그 액수를 기재하면 된다.

⑥ 의결권의 수   통상 주식·출자지분의 수 또는 그 액수와 같을 것이다. 주주·지분권자는 그가 가진 주식 또는 출자지분의 수 또는 액수에 비례하여 의결권을 가지기 때문이다(법 제146조 제2항). 채무자의 부채가 자산을 초과하여 주주·지분권자에게 의결권이 인정되지 않는 것으로 보이는 경우에도 의결권의 수를 기재하는 것이 바람직하다.[16]

⑦ 비   고   증거서류를 검토한 결과 주주·지분권자로 인정되지 않는다면, 그 취지를 비고란에 기재하고 의결권도 인정되지 않는다는 취지를 기재하면 될 것이다. 주주·지분권에 관하여 소송이 진행 중이라면 그 취지를 기재하여야 한다.

8) 추후 보완신고된 회생채권 등 시·부인 명세서

추후 보완신고된 회생채권 등은 앞서 설명한 요령대로 따로 명세서를 작성하여야 한다. 추후 보완신고된 채권의 신고접수번호는 '추완○○'으로 기재한다. 조세 등 청구권은 일반 회생채권보다 징수순위가 우선하는지 여부에 관계 없이 조사의 대상이 아니므로 신고기간 만료 전에 신고된 것과 함께 기재하여야 한다. 법원은 상당하다고 인정하는 때에는 신고기간이 경과한 후 다시 기간을 정하여 주식 또는 출자지분의 추가신고를 하게 할 수 있다(법 제155조 제1항). 이 경우 특별조사기일의 지정, 송달 등의 규정이 준용되는데(법 제155조 제2항), 신고된 주식·지분권은 시·부인의 대상이 아니므로, 특별조사기일을 준용하도록 한 위 조항에 대하여 비판하는 견해가 있다.

---

16) 회생절차개시 당시 채무자의 부채총액이 자산총액을 초과하는 때에는 주주·지분권자는 의결권을 가지지 아니하지만(법 제146조 제3항 본문), 향후 조사결과에 따라 채무자의 자산총액이 부채총액을 초과한다고 밝혀질 가능성도 있고, 법 제282조의 규정에 의한 회생계획의 변경계획안이 제출될 당시 채무자의 자산총액이 부채총액을 초과할 수도 있기 때문이다.

5. 시·부인시 주의사항

가. 공통사항

1) 신고의 취지가 불명확한 경우

신고의 취지가 불명확한 경우에는 조사기간의 말일 또는 특별조사기일 전에 채권신고인에게 이를 보정하도록 하여 그 취지를 명확히 한 후 시·부인을 하고, 그렇지 못한 경우에는 신고내용이 불명확함을 이유로 하여 부인을 하여야 한다.

2) 시인할 채권액을 확정하기 어려운 경우

신고채권자에게 회생채권이 있는 것은 분명하지만, 그 신고금액이 채무자의 장부와 일치하지 않거나 단기간에 정확한 금액을 산정하는 것이 어려울 경우에는 확실하게 인정할 수 있는 부분을 제외한 나머지 부분은 일단 부인을 하고, 이의의 철회를 할 수 있는 기간 동안 다시 증거서류를 확인하거나 채권자와 협의를 하여 인정된 금액을 이의철회하는 방법으로 문제를 해결하여야 한다. 채권액이 불확실함에도 일단 시인을 하게 되면, 확정판결과 동일한 효력을 가지게 되어 이를 나중에 시정하는 것이 매우 어렵게 되기 때문이다.

3) 외화채권

채권이 외화로 신고된 경우에는 외화로 시·부인을 하되 괄호 안에 원화로 환산한 금액을 기재하고(^{법 제137조}_{참조}), 시인된 채권액 합계란에 '원화 환산 후 소계'라고 하여 원화채권과 원화로 환산한 외화채권을 합한 금액을 기재하도록 하며, 시·부인표 앞머리나 주석으로 원화 환산율을 기재하도록 한다.

이 때 적용하는 환율은 회생절차개시 당시를 기준으로 하여야 하는데, 개시결정이 개시일의 특정시간을 기준으로 내려지므로, 실무상 그 특정시간 기준 외국환시세를 알 수 있는 특별한 사정이 없는 한 개시결정 전일의 외국환시세(매매기준율 또는 대고객 전신환매도율)가 기준으로 되는 경우가 많다.

4) 회생절차개시 후의 이자

회생담보권에 대한 회생절차개시 후의 이자는 회생담보권에 속하지 아니하므로(^{법 제141조}_{제1항 단서 참조}), 신고된 회생담보권에 개시 후 이자가 포함되어 있는 때에는 이를 부인하여야 한다. 이 때 개시 후 이자는 회생채권으로 시인하여야 한다.

한편 회생채권에 대한 회생절차개시 후의 이자는 일반 회생채권에 속하므로(^{법 제118조}_{제2호}), 신고된 회생채권에 개시 후 이자가 포함되어 있을 경우에는 이를 시인하여야 한다.

그러나 회생채권자의 의결권을 산정함에 있어서는 개시 후 이자는 포함되지 않고(별제19항), 회생계획에서도 다른 일반 회생채권에 비하여 열등하게 취급하여도 평등의 원칙에 반하지 아니하므로(제1항 제218조), 회생절차에서 회생채권에 대한 개시 후 이자의 구체적인 내용에 관하여 다툴 실익은 별로 없다.

5) 보증채무(물상보증 포함)

채무자가 부담하는 보증채무(물상보증 포함)에 관하여는 부인권(별제100조) 행사요건에 해당하는지 여부를 알 수 있도록 보증일(또는 담보제공일)과 그 수혜자를 표시하는 것이 좋다.

6) 소송계속 중인 채권

소송계속 중인 채권은 수소법원·사건명·사건번호 등을 기재하도록 하고 있다. 종전에는 단순히 소송진행 중이라는 이유로 부인하는 경우가 많았는데, 구체적인 부인사유를 시·부인표에 기재하는 것이 바람직하며, 만약 채권액 중 일부만 다투어지고 있다면 다툼이 없는 부분은 시인하고, 나머지 부분만을 부인하여야 한다.

나. 공익채권과 회생채권의 구별

회생채권과 회생담보권은 조사기간 안에 또는 특별조사기일에서 관리인, 회생채권자·회생담보권자와 주주·지분권자의 이의가 없는 때에는 회생채권과 회생담보권의 내용, 의결권의 액이 확정되며, 우선권 있는 채권에 관하여는 우선권이 있는 것이 확정된다(별제166조).

그러나 공익채권을 회생채권으로 신고하여 회생채권자표 등에 기재된다고 하더라도 공익채권의 성질이 회생채권으로 변경된다고 볼 수는 없다. 또한, 공익채권자가 자신의 채권이 공익채권인지 회생채권인지 여부에 대하여 정확한 판단이 어려운 경우에 회생채권으로 신고를 하지 아니하였다가 나중에 공익채권으로 인정받지 못하게 되면 그 권리를 잃게 될 것을 우려하여 일단 회생채권으로 신고할 수도 있으므로, 이와 같이 공익채권자가 자신의 채권을 회생채권으로 신고한 것만 가지고 바로 공익채권자가 자신의 채권을 회생채권으로 취급하는 것에 대하여 명시적으로 동의를 하였다거나 공익채권자의 지위를 포기한 것으로 볼 수는 없다.[17]

---

17) 대법원 2007. 11. 30. 선고 2005다52900 판결, 대법원 2004. 8. 20. 선고 2004다3512, 3529 판결

실무상 회생채권자가 아닌 공익채권자들까지도 채권신고를 하는 경우가 종종 있고, 이 경우 어떻게 처리할 것인지가 문제이다. 그 권리가 공익채권인 것이 명백함에도 불구하고 법률의 부지로 인하여 회생채권으로 신고되었다면, 관리인으로서는 당해 채권신고인에게 공익채권임을 명확하게 하여 준다는 의미에서 공익채권임을 이유로 부인하는 것이 실무관행이다. 보전처분 후 법원의 허가를 얻어 거래를 한 상대방이 그 거래에 기한 채권을 회생채권으로 신고하는 경우가 종종 있는데, 이 경우에는 공익채권임을 이유로 부인하면서 법원 허가일을 기재하도록 하고 있다. 공익채권자는 이러한 이유로 부인된다고 하더라도 따로 조사확정재판 등과 같은 권리확정소송을 제기할 필요가 없고, 직접 이행소송을 통하여 권리의 만족을 얻으면 된다. 따라서 관리인은 회생채권과 공익채권의 개념을 명확하게 파악하여 시·부인을 하여야 한다(회생채권과 공익채권의 구별에 관해서는 '제9장 제5절' 참조).

다. 전부채권자 및 추심채권자의 채권신고

채무자의 채권자에 대한 채권자가 채무자를 제3채무자로 하는 전부명령이나 추심명령을 받아 이를 신고하는 경우가 종종 있다.

1) 전부채권자

전부명령이 있는 경우는 채권이 전부채권자에게 이전하므로 전부채권자의 채권을 시인하여야 하고, 본래의 채권자의 신고는 채권이 전부되었다는 이유로 부인하여야 한다. 다만 전부명령의 효력이 부인되어야 할 경우에는 그렇지 않다.

2) 추심채권자

회생채권에 관하여 추심명령이 있는 경우 채권신고를 하여 회생절차에 참가할 자격은 추심채무자가 아닌 추심채권자만이 갖는다.[18] 왜냐하면 추심명령을 받은 채권자는 압류채권의 추심에 필요한 채무자의 권리 일체를 채무자에 갈음하여 자기 명의로 재판상 또는 재판 외에서 행사할 수 있고, 채권에 대한 압류 및 추심명령이 있으면 제3채무자에 대한 이행의 소는 추심채권자만이 제기할 수 있으며, 추심채무자는 피압류채권에 대한 이행소송을 제기할 당사자적격을

도 같은 취지이다.
18) 대법원 2016. 3. 10. 선고 2015다243156 판결도 "채권에 대한 압류 및 추심명령에 이어 제3채무자에 대한 회생절차개시결정이 있으면, 제3채무자에 대한 회생채권확정의 소는 추심채권자만이 제기할 수 있고 추심채무자는 회생채권확정의 소를 제기할 당사자적격을 상실한다"라고 판시하였다.

상실하기 때문이다. 회생채권의 조사·확정절차는 회생절차 안에서의 간이·신속한 절차에 의하여 이행의 소에 갈음하여 채권의 존부 및 범위를 확정하는 절차로서, 채권조사확정절차에서 확정된 회생채권으로서 회생채권자표에 기재된 것은 확정판결의 효력 및 집행력이 부여되는데(별제168조,), 이행의 소 제기 권한이 없는 추심채무자에게 이러한 효력을 향유하게 하는 것은 부당하고, 회생절차가 개시되지 아니하였으면 추심권한을 갖지 못하였을 추심채무자에게 회생절차에 참가할 의결권과 변제 수령권한을 부여하는 것은 불합리하다. 또한 추심채권자만이 회생절차에 참가할 자격을 갖게 되더라도, 채무자는 추심채권자에게 변제하면 채무를 면하게 되므로 아무런 불리함이 없다. 물론 이 경우에도 추심채권자의 채권신고에 대하여 조사할 대상은 추심채권자의 추심채무자에 대한 집행채권이 아니라 추심채무자의 제3채무자(회생절차의 채무자)에 대한 피압류채권(회생채권)이다.

다만, 추심채권자의 집행채권액이 피압류채권(회생채권)의 액에 미치지 못하는 예외적인 경우, 압류되지 않은 부분에 대하여는 추심채무자만이 채권신고를 하고 회생절차에 참가할 자격을 갖게 된다.

한편, 여러 명의 추심채권자가 채권신고를 한 경우에는 어느 추심채권자가 회생절차에 참가할 수 있는지가 문제된다. 이에 대하여는 ① 어느 한 추심채권자의 채권신고는 다른 모든 추심채권자를 위한 추심행위로서, 이에 대한 시·부인 역시 다른 모든 추심채권자를 위하여 효력이 있다고 보아야 할 것이므로 관리인으로서는 신고순서에 따라 추심채무자의 채권액에 이를 때까지 순차 시인하고 나머지는 부인하면 족하다는 견해, ② 신고기간 내에 적법하게 신고된 이상 신고순서에 따라 추심채권자들을 서로 달리 취급할 수 없고, 압류 및 추심명령의 효력은 특별히 액수에 제한을 두고 있지 않은 이상 피압류채권 전액에 미치므로 이 경우 추심채권자들이 하나의 회생채권에 관하여 공동으로 추심권한을 보유하고 있는 것으로 보아 관리인으로서는 신고된 채권을 모두 시인하고 시인된 회생채권금액에 대하여 추심채권자들을 공동의 권리자로 처리해야 한다는 견해,[19] ③ 신고순서에 따라 추심채권자들을 달리 취급할 수는 없으나 신고된 채권을 모두 시인하는 경우 이중변제의 위험이 있다는 등의 이유로 관리인으로서는 각 집행채권액에 안분하여 채권을 시인하여야 한다는 견해 등이 있다.[20]

---

[19] 이 견해에 따를 경우 추심채권자들의 의결권 불통일 행사 등이 문제될 수 있으므로 의결권은 추심채무자가 행사하도록 하여야 한다는 견해도 있다.

[20] 추심채권자의 신고에 의하여 시인하는 경우에도 추심채무자의 권리 및 의결권액을 시인하는

라. 장래의 구상권자

채무자의 채무를 보증한 보증채무자 등 장래의 구상권자는 본래의 채권자에 대하여 지급하여야 할 채권액 전액에 관하여 신고할 수 있다. 그러나 본래의 채권자가 그 채권의 전액에 관하여 채권신고를 한 경우에는 그러하지 아니하다(법 제126조 제3항). 따라서 이러한 경우에는 시·부인표에 법 제126조 제3항 단서에 의하여 부인한다는 취지를 명시하고, 신고한 본래의 채권자(주채권자)의 성명·신고번호를 함께 기재하고 있다.

1) 장래의 구상권자만 신고하는 경우

주채권이 목록에 기재되지 않았고 신고도 되지 않았는데 장래의 구상권자만 신고하는 경우가 있다.

이 경우 장래의 구상권자의 채권을 우발채무로 시인하였는데, 조사기간 이후 주채권자가 주채권을 추후 보완신고하게 되면 의결권의 이중 부여 등 문제가 생길 여지가 있다. 대법원 판례 및 실무가 실권방지의 차원에서 추후 보완사유를 넓게 해석하고 있는 이상 주채권자의 채권신고를 시인하여야 하게 되는데, 이때 이미 시인한 장래의 구상권자의 채권을 다시 되돌려 부인할 수는 없기 때문이다.

그러므로 주채권이 목록에 기재되지 않았고 신고도 되지 않았는데 장래의 구상권자만 신고하는 경우, ① 관리인은 신고기간의 말일이 도과하기 전에 법원의 허가를 받아 주채권자의 채권을 목록에 기재하여 제출하거나(법 제147조 제4항) 주채권자로 하여금 신고하도록 한 다음, 법 제126조 제3항 단서에 의하여 장래의 구상권자의 채권을 부인하는 방법 또는 ② 장래의 구상권자의 채권을 시인하되 의결권을 부인하는 방법을 취하는 것이 바람직하다. 후자의 경우 장래의 구상권자에게 의결권을 부여할지 여부는 법 제187조, 제188조에 의하여 결의를 위한 관계인집회에서 하는 의결권에 대한 이의 절차에서 가려지게 되므로 법원은 그 시점까지 주채권자의 채권신고가 있었는지 여부를 보아 장래의 구상권자에 대한 의결권 부여 여부를 결정함으로써 의결권의 이중 부여 문제를 해소할 수 있

것이므로 어느 견해를 따르더라도, 시부인명세서는 추심채무자를 기준으로 작성할 필요가 있다. 따라서 시부인명세서의 채권자란에는 추심채무자의 성명을 기재하고, 괄호 속에 신고명의인은 추심채권자 ○○○, ○○○임을 병기한다. 이러한 피압류채권이 시인된 경우에는 회생계획안에 추심채권자들에 대한 변제 또는 공탁방법과, 만약 추심채권자와 추심채무자 사이에 추심권능에 관하여 다툼이 있는 경우에는 그 협의 또는 소송의 결과에 따라 권리를 행사할 수 있도록 하는 취지의 규정을 둔다.

다(후자의 경우 주채권과 장래의 구상권이 모두 시인되어 이중 변제 가능성이 발생할 수 있다는 문제가 있으나, 이는 회생계획의 내용에서 이중 변제가 이루어지지 않도록 함으로써 해결 가능하다[21]).

2) 장래의 구상권자만 회생담보권자인 경우

주채권자, 장래의 구상권자가 모두 채권신고를 하였는데, 장래의 구상권자[22]만이 회생담보권자인 경우에는 그 실무처리가 문제될 수 있다.[23] 만일 장래의 구상권자가 신고한 채권은 법 제126조 제3항 단서에 의하여 부인하고, 주채권자의 회생채권만 시인하면 장래의 구상권자는 그 후에 채무를 대위변제하더라도 회생절차 내에서는 회생채권자의 지위에서만 채권을 행사할 수밖에 없게 되므로(법 제126조 형평성의 문제가 발생하기 때문이다. 그러나 법 제126조 제3항 단서가 주채권자의 회생절차 참가가 있는 경우 장래의 구상권자의 회생절차 참가를 금지시키는 것은 결국 동일한 채권에 대하여 중복된 권리 행사를 금지시키겠다는 취지인데, 무담보의 회생채권자와 담보권을 갖고 있는 회생담보권자는 결코 동일한 권리라고 볼 수 없기 때문에 중복 권리행사의 문제는 처음부터 발생될 수 없다고 본다. 무담보의 주채권자와 담보를 갖는 구상채권자는 회생계획에 대하여 전혀 다른 이해관계를 갖기 때문에 이에 대하여 각자 자신이 속한 회생채권자조와 회생담보권자조에 대한 권리의 변경에 대하여 찬·반 여부를 결정할 권리를 부여하는 것이 합리적이기 때문이다. 즉 회생채권자가 회생채권에 대한 변제조건에 대하여 하는 의결권 행사를 회생담보권자가 회생담보권에 대한 변제조건에 대하여 하는 의결권 행사로 볼 수 없는 것이다.[24]

따라서 이 경우에는 주채권자의 회생채권과 장래의 구상권자의 회생담보권을 모두 시인하되, 장래 구상권자에 대하여는 장래 현실화 가능성을 따져서 의결권을 부여하고, 그 회생계획상의 변제방법을 조절하는 방식을 취하여야 할 것

---

21) 장래의 구상권에 대한 회생계획안의 내용에 관하여는 '제13장 제5절 4. 카.' 참조.
22) 여기서 말하는 장래의 구상권자는 대출채무 보증 등과 같은 확정 구상채무에 관한 장래의 구상권자와 이행보증이나 하자보증 등과 같은 미확정 구상채무에 관한 장래의 구상권자로 나누어 볼 수 있다.
23) 주로 회사인 채무자가 회사채 발행을 위하여 회사채 지급보증기관에 담보를 제공한 경우에 이러한 문제가 많이 발생한다.
24) 예컨대 회생절차가 개시된 채무자에 대하여 물상 담보를 갖고 있는 회생담보권자의 경우, 채무자에 대하여 아무런 채권을 갖고 있지 아니하여도 '담보권'을 갖고 있기 때문에 회생담보권자로 취급된다. 이를 채무자에 대하여 담보권을 갖고 있는 장래 구상권자의 경우와 비교하여 생각하면 위 장래 구상권자를 회생담보권자로서 별도로 취급하여야 할 근거를 찾기 쉽다. 비록 위 장래 구상권자는 회생채권인 장래 구상권에 관하여는 주채권자의 회생절차 참가로 권리행사가 금지되나, 담보권을 가짐으로써 인정되는 회생담보권자의 지위에서는 위 물상보증인의 경우에 준하여 회생절차 참가를 인정하여야 할 것이다.

이다. 예컨대 주채권자의 회생채권이 1억 원이고, 그에 대한 장래 구상권자의 회생담보권이 8천만 원인 사안이라면, 주채권자의 1억 원 회생채권과 장래의 구상권자의 회생담보권 8천만 원을 모두 시인하되, 총 1억 원의 범위 내에서 장래 구상권자에 대하여는 장래 현실화 가능성을 따져서 의결권을 부여하고, 그 회생계획상의 변제방법을 조절하면 된다.

3) 구상권자가 대위변제를 한 경우

회생절차가 개시된 이후 대위변제를 완료한 보증인이 당초 채권자가 신고한 원금 및 회생절차개시 후의 이자 또는 손해배상금을 구상원금에 포함시켜 그 전체를 원본채권으로서 추후 보완신고 또는 변경신고를 한 경우의 시·부인이 문제될 수 있다. 구 회사정리법하에서의 판례[25]는 "구상권자가 대위변제액과 채권자의 정리채권 신고액과의 차액에 대하여 추후 보완신고를 할 수 없으며, 당초 채권자가 신고한 정리절차개시 후의 이자를 원금으로 변경하는 신고도 허용되지 아니한다"는 취지로 판시하였다. 현행법하에서도 위 판례와 마찬가지로 회생절차개시 후 이자 등을 원금에 포함시켜 추후 보완신고를 하거나 변경신고를 하는 것은 역시 허용될 수 없다고 할 것이다[자세한 것은 '제9장 제2절 6. 라. 3)' 참조].

마. 보증기관이 신고한 장래의 구상채권에 대한 평가

채무자는 영업을 위하여 보증기관에 일정한 수수료를 지급하고 보증서를 발급받는 경우가 있고, 이러한 경우 보증기관은 대위변제책임이 현실화될 경우를 대비하여 그 구상권을 회생채권으로 신고하고 있다. 특히 건설업과 관련된 하자보수보증계약과 같이 현실화될 가능성이 적은 경우는 그 시·부인을 어떻게 할 것인지가 문제이다.

서울회생법원에서는 채권액 자체는 모두 시인하되, 의결권액은 현실화될 가능성을 고려하여 전부 부인하거나 제한적으로 의결권을 부여하는 방법으로 처리하고 있다(자세한 것은 '제14장 제5절 5. 다.' 참조). 또한 보증기관과의 거래가 많은 회사인 채무자(주로 건설회사)의 경우에 시·부인표에 별도로 보증기관에 대한 상세명세서를 작성하면서 보증기관·보증계약의 내용·보증액·보증기간을 일일이 명시하고 있다.

---

25) 대법원 2002. 1. 11. 선고 2001다11659 판결.

바. 어음 미소지 어음채권자의 경우

채무자에 대한 어음채권자가 어음을 분실하고 공시최고 신청을 한 채로 채권신고를 하는 경우가 자주 있다. 관리인으로서는 이러한 채권신고에 대하여 부인할 수밖에 없는데, 제권판결을 받기까지는 공시최고 신청일부터 적어도 3개월 이상의 기간이 소요되기 때문에 나중에 채권신고인이 제권판결을 받더라도 실권하는 일이 발생할 수 있다. 따라서 이러한 경우에는 관리인으로 하여금 채권신고인에게 회생채권 등의 조사확정재판 신청을 제기하도록 안내하게 한 후 제권판결이 내려지는 것을 기다려 이의를 철회하게 하는 것이 좋을 것이다.

또 어음의 지급거절에 대비하여 어음의 소지인을 피보험자로 하는 어음보험계약이 체결되는 경우가 있는데, 이 때 보험금을 지급한 보험자는 피보험자에게 지급한 보험금의 한도 내에서 보험자대위에 기하여 구상권을 행사하기 위하여 어음의 소지인으로부터 어음 원본을 교부받아 보관하고, 피보험자는 자신의 권리행사에 필요한 경우에는 보험자에 대하여 어음의 일시 교부를 청구할 수 있으나, 보험자도 자신의 채권을 신고함에 있어서 어음 원본을 제시하여야 하므로 피보험자가 보험자로부터 어음을 교부받지 못하여 채권신고 시에 어음 원본을 제시하지 못하는 경우가 있다. 피보험자가 보험자로부터 어음금 상당액의 일부만을 보험금으로 지급받은 경우에는 피보험자와 보험자가 어음을 공동점유하고 있는 것으로 보아야 하고, 어음의 공동점유자인 보험자로부터 어음의 제시가 있었던 이상 피보험자가 현실로 어음을 제시하지 아니하였다 하여 이를 이유로 피보험자의 채권신고를 부인할 수 없다.[26]

사. 담보목적물의 가액평가방법

앞서 설명하였듯이 담보목적물의 가액을 초과하는 부분은 회생담보권이 아닌 회생채권으로만 인정되기 때문에 회생담보권 목적물의 가액을 적정하게 평가하는 것은 상당히 중요한 문제이다. 우선 조사위원의 조사보고서와 관리인보고서를 작성할 때 객관적인 시가에 맞게 담보목적물의 가액을 평가하도록 지도하여야 하고, 회생담보권의 인정범위를 따지는 경우에도 그와 같은 가액평가방법을 동일하게 적용하여야 할 것이다.

---

26) 서울고등법원 2004. 12. 29. 선고 2004나29882 판결(대법원 2005. 4. 15. 자 2005다6310 판결로 심리불속행 기각 판결 확정).

　　채무자의 재산가액이나 담보목적물 가액의 평가방법에 관하여는 법에서 정하고 있지 않으나, 대법원은 "법 제90조에 의한 재산가액의 평가에 있어서 그 평가의 객관적 기준은 회사의 유지·회생, 즉 기업의 계속을 전제로 평가한 가액이어야 하고 회사의 해산과 청산 즉 기업의 해체, 처분을 전제로 한 개개 재산의 처분가액을 기준으로 할 것이 아니다. 이때 그 가액의 평가방법은 수익환원법 등 수익성의 원리에 기초한 평가방식이 표준적인 방식이라고 할 수 있으나, 재산의 종류와 특성에 따라 원가법 등 비용성의 원리에 기초한 평가방식이나 거래사례비교법 등 시장성의 원리에 기초한 평가방식이라도 기업의 계속성을 감안한 객관적 가액을 표현할 수 있는 것이면 족하다. 이는 법 제141조 제4항에 따라 회생담보권의 목적의 가액을 산정함에 있어서도 마찬가지이다."라고 판시하였다.[27] 위 판결에 따르면, 담보목적물의 가액을 평가할 때 기업의 해체, 처분을 전제로 한 청산가치에 의거하여서는 아니 될 것이다.

　　서울회생법원에서는 원칙적으로 개시결정 직후 부동산 등 담보목적물에 관한 감정평가를 실시하여 목적물의 가액을 산정하고 있다. 다만 예외적으로, 아파트나 중고자동차 등 그 감정목적물에 관하여 공신력 있는 기관, 단체가 제공하거나 또는 널리 통용되는 평균거래시세를 원용하는 방법 등이 적당하다고 인정되는 경우나 회생절차개시신청일부터 1년 전 이내에 감정평가를 실시한 사실이 있고 그 감정평가금액이 적절하다고 인정되는 경우에는 감정평가를 실시하지 않고 그 평균거래시세나 이전 감정평가금액으로 목적물의 가액을 산정하기도 한다.[28]

　　주식의 경우 주식의 객관적인 거래가격이 형성되어 있다면, 개시결정일 당시의 거래가격으로써 담보목적물의 가액을 평가하여야 한다. 그런데 상장회사의 경우 회생절차개시결정에 의해 그 개시결정일 당일의 주식시세가 민감하게 영향을 받을 가능성이 있으므로, 개시결정일 전일의 종가를 기준으로 하여 담보목적물(주식)의 가액을 평가하는 것이 타당하다는 견해, 통상 개시결정문에는 그 시간까지 특정하고 있으므로 개시결정일시에 가장 근접한 시간대의 거래가격을 기준으로 담보목적물(주식)의 가액을 평가하는 것이 타당하다는 견해 등이 유력하게 제시되고 있다. 한편 거래가격이 형성되어 있지 않은 주식이라면 주식의 순자산가치 등 적절하다고 판단되는 것을 그 가액으로 보면 되고, 만약 주식을

---

27) 대법원 2017. 9. 7. 선고 2016다277682 판결.
28) 서울회생법원 실무준칙 제222호 '채무자 자산의 감정평가를 위한 감정인의 선임과 보수기준' 제2조.

발행한 회사의 자본이 완전 잠식된 경우라면 주식의 가액을 '0'으로 보는 것이 적절하다.

담보권의 목적이 비상장주식인 경우 그 가액 평가방법에 관하여, 대법원은 "개시 당시의 시가에 의하여야 함이 원칙이고, 그에 관한 객관적 교환가치가 적정하게 반영된 정상적인 거래의 실례가 있는 경우에는 그 거래가격을 시가로 보아 주식의 가액을 평가하여야 할 것이나, 만약 그러한 사례가 없는 경우에는 보편적으로 인정되는 여러 가지 평가방법들을 고려하되 그러한 평가방법을 규정한 관련 법규들은 각 제정 목적에 따라 서로 상이한 기준을 적용하고 있음을 감안할 때 어느 한 가지 평가방법이 항상 적용되어야 한다고 단정할 수는 없고, 당해 비상장회사의 상황, 당해 업종의 특성 등을 종합적으로 고려하여 합리적으로 판단하여야 할 것이다."라고 판시하고 있다.[29]

채권이나 진성어음이 담보로 제공되는 경우가 가끔 있는데, 이 경우에는 당해 채무자의 변제능력을 고려하여 담보가액을 평가하여야 한다. 융통어음이 담보로 제공된 경우에도 마찬가지로 담보가액을 평가하면 될 것이다.[30]

리스물건의 가액은 원칙적으로 리스물건의 잔존가치를 가액으로 평가하여야 한다. 리스물건의 잔존가치는 감정평가액으로 평가할 수 있을 것이나, 경우에 따라서는 감가상각을 고려한 장부가액으로 평가할 수도 있다.[31]

아. 선순위 회생담보권자가 신고를 하지 않은 경우

동일한 담보물 위에 선순위 담보권자가 있는 경우에는 그 선순위 담보권으로 담보되는 채권액을 목적물의 가액으로부터 공제하고, 잔존하는 담보물의 가액에 상응하는 피담보채권액의 범위에서만 회생담보권이 된다.

그런데 관리인이 선순위 회생담보권을 목록에 누락하고 그 회생담보권이

---

29) 대법원 2006. 6. 2. 선고 2005다18962 판결.

30) 채무자가 어음할인대출을 위하여 채권자에게 배서양도한 어음이 융통어음인 경우 융통어음을 발행한 융통자는 피융통자에 대하여 어음상의 책임을 부담하지 아니하지만, 그 어음을 담보로 취득한 채권자에 대하여는 채권자의 선의·악의를 묻지 아니하고 대가 없이 발행된 융통어음이었다는 항변으로 대항할 수 없으므로 융통어음의 담보권으로서의 가치는 의연히 존재하고, 따라서 채무자 자신이 융통자에 대하여 융통어음의 항변 때문에 어음상 권리를 주장할 수 없다고 하더라도 이러한 어음상 권리가 파산재단에 속하지 않는 것이라고 할 수는 없고, 여전히 채권자가 파산재단에 속하는 재산에 대하여 담보권을 설정한 것으로 보아야 한다(대법원 2010. 1. 14. 선고 2006다17201 판결).

31) 실무에서는 장부가액이 실제의 잔존가치를 반영한 것으로 보기 어렵거나, 아예 장부가액이 없는 경우, 또는 장부가액 산정이 불가능한 경우에 관리인으로 하여금 시장가격을 추산하여 담보가액을 정하도록 하고, 추후에 채권자와 그 가액에 관한 협상을 통하여 가액을 확정시키도록 한 사례도 있다.

신고도 되지 않았는데, 후순위 회생담보권자의 신고 등을 통해 비로소 선순위 회생담보권이 파악된 경우에는 관리인이 법원의 허가를 받아 목록에 기재된 사항을 변경 또는 정정하거나(법 제147조 제4항) 선순위 회생담보권자로 하여금 신고하도록 하는 것이 바람직하다. 그리고 후순위 회생담보권에 대하여는 선순위 회생담보권으로 담보되는 채권액을 공제한 잔존 담보물의 가액 범위 내에서 시·부인하면 된다.

자. 선·후순위 회생담보권에 대한 조사확정재판결과가 시·부인과 다른 경우

선순위 회생담보권자의 신고를 부인하고 후순위 회생담보권자의 신고를 시인하였으나 선순위 회생담보권자가 조사확정재판신청 등을 제기한 경우, 그 확정된 재판의 결과에 따라 후순위 회생담보권자의 지위에 영향이 있으므로 그 처리가 문제될 수 있다. 나중에 선순위 회생담보권자가 조사확정재판 등에서 승소한 경우, 만일 선순위 회생담보권자가 그 회생담보권을 처음부터 시인받았더라면 회생담보권을 부인당하였을 후순위 담보권자가 여전히 동일한 변제를 받는 것은 부당하므로 선순위 회생담보권자가 승소한 경우와 패소한 경우를 가정하여 회생계획안을 작성함이 바람직하다.

한편 선순위 및 후순위 회생담보권의 조사확정 결과 그 담보목적물에 대한 평가가 달라지는 상황이 발생할 경우, 그 처리가 문제될 수 있다. 즉 선순위 담보권의 회생담보권액을 평가함에 있어서 그 피담보채권액이 목적물 가액을 초과하는 관계로 회생담보권액을 목적물 가액과 동일한 것으로 조사·확정하였는데, 그 후 후순위 담보권자가 제기한 조사확정재판 등에서 그 목적물 가액이 선순위 회생담보권을 평가할 때 전제로 하였던 것보다 훨씬 고액으로 평가된 경우, 후순위 담보권의 회생담보권액을 어떻게 평가할지가 문제된다. 이 경우 후순위 담보권자가 제기한 조사확정재판 등에서 입증된 담보목적물 가액에서 이미 확정된 선순위 담보권의 회생담보권액(즉 선순위 담보권 조사확정 시 인정되었던 담보목적물 가액)을 공제한 나머지 액을 후순위 회생담보권액으로 하는 견해와 후순위 담보권자가 제기한 조사확정재판 등에서 입증된 담보목적물 가액에서 선순위 담보권 피담보채권액(즉 후순위 담보권자가 제기한 조사확정재판 등에서 입증된 담보목적물 가액을 전제로 할 경우에 인정될 수 있었던 선순위 담보권의 회생담보권액)을 공제한 액으로 하는 견해가 대립되고 있다. 일본 신회사갱생법 제159

596 제11장 회생채권·회생담보권의 조사 및 조사절차

조는 '이의 없이 확정된 선순위 담보권의 내용 및 그 목적물의 가액은 후순위 담보권에 관한 조사확정재판이 계속 중인 법원을 구속하지 아니한다'는 취지로 규정하여 후자의 입장을 취하고 있다.

차. 회생담보권으로 인정되는 이자의 범위

회생담보권으로 인정되는 이자는 회생절차개시 결정 전날까지 생긴 것에 한한다(별 제141조).

회생담보권의 이자라 하더라도 회생절차개시 후 발생한 이자는 회생담보권이 아니라 회생채권으로 인정된다(별 제118조 제2호). 회생절차개시 후 이자는 의결권을 행사하지 못하고(별 제191조 제3호) 회생계획에서 다른 회생채권에 비하여 열등하게 취급될 수 있으므로(법 제218조 제1항 제2호), 다른 회생채권에 비하여 권리행사가 제한된다.[32]

카. 선순위 담보가 공동저당인 경우

동일한 채권의 담보로서 여러 개의 물건에 담보권을 가지고 있는 선순위 담보권자가 있고 개개의 물건에 후순위 담보권을 가지는 채권자가 있는 경우, 예를 들어 채권자 갑이 6억 원의 채권을 담보하기 위하여 6억 원의 가치를 가지는 A물건과 3억 원의 가치를 가지는 B물건 위에 제1순위 공동저당권을 가지고, 을이 4억 원의 채권에 관하여 A물건 위에, 또 병이 역시 4억 원의 채권에 관하여 B물건 위에 각각 제2순위 저당권을 가지는 경우에 갑이 6억 원의 채권 전액에 관하여 회생담보권자로 취급되는 것은 문제가 없지만, 을·병은 과연 어떻게 취급될 것인가 문제된다. 이 점에 관하여는 공동저당의 목적인 부동산 전부에 관하여 동시배당이 행하여지는 경우의 민법 제368조 제1항의 규정을 유추하여 갑은 A물건에서 4억 원, B물건에서 2억 원을 담보가치로 인정받는 것으로 보아 을은 A물건에 대하여 2억 원의 범위 내에서, 병은 B물건에 대하여 1억 원의 범위 내에서 회생담보권자로 취급하면 된다.[33]

---

32) 회생담보권의 청산가치 보장을 위하여 지급하는 개시 후 이자와 혼동하여서는 아니 된다. 이에 대한 자세한 내용은 '제13장 제3절 5. 라. 및 제5절 3. 가.' 참조.

33) 우성만, "회사정리법상 담보권자의 지위", 재판자료 제86집, 311면.

제2절 회생채권 등의 조사의 진행

1. 조사기간 내의 조사

가. 주심판사와 주무 관리위원의 역할

적정한 회생계획안을 작성하려면 먼저 목록에 기재되거나 신고된 회생채권 등에 대하여 적정하게 조사를 하는 것이 선행되어야 하고, 그 내용을 재판부가 미리 파악하고 있는 것이 바람직하다. 따라서 주심판사와 주무 관리위원은 관리인으로 하여금 회생채권 등에 대한 시·부인의 일반적인 기준과 방법 등을 숙지할 수 있도록 지도하여야 하고, 이에 따라 목록에 기재되거나 신고된 회생채권 등에 대한 시·부인이 적정하게 이루어지고 있는지 여부를 감독하여야 한다. 이를 위하여 관리인으로 하여금 목록에 기재되거나 신고된 회생채권 등에 대한 검토 결과를 시·부인표로 작성하여 조사기간의 말일 이전에 미리 제출하도록 하여야 한다.

나. 파산과에서 준비하여야 할 사항

법원은 관리인이 제출한 회생채권자 등의 목록과 회생채권 등의 신고 및 이의에 관한 서류 및 회생채권자표 등을 이해관계인이 열람할 수 있도록 하여야 하므로(법 제160조), 법원사무관 등은 신고기간이 종료된 후 지체 없이 회생채권자표 등을 작성하여야 한다(규칙 제60조 참조). 그리고 이의가 제기된 회생채권 등에 관하여 법원은 조사기간이 만료된 뒤 지체 없이 그 권리자에게 그 취지를 통지하여야 한다(법 제169조). 이는 법 제170조가 정한 기한 내에 조사확정재판을 신청하거나 기존의 소송을 수계할 수 있도록 하기 위함이다. 회생채권자 등의 목록에 기재되거나 신고기간 안에 신고된 회생채권 등에 관하여 이의가 제기된 경우에는 법원이 이의채권의 보유자에게 이의의 통지를 하여야 한다는 점을 주의하여야 한다(법 제169조 참조). 주심 판사나 관리위원은 관리인 등으로 하여금 시·부인표를 작성하면서 동시에 파산과 담당 직원과 협의하여 이의통지서 초안까지 작성하도록 지도할 필요가 있다.

다. 관리인이 준비할 사항

관리인은 조사기간의 말일까지 목록에 기재되거나 신고된 회생채권 등에 대한 시·부인표를 작성하여 법원에 제출하여야 한다(규칙제63). 법은 조사기간 안에 조사대상인 회생채권 등에 관하여 이의가 있는 경우에 이의를 제출하면 족한 것으로 규정하고 있으나(법조참조), 관리인은 목록에 기재되거나 신고된 회생채권 등에 관하여 이의의 내용 및 그 사유를 기재한 시·부인표를 작성·제출하는 방식으로 조사기간 안에 이의를 제기하여야 한다. 또한 목록에 기재되거나 신고기간 안에 신고된 채권에 관한 조사는 기일을 열지 않고 이루어지기는 하나, 관리인이 목록에 기재되거나 신고된 회생채권 등에 관하여 이의를 함에 있어서는 그 이유를 밝혀야 하고(규칙제63조제1항제5호), 채권자들로부터 이의에 관한 질문이 있을 것에 대비하여야 하므로 이를 정확하게 정리하여 준비해 두어야 한다.

2. 특별조사기일의 진행

가. 특별조사기일의 지정과 관계인집회기일과의 병합

일반적으로 추후 보완신고된 채권에 대한 특별조사기일은 1회로 끝나는 경우가 많을 것이지만, 특별조사기일이 한번 개최된 이후에 신고되는 회생채권 등이 있는 경우에는 다시 특별조사기일을 지정하여야 한다.[34] 그리고 특별조사기일은 관계인집회기일과 병합하여 실시할 수 있는데(법제186조),[35] 서울회생법원은 송달 및 비용의 부담 등을 고려하여 특별한 사정이 없는 한 특별조사기일을 회생계획안의 심리 및 결의를 위한 관계인집회기일과 병합하여 1회 실시하는 것을 원칙으로 하고 있다. 그러나 특별조사기일을 회생계획안의 심리 및 결의를 위한 관계인집회기일과 병합하여 실시하기 어려운 사정이 있는 경우에는 따로 기일을 지정하여 특별조사기일을 개최할 수도 있음은 당연하다.

나. 특별조사기일을 위한 준비

특별조사기일을 실시하는 경우, 추후 보완신고된 채권에 대한 시·부인표

---

34) 추후 보완사유의 의미, 추후 보완신고가 접수된 경우의 처리, 심리를 위한 관계인집회 종료 후 추후 보완신고된 경우의 처리 등에 관하여는 '제10장 제4절 4.' 참조.
35) 특별조사기일을 관계인집회기일과 병합하는 경우, 법정에서 구술로 그 취지를 고지하면 족하고, 법정 외에서 미리 병합결정을 작성하여 송달하거나 공고하여야 하는 것은 아니다.

와 출석현황표를 작성하는 것이 필요하다. 그중 출석현황표는 본래 법원에서 작성하여야 하는 것이지만, 실무에서는 관리인으로 하여금 초안을 작성하여 검토를 받도록 하고 있다(규칙제8조). 한편, 특별조사기일은 통상 회생계획안 심리 및 결의를 위한 관계인집회기일과 병합하여 실시되고 있기 때문에 특별조사기일을 위한 출석현황표는 결의를 위한 관계인집회를 위하여 작성되는 '출석현황 및 의결표'로 대체되는 것이 일반적이다. 출석현황 및 의결표에는 의결권을 가지는 이해관계인만 기재하는 것이 원칙이지만, 이 때에는 출석현황 및 의결표 뒷부분에 부인된 추후 보완신고 회생채권자 등에 관한 란을 따로 만들어, 특별조사기일에서 부인되어 의결권을 가지지 않는 회생채권자 등에 대하여도 출석확인이 이루어질 수 있도록 주의하여야 한다.

특별조사기일에는 출석하는 이해관계인의 수가 많을 수도 있고, 심리 및 결의를 위한 관계인집회기일과 병합하여 실시되는 경우에는 참석하는 이해관계인이 적게는 수십 명, 많게는 수백 명에 이를 수도 있기 때문에, 서울회생법원에서는 채권신고 접수 때와 마찬가지로 출석확인 시에도 채무자 직원들의 도움을 받는 경우가 많다. 특별조사기일이 회생계획안의 심리 및 결의를 위한 관계인집회기일과 병합하여 실시되는 경우, 다음과 같은 요령으로 출석확인을 하고 있다.

① 먼저 집회기일 3일 전 채무자로 하여금 출석확인 담당자를 편성하여 출석확인요령에 대하여 교육한다. 그리고 집회기일 2일 전까지 출석현황표를 작성하도록 한다. 출석현황표를 작성할 때에는 제본을 하지 않도록 하여 각 장이 분리될 수 있게 준비한다.

② 집회기일에 본인이 출석하였을 경우에는 채권신고접수증과 신분증(주민등록증·여권·운전면허증 등)을 확인하고, 출석현황표에 서명·날인을 하도록 한다. 대리인이 출석하였을 경우에는 채권신고접수증, 본인의 위임장·인감증명을 제출받고, 대리인의 신분을 확인한 후 출석현황표에 서명·날인을 하도록 한다.

③ 채무자 직원들의 도움을 받아 출석확인작업을 할 경우, 출석확인요원은 3인 1조로 편성하는데, 한 명은 기명 및 날인, 다른 한 명은 접수번호확인 및 본인 여부 확인, 나머지 한 명은 안내 및 상담을 담당한다. 이해관계인의 수가 수백 명에 이르는 경우에는 채권신고 접수번호를 모르는 이해관계인의 수도 많으므로, 이들을 적절히 안내하기 위하여 미리 채권신고 접수현황이 기재된 자료가 저장된 컴퓨터를 비치하거나 조견표를 별도로 준비하도록 한다.

한편, 특별조사기일이 회생계획안의 심리 및 결의를 위한 관계인집회기일과 병합하여 실시되는 경우에 관리인이 회생계획안의 작성, 채권자와의 협의에만 치중하여 추후 보완신고된 채권의 시·부인에 소홀할 염려가 있으므로 주심판사나 관리위원은 집회가 개최되기 전에 미리 추후 보완신고된 채권의 시·부인 작업을 체크해 두어야 한다.

다. 특별조사기일의 진행

특별조사기일은 다음의 순서로 진행된다.

① 재판장의 특별조사기일 개최 선언   특별조사기일은 재판장의 특별조사기일 개최선언으로 시작된다. 일반적으로 특별조사기일은, 관리인 보고를 위한 관계인집회기일과 병합하여 진행하는 경우에는 관계인집회가 종료된 후 진행하고, 회생계획안 심리 및 결의를 위한 관계인집회기일과 병합하여 진행하는 경우에는 관계인집회보다 먼저 진행한다.

② 관리인의 조사결과 진술   특별조사기일에서는 신고기간 이후 특별조사기일 개최 시까지 추후 보완신고된 채권에 대하여 조사한다.[36] 재판장은 관리인에게 추후 보완신고된 회생채권 등의 신고현황과 그 조사결과를 진술하도록 한다. 특별조사기일에 관리인이 출석하지 아니한 때에는 회생채권과 회생담보권을 조사할 수 없으므로(법 제165조), 관리인은 특별조사기일에 출석하여야 한다. 다만, 관리인이 출석할 수 없음에도 특별조사기일을 불가피하게 진행해야 하는 경우(예컨대, 특별조사기일과 관계인집회기일이 병합되어 지정되어 있는데 가결기간 때문에 관계인집회기일을 진행해야 하는 경우)에는 관리인대리 선임을 허가하고 관리인대리로 하여금 특별조사기일에 출석하도록 할 수 있다.

실무상 관리인은 개괄적인 신고채권의 현황과 시·부인 현황만을 진술하고, 나머지 구체적인 시·부인 사유에 관한 진술은 배부한 '추후 보완신고된 회생채권 등의 시·부인표'의 기재와 같다는 진술로 갈음하고 있다.

③ 이해관계인에 대한 의견진술기회 부여   관리인의 조사결과 진술이 끝나면, 재판장은 이해관계인에게 그 조사결과에 대한 의견진술의 기회를 부여하여야 한다. 대개의 경우 이해관계인은 왜 자기가 신고한 채권이 부인되었는지

---

36) 신고기간 후 채권 등의 추완신고가 추후 보완 요건을 갖추지 못하여 부적법한 경우에는 특별조사기일에서 조사절차를 마치기 전에 그 신고를 각하하여야 한다. 특별조사기일을 열어 추완신고된 채권에 대한 조사절차까지 마친 경우에는, 추후 보완 요건을 갖추지 않았다는 것을 사유로 하는 이의는 허용되지 않기 때문이다. 이에 관하여는 '제10장 제4절 4. 다.' 참조.

알고 싶다는 취지의 질문을 많이 하므로 관리인은 이해관계인의 질문에 요령 있게 대답할 수 있도록 미리 예상질의 및 답변서를 준비하는 것이 바람직하다.

④ 채무자 대표자의 의견 진술   개인인 채무자 또는 개인이 아닌 채무자의 대표자는 특별조사기일에 출석하여 의견을 진술하여야 한다(법 제164조 제1항 본문). 다만, 정당한 사유가 있는 때에는 대리인을 출석하게 할 수 있다(법 제164조 제1항 단서).

채무자 또는 채무자의 대표자가 불출석하여도 특별조사기일을 진행하는 데에는 지장이 없다는 견해도 있으나,[37] 법에 따라 출석하도록 하는 것이 바람직하다. 서울회생법원의 법인회생 실무는 관리인 불선임 사건이 대다수이므로 채무자의 대표자가 출석하지 않는 경우는 찾기 힘들다.

⑤ 이해관계인에 대한 이의진술기회 부여   재판장은 출석한 이해관계인들에게 다른 이해관계인의 회생채권 등에 대하여 이의를 진술할 기회를 부여하여야 한다(법 제164조 제2항). 일반적으로 이해관계인들은 다른 채권에 대한 자료를 획득할 기회가 별로 없고, 이의가 진술된 채권의 조사확정재판에 응소하여야 하는 부담 때문에 실제로 다른 채권자의 채권에 대하여 이의를 진술하는 경우가 많지 않다.

⑥ 이의가 진술된 권리자의 구제절차 설명   마지막으로 재판장은 이의가 진술된 채권의 권리구제절차에 관하여 설명한 다음, 특별조사기일의 종료를 선언하는 것이 바람직하다. 회생채권 등의 조사확정재판신청기간 등이 특별조사기일로부터 1개월밖에 안되고, 이해관계인이 대부분 회생절차에 대한 이해가 부족한 상태이기 때문에 서울회생법원에서는 예외 없이 채권자의 권리구제절차에 관하여 상세한 설명을 하고 있다.

제3절   조사 이후의 후속조치

1. 이의의 통지

가. 이의의 통지

조사기간 안에 또는 특별조사기일에서 회생채권·회생담보권에 관하여 이의가 있는 때에는 법원은 이를 그 권리자에게 통지하여야 한다(법 제169조).

---

37) 채무자 또는 채무자의 대표자의 출석 의견진술에 관하여는 条解(中), 641면 이하 참조.

나. 통지의 시기·방법 및 내용

1) 목록에 기재되어 있거나 신고된 회생채권 등이 부인된 권리자에게 이의의 통지를 하는 이유는 조사기간의 말일 또는 특별조사기일의 종료 후 1개월이 경과하도록 조사확정재판을 신청하지 않으면 부인된 권리가 실권될 수 있기 때문에 그 권리자에게 이의가 진술되었음을 알려 주어 조사확정재판신청기간을 넘기게 되는 위험을 막고, 재판의 준비를 하도록 하기 위함이다. 따라서 이의의 통지는 조사기간의 말일 또는 특별조사기일 종료 후 지체 없이 하여야 한다.

2) 통지의 방법에 관하여 특별한 규정은 없으나, 실무에서는 서면으로 통지한다. 이의통지는 특별한 사정이 없는 한 회생채권자·회생담보권자가 신고한 주소·거소·기타 송달을 할 장소 등으로 상당하다고 인정되는 방법으로 하면 되고, 반드시 민사소송법에서 규정한 송달 방식이나 요건을 충족할 필요는 없다.[38]

3) 통지의 내용에 관하여도 법률에 특별한 규정이 없으나, 통지서에는 이의가 진술된 채권을 특정할 수 있는 내용, 이의를 받은 사항과 그 범위, 이의의 사유와 함께 이의에 대한 권리구제방법에 대한 안내가 포함되어 있어야 한다. 실무상 서울회생법원은 이의통지서 말미에 "조사확정재판을 신청하거나 소송수계절차를 밟으려면 2020○년 ○월 ○일까지 이 법원 또는 소송 계속 중인 법원에 신청서를 접수하여야 합니다."라는 문구를 추가하고 있다.

4) 통지서의 양식은 [별지 119] 참조.

2. 이의의 철회

가. 의   의

관리인이 조사기간 안에 이의 여부를 결정하거나 특별조사기일에서 시·부인을 함에 있어서 시일이 촉박하여 채권의 존부에 대한 확인을 할 수 없거나 증빙자료 자체가 부족한 경우에 이의를 하는 경우가 있으므로, 일단 관리인이 이의를 한 후 다시 조사한 결과 그 채권을 시인할 필요가 있을 때에 그 이의를 철회함으로써 조사기간 안에 또는 특별조사기일에서 행한 이의의 효력을 상실시킬 수 있도록 한 제도가 '이의의 철회'이다.

---

38) 대법원 2008. 2. 15. 선고 2006다9545 판결.

나. 철회할 수 있는 시기

이의를 철회할 수 있는 기간은 이의의 대상인 권리가 확정될 때까지라고 해석되고 있다. 여기서 '이의의 대상인 권리가 확정될 때까지'란 관리인이 이의를 진술한 이후 상대방으로부터 권리의 확정을 위한 조사확정재판의 신청이 제기되지 않았을 경우에는 조사기간의 말일 또는 특별조사기일부터 1월이 경과하기 전까지, 상대방으로부터 권리의 확정을 위한 조사확정재판의 신청이 제기되었을 경우에는 조사확정재판과 이에 대한 이의의 소가 확정적으로 종료되기 전까지를 의미한다.[39] 그러나 회생절차가 종결된 경우에는 조사확정재판이나 이에 대한 이의의 소에서 화해 또는 조정에 응할 수 있음은 별론으로 하더라도 이의 철회를 할 수 없음은 물론이다.

다. 철회의 방법

이의의 철회는 특별조사기일에서 진술하거나, 법정 외에서 법원에 대하여 그 취지를 서면으로 제출하면 된다. 법원은 회생채권자표 등에 그 취지를 기재하여야 한다. 실무에서는 관리인이 이의를 철회하는 경우 법원의 허가를 얻도록 하고 있으며,[40] 법원은 이 경우 이의철회의 대상이 된 회생채권 등을 갖고 있는 자에게 그 취지를 통지하여야 한다(규칙제62조)(이의철회통지서 양식은 [별지 121] 참조).

라. 실무상 처리방법

실무상 이의의 철회를 할 수 있는 기간은 그렇게 긴 시간이 아니므로 관리인에게 이의의 철회가 필요한 사항에 대해서는 반드시 위 기간을 준수하도록 지도하여야 한다. 그리고 앞서 설명한 바와 같이 이의의 철회가 법원 허가사항으로 규정되어 있으므로, 법원으로서는 관리인이 이의를 철회하는 것이 타당한 것인지 여부를 신중히 검토하여야 한다.

---

39) 이에 대하여는 법 제168조, 제255조, 제292조의 규정상 회생채권자·회생담보권자표의 기재의 효력이 미치는 범위에 관리인이 포함되지 아니한다는 이유로, 다른 회생채권자·회생담보권자 등의 이의가 없는 경우, 소송행위의 철회에 관한 일반원칙에 따라 이의 대상인 권리가 확정된 후에도 관리인의 이의철회는 가능하다는 견해가 있다.
40) 개시결정 시 통상 관리인이 법원으로부터 허가를 받아야 하는 사항으로 '이의의 철회'를 포함시키고 있다.

3. 회생채권자표 등에의 기재

가. 조사결과의 기재

1) 조사결과의 기재권자

법원사무관 등은 회생채권과 회생담보권 조사의 결과를 회생채권자표와 회생담보권자표에 기재하여야 한다(법 제167조 제1항).

2) 조사결과 기재의 효력

회생채권자표 등의 기재는 회생채권자·회생담보권자와 주주·지분권자 전원에 대하여 확정판결과 동일한 효력이 있다(법 제168조). 이 '확정판결과 동일한 효력'의 의미에 관하여 판례는 기판력이 아닌 확인적 효력을 가지고 회생절차 내 또는 그와 관계 있는 범위 내에서 불가쟁의 효력이 있다는 것으로 보고 있다.[41]

3) 기재에 명백한 오류가 있는 경우

법원사무관 등[42]은 목록에 기재되거나 신고된 회생채권 등에 대하여 회생채권자표 등을 작성하고(법 제158조), 나아가 회생채권 및 회생담보권에 대한 조사결과를 회생채권자표 등에 기재하여야 한다(법 제167조).

여기서 회생채권자표 등의 기재내용에 명백한 오류나 잘못된 계산이 있는 경우 어떻게 처리하여야 하는지 문제될 수 있다.

회생채권자표 등의 작성권자는 법원사무관 등이므로 회생채권자표 등에 명백한 오류가 있는 경우에는 법원사무관 등이 간이하게 재판서 등의 오자 정정 방식에 의해 정정할 수 있다는 견해[43]와 회생채권자 등이 신고한 내용 및 관리

---

41) 대법원 1991. 12. 10. 선고 91다4096 판결은 "정리채권과 정리담보권에 관한 정리채권자표와 정리담보권자표의 기재는 정리채권자·정리담보권자와 주주 전원에 대하여 확정판결과 동일한 효력이 있다고 규정한 취지는 정리채권자표와 정리담보권자표에 기재된 정리채권과 정리담보권의 금액은 정리계획안의 작성과 인가에 이르기까지의 정리절차의 진행과정에 있어서 이해관계인의 권리행사의 기준이 되고, 관계인집회에 있어서 의결권 행사의 기준으로 된다는 의미를 가지는 것으로서, 위 법조에서 말하는 확정판결과 동일한 효력이라 함은 기판력이 아닌 확인적 효력을 가지고 정리절차 내부에 있어 불가쟁의 효력이 있다는 의미에 지나지 않는다."라고 판시하였다. 대법원 2013. 9. 12. 선고 2013다29035(본소), 2013다29042(반소) 판결과 대법원 2017. 6. 19. 선고 2017다204131 판결은 개인회생채권자표 기재의 '확정판결과 동일한 효력'(법 제603조 제3항)에 관하여도 동일한 취지로 판시하였다.

42) 여기서 법원사무관 등은 법원서기관·법원사무관·법원주사 또는 법원주사보를 의미한다(법 제8조 제5항).

43) 위 견해에 의하면, 회생채권자표 등에 명백한 오류나 잘못된 계산이 있는 경우 법원사무관 등은 이를 확인하여 일반적인 문서의 정정방식을 규정한 재판예규에 따라 정정하게 될 것이다 (재판예규 제243호 '재판서 기타 법원의 소송서류 중 오자 정정요령' 참조).

인이 제출한 목록에 따라 법원사무관 등이 회생채권자표 등에 기재한 사항에 명백한 오류 또는 잘못된 계산이 있는 경우에는 법원사무관 등이 직권으로 정정하고, 회생채권 등의 조사결과를 회생채권자표 등에 기재한 사항에 명백한 오류나 잘못된 계산이 있는 경우에는 민사소송법($^{법 제33조, 민사}_{소송법 제211조}$)의 규정에 따라 법원이 경정결정을 할 수 있다는 견해[44]가 대립하고 있다.[45]

대법원은 존재하지 아니하거나 이미 소멸된 회생채권이나 회생담보권이 이의 없이 확정되어 회생채권자표나 회생담보권자표에 기재되어 있더라도 이로 인하여 권리가 있는 것으로 확정되는 것은 아니므로, 이것이 명백한 오류인 경우에는 법원의 경정결정에 의하여 이를 바로잡을 수 있고, 그렇지 아니한 경우에는 무효확인의 판결을 얻어 이를 바로잡을 수 있다고 판시하고 있다.[46] 한편 채권조사기일 당시 유효하게 존재하였던 채권에 대하여 관리인 등으로부터의 이의가 없는 채로 회생채권자표가 확정되어 그에 대하여 불가쟁의 효력이 발생한 경우, 대법원은 관리인으로서는 더 이상 부인권을 행사하여 그 채권의 존재를 다툴 수 없게 되었으므로 관리인이 사후에 한 그러한 부인권 행사의 적법성을 용인하는 전제에서 이미 확정된 회생채권자표 기재의 효력을 다투어 그 무효확인을 구하는 것 역시 허용될 수 없다고 판시하고 있다.[47]

나. 확정된 뜻의 채권증서 등에의 기재

1) 기재권자

법원사무관 등은 확정된 회생채권과 회생담보권의 증서에 확정된 뜻을 기재하고 법원의 인(印)을 찍어야 한다($^{법 제167조}_{제2항}$). 이 제도는 채권자가 목록에 기재되거나 신고되어 확정된 권리를 양도하거나 채무자로부터 변제받는 것과 관련하여 편의를 제공하기 위하여 마련된 것이다.

2) 기재의 대상

확정된 회생채권과 회생담보권의 증서란 확정된 회생채권자 등의 어음·수표 등 유가증권 또는 차용증서 등을 말한다. 그런데 법원인을 날인하기 위해서

---

44) 위 견해에 대하여는 작성권자가 동일함에도 불구하고 신고사항에 대한 정정과 조사결과에 대한 정정을 달리 취급한다는 비판이 있으나, 조사결과 확정된 회생채권 등을 회생채권자표 등에 기재한 때에는 그 기재는 확정판결과 동일한 효력이 있으므로, 법원이 판결경정에 준해 경정결정에 의해 회생채권자표 등을 정정할 수 있다고 보는 것이다.

45) 실무상 관리인이 법원에 시부인표 정정 허가신청을 하는 경우가 있으나, 어느 견해에 의하더라도 법원의 허가사항에 해당한다고 볼 수는 없다.

46) 대법원 2016. 3. 24. 선고 2014다229757 판결, 대법원 1991. 12. 10. 선고 91다4096 판결.

47) 대법원 2003. 5. 30. 선고 2003다18685 판결.

는 신고채권자가 증서의 원본을 제출하여야 확정된 뜻을 기재할 수 있을 것인데, 실무상 신고채권자가 증서의 원본을 제출하는 경우가 별로 없을 뿐 아니라 실제로 이 제도의 경제적 효용이 크지 않기 때문에 위 조항에 따라 법원인을 날인하는 경우는 거의 없다.

제4절 회생채권 등의 조사확정재판, 조사확정재판에 대한 이의의 소 등

회생절차에 참가하고자 하는 회생채권자·회생담보권자는 회생채권·회생담보권을 법원에 반드시 신고하여야 하고(법 제148조, 제149조, 제152조), 신고된 회생채권 등에 대하여 이의가 제기된 때에는 이의자 전원을 상대방으로 하여 법원에 채권조사확정재판을 신청할 수 있으며(법 제170조 제1항), 그 재판에 불복하는 자는 채권조사확정재판에 대한 이의의 소를 제기할 수 있다(법 제171조 제1항). 한편 회생절차개시 당시 이의채권에 관한 소송이 계속 중인 경우 회생채권자 등은 채권조사확정재판을 신청하여서는 아니 되고 이의자 전원을 그 소송의 상대방으로 하여 소송절차를 수계하여야 한다(법 제172조 제1항). 이의채권 중 집행력 있는 집행권원 또는 종국판결이 있는 것에 대하여 이의자는 채무자가 할 수 있는 소송절차에 의하여서만 이의를 주장할 수 있고(법 제174조 제1항), 회생절차개시 당시 그 소송이 계속 중인 경우는 이의자는 그 회생채권 또는 회생담보권을 보유한 회생채권자 또는 회생담보권자를 상대방으로 하여 소송절차를 수계하여야 한다(법 제174조 제2항).

1. 회생채권 등의 조사확정제도의 취지

목록에 기재되어 있거나 신고된 회생채권 등의 존부와 금액, 급부의 내용과 우선권이 있는지 여부에 대하여 이의가 있는 경우에 이를 곧바로 변론을 거치는 소송절차에 의하여 실체적 권리를 확정하도록 하는 것은 지나치게 많은 시간과 비용이 소요되는 문제점이 있다. 법은 이러한 점을 고려하여 이의가 제기된 채권의 존부 및 범위에 관하여는 1차적으로 간이·신속한 결정절차인 조사확정재판 절차를 통하여 확정하도록 하며, 이에 불복이 있는 경우에 한하여 2차적으로 소송절차인 조사확정재판에 대한 이의의 소에서 다투도록 하고 있다.

따라서 회생절차가 개시된 후 회생채권자가 회생채권 이의자를 상대로 회생채
권의 이행을 구하는 소를 제기하거나, 회생절차개시 당시 회생채권에 관한 소송
이 계속 중이지 않은 회생채권자가 조사확정재판을 거치지 않고 회생채권확정
을 구하는 소를 제기하는 것은 부적법하다.[48]

2. 회생채권 등의 확정

목록에 기재되어 있거나 신고된 회생채권 등은 ① 관리인이나 다른 회생채
권자 등으로부터 조사기간 안에 또는 특별조사기일에서 이의가 제기되지 않은
경우, ② 조사기간 안에 또는 특별조사기일에서 이의가 있었으나 후에 이의자가
이의를 철회한 경우, ③ 이의를 진술한 다른 회생채권자 등이 자기의 권리신고
를 철회한 경우, ④ 집행력 있는 집행권원 또는 종국판결이 있는 이의채권에 대
하여 이의를 진술한 관리인 등이 채무자가 할 수 있는 소송절차 등을 통해 다
투지 아니하는 경우, ⑤ 이의가 있은 후에 제기된 회생채권 등의 조사확정재판 및
이에 대한 이의의 소 등의 결과에 의하여 그 이의가 제거된 경우에 확정된다.[49]

---

48) 대법원 2017. 6. 29. 선고 2016다221887 판결, 대법원 2011. 5. 26. 선고 2011다10310 판결.
49) 회생절차개시결정으로 중단된 소송이 회생채권·회생담보권에 관한 것이라 하더라도 조사기
간 안에 또는 특별조사기일에 이의가 없으면 회생채권 등이 확정되고, 그 조사결과를 기재한
회생채권자표 등은 확정판결과 같은 효력이 있으므로 법 제172조에 따른 수계의 문제는 발생
하지 않는다. 이 경우 중단된 소송절차의 운명은 어떻게 될 것인가에 관하여는 ① 당연히 종료
한다는 견해, ② 관리인으로 하여금 수계하도록 한 다음 청구기각 판결을 선고하여야 한다는
견해, ③ 관리인으로 하여금 수계하도록 한 다음 각하하여야 한다는 견해, ④ 수계가 불가능하
므로 중단된 상태에서 각하하여야 한다는 견해, ⑤ 소송종료선언이 필요하다는 견해가 대립하
고 있다. 대법원은 ③ 견해와 비슷한 입장에서 "신고된 회생채권에 대하여 이의가 없는 때에는
채권이 신고한 내용대로 확정되고, 확정된 회생채권을 회생채권자표에 기재한 때에는 그 기재
는 확정판결과 동일한 효력이 있으므로, 계속 중이던 회생채권에 관한 소송은 소의 이익이 없
어 부적법하게 된다."라고 판시하였다(대법원 2020. 3. 2.선고 2019다243420 판결, 2014. 6. 26.
선고 2013다17971 판결). 한편 위 사건과 달리 법 제172조에 따른 수계가능성이 없는 경우 수
계의 방법에 관하여는 견해의 대립이 있다(대법원 2016. 12. 27. 선고 2016다35123 판결에서 회
생채권에 해당하나 신고된 사실이 없는 이 사건 채권은 회생계획인가결정이 있은 때에 실권되
었다고 봄이 타당하므로 회생채권확정의 일환으로 진행되는 소송절차 수계의 여지는 없게 되
었으나, 회생절차개시결정이 있은 때에 중단한 소송절차 중 회생채권 또는 회생담보권과 관계
없는 것은 수계할 수 있다는 규정인 법 제59조 제2항에 따라 관리인 또는 상대방이 수계할 수
있다고 판시하여 법 제59조 제2항에 따른 수계도 검토할 수 있을 것이다).

3. 회생채권 등의 조사확정재판

가. 관 할

조사확정재판의 관할에 관한 규정은 없으나, 회생계속법원에 전속관할이 있는 것으로 해석된다.[50]

나. 재판의 당사자

1) 신청권자

관리인, 당해 회생채권자·회생담보권자 이외의 회생채권자·회생담보권자, 주주·지분권자로서 목록에 기재되어 있거나 자신이 직접 신고를 한 자는 조사기간 안에 서면으로 이의를 제기할 수 있고, 특별조사기일에서 이의를 진술할 수 있는데(법 제161조 제1항, 제164조 제2항, 제165조),[51] 이 경우 이의채권을 보유한 권리자가 회생채권 등의 조사확정재판을 신청할 수 있다(법 제170조 제1항). 이의채권은 채권조사 결과에 기한 확정의 효력(법 제166조)이 부여되지 아니하므로 원칙적으로 이의채권을 보유한 권리자로 하여금 이의채권의 내용을 확정하는 절차를 개시하도록 한 것이다.

회생절차 진행 중 이의채권을 취득한 자는(법 제154조 제1항), 조사확정재판신청기간 내라면 조사확정재판을 신청할 수 있으며, 신청기간 경과 후라면 종전 권리자가 신청한 조사확정재판에 참가할 수도 있다(법 제33조, 민사소송법 제81조).

회생절차개시결정 전 회생채권에 대한 압류 및 추심명령이 있는 경우 조사확정재판은 추심채권자만이 신청할 수 있고, 추심채무자는 조사확정재판을 신청할 수 없다. 다만 추심채권자가 압류 및 추심명령 신청을 취하하여 추심권능을 상실하면 추심채무자가 신청권자의 자격을 회복한다.[52]

---

50) 서울회생법원에서는 회생사건의 사물관할(법 제3조 제5항)에 따라 개인이 아닌 채무자에 대한 회생사건의 조사확정재판은 합의부가, 개인인 채무자에 대한 회생사건의 조사확정재판은 단독판사가 심판한다.

51) 채무자도 회생채권 및 회생담보권에 관하여 이의할 수 있으나(법 제161조 제1항 제2호), 채무자의 이의만 있는 경우 그 회생채권 및 회생담보권은 확정된다(법 제166조). 자세한 것은 제11장 제1절 1. 다. 2) 참조. 한편, 회생채권자 또는 회생담보권자가 자신의 권리를 달리 주장하고자 하면, 신고취하, 권리포기, 신고변경(법 제152조 제4항)을 하면 족하다.

52) 소송 계속 중 회생절차개시결정이 있어 법 제172조에 따른 소송수계 후 진행한 회생채권확정의 소에서 추심채권자의 당사자적격에 관한 대법원 2016. 3. 10. 선고 2015다243156 판결 참조. 회생채권에 관하여 추심명령이 있는 경우에 관한 자세한 내용은 제11장 제1절 5. 다. 참조.

2) 상 대 방

이의채권을 보유한 권리자가 회생채권 등의 조사확정재판을 신청함에 있어서는 이의자 전원을 상대로 하여야 한다(법 제170조 제1항). 따라서 ① 관리인만이 이의를 한 경우에는 관리인만을 상대방으로 하여야 하고, ② 관리인과 다른 회생채권자 등이 동시에 이의를 한 경우에는 관리인과 이의를 제기한 회생채권자 등을 공동의 상대방으로 하여야 하며, ③ 관리인 이외의 수인의 회생채권자 등이 이의를 한 경우에는 그 이의자 전원을 상대방으로 하여야 한다. 따라서 이의채권의 보유자가 수인으로부터 이의를 당하였음에도 불구하고 이의를 진술한 자 중 일부만을 상대로 하여 신청한 채권조사확정재판은 부적법하다.

대법원은 "관리인이 아닌 회생채권자 등 이해관계인이 특별조사기일에서 채권조사확정재판을 제기하여야 할 법 제170조 제1항에서 정한 '이의'를 하였는지는 특별조사기일에서 한 이의의 진술 내용뿐만 아니라 이에 이르게 된 이유나 경위 및 방식, 관리인이나 다른 이해관계인의 이의 여부 및 이의를 하였다면 그 내용 등 제반 사정을 고려하여, 특별조사기일에서 한 이의가 채권조사확정재판절차에서 응소책임을 부담하면서까지 당해 채권의 확정을 차단하기 위한 의사에서 비롯된 것인지에 따라 결정하여야 한다."라고 판시하였다.[53] 실무상 이의채권 보유자가 관리인 외의 이의자를 상대방에서 누락하는 경우가 드물지 않은데, 위 판결로 이의채권 보유자가 채권조사확정재판에서 각하결정을 받을 위험이 경감되었다고 평가할 수 있다.

3) 당사자의 표시

회생절차에서의 조사확정재판의 당사자는 단순히 신청인과 상대방으로 표시하면 족하다.[54]

다. 신청기간

채권조사확정재판의 신청기간은 조사기간의 말일 또는 특별조사기일부터 1월 이내이다(법 제170조 제2항).[55]

---

53) 대법원 2018. 7. 24. 선고 2015다56789 판결 참조.

54) 회생절차에서의 조사확정재판에서 신청인이 될 자는 언제나 이의채권의 보유자이고(법 제170조 제1항 참조), 상대방으로는 채무자의 '관리인'과 '제3의 채권자'가 표시되므로 당사자의 표시를 함에 있어서 당사자가 가지는 이해관계의 내용을 병기하지 않더라도 쉽게 알아 볼 수 있다.

55) 대법원 2003. 2. 11. 선고 2002다56505 판결은 "회사정리법 제147조 제2항이 '정리채권 확정의 소는 그 권리의 조사가 있은 날로부터 1월 이내에 제기하여야 한다'고 규정하고 있는 취지는 정리회사가 부담하는 채무를 되도록 빨리 확정함으로써 정리계획의 작성 등 회사정리절차를

이의채권의 보유자가 신청기간을 도과하여 채권조사확정재판을 신청한 경우, 그 신청은 부적법하여 각하된다. 이 경우 이의채권의 실체법상 권리가 소멸하는 것은 아니지만[56] 이의채권의 보유자가 이의채권의 존부나 내용을 확정할 수 없게 되므로 회생절차에 참가할 수 없다.[57]

라. 신청의 방식 등

1) 신청서의 기재사항

조사확정재판의 신청서에는 당사자 및 대리인의 성명 또는 명칭과 주소, 신청의 취지와 이유를 기재하여야 한다(규칙 제65조 제1항). 신청서에 신청의 이유를 기재함에 있어서는 그 근거가 되는 사실관계에 관하여 구체적으로 기재하고, 증명을 요하는 사항에 관하여는 신청서 제출 시에 미리 증거서류의 사본을 첨부하여야 한다(규칙 같은 조 제2항).

2) 신청서 부본의 제출과 송달

조사확정재판신청서에는 당사자의 수에 1을 더한 부본을 첨부하여야 한다(규칙 제65조 제3항). 법원은 위 신청서 부본을 상대방 당사자에게 송달하여야 한다(규칙 같은 조 제4항).

3) 신청서에 첨부할 인지 등

조사확정재판은 간이·신속한 결정절차로서 판결절차인 조사확정재판에 대한 이의의 소와 다르므로, 이에 대하여는 법 제178조에 따른 소가결정이나 이에 따른 인지의 첨부가 불필요하고, 1,000원의 인지를 붙이면 된다(민사접수서류에 붙일 인지액 및 그 편철방법 등에 관한 예규 제3조). 여럿의 회생채권자들이 공동으로 채권조사확정재판을 신청하는 경우에도 하나의 신청서에 의하는 이상 채권자 수에 상관없이 1,000원의 인지를 붙이면 된다.

신속하게 진행하여 권리관계의 빠른 안정을 꾀하는 데 있으므로, 특별한 사정이 없는 한 법원이 그 기간을 늘이거나 줄일 수 없고, 또 이와 같이 정리채권 확정의 소를 제기할 수 있는 기간은 불변기간이 아니므로 당사자가 책임질 수 없는 사유로 말미암아 그 기간을 지킬 수 없었다고 하더라도 소의 제기를 추후 보완할 수 없다."라고 판시하였다.

56) 채무자가 회생채권과 회생담보권에 관하여 책임을 면하게 되는데, 그 의미에 관하여는 제15장 제5절 2. 다. 1) 참조

57) 다만 회생계획인가 전에 회생절차가 폐지되는 경우에는 그 신청기간을 지키지 못한 이의채권도 실권되지 아니하고, 채무자의 재산에 관한 관리처분권이 관리인에서 채무자로 이전되므로, 이의채권을 보유한 권리자가 채무자를 상대로 통상의 소 등을 통해 자신의 권리를 행사할 수 있게 된다. 주석 채무자회생법(Ⅱ), 740면.

마. 심판의 대상

1) 조사확정재판의 심판의 대상이 되는 것은 이의채권의 존부 또는 그 내용이다(법 제170조 제3항).[58] 회생채권은 금전채권의 경우 금전채권의 존부, 금액, 우선권 유무 등이 확정의 대상으로 되고, 비금전채권의 경우 비금전채권의 존부, 급부의 내용 등이 확정의 대상으로 되며, 회생담보권은 피담보채권의 존부, 금액, 담보권의 목적과 그 가액, 순위 등이 확정의 대상으로 된다.[59] 한편 회생담보권은 회생채권 중에서 유치권 등의 담보권에 의하여 담보된 범위의 채권을 의미하므로 어떠한 채권을 회생담보권으로 확정하는 경우, 동일한 채권을 회생채권으로 확정할 이익은 없다.[60]

2) 조사확정재판의 신청에 의하여 그 확정을 구할 수 있는 것은 목록에 기재되어 있거나 신고된 채권으로서 조사를 거쳐 회생채권자표 등에 기재된 사항에 한한다(법 제173조). 따라서 목록에 기재되어 있지 않거나 신고하지 아니한 권리, 급부의 내용, 액수, 우선권의 유무 등을 직접 조사확정재판에서 확정하는 것은 불가능하며, 이러한 조사확정재판신청은 부적법하다.[61]

문제는 회생채권자표 등에 기재된 권리 대신에 그와 청구의 기초는 동일하지만, 그 발생원인이 다른 권리의 확정을 구할 수 있는가 하는 점이다. 이에 관하여 신고·조사된 채권과 청구의 기초는 동일하지만, 청구의 원인을 달리하는 권리의 확정을 구하는 것(예컨대 매매대금 채권으로 신고·조사를 거쳤는데 추후 그 지급을 위하여 발행된 약속어음 채권으로 변경하는 경우, 매매대금 채권으로 신고하였다가 위임계약상의 채권으로 변경하는 경우, 약속어음금 채권을 신고하였다가 손해배상 채권으로 변경하는 경우 등)은 관리인, 다른 회생채권자 등 이해관계인의 이의권을

---

58) 회생채권 등의 보유자가 채무자의 주채무로 신고하였는데 관리인이 이를 보증채무로 시인한 경우 채권조사확정재판에서 주채무 또는 보증채무 여부를 확정할 수 있는지에 관하여, ① 주채무와 보증채무의 구별이 결의를 위한 관계인집회의 조분류, 회생계획의 변제율 등에 영향을 미친다는 이유로 조사확정재판의 대상이 된다는 견해가 있으나 ② 주채무와 보증채무는 동일한 권리의 우선순위를 지닌 회생채권으로서 각 채권의 액에 비례하여 의결권이 부여되는 등 법률상 동일하게 취급되고, 다만 회생계획에서 형평의 원칙을 적용하여 변제조건에 있어서 일정한 차등을 둘 수 있느냐 하는 문제만이 생길 뿐이어서 권리의 존부 및 액수에 다툼이 없는 경우, 당해 채권이 주채무냐 보증채무냐를 가리는 문제는 회생계획에서 어떠한 취급을 받느냐 하는 해석의 문제에 불과하여 이의 및 조사의 대상이 되지 아니한다고 보는 견해가 유력하다. 위 ② 견해에 의하면, 관리인이 시인한 채무의 성질이 주채무인지 보증채무인지 여부를 다투는 조사확정재판신청은 부적법하다.

59) 주석 채무자회생법(Ⅱ), 745면.

60) 대법원 2021. 2. 4. 선고 2018다304380, 304397 판결.

61) 대법원 2003. 5. 16. 선고 2000다54659 판결, 대법원 1998. 8. 21. 선고 98다20202 판결.

박탈하는 것으로서 허용될 수 없다고 하는 견해가 있으나, 사실관계 자체가 불
명확하여 권리의 내용을 사전에 정확히 확정하기 어려운 경우가 있으므로, ①
채권자표에 기재된 권리와 급부의 내용이나 액수가 동일할 것, ② 청구의 기초
가 동일하나 그 발생원인을 달리하는 채권일 것, ③ 관리인 등의 이의권을 실질
적으로 침해하지 않을 것 등과 같은 요건을 충족할 경우에는 허용하는 것이 타
당하다.[62]

3) 조사확정재판의 심판대상은 이의채권 즉, 이의가 있는 회생채권 및 회생
담보권이다. 조사기간 안에 또는 특별조사기일에 이의가 없는 회생채권 또는 회
생담보권에 관한 조사확정재판신청은 부적법하다. 또한 이의가 철회된 경우에도
이미 신청인이 존부와 내용의 확정을 구하는 이의채권이 회생채권 또는 회생담
보권으로 확정되었으므로 더 이상 조사확정재판을 신청할 이익이 없어 부적법
하다.

가분채권인 회생채권 또는 회생담보권의 일부에 대하여는 이의가 없고, 나
머지 부분에 대해서만 이의가 있는 경우(예컨대, 회생채권자의 신고 채권액 1억 원,
관리인의 시인액 6천만 원, 부인액 4천만 원) 채권조사확정재판이나 그에 대한 이의
의 소의 소송물은 관리인 등이 회생채권 또는 회생담보권으로 시인한 금액을
초과하는 채권의 존재 여부이므로,[63] 이의 없는 부분(6천만 원)은 조사확정재판
의 대상이 되지 아니하고, 이의 있는 부분(4천만 원)만이 조사확정재판의 대상이
된다. 또한 채권자는 처분권주의 원칙상 이의채권 중 일부에 대하여도 채권조사
확정재판을 신청할 수 있고, 이 경우 그 소송물은 이의채권 중 채권조사확정재
판이 신청된 부분에 한정된다.[64]

한편 추후 보완 요건을 갖추지 못하였음을 이유로 한 이의나 조사확정재판
신청의 허용 여부에 관하여, 대법원은 "일단 회생법원이 추완신고가 적법하다고

---

62) 구 파산법상의 파산채권확정소송에 관하여 대법원 2007. 4. 12. 선고 2004다51542 판결은 "파
산채권확정절차에서 당초의 신고채권과 발생원인사실부터 별개의 채권으로 보이는 것의 확정
을 구하는 것은 허용되지 않지만, 파산채권자표에 기재되어 있는 권리와 급부의 내용이나 수액
에 있어서 같고 청구의 기초가 동일하지만 그 발생원인을 달리하는 다른 권리의 확정을 구하
는 경우와 같이 비록 법률상의 성격은 다르더라도 사회경제적으로 동일한 채권으로 평가되는
권리로서 그 채권의 확정을 구하는 것이 파산관재인이나 다른 채권자 등의 이의권을 실질적으
로 침해하는 것이 아니라면 그러한 채권의 확정을 구하는 것은 허용된다."라고 하면서 예금자
들이 파산법원에 예금 채권으로 신고하였으나 후에 파산채권확정의 소에서 금융기관의 사용자
책임으로 인한 손해배상 채권의 확정을 구할 수 있다고 판시하였다.

63) 대법원 2012. 6. 28. 선고 2011다17038, 17045(병합) 판결, 대법원 2003. 2. 11. 선고 2002다
62586 판결 참조.

64) 대법원 2012. 6. 28. 선고 2011다17038, 17045(병합) 판결 참조.

판단하여 특별조사기일을 열어 추완신고된 채권에 대한 조사절차까지 마친 경우에는, 법에서 정한 신고의 추후 보완 요건을 구비하지 않았다는 것을 사유로 하는 이의는 허용되지 않고, 그 채권조사확정재판에서도 신고의 추후 보완 요건을 구비하지 않았다는 사유를 주장할 수 없다."라고 판시하였다.[65]

4) 의결권의 존부 및 범위는 조사확정재판의 대상이 되지 않는다.[66] 의결권은 채권의 존부 및 내용과 같은 실체법적 권리의 문제가 아니라 단지 회생절차 내에서 어떠한 액만큼의 표결권한을 행사할 수 있는가에 관한 절차법적 권리의 문제에 불과하고, 일단 결정된 의결권의 액이라도 법원이 직권 또는 신청에 의하여 '언제든지' 변경할 수 있는 등 아무런 확정력이 부여되어 있지 아니하므로 (법 제188조 제3항), 조사확정재판이나 그에 대한 이의의 소처럼 엄격한 절차를 거쳐 확정하여야 할 필요성이 없기 때문이다. 대신에 법은 의결권에 관하여 이의를 제기당한 권리자에게 의결권을 행사하게 할 것인지 여부와 의결권을 행사하게 할 액 또는 수를 법원이 '결의를 위한 관계인집회'에서 결정하도록 하고 있으므로 (법 제188조 제2항), 의결권의 존부와 그 액수 등은 조사확정재판의 대상이 아니라 위 관계인집회에서 결정하여야 한다. 관계인집회기일 당시 조사확정재판이 확정된 경우에는 확정된 채권의 내용 및 액에 따라서 의결권을 행사하게 되고, 만일 아직 조사확정재판이 확정되지 아니한 경우라면 법원이 그동안 조사확정재판을 진행하면서 당해 이의채권의 내용 및 액에 관하여 형성된 심증에 기초하여 불확정 요소 등을 평가하여 이의채권에 대하여 어떠한 액수의 의결권을 부여할지 결정하면 충분하다.

5) 공익채권은 조사확정재판의 대상이 되지 아니하나, 실무상 공익채권임을 확정하여 달라는 조사확정재판신청이 많다. 신청취지로 공익채권의 확정을 구하는 경우에는 신청 자체로 부적법하고[67] 신청취지로 회생채권의 확정을 구하고 심리 결과 공익채권으로 밝혀진 경우에도 조사확정재판신청을 각하하는 것이 서울회생법원의 다수 실무례이다.

6) 조세 등의 청구권은 채권신고 및 채권조사에 관하여 특칙을 두고 있으므로 조사확정재판의 대상이 되지 않는다.[68]

7) 회생절차개시 당시 이의채권에 관하여 소송이 계속되고 있는 경우, 집행

---

65) 대법원 2018. 7. 24. 선고 2015다56789 판결 참조.
66) 대법원 2015. 7. 23. 선고 2013다70903 판결 참조.
67) 이 경우에도 회생채권이 부존재함을 확정하여야 한다는 견해도 있다.
68) 자세한 것은 제9장 제2절 5. 다. 5) 참조.

력 있는 집행권원 또는 종국판결이 있는 이의채권인 경우에는 채권조사확정재판을 신청할 수 없고, 이의채권의 보유자가 회생절차개시결정에 의하여 중단된 소송절차를 수계하거나 이의자가 채무자가 할 수 있는 소송절차에 의하여 이의를 주장하여야 한다(법 제170조 제1항 단서).

바. 심리의 특칙(필요적 심문)

채권조사확정재판은 결정절차이지만 일반적인 결정절차와는 달리 이의자를 필요적으로 심문하여야 한다(법 제170조 제4항). 조사확정재판의 신청인은 반드시 심문을 하여야 하는 것은 아니나, 실무상 이의자와 함께 심문을 하고 있다. 조서확정재판의 조서를 작성하지 않아도 되지만, 재판장이 조서의 작성을 명한 때에는 조서를 작성한다(규칙 제5조 제3호).

사. 결 정

조사확정재판에서 정할 대상은 이의채권의 존부와 그 내용이지 신청의 당부가 아니다(법 제170조 제3항). 따라서 심리 결과 회생채권의 존재가 전부 인정되지 아니할 경우에는 그 결정 주문에서 조사확정재판을 기각한다고 할 것이 아니라, 회생채권이 존재하지 아니한다는 취지의 결정을 하여야 한다.

한편 심리 결과 조사확정재판의 대상인 이의채권 중 일부만 인정되는 때에는(예컨대, 위 마. 3)항의 예에서 부인된 채권액 4천만 원 중 3천만 원만 인정되는 경우), 실무상 주문에 "신청인의 채무자 ○○○에 대한 회생채권은 3천만 원임을 확정한다."라고 표기하고, 나머지 신청을 기각하는 취지의 기재는 하지 않고 있다.[69]

신청비용은 조사확정재판이 간이한 절차인 점 등을 고려하여 각자 부담하는 주문을 내는 것이 서울회생법원 다수의 실무례이다.

통상의 판결과 같은 정도로 그 이유를 자세히 기재할 경우에는 재판부의 부담으로 말미암아 채권관계의 신속한 확정이라는 제도의 도입 취지를 저해할

---

69) 한편 관리인이 신고된 회생담보권에 대하여 담보권 목적의 가액을 초과한다는 이유로 그 초과부분을 부인하되 회생채권으로 시인하고, 이에 대하여 이의대상 회생담보권자가 담보권 목적의 가액이 과소평가되었다는 이유로 회생담보권 등 조사확정재판을 신청하는 경우가 있다. 이러한 경우 심리결과 담보권 목적의 가액이 과소평가된 것이라면 회생담보권이 추가로 인정되는 대신 담보권 목적의 가액 초과를 이유로 회생채권으로 시인되었던 부분은 그만큼 줄어들게 되는데, 실무상 조사확정재판결정의 주문에는 회생담보권으로 추가로 인정된 부분만 기재되고 있으므로, 회생담보권과 연동되어 감축된 회생채권에 대한 내용을 조사확정재판결정의 이유에 기재하여 감축된 회생채권에 관한 내용을 명확히 하기도 한다.

소지가 있으므로, 조사확정재판의 결론을 뒷받침할 수 있을 정도로 이유의 요지
만을 기재할 수 있다(규칙 제66조 제1항)(조사확정재판의 결정례는 [별지 124], [별지 125] 참조).

아. 조정 등

법원은 조사확정재판에서도 당사자에게 화해를 권유하거나 조정에 회부하
는 결정을 할 수 있다. 법원이 조정에 회부하는 결정을 한 경우에는 그 이후의
절차는 민사조정법 및 민사조정규칙을 준용한다(규칙 제66조 제2항). 실무상으로는 당사자
사이에 합의가 이루어질 경우 관리인이 이의한 채권의 전부 또는 일부에 관하
여 법원의 허가를 받아 이의를 철회하고 신청채권자가 조사확정재판신청을 취
하하는 경우가 많다. 만일 신청채권자가 취하하지 않는 경우에는 위 신청을 각
하하고 있다.

4. 조사확정재판에 대한 이의의 소

가. 관   할

이의의 소는 복수의 당사자가 관여하는 경우 복수의 당사자에게 공통되는
관할을 정하여야 하므로, 회생계속법원의 관할에 전속하는 것으로 규정하고 있
다(법 제171조 제2항). 여기서 회생계속법원이란 회생사건이 계속 중인 재판부를 포함하는
관서로서의 법원을 의미하므로, 이의의 소의 심리는 법원의 사무분담에 따라 회
생재판부 이외의 재판부가 담당할 수도 있다.

나. 당사자적격

1) 원고적격

조사확정재판에 대하여 불복이 있는 경우에는 즉시항고가 아니라 이에 대
한 이의의 소를 제기하여야 한다(법 제171조 제1항).[70] 조사확정재판에 대하여 이의의 소
를 제기할 수 있는 자는 이의채권의 보유자[71] 또는 이의채권에 관하여 이의를

---

70) 법이 조사확정재판에 대한 이의의 소를 별개로 마련한 이상 조사확정재판에 대한 항고는 항
고의 이익이 없어 부적법하다. 다만 실무상으로는 항고를 하는 경우가 거의 없고, 있더라도 취
하를 권고하면서 조사확정재판에 대한 이의의 소를 안내하면 취하서를 제출하고 있어 실제로
문제되는 경우는 거의 없다.

71) 채권에 대한 압류 및 추심명령에 이어 제3채무자에 대한 회생절차개시결정이 있으면, 제3채
무자에 대한 회생채권확정의 소는 추심채권자만 제기할 수 있고 추심채무자는 회생채권확정의
소를 제기할 당사자적격을 상실하나, 추심채무자의 회생채권확정의 소가 계속되던 중 추심채권
자가 압류 및 추심명령 신청을 취하하여 추심권능을 상실하면 추심채무자가 당사자적격을 회

제기하였던 자로서 조사확정재판의 당사자이었던 자에 한한다. 따라서 이의채권에 관하여 이의를 하지 아니하였던 채권자로서 채권조사확정재판의 당사자가 아니었던 자는 원고적격이 없다.

회생채권에 관하여 관리인, 다른 회생채권자 등 수인이 이의를 제기한 경우에 이의채권의 보유자는 이의자 전원을 상대방으로 하여 채권조사확정재판을 신청하여야 하지만, 그 결과에 대하여 이의자가 불복을 하는 경우에는 이의자 전원이 필수적 공동소송의 원고가 되어 소를 제기할 필요 없이 각자 이의의 소를 제기하면 족하다.

2) 피고적격

가) 이의채권의 보유자가 이의의 소를 제기하는 경우에는 이의자 전원을 필수적 공동피고로 하여야 한다(법 제171조 제3항). 따라서 이의채권의 보유자가 이의자 중 일부만을 피고로 하여 제기한 조사확정재판에 대한 이의의 소는 부적법하다.

나) 이의채권에 관하여 이의를 한 자가 이의의 소를 제기하는 경우에는 각자 이의채권의 보유자를 피고로 하여 이의의 소를 제기하면 족하다. 다만 동일한 채권에 관한 이의의 소가 여러 개 계속된 경우에는 합일확정의 필요가 있으므로 변론을 병합하여야 한다(법 제171조 제5항).

다. 제소기간

이의의 소는 채권조사확정재판의 결정서를 송달받은 날부터 1월 이내에 제기하여야 한다(법 제171조 제1항). 제소기간의 제한은 이의의 소를 본소로 제기하는 경우뿐만 아니라 반소로 제기하는 경우에도 적용된다.[72]

이의의 소가 제소기간을 경과하여 제기된 경우 부적법하므로 이를 각하하여야 한다. 이의의 소가 제소기간 안에 제기되지 아니하거나 각하된 때에는 조사확정재판의 내용은 관리인·회생채권자·회생담보권자의 신청에 의하여 회생채권자표에 기재되고(법 제175조), 회생채권자·회생담보권자·주주·지분권자 전원에 대하여 확정판결과 동일한 효력이 있다(법 제176조 제2항).

복한다. 이러한 사정은 당사자가 주장하지 않아도 법원이 직권으로 조사하여 판단하여야 하고, 사실심 변론종결 이후에 이러한 사정이 생겼다면 상고심에서 이를 참작하여야 한다(대법원 2016. 3. 10. 선고 2015다243156 판결).

72) 주석 채무자회생법(Ⅱ), 758면.

라. 소장에 첨부할 인지

이의의 소의 소장에 첨부할 인지는 일반 소송에서와 같이 소송목적의 가액에 따라 결정된다(민사소송 등 인지법 제2조, 민사접수서류에 붙일 인지액 및 그 편철방법 등에 관한 예규 제3조 등 참조). 따라서 인지첨부를 위하여 소송목적의 가액을 알아야 할 필요성이 있다. 실무상 이의의 소가 제기되면 재판장 등의 인지보정명령이 내려지게 되고, 원고는 소송목적의 가액을 확정하기 위하여 회생계속법원에 법 제178조에 기한 소가결정신청을 하여 위 법원이 결정하는 소송목적의 가액에 따라 인지보정을 하게 된다.

마. 변론 및 심리

1) 변론의 개시시기 제한

채권조사확정재판에 대한 이의의 소의 변론은 조사확정재판의 결정서를 송달받은 날부터 1개월이 경과한 후가 아니면 개시할 수 없다(법 제171조 제4항). 이는 동일한 회생채권 등에 관하여 복수의 이의의 소가 제기될 수 있고, 그런 경우 소송절차에서의 판단을 합일확정할 필요가 있기 때문에 새로운 이의의 소가 제기될 가능성이 있는 기간까지 변론의 개시시기를 제한한 것이다.

2) 변론의 병합

동일한 이의채권에 관하여 이의의 소가 여러 개 동시에 계속하는 경우로서는 ① 이의채권의 보유자와 이의자 등이 각각 이의의 소를 제기한 경우, ② 여럿의 이의자가 각자 이의채권의 보유자를 상대로 이의의 소를 제기한 경우가 있을 수 있다. 이의의 소의 판결은 회생채권자·회생담보권자, 주주·지분권자 등 이해관계인 전원에 대하여 효력이 있는 것이어서(법 제176조) 합일확정의 필요성이 있으므로, 동일한 이의채권에 관하여 여러 개의 소가 계속되어 있는 때에는 변론을 병합하여 일체로서 심리·판단하도록 하고 있다(법 제171조 제5항). 이에 따라 서로 대립되는 소송의 변론이 병합될 경우에는 당사자가 원고와 피고의 지위를 겸할 수 있으므로, 당사자 표시를 '원고 겸 피고' 또는 '원고(반소피고)' 등으로 하게 될 것이다.

3) 소송절차

법에 특칙이 있는 외에는 민사소송법을 준용하므로(법 제33조), 당사자주의, 처분권주의, 변론주의가 적용되어 법원은 당사자가 신청하지 아니한 사항에 대하여는 판결하지 못하고, 청구의 화해, 포기·인낙을 할 수 있으며, 자백에 관한 법칙도 그대로 적용된다.

이의자는 이의채권을 배척하고 이의를 관철함에 필요한 공격방법을 제출할 수 있고, 그 공격방법으로 부인과 사실항변(변제, 착오 등)은 제한 없이 행사할 수 있지만 권리항변(취소, 해제 등)은 실체법상 이의자가 그러한 권리를 행사할 수 있는가에 의하여 결정된다. 이의자가 관리인이라면 회생채무자에게 속하는 일체의 권리행사가 가능하므로 의사표시의 취소, 계약의 해제 등을 항변으로 주장할 수 있다. 또 관리인은 부인권을 가지므로 부인의 항변을 할 수도 있다.[73]

4) 주장·증명책임

'관리인 등이 회생채권 또는 회생담보권으로 시인한 금액을 초과하는 회생채권 또는 회생담보권이 존재한다는 점'은 이를 주장하는 회생채권자 등이 증명하여야 한다.

회생채권조사확정재판에 대한 이의의 소에서 '원고가 주장하는 회생담보권 채권액이 담보목적물의 가액에서 선순위 담보권의 채권액을 공제한 금액을 초과하지 않는다는 사실'은 회생담보권 발생의 요건사실 중 하나로서 원고가 이를 주장·증명하여야 한다.[74]

바. 판   결

이의의 소의 판결은 그 소가 부적법하여 각하하는 경우를 제외하고는 채권조사확정재판의 결정을 인가하거나 변경하는 판결을 하여야 한다(법 제171조 제6항).

법문상 '인가'하거나 '변경'하는 판결을 하도록 하고 있어 채권조사확정재판의 결론을 전부 또는 일부 변경하는 경우, '취소' 주문을 사용할 수 있는지 문제되나, 법이 취소 판결을 규정하지 않고 변경하는 판결만을 규정한 것은 채권조사확정재판의 전부 또는 일부가 부당한 경우 이를 취소할 것이 아니라 부당한 부분에 대하여 이의채권의 존부와 내용을 다시 정하여 변경하여야 한다는 취지이므로 법문에 충실하게 변경주문을 사용하는 것이 바람직하다.[75]

73) 임채홍·백창훈(상), 632면.
74) 대법원 2012. 11. 15. 선고 2011다67897 판결.
75) 주석 채무자회생법(II), 763, 764면; 심태규, "채권조사확정재판에 대한 이의의 소에 관한 실무상 문제점", 사법논집 제66집, 법원도서관(2018), 433, 434면. 다만 주문에 채권조사확정재판을 취소한다고 기재하더라도 이어서 회생채권 또는 회생담보권의 존부를 기재하면 결국 채권조사확정재판을 변경한 것이 되므로 취소한다는 표현 자체를 사용하더라도 부적법하다고 보기는 어려울 것이다. 한편, 유사한 제도인 부인의 청구를 인용하는 결정에 대한 이의의 소(법 제107조), 법인의 이사 등의 책임에 기한 손해배상청구에 관한 조사확정재판에 대한 이의의 소(법

또한 채권조사확정재판을 인가하거나 변경하는 경우 전부 또는 일부 청구를 기각한다는 취지의 주문을 기재하여야 하는지도 문제된다.[76] 이에 대해, 이의의 소에서는 원고가 청구취지로 채권조사확정재판의 변경을 구하고 피고가 채권조사확정재판의 인가를 구하는데, 채권조사확정재판을 인가하는 경우 그 인가가 곧 원고의 청구를 기각하는 것으로 되고, 채권조사확정재판을 변경하는 경우 그 심판대상인 채권조사확정재판의 변경 그 자체로써 이의채권의 존부가 전부 판단된다는 점 등을 이유로 기각 주문을 별도로 기재할 필요가 없다는 견해가 유력하다. 서울회생법원의 최근 실무례는 변경 판결을 하는 경우 기각 주문을 기재하지 않고 있다.

이의의 소의 판결의 태양으로는 ① 채권조사확정재판의 결정이 정당하다고 판단되어 채권조사확정재판을 인가하는 경우,[77] ② 회생채권 등의 내용의 일부를 변경하는 경우, ③ 회생채권 등이 부존재한다는 취지의 채권조사확정재판을 변경하여 새로이 회생채권 등의 내용을 인정하는 경우,[78] ④ 회생채권 등의 내용을 인정한 채권조사확정재판을 변경하여 새로이 회생채권이 부존재한다는 취지의 판결을 하는 경우, ⑤ 채권조사확정재판신청이 부적법하여 채권조사확정재판신청을 각하하는 취지의 판결을 하는 경우[79] 등이 있다.

제116조) 등의 경우에는 법문상 그 결정을 인가·변경하는 것 외에도 취소할 수 있도록 되어 있으므로 취소 주문을 사용할 수 있을 것이다.

76) 실무에서는, 채권조사확정재판을 인가하는 경우에는 기각 주문을 기재하지 않는 경우가 많으나, 일부 변경하는 경우에는 나머지 청구 기각 주문을 기재하는 경우와 기재하지 않는 경우가 혼재하고 있는 것으로 보인다.

77) 이 경우 판결 주문은 "○○법원 2023. ○. ○. 자 2023회확○○ 회생채권조사확정재판을 인가한다"는 형식이 될 것이다.

78) 위 ②, ③의 경우 판결 주문은 "○○법원 2023. ○. ○. 자 2023회확○○ 회생채권조사확정재판을 다음과 같이 변경한다. 원(피)고의 채무자에 대한 회생채권은 ○○원임을 확정한다."라는 형식이 될 것이다

79) 이 경우 판결 주문은 "○○법원 2022. ○. ○ . 자 2022회확○○ 회생채권조사확정재판을 다음과 같이 변경한다. ○○의 회생채권조사확정재판신청을 각하한다(전부 부적법한 경우)." 또는 "○○법원 2022. ○. ○. 자 2022회확○○ 회생채권조사확정재판을 다음과 같이 변경한다. ○○의 회생채권조사확정재판신청 중 ○○ 부분을 각하한다. ○○의 채무자에 대한 회생채권은 ○○원임을 확정한다(일부 부적법하고 회생채권의 존재가 인정되는 경우)." 또는 "○○법원 2022. ○. ○. 자 2022회확○○ 회생채권조사확정재판을 다음과 같이 변경한다. ○○의 회생채권조사확정재판신청 중 ○○ 부분을 각하한다. ○○의 채무자에 대한 회생채권은 존재하지 아니함을 확정한다(일부 부적법하고 회생채권의 존재가 인정되지 않는 경우)."라는 형식이 될 것이다.

5. 이의채권에 관한 소송의 수계

가. 개   요

회생절차개시 당시 이의채권에 관하여 소송이 계속하는 경우 회생채권자 또는 회생담보권자가 그 권리의 확정을 구하고자 하는 때에는 이의자 전원을 그 소송의 상대방으로 하여 소송절차를 수계하여야 한다(법 제172조 제1항). 법이 이의채권에 관하여 특별히 간이·신속한 확정 절차를 마련하고 있다고 하더라도 회생절차개시 당시에 이미 이의채권에 관하여 소송이 계속 중인 경우에 이의채권을 보유한 권리자로 하여금 다시 소송을 제기하도록 하는 것은 비용과 시간의 측면에서 비경제적이고 종래 소송의 경과를 무시하는 것이 되어 불합리하기 때문이다. 따라서 이의채권을 보유한 권리자가 회생절차개시 당시 이미 소송이 계속 중이어서 수계신청을 하여야 함에도 불구하고 법 제170조에 의하여 별도의 조사확정재판을 신청하는 것은 권리보호의 이익이 없어 부적법하다.[80]

나아가 회생채권자 등이 원래의 소송이 계속 중인 법원에 소송수계신청을 하지 않고 회생계속법원에 채권조사확정재판을 신청한 후 소송수계신청기간이 경과한 후에 중단되어 있던 원래의 소를 취하한 경우, 소를 취하할 당시 이미 채권조사확정재판신청기간이 경과한 이상 채권조사확정재판의 신청이 소급하여 적법하게 된다고도 볼 수 없다.[81]

나. 수계의 신청

1) 수계의 대상이 되는 소송

수계의 대상이 되는 소송은 회생절차개시 당시 소송이 계속되어 있는 이의채권을 소송물로 하는 소송으로, 이행소송뿐만 아니라 적극적 확인소송이나 채무자가 제기한 소극적 확인소송도 포함된다.[82]

---

80) 대법원 1991. 12. 24. 선고 91다22698, 91다22704 판결 참조.
81) 대법원 2001. 6. 29. 선고 2001다22765 판결 참조. 이는 회생채권자 등이 채권조사확정재판을 신청한 후 소송수계신청기간이 경과하기 전에 중단되어 있던 원래의 소에 대하여 취하신청을 한 경우에도 마찬가지이다. 다만 이에 대하여 당사자 구제의 필요성, 소 취하의 소급효 등을 이유로 회생채권자 등의 채권조사확정재판신청은 적법하게 된다는 반대견해가 있다.
82) 수계의 대상이 되는 소송에 회생담보권 또는 회생채권에 관한 중재절차가 포함되는지 문제될 수 있다. 이에 대하여는 중재절차 역시 법 제59조와 법 제172조에서 말하는 소송에 해당되므로 중단 및 수계의 대상이 된다는 견해가 있으나, 중재절차는 소송절차에 해당하지 아니하므로 중단 및 수계의 대상이 되지 아니하고 별개의 조사확정재판신청을 하여 회생채권 등의 확

여기서의 '소송이 계속하는 경우'라 함은 소제기 시가 아닌 채무자에게 소장 부본이 송달된 때를 말한다. 따라서 소제기 후 소장부본이 채무자에게 송달되기 전에 채무자에 대한 회생절차개시결정이 있는 경우, 소송이 계속되어 있음을 전제로 한 법 제172조 제1항에 따른 수계신청은 부적법하다.[83]

2) 수계의 기간 제한

수계의 신청은 이의가 있는 채권에 관한 조사기간의 말일 또는 특별조사기일로부터 1월 이내에 하여야 한다(법 제172조 제2항, 제170조 제2항.). 1개월의 기간이 경과한 후에 수계신청을 한 경우에는 그에 따른 채권확정의 소가 부적법하게 된다.[84]

또한 수계신청은 조사기간의 말일 또는 특별조사기일 이전에 할 수 없고, 그 이전에 한 수계신청은 부적법하다. 법 제172조 제1항의 소송절차 수계는 회생채권확정의 일환으로 진행되는 것으로서, 소송수계에서 관리인은 그 회생채권에 대한 이의자로서의 지위에서 당사자가 되므로, 이의채권이 되지 아니한 상태에서 미리 당사자로서 소송수계신청을 할 수는 없기 때문이다.[85]

3) 당 사 자

회생채권자·회생담보권자가 수계신청을 하는 경우에는 이의자 전원을 계속 중인 소송의 상대방으로 하여야 한다. 이의자란 회생채권 등의 내용을 인정하지 아니하고 이의를 제기한 회생채권자 등을 말한다. 이의자가 복수인 경우, 수계신청은 이의자 전원을 상대방으로 하여야 한다. 이는 고유필수적 공동소송이므로 이의자 중 일부를 상대방으로 한 수계신청은 부적법하다.

관리인도 수계신청을 할 수 있다. 관리인이 수계신청을 하더라도 전체 회생채권자 등 이해관계인의 이익을 해하지 않고, 회생채권 또는 회생담보권의 조

정을 구하여야 한다. 이와 관련하여 대한상사중재원도 신청인의 중재신청 이후 상대방에 대한 회생절차개시결정이 있자 신청인이 상대방을 관리인으로 수계한 후 신청취지를 회생채권확정을 구하는 취지로 변경한 사안에서, '회생채권의 확정은 채권조사확정재판에 의하여 또는 그 조사확정재판에 대한 이의의 소에 의하여 확정될 수 있을 뿐이라는 이유로 중재신청의 이익이 없다'고 보아 중재신청을 각하하였다[중재 제12111-0097호, 건설중재판례집(2015)].

83) 심태규(주 75), 400-402면.
84) 대법원 2008. 2. 15. 선고 2006다9545 판결, 대법원 2000. 2. 11. 선고 99다52312 판결. 따라서 1개월의 기간이 경과한 후 수계신청을 한 경우 기간경과를 이유로 수계신청을 각하하여서는 아니 되고, 소송을 수계하게 한 후 채권확정의 소를 각하하여야 한다. 다만 이에 대하여 소송수계신청이 수계기간 도과 이후 이루어진 경우 수계신청을 기각하고 원래 소송은 중단된 채로 두었다가, 인가 전에 회생절차가 폐지되면 채무자가 수계하도록 하고, 회생계획이 인가되면 중단된 소송상의 권리는 회생계획인가결정에 따라 확정적으로 소멸하므로 관리인으로 하여금 소송을 수계하게 한 후 권리소멸을 이유로 청구기각 판결을 선고하여야 한다는 견해로 임채홍·백창훈(상), 638면 참조.
85) 대법원 2016. 12. 27. 선고 2016다35123 판결, 대법원 2015. 10. 15. 선고 2015다1826 판결, 대법원 2013. 5. 24. 선고 2012다31789 판결.

기확정 취지에도 부합하며, 민사소송법 제241조가 "소송절차의 수계신청은 상대방도 할 수 있다."라고 규정하고 있기 때문이다.[86]

4) 수계절차

수계절차 자체는 민사소송법과 민사소송규칙의 일반 규정에 따른다. 따라서 소송절차의 수계신청은 중단 당시 소송이 계속된 법원에 서면으로 하여야 하고 그 신청서에는 소송절차의 중단사유와 수계할 사람의 자격을 소명하는 자료를 첨부하여야 한다(민사소송규칙 제60조 등 참조).[87] 이를 위하여 회생채권자 등은 법원사무관등에게 자신의 권리에 관한 조사결과가 기재된 회생채권자표 등의 초본을 교부받을 수 있다(법 제172조 제2항, 제167조 제3항).

다. 수계 후의 소송

1) 청구취지 등의 변경[88]

회생절차에서의 채권확정소송의 법적 성질은 이의가 있는 사항에 관한 확인소송이라는 것이 통설이다. 따라서 수계 후의 소송은 확인소송의 성질에 부합하게 청구취지가 변경되거나 반소가 제기되어야 한다.[89] 예컨대 회생채권자가 원고가 되어 이행의 청구를 하고 있었다면 "원고의 채무자 ○○○에 대한 회생채권은 ○○○원임을 확정한다."[90]라고 청구취지를 변경하여야 하고, 반대로 채무자가 원고가 되어 회생채권자를 상대로 채무부존재확인 청구소송을 하고 있었다면 회생채권자가 소송의 수계신청을 한 다음 반소로써 "반소원고의 채무자 ○○○에 대한 회생채권은 ○○○원임을 확정한다."라는 청구를 하여야 한다.[91]

---

86) 대법원 2015. 7. 9. 선고 2013다69866 판결, 대법원 1997. 8. 22. 선고 97다17155 판결. 파산절차에 관한 대법원 2020. 12. 10. 선고 2016다254467, 254474 판결 참조.
87) 다만, 소송수계신청이 있었는지 여부는 그 신청서면의 표제 등 형식을 기준으로 할 것이 아니라 실질을 기준으로 판단하여야 한다(대법원 2014. 11. 27. 선고 2011다113226 판결, 대법원 1980. 10. 14. 선고 80다623, 624 판결 등 참조).
88) 한편 회생채권 등의 확정을 구하는 것으로 청구가 변경되었다고 하더라도, 위 소송이 회생계속법원의 관할에 전속하는 것이 아니므로 회생채권확정의 소로 청구가 변경되었다는 사정만으로 회생계속법원에 이송을 하여서는 아니 된다.
89) 소송수계가 이루어진 후 원고가 청구취지를 변경하지 않는 경우, 원고에게 회생채권의 확정을 구하는 것으로 청구취지를 변경할 의사가 있는지를 석명하여야 한다(대법원 2015. 7. 9. 선고 2013다69866 판결 참조).
90) 한편 청구취지를 변경하면서 소송촉진 등에 관한 특례법상의 법정이율에 따른 지연손해금을 회생채권 등으로 확정을 구할 수 있는지가 문제되나, 대법원은 회생채권확정의 소는 금전채무의 전부 또는 일부의 이행을 구하는 소가 아니므로, 소송촉진 등에 관한 특례법 제3조 제1항 본문은 적용되지 않는다고 판시하였다(대법원 2013. 1. 16. 선고 2012다32713 판결).
91) 이에 대하여 이의채권의 부존재를 구하는 것은 존재를 구하는 것과 동전의 양면과 같은 것이므로 이의채권을 보유한 권리자인 피고가 수계신청을 하고 원고의 소송수계인인 이의자가

그러나 소송절차의 수계 후 회생절차가 종결되더라도, 회생채권 등 확정소송의 청구취지를 회생채권 등의 확정을 구하는 것에서 이행을 구하는 것으로 변경해서는 안 된다.[92]

2) 소송상태의 승계

수계 후 소송에서 당사자는 종전 소송상태를 승계하므로 종전 소송수행의 결과를 전제로 하여 소송행위를 하여야 한다. 다만 부인권은 회생절차개시 후에만 행사가능한 공격방법이므로 그 행사가 방해되지 아니한다.

라. 지급명령이 있는 이의채권

1) 지급명령 송달 전에 회생절차개시결정이 있는 경우

지급명령이 채무자에게 송달되기 전 채무자에 대하여 회생절차개시결정이 있었다면, 소송이 계속 중인 것으로 볼 수 없다. 따라서 조사절차에서 이의가 있으면, 이의채권 보유자(지급명령신청인)가 이의자 전원을 상대로 하여 법원에 채권조사확정재판을 신청할 수 있다(법 제170조 제1항 본문).

2) 지급명령 송달 후 이의신청 기간 중에 회생절차개시결정이 있는 경우

지급명령이 채무자에게 송달된 후 이의신청 기간 중에 채무자에 대하여 회생절차개시결정이 있었다면, 채무자의 재산에 관한 소송절차는 중단되고, 위 지급명령은 이의신청 기간이 정지되어 미확정 상태에 있게 된다.[93]

민사소송법 제472조 제2항은 "채무자가 지급명령에 대하여 적법한 이의신청을 한 경우에는 지급명령을 신청한 때에 소가 제기된 것으로 본다."라고 규정하고 있으므로 회생절차개시결정 전에 지급명령에 대한 채무자의 이의신청이 없었던 경우에는 소송이 계속 중인 것으로 볼 수 없고, 또 지급명령과 같은 독촉절차는 소송 전 단계에 해당하므로 지급명령이 채무자에게 송달된 것만으로

그 청구취지를 이의채권의 부존재 확정을 구하는 것으로 변경하면 된다는 견해도 있다. 심태규
(주 75), 400면.

92) 회생계획인가의 결정이 있는 때에는 회생채권자 등의 권리는 회생계획에 따라 변경되고 법
규정에 의하여 인정된 권리를 제외하고는 모든 회생채권과 회생담보권에 관하여 면책의 효력
이 발생하며(법 제251조, 제252조), 회생계획인가결정 후 회생절차종결결정이 있더라도 채무자
는 회생계획에서 정한 대로 채무를 변제하는 등 회생계획을 계속하여 수행할 의무를 부담하게
되므로, 회생채권 등의 확정을 구하는 소송의 계속 중에 회생절차종결결정이 있는 경우 회생채
권 등의 확정을 구하는 청구취지를 회생채권 등의 이행을 구하는 청구취지로 변경할 필요는
없고, 회생절차가 종결된 후에 회생채권 등의 확정소송을 통하여 채권자의 권리가 확정되면 소
송의 결과를 회생채권자표 등에 기재하여(법 제175조), 미확정 회생채권 등에 대한 회생계획의
규정에 따라 처리하면 된다(대법원 2014. 1. 23. 선고 2012다84417, 84424, 84431 판결).

93) 대법원 2012. 11. 15. 선고 2012다70012 판결.

는 소송이 계속 중인 것으로 볼 수 없다. 따라서 조사절차에서 이의가 있으면, 이의채권 보유자(지급명령신청인)가 이의자 전원을 상대로 하여 법원에 채권조사 확정재판을 신청할 수 있다(법제170조).

3) 지급명령이 송달되고 이의신청이 있은 후 회생절차개시결정이 있는 경우

지급명령이 채무자에게 송달되고 이의기간 내에 채무자가 이의를 제기한 후 채무자에 대한 회생절차개시결정이 있었다면, 민사소송법 제472조 제2항에 따라 지급명령을 신청한 때 소가 제기되어 소송이 계속 중인 것으로 볼 수 있다. 따라서 이 경우 조사절차에서 이의가 있으면, 이의채권 보유자(지급명령신청인)가 이의자 전원을 상대방으로 하여 그 소송절차를 수계하여야 한다(법제172조).

4) 지급명령이 송달되고 이의신청기간 경과 후 회생절차개시결정이 있는 경우

지급명령이 채무자에게 송달되고 채무자의 이의 없이 이의신청기간이 경과 된 후 채무자에 대한 회생절차개시결정이 있었다면 그 지급명령은 이미 확정된 상태이다. 이 경우 조사절차에 이의가 있으면, 이의자는 이의채권을 보유한 권리자를 상대방으로 하여 채무자가 할 수 있는 소송절차, 즉 청구이의의 소 등으로 이의를 주장할 수 있고(법제174조), 회생절차개시 당시 소송이 계속 중인 경우에는 이를 수계하여야 한다(법제174조).

6. 집행력 있는 집행권원 또는 종국판결이 있는 이의채권의 확정소송

가. 개   요

이의채권에 관하여 집행력 있는 집행권원이 있거나 종국판결이 있는 경우에는 이의자는 채무자가 할 수 있는 소송절차에 의하여서만 이의를 주장할 수 있다(법제174조). 집행력 있는 집행권원이 있는 이의채권은 강제집행에 곧바로 착수할 수 있는 지위에 있고 종국판결을 얻은 채권은 권리의 존재에 관하여 고도의 추정력이 있는 재판을 받은 것이므로 일반의 회생채권 등에 비하여 유리한 지위에 있다는 점을 고려한 것이다. 구체적으로는 집행력 있는 집행권원에 대하여 재심의 소, 청구이의의 소 등으로써, 미확정의 종국판결의 경우에는 상소로써 이의를 주장하여야 한다.

나. 집행력 있는 집행권원 및 종국판결

1) 집행력 있는 집행권원

집행력 있는 집행권원이란 집행력 있는 정본과 동일한 효력을 가지고 곧 집행을 할 수 있어야 하고, 집행문이 필요한 경우(가령 공정증서)[94]에는 이미 집행문의 부여를 받았어야 한다.[95] 다만 집행문의 부여는 채무자 재산에 대한 강제집행이 아니기 때문에 집행문을 회생절차개시 당시 이미 부여받았어야 하는 것은 아니고, 이의채권 보유자가 집행문을 부여받아 그 사본을 조사기간의 말일 또는 특별조사기일 전까지 법원에 제출하면 된다는 견해가 유력하다.[96]

2) 종국판결

종국판결은 회생채권·회생담보권의 피담보채무 또는 그것을 담보하는 담보물권의 존재에 관하여 소 또는 상소에 의하여 계속된 사건의 전부 또는 일부를 그 심급으로서 완결하는 판결을 말하고, 소송이 확정되었는지 여부는 불문하며, 이행판결인지 확인판결인지를 불문한다.

3) 목록에의 기재 또는 신고

집행력 있는 집행권원 또는 종국판결이 있는 회생채권·회생담보권이라도 그 취지가 목록에 기재되어 있거나 신고되어야 법 제174조에 의한 출소책임을 이의자에게 지울 수 있다(규칙 제55조 제1항 제3호 참조).[97] 다만 반대견해도 있다.[98]

---

94) 확정된 지급명령 또는 이행권고결정에 기한 강제집행은 집행문 부여가 필요하지 아니하다(민사집행법 제58조 제1항 본문, 소액사건심판법 제5조의8 제1항 본문). 다만 ① 지급명령 또는 이행권고결정의 집행에 조건을 붙인 경우, ② 당사자의 승계인을 위하여 강제집행을 하는 경우, ③ 당사자의 승계인에 대하여 강제집행을 하는 경우에는 집행문을 부여받아야 한다(민사집행법 제58조 제1항 단서, 소액사건심판법 제5조의8 제1항 단서).

95) 대법원 1990. 2. 27. 자 89다카14554 결정. 위 결정은 이의를 받은 정리채권 등이 집행력 있는 채무명의가 있는 것인 때에는 이의자는 회사가 할 수 있는 소송절차에 의하여서만 그 이의를 주장할 수 있다고 규정한 구 회사정리법 제152조 제1항의 '집행력 있는 채무명의'라 함은 집행력 있는 정본과 같은 뜻으로 집행문을 요하는 경우에는 이미 집행문을 받아 바로 집행할 수 있는 것을 말하는 것이므로 정리채권신고를 한 때는 물론 이의를 한 무렵에도 집행문이 부여되어 있지 않은 약속어음공정증서는 이의 후에 집행문이 부여되었다 하더라도 이에 해당하지 아니한다고 판시하였다.

96) 주석 채무자회생법(Ⅱ), 792면.

97) 부산고등법원(창원) 2020. 2. 10. 자 2019라10080 결정은 ① 규칙 제55조 제1항 제3호가 회생채권자 등에게 회생채권 등 신고를 할 때 '집행력 있는 집행권원 또는 종국판결이 있는 회생채권·회생담보권인 때에는 그 뜻'을 함께 신고할 의무를 부과하고 있고, 규칙 제55조 제2항 제2호가 그 집행력 있는 집행권원 또는 종국판결의 사본을 첨부할 의무까지 부과하고 있는 점, ② 회생채권 등에 관하여 집행력 있는 집행권원 또는 종국판결이 있는지 여부는 그 권리관계의 당사자가 아니라면 잘 알기 어려우므로 회생채권자 등이 자신에게 부여된 신고 등 의무를 해태하여 다른 회생채권자 등 절차에 참여하는 제3자가 집행력 있는 집행권원 또는 종국판결의

집행력 있는 집행권원 또는 종국판결이 있다는 뜻이 목록에 기재되거나 신고되지 않은 경우에는 회생절차의 신속하고 정확한 진행을 위하여 회생절차 내에서 집행력 있는 집행권원 또는 종국판결이 없는 회생채권 등으로 취급하여야 할 것이다.[99]

다. 이의채권의 확정방법

1) 채무자가 할 수 있는 소송절차[100]

채무자가 할 수 있는 소송절차는 집행력 있는 집행권원 또는 종국판결에 따라 다르다.

첫째, 확정된 종국판결에 대하여는 재심의 소($\substack{민사소송법\\제451조}$), 판결의 경정신청($\substack{민사소송법\\제211조}$), 집행문부여에 대한 이의의 소(조건성취집행문, 승계집행문이 부여되어 있는 경우)를 할 수 있고, 확인판결에 대하여는 기판력의 기준 시 이후의 사유에 의하여 소극적 확인의 소를 제기할 수 있으며, 이행판결에 대하여는 기판력의 기준 시 이후의 사유에 의하여 청구이의의 소를 제기할 수 있다.

둘째, 미확정 종국판결에 대하여는 이의자가 소송을 수계한 후 상급심에서 절차를 속행하거나 상소를 하여야 한다. 이의자가 여럿인 때에는 각 이의자가 독립하여 원고적격을 가진다.

셋째, 공정증서에 대하여는 청구이의의 소, 채무부존재확인의 소를 제기할

존재를 전혀 알 수 없었던 경우에까지 법 제174조 제1항을 적용하여 의무 해태의 귀책사유가 있는 회생채권자 등을 보호하는 것은 신의성실에 반하여 정당하지 못할 뿐 아니라 제3자에게 원시적으로 불가능한 이의방법을 요구하는 것이며, 오히려 이를 인정하면 집행력 있는 집행권원 또는 종국판결을 가지고 있는 회생채권자 등이 이를 악용할 소지가 있는 점, ③ 회생채권 등 신고 시에 집행력 있는 집행권원 또는 종국판결이 있다는 취지를 함께 신고하고 그 사본을 첨부하는 것에 그다지 큰 노력이 필요하지 않으므로 회생채권자 등에게 위와 같은 신고 등 의무를 부과하고 이를 해태하는 경우 불이익하게 취급하는 것이 가혹하다고 보기는 어려운 점 등을 근거로 법 제174조 1항의 적용을 위해서는 회생채권 등이 집행력 있는 집행권원 또는 종국판결이 있는 것에 해당한다는 취지가 채권 신고 시에 함께 신고되거나 채권자목록에 기재되어야 한다고 판시하였다.

98) 대전고등법원 2015. 9. 9. 선고 2014나12827 판결은 원고가 피고의 회생절차에서 회생채권을 신고하면서 규칙 제55조 제1항 제3호에 따라 '집행력 있는 집행권원 또는 종국판결이 있는 회생채권'이라는 뜻을 함께 신고하여야 함에도 이를 위반하였으므로 피고에게 출소책임을 지울 수 없다는 피고의 주장을 배척하면서, '채무자의 관리인이 원고의 채권이 집행력 있는 집행권원 또는 종국판결이 있는 회생채권에 해당한다는 것을 누구보다도 잘 알고 있었다 할 것이어서, 비록 회생채권자인 원고가 위 규칙에서 정한 회생채권의 신고방식을 위반하였다는 사정만으로는 법이 이의자인 피고(관리인)에게 지운 출소책임을 다시 전환시켜 권리보유자인 원고에게 지울 수는 없다.'라고 판시하였다.

99) 심태규(주 75), 407-408면.

100) 주석 채무자회생법(Ⅱ), 794면.

수 있다.[101]

2) 소송절차의 수계

집행력 있는 집행권원 또는 종국판결이 있는 이의채권에 관하여 회생절차 개시 당시에 이미 소송이 계속 중인 때에는 이의자가 이의채권의 보유자를 상대로 하여 그 소송을 수계하여야 한다(법 제174조 제2항).[102]

이와 관련하여, 회생절차개시결정 전에 회생채권자 등이 이의채권에 관하여 소를 제기하여 그 변론이 종결되었고, 회생절차개시결정 이후에 회생채권자 등인 원고가 승소판결을 선고받은 경우, 관리인 내지 이의자의 조치가 문제될 수 있다.[103] 회생절차개시결정이 있는 때에는 채무자의 재산에 관한 소송절차는 중단되고(법 제59조 제1항), 소송절차의 중단으로 기간의 진행은 정지되므로(민사소송법 제247조 제2항), 판결선고 후 항소기간은 진행되지 않는다고 할 것이다. 따라서 향후 채권조사결과 위 회생채권 등에 대한 이의가 제기되는 경우 이의자는 법 제174조에 의하여 조사기간 말일로부터 1월 이내에 항소제기와 소송수계의 방법을 통하여 회생채권 등의 존부·확정을 구하여야 할 것이다. 다만 위와 같이 처리하는 경우에는 본안 사건의 재판부에서 회생절차개시결정이 있었다는 사실을 고지받지 못한 채 항소제기가 없었다는 이유로 판결 확정 처리를 할 우려가 있으므로, 편의상 해당 재판부에 회생절차개시결정 사실을 고지하되, 이 경우에도 관리인이 법상 정해진 위 기간 내에 항소장 제출 등 소송수계를 하여야 함은 물론이다.

소송 계속 중 일방 당사자에 대하여 회생절차개시결정이 있었는데, 법원이 그 사실을 알지 못한 채 관리인의 소송수계가 이루어지지 아니한 상태 그대로 소송절차를 진행하여 판결을 선고하였다면, 그 판결은 일방 당사자의 회생절차 개시결정으로 소송절차를 수계할 관리인이 법률상 소송행위를 할 수 없는 상태에서 심리되어 선고된 것이므로, 여기에는 마치 대리인에 의하여 적법하게 대리되지 아니하였던 경우와 마찬가지의 위법이 있다.[104] 이러한 경우 법원이 채무

---

101) 청구이의의 소를 제기할 수 있는 경우라도 원칙적으로 채권확정을 위하여 채무부존재확인의 소를 제기할 확인의 이익이 있고(대법원 2013. 5. 9. 선고 2012다108863 판결 참조), 회생절차 진행 중에는 회생채권 또는 회생담보권에 기한 강제집행이 허용되지 않으므로 집행력을 배제하는 청구이의의 소보다 채무부존재확인의 소가 적절하다는 견해가 있다. 심태규(주 75), 391면.

102) 다만 상고이유서 제출기간이 경과한 후에 회생절차개시결정이 있었다고 하더라도 상고심의 소송절차가 이와 같은 단계에 이르러 변론 없이 판결을 선고할 때에는 그 관리인으로 하여금 소송절차를 수계하도록 할 필요가 없다(대법원 2013. 10. 17. 선고 2011다107399 판결, 대법원 2006. 8. 24. 선고 2004다20807 판결 등 참조).

103) 대법원은 변론종결 후에 채무자에 대하여 회생절차개시결정이 있었다고 하더라도 채무자에 대한 판결선고는 적법하다고 보고 있다(대법원 2008. 9. 25. 선고 2008다1866 판결).

104) 대법원 2011. 10. 27. 선고 2011다56057 판결 참조.

자에게 판결정본을 송달하였다고 하더라도 이는 적법한 소송수계 전에 행하여진 송달로서 무효이고, 상소기간이 진행되지 아니하므로, 그 판결은 확정되지 아니한 상태에 있다. 따라서 확정되지 아니한 판결에 대한 재심의 소는 부적법하고, 관리인 등 이의자는 그 소송절차를 수계하여 상소를 하는 방법으로 불복하여야 할 것이다.[105]

라. 이의의 주장 또는 수계를 하여야 하는 기간

집행력 있는 집행권원 또는 종국판결이 있는 회생채권 등에 관하여 이의의 주장을 하거나 소송을 수계하여야 하는 기간은 조사기간의 말일 또는 특별조사기일로부터 1월 이내이다(법 제174조 제3항, 제170조 제2항). 위 기간 내에 주장을 하지 않거나 수계신청을 하지 않는 경우에는 이의자가 회생채권자 또는 회생담보권자인 경우에는 이의가 없었던 것으로 보며, 이의자가 관리인인 때에는 이의채권을 인정한 것으로 본다(법 제174조 제4항).[106] 따라서 그 회생채권 등은 목록에 기재되거나 신고된 대로 확정되고(법 제166조), 회생채권자표 또는 회생담보권자표에 기재되면 확정판결과 동일한 효력을 가지게 된다(법 제168조).

7. 소송목적의 가액 결정(소가결정)

가. 결정의 주체

회생채권 등의 확정에 관한 소송목적의 가액은 회생계속법원이 이를 정한다(법 제178조). 이와 같이 규정한 것은, 소가결정의 기준이 되는 '권리자가 회생계획으로 얻을 이익'은 회생계속법원이 아니면 이를 알기 어렵기 때문이다.[107]

서울회생법원은 특별한 사정이 없는 한 이의의 소 등 서울회생법원 관할

---

105) 대법원 2016. 12. 27. 선고 2016다35123 판결 참조
106) 회생채권자가 채무자를 상대로 제기한 이행소송에서 일부승소판결이 선고되었고 회생채권자와 채무자가 모두 항소하여 항소심 계속 중에 채무자에 대한 회생절차개시결정이 있는 경우, 일부패소 부분에 관하여는 법 제172조에 따라 회생채권자 채권조사기간 말일로부터 1개월 이내에 소송수계를 하여야 하고, 일부승소 부분에 관하여는 종국판결이 있는 경우에 해당하여 채무자의 관리인이 법 제174조 제2항에 따라 위 기간 내에 소송수계를 하여야 한다. 만약 회생채권자가 1개월 지난 후 소송수계를 한 경우 패소부분에 관한 소는 부적법하게 되고, 채무자의 관리인이 위 기간이 지난 후 소송수계를 한 경우 법 제174조 제4항에 따라 승소부분에 관하여 이의가 없었던 것이 되어 결국 이 부분 소는 이미 확정된 채권에 관한 소송에 해당하여 소의 이익이 없어 부적법하게 된다[서울고등법원 2014. 12. 12. 선고 2013나2015164 판결(대법원 2015. 4. 23. 자 2015다201473 심리불속행 판결로 확정) 참조].
107) 条解(中), 812면.

사건은 그 사건 담당재판부가, 그 외의 사건은 관련 회생사건 담당재판부가 소
가결정을 한다.

나. 신청권자

회생채권 등 확정에 관한 소를 제기하려는 자가 신청하는 것이 일반적이
나, 그 상대방도 그 소송에서 패소할 경우 소송비용을 부담하게 된다는 점에서
신청권이 있다고 해석되고 있다.

다. 신청과 결정의 시기

소가결정신청의 시기에는 특별한 제한이 없지만, 소를 제기하기 전에는 사
실상 신청하기가 어려울 것이다. 따라서 실제로는 소를 제기한 자가 소를 제기
한 후에 소가결정을 받아 인지를 보정하는 것이 보통이지만, 당사자가 제1심 종
국판결이 내려진 후에 신청하는 경우도 있고, 심지어는 대법원의 판결로 소송이
종결된 후에 소송비용의 확정을 위해서 소가결정신청을 하는 경우도 있다.

한편 서울회생법원에서는 권리자가 회생계획으로 얻을 이익을 산정하는 데
기초자료가 되는 회생계획안 제출을 기다렸다가 소가결정을 하는 것을 원칙으
로 하고 있다. 이러한 이유로 소가결정이 늦어지는 경우에는 소가결정신청 접수
증명을 발급받아 수소법원에 제출하도록 한다.

라. 결정대상

소가결정의 대상이 되는 회생채권 등의 확정에 관한 소송에는 법 제171조
에 의한 채권조사확정재판에 대한 이의의 소뿐만 아니라 제172조에 의하여 수
계한 소송 및 제174조에 의하여 이의자가 한 채무자가 할 수 있는 소송절차에
서의 소송이나 수계한 소송이 포함된다.[108]

회생계획인가결정에 대한 항고 및 재항고 사건에 대한 소가결정신청은 위
항고 내지 재항고 사건이 회생채권 또는 회생담보권의 확정에 관한 소송에 해
당되지 아니하므로 소가결정신청의 대상이 될 수 없어 부적법하다. 또한 조사확
정재판의 인지첩부를 위한 소가결정신청도 소가에 따른 인지의 첩부가 불필요
한 점에 비추어 신청의 이익이 없어 부적법하다.

---

108) 주석 채무자회생법(Ⅱ), 812면.

마. 결정의 기준

소가결정의 기준은 '이의가 있는 회생채권 등의 권리자가 회생계획으로 얻을 이익'을 표준으로 하여 정하면 되는데(법제178조), 문제는 이 이익을 산정하는 방법이다.

관리인이 제출한 회생계획안에는 각 채권자 조, 즉 회생담보권자·금융기관 회생채권자·상거래 회생채권자 등 회생계획상 권리변경 및 변제방법이 다르게 분류되어 있는 각 조별로 회생계획을 통하여 현금으로 변제받을 채권액의 현재가치비율(현가율)이 기재되어 있다. 서울회생법원에서는 채권액의 현재가치비율을 계산하여 그 결과를 표준으로 하되, 회생계획의 변제자금 조달방법의 내용, 회생계획의 기존 수행 정도 및 장래 수행가능성 등을 종합적으로 고려하여 소송목적의 가액을 정하고 있다. 실무상 현재가치비율 계산의 기준일은 소가결정일을 기준으로 하고 있다.[109]

회생계획을 통해 변제받을 채권액의 현재가치비율 산정 시 출자전환을 고려하여야 하는지 문제될 수 있다. 출자전환을 통해 취득하는 주식의 가치 역시 회생계획으로 얻을 이익에 해당될 것이므로 시가가 형성되어 있는 경우에는 이를 고려하여야 한다. 다만 상장회사를 제외하고 회생절차가 진행 중인 채무자의 주식가치는 거의 없는 경우가 대부분이어서 실제로 그로 인한 이익을 반영하는 경우는 많지 않을 것이다.

소가결정을 하고 난 다음 회생계획안이 수정 또는 변경되었고, 그 후에 다시 다른 소가결정 신청이 들어왔을 경우에는 수정 또는 변경된 회생계획안을 기준으로 하여 소가를 결정하면 된다.

바. 결정에 대한 불복

소가결정에 대하여는 즉시항고할 수 있다는 규정이 없으므로 불복할 수 없다. 민사소송법상의 특별항고는 가능하다.

---

109) 예컨대 이의 있는 상거래 회생채권이 5억 원이고 회생계획을 통하여 받을 채권액의 현재가치비율이 20%인 경우, 회생계획으로 얻을 이익의 예정액은 우선 1억 원(= 5억 원 × 20%)이 되고, 여기에 채무자의 변제자금 조달방법, 장래 수행가능성, 회생계획의 현재가치비율 산정기준일과 소가결정일 사이의 기간 차이 등을 보충적으로 고려하게 되지만, 통상 채권액의 현재가치비율 외의 요소가 회생계획으로 얻을 이익에 별다른 영향을 미치지 못하는 경우가 많으므로, 소가는 1억 원 또는 그와 비슷한 금액으로 결정된다. 주석 채무자회생법(Ⅱ), 813면.

사. 재도의 결정

1) 상   소

이미 회생계속법원이 소가결정을 하였는데, 그 본안판결의 패소자가 항소하면서 종전에 결정된 소가를 감액받을 의도로 재도의 소가결정신청을 하는 경우가 종종 있다. 그러나 소가라는 것은 한번 결정된 이상 각 심급마다 소가결정을 따로 할 근거가 없을 뿐 아니라, 소가결정에 대해서는 통상적인 방법의 불복도 허용되지 않으므로 재도의 소가결정신청은 허용되지 않는다고 할 것이다. 따라서 일부 승소의 원심판결에 대하여 항소한 경우도 일단 1심에서 소가가 결정된 이상 다시 소가결정신청을 할 수 없다고 본다.[110]

2) 청구취지 변경

청구취지가 변경(확장)된 경우에는 변경된 청구에 관하여 소가가 결정된 적이 없는 이상 회생계속법원이 다시 그 소가를 결정해야 할 것이다. 하지만 회생절차개시 당시 소송이 계속 중인 경우 청구취지가 확장되려면 채권신고, 시부인, 수계 등을 전제로 이미 확장된 금액만큼 채권신고 등이 이루어져야 하는 것이고, 조사확정재판에 대한 이의의 소의 경우는 법 제173조에 의해 주장이 제한되므로 청구취지 확장이 허용되는 경우는 거의 없다. 청구취지 확장이 허용되지 않는 경우에는 재도의 소가결정신청을 허용하더라도 실익이 없을뿐더러 확정에 관한 소송의 지연을 초래하게 되므로 재도의 소가결정신청이 허용되지 않는다.

3) 소가결정 후 회생계획안의 수정 또는 변경

소가결정 후 회생계획안이 수정 또는 변경되어 회생계획으로 얻을 이익의 예정액이 변동되는 경우가 있을 수 있으나, 소가는 소를 제기한 때를 기준으로 하여 산정하므로 이후 회생계획으로 얻을 이익의 변동사유가 발생하였다고 하더라도 재도의 소가결정신청은 허용되지 않는다.[111]

---

110) 서울지방법원 2003. 12. 17. 자 2001회3 결정은 소가결정신청인이 일부 승소의 원심판결에 대하여 항소하면서 한 소가결정신청을 위와 같은 이유로 각하하였다. 이 경우 항소심은 1심 단계에서 결정된 소가를 기준으로 항소된 부분의 비율에 상응하는 소가를 계산하여 항소심의 소가를 산정할 수 있을 것이다.

111) 서울고등법원 2016. 9. 2. 선고 2014나53303, 53310(병합), 53327(병합) 판결(대법원 2019. 10. 31. 선고 2016다51538 상고기각 판결로 확정)은 '어떤 사건에 관하여 회생법원이 이미 소를 제기한 때를 기준으로 한 소가결정을 하였다면, 그 후 회생계획이 변경되어 회생계획으로 얻을 이익의 예정액에 변동사유가 발생하였다고 하더라도 종전에 결정된 소가를 감액받을 의도로 하는 재도의 소가결정신청은 허용되지 않는다'고 판시하였다.

아. 기 재 례

[별지 122] 및 [별지 123] 참조.

8. 회생채권 및 회생담보권의 확정에 관한 소송결과 등의 기재

법원사무관등은 관리인·회생채권자·회생담보권자의 신청에 의하여 회생채권 또는 회생담보권의 조사확정재판 및 이에 대한 이의의 소 등의 결과를 회생채권자표 또는 회생담보권자표에 기재하여야 한다(법 제175조). 여기서 말하는 소송의 결과란 종국판결만을 의미하는 것이 아니고 그 소송의 확정적 결론, 즉 판결의 확정·인낙·화해·조정 등을 의미하는 것이다. 또한 채권조사확정재판에 대한 이의의 소가 제소기간을 지나서 제기되었거나 각하된 때에도 그 재판의 내용을 기재하여야 한다(법 제175조). 법문상 기재는 없으나 채권조사확정재판에 대한 이의의 소가 취하된 때에도 마찬가지이다.[112]

회생채권 등의 확정에 관한 소송결과는 관리인·회생채권자·회생담보권자 등의 신청에 의하여 회생채권자표에 기재하게 되는데, 이 때 그 신청인은 재판서의 등본 및 당해 재판의 확정에 관한 증명서를 제출하여야 하고(규칙 제67조), 법원사무관등은 소명자료가 제대로 첨부되었는지 여부를 검토한 후에 소송의 결과를 기재하여야 한다.[113]

9. 회생채권 및 회생담보권의 확정에 관한 재판의 효력

채권조사확정재판에 대한 이의의 소가 결정서의 송달일부터 1월 이내에 제기되지 아니하거나 각하된 때에는 채권조사확정재판은 회생채권자·회생담보권

---

112) 주석 채무자회생법(Ⅱ), 801면.
113) 회생절차종결 후에도 회생법원이 회생채권확정소송의 결과를 회생채권자표 또는 회생담보권자표에 기재할 수 있는가에 관하여는 논란이 있었으나, 대법원은 회생계획인가결정 후 회생절차종결결정이 있더라도 채무자는 회생계획에서 정한 대로 채무를 변제하는 등 회생계획을 계속하여 수행할 의무를 부담하게 되므로, 회생채권 등의 확정을 구하는 소송의 계속 중에 회생절차종결결정이 있는 경우 회생채권 등의 확정을 구하는 청구취지를 회생채권 등의 이행을 구하는 청구취지로 변경할 필요는 없고, 회생절차가 종결된 후에 회생채권 등의 확정소송을 통하여 채권자의 권리가 확정되면 소송의 결과를 회생채권자표 등에 기재하여(법 제175조), 미확정 회생채권 등에 대한 회생계획의 규정에 따라 처리하면 된다고 판시하였다[대법원 2014. 1. 23. 선고 2012다84417, 84424(병합), 84431(병합) 판결 참조].

자, 주주·지분권자 전원에 대하여 확정판결과 동일한 효력이 있다(법 제176조 제2항). 명문의 규정은 없지만 채권조사확정재판에 대한 이의의 소가 취하된 때에도 동일하게 보아야 할 것이다. 또한 회생채권 등의 확정에 관한 소송에 대한 판결은 소가 부적법하여 각하된 경우를 제외하고는 회생채권자·회생담보권자, 주주·지분권자 전원에 대하여 그 효력이 있다(법 제176조 제1항). 회생채권 등의 확정에 관한 소송이라 함은 회생채권 등에 관한 이의를 해결하기 위한 일체의 소송이 포함되고, 회생채권 등의 확정에 관한 소송에 대한 판결에는 확정판결과 동일한 효력이 있는 결정도 포함된다.[114]

원래 확정판결의 효력은 당해 소송의 당사자 사이에서만 미치지만, 회생절차와 같은 집단적 채무처리절차에서는 채권조사의 대상이 된 회생채권 등을 모든 이해관계인에 대하여 일률적으로 정할 필요가 있고, 소송 당사자 이외의 다른 이해관계인은 스스로 이의를 제기하지 않은 이상 조사확정재판 또는 회생채권 확정에 관한 재판의 결과를 승인할 의사를 표명하였다고 볼 수 있어 그와 같은 승인을 한 이상 조사확정재판결과에 의하여 불이익을 입었다고 볼 수 없다는 점에서, 법은 판결효의 확장을 인정한 것이다. 다만 법 제176조 제2항의 '확정판결과 동일한 효력'은 기판력이 아닌 회생절차 내에서의 불가쟁력을 의미한다.[115]

10. 소송비용의 상환

채무자의 재산이 회생채권 또는 회생담보권의 확정에 관한 소송(채권조사확정재판을 포함한다)으로 이익을 받은 때에는 이의를 주장한 회생채권자 또는 회생담보권자, 주주·지분권자는 그 이익의 한도에서 공익채권자로서 소송비용의 상환을 청구할 수 있다(법 제177조). 여기서 소송비용이라 함은 회생채권 등의 확정에 관한 소송에 관하여 생긴 것을 말하고, 그 범위는 민사소송법, 민사소송비용법,

---

114) 条解(中), 803면; 条解 民事再生法, 577면. 예를 들어, 확정된 화해권고결정(민사소송법 제231조, 제220조), 조정에 갈음하는 결정(민사조정법 제34조 제4항) 등이 있다.

115) 대법원 2017. 6. 19. 선고 2017다204131 판결 참조. 위 판결은 확정된 종국판결뿐만 아니라 결정·명령재판에도 실체관계를 종국적으로 판단하는 내용의 것인 경우에는 기판력이 있으나, 민사소송법은 실체관계의 종국적 판단을 내용으로 하는 결정에 대해서 준재심을 허용함으로써 그 소송절차 등에 중대한 흠이 있는 것이 판명된 경우 예외적으로 기판력으로부터 해방시켜 그 재판을 시정할 기회를 부여하고 있으나, 개인회생채권조사확정재판에 따른 결정이 확정된 경우 준재심을 허용하는 규정을 두지 않고 있다는 점 등을 들어 조사확정재판에 기판력이 인정되지 않는다고 판시하였다.

민사소송비용규칙, 변호사 보수의 소송비용 산입에 관한 규칙 등에 따라 정해질 것이다. 채무자의 재산이 받은 이익은 확정에 관한 소송으로 배제되거나 감축된 회생채권 등이 목록에 기재되거나 신고된 대로 인정되었다면 그 회생채권자 등이 회생계획에 따라 받을 수 있었던 이익을 의미한다.

소송비용상환청구권은 공익채권이므로 회생절차에 의하지 아니하고 수시로 변제받을 수 있으며, 이의를 주장한 회생채권자 등이 관리인에게 그 지급을 구하기 위하여 본래의 상환의무자인 패소당사자에 대한 관계에서 소송비용액확정결정을 받지 않아도 된다.[116]

11. 회생절차가 종료된 경우 회생채권 등의 확정에 관한 소송

회생절차가 조기에 폐지되거나 종결된 경우 계속 중인 채권조사확정재판 또는 이에 대한 이의의 소에 어떠한 영향을 미치는지가 문제될 수 있다. 이 문제는 '제19장 제1절 5., 제2절 6. 라.'에서 설명하기로 한다.

---

116) 주석 채무자회생법(Ⅱ), 809면.

제12장

．
．
．

관리인 보고를
위한
관계인집회 및
대체절차

1. 의   의

가. 관리인 보고를 위한 관계인집회와 대체절차

관리인 보고를 위한 관계인집회는 법원이 필요하다고 인정하는 경우 관리인이 이미 법원에 보고한 법 제92조 제1항 각호에 규정된 사항의 요지를 이해관계인에게 보고하고, 관리인·조사위원·간이조사위원 기타 이해관계인으로부터 관리인 및 조사위원·간이조사위원의 선임, 채무자의 업무 및 재산의 관리, 회생절차를 계속 진행함이 적정한지의 여부 등에 관한 의견을 듣기 위하여 개최되는 집회이다(법 제98조 제1항, 제99조). 관리인 보고를 위한 관계인집회를 개최하지 아니하는 경우 관리인은 이해관계인에게 법 제92조 제1항 각호에 규정된 사항의 요지를 통지하거나, 위 사항에 관하여 설명하기 위한 관계인설명회를 개최하거나, 그 밖에 법원이 필요하다고 인정하는 적절한 조치(이를 통상 '대체절차'라고 한다)를 취해야 한다(법 제98조 제2항, 제98조의2 제2항). 관리인 보고를 위한 관계인집회와 대체절차는 회생절차개시결정으로 인하여 개별적인 권리행사가 금지되어 있는 이해관계인에게 채무자가 회생절차에 이르게 된 사정이나 채무자의 업무 및 재산에 관한 현황 등을 알리고 이해관계인에게 회생절차의 경과 및 계속 진행 여부 등에 관한 의견을 제시할 기회를 제공한다는 점에서 중요한 의미를 가진다.

나. 제1회 관계인집회 제도의 변경 및 대체절차 도입의 취지

기존 제1회 관계인집회가 진행된 대부분의 사건에서 회생채권자 등 이해관계인이 불출석하거나, 출석하더라도 채무자의 업무 및 재산 현황이나 회생절차 진행 등에 관한 의견진술은 많지 않은 등 형식적으로 진행되어 왔고, 오히려 절차가 지연되는 결과가 나타나기도 하였다. 이에 채권자의 절차참여권을 제한하지 않으면서 회생절차의 지연을 방지하기 위하여 2014. 12. 30. 법 개정 시 제1회 관계인집회를 관리인 보고를 위한 관계인집회로 변경하면서 이를 임의적인 절차로 규정하고, 위 집회를 개최하지 않을 경우 관리인으로 하여금 이해관계인에게 회생절차와 관련된 주요사항을 통지하도록 하거나 관계인설명회를 개최하도록 하는 등의 대체절차가 도입되었다.

다. 관리인 보고를 위한 관계인집회와 대체절차의 장·단점

관리인 보고를 위한 관계인집회는 법원이 직접 그 기일과 목적을 공고하고 절차를 주재하면서 회생채권자 등 이해관계인으로부터 의견을 청취하는 절차이므로 회생절차에 관한 공정성을 최대한 확보하여 이해관계인에게 회생절차 전반에 관한 신뢰감을 줄 수 있다. 반면, 대체절차에 비하여 회생절차가 지연될 우려가 있고 이미 회생계획안 제출기간이 정해져 있어 기일의 속행·연기 등이 필요한 경우에도 유연한 절차진행이 쉽지 않은 문제가 있다.

대체절차 중 관계인설명회의 경우 횟수와 장소에 제한이 없으므로 다수의 이해관계인이 산재해 있는 경우 여러 장소를 방문하는 형태로 여러 번 개최할 수 있어 탄력적이고 유연한 절차 진행이 가능하고, 주요사항의 요지를 통지하는 방법은 이해관계인에게 법원이 인정하는 방법으로 통지만 하면 되므로 절차를 신속하게 진행하는 것이 가능하다. 반면, 대체절차는 법원이 아닌 관리인이 주재하는 절차이기 때문에 이해관계가 첨예하게 대립하는 등 절차 진행에 관하여 이의가 제기될 가능성이 큰 사건에서는 절차의 공정성에 대한 시비가 생길 소지가 있다.

실무상 관리인 보고를 위한 관계인집회를 개최하는 경우는 드물고, 대체절차 중 하나 또는 둘 이상을 선택하여 관계인집회에 갈음하는 것이 최근의 경향이다.

2. 관리인 보고를 위한 관계인집회

가. 관리인 보고를 위한 관계인집회 개최 여부의 판단기준 및 결정 시기

법원은 필요하다고 인정하는 경우 관리인으로 하여금 주요사항에 관하여 보고하게 하기 위한 관계인집회를 소집할 수 있다(법제98조 제1항). 관리인 보고를 위한 관계인집회의 개최 여부는 법원의 재량으로 결정된다. 법원은 개별 사건에서 회생절차개시신청서의 내용, 대표자 심문 결과, 채권자협의회 의견조회 결과, 채권자 수 및 채무액수 등을 종합적으로 고려하여 관계인집회의 개최 필요성 여부를 판단해야 한다. 특히 회생절차 진행에 있어 공정성 내지 신뢰성을 확보해야 할 필요성이 큰 사건의 경우[1] 관리인 보고를 위한 관계인집회의 개최가 적극적

---

1) 채무자와 채권자 사이에 다툼이 치열하거나 채권자가 회생절차 진행에 적극적으로 이의를

으로 고려될 수 있을 것이다. 채무자의 자산·부채 규모가 상당하다는 사실은 관리인 보고를 위한 관계인집회의 개최 필요성을 판단함에 있어 중요한 요소 중 하나이지만, 회생절차의 신속한 진행이라는 제도 도입 취지에 비추어 보면 단지 그 사실만으로 관리인 보고를 위한 관계인집회의 개최가 필요하다고 볼 수는 없을 것이다. 또한 간이회생절차의 경우 기본적으로 채권·채무 관계가 복잡하지 않은 점, 소액영업소득자가 회생절차를 쉽게 이용할 수 있도록 한다는 취지로 도입된 점을 고려하여 실무상 원칙적으로 관리인 보고를 위한 관계인집회를 개최하지 않는 방향으로 회생절차가 진행되고 있다.

법원은 명문에 규정이 없으나 절차의 신속한 진행을 위하여 회생절차개시 결정과 동시에 회생절차개시신청서, 대표자 심문 결과, 채권자협의회에 대한 의견조회 결과 등을 종합적으로 고려하여 관리인 보고를 위한 관계인집회의 개최 여부를 결정하는 것이 바람직하다. 회생절차개시결정 당시에는 관리인 보고를 위한 관계인집회의 개최 필요성이 없다고 판단하였으나, 그 이후 채권자 등 이해관계인이 새로운 쟁점을 제기하고 그 쟁점사항에 관하여 법원이 이해관계인 등의 의견을 직접 들을 필요가 있는 등 관리인 보고를 위한 관계인집회의 개최 필요성이 생긴 경우 법원은 회생절차개시결정 이후라도 관계인집회를 소집할 수 있다.

나. 개최시기

관리인 보고를 위한 관계인집회의 개최시기에 관해서는 법이 정한 바가 없으나 조사위원 혹은 간이조사위원의 조사보고서가 제출된 이후로 지정하는 것이 실무이다. 관리인 보고를 위한 관계인집회는 이해관계인에게 채무자의 현황과 회생절차의 진행상황 등에 대한 정보를 제공하기 위한 목적으로 개최되는 것인데, 조사보고서는 위 정보가 포함되어 있고 관계인집회에서 회생채권자 등 이해관계인에게 설명되어야 할 객관적이고 공정한 자료에 해당하기 때문이다.

제기하는 등 법원이 직접 채권자들의 의견을 들을 필요가 있는 경우, 채무자의 파탄이 기존 경영자의 중대한 책임이 있는 부실경영에 기인하는 등으로 제3자 관리인이 선임된 경우, 채무자가 인가 전 M&A를 시도하는 경우와 같이 채무자의 장래 영업, 경영권에 변화가 예상되어 이해관계인의 권리에 상당한 영향을 미치는 경우, 편파변제 등에 대한 부인권 행사나 이사 등에 대한 손해배상청구가 회생절차의 주된 쟁점이 되는 경우, 이해관계인의 수 등을 고려하여 채무자 측에서 대체절차보다 오히려 관리인 보고를 위한 관계인집회의 개최를 희망하는 경우 등이 해당될 것이다.

다. 관리인 보고를 위한 관계인집회의 절차

1) 기일 지정 및 공고

법원은 관리인 보고를 위한 관계인집회의 개최가 필요하다고 인정하는 경우 그 기일을 지정하고 기일과 회의의 목적인 사항을 공고하여야 한다(법 제98조 제1항, 제185조 제1항). 관리인 보고를 위한 관계인집회의 기일지정은 통상 회생절차개시결정과 동시에 이루어지나, 회생절차개시결정 이후에 관계인집회를 소집해야 될 필요가 있을 경우에도 마찬가지다.

2) 기일 통지

기일 통지의 대상자는 관리인, 조사위원·간이조사위원, 채무자, 목록에 기재되어 있거나 신고한 회생채권자·회생담보권자·주주·지분권자와 회생을 위하여 채무를 부담하거나 담보를 제공한 자이다(법 제182조 제1항). 그러나 의결권을 행사할 수 없는 회생채권자 등에게는 관계인집회의 기일을 통지하지 아니할 수 있다(법 제182조 제2항).[2] 실무상 법원은 관리인 보고를 위한 관계인집회를 개최할 경우 회생절차개시결정과 함께 회생절차개시결정의 취지, 목록 제출 등의 기간 및 관리인 보고를 위한 관계인집회의 기일을 기재한 통지서를 송달하고 있다.

관계인집회의 기일은 주식회사인 채무자의 업무를 감독하는 행정청과 법무부장관 및 금융위원회에게도 통지하여야 한다(법 제183조). 채무자의 업무를 감독하는 행정청에는 기획재정부장관, 고용노동부장관, 국세청장, 관세청장, 채무자의 주된 사무소 또는 영업소의 소재지를 관할하는 광역단체장, 기초단체장, 세무서장이 있으며, 채무자의 업종에 따라 관계부처의 장관(가령 제조회사의 경우 산업통상자원부장관, 제약회사의 경우에는 보건복지부장관, 건설회사의 경우에는 국토교통부장관, 농업회사법인의 경우에는 농림축산식품부장관, 그 밖에 업종에 따라 과학기술정보통신부장관, 해양수산부장관, 문화체육관광부장관 등)이 포함될 수 있다.

라. 관리인 보고를 위한 관계인집회의 진행

1) 집회 진행

관계인집회가 개최되면 재판장은 우선 관리인에게 법 제92조 제1항 각호에 규정된 사항의 요지를 보고하게 한 다음(법 제98조 제1항), 관리인, 조사위원, 채무자, 목

---

2) 법 제182조에서는 대상자에게 관계인집회의 기일을 '통지'하도록 규정하고 있어 민사소송규칙 제45조 제1항이 정하는 '전화. 팩시밀리, 보통우편 또는 전자우편, 그 밖에 상당하다고 인정되는 방법'도 통지의 방법으로 이용될 수 있다.

록에 기재되거나 신고한 회생채권자, 회생담보권자 및 주주·지분권자에게 관리
인 및 조사위원·간이조사위원의 선임, 채무자의 업무 및 재산의 관리, 회생절
차를 계속 진행함이 적정한지의 여부 등에 관한 의견 진술의 기회를 부여하여
야 한다(법제). 경우에 따라서는 이해관계인의 의견진술에 대하여 관리인이나 조
사위원에게 답변이나 소명의 기회를 부여할 필요가 있다.[3]

　법원이 관계인집회에서 진술된 이해관계인의 의견에 구속되는 것은 아니
다. 다만 법원은 그 의견을 관리인에 대한 감독·해임권의 발동, 관리인이 법원
의 허가를 받아야 할 사항의 추가 지정, 관리인에 대한 업무와 재산의 관리상황
등에 대한 보고 기타 회생절차에 관한 법원의 직권조사사항에 관한 심리의 자
료로 이용할 수는 있다. 회생절차를 계속 진행함이 적정한지 여부에 관한 조사
위원의 의견은 법원이 회생절차를 폐지할 것인지 여부에 관한 중요한 단서가
된다.

2) 집회 연기·속행

　법원은 관계인집회를 연기 또는 속행할 수 있는데,[4] 관계인집회에서 그 연
기 또는 속행에 관하여 선고가 있는 때에는 송달 또는 공고를 하지 아니하여도
된다(제185조제2항). 그러나 관리인 보고를 위한 관계인집회는 이해관계인에게 채무자의
현황 등을 보고하고 그들로부터 향후 회생절차의 진행 등에 관한 의견을 듣는
절차에 불과할 뿐, 그와 관련하여 어떠한 결의를 하는 절차가 아니라는 점을 고
려하여, 법원은 특별한 사정이 없는 한 관계인집회를 연기 또는 속행하지 않고
그대로 종료하고 있다.[5] 특히 법이 개정되기 전 제1회 관계인집회의 경우 관계

---

3) 일반적으로 관리인 보고를 위한 관계인집회가 개최되면 법원은 ① 관리인, ② 조사위원, ③
구조조정담당임원, ④ 주무 관리위원, ⑤ 이해관계인의 순서로 의견 진술의 기회를 부여하고
있는데, 구조조정담당임원은 회생절차개시결정 이후 현재까지의 회사 영업 현황, 자금 입출금
현황 및 향후 전망 등에 대한 의견을 진술하고, 주무 관리위원은 채권자협의회의 구성 절차,
회생절차의 진행경과 등을 설명하고, 향후 회생계획안이 인가될 때까지 예상되는 회사 현안 등
에 대해서도 의견을 진술한다.
4) 서울중앙지방법원 2009회합116 조선무약 합자회사 사건에서는, 채무자가 인가 전 M&A 절차
를 진행한 후 그 인수대금으로 이해관계인의 채무를 변제할 것을 계획하고 있으므로, 일단 관
리인으로 하여금 M&A 절차를 진행하게 한 후에 관리인에게 그동안의 M&A 절차의 진행경과
등을 보고하도록 하려는 취지에서 제1회 관계인집회를 속행한 바 있다. 관리인 보고를 위한 관
계인집회에 있어서도 유사한 사건에서 동일한 진행이 가능할 것이다.
5) 서울중앙지방법원 2010회합16 (주)더갤러리 사건에서는, 제1회 관계인집회 직전에 채권자로
부터 조사보고서의 계속기업가치와 청산가치의 산정이 잘못되었으므로 이에 대한 재조사를 요
구하는 취지의 재조사 요청서가 제출되었고, 제1회 관계인집회를 진행하여 이해관계인의 의견을
청취한 결과 채무자의 계속기업가치와 청산가치의 산정에 관하여 추가로 검토할 필요가 있다고
인정하면서도 집회를 속행하지 않고 그대로 종료한 후 조사위원에게 추가조사를 명하였다.
　한편 서울중앙지방법원 2012회합173 에스에스씨피(주) 사건에서는, 제1회 관계인집회를 종료
한 후 회생계획안 제출명령을 유보한 상태에서 조사위원이 실사한 재고자산 중 상당 부분이

인집회가 종료되면 회생계획안의 제출명령을 하였기에 제1회 관계인집회의 속행 내지 연기가 사실상 크게 제한되지 않았으나, 현재는 회생절차개시결정과 동시에 회생계획안의 제출기간을 정하고 있으므로 관리인 보고를 위한 관계인집회를 속행하거나 연기할 경우 회생계획안 제출기간의 연장이 필요할 수도 있다.

3) 집회 조서 기재례

관리인 보고를 위한 관계인집회만을 실시하는 경우 조서의 기재례는 [별지 113] 참조.

마. 특별조사기일과 병합하는 경우

관리인 보고를 위한 관계인집회를 특별조사기일과 병합하여 실시하는 경우 (법제186조)에는 먼저 관리인 보고를 위한 관계인집회를 개최한 후 특별조사기일을 진행한다. 양자 중 어느 것을 먼저 진행할 것인지는 법원의 소송지휘권에 속하는 사항이지만, 관리인 보고를 위한 관계인집회에서 관리인이 채무자가 회생절차에 이르게 된 사정, 채무자의 업무와 재산에 관한 사항 등을 보고하게 되어 있으므로 내용상 특별조사기일보다는 관리인 보고를 위한 관계인집회를 먼저 진행하는 것이 바람직하다.

이와 같이 기일을 병합하는 경우에는 법정에서 구술로 그 취지를 고지하고 이를 조서에 기재하면 족하며, 따로 법정 외에서 병합결정을 하여 송달하거나 공고하여야 하는 것은 아니다.

관리인 보고를 위한 관계인집회와 특별조사기일을 병합하여 실시하는 경우 조서의 기재례는 [별지 114] 참조.

3. 대체절차

가. 대체절차의 선택 기준

관리인 보고를 위한 관계인집회를 소집할 필요성이 인정되지 않을 경우 법원은 관리인에 대하여 하나 이상의 조치를 취할 것을 명하여야 한다(법 제98조 제2항). 이러한 대체절차에는 법 제92조 제1항에 규정된 사항의 요지를 이해관계인에게

실제 존재하지 않는다는 사실이 뒤늦게 밝혀져 조사위원으로 하여금 재고자산을 다시 조사하라고 명하고, 제1회 관계인집회를 다시 개최하여 이해관계인에게 재고자산에 대한 재조사의 결과를 알려준 적이 있다.

통지하는 절차(호1), 법 제92조 제1항에 규정된 사항을 설명하기 위한 관계인설명회의 개최(호2), 그 밖에 법원이 필요하다고 인정하는 적절한 조치(호3)가 있다. 법원은 채무자의 재산 및 업무 내용, 회생절차에 참여하는 이해관계인의 수와 회생절차진행에 대한 의견 등 개별 사건의 구체적인 사정을 고려하여 법이 정한 세 가지 대체절차 중 어느 조치를 명할 것인지 결정하여야 한다. 이 때 결정의 기준은 대체절차 제도의 취지에 비추어 채권자 등 이해관계인에 대한 정보제공과 절차의 효율적 진행의 관점에서 어느 것이 적절한지 여부가 될 것이다.

법원은 관리인 보고를 위한 관계인집회를 개최할 필요가 없다고 판단한 경우 개별 사건의 구체적인 사정을 고려하여 원칙적으로 주요사항의 요지를 통지하는 방법과 관계인설명회를 개최하는 방법 중 하나를 선택하여 회생절차를 진행하여야 한다. 관계인설명회는 채권자와 관리인 사이에 채무자의 회생과 관련하여 다툼이 있는 등 관리인이 이해관계인에게 직접 설명할 필요가 큰 반면, 채무자의 사업장이 여러 개가 있거나 이해관계인이 여러 지역에 산발적으로 퍼져 있어 법원 이외에 하나 또는 그 이상의 장소에서 이해관계인을 모이게 하는 것이 더 적절한 경우에 적합하다. 주요사항 요지의 통지는 이해관계인이 회생절차에 있어 별다른 이의가 없고, 통지만으로 이해관계인에 대한 정보제공이라는 목적이 충분히 달성될 수 있다고 판단된 경우 회생절차의 신속한 진행이라는 측면에서 관계인설명회보다 우선적으로 고려될 수 있다.

'그 밖의 적절한 조치'는 채무자 입장에서 가장 간편한 대체절차이나, 채권자 등 이해관계인의 입장에서는 정보 전달 기능이 가장 약화된 형태의 대체절차이다. 따라서 채권자가 소수이고 회생절차에 별다른 이의가 없는 등 간단한 조치를 취하더라도 회생채권자 등 이해관계인의 합리적인 의사결정에 지장을 초래하지 않아 이해관계인의 절차참여권 보장에 소홀하게 될 우려가 없다고 판단될 경우에만 예외적으로 활용하는 것이 바람직하다.

한편, 서울회생법원은 관리인이 대체절차를 이행함에 있어 회생절차의 이해관계인에게 채무자에 관한 주요한 정보를 시의적절하게 제공하고 회생절차의 투명성을 제고할 목적으로 실무준칙 제232호에 관리인 보고를 위한 관계인집회의 대체절차에 관한 사항을 두고 있다. 그중 제8조에서는 회생절차 개시신청 당시 200억 원 이상의 채무를 부담하는 채무자에 관하여는 관리인보고집회의 대체절차로서 관계인설명회 개최를 원칙으로 정하고 있다.[6]

6) 이에 따라 실무상 법원은 채무자가 개인인 경우나 간이회생 사건의 경우에는 주요사항의 요

나. 주요사항 요지의 통지

1) 개   요

법원이 대체절차 중 법 제92조 제1항에서 정한 사항의 요지, 즉 주요사항의 요지를 통지할 것을 선택한 경우 결정의 형식으로 관리인에게 주요사항 요지의 통지명령을 한다.

주요사항 요지의 통지명령은 신속성 및 편의성 측면에서 관리인 보고를 위한 관계인집회, 관계인설명회 등보다 우위에 있다. 다만, 이해관계인에게 보다 충실한 정보를 제공하고 이에 관한 의견을 회생계획안 심리를 위한 관계인집회 이전에 들을 필요성이 큰 경우에는 다른 절차를 채택하거나 다른 절차와 적절히 조합하여 시행할 수도 있다.[7]

2) 통지의 내용

통지의 내용은 법 제92조 제1항 각호에 규정된 사항, 즉 채무자가 회생절차의 개시에 이르게 된 사정, 채무자의 업무 및 재산에 관한 사항, 법 제114조 제1항의 규정에 의한 보전처분 또는 법 제115조 제1항의 규정에 의한 조사확정재판을 필요로 하는 사정의 유무, 그 밖에 채무자의 회생에 관하여 필요한 사항의 요지이다(^{법 제98조 제2항 제1호,}_{제92조 제1항}). 채무자가 회생절차개시에 이르게 된 사정에 관하여는 채무자가 재정적 파탄에 이르게 된 경위를 중요 사항 위주로 간략하게 기재한다. 채무자의 업무 및 재산에 관한 사항에는 채무자의 주요사업목적, 조사기준일 현재 채무자의 자산·부채총액, 채무자의 사업을 청산할 때의 가치와 사업을 계속할 때의 가치(산정한 경우에 한한다), 회생채권 및 회생담보권 시·부인 총괄내역[8]이 포함되도록 한다. 법인의 이사 등의 재산에 대한 보전처분 또는 법인의 이사 등의 책임에 기한 손해배상청구권 등 법 제114조 제1항, 제115조 제1항에서 정한 사항에 관하여는 그 사항의 존재 여부, 존재할 경우 그 내용, 그에 따른 조치 및 향후 계획 등을 간략히 기재한다. 그 밖에 채무자의 회생에 관하여 필요한 사항에는 회생절차개시 후 채무자의 사업현황 및 전망, M&A·영업양도 또는 주요한 자산매각을 추진하는 경우에는 그 내용 등을 기재한다. 관리인은 주요사항의 요지를 기재한 보고서 및 법 제92조 제1항이 정한 관리인 조사보고서 또는 조사위원 조사보고서의 요약본을 첨부하여 통지한다(주요사항

지 통지를 주로 활용하고 있다.

7) 이와 관련하여 법은 대체절차를 시행할 경우 '하나 이상의 조치'를 명하도록 하고 있다.

8) 종전 제1회 관계인집회 자료에서처럼 시부인표 전체를 포함할 필요는 없을 것이다.

요지 통지서의 기재례는 [별지 115] 참조).

또한 관리인은 회생채권자·회생담보권자, 조사위원·간이조사위원, 주주 등 이해관계인에게 법 제92조 제1항 각호에서 정한 사항에 관한 의견을 법원에 서면으로 제출할 수 있다는 뜻을 통지하여야 한다(법 제98조 제3항).

3) 통지의 대상

관리인은 조사위원·간이조사위원, 채무자, 목록에 기재되어 있거나 신고한 회생채권자·회생담보권자·주주·지분권자, 회생을 위하여 채무를 부담하거나 담보를 제공한 자에게 주요사항의 요지를 통지한다(법 제98조 제2항 제1호, 제182조 제1항). 한편, 회생절차에서 의결권을 행사할 수 없는 회생채권자, 주주 등에 대하여 관리인이 통지할 의무가 있는지 여부가 문제된다. 법 제182조 제2항에 의하면 회생절차개시 당시 부채초과인 채무자의 주주 등은 의결권이 없어 집회기일을 통지하지 아니할 수 있는바, 주요사항 요지의 통지를 규정한 법 제98조 제2항 제1호가 법 제182조 제2항을 준용하지 않고 있어 집회기일 통지와는 달리 주요사항의 요지를 의결권을 행사할 수 없는 주주 등에게도 통지하여야 하는지 문제가 될 수 있기 때문이다. 법 제98조 제2항 제1호가 법 제182조 제2항을 준용하지 않고 있는 점, 관리인 보고를 위한 관계인집회에서 관리인의 보고를 받고 요지를 제공받는 범위에 의결권이 없는 회생채권자, 주주 등도 포함되는 점[9] 등에 비추어 보면 원칙적으로 의결권이 없는 회생채권자, 주주 등에게도 주요사항의 요지를 통지해야 한다고 해석함이 타당하다. 다만, 상장회사인 채무자와 같이 주주가 다수인 경우 모든 주주에 대한 통지가 사실상 어려울 수 있다. 이러한 경우 법원은 채무자의 홈페이지에 게시하도록 하는 등의 조치를 취할 수도 있을 것이다.[10]

4) 통지의 방법 및 기한

관리인은 보통우편, 전자우편, 모사전송 등 법원이 주요사항 요지의 통지명령을 하면서 허용한 방법으로 통지를 하는 것이 원칙이나,[11] 부득이한 사정이

---

9) 법 제182조 제2항은 의결권을 행사할 수 없는 회생채권자, 주주 등에게 관계인집회의 기일을 통지하지 아니할 수 있다고 규정할 뿐, 관계인집회에 참석하여 정보를 제공받고 의견을 진술할 수 있는 권한을 제한하고 있지 아니하다.

10) 후술하는 바와 같이 법원은 둘 이상의 대체절차를 동시에 명령할 수 있으므로, 이해관계인을 유형별로 구분하여 서로 다른 대체절차를 취할 수도 있다. 이 경우 주주에 대하여 주요사항의 요지를 홈페이지에 게시하도록 하는 명령은 법 제98조 제2항 제3호의 기타 적절한 조치에 해당할 것이다.

11) 참고로 기일통지에 관하여 민사소송법 제167조는 '통지서 송달'을 규정하고 있고, 민사소송규칙 제45조 제1항은 간이통지방식으로 '전화, 팩시밀리, 보통우편, 전자우편 기타 상당한 방법'이라고 규정하고 있다.

있는 경우 법원이 정한 방법 외에 다른 방법으로 통지할 수 있고, 이 경우 사전에 그 사유와 방법을 명시하여 법원의 허가를 받아야 한다(서울회생법원 실무준칙 제232호 '관리인보고를 위한 관계인집회의 대체절차' 제2조 참조). 여기서 통지는 채무자가 주요사항의 요지를 이해관계인에게 적극적, 개별적으로 알리는 형태라고 해석함이 타당하므로 단순히 서류의 비치, 일반적인 공고 정도로는 통지가 이루어지지 않았다고 보아야 할 것이다. 회생절차에서 주요사항 요지의 통지는 채무자의 재산상태 등 비교적 상당한 분량의 자료를 이해관계인에게 제공하는 것이므로 구두 또는 전화에 의한 통지는 부적절하고, 자료의 직접 교부, 보통우편, 전자우편, 모사전송의 방법 및 이에 준하는 방식만을 통지의 방법으로 인정함이 바람직하다.

주요사항 요지의 통지는 회생계획안의 심리를 위한 관계인집회의 개최 또는 회생계획안을 서면결의에 부치는 결정을 하기 전까지의 기간 중 법원이 정한 기한 안에 이루어져야 한다(법 제98조 제2항 제1호 참조). 관리인은 원칙적으로 법 제92조에서 정한 관리인보고서를 법원에 제출한 후 즉시 이해관계인에게 주요사항의 요지를 통지하는 것이 바람직하다. 관리인이 관리인보고서를 제출하기 전까지는 법 제92조 제1항 각호에서 정한 사항을 확실하게 파악하고 있을 가능성이 희박하여 사실상 주요사항의 요지를 통지하는 것이 어려울 것이기 때문이다. 실무상 법원은 회생계획안 제출기간 만료 2주 정도 전까지를 주요사항 요지의 통지 기한으로 정하고 있다. 이는 채권자, 주주 등 이해관계인에게도 회생계획안을 제출할 권한을 보장해 줄 필요가 있음을 고려한 것이다. 이처럼 법원이 통지의 시기를 정한 경우 관리인은 그 때까지 이해관계인에게 통상 도달할 수 있는 여유를 두고 통지를 발송하여야 하고, 그 기한을 준수하지 못할 부득이한 사유가 있는 경우에는 그 기한 전에 그 연장에 관하여 법원의 허가를 받아야 한다(서울회생법원 실무준칙 제232호 '관리인보고를 위한 관계인집회의 대체절차' 제3조 제1호 참조).

5) 통지 전후의 법원 보고

관리인은 주요사항 요지의 통지절차에 착수하기 전에 통지 내용, 예상되는 통지기간 기타 필요한 사항을 법원에 보고하여야 한다(서울회생법원 실무준칙 제232호 '관리인보고를 위한 관계인집회의 대체절차' 제4조 참조). 또한 통지를 마친 경우 지체 없이 그 결과를 법원에 보고하여야 하고(법 제98조 제2항 후문), 위 보고는 늦어도 통지기한 경과 후 7일 안에 하여야 하며, 통지절차를 이행한 기간, 통지한 내용, 통지 현황, 통지하지 못한 상대방이 있을 경우 그 현황과 사유, 그 밖에 필요한 사항이 포함되어야 한다(서울회생법원 실무준칙 제232호 '관리인보고를 위한 관계인집회의 대체절차' 제7조 참조)(주요사항 요지의 통지 결과보고서의 기재례는 [별지 116] 참조).

다. 관계인설명회[12)13)]

1) 개최명령

법원은 관계인설명회를 개최할 필요가 있다고 판단하면 원칙적으로 회생절차개시결정과 동시에 관리인이 관계인설명회를 개최하여야 하는 최종기한을 정하여 관계인설명회 개최명령을 한다(법 제98조의 제2항 제2호). 회생절차개시결정과는 별도로 관계인설명회 개최명령을 할 수도 있다.[14)] 이때 개최시한은 이해관계인에게 통지하는 데 걸리는 시간 및 조사위원 내지 간이조사위원의 조사보고서가 제출되는 데 필요한 시간 등을 고려하여 정하는 것이 바람직하다.

2) 개최 절차

관리인은 관계인설명회 개최명령에서 정한 기한 안에 회생절차의 일정, 채무자의 상황, 회생채권자 등 이해관계인의 사정 등을 고려하여 관계인설명회를 개최하여야 할 것이다. 조사위원 혹은 간이조사위원의 조사보고서가 제출된 이후에 관계인설명회를 개최하는 것이 통상적이다. 조사보고서는 관계인설명회에서 회생채권자 등 이해관계인에게 설명되어야 할 가장 객관적이고 공정한 자료에 해당하고, 회생채권자 등 이해관계인 대부분은 본인의 채권회수율에 관심이 많을 것이기 때문이다. 관계인설명회는 개최횟수와 장소에 제한이 없으므로 이해관계인이 전국에 산재해 있는 경우 전국을 순회하는 형태로 여러 번 개최할 수도 있다. 관리인은 관계인설명회의 구체적인 일시와 장소를 정함에 있어 법원의 허가를 받아야 한다(서울회생법원 실무준칙 제232호 '관리인보고를 위한 관계인집회의 대체절차' 제9조 제2항 참조).

한편, 관계인설명회는 관리인 보고를 위한 관계인집회에 준하는 것으로서 관리인은 참석대상자인 이해관계인에게 그 일시·장소, 관계인설명회를 개최하는 취지 등을 통지하여야 한다(관계인설명회 통지서의 기재례는 [별지 117] 참조). 통지대상은 관리인 보고를 위한 관계인집회와 마찬가지로 법 제182조 제1항 각

---

12) 여기서 기술하는 대체절차로서의 관계인설명회 외에도 회생절차 개시 전에 회생채권자·회생담보권자·주주에게 채무자의 업무 및 재산에 관한 현황 등을 설명하기 위하여 개최하는 관계인설명회도 있다(법 제98조의2 제1항).

13) 서울회생법원은 2022회합100020 학교법인 명지학원, 2020회합100048 (주)유양디앤유, 2020회합100010 티피피(주), 2019회합100195 (주)다다씨앤시, 2019회합100179 (주)키위미디어그룹, 2019회합100165 (주)바른전자 사건 등에서 관리인 보고를 위한 관계인집회의 대체절차로서 관계인설명회를 채택하여 개최한 바 있다.

14) 법원이 관리인과 미리 협의를 하였을 경우 관계인설명회 개최명령에 개최의 일시·장소까지 특정하여 명령을 할 수도 있을 것이다. 이 경우 관리인은 관계인설명회 개최명령에 정해진 일시, 장소에서 관계인설명회를 개최하여야 할 것이다.

호에서 정한 조사위원·간이조사위원, 목록에 기재되어 있거나 신고한 회생채권자·회생담보권자·주주·지분권자, 회생을 위하여 채무를 부담하거나 담보를 제공한 자이다. 또한 관리인은 노동조합(근로자 대표자)에도 통지하는 것이 바람직하고, 참석대상자들에게 관계인설명회의 일시와 장소, 설명회를 개최하는 취지를 늦어도 관계인설명회 개최 7일 전까지 통지하여야 한다(서울회생법원 실무준칙 제232호 '관리인보고를 위한 관계인집회의 대체절차' 제9조 제3항 참조). 통지방식은 제한이 없으므로 원칙적으로 서면통지에 의하되, 구두·유선·전자우편 등에 의한 통지도 가능하며, 통지대상자에 따라 통지방식을 다르게 하는 것도 가능하다.[15] 회생절차에서 의결권을 행사할 수 없는 회생채권자, 주주 등의 이해관계인에 대하여는 홈페이지 게시, 중앙일간지 공고 등 적절한 방법으로 갈음하는 것도 가능하다(법 제182조 제2항 참조)(서울회생법원 실무준칙 제232호 '관리인보고를 위한 관계인집회의 대체절차' 제9조 제5항 참조).

관리인이 관계인설명회에서 설명을 해야 하는 대상은 법 제182조 제1항 각호에서 정한 자들이다. 조사위원·간이조사위원은 관계인설명회에서 설명을 듣는 대상으로만 정해져 있기에 관계인설명회에 참석해야 할 의무가 있다고 볼 수는 없다. 그러나 조사위원·간이조사위원은 회생채권자 등 이해관계인에게 회생절차 진행에 관하여 보다 객관적인 정보를 제공해 줄 수 있는 전문가라는 점에서 법원은 조사위원·간이조사위원에게 관계인설명회에 참석할 것을 권고하는 것이 바람직하다. 구조조정담당임원 역시 조사위원과 마찬가지로 관계인설명회에 참석하도록 하는 것이 바람직하다. 또한 관계인설명회는 관리인 보고를 위한 관계인집회와 달리 법원이 아닌 관리인이 주체가 되어 진행하는 절차이므로 그 시기 및 장소에 대하여 공고를 할 필요는 없으나, 관계인집회에 준하는 절차이므로 관리인은 공고할 수 있는 수단이 있는 경우 그 수단을 통하여 관계인설명회 개최사실을 알려야 한다(서울회생법원 실무준칙 제232호 '관리인보고를 위한 관계인집회의 대체절차' 제9조 제5항 참조).[16]

3) 진   행

관계인설명회는 관리인이 주관하는 것이 원칙이다. 다만, 관계인설명회를 동시에 여러 장소에서 개최하는 경우, 관리인의 질병 등과 같이 부득이한 사정이 있는 경우에는 관리인이 출석하지 아니한 채 관계인설명회를 개최할 수 있다. 이 경우 관리인은 자신을 대신하여 관계인설명회를 주관할 자를 정하여 미리 법원의 허가를 받아야 한다(서울회생법원 실무준칙 제232호 '관리인보고를 위한 관계인집회의 대체절차' 제11조 제1항 참조).

관리인 보고를 위한 관계인집회는 공개를 원칙으로 하고 있으나, 관계인설

---

15) 예를 들어 회생채권자·회생담보권자에게는 서면발송으로, 주주에게는 유선 혹은 전자우편으로 통지를 하는 것이 가능하다.

16) 채무자가 인터넷 홈페이지를 운영하고 있는 경우를 상정할 수 있다.

명회의 경우 법원의 관여 없이 자율적으로 이루어지는 절차이고, 채무자와 이해관계인 사이에 혹은 이해관계인 사이에 충돌이 빚어질 우려가 있다는 점에서 비공개로 하는 것이 바람직하다. 비공개의 경우 관리인은 관계인설명회 개최 통지 시 조사위원·간이조사위원, 목록에 기재되어 있거나 신고한 회생채권자·회생담보권자, 주주·지분권자, 노동조합의 대표자 혹은 근로자 대표자 등 참석대상자 혹은 참석대상자의 대리인임이 확인된 경우에만 관계인설명회에 참석할 수 있다는 점을 미리 고지할 필요가 있다. 또한 관리인은 관계인설명회에서 법 제98조 제3항에 따라 법 제92조 제1항 각호에서 정한 사항에 관한 의견을 법원에 서면으로 제출할 수 있다는 뜻을 통지해야 할 의무가 있다.

관리인은 영상녹화, 속기록의 작성·보존 등 관계인설명회 종료 이후 관계인설명회의 내용과 진행 상황을 확인할 수 있는 방안을 강구하여야 한다(서울회생법원 실무준칙 제232호 '관리인보고를 위한 관계인 집회의 대체절차' 제11조 제5항 참조).

4) 종료 후 보고

관리인은 관계인설명회가 종료된 이후 지체 없이 그 결과를 법원에 보고하여야 한다(법 제98조의2 제3항). 위 보고에는 관계인설명회를 개최한 일시·장소, 관계인설명회 일시·장소의 사전 통지현황 및 통지하지 못한 이해관계인이 있는 경우 그 현황과 사유, 출석현황, 설명한 내용, 관계인설명회 진행 경과, 이해관계인의 의견진술이 있을 경우 그 내용 및 그 밖에 필요한 사항 등이 포함된다(서울회생법원 실무준칙 제232호 '관리인보고를 위한 관계인 집회의 대체절차' 제12조 제2항 참조)(관계인설명회 개최 결과보고서의 기재례는 [별지 118] 참조).

라. 기타 적절한 조치

1) 개 요

'기타 적절한 조치'는 관리인 보고를 위한 관계인집회, 주요사항 요지의 통지, 관계인설명회 이외에 회생채권자 등 이해관계인에게 채무자와 회생절차의 현황을 적절하게 알릴 수 있는 조치를 의미한다. 관리인은 '기타 적절한 조치'를 취한 이후 그 결과를 지체 없이 법원에 보고해야 하고(법 제98조 제2항 후문 참조), 법 제182조 제1항 각호에 정한 자에게 법 제92조 제1항 각호에 정한 사항에 관한 의견을 법원에 서면으로 제출할 수 있다는 뜻을 통지해야 한다(법 제98조 제3항).

2) 구체적 예시

기타 적절한 조치의 방식에는 제한이 없으나, 구체적으로 주요사항 요지의 홈페이지 게시가 있을 수 있다. 게시의 내용, 기한 등은 원칙적으로 주요사항 요지의 통지와 동일하다. 홈페이지 게시의 경우 대표자 심문 단계에서 채무자의 홈페이지 구축 여부를 확인하는 것이 필요하며, 주요사항 요지의 홈페이지 게시는 그 대상자를 법 제182조 제1항 각호에서 정한 자에 한정하는 것도 기술적으로 가능할 것이다.[17]

마. 대체절차의 혼합

법 제98조 제2항은 관리인 보고를 위한 관계인집회의 대체절차로서 하나 이상의 조치를 명하도록 규정하고 있으므로, 법원은 '주요사항 요지의 통지'와 '관계인설명회' 등 둘 이상의 대체절차를 동시에 명령할 수 있다. 이에 따라 회생채권자, 주주 등 이해관계인을 유형별로 구분하여 다른 대체절차 조치를 취할 수 있다고 해석된다. 따라서 회생채권자·회생담보권자에게는 주요사항 요지의 통지를, 의결권을 행사할 수 없는 주주에 대하여는 홈페이지 게시를 명할 수도 있다.

바. 관리인의 불성실한 업무수행에 대한 감독방안

법원이 대체절차 조치명령을 하였음에도 관리인이 이를 이행하지 아니하거나 불성실하게 조치명령을 이행할 경우[18] 법원은 관리인을 교체할 수 있다. 이 경우 법원은 다시 기한을 정하여 대체절차 조치명령을 할 수 있고, 기존에 정한 대체절차가 아닌 다른 절차로 변경할 수도 있다. 만약 관리인의 불성실한 대체절차 이행으로 인하여 회생채권자 등 이해관계인에 대한 정보제공이 충실하게 이루어지지 않았을 우려가 있을 경우 법원이 관리인 보고를 위한 관계인집회를 개최할 수도 있다.

또한, 관리인이 대체절차를 마친 이후 법원에 보고서를 제출하면서 중요사항, 예를 들어 이해관계인의 의견진술 보고를 누락한 경우 법원은 보완보고를 명할 수 있다. 이러한 경우를 대비하여 법원은 관리인으로 하여금 대체절차, 특히 관계인설명회에 있어 속기록, 녹취록 등을 작성하도록 할 필요가 있다(서울회생법원 실무 준칙 제232호 '관리인보고를 위한 관계인집회의 대체절차' 제12조 제3항 참조).

---

17) 기타 적절한 조치 중의 하나로 관리인보고서를 비치하고 이해관계인의 열람에 제공하도록 하는 방법도 고려해 볼 수 있다. 관리인보고서는 법 제95조에 따라 법원에 비치하여야 하므로 법원 외의 장소에 관리인보고서를 비치하여 열람에 제공하도록 하는 방식도 생각해 볼 수 있으나, 이 방식은 적극적인 통지가 아니라 소극적인 비치·열람에 불과하므로 주요사항 요지의 통지, 관계인설명회에 준하는 대체절차로 보기에는 무리가 있다.

18) 관리인이 고의 또는 중대한 과실로 이해관계인 전부 또는 일부에게 주요사항 요지의 통지나 관계인설명회의 개최 통지를 하지 아니한 경우 등을 상정할 수 있다. 이러한 경우 법원은 통지를 받지 못한 이해관계인을 대상으로 관리인이 대체절차를 이행하도록 해야 한다.

回 生 事 件 實 務

제13장

.
.
.

회생계획안

제1절 개   요

제2절 회생계획안의 제출

제3절 회생계획안 작성의 기본 원칙

제4절 회생계획안의 작성요령

제5절 회생계획안의 내용 및 조항

제6절 회생계획과 출자전환

제7절 이해관계인에 대한 의견조회

제8절 회생계획안의 수정·변경 및 배제

제9절 청산을 내용으로 하는 계획안

제10절 복수의 회생계획안이 제출되었을 때의 처리방법

제1절 개 요

1. 회생계획과 회생계획안의 개념

가. 회생계획

'회생계획'이란 채무자 또는 그 사업의 효율적인 회생을 위한 계획(예외적으로 청산을 내용으로 하는 회생계획도 있음)으로서 회생채권자 등 이해관계인에 대한 권리변경 및 변제방법, 채무자의 조직변경 등 회생에 필요한 기본적인 사항을 정한 것을 말하며, 회생절차 수행의 기본규범이 되는 것이다.

나. 회생계획안

'회생계획안'은 위와 같은 채무자의 회생계획을 문서화한 것으로서 관계인집회의 심리 및 결의의 대상이 되는 것을 말하며, 회생계획안은 관계인집회에서의 심리 및 결의를 거쳐 최종적으로 법원의 인가결정을 받음으로써 회생계획으로서의 효력이 발생하게 된다.

2. 법원이 조치하여야 할 사항의 개요

회생계획안이 작성·제출되어 회생계획으로 성립하기까지의 과정에서 법원이 조치하여야 할 사항은 다음과 같다.

① 회생계획안의 제출기간 지정(법 제50조 제1항 제4호)

② 회생계획안의 제출기간 연장결정(법 제50조 제3항)

③ 회생계획안의 심사(적법성, 공정·형평의 원칙, 평등의 원칙, 수행가능성, 청산가치보장의 원칙 준수 여부 등)(법 제243조 제1항 제218조 제1항)

④ 회생계획안에 관한 이해관계인에 대한 의견조회 및 동의 여부 확인(법 제140조 제2항·제3항, 제226조, 제227조)

⑤ 회생계획안의 수정허가·수정명령 또는 배제(법 제228조, 제229조 제231조, 제231조의2)

⑥ 회생계획안의 심리·결의를 위한 관계인집회의 기일 지정 및 통지·송달 등 후속조치(법 제182조, 제183조, 제185조, 제232조)

⑦ 회생계획안의 심리 및 결의를 위한 관계인집회의 진행($^{법제}_{184조}$)

⑧ 회생계획안이 가결되지 않았을 경우의 처리($^{법 제244조, 제286조}_{제1항 제2호, 제3호}$)

⑨ 가결된 회생계획안의 인부 결정 및 인부 결정 후의 공고, 등기의 촉탁 등 후속조치($^{법 제242조 내지}_{제245조, 제23조}$)

⑩ 복수의 회생계획안이 제출되었을 때의 처리[1]

다만 서면결의에 의하는 경우는 위 사항 중 ⑥·⑦항의 조치는 취할 필요가 없고, 그 대신 회생계획안을 서면결의에 부치는 결정($^{법제}_{240조}$)을 하여야 한다.

위에서 열거한 사항 이외에 법원과 관리위원회는 관리인이 회생계획안을 작성·수정 및 변경하는 작업에 필요한 권고를 할 수 있다($^{법 제81조, 제17조 제1항 제3호,}_{제7호, 규칙 제22조 제1호,}$). 회생계획안의 작성 및 수정 작업에서 발생하는 각종 법률적인 문제들을 법률전문가가 아닌 관리인이 모두 해결하도록 할 경우, 사후에 수정할 사항이 다수 발견되면 절차의 지연을 초래할 것이기 때문이다. 관리인은 회생계획안을 수립할 때에 채권자협의회와 충분히 의견을 교환하는 등 협의를 거치되 공정·형평의 원칙, 평등의 원칙, 수행가능성, 청산가치보장의 원칙 등 회생계획인가의 요건을 갖춘 회생계획안을 작성하여야 한다는 점을 주의하여야 한다.

제2절   회생계획안의 제출

1. 회생계획안의 작성·제출권자

관리인은 법원이 정한 기간 안에 회생계획안을 작성하여 법원에 제출하여야 한다($^{법 제220조}_{제1항}$). 채무자, 목록에 기재되어 있거나 신고한 회생채권자·회생담보권자·주주·지분권자도 같은 기간 안에 회생계획안을 작성하여 제출할 수 있다($^{법제}_{221조}$).[2] 신고하였으나 채권조사절차에서 관리인으로부터 부인당한 회생담보권자, 회생채권자라 하더라도 회생계획안을 제출할 수 있다.[3] 채무자의 부채 총액

---

1) 이에 관하여는, '본장 제10절' 참조.

2) 구체적인 사례에 관하여는 제13장 제10절 참조.

3) 신고를 하였지만 관리인이 인정하지 않았거나, 다른 회생채권자의 이의가 있었음에도 회생채권 등의 조사확정재판을 신청하지 않은 경우에는 신고를 하지 않은 상태가 되는 결과, 회생계획안의 제출권한이 없다는 견해로는 전대규, 732면 참조.

이 자산의 총액을 초과하여 주주·지분권자가 의결권을 가지지 않는 경우에도 주주·지분권자는 회생계획안을 작성하여 제출할 수 있다.[4][5]

실무상 회생계획안을 작성하기 위해서는 채무자의 사업계획·채권신고현황에 대한 상세한 자료와 함께 회계적인 전문지식이 필요하기 때문에 주로 관리인이 조사위원의 조사보고서 등을 토대로 회계법인 등 전문가의 도움을 받아 회생계획안을 작성하여 제출한다.[6][7] 관리인에게는 회생계획안의 작성·제출의무가 있으므로(법 제220조 제1항), 관리인이 회생계획안의 작성 및 제출을 게을리한다면 해임될 수 있다(법 제83조 제2항 제4호 참조). 한편 사전계획안이 제출된 때에는 관리인은 법원의 허가를 받아 회생계획안을 제출하지 아니하거나 제출한 회생계획안을 철회할 수 있다(법 제223조 제6항)[사전계획안 회생절차(P-Plan)에 관하여는 제13장 제2절 6. 참조].

2. 회생계획안 제출기간 지정

가. 개   요

법원은 개시결정과 동시에 회생계획안의 제출기간을 정해야 한다. 회생계획안의 작성 및 제출권자는 법원이 정한 기간 안에 회생계획안을 제출하여야 한다.

만약 회생계획안이 정해진 제출기간을 지나 제출되었다면, 법원은 이 회생계획안을 배제하여 심리나 결의에 부치지 않을 수 있다(법 제231조 제1호). 그러나 회생계획안이 제출기간을 넘어 제출되었다 하더라도 그 회생계획안이 유일한 회생계획안이고 회생절차를 현저히 지연시키는 경우가 아니라면 이 회생계획안을 심

---

4) 条解(下), 177면.
5) 신주인수권자는 장래 신주인수권을 행사할 경우 주식을 인수할 수 있는 권리를 보유한 자에 불과하고 아직 주주의 지위에 있다고 볼 수 없으므로 회생계획안을 작성·제출할 권한을 가지지 못한다는 전제에서, 신주인수권자가 제출한 회생계획안에 대해 회생계획안 배제결정을 한 사례로는, 서울중앙지방법원 2013회합110 에스티엑스팬오션(주) 사건 참조.
6) 간혹 회생계획안 작성의 편의를 위하여 조사위원에게 별도의 보수를 지급하고 회생계획안의 작성을 의뢰하려고 하는 관리인이 있으나, 이는 조사위원의 지위에 비춰 보아 허용할 수 없다.
7) 중소기업 회생컨설팅 제도에서는 회계에 관한 전문지식이 있는 회생컨설턴트가 관리인의 회생계획안 작성 업무를 돕게 된다. 구체적으로, 회생절차개시신청을 대리한 신청대리인의 수임업무가 회생절차개시결정으로 종결되는 등의 이유로 따로 전문가의 조언을 받을 수 없는 채무자 중 중소기업 회생컨설팅 지원이 결정된 회사는 회생컨설턴트가 관리인의 회생계획안 작성 업무를 직접 돕는다. 한편 개시결정 후에도 신청대리인으로부터 법적 조언을 계속해서 제공받는 등 전문가의 도움을 받는 채무자 중 중소기업 회생컨설팅 지원이 결정된 회사는 관리인이 선임한 전문가(법무법인 또는 회계법인 등)가 회생계획안 작성 업무를 주도하게 되고, 회생컨설턴트는 그 회생계획안의 수행가능성 등을 심사하고 그 심사결과를 법원에 보고한다.

리, 결의에 부쳐 절차를 그대로 진행하는 것이 바람직하다.

나. 제출기간을 결정할 때에 주의하여야 할 점

회생계획안 제출기간은 조사기간의 말일부터 4개월 이하로 정하여야 한다. 다만 채무자가 개인인 경우에는 조사기간의 말일부터 2개월 이하로 정하여야 한다(법제50조제1항제4호). 제출기간을 정할 때에는 채무자의 부채 규모, 채무자를 둘러싼 이해관계인의 다소, 이해관계인의 채무자에 대한 협력의 정도, 기타 회생절차 외적인 요소(예를 들면, 회생계획안을 제출하기 위해서 계열회사의 기업개선작업 진행상황을 고려하여야 할 경우, 인가 전 M&A를 추진하여 이를 반영한 회생계획안을 제출하려는 경우 그 절차 진행에 소요되는 시간 등) 등을 고려하여 그 기간의 장단을 결정하는 것이 바람직하다.[8)]

다. 제출기간의 연장결정

1) 의 의

법원은 이해관계인의 신청에 의하거나 직권으로 회생계획안 제출기간을 늘일 수 있다(법제50조제3항). 관리인이 제출기간 내에 회생계획안을 작성할 수 없는 때에는 제출기간 안에 그 사실을 법원에 보고하여야 하므로(법제220조제2항), 일반적으로는 관리인의 제출기간 연장결정 신청을 기다려 연장결정을 하는 경우가 대부분이지만, 법원이 직권으로 연장결정을 하는 경우도 있다.

제출기간 전에 관리인이 최소한의 요건을 갖춘 회생계획안을 작성할 수 있다면, 굳이 제출기간을 연장할 필요 없이 일단 제출기간 내에 회생계획안을 제출하도록 한 뒤 추후에 회생계획안의 수정을 통하여 회생계획안의 내용을 보완하는 방법을 택할 수도 있다.

---

8) 법에 따라 조사기간이 종료되면 바로 회생계획안을 제출할 수 있으나, 청산가치를 보장하고 수행가능한 회생계획안을 제출하기 위해서는 조사위원의 조사결과를 확인할 필요가 있으므로, 회생계획안 제출기간은 채무자의 현황과 절차의 진행상황 등을 고려하여 조사보고서 제출기간 이후의 날짜로 지정하는 것이 바람직하다. 서울회생법원은 통상 조사보고서 제출일로부터 3주 내지 4주 정도 뒤의 날짜로 회생계획안 제출기간을 정하고 있다. 즉 실무에서는 조사보고서가 제출된 후 관리인보고를 위한 관계인집회를 개최하거나, 보고집회 대신 주요사항 요지의 통지 또는 관계인설명회 등 대체절차를 진행하므로 이에 소요되는 기간을 고려하여 그 기간 이후로 회생계획안 제출기간을 정하고 있다(다만 사건의 특성에 따라서는 회생계획안 제출 이후에 대체절차를 진행하는 경우도 있다). 회생계획의 제출기간의 시기와 관련하여 법 제50조 제1항 제4호의 규정이 기간의 종기만 정한 것이라고 본다면, 회생계획안은 조사기간 종료와 무관하게 개시결정 이후 어느 시점에서든 제출할 수 있다. 서울회생법원은 회생계획안 제출기간을 조사기간 이후로 제한하지는 않는 것으로 해석하여 회생계획안 제출기간 말일만을 주문에 표시하고 있다.

2) 기간 연장이 필요한 사유

실무상 회생계획안 제출기간 연장은 종종 이루어지고 있는바, 해당 채무자와 함께 계열회사에 대하여도 회생절차가 개시되어 채무자 및 계열회사에 대하여 동시에 회생절차를 진행하여야 하는데, 그 계열회사의 관리인이 제출기간 내에 회생계획안을 제출할 수 없는 사유가 있는 때, 채무자에 대한 제3자 인수 협상이 진행되고 있어 그 결과를 기다려야 하는 때, 계열회사의 기업개선작업 진행경과에 따라 회생계획안의 내용이 크게 변경되는 때, 그리고 회생절차에서 채권자들에 대한 현금변제율을 높이기 위하여 영업에 필수적이지 않은 자산을 매각할 시간이 필요한 때[9] 등에서 회생계획안의 제출기간 연장결정의 필요성이 크다.

한편, 조사보고서가 제출되기 전 단계(조사위원의 접수 전 초안 보고 단계)에서 다툼이 예상되는 사항이 많이 발견되고 이에 대한 추가조사가 필요하다고 판단하여 조사위원의 조사보고서 제출기한 및 관리인 보고서 제출기한을 연장하는 경우에는 그에 맞추어 미리 회생절차개시 당시 정하였던 회생계획안 제출기간을 연장할 필요가 있다. 또 청산가치가 계속기업가치를 초과한다는 내용의 조사위원 조사보고서가 제출되었으나 그 여부가 불분명하거나 이에 관한 다툼이 심하여 추가적인 조사나 심리가 필요한 경우,[10] 즉 초기 자금부족으로 운영자금 조달이 필요하거나 주요 영업시설의 임대차가 지속되어야 한다거나 기존 거래처와의 업무재개가 선행되어야 하는 등[11] 계속기업가치 산정에 전제조건이 붙어 있는 경우, 채무자의 최근 영업실적과 조사보고서의 예상치 사이에 상당한 불일치가 있는 경우, 신규매출을 계속기업가치에 반영하기 위하여 일정기간 해당 신규매출 추이를 지켜볼 필요가 있는 경우,[12] 채권자가 채무자의 향후 사업

---

9) 서울회생법원 2020회합100185 (주)마봉, 2022회합100187 (주)지성쉬핑, 2020회합100188 (주)지성에너지 사건 참조.

10) 신규 매출 발생, 인건비 추정, 신규자금 조달방안, 원가율 및 판관비율 등에 관하여 추가적인 조사가 필요하다고 보아 회생계획안 제출기간을 연장한 사례로는 서울회생법원 2017회합100007 (주)동강시스타, 2020회합100030 팬텀패브리케이션(주), 2021간회단100015, 2021회합100021 (주)나경에스에이 사건 등이 있다.

11) 유일한 거래처인 기존 거래처와의 납품 일정 재개 협의를 위하여 조사보고서 제출기간 및 회생계획안 제출기간을 연장한 사례로는 서울회생법원 2017간회합100052 셀롯와이어리스(주) 사건이 있다.

12) 신규매출추이를 지켜보기 위하여 조사보고서 제출기간 및 회생계획안 제출기간을 연장한 사례로는 서울회생법원 2017간회합100083 농업회사법인 주식회사 백두농산 사건이 있고, 이미 조사보고서가 제출되었으나 신규사업의 성과 등을 지켜보기 위하여 회생계획안 제출기간을 연장한 사례로는 서울회생법원 2022간회합100001 한국소셜농업회사법인(주), 2022간회합100032 (주)한스 사건 등이 있다.

전망이나 영업능력, 기업가치에 대해 중대한 의문을 제기하는 경우 등의 사정이 있는 경우에는 그 추가적인 조사나 심리에 소요되는 기간만큼 회생계획안 제출기간을 연장해 놓을 필요가 있을 것이다. 그리고, 청산가치가 계속기업가치를 초과하는 내용의 조사위원 조사보고서가 제출되었다 하더라도 관리인이 인가 전 M&A를 추진하겠다는 의사를 밝히는 경우 법원은 인가 전 M&A 추진 허가 여부를 신속히 판단하여야 하고, 이때 인가 전 M&A 추진을 허가하는 경우,[13] 부인하였던 회생채권 등에 대한 이의철회 등 미확정 회생채권 등의 확정,[14] 시부인표 정정, 회생담보권 대위변제에 따른 명의변경 신고대기[15] 등 회생채권 등의 변동내역을 회생계획안에 반영할 필요가 있는 경우에는 회생계획안 제출기간을 연장하는 것이 역시 필요하다.

연장되는 기간은 회생계획안 작성에 지장이 되고 있는 사유, 예를 들면 조사·심리·평가의 미완료, 채권 등의 불확정 등을 구체적으로 고려하여 이를 해소하거나 조치할 수 있는 기간으로 결정하여야 한다.[16]

3) 기간 연장결정을 할 때에 주의하여야 할 점

제출기간은 2개월 이내에서 늘일 수 있다(법 제50조 제3항 본문). 다만 채무자가 개인이거나 중소기업자인 때에는 제출기간의 연장은 1개월을 넘지 못한다(법 제50조 제3항 단서).

그러나 연장결정은 1회에 한하지 않고 수차례 할 수 있다고 해석되고 있고,[17] 수차례 연장결정을 한 결과 그 제출기간이 조사기간의 말일부터 4개월(법 제50조 제1항 제4호 참조)을 초과하더라도 부적법하지는 않다고 본다. 따라서 법 제50조 제1항 제4호는 최초의 회생계획안 제출기간을 정하는 경우에만 적용된다.[18][19] 다

---

13) 청산가치가 계속기업가치를 초과하는 내용의 조사위원 조사보고서가 제출되었으나 관리인이 인가 전 M&A 추진을 원하여 법원이 이를 허가한 사례로는, 서울회생법원 2017회합100161 (주)엠티코리아, 2017회합100197 (주)유엠아이, 2017회합100069 (주)지엠이에스티, 2019회합 100179 (주)키위미디어그룹, 2020회합100049 (주)포스링크, 2020회합100073 금강에이스건설(주), 2020회합100089 (주)인터파크송인서적, 2020회합100092 신한중공업(주), 2020회합100189 쌍용자동차(주), 2021회합100020 이스타항공(주), 2021회합100126 (주)골든코어, 2021회합100162 우주건설(주) 사건 등이 있다. 한편, 계속기업가치가 청산가치를 초과하는 내용의 조사보고서가 제출되었으나 관리인이 인가 전 M&A 추진을 원하여 법원이 이를 허가한 사례로는 2021회합 100037 실버스톤(유), 2022간회합100023 (주)엑스바이오 사건 등이 있다.
14) 서울회생법원 2020간회합100060 (주)에이치엠폴리텍 사건 등.
15) 서울회생법원 2019회합100125 (주)리빙휴 사건 등.
16) 임채홍·백창훈(하), 115면.
17) 임채홍·백창훈(하), 115면.
18) 주석 채무자회생법(Ⅰ), 489면.
19) 서울회생법원 2020간회합100062 (주)하나로푸드시스템, 2020회합100030 팬덤패브리케이션(주), 2020회합100073 금강에이스건설(주), 2020회합100041 (주)맥시우스[합병 전 상호 (주)태진인포텍] 사건 등 참조.

만 회생절차의 신속성을 위하여 회생계획안 제출이 지나치게 지연되지 않도록
할 필요가 있다.

연장결정을 하더라도, 회생계획안은 회생절차개시결정일로부터 1년(불가피
한 사유로 법원이 가결기한을 연장하는 경우 1년 6개월) 내에 가결되어야 함을 유의
하여야 한다(법 제239조).

제출기간의 연장결정은 관리인, 채무자, 알고 있는 회생채권자·회생담보권
자·주주·지분권자에게 송달하고 공고하여야 한다(법 제51조 제3항, 본문, 제2항·제1항).

4) 기 재 례

회생계획안 제출기간의 연장 결정문례는 [별지 129], 연장결정의 공고문 양
식은 [별지 130]과 같다.

3. 제출기간 안에 회생계획안이 제출되지 않은 경우

지정된 회생계획안 제출기간(제출기간이 연장된 경우에는 그 연장된 제출기간)
안에 관리인이나 기타 이해관계인으로부터 회생계획안이 전혀 제출되지 아니한
경우, 지정되거나 연장된 제출기간 안에 회생계획안이 제출되었으나 모두 철회
되어 제출된 회생계획안이 남아 있지 않은 경우에는 회생절차폐지사유가 된다
(법 제286조 제1항 제1호).[20]

4. 회생계획안 제출에 관한 관리인 지도 요령

신속한 절차 진행을 위하여 주심판사는 조사위원 및 관리인 조사보고서 제
출 시에 회생계획안의 작성을 준비하도록 지도한다. 회생계획안을 작성할 때에
는 관리인에게 법 제193조 이하의 법정요건과 법 제243조의 인가요건을 충족하
도록 하여야 한다는 점을 주지시키고, 법 제237조의 가결요건을 참고하도록 지
도하여야 한다. 그리고 반드시 제출기간 내에 회생계획안을 제출하도록 하되 그
기간을 준수하지 못할 것으로 예상되는 경우에는 그 사유 및 예상 소요 기간을
서면으로 밝힌 후 제출기간 연장신청을 하도록 하여야 한다.

한편 회생계획안이 상당부분 작성된 후에 채권자 그룹의 분류와 변제방법

---

20) 다만 법원의 폐지결정 전에 회생계획안이 제출된 경우의 처리에 관하여는 제19장 제2절 2.
가.항 참조.

을 수정하는 것은 매우 번거롭기 때문에 미리 관리인으로 하여금 회생계획안 작성에 들어가기 전에 대체적인 채권자 그룹의 분류와 변제방법에 관한 초안을 작성하여 그 분류의 적정성과 인가요건의 충족 여부에 관하여 법원의 검토를 받도록 하는 것이 바람직하다.

특히 유의하여야 할 점은 관리인이 채권자들의 동의를 구하기에 급급한 나머지 무리한 변제계획을 수립할 수가 있으므로, 관리인으로 하여금 수행 가능한 사업계획과 변제계획을 수립하도록 지도하여야 한다는 것이다. 서울회생법원은 특별한 사정이 없는 한 조사위원이 조사보고서에 제시한 추정손익계산서 및 추정자금수지계획표에 기초하여 그 범위 안에서 회생계획안을 작성하도록 하고,[21] 회생계획안의 심리를 위한 관계인집회 또는 서면결의에 부치는 결정의 5일 전까지 조사위원으로 하여금 회생계획안의 청산가치보장 및 수행가능성 여부에 관한 제2차 조사보고서를 제출하도록 하여 판단자료로 활용하고 있다.

5. 기   타

관리인은 실무상 회생계획안과 함께 회생계획안 요약표를 제출하는데 회생계획안 요약표는 다음과 같은 내용을 담고 있다.

가. 비교손익계산서(조사보고서/회생계획안)

회생계획안에서 제시된 내용이 조사위원이 조사보고서에 제시한 추정손익계산서에서 제시한 내용 범위 내에 있는지를 파악할 수 있다.

나. 추정자금수지표

회생계획안에서 제시된 내용이 조사위원이 조사보고서에 제시한 추정자금수지계획표에서 제시한 내용 범위 내에 있는지를 파악할 수 있다.

---

21) 실무상 회생계획안 작성의 토대가 되는 추정손익계산서 및 추정자금수지계획표는 조사위원이 조사보고서에 제시한 것을 거의 그대로 따르는 경우가 대부분이다. 즉 채무자의 회생기간 동안 추정매출액, 매출원가, 판매관리비, 영업이익 등의 수치를 조사위원의 조사보고서 결론에 거의 그대로 맞추고 있다. 그러나 조사위원의 조사보고서에 오류가 있거나 수정할 사항이 있는 경우에는 수정된 조사보고서를 제출하게 한 후 그에 맞추어 회생계획안을 작성·제출하도록 하면 될 것이다.

다. 변제계획안 요지

기일지정 또는 서면결의에 부치는 결정과 관련하여 회생계획안의 요지를 송달할 때, 이 요약안을 참고하면 유용하다.

라. 조사기간 이후 회생채권 등의 변동사항

회생담보권, 회생채권의 추완신고, 명의변경, 소멸 내역을 담고 있거나, 미발생구상채권이 확정구상채권으로 변동된 사항을 담고 있다.

마. 권리변경 및 변제율 총괄표

구체적으로는 채권별 청산가치 배당률표, 채권별 현가변제율 및 청산배당률 비교표, 회생담보권 현재가치 변제율 계산 명세서, 회생채권 현재가치 변제율 계산 명세서 등을 작성하여 제출한다(채권별 현가변제율 및 청산배당률 비교표 기재례 등은 [별지 131] 참조). 각 채권자 그룹별로 공정하고 형평에 맞는 차등을 두었는지를 검토하기 쉬울 뿐 아니라, 회생채권 또는 회생담보권 확정소송 등의 소가결정시에도 활용할 수 있다.

바. 담보물 배분표

담보물에 대하여 (근)저당권설정현황, 가치평가액, 채권자, 설정금액, 배분액, 배분후잔액 등을 기재하여 담보물에 의한 배분현황을 알기 쉽게 해준다.

사. 비영업자산 처분계획

회생계획안에서 비영업용 자산을 처분하는 내용을 담고 있을 경우 처분대상 자산, 감정가액, 매각예상가액, 청산가치, 회수예상금액, 처분시기 등을 기재한다.

아. 적정 차입금 규모 산정 내역

회생계획안에서 일정 규모의 차입을 예정하고 있을 경우 그 차입 규모의 적정성에 관하여 영업현금흐름에 이자보상배율 등을 적용한 산식을 기재하여 해당 차입이 가능한지를 판단할 수 있는 자료로 사용한다.

자. 정관의 변경

회생계획안에 따라 정관의 변경이 예정되는 경우, 예컨대 회사가 발행할 주식의 총수를 증가시키거나, 신주인수권에 관한 사항을 변경할 필요가 있을 때, 변경 전과 변경 후의 조문을 기재한다.

차. 주주지분 예상 총괄표

회생계획안에 예정된 주식소각·주식병합·출자전환·주식재병합 등을 완료한 후의 주식지분 비율을 기재한다. 이를 통하여 채권자들은 출자전환 등이 완료되었을 경우 자신들이 취득할 주식의 지분비율을 확인할 수 있다. 또한 출자전환 등이 완료되었을 경우 구 주주 지분 비율을 파악하고, 이를 회생채권자의 현가변제율과 비교함으로써 회생계획안이 공정·형평의 원칙을 준수하고 있는지 판단할 수 있다.

카. 미확정채권의 현실화 예상액

미발생구상채권의 현실화 예상액, 조사확정재판 또는 특별조사기일에 부인할 추완신고채권의 확정 예상액, 예상근거 등을 기재하여 이를 미리 자금수지에 반영함으로써 미확정채권이 향후 현실화되었을 경우 회생계획의 수행가능성에 지장이 없도록 한다.[22]

타. 의결권 비율 순위표

회생계획안이 결의에 부쳐질 것을 대비하여 의결권 비율을 산정해 봄으로써 채권자들과의 협상에 활용하도록 한다.

---

22) 서울회생법원 2020회합100185 주식회사 (주)마봉, 2020회합100187 주식회사 (주)지성쉬핑 사건과 관련하여 일부 채권에 대한 조사확정재판에서 싱가포르 중재재판으로의 전속적 관할합의를 하였다는 이유로 각하결정을 하였고 그 후 해당 채권자들이 이에 대하여 중재재판 신청을 하였는데, 그 중재재판 계속 중에 회생계획안에 대한 심리 및 결의를 위한 관계인집회를 개최해야 할 상황이 되자 회생계획안에 위 각 미확정채권의 현실화예상액을 기재하고 요약표에도 '미확정채권 등의 현실화 예상 총괄표'라는 제목 하에 현실화 예상액을 기재하도록 한 다음 인가될 경우를 대비하여 위 채권에 대한 변제 재원을 마련하도록 조치하였다.

6. P-Plan 회생절차(사전계획안 회생절차)

가. 의   의

회생계획안의 기본적인 제출 방식은 관리인 등 법이 정하는 제출의무자 또는 제출권자가 법원이 회생절차개시결정과 동시에 정하는 회생계획안 제출기간 안에 제출하는 것이다(법 제50조 제1항 제4호, 법 제220조 제1항, 제221조). 그런데 법은 이러한 원칙적인 제출 방식의 예외를 인정하여 채무자의 부채의 2분의 1 이상에 해당하는 채권을 가진 채권자 또는 이러한 채권자의 동의를 얻은 채무자가 회생절차개시의 신청이 있은 때부터 회생절차개시 전까지 회생계획안을 작성하여 법원에 제출할 수 있도록 하였다(법 제223조 제1항). 이와 같이 법 제223조 제1항의 규정에 따라 회생절차개시 전에 제출되는 회생계획안을 '사전계획안'이라 한다(법 제223조 제2항).[23]

사전계획안이 제출되어 진행되는 회생절차를 실무에서는 흔히 P-Plan 회생절차 또는 사전계획안 회생절차라고 부르고 있다. P-Plan 회생절차라고 부르는 이유는 우리 법상 사전계획안 제출을 통해 진행되는 회생절차가 미국 연방파산법 제11장 회생절차 중 채무자가 채권자들과의 사전협상을 거쳐 가결요건을 충족하는 동의를 사전에 확보한 상태에서 제11장 회생절차를 신청하는 이른바 프리패키지드 플랜(Prepackaged Plan) 절차[24]와 유사하다는 점에 연유한다.[25]

---

23) 사전계획안 회생절차에 관한 규정은 2016. 5. 29. 법 개정으로 신설되어 2016. 8. 30.부터 시행되고 있고, 개정법 부칙 제3조에 따라 2016. 8. 30. 이후 신청서가 접수된 회생사건, 간이회생사건부터 적용된다.

24) 미국 연방파산법의 Prepackaged Plan(줄여서 "Prepak"이라고 부른다) 절차는 사적 채무조정 절차와 법적 회생절차와의 혼합형태로서, 사적 절차로는 부동의하는 채권자를 구속할 방법이 없다는 문제점을 해결함과 동시에 회생절차의 신속한 진행과 종료를 꾀하기 위하여 1978년 미국 연방파산법 개정시부터 도입되어 시행되고 있다. Prepak 절차는 ① 회생신청 전에 가결요건을 충족하는 동의서를 확보한 다음 회생신청과 동시에 사전계획안을 제출하는 "prepackaged plan"과 ② 회생신청 전에 사실상 동의는 확보하지만(구속력 있는 계약 체결 등) 계획안은 회생신청 이후에 제출하는 "pre-arranged plan"이 있다. 사전계획안이 제출되었을 경우에 법원의 주요한 역할은 사전에 의결권자들에게 적절한 정보(adequate information)가 제공되었는지, 동의를 고려하는 데 부당하게 단기간(unreasonably short time)이 주어진 것은 아닌지 등을 심사하는 것이라고 한다. 한편, Prepak 절차는 채무자가 영업의 형태나 사업구조를 크게 바꾸는 경우에는 그다지 적합하지 않고, 채무자가 사업구조는 유지하면서 자본구조의 문제를 해결할 필요가 있을 경우에 특히 효율적이라고 한다[Charles Jordan Tabb, The Law of Bankruptcy (4th Edition), West Academic(2016), 1129-1131면 참조].

25) 한편, 금융위원회 등 금융당국이 사용하는 P-Plan의 개념은 본문의 설명과 다소 다르다. P-Plan이라는 신조어를 금융위원회 등에서 처음 사용하면서 P-Plan의 개념에 포함시킨 절차는 자율협약 또는 기업구조조정촉진법상의 관리절차에서 바로 회생절차로 이행하는 것이었다(경우에 따라서는 회생절차 후에 자율협약 또는 기업구조조정촉진법상의 관리절차가 계속되는 것으로 상정하였다). 금융위원회 등이 이러한 개념으로 P-Plan을 정의하게 된 배경에는 자율협약

이하에서는 사전계획안 제출 후에 진행되는 회생절차를 P-Plan 회생절차 또는 사전계획안 회생절차라고 부르기로 한다.[26]

나. P-Plan 회생절차의 장점

사전계획안 회생절차는 채무자가 주요 채권자들과 채무자의 구조조정 방안에 관해 사전에 협상하는 시간을 갖기 때문에 가결요건을 충족하거나 또는 가결요건에 미치지 못하더라도 부채 2분의 1 이상에 해당하는 상당수 채권자들의 사전동의서를 미리 확보해 놓음으로써 회생절차의 예측가능성과 신속성을 크게 높일 수 있다.

또한, 채무자에 대한 자율협약 또는 기업구조조정촉진법상의 관리절차가 계속되던 중 채무자의 부채 감면 등을 통한 채무조정이 필요할 경우 주요 채권자들과 합의된 내용을 토대로 사전계획안을 작성한 후 이를 법원에 제출하면서 회생절차개시신청을 하는 방법으로 채무자에 대한 구조조정의 효율성을 높일 수 있다. 이는 사적 구조조정절차(또는 기업구조조정촉진법상 관리절차)와 법적 회생절차의 결합인 이른바 하이브리드 회생절차의 한 형태이다.

다. 사전계획안의 제출권자 · 제출시기

1) 제출권자

채무자의 부채의 2분의 1 이상에 해당하는 채권을 가진 채권자 또는 이러한 채권자의 동의를 얻은 채무자이다(법 제223조 제1항).[27]

2) 제출시기

사전계획안 제출권자는 회생절차개시의 신청이 있은 때부터 회생절차개시 전까지 회생계획안을 작성하여 법원에 제출할 수 있다(법 제223조 제1항). 따라서 회생절

또는 기업구조조정촉진법상의 관리절차를 회생절차와 연계할 필요가 크다는 필요성을 인식하고 그 연계방안의 하나로 2016. 5. 29. 법 개정으로 규정이 한층 정비된 사전계획안 제출 제도에 주목한 점이 있다. 이러한 이유에서 사전계획안 제도의 정비 전인 2016. 5. 29. 법 개정 전에는 금융당국, 법원 모두 P-Plan이라는 용어를 사용하지 않았다.

26) 구 회사정리법 당시의 사전계획안 제출에 의한 정리절차는 사전계획안 제출제도라고 부르기로 한다.

27) 회생절차개시결정 이후 제출권자가 자격요건을 갖추지 못한 것으로 밝혀진 경우의 처리방안에 관하여, 사전계획안 회생절차에 따라 회생절차가 개시되더라도 별도로 회생계획안 제출기간이 지정되고, 제출된 사전계획안도 관계인집회에서 가결절차를 밟아야 하며, 관계인집회에서 회생계획안이 가결된 경우 제출권자의 자격요건에 관한 흠은 치유되었다고 볼 수 있고, 법 제223조 제1항이 강행규정이라고 보기 어렵다는 이유로, 절차를 계속 진행할 수 있다는 견해로는 전대규, 739면 참조.

차개시 신청과 동시에 사전계획안을 제출할 수 있을 뿐만 아니라, 회생절차개시 신청서를 먼저 접수한 후 회생절차개시결정 전까지 사전계획안을 따로 제출하는 것도 가능하다.

라. 사전계획안과 함께 제출해야 할 서류 등

사전계획안을 제출하는 자는 회생절차개시 전까지 아래의 서면 등을 법원에 제출하여야 한다(법 제223조 제4항).

1) 회생채권자·회생담보권자·주주·지분권자의 목록

법 제147조 제2항 각호의 내용을 포함하여야 하므로, 사전계획안 회생절차가 아닌 일반적인 회생절차에서 관리인이 제출하는 회생채권자·회생담보권자·주주·지분권자의 목록과 그 내용이 같다.

2) 법 제92조 제1항 각호에 규정된 사항을 기재한 서면

위 서면에 담겨야 할 내용은 일반적인 회생절차에서 회생절차 개시 후 관리인이 법원에 제출하는 '관리인 조사보고서'의 기재 내용이다. 따라서 사전계획안 제출자는 ① 채무자가 회생절차의 개시에 이르게 된 사정, ② 채무자의 업무 및 재산에 관한 사항, ③ 법인의 이사 등의 재산에 대한 보전처분 또는 법인인 이사 등에 대한 출자이행청구권이나 이사 등의 책임에 기한 손해배상청구권의 존부와 내용을 확정하는 조사확정재판을 필요로 하는 사정의 유무, ④ 그 밖에 채무자의 회생에 필요한 사항을 기재한 서면을 법원에 제출하여야 한다. 실무에서는 위와 같은 사항을 담은 서면을 흔히 '사전실사보고서'라고 부르고 있다.[28]

3) 그 밖에 대법원규칙으로 정하는 서면

이에 관하여 아직까지 대법원규칙으로 정해진 서면은 없다.

마. 사전계획안 회생절차의 특칙

사전계획안 회생절차는 아래의 사항들을 제외하고는 일반적인 회생절차와 동일하다.

1) 회생채권자·회생담보권자·주주·지분권자의 목록 제출기간 생략

사전계획안 제출자가 회생절차개시 전까지 제출한 회생채권자·회생담보권자·주주·지분권자의 목록은 법 제147조 제1항의 목록으로 보므로(법 제223조 제5항), 법

---

[28] '사전실사보고서'는 주로 사전계획안 제출자로부터 채무자에 대한 조사를 의뢰받은 회계법인이 채무자에 대한 조사를 거쳐 작성하고 있다.

원은 회생절차개시결정을 할 때 법 제147조 제1항의 목록 제출 기간을 지정하지 않는다(법제50조제1항제1호).[29] 만약 이 기간을 지정해야 할 경우 최소 2주 이상의 기간을 정해야 하므로(법제50조제1항제1호), 사전계획안 회생절차의 경우 2주 이상의 시간을 단축할 수 있는 장점을 갖게 된다.

2) 관리인 조사보고서 제출 생략

사전계획안 제출자가 법 제223조 제4항에 따라 법 제92조 제1항 각호에 규정된 사항을 기재한 서면을 제출한 경우에는 회생절차개시 후에 관리인이 다시 법 제92조 제1항 각호의 사항을 조사하여 법원과 관리위원회에 보고할 필요가 없다(법제92조제1항단서).

3) 관리인의 회생계획안 제출의무 면제 등

관리인은 회생절차개시결정과 동시에 법원이 정한 기간 안에 회생계획안을 작성하여 법원에 제출하여야 한다(법제220조제1항). 하지만 사전계획안이 제출된 때에는 관리인은 법원의 허가를 받아 회생계획안을 제출하지 아니하거나 제출한 회생계획안을 철회할 수 있다(법제223조제6항).

4) 회생계획안 결의에서의 동의 간주

사전계획안 회생절차에서의 사전계획안에 대한 결의 방법에는 일반적인 회생절차에서와 마찬가지로 결의를 위한 관계인집회 개최 또는 서면결의 방식이 있다. 각 결의방법에 따라 사전계획안에 동의한 것으로 간주되는 채권자는 다음과 같다.

가) 결의를 위한 관계인집회를 개최한 경우   사전계획안을 제출하거나 그 사전계획안에 동의한다는 의사를 표시한 채권자는 결의를 위한 관계인집회에서 그 사전계획안을 가결하는 때에 동의한 것으로 본다(법제223조제7항본문). 다만, 사전계획안의 내용이 그 채권자에게 불리하게 수정되거나, 현저한 사정변경이 있거나 그 밖에 중대한 사유가 있는 때에는 결의를 위한 관계인집회의 기일 전날까지 법원의 허가를 받아 동의를 철회할 수 있다(법제223조제7항단서). 한편, 사전계획안을 제출한 채권자 외의 채권자는 회생계획안의 결의를 위한 관계인집회의 기일 전날까지 그 사전계획안에 동의한다는 의사를 서면으로 법원에 표시할 수 있다(법제223조제3항).

나) 서면결의에 부친 경우   사전계획안을 서면결의에 부친 경우 사전계

---

29) 따라서 사전계획안 제출자가 회생채권자·회생담보권자·주주·지분권자의 목록을 제출한 경우 회생채권·회생담보권·주식 또는 출자지분의 신고기간은 목록 제출기간의 말일부터가 아니라 회생절차개시결정일부터 1주 이상 1월 이하의 기간으로 정하게 된다(법 제50조 제1항 제2호).

획안을 제출하거나 법 제240조 제2항의 회신기간 전에 그 사전계획안에 동의한다는 의사를 표시한 채권자는 위 회신기간 안에 동의한 것으로 본다(법 제223조 제8항 본문). 다만, 사전계획안의 내용이 그 채권자에게 불리하게 수정되거나, 현저한 사정변경이 있거나 그 밖에 중대한 사유가 있는 때에는 위 회신기간 종료일까지 법원의 허가를 받아 동의를 철회할 수 있다(법 제223조 제8항 단서). 한편, 사전계획안을 제출한 채권자 외의 채권자는 법 제240조 제2항의 회신기간의 초일의 전날까지 그 사전계획안에 동의한다는 의사를 서면으로 법원에 표시할 수 있다(법 제223조 제3항).

5) 서면결의 시 속행기일 지정 동의 여부를 묻지 않음

법원이 서면결의에 부치는 결정을 한 때에는 의결권자에 대하여 회생계획안에 동의하는지 여부와 인가 여부에 관한 의견, 회생계획안이 가결되지 아니한 경우 속행기일의 지정에 동의하는지 여부를 법원이 정하는 기간 안에 서면으로 회신하여야 한다는 뜻을 기재한 서면을 회생채권자 등에게 송달하여야 하는데, 사전계획안이 제출된 때에는 속행기일의 지정에 동의하는지 여부는 묻지 않는다(법 제240조 제2항).

6) 회생계획안 제출기간

회생계획안의 제출기간은 일반적인 회생절차의 경우 회생채권 등의 조사기간의 말일부터 4개월 이하여야 하나, 사전계획안 회생절차에서는 회생절차개시결정일부터 4개월 이하이다(법 제50조 제1항 제4호).[30]

바. 사전계획안 회생절차와 관련한 실무상 주요 쟁점[31]

1) '부채 2분의 1 이상' 판단 기준 및 시기

사전계획안 제출권자를 정하고 있는 법 제223조 제1항의 '부채의 2분의 1 이

---

30) 채무자가 개인인 경우에는 4개월 이하가 아니라 2개월 이하이다(법 제50조 제1항 제4호).

31) 서울회생법원에서 사전계획안 회생절차로 진행된 사건으로는 서울회생법원 2018회합100038 (주)레이크힐스순천, 2018회합100053 대지개발(주), 2018회합100103 (주)버드우드(위 사건들의 사안 및 실무상 문제점에 관한 소개로는 심태규·이진웅, 사전계획안 회생절차, 서울대학교 금융법센터, 2018. 11., 61-79면 참조), 2018회합100169 (유)삼화국제여행사, 2018회합100170 (주)대명국제여행사, 2018회합100171 (주)보라국제여행사 등[2018회합100158 (주)감마누의 종속회사들], 2018회합100210 (주)동인광학, 2019회합100058 (주)제주칸트리구락부(채권자가 사전계획안을 제출하여 신청한 사건. 관리인이 별도로 회생계획안을 제출하였으나 배제되고, 채권자가 제출한 사전계획안 수정안이 인가됨), 2019회합100178 (주)세동에너테크(서울중앙지방법원 2016회합100142호로 종결결정을 받은 후 재신청), 2020회합100003 대명기계공업(주), 2020회합100005 삼포산업(주)(서울중앙지방법원 2015회합100247호로 종결결정을 받은 후 재신청), 2020회합100038 (주)이엠따블유(접수 이후 인가결정까지 37일, 종결결정까지 54일이 소요됨. 종전 대표자들의 횡령 등에 따른 상장폐지사유를 신속하게 정리하고 시장으로 복귀한 모범적 사례로 평가됨), 2020회합100049 (주)포스링크(채무자가 사전계획안 회생절차로 신청하였으나 일반 사건

상'의 해석과 관련한 서울회생법원의 실무는 다음과 같다.

먼저 이 조항에서의 '부채' 액수를 산정함에 있어 공익채권에 해당하는 채무는 포함하지 않는다.[32] 이는 회생계획안 제출권자로 회생채권자·회생담보권자만을 규정하고 공익채권자는 배제한 법 제221조 제2호의 취지에 비춘 실무이다.

'2분의 1 이상'의 요건을 충족해야 하는 시기는 회생절차개시결정을 할 때이다. 따라서 회생절차개시결정 후에 사전계획안을 제출한 채권자의 채권이 소멸하더라도 사전계획안 제출의 효력은 그대로 유지된다. 사전계획안 회생절차는 목록제출기간의 생략 등 일부 특칙을 제외하고는 일반의 회생절차와 크게 다르지 않다. 사전계획안 회생절차에서도 회생절차개시결정 시 회생채권자 등을 위한 회생계획안 제출기간을 지정할 뿐만 아니라 회생계획안의 심리 및 결의를 위한 관계인집회를 개최하고, 서면결의에 의하는 경우에도 회생계획 인가에 이의를 제기하는 이해관계인들을 심문하기 위한 기일을 개최해야 한다. 이와 같이 사전계획안 회생절차에서도 이해관계인들의 참여가 여러 방법으로 보장되어 있으므로 '2분의 1 이상' 요건은 회생절차개시결정 시에 판단하면 충분하고 그 후까지 이 요건을 유지하도록 하는 것은 절차의 불안정을 초래하여 타당하지 않다.

2) 사전실사보고서의 작성방법 및 내용

사전계획안 제출자는 회생절차개시 전까지 이른바 사전실사보고서를 법원에 제출해야 하는데, 이러한 사전실사보고서는 주로 사전계획안 제출자로부터 보고서 작성을 의뢰받은 회계법인이 채무자의 자산, 부채 등을 실사한 후 작성한 실사보고서를 사전계획안 제출자가 법원에 제출하는 방식으로 접수되고 있다.[33]

사전실사보고서에 담겨야 할 내용은 법 제92조 제1항 각호에 규정된 사항이고,(법 제223조 제4항) 일반적인 회생절차에서 법원이 선임한 조사위원이 법원에 제출하는 이른바 제1차 조사보고서의 내용과 동일하다. 따라서 사전실사보고서에는 채무자의 개요, 회생절차의 개시에 이르게 된 사정, 이사 등에 대한 손해배상청구권 또는 주금납입청구권의 발생 여부, 부인권 행사 대상 행위의 존부, 회사의

으로 진행), 2020회합100148 에이치엔티일렉트로닉스(주), 2021회합3 ○○○, 2021회합100104 (주)티앤더블유코리아(제3자로부터 차입 및 전환사채 발행을 통하여 변제재원을 마련하는 내용의 사전계획안 작성), 2021회합100144 (주)마론(사전계획안 및 수정안을 철회하고, 법 제286조 제1항 제1호에 따라 인가 전 폐지결정), 2022회합100053 (주)휴먼엔 사건 등이 있다.

32) 서울회생법원 2018회합100038 (주)레이크힐스순천 사건 등.

33) 실무에서는 이러한 조사를 '사전실사', 이러한 '사전실사'를 담당한 회계법인을 '사전실사법인'이라 부른다. '사전실사법인'을 회계법인에 한정할 이유는 없고, 사전실사 결과의 신뢰성을 확보할 수 있다면 법무법인, 개인인 공인회계사 등도 가능하다.

자산 및 부채, 청산가치 및 계속기업가치의 평가, 회생절차를 진행함이 적정한지 여부 등에 대한 사전실사법인의 의견이 기재된다.

3) 사전동의서의 확보

가) 개   요   사전계획안을 제출하거나 그 사전계획안에 동의한다는 의사를 표시한 채권자는 결의를 위한 관계인집회에서 동의한 것으로 보고(법 제223조), 서면결의에 부친 경우 사전계획안을 제출하거나 회신기간 전에 사전계획안에 동의한다는 의사를 표시한 채권자는 회신기간 안에 동의한 것으로 본다(법 제223조). 이와 같이 사전계획안에 동의한 것으로 간주되는 의결권을 미리 확보하기 위해 사전계획안 제출자가 회생채권자 등 의결권자로부터 사전계획안에 동의한다는 의사가 표시된 서면을 수집하게 되는데, 이러한 동의서면을 실무상 '사전동의서'라 한다.[34]

나) 사전동의서의 수집방법   회생채권자 등 의결권자로부터 사전동의서를 수집하는 방법 내지 절차에 관해 법 또는 대법원규칙 등에 정해진 바가 없기 때문에 사전동의서를 확보하는 방식을 하나로 단정해서 설명하기는 어렵다. 다만, 회생절차가 회생채권자 등 이해관계인이 충분한 정보를 바탕으로 집단적 의사결정을 하는 절차라는 특성에 주목하면, 회생채권자 등 의결권자가 합리적인 의사결정을 할 수 있도록 사전동의서 수집 절차가 진행되는 것이 바람직하다.

이런 관점에서 채무자 신청 사전계획안 회생절차를 예로 들면, 채무자가 공정한 사전실사 결과를 토대로 주요 채권자들과의 협의를 거쳐 사전계획안을 작성하여 사전실사보고서, 사전계획안의 사본 내지 요지 및 사전동의서 양식 용지를 회생채권자 등 의결권자에게 송부한 후, 미리 정해 놓은 일정 기간의 투표기간 동안 의결권자로부터 사전동의서를 제출받는 것이 가장 이상적인 사전동의서 확보 방법이라 할 수 있을 것이다.

한편, 회생절차 개시신청 후에도 사전동의서 수집을 계속할 수 있으므로 사전계획안 제출자는 회생절차 개시신청 후, 더 나아가 회생절차 개시결정 후에도 사전동의서를 추가로 수집할 수 있다.

다) 사전동의서의 양식 및 기재사항   한편, 사전동의서의 양식, 그 동의서에 기재되어야 할 내용에 관해서도 법 또는 대법원규칙 등에 정해진 사항은 없다. 다만, 사전계획안 회생절차의 취지, 위와 같은 사전동의서의 수집절차 등

---

34) 따라서 회생계획안의 결의를 위한 관계인집회를 개최하는 경우 그 집회기일에서의 동의 의사표시에 관한 의결권 행사를 채무자의 직원 등 특정인에게 위임하는 '의결권 위임장', 서면결의에 부친 경우 회신기간 안에 회신되는 '서면결의서'는 '사전동의서'가 아니다.

을 감안하면, 다음과 같은 내용과 방식으로 사전동의서가 작성되는 것이 바람직하다.

① 사전동의서에 기재할 사항   사전동의서에는 동의의 대상이 되는 사전계획안을 특정하고, 의결권자가 그 사전계획안에 기재되어 있는 권리변경 및 변제방법 등에 동의한다는 점이 기재되어야 할 것이다. 또한, 동의 의사의 진정성을 알 수 있도록 동의자가 사전실사보고서, 사전계획안의 각 사본 또는 요지를 교부받거나 그에 관해 설명을 들었다는 점을 기재할 수 있고, 의결권자가 신중하게 동의 의사표시를 하도록 하기 위해 사전계획안의 내용이 채권자에게 불리하게 수정되거나, 현저한 사정변경이 있거나 그 밖에 중대한 사유가 있는 때에 한하여 결의를 위한 관계인집회의 기일 전날까지, 서면결의에 의하는 경우에는 회신기간 종료일까지 법원의 허가를 받아야만 동의를 철회할 수 있다는 것을 동의자가 인식하고 있다는 점을 추가로 기재할 수도 있다.

② 사전동의서의 작성 방법   사전동의서에 이어 사전계획안의 요지가 기재된 서면, 동의자의 인감증명서 등 동의자 의사의 진정성을 확인할 수 있는 서면 등이 차례로 편철되는 것이 바람직하다.[35]

라) 다만, 아직까지 사전동의서 확보 방법, 사전동의서에 기재되어야 할 내용 및 사전동의서의 작성방식에 관해 법 또는 대법원규칙이 정하고 있는 것이 없기 때문에, 실제 사건에서 사전동의서 확보 방법 등이 위와 같은 방법과 다르다고 해서, 이러한 이유만으로 사전동의서 확보 방법이 위법하다거나 사전동의서의 효력이 없다고 단정짓기는 어렵다.

4) 사전계획안의 수정

회생계획안의 제출자는 회생계획안 심리를 위한 관계인집회의 기일 또는 서면결의에 부치는 결정이 있는 날까지는 법원의 허가를 받아 회생계획안을 수정할 수 있고(법제228조), 사전계획안을 제출한 자도 법 제228조의 규정에 따라 사전계획안을 수정할 수 있다.

따라서 사전계획안을 수정할 수 있는 기간은 법 제228조가 정하고 있는 바와 같이 회생계획안의 심리를 위한 관계인집회의 기일 또는 서면결의에 부치는 결정이 있는 날까지이고, 회생절차개시결정 전후를 불문하고 수정이 가능하다.[36]

---

35) 사전동의서, 사전계획안의 요지, 인감증명서를 편철한 후 간인을 하는 방식이 권장된다.

36) 서울회생법원 2018회합100038 (주)레이크힐스순천, 2018회합100053 대지개발(주), 2018회합100210 (주)동인광학, 2019회합100178 (주)세동에너테크, 2020회합100003 대명기계공업(주), 2021회합100148 에이치엔티일렉트로닉스(주), 2021회합3 ○○○, 2021회합100104 (주)티앤더블유코

5) 조사위원의 선임 및 조사범위

가) 조사위원의 선임 여부　　　　법 제87조 제1항은 회생절차에서 법원이 필요하다고 인정하는 때에 조사위원을 선임할 수 있도록 정하고 있으므로, 조사위원의 선임은 필수적인 것이 아니다. 다만, 법원은 조사위원의 조사결과와 의견이 회생절차의 진행에 중요한 판단자료가 되는 점을 고려하여 중소기업 회생컨설팅을 받은 채무자를 제외하고는 거의 모든 채무자의 회생사건에서 조사위원을 선임하고 있다.

사전계획안 회생절차의 경우에는 회생절차 개시 전에 사전실사보고서가 제출되므로 회생절차개시결정 시 조사위원을 선임하지 않는다면 시간과 비용 면에서 절차를 효율적으로 진행하는 데 도움이 될 수 있을 것이다. 하지만 조사위원의 선임을 생략하기 위해서는 회생절차의 공정한 진행을 담보할 수 있을 정도로 사전실사보고서의 객관성, 공정성이 확보되어야 한다. 이러한 이유로 현재 법원의 실무는 사전계획안 회생절차에서도 회생절차개시결정을 할 때 조사위원을 선임하고 있다.[37)]

사전계획안 회생절차에서의 조사위원은 일반적인 회생절차에서와 마찬가지로 서울회생법원 조사위원 적임자 명단에 등재된 회계법인 등 가운데에서 사전실사법인과 다른 회계법인 등을 선임하고 있다.[38)]

나) 조사위원의 조사범위　　　　사전계획안 회생절차에서 조사위원을 선임하는 경우 조사위원의 조사범위에 관한 현재 법원의 실무는 다음과 같다.

먼저, 사전계획안 회생절차의 경우에도 회생계획 인가의 요건은 동일하므로 법원은 조사위원에게 사전계획안에 의한 변제방법이 채무자의 사업을 청산할 때 각 채권자에게 변제하는 것보다 불리하지 않게 변제하는 내용인지 여부, 사전계획안의 수행이 가능한지 여부에 관한 조사를 명한다. 이러한 조사사항은 일반의 회생절차와 동일하다.

리아, 2021회합100144 (주)마론 사건에서는 회생절차개시결정 후에 수정안이 제출되었고, 서울회생법원 2018회합100103 (주)버드우드, 2019회합100058 (주)제주칸트리구락부 사건에서는 회생절차개시결정 전과 후에 각 수정안이 제출되었다.

37) 각주 31)에 기재된 사건에서 모두 조사위원이 선임되었고, 그 중 2021회합3 ○○○ 사건을 제외하고는 모두 사전실사보고서를 작성한 회계법인 등과 다른 업체를 조사위원으로 선임하였다.

38) 서울회생법원 2021회합3 ○○○ 사건은 4회 기각 또는 폐지되었다가 5회째 신청된 사안이다. 사전계획안 회생절차의 취지를 살려 최대한 회생절차를 빠르게 진행하기 위하여 위 사건을 상세하게 파악하고 있던 폐지된 전 사건의 조사위원인 회계법인을 위 사건의 조사위원으로 선임하여 사전실사보고서를 제출하도록 하였는데, 업무처리의 객관성, 공정성도 담보되었다고 판단하였기 때문에 그대로 조사위원으로 선임한 것이다.

한편, 그 밖의 조사사항과 관련해서 법원은 사전계획안 회생절차의 특성을 반영하여 조사위원의 조사범위를 일반적인 회생절차와 다소 다르게 다음과 같이 정하고 있다.

① 일반의 회생절차에서 조사위원에게 조사를 명하는 법 제90조 내지 제92조 소정의 사항에 관한 조사결과, 채무자의 사업을 계속할 때의 가치가 채무자의 사업을 청산할 때의 가치보다 큰지의 여부 및 회생절차를 진행함이 적정한지의 여부에 관한 의견에 관하여는, 실무상 사전실사보고서에 이미 이러한 사항들에 관한 조사결과와 의견이 기재되어 있다. 따라서 이러한 조사 항목에 대해 다시 조사위원에게 조사를 명하는 방식을 취하지 않고 사전실사보고서에 기재된 위와 같은 조사결과와 의견이 '적정'한지 여부에 관한 의견만을 제출하도록 명하고 있다. 이러한 실무는 위와 같은 사항들을 처음부터 조사위원으로 하여금 다시 조사하게 하기보다는 사전실사보고서 내용의 적정성을 검증하는 형태로 조사를 하게 하는 것이 사전계획안 회생절차의 취지에 부합한다는 판단에 따른 것이다.

② 채무자의 부채액에 산입되지 아니한 채무자의 제3자에 대한 보증채무의 금액, 내용 및 보증책임의 발생가능성, 대표이사 등의 부실경영에 대한 중대한 책임 유무, 부인권 행사 대상 행위의 존부 등에 관하여는 법원이 개별 사건의 특성을 살펴 조사의 필요성이 있다고 판단하는 때에 조사범위에 포함시키게 될 것이다. 회생절차개시결정 당시에는 조사사항에 포함시키지 않았으나, 이후에 이해관계인들의 이의제기 또는 조사요청이 있고 법원이 조사의 필요성이 있다고 판단하는 때에는 이러한 사항들에 대해 법원이 별도로 조사명령을 내릴 수도 있다.[39)]

---

39) 서울회생법원에서 진행된 사전계획안 회생절차에서의 조사위원 조사범위에 관한 사례는 다음과 같다.

먼저, 각주 36)에 기재된 모든 사건에서 모두 동일하게 법원은 일반적인 회생절차에서의 이른바 제2차 조사보고서에 기재되는 내용, 즉, 사전계획안에 의한 변제방법이 채무자의 사업을 청산할 때 각 채권자에게 변제하는 것보다 불리하지 않게 변제하는 내용인지 여부, 사전계획안의 수행이 가능한지 여부에 관해서 조사를 명하였다.

더 나아가, 위 사건 중 2018회합100103 (주)버드우드, 2018회합100210 (주)동인광학, 2019회합 100178 (주)세동에너테크, 2020회합100003 대명기계공업(주), 2020회합100148 에이치엔티일렉트로닉스 사건을 제외한 사건에서는 사전계획안 제출자가 법원에 제출한 사전실사보고서에 기재된 법 제90조 내지 제92조가 규정한 사항, 채무자의 사업을 계속할 때의 가치가 채무자의 사업을 청산할 때의 가치보다 큰지의 여부 및 회생절차를 진행함이 적정한지의 여부에 관한 의견의 '적정성'에 대한 의견, 채무자의 부채액에 산입되지 아니한 채무자의 제3자에 대한 보증채무의 금액, 내용 및 보증책임의 발생가능성, 대표이사 등의 부실경영에 대한 중대한 책임 유무, 부인권 행사대상 행위의 존부 등에 관한 조사를 명하였다.

6) 회생계획안 제출기간 지정 및 관리인의 회생계획안 부제출 허가

법원은 회생절차개시결정과 동시에 회생계획안의 제출기간을 정해야 하고, 사전계획안이 제출된 경우에 그 기간은 회생절차개시결정일부터 4개월 이하(채무자가 개인인 경우에는 2개월)여야 한다(법 제50조 제1항 제4호). 한편, 관리인은 법원이 정한 이 기간 안에 회생계획안을 제출하여야 하고(법 제220조 제1항), 채무자, 목록에 기재되어 있거나 신고한 회생채권자·회생담보권자·주주·지분권자는 같은 기간 안에 회생계획안을 법원에 제출할 수 있다(법 제221조).

따라서 위와 같은 법 규정을 종합적으로 해석하면, 법은 사전계획안 제출자에게 회생계획안의 독점적인 제출권을 인정하지 않고, 회생채권자 등 이해관계인에게도 회생계획안 제출권을 인정하고 있다고 할 것이므로, 법원은 회생절차개시결정을 하면서 법 제50조 제1항 제4호의 규정에 따라 회생계획안 제출기간을 정할 수밖에 없다.

다만, 사전계획안이 제출된 때에는 관리인은 법원의 허가를 받아 회생계획안을 제출하지 아니하거나 제출한 회생계획안을 철회할 수 있다(법 제223조 제6항). 실제 사전계획안 회생절차에서 관리인이 법원의 허가를 받아 회생절차 개시 후에 회생계획안을 제출하지 않고 있는 것이 법원의 실무이다.[40]

사전계획안 제출자가 아닌 회생채권자 등이 별도의 회생계획안을 정해진 기간 안에 제출한 경우에는 복수의 회생계획안이 제출된 경우의 사건처리 방식을 따르게 된다.

7) 대체절차의 진행

사전계획안 회생절차에서도 법원이 관리인보고를 위한 관계인집회를 개최하지 않는 경우 이른바 대체절차를 진행한다. 서울회생법원의 실무는 일반적인 회생절차에서와 마찬가지로 서울회생법원 실무준칙 제232호 '관리인 보고를 위한 관계인집회의 대체절차'를 적용하여 회생절차개시신청 당시 200억 원 이상의 채무를 부담하는 채무자에 대해서는 관계인설명회를 개최하고, 그 외의 채무자에 대해서는 주요사항 요지의 통지를 활용하는 것을 원칙으로 하고 있다.

다만, 법원은 회생절차개시 전에 부채 2분의 1 이상 채권자의 동의를 받기 위해 사전계획안 제출자가 주요 채권자들에게 이미 채무자의 업무, 재산에 관한 현황, 사전계획안의 내용 등에 관해 충분한 정보를 적절히 제공했다고 판단하는

---

40) 2019회합100178 (주)세동에너테크, 2020회합100003 대명기계공업(주), 2020회합100005 삼포산업(주), 2022회합100053 (주)휴먼엔 사건 등.

경우에는 회생절차 개시신청 당시 200억 원 이상의 채무를 부담하는 채무자에 대해서도 관계인설명회를 개최하지 않고 주요사항 요지의 통지 방법을 취하도록 할 수 있다.[41] 또한 부채액이 적어 관계인설명회를 개최하지 않아도 되는 경우라 하더라도 회생절차개시 신청 전에 채권자들과의 협상 과정이 투명하지 않다고 보이는 특별한 사정이 있는 경우에는 주요사항 요지의 통지 대신 관계인설명회를 개최하도록 하는 것이 절차의 공정성 확보에 도움이 될 수 있다.

8) 결의방법의 선택 및 회생계획안의 심리, 결의를 위한 관계인집회의 지정

사전계획안에 대한 결의는 일반적인 회생절차에서와 마찬가지로 결의를 위한 관계인집회의 개최 또는 서면결의에 의할 수 있다. 사전계획안 회생절차에서 어떠한 결의방식을 취할 것인지는 사전계획안에 대해 확보한 사전동의율, 인가 여부에 대한 이의 제기 여부, 관리인의 의사 등 사건의 여러 정황을 종합적으로 고려하여 법원이 판단하게 될 것이다.

사전계획안이 제출되고 회생절차개시결정을 할 때 이미 가결요건을 충족하고 있다면 서면결의를 고려해 볼 수 있다. 하지만 이 경우에도 추후보완 신고된 회생채권 등에 대한 특별조사기일이 예상되거나, 회생계획안의 인가 여부에 대해 이의를 제기하는 이해관계인이 많은 경우 등 관계인집회를 개최하는 것이 적절하다고 판단되는 때에는 결의를 위한 관계인집회를 개최하는 것이 적절할 수 있다.

회생절차개시결정을 할 때 사전계획안의 결의 방식으로 관계인집회 개최 방식을 선택하기로 법원이 판단한 경우에는 회생절차개시결정을 하면서 바로 회생계획안의 심리 및 결의를 위한 관계인집회의 일시, 장소 등을 지정하는 결정을 할 수 있다. 하지만 사전계획안이 아닌 별도의 회생계획안 제출이 예상되거나 제출된 사전계획안의 주요사항에 대한 변경이 이루어질 가능성이 있다고 보이는 경우,[42] 사전계획안 제출시 예정되었던 인가 전 M&A 서면결의 방식을 선택할 여지를 남기는 것이 더 적절한 사건의 경우에는 회생계획안 제출기간이 경과된 후에 결의를 위한 관계인집회의 지정 결정을 하거나 서면결의에 부치는 결정을 하는 것이 적절할 것이다.[43]

---

41) 2018회합100210 (주)동인화학, 2019회합100058 (주)제주칸트리구락부 사건 등.

42) 참고로 서울회생법원 2021회합3 ○○○ 사건의 경우 뒤에서 보는 바와 같이 회생절차개시결정을 하면서 회생계획안의 심리 및 결의를 위한 관계인집회 지정 결정을 동시에 하였는데, 사전계획안에서 제시된 변제자금 조달 계획이 무위로 돌아가자 새로운 자금 조달 방법을 모색하게 되었다. 이에 시일이 많이 경과하게 됨으로써 애초에 지정한 관계인집회의 첫 기일로부터 3개월에 해당하는 가결기간이 도과할 위험에 처하기도 하였다.

43) 서울회생법원 2018회합100038 (주)레이크힐스순천, 2018회합100103 (주)버드우드, 2020회합100148 에이치엔티일렉트로닉스(주), 2021회합3 ○○○, 2021회합100104 (주)티앤더블유코리아

9) 사전동의의 효력 및 철회

사전계획안을 제출하거나 사전계획안에 동의한다는 의사를 표시한 채권자는 그 사전계획안을 가결하는 때에 동의한 것으로 본다(법 제223조 제7항·제8항 각 본문). 다만, 사전계획안의 내용이 그 채권자에게 불리하게 수정되거나, 현저한 사정변경이 있거나 그 밖에 중대한 사유가 있는 때에는 결의를 위한 관계인집회의 기일 전날까지, 서면결의의 경우에는 회신기간 종료일까지 법원의 허가를 받아 동의를 철회할 수 있다(법 제223조 제7항·제8항 각 단서).

법원이 이미 사전계획안에 동의한다는 의사를 표시한 채권자의 동의 철회 허가 여부를 판단함에 있어서는 현저한 사정변경 등 법이 철회 사유로 정하고 있는 요건을 엄격히 해석할 필요가 있다. 사전계획안에 대한 동의 철회는 회생계획안의 가결 여부 및 회생절차 전체의 안정성에 직결되므로 동의 철회를 무분별하게 허가할 경우 사전계획안 회생절차의 근간을 흔들 수 있기 때문이다.

10) 채권자 신청 사건

채권자가 회생절차개시를 신청하면서 사전계획안을 제출한 채권자 신청 사건의 경우 사전계획안을 수정할 수 있는 자는 사전계획안을 제출한 당해 채권자뿐이다. 따라서 회생절차개시 후에도 사전계획안을 제출한 채권자가 회생계획안 수정 허가 신청을 해야 함에 유의하여야 한다.

11) 인가 전 M&A

사전계획안 회생절차는 이른바 인가 전 M&A를 실시하려고 하는 채무자도 이용 가능하다.

채무자에 대한 회생방안으로 인가 전 M&A를 시도하려고 하는 경우, 채무자와 인수의향자 사이에 스토킹호스 방식의 조건부 투자계약을 체결한 후, 이러한 투자계약을 토대로 회생절차개시 후에 공개경쟁입찰을 실시하고 최종 확정되는 인수자로부터 유입되는 투자금액으로 회생채권자 등의 채권을 변제하기로 하는 내용으로 사전계획안을 작성한 후, 이러한 사전계획안에 동의하는 부채 2분의 1 이상에 해당하는 채권자 또는 이러한 채권자의 동의를 얻은 채무자가 위와 같은 사전계획안을 법원에 제출하게 되면, 인가 전 M&A를 시도하는 형

사건에서는 회생절차개시결정과 동시에 회생계획안의 심리 및 결의를 위한 관계인집회 지정 결정을 하였고, 서울회생법원 2018회합100053 대지개발(주), 2018회합100169 (유)삼화국제여행사, 2018회합100170 (주)대명국제여행사, 2018회합100171 (주)보라국제여행사, 2018회합100210 (주)동인광학, 2019회합100058 (주)제주칸트리구락부, 2019회합100187 (주)세동에너테크 사건에서는 회생절차개시결정 후에 회생계획안의 심리 및 결의를 위한 관계인집회 지정 결정을 하였다.

태의 사전계획안 회생절차가 진행되게 될 것이다.[44] 이는 회생절차 개시신청 전 진행된 M&A와 사전계획안 회생절차가 복합된 형태이다. 따라서 회생절차 개시신청 전 진행된 M&A의 승인에 관한 특칙인 서울회생법원 실무준칙 제241호 '회생절차에서의 M&A' 제33조의 취지를 살려 이 규정을 유추적용하면, 회생절차개시 후 관리인이 스토킹호스 방식으로 진행한 개시신청 전 M&A 절차가 공정하게 진행되었고, 제시된 인수내용이 적정하다는 점을 회생절차 개시 후 법원에 소명한 후, 종전 M&A 절차의 계속 진행에 관한 법원의 허가를 받아야 할 것이다. 하지만 실무에서는 상당수 의결권자의 동의를 이미 확보해 놓은 사전계획안 회생절차의 특성을 고려하면, 사전계획안 제출자인 채무자가 회생절차 개시 전에 미리 법원의 허가를 받게 되는 경우가 많을 것이다.

한편, 스토킹호스 방식의 조건부 투자계약을 체결하지 않고, 회생절차개시 신청 전에 채무자가 공개입찰 등의 방식을 통해 미리 특정의 인수의향자를 확정한 후, 그 인수의향자가 채무자를 인수하는 내용의 사전계획안에 대해 채권자의 동의를 확보한 다음, 법원에 사전계획안 회생절차의 개시를 신청할 수도 있을 것이다. 이는 일반적인 회생절차에서 회생절차개시신청 전 진행된 M&A 절차가 있는 경우 법원의 허가를 받아 새로운 인수자 선정을 위한 입찰 등의 절차를 취하지 않고 종전에 특정한 인수의향자를 선정해 놓은 M&A 절차를 계속 진행할 수 있는 것과 마찬가지 방식이라고 할 것이다(서울회생법원 실무준칙 제241호 '회생절차에서의 M&A' 제31조 내지 제33조). 다만, 이 경우에도 관리인은 특정의 인수의향자 확정을 위해 진행한 개시신청 전 M&A 절차가 공정하게 진행되었고, 제시된 인수내용이 적정하다는 점을 회생절차개시 후 법원에 소명한 후, 종전 M&A 절차의 계속 진행에 관한 법원의

---

44) 사전계획안 회생절차에서 인가 전 M&A를 시도한 서울회생법원 2018회합100038 (주)레이크힐스순천 사건의 진행 경과는 다음과 같다. 채무자 (주)레이크힐스순천은 골프존카운티와 사이에 골프존카운티가 700억 원의 신주발행, 회사채 발행으로 채무자를 인수하기로 하는 투자계약을 체결한 후 이를 전제로 한 사전계획안을 제출하면서 회생절차개시를 신청했다. 법원은 골프장 영업의 가치를 시장에서 확인하는 것이 절차의 공정성 확보를 위해 필요하다고 판단하여, 위와 같은 사전계획안에 동의한 주요 채권은행 및 채무자와 절차 진행을 협의하였고, 그 결과 채무자는 골프존카운티와의 위 투자계약을 조건부 투자계약으로 변경 체결하기로 하였다. 이에 따라 채무자는 조건부 투자계약을 체결하였고 이를 토대로 한 사전계획안을 다시 제출하였다. 회생절차개시결정 후에 골프존카운티가 제시한 700억 원보다 30억 원이 증액된 금액으로 입찰한 업체가 있었고, 골프존카운티가 입찰금액 730억 1만 원으로 조건부 투자계약상의 우선매수권을 행사함으로써 최종 인수인으로 확정되었다. 이후 최종 인수인과의 투자계약을 체결한 후 이를 토대로 한 사전계획안이 가결되고 인가 결정이 내려졌다. 이외에도 2019회합100058 (주)제주칸트리구락부(신청채권자가 인수희망자로서 사전계획안을 제출하였고, 관리인이 다른 인수희망자가 채무자를 인수하는 내용의 회생계획안을 제출하였는데, 법원이 관리인이 제출한 회생계획안에 대하여 청산가치보장 원칙에 반하는 것으로 판단하여 회생계획안 배제결정 후 신청채권자가 제출한 사전계획안의 수정안에 대하여 인가결정) 사건 등이 있다.

허가를 받아야 할 것인데(서울회생법원 실무준칙 제241호 '회생절차에서의 M&A' 제33조), 앞서 본 바와 같은 사전계획안 회생절차의 특성을 고려하면, 사전계획안 제출자인 채무자가 회생절차개시 전에 법원의 허가를 미리 받게 되는 경우가 많을 것이다.

제3절 회생계획안 작성의 기본 원칙

1. 개   요

　　법원은 회생계획안이 제출되면 그 회생계획안을 심리하기 위하여 기일을 정하여 관계인집회를 소집하여야 한다. 다만 법 제240조의 규정에 의한 서면결의에 부치는 때에는 회생계획안의 심리를 위한 관계인집회를 소집하지 아니한다(법 제224조). 한편 법원은 제출된 회생계획안을 심리에 부치기에 앞서 그 회생계획안이 법률에 위반되는지 여부, 공정하지 아니하거나 형평에 맞지 아니한지 여부, 수행가능한지 여부 등을 사전에 심리하여야 하기 때문에(법 제231조), 먼저 회생계획안이 법 제243조 소정의 인가요건을 갖추었는지 여부를 검토한 다음 심리를 위한 관계인집회의 기일을 정하게 된다.[45]

　　관리인이 회생계획안을 정식으로 접수하기 전에 주심판사와 주무 관리위원이 회생계획안의 초안을 충분히 검토하여 변제할 조의 분류, 변제조건과 변제가능성 등 인가에 필요한 최소한의 요건을 갖추고 있다고 판단되면 회생계획안을 접수하도록 하고, 이러한 요건을 구비하지 못하였다고 판단되면 제출기간이도과하기 전에 초안을 수정하도록 관리인을 지도하는 것이 신속한 절차 진행을 위하여 바람직하다.

　　한편 채무자 이외에 목록에 기재되어 있거나 신고한 회생채권자·회생담보권자 및 주주·지분권자도 회생계획안을 제출할 수 있고(법 제221조 제2호) 그 회생계획안이 인가에 필요한 최소한의 요건을 갖추고 있다면 바로 심리를 위한 관계인집회의 기일을 지정하여도 되지만, 그렇지 못한 경우에는 법 제229조에 의한 수정명령을 내림으로써 적법하고 수행가능한 회생계획안의 제출을 유도하여야 한다. 회생절차를 신속하게 진행하기 위해서, 법원은 회생계획안의 심사를 단기간에 마치는 것이 바람직하다.

---

45) 관계인집회기일의 지정에 관하여는 제14장 참조.

법률상 법원은 회생계획안을 작성할 권한이 없다.[46] 그러나 위와 같이 법원은 회생계획안을 심사할 의무가 있을 뿐만 아니라, 관리인에게 회생계획안을 수정하도록 지도하여야 할 경우도 있으므로, 회생계획안의 작성요령에 대해서 숙지하고 있어야 한다. 아래에서는 회생계획안의 작성요령을 설명함으로써 검토요령의 설명에 갈음하고자 한다.[47]

2. 공정·형평의 원칙

공정·형평의 원칙은 회생담보권자, 회생채권자, 주주·지분권자의 권리를 변경하는 조항을 정하면서 법 제217조에서 정하는 순위[즉 ① 회생담보권, ② 일반의 우선권 있는 회생채권, ③ 일반 회생채권, ④ 잔여재산의 분배에 관하여 우선적 내용이 있는 종류의 주주·지분권자의 권리(상법 제344조, 제344조의2 제2항에 따라 발행된 종류주식 중 우선주나 상법 제612조에 따라 정관에 잔여재산의 분배에 관하여 우선적 내용을 정한 출좌 등),[48] ⑤ 제4호에 규정된 것 외의 주주·지분권자의 권리]를 고려하여 회생계획의 조건에 공정하고 형평에 맞는 차등을 두어야 한다는 것이다.[49]

'공정하고 형평에 맞는 차등'의 개념에 관하여는 절대우선설·상대우선설의 대립이 있다.

절대우선설은 우선순위가 다른 각 권리자가 있는 경우 선순위의 권리자가

---

46) 법 제244조에 있는 권리보호조항을 적용하여 인가하는 경우가 그 유일한 예외라고 할 수 있다.
47) 실무상 회생계획은 크게 재건형 회생계획안·청산형 회생계획안으로 분류할 수 있는데, 대부분의 회생계획안은 재건형 회생계획안의 형태이므로 본절에서는 재건형 회생계획안을 중심으로 살펴보기로 한다(청산형 회생계획안에 대하여는 '본장 제9절' 참조).
48) 주석 채무자회생법 (Ⅲ), 255면.
49) 대법원은 "회생계획의 조건에 공정하고 형평에 맞는 차등"의 의미에 관하여 회생채권자 중 회원 입회금 반환채권자, 담보신탁계약의 우선수익자인 채권자, 일반대여금 채권자와 상거래채권자에 대한 변제계획을 달리 정한 사건에서, "법원이 회생계획의 인가를 하기 위해서는 법 제243조 제1항 제2호 전단에 따라 회생계획이 공정하고 형평에 맞아야 한다. 구체적으로는 법 제217조 제1항이 정하는 권리의 순위를 고려하여 이종(異種)의 권리자들 사이에는 회생계획의 조건에 공정하고 형평에 맞는 차등을 두어야 하고, 법 제218조 제1항이 정하는 바에 따라 동종(同種)의 권리자들 사이에는 회생계획의 조건을 평등하게 하여야 한다는 것을 의미한다. 여기서 평등은 형식적 의미의 평등이 아니라 공정·형평의 관념에 반하지 아니하는 실질적인 평등을 가리킨다. 따라서 회생계획에서 모든 권리를 반드시 법 제217조 제1항 제1호 내지 제5호가 규정하는 5종류의 권리로 나누어 각 종류의 권리를 획일적으로 평등하게 취급하여야만 하는 것은 아니다. 5종류의 권리 내부에서도 회생채권이나 회생담보권의 성질의 차이, 채무자의 회생을 포함한 회생계획의 수행가능성 등 제반 사정에 따른 합리적인 이유를 고려하여 이를 더 세분하여 차등을 두더라도 공정·형평의 관념에 반하지 아니하는 경우에는 합리적인 범위 내에서 차등을 둘 수 있다. 다만 같은 성질의 회생채권이나 회생담보권에 대하여 합리적인 이유 없이 권리에 대한 감면 비율이나 변제기를 달리하는 것과 같은 차별은 허용되지 아니한다."라고 판시하였다(대법원 2018. 5. 18. 자 2016마5352 결정).

완전하게 만족을 받지 못하는 한 후순위의 권리자에게 만족을 주는 것을 금지하는 것이 공정·형평의 원칙에 부합한다고 해석하는 견해이다.[50][51] 이 설에 따르면, 회생담보권에 대해 기한의 유예나 채권액의 감면을 권리변경 방법으로 정하는 경우 회생담보권이 변제를 받는 동안 회생담보권보다 권리의 순위에 있어 열위에 있는 회생채권 등의 권리에 대해 만족을 주는 회생계획안은 공정·형평의 원칙을 위반하는 것이 된다.

반면 상대우선설은 선순위의 권리자에게 주는 만족이 후순위의 권리자에게 주는 만족보다 상대적으로 크면 공정·형평의 원칙이 지켜진다고 해석하는 견해이다.[52] 이 설에 따르면, 회생담보권에 대해 일부 면제를 정하는 경우에도 그 면제율이 우선권 있는 회생채권이나 일반 회생채권 등 다른 후순위 권리자에 대한 면제율보다 낮으면 공정·형평의 원칙을 위반하는 것이 아니다.

절대우선설과 상대우선설이 가장 극명하게 결론의 차이를 보이는 부분은 기존 주주의 지위에 대한 영향이다. 주식회사인 채무자가 채무초과 상태에 있는 경우, 절대우선설에 따르면, 회생채권자 등에 대해 권리감면 등 권리변경을 하는 이상 주주의 지위를 완전히 소멸시키지 않으면, 즉 100% 자본감소를 하지 않으면 공정·형평의 원칙에 반하게 된다. 반면 상대우선설에 따르면, 주주의 권리변경 비율이 회생채권 등에 대한 권리변경 비율보다 불리하기만 하면 주주의 권리를 일부 남겨놓아도 공정·형평의 원칙에 반하는 것이 아니게 된다.

서울회생법원의 실무는 상대우선설의 입장에서 각 조별로 권리변경 및 변제조건에 적절한 차등이 유지되고 있는지를 검토하고 있다.

회생계획안이 공정하고 형평에 맞는지를 살펴보기 위하여 실무상 관리인으로부터 회생계획안 요약표의 일부로 각 채권자 그룹별 변제액의 현가변제율표(채권자들에게 변제할 채권액의 현재가치/채권자들의 총 채권액)를 제출받아, 그 현가변제율을 비교함으로써 회생계획안이 공정하고 형평에 맞는 차등을 두어 권리

---

50) 会社更生法, 555면 참조.

51) 미국 연방파산법에서 절대우선의 원칙(absolute priority rule)은 선순위 권리자가 모두 만족을 얻기 전에는 후순위 권리자에게 만족을 주어서는 안 된다는 원칙으로, 우리나라에서 논의하는 절대우선설과 같은 의미이다. 미국 1938년 연방파산법은 회생계획이 공정·형평(fair and equitable)하기 위해서는 "모든 경우"에 절대우선의 원칙이 적용되는 것으로 규정하였다. 그러나 1978년 연방파산법은 절대우선의 원칙이 "자신의 권리가 감면된 이해관계인(채권자·담보권자·주주)의 조(class)에서 계획안에 반대하는 경우"에만 적용되는 것으로 적용 범위를 제한하였다. 또한 우선권이 있는 조(예컨대 담보권자조)에서 스스로 자신의 권리를 양보하는 경우에도 절대우선의 원칙을 위반한 것이 아니다. Charles Jordan Tabb, The Law of Bankruptcy (4th Edition), West Academic(2016), 1151-1156면 참조.

52) 会社更生法, 555면 참조.

변경을 하고 있는지 검토하고 있다. 현가변제율을 산정하면서 적용하는 현가할 인율은 상대적인 우열을 비교하는 것에 불과하기 때문에 제1차 조사보고서의 계속기업가치 할인율이나 다른 기준의 할인율(예를 들어, 정기예금 금리 등)을 적용하더라도 무방하다.

한편, 회생채권자와 주주 사이에 어떠한 잣대를 기준으로 공정·형평에 맞는 차등을 두어야 하는지 그 구체적 기준이 문제된다. 판례는 대법원 2004. 12. 10. 자 2002그121 결정에서 "정리채권자의 권리를 감축하면서 주주의 권리를 감축하지 않는 것은 허용되지 아니하고, 다만 주식과 채권은 그 성질이 상이하여 단순히 정리채권의 감축 비율과 주식 수의 감소 비율만을 비교하여 일률적으로 우열을 판단할 수는 없고, 자본의 감소와 그 비율, 신주발행에 의한 실질적인 지분의 저감 비율, 정리계획안 자체에서 장래 출자전환이나 인수·합병을 위한 신주발행을 예정하고 있는 경우에는 그 예상되는 지분 비율, 그에 따라 정리계획에 의하여 정리회사가 보유하게 될 순자산 중 기존주주의 지분에 따른 금액의 규모, 변제될 정리채권의 금액과 비율, 보증채권의 경우 주채무자가 그 전부 또는 일부를 변제하였거나 변제할 개연성이 있다면 그 규모 등을 두루 참작하여야 한다."라고 판시하여 그 기준을 제시하였다.[53]

서울회생법원에서 회생채권자 등과 기존 주주의 권리 감축의 정도를 비교할 때 주로 이용하는 방법은, 기존 주주에 대한 감자(주식병합) 및 신주발행, 주식재병합 후 변동된 기존 주주의 주식지분비율을 주주의 권리감축률로 보는 소위 '상대적 지분비율법'이다. 상대적 지분비율법에 의하면 기존 주주에 대한 감자 및 회생채권자 등에 대한 출자전환, 주식재병합 이후의 기존 주주의 지분율과 가장 낮은 현가변제율을 가지는 회생채권자 등에 대한 현가변제율을 비교하여 전자(前者)가 후자(後者) 보다 낮게 정해지면, 일응 공정·형평의 원칙이 지켜졌다고 보는 것이다.

---

53) 이 사건의 사실관계를 살펴보면, 자본감소 및 출자전환 후의 정리회사에 대한 구 주주의 실질적인 지분 비율은 9.07% 정도로 저감되는데 그친 반면 정리채권인 보증채권의 경우는 원금의 4%만 변제하고 나머지는 전액 면제하도록 권리변경이 이루어진 사안이다. 대법원은 감소된 자본금 중 일부에 대하여만 출자전환이 이루어진 것은 장차 인수·합병에 의한 정리절차의 진행을 예정한 것이어서, 향후 신주의 발행에 의하여 지분 비율이 추가로 저하될 것이 예정되어 있는 것이고, 정리채권인 금융기관의 보증채권은 주채무자의 미변제 확정 여부 및 그 시기와 상관없이 원금의 4%를 지급하기로 하였으나, 이는 위 보증채권의 주채무자인 위 관계 회사들로부터 변제받거나 담보권을 실행하여 만족을 얻을 가능성이 있는 금액을 참작하여 보증채무의 변제 비율을 정한 것이라 할 것이므로, 보증채권자인 정리채권자들의 권리감축이 후순위자인 주주의 권리감축보다 과도하여 공정·형평의 원칙에 반하게 되었다고는 보이지 않는다고 판시하였다.

그러나 이러한 판단방법이 비교적 간단한 계산을 통하여 쉽게 그 결과를 알 수 있어서 편리한 점이 있으나, 이론적으로 문제가 있다는 지적이 많다. 이를 비판하는 견해는, '주식'과 '채권'의 근본적인 차이에 주목하면서 기존 주주의 지분율이 아무리 저감되더라도 회사에 거액의 자금이 유보된 채로 회생절차가 진행·종결되도록 짜인 회생계획은 회생채권자에 대한 관계에서 공정·형평에 반한다고 볼 여지가 충분한 반면, 지분율이 전혀 저감되지 않았다고 하더라도 회사에 현금흐름이 거의 유보되지 아니하고 대부분 채권자에게 귀속되도록 짜인 회생계획은 실질적으로는 공정·형평에 반하는 것이 아니라고 주장한다.[54)55)]

이와 관련하여 실무에서 주로 이용되는 상대적 지분비율법을 적용하는 것을 전제로 회생채권(회생담보권도 마찬가지)에 대한 명목변제율이 100%인 회생계획안을 작성할 경우 회생채권자 등의 권리를 추가로 보호하기 위한 별도의 조치가 없을 경우 회생채권자와 주주 사이에 공정·형평의 원칙이 지켜지는 것인지에 대한 의문이 있을 수 있다. 왜냐하면 회생채권자에 대한 명목변제율이 100%라고 하더라도 대부분 변제기의 유예가 있으므로, 현가변제율은 100% 미만이 될 것인데, 반면 회생채권에 대하여 명목상 전액 변제로 인해 출자전환에 의한 신주발행이 곤란하고, 따라서 구 주주는 회생계획안에 의해 주식병합 등이 된다고 하더라도 제3자에 대한 신주발행 또는 출자전환 등이 없는 경우에는 인가 후에도 여전히 100%의 지분율을 유지하게 되기 때문이다. 이에 대하여는 '주식'과 '채권'에 근본적인 차이가 있기 때문에 위와 같은 단순한 비율의 비교만으로 공정·형평의 원칙을 준수하지 않았다고 판단할 수 없고, 또한 회생계획안에 장래 신주발행을 위한 규정을 두고 있는 경우 언제든지 주주의 지분율이

---

54) 이 견해는 또, "공정·형평의 원칙이라는 추상적인 원칙을 구체적인 사건에 적용함에 있어 상대적 지분비율법을 경직되게 적용할 경우 대부분 회생회사의 지배권은 채권자들에게 넘어가게 마련"이라면서, "특히 중소기업의 경우는 경영자였던 대표자가 인가 이후 지배주주의 지위를 잃어버리게 될 가능성이 크기 때문에 제반 사정을 고려하지 않고 형식적으로 상대적 지분비율법을 적용하는 식의 실무운영은 중소기업 경영자가 회생신청을 꺼리게 만드는 부정적인 요소로 작용할 우려가 있다."라고 지적한다. 자세한 것은 이진웅, "중소기업 회생절차의 특수성과 개선방안", 사법 제25호(2013. 9.), 사법발전재단, 304-306면 참조. 이에 대한 보완책 중 하나가 중소기업 지분보유조항의 도입이다[상세한 내용은 제1장 제4절 4. 및 제13장 제5절 5. 라. 5) 참조].

55) 한편 2014. 5. 20. 개정된 법은 회생절차개시결정 당시 부채 초과의 경우 필요적 감자를 규정한 종전 제205조 제3항을 삭제하였다(2014. 11. 21.부터 시행). 또한 이때 개정된 법은 자본감소 시 법원이 반드시 고려하여야 할 사항으로 채무자의 자산 및 부채와 수익능력, 법 제206조에서 규정하는 신주발행에 관한 사항을 규정하였다(제205조 제2항). 자본감소의 정도에 관한 개정법의 취지는 법원이 회사의 구체적인 사정을 고려하여 주식소각 여부와 그 정도를 결정하라는 데에 있고, 따라서 상대적 지분비율법을 형식적으로 적용해 오던 종전의 다수 실무례는 개정법의 취지에 비추어 보아도 재검토될 여지가 더욱 커졌다고 할 수 있다.

하락될 수 있다는 위험이 내재되어 있으므로, 당장의 지분율 감소가 없다는 이유만으로 공정·형평의 원칙에 반한다고 보기 어렵다는 반론도 유력하다.

이러한 논란의 여지를 없애기 위한 방안으로, ① 회생채권의 원금 액면금 100%를 현금 지급하고 여기에 개시 후 이자를 추가로 지급하여 현가변제율을 100%로 조정하는 방안, ② 회생채권 원금의 일부를 현금변제하고 개시 후 이자를 지급함과 동시에 현금변제에서 제외된 원금 부분을 출자전환함으로써 구 주주의 지분율을 저감시키는 방안 등을 생각해 볼 수 있다. 그러나 ①의 방법은 회생회사의 자금수지상 추가로 개시 후 이자를 지급할 수 없는 경우가 대부분이고, ②의 방법은 회생채권 원금 전부를 변제할 수 있음에도 불구하고 일부 출자전환을 위해 작위적으로 회생채권 원금 중 일부만 변제하도록 하는 것이어서 회생채권자들의 의사에 반할 수 있다.

서울회생법원은 회생채권에 대한 명목변제율이 100%이지만 현가변제율이 100%에 미치지 못하는 사안에서, 구 주주에 대한 실질적인 지분율 감소조치 없이 그대로 회생계획을 인가하거나, 회생채권에 대한 변제율을 높일 수 있는 추가적인 조치(자산매각시 초과 이익이 발생할 경우 회생채권자에 대한 현가할인율 적용 없는 조기변제 등)를 취하도록 한 다음 회생계획을 인가한 사례가 있다.[56][57][58]

---

56) 서울중앙지방법원 2011회합161 임광토건(주) 사건에서 법원은 회생채권 원금 및 개시 전 이자를 인가 후 5년 내에 100% 변제(명목변제율 100%, 현가변제율 약 86%)하는 한편, 구 주주에 대한 권리변경 방법으로 기존 주식 5주를 4주로 병합하는 조항만을 둔 회생계획안에 대해 비록 구 주주에 대한 실질적인 지분의 감소가 없다 하더라도 공정·형평의 원칙에 위배되지 않는다고 판단한 후 회생계획안을 인가하였다. 또한 서울중앙지방법원 2012회합128 삼환기업(주) 사건에서도 법원은 회생채권에 대한 명목변제율이 100%(최소 현가변제율 75.4%)였는데 기존 주식 4주를 3주로 병합하는 권리변경 조항만을 두고 구 주주에 대한 실질적인 지분감소율이 없는 회생계획안을 인가하였다. 서울회생법원 2018간회합100031 일화검사소(주) 사건의 경우에도, 법원은 회생채권에 대한 명목변제율이 100%(최소 현가변제율 85.78%)였는데, 구 주주에 대한 주식병합 등 권리변경 조항이 없는 회생계획안을 인가하였다. 서울회생법원 2018회합100169 (유)삼화국제여행사 사건의 경우에도, 법원은 회생채권에 대한 명목변제율이 100%(현가변제율 평균 92.91%)였는데, 구 지분권자에 대한 지분병합 등 권리변경 조항이 없는 회생계획안을 인가하였다(다만 상거래채권의 현가변제율은 100.17%였다). 서울회생법원 2018회합100170 (주)대명국제여행사 사건의 경우에도, 법원은 회생채권에 대한 명목변제율이 100%(현가변제율 평균 97.12%)였는데, 구 주주에 대한 지분병합 등 권리변경 조항이 없는 회생계획안을 인가하였다(다만 상거래채권, 대여금채권의 현가변제율은 100.17%였다). 서울회생법원 2021회합100050 (주)엔지스테크널러지, 2021간회합100089 (주)골드플랜지, 2021회합100127 (주)대주씨에스(다만 특수관계인채권의 원금 및 개시 전 이자의 10%는 출자전환하고 90%는 현금으로 변제), 2022회합100053 (주)휴먼엔 사건도 마찬가지이다.
57) 서울중앙지방법원 2013회합195 동양시멘트(주) 사건의 경우에도 회생채권 원금 및 개시 전 이자를 인가 후 7년 이내에 100% 변제(명목변제율 100%, 최소 현가변제율 85.18%)하는 회생계획안이 제출되었는데, 회생계획 중 '제7장 예상수익금의 초과 시 처리방법'에 관한 부분에서 '비업무용자산 중 동양파일(주) 주식, 동양파워(주) 주식에 한하여 실사가치를 초과하는 매각대금으로 조기변제를 할 경우에는 회생채권에 대하여 법원의 허가를 얻어 4.44%의 할인이자율을

한편 법 제217조는 주주뿐만 아니라 지분권자 역시 회생채권자·회생담보
권자보다 열등한 취급을 하여야 하는 것으로 규정하고 있다. 여기서 합명회사·
합자회사·유한회사 등 주식회사 아닌 회사에 있어서 사원의 권리를 어떤 방법
으로 감축할 것인지가 문제된다.[59]

우선 유한회사는 주식회사와 마찬가지로 지분소각 또는 지분병합에 의한
자본감소가 허용되고 있으므로(상법 제597조, 제439조 제1항) 별다른 문제는 없다(법 제205조, 제6항).[60] 합명회
사·합자회사의 경우 무한책임사원은 퇴사하면 사원권을 상실하는데(다만 퇴사
하더라도 퇴사등기 전에 생긴 회사 채무에 대하여는 등기 후 2년간 사원과 동일한 책임
을 진다)(상법 제225조, 제269조), 이는 오히려 채권자들에게 불리한 결과를 가져오기 때문에
상법상으로도 채권자보호조치가 필요한 것으로 해석하고 있으므로 퇴사를 내용

적용하지 아니할 수 있음'이라는 조항을 두어 회생채권자에 대해 추가로 변제할 수 있는 여지
를 두었다.

이에 법원은 구 주주에 대한 권리변경 방법으로 기존 주식 5주를 4주로 병합하는 조항만을
둔 회생계획안에 대해 비록 구 주주에 대한 실질적인 지분의 감소가 없다 하더라도 공정·형
평의 원칙에 위배되지 않는다고 판단한 후 회생계획안을 강제인가하였다.

위와 같은 강제인가결정에 대하여 일부 회생채권자가 즉시항고를 제기하였으나, 서울고등법
원(2014라426)은 "① 회생계획에 따르면 회생절차가 종료될 때까지 주주에게 이익이 배당되지
않고 주주는 법원의 허가 없이는 주주총회를 개최할 수 없으며, 법원의 허가 없이 개최된 주주
총회에서 의결권 행사도 할 수 없게 되어 있는 점, ② 주주는 제3자에게 신주가 인수됨으로써
추가적인 주식가치 및 지분비율 하락이라는 불이익을 당할 가능성이 있는 점, ③ 비업무용 자
산 중 동양파일 주식회사, 동양파워 주식회사의 주식에 관하여 실사가치를 초과하는 매각대금
으로 회생채권자에 대한 추가적인 보호장치를 마련한 점, ④ 항고인은 '상대적 지분비율법'을
판단기준으로 제시하면서 주주는 형식상 5:4 감자만 하는 것이어서 주주의 권리감축이 전혀
없다고 주장하나, 상대적 지분비율법은 기존 주주의 권리감축의 정도를 파악하는 방법으로 단
순한 감자비율이 아니라 감자 및 신주발행 후 변동된 기존 주주의 주식지분비율을 주주의 권
리 감축률로 보는 것이어서 회생계획에서 출자전환 등에 의한 '신주발행'이 전제된 사안에서의
주식과 채권의 권리감축 정도를 비교하는 평가방법이므로, 회생계획에서 출자전환 등에 의한
신주발행이 예정되어 있지 않다면 상대적 지분비율법을 적용하기 곤란할 뿐만 아니라, 채권과
주식이라는 근본적인 차이 때문에 회생채권의 감축 비율과 주식 수의 감소 비율에 따른 단순
비교만에 의할 수는 없는 점 등을 종합적으로 고려할 때, 이 사건 회생계획은 회생채권자의 조
와 주주의 조 사이에도 공정하고 형평에 맞게 차등을 두어 권리변경이 된 것"이라고 판시하였
고, 이에 대한 재항고가 대법원(2014마1145)에서 심리불속행으로 기각됨으로써 서울고등법원의
위 결정이 그대로 확정되었다.

58) 한편, 서울회생법원 2018회합100158 (주)감마누 사건에서는 관리인이 주주의 권리변경이 없
는 내용의 회생계획안을 제출하였으나, 이후 대주주의 지분을 5%씩 무상감자하는 내용의 회생
계획안 수정안을 제출하였고, 법원은 위 수정안을 인가하였다. 위 회생계획안 수정안의 해당
부분에는 "대주주는 투자자와 회생채권자 등의 채권변제가 지연되는 것에 대하여 책임을 공감
하고, 공정성과 형평성 유지 차원에서 대주주가 보유한 지분을 각 5%씩 무상감자 합니다."라고
기재되어 있다. 서울회생법원 2020회합100025 크로바 하이텍(주) 사건에서는 상거래채권, 특수
관계인채권을 100% 변제하고, 구 주주의 주식은 10주를 8주로 병합하는 내용의 회생계획안을
인가하였다.

59) 서울회생법원 2016회합100247 참맛버섯영농조합 사건은 민법상 조합이 채무자였다. 이 경우
조합원이 보유한 출자지분을 감소시키는 방식은 주식회사의 경우와 동일하다.

60) 서울회생법원 2021회합100002 (유)대림종합주류 사건 등.

으로 하는 권리의 감축은 생각하기 어렵다. 지분을 양도하는 방법을 생각해 볼 수 있으나, 지분양도는 양도인이 사원의 자격을 상실하고 양수인이 사원자격을 승계하는 것으로서 양수인의 자력이 없는 경우에는 채권자의 이익에 반할 수도 있다. 결국 합명회사의 사원 또는 합자회사의 무한책임사원의 경우에는 공익권(업무집행권·대표권·감시권 등)은 관리인이 선임될 경우 법 제56조에 의하여 제한되고, 자익권(이익배당청구권·잔여재산분배청구권)은 법 제55조 제1항 제7호 및 회생계획에 의하여 제한되는 측면에서 권리의 제한 또는 감축을 논할 수 있을 것이다.

3. 평등의 원칙

가. 원   칙

회생계획의 조건은 같은 성질의 권리를 가진 자 사이에서는 평등하여야 한다(법제218조). 이는 법이 회생계획안을 가결하는 데 조별 표결방식을 채택하고 있고, 같은 조 내에서는 다수결의 원칙을 취하고 있기 때문에, 서로 같은 성질의 권리를 한 조에 편성한 다음 그 취급에 차등을 두어 의결권 액이 큰 채권자를 우대함으로써 발생할 수 있는 폐해를 방지하기 위하여 마련한 규정이다.

'같은 성질의 권리를 가진 자'라는 의미는 채무자 재산에 대해 가지는 법적 이익의 성질이 동일하다는 것을 말한다.[61] 예를 들어, 담보채권자의 경우 담보권의 종류, 담보목적물의 종류 등에서 차이가 존재하지만 회생담보권 자체는 담보목적물의 시가 범위 안에서 담보권에 의해 담보되는 피담보채권이라는 점에서 법적 이익의 동질성이 인정된다. 한편 잔여 재산의 분배에서 우선권을 가지는 주식은 그 이외의 주식과 동질성이 인정되지 않는다.

'평등'하다는 것은, 금전채권의 경우 변제율이나 변제기간 등에 비추어 볼 때 회생채권자 등이 받는 경제적 이익이 동일한 것을 의미하고, 비금전채권의 경우에는 목적인 급부의 재산적 가치를 기준으로 하여 금전채권과 비교하였을 경우 그 경제적 이익이 동일한 것을 의미한다. 주주의 경우 주식의 소각비율 등을 기준으로 평가하게 될 것이다.

위 조항에서 말하는 평등은 형식적 의미의 평등이 아니라 공정·형평의 관념에 반하지 않는 실질적인 평등을 가리키는 것으로서 합리적인 범위 내에서

---

61) 会社更生法, 550면 참조.

차등을 둘 수 있다. 다만 같은 성질의 회생채권이나 회생담보권에 대하여 합리적인 이유 없이 권리에 대한 감면의 비율이나 변제기를 달리하는 것과 같은 차별은 허용되지 않는다.[62] 회생담보권자의 경우 담보목적물에 의해 피담보채권이 담보되고 있다는 점에서 법적 이익의 동질성이 인정되지만, 구체적으로 살펴보면 회생담보권자가 가지는 담보목적물에 따라 회생담보권자에게 주어지는 청산가치가 다른 경우가 있다. 이러한 경우 담보목적물별로 상이한 청산가치에 따라 회생담보권자별로 변제율, 변제시기를 달리하더라도 반드시 평등의 원칙에 위배되는 것은 아니다.[63] 같은 일반 회생채권자라 하더라도 대여금채권·회사채·어음채권·매출채권 등 그 성질에 따라 다른 내용의 규정을 할 수 있다. 그러나 그 차등의 정도가 평등원칙의 기본이념에 벗어날 정도로 크면 안 된다.[64]

---

62) 대법원 2018. 5. 18. 자 2016마5352 결정, 대법원 2016. 5. 25. 자 2014마1427 결정.

63) 청산가치보장 원칙과의 관계에서 개별 정리담보권자가 담보목적물로부터 분배받을 수 있는 청산가치는 담보목적물의 종류, 담보권의 순위 등에 따라서 달라질 수밖에 없으므로, 정리계획안에 담보목적물의 청산가치가 정리담보권액을 상회하는 정리담보권자에게는 정리담보권액 전부를 변제하고, 그렇지 못한 정리담보권자에게는 정리담보권액의 일부를 감면하는 등의 내용을 정하였다고 하여 그 정리계획안이 평등의 원칙을 위반하였다고 볼 수 없다고 한 대법원 2008. 6. 17. 자 2005그147 결정, 회생담보권자들 사이에서 청산배당률과 현가변제율의 차이가 약 4%, 33%, 48%로 상당한 차이가 난 사례에서, 이는 공정·형평의 원칙에 위반되었다고 판단하여, 원심결정[서울회생법원 2018회합100177 (주)우성아트 사건]을 취소한 서울고등법원 2019. 11. 29. 자 2019라20546 결정(대법원 2020. 3. 10. 자 2019마6920 심리불속행 기각결정 확정) 등 참조.

64) 이와 관련한 최근의 판례로 대법원 2016 5. 25. 자 2014마1427 결정이 있다. 이 결정에서 대법원은, 골프장 시설에 관한 담보신탁계약의 우선수익자의 신탁 관련 대여금채권에 대하여는 원금의 67.13%를 현금으로 변제하는 외에 나머지 미변제 원금채무의 변제에 갈음하여 출자전환 신주를 배정하도록 정하고, 골프장 회원들의 입회금 반환채권에 대하여는 원금 및 개시 전 이자의 17%를 현금으로 변제하는 외에는 모두 소멸하는 내용을 정한 반면, 금융기관 등 일반 대여금 채권자의 회생채권에 관하여는 원금 및 개시 전 이자의 6.81%만을 현금으로 변제하고 확정 보증채권자의 회생채권에 관하여는 원금 및 개시 전 이자의 0.47748%만을 현금으로 변제하는 등의 내용을 정하고 있는 회생계획에 관하여, ① 신탁 관련 대여금채권이나 회원들의 입회금 반환채권 등은 모두 법 제217조 제1항 제2호의 '일반의 우선권 있는 회생채권'이 아니라 같은 항 제3호 소정의 '일반 회생채권'에 해당하여 원칙적으로는 동일한 종류의 권리로서 같은 순위로 취급되어야 하지만, 신탁 관련 대여금 채권자는 골프장시설 등에 관한 담보신탁계약의 우선수익자로서 채권이 전액 변제되지 않는 이상 언제든지 수탁자에게 골프장 영업에 필수적인 골프장시설에 대한 처분을 요청할 수 있으므로 골프장 영업을 전제로 한 회생계획의 수행을 위해서는 신탁 관련 대여금 채권자로부터 신탁계약상의 권리포기 또는 신탁계약의 해지에 대한 동의 등을 받는 것이 반드시 필요하고, 이를 위하여 신탁 관련 대여금 채권자의 요구를 받아들여 회생계획의 내용과 같이 신탁 관련 회생채권을 회원들의 회생채권보다 우월하게 변제조건을 정한 것은 신탁 관련 회생채권과 회원들의 회생채권 사이에 차등을 둘 만한 합리적인 이유가 있고 그 차등의 정도가 합리적인 범위를 벗어나 공정·형평의 관념에 반하여 평등의 원칙에 위배된다고 보기 어려우며, ② 체육시설법이 영업양수인 등에게 종전 체육시설업자와 회원 사이의 사법상의 약정을 승계하도록 하는 등 체육시설업자와 이용관계를 맺은 다수의 회원들의 권리를 특별하게 보호하고 있는 입법취지 등에 비추어 볼 때, 회생계획의 내용과 같이 회원들의 회생채권에 관하여 일반 대여금 채권자 등 다른 회생채권자들의 회생채권보다 우월한 변제조건을 정하였다면, 회원들의 권리에 대하여 다른 일반 회생채권과 차별화된 변제조건을 정하지 않았거나 그 차별성의 정도가 현저하게 미흡하여 회원권의 특수성을 고려하지 않

나. 법 제218조 제1항의 예외

법 제218조 제1항 단서 및 제2항은 평등의 원칙에 대한 예외를 규정하고 있다. 먼저 법 제218조 제1항 단서의 예외는 다음과 같다.

1) 동의가 있는 때(제1항 단서 제1호)

불이익을 받는 자의 동의가 있는 때에는 차등을 두어도 평등의 원칙에 반하지 않는다.

2) 소액채권 또는 법 제118조 제2호 내지 제4호의 청구권(제1항 단서 제2호)

채권이 소액인 회생채권자·회생담보권자와 회생절차개시 후의 이자, 회생절차개시 후의 불이행으로 인한 손해배상금 및 위약금, 회생절차참가의 비용의 청구권을 가지는 자에 대하여 다르게 정하거나 차등을 두어도 형평을 해하지 아니하는 때에는 평등의 원칙에 대한 예외가 인정된다.

비교적 소액의 채권이라고 인정되는 경우에는 다른 채권에 비하여 조기 변제하는 등 그 조건을 우대할 수 있다. 소액채권자에 대해 우대를 함으로써 다수의 채권자들로부터 협조를 쉽게 얻어 회생계획의 원활한 수행을 실현할 수 있게 되고, 소액채권자들 권리의 실질을 보장해 줄 수 있게 된다. 어느 정도의 채권이 소액이라고 할 수 있는지는 채무자와 채권자의 개별 사정에 따라 달라질 수 있는 것이므로, 전체 채무의 규모와 채권자의 분포, 채권자의 수, 해당 채권자 그룹의 채권 규모, 채무자의 향후 손익 규모 및 자금수지 등을 감안하여 판

았다고 볼 것은 아니고, 여기에 채무자의 현황, 회원권의 규모, 인수합병(M&A)에 이르게 된 경과 등 기록상 나타난 제반 사정을 함께 고려해 보면, 회생계획에서 회원들의 권리에 관한 변제조건을 정하면서 합리적인 이유 없이 회원들의 지위나 그 권리의 성질 등을 전혀 고려하지 않음으로써 형평을 해하는 차등을 두었다고 볼 수 없다고 판시하였다. 대법원 2018. 5. 18. 자 2016마5352 결정 역시 담보신탁계약의 우선수익자의 채권 및 골프장 회원들의 입회금반환채권을 일반 상거래채권, 대여금채권과 달리 취급한 사례로 대법원은 그 차등의 정도가 합리적인 범위를 벗어나 공정·형평의 관념에 반하여 평등의 원칙에 위배된다고 보기 어렵다고 판시하였다.

입회금반환채권 등의 출자전환에 의하여 발행된 주식은 전량 무상 소각하는 반면, 담보신탁채권의 출자전환에 의하여 발행된 주식은 2.5137주를 1주로 병합하는 내용을 정한 것이 공정·형평의 원칙에 위반되지 않음을 전제로 회생계획인가결정을 한 서울회생법원 2018회합100103 (주)버드우드 사건(서울고등법원 2019. 8. 6. 자 2018라21488 항고기각결정, 대법원 2019. 12. 16. 자 심리불속행 기각결정 확정)도 참조할 수 있다.

또한 회생담보권자인 대여금채권자와 보증권자의 변제조항을 달리 정한 것이 평등의 원칙에 위반되지 않는다는 것을 전제로 강제인가결정을 한 서울회생법원 2019회합100105 웅진에너지(주) 사건(서울고등법원 2021. 7. 8. 자 2021라20076 항고기각결정, 대법원 2021. 11. 8. 자 2021마6348 심리불속행 기각결정 확정), 상거래채권의 변제율을 입회금반환채권, 보증채권(회원권)보다 낮게 정한 것이 공정·형평의 원칙, 평등의 원칙에 반하지 않는다는 것을 전제로 회생계획인가결정을 한 서울회생법원 2018회합100253 일송개발(주) 사건(서울고등법원 2020. 6. 29. 자 2019라21292 항고기각결정) 등 참조.

단하여야 한다.[65][66]

한편 회생절차개시 후의 이자, 회생절차개시 후의 불이행으로 인한 손해배상금 및 위약금, 회생절차참가의 비용은 일반 회생채권으로서 채권의 신고·조사·확정의 대상이 되지만, 회생계획에 의한 권리변경에 있어서는 이를 다른 일반 회생채권보다 불리하게 취급할 수 있다. 이러한 권리에 대해 의결권을 인정하지 않는 것과 같은 맥락의 조치라고 할 수 있다(법 제191조 제3호).

3) 중소기업자의 회생채권(제1항 단서 제3호)

2016. 5. 29. 개정법은 상거래채권자에 대한 보호를 강화하기 위해 회생계획 인가 요건인 평등의 원칙에 위반되지 않는 사유로 '채무자의 거래상대방인 중소기업자의 회생채권에 대하여 그 사업의 계속에 현저한 지장을 초래할 우려가 있어 다른 회생채권보다 우대하여 변제하는 때'를 추가하였다. 이 조항이 신설되기 전에도 실무에서는 종전의 '그 밖에 동일한 종류의 권리를 가진 자 사이에 차등을 두어도 형평을 해하지 아니하는 때'(개정 전 제1항 단서 제3호)라는 예외 규정에 근거하여 다른 일반회생 채권에 비해 상거래 회생채권을 상대적으로 우대하였고, 이것이 평등의 원칙에 반하지 않는다는 입장이 우세하였다. 왜냐하면 상거래 회생채권

---

65) 법원의 실무에서는 주로 상거래 회생채권 중 일정 액수 이하에 해당하는 소액채권을 변제율이나 변제기에서 다른 일반 회생채권이나 소액을 넘어서는 상거래채권에 비해서 우대하는 방식을 취하고 있다. 그런데 상거래채권의 금액을 기준으로 하여 소액 상거래채권의 변제율을 높이거나 그 변제시기만 앞당기는 경우 소액 상거래채권에 포섭되지 못한 일반 상거래채권과 사이에 지급액이 역전되는 현상이 발생할 수 있으므로 주의를 요한다. 예를 들어 채권액 100만 원 이하는 전액 지급, 100만 원 초과 200만 원 이하는 90%, 200만 원 초과는 80%를 지급하는 방식은 100만 원의 채권자는 100만 원을 지급받는데 101만 원의 채권자는 90만 9천 원을 지급받아 변제액이 역전되고, 200만 원의 채권자는 180만 원을 지급받는데 201만 원의 채권자는 160만 8천 원을 지급받아 역시 변제액이 역전된다. 이러한 현상을 방지하기 위한 방법으로 채권액 구간별로 감액비율을 체증시키는 방법을 생각할 수 있다. 즉, 100만 원 이하의 채권에 대하여는 전액 변제하고, 100만 원 초과 200만 원 이하의 채권에 대하여는 100만 원+(100만 원 초과액×0.9)의 금액을 변제하고, 200만 원 초과의 채권에 대하여는 190만 원+(200만 원 초과액×0.8)의 금액을 변제하는 방식이다. 이러한 방식이 아니더라도 역전 현상이 발생하지 않게 하기 위해서 가급적 권리변경 전의 채권액이 아니라 상거래채권 전체에 대해 일률적으로 권리변경을 한 후의 채권액을 기준으로 소액채권 여부를 나누어 우대조치를 적용할 필요가 있다.

66) 소액 상거래채권을 우대하는 내용의 회생계획안을 인가한 사례는 서울회생법원 2018회합3 (주)헤드윈(200만 원 이하 상거래채권의 현금변제분은 준비연도에 변제, 나머지 회생채권은 10년간 분할변제), 2018회합100075 (주)현문자현(200만 원 이하 상거래채권의 현금변제분은 제3차 연도에 변제, 나머지 회생채권은 10년간 분할변제), 2018회합100129 (주)아이피케이(200만 원 이하 상거래채권의 현금변제분은 제1차연도에 변제, 나머지 회생채권은 10년간 분할변제), 2018 회합100201 부영판지(주)(100만 원 이하 상거래채권의 현금변제분은 제1차연도에 변제, 나머지 회생채권은 10년간 분할변제), 2019회합100049 (주)타임즈코어(500만 원 이하 상거래채권의 현금변제분은 제1차연도~제3차연도 분할변제, 나머지 회생채권은 10년간 분할변제), 2019회합 100052 (주)애디스다이렉트(100만 원 이하 상거래채권의 현금변제분은 준비연도에 변제, 나머지 회생채권은 10년간 분할변제) 사건 등이 있다.

자들은 대부분 채권 금액이 소액일 뿐만 아니라 영세사업자들이기 때문에 금융기관 회생채권의 경우와 같이 장기간 분할변제를 규정할 경우 사실상 상거래 회생채권자의 도산을 조장할 우려가 크고, 채무자의 회생을 위해서는 기존의 상거래 회생채권자들과의 원만한 거래관계를 유지할 필요가 있기 때문에 상거래 회생채권을 우대하도록 차등을 두어도 형평을 해하지 아니한다고 보았기 때문이다.

신설된 조항은 다른 회생채권보다 우대하여 변제하는 것이 명시적으로 허용되는 채권자를 중소기업기본법 제2조 제1항의 규정에 의한 중소기업자로 한정하고, '다르게 정하거나 차등을 두어도 형평을 해하지 아니하는 때'라고 규정한 다른 예외조항과 달리 '중소기업자의 사업의 계속에 현저한 지장을 초래할 우려가 있어 우대하여 변제하는 때'라고 규정하여 중소기업자의 회생채권을 우대하는 것에 관해 형평을 해하지 아니하는 사유를 특정하고 그 보호취지를 명확히 하였다.[67] 어느 경우가 '중소기업자의 사업의 계속에 현저한 지장을 초래할 우려가 있어 우대하여 변제하는 때'에 해당하는지는 채무자와 거래하는 중소기업자의 형편이 업체별로 다르기 때문에 일률적으로 정하기 어렵고, 결국 법원이 회생채권의 규모, 중소기업자의 자금상황, 채무자가 주요한 거래처인지 여부, 거래관계의 대체가능성 유무 등 중소기업자의 사정과 중소기업의 연쇄도산을 방지하고자 하는 입법목적을 종합적으로 고려하여 판단하여야 한다. 또 종래의 실무는 통상 상거래채권을 변제율이나 변제기에서 다른 일반 회생채권보다 우대하는 방식이나, 그중 일정 금액 이하의 소액채권을 변제율이나 변제기에서 우대하는 방식, 또는 이 두 가지를 결합하여 우대하는 방식을 취하여 왔는데, 앞으로 이 조항에 근거한 우대의 방식에 있어서는 단순한 변제율이나 변제기의 차등보다 신설 조항의 취지에 맞게 해당 중소기업자에게 실질적으로 도움이 되는 방식인지 여부를 검토할 필요가 있다.[68][69]

---

67) 한편 2016. 5. 29. 개정법은 법원이 회생계획인가결정 전에 회생채권의 변제허가를 할 수 있는 사유 중 채무자의 거래상대방인 중소기업자가 그가 가지는 소액채권을 변제받지 아니하면 '사업의 계속에 현저한 지장을 초래할 우려가 있는 때'를 '사업의 계속에 지장을 초래할 우려가 있는 때'로 완화하여(법 제132조 제1항) 상거래채권자에 대한 보호를 강화하였다. 자세한 것은 '제9장 제2절 8. 나.' 부분 참조.

68) 종래 실무처럼 상거래채권자 전체를 우대할 경우 그중 중소기업자가 아닌 상거래채권자에 대한 우대는 이 조항에 근거한 우대가 아닌 것이 되지만, 앞에서 보았듯이 종전의 실무가 상거래 회생채권을 우대하여 온 이유가 채무자의 회생을 위해서 기존의 상거래채권자들과의 원만한 거래관계를 유지할 필요가 있기 때문이기도 하므로, 여전히 '그 밖에 동일한 종류의 권리를 가진 자 사이에 차등을 두어도 형평을 해하지 아니하는 때'라는 단서 제4호의 예외조항에 근거하여 우대하는 것은 가능할 것이다.

69) 서울회생법원 2020회합100011 (주)드림플 사건에서 법원은 상거래채권(모두 중소기업자이면

4) 그 밖에 차등을 두어도 형평을 해하지 아니하는 경우($^{제1항\ 단서}_{제4호}$)

종래 실무에서 이 조항에 따라 상거래 회생채권을 우대하여 왔다는 점은 앞에서 살펴본 바와 같고, 그 밖에 실무에서는 이 조항에 근거하여 보증채권을 다른 일반회생 채권에 비해 열등하게 취급하고 있다. 왜냐하면 보증채권의 경우에는 변제책임을 지는 주채무자가 있을 뿐만 아니라 반드시 보증에 상응하는 대가를 얻는 것도 아니라는 점에서 주채권에 비해 열등하게 취급하는 차등을 두더라도 형평을 해한다고 볼 수 없기 때문이다.

한편 같은 성질의 권리 사이에서 차등을 두더라도 형평을 해하지 않는 경우 차등을 둘 수 있다고 규정한 법 제218조 제1항 단서 제4호를 해석함에 있어서 '특수관계에 있는 자'에 대한 차등을 규정하고 있는 같은 조 제2항과의 관계가 문제된다.

같은 조 제2항은 대통령령이 정하는 '특수관계에 있는 자'가 채무자에 대하여 갖는 대여채권·보증채권·구상채권에 대한 차등을 규정하고 있으나, 이는 종래 회사정리 실무상 자주 문제되었던 사항을 예시한 주의적 규정에 불과하다고 보아야 할 것이다. 즉 대통령령이 정하는 '특수관계에 있는 자'에 대하여 형평의 원칙을 적용하여 차등적 취급을 할 수 있는 경우가 같은 조 제2항에 열거된 대여채권·보증채권·구상채권에 한정된다거나 혹은 대통령령이 정하는 '특수관계에 있는 자'에 해당되지 아니하면, 다른 채권자가 갖고 있는 대여채권·보증채권·구상채권 등에 대하여 형평의 원칙을 적용하여 차등을 둘 수 없다는 취지라고 볼 수는 없다. '형평의 원칙'이라는 것은 개별 사안별로 구체적 타당성을 확보하기 위하여 적용되어야 하는 원칙이므로, 이를 획일적으로 규정하는 것은 불가능할 뿐만 아니라 타당하지도 않기 때문이다. 따라서 부실경영에 책임이 있는 대표이사·이사·감사의 급여 및 퇴직금에 대하여도 법 제218조 제1항 단서 제4호를 적용하여 그 책임의 정도에 따라 감면 내지 불이익한 차등을 둘 수 있다고 본다.[70]

다음으로 사회정책적 고려에 의하여 인신사고에 의한 손해배상청구권, 산업재해에 의한 손해배상청구권 등에 관하여도 같은 호를 적용하여 다른 회생채

서 채권액이 100만 원 미만이었음)의 현금변제분은 준비연도에 전액 변제하고, 나머지 회생채권의 현금변제분은 10년간 분할변제하는 내용의 회생계획안을 인가하였다.

70) 과거 회사정리절차에서 부실경영에 중대한 책임이 있는 퇴임임원의 급여 및 퇴직금은 이를 면제하는 경우가 많았고, 법 시행 이후에도 다수의 회생계획에서 임원의 급여 및 퇴직금채권을 전액 면제하였다.

권보다 우월한 대우를 하더라도 형평을 해하지 않는다고 할 것이다.[71]

다. 법 제218조 제2항의 예외('특수관계에 있는 자'에 대한 예외)

1) 입법취지

구 회사정리법하에서 정리회사의 부실화에 영향력을 행사한 지배주주·지배회사 등 특수관계인의 채권은 다른 채권보다 열등하게 취급하는 것이 가능하다는 것이 학설[72] 및 판례[73]의 태도였고, 법원에서도 계열회사·지배주주 기타 특수관계인의 대여채권·구상권 등에 대하여 전부 면제하거나 일부 면제하고 잔여 채권은 출자전환을 하는 등 자금지출을 수반하지 않는 형태로 정리계획안을 작성하는 경우가 많았다.

법은 이러한 실무 및 판례를 반영함과 아울러 그 법적 요건을 정비하여 ① 회생절차개시 전에 채무자와 시행령이 정하는 범위의 '특수관계에 있는 자'의 채무자에 대한 금전소비대차로 인한 청구권, ② 회생절차개시 전에 채무자가 시행령이 정하는 '특수관계에 있는 자'를 위하여 무상으로 보증인이 된 경우의 보증채무에 대한 청구권, ③ 회생절차개시 전에 채무자와 시행령이 정하는 범위의 '특수관계에 있는 자'가 채무자를 위하여 보증인이 된 경우 채무자에 대한 보증채무로 인한 구상권에 관하여 회생계획의 조건을 일반 회생채권과 다르게 정하거나 차등을 두어도 형평을 해하지 아니한다고 인정되는 경우, 다른 회생채권보다 불이익하게 취급할 수 있다는 것을 명시하였다. 그러나 앞서 본 바와 같이 법 제218조 제1항 단서 제4호와 같은 조 제2항의 취지 등을 종합하여 보면, 특수관계에 있는 자가 채무자에 대해 가지는 채권의 범위를 금전소비대차로 인한 청구권, 무상 보증채무에 대한 청구권, 채무자에 대한 보증채무로 인한 구상권으로 한정할 것은 아니다. 위 채권은 예시적으로 나열한 것으로 봄이 타당하다.[74]

2) 불이익한 취급을 하기 위한 요건

가) 특수관계에 있는 자　　　'특수관계에 있는 자'의 정의는 시행령 제4조

---

71) 구 회사정리법하에서 정리회사 (주)한보에 대한 정리계획·변경계획에서는 다른 정리채권자의 현금 변제율이 15%에 그쳤음에 반하여, 산업재해로 인한 손해배상청구권을 가진 정리채권자에게는 50%의 현금 변제율을 규정한 변경계획안을 인가하였다.

72) 김정만, "결합기업의 도산", 재판자료 제86집, 843면 이하.

73) 대법원 2006. 10. 27. 자 2005그65 결정, 대법원 2004. 6. 18. 자 2001그132-135 결정 등.

74) 위 규정은 원칙에 대한 예외 규정이고, 채권자에게 불이익한 경우인데 명문의 규정 없이 평등원칙의 예외를 넓게 인정하는 것은 채권자들의 지위를 불안정하게 만들 수 있으므로, 엄격하게 해석해야 한다는 반대 견해로는 전대규, 751-752면 참조.

에 정해져 있다.[75] 구체적으로 어느 시점에서 시행령이 정하는 특수관계에 있어야 하는지가 문제되는데, 원칙적으로 회생절차개시결정 당시를 기준으로 하여 판단하고, 만약 개시결정 전에 채권이 양도되거나 시행령이 정하는 특수관계가 해소된 경우에는 구체적 사안에 따라 형평의 원칙을 적용하여 불이익한 취급을 하는 것이 타당한지 여부를 검토하여 제218조 제1항 제4호의 적용 여부를 결정하면 될 것이다[이 부분에 대한 자세한 사항은 '본장 제5절 1. 가. 2)의 마' 참조].

　나) 차등을 두어도 형평을 해하지 아니한다고 인정되는 경우　　　　법 제218조 제2항 각호가 규정하는 '특수관계에 있는 자'의 채권에 대하여 언제나 열등한 취급을 할 수 있는 것은 아니고, '다른 회생채권과 다르게 정하거나 차등을 두어도 형평을 해하지 아니한다고 인정되는 경우에 한하여' 다른 회생채권보다 불이익하게 취급할 수 있다.

　차등을 두어도 형평을 해하지 않는다고 인정되는 경우를 일률적으로 규정하기는 어렵지만, 예를 들면, ① 당해 '특수관계에 있는 자'가 채무자의 재정적 파탄에 원인을 제공하는 등 형평에 반하는 행위에 관여하고, ② 그로 인하여 다른 채권자들이 손해를 입거나 그 행위에 관여한 자가 부당한 이득을 얻은 경우 등을 들 수 있다. 구체적인 예로는, 채무자의 부실경영에 책임이 있는 경우, 사

---

75) 시행령 제4조(특수관계인)
　　법 제101조 제1항, 법 제218조 제2항 각호 및 법 제392조 제1항에서 '대통령령이 정하는 범위의 특수관계에 있는 자'라 함은 다음 각호의 어느 하나에 해당하는 자를 말한다.
　1. 본인이 개인인 경우에는 다음 각 목의 어느 하나에 해당하는 자
　　가. 배우자(사실상의 혼인관계에 있는 자를 포함한다. 이하 같다)
　　나. 8촌 이내의 혈족이거나 4촌 이내의 인척
　　다. 본인의 금전 그 밖의 재산에 의하여 생계를 유지하는 자이거나 본인과 생계를 함께 하는 자
　　라. 본인이 단독으로 또는 그와 가목 내지 다목의 관계에 있는 자와 합하여 100분의 30이상을 출자하거나 임원의 임면 등의 방법으로 법인 그 밖의 단체의 주요 경영사항에 대하여 사실상 영향력을 행사하고 있는 경우에는 당해 법인 그 밖의 단체와 그 임원
　　마. 본인이 단독으로 또는 그와 가목 내지 라목의 관계에 있는 자와 합하여 100분의 30이상을 출자하거나 임원의 임면 등의 방법으로 법인 그 밖의 단체의 주요 경영사항에 대하여 사실상 영향력을 행사하고 있는 경우에는 당해 법인 그 밖의 단체와 그 임원
　2. 본인이 법인 그 밖의 단체인 경우에는 다음 각 목의 어느 하나에 해당하는 자
　　가. 임원
　　나. 계열회사(독점규제 및 공정거래에 관한 법률 제2조 제3호에 따른 계열회사를 말한다) 및 그 임원
　　다. 단독으로 또는 제1호 각 목의 관계에 있는 자와 합하여 본인에게 100분의 30 이상을 출자하거나 임원의 임면 등의 방법으로 본인의 주요 경영사항에 대하여 사실상 영향력을 행사하고 있는 개인 및 그와 제1호 각 목의 관계에 있는 자와 법인 그 밖의 단체(계열회사를 제외한다. 이하 이 호에서 같다) 및 그 임원
　　라. 본인이 단독으로 또는 그와 가목 내지 다목의 관계에 있는 자와 합하여 100분의 30 이상을 출자하거나 임원의 임면 등의 방법으로 단체의 주요 경영사항에 대하여 사실상 영향력을 행사하고 있는 경우에는 당해 법인 그 밖의 단체 및 그 임원

기나 횡령, 배임 등 불법행위를 저지른 경우, 과소한 출자, 자신의 이익을 위하여 채무자를 도구로 이용한 경우 등을 들 수 있다.[76][77]

'특수관계에 있는 자'의 잘못된 행위로 인하여 다른 채권자들이 입은 손해가 중대한 경우에는 '특수관계에 있는 자'의 채권을 전액 면제할 수 있을 것이다. 예컨대, 법 제74조 제2항 제1호의 '부실경영에 중대한 책임'이 있어 제3자가 관리인으로 선임된 경우라면 부실경영에 관여한 '특수관계에 있는 자'의 채권을 전액 면제하더라도 형평을 해하지 않는다고 보아야 한다. 그러나 그러한 정도에까지 이르지 아니한 경우에는 그 잘못된 행위 및 손해의 정도, 관여한 정도 등에 따라 불리하게 하는 정도에 차등을 두면 될 것이다.

3) 청산가치보장의 원칙과의 관계

모(母)회사가 자(子)회사에 대하여 갖고 있는 채권, 부실경영에 중대한 책임이 있는 지배주주 또는 구 경영진이 갖고 있는 채권 등을 전액 면제하는 회생계획안이 청산가치보장의 원칙에 위배되는 것은 아닌가 하는 의문이 생길 수 있다. 이들 채권에 대하여 다른 일반 회생채권보다 열등하게 취급하는 것은 형평의 원칙에 근거하는 것으로서[78] 이 경우 형평의 원칙은 청산가치보장의 원칙보다 우선적으로 적용되어야 한다. 따라서 이들 채권을 다른 일반 회생채권과 차등을 두지 않고 동등하게 취급하면, 그것이 오히려 형평에 반한다고 볼 여지가 있다.[79] 한편 이와 같은 기존의 해석론에 대하여는, 법이 회생계획인가의 요건으로 '공정·형평의 원칙'과 '청산가치보장의 원칙'을 병렬적으로 규정하고 있고, 어느 원칙이 다른 원칙을 배제할 수 있다고 볼 근거가 없기 때문에 부실경영에 책임이 있는 특수관계인의 채권에 대해 불리하게 권리변경 방법을 정한다고 하더라도 최소한 청산가치는 보장해야 한다는 견해도 있다.[80]

---

76) 서울회생법원 2019회합100066 (주)와이디온라인 사건에서 법원은 회생절차개시의 원인이 전 경영진의 배임·횡령에 따른 비정상적인 손실 발생과 매출감소 및 이에 따른 영업손실 누적인 것으로 판단하여, 특수관계인채권을 전액 면제하는 내용의 회생계획안을 인가하였다. 서울회생법원 2020회합100063 (주)밸류인베스트코리아 사건에서 법원은 특수관계인 채권은 전액 출자전환한 후 출자전환대상채권을 전액 무상소각하는 내용의 회생계획안을 인가하였다.

77) 이와 같이 특수관계에 있는 자가 채무자의 재정적 파탄에 중대한 책임이 있는지 여부에 대하여 법원은 조사위원이 작성한 조사보고서 내용을 기준으로 판단할 수 있을 것이고, 회생절차 중에 이와 같은 사항이 문제되는데도 조사보고서 초안에 해당 내용이 전혀 언급되지 않은 경우에는 조사위원에게 이를 보완하도록 함으로써 최종적으로 제출되는 조사보고서에 기재되도록 해야 한다.

78) 대법원 2006. 10. 27. 자 2005그65 결정.

79) 注解, 837면.

80) 파산절차에서의 특수관계인채권 열후화에 관한 입법론으로는 이제정, "도산절차에서 형평에 기한 채권의 열후화 법리", 법조 58권 1호(2009), 법조협회, 5-36면 참조.

4. 수행가능성

회생계획을 수행할 수 있는지 여부는 채무자가 예측대로 변제자금을 조달하여 회생채권을 변제하고, 회생계획기간이 종료될 때에 정상적인 사업이 가능한 상태로 존속할 수 있는지 여부에 달려 있다. 따라서 회생계획 수행가능성의 핵심은 변제자금의 조달을 적절히 예측하는 데에 있으므로, 법원은 회생계획안에 첨부된 추정손익계산서·추정자금수지표·보유자산 처분계획표 등을 면밀히 검토하여 과연 채무자가 예상대로 변제자금을 조달할 수 있는지 여부를 살펴보아야 한다. 서울회생법원에서는 회생계획의 수행가능성 여부를 검토하기 위하여 조사위원으로 하여금 회생계획안의 심리를 위한 관계인집회 또는 서면결의에 부치는 결정을 하기 5일 전에 제2차 보고서를 제출하도록 하고, 이를 판단의 참고자료로 삼고 있다. 수행가능성은 자금수급계획과 밀접하게 관련이 되어 있는데, 이에 관해서는 뒤에서 상세하게 설명하기로 한다.

5. 청산가치보장의 원칙

가. 의   의

법은 제243조 제1항 제4호에서 청산가치보장의 원칙을 규정하고 있다. 청산가치보장의 원칙이란 채권자의 자발적인 동의가 없는 한 그 채권자가 회생절차에서 변제받을 금액이 채무자가 파산적 청산을 하는 경우 청산절차에서 배당받을 수 있는 금액보다 적어서는 안 된다는 원칙을 의미한다. 회생절차에서 채권자의 권리변경에 관한 의사결정은 조분류에 의한 의결권 행사로 결정된다. 한 개의 조에서 법정요건 이상의 찬성 의결권이 확보되면 같은 조에서 반대하는 채권자들도 그 결의에 구속된다. 그런데 반대하는 채권자들에게도 결의의 효력을 미치게 하려면 이를 정당화하기 위한 근거가 필요하다. 회생절차가 없었다면 채권자들은 채무자에 대한 파산절차를 통해 배당을 받게 되었을 것이고, 만약 회생절차를 통한 변제액이 가상적인 파산절차를 통한 배당액보다 적지 않다면 회생절차에 반대하는 채권자들에게도 회생계획의 효력을 미치게 하는 것이 채권자들의 재산권의 본질적인 부분을 침해하는 것이 되지는 않을 것이다. 이러한

관점에서 도입된 것이 청산가치보장의 원칙이다.[81]

나. 내 용

회생계획을 인가하기 위해서는 회생계획에 의한 변제방법이 채무자의 사업을 청산할 때 각 채권자에게 변제하는 것보다 불리하지 않게 변제하는 내용이어야 한다. 즉 회생채권자나 회생담보권자가 최소한 파산적 청산시의 배당액 이상으로 변제받는 내용으로 회생계획이 작성되어야만 한다(법 제243조 제1항 제4호 본문). 청산가치보장의 원칙은 모든 채권자에 대한 변제액의 총액만이 아니라 각 채권자에 대한 변제액에 관하여도 충족되어야 한다.[82]

한편 어느 시점을 기준으로 청산가치보장의 원칙이 충족되고 있는지를 판단할 것인지가 문제된다. 회생절차개시 이후 발생하는 공익채권으로 인하여 인가시점에는 개시시점보다 회생채권자·회생담보권자에게 분배될 청산가치가 하락하는 것이 보통이다. 법 제90조는 회생절차의 개시 당시를 기준으로 채무자의 재산가액을 평가하도록 규정하고 있고, 회생절차는 그 개시결정이 된 때에 채무자를 관념적으로 청산하는 것이라고 보아야 하므로 개시결정 시를 기준으로 청산가치가 보장되어야 한다는 주장이 있을 수 있다. 그러나 청산가치보장의 원칙의 근거를 회생계획을 인가할 경제적 합리성에 있다고 보는 이상 개시결정 이후 인가결정 시까지 발생하여 기정사실화된 재산가치의 하락을 도외시하고 개시결정 시를 기준으로 한 청산가치보장만을 고집하여 회생계획을 불인가하는 것은 합리적이라고 할 수 없다. 따라서 인가 여부를 결정하는 시점을 기준으로 하여 청산가치보장의 원칙이 충족되고 있는지 여부를 판단하여야 할 것이다.

하지만 실무상 조사위원은 제1차 조사보고서를 통해 회생절차개시결정일을 기준으로 청산가치를 보고하고 있고, 그 이후의 사정변경을 반영하여 인가예정일을 기준으로 하여 다시 청산가치를 산정하는 경우는 거의 없다. 왜냐하면 청산가치의 재산정은 시간이나 비용이 많이 소요될 뿐만 아니라 자산가치의 등락이 큰 경우가 많지 않아서 재조사의 실익이 없는 경우가 많기 때문이다. 이런 이유로 실무상 대부분은 개시결정일을 기준으로 청산가치를 보장하고 있으면 일단 회생계획안이 청산가치보장의 원칙을 준수하고 있는 것으로 판단하고 있

---

81) 청산가치보장의 원칙은 공정·형평의 원칙(fair and equitable test)과 함께 미국 연방파산법에서 유래한 것이다. 미국에서는 청산가치보장의 원칙을 'best interests test'라고 부르는데, 미국 연방파산법 §1129(a)(7)에서 규정하고 있다.

82) 更生計画の實務と理論, 535-536면.

다. 따라서 만약 이해관계인이 합리적인 근거를 들어 개시결정일부터 인가결정
일 사이에 청산가치의 중대한 증감이 있다고 주장하는 경우라면 그 가치를 다
시 산정하는 것이 타당하다.[83]

청산가치의 산정에서 채무자 재산의 평가는 채무자가 파산적 청산을 통하
여 해체·소멸되는 경우, 채무자의 개별 재산을 분리하여 처분할 때의 가액을
합산한 금액에 의하여야 한다[84][85](이에 대한 자세한 내용은 '제7장 제5절 9.' 참조).

채권자가 청산가치 이하로 변제받는 것에 동의한 경우에는 청산가치보장의
원칙이 지켜지지 않아도 된다(법 제243조 제1항 제4호 단서).[86]

다. 청산가치보장 여부의 검토

회생계획에 의한 채권자별 변제예정금액을 현재가치로 환산한 금액이 채권
자별 청산가치 배분액과 최소한 동일하거나 이를 초과하여야만 법 제243조 제1
항 제4호가 규정하는 청산가치보장의 원칙에 위배되지 아니한다.[87] 그런데 회
생계획에 따른 연도별 변제예정금액을 현재가치로 환산하는 데 적용되는 할인
율이 높을수록 청산가치를 보장하기 위하여 채권자들에게 변제하여야 하는 금
액이 늘어나고, 할인율이 낮을수록 채권자들에게 변제하여야 하는 금액이 줄어
들게 되므로, 결국 어떠한 할인율을 적용할 것인가는 매우 중요한 문제이다. 서
울회생법원은 이 경우 적용되는 할인율은 채무자의 주거래 은행이 담보대출 또

---

83) 조사위원이 제1차 조사보고서의 청산가치는 회생절차개시신청일 무렵의 평균 낙찰가율을, 제
2차 조사보고서의 청산가치는 그로부터 1년 남짓 지난 회생계획안 제출일의 평균 낙찰가율을
적용하여 청산가치를 산정한 것이 위 원칙에 위반되지 않음을 전제로 강제인가결정을 한 서울
회생법원 2018회합100081 (주)온양관광호텔 사건(서울고등법원 2019. 7. 15. 자 2019라20202 항
고기각 결정) 등 참조.

84) 대법원 2007. 10. 11. 자 2007마919 결정.

85) 공장저당물건인 토지, 건물, 그에 설치된 기계, 기구 등은 일괄하여 경매하여야 함에도, 기계
장치 등에 대하여 분리매각을 전제로 청산가치를 산정함으로써 청산가치보장의 원칙에 위반되
었다고 판단하여, 원심결정[서울회생법원 2018회합100177 (주)우성아트 사건]을 취소한 서울고
등법원 2019. 11. 29. 자 2019라20546 결정(대법원 2020. 3. 10. 자 2019마6920 심리불속행 기각
결정 확정) 등 참조.

86) 이에 관한 채권자의 동의서가 제출된 사례로는 서울회생법원 2019회합100195 (주)다다씨앤씨
사건 등 참조.

87) 조세채권의 청산가치보장의 원칙과 관련하여, 현재의 실무는 조세채권의 원금 및 인가일 전
일까지 발생한 납부지연가산세에 대하여 3년간 분할변제하도록 회생계획안을 마련하고 있고,
이로 인해 조세채권의 경우 청산배당률은 100%인데 회생계획에 따른 변제금액의 현가할인율은
90% 정도에 불과하므로 조세채권에 대하여 청산가치가 보장되지 않고 있는 것은 아닌가 하는
의문이 있을 수 있다. 그러나 서울회생법원은 위와 같이 조세채권의 현가할인율이 낮아지는 것
은 법 제140조의 변제유예 규정에 의한 것이므로 청산가치보장의 원칙에 반하지 않는 것으로
보고 있다.

는 무담보대출별로 평균적인 위험도를 가지고 있는 자에게 대출을 해 줄 경우 적용되는 시장이자율(market interest rate)[88]이면 족하되, 그 할인율은 채무자에 대한 조사보고서 작성 시 사용된 계속기업가치 할인율을 상한으로 한다는 입장을 취하고 있다.

한편 회생계획안이 출자전환을 계획하고 있다면, 회생계획안에 의한 변제액을 산정함에 있어서는 출자전환으로 발행될 주식의 순자산가치 및 수익가치 기타 다른 주식 평가방법 등을 사용하여 산출된 주식의 변제가치 등도 산입하여 청산배당액과 비교하여야 한다.[89)90)]

서울회생법원은 제1차 조사보고서가 제출된 후 이를 토대로 회생계획안이 작성·제출되면, 조사위원으로부터 제1차 조사보고서상의 청산배당액과 회생계획안에 의한 연도별 변제예정액을 현재가치로 환산한 금액을 비교·분석한 제2차 조사보고서를 심리를 위한 관계인집회 또는 서면결의에 부치는 결정을 하기 5일 전까지 제출받아 청산가치보장의 원칙 준수 여부를 심사하고 있다(이 부분에 대한 자세한 사항은 '제7장 제5절 9. 다.' 및 '12. 나.' 각 참조).

라. 회생담보권에 관한 개시 후 이자 등의 문제

법 제141조 제1항은 이자 또는 채무불이행으로 인한 손해배상이나 위약금의 청구권에 관하여는 회생절차개시결정 전날까지 생긴 것에 한하여 회생담보권으로 인정하고 그 이후에 생긴 것은 일반 회생채권으로 취급하고 있다. 이와 관련하여 회생절차개시결정일부터 인가결정 전일까지의 이자나 지연손해금이 근저당권의 채권최고액 범위 내에 속하고 담보목적물의 청산가치 범위 내에도 속하는 경우, 당해 이자나 지연손해금에 관한 회생계획상의 변제예정금액을 인가결정일을 기준으로 현재가치로 환산한 금액이 당해 이자나 지연손해금과 동일한 금액이 되도록 회생계획을 수립하지 않으면 청산가치보장의 원칙에 위반

---

88) 통상 조사위원은 한국은행의 경제통계시스템에서 제공하는 매월별·그룹별 가중평균 대출금리(기업대출금리, 중소기업대출금리, 가계대출금리, 가계신용대출금리) 중 하나를 적용한다.

89) 대법원 2005. 11. 14. 자 2004그31 결정.

90) 출자전환 주식의 가치를 평가한 사례로는 서울중앙지방법원 2007회합1 (주)오스피드엠, 2009회합6 쌍용자동차(주), 2009회합120 (주)한성전자산업개발 사건이 있다. 다만 이와 같이 출자전환으로 발행된 신주의 가치를 평가하여 청산가치보장 여부를 판단하는 것이 원칙이라고 하겠으나, 실무상 출자전환된 주식의 가치를 평가하는 경우가 많지 않은데, 그 이유는 대부분의 경우 출자전환된 주식을 제외한 영업수익금과 비업무용 자산의 처분대금만으로도 회생채권 등의 현가변제율이 청산배당률을 초과하고, 그 출자전환의 방법을 회생채권자 등에게 동등하게 적용시키고 있으며, 출자전환 주식의 가치에 대한 산정방법이 복잡한 반면에 그 주식의 실질가치가 없는 경우가 많기 때문이다.

되는지 여부가 문제된다.

　우선 청산가치보장의 원칙을 적용하면서 채권자목록에 기재되어 있지 않거나 신고되지 않은 이자나 지연손해금 청구권은 고려할 필요가 없다. 채권자목록에 기재되거나 신고되지 아니한 이상 당해 회생채권 등은 회생계획의 인가에 의하여 실권될 운명에 처해 있고 회생채권 등의 존부 및 금액 등에 관한 조사를 거치지 아니한 이상 청산가치를 보장하여야 할 대상 채권 자체가 특정될 수 없어 청산가치의 산정도 곤란하기 때문이다. 실무상 채무자는 이자나 지연손해금의 산정에 관한 자료를 갖고 있지 않아 이를 채권자목록에 기재하지 못하는 경우가 많으므로, 청산가치를 기준으로 할 때 회생절차개시 이후의 이자나 지연손해금의 전부 또는 일부가 담보목적물에 의하여 담보되어 있다고 판단하는 채권자는 그 채권신고를 누락하지 않도록 주의하여야 한다.

　다음으로 회생절차개시 이후의 이자나 지연손해금 청구권은 회생담보권이 아니고 회생채권으로 취급되는 이상 청산가치보장의 원칙을 적용할 때도 회생절차에서의 권리의 성질에 따라서 담보권이 없는 채권으로서의 청산가치를 산정하여 그 청산가치를 보장하면 족하다는 주장이 있을 수 있다.[91] 그러나 담보목적물의 청산가치에 의하여 담보되어 있는 이자나 지연손해금 청구권은 파산적 청산에 의할 경우 100% 변제받을 수 있으므로 이러한 청구권에 관하여는 회생계획상 변제예정액의 현재가치가 그 청구권 금액 이상이 되도록 회생계획안을 만들어야 하고, 그렇지 않으면 청산가치보장의 원칙에 반한다고 보아야 한다.[92] 위와 같은 이자나 지연손해금 청구권은 회생채권이면서도 다른 회생채권과 달리 변제예정액의 현가변제율이 100%가 되고 그에 따라 다른 회생채권자

91) 법 제218조 제1항 제2호가 회생절차개시 후의 이자 등의 청구권을 가지는 회생채권자에 대하여 차등을 둘 수 있다는 취지를 규정한 것은 청산가치보장 원칙의 예외를 인정한 것이라는 주장도 있을 수 있다. 그러나 위 규정은 형평을 해하지 아니하는 한도에서 차등을 둘 수 있다는 취지를 선언한 것으로 보아야 하고 합리적인 이유 없이 청산가치를 박탈하는 것은 명백히 형평에 반한다고 보아야 한다. 오히려 담보목적물의 청산가치에 의하여 담보되어 있는 이자나 지연손해금 청구권을 무담보 다른 일반 회생채권보다 우대하는 것이 형평에 맞는 차등으로서 법 제218조 제1항 제2호의 취지에 부합한다고 할 것이다.

92) 대법원 2008. 6. 17. 자 2005그147 결정은 "정리계획은 향후 정리절차 수행의 기본규범이 되는 것으로서, 사적 자치가 허용되는 범위 내에서는 정리담보권의 권리변경 및 변제방법, 정리담보권의 존속범위 등과 같은 내용을 자유롭게 정할 수 있는데, 정리계획에서 정리담보권자에게 원금을 분할변제하되 각 분할원금에 대하여 이자를 가산하여 변제하기로 정한 경우에는 원금뿐만 아니라 이자도 정리담보권으로 인정되는 채권의 범위 안에 포함되므로, 정리계획에 따른 정리담보권의 변제조건을 변경하는 정리계획변경계획을 작성함에 있어서 그 담보목적물의 청산가치가 정리담보권의 원리금과 같거나 이를 상회하는 경우에는 정리담보권자에게 원금뿐만 아니라 이자에 대하여도 담보목적물의 청산가치 상당액을 분배하여야만 청산가치보장의 원칙에 위배되지 아니한다."라고 판시하였다.

들에 대한 변제예정액의 현가변제율이 하락하는 결과가 초래되는데, 이는 법 제 141조 제1항이 회생절차개시 이후의 이자나 지연손해금을 회생담보권에서 제외 시킴으로써 이러한 채권을 일반 회생채권으로서 변제받을 수밖에 없게 규정한 데에 따른 불가피한 결과이다.

마. 부인권 행사와 청산가치보장 원칙에 관한 문제

부인권 행사의 결과 실제 어느 정도의 재산이 회복될 것인지는 불확실하 다. 그래서 부인대상행위가 존재하는 경우 회생계획안에서 장래 부인권 행사로 재산을 회복하는 경우, 이를 재원으로 추가 변제를 한다는 취지의 조항을 두는 것이 일반적이다. 이러한 경우에는 회수되는 재산을 청산가치에 산입하더라도 그 금액만큼 추가 변제가 이루어지므로, 청산가치보장원칙에 반하지 않는다.

반면 부인권 행사로 회복한 재산을 추가 변제에 사용하지 않고 채무자의 운전자금 등으로 사용하는 것을 예정하는 회생계획안의 경우, 당초의 회생계획 이 청산가치에 부인권 행사에 따라 회복할 것이 예상되는 재산을 산입하는 내 용이 아닌 한, 청산가치보장원칙에 반한다는 견해가 있다.[93]

제4절 회생계획안의 작성요령

1. 회생계획안에 기재되어야 할 사항

회생계획안의 기재사항 중에는 그 기재가 없으면 회생계획안이 부적법하게 되는 것이 있으므로, 만약 그 기재가 없는 경우 법원은 회생계획안 제출자로 하 여금 그 기재사항을 수정하도록 지도하거나 수정명령을 내려야 하고, 수정이 되 지 않는다면 회생계획안을 배제하거나 불인가하여야 한다.

법 제193조 제1항은 회생계획안의 필수적 기재사항으로 ① 전부 또는 일부 의 회생채권자, 회생담보권자 또는 주주·지분권자의 권리를 변경하는 조항, ② 공익채권의 변제에 관한 조항, ③ 채무의 변제자금의 조달방법에 관한 조항, ④ 회생계획에서 예상된 액을 넘는 수익금의 용도에 관한 조항, ⑤ 알고 있는 개시 후 기타 채권이 있는 경우에는 그 내용, ⑥ 미확정의 회생채권 등에 관한 조치

---

93) 전대규, 433면.

($_{제1항}^{법 제197조}$), ⑦ 채무자의 행위가 추후 보완신고의 종기 후에 부인됨으로써 부활될 채권이 신고될 경우에 관한 적당한 조치($_{제2항}^{법 제197조}$), ⑧ 변제한 회생채권 등에 관한 조항($_{198조}^{법제}$), ⑨ 분쟁이 해결되지 아니한 권리에 관한 조항($_{201조}^{법제}$)은 그와 같은 사유가 있는 경우 반드시 기재하여야 한다.

다음으로 법 제193조 제2항은 회생계획안의 임의적 기재사항으로 ① 영업이나 재산의 양도, 출자나 임대, 경영의 위임, ② 정관의 변경, ③ 이사·대표이사(채무자가 주식회사가 아닌 때에는 채무자를 대표할 권한이 있는 자를 포함한다)의 변경, ④ 자본의 감소, ⑤ 신주나 사채의 발행, ⑥ 주식의 포괄적 교환 및 이전, 합병·분할·분할합병, ⑦ 해산, ⑧ 신회사의 설립, ⑨ 그 밖에 회생을 위하여 필요한 사항을 규정하고 있다. 실무상으로는 제5절 이하의 설명에서 보는 바와 같이 위와 같은 사항들 중 일부를 회생계획안에 포함하여 작성한다.

한편 법 제92조 제1항에 따라 법원이 정한 관리인의 조사보고서 제출기한까지 전부 또는 일부의 채권자들 사이에 그들이 가진 채권의 변제순위에 관한 합의가 되어 있는 때에는 회생계획안 중 다른 채권자를 해하지 아니하는 범위 안에서 변제순위에 관한 합의가 되어 있는 채권에 관한 한 그에 반하는 규정을 정하여서는 아니 되고, 이 경우 채권자들은 합의를 증명하는 자료를 위 제출기한까지 법원에 제출하여야 한다($_{제3항}^{법 제193조}$).

2. 회생계획안 작성 순서

가. 개   요

서울회생법원에서는 제1차 조사보고서가 제출된 이후 주심판사 또는 주무관리위원이 관리인에게 회생계획안 작성 시 유의할 점을 총괄적으로 설명하고 있다. 그 내용은 회생계획안이 법 제193조 이하의 법정요건 및 법 제243조의 인가요건을 충족하여야 한다는 것 등이다. 구체적으로는 자금수급계획을 수립하여 공익채권과 조세 등 청구권의 변제를 고려한 자금운용이 가능한 범위 내에서 권리변경계획을 수립할 것, 자금조달계획은 제1차 조사보고서의 내용을 참고할 것, 권리변경계획은 조세 등 청구권·회생담보권·상거래 회생채권·나머지 회생채권의 순서로 수립할 것, 변제조건에 차등을 둘 경우에는 합리적인 이유가 있을 것, 각 이해관계인들에게 돌아갈 가치(출자전환된 주식·지분권 포함)[94]의 현

---

94) 청산가치보장 여부를 판단하면서 출자전환된 주식을 회생채권자가 받는 변제액에 포함시킬

재가치가 청산가치 이상이 되도록 할 것, 부인권 행사에 따라 회복될 재산의 처리 방안 및 부인권 행사를 담당할 법인의 설립 등 부인권 행사에 관한 사항을 정할 것, 가결만을 염두에 두고 무리한 변제계획을 수립하지 않도록 할 것 등이다.

나. 자금수급계획의 수립

1) 회생계획안을 작성하기 위해서는 우선 채무자의 자금수급계획을 수립하여야 한다. 서울회생법원은 관리인이 회생계획안의 권리변경 내용을 작성하기 전에 수행가능한 자금조달계획을 작성하여 미리 법원의 검토를 받도록 실무를 운영하고 있다. 자금수급계획은 크게 자금조달계획과 자금운용(지출) 계획으로 나누어 볼 수 있는데, 이러한 자금수급계획은 회생계획의 수행가능성과 밀접한 관련이 있으므로 이를 염두에 두고 계획을 수립하여야 한다.

2) 자금조달계획의 수립

가) 영업활동을 통한 자금의 조달　　영업활동을 통한 자금의 조달은 자금 조달계획의 핵심으로서 채무자의 향후 사업계획과 직접적인 관련이 있다. 따라서 이 부분의 계획을 수립하기 전에 반드시 해당 사업부문에 대한 적절한 분석과 향후 예측이 필요하다. 일반적으로 조사위원의 제1차 조사보고서에서 향후 채무자의 사업계획에 관한 검토가 이미 이루어지기 때문에 그 제1차 조사보고서를 참고하여 사업계획을 작성하는 것이 원칙이겠지만, 그동안 영업환경이나 채무자의 사정에 상당한 변화가 있어 당초의 제1차 조사보고서의 내용을 따라갈 수 없다면, 이 점을 충분히 고려하여 사업계획을 하향 조정하는 것이 필요하다.[95] 과거 회사정리절차에서 기업회생에 실패한 회사들의 실패 원인을 분석해

경우, 그 주식의 액면을 그대로 변제액에 포함시키는 것은 타당하지 아니하다. 주식의 시가 또는 거래가가 형성되어 있는 경우에는 그 시가 또는 거래가로 하여야 하고, 그렇지 아니한 경우에는 그 주식의 가치를 적정한 방법으로 평가하여 변제액에 포함시켜야 할 것이다. 주식의 평가방법에 관하여는 '제7장 제5절 12. 나.' 및 '제13장 제5절 5.' 참조.

[95] 즉 조사보고서에서 계속기업가치 산정의 전제로 하였던 영업환경이 변화하지 않았는지, 최근 영업실적과 비교하여 매출액, 매출원가, 판매관리비 등이 일치하는지 등 제1차 조사보고서의 정확성과 타당성을 검증한 후 문제가 없을 때 이를 기초로 자금조달계획을 수립하여야 한다. 만약 문제가 드러난다면 현실에 맞게 조사보고서를 수정하는 작업이 선행되어야 한다. 따라서 제1차 조사보고서 제출 이후 채무자의 사정이 예상보다 악화되어 회생채권자 등 이해관계인에게 배분될 가치가 제1차 조사보고서상의 청산배분예상가치보다 낮게 회생계획안을 작성하는 경우에는 조사위원으로 하여금 가장 최근 시점을 기준으로 계속기업가치와 청산가치를 다시 산정하여 보고서를 제출하도록 하여야 할 것이다[서울중앙지방법원 2009회합118 (주)세림오션쉬핑 사건에서는 채무자 소유 선박의 매각시기 변경으로 인한 사업계획의 변동, 선박 수리비용의 증가로 인한 계속기업가치의 하락 등을 이유로 조사위원이 수정조사보고서를 제출하였다. 또한, 제1차 조사보고서에서는 계속기업가치가 청산가치를 하회하는 것으로 나타났으나, 채무자가 회생계획안 제출 전까지 신규매출을 달성하겠다고 하여 조사폐지를 하지 아니하고 기다

보면, 조사위원의 조사보고서가 회사의 향후 사업계획을 지나치게 낙관적으로 파악하였음에도 불구하고 정리계획안 작성 시 이를 수정하지 않은 채 사업계획을 수립한 점도 주요 원인의 하나였던 것으로 보이므로, 실제 회생계획안 작성에 앞서 사업계획을 수립할 때에는 제1차 조사보고서의 내용을 면밀하게 검토하고 불확실한 사업계획을 제거하는 등 보수적인 관점에서 사업계획을 수립하여야 회생계획의 수행가능성을 보다 높일 수 있다.

향후 사업계획을 수립함에 있어서는 앞으로의 매출 규모와 그 증감 추이, 매출원가 및 영업활동에 필요한 비용(인건비·감가상각비·퇴직급여충당금 등) 등에 대한 적절한 분석과 예측이 필요하다. 실무상 관리인이 채권자들의 동의를 얻기에 급급하여 매출이나 비용의 규모를 비현실적으로 계획하여 많은 재원을 조달할 수 있는 것처럼 사업계획을 작성하는 사례가 적지 않았으므로, 법원으로서는 기존의 제1차 조사보고서를 참조하거나,[96] 필요하다면 사업계획 작성에 관여한 임직원들로부터 설명을 듣는 방법으로 그 사업계획의 수행가능성을 면밀하게 검토하여야 한다.

　　나) 자산매각을 통한 자금의 조달[97]　　　채무자가 영업상 필요하지 않은 자

렸다가 향후 실제로 발생한 신규매출을 반영한 수정 조사보고서를 다시 제출받아 이를 근거로 회생계획안을 작성한 사례로는 서울회생법원 2017회합100009 (주)동강시스타, 2017간회합 100052 셀롯와이어리스(주) 사건이 있다. 서울회생법원 2019회합100105 웅진에너지(주) 사건에서도 제1차 조사보고서에서는 계속기업가치가 청산가치를 하회하는 것으로 나타났으나, 경영상 상황에 관한 사정변경으로 채무자의 영업이 호전될 것으로 예상되자 재판부가 조사위원에게 추가 조사명령을 하였고, 이에 따라 작성된 수정 조사보고서에서는 계속기업가치가 청산가치를 상회하는 것으로 나타났으며, 이를 근거로 작성된 회생계획안이 인가되었다. 서울회생법원 2020회합100036 (주)애니랜드, 2020회합100039 (주)혁신건설, 2020회합100093 농업회사법인 (주) 치악산혁신(동일인이 실질적으로 지배하면서 연계하여 부동산개발업을 진행하는 회사들) 사건에서도 제1차 조사보고서에서는 계속기업가치가 청산가치를 하회하는 것으로 나타나 관리인이 청산형 회생계획안을 제출하였으나, 이후 부동산컨설팅업까지 영위함을 전제로 제출된 수정 조사보고서에서는 계속기업가치가 청산가치를 상회하는 것으로 나타났으며, 이에 관리인이 다시 제출한 재건형 회생계획안에 대하여 인가결정을 하였다. 서울회생법원 2021회합100021 (주)나경에스에이 사건에서도 조사위원이 계속기업가치가 청산가치를 하회하는 내용의 조사보고서를 제출하였으나, 이후 계속기업가치가 청산가치를 상회하는 내용의 수정 조사보고서를 제출하였고, 법원은 위 수정 조사보고서를 근거로 작성한 회생계획안을 인가하였다. 서울회생법원 2021 회합100022 (주)이엠네트웍스 사건에서도 제1차 조사보고서에서는 계속기업가치가 청산가치를 하회하는 것으로 나타났으나, 이후 반도체사업을 더 이상 영위하지 않을 계획으로 반도체부문 자산양수도계약을 체결함에 따라, 이러한 사정변경을 반영하여 작성된 수정 조사보고서에서는 계속기업가치가 청산가치를 상회하는 것으로 나타났으며, 이를 근거로 작성된 회생계획안이 인가되었다.

96) 과거 동종 업종의 다른 회생회사의 실제 실적을 참고할 수도 있을 것이다. 조사위원에 따라서는 제1차 조사보고서에서 계속기업가치를 산정할 때 매출추정, 비용분석 등과 관련하여 과거 동종 업종의 다른 회생회사의 실제 실적을 참고하는 경우가 있다.

97) 서울회생법원 2020회합100013 (주)오원이엔지, 2020회합100033 (주)원앤드원쇼핑, 2020회합 100036 (주)애니랜드, 2020회합100039 (주)혁신건설, 2020회합100093 농업회사법인 (주)치악산혁

산을 보유하고 있는 경우에는 회생계획안에서 그 매각을 계획하기도 한다. 그리고 향후 사업계획에 따라서는 영업용 자산도 매각하는 경우가 있다. 따라서 자금수급계획에서는 이러한 자산매각계획도 반영하여야 한다. 다만 자산매각계획을 수립할 때에는 다음과 같은 점에 주의하여야 한다.

우선 자산 매각 시기와 금액을 신중히 검토하여야 한다. 채무자의 자산에는 담보권이 설정되어 있어 그 피담보채권이 회생담보권으로 인정되어 있는 경우가 많은데, 만약 회생계획안에서 특정 시기에 자산매각대금으로 회생담보권을 변제하기로 계획하고 있음에도 예정된 시기에 자산이 매각되지 않으면, 그에 대한 연체이자를 지급하게 되는 등 자금수급계획에 차질이 발생하기 때문이다. 실무상 담보물 매각에 관하여 채권자의 협조를 얻지 못하여 예정된 자산매각시기를 놓쳐 자금운용계획과 달리 이자비용이 추가로 발생하거나, 예정된 매각금액보다 염가로 처분할 수밖에 없는 경우가 많이 발생한다.[98] 따라서 회생계획안 작성 당시부터 자산매각계획을 실현가능한 범위 내에서 수립하는 것이 매우 중요하다. 위와 같은 문제점 때문에 자산매각시기를 지키지 못하여 특정 채권자에게 매각을 위임하는 경우에는 연체이자가 발생하지 않는다는 규정을 명기하는 것이 바람직하다.

그리고 회생계획안에는 매각과 관련하여 지출되는 부대비용을 자금수급계획에 적절히 반영하여야 한다. 자산을 매각할 때에는 매각과 관련하여 컨설팅비용이나 제세공과금을 지출하여야 하는 경우가 많고, 건물을 매각하는 경우에는 임대차보증금이나 이전보상금 등을 지출하는 경우가 많기 때문이다. 한편 이와 아울러 영업용 자산을 매각하면서 그와 관련된 사업을 계속하는 경우에는 매각되는 자산을 대체하는 비용도 고려하여야 한다. 예를 들어, 본사 사옥을 매각하는 경우나 공장을 매각하는 경우에는 그에 소요되는 이전비용이나 새로운 사무실을 매입 또는 임차하는 비용 등을 적절하게 자금운용계획에 반영하여야 한다.

신, 2020회합100109 (주)유앤아이, 2020회합100132 데코미공업(주), 2020회합100133 (주)데코미스페이스, 2020회합100144 (주)금성하이텍, 2020회합100164 (주)태진, 2020회합100192 (주)대력에프에이에스, 2021회합100022 (주)이엠네트웍스, 2021회합100029 (주)유림이엔씨, 2021회합100048 (주)무한티에스, 2021회합100050 (주)엔지스테크널러지, 2021간회합100063 (주)오디스토리, 2021간회합100089 (주)골드플랜지, 2021간회합100106 (주)성원아이엔지, 2021회합100110 (주)파워렉스코리아, 2021회합100138 (주)쉘보드 사건 등 참조.

98) 원만한 절차 진행을 위하여, 예정된 시기에 자산을 매각하지 못하게 되거나 매수인이 변경되는 등 사정변경이 발생하는 경우 관리인으로 하여금 미리 채권자들에게 양해를 구하고, 채권자들로부터 이에 관한 확인서 또는 동의서를 제출받도록 하는 실무례도 있다.

다) 신규차입을 통한 자금의 조달[99]   일반적으로 채무자의 경우에는 신용도가 매우 낮아 회생계획 수행 중에 금융기관으로부터 새로 자금을 차입하는 것이 곤란한 경우가 많기 때문에 자금조달계획에서 자금 차입을 전제로 할 때는 그 실현가능성을 신중히 판단해야 한다. 채무자는 회생계획을 차질 없이 수행하여 재무구조가 개선되는 회생기간 종료일 무렵에 신규자금차입 계획을 세우는 경우가 많다.[100] 또한 영업수익금만을 변제재원으로 하는 경우 채권자들에 대한 변제율이 낮아 그 변제율을 높여 회생계획안에 대한 가결가능성을 높이기 위하여 자금차입을 시도하는 경우가 있다. 이러한 경우 법원은 그 차입 예정시기에 예상되는 채무자의 영업 및 재무상황을 면밀히 살펴 신규 차입의 실현가능성을 신중히 판단해야 한다.

채무자의 적정차입금 규모를 산정하기 위한 방법으로는 아래의 세 가지 정도를 들 수 있는데, 이때에는 과연 채무자가 자금을 차입할 수 있는가 하는 문제와 자금 차입 후 채무자가 자금 차입으로 인한 금융비용을 부담할 능력이 있는가 하는 점을 함께 검토하여야 한다. 다음의 어느 방법에 의하더라도 신규차입에 따른 이자비용을 자금수급계획에 반영하여야 한다는 점을 주의하여야 한다.

첫 번째 방법은, 이자보상비율을 이용하여 적정차입금 규모를 산정하는 방법으로서 산정 결과가 명확하기 때문에 실무상 가장 많이 이용되는 방법이다. 이자보상비율이란 이자비용을 공제하기 전의 영업이익이 이자비용의 몇 배수에 해당하는지를 계산하여 재무구조의 안정성 여부를 판단하는 개념인데, 이자보상비율의 수치가 높을수록 채무자의 재무구조의 안정성은 높아지게 된다. 실무에서는 회생절차가 진행 중인 채무자의 경우 자금 차입의 가능성이 매우 적기 때문에 보수적인 관점에서 통상 '3' 이상의 이자보상비율을 적용하고 있다. 예를 들어, 채무자의 영업이익이 15억 원일 경우에 이자보상비율이 3이 되기 위한 이자비용은 5억 원이다. 이 경우 회생기간이 종료될 무렵의 차입금이율이 연 10%라고 한다면, 적정차입금 규모는 50억 원이 된다.[101] 다만 주의하여야 할 점은 이 방법에 의할 경우 차입금의 이자율을 어떻게 보느냐에 따라 적정차입금 규모가 달라질 수 있다는 점인데, 과거 회사정리절차에 있어서는 보수적인 관점에

---

99) 서울회생법원 2020회합100020 (주)동해디앤씨, 2020회합100033 (주)원앤드원쇼핑, 2021회단100086, 2022회합100000 (주)세아트레이딩 사건 등 참조.

100) 계속기업가치 중 회생계획기간 이후의 영구가치가 차지하는 비중이 큰 경우에는 특히 회생계획기간이 종료될 무렵 차입의 가능성이 커진다.

101) ① 이자보상비율 3 = 영업이익 15억 원/이자비용 5억 원
    ② 적정차입금 50억 원 = 이자비용 5억 원/차입금 이율 10%.

서 대체로 10% 내지 15% 정도를 차입금 이율로 보고 산정하였으나, 근래에는 차입금 이율이 과거보다는 하향 조정되었으므로 지나치게 높은 이자율을 적용할 필요는 없을 것이다.[102]

두 번째 방법은, 영업현금흐름에 의한 방법이다. 이는 영업활동에서 창출되는 현금흐름으로 차입금의 원리금을 어떻게 변제할 것인가를 기준으로 차입금의 규모를 산정하는 방법이다. 이것은 영업활동에서 창출되는 현금으로 이자비용만을 상환하는 경우와 원리금을 전부 상환하는 경우로 나누어 산정할 수 있는데, 일반적으로 전자(前者)의 경우에는 이자보상비율을 이용하여 산정하는 경우보다 적정차입금 규모가 증가하며, 반대로 후자(後者)의 경우에는 그 규모가 감소하게 된다.

세 번째 방법은, 보유 자산의 담보능력으로 차입금 규모를 산정하는 방법이다. 즉 채무자가 보유하고 있는 자산을 담보로 차입할 경우, 차입 가능한 범위의 금액을 적정차입금으로 보는 방법이다. 이 방법을 사용할 때는 금융기관이 자산의 실질가치를 어느 정도로 평가할 것인지를 고려하여야 한다.

라) 증자 등을 통한 자금의 조달[103]　　　　그 밖의 자금조달방안으로서는 신주발행 등을 통한 자본의 증가나 회사채의 발행이 있다. 회생절차가 진행되는 동안에 채무자는 회생절차에 의하지 아니하고는 신주발행이나 사채의 발행을 할 수 없기 때문에(법 제55조 제1항), 보통 회생계획에 그에 관한 근거규정을 마련해 두고 있다(이에 대한 자세한 내용은 '본장 제5절 5. 라.' 및 '9. 바.' 각 참조). 그런데 회생절차 중에는 사채의 발행이 사실상 어렵기 때문에 그보다는 증자를 통한 자금의 조달을 계획할 수 있을 것이다. 증자는 신규 자본을 유치함으로써 가능한데, 회생계획안 작성 당시 신규 자본의 유치가 확실시되지 않는 한 자금조달계획에 반영하지 않는 것이 바람직하다. 그렇지 않다면 막연히 언제까지 얼마의 증자를 실시하겠다는 계획을 수립할 수밖에 없는데, 실제로 신규 자본 유치에는 많은 시간과 어려움이 따르기 때문에 불확실한 상태에서 자금조달계획을 세우는 경우 자금수급계획에 큰 차질이 생길 수 있기 때문이다.

---

102) 서울회생법원 2017회합100009 (주)동강시스타 사건은 연 8.18%의, 서울회생법원 2018회합 100025 (주)시즌스해운 사건은 연 3.73%의, 2020회합100020 (주)동해디앤씨 사건은 연 4%의, 2020회합100033 (주)원앤원쇼핑 사건은 연 8%의, 2020회합100105 로얄파트너스(주) 사건은 연 2.87%의, 2021간회합100009 (주)광산이엔지 사건은 연 3.34%의, 2021간회합100025 선화산업 (주) 사건은 연 6%의, 2021회합100110 (주)파워렉스코리아 사건은 연 8.37%의, 2022회합100000 (주)세아트레이딩 사건은 연 4.6%의 각 이자율을 적용하기도 하였다.

103) 전환사채 발행을 통한 자금 조달 관련 사항을 회생계획안에 기재한 사례로는 2020회합100033 (주)원앤원쇼핑, 2021회합100104 (주)티앤더블유코리아 사건 등 참조.

3) 자금운용계획의 수립

가) 채무상환계획의 수립   자금조달계획이 수립되면 이를 기초로 하여 채무상환계획을 세워야 한다. 채무상환계획은 회생채권과 회생담보권의 권리변경에 따른 변제계획과 공익채권의 변제계획을 고려하여 세워야 한다. 특정 시기에 회생담보권의 대상인 자산을 매각하여 그 매각대금으로 회생담보권을 상환하기로 계획하였다면, 자금운용계획에 회생담보권 상환계획을 반영하여야 한다. 채무상환계획은 회생계획안 작성 실무상 조건의 우대를 받는 순서대로 수립하는 것이 바람직하다. 즉 조세채권 → 회생담보권 → 상거래 회생채권 → 기타 회생채권의 순으로 검토하여 계획을 수립한다.

나) 기타 자금운용계획의 수립   자금운용계획에는 채무상환계획 외에 유형자산투자, 퇴직금의 지급 등이 있고, 법인세 지급도 있다. 대부분의 내용은 조사위원의 제1차 조사보고서에서 다뤄지기 때문에 그것을 참고하여 자금운용계획을 작성하면 되지만, 법인세의 경우에는 회생채권 등에 대한 권리변경의 정도에 따라서 법인세 발생 정도가 달라지기 때문에 별도로 검토하여야 한다. 즉 권리변경의 내용 중 채무 면제부분(출자전환의 경우 주식의 발행가액과 시가의 차액 포함)은 손익계산서상 특별이익계정 중의 하나인 채무면제익으로 계상되기 때문에 과거에 누적된 이월결손금의 전부나 상당 부분이 소진될 수 있다. 이러한 경우 회생계획이 인가된 당해 연도나 가까운 회계연도에 세전 당기순이익이 발생하면 이에 대하여 법인세가 부과될 수도 있으므로, 이러한 예측을 자금운용계획에 적절하게 반영하여야 한다.

다. 권리변경 규정의 설정

자금수급계획이 확정되면 이를 토대로 하여 회생채권, 회생담보권, 주주·지분권자에 대한 권리변경 규정을 정해야 한다. 대부분의 경우 채무자의 계속기업가치로 채무자의 채무 전액을 변제할 수 없기 때문에 회생계획안에는 현금 변제할 수 없는 일부 채권에 대한 채무면제 또는 출자전환의 내용이 규정되고, 현금 변제 부분도 채무자의 추정자금수지에 따라 분할하여 변제하는 내용이 담기게 되며, 주주·지분권자에 대해서도 회생채권자에 대한 권리감축률의 정도를 넘어서는 수준으로 그 권리를 감축하는 규정을 마련한다. 이러한 권리변경을 실시할 때 준수하여야 할 원칙이 앞서 설명한 공정하고 형평에 맞는 차등과 평등의 원칙, 청산가치보장의 원칙 등이다. 구체적인 권리변경 규정에 관하여는 제5

절 회생계획안의 내용 및 조항에서 설명하기로 한다.

3. 회생계획안의 구성

가. 회생계획안의 기본 구성

회생계획안은 크게 '개요', '본문', '별첨자료'로 나눌 수 있다. 개요에는 회생계획안 제출에 이르기까지의 경과 및 현황과 회생계획안의 요지 등이 기재된다. 본문에는 권리변경 및 변제방법의 내용과 기타 이에 따르는 규정이 포함된다. 별첨자료로는 구체적인 채무변제계획표나 사업계획서, 추정손익계산서와 추정자금수지표 등이 첨부된다. 본문을 제외한 나머지 부분은 이 항에서 설명하고, 본문 부분은 항목별로 별개의 항으로 설명하기로 한다.

나. 회생계획안 제출에 이르기까지의 경과와 현황

이 부분에는 ① 채무자의 개요, ② 회생절차개시신청에 이르게 된 사정, ③ 회생절차개시신청 후의 경과를 기재한다.

1) 채무자의 개요

채무자의 개요에는 ① 사업목적, ② 연혁, ③ 본사 및 공장, ④ 주요 생산제품 현황, ⑤ 자본금 및 주주·지분권자 현황, ⑥ 기구조직 및 인원 현황, ⑦ 출자회사 현황 등을 기재하고, 건설회사의 경우에는 필요하다면 공사현장 현황까지 기재하는 것이 좋다.

2) 회생절차개시신청에 이르게 된 사정

이 부분에는 채무자가 경제적 파탄에 이르게 된 사정을 상세히 기재한다. 이 경우 종전에 제출된 자료로서 조사위원의 제1차 조사보고서나 관리인보고서 등을 참조하면 유용하다. 만약 법 제205조 제4항에 의하여 주식회사인 채무자의 대주주, 친족, 그 밖에 대통령령이 정하는 특수관계인의 주식을 소각하거나 병합할 경우에는 그 요건에 해당되는 사실을 이 부분에 기재한다.

3) 회생절차개시신청 후의 경과

이 부분에는 회생절차개시신청 후의 절차진행 상황과 관리인이 경영정상화를 위하여 취한 조치와 향후 사업방침을 기재한다. 이 부분은 회생절차와 관련된 이해관계인에게 그동안의 경과를 설명하고, 채무자의 자구노력과 향후 계획을 밝힘으로써 회생계획안 작성에 관한 이해를 돕기 위하여 기재하는 것이다.

다. 회생계획안의 요지

요지는 ① 회생계획안 입안의 기초, ② 변제할 채권의 내역, ③ 권리변경 및 변제방법의 요지 순으로 기재한다.

1) 회생계획안 입안의 기초

이 부분에는 현재 채무자의 자산과 부채 현황을 소개함과 아울러 향후 채무자의 사업계획을 간략히 언급한 다음 채권자들의 권리에 대하여 변경을 가하게 된 점에 대한 양해를 구하는 내용을 기재한다.

2) 변제할 채권의 내역

변제할 채권의 내역에는 그동안의 채권조사결과 권리가 확정된 채권의 내역과 변동 사항을 총괄적으로 기재하고, 회생계획안에 따른 권리변동을 감안할 때 채무자가 회생계획기간 동안 변제하여야 할 채무의 내역을 소개한다.

우선, 변제대상 채권액은 조사기간 안에 또는 특별조사기일에 관리인, 회생채권자, 회생담보권자, 주주·지분권자가 이의를 하지 않아 시인된 채권액에다가 이의를 철회하거나 회생채권 또는 회생담보권의 확정에 관한 소송(채권조사확정재판 포함) 등을 통하여 확정된 채권액을 더하고 신고철회나 채권의 조기변제 등으로 소멸한 확정 채권액을 뺀 나머지 채권액을 채권자 그룹별로 기재한다. 실무에서는 그 전체 현황을 표로써 기재하는 것이 일반적이다(기재례는 [별지 132] 참조).

다음으로 주요 변동 내역을 기재하여야 하는데, 특히 회생채권 및 회생담보권 중 법 제131조 단서, 법 제132조 제1항 및 제2항의 규정에 의하여 변제한 것은 이를 반드시 명시하여야 한다(별제198조). 변동 내역에는 회생담보권과 회생채권별로 추후 보완신고된 채권, 이의를 철회하거나 회생채권 또는 회생담보권의 확정에 관한 소송(채권조사확정재판 포함) 등을 통하여 확정된 채권, 목록 기재 또는 신고가 철회된 채권, 법원의 허가를 얻어 변제한 채권 등을 기재하여야 하며, 그 내용이 많아 일일이 기재하기 어려운 경우에는 별첨자료에 상세한 내용을 기재하는 것이 좋다.

3) 권리변경과 변제방법의 요지

다음으로 회생채권 등에 대한 권리변경과 변제방법의 요지를 회생담보권·회생채권의 각 채권자 조별로 간략히 기재하고, 뒤이어 주주의 권리변경의 요지를 기재한 다음, 걸어 부분에 권리자들의 권리를 부득이 변경할 수밖에 없었던

사정에 대한 양해를 구한다는 취지와 계획의 성공적인 수행을 위해서 최선의
노력을 다하겠다는 취지를 기재한다.

라. 별첨 자료

회생계획안 뒤에는 다음과 같은 자료를 첨부한다.

1) 재무상태표 및 손익계산서

회생계획안 제출 당시의 것이나 가장 가까운 시기의 것을 첨부한다.

2) 조사기간 이후 회생담보권, 회생채권의 변동사항

회생담보권과 회생채권으로 나누어 조사기간에 시인된 채권금액과 조사기
간 이후 변동내역, 변동 후 시인된 총 채권액을 적는다. 그리고 하부 항목으로
2-1) 추후 보완신고된 회생담보권, 회생채권의 시부인 총괄표, 2-2) 추후 보완
신고된 회생담보권 시부인 명세서, 2-3) 추후 보완신고된 회생채권 시부인 명세
서, 2-4) 추후 보완신고된 벌금·조세 등의 명세서, 2-5) 회생담보권, 회생채권
의 명의변경 내역, 2-6) 회생담보권, 회생채권 소멸 현황의 표, 2-7) 이의철회
명세서 등을 작성하여 첨부한다. 회생담보권, 회생채권 소멸 현황에는 법원의
허가를 얻어 조기에 변제한 회생담보권, 회생채권의 내역을 기재한다. 이때에는
법원의 허가일자와 문서번호, 변제시기 등을 기재하여야 한다. 주의할 점은 제3
자가 대위변제하여 채권이 소멸되었을 경우에는 소멸한 채권의 내역에 기재하
여서는 안 된다는 것이다. 본래의 채권자의 채권은 소멸되었다 하더라도 대위변
제한 제3자가 채무자에 대하여 구상권을 취득하고, 구상권자는 경우에 따라서는
신고명의의 변경을 통하여 절차에 참여하거나 인가 후에 대위변제사실을 근거
로 본래의 채권자의 권리를 대위하여 행사할 수 있기 때문이다. 대위변제나 양
도 등으로 채권자가 변동된 경우는 회생담보권, 회생채권 명의변경 내역에 기재
한다.

3) 회생담보권 및 회생채권의 변동 및 권리변경 총괄표

회생담보권, 회생채권의 종류별로 조사기간 중 시인된 채권액, 변동액, 변
동 후 시인된 채권액, 권리변경내역, 권리변경 후 변제대상 채권액에 대한 전체
현황을 총괄표로 만들어 기재한다. 그리고 하부 항목으로 회생담보권, 회생채권
으로 나누어 개별 채권자에 대한 상세내역을 표로 만들어 첨부한다.

4) 회생담보권 및 회생채권의 변제계획 총괄표

이 표에는 회생담보권, 회생채권을 종류별로 나누어 권리변경 후 변제할

채권액, 원금 및 이자의 연도별 변제액과 합계액을 기재한다.

　주의하여야 할 점은 여기서 작성되는 변제계획이 본문에서 정한 변제방법과 그 내용이 달라서는 아니 된다는 점이다. 채권자들은 본문의 내용보다는 별첨 자료의 변제계획을 더 유심히 살펴보기 때문에 만약 본문과 다른 내용으로 별첨 자료가 작성된다면 나중에 오해로 인한 분쟁이 생길 가능성이 크기 때문이다. 본문 내용과 별첨 자료의 내용이 일치되어야 하겠지만, 만일의 경우를 대비해서 회생계획안의 본문에 본문 내용과 별첨 자료의 내용이 서로 다른 경우 본문 내용이 우선한다는 문구를 기재해 놓기도 한다.

　그리고 하부 항목으로 회생담보권, 회생채권으로 나누어 개별 채권자에 대한 변제계획의 상세내역을 표로 만들어 첨부한다.

　5) 출자전환에 따른 지분변동표

　① 회생계획안 제출 당시의 주주현황, 회생계획안에 따른 기존 주식의 병합, ② 출자전환이 될 경우 등에 따른 신주발행, ③ 출자전환 후 주식의 (재)병합 등의 사항을 기재한다.

　5-1) 구 주주현황 및 주식병합에 의한 자본감소

　기존 주주의 주식병합이 이루어지는 경우 그 내용을 기재한다.

　5-2) 출자전환에 따른 신주의 발행

　회생담보권, 회생채권으로 나누어 각 채권자별 출자전환대상채권액 아래 전환비율, 출자전환금액, 주당발행가액, 단주소각액을 기재하고, 출자전환 후 발행할 주식 수, 자본금, 지분율을 기재한다.

　5-3) 출자전환 후 자본의 감소(주식의 재병합)

　기존주주와 출자전환주주로 나누어 주식재병합전의 발행주식수, 자본금, 지분을 기재하고, 주식재병합을 통하여 감소되는 발행주식수, 자본금, 병합비율을 기재하며, 주식재병합 후의 최종 발행주식수, 자본금, 지분율을 기재하여 채무자의 최종 지분구조를 알 수 있도록 한다.

　6) 담보물 배분표

　채무자 소유의 물건으로서 담보로 제공되어 있는 것들의 내역을 기재한다. 그 내역에는 담보권자, 담보물소재지, 담보목적물의 내용, 담보설정현황, 담보물건의 가치평가액, 배분액, 배분 후 잔액 등을 기재한다.

　7) 적정 차입금 규모 산정내역

　채무자가 차입을 예정하고 있는 경우 각 연도별 추정영업이익에 이자보상비율을 적용하여 적정차입금 추정액을 산정한 표를 넣기도 한다.

    8) 사업계획서

    마지막으로 회생계획기간 동안의 사업계획서를 첨부한다. 사업계획서에는 우선 사업계획의 근거를 제시하여야 하는데, 향후 매출액과 원가, 판매관리비 등 손익요소의 추정 내용, 자산매각계획 등이 포함되며, 향후 사업계획에 따른 추정 손익계산서와 추정자금수지표를 첨부한다. 장래의 사업계획은 회생채무변제 자금의 중요한 원천을 이루는 것이므로, 보다 구체적이고 상세하게 작성될 필요가 있다.

    자산매각계획서에는 매각 대상 자산의 내용, 공시지가나 장부가액, 매각예정가액, 매각예정연도 등을 기재하여야 한다. 추정손익계산서와 추정자금수지표는 회생계획 수행 여부에 대한 평가기준이 되는 것이므로 그 작성에 보다 많은 주의를 요한다. 채무자의 회생계획 수행 여부를 감독하는 법원은 채무자가 추정 손익계산서와 추정자금수지표에서 예상한 대로 실적을 거두고 있는지 여부를 정기적으로 심사하여야 한다.

    9) 기   타

    그 밖에 회생계획안 본문에 담을 수 없는 내용이 있다면 별첨자료로 첨부할 수 있다. 예컨대, 증자가 예정되어 있는 경우 해당 증자에 관한 확약서, 청산가치가 보장되지 않는 채권자의 동의서[104] 등을 들 수 있다.

제5절 회생계획안의 내용 및 조항

1. 총   칙

가. 용어의 정의

1) 용어 정의의 필요성

    회생계획안이란 다수 당사자 사이의 이해관계의 조정을 내용으로 하는 것이므로, 회생계획안에서 사용되는 용어는 그 개념을 명확히 하여 이해관계인들

---

104) 서울회생법원 2017회합100009호 (주)동강시스타 사건에서 담보권자 중 1인의 현가변제율은 93.97%, 청산배당률은 100%로 청산가치보장의 원칙이 지켜지지 아니하는 회생계획안이 제출되었고, 해당채권자는 법 제243조 제1항 제4호 단서에 따라 동의서를 제출하였는데, 위 동의서는 회생계획안의 별첨 문서로 첨부되었다.

마다 다르게 해석할 여지를 없애야 한다. 그래서 회생계획안에는 회생계획안에서 사용하는 개념들을 '용어의 정의'라는 항목에서 정의하고 있다.

아래에서는 회생계획안에서 사용하는 전형적인 용어들을 정리하여 설명하기로 한다. 다만 채무자의 구체적인 사정 등을 고려하여 그 개념정의를 여기서의 설명과 다르게 할 수도 있다.

2) 구체적 검토

가) 회생계획기간　　회생계획안에서 채무의 기한 등을 정할 때에 그 기간은 '사채를 발행하지 아니하는 한' 회생계획인가결정일부터 10년을 넘지 못하는 것이 원칙이다(법 제195조). 채무자가 '사채를 발행하는 경우'에는 사채의 변제기를 10년을 넘겨서 정하여도 무방하다(법 제195조).

그런데 회계연도를 기준으로 하여 회생계획안을 작성하는 것이 실무상 편리하기 때문에 과거 구 회사정리법하에서의 실무와 마찬가지로 인가결정일이 속한 회계연도의 다음 회계연도 초일을 위 10년의 기산점으로 삼아 회생계획안을 작성하여도 무방하다. 법률에 정해진 용어는 아니지만 실무에서는 채무자가 인가결정 후 회생계획을 수행하는 기간을 가리켜 '회생계획기간'이라고 부른다. 회생계획안에는 통상 "'회생계획기간'이란 준비연도(2023년)와 그 다음 연도인 2024년부터 10년간의 기간을 말하며, 2033년 12월 31일에 종료하는 것으로 합니다."라고 기재한다. 회생계획기간은 위와 같이 원칙적으로 10년 이내로 정하여질 것이나, 회생계획의 정함에 의하여 사채를 발행하는 경우에는 회생계획기간이 10년을 넘을 수도 있다.

나) 준비연도　　통상 인가결정일이 속한 회계연도 말일까지의 과도적인 기간을 가리키는 개념으로서 '준비연도'라는 용어를 사용한다. 재무상태가 좋지 아니한 채무자가 회생채권 등의 변제 등 회생계획 수행을 인가결정일이 속한 연도에 하는 것은 어렵기 때문에 회생계획을 본격적으로 수행하기 위한 준비기간을 두는 것이다. 그러나 인가결정일이 2월이고 회계연도의 말일이 12월 31일인 경우와 같이 준비연도의 기간이 상당히 길고 이해관계인들에게 불이익을 주게 될 우려가 있는 경우에는, 위와 같은 준비연도를 두지 않고 인가결정일부터 제1차 연도가 시작되는 것으로 보기도 한다. 회생계획안에는 "'준비연도'란 회생절차개시결정일(2023년 ○월 ○일)[105]부터 2023년 12월 31일까지를 말합니다."

---

[105] 회생계획기간은 '채무자가 인가결정 후 회생계획을 수행하는 기간'을 의미하고 준비연도도 포함하는 것으로 규정되기 때문에 준비연도의 시작일은 인가결정일로 규정되어야 할 것이나, 인가 전에 작성되는 회생계획안에서 인가결정일을 특정하기는 어려우므로 회생절차개시결정일을

라고 기재하는 것이 보통이다.

다) 제1차 연도   준비연도 이후에 회생계획기간은 연도별로 나누어 순차적으로 제1차 연도, 제2차 연도라는 식으로 부른다. 회생계획안에는 일반적으로 "'제1차 연도'란 준비연도의 다음 연도인 2024년 1월 1일부터 같은 해 12월 31일까지를 말하며, 제2차 연도 이후의 각 연도는 순차적으로 그 다음해 1월 1일부터 같은 해 12월 31일까지로 합니다."라고 기재한다.[106)

라) 개시 전 이자·개시 후 이자   구 회사정리법에서는 정리절차 개시 후에 발생한 이자 등에 관한 채권을 후순위 정리채권으로 취급하였으므로 실무상 이를 구분하기 위하여 개시결정 전에 발생한 이자는 '개시 전 이자', 개시결정 후에 발생한 이자는 '개시 후 이자'라고 불렀다. 이와 달리 현행법은 회생절차개시 전의 이자뿐 아니라 회생절차개시 후의 이자나 개시 후의 불이행으로 인한 손해배상금 및 위약금도 모두 회생채권으로 하기는 하였으나(법 제118조), 회생절차개시 후에 발생한 이자 등에 관한 채권에 대해 의결권을 인정하지 않고(법 제191조 제3호), 회생계획에서 다른 회생채권과 다르게 정하거나 차등을 둘 수 있도록 하였으므로(법 제218조 제1항 제2호), 개시 전 이자·개시 후 이자의 구분은 실무상 여전히 유용하다. 통상의 회생계획안에서 개시 전 이자는 원금과 함께 동일한 권리변경의 대상으로 취급하고, 회생채권의 개시 후 이자는 전액 면제하며, 회생담보권의 개시 후 이자는 청산가치보장의 원칙을 위반하지 않기 위하여 필요한 범위에서 변제하는 것으로 정하고 있다.[107)

회생계획안에서는 "'개시 전 이자'란 회생절차개시결정일 전일(2023년 ○월 ○일)까지 회생담보권 및 회생채권에 대하여 발생한 이자 및 지연손해금을 말합니다.", "'개시 후 이자'란 회생절차개시결정일(2023년 ○월 ○일)부터 회생담보권 및 회생채권에 대하여 발생하는 이자 및 지연손해금을 말합니다."라고 기재한다.

시작일로 특정하고 있다.

106) 회사에 따라 회계연도가 다를 수 있으므로 주의해야 한다. 예를 들어, 9월 결산법인의 경우에는 제2차 연도 이후의 각 연도가 "매년 10월 1일부터 다음 해 9월 30일까지로 한다."가 될 것이다.

107) 통상적인 회생계획안의 경우 원금·개시 전 이자를 묶어 동일한 권리변경의 대상으로 하는 경우가 대부분인데, 일부 인가 전 M&A를 내용으로 하는 회생계획안은 원금만을 변제대상으로 하고 개시 전 이자, 개시 후 이자는 면제하는 내용을 담고 있다[서울중앙지방법원 2009회합136 (주)한성항공, 2009회합192 (주)다우메탈 사건 참조]. 이는 투자계약에서 정해진 인수대금으로 변제재원이 한정된 M&A의 특성상 명목변제율을 조금이라도 높게 보이도록 하여 회생채권자 등의 동의를 쉽게 얻기 위한 방편으로 보인다. 한편, 인가 전 M&A를 하면서 회생담보권과 회생채권의 개시 전 이자를 전액 출자전환한 사례로는 서울회생법원 2019회합100186 창동역사(주) 사건 참조.

　　마) 대여금채권·구상채권·상거래채권　　　금융기관 회생채권 중에서는 금융기관이 채무자에게 직접 대여한 채권이 있는 반면 금융기관이 채무자를 위하여 지급보증이나 이행보증을 하였기 때문에 발생하는 구상채권이 있다. 회생계획 작성에 관한 실무상 후자는 실제로 해당 금융기관이 채무자를 위하여 보증을 이행해야만 그 이행부분에 한하여 채무자의 지급책임이 생기는 것으로 다루고 있기 때문에 위 양 채권의 개념 정의를 명확히 해 주어야 할 필요가 있다. 또한 실무에서는 금융기관과의 금융거래를 통하여 발생한 채권(대여금채권 등)보다는 채무자의 영업상의 거래를 통하여 발생된 상거래채권을 더 우대해주는 경향이 있기 때문에 대여금채권 등과 구별되는 상거래채권의 개념을 명확히 정해 주어야 한다.

　　이와 관련하여 실무상 주로 문제되는 것은 채무자가 발행한 진성어음(상업어음)을 금융기관이 어음의 소지인에게 할인해준 후 그 어음금채권을 회생채권으로 신고한 경우이다. 이것 역시 회생계획상 대여금채권에 대한 취급과 상거래채권에 대한 취급이 상이하기 때문에 발생하는 문제인데, 채권의 성격만을 따진다면 그 금융기관의 채권을 상거래채권으로 분류하여야 하겠지만, 그 채권의 본질이 일반 상거래업체보다는 상대적으로 규모가 큰 금융기관이 어음할인이라는 금융행위를 통하여 이자 또는 수수료를 징수함으로써 금융수입을 얻기 위한 것이라는 점을 고려한다면, 이를 '대여금채권'으로 분류하는 것이 타당하다. 실무례를 보면, 이러한 금융기관의 어음금채권을 '대여금채권'으로 분류한 사례가 많은 편이다.[108][109][110]

　　일반적으로 회생계획안에서는 " '대여금채권'이란 채무자에 대한 금전의 대여(어음할인, 그 밖에 이와 비슷한 방법을 통하여 교부한 금전을 포함함)에 따른 채권을 말하며, 금융기관이 제3자와의 거래를 통하여 채무자가 발행, 배서, 인수하거

---

[108] 상거래채권으로 분류하자는 의견의 논거는 대여금채권으로 분류할 경우, 금융기관이 상대적으로 열악한 대여금채권 변제조건을 따르기보다는 어음의 수취인이나 배서인에 대하여 소구권을 행사할 가능성이 많기 때문에 채무자의 협력업체를 보호하기 위하여 상거래채권을 우대하여 주는 취지를 살릴 수 없다는 것이다. 그러나 상거래채권의 변제조건도 몇 년간에 걸쳐 분할변제하는 것을 내용으로 하는 경우가 많으므로, 굳이 금융기관의 위와 같은 채권을 상거래채권으로 분류하더라도 금융기관의 입장에서는 어음의 수취인이나 배서인에 대하여 소구권을 행사할 가능성이 많을 것이다.

[109] 팩토링(factoring) 회사가 소지한 약속어음채권에 대하여, 이는 금융을 제공한 과정에서 취득한 것으로 이자 또는 수수료를 징수함으로써 금융수입을 취한 것이므로, 여타의 금융기관 채권(대여금채권)과 달리 취급될 특별한 사정이 있다고 볼 수 없다고 본 판례로서는 대법원 2000. 1. 5. 자 99그35 결정 참조.

[110] 다만 채무자가 상거래 목적으로 어음을 발행한 이후에 금융기관 아닌 소지인이 신고한 어음금채권은 일반적으로 상거래채권으로 분류함이 타당하다.

나 보증한 어음(수표를 포함함)을 취득함으로써 채무자에 대하여 가지는 채권을 포함합니다.", "'구상채권'이란 채무자의 다른 채권자에 대한 채무를 변제 기타 자기의 출재로 소멸하게 한 채권자가 그로 인하여 채무자에 대하여 가지는 채권을 말합니다.", "'상거래채권'이란 채무자의 영업으로 인하여 채권자가 채무자에 대하여 가지는 채권으로서 대여금채권이 아닌 것을 말하며, 금융기관이 아닌 채권자가 채무자가 발행, 배서, 인수하거나 보증한 어음을 취득함으로써 채무자에 대하여 가지는 채권을 포함합니다."라고 각 기재한다.

바) 특수관계인　　실무에서는 앞서 본 바와 같이 같은 회생채권자라 하더라도 그 채권의 성격에 따라 취급을 달리하는 관행이 있고, 일정한 범위의 '특수관계인(또는 계열회사)' 사이에 발생한 채권을 다른 일반 회생채권보다 열등하게 취급하는 경우가 많다.[111] 그래서 회생계획안의 앞 부분인 용어의 정의에서 '특수관계인'의 개념을 정해 놓는 것이 실무관행이다.

주의하여야 할 점은 회생계획안에서 규정하는 '특수관계인'의 범위가 실제 채무자의 관계회사의 범위와 다를 수가 있다는 점이다. 그 이유는 회생절차개시 결정 후[112]에 당해 채권이 양도되는 경우가 있기 때문인데, 예를 들어, '회생절차개시결정 이후' '특수관계인'의 채무자에 대한 채권이 특정 채권자에게 양도[113]되었을 경우에는 그 특정 채권자가 신고한 회생채권을 '특수관계인의 회생채권'으로 취급하여야 하기 때문에 그 특정 채권자를 '특수관계인'의 범주에 포함시키기도 한다.[114]

법 제218조는 차등을 두어도 형평을 해하지 아니하는 경우를 같은 조 제1

111) 법 제218조 제2항은 채무자와 대통령령이 정하는 범위의 특수관계에 있는 자의 채무자에 대한 금전소비대차로 인한 청구권, 채무자가 위 특수관계에 있는 자를 위하여 무상으로 보증인이 된 경우의 그 보증채무에 대한 청구권, 위 특수관계에 있는 자가 채무자를 위하여 보증인이 된 경우 채무자에 대한 보증채무로 인한 구상권에 대하여 다른 회생채권보다 불이익하게 취급할 수 있다는 것을 명시하고 있다.
112) 서울고등법원 2005. 5. 31. 자 2004라375 결정은 "정리계획에서 정리회사에 대한 지배주주·특수관계인·계열회사 등으로 분류하여 특별한 취급을 하기 위하여는 '회사정리절차 개시결정' 또는 적어도 '회사정리절차 개시의 신청' 당시에는 이와 같은 관계에 있어야 한다고 할 것인바…"라고 판시하였고, 그 상고심에서 대법원 2006. 10. 27. 자 2005그65 결정은 특수관계가 어느 시점에서 존재하여야 하는지에 관하여는 명시적으로 판단하지 아니한 채, 정리채권자인 회사가 "정리회사에 대한 정리절차가 개시되기 3년여 전에 회사정리절차를 통하여 다른 회사에게 인수된 후 흡수합병됨에 따라 정리회사의 계열회사에서 벗어난 점"을 이유 중의 하나로 하여 그 정리채권을 정리회사의 계열회사에 대한 채무로 처리하지 않고 고액 상거래채권자의 정리채권과 동일하게 권리를 변경하는 내용으로 권리보호조항을 설정한 원심의 결정에 재판에 영향을 미친 헌법위반은 없다고 판시하였다.
113) 대위변제 등의 형식을 통하여 채권을 의도적으로 이전시킨 경우도 마찬가지이다.
114) 특수관계인에 대한 변제조건이 열악하다는 것이 이미 알려져 있기 때문에 특수관계인이 채무자에 대한 채권을 다른 일반인에게 양도하는 경우가 종종 있다.

항 제4호(그 밖에 동일한 종류의 권리를 가진 자 사이에 차등을 두어도 형평을 해하지 아니하는 때)와 제2항(채무자와 대통령령이 정하는 범위의 특수관계에 있는 자 사이의 금전소비대차로 인한 채권 등)으로 나누어 규정하고 있으므로, 회생계획안에 형평의 원칙을 적용하여 차등을 둘 수 있는 '특수관계인'의 범위는 시행령 제4조에 규정된 '특수관계에 있는 자'의 범위나 독점규제 및 공정거래에 관한 법률 제2조 제12호 소정의 '계열회사'의 범위와 항상 일치하는 것은 아니다. 일부 회사의 경우에는 소위 '(재벌) 그룹'에 속하지는 않지만 사실상 일반 거래계에서 특정 그룹에 속해 있는 회사로 알려져 있는 경우도 있는데('비계열회사'라고 부르기도 한다), 이와 같은 특수한 관계에 기초하여 금융이나 영업거래가 이루어진 경우에는 당해 회사를 관계회사로서 '특수관계인'의 범주에 포함시킬 수 있을 것이다.[115]

형평의 원칙을 적용하여 차별적 취급을 할 수 있는 '관계회사' 또는 '특수관계인'의 범주에 관하여 살펴보면, 회생채권자와 채무자가 주식 소유 등에 의하여 일정한 결합관계를 가진 것으로 인정되고, 회생채권자가 그러한 결합관계를 이용하여 임원 등의 임면에 관여하는 등 사실상 영향력을 행사하였거나, 다른 기업체보다 유리한 조건으로 채무자와 거래를 하였거나, 위법 또는 부당한 거래를 하는 등의 방법으로 채무자의 부실화에 기여한 경우에는 회생계획이 이러한 회생채권자를 특수관계인으로 분류하여 다른 회생채권자와 권리변동에 차등을 두더라도 그 차등의 정도가 합리적인 범위 내라면 공정·형평의 관념에 반한다고 할 수 없다. 즉 차등의 전제가 되는 회생채권자와 채무자의 결합관계는 회생채권자에 대한 채무자 및 계열회사의 주식 소유 비율 또는 채무자에 대한 회생채권자의 주식 소유 비율, 회생채권자의 의사결정에 대한 채무자 및 계열회사의 관여 정도 또는 채무자의 의사결정에 대한 회생채권자의 관여 정도, 회생채권자와 채무자 사이의 거래가 회생채권자 및 채무자의 총 거래에서 차지하는 비중, 회생채권자가 채무자와의 거래 시 받은 유리한 조건의 내용과 정도 등을 종합적으로 검토하여 회생채권자와 채무자의 결합관계가 궁극적으로 채무자의 부실화에 기여하였는지 여부에 의하여 결정되어야 할 것이다. 또한 회생채권자와 채무자 사이의 결합관계 및 부실화에 대한 기여가 인정되는 이상 회생채권자의 주식소유의 변경 등으로 후에 결합관계가 종료되었거나, 구체적으로

---

115) 구 회사정리법하에서 대표적인 경우로서 대우그룹 비계열회사로 분류된 정리회사 신성통상(주)나 (주)신한의 정리계획안을 예로 들 수 있는데, 이 회사들은 대우그룹의 기업들을 모두 관계회사로 분류하여 그에 따라 권리변경의 조건을 차등 적용하였다.

확정된 회생채권 중 전부 또는 일부가 특별한 혜택 없이 정상적으로 체결된 거래관계에 의하여 발생한 것이라고 하더라도 그러한 사정만을 이유로 권리변동에 차등을 두는 것이 불합리하다고 볼 것은 아니다.[116)]

회생계획안에서는 통상 "'특수관계인'이란 채무자 회생 및 파산에 관한 법률 시행령 제4조에 규정된 법인, 그 밖의 단체, 개인 및 그 밖에 이에 준하는 자를 말합니다."라고 기재한다.

사) 기타 필요한 사항의 정의   대주주 및 특수관계에 있는 주주의 수가 많거나 기타 필요가 있을 경우에는 총칙에서 그 범위를 명확히 해 줄 필요가 있다. 통상 "'대주주 및 특수관계에 있는 주주'란 회생절차개시 당시 채무자의 대주주인 ○○○ 및 그와 특수관계에 있는 주주인 ○○○, (주)○○○를 말합니다."라고 기재한다.

회생계획의 본문에서 '인가일'을 언급할 경우가 많은데, 그에 대한 정의규정으로 "'인가일'이란 이 회생계획이 법원으로부터 인가결정을 받은 날을 말합니다."라는 규정을 두기도 한다.

그 밖에도 회생계획안의 내용상 개념의 정의가 필요한 사항은 일반 규정인 총칙에서 그 명확한 개념을 정의해 주는 것이 필요하다. 그리고 총칙의 마지막 부분에는 '기타' 항을 두어 "이 회생계획의 용어 및 문언 해석에 이의가 있을 경우에는 채무자 회생 및 파산에 관한 법률의 취지에 따라 해석하되, 다툼이 있을 경우에는 이 회생사건을 담당하는 법원의 해석에 따릅니다."라고 규정할 필요가 있다.

3) 기 재 례

> 1. 용어의 정의
> 이 회생계획에서 사용하는 용어의 뜻은 다음과 같습니다.
> (1) "회생계획기간"이란 준비연도(○○○○년)와 그 다음 연도인 ○○○○년부터 10년간의 기간을 말하며, ○○○○년 12월 31일에 종료하는 것으로 합니다.
> (2) "준비연도"란 회생절차개시결정일(○○○○년 ○○월 ○○일)부터 ○○○○년 12월 31일까지를 말합니다.
> (3) "제1차 연도"란 준비연도의 다음 연도인 ○○○○년 1월 1일부터 12월 31일까지를 말하며, 제2차 연도 이후의 각 연도는 순차적으로 그 다음 해 1월 1일부터 12월 31일까지로 합니다.

---

116) 서울고등법원 2002. 8. 28. 자 2002라285 결정(대법원 2003. 2. 6. 자 2002그95 심리불속행기각 확정).

(4) "개시 전 이자"란 회생절차개시결정 전날(○○○○년 ○○월 ○○일)까지 회생담보권 및 회생채권에 대하여 발생한 이자 및 지연손해금을 말합니다.

(5) "개시 후 이자"란 회생절차개시결정일(○○○○년 ○○월 ○○일)부터 회생담보권 및 회생채권에 대하여 발생하는 이자 및 지연손해금을 말합니다.

(6) "연체이자"란 이 회생계획에 따른 채무의 변제를 변제기일에 이행하지 못할 경우 그 미변제 금액에 대하여 발생하는 지연손해금을 말합니다.

(7) "금융기관"이란 은행법, 기타 법률에 의하여 금융업무를 행하는 기관을 말합니다.

(8) "보증기관"이란 관계 법령에 따라 채무의 보증을 업으로 하는 기관으로서 채무자를 위하여 보증한 기관을 말합니다.

(9) "대여금채권"이란 채무자에 대한 금전의 대여(어음할인, 그 밖에 이와 비슷한 방법을 통하여 교부한 금전을 포함함)에 따른 채권을 말하며, 금융기관이 제3자와의 거래를 통하여 채무자가 발행, 배서, 인수나 보증한 어음(수표를 포함함)을 취득함으로써 채무자에 대하여 가지는 채권을 포함합니다.

(10) "상거래채권"이란 채무자의 영업으로 인하여 채권자가 채무자에 대하여 가지는 채권으로서 대여금채권이 아닌 것을 말하며, 금융기관이 아닌 채권자가, 채무자가 발행, 배서, 인수나 보증한 어음을 취득함으로써 채무자에 대하여 가지는 채권을 포함합니다.

(11) "소액상거래채권"이란 동일한 채권자가 채무자에 대하여 가지는 상거래채권의 합산액이 ○○만 원 이하인 채권을 말합니다.

(12) "물상보증"이란 채무자가 자기의 재산을 타인의 채무의 담보로 제공하는 것을 말합니다.

(13) "보증채권"이란 채무자가 주채무자의 채무이행을 보증하거나 연대하여 보증한 경우에 채권자가 보증인인 채무자에 대하여 가지는 채권을 말합니다.

(14) "구상채권"이란 채무자의 다른 채권자에 대한 채무를 변제 기타 자기의 출재로 소멸하게 한 채권자가 그로 인하여 채무자에 대하여 가지는 채권을 말합니다.

(15) "담보신탁"이란 채무자가 위탁자로서 채무이행의 담보를 위해 신탁한 재산에 관하여 채권자가 수익권을 가지는 경우를 말합니다.[117]

(16) "손해배상채권"이란 채무자의 채무불이행 또는 불법행위로 인하여 채무

---

[117] 일반적으로 '담보신탁'에는 신탁계약에 따라 채권자를 수익자로 하는 '타익신탁'과 채무자(위탁자)를 수익자로 하되 수익권을 채권자에게 양도하거나 담보로 제공하는 '자익신탁'이 있다고 설명되나, 실무상 회생계획에서 '담보신탁'이라는 용어는 타익신탁을 의미하는 것으로 사용되고 용어의 정의 역시 이를 의미하는 것으로 규정하고 있다. 신탁의 유형과 담보신탁에 관한 자세한 내용은 임채웅, "담보신탁의 연구", 인권과 정의 378호(2008. 2.), 대한변호사협회, 115-131면; 남동희, "부동산신탁의 위탁자에 대한 회생절차의 실무상 쟁점", 사법 15호(2011. 3.), 사법발전재단, 123-128면 각 참조.

자로부터 손해를 배상받을 채권을 말합니다.

(17) "임대차보증금반환채권"이란 임차인인 채권자가 임대인인 채무자에 지급한 임대차보증금 중 임대차종료 후 차임 기타 임대차와 관련하여 생긴 채권의 변제에 충당하고 남은 금액을 반환받을 채권을 말합니다.

(18) "미발생구상채권[118]"이란 보증기관 등이 회생계획인가일 이후 채무자의 다른 채권자에 대한 채무를 변제 기타 자기의 출재로 소멸하게 함으로써 채무자에 대하여 가지게 될 구상채권을 말합니다.

(19) "특수관계인"이란 채무자 회생 및 파산에 관한 법률 시행령 제4조에 규정된 법인, 그 밖의 단체, 개인 및 그 밖에 이에 준하는 자를 말합니다.

(20) "조세 등 채권"이란 국세징수법 또는 지방세징수법에 의하여 징수할 수 있는 채권(국세징수의 예에 의하여 징수할 수 있는 채권으로서, 그 징수 우선순위가 일반 회생채권보다 우선하는 것을 포함합니다)을 말합니다.

나. 일반 규정의 기재

1) 변제기일

> 이 회생계획에 의하여 매년 변제할 원금 및 이자 등은 이 회생계획에서 별도로 정하는 경우를 제외하고는 해당 연도의 12월 30일(다만, 공휴일인 경우에는 그 직전 영업일)에 변제하며, 위 변제기일 전이라도 관리인은 법원의 허가를 받아 회생담보권 또는 회생채권의 전부 또는 일부를 수시로 변제할 수 있고, 이때 관리인은 이 회생계획 제○장 제○절(예상수익금의 초과 시 처리방법)에 의한 할인율을 적용하여 계산한 조기변제일에 있어서의 현재가치 상당액을 변제하기로 합니다. 이 경우 관리인은 허가를 받은 날로부터 1개월 이내의 날을 조기변제일로 합니다.

변제기일은 회계연도결산일에 가까운 날로 정하는 것이 일반적이다. 하지만 채무자에 따라서는 11월 말일로 변제기일을 정하기도 하며, 1년에 변제기일을 2회(6월과 12월)로 정하기도 한다. 한편 변제기일이 이와 같이 특정되어 버린 후에는 변제기일 전에 회생채권을 변제하고자 한다면, 일일이 회생계획변경 절차를 거치는 것이 원칙이다. 그러나 이는 실무상 매우 불편하고 불필요한 업무를 부가하는 결과를 초래하기 때문에 변제기일에 관한 규정 뒷부분에 위 변제기일 전이라도 법원의 허가를 받아 수시 변제할 수 있다는 규정을 두어 특별한

---

118) 이는 종전에 '미확정구상채무'라고 불리던 것인데, 이의있는 회생채권 등으로서 그 확정절차가 종결되지 아니한 '미확정 회생담보권 및 회생채권'(법 제197조 제1항)과 구별하기 위하여 '미발생구상채권'이라는 용어를 사용하는 것이 바람직하다.

사정이 있는 경우에는 법원의 심사와 허가를 거쳐 채권을 조기에 변제할 수 있도록 하는 것이 바람직하다. 채권을 조기에 변제할 수 있는 것으로 규정하는 경우에는 위에서 보는 바와 같이 일정한 할인율[119]을 적용하여 매년의 분할변제액을 현재가치로 할인한 금액을 변제할 수 있는 것으로 규정하는 것이 일반적이다.[120]

2) 변제장소, 회생담보권·회생채권 변제 시 채권자 확인방법

> 이 회생계획에서 정하는 변제는 채무자의 본점 소재지(또는 채무자의 주된 영업소·주소지)나 채무자가 지정하여 통지하는 장소에서 행합니다. 다만, 금융기관에 대하여는 해당 금융기관의 본점과 지점으로 할 수 있습니다. 그리고 채권자와 협의하여 채권자가 지정한 예금계좌에 입금함으로써 변제할 수 있으며, 그 경우 그 입금증으로 상환영수증 또는 변제확인서를 대신할 수 있습니다.

실무는 대부분의 회생계획안에서 변제장소는 법인 채무자의 경우 본점 소재지나 채무자가 지정하여 통지하는 장소로 정하고 있다. 법은 회사 이외에도 개인 등에 대하여 회생절차 신청이 가능하도록 규정하고 있기 때문에 개인 자영업자의 경우에는 채무자의 영업소 등을, 비영업자의 경우에는 채무자의 주소지 등을 변제장소로 기재하면 된다. 이와 같은 규정이 있는 한 회생채권·회생담보권은 지참채권이 아닌 추심채권으로 변경된다고 할 수 있다. 다만 실제로는 채권자가 미리 금융기관의 입금계좌를 지정하면 그곳으로 입금하는 방식으로 채무를 변제하고 있다. 이에 관한 규정은 '변제장소' 항 및 '회생담보권 및 회생채권 변제 시 채권자 확인방법' 항에서 함께 규정하고 있다.

---

119) 통상 청산가치보장의 원칙 준수 여부를 살피기 위하여 산정하는 현가변제율의 계산에 적용되는 할인율과 동일하게 규정하고 있다.

120) 구 회사정리법하에서 서울지방법원 2001회13 동서산업(주) 사건의 경우 예상초과 수익금의 처리방법에 관한 조항에 "예상을 초과하는 영업수익금·부동산 매각대금 등으로 인하여 잉여자금이 발생하는 경우에는 정리법원의 허가를 받아 정리담보권·정리채권을 우선변제할 수 있으며, 채권을 조기변제할 경우에는 정리담보권은 개시 후 이자율, 정리채권은 채권자협의회 대표채권자인 (주)조흥은행의 기준 금리로 할인하여 변제할 수 있다."라고 규정하였다. 그런데 M&A를 추진한 결과 인수대금이 위 조항에 따른 할인율을 적용하지 않고도 정리담보권과 정리채권을 전액 변제하기에 충분한 금액으로 결정되어 할인율을 적용할 것인지가 논란이 되었고, 결국 관리인과 인수자의 타협에 의하여 위 조항보다는 낮은 할인율을 적용하여 변제하는 것으로 해결된 적이 있다. 따라서 회생계획안에 조기변제의 경우 할인율을 적용하지 않거나 일정 할인율을 적용하여 상대방 권리자의 동의 없이도 일방적으로 조기 변제할 수 있다는 조항을 삽입할 경우에는 이를 채권단에 사전에 명백하게 알려 줌으로써 예상하지 못한 손해나 논란이 생기지 않도록 조치하여야 할 것이다.
한편 회생계획인가 후 M&A 추진을 염두에 두고 회생채권자들의 변제율을 조금이라도 더 높여 주기 위하여 조기변제 시 할인율을 적용하지 않기로 회생계획에 정한 사례로는 서울중앙지방법원 2013회합110 에스티엑스팬오션(주) 사건 등이 있다.

회생담보권 및 회생채권의 변제 시 법인은 법인등기사항증명서·법인인감증명서를, 개인은 신분증·인감증명서를, 채권자의 대리인은 채권자 본인의 위임장및 인감증명서를 제시하여야 하며, 채무자는 회생담보권자 및 회생채권자가 제시한 서류로 채권자 본인임을 확인한 후 변제합니다. 다만, 회생담보권자 및 회생채권자가 미리 지정한 금융기관의 계좌로 입금하는 방식으로 변제할 수 있으며, 회생담보권자 및 회생채권자가 금융기관인 경우 위와 같은 채권자 확인절차를 거치지 아니하고 해당 금융기관이 발행한 상환확인서 또는 상환영수증으로갈음할 수 있습니다.

3) 변제충당순서(변제 자금 부족 시의 변제 우선 순서)

변제기일에 채무자가 보유하고 있는 자금으로 회생채권 등을 모두 변제하기에 부족한 경우에는 변제충당의 문제가 발생하는데, 실무상 회생계획안에서이에 관한 일반 규정을 두는 것이 보통이다. 이때 채무자에게 유리하게 개시 후이자율이 높은 쪽부터, 그리고 원금에 먼저 충당하는 방법으로 규정하는 것이일반적이다. 아래에 드는 기재례는 가장 일반적인 경우이며, 채무자의 사정에따라서는 달리 규정하기도 한다.

(1) 이 회생계획 인가일 이후의 회생담보권 및 회생채권 변제충당 순서는 원금, 개시 전 이자, 개시 후 이자, 연체이자[121] 순으로 합니다.

(2) 변제재원의 부족으로 변제계획에 따라 당해 연도 변제할 채권액을 전액변제할 수 없는 경우에는 회생담보권의 원금, 회생채권의 원금의 순으로 당해연도 변제예정금액에 비례하여 변제하며, 나머지가 있을 경우에는 회생담보권의개시 전 이자, 회생채권의 개시 전 이자, 회생담보권의 개시 후 이자, 회생채권의 개시 후 이자, 회생담보권의 연체이자, 회생채권의 연체이자 순으로 당해 연도 변제예정금액에 비례하여 변제하되 당해 연도 변제예정금액 중 미변제분은다음 연도 변제기일에 우선하여 변제합니다.

(3) 금융기관 회생담보권 및 회생채권에 대한 대출과목별 변제충당 순서는 회생담보권 및 회생채권별 변제금액의 범위 내에서 해당 금융기관이 정하는 바에따릅니다.

이 항목은 '예상수익금 부족 시의 처리방법'과 모순되지 않도록 규정하여야

---

121) 이는 회생계획에 따른 채무의 변제를 변제기일에 이행하지 못할 경우 그 미변제 금액에 대하여 발생하는 지연손해금을 말하는데, 회생계획안 총칙의 용어의 정의란에서 정의하여 두는것이 바람직하다.

한다.

4) 권리변경 시 단수처리방법

> 회생담보권, 회생채권 권리변경 시 발생하는 "1원" 미만의 금액은 면제합니다.

5) 변제금액의 확정

회생계획안에는 별첨 자료에 채권자별로 구체적인 변제계획을 기재하고 있는데, 회생계획안 작성과정에서 실수로 인하여 또는 회생계획을 수행하는 과정에서 채권변제나 부동산 매각의 지체, 채권의 조기변제, 금리의 변동 등으로 인하여 회생계획안에 따라 실제 변제하여야 할 채권액과 별첨 자료 사이에 차이가 발생할 수 있다. 그런데 채권자들은 회생계획안의 본문의 내용보다는 별첨 자료에 기재된 변제계획에 더 관심이 많으므로, 실제 채무변제를 할 때 채무자와 채권자 사이에 다툼이 발생할 소지가 크다. 그래서 이러한 다툼이 있을 경우에는 회생계획안 본문의 내용에 따른다는 내용의 규정을 둘 필요가 있다.

다음과 같이 기재하는 것이 일반적이다.

> 이 회생계획상의 채권별 권리변경 및 변제방법에 의해 산정된 금액 및 변제일이 별첨 채권별 변제계획표의 금액 및 변제일과 상이한 경우에는 회생계획 본문에서 정한 권리변경 및 변제방법에 의해 산정된 금액 및 변제일을 기준으로 변제합니다.

6) 외화표시채권의 원화환산기준

외화표시채권은 언제 어떠한 환율로 채무를 변제하느냐를 명확히 규정하여야 한다. 다음은 일반적인 회생계획안의 규정 내용이다.

> 외화표시채권은 외화로 변제하거나 변제 당일에 ○○은행이 최초로 고시하는 대고객 전신환매도율로 환산한 원화로 변제합니다.[122] 다만, 외화표시채권을 원화로 대위변제한 구상채권자에 대하여는 대위변제한 시점의 ○○은행 대고객 전신환매도율을 적용하여 환산한 원화로 변제합니다.[123]

---

[122] 외화표시채권의 의결권은 회생절차가 개시된 때의 원화환산금액을 기준으로 부여됨에 유의하여야 한다(법 제133조 제2항, 제137조).

[123] 민법 제378조에서는 "채권액이 다른 나라 통화로 지정된 때에는 채무자는 지급할 때에 있어서의 이행지의 환금시가에 의하여 우리나라 통화로 변제할 수 있다."라고 규정하고 있다.

7) 미회수 어음 및 수표 등의 처리

채무자가 상거래채권 등의 담보를 위하여 어음 내지 수표를 발행하였으나 인가 전 회수되지 않은 경우 이중 지급의 위험을 방지하고 권리관계의 혼동을 피하기 위하여, 발행된 어음 내지 수표의 유통을 금지하고 변제 시에는 그 반환을 선이행의무로 규정할 필요가 있다.

> 채무자가 발행하여 견질 및 융통 등으로 제공된 어음 및 수표는 채권회수 등 어떤 목적으로도 추심 또는 교환에 회부할 수 없으며, 이 회생계획에서 정한 변제기일에 어음, 수표 및 사채권증서의 원본을 회사에 반환하고 위 어음 등에 의해 담보되는 채권을 회생계획에 따라 변제받습니다. 채권자가 위 어음 등의 원본을 분실하였을 경우에는 제권판결 등 이를 무효화하는 법적 절차를 완료한 이후에 회생계획의 권리변경 및 변제비율에 따라 변제받을 수 있습니다.

8) 채권양도의 특례

회생채권 등에 대한 권리변경 및 변제방법을 정함에 있어 소액채권자를 우대하기 위하여 채권자가 보유하고 있는 채권액의 크기에 따라 그 방법을 달리 정하는 경우가 있다. 예를 들어, 상거래채권에 관하여 제1차 연도에는 채권액 중 1,000만 원까지, 제2차 연도에는 3,000만 원까지, 제3차 연도에는 5,000만 원까지, 제4차 연도에는 나머지 채권액 전액을 변제하기로 규정하였다고 가정하면, 5,000만 원의 채권을 가진 채권자가 그 채권을 1,000만 원씩 분할하여 타인에게 양도한다면 채무자의 입장에서는 제1차 연도에 5,000만 원의 채권 중 1,000만 원만 변제하면 충분한 데도 결국 5,000만 원 전액을 변제하여야 하는 부당한 결과가 발생한다. 그래서 이러한 악의적인 채권양도의 폐해를 막기 위하여 회생계획안에는 다음과 같은 규정을 두고 있다.

> 회생담보권 또는 회생채권에 관하여 회생절차개시결정일 이후 채권양도 등의 원인으로 채권자가 변경되었다 하더라도 채권의 승계취득자에 대하여 회생절차개시결정일 당시의 채권자 및 채권액을 기준으로 하여 이 회생계획의 권리변경과 변제방법을 적용합니다. 채권자의 변경으로 인하여 종전의 회생담보권 또는 회생채권에 관하여 수인의 채권자가 있게 된 경우에는 각 채권자들의 채권액 비율에 따라 배분하여 권리변경 및 변제방법을 적용합니다.

9) 변제 미이행 시의 처리(연체이자에 관한 규정)

채무자가 회생계획안의 내용대로 채무를 변제하지 못하였을 경우에는 그에 대한 제재를 내용으로 하는 규정을 다음과 같이 둔다.

> 이 회생계획에 따른 채무의 변제를 변제기일에 이행하지 못할 경우에는 미변제 금액에 대하여 변제기일 다음 날부터 실제 변제일까지 실제 변제일 당일의 ○○은행의 일반자금대출 최저 연체이자율[124]을 적용하여 계산한 연체이자를 가산하여 변제합니다. 다만, 개시 전 이자 및 개시 후 이자의 미변제 금액에 대하여는 적용하지 아니하며, 채무자에 대한 법원의 파산선고가 이루어지는 경우에는 파산선고일을 위 실제 변제일로 봅니다.

10) 회계연도

> 이 회생계획의 회계연도 표시는 매년 1월 1일부터 12월 31까지로 합니다.

11) 기한의 이익 상실

회생절차가 폐지되더라도 회생계획인가결정에 의한 권리변경의 효력은 그대로 유지되므로, 회생계획안에서 특별한 규정을 두지 않는 이상 채권자들은 본래의 변제기일에 이르러야 채무자로부터 채무를 변제받을 수 있다. 그러나 회생절차가 폐지된다는 것은 채무자가 계속기업으로서 존속하기 어렵거나 회생계획대로 변제를 수행할 가망이 없다는 것을 의미하는 것이기 때문에, 그러한 상황에서도 채권자로 하여금 정해진 변제기일까지 채권의 행사를 하지 못하도록 하는 것은 매우 가혹한 것이다. 따라서 채무자에 대하여 회생절차폐지결정이 있을 경우에 기한의 이익을 상실시킴으로써 채권자의 권리를 보호할 수 있는 규정을 두는 것이 바람직하다.[125]

한편 조기종결 후 회생계획기간 내에 채무자에 대하여 파산선고가 이루어지거나 다시 회생절차개시결정이 내려지는 경우 채권자들에게 이중의 고통을 가하는 문제가 발생할 수 있다. 이는 무이자 기한부 채권에 해당하는 통상의 회

---

124) 고정이율을 기재하기도 한다.

125) 인가 후 폐지가 되는 회생사건에 대하여는 필요적으로 견련파산이 선고되고(법 제6조 제1항), 기한부 채권은 법 제425조에 따라 파산선고 시 변제기에 이른 것으로 보기 때문에, 회생절차가 폐지되는 경우를 대비한 '기한의 이익상실 조항'이 불필요한 측면도 있으나, 권리변경된 회생채권은 통상 무이자 기한부 채권의 성질을 가진다 할 것이고 파산절차에서 무이자 기한부 채권에 대하여는 변제기까지의 중간이자 부분을 후순위 파산채권으로 취급하므로(법 제446조 제1항 제5호) 그 기재의 필요성이 있다고 볼 것이다.

생채권의 중간이자 부분에 대한 도산절차에서의 법적 취급과 관련된 문제인데, 채무자에 대하여 파산선고가 이루어지는 경우에는 중간이자 부분이 후순위 채권으로 취급되고(법 제446조 제1항 제5호), 회생절차개시결정이 내려지는 경우에는 중간이자 부분에 대하여 의결권이 배제되며(법 제133조 제2항, 제134조) 청산가치보장의 원칙의 판단에 있어서도 상대적으로 중간이자 부분만큼 손실을 보게 되는데, 회생절차를 통해 채무자의 재건을 위하여 손실을 감수한 채권자로 하여금 또 다시 부담을 안게 하는 것은 형평에 반할 수 있으므로, 이와 같은 경우에도 기한의 이익을 상실시킴으로써 채권자의 권리를 보호할 필요가 있다.[126]

기한의 이익 상실에 관한 일반적인 기재례는 다음과 같다.

> 다음 각호의 경우에는 회생담보권 및 회생채권에 관하여 이 회생계획에서 정한 변제기일에도 불구하고, 그 변제기가 도래하는 것으로 합니다.
> (1) 회생절차 폐지결정이 확정되는 경우
> (2) 종결 후 회생계획기간 중 채무자에 대하여 법원의 파산선고 또는 회생절차개시결정이 이루어지는 경우

12) 기   타

> 이 회생계획의 용어 및 문언 해석에 이의가 있을 경우에는 "채무자 회생 및 파산에 관한 법률"의 취지에 따라 해석하되, 다툼이 있을 경우에는 본 회생사건을 담당하는 법원의 해석에 따릅니다.

2. 채권에 대한 권리변경과 변제방법에 관한 규정의 구성과 일반문제

가. 구   성

회생담보권 및 회생채권의 권리변경과 변제방법에 대한 규정은 ① 먼저 당해 조를 구성하는 채권자와 채권조사 결과 인정된 채권액의 내역을 명시하고, ② 그 채권에 대한 권리변경과 변제방법을 서술한 다음, ③ 권리변경과 변제방

---

126) 채권자의 요구에 따라 회생절차 (조기)종결 시 변제기일에 변제가 이루어지지 않고 연체가 1년 이상 지속되는 경우에 기한의 이익을 상실시키는 규정을 두기도 한다. 이때에는 아래 기재례에 '(3) 회생절차 (조기)종결 시 이 회생계획에서 정한 변제기일에 변제가 되지 않고 그 연체가 1년 이상 지속되는 경우'를 추가한다. 이와 같은 사례로는 서울회생법원 2020회합100138 동인산업(주), 2021회합100019 (주)마리진, 2021회합100145 (주)엔와이테크 사건 등 참조.

법에 따른 구체적인 내용을 채권자별로 표시하는 형태로 한다.

1) 채권의 내역

채권의 내역은 다음과 같은 방법으로 기재한다.

조사기간에 시인된 회생채권(대여금채권)과 그 이후의 변동내역은 다음과 같습니다.

순번	신고 번호	목록 번호	채권자	시인된 채권액				변동액	변동 후 시인한 총 채권액
				원금	개시 전 이자	개시 후 이자	합계		
합 계									

2) 권리변경과 변제방법

권리변경과 변제방법은 원금 및 개시 전 이자, 개시 후 이자의 순으로 기재하는 것이 일반적이다. 회생채권(대여금채권)에 대한 기재례는 다음과 같다.

(1) 원금 및 개시 전 이자

(가) 원금 및 개시 전 이자의 ○○%는 출자전환하고 ○○%는 현금으로 변제하되, 현금변제할 금액의 ○%는 제1차연도(○○○○년)에, ○%는 제2차연도(○○○○년)에 각 변제하고, ○○%는 제3차연도(○○○○년)부터 제9차연도(○○○○년)까지 매년 균등분할 변제하며, ○%는 제10차연도(○○○○년)에 변제합니다.

(나) 출자전환 대상 채권은 이 회생계획 제○장 제○절에 의하여 채무자가 신규로 발행하는 주식의 효력발생일에 당해 회생채권의 변제에 갈음하여 소멸합니다.

(2) 개시 후 이자

개시 후 이자는 전액 면제합니다.

3) 권리변경 및 변제방법에 따른 채권자별 내역

이 부분은 다음과 같이 기재하는 것이 일반적이다.

권리변경 후 채무가 변제해야 할 회생채권(대여금채권)은 다음과 같습니다.

순번	신고번호	목록번호	채권자	변동 후 시인된 총채권액	권리변경			권리변경 후 변제할 채권액			
					출자전환	면제	합계	원금	개시 전 이자	개시 후 이자	합계
합 계											

회생채권(대여금채권)의 세부적인 권리변경 내역은 <별첨 ○-○>과 같고, 구체적인 연도별 변제계획은 <별첨 ○-○>과 같습니다.

나. 일반문제

1) 주채권 · 보증채권의 구분

실무는 보증채권자에 대한 현금변제율을 일반 회생채권자와 동일하게 하면서 다만 보증채권자에게는 주채무자가 따로 있는 점을 감안하여 주채무자로부터 먼저 변제를 받게 하고, 그 채무불이행 등이 있은 때에 채무자로부터 변제받도록 하는 것이 일반적이다.[127]

회생채권(보증채권)의 권리변경과 변제방법에 관한 일반적인 기재례는 다음과 같다.[128]

---

127) 구 회사정리법하에서 실무는 정리계획상 주채권과 보증채권을 구분하여 보증채권을 주채권보다 열등하게 취급하여 왔고, 대법원도 이러한 실무의 취급이 공정·형평의 원칙에 어긋나지 않는다고 판시함으로써 그 적법성을 인정하였다(대법원 2000. 1. 5. 자 99그35 결정 참조). 그러나 구 회사정리법에서의 위와 같은 실무는 회생계획인가의 요건으로 회생계획안이 청산가치 보장의 원칙을 준수할 것을 요구하는 현행법하에서는 더 이상 유지되기 어렵다. 회생계획안에서 보증채권의 변제조건을 주채권의 그것과 어느 정도 차등을 두는 것은 '형평의 원칙'의 관점에서 적법한 것으로 인정된다 하더라도, 보증채권자에 대하여 주채권자와 동일한 배당률을 적용하여 배당을 실시하고 있는 파산실무에 비추어 보면, 회생계획상 보증채권에 대한 변제액이 파산절차에서의 배당액보다 낮은 경우에는 청산가치보장의 원칙에 위반하여 인가 요건을 충족시키지 못할 수 있기 때문이다. 대법원 2006. 5. 12. 자 2002그62 결정은, 주채무자의 실제 자력이 없어 주채무와 보증채무를 차별하여야 할 근거가 상당 부분 없어졌음에도 정리계획에서 당해 사건의 다른 주채권자에 대하여는 청산 시 배당률의 두 배에 이르는 변제를 하도록 하는 반면 보증채권자에 대하여는 청산 시 배당률에 현저히 미달하는 금액만을 지급하도록 규정하고 있는 경우, 그와 같은 정리계획은 합리적인 범위 내에서 차등을 둔 것이라고 볼 수 없다고 판시하였다. 과거 구 회사정리법 시행 당시에는 청산가치보장의 원칙이 명문으로 규정되어 있지 않았으나 현재는 법 제243조 제1항 제4호가 청산가치 보장의 원칙을 명문으로 규정하고 있으므로, 위 판례에서 문제된 정리계획안은 청산가치보장의 원칙에도 명백히 반한다고 할 것이다.

128) 이러한 유형의 회생계획안은 주채무자의 변제자력을 조사·평가한 후 보증채권의 현실화 가능성을 평가하여 채무자의 자금수지를 계획하여야 할 것이다.

> (1) 원금 및 개시 전 이자
>
> (가) 원금 및 개시 전 이자는 우선 주채무자로부터 변제받거나 주채무자로부터 제공받은 담보물건을 처분하여 변제받도록 합니다.
>
> (나) 주채무자에 대한 담보권 실행을 완료한 후 또는 채무자의 회생계획 인가일 이후 주채무자가 변제하여야 할 주채무를 이행하지 않고 그 불이행 상태가 1년(단, 주채무의 변제기일이 회생계획 인가일 이후 도래하는 경우에는 그 변제기일로부터 1년) 동안 계속되는 경우(이하 이 절에서 '채무자가 변제할 사유'라 합니다)에는 변제되지 않은 회생채권 잔액의 ○○%는 출자전환하고 ○○%는 현금으로 변제하되, 현금변제할 금액의 ○%는 제1차연도(○○○○년)에, ○%는 제2차연도(○○○○년)에 각 변제하고, ○○%는 제3차연도(○○○○년)부터 제9차연도(○○○○년)까지 매년 균등분할 변제하며, ○%는 제10차연도(○○○○년)에 변제합니다. 다만, 채무자가 변제할 사유가 제2차연도(○○○○년) 이후에 발생하는 경우 이미 변제기일이 경과된 금액은 그 후 최초로 도래하는 변제기일에 합산하여 변제합니다.
>
> (다) 출자전환 대상 채권은 이 회생계획 제○장 제○절에 의하여 채무자가 신규로 발행하는 주식의 효력발생일에 당해 회생채권의 변제에 갈음하여 소멸합니다.
>
> (2) 개시 후 이자
>
> 개시 후 이자는 전액 면제합니다.

한편 회생담보권인 보증채권의 경우에도 보증채권자에게는 주채무자가 따로 있고 그 자력이 충분하다면, 지급불능 상태에 있는 회생절차의 채무자로부터 변제를 받도록 할 것은 아니라고 보이므로, 일단 자력이 있다고 인정되는 주채무자로부터 먼저 변제를 받게 하고 그 불이행 등이 있은 때에 채무자로부터 변제받게 하는 방안은 담보권 보호나 청산가치보장의 원칙에 위배되지 않는다고 본다.[129)]

회생담보권(보증채권)의 권리변경과 변제방법에 관한 일반적인 기재례는 다음과 같다.

> (1) 원금 및 개시 전 이자
>
> (가) 원금 및 개시 전 이자에 관하여는 우선 주채무자로부터 변제받거나 주채무자로부터 제공받은 담보물건을 처분하여 변제받도록 합니다.
>
> (나) 주채무자에 대한 담보권 실행을 완료한 후 또는 채무자에 대한 회생계획 인가일 이후 주채무자가 변제하여야 할 주채무를 이행하지 않고 그 불이행 상태

---

129) 更生計画の実務と理論, 265-267면 참조.

> 가 1년(단, 주채무의 변제기일이 회생계획 인가일 이후 도래하는 경우에는 그
> 변제기일로부터 1년) 이상 계속되는 경우(이하 이 절에서 '채무자가 변제할 사
> 유'라 합니다) 변제되지 않은 회생담보권 잔액에 관하여는 채무자가 변제할 사
> 유가 발생한 연도에 현금으로 변제합니다.
> (2) 개시 후 이자
> 개시 후 이자는 전액 면제합니다.

2) 출자전환에 관한 조항

출자전환의 규정은 채무자 입장에서는 채무변제를 위한 자금의 유출이 없
다는 점에서 채무면제와 동일한 효과를 누리면서도 채무면제익이 즉시 익금 산
입되지 않고 법인세 부담이 이연될 수 있는 점에서 유리하고, 채권자의 입장에
서는 언젠가는 출자전환된 주식을 금전으로 환가할 가능성이 있다는 점에서 유
리하므로 회생계획안 작성 시 자주 활용되고 있다.[130]

현재 서울회생법원의 실무는 권리변경되는 채권에 대하여 면제 없이 전액
출자전환을 하는 방식을 일반적으로 채택하고 있고, 나아가 출자전환 시 지분보
유조항(Equity Retention Plan), 즉 채무자로 하여금 인가 후 일정한 기간 안에 초
과수익이 발생하면 그 수익으로 지분을 회복할 수 있도록 함으로써 경영인센티
브를 부여하고, 또한 이를 통해 채권자로 하여금 사실상 추가변제를 받을 수 있
도록 하는 상환전환우선주를 발행하는 방식을 상당수의 사건에 적용하고 있다.
이에 관한 상세한 내용은 '제13장 제5절 5.'에서 다루기로 한다.

3. 회생담보권에 대한 권리변경과 변제방법

가. 회생계획상 회생담보권의 취급

1) 개　요

법 제2편의 회생절차는 제3편의 파산절차, 제4편의 개인회생절차와 달리
담보권에 대해서도 권리변경을 가할 수 있는 제도이다. 법 제243조 제1항 제4호
가 청산가치보장의 원칙을 규정하고 있으므로, 회생담보권의 권리를 변경할 때

---

130) 출자전환 규정을 둘러싸고 발생하는 문제가 몇 가지 있다. 법인세법에 규정된 출자전환 채무
면제익의 익금산입 방식과 관련하여 회생계획 작성에 있어서 문제가 발생하고 있고, 출자전환
이 보증인에 대하여 미치는 효력 등도 문제가 된다. 또한 출자전환의 문제는 채무자의 지배구
조에 변경을 가져오는 중요한 요소이고, 출자전환의 규모는 향후 채무자의 M&A 구도에 영향
을 미치게 된다. 위와 같은 문제는 '제13장 제6절'에서 상세히 다루기로 한다.

에는 적어도 회생담보권자가 담보권을 실행하였을 경우에 얻을 수 있는 이익 이상을 분배받을 수 있도록 하여야 한다. 앞에서도 설명하였듯이 공정·형평의 원칙을 준수하기 위해서는 법상 우대해야 할 권리의 순위대로 권리변경과 그 변제방법을 정하는 것이 바람직하고, 이러한 이유로 일반적으로 회생담보권에 대한 권리변경과 변제방법은 조세채권에 대한 변제방법을 검토한 다음 가장 먼저 고려하게 된다. 일반적으로 회생채권자에 대한 권리변경 방법은 회생담보권자에 대한 변제방법을 정한 후 고려하게 된다.

실무례는 대부분의 회생계획안에서 회생담보권에 대하여 분할변제[131]와 담보물건 처분을 통한 변제를 혼합한 형태의 조항을 규정하고 있다. 이 방식에 의하면 회생담보권자에 대한 분할변제를 규정함에 있어서는 총 회생담보권의 액수 중 면제 또는 출자전환의 비율을 줄이고, 보다 단축된 분할변제기간 내에 변제하는 방법으로 회생채권자의 조와 차등을 두는 한편, 담보물건 처분을 통한 변제를 규정함에 있어서는 변경된 권리를 피담보채권으로 하여 회생담보권자의 담보권을 존속시키면서 담보물건이 처분될 경우 그 처분대금을 회생담보권 변제에 우선 사용하는 것으로 규정하게 된다.[132] 위와 같은 혼합형은 기본적으로는 영업이익 등으로 채권변제를 하도록 하면서 담보물건이 처분될 경우에는 분할변제의 내용에도 불구하고 처분대금으로 우선 회생담보권을 변제하도록 규정하는 것이다.[133][134]

실무는 분할변제를 규정할 경우 변제기 유예에 따른 실질변제율의 감소로

131) 변제기 유예만 하는 경우를 포함한다.
132) 대법원 2008. 6. 17. 자 2005그147 결정은 "구 회사정리법 제234조 제1항 각 호의 규정에 비추어 볼 때, 정리담보권의 담보목적물을 매각한 후 정리담보권자에게 그 담보목적물의 청산가치 상당액을 분배하면서 그 전부 또는 일부를 매각대금이 아닌 정리회사의 주식으로 분배하는 것은, 정리담보권자로부터 정리회사의 파산시 담보목적물에 대한 담보권을 실행하여 그 환가대금으로부터 채권을 회수할 수 있는 최소한의 권리를 박탈하면서 권리순위에서 최상위에 있던 정리담보권자의 지위를 파산의 위험 또는 추가적인 권리변경의 위험이 남아 있는 정리회사에서 가장 열등한 권리순위에 있는 주주의 지위로 전락시키는 것에 다름 아니다. 따라서 당해 정리담보권자가 동의한다거나 정리회사의 주식이 현금과 실질적으로 동등한 가치를 지니고 있고 유동성 및 안정성 등의 측면에서도 현금에 준할 정도의 성질을 갖고 있다는 등의 특별한 사정이 없는 한 이는 정리담보권의 실질적 가치를 훼손하는 것이므로 허용될 수 없다."라고 판시하였다.
133) 이러한 경우에도 통상은 추정자금수지계획표상 담보물 매각대금으로 회생담보권을 변제하는 것으로 작성한다.
134) 실무상 담보물건이 조기에 매각될 경우 조기변제할인율을 적용한 금액을 변제하는데, 이때 청산가치 보장의 원칙을 준수하고, 채권자의 기한의 이익을 보장하기 위하여 원금 및 개시 전 이자, 그리고 '그때까지 발생한 개시 후 이자'뿐만 아니라 '변제예정기일까지 발생할 개시 후 이자'까지도 포함한 금액에 대하여 조기변제할인율을 적용한 금액을 변제하는 것으로 처리하고 있다.

인하여 현가변제율이 청산배당률보다 낮은 때에는 청산가치를 보장하기 위하여 개시 후 이자를 지급하는 것으로 변제방법을 정하고 있다. 이때 개시 후 이자율은 기본적으로 청산가치 보장을 충족시키는 이율 이상의 범위에서 회생담보권 자와의 협상을 통해 구체적인 수치가 정해진다('제13장 제3절 5. 라.'의 청산가치보 장의 원칙 부분 참조).

2) 담보목적물의 청산가치에 의한 차등 취급 여부

동일한 담보목적물에 순위를 달리하는 수 개의 회생담보권이 존재하여 담보목적물의 청산가치에 의하여 100% 변제가능한 회생담보권과 담보목적물의 청산가치에 의해서는 변제가 불가능한 회생담보권이 함께 존재하는 경우, 담보목적물의 가액 범위 내에서 확정된 회생담보권 전체를 일응 균질적인 것으로 보고 동일하게 권리변경을 할 것인지 아니면 차등을 둘 것인가가 문제된다. 채권조사·확정절차를 통하여 담보목적물의 가액만큼 회생담보권으로 확정되었다고 하더라도(법 제141조 제4항) 일반적으로 그 청산가치는 담보목적물의 가액을 밑도는 경우가 대부분이어서 담보목적물의 청산가치로 100% 변제를 받을 수 있는 회생담보권과 그렇지 못한 회생담보권의 구별이 생기기 때문이다.[135]

위와 같은 사안에서 담보목적물의 청산가치에 의하여 100% 변제가 가능한 권리와 변제가 불가능한 권리 사이에 차등을 두는 경우가 적지 않은데 이에 대하여 채권조사·확정절차에서 회생담보권으로 확정된 이상 청산가치에 의하여 변제되는지 여부를 불문하고 동일하게 권리변경을 하는 것이 평등의 원칙에 부합하는 것이라는 반론이 있을 수 있다. 그러나 판례[136]가 평등의 원칙에서 의미하는 평등은 형식적 평등이 아니라 공정·형평의 원칙에 반하지 않는 실질적인 평등을 가리키는 것으로서 합리적인 범위 내에서 차등을 둘 수 있는 것으로 해석하고 있으므로, 담보목적물의 청산가치에 의하여 100% 변제받을 수 있는 회생담보권과 청산가치에 의해서는 변제받을 수 없는 회생담보권의 변제조건에

---

135) 종래 구 회사정리법하에서의 실무는 담보목적물의 가액만큼 회생담보권으로 확정된 이상 회생담보권자는 담보목적물을 처분할 경우, 목적물 가액만큼 전액 변제를 받을 수 있다는 가정 아래 담보목적물의 청산가치에 의하여 100% 변제가능한 부분과 그렇지 않은 부분을 구별함이 없이 회생담보권에 대한 변제방법을 일률적으로 정하는 것이 일반적이었다. 그러나 회생담보권이 담보목적물의 청산가치에 의하여 100% 변제가 가능한 권리와 변제가 불가능한 권리로 나누어지는 경우, 회생계획에서 그 차이를 고려하지 않고 이를 동일하게 취급하여 일률적으로 권리감면(예를 들면, 회생담보권 원금의 90% 변제)을 하는 것은 청산가치에 의하여 100% 변제가능한 회생담보권자의 청산가치가 보장되지 않기 때문에 청산가치보장의 원칙에 위배된다. 따라서 청산가치보장의 원칙을 준수하기 위해서는 청산가치에 의해 회생담보권이 변제되는 비율에 따라 그 변제방법에 차등을 둘 수밖에 없게 된다.

136) 대법원 2018. 5. 18. 자 2016마5352 결정, 대법원 2004. 12. 10. 자 2002그121 결정 등.

차등을 두더라도 평등의 원칙에 위배된다고 보기는 곤란하다.[137] 판례[138]의 입장도 이와 같다. 다만 구체적으로 어느 정도의 범위에서 담보목적물의 청산가치 이상으로 회생담보권자에게 변제할 것인지는 관리인과 채권자 사이에 협상을 통하여 해결하여야 하는 문제이므로 일률적으로 정하기는 어렵다.[139]

실무상 자주 나오는 회생담보권의 권리변경과 변제방법에 관한 일반적인 기재례는 다음과 같다.[140]

> **가. 회생담보권(대여금채권)**
> **(1) 원금 및 개시 전 이자**
> 원금 및 개시 전 이자의 100%를 현금으로 변제하되, 현금변제할 금액의 ○%

---

137) 회생계획에서 다른 회생담보권자에 비해 현저히 청산배당률이 떨어지는 회생담보권자의 현가변제율을 다른 회생담보권자에 비해 낮춰 잡은 사례로는 서울중앙지방법원 2016회합100062 창명해운(주), 서울회생법원 2020회합100144 (주)금성하이텍, 2021간회합100002 대연이코(주) 사건 등이 있다. 반면, 담보권자 사이에 청산 시 배당과 현가변제율 사이에 지나친 차이가 있어 평등의 원칙을 위반하였다고 본 사례로는 2019. 11. 29. 자 서울고등법원 2019라20546 결정이 있다. 청산 시 배당률은 회생담보권자 A가 80.78%, 회생담보권자 B가 36.39%, 회생담보권자 C가 13.45%인데, 현가변제율은 회생담보권자 A와 B가 84.52%, 회생담보권자 C가 46.44%였는바, 회생담보권자 A에 대하여 평등의 원칙을 위반하였다는 등의 이유로 서울회생법원 2018회합100177 (주)우성아트 사건의 회생계획안 인가결정을 취소하였다(대법원 2020. 3. 10. 자 2019마6920 심리불속행기각 확정). 회생담보권 중 담보목적물의 청산가치만큼을 선순위로 변제하고 이를 초과하는 부분에 대하여는 회생채권의 권리변경 및 변제방법과 동일하게 변제하도록 한 사례로는 서울중앙지방법원 2014회합100098 (주)팬택 사건, 서울회생법원 2020회합100092 신한중공업(주) 사건이 있다. 서울회생법원 2017회합100150 천우 알.디.피(주) 사건에서는 회생절차개시 전부터 담보물 매각을 추진하던 중에 담보물의 매각가가 감정평가금액보다 낮을 것으로 예상되는 상태에서 집회 전에 담보물 매각허가를 받았는데, 감정평가금액은 55억여 원이었으나 매각금액은 43억 원이었다. 이에 따라 담보권자의 동의를 받아서 법원의 매각허가 이후 매각대금으로 회생담보권을 조기에 변제하고, 변제하지 못하고 남은 금액은 회생채권의 변제방법과 동일하게 변제하도록 하였다.
138) 대법원 2008. 6. 17. 자 2005그147 결정. 이 결정에서 대법원은 "청산가치는 담보목적물의 종류, 담보권의 순위 등에 따라서 달라질 수밖에 없으므로, 정리계획안에 담보목적물의 청산가치가 정리담보권액을 상회하는 정리담보권자에게는 정리담보권액 전부를 변제하고, 그렇지 못한 정리담보권자에게는 정리담보권액의 일부를 감면하는 등의 내용을 정하였다고 하여 그 정리계획안이 평등의 원칙을 위반하였다고 볼 수는 없다."라고 판시하였다.
139) 권리보호조항을 정하여 강제인가를 하는 경우에는 채무자의 재산 평가는 청산가치에 의하여야 하므로(대법원 2004. 12. 10. 자 2002그121 결정), 극단적으로는 담보목적물의 청산가치에 의하여 100% 변제받을 수 있는 회생담보권은 권리의 감면 없이 전액 변제받을 수 있도록 정하고, 청산가치에 의해서는 변제받을 수 없는 회생담보권은 일반 회생채권의 변제방법과 동일하게 감면하는 내용으로 정하는 것도 회생담보권자에 대한 최소한의 권리보장으로서 불가능하지는 않을 것이다.
140) 개시 후 이자와 관련하여 대법원은 2021. 10. 14. 선고 2021다240851 판결에서 "법 제141조 제1항 단서 규정은 회생담보권자가 회생절차에 참가할 수 있는 회생담보권의 범위를 정한 것일 뿐이고, 이를 넘어서 인가된 회생계획에 따른 회생담보권의 권리변경과 변제방법, 존속 범위 등을 제한하는 규정으로 볼 수 없다. 법 제141조 제1항 단서가 회생계획에 따라 변경되는 회생담보권의 범위에서 지연손해금을 포함시키는 것을 금지하는 규정이라는 원고의 주장을 배척한 원심판결은 정당하다."라고 판시한 바 있다.

는 제1차연도(○○○○년)에, ○%는 제2차연도(○○○○년)에 각 변제합니다.

(2) 개시 후 이자

변제하지 않고 남은 원금 및 개시 전 이자에 대하여 ○○은행에 대해서는 연 ○%의, ○○조합에 대해서는 연 ○%의 각 이율을 적용하여 각 발생연도에 현금으로 변제합니다.

나. 회생담보권(구상채권)[141]

(1) 원금 및 개시 전 이자

원금 및 개시 전 이자의 100%를 제1차연도(○○○○년)에 현금으로 변제합니다.

(2) 개시 후 이자

변제하지 않고 남은 원금 및 개시 전 이자에 대하여 연 ○%의 이율을 적용하여 제1차연도(○○○○년)에 현금으로 변제합니다.

다. 회생담보권(미발생구상채권)

(1) 대위변제금

보증기관 등이 채무자를 위하여 대위변제할 경우 대위변제금의 100%를 대위변제를 한 연도에 현금으로 변제합니다.

(2) 개시 후 이자

대위변제금에 대하여 대위변제일 다음 날부터 연 ○%의 이율을 적용하여 대위변제를 한 연도에 현금으로 변제합니다.

라. 회생담보권(물상보증[142])

(1) 원금 및 개시 전 이자

(가) 원금 및 개시 전 이자는 우선 주채무자로부터 변제받거나 주채무자로부터 제공받은 담보물건을 처분하여 변제받도록 합니다.

(나) 주채무자에 대한 담보권 실행을 완료한 후 또는 채무자에 대한 회생계획

---

141) 전액 현금변제하지 않고 일부 출자전환하는 경우, 아래와 같이 회생채권과 동일한 조건으로 변제하도록 규정할 수 있다.
　2. 회생담보권(구상채권)
　　(1) 원금 및 개시 전 이자
　　　(가) 원금 및 개시 전 이자의 ○○%는 출자전환하고 ○○%는 현금으로 변제하되, 현금 변제할 금액의 ○%는 제1차연도(○○○○년)에, ○%는 제2차연도(○○○○년)에 각 변제하고, ○○%는 제3차연도(○○○○년)부터 제9차연도(○○○○년)까지 매년 균등분할 변제하며, ○%는 제10차연도(○○○○년)에 변제합니다.
　　　(나) 출자전환 대상 채권은 이 회생계획 제○장 제○절에 의하여 채무자가 신규로 발행하는 주식의 효력발생일에 당해 회생채권의 변제에 갈음하여 소멸합니다.
　　(2) 개시 후 이자
　　　개시 후 이자는 전액 면제합니다.
142) '물상 보증'이란 채무자가 자기의 재산을 타인의 채무의 담보로 제공하는 것을 말한다.

인가일 이후 주채무자가 변제하여야 할 채무를 이행하지 않고 그 불이행 상태가 1년(단, 주채무의 변제기일이 회생계획 인가일 이후 도래하는 경우에는 그 변제 기일로부터 1년) 이상 계속되는 경우 변제되지 않은 회생담보권 잔액에 관하여는 채무자가 제공한 담보물을 처분하여 그 처분대금으로 변제합니다. 이 때 담보물의 처분으로 인한 변제대금이 회생담보권 잔액에 미달하는 경우 변제되지 않은 회생담보권 잔액은 면제합니다.

(2) 개시 후 이자

개시 후 이자는 전액 면제합니다.

마. 회생담보권(보증채권)

(1) 원금 및 개시 전 이자

(가) 원금 및 개시 전 이자는 우선 주채무자로부터 변제받거나 주채무자로부터 제공받은 담보물건을 처분하여 변제받도록 합니다.

(나) 주채무자에 대한 담보권 실행을 완료한 후 또는 채무자에 대한 회생계획 인가일 이후 주채무자가 변제하여야 할 주채무를 이행하지 않고 그 불이행 상태가 1년(단, 주채무의 변제기일이 회생계획 인가일 이후 도래하는 경우에는 그 변제기일로부터 1년) 이상 계속되는 경우(이하 이 절에서 '채무자가 변제할 사유'라 합니다) 변제되지 않은 회생담보권 잔액에 관하여는 채무자가 변제할 사유가 발생한 연도에 현금으로 변제합니다.

(2) 개시 후 이자

개시 후 이자는 전액 면제합니다.

나. 회생담보권의 분할변제와 담보목적물의 존속기간 내의 변제

분할변제에 관한 규정방법은 앞서 설명한 방법대로 규정하는 것이 일반적이다. 다만 회생담보권인 보증채권에 관하여는 채권자들이 주채무자의 자력 여부와 상관없이 즉시 변제해 줄 것을 요구하는 경우가 많은데, 어느 쪽으로 규정하는가 하는 문제는 관리인과 채권자 사이의 협상의 문제일 뿐이므로 반드시 어느 쪽이 바람직하다고 단정할 수는 없다.

회생담보권 중에는 금융기관 채권뿐 아니라 임대차보증금이나 영업보증금 등이 포함되는 경우도 있는데, 이 경우에는 뒤에서 설명하겠지만 그 채권의 특성을 감안하여 규정을 두는 것이 바람직하다. 다만 같은 임대차보증금 반환채권이라도 회생담보권인 것은 회생채권인 것에 비하여 우대하여야 하므로 그 조건을 유리하게 규정하여야 한다.

회생담보권에 대한 기한의 유예에 관하여 법 제195조는 담보가 있는 때에
는 그 담보물의 존속기간[143]을 넘지 못하고 담보물의 존속기간을 판정할 수 없
는 때에는 10년을 넘지 못한다고 규정하고 있다. '담보가 있는 때'란 회생계획에
의하여 담보의 존속이 인정되거나 새로이 담보가 부여된 경우를 말하고, 본래의
채무에 담보가 있었는지 여부는 묻지 않는다. 존속기간이 10년 이상인 경우라도
그것이 판정될 수 있다면, 그 연수가 변제의 최장기간이 된다.[144] 일반적으로
회생담보권에 대한 변제가 담보목적물의 존속기간 내에 이루어지지 않는다면,
담보에 의하여 채무의 변제가 확보되는 효과가 박탈되는 결과가 되기 때문에
이러한 존속기간 내의 변제는 담보권자를 보호하기 위한 필수적인 조치이다. 이
러한 취지를 관철하려면 분할변제의 내용을 정함에 있어서도 매 변제기마다 담
보가치의 하락분에 상응하는 금액 이상의 변제가 이루어지도록 하는 것이 바람
직할 것이다.[145] 따라서 법 제195조에 의하면 동산에 대한 담보권자, 리스회사
가 가지는 회생담보권에 관하여는 반드시 담보목적물의 존속기간을 조사하여
그 존속기간 내에 단기의 변제가 이루어지도록(예를 들면 부동산을 담보목적물로
하는 회생담보권에 대하여는 6년간 분할변제를 하고, 리스물건을 담보목적물로 하는 회
생담보권에 대하여는 3년간 분할변제하는 내용 등) 회생계획안을 작성하여야 할 것
이고, 위와 같이 동산·리스물건에 대한 담보권자에 대하여 다른 담보권자보다
단기에 변제를 행하는 것은 법률의 규정에 의한 것으로서 그 합리성이 인정되
므로 공정·형평의 원칙이나 평등의 원칙에 위배되지 아니한다.[146]

---

143) 존속기간이란 개개의 담보목적물에 관하여 담보가치가 유지되는 기간을 말하고, 세법상의 법
정내용연수나 리스기간과 반드시 동일한 것은 아니나 이를 우선 참고할 수 있을 것이다. 条解
(下), 438면.
144) 条解(下), 438면.
145) 이에 대하여 내용기간이 짧은 담보물은 내용기간이 긴 담보물에 비하여 그 가액이 상대적으
로 낮게 평가되는 것이 일반적이라는 점을 감안하면 담보물 존속기간의 변제 조항은 단순히
변제기 유예의 상한을 설정한 것 정도로 이해하면 된다는 견해도 있다. 이 견해는 법 제195조
가 시간의 경과에 따라 담보목적물이 감가되는 것에 맞추어 변제를 보장하는 취지는 아니고,
극단적으로 말한다면 내용기간 동안 변제를 전액 거치하는 것이나 회생계획안으로 담보의 존
속을 정하지 않는 것도 허용되기 때문에 위 규정을 반드시 담보물에 의한 담보를 보장하는 것
으로 이해할 필요는 없다고 한다. 更生計画の実務と理論, 114면.
146) 대법원 1998. 8. 28. 자 98그11 결정은 "정리담보권자인 한국산업은행의 담보물에는 청주공장
의 부동산뿐 아니라 기계·기구가 포함되어 있고, 기계·기구의 경우 부동산에 비하여 시간의
경과에 따른 가치의 감모(減耗)가 격심하다는 점을 고려하면 이를 조기에 매각하는 것은 불가
피하다 할 것이지만 …"라고 판시하고 있다.

다. 담보권의 존속 및 소멸과 담보목적물의 처분 등에 관한 규정

1) 담보권의 존속 및 소멸에 관한 규정

회생계획이 인가되면 회생계획이나 법에서 인정되는 권리를 제외하고 채무자의 재산상에 있던 모든 담보권은 소멸한다(별 제251). 그러나 실무에서는 대부분의 경우 담보권의 존속조항을 두고 있는데, 다만 이 경우에도 존속되는 담보권의 피담보채권은 권리변경 전의 것이 아니라 회생계획을 통하여 권리변경된 회생담보권이라는 점을 명시하여야 한다. 따라서 종전의 담보권 중에서 회생담보권으로 인정되지 않았거나 회생담보권액을 초과하는 부분의 피담보채권을 담보하는 담보권은 회생계획인가결정으로 소멸한다. 나아가 서울회생법원의 실무는 담보의 목적으로 등기경료된 지상권도 회생계획에 별도의 규정을 두지 않는 한 인가결정으로 소멸하는 것으로 보고 있다.

하지만 실무에서는 위와 같이 담보권의 실질이 변경되었거나 담보권이 소멸된 경우에도 종전 담보권자가 무리한 요구를 하면서 자발적으로 그 담보권의 변경등기나 말소등기를 경료하여 주지 않는 경우가 있을 수 있다. 이러한 경우를 대비하여 담보목적물이 처분될 경우의 담보권의 운명에 관하여 다툼의 여지가 없을 정도로 명확히 규정해 두는 것이 필요하고, 담보목적물과 담보권에 관한 상세한 내용을 별첨 자료에 기재하는 것이 바람직하다. 이러한 이유로 실무에서는 '담보물건명세서'와 '소멸되는 담보권·지상권 명세서'를 회생계획안 뒤에 첨부하는 방법으로 이를 명시하고 있다. 특히 '소멸되는 담보권·지상권 명세서'는 후에 담보권의 말소등기를 촉탁[147]할 때 첨부하는 소명자료로서 사용된다. '담보물건명세서'에는 담보권자·담보물건·소재지·면적·채권최고액·담보물건의 가치평가액·회생담보권 인정액·비고(담보권 순위) 등을 기재하고 있으며, '소멸되는 담보권·지상권 명세서'에는 담보물건의 내역, 담보권의 내용, 담보권자 등을 기재한다.

또한 채무자가 회생계획에 따라 권리변경된 회생담보권을 변제하면 회생담보권자로서는 담보목적물을 인도하거나 담보권 말소에 필요한 서류를 교부해야 하지만 이를 거부하거나 해태하는 경우 채무자의 회생에 큰 지장을 초래할 수 있다. 이러한 경우를 대비하여 법 제24조 제2항은 회생계획의 수행에 의하여 권

---

147) 법 제24조 제2항에 따른 '이 법의 규정에 의하여 등기된 권리의 득실이나 변경이 생긴 경우'의 촉탁에 해당한다.

리의 득실, 변경이 생긴 경우 법원이 그 등기의 직권촉탁을 할 수 있도록 허용하는 특칙을 두고 있는데, 위 조항에 근거하여 '변제로 인하여 회생담보권이 소멸되고, 회생담보권자의 의무해태 시 회생담보권 말소에 대한 법원의 촉탁등기가 가능하다'는 점을 회생계획에 명확히 규정하는 것이 바람직하다.

회생담보권의 존속 및 소멸에 관한 일반적인 기재례는 아래와 같다.

가. 담보권의 존속 및 소멸

(1) 회생절차개시 당시 채무자의 재산상에 존재하는 저당권, 근저당권, 양도담보권, 질권 등 담보권은 이 회생계획에 의하여 권리변경된 회생담보권을 피담보채권으로 하는 담보권으로서 회생계획인가 이후에도 종전 순위에 따라 존속합니다. 다만, 회생담보권으로 인정되지 아니한 담보권과 담보 목적의 지상권 등은 소멸합니다.

(2) 이 회생계획에 따라 채무자가 권리변경된 회생담보권을 변제하는 경우 그에 관한 담보권 일체가 소멸합니다. 이때 회생담보권자는 점유하고 있는 담보목적물을 채무자에 인도하거나 담보권의 말소에 필요한 일체의 서류를 지체 없이 채무자에 교부하는 등 담보권의 소멸 및 그 처리에 필요한 제반 절차를 즉시 이행해야 합니다. 회생담보권자가 위와 같은 절차를 이행하지 않을 것이 명백하거나 이행하지 아니한 때에는 법원은 해당 담보목적물에 존재하는 담보권 말소를 촉탁할 수 있습니다.[148]

---

2) 담보목적물 처분 시의 처리방법에 관한 규정

앞서 설명한 바와 같이 회생담보권에 대한 권리변경에 관하여 기본적으로는 분할변제를 정하면서도 해당 담보목적물이 처분될 경우에는 그 처분대금으로 회생담보권을 변제하는 내용의 혼합형으로 규정하는 경우가 많다. 따라서 회생담보권을 피담보채권으로 하는 담보권은 그대로 존속시키는 경우가 대부분이고, 담보목적물의 처분 시 처리방법에 관한 규정을 따로 두고 있다. 이에 관한 규정으로는 ① 담보목적물 처분 시 기존 담보권의 말소에 관한 규정, ② 담보목적물 처분대금의 사용방법에 관한 규정, ③ 담보목적물 처분위임에 관한 규정

---

148) 임대차보증금반환채권을 담보로 제공한 채권양도담보권이 존재하는 채무자의 경우에는 담보권의 존속 및 해지 조항 마지막 부분에 '채권양도담보권의 처리'라는 제목으로 "금융기관 등에게 담보로 채권양도한 임대차보증금에 대하여는 계약종료 시 재계약을 할 경우, 임대차보증금의 채권양도 효력은 종전의 순위에 따라 계속 존속하고 임대차보증금의 증액 시에는 인정된 회생담보권의 범위 내에서만 담보권으로서의 효력이 존재합니다. 계약종료로 인한 계약해지 또는 중도해지시는 채무자가 받을 임대차보증금은 당해 담보권의 변제에 충당하되 담보물건 매각대금의 처리방법에 따릅니다."라고 추가하기도 한다.

등이 있는데, 이에 관하여는 아래에서 상세하게 살펴보기로 한다.

　가) 담보목적물 처분 시 기존 담보권의 말소에 관한 규정　　담보목적물을
처분할 때에는 기존의 담보권을 말소하여야 하는 경우가 대부분이다. 기존의 담
보권의 피담보채권이 회생담보권으로 인정되지 않았지만 외형이 그대로 남아
있을 경우에는 법원의 말소촉탁에 의하여 담보권을 소멸시킬 수 있지만(법 제24조 제2항),
그렇지 않고 피담보채권이 회생담보권으로 인정되어 담보권이 남아 있을 경우
에는 원칙적으로 담보권자가 담보권의 말소에 동의하여야 한다.[149] 따라서 후자
의 경우 담보목적물의 처분과 관련하여 관리인·회생담보권자·매수인의 관계
가 문제될 수 있다.

　대부분의 경우에는 관리인과 매수인 사이에 매매계약이 체결되고, 관리인
과 회생담보권자 사이에 처분대금 사용방법(회생담보권의 변제)에 관한 합의가
이루어져 매매대금의 지급, 담보권의 말소, 목적물의 이전이 거의 동시에 이루
어지는 것이 일반적이다. 그런데 간혹 담보권자 중에서는 당해 담보목적물에 관
하여 회생담보권으로 인정되지 않은 회생채권 부분을 추가로 변제해 달라는 등
의 근거 없는 요구를 하며 담보권 말소에 협조하지 않는 경우가 있고,[150] 근거
없는 회생담보권자의 요구로 인해 예정된 매각시기나 인수의향자를 놓치는 경
우까지 생기기도 한다. 대부분의 경우에는 관리인이 회생담보권자와의 협의를
통하여 문제를 원만히 해결하고 있지만, 담보권 등기의 말소를 둘러싼 다툼을
미리 방지하기 위해서는 회생계획안에 담보목적물의 매각 시 필요한 경우 법원
이 그 담보권의 말소를 촉탁할 수 있다는 식으로 담보권에 대한 말소 규정을
명확하게 두는 것이 바람직하다. 기재례는 "채무자 회사가 담보목적물을 처분할

---

149) 담보목적물 위에 마쳐진 체납처분이 법 제58조 제3항 소정의 회생채권 또는 회생담보권에
　기한 채무자의 재산에 대한 국세징수법 또는 지방세징수법에 의한 체납처분, 국세징수의 예에
　의하여 징수할 수 있는 청구권으로서 그 징수우선순위가 일반 회생채권보다 우선하는 것에 기
　한 체납처분일 경우, 회생계획인가 후에는 그 체납처분이 속행되고, 더 이상 중지된 절차가 아
　니기 때문에 법 제58조 제5항 후단에 기한 체납처분의 취소도 불가능하므로, 담보목적물 위에
　이러한 체납처분이 있는 경우, 담보목적물의 원활한 매각을 위해 회생계획인가 전 단계에서 미
　리 체납처분을 취소하는 방안을 고려할 필요가 있다. 반면 법 제58조 제2항 제3호에 의해 국세
　징수의 예에 의하여 징수할 수 있는 청구권으로서 그 징수우선순위가 일반 회생채권보다 우선
　하지 아니한 것에 기한 체납처분은, 회생계획인가로 그 효력이 상실되지 않는 점에 있어 우선
　권 있는 체납처분의 경우와 마찬가지이기는 하나, 체납처분 중지기간의 종기가 법에 따로 정해
　져 있지 않으므로, 회생계획인가 후에도 법 제58조 제5항 후단에 기한 취소결정이 가능하다고
　볼 것이다.
150) 이와 같은 사유 이외에도 본래의 담보권이 공동근저당권이었으므로 아직 매각되지 않은 담
　보목적물에 관한 피담보채권까지 변제해 달라고 하는 경우, 당해 담보목적물과 전혀 관계없는
　회생채권을 변제해 달라고 하는 경우도 있다.

경우, 매매계약이 완료된 후 소유권이전등기 시 필요한 경우 법원은 해당 담보
목적물에 존재하는 담보권 말소를 촉탁할 수 있습니다."와 같이 한다.[151)

　　나) 담보목적물 처분대금의 사용방법에 관한 규정　　이 규정은 담보목적물
의 처분대금으로 회생담보권을 변제할 때의 변제충당순서와 잔여 대금의 사용
방법에 관한 규정이다. 우선 변제충당순서는 채무자에게 유리하게 원금부터 충
당하는 것으로 규정하는 것이 일반적이며, 회생담보권자 사이에 순위가 있을 때
에는 그 순위를 존중하여 변제하도록 규정한다. 변제충당순서를 정함에 있어 변
제기일이 먼저 도래하는 채권부터 변제할지, 아니면 변제기일의 역순으로 변제
할지는 역시 회생담보권자들과 사이의 협상의 문제이다.

　　이때 회생담보권의 변제에 사용할 처분대금의 범위와 관련하여 공제하여야
할 비용이나 채권의 범위를 정하는 것 역시 법률적인 문제가 아니라 회생담보
권자들과 사이의 협상의 문제인데, 통상 '매각 관련 제 세금[152) 및 기타 비
용[153)'을 공제하는 것으로 정하고, 일부 회생계획안에는 담보목적물 임차인들의
임대차보증금을 우선 공제하는 것으로 규정하기도 한다.

　　주의할 점은 담보목적물의 처분대금이 당초 회생계획에서 예상한 금액에
미치지 못하거나, 계획한 기한 내에 매각이 이루어지지 못하여 회생담보권을 변
제하지 못할 경우에 대비한 규정이 필요하다는 점이다. 회생담보권자들은 분할
변제에 관한 규정보다는 자신의 담보권이 설정되어 있는 담보목적물의 매각 시
기에 더 관심이 많기 때문에, 만약 매각예정시기에 담보목적물이 매각되지 못하
여 채권의 만족을 얻지 못하면 채무이행을 지체하였다고 판단하는 경향이 있기
때문이다. 따라서 이와 같은 경우 미변제 회생담보권은 본래의 변제계획에 따라
분할변제를 한다거나, 아니면 뒤에서 설명하는 바와 같이 담보목적물의 처분을

---

151) 회생계획상 예정가액보다 낮은 가격으로 매도하려 할 때 선순위 담보권자 또는 후순위 담보
　　권자가 반대하는 경우에도 법원의 허가를 받아 매각이 가능하고, 이로 인해 후순위 담보권자가
　　담보권 범위 내의 채권금액을 모두 변제받지 못한다 하더라도 법원은 후순위 담보권의 말소촉
　　탁을 할 수 있다. 다만 매각 이후 곧 회생절차가 폐지되고 파산이 선고될 가능성이 있는 채무
　　자의 경우에는 법원이 위와 같은 저가 매각을 허가하지 않는 것이 바람직하다. 왜냐하면 파산
　　선고 후에 파산관재인이 매각하는 것이 좀 더 절차의 공정성과 투명성을 확보할 수 있기 때문
　　이다.

152) 통상 '매각 관련 제 세금'에는 당해세뿐만 아니라 법인세(다만 이월결손금이 있는 경우가 대
　　부분이어서 법인세를 고려하지 않아도 무방하다) 내지 양도소득세(법인이 비영업용토지를 매각
　　하는 경우 이에 해당할 수 있다)도 포함된 것으로 이해된다. 조사위원의 1차 조사보고 시 통상
　　제시되는 '향후 변제계획의 자금수지표'에 대한 주석에서 법인세 내지 양도소득세를 고려하였
　　는지를 확인하여야 하고, 회생계획안에서의 추정자금수지계획표의 작성 및 2차 조사보고의 수
　　행가능성 평가에서도 이를 주의하여야 한다.

153) '기타 비용'에는 중개수수료 등이 포함된다.

채권자에게 위임한다는 규정을 둘 필요가 있다.

그와 같은 규정으로서 "담보목적물의 처분으로 인한 변제대금이 회생담보권 변제액에 미달하거나 부득이한 사정으로 계획기간 내에 담보목적물의 매각이 이루어지지 못할 경우, 미변제 회생담보권은 이 회생계획에 따른 본래의 변제계획에 따릅니다."라는 표현을 일반적으로 사용하고 있다. 종래에 통상 담보목적물 처분대금의 사용방법에 관한 규정에서 "채무자가 물상보증인인 경우에는 담보목적물의 처분으로 인한 변제대금이 회생담보권 변제액에 미달하는 경우, 미변제 회생담보권은 면제한다."라는 기재를 두었으나, 이는 해당 회생담보권(물상보증)의 권리변경 및 변제방법 부분에서 기재하는 것이 바람직하다.

때에 따라서는 담보목적물의 처분대금으로 해당 회생담보권을 변제하고도 남는 금액이 있는 경우도 있다. 이때 회생담보권자들은 잔여 대금으로 자기의 채권 중 회생담보권 평가액을 초과하여 회생채권으로 인정된 부분을 변제해 줄 것 등을 요구하는 경우가 많기 때문에 회생계획안에 처분 후 잔여 대금의 처리방법에 관해서도 명백하게 규정해 둘 필요가 있다. 회생담보권자의 권리는 회생담보권으로 인정된 부분에 한하는 것이기 때문에 실무상 위 잔여 대금은 전체 채권자의 이익을 위하여, 즉 운영자금이나 공익채권 변제자금으로 사용하는 것이 일반적이다. 그러나 간혹 본래의 근저당권이나 질권의 피담보채권에 속하면서도 담보평가액을 초과하여 회생채권으로밖에 인정되지 못한 채권을 변제하는 것으로 정하는 경우도 있는데, 이때에는 본래 그 회생채권은 분할변제하도록 되어 있었던 것임을 감안하여 그 분할변제계획에 따른 변제대금을 현재가치로 환산한 금액을 변제하는 방법으로 정하는 것이 바람직하다.[154]

위와 같은 경우 "회생담보권을 변제한 후 남은 처분대금은 법원의 허가를 받아 공익채권의 변제자금이나 채무자의 운영자금으로 사용할 수 있습니다." 또는 "… 처분대금은 법원의 허가를 받아 당해 담보목적물로 담보되었던 회생채권의 조기변제에 우선 사용하고, 나머지 대금은 채무자의 운영자금으로 사용합니다."[155]와 같은 문구가 이용된다.

다) 담보목적물 처분위임에 관한 규정　　앞서 언급하였듯이 담보목적물이

---

154) 이러한 방식에 따라 회생계획안이 작성된 사례로는, 서울중앙지방법원 2011회합105 (주)대우자동차판매, 2012회합116 벽산건설(주), 2012회합185 (주)웅진홀딩스, 2012회합237 (주)수성기술, 2013회합33 (주)케이에스인더스트리 사건 참조.

155) 통상 회생계획안 총칙의 '변제기일' 정의에서 회생채권을 조기변제할 경우 일정한 할인율을 적용한 현재가치 상당액을 변제하도록 규정하기 때문에, 이 부분에서 별도로 조기변제 할인율을 적용한다는 기재를 할 필요는 없다.

당초 계획한 시기에 매각되지 않는 경우에 대비한 규정이 필요한데, 그중의 하나가 처분위임에 관한 규정이다. 이러한 처분위임에 관한 규정은 반드시 회생계획안에 삽입하여야 하는 것은 아니지만, 채무자의 자구계획 이행을 강제하기 위해서 매각위임 규정을 넣는 것이 일반적이다. 앞서 설명하였듯이 별첨 자료에는 담보목적물을 포함한 자산의 매각계획을 기재하여야 하고, 그 내용으로 매각 대상 자산의 내용, 공시지가나 장부가액, 매각예정가액, 매각예정연도 등을 기재하여야 하는데, 이 매각예정연도 내에 자산을 매각하지 못하였을 경우의 처리 방안에 관한 규정을 기재하여야 한다는 것이다. 일반적으로 이러한 경우의 처분위임은 최우선순위 회생담보권자에게 하는 것이 원칙이다. 회생담보권자의 부당한 저가 매각을 예방하기 위해 구체적인 매각 조건에 대해 법원의 허가를 받도록 하는 규정을 함께 두는 것이 일반적이다.

또한 법원의 허가에 따라 당해 담보목적물에 관한 최우선순위 회생담보권자에게 그 처분을 위임한 경우에는 "다만 처분위임 이후의 이행지체는 채무자의 책임이 아니라 담보권자의 책임이기 때문에 처분위임한 날의 다음 날부터 변제일까지는 그 담보목적물에 관한 회생담보권 전액에 대한 연체이자는 발생하지 않습니다."라고 기재하는 것이 일반적이다.

3) 담보권 실행경매 조항

회생담보권에 대한 권리변경 및 변제방법을 규정하면서 담보권자가 민사집행법이 정하는 담보권 실행경매에 의하여 변제를 받도록 하는 조항을 넣는 것이 법상 허용되는지 여부에 관하여는 견해가 나뉘고 있다.

먼저 부정설은, 법 제58조 제1항 제2호가 회생절차개시결정이 있는 때에는 회생담보권에 기한 담보권 실행경매를 할 수 없는 것으로 규정하고 있는 점, 법은 회생절차개시결정으로 중지된 회생담보권에 기한 강제집행에 관하여는 법원이 속행을 명할 수 있는 명문의 규정(제58조 제5항)을 두고 있는 반면에 금지된 강제집행의 개시를 허용하는 조항은 두고 있지 않은 점,[156] 민사집행법상의 배당원칙과 회생계획에 따른 변제방법에 충돌이 생길 수 있는 여지가 있는 점 등을 이

---

156) 구 회사정리법 당시에 금융기관 연체대출금 회수를 위해 경매진행을 허용하는 법조항이 구 금융기관의 연체대출금에 관한 특별조치법에 규정되었던 적이 있다. 구 금융기관의 연체대출금에 관한 특별조치법 제7조의3은 성업공사에 이관되었거나 회수가 위임된 채권의 채무자인 회사의 재산에 대하여는 성업공사의 신청이 있는 때에는 구 회사정리법의 규정에도 불구하고 경매절차를 진행할 수 있도록 규정하였는데, 헌법재판소는 이 조항이 금융기관에 과도한 특권을 부여하고 있어 헌법상 평등의 원칙에 위배된다는 이유로 위헌결정을 내렸다. 헌법재판소 1990. 6. 25. 선고 89헌가98 내지 101 전원재판부 결정 참조.

유로 담보권자의 신청으로 담보권 실행경매를 개시한 후 그 경매절차를 통해 회생담보권자가 변제받는 방법을 회생계획안에 규정하는 것은 법이 허용하는 범위를 넘어서는 것이라고 한다.

반면에 긍정설은, 개시결정 이후 회생담보권에 기한 담보권 실행경매를 금지하는 법 제58조 제1항 제2호는 채무자의 회생가능성을 높이기 위해 채권자들의 개별 집행을 금지하는 데에 그 취지가 있어, 담보권자와 관리인이 모두 동의하는 경우에는 회생계획인가 후 담보권 실행경매의 개시를 허용하는 것은 채무자의 회생에 방해가 되는 것이 아니므로 이러한 경우에 담보권 실행경매를 허용한다고 해서 위 법문의 취지에 반하는 것은 아닌 점, 법 제58조 제5항이 중지된 강제집행의 속행명령을 허용하고 있는 것에서 볼 수 있는 것처럼 회생절차에서 담보권 실행경매가 원천적으로 금지되는 것은 아닌 점, 담보권 실행경매에서의 배당 문제는 민사집행법과 회생계획의 조화로운 해석을 통해 집행법원이 충분히 해결 가능하고, 배당에 관하여 분쟁이 생긴 경우 부당이득반환청구 또는 배당이의의 소를 통해 해결할 수 있는 점 등을 이유로 회생계획안에 담보권 실행경매 조항을 넣는 것이 가능하다고 한다.[157]

긍정설을 따를 경우 구체적인 회생계획안의 작성은 담보권자에 대한 처분위임 조항 중에 "최우선순위 회생담보권자는 담보권 실행(임의경매 신청 등)의 방법으로 매각할 수도 있습니다."라는 문구를 추가하는 방법을 취한다.[158][159]

---

[157] 최근 서울회생법원의 실무례는 담보권 실행경매 조항을 넣지 않는 경우가 많지만, 위 조항을 넣은 사례로는 서울회생법원 2018회합100055 (주)용진테그, 2018회합100089 (주)삼원바이오텍, 2018회합100201 부영판지(주), 2018간합100118 (주)두리수산, 2020회합100013 (주)오원이엔지, 2021회합100029 (주)유림이엔씨 2021회합100127 (주)대주씨에스, 2021회합100135 (주)정금에프앤씨, 2021회합100138 (주)쉘보드, 2021회합100145 (주)엔와이테크 사건 등이 있다. 한편 부결된 회생계획안에 대해 법원이 강제인가를 하면서 권리보호조항으로 담보권자의 경매신청 허용조항을 넣은 사례로는, 서울중앙지방법원 2012회합1 삼성솔루션(주), 2012회합62 유일산업전자(주), 2012회합257 제일엔지니어링(주) 사건 등이 있다.

[158] 담보권 실행경매 신청 방법을 취하기로 하는 처분위임의 경우에도 회생담보권자의 무분별한 담보권 실행경매 신청을 막기 위하여 회생담보권자 의결권 과반수의 동의를 얻도록 한 회생계획안이 작성된 사례로는, 서울중앙지방법원 2011회합158 (주)국제유압, 2012회합126 (주)한올글로텍, 2013회합124 현광전자통신(주) 사건 참조.

[159] 참고로, 일본의 입법례를 소개한다. 일본은 회사갱생절차에서 강제집행 등의 속행절차를 두고 있을 뿐만 아니라 담보권의 실행금지 해제 제도도 두고 있다. 즉 갱생담보권에 관한 담보권의 목적인 재산에 관해서 갱생회사의 사업의 갱생을 위해 필요하지 않은 것이 명백한 경우에 법원은 갱생계획안을 결의에 부치는 결정을 하기 전까지 관리인의 신청에 의하거나 직권으로 당해 재산에 관한 담보권의 실행금지를 해제하는 결정을 할 수 있다(일본 회사갱생법 제50조 제7항. 이하 조항만 표시). 갱생담보권자는 관리인에게 담보권의 실행 금지를 해제하는 취지의 신청을 하라고 요구할 수 있고, 그 요구를 받은 관리인은 그러한 취지를 법원에 보고해야 한다(제50조 제8항 전단). 관리인이 그러한 신청을 하지 않는 때는 지체 없이 그 사정을 법원에 보고해야 한다(제50조 제8항 후단). 강제집행 등이 속행되거나 또는 금지가 해제되어 담보권의

4) 기 재 례

> 나. 담보목적물의 처분 및 처분대금의 사용 방법
>
> (1) 채무자가 담보목적물을 처분할 경우, 매매계약이 완료된 후 소유권이전등기 시 필요하면 법원은 해당 담보목적물에 존재하는 담보권 말소를 촉탁할 수 있습니다.
>
> (2) 채무자가 법원의 허가를 받아 담보목적물을 매각할 경우에는 매각대금에서 매각 관련 제 세금 및 기타 비용을 공제한 금액으로 당해 담보목적물의 권리변경된 회생담보권을 변제합니다. 다만 위 금액으로 당해 담보목적물의 회생담보권을 모두 변제하기에 부족한 경우 그 회생담보권의 변제는 원금, 개시 전 이자, 개시 후 이자, 연체이자 순으로 변제하고, 같은 순위의 것 중에서는 변제기일이 먼저 도래하는 순서에 따르며, 남은 회생담보권액은 이 회생계획에 의한 회생담보권 변제방법에 따라 변제합니다. 담보목적물에 대한 회생담보권자가 여럿일 경우 그 담보권의 순위에 따라 순차적으로 변제하고, 같은 순위 회생담보권자가 있는 경우에는 그 회생담보권자들의 채권액 비율에 비례하여 변제합니다.
>
> (3) 담보목적물의 처분으로 인한 변제대금이 회생담보권 변제액에 미달하거나 부득이한 사정으로 계획 기간 내에 담보목적물의 매각이 이루어지지 못할 경우, 미변제 회생담보권은 이 회생계획에 따른 본래의 변제계획에 따릅니다.
>
> (4) 회생담보권을 변제한 후 남은 처분대금은 법원의 허가를 받아 공익채권의 변제 또는 채무자의 운영자금으로 사용할 수 있습니다.
>
> 다. 담보목적물 처분 위임
>
> 이 회생계획의 회생담보권 변제계획을 이행하지 못할 경우 회생담보권자는 변제계획 불이행이 있은 연도의 다음 연도에 담보목적물 처분권한(임의경매 신청 포함)160) 위임을 관리인에게 요청할 수 있습니다.161) 회생담보권자의 요청이 있는 경우 관리인은 법원의 허가를 받아 최우선순위 회생담보권자에게 당해 담

실행절차가 진행되는 경우에도 배당 또는 변제금의 교부 절차는 행해질 수 없고 갱생계획에 의해야 한다(제51조 본문). 다만 조세 등의 청구권에 기한 체납처분의 속행의 경우에는 배당 등이 실시된다(제51조 제1항 단서). 배당 등의 절차가 실시되지 않는 경우의 배당 등에 충당할 금전 또는 체납처분 배당의 잉여금이 생기는 경우에는 그 금전은 관리인 또는 갱생회사(갱생회사의 기관이 그 권한을 회복하는 경우 또는 갱생절차가 종료된 경우)에 교부한다(제51조 제2항).

한편 관리인 등에게 교부될 금전의 사용방법을 미리 갱생계획안에 정해 놓아야 한다. 즉 속행된 강제집행 등에 있어서 배당 등에 충당해야 할 금전의 액수 또는 예상액 및 그 용도는 갱생계획안의 절대적·필요적 기재사항이다(제167조 제1항 제6호, 제51조 제1항 본문). 이상의 설명은, 会社更生法·特別淸算法, 341-343면, 606-607면 참조.

160) 담보권 실행경매 조항을 넣을 경우 이와 같이 '처분권한' 문구 뒤에 '(임의경매 신청 포함)' 문구를 추가함으로써 간단히 기재할 수도 있다.

161) 또는 "이 회생계획의 회생담보권 변제를 위한 자산 매각계획에 따라 담보목적물의 매각이 이루어지지 않은 경우 회생담보권자는 자산 매각 계획연도의 다음 연도에 담보목적물 처분권한 위임을 관리인에게 요청할 수 있습니다."로 기재할 수도 있다.

보목적물의 처분권한(임의경매 신청 포함)을 위임할 수 있고, 이 경우 최우선순위 회생담보권자는 담보목적물을 매각함에 있어 그 매각 조건에 관하여 관리인을 통하여 법원의 허가를 받아야 합니다. 다만, 처분권한을 위임한 날의 다음 날부터 변제일까지는 그 담보목적물에 관한 회생담보권 전액에 대한 연체이자가 발생하지 않습니다.

라. 보험사고 발생 시의 처리방법에 관한 규정

일반적으로 채무자가 공장을 보유하고 있는 경우, 그 공장 내 자산에 관하여 화재보험 등의 보험계약을 체결해 두고 있는 경우가 많다. 따라서 보험사고가 발생하여 담보목적물이 멸실되거나 훼손되었을 경우의 처리방법에 관한 규정도 회생계획안에 기재하여야 한다. 실무는 실제 채무자에게 위와 같은 보험계약이 있는지 여부를 묻지 않고, 마치 약관 조항처럼 다음과 같은 조항을 기재한다.

---

6. 보험사고 발생 시 처리

가. 관리인은 보험계약이 만료된 때에는 계속하여 보험계약을 체결합니다.

나. 관리인이 위와 같이 담보목적물에 대한 보험가입의무를 이행하지 않을 경우 회생담보권자는 자신의 비용으로 보험료를 지불하여 보험계약을 체결할 수 있으며, 보험료로 지출된 금액은 채무자에 대한 공익채권으로 봅니다. 관리인은 이를 우선적으로 변제하되, 그 원금에 대하여 보험료 지급일부터 변제일까지 이 회생계획에 따른 회생담보권의 개시 후 이자율(연 ○%)에 따른 지연손해금(또는 ○○은행의 일반자금대출 최저 연체이자율에 따른 지연손해금)을 지급하여야 합니다.

다. 보험에 가입되어 있는 담보목적물에 대하여 보험사고가 발생한 경우, 관리인은 법원의 허가를 받아 해당 보험금을 담보목적물의 복구에 사용하여야 하며, 복구된 물건에 대하여는 잔존 회생담보권을 피담보채권으로 하여 종전의 순위에 따라 담보권을 설정하여야 합니다.

라. 관리인이 보험금으로 담보목적물을 복구하지 아니할 경우에는 당해 담보목적물에 설정되어 있는 담보권의 순위에 따라 이 회생계획에 의하여 변제하여야 할 회생담보권의 범위 내에서 본 회생계획 제○장 제○절(예상수익금의 초과 시 처리방법)에 의한 할인율을 적용하여 조기 변제하되, 당해 담보목적물의 회생담보권을 모두 변제하기에 부족한 경우에는 변제기일이 먼저 도래하는 회생담보권의 원금, 개시 전 이자, 개시 후 이자, 연체이자 순으로 변제합니다.

마. 관리인은 담보목적물의 복구나 회생담보권의 변제에 사용하고 남은 보험

금을 법원의 허가를 받아 공익채권을 변제하거나 채무자의 운영자금으로 사용할
수 있습니다.

　바. 담보목적물의 보험청구권에 대하여 질권이 설정되어 있는 경우에는 보험
기간 종료 후 보험갱신 시마다 기존 권리를 재설정하기로 합니다.

마. 담보권자의 물상대위권 행사와 관련한 처리방법에 관한 규정

　회생절차 진행 도중에 담보목적물이 멸실·훼손·공용징수된 경우, 민법의
규정(민법 제342조, 제355조, 제370조)에 의하면 담보권자는 담보권설정자가 받을 금전 기타 물건에
대하여 물상대위권을 행사할 수 있다. 그러나 회생절차에서는 회생담보권의 개
별적 권리행사가 금지되므로 물상대위권의 행사를 위한 압류를 허용할지 여부
는 별론으로 하고 회생담보권자는 추심명령을 받아 이를 직접 변제받을 수는
없다(자세한 사항은 '제9장 제3절 3. 사.' 참조). 이 경우 회생담보권자의 권리를 적
절히 보호하기 위해서는 위 화재보험금의 처리에 준하여 다음과 같은 조기변제
조항을 일반 조항으로 두는 것이 채무자와 회생담보권자 모두에게 유리한 해결
책이 될 것이다.

---

7. 담보권자의 물상대위권 행사

　가. 회생담보권자의 담보목적물이 훼손된 경우, 당해 담보목적물의 복구가 가
능하다면, 관리인은 법원의 허가를 받아 해당 담보목적물의 훼손으로 인하여 지
급되는 손해배상금이나 보상금을 수령하여 담보목적물의 복구에 사용하여야 하
며, 복구된 물건에 대하여는 잔존 회생담보권을 피담보채권으로 하여 종전의 순
위에 따라 담보권을 설정하여야 합니다.

　나. 회생담보권자의 담보목적물이 멸실, 훼손, 공용징수된 경우, 관리인이 손
해배상금이나 보상금을 수령하여 담보목적물을 복구하지 아니하는 때에는 그 담
보목적물에 설정되어 있는 담보권의 순위에 따라 이 회생계획에 의하여 변제하
여야 할 회생담보권의 범위 내에서 본 회생계획 제○장 제○절(예상수익금의 초
과 시 처리방법)에 의한 할인율을 적용하여 조기 변제하되, 당해 담보목적물의
회생담보권을 모두 변제하기에 부족한 경우에는 변제기일이 먼저 도래하는 회생
담보권의 원금, 개시 전 이자, 개시 후 이자, 연체이자 순으로 변제합니다.

　다. 관리인은 담보목적물의 복구나 회생담보권의 변제에 사용하고 남은 금액
을 법원의 허가를 받아 공익채권을 변제하거나 채무자의 운영자금으로 사용할
수 있습니다.

바. 기타 특수한 경우[162]

1) 채무자가 보증채권에 대해 담보신탁 우선수익권을 담보로 제공한 경우

건설업을 영위하는 채무자가 주채무자의 채무를 보증하면서 그 소유의 부동산에 관하여 신탁회사에 담보신탁 등기를 경료하고 채무자 자신에게 귀속된 우선수익권을 보증채권자에게 담보로 제공하는 경우가 있다.[163] 이러한 경우 다음과 같은 기재례가 이용되기도 한다.[164]

> ### 가. 회생담보권(신탁 관련 보증채권)
>
> #### (1) 원금 및 개시 전 이자
>
> 원금 및 개시 전 이자는 우선 주채무자로부터 변제받거나 주채무자로부터 제공받은 담보물건을 처분하여 변제받도록 합니다. 주채무자에 대한 담보권 실행을 완료한 후 또는 채무자의 회생계획인가일 이후 주채무자가 변제하여야 할 주채무를 이행하지 않고 그 불이행 상태가 1년(단, 주채무의 변제기일이 회생계획인가일 이후 도래하는 경우에는 그 변제기일로부터 1년) 동안 계속되는 경우에는 신탁계약에 따라 신탁재산을 환가하여 받을 수 있는 수익금으로 우선 변제하고, 변제되지 않은 회생담보권 잔액에 관하여는 다음과 같이 변제합니다.
>
> ① 제1차연도(2024년) 변제기일 이전에 신탁재산이 환가되는 경우는 미지급 원금 및 개시 전 이자를 제1차연도(2024년)에 전액 현금으로 변제합니다.
>
> ② 제1차연도(2024년) 변제기일이 지난 후 신탁재산이 환가되는 경우는 미지급 원금 및 개시 전 이자를 그 환가 해당연도의 변제기일에 전액 현금으로 변제합니다.
>
> #### (2) 개시 후 이자
>
> 제1차연도(2024년) 변제기일이 지난 후 신탁재산이 환가되는 경우는 미지급 원금 및 개시 전 이자에 대하여 환가일 다음 날부터 연 ○%의 이율을 적용하여 산정한 개시 후 이자를 그 환가 해당연도 변제기일에 현금으로 변제합니다.

---

162) 기타 특수한 경우의 기재례는 본문의 다른 기재례들과 마찬가지로 각 사안마다의 개별적인 상황을 고려한 기재례이다. 따라서 실제 실무에서는 위 기재례들을 일률적으로 적용할 것이 아니고 각 사건의 사실관계, 법률관계의 특성에 맞게 회생계획안 문구를 작성함이 바람직하다.

163) 채권자가 신탁계약에 따라 직접 수익자로 지정되는 이른바 타익신탁의 경우는 '제13장 제5절 4. 나. 3)' 참조.

164) 서울중앙지방법원 2011회합161 임광토건(주) 사건의 인가된 회생계획을 참고한 기재례.

2) 채무자의 물상보증으로 인한 회생담보권과 보증채무로 인한 회생담보권을 구분하는 경우[165]

> 나. 회생담보권(보증채권)
>
> (1) 원금 및 개시 전 이자
>
> 우선 주채무자로부터 변제받거나 주채무자로부터 제공받은 담보물건을 처분하여 변제받습니다. 다만 채무자가 물상보증인인 경우에는 담보 목적물을 처분하여 변제합니다. 채무자가 물상보증인인 경우를 제외하고 주채무자에 대한 담보권을 실행 완료하고 채무자의 회생계획인가 결정일 이후 주채무자가 변제하여야 할 주채무를 이행하지 않고 그 불이행 상태가 1년 동안 지속되는 때(이하 '채무자가 변제할 사유'라 합니다)에는 주채무자에 의하여 변제되지 아니한 채권 잔액은 담보 자산의 처분에 따라 회수된 금액 범위 내에서 즉시 변제하고, 변제되지 아니한 채권 잔액의 100%를 '채무자가 변제할 사유' 발생일이 속하는 연도 말에 현금 변제합니다.
>
> (2) 개시 후 이자
>
> 미변제 원금에 대하여 '채무자가 변제할 사유' 발생일의 다음 날부터 완제일까지 연 2%의 이자율을 적용하여 연도 말에 현금 변제합니다.

3) 회생담보권(임대차보증금반환채권)

채무자가 임대인으로서 제3자에게 임대목적물을 임대하고, 그 임차인에게 임대차보증금반환채권을 담보하기 위한 저당권, 전세권 등을 채무자의 재산에 설정하여 준 경우에 위 임대차보증금반환채권이 회생담보권에 해당함은 명백하다. 한편 우선변제권이 있는 임대차보증금반환채권[166]이 회생채권인지 회생담보권인지 여부에 관하여는 논란이 있었으나, 현재 실무에서는 우선변제권이 있는 임대차보증금반환채권은 채무자의 특정 재산에 대한 우선특권으로서 법 제141조 제1항이 정한 회생담보권에 해당하므로(제9장 제3절 2. 다. 8) 참조), 이를 회생담보권으로 분류하여 회생계획을 작성하고 있다.[167]

---

165) 서울중앙지방법원 2013회합85 에스티엑스건설(주) 사건의 인가된 회생계획을 참고한 기재례.
166) 임대차계약에 수반하여 임차인의 차임지급채무 등을 담보하기 위하여 수수된 임대차보증금반환채권이 아래에 해당하는 각 경우를 말한다.
　① 대항력 요건(주택은 인도와 주민등록, 상가는 인도와 사업자등록)을 갖추고 주택임대차보호법 제8조 제3항, 상가건물 임대차보호법 제14조 제3항에 따라 최우선변제권을 가지는 소액보증금에 해당하는 경우
　② 대항력 요건 및 확정일자를 갖추어 주택임대차보호법 제3조의2 제2항, 상가건물 임대차보호법 제5조 제2항에 따라 우선변제권을 가지는 임대차보증금에 해당하는 경우
167) 실무상 과거에는 우선변제권이 있는 임대차보증금반환채권을 회생담보권이 아니라 회생채권으로 분류하여 회생계획안을 작성하여 왔는데, 이는 ① 채권자가 회생담보권이 아닌 회생채권

회생담보권(임대차보증금반환채권)에 대한 권리변경과 변제방법에 대한 일반적인 기재례는 다음과 같다.

다. 회생담보권(임대차보증금반환채권)[168]

(1) 임대차보증금반환채권(이하 '종전 임대차보증금'이라 합니다)은 임대차계약기간이 만료되거나 중도에 적법하게 해지되어 그 반환사유가 발생하고 임차인이 임대목적물을 인도하는 경우에 해당 목적물을 제3자에게 임대하여 받는 임대차보증금으로 종전 임대차보증금을 반환하는 것으로 합니다. 만약 임대목적물이 재임대되지 않거나 제3자로부터 받는 임대차보증금이 종전 임대차보증금에 미치지 못하는 경우에는 그 미반환 임대차보증금은 임대목적물의 인도와 동시에[169] 현금으로 변제합니다.

(2) 임대차계약기간이 만료되어 종전 임차인과 재계약을 하는데 새로운 임대차보증금이 종전 임대차보증금에 미치지 못하는 경우에는 종전 임대차보증금과 새로운 임대차보증금의 차액은 종전 임대차계약기간의 종료일로부터 3개월 이내에 현금으로 변제합니다.

(3) 해당 임대목적물을 매각하는 경우에는 매수인으로 하여금 임대차보증금반환채무를 인수하도록 하되 매수인이 임대차보증금반환채무를 인수하지 않거나 임차인이 인수에 대해 이의를 제기한 경우에는 매각대금으로 종전 임대차보증금을 전액 현금으로 변제합니다. 매각대금으로 종전 임대차보증금 전액을 변제하지 못하는 경우에는 임대목적물의 인도와 동시에 미변제 임대차보증금을 현금으로 변제합니다.

(4) 개시 후 이자는 전액 면제합니다.

으로 신고하고, 관리인 역시 회생채권으로 분류하여 채권자목록을 제출하는 것이 일반적이었기 때문에 우선변제권 있는 임대차보증금반환채권도 일단 회생채권으로 시인하되 전액 변제하는 것으로 회생계획안을 작성함으로써 사실상 회생담보권으로 취급하였고, ② 우선변제권이 없는 임대차보증금반환채권에 대하여도, 권리감축을 하면 채권자인 임차인이 인도의무를 제때 이행하지 않아 임대목적물의 재임대, 매각 등에 지장이 생길 수 있다는 점 등을 고려하여 전액 변제하는 권리변경 방법을 취하여 왔고, 이에 따라 우선변제권이 있는 임대차보증금반환채권을 우선변제권이 없는 임대차보증금반환채권과 달리 회생담보권으로 분류하여 취급할 실익이 없었던 것에 기인하였다. 현재 실무는 우선특권을 회생담보권에 포함되는 것으로 규정하고 있는 법문의 취지를 정확히 반영하고, 또 임대차보증금반환채권을 포함하여 권리감축을 할 수 있는 회생채권으로서 보증금채권과의 구별을 명확히 한다는 취지에서 우선변제권이 있는 임대보증금반환채권을 회생담보권으로 분류하여 처리하고 있다.

168) 차임지급을 내용으로 하는 민법상의 임대차계약이 아닌 채권적 전세계약에 따라 차임 대신 수수된 전세금반환채권이 저당권 등에 의하여 담보되거나 우선변제권을 가지고 있는 경우에는 "회생담보권(전세금반환채권)"으로 분류하고, 그 권리변경 및 변제방법은 "회생담보권(임대차보증금반환채권)"의 예에 준하여 정한다.

169) (1)항 및 (3)항에서의 '인도와 동시에'라는 부분에 관하여는, 회생채권(임대보증금반환채권)의 기재례와 유사하게 "그 미반환 임대차보증금은 임대목적물의 인도가 완료되는 날부터 3개월 이내에"와 같이 일정 기간의 유예를 두는 경우도 있다.

4. 회생채권에 대한 권리변경과 변제방법

가. 일 반 론

회생채권에 대한 권리변경과 변제방법을 규정할 때에는 회생담보권과 같이 담보물의 처분과 관련된 규정이 없으므로, 앞서 설명한 바와 같이 채권 그룹별로 ① 채권의 내역, ② 권리변경과 변제방법, ③ 권리변경 및 변제방법에 따른 채권자별 내역을 차례로 기재하면 된다.

회생채권도 그 성질에 따라 대여금채권, 상거래채권, 보증채권, 구상채권 등으로 다양하게 분류될 수 있으므로, 위 채권들의 성격에 따라 권리변경과 변제방법을 달리 규정하는 것이 실무상 관행이다. 실무에서 자주 나오는 회생채권의 권리변경과 변제방법에 대한 주의할 사항과 일반적인 기재례는 다음과 같다.

나. 금융기관의 회생채권에 대한 권리변경과 변제방법

1) 구상채권에 관한 문제

앞서 설명한 바와 같이 회생계획안 작성 실무상 '구상채권'이라 함은 보증기관이나 타인이 채무자의 채무를 인수하거나 대위변제를 함으로써 보증기관 등이 채무자에 대하여 가지는 구상금채권을 말한다. 이러한 구상채권은 보증기관이나 타인이 채무자의 채권자에 대하여 대위변제를 함으로써 채무자의 책임이 현실화된다는 점에 특징이 있다. 그런데 일반적으로 원금에 대한 권리변경보다 이자에 대한 권리변경을 더 불리하게 하는 회생계획안을 작성하는 경향이 있기 때문에 구상채권자가 대위변제를 하였을 때에 어느 범위까지를 채무자가 책임져야 할 원금이라고 보아야 하는지가 이해관계인 사이에 종종 문제가 된다.

실무나 판례[170]는 장래의 구상권을 가지는 자는 구상채권 전액에 관하여 회생절차에 참가하여 회생채권자로서의 권리를 행사할 수 있으나, 채권자가 회생절차 개시 당시의 채권 전부에 관하여 회생채권으로 신고한 경우에는 장래의 구상권을 가지는 자는 회생채권자로서의 권리를 행사할 수 없게 되는 것이고, 그가 채권자의 회생채권 신고 이후에 채권자에 대하여 대위변제를 한 경우에는 채권자의 회생채권이 그 동일성을 유지하면서 구상권자에게 그 변제의 비율에 따라 이전될 뿐이며, 신고기간 경과 후에 대위변제를 함으로써 구상금 채권이

---

170) 대법원 2002. 1. 11. 선고 2001다11659 판결.

발생하였다고 하더라도 구상권자가 대위변제액과 채권자의 회생채권 신고액과 차액에 대하여 추완신고를 할 수 없으며, 신고된 회생채권 중 이자를 원금으로 변경하는 신고도 허용되지 않는 것으로 보고, 반면 채권자의 채권 신고 전에 변제 등으로 채권 전액이 소멸한 경우에는 원리금, 지연손해금 등 전액을 구상원금으로 하여 신고할 수 있는 것으로 보고 있다.[171]

2) 대여금채권·미발생구상채권의 구분과 규정방법

대여금채권과 구상채권의 개념 차이는 앞서 "용어의 정의"에 관한 부분에서 살펴보았다. 이와 같이 대여금채권과 구상채권을 구분하는 이유는 구상채권이 보증기관의 대위변제를 전제로 하는 우발적인 성격을 가지고 있어서 권리변경과 변제방법을 정할 때 일반 대여금채권과 달리 규정하여야 하기 때문이다. 특히 건설회사의 경우에는 건설 관련 보증기관들의 분양보증·시공보증·하자보증 등으로 인한 구상채권이 상당히 많이 있고, 이에 관한 규정을 다른 채권과 같은 항목에서 다룬다면 그 기재 내용이 매우 복잡해지기 때문에 이를 따로 구분하여 표시할 필요가 있다.

구상채권에도 주채권과 보증채권의 구분이 있으며, 그 대체적인 권리변경과 변제방법의 조건은 대여금채권의 그것과 동일하게 적용하는 것이 일반적이나, 미발생구상채권의 경우에는 회생계획인가일 현재 현실화되지 아니한 점을 감안하여 그에 적합한 변제방법 등을 정하고 있다.

3) 담보신탁의 취급

'담보신탁'이란 채무자가 위탁자로서 채무이행의 담보를 위해 신탁한 재산에 관하여 채권자가 수익권을 가지는 경우를 말한다.[172] 채무자가 위탁자로서 채무이행의 담보를 위해 신탁한 재산에 관하여 신탁행위에서 정한 바에 따라 채권자가 수익권자로 바로 지정된 타익신탁의 경우에는, 그 수익권이 채무자의 재산이라고 볼 수 없으므로 채권자가 채무자에 대하여 가지는 권리는 회생채권으로 취급되고, 그 기재례는 아래와 같다.[173] 한편 채무자 자신의 수익권을 담보로 제공한 경우는 '제13장 제5절 3. 바. 1)' 참조.

---

171) 상세한 내용은 '제9장 제2절 6. 라.' 참조.
172) '담보신탁'에 관한 용어의 정의 및 의미에 관하여는 '제13장 제5절 1. 가. 3)' 참조.
173) 신탁의 유형과 담보신탁에 관한 자세한 내용은 임채웅, "담보신탁의 연구", 인권과 정의 378호(2008. 2.), 대한변호사협회, 115-131면; 남동희, "부동산신탁의 위탁자에 대한 회생절차의 실무상 쟁점", 사법 15호(2011. 3.), 사법발전재단, 123-128면 등 참조.

4) 기 재 례

가. 회생채권(대여금채권)

(1) 원금 및 개시 전 이자

(가) 원금 및 개시 전 이자의 ○○%는 출자전환하고 ○○%는 현금으로 변제하되, 현금변제할 금액의 ○%는 제1차연도(○○○○년)에, ○%는 제2차연도(○○○○년)에 각 변제하고, ○○%는 제3차연도(○○○○년)부터 제9차연도(○○○○년)까지 매년 균등분할 변제하며, ○%는 제10차연도(○○○○년)에 변제합니다.

(나) 출자전환 대상 채권은 이 회생계획 제○장 제○절에 의하여 채무자가 신규로 발행하는 주식의 효력발생일에 당해 회생채권의 변제에 갈음하여 소멸합니다.

(2) 개시 후 이자

개시 후 이자는 전액 면제합니다.

나. 회생채권(보증채권)

(1) 원금 및 개시 전 이자

(가) 원금 및 개시 전 이자는 우선 주채무자로부터 변제받거나 주채무자로부터 제공받은 담보물건을 처분하여 변제받도록 합니다.

(나) 주채무자에 대한 담보권 실행을 완료한 후 또는 채무자의 회생계획인가일 이후 주채무자가 변제하여야 할 주채무를 이행하지 않고 그 불이행 상태가 1년(단, 주채무의 변제기일이 회생계획인가일 이후 도래하는 경우에는 그 변제기일로부터 1년) 동안 계속되는 경우(이하 이 절에서 '채무자가 변제할 사유'라 합니다)에는 변제되지 않은 회생채권 잔액의 ○○%는 출자전환하고 ○○%는 현금으로 변제하되, 현금변제할 금액은 채무자가 변제할 사유가 발생한 연도부터 제10차연도(○○○○년)까지 균등분할 변제합니다. 단, 채무자가 변제할 사유가 제2차연도(○○○○년) 이후에 발생하는 경우 이미 변제기일이 경과된 금액은 그 후 최초로 도래하는 변제기일에 합산하여 변제합니다.

(다) 출자전환 대상 채권은 이 회생계획 제○장 제○절에 의하여 채무자가 신규로 발행하는 주식의 효력발생일에 당해 회생채권의 변제에 갈음하여 소멸합니다.

(2) 개시 후 이자

개시 후 이자는 전액 면제합니다.

다. 회생채권(구상채권)

(1) 원금 및 개시 전 이자

(가) 원금 및 개시 전 이자의 ○○%는 출자전환하고 ○○%는 현금으로 변제하되, 현금변제할 금액의 ○%는 제1차연도(○○○○년)에, ○%는 제2차연도(○○

○○년)에 각 변제하고, ○○%는 제3차연도(○○○○년)부터 제9차연도(○○○○
년)까지 매년 균등분할 변제하며, ○%는 제10차연도(○○○○년)에 변제합니다.

(나) 출자전환 대상 채권은 이 회생계획 제○장 제○절에 의하여 채무자가 신규
로 발행하는 주식의 효력발생일에 당해 회생채권의 변제에 갈음하여 소멸합니다.

(2) 개시 후 이자

개시 후 이자는 전액 면제합니다.

라. 회생채권(미발생구상채권)

(1) 대위변제금

(가) 보증기관 등이 채무자를 위하여 대위변제할 경우 대위변제금의 ○○%는
출자전환하고 ○○%는 현금으로 변제하되, 현금변제할 금액의 ○%는 제1차연
도(○○○○년)에, ○%는 제2차연도(○○○○년)에 각 변제하고, ○○%는 제3차
연도(○○○○년)부터 제9차연도(○○○○년)까지 매년 균등분할 변제하며, ○%
는 제10차연도(○○○○년)에 변제합니다. 단, 대위변제가 제2차연도(○○○○년)
이후에 이루어지는 경우 이미 변제기일이 경과된 금액은 그 후 최초로 도래하는
변제기일에 합산하여 변제합니다.

(나) 출자전환 대상 채권은 이 회생계획 제○장 제○절에 의하여 채무자가 신규
로 발행하는 주식의 효력발생일에 당해 회생채권의 변제에 갈음하여 소멸합니다.

(2) 개시 후 이자

개시 후 이자는 전액 면제합니다.

마. 회생채권(담보신탁[174])

(1) 원금 및 개시 전 이자

(가) 원금 및 개시 전 이자는 신탁계약에 따라 신탁재산을 환가하여 받을 수
있는 수익금으로 우선 변제하고, 변제되지 않은 회생채권 잔액의 ○○%는 출자
전환하고 ○○%는 현금으로 변제하되, 현금변제할 금액의 ○%는 제1차연도(○
○○○년)에, ○%는 제2차연도(○○○○년)에 각 변제하고, ○○%는 제3차연도
(○○○○년)부터 제9차연도(○○○○년)까지 매년 균등분할 변제하며, ○%는
제10차연도(○○○○년)에 변제합니다. 단, 신탁재산의 환가가 제2차연도(○○○
○년) 이후에 이루어지는 경우 이미 변제기일이 경과된 금액은 그 후 최초로 도
래하는 변제기일에 합산하여 변제합니다.

---

174) 회생채권(담보신탁)에 대한 이 기재례는 채무자가 채권자에 대하여 직접 대여금채무 등을 부
담하면서 신탁계약에 따라 채권자를 수익자로 지정한 이른바 타익신탁의 경우를 전제로 한 것
이다. 서울회생법원 2018회합100227 세원건설(주), 2021회합100145 (주)엔와이테크 사건 등 참
조. 타익신탁의 경우이기는 하나, 채무자가 제3자를 위하여 보증채무를 부담하면서 그 보증채
권자를 위하여 담보신탁한 경우의 기재례는 '제13장 제5절 4. 타. 5)' 부분 참조.

(나) 출자전환 대상 채권은 이 회생계획 제○장 제○절에 의하여 채무자가 신규로 발행하는 주식의 효력발생일에 당해 회생채권의 변제에 갈음하여 소멸합니다.

(2) 개시 후 이자

개시 후 이자는 전액 면제합니다.

다. 상거래채권에 대한 권리변경과 변제방법

1) 상거래채권에 대한 취급

실무에서는 상거래채권을 금융기관 회생채권 등 다른 회생채권에 비하여 우대하는 것이 관행이다. 동종 권리의 평등을 규정한 법 제218조 제1항 본문의 취지를 그대로 따르자면 상거래채권을 금융기관 회생채권보다 우대할 아무런 이유가 없겠지만, 대부분의 채무자의 경우 상거래채권자들은 소액의 다수 채권자일 뿐 아니라(법 제218조 제1항 단서 제2호 참조), 그 사업이 영세하여 금융기관 회생채권의 경우와 같이 장기간의 분할변제를 규정할 경우 사실상 상거래채권자의 도산을 조장할 우려가 크고(법 제218조 제1항 단서 제3호 참조), 채무자의 회생을 위해서는 기존의 상거래채권자들과의 원만한 거래 관계를 계속 유지할 필요가 있다는 점을 감안하였기 때문에 위와 같은 실무 관행이 정립된 것이다.[175]

그러나 이와 같은 상거래채권을 우대하는 관행에도 한계가 있다는 점을 유의하여야 한다. 상거래채권에 대한 취급이 원칙적으로 선순위 권리자, 즉 회생담보권자의 취급보다 우월해서는 안 되며(법 제217조 제1항 참조), 같은 회생채권자 조에 속하는 다른 회생채권에 대한 변제조건이 너무 열악하다면 상거래채권이 이에 비하여 지나치게 좋은 조건이 되어서는 안 될 것이다. 다른 회생채권자들이 수긍할 수 없을 정도로 상거래채권자들을 우대한다면 평등의 원칙에 위배될 수 있기 때문이다. 실무에서는 각 회생채권자 그룹별 현가변제율, 변제예상액, 채무자의 자금수지 등을 종합적으로 고려하여 실질적인 형평에 맞는 차등이 이루어지고 있는지 여부를 검토하고 있다.

2) 권리변경과 변제방법에 관한 규정 요령

실무상 상거래채권에 대한 권리변경과 변제방법을 규정하는 방법으로는 상거래채권을 변제율이나 변제시기에서 다른 일반 회생채권보다 우대하는 방식이

---

175) 평등의 원칙의 예외사유에 해당하는 '채무자의 거래상대방인 중소기업자의 회생채권에 대하여 그 사업의 계속에 현저한 지장을 초래할 우려가 있어 다른 회생채권보다 우대하여 변제하는 때'라는 규정은 2016. 5. 29. 제14177호 법 개정에 따라 제218조 제1항 제3호로 추가되었다.

널리 이용되고 있다.[176][177]

경우에 따라서는 채권액이 소액인 상거래채권[178]에 대하여는 일반 상거래채권보다 변제시기 등에서 더욱 우대할 수 있는데,[179] 현금변제액 등에서 가급적 소액 상거래채권과 일반 상거래채권의 역전 현상이 일어나지 않도록 세심한 주의가 필요하다.

또한 중소기업자의 회생채권을 우대할 수 있도록 신설된 법 제218조 제1항 단서 제3호의 취지를 반영하여 상거래채권자인 중소기업자의 재무상황 등 사정을 고려하여 상거래채권자들을 그룹별로 세분한 다음 그에 맞는 각각의 권리변경과 변제방법을 정할 수도 있을 것이다.

---

176) 구체적인 권리변경과 변제방법은 개별 사건마다 다르기는 하나, 통상적으로는 상거래채권의 변제율을 다른 회생채권자보다 약간(1~3%) 우대하고, 권리변경 후 일정금액은 조기에 변제하는 방안이 자주 이용된다[서울중앙지방법원 2016회합100062 창명해운(주), 서울회생법원 2016회합100109 STX조선해양(주) 사건 등]. 상거래채권의 변제율 우대와 관련하여 서울중앙지방법원 2013회합291 쌍용건설(주) 사건에서는 일반 회생채권에 비하여 상거래채권에 대한 현금변제율을 2%(일반 회생채권 27%, 상거래채권 29%), 2014회합100212 동부건설(주) 사건에서는 3%(일반 회생채권 47%, 상거래채권 50%), 위 창명해운(주) 사건에서는 1.5%(일반 회생채권 6.5%, 상거래채권 8%), 위 STX조선해양(주) 사건에서는 1%(일반 회생채권 7%, 상거래채권 8%)를 각 상향 조정하였다. 서울회생법원 2020회합100189 쌍용자동차(주) 사건에서는 약 7%(일반 회생채권 6.79%, 상거래채권 13.97%)를 상향 조정하였다.
177) 과거에는 매년의 변제액을 총 채권액에 대한 비율로 규정하는 방법과 매년 변제액의 상한선을 규정하는 방법이 사용되기도 하였다. 후자의 경우 악의적인 채권의 분할양도가 있을 수 있는데, 이를 방지하기 위하여 총칙에 '채권양도에 대한 특례' 규정을 두었다.
　전자의 예로는, 준비연도에는 총 채권액의 10%를 변제하고, 제2차 연도부터 제4차 연도까지는 총 채권액의 30%씩을 변제하도록 규정하는 방법을 생각할 수 있고(분할변제의 횟수를 줄이고 그 변제기를 앞당기는 것 외에 회생채권에 대한 일반적인 분할변제 방법과 다른 것은 없다), 후자의 예로는, 준비연도에 총 채권액 중 500만 원까지, 제1차 연도에는 2,000만 원까지, 제2차 연도에는 5,000만 원까지, 제3차 연도에는 1억 원까지를 상한으로 하여 변제하고, 제4차 연도에 나머지 채권액을 변제하는 것으로 규정하는 방법[서울중앙지방법원 2007회합17 세종건설(주) 사건]을 생각할 수 있다. 위 두 가지 방법을 혼용한 예로는 서울중앙지방법원 2008회합74 (주)엔지브이아이 사건, 2008회합48 성민위스코(주) 사건, 2009회합6 (주)쌍용자동차 사건 등이 있는데, (주)엔지브이아이의 경우 100만 원까지는 제1차 연도에 변제하고, 나머지 채권은 소정의 비율에 의해 분할변제하는 것으로 회생계획안이 작성되었다.
178) 일반 상거래채권과 별도로 소액상거래채권에 대한 권리변경과 변제방법을 정할 때에는 회생계획안 총칙의 용어의 정의란에서 "소액상거래채권이란 동일한 채권자가 채무자에 대하여 가지는 상거래채권의 합산액이 ○원 이하인 채권을 말합니다."라고 기재하는 것이 일반적이다. 이 경우 소액상거래채권의 기준은 '시인된 채권액'이나 '권리변경 후 변제할 채권액'에 따라 정할 수 있는데, 어느 정도의 금액이 소액인지는 일률적으로 정하기는 어렵고 개별사건마다 전체 채권의 규모와 채권자의 분포, 채권자의 수, 해당 채권자그룹의 채권 규모, 채무자의 향후 손익 규모 및 자금수지 등을 감안하여 정하여야 할 것이다.
179) 소액상거래채권을 우대하기 위하여, ① '시인된 채권액'을 기준으로 일정액 이하인 채권을 분류하여 제1차연도에 100% 현금변제하는 방법, ② '권리변경 후 변제할 채권액'을 기준으로 일정액 이하인 채권을 분류하여 제1차연도에 전액 변제하는 방법 등이 사용된다.

3) 기재례

> 가. 회생채권(상거래채권)
>
> (1) 원금 및 개시 전 이자
>
> (가) 원금 및 개시 전 이자의 ○○%는 출자전환하고 ○○%는 현금으로 변제
> 하되,[180] 현금변제할 금액의 ○원까지는 제1차연도(○○○○년)에 변제하고, 위
> ○원을 초과하는 경우 그 초과금액의 ○%는 제2차연도(○○○○년)부터 제9차
> 연도(○○○○년)까지 매년 균등분할 변제하며, ○%는 제10차연도(○○○○년)
> 에 변제합니다.[181]
>
> (나) 출자전환 대상 채권은 이 회생계획 제○장 제○절에 의하여 채무자가 신규
> 로 발행하는 주식의 효력발생일에 당해 회생채권의 변제에 갈음하여 소멸합니다.
>
> (2) 개시 후 이자
>
> 개시 후 이자는 전액 면제합니다.
>
>
> 나. 회생채권(소액상거래채권)
>
> (1) 원금 및 개시 전 이자
>
> (가) 원금 및 개시 전 이자의 ○○%는 출자전환하고 ○○%는 현금으로 변제
> 하되, 현금변제할 금액의 ○원까지는 제1차연도(○○○○년)에, 나머지는 제2차
> 연도(○○○○년)에 각 변제합니다.[182]
>
> (나) 출자전환 대상 채권은 이 회생계획 제○장 제○절에 의하여 채무자가 신규
> 로 발행하는 주식의 효력발생일에 당해 회생채권의 변제에 갈음하여 소멸합니다.
>
> (2) 개시 후 이자
>
> 개시 후 이자는 전액 면제합니다.

---

180) 실무상 상거래채권에 대한 현금변제율을 다른 회생채권보다 약간 높게 정하는 사례가 많으
나, 현금변제율을 다른 회생채권과 동일하게 하면서 변제시기만을 우대하는 사례도 있다. 상거
래채권의 현금변제율을 높게 정한 사례로는 서울회생법원 2020회합100189 쌍용자동차(주) 사건
이 있고, 상거래채권의 변제시기만을 우대한 사례로는 서울회생법원 2020회합100011 (주)드림
플 사건이 있다.

181) 별도의 소액상거래채권 항목을 두지 아니하고 상거래채권에 대한 권리변경과 변제방법에서
권리변경 후 일정한 소액 이하의 상거래채권만에 대하여 변제시기를 우대하는 경우에는 "다만,
권리변경 후 변제할 채권액(또는 시인된 채권액)이 ○○원 미만의 채권자에 대하여는 제1차연
도(○○○○년)에 해당 금액을 전액 변제합니다."라는 문구를 추가로 기재한다. 이러한 사례로
는 서울회생법원 2017회합100025 (주)참존글로벌워크, 2018회합100098 (주)성남아트, 2018회합
100201 부영판지(주) 사건 참조.

182) 소액상거래채권에 관하여 변제시기만을 우대한 사례로는 서울회생법원 2018회합3 (주)헤드원,
2018회합100075 (주)현문자현, 2018회합100129 (주)아이피케이, 2019회합100049 (주)타임즈코어,
2019회합100052 (주)애디스다이렉트, 2020회합100051 지안스건설(주) 사건이 있다.

라. 특수관계인의 회생채권에 대한 권리변경과 변제방법

구 회사정리법하에서 정리회사에 대한 지배주주의 채권을 다른 채권보다 열등하게 대우하는 것이 타당하다는 것이 통설과 판례[183] 및 실무의 태도였고, 과거 서울중앙지방법원에서도 계열회사·지배주주 기타 특수관계인의 대여금채권·구상채권 등에 대하여 전부 면제하거나 일부 면제하고 잔여 채권은 출자전환을 하는 등 자금지출을 수반하지 않는 형태로 회생계획안을 작성하는 등 다른 채권에 비하여 열등하게 취급하는 경우가 많았다.

법은 이러한 실무 및 판례를 반영하고 그 법적 요건을 정비하여 특수관계인의 채무자에 대한 금전소비대차로 인한 청구권, 채무자가 특수관계인을 위하여 무상으로 보증인이 된 경우의 보증채무에 대한 청구권, 특수관계인이 채무자를 위하여 보증인이 된 경우의 구상권에 대하여 다른 채권과 다르게 정하거나 차등을 두어도 형평을 해하지 아니한다고 인정되는 경우에는[184] 다른 회생채권보다 불이익하게 취급할 수 있다는 것을 분명히 하였다(법 제218조 제2항).

문제는 그 차등취급의 정도라고 할 수 있는데, 이러한 회생채권을 어떻게 취급할 것이냐의 문제는 대주주나 계열회사가 채무자의 파탄의 원인을 제공한 정도, 채권의 발생 원인, 다른 회생채권자들에 대한 권리변경의 정도 등을 종합적으로 고려하여 결정하여야 할 것이다(자세한 사항은 '제13장 제3절 3. 다.' 참조).

특수관계인의 회생채권에 대한 권리변경과 변제방법에 대한 일반적인 기재례는 다음과 같다.

다. 회생채권(특수관계인채권)

(1) 원금 및 개시 전 이자

(가) 원금 및 개시 전 이자의 전액을 출자전환합니다.

(나) 출자전환 대상 채권은 이 회생계획 제○장 제○절에 의하여 채무자가 신규로 발행하는 주식의 효력발생일에 당해 회생채권의 변제에 갈음하여 소멸합니다.

(2) 개시 후 이자

개시 후 이자는 전액 면제합니다.

---

183) 대법원 2007. 11. 29. 자 2004그74 결정, 2006. 1. 20. 자 2005그60 결정, 대법원 2004. 6. 18. 자 2001그132, 대법원 2004. 6. 18. 자 2001그135 결정.

184) 회생절차개시 당시의 특수관계인이 전 경영진에 의한 부실경영으로 채무자 회사가 어려움에 처한 이후 기업인수를 한 경우 등으로 부실경영의 책임을 묻기 어려워 특수관계인으로 분류하지 않은 사례로는 서울회생법원 2018회합100041 델로스에프앤비(주) 사건 등이 있다.

마. 임대차보증금·영업보증금·회원보증금 등에 대한 권리변경과 변제방법

채무자의 업종에 따라서는 임대차보증금·영업보증금·회원보증금 등의 반환채권이 있는 경우가 있다. 예를 들어, 주택임대사업을 하는 건설회사나 상가 또는 빌딩을 소유하고 있는 회사의 경우에는 임대차보증금반환채권이, 종합유통업을 영위하거나 다수의 대리점을 보유하고 있는 회사의 경우에는 영업보증금반환채권이,[185] 골프장이나 콘도 등 위락시설을 보유하고 있는 회사의 경우에는 회원보증금반환채권이 있을 수 있다.[186] 이러한 채권들의 성격은 계약 만료 시에 보증금의 전부 또는 일부를 채권자에게 반환하여야 하는 경우가 대부분이고, 계약의 목적이 되는 자산을 다시 활용하여 새로 임대하거나 영업권을 설정해 줌으로써 반환자금의 일부를 마련할 수 있다는 특징이 있다.

이러한 이유로 그 권리변경이나 변제조건의 내용도 다른 채권들과 다를 수밖에 없는데, 실무에서는 해당 목적물이 다시 활용되는 경우에 이로 인하여 유입되는 자금으로 종전의 회생채권을 변제하는 데 사용하도록 규정하고, 미변제되는 부분에 대해서 전액을 바로 변제하거나 분할변제하는 식으로 규정하는 것이 일반적이다. 그러나, 이와 같이 우선변제권이 없는 보증금반환채권이더라도 다른 회생채권보다 우대해야 할 합리적 이유가 있는 경우가 아니라면 달리 정할 수 있다.[187] 그리고 보증금반환채권 중에서도 회생담보권에 해당하는 것(예를 들어, 임대차보증금반환채권을 담보하기 위하여 전세권설정등기가 되어 있거나 우선변제권이 있는 경우)에 대해서 회생담보권으로 분류 및 변제되어야 하는 것은 물론이다.

회생채권에 해당하는 임대차보증금반환채권 등에 대한 권리변경과 변제방법의 일반적인 기재례는 다음과 같으며, 나머지 종류의 채권에 대해서는 이와 유사한 규정을 두면 될 것이다.

---

① 일반 임대차보증금반환채권에 대하여 전액 현금변제하는 경우

> **라. 회생채권(임대차보증금반환채권)**
>
> (1) 임대차보증금반환채권(이하 '종전 임대차보증금'이라 합니다)은 임대차계약기간이 만료되거나 중도에 적법하게 해지되어 그 반환사유가 발생하고 임차인이 임대목적물을 인도하는 경우에 해당 목적물을 제3자에게 임대하여 받는 임대차보증금으로 종전 임대차보증금을 반환하는 것으로 합니다. 만약 임대목적물이 재임대되지 않거나 제3자로부터 받는 임대차보증금이 종전 임대차보증금에 미치지 못하는 경우에는 그 미반환 임대차보증금은 임대목적물의 인도가 완료되는 날부터 3개월 이내에 현금으로 변제합니다.
>
> (2) 임대차계약기간이 만료되어 종전 임차인과 재계약을 하는데 새로운 임대차보증금이 종전 임대차보증금에 미치지 못하는 경우에는 종전 임대차보증금과 새로운 임대차보증금의 차액은 종전 임대차계약기간의 종료일로부터 3개월 이내에 현금으로 변제합니다.
>
> (3) 해당 임대목적물을 매각하는 경우에는 매수인으로 하여금 임대차보증금반환채무를 인수하도록 하되 매수인이 임대차보증금반환채무를 인수하지 않거나 임차인이 인수에 대해 이의를 제기한 경우에는 매각대금으로 종전 임대차보증금을 전액 현금으로 변제합니다. 매각대금으로 종전 임대차보증금 전액을 변제하지 못하는 경우에는 임대목적물의 인도가 완료되는 날부터 3개월 이내에 미변제 임대차보증금을 현금으로 변제합니다.
>
> (4) 개시 후 이자는 전액 면제합니다.

② 일반 임대차보증금반환채권에 대하여 권리감축을 하는 경우

> **라. 회생채권(임대차보증금반환채권)**
>
> (1) 임대차계약기간이 만료되거나 중도에 적법하게 해지되어 그 반환사유가 발생하고 임차인이 임대목적물을 인도하는 경우에는 종전 임대차보증금의 ○○%는 출자전환하고 ○○%는 현금으로 변제하되, 현금변제할 금액은 임대목적물의 인도와 동시에 전액 변제합니다.[188)189)]

---

188) 또는 "현금변제할 금액은 회생채권(대여금채권)의 변제방법과 동일하게 변제합니다."라고 기재하기도 한다.

189) 임대차보증금반환채권에 대해 권리변경을 하는 경우 그 구체적인 권리변경의 모습에 대해서 일본에서는 당연충당선행설과 권리변경선행설의 두 견해가 대립하고 있다(会社更生法·特別淸算法, 597-598면 참조). 이러한 견해의 대립은, 임대차보증금반환채권이 임대차종료 후 임대목적물 명도 시까지의 미지급 차임이나 손해배상금 등을 공제하고 나서 남는 잔액이 있는 것을 조건으로 발생하는 것이라는 일본의 판례와 관련이 있다. 당연충당선행설은 명도 시에 미지급 차임 등을 임대차보증금에서 공제하고 남은 잔액에 관해서 평등의 원칙이나 공정·형평의 원칙에 의해서 권리의 변경을 하는 것으로 회생계획에 정해야 한다는 견해이다. 이에 반해 권리

(2) 출자전환 대상 채권은 이 회생계획 제○장 제○절에 의하여 채무자가 하는 신주발행의 효력발생일에 당해 회생채권의 변제에 갈음하여 소멸합니다.

(3) 개시 후 이자는 전액 면제합니다.190)

③ 임대아파트 임차인의 임대차보증금 반환채권에 대한 권리변경 및 변제 방법191)

마. 회생채권(임대아파트 임대차보증금 반환채권)

(1) 원금 및 개시 전 이자

① 임차인에게 분양전환되는 경우 제1차연도(2024년)에 ○○ 소재 임대아파트(이하 '임대목적물'이라 합니다) 처분대금에서 전액 현금으로 우선 변제합니다. 매각대금으로 임대차보증금을 변제하지 못하는 경우에는 임차목적물 인도와 동시에 미변제 임대차보증금에 대하여 시인된 총채권 금액 및 개시 전 이자에서 미수 임대료 및 기타 공과금을 포함한 관리비 등을 차감한 후의 금액을 전액 현금 변제합니다. 다만 당해 임대목적물이 준비연도에 처분되거나 제2차연도(2025년) 이후에 처분이 되는 경우에는 실제 처분일이 속하는 연도의 변제기일에 변제합니다.

② 임대차 계약기간이 만료되거나 중도에 적법하게 해지됨으로써 그 반환사유가 발생하여 임차인이 임대목적물을 인도하는 경우에는 해당 목적물을 제3자에게 임대하여 받는 임대차보증금으로 종전 임대차보증금에서 미수 임대료 및 기타 공과금을 포함한 관리비 등을 차감한 후의 금액을 반환합니다. 만약 임대목적물이 재임대되지 않거나 제3자로부터 받는 임대차보증금이 종전의 임대차보증금에 미치지 못하는 경우에는 그 미반환 임대차보증금은 목적물 인도와 동시

변경선행설에 따르면 당초의 임대차보증금에 관해서 평등의 원칙이나 공정·형평의 원칙에 의한 권리의 변경을 회생계획에 규정하고, 명도 시에 있어서의 미지급 차임 등은 이러한 권리변경 후의 임대차보증금에서 공제되어야 한다. 일본의 실무는 이 두 가지 방식을 모두 이용하고 있다고 한다. 우리의 경우 권리변경선행설의 입장에서 임대차보증금반환채권에 대해 권리변경을 한 사례로 서울회생법원 2021회합100047 (주)바이오빌 사건이 있다. 이 사건에서는 "시인된 원금 및 개시전이자의 ○○%는 출자전환하고, ○○%는 면제하고, ○○%는 변제기일에 현금으로 변제하되, 임대차계약기간 및 갱신기간의 만료, 차임미지급을 비롯한 일방 또는 쌍방의 채무불이행으로 인한 해지, 합의에 의한 해지를 비롯하여 어떠한 사유로든 임대차계약이 종료한 후, 임대차보증금으로부터 미지급차임, 미지급관리비, 임차인이 임차목적물에 가한 손상에 대한 손해배상, 임차목적물의 원상복구비용을 포함하여 임차인이 채무자 회사에 대하여 상환하여야 할 금액을 공제한 잔액을 임대차목적물을 인도 받음과 동시에 변제합니다."라고 기재하였다.

190) 임차인이 임대목적물을 인도한 이후부터는 미반환 임대차보증금에 대하여 개시 후 이자를 변제하는 것으로 정하는 예도 있다. 그러한 사례로는, 서울중앙지방법원 2011회합180 시앤케이전자(주) 사건 참조.

191) 서울중앙지방법원 2012회합103 범양건영(주) 사건의 2012. 10. 11.자 인가된 회생계획을 참고한 기재례. 공공주택 특별법(구 임대주택법) 등에 따른 임대주택에 대한 분양전환권이 있는 임차인에 대한 권리변경 방법이다.

에 시인된 총채권 원금 및 개시 전 이자에서 미수 임대료 및 기타 공과금을 포함한 관리비 등을 차감한 후의 금액을 변제기일에 전액 현금 변제합니다.

③ 임대차 계약기간이 만료되어 종전 임차인과 재계약을 할 경우 새로운 임대차보증금이 종전 임대차보증금에 미치지 못하는 때에는 종전 임대차보증금과 새로운 임대차보증금의 차액은 종전 임대차계약 종료일에 시인된 총채권 원금 및 개시 전 이자에서 미수 임대료 및 기타 공과금을 포함한 관리비 등을 차감한 후의 금액을 전액 현금 변제합니다.

(2) 개시 후 이자

개시 후 이자는 전액 면제합니다.

④ 영업보증금 반환채권에 대한 권리변경 및 변제방법[192)

바. 회생채권(영업보증금 반환채권)

(1) 원금

계약기간이 만료되거나 중도에 적법하게 해지되어 그 반환사유가 발생한 경우(보증금 예치 사유의 소멸)에는 동 계약을 승계한 제3자가 예치하는 보증금으로 반환합니다. 만약 제3자가 예치한 보증금이 종전의 보증금에 미치지 못하는 경우 또는 계약을 승계한 제3자가 없는 경우에는 그 차액 또는 전액을 반환사유 발생일이 속한 연도의 변제기일에 변제합니다.

(2) 개시 전 이자

개시 전 이자는 원금과 같은 조건으로 변제합니다.

(3) 개시 후 이자

개시 후 이자는 전액 면제합니다.

⑤ 콘도 입회보증금 반환채권에 대한 권리변경 및 변제방법[193)

사. 회생채권(콘도 입회보증금 반환채권)

(1) 원금

① 시인된 콘도 입회보증금(이하 '종전 입회보증금'이라 합니다)은 계약기간이 만료되어 그 반환사유가 발생하고 콘도 회원이 콘도회원권을 인도하는 경우에는 해당 회원권을 제3자에게 재분양하여 받는 입회보증금으로 종전 입회보증금을 반환합니다. 만약, 콘도회원권이 재분양되지 않거나 제3자로부터 받는 콘도입회

---

192) 서울중앙지방법원 2009회합6 쌍용자동차(주) 사건의 2009. 12. 17. 자 인가회생계획 및 2013 회합106 (주)보루네오가구 사건의 인가된 회생계획을 참고한 기재례.
193) 서울중앙지방법원 2011회합34 엘아이지건설(주), 2012회합72 풍림산업(주) 사건의 인가된 회생계획을 참고한 기재례.

보증금이 종전 입회보증금에 미치지 못하는 경우에는 그 미반환 입회보증금은 회원권 인도와 동시에 변제합니다.

② 계약기간이 만료되어 종전 회원과 재계약을 하는데 새로운 입회보증금이 종전 입회보증금에 미치지 못하는 경우에는 종전 입회보증금과 새로운 입회보증금의 차액은 종전 계약기간의 종료일로부터 3개월 이내에 변제합니다.

③ 해당 콘도를 매각하는 경우에는 매수인으로 하여금 콘도 입회보증금 채무를 인수하도록 하거나 매수인이 콘도 입회보증금 채무를 인수하지 않거나 회원이 인수에 대해 이의를 제기한 경우에는 매각대금으로 종전 입회보증금을 변제합니다. 매각대금으로 종전 입회보증금을 변제하지 못하는 경우에는 콘도 회원권 인도와 동시에 미변제 콘도 입회보증금을 변제합니다.

(2) 이자

시인된 개시 전 이자 및 개시 후 이자는 전액 면제합니다.

⑥ 골프장 입회보증금 반환채권에 대한 권리변경 및 변제방법

ⓐ 일부 출자전환, 일부 현금변제하는 방식의 경우[194]

아. 회생채권(입회보증금반환채권)

(1) 원금 및 개시 전 이자

(가) 시인된 원금 및 개시 전 이자의 ○○%를 출자전환하고 ○○%는 현금으로 변제하되, 현금 변제할 금액의 100%를 변제기일에 변제합니다.

(나) 출자전환 대상 채권은 이 회생계획 제○장 제○절에 의하여 채무자가 신

---

[194] 서울회생법원 2018회합100038 (주)레이크힐스순천 사건의 인가된 회생계획을 참고한 기재례. 위 사건은 스토킹 호스 매각방식에 의해 M&A가 진행되었는데, 회원제 골프장에서 대중제 골프장으로 전환하면서 입회보증금반환채권에 대하여 일부 출자전환하고 일부 현금변제하되 현금변제액의 일정 비율에 해당하는 금액 상당의 이용쿠폰을 지급하는 것으로 회생계획을 수립하였다.

이에 따라 '용어의 정의'에서 입회보증금반환채권(골프장시설의 이용대가로 회원들로부터 일정기간 예치받고 그 기간이 경과한 후 계약의 해지를 조건으로 반환하기로 약정한 금원을 말합니다), 이용쿠폰(채무자가 입회보증금반환채권자에게 인수대금으로 현금변제하는 금액 이외에 추가적으로 향후 골프장 시설을 이용할 권리를 제공하는 것을 말합니다) 등을 정의한 뒤 통상의 방식대로 본문과 같이 권리변경 및 변제방법을 정하였고, 별도의 장에서 "회원의 권리변경(대중제 골프장 전환)", "골프장 할인권(이용쿠폰)"에 관한 사항을 규정하였다.

이외에 회원제 골프장에서 대중제 골프장으로 전환하면서 입회보증금반환채권에 대하여 일부 출자전환, 일부 현금변제하는 방식의 사례로는 서울회생법원 2019회합100058 (주)제주칸트리구락부, 2020회합100020 (주)동해디앤씨 사건이 있다.

서울회생법원 2020회합100103 (주)나인포인트 사건은 회원제 골프장을 유지한 채, 입회보증금반환채권에 대하여 일부 출자전환, 일부 현금변제하면서 회원의 시설이용권리를 변경하였는데, 정회원 4만 원, 지정회원 6만 원, 동반 1인 8만 원의 그린피는 회생계획안 인가 이후 각 2만 원을 상향하는 것을 원칙으로 하였고, 골프장 부킹 회수는 골프장 사정 등이 허용하는 한 최대한 보장하도록 하였다.

서울회생법원 2018회합100253 일송개발(주) 사건은 회원제 골프장에서 대중제 골프장으로 전환하면서 입회보증금반환채권에 대하여 전액 현금변제하도록 하였다.

규로 발행하는 주식의 효력발생일에 당해 회생채권의 변제에 갈음합니다.

(2) 개시 후 이자

개시 후 이자는 면제합니다.

(3) 입회보증금반환채권의 성격

입회보증금반환채권은 본 회생계획안 인가일부터 체육시설의 설치·이용에 관한 법률의 적용을 받지 아니하는 일반채권으로 전환되며, 입회보증금반환채권자에 수반한 채무자의 골프장 시설에 대한 회원으로서의 이용권은 소멸합니다.

ⓑ 일부 현금변제, 일부 사채발행하는 방식의 경우[195)]

아. 회생채권(입회보증금반환채권)

(1) 원금 및 개시 전 이자

시인된 원금은 전액 변제합니다. 다만 변제할 금액의 50%는 제1차연도(2024년)에 현금으로 변제하고, 50%는 회사채를 발행하여 변제합니다. 회사채는 제3차연도(2026년)부터 향후 10년간 매년 5%씩 현금으로 변제합니다.[196)] 개시 전 이자는 전액 면제합니다.

(2) 개시 후 이자

개시 후 이자는 면제합니다.

바. 각종 사채권에 대한 권리변경과 변제방법

일반 기업의 자금조달방법 중에는 회사채의 발행을 통한 방법이 있다. 그 중에서 일반 사채의 경우에는 금융기관 회생채권 등 다른 회생채권과 같은 내용의 권리변경을 가하는 것이 통상의 실무례이다.

주로 문제가 되는 것은 주식전환권이나 신주인수권이 있는 전환사채·신주인수권부 사채의 처리인데, 실무는 이러한 전환권이나 신주인수권을 소멸시킨 사례가 많다.[197)198)]

195) 서울회생법원 2018회합100053 대지개발(주) 사건의 회생계획안을 참고한 기재례. 서울회생법원 2020회합100128 (주)베어포트리조트 사건에서는 일부 출자전환, 일부 현금변제하되, 현금변제할 금액의 80%는 제1차연도(2022년)에 변제하고, 20%는 회사채를 발행하여 제1차연도(2022년)부터 제9차연도(2030년)까지 9년간 전액 변제하기로 하였는데, 다만, 회사채는 만기 도래되는 금액에 대하여 골프장이용권을 지급하기로 하였다.
196) 법 제195조 단서에 따라 사채를 발행하는 경우에는 회생계획기간을 10년 이상으로 정할 수 있다. 통상 사채발행에 관한 세부내용은 별도의 장에서 규정한다.
197) 신주인수권부사채에 대하여 신주인수권을 소멸시킨 사례로는 서울회생법원 2021회합100104 (주)티앤더블유코리아 사건 등이 있고, 전환사채의 전환권을 소멸시킨 사례로는 서울회생법원 2018회합100123 디엠씨(주), 2018회합100168 (주)삼성실업, 2019회합100006 (주)웨이브아이앤씨, 2019회합100057 (주)에스아이티, 2019회합100105 웅진에너지(주), 2019회합100179 (주)키위미디어그룹, 2020회합100049 (주)포스링크, 2021회합100050 (주)엔지스테크널러지 사건이 있다. 서울

① 신주인수권 및 전환권을 모두 소멸시키는 경우[199)]

> 제○절 신주인수권부 사채와 전환사채에 관한 사항
>
> 채무자가 2021. ○. ○. 발행한 제○회 무보증 신주인수권부 사채와 관련하여 부여된 신주인수권 및 2022. ○. ○. 발행한 제○회 기명식 무보증 해외전환사채와 관련하여 부여된 전환권 중 회생절차개시 이전에 행사되지 아니한 모든 권리는 본 회생계획안 인가와 동시에 전부 소멸하는 것으로 합니다.

② 신주인수권을 유지시키는 경우[200)]

> 제○절 신주인수권부 사채의 신주인수권에 관한 사항
>
> 분할 전 회사가 발행한 신주인수권부 사채의 신주인수권은 신주인수권 소지자가 이 회생계획인가결정일 다음 날부터 아래의 조건에 따라 행사할 수 있습니다.
>
> (1) 행사기간
>
> 분할 전 회사가 발행한 신주인수권부 사채의 신주인수권 소지자는 회생계획인가결정일 다음 날부터 1년간 아래의 조건에 따라 각각 분할신설회사 갑사 및 을사, 분할존속회사 병사에 대해 행사할 수 있습니다.
>
> (2) 행사조건
>
> 1) 이전비율 및 행사가격
>
> | 구분 | 갑사 | 을사 | 병사 |
> | --- | --- | --- | --- |
> | 신주인수권 1개당 이전비율 | 0.163192 | 0.116724 | 0.720084 |
> | 신주인수권 1개당 행사가격 | 19,767원 | 19,767원 | 29,650원 |
>
> 2) 분할 전 회사가 발행한 신주인수권에 대해 회사분할에 따른 이전비율 적용 시 1개 미만의 단수는 관리인이 법원의 허가를 얻어 소멸시킵니다.
>
> 3) 신주인수권은 신주인수권 1개당 갑사 또는 을사, 병사에 이전되는 이전비율에 따라 각각 개별적으로 행사할 수 있습니다.
>
> 4) 분할 전 회사가 발행한 신주인수권부 사채의 신주인수권 소지자는 본 회생

중앙지방법원 2013회합220 에스티엑스팬오션(주), 서울회생법원 2021회합100020 이스타항공(주) 사건에서는 신주인수권, 전환권을 모두 소멸시켰다.

198) 전환권 및 신주인수권을 유지시킨 사례로는 서울회생법원 2018회합100158 (주)감마누 사건 등이 있다.

199) 서울중앙지방법원 2013회합1110 에스티엑스팬오션(주) 사건의 인가된 회생계획을 참고한 기재례.

200) 서울중앙지방법원 2011회합105 대우자동차판매(주) 사건의 인가된 회생계획을 참고한 기재례. 채무자 회사를 3개로 인적 분할하면서 분할 전 회사가 종전에 발행한 신주인수권을 3개 회사에 비율을 정하여 이전시킨 사례이다.

계획인가일로부터 10일 이내에 해당 신주인수권을 관리인에게 제출하여야 합니다.

5) 신주인수권 행사 시 신주인수권부 사채의 대용납입은 금지합니다.

6) 신주인수권 행사의 효력발생일: 신주인수대금 납입일

사. 조세 등 채권에 대한 권리변경과 변제방법

법은 회생계획에서 국세징수법 또는 지방세징수법에 의하여 징수할 수 있는 청구권[국세징수의 예에 의하여 징수할 수 있는 청구권으로서 그 징수우선순위가 일반 회생채권보다 우선하는 것(건강보험료, 국민연금보험료, 산업재해보상보험료, 우편요금 등)을 포함하고, 일반 회생채권보다 우선하지 않는 것(국유재산법상의 사용료·대부료·변상금채권 등)은 제외된다. 이하 '조세 등 채권'이라 한다]을 다른 권리보다 우월하게 대우하도록 규정하고 있으므로, 그 규모가 크다면 앞서 설명한 바와 같이 자금수급계획과 채무변제계획을 작성함에 있어 가장 먼저 권리변경과 변제방법을 고려해야 한다.

회생계획에서 일반 회생채권보다 징수우선순위가 앞서는 회생채권인 조세 등 채권에 대하여 3년 이하의 기간의 징수유예 또는 체납처분에 의한 재산 환가의 유예 규정을 둘 경우에는 징수권자의 의견을 들어야 하며(법 제140조 제2항), 3년을 초과하는 기간의 징수의 유예 또는 체납처분에 의한 재산 환가의 유예, 채무의 승계, 조세의 감면 또는 그 밖에 권리에 영향을 미치는 내용을 정하는 때에는 징수권자의 동의를 얻어야 한다(같은 조 제3항). 따라서 조세 등 채권에 대해 3년을 초과하는 기간의 징수유예 또는 권리감면 등을 내용으로 하는 회생계획안을 작성하려고 하는 경우에는 징수권자로부터 그에 관한 동의를 받을 수 있는지 여부를 미리 검토해야 한다. 실무는 회생계획안의 결의를 위한 관계인집회 개최 전에 징수권자의 동의서를 받아 오도록 법원이 관리인을 지도하고 있다.

그리고 조세 등 채권에 대한 권리변경 및 변제방법의 조항 중에는 본세뿐 아니라 납부지연가산세(구법상의 가산금과 중가산금 해당 부분)에 대한 권리변경 규정도 두어야 한다.[201] 만약 납부지연가산세(구법상의 가산금과 중가산금 해당 부

---

[201] 서울중앙지방법원 2012회합72 풍림산업(주) 사건에서는 회생담보권(조세채권)이 존재했는데, 이러한 회생담보권에 대하여 회생채권(조세채권)과 동일한 방법(회생계획인가일로부터 3년간 징수 및 체납처분을 유예하고 유예기간 동안 가산금이 발생하지 않으며 3년간 균등분할 변제)으로 권리변경이 이루어졌다. 참고로, 이 사건에서 회생담보권자인 조세채권자에 대해서는 회생계획안의 결의를 위한 관계인집회에서 의결권을 부여하지 않았다.
한편 담보목적물 가치 범위 내의 회생담보권(조세채권)과 그 가치를 초과하는 부분의 회생채권(조세채권)이 병존하는 경우에 회생계획안을 작성하는 방법으로는 준비연도 또는 제1차 연도에 담보목적물을 매각하고 그 매각대금으로 회생담보권(조세채권)을 먼저 변제한 다음 그 매각

분)를 면제한다는 내용의 규정을 둔다면, 조세징수권자의 동의를 얻어야 하는 사항이므로 주의하여야 한다. 만약 세금부과에 관하여 심사청구·심판청구·행정소송 등이 제기되어 있거나 제기할 예정이라면 그러한 취지를 기재하고, 그 결과에 따라 권리변경에 관한 조항을 적용하겠다는 내용을 기재하는 것이 바람직하다.

① 인가결정일부터 3년간 징수유예하면서 균등분할 변제하는 경우[202]

> 제○절 조세 등 채권의 권리변경과 변제방법
>
> 채무자 회생 및 파산에 관한 법률 제140조 제2항에 의하여 회생계획인가결정일 이후 변제일까지 국세징수법 또는 지방세징수법, 국세징수의 예에 의한 징수 및 체납처분에 의한 재산의 환가는 유예합니다.
>
> 채무자는 회생계획인가결정 전일까지 발생한 조세 등 채권의 납부지연가산세(구법상의 가산금과 중가산금 해당 부분)를 포함한 금액을 100% 현금으로 변제하되, 현금변제할 금액은 제1차연도(○○○○년)부터 제3차연도(○○○○년)까지 3년간 매년 인가결정일과 동일한 날짜에 균등분할하여 변제합니다.[203]

② 3년 초과 권리변경에 동의한 징수권자와 그렇지 않은 징수권자가 함께 있는 경우[204]

> 제○절 조세 등 채권의 권리변경과 변제방법
>
> 채무자 회생 및 파산에 관한 법률 제140조 제2항에 의하여 회생계획인가결정일 이후 변제일까지 국세징수법 또는 지방세징수법, 국세징수의 예에 의한 징수

대금이 회생담보권의 조세채권액수를 초과하는 경우에는 회생채권(조세채권)의 일부를 먼저 변제한 다음 나머지 회생채권(조세채권)을 인가일로부터 3년 안의 기간 내에 분할 변제하도록 하는 방법을 생각해 볼 수 있다. 이 경우 만약 매각대금이 회생담보권의 조세채권액수에 미달하는 경우 미변제 회생담보권(조세채권)과 회생채권(조세채권)을 합한 금액을 인가일로부터 3년 안의 기간 내에 분할 변제하는 것으로 회생계획안을 작성하면 될 것이다.

202) 이러한 사례로는 서울중앙지방법원 2016회합100109 STX조선해양(주) 사건, 서울회생법원 2018회합100291 (주)용신플러스, 2019회합100034 (주)에이치아이디솔루션, 2019회합100061 혜성씨앤씨(주), 2019회합100064 (주)고려건장, 2020회합100128 (주)베어포트리조트 사건 등이 있다.

203) 법 제140조 제2항 후단의 징수유예 또는 체납처분의 유예가 가능한 3년의 기산점은 회생계획인가결정일이므로, 만일 제1차 연도에 인가결정이 있었다면 "~현금변제할 금액은 제1차 연도(○○○○년)부터 제3차 연도(○○○○년)까지 3년간 매년 균등분할하여 변제합니다."라고 기재한다(일반조항에서 변제기일을 매년 12월 30일로 정한 경우).

204) 이러한 사례로 서울회생법원 2017회합100111 (주)뚜레반, 2020간회합100076 더넷(주), 2020간회합100090 (주)아이샤론, 2021간회합100095 (주)지금컴퍼니 사건이 있다. 이 사건 외에 조세채권에 대해 3년 초과 권리변경을 한 사례로는 서울회생법원 2016회합100233 (유)광우티앤씨, 2020간회합100125 (주)씨박스에이치앤에스, 2021간회합100034 (주)청춘, 2021간회합100112 (주)대동지적측량원 사건 등 참조.

및 체납처분에 의한 재산의 환가는 유예합니다.

> 채무자는 회생계획인가결정일 전일까지 발생한 조세 등 채권의 납부지연가산세(구법상의 가산금과 중가산금 해당 부분)를 포함한 금액을 조세 등 채권자의 동의를 얻어 서초세무서와 국민건강보험공단에 대하여는 제1차 연도(2024년)에 10%를, 제2차 연도(2025년)에 20%를, 제3차 연도(2026년)에 20%를, 제4차 연도(2027년)에 20%를, 제5차 연도(2028년)에 5%를, 제6차 연도(2029년)에 2%를, 제7차 연도(2030년)에 20%를, 제8차 연도(2031년)에 3%를 매년 인가결정일과 동일한 날짜에 변제하고, 서초구청, 서대전세무서에 대하여는 제1차 연도(2024년)부터 제3차 연도(2026년)까지 3년간 매년 인가결정일과 동일한 날짜에 균등분할하여 변제합니다.

실무상 주로 문제가 되는 것은 법 제140조 제2항 후단의 징수유예 또는 체납처분의 유예가 가능한 '3년'의 기산점이 언제부터인가 하는 점인데, 회생계획인가결정일을 기산점으로 하여야 할 것이다. 한편 '3년'의 종기는 인가결정일이 속한 연도로부터 3년이 지난 연도의 인가결정일에 해당하는 날이라고 봄이 타당하다.[205]

위와 같이 법 제140조 제2항에 따라 국세에 관하여 회생계획에 인가결정일부터 3년 이하의 유예기간을 두었을 경우, 유예기간 동안에 가산금이나 중가산금이 발생하는지가 문제되었다. 과거에는 국세징수법에 이에 관한 명문의 규정이 없어 실무상의 혼란이 있었으나, 구 국세징수법(2018. 12. 31. 법률 제16098호로 일부개정되기 전의 것) 제19조 제4항이 2008. 12. 26. 개정된 이후로는 위 유예기간 동안 가산금이나 중가산금이 발생하지 않는 것으로 정리되었다.[206][207] 즉 조

---

205) 실무에서는 종기를 3년이 지난 연도의 인가결정일로 보는 예와 인가결정일 전날로 보는 예가 둘 다 보인다. 하지만 3년의 기산점이 회생계획인가결정일이기는 하나, 그 시작이 인가결정일의 0시부터 시작되는 것이 아니므로 초일을 산입하지 않는 것이 맞고, 이에 따라 종기는 3년이 지난 연도의 인가결정일로 봄이 타당하다.

206) 구 국세징수법 제19조(고지된 국세 등의 징수유예의 효과)
① 세무서장은 고지된 국세의 납부기한이 도래하기 전에 제17조에 따라 국세 등의 징수를 유예한 경우에는 그 징수유예기간이 지날 때까지 제21조 제1항에 따른 가산금을 징수하지 아니한다.
② 세무서장이 고지된 국세의 납부기한이 지난 후 제17조에 따라 체납액의 징수를 유예한 경우에는 제21조 제2항에 따른 가산금을 징수할 때 그 징수유예기간은 가산금 계산기간에 산입하지 아니한다.
③ 세무서장은 제17조에 따라 징수를 유예한 기간 중에는 그 유예한 국세 또는 체납액에 대하여는 체납처분(교부청구는 제외한다)을 할 수 없다.
④ 납세자가 납세의 고지 또는 독촉을 받은 후에 채무자 회생 및 파산에 관한 법률 제140조에 따른 징수의 유예를 받았을 때에는 가산금 징수에 있어서 제1항 및 제2항을 적용한다.
⑤ (생략)

207) 구 국세징수법(2007. 12. 31. 법률 제8832호로 개정되기 전의 것) 시행 당시(구 국세징수법 제

세의 납부기한이 경과되었는지 여부에 관계없이 채무자가 법 제140조에 따른 징수의 유예를 받게 되면 가산금이 발생하지 않는다. 이후 국세에 대한 가산금과 중가산금은 2018. 12. 31. 국세기본법의 개정으로 2020년부터 납부불성실가산세와 통합되어 납부지연가산세가 되면서 가산금제도가 폐지되었고, 국세징수법이 2020. 12. 29. 전부개정되면서 현행 국세징수법에는 구법 제19조와 같은 규정을 두고 있지 않다.

한편 국세징수의 예에 의하여 징수할 수 있는 청구권으로서 그 징수우선순위가 일반 회생채권보다 우선하지 않는 채권의 징수권자에 대하여는 위와 같은 설명이 적용되지 아니한다. 위와 같은 징수권자는 일반 회생채권자와 동일하게 일반 회생채권자의 조에 편성되어 의결권을 행사하게 되고, 회생계획의 인가에 따라 일반 회생채권자와 동일한 조건으로 권리변경이 된다.

아. 신고되지 아니한 회생담보권 및 회생채권의 처리

채무자에 대한 회생절차에서 회생채권자 등의 목록에 기재되지 않고 신고되지도 아니한 회생담보권 및 회생채권에 관하여는 회생계획인가결정이 이루어지면 채무자는 그 책임을 면한다(제251조^별). 회생계획안에 이러한 점을 명시하는 것이 일반적이다.

> 제○절 신고되지 아니한 회생채권 등의 처리
>
> 채무자 회생 및 파산에 관한 법률 제147조 내지 제156조에 따라 회생담보권자의 목록 및 회생채권자의 목록에 기재되지 않고 신고되지 아니한 회생담보권, 회생채권에 관하여는 같은 법률 제251조에 의하여 채무자는 그 책임을 면합니다.

19조 제4항은 납세자가 납세의 고지 또는 독촉을 받은 후에 '국세 또는 체납액의 납부기한 전에' 법 제140조의 규정에 의한 징수의 유예가 있는 때의 징수유예의 효력만을 규정하고 있었다.)에 체납액의 납부기한이 경과된 경우에 있어서까지 징수유예를 할 수 있는 것으로 규정한 회생계획에 관한 사안에서, 판례는 이러한 회생계획도 적법하고, 회생계획에서 조세 등 청구권에 대하여 징수유예의 규정을 둔 이상, 징수가 유예된 체납액 등에 대하여는 회생계획에서 정한 바에 따라 중가산금이 부과될 수 없고, 별도로 징수유예에 관한 구 국세징수법의 규정이나 세무서장 등의 징수유예에 따라 그 효력이 발생하는 것이 아니라고 판시하였다. 대법원 2009. 1. 30. 자 2007마1584 결정 참조. 이 대법원 결정은, "현행 국세징수법(2008. 12. 26. 법률 제9265호로 개정된 것)이 제19조 제4항을 '납세자가 납세의 고지 또는 독촉을 받은 후에 채무자 회생법 제140조의 규정에 의한 징수의 유예가 있는 때'로 개정하여 국세 체납액의 납부기한이 지난 후의 징수유예에 대하여도 회생계획에서 정하면 효력이 있는 것으로 규정하고 있는 것은 바로 이러한 법리를 명확히 한 것으로 볼 수 있다."라고 판시하였다. 상세한 내용은 이주헌, "도산절차상 가산금의 지위", 사법 제46호(2018. 12.), 사법발전재단, 72-80면 참조.

자. 미확정[208] 회생담보권 및 회생채권에 대한 권리변경과 변제방법

이의 있는 회생채권 또는 회생담보권으로서 그 확정절차가 종결되지 않은 것이 있는 때에는 그 권리확정의 가능성을 고려하여 회생계획안에 이에 대한 적당한 조치를 정하여야 한다(법 제197조 제1항). 따라서 미확정인 채권이 있는 경우에는 회생계획안 작성 시 그러한 채권이 확정될 때를 대비하여 적절한 조항을 마련하여야 하며, 이러한 조치를 취하지 않은 회생계획안은 부적법하다.[209]

미확정 회생담보권 및 회생채권에 대한 권리변경과 변제방법을 정할 때에는 미확정의 권리와 그 권리자, 확정될 경우의 취급 등에 관하여 상세히 규정하여야 한다. 서울회생법원에서는 ① 목록 또는 신고 번호, ② 목록 기재 또는 신고 채권자의 이름 내지 거래상대방(원고), ③ 조사확정신청금액 내지 소송금액 관할법원, ④ 사건번호, ⑤ 권리가 확정될 때 준용하여야 할 해당 권리변경 및 변제방법에 관한 규정(만약 준용하여야 할 규정이 없을 경우에는 그 권리변경과 변제방법에 관한 규정을 직접 기재하여야 한다)을 기재하도록 하고 있다. 그 내용이 많을 경우에는 별첨 자료로 첨부하는 것이 바람직하다.

또한 혹시 별첨 자료에서 누락된 미확정 회생채권이 있을 경우를 대비하여 그러한 채권이 확정될 경우, 그 권리의 성질 및 내용에 비추어 가장 유사한 회생채권 또는 회생담보권의 권리변경과 변제방법을 적용하되, 이에 관하여 다툼이 있는 경우에는 관리인의 신청에 의하여 법원이 이를 결정한다는 내용의 일반 규정을 둔다. 미확정 채권에 대한 권리변경과 변제방법의 일반적인 기재례는 다음과 같다.

제○절 미확정 회생담보권 및 회생채권의 처리

1. 미확정 회생담보권, 회생채권의 내역

가. 회생담보권자, 회생채권자의 목록에 기재된 채권, 신고기간 내에 신고된 회생담보권, 회생채권으로서 조사기간 내에 이의가 제기된 채권 중에서 채권조

---

208) 법 제197조(미확정의 회생채권 등) 제1항의 '이의있는 회생채권 또는 회생담보권으로서 그 확정절차가 종결되지 아니한 것'이라는 의미에서의 '미확정'을 뜻한다. 회생절차에서 시인되어 회생담보권 또는 회생채권으로서 확정은 되어 있으나 어떤 사유(대위변제가 이루어지지 않은 미발생구상채권 등)로 아직 그 구체적인 금액이 확정되지 않은 경우에 사용하는 '미발생'이란 용어와 구별할 필요가 있다.

209) 미확정 채권의 현실화 예상액을 미리 채무자의 자금수지에 반영하여야 하고, 이를 토대로 수행가능성 유무도 판단하여야 하며, 의결권 부여 여부도 사전에 검토하여 출석현황 및 의결표 등에 반영하여야 한다.

사확정재판이 제기되어 회생채권 등의 확정소송이 진행되고 있는 것은 ○○○○ 년 ○○월 ○○일 현재 다음과 같습니다.

순번	신고번호	목록번호	채권자	조사확정 재판금액	법원	사건번호
합 계						

나. ○○○○년 ○○월 ○○일 현재 채무자 회사가 피고로 계속 중인 소송사건은 다음과 같습니다.

순번	신고번호	목록번호	거래상대방 (원고)	소송금액	법원	사건번호
합 계						

2. 미확정 회생담보권 및 회생채권의 권리변경과 변제방법

가. 조사확정재판이나 이의의 소, 기타 소송에 의하여 회생담보권 또는 회생채권으로 확정되었을 경우에는 그 권리의 성질 및 내용에 비추어 가장 유사한 회생담보권 또는 회생채권의 권리변경과 변제방법에 따라 변제합니다.

나. 위 가.항에 따라 가장 유사한 권리변경 및 변제방법을 적용하는 것에 관하여 다툼이 있는 경우에는 관리인의 신청에 의하여 법원이 이를 결정합니다.

다. 회생담보권 및 회생채권 조사확정재판이나 확정소송에 의하는 채권 이외에 미확정 채권이 회생담보권 또는 회생채권으로 확정되는 경우에는 위 가.항 및 나.항에 따라 권리변경 및 변제방법을 정합니다.[210]

차. 부인권 행사로 부활될 회생채권 등에 대한 권리변경과 변제방법

채무자의 행위가 신고기간 경과 후 부인된 때에 상대방은 원칙적으로 법 제153조에 따라 그 권리가 발생한 후 1월 이내에 추후 보완신고를 하여 회생절차에 참가할 수 있고, 만일 회생계획안 심리를 위한 관계인집회가 끝난 후 또는 서면결의에 부치는 결정이 있은 후에 부인된 때에는 법 제109조 제2항에 따라 부인된 날로부터 1월 이내에 채권신고를 추후 보완할 수 있다. 나아가 회생계획에는 법 제109조 제2항의 규정에 의하여 신고할 수 있는 채권에 관하여 적당한 조치를 정하여야 한다(법 제197조 제2항). 여기서 '부인된 때'라고 함은 부인의 소, 부인의

---

210) 이 규정은 회생계획인가 당시 조사확정재판이 계속 중이었는데, 그 후 관리인이 재판 계속 중인 채권에 대한 이의를 철회하고 그에 따라 채권자가 조사확정재판신청을 취하하는 경우 등을 대비하여 기재하는 것이다.

청구 등 재판이 확정된 때로 보아야 한다. 아울러 상대방은 추후 보완신고를 함
과 동시에 또는 늦어도 관리인이 시·부인을 하기 전까지 자신이 받은 급부를
반환하거나 그 가액을 상환하여야만 채권이 부활되므로(법 제109조 제1항), 만일 이때까지
상대방이 급부의 반환 또는 가액상환을 하지 않는 경우에는 관리인은 특별조사
기일에서 추후 보완신고된 채권에 대하여 부인하여야 한다. 이 경우 상대방은 1
개월 이내에 채권조사확정재판을 신청하고, 그 재판이 확정되기 전에 급부의 반
환 또는 가액의 상환을 하여야 할 것이다.

관리인의 부인권 행사로 부활될 채권에 관하여는 구체적으로는 회생계획안
심리를 위한 관계인집회가 끝나기 전 또는 서면결의에 부치는 결정이 있기 전
까지 실제 부인의 소 등이 제기된 경우와 그렇지 아니한 경우를 나누어 규정하
면 된다. 위와 같이 부활될 채권은 앞의 미확정 채권의 취급에 준하여 처리하면
된다. 그 기재례는 다음과 같다.

제○절 부인권 행사로 부활될 회생담보권 및 회생채권의 처리
1. 심리를 위한 관계인집회 전 이미 부인의 소 또는 부인의 청구 등이 계속
   중인 경우
   아래 각 해당 채권에 관한 부인의 소, 부인의 청구 등의 재판이 확정된 후 1
개월 내에 상대방이 신고를 추후 보완하고, 그 상대방이 받은 급부을 반환하거
나 그 가액을 상환한 경우, 그 추후 보완된 신고가 시인되거나 그에 관한 채권
조사확정재판 등이 확정되면 아래 각 해당 채권에 관하여 각 해당 권리변경 및
변제방법을 적용합니다.

사건번호	피 고	소송물 가액	권리변경 및 변제방법
2022가합○○○	주식회사○○○	100억 원	회생채권(대여금채권)에 관한 조항을 적용

2. 심리를 위한 관계인집회 진행 후 부인의 소 또는 부인의 청구 등이 제기될 경우
   가. 관리인이 심리를 위한 관계인집회 진행 이후 부인의 소 또는 부인의 청구
를 제기하여 그에 관한 재판이 확정된 후 1개월 내에 상대방이 신고를 추후 보
완하고 그 상대방이 받은 급부을 반환하거나 그 가액을 상환한 경우, 그 추후
보완된 신고가 시인되거나 그에 관한 채권조사확정재판 등이 확정되면 그 권리
의 성질 및 내용에 비추어 가장 유사한 회생담보권 또는 회생채권의 권리변경
및 변제방법을 적용합니다.
   나. 위 가.항에 따라 가장 유사한 권리변경 및 변제방법을 적용하는 것에 관
하여 다툼이 있는 경우에는 관리인의 신청에 의하여 법원이 이를 결정합니다.

카. 장래의 구상권에 대한 권리변경과 변제방법

회생계획안에는 회생절차개시 후에 제3자가 채무자를 위하여 회생채권 등을 변제함으로써 채무자에 대하여 구상권을 취득하는 경우에 대한 권리변경과 변제방법에 관한 규정을 두어야 한다.[211] 왜냐하면 장래의 구상권도 회생채권이므로 이에 관하여 회생계획안에서 그 처리방법을 정하지 않은 경우에는 인가결정에 의하여 면책의 효력이 발생하기 때문이다.

다른 전부의 이행을 할 의무를 지는 자가 회생절차개시 후에 채권자에 대하여 변제 기타 채무를 소멸시키는 행위를 한 때라도 그 채권의 전액이 소멸한 경우를 제외하고는 채권자는 회생절차개시 당시 가지는 채권의 전액에 관하여 그 권리를 행사할 수 있고(법 제126조 제2항), 채무자에 대하여 장래에 행사할 가능성이 있는 구상권을 가진 자는 그 전액에 관하여 회생절차에 참가할 수 있으나 채권자가 회생절차개시 당시 가지는 채권 전액에 관하여 회생절차에 참가한 때에는 그러하지 아니하다(법 제126조 제3항). 채권자가 회생절차에 참가한 경우, 채무자에 대하여 장래에 행사할 가능성이 있는 구상권을 가지는 자가 회생절차개시 후에 채권자에 대한 변제 등으로 그 채권의 전액이 소멸한 경우에 한하여 그 구상권의 범위 내에서 채권자가 가진 권리를 행사할 수 있다(법 제126조 제4항).

법 제126조 제4항과 관련하여 장래의 구상권자가 채권의 전부가 아닌 일부만을 변제한 경우를 살펴본다. 예를 들어, 채무자 A가 회생채권자인 B에 대하여 100억 원의 채무를 부담하고 있었는데 회생계획의 인가결정으로 인하여 그 채무가 60억 원으로 감축되고, 채무자 A는 회생채권자 B에 대하여 4년을 거치한 후 나머지 6년간 매년 10억 원의 채무를 변제할 의무를 부담하게 되었다고 가정한다. 만일 채무자 A를 위한 연대보증인 C가 회생계획인가결정 후 회생채권자 B에게 30억 원의 채무를 변제하자 회생채권자 B가 위 채무변제금을 모두 면제된 회생채권액 40억 원에 변제충당하였다고 하면, 채무자 A는 회생채권자 B에게 본래의 회생계획에 따라 변제하면 되고 C는 A에게 구상권을 행사할 수 없다. 그런데 만일 연대보증인 C가 회생채권자 B에게 50억 원의 채무를 변제하였다고 하면, 위 변제금은 이미 면제된 40억 원의 채권에 충당된 후 나머지 잔여 회생채권 60억 원 중 10억 원의 채권에도 충당되게 된다. 그러면 A의 관리

---

211) 통상의 경우에는 주채권자가 채권신고를 하였다는 이유에서 법 제126조 제3항에 따라 보증채무 등을 지는 제3자가 채권신고를 아니하는데, 이러한 경우를 염두에 둔 회생계획 규정이라 할 것이다.

인인 D는 거치기간이 종료되어 채무변제를 하여야 할 때에 B와 C 중 누구에게 얼마의 채무를 변제하여야 하는지가 문제된다.

민법상의 일부대위에 관해서는 채권자를 대위자에 우선시키는 '채권자 우선설'이 다수설과 판례[212)의 입장이므로, 회생절차에서도 일부변제자로서는 그가 변제한 금액과 채무자 및 다른 공동채무자가 변제한 금액의 합계가 채권자의 채권액에 달하는 경우에 비로소 채권자의 채권을 대위할 수 있다는 견해가 종래의 실무 및 대법원의 입장이었고,[213) 법 제126조 제4항은 구상권자는 회생절차개시 후에 채권자의 채권이 '전액' 소멸한 경우 구상권의 범위 내에서 채권자의 권리를 행사할 수 있다고 규정함으로써 종래 실무와 판례의 입장을 입법화한 것이다.

그렇다면 위 사례에서 관리인 D는 회생채권자 B에게는 제5차 연도부터 제9차 연도까지 5년간 매년 10억 원씩을 변제하고, 마지막 연도에 구상권자(연대보증인) C에게 10억 원을 변제하면 된다. 그리고 이와 같은 법리는 일부보증의 경우와 물상보증인·담보목적물의 제3취득자에 대해서도 그대로 적용되는 것으로 해석된다.

장래의 구상권에 대한 권리변경과 변제방법 기재례는 다음과 같다.

제○절 장래의 구상권의 처리

1. 회생절차개시결정 이후 채무자를 위한 보증인, 물상보증인(담보목적물의 제3취득자를 포함한다), 기타 제3자가 자기의 출재로 인하여 회생담보권자 또는 회생채권자에게 변제한 경우에는 채무자에 대하여 구상권을 취득합니다.

2. 다만, 구상권자는 채권자의 권리변경 전의 채권이 회생절차에 의하거나 회생절차에 의하지 아니하고 모두 소멸된 경우에 한하여 자기의 구상권을 행사할 수 있으며, 채무자는 이 회생계획에 의하여 변제하여야 할 회생담보권 또는 회생채권의 잔액 범위 내에서 구상권자들의 구상권 비율에 따라 변제합니다.

3. 특수관계인이 회생절차개시결정 이후 대위변제 등으로 채무자에 대하여 취득하는 구상권은 전액 면제합니다. 이때 면제되는 구상권의 액은 전항의 구상권의 비율을 산정함에 있어서 총액에 산입합니다.

---

212) 대법원 2011. 1. 27. 선고 2008다13623 판결, 대법원 1988. 9. 27. 선고 88다카1797 판결 등 다수.
213) 대법원 2001. 6. 29. 선고 2001다24938 판결. 법 제정 후 나온 같은 취지의 대법원 판결로는 대법원 2009. 9. 24. 선고 2008다64942 판결 참조.

타. 그 밖의 회생채권에 대한 권리변경과 변제방법

1) 차임채권

채무자가 임차인으로서 차임지급 의무를 이행하지 못하여 발생한 회생채권(차임채권)에 대해서는 아래와 같은 기재례의 이용이 가능하다.[214][215]

가. 회생채권(차임채권)

(1) 원금 및 개시 전 이자

임대차계약기간이 만료되거나 임대차계약이 중도에 적법하게 해지될 경우, 그 사유가 발생한 날이 속한 월의 말일에 채무자의 임대차보증금에서 대등액을 공제하는 방법으로 변제합니다.

(2) 개시 후 이자

개시 후 이자는 전액 면제합니다.

---

2) 건설회사인 채무자가 금융기관 대여금채권에 대한 변제재원을 해당 사업장 분양수익금으로 특정하는 경우[216]

나. 회생채권(금융기관 대여금채권)

(1) 원금 및 개시 전 이자

원금 및 개시 전 이자의 77%를 출자전환하고, 23%를 현금변제하되, 현금변제할 금액은 제1차 연도(2024년)에 6%, 제2차 연도(2025년)에 33%, (중략), 제8차 연도부터(2031년)부터 제10차 연도(2033년)까지 매년 6%씩 변제합니다.

다만 채무자가 회생절차개시 이후에 당해 사업장에서의 분양수익금 등으로 당해 사업장의 대출원리금을 변제하기로 법원의 허가를 받은 사업장의 금융기관 대여금채권은 계속하여 당해 사업장에서의 분양수익금 등으로 변제받기로 하고, 이를 통하여 변제받지 못함이 확정되면 변제되지 않은 잔액의 77%를 출자전환

---

214) 임대차보증금이 있는 임대차에 있어서 임대차보증금은 차임채무, 목적물의 멸실, 훼손 등으로 인한 손해배상채무 등 임대차에 따른 임차인의 모든 채무를 담보하는 것으로서 그 피담보채무 상당액은 임대차관계의 종료 후 목적물이 반환될 때 특별한 사정이 없는 한 별도의 의사표시 없이 임대차보증금에서 당연히 공제되는 점(대법원 2004. 12. 23. 선고 2004다56554 판결), 채무자에 대한 회생절차에서 차임채권자가 채권신고를 하지 않더라도 반환할 임대차보증금에서 연체차임의 공제가 가능하다고 해석되는 점(대법원 2014. 4. 30. 선고 2014다201537 판결 참조) 등에 비추어 차임채권에 대하여 임대차보증금으로 담보되는 범위 내에서는 권리변경을 하지 않고 전액 변제하는 것으로 회생계획안을 작성하여야 하는 경우가 많을 것이다.
215) 서울중앙지방법원 2009회합6 쌍용자동차(주) 사건의 2009. 12. 17. 자 인가된 회생계획 및 2011회합1 (주)더갤러리, 2011회합130 (주)성일종합건축사사무소 사건의 인가된 회생계획을 참고한 기재례.
216) 서울중앙지방법원 2012회합184 극동건설(주) 사건의 인가된 회생계획을 참고한 기재례.

하고 23%를 위와 같은 비율로 현금변제합니다. 변제받지 못함이 제2차 연도 (2025년) 이후에 확정될 경우에도 동일하게 변제하되, 확정 이전 연도에 해당하는 현금변제액은 확정연도에 합산하여 변제합니다.

출자전환 대상 채권은 이 회생계획 제○장 제○절에 의하여 채무자가 하는 신주발행의 효력발생일에 당해 회생채권의 변제에 갈음하여 소멸합니다.

(2) 개시 후 이자

개시 후 이자는 전액 면제합니다.

3) 집단대출 보증채권

공동주택, 주택, 오피스텔 및 상가의 수분양자가 계약금 및 중도금을 납부하기 위해 금융기관 등으로부터 대출을 받고 건설회사인 채무자가 수분양자들의 대출금 상환채무를 보증하는 경우가 자주 있다. 이 경우 금융기관 등의 보증채권을 일컬어 '집단대출 보증채권'이라고 용어 정의를 한 후 주로 다음과 같은 권리변경 및 변제방법 조항을 이용한다.[217]

다. 회생채권(집단대출 보증채권)

(1) 원금

원금은 우선 주채무자로부터 변제받도록 합니다. 다만 해당 부동산의 소유권 이전등기가 완료되어 주채무자 소유로 된 부동산에 회생채권자의 담보권 설정이 이루어지고 회생채권자의 주채무자에 대한 부동산 담보대출 등의 과목으로 대환되는 날에 채무자의 집단대출 보증채무는 소멸합니다.

주채무자로부터 변제받지 못하거나 주채무자에 의하여 변제되지 아니한 채권액에 대하여는 당해 부동산을 재분양하여 그 분양대금으로 우선 변제합니다. 당해 부동산에 대한 재분양이 이루어지지 않아 그 불이행 상태가 채무자의 회생계획인가일 이후 1년 동안(다만, 주채무의 변제기일이 회생계획인가일 이후 도래하는 경우에는 그 변제기일로부터 1년) 계속되는 때(이하 '채무자가 변제할 사유'라 합니다)에는 주채무자에 의하여 변제되지 아니한 채권액의 74%는 출자전환하고 26%는 현금 변제하되, 변제할 채권액은 '채무자가 변제할 사유'가 발생한 날의 차기 연도까지 거치 후 제10차 연도(2033년)까지 매년 균등분할하여 변제합니다.

---

217) 서울중앙지방법원 2010회합73 성지건설(주), 2011회합34 엘아이지건설(주), 2012회합72 풍림산업(주), 2012회합91 우림건설(주), 2012회합116 벽산건설(주), 2012회합128 삼환기업(주), 2012회합141 남광토건(주), 2012회합184 극동건설(주), 2013회합34 한일건설(주), 2013회합85 에스티엑스건설(주) 사건, 서울회생법원 2017회합100051 한일건설(주), 2020회합100051 지안스건설(주) 사건 등 건설회사 채무자의 집단대출 보증채무에 관한 일반적인 기재례.

> 출자전환 대상 채권은 이 회생계획 제○장 제○절에 의하여 채무자가 하는 신주발행의 효력발생일에 당해 회생채권의 변제에 갈음하여 소멸합니다.
>
> (2) 개시 전 이자·개시 후 이자
>
> 개시 전 이자 및 개시 후 이자는 전액 면제합니다.

4) 원사업자가 하도급 채권자들에게 공사대금을 직접 지급하는 경우 하도급 채권자들의 채권을 우선변제 상거래채권으로 취급하는 경우[218]

> 라. 회생채권(상거래채권)
>
> (1) 원금 및 개시 전 이자
>
> ① 우선 변제 상거래채권
>
> 원사업자가 각 채권자에게 직접 지급하는 공사대금은 해당 공사미수금이 회수되는 시점에 우선 변제대상으로 지정된 채권의 100%를 변제합니다. 다만 원사업자로부터 각 채권자에게 직접 지급되는 공사대금이 우선 변제대상으로 지정된 채권금액보다 적을 경우에는 변제 후 미변제금액의 75%는 출자전환하고 25%는 현금변제하되 현금변제할 금액은 잔여 회생기간에 매년 균등분할 변제합니다.
>
> ② 일반 상거래채권
>
> 원금 및 개시 전 이자의 75%는 출자전환하고 25%는 현금 변제하되, 현금 변제할 금액은 제1차 연도(2024년)부터 제10차 연도(2033년)까지 매년 균등분할 변제합니다.
>
> (2) 개시 후 이자
>
> 개시 후 이자는 전액 면제합니다.

5) 신탁 관련 보증채권

채무자가 제3자를 위하여 보증채무를 부담하면서 자산을 그 보증채권자를 위하여 담보신탁하는 경우가 있다. 채권자가 채무자 소유의 재산에 담보권을 갖고 있지 않으므로, 이러한 채권자는 회생채권자라 할 것이다. 이러한 채권자는 대부분 신탁자산의 처분대금으로부터 우선 변제를 받을 지위에 있으므로, 회생계획안은 이러한 법률관계를 반영하여 작성하면 될 것이다.[219][220]

---

218) 서울중앙지방법원 2012회합116 벽산건설(주), 2012회합128 삼환기업(주) 사건의 인가된 회생계획을 참고한 기재례.
219) 서울중앙지방법원 2012회합72 풍림산업(주) 사건의 인가된 회생계획을 참고한 기재례.
220) 채무자가 주채무자로서 차용채무를 부담하면서 그 대여채권자들이 신탁자산으로부터의 우선수익권을 갖고 있는 경우의 회생계획안도 보증채무가 아닌 점에서 생기는 차이를 제외하고는 이와 유사하다. 서울중앙지방법원 2013회합85 에스티엑스건설(주) 사건의 인가된 회생계획 참조.

마. 회생채권(신탁 관련 보증채권)

(1) 원금 및 개시 전 이자

원금 및 개시 전 이자는 우선 주채무자로부터 변제받거나, 주채무자로부터 제공받은 담보물건을 처분하여 변제받도록 합니다. 주채무자에 대한 담보권 실행을 완료한 후 또는 채무자의 회생계획인가일 이후 주채무자가 변제하여야 할 주채무를 이행하지 않고 그 불이행 상태가 1년(단, 주채무의 변제기일이 회생계획인가일 이후 도래하는 경우에는 그 변제기일로부터 1년) 동안 계속되는 경우(이하 이 절에서 '채무자가 변제할 사유'라 합니다)에는 신탁계약에 따라 신탁재산을 환가하여 받을 수 있는 수익금으로 우선 변제하고, 변제되지 않은 회생채권 잔액의 76%는 출자전환하고 24%는 현금으로 변제하되, 현금변제할 금액의 68%는 제3차 연도(2026년)부터 제6차 연도(2029년)까지 4년간 매년 균등분할 변제하고, 32%는 제7차 연도(2030년)부터 제10차 연도(2033년)까지 4년간 매년 균등분할 변제합니다. 다만, '채무자가 변제할 사유'가 제3차 연도(2026년) 이후에 발생하는 경우 이미 변제기일이 경과된 금액은 그 후 최초로 도래하는 변제기일에 합산하여 변제합니다.

(2) 개시 후 이자

개시 후 이자는 전액 면제합니다.

6) 하자보수채권

도급인이 수급인인 채무자에게 가지는 하자보수채권에 관해서는 아래와 같은 기재례가 이용되기도 한다.[221)]

바. 회생채권(하자보수채권)

(1) 원금 및 개시 전 이자

하자가 발생하여 하자보수에 소요되는 금액이 확정될 경우 확정된 금액의 94%는 출자전환하고 6%는 현금변제하되, 변제할 채권의 30%는 제1차 연도에, 70%는 제2차 연도부터 제8차 연도까지 매년 균등분할 변제합니다.

하자가 발생하여 하자보수에 소요되는 금액이 확정될 때 이미 회생계획안에 의한 변제기가 경과된 금액은 그 후 최초로 변제해야 할 금액에 합산하여 변제합니다.

(2) 개시 후 이자

개시 후 이자는 전액 면제합니다.

---

221) 서울중앙지방법원 2012회합76 조운건설(주) 사건의 인가된 회생계획을 참고한 기재례.

5. 주주·지분권자에 대한 권리변경

가. 개   요

주주·지분권자에 대한 권리변경에 관한 부분에는 ① 주주·지분권자의 권리제한, ② 자본감소에 관한 규정, ③ 출자전환에 따른 신주발행에 관한 규정, ④ 출자전환 후 자본의 감소(주식의 재병합)에 관한 규정을 나누어 기재한다.[222] 신주발행에 관한 규정은 신주발행으로 인하여 기존 주주의 권리가 희석됨으로써 지분율이 감축된다는 의미에서 주주에 대한 권리변경이라 할 것이므로 이를 함께 기재한다.

실무상 상당수의 사건에서는 공정·형평의 원칙의 준수를 위하여 출자전환으로 신주가 발행된 후의 주식 총수에 대한 구 주주의 지분비율이 회생채권의 현가변제율보다 낮게 되도록 기존 주식에 대한 자본감소(통상 주식병합 방식을 취한다)를 한 뒤,[223] 회생채권자 등에 대해 출자전환 방식으로 신주를 발행하여 증자를 하고, 그 후 투자기회를 넓히기 위한 목적 등으로 채무자 회사의 자본금 규모의 적정화를 위한 주식재병합을 하도록 규정하고 있다.

나. 주주·지분권자의 권리제한

관리인이 회생계획을 수행함에 있어서는 법령이나 정관의 규정에 불구하고 법인인 채무자의 창립총회·주주총회 또는 사원총회(종류주주총회 또는 이에 준

---

[222] 영농조합법인의 출자자에 대해 권리변경을 한 사례로는, 서울중앙지방법원 2012회합168 지산영농조합법인 사건 참조. 이 사건에서는 인가 전에 채무자가 발행한 10,000좌에 대해 액면금 10,000원의 보통좌 2좌를 액면금 10,000원의 1좌로 병합하고, 회생채권에 대한 변제방법의 일부로서 출자전환의 방법과 비슷하게 회생채권에 대해 액면금 10,000원의 보통좌 를 1좌당 30,000원에 신좌를 발행하였다.

참고로, 위 지산영농조합법인 사건에서는 출자전환으로 영농조합법인의 출자자가 될 채권자들이 농어업경영체 육성 및 지원에 관한 법률상 어떠한 지위를 갖게 되는지와 그러한 지위를 가지는데 필요한 절차가 문제되었다. 위 법률 제17조 제2항에 따르면, 농업인이 아닌 자로서 대통령령으로 정하는 자는 정관으로 정하는 바에 따라 영농조합법인에 출자하고 준조합원으로 가입할 수 있고, 위 법률 시행령 제14조 제1항 제4호는 준조합원의 자격 중의 하나로 '농업인이 아닌 자로서 영농조합법인의 사업에 참여하기 위하여 영농조합법인에 출자를 하는 자'를 규정하고 있다. 법원은 이러한 법률과 시행령에 근거하여 출자자가 될 채권자들에게 준조합원의 지위를 부여하기 위해 회생계획안의 정관 변경 조항 중에 '농업인이 아닌 자로서 영농조합법인의 사업에 참여하기 위하여 영농조합법인에 출자를 하는 자'가 준조합원의 자격을 가진다는 조항을 포함시키도록 조치하였다. 한편 법원은 위 법률의 해석상 정관변경에 주무관청의 허가나 의견조회 절차가 필요하지 않다고 보아 이러한 절차를 거치지 않았다.

[223] 기존 자본금의 규모가 크지 않거나 회생채권의 현가변제율이 높아 이 단계의 자본감소를 시행하지 않아도 공정·형평 원칙의 준수에 문제가 없는 경우가 종종 있다.

하는 사원총회를 포함한다)나 이사회의 결의를 하지 아니하여도 되고(법제260조제), 회생 절차 개시 이후부터 그 회생절차가 종료[224]될 때까지는 회생절차[225]에 의하지 아니하고는 이익 또는 이자의 배당도 할 수 없다(법제55조제1항제7호). 따라서 회생계획안 에는 이러한 주주·지분권자의 권리제한에 관한 사항을 명시적으로 기재하는 것이 바람직하다. 이익배당에 관하여는 회생절차가 조기종결되는 경우를 예상하 여 '회생절차가 종료될 때까지' 이익배당을 금지하는 내용으로 규정할 필요가 있다.

한편 서울회생법원의 실무는 관리인 불선임 결정으로 기존 대표자를 관리 인으로 보는 경우에 회사 운영에 관한 채무자의 자율권을 보장하기 위해 '주주 의 권리제한' 부분에서 법원의 허가를 얻어 주주총회를 개최할 수 있도록 규정 하고, '임원의 선임 및 해임' 규정과 '관리인의 보수' 부분에서 법원의 허가를 전 제로 주주총회에서 채무자의 대표이사, 이사를 선임하고 그 보수를 정하는 것으 로 정하는 경우가 많다.[226]

---

① 이 회생계획에 특별히 정함이 없는 한 회생절차가 종료될 때까지 주주(또 는 지분권자)에 대하여 이익배당을 하지 아니합니다.

② 이 회생계획에 특별히 정함이 없는 한 채무자는 회생절차 진행 중에 법원 의 허가를 받아 주주총회를 개최할 수 있습니다. 주주는 법원의 허가 없이 개최 된 주주총회에서 의결권을 행사할 수 없습니다.

다. 자본감소에 관한 규정

주식회사 또는 유한회사인 채무자의 경우, 회생계획에 의한 자본감소는 임 의적인 것과 필요적인 것이 있다. 어느 경우이든 회생계획에는 감소할 자본의 액과 자본감소의 방법을 정하여야 한다(법제205조제1항).

1) 임의적 자본감소

일반적으로 주식회사 또는 유한회사인 채무자는 재무구조가 부실하고 만성 적인 운영자금의 부족을 겪는 경우가 많으므로, 외부의 신규 자본을 유치함으로 써 이러한 어려움을 극복할 필요가 있다. 따라서 이러한 경우에는 기존에 발행

---

224) '회생절차 종료'란 회생절차 종결이나 폐지를 의미한다.
225) '회생절차'란 회생계획을 의미한다.
226) 한편 실무에서는 주주총회에서 선출할 임원에 '감사'까지 포함시키는 회생계획안도 있는데, 법 203조 제4항에 의하면 채무자의 감사는 채권자협의회의 의견을 들어 법원이 이를 선임하도 록 되어 있으므로, 이러한 회생계획안은 적절치 않다.

되어 있는 주식 또는 출자지분을 병합 또는 소각함으로써 신규 자본 유치에 필
요한 여건을 조성하여야 한다. 이때 어느 정도까지 자본을 감소시켜야 하는지는
채무자의 자산 및 부채와 수익능력, 회생계획에서 정하는 신주발행에 관한 사항
을 참작하여 정하여야 한다(법 제205조 제2항). 일반적으로 회생절차를 이용하는 주식회사
또는 유한회사인 채무자는 부채가 자산을 초과하는 경우가 많은데, 과거에는 이
러한 사유만으로도 필요적 자본감소 규정[227]에 따라 의무적으로 자본감소를 하
여야만 했으나 2014. 5. 20. 법 개정으로 위와 같은 필요적 자본감소 규정이 삭
제되었다.

임의적 자본감소 규정에 따라 행해지는 자본의 감소는 어느 정도까지 하는
것이 적정한지가 문제되는데, 서울회생법원에서는 자본감소의 정도를 정할 때에
는 아래와 같은 기준을 적용하고 있다.

첫 번째로, 자본감소 후에 남는 자본금의 규모는 채무자에 대한 제3자 인
수를 추진하기에 적합한 규모이어야 한다. 예를 들어, 채무자의 시장가치는 500
억 원에 불과한 데도 채무자의 자본금이 1,000억 원에 이른다면, 제3자 인수를
추진할 때에 다시 자본을 감소시켜야 하는 문제가 있기 때문이다. 채무자의 시
장가치가 어느 정도인지, 다시 말하여 채무자의 적정한 자본금의 규모가 어느
정도인지는 채무자의 계속기업가치, 동종 업계의 자본금 규모 등을 종합적으로
고려하여 판단할 수 있다.

두 번째로, 만약 채무자가 상장법인이어서 주식시장에서 주식의 가격이 형
성되어 있다면, 주식의 시가총액이 자본금이 되도록 조정할 수 있는 비율로 자
본감소를 하는 방법도 있다. 예를 들어, 채무자가 액면 5,000원의 주식 10,000주
를 발행하였는데 그 주가가 1,000원에 불과하고 회생계획에 회생채권 등에 대한
출자전환으로 1,500주의 신주발행이 예정되어 있다면, 기존의 자본을 20:1의 비
율로 감소시키는 방법이다. 어느 경우이든지 지배주주 등에 대한 주식소각으로
인하여 감소되는 자본금의 규모와 회생계획에 의하여 출자전환되는 자본금의
규모를 감안하여야 하는 것은 물론이다.[228]

---

227) 구 법(2014. 5. 20. 법률 제12595호로 개정되기 전의 것) 제205조 제3항, 제6항은 "회생절차개
시결정 당시 주식회사 또는 유한회사인 채무자의 부채총액이 자산총액을 초과하는 경우에는
회사 발행주식 또는 출자지분의 2분의 1 이상을 소각하거나 2주 이상을 1주로 또는 출자 2좌
이상을 1좌로 병합하는 방법으로 자본을 감소할 것을 정하여야 한다."라고 규정하고 있었다.
228) 한편 기존 주식에 대한 100% 감자가 허용되는가의 문제가 있고, 이에 대하여는 견해가 대립
한다. 부정설은 상법상 순간적으로라도 물적 회사의 기본이 되는 자본을 영으로 하는 것은 허
용될 수 없다는 점, 주식이 채권화되는 경향이 있어 지배주주가 아닌 일반주주의 지위는 일반
채권자와 비슷하게 변하고 있다는 점 등을 그 근거로 하고 있고, 긍정설은 자본감소와 동시에

세 번째로, 공정·형평의 원칙을 준수하기 위하여, 기존 주주의 권리 감축의 정도를 회생채권자의 권리감축의 정도보다 더 적게 하는 것은 허용되지 않는다. 실무상 기존 주주의 권리감축의 정도를 파악하는 방법으로는 단순한 감자비율이 아니라 감자 및 신주발행 후 변동된 기존 주주의 주식지분비율을 주주의 권리 감축율로 보는 상대적 지분비율법이 주로 이용되고 있다.

2) 필요적 자본감소: 지배주주 등에 대한 징벌적인 주식소각·병합

주식회사 또는 유한회사인 채무자의 이사나 지배인의 중대한 책임이 있는 행위로 인하여 회생절차개시의 원인이 발생한 경우에는 회생계획에 그 행위에 상당한 영향력을 행사한 주주·지분권자 및 그 친족 그 밖에 대통령령이 정하는 범위의 특수관계에 있는 주주·지분권자가 가진 주식·출자지분의 3분의 2 이상을 소각하거나 3주 이상을 1주로 또는 출자 3좌 이상을 1좌로 병합하는 방법으로 자본을 감소할 것을 정하여야 한다(법 제205조 제4항·제6항). 특수관계에 있는 주주·지분권자의 범위에 관하여는 대통령령이 정하고 있다(시행령 제15조).

위 조항이 적용되기 위해서는, 첫째, 채무자의 이사나 지배인의 중대한 책임이 있는 행위로 인하여 회생절차개시의 원인이 발생하여야 하고, 둘째, 그 행

자본증가가 이뤄지는 경우에는 현실적으로 자본이 영인 회사가 나타날 수 없다는 점, 회사가 채무초과 상태에 빠져있는 경우에는 주주의 권리를 전부 박탈시키는 것이 공정, 형평의 원칙에 반한다고 할 수 없다는 점 등을 그 이유로 하고 있다[박형준, "회사정리실무상 주주의 취급", 도산법강의, 남효순·김재형 공편, 법문사(2005), 597-598면 참조].

우리나라의 실무는 과거 구 회사정리법 당시부터 기발행주식 전부를 소멸시키는 것도 가능하다는 입장에서 기발행주식이 소각되어 자본감소의 효력이 발생하는 시점과 신주발행에 의한 자본증가의 효력발생 시점을 일치시키도록 해 왔다. 법 시행 이후 기발행주식의 100%를 감자한 사례를 소개한다. ① 서울중앙지방법원 2009회합120 (주)한성전자산업개발: 법 제205조 제4항에 의해 부실경영에 중대한 책임이 있는 구 주주의 주식(지분율 100%) 전부를 100% 감자하고, 공익채권자(임금채권자)들의 동의를 얻어 공익채권의 변제에 갈음하여 신주를 발행하였다. ② 서울중앙지방법원 2009회합192 (주)다우메탈: 이 사건에서는 인가 전 M&A를 시도하는 채무자를 인수하기 위하여 대기업인 인수자가 손자회사인 특수목적법인(SPC)을 설립하였는데, 공정거래법상 피인수회사의 100% 지분을 소유하여야만 증손자회사인 채무자를 인수할 수 있었다. 관리인은 M&A의 성공을 위하여 기존발행주식의 100%를 감자하고 제3자 배정 신주의 100%를 인수자에게 배정하는 내용의 회생계획안을 제출하여 집회에서 가결, 인가되었다. ③ M&A를 하면서 구 주주의 주식 전부 및 출자전환에 의해 발행된 신주를 모두 감자한 사례로 서울회생법원 2018회합100081 (주)온양관광호텔, 2020회합100073 금강에이스건설(주), 2021회합100020 이스타항공(주), 2021회합100047 (주)바이오빌 사건 등이 있다.

한편 원 회생계획에 의하여 출자전환된 신주를 배정받은 회생채권자의 주식을 변경 회생계획에서 100% 감자한 예로는 서울중앙지방법원 2013회합85 에스티엑스건설(주), 2016회합100054 (주)제이크린베리너리, 서울회생법원 2018회합100082 (주)국민정밀, 2019회합100003 (주)티씨티 사건이 있다. 일본의 학설·실무 역시 구 주식에 대한 100% 감자를 허용하고 있고, 소수주주 보호 문제에 대하여는 채무초과의 회사이기 때문에 기존 주주의 권리가 없다는 것을 당연한 전제로 하고 있다고 한다(서정걸, "회생회사 M&A 절차에서의 주주의 지위", 사법 제4호, 사법발전재단, 2008, 186면 참조).

위에 지배주주 등이 상당한 영향력을 행사하였어야 한다. 이사나 지배인의 개념과 관련하여, 법에 별도의 정의규정은 없지만, 중대한 부실경영의 책임을 논하는 경우, 이사의 회사에 대한 책임(상법 제399조 제1항)이나 이사의 제3자에 대한 책임(상법 제401조 제1항) 유무가 주로 문제되는 점 등에 비추어, '이사'의 개념을 해석함에 있어서는 상법 제401조의2 제1항을 유추 적용함이 타당하다. 따라서 채무자의 '이사'에는 형식적으로 상업등기부에 이사나 지배인으로 등기된 자 이외에 회사에 대한 자신의 영향력을 이용하여 이사에게 업무집행을 지시한 자, 이사의 이름으로 직접 업무를 집행한 자, 이사가 아니면서 명예회장·회장·사장·부사장·전무·상무·이사 기타 회사의 업무를 집행할 권한이 있는 것으로 인정될 만한 명칭을 사용하여 회사의 업무를 집행한 자도 포함된다. '그 행위에 상당한 영향력을 행사한 주주 등'의 범위와 관련하여, 채무자의 대주주가 A회사인데, A회사의 대표이사가 아닌 배후의 대주주 또는 실질적인 경영주가 부실을 야기한 행위에 상당한 영향력을 행사한 경우, A회사가 채무자에 대해 가지고 있는 주식에 대해 징벌적 감자를 할 수 있는지 여부가 문제될 수 있다. 그러나 징벌적 감자는 미국의 연방파산법이나 일본의 회사갱생법 등에 없는 제도로서 우리나라에 특유한 제도인데, 수십 개의 계열회사가 순환출자 등으로 복잡하게 얽혀 있는 대규모 기업의 경우에 위 조항을 적용할 필요성이 큰 점 등에 비추어 보면, A회사의 법률상 대표자인 대표이사가 채무자의 부실경영에 상당한 영향력을 행사하지 않았다고 하더라도 사실상 A회사를 지배하는 실질적인 경영주(통상 '회장,' '부회장' 등의 직함을 가지고 있음)가 A회사를 통하여 채무자를 지배하면서 부실경영에 상당한 영향력을 행사하였다면 A회사가 가진 주식에 대해서도 징벌적 감자를 실시함이 타당하다[기타 중대한 부실경영의 책임 유무에 관한 사항은, '제7장 제3절 3. 나. 1)' 참조].

지배주주·지분권자의 책임이 있다고 인정되는 경우에 어느 정도까지 주식·출자지분을 소각 또는 병합하여야 하는지 여부가 문제된다. 법은 '주식·출자지분의 3분의 2 이상을 소각하거나 3주 이상을 1주로 또는 출자 3좌 이상을 1좌로 병합하는 방법으로 자본을 감소할 것'을 정하도록 하고 있다. 서울회생법원의 경우, 구 지배주주 등의 책임의 정도, 채무자 주식의 재산적 가치, 채무자의 재산상태(부실의 정도), 회생채권자 등의 출자전환 비율 및 현가변제율, 징벌적 감자 이후 구 지배주주의 잔존 주식 비율 등을 종합적으로 고려하여 판단한다. 서울회생법원의 실무는 종종 이러한 기준에 의하여 부실경영에 영향력을 행

사한 지배주주 및 특수관계인의 주식을 100% 소각하기도 한다.[229]

이와 관련하여 지배주주·지분권자 및 특수관계인의 주식·출자지분이 타인에게 담보로 제공되어 있을 경우에도 그 주식·출자지분을 소각 또는 병합할 수 있는지에 관한 문제가 있다. 실무는 이러한 경우에도 주식을 소각 또는 병합하는 것이 이론상 문제가 없다고 해석하고 있다.[230] 다만 이렇게 주식을 소각할 경우 실질적인 손해를 해당 담보권자가 부담할 수밖에 없다는 점을 감안하면, 가급적 주식을 소각하지 않도록 하는 것이 바람직하다는 견해가 유력하다.[231][232]

부실경영에 책임이 있는 지배주주·지분권자 및 특수관계인은 법 제206조에 의하여 신주를 발행하거나 신규 출자를 하는 경우에 신주를 인수하거나 신출자를 인수할 수 없으므로(법 제205조 제5항 본문·제6항), 향후 해석상의 다툼의 여지를 없애기 위하여 회생계획안에 이를 명시하는 것이 좋다.

지배주주·지분권자 등에 대한 징벌적 주식소각의 일반적인 기재례[233]는 다음과 같다.

---

[229] 부실경영에 책임이 있다고 보아 지배주주 및 특수관계인의 주식을 100% 소각한 사례를 소개한다. ① 서울회생법원 2020회합100124 (주)커피니 사건에서는 채무자 회사의 경영부실 책임이 있는 지배주주인 A의 액면가 5,000원의 보통주식 208,000주 및 그의 특수관계인인 배우자의 액면가 5,000원의 보통주식 8,000주를 합산한 보통주식 216,000주(총 발행주식 240,000주)를 무상소각하였다. ② 서울회생법원 2021회합100137 현종물류(주) 사건에서는 유동성 악화에 중대한 책임이 있는 전 대표이사 겸 주주인 B의 액면가 5,000원의 보통주식 33,000주(총 발행주식 100,000주)를 무상소각하였다.

[230] 이러한 입장에서 대주주의 주식에 대한 담보권자가 반대하였으나, 주식을 병합하는 방법으로 감자조치를 취한 사례로는, 서울중앙지방법원 2013회합106 (주)보루네오가구 사건 참조.

[231] 김용덕, "회사정리절차와 주주·주식", 통합도산법, 남효순·김재형 공편, 법문사(2006), 302면 참조. 한편 이와 같이 지배주주의 주식을 소각할 수 없는 경우에도 장래 피담보채권이 소멸될 때에는 채무자가 당해 주식을 인도받아 이를 소각할 수 있다는 취지를 담는 것이 바람직할 것이다.

[232] 이러한 입장에 서서 담보로 제공된 대주주의 주식을 감자하지 않은 회생계획안이 작성된 사례로는, 서울중앙지방법원 2013회합195 동양시멘트(주) 사건 참조. 이 사건에서 동양시멘트(주)의 대주주인 (주)동양(지분율 54.96%), 동양인터내셔날(주)(지분율 19.09%)가 보유한 동양시멘트(주)의 주식에 대해 3분의 2 이상의 징벌적 감자를 해야 하는가의 문제가 제기되었다. 법원은 감자를 실시할 경우 대주주의 주식을 담보로 하여 발행된 회사채 등을 매입한 다수의 제3의 채권자들이 막대한 피해를 입게 되는 점, 징벌적 감자조치를 취하지 않더라도 채무자나 채무자의 채권자들이 입게 될 불이익이 크지 않은 점[즉 채무자의 채권자들에 대한 명목 변제율이 100%에 이르는 점, 회생채권자 조의 경우 회사채 채권자가 2,309억 원으로 절대 다수를 차지하고 있는데, 그 채권자들은 (주)동양과 동양인터내셔날(주)에 대한 회사채를 함께 보유하고 있는 채권자들이기 때문에 대주주인 (주)동양과 동양인터내셔날(주)이 보유하고 있던 주식에 대해 3분의 2 이상을 감자하는 회생계획안은 그 채권자들에게 불리하므로 그러한 감자조치를 담은 회생계획안에 찬성하지 않을 것이라는 점] 등을 종합적으로 고려하여 3분의 2 이상 징벌적 감자를 담지 않은 회생계획안도 적법하다고 판단하였다.

[233] 지배주주의 주식이 담보로 제공된 경우에 그 주식을 징벌적 감자의 대상에서 제외하는 기재례이다.

가. 주식(또는 출자지분)의 소각

대주주 및 특수관계인의 소유주식(또는 출자지분) 중 금융기관에 담보로 질권이 설정된 주식을 제외하고 아래와 같이 무상소각합니다.

아래에 표시되어 있는 대주주 및 특수관계인의 주식을 담보로 제공받은 기관은 해당 주식을 적절한 시기에 법률의 규정 또는 당초 약정에 따라 환가하여 이를 피담보채무의 변제에 충당하되, 간이변제충당 또는 임의처분이 가능한 경우라 하더라도 대주주 및 특수관계인에게 매각하는 방법으로 환가하지 않습니다.

또한 금융기관에 질권 설정된 주식이라도 금융기관이 이를 환가하여 피담보채무의 변제에 충당하기 이전에 해당 주식에 관한 피담보채무가 변제 등의 사유로 소멸한 경우에는 해당 주식은 그 사유 발생일에 무상소각합니다. 이 경우 무상소각하는 주권의 소지자는 그 사유 발생일로부터 2개월 이내에 해당 주권을 채무자에 제출하여야 합니다.

주주명	관 계	주식수	지분율	소각 주식수
○○○	본 인	2,000,000	20%	2,000,000
○○○	처	500,000	5%	500,000
○○○	자	500,000	5%	500,000
○○(주)	계열회사	1,000,000	10%	1,000,000
○○(주)	계열회사	500,000	5%	500,000
합 계		4,500,000	45%	4,500,000

나. 주식(또는 출자지분) 소각의 효력

주식(또는 출자지분) 소각의 효력은 이 회생계획안 인가일에 발생합니다.

다. 주식(또는 출자지분) 소각 후의 자본금

주식(또는 출자지분) 소각 후 채무자의 자본금은 ○○○원(○○○주 또는 출자 ○○○좌)으로 합니다.

3) 기재례

가) 주식회사의 주주에 대한 권리변경 기재례

제○장 주주의 권리변경과 신주의 발행

제○절 자본의 감소

1. 주식병합에 의한 자본의 감소(주식의 1차 병합)

가. 주식병합의 방법[234]

---

234) 병합 후의 주식은 병합 전의 주식과 같은 종류인 것이 일반적이다. 그러나, 법 제217조 제1항은 잔여재산의 분배에 관하여 우선적 내용이 있는 종류의 주주·지분권자의 권리가 그 밖의 주주·지분권자의 권리보다 우선순위에 있음을 고려하여 그 권리순위에 따른 공정하고 형평에

이 회생계획인가 전에 발행한 특수관계인이 보유한 보통주 ○○주와 우선주 ○○주에 대하여는 액면가 5,000원의 보통주와 우선주 각 ○주를 액면가 5,000원의 보통주와 우선주 각 1주로 병합하고,[235] 그 밖의 주주가 보유한 액면가 5,000원의 보통주와 우선주 각 ○주를 액면가 5,000원의 보통주와 우선주 각 1주로 병합합니다. 단, 주식병합으로 인하여 발생되는 1주 미만의 단주는 관리인이 법원의 허가를 받아 무상 소각합니다.

나. 주권의 제출

병합되는 주권의 소지자는 이 회생계획인가일로부터 ○일 이내에 해당 주권을 관리인에게 제출하여야 합니다.[236]

다. 주식병합의 효력 발생일

주식병합에 따른 자본감소의 효력은 이 회생계획인가일로부터 ○영업일에 발생합니다.[237]

2. 주식의 1차 병합 후의 주식 수 및 자본금[238]

구분		주식병합 전	자본감소 (주식의 1차 병합)	주식의 1차 병합 후 주식 수 및 자본금
주식 수 (단위: 주)	보통주	○○○	○○○	○○○
	우선주	○○○	○○○	○○○
	합계	○○○	○○○	○○○
자본금	보통주	○○○	○○○	○○○

맞는 차등을 두어야 한다고 규정하고 있으므로, 우선주가 발행되어 있는 경우에는 법 제217조 제1항의 취지에 맞게 보통주와 우선주의 병합 비율을 검토하여야 한다.

235) 만약 특수관계인이 보유한 주식을 전량 무상 소각하는 경우에는 그와 같은 취지를 기재하면 된다.

236) 법 제264조 제2항은 주식을 병합할 때 일정 기간을 정하여 주권을 제출하도록 하고 그 기간이 만료한 때에 주식병합의 효력이 발생하도록 한 상법 제440조, 제441조의 적용을 배제하고 있으므로, 관리인이 반드시 별도의 주권제출기간을 정하여 공고하거나 주권제출기간 만료일에 자본감소의 효력이 발생한다고 규정할 필요가 없다. 다만 자본감소에 따라 신주권이 발행되었음에도 구 주권이 유통되는 것은 바람직하지 않으므로, 일정한 기간을 정하여 관리인에게 구 주권을 제출하도록 하고 있다.

237) 비상장회사의 경우 자본감소의 효력발생일을 회생계획인가일이나 회생계획인가일로부터 1~2영업일로 정하는 것이 일반적이다. 그러나 상장회사의 경우에 자본감소의 효력발생일을 위와 같이 촉박하게 정하게 되면 한국거래소나 증권예탁업무 대행기관인 한국예탁결제원의 업무절차와 혼선이 생길 수 있으므로 주식병합 등의 효력발생일을 정할 때 사전에 한국거래소 등과 일정을 협의하는 것이 바람직하다. 참고로 서울중앙지방법원 2014회합100212 동부건설(주)(상장회사) 사건에서는 주식병합에 따른 자본감소의 효력이 회생계획인가일로부터 5영업일에 발생하는 것으로 정하였고, 서울회생법원 2018회합100067 (주)씨앤에스자산관리(상장회사) 사건에서는 주식병합에 따른 자본감소의 효력이 회생계획인가일로부터 7영업일이 경과한 날에 발생하는 것으로 정하였다.

238) 주식병합과는 별도로 대주주 등에 대한 주식소각 규정을 두는 경우 이 항목에서 주식소각에 따른 자본금변동 내역도 함께 기재한다.

(단위: 원)	우선주	○○○	○○○	○○○
	합계	○○○	○○○	○○○

(출자전환에 따른 신주발행 부분 중략)

제○절 출자전환 후 자본의 감소(주식의 재병합)
1. 주식의 재병합 방법
채무자 자본금 규모의 적정화를 위하여 이 회생계획으로 인하여 병합된 기존 주식 및 회생채권에서 출자전환된 신주 등 잔여 주식 전체를 대상(미확정채권, 미발생구상채권 등이 확정되어 출자전환되는 경우도 재병합 대상에 포함)으로 액면가 5,000원의 보통주와 우선주 각 ○주를 액면가 5,000원의 보통주와 우선주 각 1주로 재병합합니다. 회생채권(특수관계인채권)에 대하여 출자전환된 주식은 전량 무상 소각합니다. 다만, 주식재병합으로 인하여 발생되는 1주 미만의 단주는 관리인이 법원의 허가를 받아 무상 소각합니다.

2. 주식의 재병합에 따른 자본감소의 효력 발생일
주식재병합에 따른 자본 감소의 효력은 출자전환에 따른 신주발행의 효력발생일로부터 ○영업일에 발생합니다.[239]

나) 유한회사의 지분권자에 대한 권리변경 기재례

1. 출자지분병합에 의한 자본의 감소(유한회사의 경우)
가. 출자지분병합의 방법
대지분권자 및 그 특수관계인이 소유하고 있는 출자지분 이외의 출자지분에 대하여는 출자 1좌의 금액 5,000원의 출자 5좌를 1좌로 병합합니다.

나. 자본감소의 효력 발생일[240]
출자지분병합에 따른 자본감소의 효력은 본 회생계획안 인가일에 발생합니다.

---

239) 비상장회사의 경우 주식재병합에 따른 자본감소의 효력발생일을 회생채권 등의 출자전환에 따른 신주발행의 효력발생일로부터 1~2영업일로 정하는 것이 일반적이나, 상장회사의 경우에는 한국거래소나 예탁업무 대행기관인 한국예탁결제원의 업무절차와 혼선이 생길 수 있으므로 주식병합 등의 효력발생일을 정할 때 위 기관과의 협의를 거쳐 정하는 것이 바람직하다. 참고로 서울회생법원 2018회합100067 (주)씨앤에스자산관리(상장회사) 사건에서는 주식재병합에 따른 자본감소의 효력이 출자전환에 의한 신주발행의 효력발생일로부터 7영업일이 경과한 날에 발생하는 것으로 정하였고, 서울회생법원 2019회합100071 (주)비츠로시스(상장회사) 사건에서는 주식재병합에 따른 자본감소의 효력이 출자전환에 의한 신주발행의 효력발생일로부터 6영업일이 되는 날에 발생하는 것으로 정하였다.
240) 유한회사의 경우에는 상법 제555조에 의하여 지분에 관한 증권의 발행이 금지되어 있으므로, 지분에 관한 증권제출기간을 정할 필요가 없다.

> 다. 출자지분 소각 및 병합 후의 자본의 총액
>
> 대지분권자 및 그 특수관계인 소유 출자지분의 소각 및 일반 지분권자의 출자지분병합 후의 채무자의 자본의 총액은 10,000,000원(2,000좌)으로 합니다.

라. 신주발행에 관한 규정

1) 신주발행의 세 가지 유형

채무자는 회생절차에 의하지 아니하고는 신주를 발행하거나 자본 또는 출자액을 증가시킬 수 없다(법 제55조 제1항 제2호·제3호). 따라서 주식회사인 채무자의 경우에는 회생계획안에 신주발행에 관한 규정을 마련하고, 위 조항에 따라 신주를 발행하는 방법에 의해서만 신주를 발행할 수 있을 뿐이다. 법 제206조는 주식회사인 채무자의 경우 회생계획안에 의한 신주발행 유형을 ① 이해관계인의 종전 권리에 갈음하여 신주를 발행하는 경우(제1항), ② 이해관계인의 종전 권리에 갈음하여 신주인수권을 부여하는 경우(제2항), ③ 이해관계인을 특별취급하지 않고 신주를 발행하는 경우(제3항)의 세 가지로 나누고 있고, 유한회사의 경우에 이를 각 준용하고 있다(제5항).

2) 이해관계인의 권리에 갈음한 신주발행(출자전환)

주식회사 또는 유한회사인 채무자가 회생채권자·회생담보권자·주주의 종전의 권리에 갈음하여(납입 또는 현물출자를 하게 하지 아니하고) 신주를 발행하거나 자본을 증가시키는 것이다. 이때에도 자본충실의 원칙이 준수되어야 하므로 회생채권의 액 또는 회생담보권의 액이 신주의 액면가와 대등하거나 그 이상이어야 한다는 점을 유의하여야 한다.

이 방식에 의하여 신주를 발행할 경우에는 ① 신주의 종류와 수, ② 신주의 배정에 관한 사항, ③ 신주의 발행으로 인하여 증가하게 되는 자본과 준비금의 액, ④ 신주의 발행으로 감소하게 되는 부채액에 관한 사항을 정하여야 한다(법 제206조 제1항). 신주의 배정에 관한 사항을 정할 때에는 각조 사이에 공정하고 형평에 맞는 차등이 이루어지고 있는지 유의하여야 한다.

한편 이 규정에 의하여 신주를 발행하는 경우에 신주발행의 효력은 회생계획인가일이나 회생계획에서 정한 때에 발생한다(법 제265조 제1항). 다만 주식병합에 의한 자본감소와 동시에 이 규정에 의한 신주발행을 하는 경우에는 신주발행의 효력발생시기를 주식병합의 효력발생 후로 회생계획에 정해 둘 필요가 있다. 만약 자본감소의 효력이 발생하기 전에 신주발행의 효력이 발생한다면 일시적이나마 발행주식수가 과다하게 되고,[241] 신주발행의 효력이 발생한 후에 구 주식에 관하여만 주식병합의 효력을 발생시켜야 한다는 문제가 발생할 수 있기 때문이다.

그리고 회생계획에 신주발행과정에서 발생하는 단주의 처리에 관한 사항도 정하는 것이 바람직하다. 만약 회생채권자·회생담보권자의 배정부분에 관하여 단주의 처리방법을 마련해 두지 않으면, 그 단주에 해당하는 부분은 회생계획인가 시에 실권된다(별제251조). 주주에게 신주를 배정하면서 단수가 생긴 경우에는 주식병합에 관한 상법 제440조 내지 제444조[242]의 규정이 준용되나(법 제265조 제3항), 통상 1주 미만의 단주는 관리인이 법원의 허가를 받아 무상소각한다는 규정을 두고 있다.

이 방법에 의한 신주발행에 관한 사항의 일반적인 기재례는 다음과 같다.

제○장 주주의 권리변경과 신주의 발행

제○절 출자전환에 따른 신주 발행

1. 이 회생계획의 권리변경에 따라 회생채권자가 주금을 신규로 납입하지 아니하고 회생채권액을 출자전환하는 경우, 관리인은 법원의 허가를 받아 다음과 같이 신주를 발행하고, 그 신주발행의 효력발생일에 해당 회생채권의 변제에 갈음합니다. 이때 발생하는 1주 미만의 단주는 관리인이 법원의 허가를 받아 무상소각합니다.

신주를 배정받을 채권자가 신주발행을 위한 관련자료 등을 제출하지 아니하거나 기타 사유로 인하여 채무자가 신주발행을 할 수 없는 경우 채무자 명의로 일괄 배정할 수 있습니다. 이 경우 채무자는 신주를 발행할 수 없었던 사유가 해소된 이후에 해당 채권자에게 신주를 양도합니다.

2. 회생채권(대여금채권, 상거래채권, 소액상거래채권, 구상채권, 손해배상채권, 특수관계인채권)의 신주발행

   가. 주식의 종류: 기명식 보통주
   나. 1주의 액면가: 5,000원
   다. 1주의 발행가: 5,000원
   라. 발행할 주식 수: ○○○주
   마. 신주발행으로 증가하는 자본금의 액: ○○○원
   바. 신주발행으로 감소하게 되는 부채액: ○○○원
   사. 신주발행의 효력 발생일: '본 장 제○절 1.'에 따른 주식병합에 의한 자본감소의 효력발생일로부터 ○영업일에 효력이 발생합니다.

---

241) 임채홍·백창훈(하), 255면.
242) 무기명식 주권에 관한 단주처리 규정인 상법 제444조는 2014. 5. 20. 삭제되었다.

3. 회생채권(미발생구상채권, 보증채권, 담보신탁, 현실화예상)의 신주발행

가. 주식의 종류: 기명식 보통주

나. 1주의 액면가: 5,000원

다. 1주의 발행가: 5,000원

라. 발행할 주식 수: 미정

마. 신주발행으로 증가하는 자본금의 액: 미정

바. 신주발행으로 감소하게 되는 부채액: 미정

사. 신주발행의 효력발생일: 채무자가 변제할 사유가 성립되어 해당 회생채
권이 확정된 날이 속한 분기의 다음 분기 초일에 효력이 발생합니다.[243]

4. 주식의 1차 병합 및 출자전환 후의 자본금 변동내역은 다음과 같습니다.

구분	주주명	주식병합 및 출자전환 전		주식병합 및 출자전환		주식병합 및 출자○○○전환 후			
		보통주	우선주	보통주	우선주	보통주	우선주	자본금	보통주 지분율
구 주주	특수관계인	○○○	○○○	○○○	○○○	○○○	○○○	○○○	%
	그 밖의 주주	○○○	○○○	○○○	○○○	○○○	○○○	○○○	%
	소계	○○○	○○○	○○○	○○○	○○○	○○○	○○○	%
출자 전환 신주 발행	회생채권(대여 금채권등)			○○○	○○○	○○○	○○○	○○○	%
	회생채권(미발 생구상채권등)			미정	미정	미정	미정	미정	미정
	소계	○○○	○○○	○○○	○○○	○○○	○○○	○○○	%

3) 이해관계인의 권리에 갈음하여 신주인수권을 부여하는 신주발행 등

주식회사 또는 유한회사인 채무자가 회생채권자·회생담보권자 또는 주주에게 추가적으로 납입 또는 현물출자시킨 다음 신주를 발행하거나 자본을 증가시키는 것이다(법 제206조 제2항·제5항). 이 경우는 이해관계인에게 종전의 권리에 갈음하여 신주인수권 또는 출자인수권을 부여하는 것인데, 신주인수권 또는 출자인수권을 부여받은 이해관계인이 이를 행사하지 않으면 신주인수권 또는 출자인수권을 상실할 뿐 아니라 종전의 권리도 소멸된다. 결국 이해관계인의 입장에서는 법 제276조에 의하여 신주인수권 또는 출자인수권을 타인에게 양도하지 않는 한 납입 또는 현물출자가 강제되는 것이다. 실무상 이러한 방법으로 신주를 발행하거나 자본을 증가시키는 경우는 예상하기 어렵다. 이 방식에 의하여 신주를 발행할 경우에는 ① 신주의 종류와 수, ② 신주의 배정에 관한 사항, ③ 신주의

---

243) 사안에 따라서는 해당 회생채권이 확정된 날이 속하는 반기의 다음 반기 초일이나 위 확정된 날이 속하는 달의 다음 달 초일에 신주를 발행하는 것으로 정할 수도 있다.

발행으로 인하여 증가하게 되는 자본과 준비금의 액, ④ 납입금액 그 밖에 신주의 배정에 관한 사항과 신주의 납입기일, ⑤ 새로 현물출자를 하는 자가 있는 때에는 그 자, 출자의 목적인 재산, 그 가격과 이에 대하여 부여할 주식의 종류와 수에 관한 사항을 정하여야 한다(법 제206조 제2항).

4) 이해관계인을 특별취급하지 아니하는 신주발행 등

이해관계인에게 그 권리에 갈음하여 신주를 발행하거나 신주인수권 또는 출자인수권을 부여하는 경우를 제외하고, 채무자가 다른 방법으로 신주를 발행하거나 자본 또는 출자액을 증가시키는 경우를 말한다(법 제206조 제3항·제5항). 이해관계인에게 신주를 배정하는 경우에도 그것이 종전의 권리에 갈음하여 신주인수권을 부여하는 경우가 아니라 상법상 신주발행에 있어서와 같이 이해관계인에게 그 권리에 비례하여 신주인수권을 부가적으로 부여하는 경우도 이에 속한다고 할 것이다.[244] 이와 같이 이해관계인을 특별취급하지 아니하고 신주를 발행하거나 자본 또는 출자액을 증가시키고자 하는 경우에는 회생계획에 의하지 않으면 안 된다(법 제55조 제1항 제2호·제3호). 따라서 회생계획에 이 방법에 의한 신주발행, 자본 또는 출자액의 증가에 관한 규정이 없다면 신주발행, 자본 또는 출자액의 증가에 관한 사항을 신설하는 내용의 회생계획 변경절차를 거쳐야 한다.

문제는 신주발행에 관한 사항이 추상적으로 기재되어 있어 구체적인 신주발행에 관한 사항을 종전 회생계획에 추가하여야 할 경우, 그러한 내용의 회생계획변경이 이해관계인, 특히 주주에게 불리한 변경에 해당하는지 여부이다.

실무는 관리인이 법원의 허가를 받아 신주를 발행할 수 있다는 추상적인 규정이 있고, 아울러 신주발행의 규모가 정관에 정해진 수권자본금의 한도에서 이루어지는 경우에는 기존 주주는 회생절차 진행 중에는 적어도 수권자본금의 범위 내에서 신주가 발행될 수 있다는 것을 감수하여야 하므로, 회생계획의 변경 없이도 신주를 발행할 수 있다고 보고 있다. 판례[245]도 이러한 계획안의 적법성을 인정하고 있다. 그러나 당초 예상한 수권자본금의 범위를 초과하여 신주를 발행하는 경우에는 법 제282조 제2항에 따라 관계인집회를 거치는 회생계획의 변경이 필요하다.[246] 이러한 경우 법원의 허가에 의한 정관변경의 방법으로 처리한다면, 이해관계인, 특히 주주에게 당초 예상할 수 없었던 손해를 끼치는 것이 될 것이기 때문이다.

---

244) 임채홍·백창훈(하), 260면; 條解(下), 499면.
245) 대법원 2008. 5. 9. 자 2007그127 결정.
246) 대법원 2005. 6. 15. 자 2004그84 결정.

회생계획안에는 ① 신주의 종류와 수, ② 새로 현물출자를 하는 자가 있을 때에는 그 자, 출자의 목적인 재산, 그 가격과 이에 대하여 부여할 주식의 종류와 수, ③ 신주의 발행가액과 납입기일, ④ 신주의 발행가액 중 자본에 추가되지 아니하는 금액을 기재하여야 한다(법 제206조 제3항·제5항). 다만 회생계획안 작성 당시에는 구체적인 신주발행계획을 세울 수 없는 경우가 대부분이므로, 이 사항 중의 상당 부분을 관리인이 법원의 허가를 받아 정하도록 규정하는 경우가 많다.

① 일반적인 경우

제○장 주주의 권리변경과 신주의 발행

제○절 신주의 발행

채무자는 법원의 허가를 받아 다음과 같이 신주를 발행할 수 있습니다.

1. 주식의 종류: 기명식 보통주

2. 1주의 액면가: 5,000원

3. 채무자는 수권 자본금 범위 안에서 법원의 허가를 받아 수차례에 걸쳐 신주를 발행할 수 있습니다.

4. 신주를 발행하고자 하는 경우에 관리인은 정관에 정한 발행예정 주식 총수의 범위 내에서 발행할 주식 수, 신주를 인수할 자, 배정방법, 발행가액, 납입기일, 단주 및 실권주의 처리, 기타 신주 발행 사무절차에 관한 사항을 법원의 허가를 받아 정합니다. 다만 회생절차 종결 후에는 상법에 따라 처리합니다.

5. 신주발행의 효력은 신주 납입금 납입기일의 다음 영업일에 발생합니다.

---

② M&A 인수자에게 신주를 발행하는 경우[247]

제○장 주주의 권리변경과 신주의 발행

제○절 유상증자에 의한 신주의 발행

채무자는 법원의 허가를 받아 제3자 배정 유상증자에 의한 방법으로 다음과 같이 신주를 발행합니다.

1. 주식의 종류: 기명식 보통주

2. 1주의 액면가: 5,000원

3. 1주의 발행가: 5,000원

4. 발행할 주식수: 22,245,166주

5. 신주발행으로 증가하는 자본금의 액: 111,225,830,000원

6. 유상증자금액: 111,225,830,000원

---

247) 서울회생법원 2020회합100073 금강에이스건설(주), 2021회합100020 이스타항공(주), 2021회합100047 (주)바이오빌 사건 등 참조.

> 7. 신주를 인수할 자: ○○○
>
> 8. 신주인수대금의 납입기일: 제○장 제○절에 의한 채권 출자전환에 따른 신주발행 효력발생일의 다음 영업일
>
> 9. 신주인수대금의 납입장소: 채무자가 지정한 금융기관의 예금계좌
>
> 10. 회생회사 ○○○ 주식회사 M&A를 위한 투자계약서 제○조에 따라 인수대금으로 예치된 금액 중 신주 인수대금 상당액이 신주 인수대금의 납입기일에 신주 인수대금으로 전환되어 납입되는 것으로 봅니다.
>
> 11. 신주의 효력발생일: 신주인수대금 납입기일 다음 영업일
>
> 12. 처분제한: 채무자가 발행하는 신주를 인수하는 자는 인수하는 주식 중 50%에 해당하는 주식(○○○주)에 대해서는 신주의 효력발생일부터 1년간 양도, 증여, 담보제공, 매각, 기타 일체의 처분을 할 수 없으며, 이를 담보하기 위하여 처분이 금지된 신주의 주권을 수령 즉시 한국예탁결제원에 보호 예수하고 그 관련서류를 지체 없이 관리인에게 제출해야 합니다.[248]

5) 지분보유조항(Equity Retention Plan - ERP): 상환전환우선주의 발행

회생채권 등의 변제에 갈음하여 출자전환을 하는 경우에는 '보통주'의 형태로 신주를 발행하는 것이 일반적이다. 그런데 공정·형평 원칙의 준수 여부를 판단하는 기준으로 상대적 지분비율법을 채택하고 있는 실무에 있어서는 통상 권리감축된 기존 주주의 최종 지분율이 회생채권자 등의 최종 현가변제율보다 낮아지게 되고 이에 따라 기존 경영주가 경영권을 상실하게 되어 회생절차 신청의 부정적인 요소로 작용하게 된다는 지적이 있어 왔다. 이와 같은 문제를 해소하기 위하여 여러 가지 방법이 논의되어 왔는데, 출자전환하는 신주를 상환전환우선주로 발행하는 방식[249]은 그에 관한 유력한 해법이 될 수 있다.

구체적으로는 출자전환으로 발행하는 신주에 관하여 인가 후 일정기간(상환기간) 동안 예상초과수익이 발생하는 경우 배당가능이익으로 상환할 수 있게 하

---

248) 주권상장법인의 경우 "또한 이번 제3자 배정 유상증자로 대주주가 변경되므로 신주를 인수하는 자는 「자본시장과 금융투자업에 관한 법률」 등 관련 법령에 따라 인수하는 주식 전부의 주권을 신주의 상장일로부터 6개월간 한국예탁결제원에 보호예수하여야 합니다."라는 기재를 추가하기도 한다.

249) 미국 ABI가 2014년 발간한 미국 회생절차(chapter 11) 개선안 보고서는, 강제인가(cram-down) 시 적용되는 절대우선원칙[absolute priority rule, 11 U.S.C. §1129(b)(2)]으로 중소기업(small and medium sized enterprise)의 구 경영진이 경영권을 상실하게 되는 문제점을 해결하기 위해 무담보채권자 조(unsecured creditor)에 대하여 85% 이상의 이익배당권을 부여하고 인가일로부터 만 4년이 되는 해에 보통주로 전환되는 우선주(preferred stock)를 발행하는 지분보유계획(SME Equity Retention Plan)을 제안하였다. Michelle M. Harner(reporter), "Final Report of the ABI Commission to Study the Reform of Chapter 11", American Bankruptcy Institute (2014), 296-302면.

고, 그 기간이 도과하면 보통주로 전환되며, 잔여재산분배나 이익배당에 있어서 보통주에 우선하는 상환전환우선주(Redeemable Convertible Preferred Share - RCPS)[250][251]로 발행하고(상대적 지분회복),[252] 선택적으로 구 주주에게 위 기간 동안 상환전환우선주를 매수할 수 있는 우선매수권을 부여(절대적 지분회복)[253]하는 방식을 생각해볼 수 있다. 이와 같은 방식은 구 주주로 하여금 경영권 회복의 강력한 인센티브를 가지게 하여 회생회사의 정상기업으로의 조기복귀를 가능하게 하고, 동시에 회생채권자 등으로 하여금 예상초과수익금으로 추가 변제를 받아 손상된 변제율의 회복을 도모할 수 있도록 하는 것이다.

상환기간은 지나치게 장기간으로 설정하는 것은 제도의 취지에 반하므로 통상 3년에서 5년으로 설정하되, 배당가능이익은 정기주주총회를 통한 결산에 의해 확정되므로 이를 고려하여 몇 번의 기회를 부여할지를 정하면 될 것이다.[254][255] 전환의 효력발생일은 통상 상환기간의 종기일 다음 날로 정하고 있다.

상환가격은 통상의 회생기업의 출자전환 신주가 액면가 이하로 거래되는 점, 액면가 이상의 상환가액은 기존 경영인(구 주주)의 경영인센티브를 오히려 좌절시킬 수 있다는 점, 상환전환우선주 제도를 도입하기 전 회생채권자 등이 출자전환된 주식에 대하여 기대할 수 있는 이익 등을 고려하여 정하여야 할 것

---

250) 전환권 행사 유무에 따라 전환여부가 달라지는 불안정성을 해소하고, 기존 경영자에게 위기감으로 인한 경영인센티브를 주기 위하여 전환권을 채권자나 채무자에게 부여하지 않고, 전환기간이 도과되면 당연히 우선주에서 보통주로 전환되도록 하는 방식을 취하는데, 이는 엄밀히 말하자면 전환주식이 아니라 '기한부 우선주' 내지 '조건부 우선주'라 할 수 있다.

251) 2011. 4. 14. 법률 제10600호로 상법이 개정됨에 따라 ① 상법 제345조 제5항의 '상환주식은 종류주식(상환과 전환에 관한 것은 제외한다)에 한정하여 발행할 수 있다'라는 내용 중 '전환에 관한 것은 제외한다'는 문언을 어떻게 해석할 것인지, ② 보통주로 전환되는 전환주식을 발행할 수 있는지 등에 관하여 논란이 있었고 이러한 문제를 이유로 상환전환우선주의 발행가능성에 의문을 제기하는 견해도 있으나, 발행가능설이 다수설이고, 실무적으로도 상환전환우선주의 발행은 일반적으로 이루어지고 있다. 이영철, "개정상법상 상환주식의 해석상 쟁점에 관한 고찰", 선진상사법률연구 66호(2014. 4.), 15-19면; 정동윤, "보통주와 종류주의 개념에 관하여", 상사법연구 31권 1호(2012), 50면 등 참조.

252) 상환전환우선주가 상환으로 소멸되면 구 주주의 지분비율이 상대적으로 높아지게 된다.

253) 구 주주가 상환전환우선주를 개인적 자금으로 매수함으로써 절대적인 지분비율이 올라가게 된다.

254) 많은 주식회사의 경우 회계연도를 1. 1.부터 12. 31.까지로 정하기 때문에 결산을 위한 주주총회가 이루어진 후인 5. 31. 내지 6. 30.을 종기로 정하는 것을 고려해 볼 수 있을 것이다(예를 들어 2022. 12.경 인가되는 사건이라면 상환기간은 '2023. 1. 1.부터 2026. 5. 31.까지'로 정할 수 있고 이에 따라 4번의 상환기회를 부여받게 된다).

255) 상환기간을 4년으로 설정한 사례로는 서울회생법원 2018회합100111 대일피혁(주), 2019간회합100002 (주)우리로저스 사건 등, 5년으로 설정한 사례로는 서울회생법원 2018회합100091 (주)에이앤에이파워컴퍼니, 2018회합100049 (주)태일전기, 2018간회합100040 (주)에스앤텍, 2019회합100106 (주)케이이엠, 2019회합100122 삼양에코너지(주) 사건 등, 10년 이상으로 설정한 사례로는 서울회생법원 2019회합100049 (주)타임즈코어 사건 등 참조.

이다.[256]

　우선주에 관한 사항은 잔여재산분배에 있어서나 이익배당에 있어서 보통주에 우선하는 것으로 정하는 방식 등을 고려해 볼 수 있다.[257] 다만 이익배당에 관하여 우선적 지위를 부여한 경우에는 상환 시 이를 차감하는 것으로 규정하여야 할 것이다.[258]

　의결권 제한에 관하여는, 적지 않은 경우에 있어서 중소기업의 경영은 기존 경영인(구 주주)의 경영능력에 전적으로 의지한다는 점 등을 고려하여 인가 후 상당기간 동안 구 주주의 경영권이 유지되기도 하나, 구 주주의 경영권 상실에 대한 불안감을 해소하고 안정적인 경영권을 보장해 주기 위하여 의결권이 없거나 제한되는 주식의 발행을 고려해 볼 수 있다.[259] 그러나 상법 제344조의3 제2항[260]에서는 의결권이 없거나 제한되는 주식은 발행주식총수의 1/4을 초과하지 못한다고 규정하고 있으므로, 이러한 제한에 따라 과반의 지분권을 확보할 수 없다면 개별 주주들과 의결권을 제한하기 위한 주주 간 계약을 체결하는 것도 고려해 볼 수 있을 것이다.[261]

　우선매수권을 부여하는 경우에는 일정한 지분율 이상인 구 주주 또는 그가 지정하는 자에게 부여하고, 상환기간 내에 상환가격을 매수가격으로 하여 행사할 수 있도록 하는 것이 실무례이다.[262][263]

256) 이와 같은 점을 고려하여 상환가액은 액면가나 액면가의 1/2 내지 1/3로 정하고 있는 것이 다수의 실무례이다. 대부분의 사건에서는 상환가액을 액면가로 정하고 있고, 액면가보다 낮게 정한 사례로는 2017회합1000240 (주)프라비스시스템즈(액면가의 1/2) 사건 등 참조.
257) 이익배당에 있어서 우선적 지위를 부여한 사례로는 2018간회합100040 (주)에스앤텍 사건(우선배당률 1%) 등 참조.
258) 실무적으로는 잔여재산분배에 있어서만 우선권을 부여하는 방식을 주로 사용하고 있다.
259) 의결권 없는 우선주를 발행한 사례로는 2017간회합1 (주)삼현애드컴, 2018회합100028 금문산업(주) 사건 등 참조.
260) 주권상장법인은 일정한 경우 발행주식 총수의 1/2을 초과하여 의결권 제한 주식을 발행하는 것이 금지된다(자본시장과 금융투자업에 관한 법률 제165조의15 제2항).
261) 주주 간 계약을 체결한 사례로는 서울회생법원 2016회합100248 (주)보임기술 사건 등 참조.
262) 우선매수권을 부여한 사례로는 서울회생법원 2016회합100248 (주)보임기술, 2017회합100189 (주)영진이엔티, 2017회합1000240 (주)프라비스시스템즈, 2017간회합1 (주)삼현애드컴, 2018회합3 (주)헤드윈, 2018회합100028 금문산업(주), 2018회합100049 (주)태일전기, 2018회합100089 (주)삼원바이오텍, 2018회합100107 아담스오텍(주), 2018회합100111 대일피혁(주), 2018회합100116 (주)케이엠엘씨, 2018회합100201 부영판지(주), 2018간회합100024 (주)폴리곤게임즈, 2018간회합100040 (주)에스앤텍, 2018간회합100048 한국메탈실리콘(주), 2018간회합100061 (주)에치앤파트너스, 2018간회합100121 (주)포베이비, 2019회합100008 (주)복천식품, 2019회합100019 (주)제이씨원, 2019회합100136 (주)네오브이, 2019간회합100004 (주)토니맥기, 2019간회합100059 (주)태광이엘에스 사건 등 참조.
　우선매수권을 부여하지 않은 사례로는 서울회생법원 2018간회합100018 (주)진보건설, 2018간회합100026 (주)브로드아미, 2018간회합100109 (주)아이디알시스템, 2019회합100049 (주)타임즈

한편 상환전환우선주를 발행하기 위하여는 정관에 그 근거규정을 정하여야 하므로[264] 이에 관한 정관변경 사항도 회생계획안에 포함되어야 할 것이다.

상환전환우선주에 관한 일반적인 기재례는 다음과 같다.[265]

가. 상환에 관한 사항

(1) 상환조건: 채무자는 상환기간 내에 상환할 권리가 있으며, 상환기간 내에 수회에 걸쳐 상환전환우선주를 분할 상환하거나 또는 일부 상환할 수 있습니다. 다만 상환액은 채무자의 배당가능이익을 한도로 합니다.

(2) 상환방법: 채무자는 상환권을 행사하고자 하는 날의 1개월 전까지 서면으로 우선주 주주에게 상환할 우선주의 수, 상환가액, 지급일 및 우선주 주권을 제시하여야 하는 장소를 기재한 상환통지서를 송부하여야 합니다. 다만 통지는 공고로 갈음할 수 있습니다.

(3) 상환기간: 2024. 1. 1.부터 2027. 5. 31.까지

(4) 상환가격: 상환시점 기준 우선주 1주당 액면가 5,000원에 상환할 우선주의 주식수를 곱한 금액으로 합니다. 다만 기지급된 배당금이 있는 경우 이를 차감하여 계산합니다.

(5) 상환의 효력: 상환한 주식은 소각하여 소멸합니다.

나. 전환에 관한 사항

(1) 전환조건: 본 우선주의 존속기간은 2027. 5. 31.까지로 하며, 위 '상환에 관한 사항'에 따라 상환하여 소멸한 우선주를 제외한 나머지 우선주는 존속기간 만료와 동시에 보통주로 자동 전환됩니다.

(2) 자동 전환 효력 발생일: 2027. 6. 1.

(3) 조기전환: 채무자[266]는 우선주의 존속기간 만료일 이전에 우선주 주주에 대하여 보통주 전환을 청구할 수 있으며, 이 경우 채무자는 전환권을 행사하고자 하는 날의 1개월 전까지 서면으로 우선주 주주에게 전환할 우선주의 수, 전

코어, 2019회합100064 (주)고려건장, 2019회합100068 케이지패션(주), 2019회합100106 (주)케이이엠, 2019회합100122 삼양에코너지(주), 2019회합100146 (주)카오리온코스메틱스, 2019회합100193 (주)금다니, 2019간회합100002 (주)우리로저스, 2019간회합100045 (주)행복한식자재유통, 2019간회합100098 에스제이에프앤씨(주), 2019간회합100107 (주)아이넷어소시에잇코리아, 2020회합100010 티피피(주), 2020간회합100049 와이제이인더스트리(주) 사건 등 참조.

263) 주주 간 계약의 형식으로 우선매수권을 부여하는 실무례도 있다.

264) 상법 제344조(종류주식), 제344조의2(이익배당, 잔여재산분배에 관한 종류주식), 제344조의3(의결권의 배제·제한에 관한 종류주식), 제345조(주식의 상환에 관한 종류주식), 제346조(주식의 전환에 관한 종류주식) 등.

265) 서울회생법원 2016회합100248 (주)보임기술, 2018간회합100040 (주)에스앤텍 사건 등 참조.

266) 채권자에게 조기전환권을 부여하면 채무자의 상환권이나 구 주주의 우선매수권이 유명무실해지므로 이를 허용하여서는 아니될 것이다.

환비율, 전환일, 우선주 주권을 제시하여야 하는 장소를 기재한 전환청구서를 송부하여야 합니다. 다만 통지는 공고로 갈음할 수 있습니다. 전환의 효력은 2주 이상의 일정한 기간 내에 주권을 제출할 것을 공고한 기간 만료일의 다음 날에 각 그 전환의 효력이 발생합니다.

(4) 전환비율: 본건 전환시점 기준 우선주 1주를 보통주 1주로 전환합니다.

(5) 전환가격: 발행가액과 동일합니다. 다만 우선주 발행 이후로서 전환 전에 합병, 무상증자, 주식분할, 주식병합 시 전항의 전환비율에 따라 전환가격을 조정합니다.

(6) 전환으로 발행할 주식의 종류: 기명식 보통주

다. 의결권에 관한 사항: 우선주 1주당 1개의 의결권을 보유합니다.

라. 이익배당에 관한 사항: 우선주의 우선배당율은 ○%로 합니다. 다만, 본건 우선주 주주는 보통주의 배당이 있을 경우 보통주와 동일한 배당률로 참가하여 배당을 받습니다.[267]

마. 잔여재산분배: 우선주의 주주는 청산에 의한 잔여재산분배 시 출자전환금액의 한도에서 보통주에 우선하여 잔여재산의 분배를 받습니다.

바. 신주인수권: 우선주는 발행회사의 신주 및 주식 관련 사채의 발행에 있어 보통주와 동일한 인수권을 가집니다.

사. 상환전환우선주 매수에 관한 규정

(1) 매수조건: 회생계획 인가결정 당시 인가결정 전 채무자 주식(우선주 포함)의 30% 이상을 보유한 자와 위 주주가 지명한 자로서 채무자의 법률상 관리인(회생계획 인가결정 당시의 법률상 관리인에 한합니다)은 상환기간 내에 상환전환우선주식의 주주에 대하여 보유한 주식의 전부 또는 일부의 매수를 청구할 권리가 있습니다.

(2) 매수방법: 전항의 매수청구권을 행사하고자 하는 자는 이를 행사하고자 하는 날의 1개월 전까지 서면으로 우선주 주주에게 매수할 우선주의 수, 매수가액, 매수가격 지급일, 우선주 양도양수 효력발생일 및 우선주 주권을 제시하여야 하는 장소를 기재한 통지서를 송부하여야 합니다.

---

267) 배당순위에 있어 우선권을 부여하되, 보통주가 우선주보다 고율의 배당을 받는 경우 그 차액에 대하여 참가할 지위를 부여하는 이른바 '참가적 우선주'에 관한 기재례이다. 이익배당에 우선권을 부여하지 않는 경우 위 기재례를 사용하되 우선배당율을 0%로 기재하는 방식을 사용하기도 한다.

(3) 매수청구권 행사기간: 2024. 1. 1.부터 2027. 5. 31.까지

(4) 매수가격: 매수청구 시점 기준 우선주 1주당 액면가 5,000원에 매수할 주식수를 곱한 금액으로 합니다.

6. 합   병

가. 개   요

회생절차 중의 채무자는 회생절차에 의하지 아니하고는 합병할 수 없다(법 제55조 제1항 제5호). 그리고 회생계획을 통하여 회사인 채무자가 합병을 하고자 하는 경우에는 회생계획안에 필요한 사항을 기재하여야 한다(법 제193조 제2항 제6호, 제210조, 제211조). 만약 회생계획을 통하여 합병을 할 경우에는 합병에 관한 상법상의 절차가 생략된다(법 제271조 제1항 내지 제5항). 그러나 합병의 상대방 회사의 경우에는 상법에 따라 합병절차를 진행하여야 하므로(법 제271조 제6항), 채무자 회사의 회생계획의 작성·성립과 상대방 회사의 합병절차는 서로 보조를 맞추어 진행되어야 한다.[268] 한편 합병 당사자들이 모두 회생절차가 진행 중인 경우에는 각 채무자 회사의 회생계획안에 합병에 필요한 사항이 규정되어 있어야 한다. 주권상장법인[269]이 다른 법인과 합병하고자 하는 경우에는 대통령령이 정하는 요건·방법 등의 기준에 따라야 하고, 투자자 보호 및 건전한 거래질서를 위하여 대통령령이 정하는 바에 따라 외부의 전문평가기관으로부터 합병 등의 가액, 그 밖에 대통령령이 정하는 사항에 관한 평가를 받아야 한다(자본시장과 금융투자업에 관한 법률 제165조의4 제1항·제2항).

나. 실무상의 주의사항

합병의 종류는 크게 흡수합병·신설합병·분할합병으로 나누어 볼 수 있는데, 과거 구 회사정리법하의 실무에서는 주로 흡수합병의 사례가 많이 있었고, 흡수합병의 경우에도 정리회사 사이의 흡수합병의 사례가 압도적으로 많았다.[270] 이와 같이 회사인 채무자 사이의 흡수합병을 규정할 때에는 합병으로 소

---

268) 임채홍·백창훈(하), 267면.

269) 증권시장에 상장된 주권을 발행한 법인 또는 주권과 관련된 증권예탁증권이 증권시장에 상장된 경우에는 그 주권을 발행한 법인을 말한다(자본시장과 금융투자업에 관한 법률 제9조 제15항 제3호).

270) 구 회사정리법하에서의 흡수합병의 사례로는 한화국토개발(주)(정아레저타운 + 정아관광 + 정아건설 + 정아칸트리크럽 + 명성 = 정아레저타운, 후에 한화국토개발로 상호가 변경되었음), (주)건영(건영 + 건영종합건설 + 건영건설 + 글로리산업개발 + 건영종합개발 + 건영산업개발 = 건영, 건영

멸하는 회사(소멸회사)의 회생담보권이면서 동시에 합병으로 인하여 존속하는 회사(존속회사)의 회생채권인 채권에 대한 취급에 관하여 유의하여야 하는데, 그동안의 실무에서는 이를 존속회사의 회생담보권으로 존속시키고 나머지 채무는 모두 소멸시키는 내용으로 규정하였다. 만약 회사인 채무자 사이의 흡수합병을 내용으로 하는 경우에는 회생계획에 합병 후 존속하는 회사의 사업계획서·추정손익계산서·추정자금수지표 등을 반드시 첨부하여야 한다(아래의 기재례 참조).

합병을 내용으로 하는 회생계획을 인가하기 위해서는 합병에 필요한 요건을 갖출 것을 필요로 한다. 따라서 상대방 회사가 회생절차 진행 중의 채무자가 아닐 경우에는 상대방 회사의 주주총회 또는 사원총회의 합병계약서 또는 분할합병계약서의 승인의 결의가 있어야 하고(법 제243조 제1항 제5호 본문),[271] 상대방 회사가 회생절차 진행 중의 채무자일 경우에는 승인결의가 불필요하나 그 회생계획에 합병을 내용으로 하는 회생계획조항이 있어야 한다(법 제260조, 제271조 제1항). 특히 회생절차 진행 중의 채무자 사이의 합병을 내용으로 하는 회생계획안을 작성할 때에는 해당 채무자들의 관계인집회를 동시에 개최하는 경우가 많은데, 만약 합병 당사자 중 어느 한 회사라도 회생계획안이 가결되지 않을 경우에는 다른 회사의 회생계획안이 가결되더라도 계획 수행의 가능성이 없음이 분명하므로 불인가될 가능성이 크다. 따라서 상대방 회사의 회생계획안이 가결 또는 인가되지 못할 것에 대비한 규정을 반드시 마련해 두어야 한다.

다. 기재례(흡수합병의 예)

> 1. 합병 당사자의 상호
> '갑'·'을'·'병'
> 2. 합병의 목적
> 합병 당사자 간의 유기적인 관계회복, 경영정책의 합리화, 관리 부분의 중복비용 절감 등으로 매출 및 이익을 극대화하여 회생을 도모하기 위한 것입니다.

종합개발과 건영산업개발은 합병 후 정리계획을 수행하던 중 추가로 흡수합병한 것임), 기아자동차(주)(기아자동차 + 아시아자동차공업 + 기아자동차판매 + 아시아자동차판매 + 기아대전판매 = 기아자동차), 교하산업(주)(교하산업 + 서해화성 = 교하산업), 광토건설(주)(성원기업 + 성원 = 성원기업, 후에 광토건설로 상호가 변경되었음), (주)뉴코아(뉴코아 + 뉴타운개발 + 시대종합건설 = 뉴코아)를 들 수 있다. 이 중 기아자동차(주)의 경우, 자동차판매회사 3사는 정리회사가 아닌 일반 기업이었다.

271) 다만 상대방 회사가 주주총회 또는 사원총회의 승인결의를 요하지 아니하는 경우를 제외한다(법 제243조 제1항 제5호 단서).

3. 합병의 방법

'갑'은 '을'·'병'을 흡수합병하여 존속하고, '을'·'병'은 소멸합니다. 다만, 합병 당사자 중 '갑'의 회생계획안이 가결되지 아니하였을 경우에는 합병하지 아니하고, '을'·'병' 중 어느 한 회사의 회생계획안이라도 인가되지 아니하였을 경우에는 회생계획안이 인가된 회사만 '갑'에 흡수합병되어 소멸합니다.

4. 합병의 절차 및 내용

가. 합병일

합병 당사자들의 회생계획 최종 인가일로 합니다. 다만, 제3항 단서 후단의 경우에는 회생계획안이 가결된 회사들의 최종 인가일로 합니다.

나. 합병등기

합병 당사자들의 회생계획 최종 인가결정의 확정일로부터 2주 내에 존속회사의 관리인은 합병을 원인으로 한 변경등기를, 소멸회사의 관리인은 해산등기를 각 경료하여야 하며, 위 각 등기가 모두 경료된 때에 합병의 효력이 발생합니다.

다. 합병의 내용

(1) 존속회사인 '갑'은 소멸회사들의 권리와 의무를 포괄적으로 승계합니다.

(2) 합병으로 인한 존속회사의 주식매수청구권은 인정하지 아니합니다.

(3) 소멸회사의 기존 주식은 전부 무상 소각하며, 존속회사는 합병을 원인으로 한 신주발행이나 증자를 하지 아니합니다.

라. 합병으로 인한 회생채권 등의 권리변경

합병 당사자들에 대한 회생담보권과 회생채권 중 합병으로 인하여 중복되는 것은 회생담보권으로 채권을 존속시키고, 나머지 합병 당사자에 대한 채권은 소멸합니다. 다만, 채권자가 회생계획인가결정 직후 회생채권을 존속시키겠다는 의사를 표시한 경우에는 회생채권을 존속시키고, 나머지 회생담보권은 소멸합니다.

마. 합병으로 인한 회생채권 등의 소멸

합병 당사자들 사이의 채권과 채무는 합병의 효력이 발생함과 동시에 소멸합니다. 다만, 소멸될 채권이 제3자의 권리의 목적이 되는 경우에는 그러하지 아니합니다.

5. 변동된 자금수지표 등

합병에 따라 변동되는 존속회사의 자금수지표, 회생담보권 및 회생채권의 권리변경 및 변제방법은 별표 ○○와 같습니다.

7. 영업양도

가. 개   요

영업양도는 시점을 기준으로 ① 회생계획인가 전 법원의 허가에 의한 영업양도, ② 원 회생계획에 의한 영업양도, ③ 원 회생계획인가 후 변경회생계획에 의한 영업양도로 구분할 수 있다.[272)273)]

영업양도는 수개의 사업부가 존재하는 채무자에 있어서 각 사업부가 명확히 구분되어 있고, 각 사업부의 장·단점, 인적 구성, 사업에 대한 전망, 청산가치나 계속기업가치가 현저하게 달라 사업부문별 영업양도가 신주인수 방식에 의한 M&A보다 더 효율적인 경우, 채무자에게 우발채무의 존재 가능성이 있어 인수희망자가 신주인수 방식에 의한 M&A를 기피하는 경우, 신주인수 방식에 의한 M&A의 경우 대규모의 채무감면과 채무면제익이 발생하는 관계로 이를 피하기 위하여 영업 전체를 양도하면서 잔존 채무는 채무자에게 면제 없이 남겨 놓은 후 청산절차를 밟는 절차가 더 효율적인 경우 등에 유용하게 활용될수 있다. 다만 영업양도는 신주인수 방식에 의한 M&A보다 자산이전절차·세금부담의 측면에서 더 복잡하고 비용이 많이 소요되며, 영업양도 후에도 잔존 사업부문의 계속, 해산 및 청산 등의 절차가 남게 되어 회생절차가 종국적으로 종결될 때까지 장기간이 소요되므로 그 장·단점을 잘 비교·형량하여 어느 쪽을 택할 것인지를 결정하여야 할 것이다. 한편 주권상장법인이 대통령령으로 정하는 중요한 영업양도를 할 경우에는 금융위원회가 고시로 제외하는 경우 등을 제외하고는 외부의 전문평가기관으로부터 양도가액 등의 사항에 관한 평가를 받아야 하고 금융위원회와 거래소에 신고하여야 한다(자본시장과 금융투자업에 관한 법률 제165조의4, 같은 법 시행령 제171조, 제176조의6).

영업양도 방식을 추진하려고 할 때는 '회사분할' 방식도 같이 검토해 보는 것이 좋다. 회사분할은 해당 사업에 관한 허가 등을 그대로 승계시킬 필요가 있

---

272) 회생계획에 의한 영업양도의 경우에는 주주총회의 특별결의를 거칠 필요가 없으나(법 제260조), 회생계획인가 전 법원의 허가에 의한 영업양도에 있어서는 주식회사인 채무자의 부채총액이 자산총액을 초과하는 때에만 법원의 결정으로 주주총회 특별결의에 갈음하게 할 수 있다(법 제62조 제4항 전문). 두 경우 모두 반대주주의 주식매수청구권도 인정되지 아니한다(법 제62조 제4항 후문, 제261조 제2항).

273) 이하에서의 설명은 원 회생계획 또는 변경회생계획에 의한 영업양도에 관한 것이다. 회생계획인가 전 법원의 허가에 의한 영업양도에 관하여는 제17장 제7절 '회생계획인가 전의 영업양도' 참조. 서울회생법원 실무준칙 제241호 '회생절차에서의 M&A'에서 영업양도는 성질상 허용되지 않는 경우를 제외하고는 통상의 M&A 절차에 따라 진행하도록 하고 있다.

을 때 매우 효과적인 구조조정 방안이 될 수 있기 때문이다. 법 제279조는 "회생계획에서 채무자가 행정청으로부터 얻은 허가·인가·면허 그 밖의 처분으로 인한 권리의무를 신회사에 이전할 것을 정한 때에는 신회사는 다른 법령의 규정에 불구하고 그 권리의무를 승계한다."라고 규정하고 있다. 위 조항으로 인하여 회생계획에서 채무자로부터 분할되어 신설된 신회사가 허가·인가·면허 그 밖의 처분으로 인한 권리의무를 승계한다고 정한 경우에는 행정청의 별도의 조치 없이도 분할신설회사가 법률상 당연히 이를 승계할 수 있다. 따라서 회사분할은 건설업[274] 또는 골프장 등의 사업부문을 갖고 있는 채무자의 경우에 유용한 구조조정 수단이 될 수 있다.

한편 영업양도는 회생계획에 의하지 아니하고 조기에 실행할 수 있으나(법 제62조), 회사분할은 회생계획에 의하지 않으면 할 수 없다(법 제55조 제1항·제5호). 따라서 시간의 경과에 따라 영업상황이 급속하게 악화될 수 있는 채무자의 경우에는 영업양도가 더 유용한 회생수단이 된다.

채무자가 회생계획에 의한 영업양도를 하는 경우 회생계획에 그 목적물·대가·상대방 등을 정하여야 하고, 그 대가를 회생채권자·회생담보권자·주주·지분권자에게 분배하는 때에는 그 분배의 방법도 정하여야 한다(법 제200조 제1항·제2항).

영업양도를 내용으로 하는 회생계획안을 작성하여야 할 경우, 유의하여야 할 사항은 다음과 같다.

나. 영업양도 대상의 특정

영업양도에 의하여 이전되는 자산과 부채가 회생계획안에 구체적으로 특정되어야 한다. 영업양도 대상이 되는 자산과 부채는 영업양도계약서에 기재되므로, 영업양도에 관한 조항을 회생계획에 삽입하고 영업양도계약서를 첨부하는 방식으로 기재한다.

공익채권의 부담에 관하여도 영업양도계약에 의하여 결정되므로 이전되는 공익채권에 대하여는 양수인이 변제하고, 남는 공익채권에 대하여는 채무자가 변제하는 방식으로 기재한다. 다만 회생계획안에 양수인이 공익채무를 승계하기로 정했다고 하여 그 공익채무가 법률상 양수인에게 면책적으로 인수되는 것은 아니므로, 공익채무를 양수인에게 면책적으로 인수시키기 위해서는 개별 채권자

---

274) 구 회사정리법하에서 정리회사 (주)한보의 경우 위와 같은 이유로 철강사업부문은 영업양도를 한 반면에 건설사업부문은 물적 분할을 하고, 그 물적 분할된 회사의 주식을 인수희망자에게 매각하는 방식을 취하였다.

와 접촉하여 면책적 인수에 관한 동의서를 받아 두어야 한다.[275]

다. 채권자에 대한 변제

채권자들은 영업양도 그 자체보다는 영업양도대금 중 얼마를 배분받을 수 있을 것인가에 관심이 있으므로, 영업양도대금과 잔존자산의 매각대금을 채권자들에게 어떻게 배분할 것인가를 정하는 것이 회생계획의 핵심이 된다.

1) 영업양도 대금의 배분

영업양도 대금이 충분히 유입된 경우에는 회생담보권을 전액 변제하고, 그 나머지 양도대금으로 회생채권을 변제하는 내용의 회생계획안을 작성할 수 있지만, 그렇지 못한 경우에는 청산가치를 분배의 주요 기준으로 삼아 변제방법을 정하는 것으로 회생계획안을 작성할 수 있다. 즉 영업양도의 대상이 되는 자산에 담보를 설정한 회생담보권자에 대하여는 최소한 담보목적물의 청산가치 이상을 보장하여야 하므로, 양도대금 중 우선적으로 회생담보권자에 대하여 담보물의 청산가치에 해당하는 금액을 배분한다.[276] 그리고 남은 양도대금으로 회생담보권 중 청산가치를 초과하는 부분과 일반 회생채권에 대하여 후순위로 배분한다.

한편 회생계획변경절차에 의하여 영업양도를 하는 경우, 후순위 배분의 기준은 변경회생계획안 제출 당시의 회생채권액을 기준으로 하기도 하지만 원 회생계획에 의한 변제기간 동안의 변제예정액을 일정한 할인율에 의하여 할인한 현재가치를 기준으로 하기도 한다.

2) 잔존자산 처분대금의 배분

영업양도 후 채무자에게 남은 잔존자산을 단계적으로 처분하여 얻은 변제재원 및 후술하는 제3자 예탁계좌에서 회수한 예탁금에 대하여는 위 영업양도

---

275) 영업양도 시에도 채무인수는 원칙적으로 민법 제454조에 따라 채권자의 승낙이 필요한데, 면책적으로 채무인수를 하기로 하였다면 회생담보권 및 회생채권의 경우에는 회생계획안 인가에 따른 권리변경의 효과로서 채권자의 승낙이 있는 것으로 간주될 수 있으나, 공익채권의 경우에는 개별적 승낙이 필요하고 승낙을 받지 못하였다면 여전히 채무자가 채무를 부담하게 된다. 또한 공익채권을 인수하지 않기로 하였더라도 상호속용(상법 제42조)이나 채무인수 광고(상법 제44조)의 경우에는 양수인이 채권자에 대하여 변제책임을 부담하고, 양도인인 채무자는 2년 동안 중첩적으로 채무를 부담해야 함에 주의하여야 한다(상법 제45조).

276) 회생절차개시 당시 회생담보권의 담보목적물이 청산가치가 있는 것으로 평가되었으나 회생절차가 진행하면서 그 내구연한 경과 등으로 영업양도 당시에는 청산가치가 없는 것으로 평가되는 경우가 발생할 수 있다. 이 경우에도 당해 회생담보권자는 '회생담보권자 조'에 속하는 이상 일반 회생채권자보다 우월한 취급을 하여야 하므로, 뒤에 서술하는 후순위 배분에 있어서 일반 회생채권자보다 변제비율을 상당히 높여 주는 것으로 회생계획안을 작성하기도 한다.

대금의 후순위 배분의 기준에 따라 회생담보권 중 청산가치 초과 부분과 일반 회생채권에 대하여 배분하는 것으로 처리한다. 잔존자산 처분은 장기간에 걸쳐서 행하여지므로 회생계획안에 후순위 배분을 행하는 시기를 미리 특정하여 놓거나 일정 기간마다 행한다는 내용의 조항을 삽입한다.

3) 채무의 면제시기

회생계획에서는 양도대금의 배분기준과 배분시기도 정하여야 하지만, 그와 동시에 권리의 변경에 대하여도 정하여야 한다. 회생계획인가의 결정이 있은 때에는 회생채권자, 회생담보권자, 주주·지분권자의 권리는 회생계획의 규정에 따라 변경되는데, 위와 같이 양도대금과 잔존자산의 처분대금을 배분하고도 남은 회생채권 등에 대하여는 면제할 수밖에 없을 것이지만,[277] 이 경우 면제의 효력을 언제 발생하게 할 것인지는 신중하게 정하여야 한다. 채무자가 이월결손금이 많아서 채무면제 시 발생하는 채무면제익을 이월결손금으로 공제할 수 있다면, 채무면제시기를 언제로 정하든 관계가 없을 것이다. 그러나 이월결손금이 많지 않아 채무면제익을 익금으로 산입할 경우, 법인세가 발생할 가능성이 있다면 회생계획에 의한 배분이 불가능한 상황이 초래될 수도 있다. 이러한 문제를 회피하기 위하여 채무의 면제시기를 법원의 허가를 받아 추가변제를 완료하여 변제를 종료한 때로 정하는 방법이 사용될 수 있다. 그러나 반드시 잔존 채무를 면제하여야 하는 것은 아니므로 세무 회계에 관하여 확신이 없고 영업양도 후 채무자에 대한 청산을 염두에 두고 있는 경우에는 변제 완료 후 잔존 채무를 그대로 남겨 두고 채무자에 대하여 회생절차를 종결하거나(이 경우에는 회생절차 종결 전에 파산신청을 할 대표자를 선정하고, 회생절차종결 후 그 대표자가 즉시 채무자에 대하여 파산신청을 하는 내용을 회생계획안에 미리 규정해 두고, 이에 따른 조치를 취하여야 한다),[278] 아니면 잔존 자산의 처분 및 후순위 배분완료 후 법원이 채무자에 대하여 직권 파산선고를 하는 것도 적절한 방안이 될 수 있다.

---

277) 이 경우 채무면제익으로 인한 법인세 부과의 문제를 피하기 위해 신주발행 및 소각의 방식을 취하는 것이 권장된다.

278) 서울중앙지방법원 2014회합100098 (주)팬택 사건에서는 기존 채무자로부터 주요자산을 이전 받은 분할신설회사의 주식을 제3자가 양수하고, 일부 자산(공장)을 보유한 분할존속회사가 M&A 인수대금으로 회생채권 등을 변제하고 나머지 회생채권 및 기존 주식에 대하여는 권리 감축을 하지 않는 것을 내용으로 한 회생계획이 인가되었고, 이에 따라 분할존속회사는 위 인수대금으로 회생채권 등을 변제하고 난 후에 회생절차 종결결정을 받고 파산신청을 하였다. 영업양도의 경우에도 이러한 사례가 참조될 수 있다.

라. 주주·지분권자에 대한 권리변경 문제

영업양도대금이나 잔존자산의 매각대금으로 회생담보권과 회생채권을 모두 변제하는 것이 불가능한 경우에는 회생담보권 또는 회생채권 일부에 대하여 권리감면 등 권리변경을 할 수밖에 없고, 이 경우 주주·지분권자의 권리를 그대로 두는 것이 공정·형평의 원칙에 반하는 것이 아닌가 의문이 들 수 있다. 즉 회생채권 등에 대하여 전액이 변제되지 않아 일부 면제가 있는 경우, 주주·지분권자에 대하여는 주식·출자지분을 상당부분 무상소각하는 식으로 권리변경을 하는 것이 타당한 것처럼 생각될 수 있다. 그러나 대부분의 자산을 영업양도의 방식으로 양수인에게 처분하고 채무자에게 남아 있는 자산도 회생채권자들의 변제를 위하여 모두 제공한 다음 사실상 사업을 더 이상 유지하지 않는 것으로 회생계획을 작성하는 이상 주주·지분권자의 잔여재산분배청구권의 가치는 전혀 없다고 할 것이므로, 이러한 경우 무익한 비용과 노력이 소요되는 무상소각을 형식적으로 행하지 아니하였다고 하여 공정·형평에 반한다고 볼 것은 아니다. 이와 같은 논란을 아예 없애기 위해서 실무에서는 영업양도 후 채무자의 청산을 내용으로 하는 회생계획안에서 회생계획안 인가 즉시 주주·지분권자의 권리를 소멸시키지는 않으면서 채무자가 해산하여 청산됨으로써 소멸한다는 규정을 두어 종국적으로는 주주·지분권자의 권리를 모두 소멸시키기도 한다.

마. 제3자 예탁계좌의 설정

영업양도의 경우 실제 영업양도계약 체결일과 채무자의 영업양도의무 이행 완료일까지 상당한 기간이 소요되므로 먼저 영업양도대금을 납입한 영업양수인의 입장에서는 채무자의 채무불이행에 따른 위험을 회피할 장치가 필요하다. 또한 영업양수인이 채무자에 대하여 실사를 할 당시의 자산·부채 상황과 실제 영업양도일 당시의 자산·부채 상황이 변동(예컨대 자산의 급격한 감소 또는 공익채무의 급격한 증가)되어 이로 인하여 영업양수인이 불측의 손해를 입을 우려가 있으므로, 영업양수인은 이에 대한 대비책을 요구하게 된다. 따라서 통상 영업양도계약을 체결할 경우에는 위 두 가지 상황에 대비하여 영업양수인이 채무자에게 정산의무이행을 담보하기 위하여 영업양도대금 중 일정액에 대해 제3자 예탁계좌(escrow account)를 설정하도록 요구하고, 채무자는 이를 승낙하여 제3자 예탁계좌 설정계약이 체결되는 것이 일반적이다.

먼저, 채무자의 영업양도계약상 의무이행을 담보하기 위하여 설정되는 제3자 예탁계좌는 그 설정기간을 영업양도일부터 채무자의 영업양도의무이행 완료 예정일(예컨대 영업양도일부터 6개월)까지로 정하고, 그 기간만료 시 채무자의 채무불이행이 없으면 채무자가 그 예탁금을 회수하는 것으로 약정한다. 다음으로 재무상황 변동에 따른 정산의무이행을 담보하기 위하여 설정되는 제3자 예탁계좌는 그 설정기간을 채무자와 영업양수인 상호 간의 정산완료일(예컨대 영업양도일부터 1개월)까지로 정하고, 그 기간만료 시 자산의 감소나 부채의 증가가 없는 것으로 확인되면 채무자가 그 예탁금을 회수하는 것으로 약정한다. 다만 후자의 경우에는 만일 채무자와 영업양수인 상호 간에 정산합의가 원만히 이루어지지 않을 경우에 대비하여 영업양도일부터 일정 기간(예컨대 60일) 이내에 미리 선정되거나 선정방법이 정해진 특정 회계법인에게 실사를 의뢰하여 정산을 완료하는 조항을 추가하기도 한다.

통상 영업양도계약상의 채무자의 의무이행을 담보하기 위한 제3자 예탁계좌는 채무자의 채무불이행에 대비하기 위한 것인데 채무자의 사소한 채무불이행이 발생하는 것이 다반사이므로, 채무자가 제3자 예탁계좌에 입금된 예탁금 중 일정액을 되찾지 못하는 경우가 있을 수 있다. 다만 재무상황 변동에 따른 정산의무이행을 담보하기 위한 제3자 예탁계좌의 경우에는 자산·부채 실사기준일 이후 채무자가 영업이익을 계속적으로 내고 있는 것이 통상임에 비추어 채무자가 제3자 예탁계좌의 예탁금을 전액 회수할 수 있음은 물론, 오히려 영업양수인이 채무자에게 상당한 금액의 정산금을 추가로 지급하여야 하는 경우가 발생할 수 있다.

바. 채무자의 해산 등

회생계획의 조항 속에는 채무자의 해산에 관한 규정을 둘 수 있다.[279] 다만 청산절차의 내용을 회생계획에서 규정할 수 없으므로 보통은 청산인의 선임에 관한 규정만 두고,[280] 회생계획에 따라 해산된 후의 청산절차는 상법의 규정

---

[279] 앞서 본 바와 같이 회생계획에 채무자에 대한 회생절차 종결 후에 그 대표자 등이 즉시 파산신청을 할 수 있다는 조항을 둘 수도 있다.

[280] 회사가 해산한 때에는 합병·분할·분할합병 또는 파산의 경우 외에는 이사가 청산인이 된다. 다만, 정관에 다른 정함이 있거나 주주총회에서 타인을 선임한 때에는 그러하지 아니하다(상법 제531조 제1항). 따라서 회사인 채무자에 대하여 제3자 관리인이 선임되어 이사가 청산인이 되기에 부적절한 경우 등에는 이사 이외의 사람을 청산인으로 선임하기 위하여 미리 정관을 변경해 두거나 회생계획으로 정관을 변경하여야 한다.

에 따르게 된다.[281]

1) 회생계획에 따른 해산

채무자가 합병·분할 또는 분할합병에 의하지 아니하고 해산하는 때에는 회생계획에 그 뜻과 해산의 시기를 정하여야 하고, 채무자는 회생계획이 정하는 시기에 해산한다(법 제216조, 제275조). 통상 회생계획에 따른 해산신청에 대하여 법원의 허가가 있으면 해산의 효력이 발생한다. 해산등기는 제3자에 대한 대항요건에 불과하다. 해산은 채무자의 법인격 소멸의 법률상 원인이 발생한 것에 그치므로 채무자는 청산의 목적 범위 내에서 존속하고, 청산사무가 종료되어 청산종결등기가 됨으로써 비로소 법인격이 소멸한다.

2) 해산 후 회생절차종결 전의 문제점

채무자가 해산하면 그 후 청산인에 의하여 상법에 따른 청산절차가 진행된다. 청산인이 선임되더라도 채무자 재산의 관리처분권한이 청산인에게 귀속되는 것은 아니다. 상법상 청산인의 업무는 현존사무의 종결, 채권의 추심과 채무의 변제, 재산의 환가처분, 잔여재산의 분배 등이고, 이와 관련하여 채무자를 대표할 권한을 갖게 된다.

채무자가 해산되어 청산인이 선임되면, 채무자의 관리인이 갖는 재산의 관리처분권한과 청산인의 권한을 어떻게 해석할 것인지의 문제가 있다. 회생절차가 종결되기 전까지는 법의 규정이 상법의 규정보다 우선한다. 따라서 청산인의 권한은 관리인의 권한과 충돌되지 않는 범위 내에서만 효력을 갖는다. 즉 청산인의 신고나 청산인 등기 등은 회생절차가 종결되기 전이라도 할 수 있지만, 청산사무는 회생절차가 종결된 뒤에야 착수할 수 있다.

3) 종결 후의 법률관계

회생절차의 종결결정이 확정되면 관리인의 권한은 소멸하고, 채무자의 관리처분권한은 회복된다. 그 결과 청산인이 청산에 관한 권한을 갖게 되어 청산절차를 진행할 수 있다.

---

281) 이 부분에 대한 설명은 회사분할 후 분할되어 나온 자회사는 매각되어 회생절차를 종결하고, 분할 후의 모회사는 청산절차를 진행할 경우에도 동일하게 적용될 수 있다.

8. 회사분할

가. 분할의 의의

회사분할은 회사 재산의 전부 또는 일부가 분리되어 1개 이상의 회사가 신설되거나 존립 중인 다른 회사에 포괄적으로 승계되는 제도이다(이하 사업을 분리한 기존회사를 '분할회사', 사업을 승계한 회사를 '승계회사'라고 한다).[282]

분할은 우선 분할회사가 소멸하는 형태[283]와 존속하는 형태로 나뉘고, 다시설립된 신회사(신설회사)가 분리된 사업을 승계하는 신설분할과 존립 중의 회사(기존회사)가 승계하는 흡수분할의 형태로 나뉜다. 또한 승계회사가 발행하는 주식(분할신주)을 배정받는 자가 분할회사인 경우를 물적 분할(분사형 분할),[284] 분할회사의 주주인 경우를 인적 분할(분할형 분할)이라고 한다.[285]

회사분할은 채산성이 부진한 사업부문을 분리하여 별도의 회사로 운영하게함으로써 경영의 전문화와 효율화를 도모하려는 경우, 신규사업이나 위험도가높은 사업부문을 분리시켜 위험부담을 한정시키려는 경우, 건설업 등 과거 실적이 승계될 필요가 있는 경우,[286] 채무자의 담보신탁 자산을 신회사에 이전시키고 기존 채무자의 청산가치를 낮추는 방법으로 M&A 인수의향자를 폭넓게 확보한 다음 채무자를 제3자 배정 신주인수 방식으로 매각하는 경우,[287] 채무자의

---

282) 영업양도와 달리 채무 및 계약상 지위의 승계에는 상대방의 개별적 승낙이 필요하지 않고, 채권자가 보유한 채권을 양도할 때에도 채권양도의 대항요건을 갖출 필요가 없다. 예를 들어, 골프장 영업에 불가결한 골프장 부지에 대한 임대차계약도 회사분할의 경우에는 임대인의 승낙 등의 행위를 요하지 않고 승계회사에 포괄적으로 승계되기 때문에 회사분할 방식은 골프장사업 등의 재건에 유용하게 쓰일 수 있다.

283) 분할회사의 사업 전부가 승계되는 경우로 분할회사는 해산된다.

284) 분할회사가 소멸하는 경우에는 물적 분할은 개념상 있을 수 없다.

285) 법이나 상법상 분할회사뿐만 아니라 신설회사 등 분할의 당사자는 모두 주식회사일 것이 요구된다.

286) 구 회사정리법하에서 정리회사 (주)한보 사례에서는 위와 같은 이유로 철강사업부문은 영업양도방식에 의하여 매각한 반면 건설사업부문은 영업양도방식에 의하는 경우 공사실적이 승계되지 않는 점을 고려하여 회사분할 방식에 의하여 분리한 후 분할된 회사를 주식양도방식에 의하여 매각한 바 있다.

287) 서울중앙지방법원 2012회합103 범양건영(주) 사건이 대표적 사례이다. 주택건설업, 토목사업 등을 영위하는 채무자는 기존 사업의 존속을 전제로 채권자들의 권리를 변경하는 내용으로 2012. 10. 11. 회생계획인가결정을 받았다. 이후 새로운 자본의 유치 없이는 기존 건설사업의 계속이 어렵게 되자 채무자는 M&A를 시도하였다. 채무자는 다수의 국내 신탁자산(장부가액 약 443억 원) 및 해외 PF 관련 자산(장부가액 약 452억 원)을 보유하는 반면 이와 관련된 신탁관련 채무를 부담하고 있었다. 채무자는 큰 규모의 자산이 M&A에 도움이 되지 않을 뿐만 아니라, 신탁 관련 채무가 확정되지 않는 문제점을 해결하고자 회사분할 방식을 취했다. 채무자의 관리인은 회사 인적분할, 제3자 배정 신주인수 방식을 통한 신규자금의 유입 등을 내용으로

주요 영업에 필요한 필수 자산을 분리하여 제3자에게 매각하는 경우288) 등에 있어서 유용한 수단으로서 사용될 수 있고, 또한 각종 세제상의 혜택이 부여되어 있어 특히 사업재편의 필요성이 강조되는 회생절차에서 기업구조조정의 새로운 기법으로 활용될 수 있다.

나. 회생절차상 회사분할의 특징

1) 채무의 분할

원칙적으로 승계회사는 분할회사의 채권자에 대하여 연대채무를 지나,289) 한편 연대성은 분할행위에 의하여 배제될 수도 있다.290) 이러한 경우에는 승계회사는 분할회사로부터 승계하기로 정한 채무에 대하여만 책임을 지고, 존속하는 분할회사는 승계회사가 부담하지 아니하는 채무만을 부담하여 채무가 분할된다. 회생절차에서 회사분할을 행하는 경우에도 승계회사가 분할회사의 채무 중 분할계획서 또는 분할합병계약서에 승계하기로 한 채무만을 부담하도록 정할 수 있다. 이 경우 분할회사가 분할 후에 존속하는 때에는 승계회사가 부담하지 아니하는 채무만을 부담하게 된다(법 제212조 제1항 제7호, 상법 제530조의9).291)

하는 변경회생계획안을 제출하여 2013. 11. 15. 인가결정을 받았다. 인가된 변경회생계획의 골자는 다음과 같다. 채무자는 인적 분할을 통해 국내 신탁자산, 해외 PF 관련 자산 및 이전 대상 자산 관련 부채를 분할신설회사에 이전시키고, 분할신설회사는 그 자산의 매각대금으로 분할신설회사가 승계한 채무를 변제한다. M&A 인수자는 제3자 배정 신주인수 방식에 따라 분할존속회사에 인수대금을 납입하고 신주를 배정받음으로써 분할존속회사의 대주주로서 기존 종합건설업을 계속하여 영위한다. 분할존속회사에 대한 채권자들의 채권은 일부는 현금변제, 나머지는 출자전환하는 방식으로 권리변경이 된 후 현금변제 부분은 인수대금을 변제재원으로 변제를 받는다.

288) 서울중앙지방법원 2014회합100098 (주)팬택 사건에서는 채무자가 주요 사업인 휴대폰 제조업에 필요한 필수 자산(본사 및 특허권 등) 및 인력만을 분리하여 분할신설회사(승계회사)에 이전시키고 위 분할신설회사의 주식을 제3자가 양수하는 방식으로 M&A가 이루어졌다. 서울회생법원 2016회합100149 에스티엑스중공업(주) 사건에서는 회생계획인가 후 채무자의 플랜트사업부에 대한 M&A를 위하여 플랜트사업부를 분리하여 분할신설회사를 설립하는 내용의 회생계획변경결정을 하였다.

289) 상법 제530조의9 제1항에 의하면 원칙적으로 연대책임의 대상이 되는 채무는 분할 전에 성립한 분할회사의 채무로서 분할 후 분할회사에 잔존하는 채무만이 아니라, 신설회사 또는 분할합병의 상대방 회사에 승계된 채무를 포함한다. 이와 같은 연대성은 채권자의 보호를 위한 것이지만, 승계회사로서는 분할에 따라 출자받은 자산과 관계 없는 부채나 우발채무를 안을 수 있다는 점에서 추가부담으로 작용한다.

290) 상법 제530조의9 제2항 및 제3항의 각 전문에 의하면, 승계회사는 분할계획서 또는 분할합병계획서에 승계하기로 정한 채무에 대하여만 책임을 부담할 것을 정할 수 있다.

291) 서울중앙지방법원 2012회합103 범양건영(주) 사건의 2013. 11. 15.자 인가된 변경회생계획에는 '회사분할'의 장을 별도로 만든 후 그 안에 '연대채무(책임)에 대한 부담' 조항을 넣고, 그 내용으로 "법 제212조에 의해 분할하고, 분할신설회사 B사는 분할 전 회사의 채무(공익채권을 포함) 중에서 B사에 이전한 채무(책임을 포함한다. 이하 같다)만을 부담하며, B사로 이전되지 아니하는 다른 채무에 대해서는 연대하여 변제할 책임을 지지 아니한다. 또한 분할존속회사 A사

상법상 회사분할에서는 채권자보호절차[292)]가 중요한데, 이는 분할로 인하여 분할회사의 적극재산과 소극재산이 승계회사에 임의로 배정되어 그 채무자와 책임재산이 변경됨으로써 분할회사의 기존 채권자에게 불리한 영향을 미칠 수 있기 때문이다.[293)] 그러나 회생절차에서는 이해관계인의 결의에 의한 가결 및 법원의 인가를 받은 회생계획에 기하여 회사분할이 실행되는 것이기 때문에 법 제272조 제4항은 위와 같은 상법상의 채권자보호절차가 불필요한 것으로 규정하고 있다. 즉 채권자는 회사분할을 내용으로 하는 회생계획안에 대한 관계인집회에서의 결의절차를 통하여 회사분할이 채권자에게 유리 또는 불리한 결과를 가져올 것인지를 판단할 수 있고, 법원 역시 인가요건에 대한 심리를 통하여 채권자에 대한 적절한 보호를 심사하게 되므로 별도의 상법상의 채권자보호절차를 거치지 않아도 되는 것으로 규정한 것이다.[294)] 그러나, 회사분할 시에도 공익채권자에 대하여는 회생계획에 상법상의 채권자보호절차 없이 승계회사의 연대책임을 면하는 것으로 정할 수 있다는 특례규정(법 제272조 제4항)이 적용되지 아니하

도 A사에 존속하는 채무만을 부담하며, B사로 이전된 채무에 대해서는 연대하여 변제할 책임을 지지 아니한다."라는 문구를 기재하였다.

292) 회사는 주주총회의 분할승인결의가 있은 날부터 2주 내에 채권자에 대하여 분할에 이의가 있으면 1월 이상의 기간 내에 이를 제출할 것을 공고하고 알고 있는 채권자에 대하여는 따로따로 이를 최고하여야 한다. 채권자가 위 기간 내에 이의를 제출하지 아니한 때에는 분할을 승인한 것으로 본다. 이의를 제출한 채권자가 있는 때에는 회사는 그 채권자에 대하여 변제 또는 상당한 담보를 제공하거나 이를 목적으로 하여 상당한 재산을 신탁회사에 신탁하여야 한다(상법 제530조의9 제4항, 제530조의11 제2항, 제527조의5 제1항, 제3항, 제232조 제2항, 제3항).

293) 대법원 2016. 2. 18. 선고 2015다10868, 2015다10875(병합) 판결. 대법원 2016. 2. 18. 선고 2014다31806 판결.

294) 이러한 이유로 회사 분할을 하면서 상법상 채권자보호절차를 거치지 않고 회생절차를 이용하여 회사분할 회생계획을 인가받은 사례로는, 서울중앙지방법원 2011회합105 대우자동차판매(주) 사건 참조. 이 사건에서 채무자는 재정적 위기에서 벗어나기 위해 2010. 4. 8. '기업구조조정 촉진법'에 따라 채권금융기관 공동관리절차(워크아웃) 개시를 신청하여 2010. 4. 14. 그 절차가 개시되고 2010. 9. 10. 채권자금융기관협의회와 경영정상화계획의 이행을 위한 약정을 체결하였다. 이 절차에서 채권자협의회는 6차에 걸친 협의회 개최 끝에 채무자를 3개 회사로 인적분할하는 내용의 계획을 수립하였다. 채무자는 2011. 3. 28. 채무자의 임시주주총회에서 위와 같은 인적분할 방안에 대한 분할계획서의 승인을 받고, 2011. 4. 25. A사와 버스판매 사업부문의 분할신설법인(갑사)에 대한 투자계약을, 2011. 6. 22. B사와 건설 사업부문의 분할신설법인(을사)에 대한 투자계약을 체결하였다. 채무자는 위와 같은 분할계획을 이행하기 위해 주주총회를 개최하여 특별결의까지 거쳤으나, 분할신설법인들이 분할 전 회사의 채무에 대해 연대책임을 부담하지 않는 것으로 분할계획을 작성함에 따라 상법상의 채권자보호절차를 거쳐야 했다. 한편 워크아웃 비협약채권자들 중 채권 합계액 2,000억 원 가량을 보유하는 채권자들이 이러한 분할안에 대해 이의를 제기했다. 채권자협의회와 채무자는 이의를 제기하는 채권자들을 설득하는데 실패했고, 재무상태가 좋지 않아 채무자는 상법상 채권자보호절차로서 필요한 이의 채권자에 대한 변제 및 담보제공도 할 수 없었다. 이에 채무자는 분할계획의 실행이 사실상 불가능하게 되자 회생절차를 통한 회사분할, 채무감면 및 회사의 재건을 도모하기 위해 2011. 7. 29. 서울중앙지방법원에 회생절차개시신청을 했다. 채무자는 2011. 8. 10. 회생절차개시결정을 받고, 위와 같은 회사분할을 내용으로 하는 회생계획에 대해 2011. 12. 9. 인가결정을 받았다.

므로 승계회사가 분할회사의 공익채권에 대하여 연대책임을 면하기 위하여는 회생계획에 이를 정한 것만으로는 부족하고 해당 공익채권자가 이에 동의하거나 상법상의 채권자보호절차를 거쳐야만 한다.[295]

회생절차에서 분할회사와 승계회사 사이에 채무를 어떻게 분할할 것인가는 양 회사 중 어느 쪽 회사의 재무구조를 개선시켜 주력사업을 경영할 필요가 있는지 여부, 이월결손금과 채무면제익의 발생 규모 등을 종합하여 결정하여야 하는데, 이에 관하여는 후술한다.

2) 분할신주의 배정

회사분할의 경우 승계회사의 자산과 부채를 비교하여 그 자산의 가치가 부채를 초과하는 만큼이 자본으로 인정되기 때문에 회사분할 시 자본을 얼마로 할 것인지 문제는 결국 얼마만큼의 자산과 부채를 승계회사에 승계시킬 것인가의 문제와 직결되어 있다.

승계회사의 재무구조가 자산초과가 되는 경우, 기본적으로는 승계회사의 신주가 분할회사의 주주에게 배정될 수 있다. 그러나 회생절차가 진행중인 채무자가 부채초과 상태에 있는 경우에는 원칙적으로 주주의 이익은 보호될 수 없기 때문에 분할의 반대급부로 발행된 승계회사의 신주가 분할회사인 채무자의 주주에게 배정되는 것이 원칙이 아니라 ① 물적 분할(별제214조), ② 채무자의 감자 또는 증자 후의 인적 분할,[296] ③ 회생채권자·회생담보권자·주주에 대한 배정(법 제212조 제1항 제4호·제10호, 제273조 제1항, 제274조 제4항·제5항), ④ 자금력 있는 제3자에 대한 배정방식[297](법 제212조 제1항 제3호·제10호, 제274조 제5항) 중 어느 한 방법이 이용된다.

특히 상법상 회사분할에 있어서는 채권자에게 주식을 분배할 수 없으나, 법 제212조 제1항 제4호, 제10호, 제273조 제1항, 제274조 제4항, 제5항은 회생절차의 경우 회생계획에서 회생채권자·회생담보권자에게 새로 납입을 시키지 아니

---

295) 대법원 2016. 2. 18. 선고 2015다10868, 2015다10875(병합) 판결, 대법원 2016. 2. 18. 선고 2014다31806 판결.

296) 회생절차가 개시된 채무자가 100% 감자를 행하고, 경영 중추인력 파견과 사업재건 노하우를 제공할 회사 甲이 출자한 회사 乙로 하여금 채무자의 증자에 응하게 하여 채무자가 승계회사 乙의 100% 자회사가 된 후 회사분할을 통하여 그 모회사인 승계회사 乙에 본업을 이관하는 형태로서, 승계회사 乙이 분할회사인 채무자의 주식을 100% 소유하기 때문에 흡수분할에 따른 주식을 발행하지 않게 된다.

297) 자금력 있는 제3자에 대한 배정을 회생계획에서 정한다 함은 승계회사에 관하여 M&A 절차를 추진한다는 것을 의미하는 것이다. 승계회사의 M&A를 추진하는 방식으로는 승계회사의 신주를 직접 제3자에 대해 배정하는 방식뿐만 아니라 채무자를 물적 분할하여 승계회사의 발행신주 전부를 분할회사에게 배정한 다음 분할회사가 그 신주를 제3자에게 매각하는 방식이 있을 수 있다. 정리회사 (주)한보 및 회생회사 (주)팬택은 후자의 방식을 취했다.

하거나 납입하게 하고 분할신주를 배정할 수 있도록 규정하고 있으므로, 이 점 역시 상법과 구별되는 특징 중의 하나라고 할 것이다. 따라서 회생절차에서는 상법상 인적 분할 시 주주에 대한 신주배정을 둘러싼 복잡한 지분 계산을 피할 수 있고, 회생계획에서 정한 대로 그 신주배정 방식을 정할 수 있어 신속하고 효율적으로 절차를 진행할 수 있는 장점이 있다.

3) 면허 등의 승계

법 제279조는 "회생계획에서 채무자가 행정청으로부터 얻은 허가·인가·면허 그 밖의 처분으로 인한 권리의무를 신회사에 이전할 것을 정한 때[298]에는 신회사는 다른 법령의 규정에도 불구하고 그 권리의무를 승계한다."라고 규정하고 있다. 이 규정은 행정청의 허가·인가·면허가 당연히 영업양수인에게 승계되지 않는 영업양도와 비교할 때 회사분할이 갖는 큰 장점 중의 하나이다.[299]

4) 과세문제

회생절차가 개시된 채무자의 경우 채무재조정이 불가피한데, 그로 인하여 발생하는 채무면제익에 비하여 세무상 계상할 수 있는 손실(이월결손금)이 적을 수 있기 때문에 과세문제를 해결할 목적에서 회사분할을 하고, 분할회사 자신은 존속하기보다는 청산절차 또는 파산절차에 들어갈 수도 있다. 즉 주력 사업 및 그 사업에 필요한 자산과 사업의 수익력 및 승계 자산으로 변제가 가능한 만큼의 부채만을 승계회사에 승계시키고, 채무자의 나머지 부채는 채무면제 없이 그대로 분할회사에 남겨 둔 후 분할회사는 청산절차 또는 파산절차를 밟음으로써 채무면제에 따른 과세문제를 해결할 수 있게 된다.

5) 조세채무의 승계

회생계획에서 회사분할로 인하여 승계회사가 분할회사의 조세채무를 승계할 것을 정한 때에는 승계회사는 그 조세를 납부할 책임을 지며, 분할회사의 조세채무는 소멸한다(법제280조). 회생채권인 조세채권에 관하여 조세징수권자의 동의를

---

298) 회생계획에는 "신설회사는 채무자가 행정청으로부터 얻은 허가·인가·면허 그 밖의 처분으로 인한 권리의무를 회사분할에 의하여 승계합니다."라고 기재한다.

299) 한편 건설업이나 토목업을 영위하는 채무자와 관련한 문제로서, 대형 관급공사에서 공사수주를 위한 '입찰참가자격 사전심사(PQ)' 점수 중 과거 공사수행실적 점수가 상당히 중요한 위치를 차지하는데 승계회사가 분할에 의하여 신설된 법인이므로 공사실적이 없는 것으로 평가되어 불이익을 받을 수 있지 않는가 하는 의문이 있을 수 있다. 그러나 분할로 인하여 승계회사에게 포괄적으로 승계되는 영업재산의 총체와 관련한 적극재산의 의미는 단순히 유동자산뿐만 아니라 영업과 관련되고 경제적으로 재산가치 있는 인적·물적 설비의 집합체로서의 영업재산이라고 해야 할 것이다. 따라서 승계회사는 분할회사가 보유하던 영업실적이나 시공경험, 기술능력 등을 그대로 승계하게 된다고 보는 것이 일반적 견해이다.

받아 장기의 분할변제를 회생계획에서 정함에 있어서 분할회사는 곧 청산절차 또는 파산절차를 밟아 소멸하고, 승계회사가 존속회사로 남아 사업을 영위할 것을 계획하는 경우에는 위와 같은 조세채무를 승계회사가 승계하는 것으로 회생계획에 정함으로써 조세채무의 처리를 둘러싼 문제점을 해결할 수 있다.[300]

6) 부인권 소송

대법원 판례는 회생절차가 종결되면 부인권 소송은 소의 이익이 없어 소멸된다고 판시하므로, 통상의 경우 채무자의 회생절차 조기종결과 부인권 소송의 계속적 유지가 양립할 수 없게 된다. 그러나 이에 대한 대응책으로 회사분할을 이용하면 회생절차의 신속한 종결이 요청되는 분할회사는 종결절차를 밟아 정상적으로 사업을 영위하도록 하고, 승계회사(분할신설회사)는 회생절차에 남아 부인권 소송을 계속 수행한 후 그 승소금액을 회생채권자·회생담보권자에게 분배함으로써 회생절차의 부인권 제도의 실효성을 확보할 수 있다. 즉 부인권 소송 업무, 소송 결과 확보되는 변제재원의 관리 및 회생채권 변제 등을 목적으로 하는 승계회사를 분할함으로써 회생절차의 종결에 따른 부인권 소멸의 위험을 차단할 수 있다.[301]

제○장 회사분할

1. 관리인은 법원의 허가를 받아, 향후 회생절차의 신속한 종결과 부인권 소송의 계속을 위하여, 분할존속회사는 분할 이후 회생절차의 종결절차를 거쳐 정상적으로 사업을 영위하고, 분할신설회사는 회생절차에 남아 부인권 소송을 계속 수행한 후 소송의 결과에 따른 권리·의무를 분할존속회사에 이전하는 것을 내용으로 하는 회사분할을 채무자 회생 및 파산에 관한 법률 제212조 등 관련 법령의 절차에 따라 시행하여 분할신설회사로서 ○○ 주식회사를 설립하기로 합니다.

2. ～ 9.(생략)

10. 채무자로부터 분할신설회사에 이전된 부인권 소송이 확정되면, 분할신설회사의 관리인은 법원의 허가를 받아 소송 결과에 따른 권리·의무를 분할존속회사에게 모두 이전한 후 분할신설회사를 해산하거나 분할존속회사와 합병합니다.

---

300) 구 회사정리법하에서 정리회사 (주)한보의 경우 정리계획상의 회사분할을 통하여 분할된 승계회사에게 다액의 조세채무를 승계시켰는데, 조세채무의 이행을 확보하기 위하여 분할된 자회사의 자산에 조세징수권자를 위한 담보를 제공함과 아울러 수익자를 조세징수권자로 하는 예금신탁증서를 발행하였다.

301) 부인권 소송을 담당하기 위하여 분할신설회사를 설립한 사례로는 서울회생법원 2017회합100055 삼화통신공업(주), 2019회합100022 (주)디페트엠, 2019회합100071 (주)비츠로시스, 2019회합100093 (주)지와이커머스, 2020회합100033 (주)원앤드원쇼핑, 2020회합100048 (주)유양디앤유, 2020회합100073 금강에이스건설(주), 2020회합100166 이준종합건설(주) 사건 등이 있다.

다. 회생계획과 회사분할

1) 회생계획의 내용

회사분할은 회생절차가 종료될 때까지 회생계획에 정함이 없으면 회생절차가 개시된 채무자에 대하여 실행할 수 없다($\frac{법~제55조}{제1항~제5호}$).[302] 당초의 회생계획에 회사분할에 대한 사항을 정하고 있지 아니한 경우에는 회생계획의 변경절차에 의하여($\frac{법~제282조}{제1항}$) 회사분할을 정하여 행할 수 있다.

주식회사인 채무자가 분할되어 신회사를 설립하는 때에 회생계획에 정할 사항은 법 제212조 제1항에, 분할 후 채무자가 존속하는 때에 채무자에 관하여 정할 사항으로는 같은 조 제2항에 규정되어 있고, 회생채권자·회생담보권자·주주에 대하여 새로 납입 또는 현물출자를 하지 아니하고 주식을 인수하게 함으로써 신회사를 설립하는 때에 회생계획에 정할 사항은 법 제215조에, 회사분할 후 분할회사가 해산하는 때에 정할 사항으로는 법 제216조에 각 규정되어 있으며, 분할에 관한 각종 특례에 관하여는 법 제272조, 제273조, 제274조에, 해산에 관한 특례에 관하여는 법 제275조에 각 규정되어 있다.

2) 자본과 준비금

승계회사의 자본과 준비금의 액에 대해서는 회생계획에 정하여야 한다($\frac{법~제212조~제1항~제1호,~제213}{조~제1항~제5호·제2항~제2호}$). 회사분할에 있어서는 기본적으로 자산과 부채의 차액이 자본금 또는 자본준비금이 되고, 회사분할에 의해 승계되는 자산과 부채의 균형 정도는 장래 자금계획 및 손익계획에 많은 영향을 미치게 된다. 따라서 회생계획안에는 회사분할 시 세무상 자본금의 규모에 영향을 받는 항목 등을 충분히 검토해서 자산·부채의 승계 범위를 정하여야 할 것이다. 세무상 문제점에 관하여는 아래 4)항에서 함께 검토하기로 한다.

3) 분할기준일과 분할의 효력발생일

'분할기준일'은 자산·부채를 분할하는 기준일을 말하고, 회생계획 인가일 다음 날을 기준일로 정하는 것이 보통이다. 한편 '분할의 효력발생일'은 회사분할의 효력이 법적으로 발생하는 날로서 분할로 인하여 설립된 회사 또는 존속

---

302) 법 제55조 제1항은 채무자가 회생절차개시 이후부터 그 회생절차가 종료될 때까지 '회생절차'에 의하지 아니하고는 할 수 없는 행위를 열거하고 있고, 그 열거사항 중의 하나가 채무자의 '분할'이다. 법문은 '회생절차'라고만 규정하고 있으나, 실무는 여기서의 '회생절차'를 '회생계획'으로 해석하고 있다. 따라서 회생계획에 의하지 않고 단순히 법원의 허가를 얻어 진행하는 방식으로 회사를 분할할 수는 없다.

하는 회사의 본점 소재지에서 설립등기 또는 변경등기를 함으로써 분할의 효력
이 발생한다.

분할의 효력발생일을 위와 같이 승계회사의 설립등기일로 보게 되는 이상,
승계회사가 발행하는 신주의 효력발생일도 당연히 승계회사의 설립등기일과 동
일한 날짜로 회생계획에 정하여야 한다.

> 1. 분할기준일
> 분할기준일은 이 회생계획인가일의 다음 영업일로 합니다.
> 2. 구 주권 제출기간[303]
> 이 회생계획인가일로부터 10영업일 내에 회사분할을 위해 구 주권을 관리인
> 에게 제출하여야 합니다.
> 3. 분할의 효력발생일
> 분할의 효력발생일은 분할신설회사의 설립등기일 및 분할존속회사의 분할등
> 기일로 합니다.

4) 회생계획에서 정할 수 있는 회사분할의 유형

가) 분할회사 청산형·승계회사 존속형(조기종결형)[304]　　　　회사분할을 함에
있어서 사업부문과 관련 자산 및 부채를 승계회사에 승계시키고, 분할회사는 잔
존 자산과 부채를 가지고 청산절차 또는 파산절차를 밟는 유형을 생각해 볼 수
있다. 이 경우 승계회사에는 승계회사의 승계 자산과 사업의 수익력으로 변제할
수 있을 만큼의 채무를 승계시키고, 잔존 자산과 부채는 분할회사에 남겨 두는
것으로 회생계획안을 작성한다. 분할회사는 청산절차 또는 파산절차를 밟게 되

---

303) 승계회사의 발행주식을 분할회사의 주주에게 배정하는 인적분할의 경우에 기재된다.
304) 이러한 유형으로 절차가 종결된 사례로는 정리회사 (주)한보 및 회생회사 (주)팬택 사건 참
조. 정리회사 (주)한보(이하 '정리회사') 사건의 개요는 다음과 같다. ① 정리회사는 2002. 8. 6.
야마토공업(주)에게 철강사업 부문에 관한 영업을 대금 1,420억 원에 매도하였고, 2002. 8. 20.
진흥기업(주)에게 건설사업 부문을 정리회사로부터 회사분할을 하여 (주)한보토피아를 설립한
후 대금 77.77억 원에 매도하였다. ② 2002. 11. 27. 정리계획 변경계획(철강사업 영업대금과 건
설사업 부문 회사분할 매도대금 합계액으로 정리담보권과 정리채권을 변제하고, 정리회사가 회
사분할 후에도 존속하면서 잔존자산을 처분하여 정리담보권과 정리채권 등을 추가 변제하기로
하는 내용임)이 인가되었다. ③ 관리인은 2003. 10. 23.까지 변경계획에서 예정한 정리담보권과
정리채권 변제액을 모두 변제하였고, 2004. 9. 22. 잔존자산 처분대금으로 정리담보권자와 정리
채권자에게 28.24억 원을 변제하였다. ④ 정리회사는 2009. 1. 7. 추가 변제재원으로 사용될 자
산이 없음이 판명된 후 공익채권을 안분변제한 다음 회사정리절차 종결결정을 받았다. 한편 위
와 같은 영업양도, 물적분할 및 잔존 자산처분을 내용으로 하는 정리계획안은 당시 회사정리법
하에서 재건형 정리계획안으로 분류되었으므로 존속형 정리계획안으로 취급되어 그 절차가 진
행되었다.

므로 군이 분할회사에 남겨 둔 채무를 면제시킬 필요가 없다. 다만 승계회사가 분할회사에 귀속시킨 부채에 관하여 연대채무를 지게 되면, 회사분할의 의의가 사라지게 되므로 분할계획서와 회생계획에 분할회사에 귀속된 회생채권·회생담보권에 관하여는 연대하여 채무를 지지 않는다는 점을 명백하게 규정하여야 한다. 승계회사는 회사분할 후 독자 생존 방식으로 사업을 영위하여 승계한 부채를 분할변제하는 방식을 취할 수도 있고, 아니면 M&A를 추진하여 매각한 후 잔존 부채를 조기에 일괄 변제하는 방식을 취할 수도 있다.

승계회사의 신주를 분할회사, 분할회사의 주주 또는 회생채권자·회생담보권자·주주 중 누구에게 배정할 것이냐의 문제는 당해 회사분할의 목적, 회사분할 전 채무자의 이월결손금 규모 및 활용가능성, 채무재조정시 발생할 수 있는 채무면제익의 규모, 승계회사에 자산을 승계할 경우 발생할 수 있는 양도차익의 규모 및 발생가능성 등을 종합적으로 고려하여 판단하여야 한다.

나) 분할회사 존속형(조기종결형)·승계회사 존속형(PCLV[305])[306]   채무자에 대하여 회생절차를 종결시키면 계속 중인 부인권 소송 역시 소멸하게 되는바, 채무자에 대한 M&A 절차의 완료 등으로 회생절차를 조기에 종결시킬 필요성이 큰 경우에는 부득이 부인권 소송을 포기할 수밖에 없고, 이는 결국 채권자의 손해로 귀결된다. 그 해결을 위해서는 위와 같은 부인권 소송의 수행과 그 승소금액의 분배를 목적으로 하는 승계회사를 분할신설하고, 분할회사는 조기에 종결하는 방식이 이루어질 수 있음은 앞서 설명하였다. 부인권 소송 외에 법 제115조, 제116조에 근거한 법인의 이사 등에 대한 손해배상청구소송에도 채무자로 하여금 신용력을 회복하고 본연의 사업 목적에 집중할 수 있도록 하기 위하여 이러한 방식을 이용하는 것이 바람직하다.[307]

승계회사는 부인권 행사로 인한 원상회복청구권, 소송수행에 필요한 비용 및 기타 회사 운영에 필요한 자산과 그에 관련된 부채 등을 승계하면 족하다. 승계회사의 신주를 누구에게 배정할 것인가는 역시 물적 분할, 인적 분할, 회생채권자·회생담보권자·주주 배정방식 중 제반 사정을 종합하여 취사선택을 하면 될 것이나, 분할회사에 별다른 문제점이 발견되지 아니하면 간편한 물적 분

305) 회생계획 수행기구: PostConfirmation Liquidation Vehicles.
306) 이러한 유형의 사건은 각주 301) 참조.
307) 그 외에 많은 수의 조사확정재판 등이 진행 중이거나 비영업용 자산의 매각이나 채권자들에 대한 변제의무이행 등 회생절차 내의 잔여업무를 목적으로 하는 경우에도 PCLV의 활용을 검토해 볼 수 있을 것이다. 이러한 유형의 사건으로 서울회생법원 2018회합100131 신촌역사(주), 2019회합100062 (주)기린산업 사건이 있다.

할 방식을 택하는 것이 일반적이다. 승계회사의 존립목적은 오로지 부인권 소송의 수행과 그 승소금액의 배분에 있으므로, 그 소송을 수행하는 변호사를 관리인으로 선임하는 것도 한 방법일 것이다.

　이러한 유형의 회사분할은 앞서 본 바와 같이 인가 후 회사분할을 할 수 있는 일반조항을 규정하는 방법에 의할 수도 있으나, 인가 전 부인권 소송이 진행 중에 있고 장기화될 것으로 예상되는 경우 등에는 회생계획에 회사분할의 구체적 내용을 규정함으로써 인가로 인하여 즉시 회사분할이 될 수 있도록 하는 것이 바람직하다.[308] 후자의 경우에는 회생계획에 일반사항,[309] 분할존속회사에 관한 사항,[310] 분할신설회사에 관한 사항,[311] 분할 재무상태표 및 이전대상 항목,[312] 분할신설회사의 운영 및 해산 등을 규정한다.

　다) 분할회사 존속형·승계회사 존속형[313]　　　이 유형은 분할회사 및 승계회사가 각자 영위할 사업을 가지고 존속하는 유형이다. 이 유형은 채권자에 대한 분배에 있어서 평등의 원칙, 공정·형평의 원칙 및 청산가치 보장의 원칙과 관련하여 문제가 생길 수 있다. 일반적으로 채무자가 회사분할에 의해 사업을 전부 이전한 대가로 승계회사의 주식을 취득한 후 그 발행신주를 양도함으로써 회생채권 등의 변제자금을 조달하여 일괄 변제하는 경우에는 특별히 문제될 것이 없다. 그러나 이와 달리 회생채권 등이 회사분할에 의해 분할회사 및 승계회사에 나누어지고 양 회사가 존속하는 경우에는 양 회사의 사업목적에 따른 내용에 기초하여 회생채권 등의 권리변경 및 변제방법을 정함과 동시에 양 회사에 분리되어 나누어진 각 회생채권자 사이의 실질적 공평을 도모하기 위해서 양 회사의 자산·경상이익 및 특별손실 등의 조정을 거친 가액을 기초로 변

---

308) 인가 후 신회사의 설립이 필요한 경우 회생계획 변경을 위한 관계인집회를 개최하여야 하는지 여부가 문제되나, 서울회생법원의 실무상 단순한 부인권 행사를 위한 회사분할의 경우에는 관계인집회를 필요로 하지 않고 법원의 회생계획변경 허가결정으로 할 수 있는 것으로 처리한 바가 있다[서울회생법원 2019회합100071 (주)비츠로시스, 2019회합100093 (주)지와이커머스 사건 등 참조]. 서울회생법원 2013회합85 에스티엑스건설(주) 사건 등에서는 M&A로 채권변경이 필요하여 관계인집회를 개최하여 처리하였다.
309) 분할의 목적, 분할의 방법(분할기준일, 분할등기일 등) 등을 기재한다.
310) 분할로 인하여 이전하는 재산·계약 및 소송, 분할존속회사의 분할 후의 발행주식 총수, 분할존속회사 종류별 주식의 수 등을 기재한다.
311) 상호, 목적, 본점 소재지, 공고방법, 발행할 주식의 수 및 1주의 액면금액, 분할 당시에 발행하는 주식의 총수·종류, 이전되는 재산과 그 가액, 관리인과 임원의 선임, 분할신설회사가 수행하는 재판의 확정에 따른 처리방안 등을 기재한다.
312) 분할 재무상태표, 이전 대상 자산 및 부채목록, 이전대상 소송목록, 분할신설회사의 정관 등을 기재한다.
313) 서울중앙지방법원 2011회합105 (주)대우자동차판매 사건 등이 이러한 유형에 속한다.

제율 계산을 하지 않으면 아니 된다.[314] 분할 전의 대차대조표상으로는 변제율이 청산가치를 상회하는 경우라도 분할에 의하여 채무자로부터 사업이 분리되는 경우에는 그 사업가치가 회생채권자에 대한 변제에 적절하게 반영되어 있는가의 검증은 어려운 문제이다. 다만 회사분할에 의하는 것이 채무자의 회생을 도모하기 위한 최선의 선택이라고 판단할 수 있고, 채무자별 상황에 상응하는 분할조항을 고안한다면 채권자의 이해를 얻을 수 있을 것이다.

라. 승계회사의 관리인 선임 등

회사분할의 경우 분할회사 및 승계회사 모두 회생절차의 제약을 받는 채무자로 취급된다.[315] 따라서 승계회사에 대하여도 지체 없이 관리인 선임($^{법 제74조}_{제1항 내지}$ $_{제3}$),[316] 감사 선임($^{법 제203조 제4항,}_{제263조 제3항,}$) 등 필요한 조치를 취하여야 한다. 승계회사의 임원은 통상 회생계획안에 미리 정하는 경우가 많다($^{법 제203조 제1항,}_{제263조 제1항,}$).

9. 회생계획에서 정하는 그 밖의 조항

가. 공익채권의 변제에 관한 규정

1) 법의 취지

회생계획에는 공익채권의 변제에 관한 조항을 정하여야 한다($^{법 제193조}_{제1항 제2호}$). 따라서 공익채권 변제에 관한 조항은 필요적 기재사항의 하나이다. 법은 구체적으로 회생계획안에 공익채권에 관한 규정을 둘 때에는 이미 변제한 공익채권을 명시하고 또 장래 변제할 것에 관하여 정하여야 한다고 규정하고 있지만($^{법 제}_{199조}$), 실제로 회생계획안에 이미 변제한 공익채권을 모두 명시하거나 장래에 변제할 공익채권에 관한 상세한 규정을 두는 것은 매우 번거롭고 어려운 일이다.

---

314) 일본 실무례를 참고하면, 신설분할된 후의 분할회사가 존속하는 경우 갱생계획에 개시결정일 기준 자산평가액(공익채권 등에 충당할 자산 제외)을 개시결정일 기준 회생채권 평가액의 비율에 따라 분할하고, 여기에 개시결정일 이후부터 회사분할일 전날까지 발생하는 경상이익예상액을 개시결정일 기준 회생채권 평가액의 비율에 따라 가산하며, 같은 기간 동안의 특별손실예상액(회생절차 관련비용 등)을 발생원인에 따라 각 회사에 할당함으로써 회사분할일 현재 분할대상 자산액을 산정한다는 등으로 상세한 규정을 두고 있다. 更生計画の実務と理論, 71면 참조.

315) 법 제250조 제1항 제4호, 제258조 제1항 제4호는 회생계획의 효력이 미치는 자와 수행명령의 대상이 되는 자로서 '신회사(합병 또는 분할합병으로 설립되는 신회사를 제외한다)'를 규정하고 있으므로 그 반대해석에 의하면 단순분할에 의하여 설립되는 신회사는 회생계획에 구속된다고 볼 것이다. 한편 회생절차에서 회사분할을 하는 경우 동일한 사건번호로 수 개의 회사가 존재하게 된다.

316) 정리회사 (주)한보와 (주)한신공영은 승계회사에 관하여 M&A 절차를 추진하였던 사안이므로 분할회사의 관리인이 승계회사의 최초 관리인을 겸임하는 것으로 정리계획안에 규정하였다.

그러나 공익채권의 변제에 관한 조항을 규정하도록 한 취지는 ① 공익채권의 규모가 회생채권·회생담보권의 변제에도 영향을 미치는 것이고, ② 채무자의 영업상의 지출은 대부분 공익채권에 해당하는 것이기 때문에 이를 명시하여 채무자의 영업상태와 재정적 기초를 명백히 함으로써 이해관계인에게 결의를 위한 자료를 제공함(회생계획의 수행 가능성에 대한 하나의 판단자료로 활용할 수 있을 것이다)과 아울러 관리인에 의한 사업경영·재산관리를 간접적으로 견제하기 위한 것이다.[317] 따라서 공익채권 변제에 관한 조항을 충실하게 규정함이 바람직하다.

2) 기재내용과 방법

우선 이미 변제한 공익채권의 내용을 명시하여야 한다. 그러나 그 채무의 변제내용을 일일이 기재하는 것은 매우 번거로울 뿐 아니라 그럴 필요도 없다. 따라서 변제한 공익채권을 ① 사업경영이나 재산의 관리 등 경영활동과 관련하여 지출한 비용, ② 금융활동으로 인하여 지출한 비용, ③ 회생채권자, 회생담보권자, 주주·지분권자의 공동이익을 위하여 지출한 재판상의 비용(비용 예납, 회생채권 및 회생담보권의 확정에 관한 재판의 수행 등), ④ 조세채권 등의 변제에 사용한 비용, ⑤ 기타 채무자를 위하여 지출하여야 하는 부득이한 비용 등으로 대별한 후 지출한 기간을 나누어 기재하는 것이 바람직하다.

한편 장래 변제할 것에 관하여도 정하여야 한다. 장래 변제할 공익채권 중에서 이미 발생한 공익채권 중 변제하지 않은 것이 있다면 이를 명시할 수 있겠지만, 아직 거래를 하지 아니하여 발생하지 않은 것은 명시할 수가 없다. 따라서 이러한 것들은 어느 정도 추상적으로 기재할 수밖에 없으며, 사업경영을 위한 경상지출의 예상액을 명시하고 채무자의 영업수익금이나 기타 재원으로 이를 변제할 수 있다는 취지를 밝히는 것에 그쳐도 충분하다. 통상적으로는 "회생계획 작성일 현재 미지급 공익채권 및 이후 발생하는 공익채권은 회생절차 종료 시까지 영업수익금과 기타의 재원으로 법원의 허가를 받아 수시로 변제하며, 회생계획 작성일 현재 미지급 공익채권의 내역은 다음과 같습니다."라고 기재하고 있고, 그 내역란에서는 이미 발생한 공익채권에 대하여 각 채권의 내역 및 금액을 명확히 하고 사업수익금 등 변제재원을 명확히 기재하는 것이 바람직하다. 한편 DIP 금융을 통해 채무자가 회생절차개시 후에 신규 자금을 차입한 경우에는 그 변제재원의 조달이 회생계획의 수행가능성에 직접적인 영향을

---

317) 임채홍·백창훈(하), 224면; 条解(下), 448면 이하.

미치기 때문에 변제방법을 보다 구체적으로 기재할 필요가 있다.[318]

다만 공익채권에 관하여 기한의 유예나 감면 등 권리변경의 내용을 규정할수는 없으며, 이러한 내용을 규정하더라도 인가결정으로 공익채권자를 구속할수는 없다는 점에 주의하여야 한다.[319)320]

공익채권 변제를 자금수지계획에 반영함에 있어서는 공익채권자들과의 변제기 유예의 합의, 변제기 미도래 등의 사정이 없는 한, 원칙적으로 준비연도또는 제1차연도에 전액 변제하는 것으로 작성하여야 한다. 또한 공익채권에 대한 변제기를 유예하거나 분할변제하는 경우에는 회생계획의 수행가능성 평가를위하여 개별 공익채권자들의 동의서를 받아야 하고 이를 회생계획안이나 제2차조사보고서에 편철함이 바람직하다.

나. 변제자금의 조달방법과 자구노력의 추진

1) 변제자금의 조달방법

회생계획에서는 채무 변제자금의 조달에 관한 조항을 정하여야 한다(법 제193조 제1항 제3호).[321] 변제자금의 조달 여부는 회생계획의 수행 가능성을 판단하는 중요한 자료이기 때문에 절대적 기재사항으로 한 것이다. 실무에서는 회생계획안에 채무자의 구체적인 사업계획과 자금조달계획을 별도로 첨부하도록 하고 있기 때문에 '변제자금의 조달방법'이라는 항을 두어 추상적으로 그 내용을 언급하는 것

---

318) 会社更生法·特別淸算法, 604면.

319) 같은 취지의 판례로는 대법원 2016. 2. 18. 선고 2014다31806 판결, 대법원 2010. 1. 28. 선고 2009다40349 판결, 대법원 2006. 1. 20. 자 2005그60 결정.

320) 임금채권인 공익채권자들의 요구에 의해 그 동의를 얻어 공익채권에 대하여 액면금액으로 신주를 발행하는 내용의 출자전환을 정한 회생계획안 사례로는 서울중앙지방법원 2009회합120 (주)한성전자산업개발이 있다. 한편 2008회합12 우정건설(주) 사건에서는 공익채권 공사대금채권에 관하여 50%는 출자전환, 50%는 분할변제하기로 정한 바 있으나, 채무조정합의서를 제출한 공익채권자들에 한정되었고, 미합의된 공익채권자들에 대하여는 전액 변제하도록 규정한 바 있다. 이와 같이 공익채권에 대한 권리변경은 회생계획인가결정이 아니라 개별 합의에 의하여 이루어지는 것이다. 서울회생법원 2020회합100092 신한중공업(주) 사건에서는 공익채권인 회생절차개시 후 차입금의 원금 약 502억 원 중 60%와 이자 약 15억 원 전액을 출자전환하였다. 서울회생법원 2020회합100189 쌍용자동차(주) 사건에서는 공익채권인 직원들의 미지급급여 및 연차수당에 대하여 출자전환을 하였다.
한편 위와 같은 공익채권에 대한 출자전환에 대하여는 아무런 근거규정이 없는 점과 자본충실의 원칙을 해할 수 있는 점에 비추어 문제의 소지가 있다는 지적이 있었으나, 2011년 개정 상법은 신주인수인의 납입의무는 회사가 동의하면 회사에 대한 채권과 상계할 수 있도록 하는 규정을 신설하였다(제421조 제2항). 이 규정에 따라 공익채권자와 채무자 회사 사이에 합의가 있으면 공익채권자에 대한 출자전환도 가능하다고 할 것이다.

321) 법상 필수적 기재사항은 '변제자금의 조달방법'뿐이지만, 변제자금의 조달과 운영자금의 조달이 밀접한 관련을 갖고 있기 때문에, 실무상 회생계획안에 변제자금의 조달방법뿐만 아니라 운영자금의 조달방법도 규정하는 것이 일반적이다.

으로 대체하고 있다. 다만 변제자금의 조달방법 중에 '보유자산의 처분'은 그 처분대금으로 우선 변제받아 가게 될 회생담보권자 등이 큰 이해관계를 갖고 있는 사항이므로 매각 예상금액, 매각 예정연도 등을 구체적으로 기재하는 것이 바람직하다. 또한 자금차입을 예정하고 있는 경우에는 차입조건과 차입일정 및 상환일정 등을 구체적으로 기재하고, 회생계획기간 초기에 자금차입을 하는 경우에는 대여계약서나 확약서 등을 받아 회생계획안에 편철하는 것이 바람직하다.

제○장 변제자금의 조달방법[322)]

제1절 영업수익금
변제자금은 영업수익금으로 충당함을 원칙으로 합니다.

제2절 보유자산의 처분
영업수익금과 별도로 법원의 허가를 받아 보유자산을 매각할 경우에는 이 회생계획에 따라 처분하여 변제자금 등으로 사용합니다.

(단위: 백만 원)

자산명	자산내역	감정가액	매각 예상금액	회수 예상금액	매각 예정연도
부동산	○○소재 토지	2,000	2,000	2,000	2024년
	○○소재 건물	1,000	1,000	1,000	2024년
유가증권	(주)○○ 주식	300	300	300	2024년
	○○(주) 신주인수권	800	800	800	2024년
대여금	○○에 대한 대여금	60	60	60	2024년
시설이용권	골프회원권	150	150	150	2024년
	콘도미니엄 회원권	50	50	50	2024년
예치금	○○은행	400	400	400	2024년
합계		4,760	4,760	4,760	

제3절 차입금 등
영업수익금 및 자산의 매각대금이 변제자금의 충당에 부족할 때에는 법원의 허가를 받아 금융기관 등으로부터 차입하여 이를 변제자금으로 사용할 수 있습니다.

제4절 기타 수익금
기타 수시로 발생하는 수익금은 법원의 허가를 받아 변제자금으로 사용할 수 있습니다.

---

322) 변제자금 조달과 운영자금 조달을 별도 장으로 나누어 기재한 방식이다.

> 제○장 운영자금의 조달방법
>
> 운영자금은 영업소득 등 수익금으로 충당합니다. 다만, 부득이한 경우에는 법원의 허가를 받아 금융기관 등으로부터 차입 및 기타 방법에 의하여 조달할 수 있습니다.

2) 자구노력의 추진

회생계획안에는 채무자가 앞으로 추진할 자구노력을 명시하는 것이 바람직하다. 채무자로서는 회생계획안을 통하여 채권자들의 권리를 감축시켜 스스로의 회생을 도모하는 것이므로, 채무자가 채권자들에게 채무자의 회생과 이를 통한 원활한 채무변제를 위하여 어떠한 노력을 할 것인지를 밝히는 것은 당연하기 때문이다. 이 항에 기재할 내용은 대체로 ① 비업무용 자산의 조기 매각 실현,[323)324)] ② 경영 개선 노력(영업능력의 회복과 수익성의 제고, 조직 및 인원에 대한 구조조정, 향후 경영방침 등)이 있는데, 그 내용이 회생계획안의 다른 부분(예를 들어, 변제자금의 조달방법, 자금수급계획이나 사업계획)과 중복되는 부분이 있다면, 이러한 부분을 적절히 인용하는 방법으로 대신할 수 있다.

> 제○장 자구노력의 추진
>
> 채무자는 다음과 같은 경영 개선 노력과 함께 이 회생계획이 정하는 절차에 따라 법원의 허가를 받아 비업무용 자산의 조기 환가를 실현하여 회생담보권 및 회생채권의 변제자금, 공익채권의 변제자금 및 운영자금으로 사용함으로써 회생계획이 원활히 수행될 수 있도록 최선의 노력을 다하겠습니다.
>
> 제1절 경영 개선
> (생 략)
> 제2절 비업무용 자산의 조기 매각
> 채무자가 보유 중인 비업무용 자산을 조기에 매각하여 회생채권 등의 변제자금으로 사용하겠습니다. 비업무용 자산의 목록, 예상처분가치 및 예상처분시기는

---

323) 비영업용자산의 매각에 관하여는 구체적인 매각연도를 회생계획에 기재한 후, 자금수지계획에 반영함이 바람직하다.

324) 회생회사로부터 회생채권에 갈음하여 출자전환 받은 채무자가 그 출자전환 받은 주식을 비영업용자산으로 매각하는 방법으로 자구노력을 추진한 사례로는, 서울중앙지방법원 2011회합79 신천디자인(주) 사건 참조. 이 사건에서 신천디자인(주)은 서울중앙지방법원 2011회합46 회생사건의 회생회사 (주)동양건설산업으로부터 출자전환 받은 주식 39,187주를 6개월 보호예수 기간 경과 후 매각하는 안을 자구계획에 포함시켰다. 주식의 매각 예정가에 관하여는 주당 순자산가치 24,000원과 2012. 2. 24.자 거래정지 시의 주가 5,100원 사이에서 보수적인 관점에서 후자(後者)를 기준으로 삼았다.

다음과 같습니다.

자산 목록	예상처분가치	예상처분시기					담보권자	비고
		0000년	0000년	0000년	0000년	0000년		
합 계								

다. 예상수익금의 과부족 시 처리방법

1) 예상수익금의 초과 시 처리방법

회생계획안에는 계획에서 예상된 액을 넘는 수익금의 용도에 관한 조항을 두어야 한다(법 제193조 제1항 제4호). 회생계획안 중 채무변제계획은 채무자의 자금수급계획을 감안하여 마련되는 것인데, 당초에 예상한 자금수급계획을 초과하여 수익을 얻게 되었을 경우 그 초과수익을 어디에 사용할 것인지에 관하여 채권자들로부터 승인을 받도록 하는 것이 바람직하기 때문이다.

다만 그러한 예상초과수익금이 언제, 얼마나 발생할지는 알 수 없는 것인데다가 만약 그 수익금의 사용용도를 미리 못박아 놓는다면 회생계획을 융통성 있게 수행할 수 없는 경우도 생길 수 있으므로, 실무에서는 그 처리방법을 추상적이고 간략한 방법으로 기재하도록 하고 있다.

예상초과수익금으로 인하여 조기변제를 하게 될 경우에는 일정한 조기변제 할인율을 규정함이 바람직한데,[325] 조기변제할인율을 정하는 방법은 ① 변제현가율을 산정함에 있어 적용한 대출이자율을 사용하는 방법, ② 변제현가율과 무관하게 정하는 방법이 있다. 서울회생법원의 실무는 조기변제 시에도 청산가치 보장의 원칙이 준수되어야 한다는 이유에서 변제현가율과 동일한 할인율을 적용하는 것이 일반적이다.[326]

이 항목과 관련하여 실무상 주로 문제가 되는 것은 예상초과수익금이 있는 경우에 본래 회생계획에 의하여 면제되는 채무의 변제에 사용할 수 있도록 하는 규정, 즉 면제된 채무의 부활규정을 둘 수 있는가 하는 점이다. 이에 대하여

---

325) 다만 조세채권의 경우에는 조기변제할인율의 규정에도 불구하고 원금 감면에 필요한 조세관청의 동의가 없는 한 조기변제 시에도 변제액 전액을 변제함이 실무이다.

326) 실무상 회생담보권을 조기에 변제하는 경우에, 청산가치 보장의 원칙을 준수하고, 채권자의 기한의 이익을 보장하기 위하여 원금 및 개시 전 이자, 그리고 '그때까지 발생한 개시 후 이자' 뿐만 아니라 '변제예정기일까지 발생할 개시 후 이자'까지도 포함한 금액에 대하여 조기변제할 인율을 적용한 금액을 변제하는 것으로 처리하고 있음은 앞서 본 바와 같다[제13장 제5절 3. 가. 1) 참조].

이러한 예상초과수익금에 관한 조항이 회생계획의 절대적 기재사항임을 이유로 그 규정방식이 용도와 수액을 추상적으로 정하든, 구체적으로 명기하든 법적 구속력이 있다는 견해도 있다. 그러나 이러한 조항은 관리인에 대하여 예상초과수익금 용도의 기본방침을 제시하는 정책적·프로그램적 조항에 불과하고, 따라서 관리인이 이에 위반한 경우 법원의 감독권 행사를 통하여 그 시정을 촉구할 수 있으나, 개개의 회생채권 등 이해관계인에 대하여 법적 효과가 발생하지는 않는 다고 보는 것이 타당하다. 만약 이러한 면제된 채무의 부활규정을 인정할 경우에는 채무자의 조기회생에 부정적인 영향을 미치고, 제3자 인수가 필요한 경우이에 대하여도 장애요인으로 작용할 것이므로 이를 허용하지 않는 것이 바람직하다.

예상수익금의 초과 시 처리방법에 대한 일반적인 기재례는 다음과 같다.

제○장 예상수익금의 과부족 시 처리방법

제1절 예상수익금의 초과 시 처리방법

1. 예상수익금을 초과하는 영업수익금 또는 자산매각대금이 발생한 때에는 관리인은 법원의 허가를 받아 공익채권의 변제, 운전자금의 사용, 회생담보권 및 회생채권의 변제 등으로 사용합니다.

2. 조세채권을 제외한 회생담보권 및 회생채권을 조기에 변제할 경우, 법원의 허가를 받아 해당 채권에 대하여 연 ○○%의 할인율을 적용하여 채권액을 변제합니다.

---

2) 예상수익금의 부족 시 처리방법

회생계획안에는 채무자의 예상수익금이 부족하여 변제기에 달한 채무를 모두 변제할 수 없을 경우에 대비한 처리방법을 기재하는 것이 바람직하다. 실무에서는 앞서 설명하였듯이 총칙 중 변제충당에 관한 규정을 두고는 있지만, 채권자들의 권리와 관련하여 매우 중요한 사항이므로 별도의 항목을 두어 기재하고 있다. 다만 여기서의 기재 내용이 총칙의 규정과 모순되지 않도록 규정하여야 한다는 점에 주의하여야 한다. 예상수익금의 부족 시 처리방법에 대한 일반적인 기재례는 다음과 같다.

제2절 예상수익금의 부족 시 처리방법

예상수익금의 부족으로 이 회생계획의 변제금액을 전액 변제할 수 없을 때에는 다음의 순서에 따라 변제합니다.

1. 우선 회생담보권의 원금, 회생채권의 원금 순으로 당해 연도의 변제예정금액에 비례하여 변제합니다.

2. 나머지가 있을 경우에는 회생담보권의 개시 전 이자, 회생채권의 개시 전 이자, 회생담보권의 개시 후 이자, 회생채권의 개시 후 이자, 회생담보권의 연체이자, 회생채권의 연체이자 순으로 당해 연도 변제예정금액에 비례하여 변제합니다.

3. 당해 연도의 변제예정금액 중 미변제분은 다음 연도에 우선하여 변제합니다.

라. 개시후기타채권의 내용

회생계획안에는 알고 있는 개시후기타채권이 있는 때에는 그 내용에 관하여 정하여야 한다(법 제193조 제1항 제5호). 이와 같이 알고 있는 개시후기타채권의 내용을 회생계획안에 정하도록 한 취지는 이미 존재하는 개시후기타채권의 내용을 알지 못하는 경우에는 회생계획안의 당부를 충분히 판단하지 못할 수 있고, 이해관계인에 대하여 충분한 정보를 제공함과 아울러 회생계획안의 결의 및 인가를 적절히 하기 위한 것으로 보인다. 다만, 실무상 회생회사에 개시후기타채권이 발생하는 사례는 거의 없다.

마. 분쟁이 해결되지 아니한 권리

회생절차 중 채무자에게 속하는 권리로서 분쟁이 해결되지 아니한 것이 있는 때에는 회생계획에 화해나 조정의 수락에 관한 사항을 정하거나 관리인에 의한 소송의 수행 그 밖에 권리의 실행에 관한 방법을 정하여야 한다(법 제201조).

이 내용은 통상 관리인이 법원의 허가를 받아서 하여야 할 행위에 포함되어 있지만, 주의적으로 회생계획안에 명시하도록 한 것이다.

제○장 분쟁해결의 방법

관리인이 회생절차 진행 중 채무자에게 속하는 권리로서 분쟁이 발생하여 화해, 조정의 수락 또는 소송 수행에 필요한 의사결정을 함에 있어서는 법원의 허가를 받아 이를 시행합니다.

바. 사채의 발행

1) 사채발행의 세 가지 유형

회생절차가 종료되기 전에는 회생절차에 의하지 아니하고 사채의 발행을 할 수 없다($\frac{법}{제1항}\frac{제55조}{제2호}$). 따라서 채무자의 자금수급계획상 사채의 발행이 예정되어 있는지를 불문하고 사채 발행에 관한 규정을 두는 것이 일반적이다($\frac{법}{제2항}\frac{제193조}{제5호}$).

> **제○장 사채의 발행**
>
> 채무자는 회생계획인가일부터 회생절차가 종료될 때까지 관련 법규 및 채무자의 자금사정과 유가증권 발행시장의 형편에 따라 사채를 분할하여 발행할 수 있습니다. 다만, 사채의 발행규모와 발행시기 및 발행방법 등 구체적인 사항은 관리인이 법원의 허가를 받아 정합니다.

회생계획에 의하여 주식회사인 채무자가 사채를 발행하는 경우에는 자본시장과 금융투자업에 관한 법률 제119조(모집 또는 매출의 신고)의 적용이 배제되어 ($\frac{법}{277조}\frac{제}{}$) 절차의 간이·신속을 도모할 수 있다.

주식회사인 채무자가 회생계획에 의하여 사채를 발행하는 경우($\frac{법}{209조}\frac{제}{}$)에도 신주를 발행하는 경우와 같이 ① 이해관계인의 권리에 갈음하여 사채를 발행하는 경우($\frac{법}{제1항}\frac{제267조}{}$), ② 이해관계인의 권리에 갈음하여 사채인수권을 부여하는 경우 ($\frac{법}{제1항·제2항}\frac{제268조}{}$), ③ 이해관계인을 특별취급하지 않고 사채를 발행하는 경우($\frac{법}{제1항}\frac{제268조}{}$) 의 세 가지 방법이 있다.

2) 이해관계인의 권리에 갈음하여 사채를 발행하는 경우

주식회사인 채무자가 회생계획에서 회생채권자·회생담보권자 또는 주주에 대하여 새로 납입을 시키지 아니하고 종전 권리에 갈음하여 사채를 발행하는 경우이다. 이 경우에는 이사회의 결의를 요하지 않고($\frac{법}{상법}\frac{제260조,}{제469조}$), 사채의 인수·납입의 문제가 없으며, 사채의 발행에 관한 사항은 이미 회생계획에 정해져 있기 때문에 배정을 받은 이해관계인은 회생계획인가가 결정될 때 당연히 사채권자가 된다($\frac{법}{제1항}\frac{제267조}{}$). 다만 이해관계인 중 주주에게 사채를 배정하는 것이 가능한지 여부가 문제되나, 주식보다 사채가 권리로서 유리하기 때문에 권리의 순위에 있어 가장 열후적인 지위에 있는 주주가 새로이 사채를 취득하는 것은 공정·형평의 원칙에 반하므로 부정하여야 할 것이다.[327]

---

327) 임채홍·백창훈(하), 264면; 條解(下), 506, 507면.

　　법은 회생계획기간은 원칙적으로 10년을 넘지 못하되 사채를 발행하는 경우에는 10년을 넘을 수 있도록 규정하여(별 제195조) 사채의 상환기한에 제한을 두지 않고 있다. 사채의 유통시장이 형성되어 있는 경우에는 사채를 유통시장 또는 투자펀드 등에 매도하여 채권을 조기에 회수하는 것도 충분히 가능하므로, 구조조정을 통하여 신용등급의 회복이 예상되고 발행 사채가 시장에서 유통될 수 있는 채무자에 대하여는 회생채권자·회생담보권자 등 이해관계인의 종전 권리에 갈음하여 사채를 발행하고 회생절차를 조기에 종결하는 방안도 고려할 수 있다.[328)329)]

　　다만, 최근의 실무에서는 채무자가 보유하는 자금으로 직접 채무를 변제하도록 규정하는 것이 일반적이기 때문에 사채의 발행을 통한 변제를 규정하는 경우는 흔하지 않다.[330)] 사채라 하여도 언젠가는 채무자가 갚아야 하는 것이고, 이 사채를 포함한 채무자의 총 채무 규모가 채무자가 부담할 수 있는 능력 범위 내여야 하기 때문에 채무자가 회생채권 등의 변제에 갈음하여 사채를 발행함에 있어서는 이러한 점을 충분히 고려하여야 한다. 또한 전환사채의 발행은 향후 주식의 추가 발행으로 이어지기 때문에 장래 채무자에 대하여 제3자 신주배정방식의 M&A를 염두에 두고 있다면 이를 허용하기 곤란한 경우가 많다.

　　이 방식에 의하여 사채를 발행할 경우에는 ① 사채의 총액, ② 각 사채의 금액, 사채의 이율, 사채상환의 방법 및 기한, 이자지급의 방법, 그 밖에 사채의 내용, ③ 사채발행의 방법과 회생채권자·회생담보권자 또는 주주에 대하여 새로 납입하거나 납입하게 하지 아니하고 사채를 발행하는 때에는 그 배정에 관한 사항, ④ 담보부사채인 경우에는 그 담보권의 내용을 정하여야 한다(별 제209조). 사채의 배정에 관한 사항을 정할 때에는 각조 사이에 권리의 순위를 고려하여 공정하고 형평에 맞는 차등이 이루어지고 있는지 유의하여야 한다.

　　이와 같이 회생계획에 따라 회생채권 등의 변제방법으로 발행된 사채에 관

---

328) 更生計劃の實務と理論, 313면, 377-378면; 新しい会社更生法, 228면 참조.

329) 서울중앙지방법원 2011회합34 엘아이지건설(주) 사건에서는 500만 원 초과 회생채권(상거래채권)의 원금에 대한 권리변경 및 변제방법으로 조기변제 금액을 제한 나머지 금액 중 20%를 출자전환하고, 30%는 제1차연도부터 제10차연도까지 매년 균등분할 변제하되, 나머지 원금 50%에 대해서는 준비연도에 회사채를 발행해서 회생채권의 변제에 갈음하도록 하였다. 한편 회생담보권에 대한 개시 후 이자 중 회생기간 마지막 연도인 제10차연도에 지급할 이자에 대해 현금 변제하거나 또는 전환사채 발행으로 변제에 갈음할 수 있도록 회생계획안을 작성한 사례로는, 2012회합236 한국실리콘(주) 사건 참조. 이 회생계획안에서 한국실리콘(주)는 전환사채의 발행시기를 제10차연도로, 전환가액은 10,000원, 전환사채의 만기는 발행일로부터 1년 이내로 하고 전환사채에 대한 이자는 지급하지 않는 것으로 정하였다.

330) 회원제 골프장을 대중제 골프장으로 전환하는 회생사건[서울회생법원 2018회합100053 대지개발(주), 2020회합100128 (주)베어포트리조트 사건 등]의 경우 사채를 발행하기도 한다.

하여 종래 실무는 회생채권으로 취급하여 왔으나 공익채권인지 여부에 관하여
논란이 있을 수 있으므로, 그 사채의 발행을 규정하는 경우에도 회생계획안에
회생채권에 해당함을 명백히 규정하여 둘 필요가 있다[상세한 것은 '제9장 제5절
1. 마. 6)'의 '사채' 부분 참조].

① 회생담보권자의 권리에 갈음하여 전환사채를 발행하는 경우[331]

> 회생담보권자에 대한 전환사채는 관리인이 법원의 허가를 받아 아래와 같은
> 조건으로 발행하며, 이에 따라 발행된 전환사채는 공익채권이 아닌 이 회생계획
> 에 의한 회생담보권의 지위를 유지합니다.
>
> 가. 사채권의 발행 신청기한
>
> 회생담보권자는 이 회생계획인가결정일부터 60일 이내에 전환사채 발행신청
> 을 하여야 하며, 전환사채 발행신청 기한 내에 신청이 없는 경우 이 회생계획
> 제○장 회생담보권의 권리변경 및 변제방법에 따라 처리합니다.
>
> 나. 사채권의 발행시기
>
> 전환사채는 회생담보권자 중 대여금채권자에 대하여는 전환사채 발행신청기
> 간 마지막 날의 다음 날부터, 회생담보권자 중 보증채권자에 대하여는 당해 채
> 권액이 최종 확정된 날의 다음 날부터 1개월 이내에 발행합니다.
>
> 다. 사채권의 명칭
>
> 무보증 기명식 전환사채
>
> 라. 사채권의 종류
>
> 일십억 원권, 일억 원권, 일천만 원권, 일백만 원권, 일십만 원권, 일만 원권
> 등 6종으로 발행하되 발행상의 사정으로 부득이하게 지체될 경우 사채 가증권을
> 발행할 수 있으며, 이 가증권의 전액 및 일부 금액을 양도할 경우에는 채무자의
> 승낙을 받아야 합니다.
>
> 마. 사채권의 이율
>
> 표면금리 3%, 만기보장 이율 5%
>
> 바. 사채권의 만기
>
> 2026. 12. 31.
>
> 사. 사채권의 발행방법
>
> 공사채 등록법령에 의하여 실물발행 또는 가증권발행으로 갈음할 수 있습니다.
>
> 아. 사채권의 전환청구기간
>
> 사채발행일로부터 2026. 11. 30.까지로 하며, 기한 내 주식전환 청구가 없으면
> 만기일에 현금으로 상환합니다.

---

331) 2001. 6. 인가된 대한통운(주)의 정리계획안 중 전환사채발행 부분을 현행법에 맞추어 일부
    수정한 것이다.

자. 사채권의 전환으로 인하여 발행할 주식

기명식 보통주식(액면가 5,000원)

차. 사채권의 전환가격

① 8,000원

② 전환사채 발행으로 인하여 발생하는 잔존채무(10,000원 미만 단수금액)는 전환사채 발행 시 면제합니다.

카. 전환가격의 조정

해당 사항 없음

타. 주식발행시기

전환사채 보유자가 주식전환을 청구한 날이 속하는 달의 다음 달 초일에 주식발행의 효력이 발생하고, 그 효력발생일에 당해 채권액이 변제되는 것으로 봅니다. 관리인은 주식발행의 효력발생일 전일까지 발생한 사채이자를 지급하고, 주식발행의 효력발생일부터 1개월 이내에 주권을 발행하여 교부합니다.

② 회생채권자의 권리에 갈음하여 무기명식 무보증 사채를 발행하는 경우[332]

1. 회생채권의 변제에 갈음하는 사채의 발행

가. 사채의 발행

관리인은 법원의 허가를 받아 회생채권의 변제에 갈음하여 회생채권자 중 기업어음 채권자와 상거래채권자에게 사채를 발행합니다.

나. 사채의 발행금

사채의 발행금액은 10,000원 이상으로 합니다. 다만, 채권자별 10,000원 미만 금액은 포기하는 것으로 합니다.

다. 사채의 종류 및 이율

사채는 무기명식 무보증 회사채로 하며 이자는 지급하지 아니합니다.

라. 사채상환의 방법과 기한

이 사채의 원금은 2026. 12. 30. 일시 상환합니다. 다만, 기업매각(M&A)시 인수자는 인수시점에 인수시점의 현가 금액으로 일시 상환합니다.

마. 사채의 납입

각 사채권자는 이 회생계획 제○장 제○절 회생채권의 권리변경 및 변제방법에 의하여 사채의 권리자가 되는 날 해당 회생채권이 변제된 것으로 간주되는 외에 별도로 사채의 납입을 하지 아니합니다.

3) 이해관계인의 권리에 갈음하여 사채인수권을 부여하는 경우

주식회사인 채무자가 회생계획에서 회생채권자 또는 회생담보권자의 종전

---

332) 서울중앙지방법원 2011회합34 엘아이지건설(주) 사건의 인가된 회생계획을 참고한 기재례.

권리에 갈음하여 사채인수권을 부여하고, 새로이 납입을 하게 하여 사채를 발행하는 경우이다. 이해관계인은 사채인수권을 행사하여 회생계획에서 정한 금액을 납입함으로써 사채권자로 되고(법 제268조 제2항), 납입을 하지 않으면 실권된다. 다만 사채인수권을 타인에게 양도함으로써 실권의 불이익을 피할 수 있다(상법 제276조).

4) 이해관계인을 특별취급하지 않고 사채를 발행하는 경우

이해관계인에게 그 권리에 갈음하여 사채를 발행하거나 사채인수권을 부여하는 경우를 제외하고, 채무자가 다른 방법으로 사채를 발행하는 경우를 말한다(법 제268조 제1항). 실무상으로는 제3자 신주배정방식의 M&A를 추진하는 경우, 인수자로 하여금 신주인수와 더불어 회사채를 인수하게 하는 방법으로 통상 활용되고 있다. 기재사항은 이해관계인의 종전 권리에 갈음하여 사채를 발행하는 경우와 대체로 같다. 이해관계인에 대한 권리변경의 방법으로서 사채가 발행되는 것이 아니기 때문에 사채발행 및 배정과 관련하여 공정·형평의 문제는 생기지 않는다.[333]

기재례는 다음과 같다.

① 무보증 회사채를 발행하는 경우

> 채무자는 법원의 허가를 받아 아래와 같은 조건으로 새로 납입을 받아 사채를 발행합니다.
>
> 가. 사채의 종류: 무보증 회사채
> 나. 사채의 총액: ○○억 원
> 다. 사채의 발행가액: ○○억 원
> 라. 사채의 이율: 연 3%
> 마. 이자의 지급시기: 사채권 발행일부터 매 3개월이 되는 날. 다만 그 날이 은행영업일이 아닌 경우에는 그 이후 최초 은행영업일
> 바. 사채의 만기: 사채권 발행일부터 5년이 되는 날. 다만 그 날이 은행영업일이 아닌 경우에는 그 이후의 최초 은행영업일
> 사. 연체이자: 사채의 원금 또는 이자를 그 만기 또는 지급시기에 지급하지 아니하는 경우에는 그 다음 날부터 지급일까지 ○○은행의 일반 자금대출 연체이자율에 의한 연체이자를 지급합니다.
> 아. 만기 전 상환: 채무자는 언제든지 1개월 전의 사전 서면통지 후에 사채의 원금 및 이자를 지급함으로써 사채의 전부 또는 일부를 조기에 상환할 수 있습니다.
> 자. 사채권의 종류: 무기명식
> 차. 인수인: ○○ 주식회사

---

333) 임채홍·백창훈(하), 267면.

> 카. 사채 인수대금 납입기일 및 사채의 발행일: 인수인에 대하여 한 신주발행의
>   효력발생일 다음 날
> 타. 납입계좌: 관리인이 지정하는 채무자 명의의 계좌

② M&A 인수자에게 신주인수권부 사채를 발행하는 경우[334]

> 1. 신주인수권부 사채의 발행
>
> 채무자는 법원의 허가를 받아 다음과 같이 신주인수권부 사채를 발행합니다.
> 가. 신주인수권부 사채의 종류: 사모 분리형 신주인수권부 사채
> 나. 신주인수권부 사채의 권면총액: 100억 원
> 다. 신주인수권부 사채의 발행일: ○○○ 컨소시엄에 대하여 한 신주발행의 효력
>   발생일
> 라. 신주인수권부 사채의 만기: 발행일로부터 4년 6월이 되는 날. 다만 그 날이
>   금융기관 영업일이 아닌 경우에는 그 이후의 최초 금융기관 영업일
> 마. 신주인수권부 사채의 표면금리: 연 1%
> 바. 신주인수권부 사채 이자의 지급시기: 사채권 발행일로부터 매 3개월이 되는
>   날. 다만 그 날이 금융기관 영업일이 아닌 경우에는 그 이후의 최초 금융기
>   관 영업일
> 사. 연체이자: 채무자가 사채의 원금 또는 이자를 그 만기 또는 지급시기에 지급
>   하지 아니하는 경우 그 다음 날부터 지급일까지(다만 그 날이 은행영업일이
>   아닌 경우에는 그 이후의 최초 금융기관 영업일) 회생계획안에서 정한 연체
>   이자율에 의한 연체이자를 지급합니다.
> 아. 신수인수권부 사채 인수대금 납입기일: ○○○ 컨소시엄에 대하여 한 신주발
>   행의 효력발생일
> 자. 인수인: 아래 표 기재와 같습니다.
>
> | 인수인 | 금액 | 인수비율 |
> | --- | --- | --- |
> | ○○○ 주식회사 | 60억 원 | 60% |
> | ○○○ 주식회사 | 40억 원 | 40% |
> | 합계 | 100억 원 | 100% |
>
> 차. 관리인은 인수인이 신주인수권부 사채 인수대금을 납입한 후 인수인에게 신
>   주인수권부 사채 증권을 교부하여야 합니다.
> 카. 신주인수권 행사에 따라 발행할 주식의 종류: 액면가 5,000원의 기명식 보통

---

334) 서울중앙지방법원 2012회합203 한성엘컴텍(주)의 인가된 회생계획을 참고한 기재례. 이 사건
   에서 채무자는 인가 전 M&A를 추진하여 인수자로부터 381억 원의 인수대금을 투자받았는데,
   그중 281억 원은 신주인수 형태로, 나머지 100억 원은 신주인수권부 사채 인수 형태로 투자를
   받았다. 위 기재례는 그중 신주인수권부 사채 인수 부분에 관한 부분을 참고한 것이다.

주식

타. 신주인수권 행사 가격: 5,000원

파. 신주인수권 행사기간: 발행일로부터 1년이 경과한 날로부터 신주인수권부 사채 만기일의 직전일까지

하. 조기상환청구권: 인수인은 신주인수권부사채의 발행일로부터 3년이 경과한 날부터 신주인수권부 사채의 만기일의 직전일까지 신주인수권부사채의 조기상환을 청구할 수 있습니다.

거. 양도제한: 인수인은 채무자의 동의 없이는 신주인수권부 사채를 제3자에게 양도할 수 없습니다.

너. '회생회사 ○○○ 주식회사의 M&A를 투자계약서' 제○조에 따라 인수대금으로 예치된 금액 중 신주인수권부 사채 인수대금 상당액이 신주인수권부 사채 인수대금의 납입기일에 신주인수권부 사채 인수대금으로 전환되어 납입된 것으로 봅니다.

③ M&A 인수자에게 전환사채를 발행하는 경우[335]

1. 전환사채의 발행

채무자는 법원의 허가를 받아 다음과 같이 전환사채를 발행합니다.

가. 사채의 종류: 무기명식 이권부 무보증 사모 전환사채

나. 사채의 발행총액: ○○○억 원

다. 사채의 권면총액: ○○○억 원

라. 사채의 발행가액: ○○○억 원

마. 사채의 만기: 본 회생계획안 제10장 (13)항의 발행일로부터 3년이 되는 날. 다만, 그 날이 금융기관 영업일이 아닌 경우에는 그 이후에 최초로 도래하는 금융기관 영업일

바. 사채의 이율: 연 2%

사. 사채 이자의 지급시기: 본 회생계획안 제10장 (13)항의 발행일로부터 매 1년이 되는 날(후급). 다만, 그 날이 금융기관 영업일이 아닌 경우에는 그 이후에 최초로 도래하는 금융기관 영업일

아. 연체이자: 채무자가 회사채의 원금 또는 이자를 그 만기 또는 지급시기에 지급하지 아니하는 경우 그 다음날부터 다 지급하는 날까지 회생계획안에서 정한 연체이자율에 의한 연체이자를 지급합니다.

자. 사채의 권면액 장수:

[335] 서울회생법원 2021회합100047 (주)바이오빌 사건의 인가된 회생계획을 참고한 기재례. 이 사건에서 채무자는 인가 전 M&A를 추진하여 인수자로부터 405억 원의 인수대금을 투자받았는데, 그중 85억 원은 신주인수 형태로, 326억 원은 전환사채인수 형태로 투자를 받았다.

- ○○○원 1매
- ○○○원 1매
- ○○○원 1매
- ○○○원 1매
- ○○○원 1매

차. 사채를 인수할 자: 아래 표 기재와 같습니다.

인수인	금액	인수비율	비고
○○○	○○억 원	○○%	현금발행액
○○○	○○억 원	○○%	현금변제에 갈음하는 전환사채, 담보부동산 매각시 즉시상환336)
합계	○○억 원	100%	

카. 사채인수대금 납입기일: 제9장 제3절 유상증자에 따른 신주의 발행에 따른 신주인수대금의 납입기일

타. 사채 인수대금의 납입계좌: 채무자가 지정하는 채무자 명의의 금융기관 계좌

파. 사채 발행일: 사채 납입기일의 다음 영업일

하. 사채인수대금 납입방식과 담보제공: 사채인수대금의 납입은 인수인의 회생담보권채권과 대등액에서 상계하며, 전환사채인수자 중 종전 회생담보권자의 담보권은 본 회생계획안에 의하여 권리변경된 회생담보권을 피담보채권으로 하는 담보권으로 종전의 순위에 따라 존속합니다.

거. 투자계약에 따라 예치된 최종 인수대금 중 전환사채 인수대금 상당액은 상기 사채인수대금의 납입기일에 사채 인수대금으로 전환되어 납입된 것으로 봅니다.

너. 만기 전 상환: 채무자는 사채의 만기 전날까지 조기상환에 따른 별도의 수수료 없이 인수자에게 사채의 전부 또는 일부를 상환할 수 있고, 인수자는 사채의 만기 이전에 채무자에게 사채의 상환을 요청할 수 없습니다. 단, 전환사채의 발행으로 갈음하는 회생담보권의 담보목적물이 매각된 경우 또는 전환사채의 이자가 연체되는 경우에는 채무자에게 즉시 사채의 상환을 요청할 수 있습니다.

더. 전환권에 관한 사항

(1) 전환에 따라 발행할 주식의 종류: 기명보통주식

(2) 전환비율: 각 사채권면금액(2 이상의 사채권으로 전환청구하는 경우에는 그 권면금액의 합산금액)을 전환가액으로 나눈 주식수의 100%를 전환주식수로 하고, 1주 미만의 단수주는 전환주권 교부시 현금으로 지급합니다.

---

336) 서울회생법원 2021회합100047 (주)바이오빌 사건에서는 회생담보권자 일부가 직접 인수인으로 참여하여 시인된 원금 및 개시 전 이자의 전액을 전환사채 발행으로 현금변제에 갈음하였다.

> (3) 전환가액: 오백원
> (4) 전환청구기간: 본 회생계획안 제10장 (13)항의 발행일로부터 1년이 경과한 날로부터 만기일의 전일까지로 합니다.
> (5) 전환청구장소: 채무자의 본점
> (6) 전환의 효력발생시기: 전환청구장소에 전환청구서 및 관계서류 일체를 제출한 때에 효력이 발생합니다. 전환에 의하여 교부된 주식은 전환청구일에 전환된 것으로 봅니다.

사. 정관의 변경

채무자의 정관을 변경하는 때에는 그 변경의 내용을 회생계획에 기재하여야 한다(법 제193조 제2항 제2호, 제202조). 출자전환이나 주주의 권리변경 또는 제3자 인수와 관련하여 주식회사인 채무자의 발행예정주식의 총수를 변경하여야 하는 경우가 자주 있는데, 이러한 경우에는 미리 회생계획안에 변경 전 정관의 조항과 변경 후 정관의 조항을 명시해 놓아야 한다. 왜냐하면 원 회생계획안에서 정관변경에 관하여 "회생절차 중 정관의 변경이 필요한 경우, 관리인은 법원의 허가를 받아 정관을 변경할 수 있습니다."라고 포괄적인 정관변경 허용 규정을 두었다고 하더라도 원 회생계획상 고려대상이 아니었던 제3자의 인수·합병에 의한 회생절차의 진행 및 종결을 위한 정관변경 등은 전체적인 회생계획의 기본적인 구도가 변경되는 결과를 초래하므로, 이러한 정관변경을 관계인집회에서의 심리 및 결의를 거치는 회생계획변경절차에 의하지 아니하고 원 회생계획의 위 정관변경 조항에 기한 법원의 정관변경허가결정만으로 하는 것은 허용될 수 없기 때문이다.[337] 따라서 채무자가 향후 M&A나 기타 유상증자를 계획하고 있다면 원 회생계획에 미리 수권자본금을 늘려 놓는 것이 필요하고, 그 후 늘어난 수권자본금 한도 내에서의 자본증가로 설령 기존 주주의 지분율이 희석된다 하더라도 이는 원 회생계획에 의하여 예정된 불이익이 현실화되는 것에 불과하므로 신주발행을 위해서 별도로 회생계획변경절차를 밟을 필요가 없다.[338]

다만 실무는 위와 같은 회생계획의 근본적인 구도를 변경하지 않는 사소한 사항에 관해 정관변경의 필요가 있을 때 회생절차 중 채무자가 정관변경을 쉽게 할 수 있도록 관리인이 법원의 허가를 받아 정관을 변경할 수 있도록 하는 근거조항을 넣고 있다.

---

337) 대법원 2005. 6. 15. 자 2004그84 결정.
338) 대법원 2008. 5. 9. 자 2007그127 결정.

① 발행예정주식총수의 증가 및 제3자에 대한 신주배정 조항을 넣는 경우

제○장 정관의 변경

1. 이 회생계획인가결정일로부터 정관 제5조 및 제11조를 아래와 같이 변경합니다.

구분	변경 전	변경 후
제5조 (발행할 주식의 총수)	채무자가 발행할 주식의 총수는 ○○○주로 한다.	채무자가 발행할 주식의 총수는 ○○○주로 한다.
제11조 (신주인수권)	① 채무자의 주주는 신주발행에 있어서 그가 소유한 주식 수에 비례하여 신주의 배정을 받을 권리를 가진다. ② 제1항의 규정에 불구하고 다음 각호의 경우 주주 외의 자에게 신주를 배정할 수 있다. 1.~ 5. 생략	① 〈좌동〉 ② 〈좌동〉 1.~ 5. 〈좌동〉 6. 회생담보권 및 회생채권을 출자전환하여 신주를 발행하는 경우 7. M&A를 통한 재무구조 개선을 위하여 유상신주를 발행하는 경우

2. 회생절차 진행 중 정관의 변경이 필요한 경우, 관리인은 법원의 허가를 받아 정관을 변경할 수 있습니다.

---

② 사외 이사의 수를 감소시키는 경우[339]

---

1. 이 회생계획인가결정일로부터 정관 제28조를 아래와 같이 변경합니다.

구분	변경 전	변경 후
제28조 (이사 및 감사의 수)	① 채무자의 이사는 3명 이상 10명 이내로 하며, 사외이사는 이사 총수의 4분의 1 이상으로 한다.	① 채무자의 이사는 3명 이상 10명 이내로 하며, 사외이사는 '채무자 회생 및 파산에 관한 법률'에 의한 회생절차가 개시되었거나 파산선고를 받은 경우를 제외하고는 이사 총수의 4분의 1 이상으로 한다.

---

339) 서울중앙지방법원 2012회합185 (주)웅진홀딩스 사건의 인가된 회생계획을 참고한 기재례. 상장회사는 자산규모 등을 고려하여 대통령령으로 정하는 경우를 제외하고는 이사 총수의 4분의 1 이상을 사외이사로 하여야 한다(상법 제542조의8 제1항 본문). 한편 이 조항에서의 예외 회사 중의 하나로 상법 시행령 제34조 제1항 제2호는 '채무자 회생 및 파산에 관한 법률'에 따른 회생절차가 개시되었거나 파산선고를 받은 상장회사를 들고 있다. 위 기재례는 이와 같은 상법 및 같은 법 시행령의 취지를 명시적으로 정관에 규정한 것이다.

아. 임원의 선임과 해임

회생계획안에는 이사·대표이사(채무자가 주식회사가 아닌 때에는 채무자를 대표할 권한이 있는 자를 포함한다. 이하 "대표이사"라 한다)의 변경에 관한 조항을 기재할 수 있으며(법 제193조 제2항 제3호), 새로이 법인인 채무자의 이사를 선임하거나 대표이사를 선정하는 때에는 선임이나 선정될 자와 임기 또는 선임이나 선정의 방법과 임기를 정하여야 한다(법 제203조 제1항). 법인인 채무자의 이사·대표이사 중 유임하게 할 자가 있는 때에는 그 자와 임기를 정하여야 하는데, 만약 회생절차개시의 원인이 이사·대표이사에 의한 채무자 재산의 도피·은닉 또는 고의적인 부실경영 등 원인에 기인한 경우에는 해당 이사 또는 대표이사를 유임하게 할 수 없다(법 제203조 제2항). 법인인 채무자의 이사 또는 대표이사로서 회생계획에서 유임할 것으로 정해지지 않는 자는 회생계획이 인가된 때에 해임된 것으로 본다(법 제263조 제4항). 회생계획에 의하여 선임되거나 유임되는 이사·대표이사의 임기는 1년을 초과하지 못하며, 그 임기는 회생계획에 의한다(법 제203조 제5항, 제263조 제5항,).

임원의 선임과 해임에 관해 실무상 회생계획안을 작성하는 방식은 관리인의 선임형태에 따라 크게 두 부류로 나눠진다. 먼저 기존 경영자가 관리인으로 선임된 경우나 관리인 불선임 결정에 의하여 기존 대표자를 관리인으로 보는 경우에는 회생계획에서 기존 대표이사, 이사를 유임시키되, 회생계획인가일로부터 일정 기간 내에 주주총회를 개최하여 새로운 대표이사, 이사를 선정, 선임하도록 규정한다. 다만 개시결정 당시에 관리인을 선임하지 아니하는 결정을 한 경우라도 법원은 법 제74조 제3항 단서·제2항 각호의 사유가 있으면 나중에라도 관리인을 선임할 수 있으므로, 회생계획안에는 법원이 관리인을 나중에 선임하게 될 경우에 대비하여 관리인이 법원의 허가를 받아 기존 이사 및 대표이사를 해임함과 아울러 새로운 이사 및 대표이사를 선임할 수 있다는 규정을 둔다.

다음으로 제3자 관리인이 선임된 채무자의 회생계획안에는 모든 이사 또는 대표이사가 인가결정과 동시에 퇴임하는 것을 전제로 하되 회생절차 중에는 관리인이 법원의 허가를 받아 선임할 수 있다는 규정을 두는 것이 일반적이다.

회생계획안에 이사 또는 대표이사의 선임 및 선정에 관한 규정을 두었을 경우에는 이에 관한 상법 등 다른 법령이나 정관의 규정은 적용되지 않는다(법 제263조 제2항). 이사 또는 대표이사의 임기는 1년 이내로 정하고, 이사 또는 대표이사의 해임과 변경에 관한 규정 및 보수에 관한 규정을 둔다.

법인인 채무자의 감사는 채권자협의회의 의견을 들어 법원이 이를 선임한다.[340] 이 경우 법원은 감사의 임기를 정하여야 한다(법 제203조 제4항,). 법인인 채무자의 감사로서 법 제203조 제4항의 규정에 의하여 감사로 선임되지 아니한 자는 법원이 법 제203조 제4항의 규정에 의하여 감사를 선임한 때에 해임된 것으로 본다(법 제263조 제4항). 법 제203조 제4항의 규정에 의하여 법원이 감사를 선임하는 때에는 감사의 선임에 관한 다른 법령이나 정관의 규정은 적용되지 않는다(법 제263조 제3항)(감사선임결정 양식은 [별지 178] 참조).

① 기존 경영자를 관리인으로 선임한 경우 또는 관리인 불선임 결정에 의하여 채무자의 대표이사를 관리인으로 보는 경우

> ## 제○장 임원의 선임 및 해임
>
> 1. 채무자의 현 대표이사, 이사는 회생계획의 인가에도 불구하고 전원 유임됩니다.
>
> 2. 유임되는 대표이사, 이사의 임기는 이 회생계획의 인가 이후 최초로 개최되는 주주총회의 결의에 의하여 후임 대표이사, 이사가 선임될 때까지로 합니다.
>
> 3. 위 2항의 인가 이후 최초로 개최되는 주주총회는 회생계획 인가일로부터 50일 이내에 개최합니다. 위 기간은 법원의 허가를 받아 30일의 범위 내에서 연장할 수 있습니다.
>
> 4. 인가 이후 최초로 개최되는 주주총회의 결의에 의하여 대표이사, 이사를 선임하는 경우를 제외하고는, 채무자의 이사는 매년 인가결정일이 속한 달에 개최되는 주주총회 결의에 의하여, 대표이사는 위 주주총회 결의 후 지체 없이 개최되는 이사회 결의에 의하여 선임합니다. 다만, 채무자가 회생절차 종료를 앞두고 필요한 경우에는 위 본문이 정한 기간이 도래하기 전이라도 주주총회 및 이사회를 개최하여 기존 대표이사, 이사를 해임하고 새로운 대표이사, 이사의 선임을 할 수 있습니다.
>
> 5. 위 2항 및 4항에 의하여 선임된 채무자의 대표이사, 이사는 「채무자 회생 및 파산에 관한 법률」 제74조 제2항 제1호에서 정한 사유에 해당하지 아니하여야 합니다.
>
> 6. 위 1항에 의하여 유임된 대표이사에게 「채무자 회생 및 파산에 관한 법률」 제74조 제2항 각호의 사유가 있다고 인정되는 경우 또는 위 2항 및 4항의 방법에 의하여 선임된 대표이사가 위 5항의 요건을 갖추지 못한 경우, 법원은 제3자를 관리인으로 선임하는 결정을 할 수 있습니다.
>
> 7. 법원이 위 6항에 의하여 제3자를 관리인으로 선임하는 경우, 그 관리인은

---

340) 서울회생법원 실무준칙 제220호 '감사의 선임 및 평정' 제3조 제1항에서는 관리위원회, 채권자협의회 및 회생·파산위원회의 의견을 들어 선임하도록 하고 있다.

법원의 허가를 받아 기존 대표이사, 이사를 해임함과 아울러 새로운 대표이사, 이사를 선임할 수 있습니다.

8. 위 7항에 의하여 선임된 대표이사, 이사의 임기는 1년으로 합니다.

9. 위 7항에 의하여 선임된 대표이사, 이사의 보수는 관리인이 법원의 허가를 받아 정합니다.

10. 위 7항에 의하여 선임된 대표이사, 이사의 임기 중 대표이사, 이사를 변경 또는 보충할 필요가 있는 경우, 관리인이 법원의 허가를 받아 대표이사 또는 이사를 선임하되, 이 경우 변경 또는 보충된 대표이사, 이사의 임기는 종전 대표이사, 이사의 잔여 임기까지로 합니다.[341]

② 제3자 관리인 선임의 경우[342][343]

제○장 임원의 선임 및 해임

1. 채무자의 현 대표이사, 이사는 회생계획의 인가와 동시에 전원 퇴임합니다.

2. 회생절차 중 관리인은 법원의 허가를 받아 대표이사, 이사를 선임할 수 있습니다.

3. 대표이사, 이사의 임기는 선임일로부터 각 1년 이내로 합니다.

4. 관리인은 임기 중 대표이사, 이사를 해임하고자 할 때에는 법원의 허가를 받아 대표이사, 이사를 해임할 수 있습니다.

5. 대표이사, 이사의 임기 중 대표이사, 이사를 변경 또는 보충할 필요가 있는 경우, 관리인은 법원의 허가를 받아 대표이사, 이사를 선임하되 이 때 변경 또는 보충된 대표이사, 이사의 임기는 종전 대표이사, 이사의 잔여 임기까지로 합니다.

6. 대표이사, 이사의 보수는 관리인이 법원의 허가를 받아 이를 정합니다.

---

341) 자본금 10억 원 미만의 회사로서 대표이사를 선임하지 않을 경우에는 다음과 같은 조항을 추가한다. "자본금 10억 원 미만이고 이사가 1인 또는 2인인 회사로서 정관에 따라 대표이사를 정하지 아니한 경우에는 본장의 '대표이사, 이사'는 '이사'로, '이사회'는 '주주총회'로, '이사회 결의'는 '주주총회 결의'로 본다."

342) 서울회생법원 2016회합100109 에스티엑스조선해양(주), 2016회합100289 (주)로얄비앤비, 2018회합100123 디엠씨(주), 2018회합100131 신촌역사(주), 서울회생법원 2020간회합100062 (주)하나로푸드시스템 사건 등 참조.

343) 제3자 관리인이 선임된 채무자가 M&A 인수대금을 변제재원으로 채권자들에게 변제하는 회생계획이 인가된 사안에서, 인가 후 임원의 선임과 해임과 관련하여 제3자 관리인이 M&A 인수인과 '사전 협의'를 거쳐 법원의 허가를 받아 대표이사 및 이사를 선임, 해임, 변경, 보충하는 것으로 정한 사례로는, 서울중앙지방법원 2012회합103 범양건영(주), 2021회합100047 (주)바이오빌 사건 등이 있다. 이 사건에서 범양건영(주)은 변경회생계획을 통해 회사를 분할했는데 인수자가 인수하는 분할존속회사(A사)의 임원 선임 등을 위해서는 관리인이 법원의 허가를 받기 전에 위와 같이 인수인과의 '사전협의'를 거치도록 하였고, 반면 인적분할 방식으로 분할된 분할신설회사(B사)에 대해서는 통상의 방식에 따라 제3자 관리인이 법원의 허가를 얻어 대표이사, 이사를 선임 및 해임하는 것으로 규정하였다.

자. 관리인의 보수 및 특별보상금

관리인에 대한 보수에 관해 회생계획안을 작성하는 방식 역시 관리인 선임 형태에 따라 그 모습이 달라진다. 기존 경영자가 관리인으로 선임됐거나 제3자 관리인이 선임된 경우처럼 법원이 적극적으로 관리인 선임에 관한 결정을 한 경우에는 관리인 보수에 대해서도 법원의 결정에 따르도록 한다. 하지만 관리인 불선임 결정을 한 경우에는 법원이 채무자의 대표자 선정에 구체적으로 관여하지 않겠다고 한 이상 법률상 관리인이 될 대표자의 보수결정에도 법원이 적극적으로 관여하는 것은 바람직하지 않다. 이러한 이유로 관리인 불선임의 경우에는 주주총회에서 대표이사, 이사의 보수를 결정하도록 정하고, 법원은 그 허가 여부만을 결정하는 것으로 정하는 것이 일반적이다.344) 회생계획안에는 관리인 보수 규정과 함께 관리인에 대한 특별보상금 지급에 관한 규정을 기재하는 것이 일반적이다.

① 기존 경영자 관리인 선임 또는 제3자 관리인 선임의 경우

제○장 관리인의 보수 및 특별보상금

1. 관리인의 보수와 퇴직금은 법원의 결정에 따라 지급합니다.

2. 법원이 관리인의 경영실적 등을 평가한 결과 아래 각호의 사유가 있다고 인정하는 경우에는 결정에 의하여 관리인에게 특별보상금을 지급할 수 있습니다.

　가. 관리인이 그 경영수완에 의하여 회생계획이 예정한 경영목표를 초과하여 달성한 때

　나. 관리인의 능력과 노력에 기인하여 채무자의 재산상황이 관리인의 최초 취임 당시보다 현저히 개선된 때

　다. 관리인이 능동적으로 신규 자본을 물색·유입하거나 다른 우량 기업과 인수·합병을 이룩함으로써 채무자의 회생에 현저히 기여한 때

3. 법원은 전항의 특별보상금에 갈음하여 일정한 가격에 주식을 매수할 권리(스톡옵션)를 관리인에게 부여할 수 있습니다.

4. 위 1항 내지 3항의 경우 관리인에 대한 처우는 「서울회생법원 실무준칙」 제211호(관리인 등의 선임·해임·감독 기준), 제241호(회생절차에서의 M&A)의 규정에 의합니다.

---

344) 과거 서울중앙지방법원 실무상 관리인 불선임 결정 사건에서도 관리인의 보수 결정을 법원의 결정에 맡기도록 하는 경우가 있었는데[서울중앙지방법원 2012회합74 (주)몬티스타텔레콤, 2012회합76 조운건설(주), 2012회합127 (주)인희, 2012회합202 마이크롭틱스(주) 사건 등], 이러한 방식의 법률상 관리인 보수의 결정도 가능하고 적법하지만, 채무자의 자율권을 보장해 준다는 관리인 불선임 결정 제도의 본래 취지를 충분히 살리기 위해서는 법률상 관리인의 보수 결정은 주주총회의 결의에 맡기는 것이 더 바람직할 것이다.

② 관리인 불선임의 경우

제○장 관리인의 보수 및 특별보상금

1. 회생절차 진행 중에 주주총회는 대표이사, 이사의 보수를 정할 수 있습니다. 다만, 주주총회에서의 보수 결정의 효력은 법원이 그에 관한 허가 또는 결정을 하는 때로부터 발생합니다.

2. 법원이 관리인의 경영실적 등을 평가한 결과 아래 각호의 사유가 있다고 인정하는 경우에는 결정에 의하여 관리인에게 특별보상금을 지급할 수 있습니다.

    가. 관리인이 그 경영수완에 의하여 회생계획이 예정한 경영목표를 초과하여 달성한 때

    나. 관리인의 능력과 노력에 기인하여 채무자의 재산상황이 관리인의 최초 취임 당시보다 현저히 개선된 때

    다. 관리인이 능동적으로 신규 자본을 물색·유입하거나 다른 우량 기업과 인수·합병을 이룩함으로써 채무자의 회생에 현저히 기여한 때

3. 법원은 전항의 특별보상금에 갈음하여 일정한 가격에 주식을 매수할 권리(스톡옵션)를 관리인에게 부여할 수 있습니다.

4. 위 2, 3항의 경우 관리인에 대한 처우는 「서울회생법원 실무준칙」 제211호(관리인 등의 선임·해임·감독 기준), 제241호(회생절차에서의 M&A)의 규정에 의합니다.

차. 주식매수선택권의 부여

법은 주식회사인 채무자의 부실경영에 책임이 있는 구 주주 및 친족 그 밖에 대통령령으로 정하는 특수관계에 있는 주주에 대하여 필요적 자본감소를 규정하면서도(법 제205조 제4항) 상법 제340조의2의 규정에 의한 주식매수선택권을 부여할 수 있도록 정하였다(법 제205조 제5항 단서).

구 회사정리법하에서 과거 서울중앙지방법원의 실무는 부실경영에 책임이 있는 주주의 주식에 대하여는 이를 전부 소각하여 왔는데, 이러한 징벌적 소각으로 인해 회사정리절차의 수요자인 기업들이 조기에 정리절차를 신청하는 것을 매우 꺼려 온 경향이 있었다. 법은 주식회사인 채무자의 부실경영에 책임이 있는 지배주주 기타 특수관계인에 대하여 필요적 자본감소와 함께 법 제206조에 의하여 신주를 발행하는 경우에 신주를 인수할 수 없도록 한 반면(법 제205조 제5항 본문), 상법 제340조의2의 규정에 의한 주식매수선택권을 부여할 수 있는 규정을 신설하였다. 그 입법취지는 부실경영에 책임이 있는 지배주주 기타 특수관계인이라

고 하더라도 그가 회생계획인가 및 수행에 상당한 기여를 한 경우에는 일정한 가격에 주식회사인 채무자의 주식을 매수할 수 있는 청구권(스톡옵션)을 인정하여 인센티브를 부여함으로써 회생절차에서 필요적 자본감소로 인한 불이익을 상쇄하고 회생절차의 조기 신청을 유도하기 위한 데 있다. 따라서 회생계획에 구 사주가 M&A 성공에 현저한 기여를 한 경우에는 주식매수선택권을 부여한다는 취지를 규정함으로써 부실경영에 책임이 있는 구 사주라고 하더라도 '신주인수 금지'라는 법적 제약에서 벗어나 M&A 성공에 대한 기여도에 따라 주식매수선택권을 부여받을 수 있게 되었다는 점에 그 의의가 있다.[345)]

기재례는 다음과 같다.

> 대주주 기타 특수관계에 있는 주주가 능동적으로 신규자본을 물색·유입하거나 다른 우량 기업과 인수·합병을 이룩함으로써 채무자의 회생에 현저한 기여를 한 때는 대주주 기타 특수관계에 있는 주주에게 일정한 가격에 주식을 매수할 수 있는 권리(스톡옵션)를 부여할 수 있습니다.

카. M&A의 추진

구 회사정리법하에서는 정리계획에 채무자의 조기 정상화를 위하여 관리인이 제3자 매각 등 M&A를 적극적으로 추진하여야 한다는 취지로 기재하는 것을 원칙으로 하여 왔고, 이러한 원칙은 현행법하에서도 그대로 이어지고 있다. 그 기재례는 다음과 같다.

> 제○장 M&A의 추진[346)]
>
> 1. 관리인은 회생계획 인가 후 회생계획의 수행이 불확실하다고 인정되는 경우, 채무자의 경영정상화와 채무변제의 극대화를 위하여 법원의 허가를 받아 채무자에 대한 제3자 매각, 영업양도 등 적절한 방식의 M&A를 적극적으로 추진하여야 합니다.

---

345) 서울중앙지방법원 2012회합185 (주)웅진홀딩스 사건의 인가된 회생계획은, 채무자의 특수관계인들이 보유하고 있던 웅진케미칼(주) 및 웅진식품(주)의 주식 매각대금이 특수관계인들에게 지급된 날부터 1개월 이내에 특수관계인들에게 채무자가 보유하고 있던 웅진씽크빅(주) 주식 약 100만 주를 시가에 매각하기로 하는 조항 및 이와 같이 특수관계인들에게 매각된 웅진씽크빅(주)의 주식에서 발생하는 배당금 수익은 채무자의 회생절차종결시점까지 특수관계인들이 채무자의 유상증자 재원으로 사용하기로 하고 채무자는 이 돈을 변제자금으로 충당하기로 하는 조항을 두었다.
346) 종전 실무에서는 '채무자를 인수할 자'라는 장을 두어 기재하여 왔으나 'M&A의 추진'이라는 표현이 바람직하다. 관리인에게 회생계획 인가 후 바로 M&A를 추진할 의무를 지울 필요가 있는 경우에는 좀 더 구체적인 표현을 사용할 수 있을 것이다.

2. 관리인 및 이해관계인은 필요한 경우 채무자 회생 및 파산에 관한 법률 제282조에 따라 회생계획의 변경을 신청할 수 있습니다.

타. 회생절차의 종결 및 폐지신청

법 제283조 제1항은 "회생계획에 따른 변제가 시작되면" 회생절차의 종결결정을 할 수 있도록 규정하여 회생절차의 조기종결이 가능하도록 하고 있다. 회생절차가 조기종결되는 경우에는 향후 채무자의 회생계획 수행을 감독하고 확보하기 위한 적절한 조치가 필요하다. 이 경우 서울회생법원은 관리인으로 하여금 주요 채권자들의 협의체가 채무자의 회생계획 수행을 감독할 수 있도록 하는 방안을 마련하도록 지도하고 있다. 채권자협의체는 특별한 사정이 없는 한 채권자협의회의 구성원을 그 구성원으로 하여 절차적 연속성과 감독의 효율성을 확보하는 것이 바람직하다. 채권자협의체는 채무자로부터 정기보고서를 제출받고 회생계획에서 예정된 범위를 벗어나는 행위에 관하여는 별도 보고를 받는 등의 방법으로 회생계획의 적정한 수행을 감독하게 된다. 이러한 점을 명확히 하기 위하여 회생계획안에 회생절차의 조기종결 전에 채무자가 법원의 허가를 받아 채권자협의회와 채권자협의체의 구성과 운영 및 활동범위에 관한 협약을 체결한다는 취지의 조항을 마련하는 것이 좋다.[347] 회생절차 종결에 대한 일반적인 기재례는 다음과 같다.

제○장 회생절차의 종결

1. 관리인은 「채무자 회생 및 파산에 관한 법률」 제283조(회생절차의 종결) 및 「서울회생법원 실무준칙」 제251호(회생절차의 조기종결)에 정한 바에 따라 이 회생계획의 수행가능성과 관련하여 아래의 사항을 고려한 결과 회생계획의 수행에 지장이 없다고 인정되는 때에는 조기에 회생절차의 종결신청을 할 수 있습니다.

　가. 회생계획상 주요 부분의 변제가 차질 없이 이행되고 있는지 여부
　나. 채무자의 총자산이 총부채를 안정적으로 초과하고 있는지 여부
　다. 채무자가 회생계획상 예정된 영업이익 수준을 대폭 초과 달성하거나 수년간 계속하여 상당한 정도로 초과 달성하고 있고 앞으로도 그 수준을 유지할 가능성이 높은지 여부
　라. 제3자가 채무자를 인수하여 향후 회생계획 수행에 필요한 자금조달이나 경상이익의 실현에 지장이 없는지 여부

---

347) 서울회생법원 실무준칙 제251호(회생절차의 조기종결) 참조.

> 2. 회생절차를 조기에 종결하는 경우 채권자협의회는 채무자의 회생계획 수행을 감독할 새로운 협의체를 구성할 수 있습니다. 새로이 구성되는 채권자협의체의 구성과 운영 및 활동범위에 관하여는 관리인이 회생절차 종결 이전에 법원의 허가를 받아 채권자협의회와 협약을 체결하여 정하기로 합니다.

또한 실무에서는 회생절차의 폐지신청에 관한 조항을 두는 것이 바람직하다. 이는 채무자가 회생계획을 수행할 가능성이 없게 된 때에는 관리인이 신속히 회생절차의 폐지를 신청하도록 함으로써 채권자들의 손실이 확대되고, 국가경제에 악영향을 주는 일이 없도록 하기 위하여 두는 조항이다.

> 제○장 회생절차의 폐지신청
> 다음의 경우 관리인은 회생절차의 폐지신청을 하여야 합니다.
> 1. 채무자가 회생계획에 따른 변제를 제대로 이행하지 못하고 있고, 앞으로도 변제의 지체가 계속될 것으로 예상되는 경우
> 2. 사업실적이 회생계획상 예정된 사업계획의 수준에 비하여 현저히 미달하고 있고, 가까운 장래에 회복될 전망이 보이지 않는 경우
> 3. 회생계획에서 정한 자산매각 계획을 실현하지 못하여 향후 자금수급 계획에 현저한 지장을 초래할 우려가 있는 경우
> 4. 공익채권이 과다하게 증가하여 향후 회생계획의 수행에 지장을 초래할 우려가 있는 경우
> 5. 노사쟁의 기타 회사 내부의 분규나 이해관계인의 불합리하고 과다한 간섭 등이 계속되어 회사 운영에 심각한 차질이 발생한 경우

파. 대중제 골프장으로의 전환[348]

골프장 사건에서 회원제에서 대중제로 전환하는 경우 통상 회생계획안에 그 전환절차 및 입회보증금반환채권자의 지위 등에 관하여 기재하고 있다.

> 제○장 대중제 골프장으로의 전환
> 1. 관리인은 이해관계인의 권리보호 및 채무자의 회생을 위하여 이 회생계획 인가 결정 이후 지체 없이 관할 행정관청에 체육시설의 설치·이용에 관한 법률(이하 "체육시설법")에 따라 채무자 명의로의 체육시설업 등의 승계에 관한 절차(체육시설법상의 사업계획변경 절차를 포함하며, 이에 한하지 아니함) 및 대중

---

348) 서울회생법원 2018회합100253 일송개발(주), 2020회합100020 (주)동해디앤씨, 2020회합100128 (주)베어포트리조트 사건의 인가된 회생계획을 참고한 기재례.

제 골프장으로의 전환절차를 이행합니다. 관리인은 필요한 경우 소하천정비법, 농어촌정비법 등에 따라 골프장 부지 중 일부에 대하여 채무자 명의의 점용허가 또는 사용허가 절차를 마칩니다.

2. 이 회생계획안이 인가되는 경우 각 입회보증금반환채권자의 동의 여부를 불문하고 입회보증금 반환채권자는 자동으로 대중제 골프장으로의 전환에 찬성하는 것으로 간주되고, 향후 대중제 골프장 전환신청 시 추가적인 동의절차 없이 이에 동의한 것으로 간주됩니다.

3. 이 회생계획안에 대한 인가결정에 따라 각 입회보증금반환채권자의 채무자에 대한 회원으로서의 지위는 이 회생계획안이 정하는 바에 따라 변경되고, 이 회생계획안이 정하는 권리 이외에 기존의 회원으로서의 지위는 모두 소멸합니다.

대중제로 전환하면서 기존 회원에게 골프장 할인권(쿠폰)을 지급하는 경우 이에 관하여도 별도로 기재한다.[349]

제○장 골프장 할인권(쿠폰)

채무자는 회생채권 입회보증금 및 회원대여금 채권자에게 입회보증금 및 회원대여금 채권액의 20%에 해당하는 아래 조건의 ○○컨트리클럽 골프장 이용권(쿠폰)을 지급하기로 합니다. 이용권(쿠폰)은 회생계획이 인가된 후 30영업일 이내에 법원의 허가를 얻어 발행합니다.

1. 발행방식: 법원의 허가를 얻어 기명식 이용권(마그네틱 카드 형태)을 발행합니다.

2. 사용기간: 이용권을 일시에 발행하며, 10년간 매년 균분하여 사용할 수 있습니다.

3. 사용방식: ○○컨트리클럽 골프장의 골프시설 이용료로만 사용할 수 있으며 카트대여료, 식음료 결제, 캐디피 등 부대비용으로는 사용할 수 없습니다.

4. 분실의 처리: 이용권이 도난, 분실 등으로 타인이 사용할 경우에 채무자는 책임지지 않습니다.

5. 양도방법: 이용권은 타인에게 1회에 한하여 양도할 수 있으며, 양도인은 양도 사실을 채무자에 사전에 서면으로 통보하여 승인을 받아야 합니다. 다만 채무자는 경영상 긴급한 필요가 있는 경우에 한하여 양도를 제한할 수 있습니다.

6. 기타: 회생계획안에서 명시하지 않은 이용권의 발행절차 및 사후 관리는 관련 민법 및 상법을 따릅니다.

---

349) 서울회생법원 2019회합100058 (주)제주컨트리구락부 사건의 인가된 회생계획을 참고한 기재례.

하. 기타 사항

기타 사항으로는 별개의 항목으로 기재할 정도에 이르지는 못하는 것이지만, 회생계획 수행과 관련하여 필요한 사항을 기재한다. 예를 들면 다음과 같은 사항들을 기재한다.

제○장 기타 사항

1. 채무자는 「서울회생법원 실무준칙」 제253호(외부감사인에 의한 회계감사)가 정하는 바에 따라 매년 외부감사인으로부터 회계감사를 받습니다.350)

2. 이 회생계획에 언급되지 않은 사항은 「채무자 회생 및 파산에 관한 법률」, 「채무자 회생 및 파산에 관한 법률 시행령」, 「채무자 회생 및 파산에 관한 규칙」 및 「서울회생법원 실무준칙」에 근거하여 법원의 허가를 받아 시행합니다.

3. 이 회생계획의 용어나 자구해석에 대하여 다툼이 있는 경우 법원의 해석에 따릅니다.

그 외에도 법 제198조에 따라 회생채권 및 회생담보권 중 제131조 단서, 제132조 제1항 및 제2항의 규정에 의하여 조기변제한 것은 회생계획에 이를 명시하여야 하므로, 소멸된 채권 등으로 기재되지 않은 조기변제채권은 별도로 기재함이 바람직하다.

제6절 회생계획과 출자전환

1. 출자전환

가. 출자전환의 의의

출자전환이란 채권자가 보유하고 있는 채권을 주식회사인 채무자의 주식으로 전환하는 것을 의미한다.

법 제206조 제1항에서는 주식회사인 채무자가 회생채권자·회생담보권자

---

350) 회생절차개시신청 전 3년 이내에 채무자에 대하여 외부회계감사 또는 경영컨설팅 등을 한 적이 있는 외부감사인은 회생계획인가 회계연도부터 3년간, 당해 채무자의 조사위원직을 수행하였던 외부감사인은 회생계획인가 회계연도 다음 해부터 3년간 당해 채무자의 외부감사인으로 선정될 수 없다[서울회생법원 실무준칙 제253호 '외부감사인에 의한 회계감사' 제5조 제2항 참조].

또는 주주에 대하여 새로 납입 또는 현물출자를 하지 아니하고 신주를 발행하는 때에는 회생계획에 신주의 종류와 수, 신주의 배정에 관한 사항, 신주의 발행으로 인하여 증가하게 되는 자본과 준비금의 액, 신주의 발행으로 감소하게 되는 부채액 등 구체적인 사항을 정하도록 함으로써 회생계획에 기한 출자전환을 명시적으로 허용하고 있다.351)352)353)

출자전환은 채무자의 입장에서는 채무변제를 위한 자금의 유출이 없어 채무면제와 동일한 효과를 누리면서도 채무면제익이 즉시 익금 산입되지 않고 법인세의 부담이 이연될 수 있다는 이점이 있다. 한편, 채권자의 입장에서는 적어도 그만큼 채권면제를 당하지 않고 출자전환된 주식을 보유하고 있다가 언젠가는 금전으로 환가할 가능성이 있고, 출자전환을 통해 대주주가 되어 채무자에 대한 지배권을 갖게 되며 회생절차 조기종결 후에도 주주총회에서 임원선임권을 행사함으로써 경영자를 견제할 수 있다는 점에서 유리하여 그 활용가치가 높다.

---

351) 공익채권의 출자전환은, 회사와 신주인수인의 합의가 있으면 상계의 방식에 의하여 출자전환을 할 수 있다는 취지의 상법 제421조 제2항에 근거하여 해당 공익채권자의 동의하에 허용된다. 공익채권자의 동의를 얻어 공익채권의 출자전환을 허용한 사례로, ① 서울회생법원 2020회합100092 신한중공업(주) 사건에서는 공익채권인 회생절차개시 후 차입금의 원금 약 502억 원 중 60%와 이자 약 15억 원 전액을 출자전환하였고, ② 서울회생법원 2020회합100189 쌍용자동차(주) 사건에서는 공익채권인 직원들의 미지급급여 및 연차수당에 대하여 출자전환을 하였다.

352) 은행법 제37조 및 제38조 제1호, 보험업법 제109조(종전의 제19조는 현행 제109조로 개정되었음에도 법 제206조 제4항은 여전히 제19조로 규정하고 있음), 자본시장과 금융투자업에 관한 법률 제344조, 금융산업의 구조개선에 관한 법률 제24조는 금융자본에 의한 산업자본의 지배를 막기 위하여 은행 등 금융기관들이 다른 회사의 의결권 있는 발행주식 또는 출자지분의 일정 비율 이상을 취득하는 것을 금하고 있다. 그러나 법 제206조 제1항의 출자전환에 의하여 금융기관 등이 채무자의 주식 또는 출자지분을 취득하는 것은 투자나 회사의 지배를 주된 목적으로 하는 것이 아니라 구조조정의 일환으로 이루어지는 것이므로 남용의 우려가 없다는 취지에서, 법 제206조 제4항은 법 제206조 제1항의 출자전환의 경우 위 은행법 등의 각 법령 및 그 밖의 금융기관(한국자산관리공사 설립 등에 관한 법률 제2조 및 금융산업의 구조개선에 관한 법률 제2조에 의한 금융기관을 말한다)의 출자, 유가증권 취득 및 재산운용을 제한하는 내용의 법령의 적용을 배제하고 있다. 따라서 현행법하에서는 금융기관에 대하여 이러한 법적 제한 없이 출자전환이 가능하다.

353) 한편, 독점규제 및 공정거래에 관한 법률 제11조는 대규모 회사가 일정 규모 이상인 회사의 발행주식 총수 20%(상장법인의 경우 15%) 이상을 소유하게 되는 경우 사전에 공정거래위원회에 기업결합신고를 하여야 할 의무를 부과하고 있고, 법 제206조 제4항은 위 규정의 적용을 배제하지 않고 있다. 때문에 대규모 회사가 법에 따른 출자전환으로 주식을 취득하는 경우 기업결합 사전신고의무를 부담하는 사례가 있었으나, 현행 독점규제 및 공정거래에 관한 법률 시행령 제20조 제2항 제4호, 기업결합의 신고요령(2021. 12. 30. 공정거래위원회 고시 제2021-24호)에 따라 '채무자회생법에 따른 출자전환으로 인하여 다른 회사의 주식을 취득하는 경우'에는 기업결합 사전신고의 예외가 인정됨으로써 위 사전신고의무를 부담하지 않는다.

나. 출자전환의 법적 성질

회생절차에서 채권을 출자전환하는 경우 그 법적 성질에 관하여는 회생채권에 갈음하여 신주를 받음으로써 회생채권이 소멸한다고 보는 대물변제설,[354] 회생채권 자체를 현물출자하는 것으로 보는 현물출자설,[355] 회생절차상의 특수한 채무소멸원인으로 보는 설[356] 등이 있으나, 회생절차상의 특수한 채무소멸원인이라고 보는 설이 유력하다. 이러한 논의는 출자전환이 보증인 등 공동채무자에게 미치는 영향에 관하여 특히 실익이 있다. 판례가 회생절차에서 이루어진 출자전환의 법적 성질에 대하여 어떠한 입장을 취하고 있는지는 분명하지 않으나, 회생채권의 출자전환에 따른 '보증채무'의 소멸범위에 관하여는 이른바 '시가평가액 소멸설'을 취하고 있는 것으로 보인다(이에 관하여 자세한 사항은 '제13장 제6절 3. 나. 및 다.' 참조).

2. 출자전환에 따른 과세 문제

가. 문제의 소재

채무의 출자전환은 신주를 발행하는 동시에 채무가 소멸하는 것이므로, 신주 발행 시 자본의 납입이라는 '자본거래'의 성질과 채무면제익이 발생하는 '손익거래'의 성질을 모두 가지고 있다. 출자전환은 자본거래라는 측면에서 과세가 되지 않아야 하나, 손익거래라는 측면에서 채무면제익은 익금으로서 과세가 가능하다.

다만, 출자전환의 방식으로는 액면발행(예를 들어 채권 5,000원에 액면 5,000원의 보통주 1주를 배정하는 경우)과 할증발행(예를 들어 채권 10,000원에 액면 5,000원의

---

354) 김용덕, "정리채권의 출자전환과 공동채무자의 채무소멸", 상사판례연구 Ⅶ권(2007. 5.), 박영사, 432면 참조.
355) 신필종, "정리채권의 출자전환과 보증채무의 소멸", 민사재판의 제문제 11권(2002. 12.), 331면 참조.
356) 서경환, "정리회사의 신주발행", 서울지방법원 실무논단(1997), 137면; 도진기, "회사의 출자전환에 관한 법적 연구 — 회사정리절차를 중심으로 —", 서울대학교 석사학위논문(2003. 6.), 69면; 민정석, "기업개선작업절차에서의 출자전환의 법적성격 및 부진정연대채무자 중 1인이 한 상계 내지 상계계약의 효력", 사법 제15호(2011. 3.), 사법발전재단, 312면 등 참조. 회생절차에서 출자전환은 신주인수대금의 납입 및 현물출자를 생략하고 이루어지는 것이므로 현물출자가 적용될 여지가 없고, 기존 채무에 대하여 신주를 발행하는 것을 마치 대물변제와 유사하게 볼 여지도 있으나 채무자 또는 제3자가 이미 소유하고 있던 주식을 채권자에게 양도하는 것이 아니라 신주를 발행하는 것인 점에서 전형적인 대물변제와는 상이하다는 측면을 고려하면, 회생절차상의 특수한 채무소멸원인으로 보는 것이 타당하다고 한다.

보통주 1주를 배정하는 경우)이 있을 수 있는데, 액면발행의 경우에는 채권 액면가와 주식 액면가의 등가 교환이므로 출자전환으로 인한 채무면제익이 발생할 여지가 없고, 할증발행의 경우에 비로소 채무면제익으로 인한 과세가 문제된다.[357][358]

나. 출자전환에 관한 세법상 규율

법인세법상 출자전환으로 인하여 주식 등의 시가를 초과하여 발행한 금액은 채무의 면제 또는 소멸로 인하여 생기는 부채의 감소액으로서 익금에 포함된다(법인세법 제17조 제1항 제1호 단서, 법인세법 시행령 제11조 제6호). 다만, 출자전환으로 인한 주식 등의 시가초과금액 중 이월결손금을 보전하는 데에 충당한 금액은 익금에 산입하지 않는다(법인세법 제18조 제6호 법인세법 시행령 제16조). 그런데 회생계획에 따른 출자전환의 경우에는 원만한 구조조정을 지원하기 위하여 해당 주식 등의 시가(시가가 액면가액에 미달하는 경우에는 액면가액)[359]를 초과하여 발행된 금액 중 위와 같이 이월결손금의 보전에 충당하고 남은 금액도 당해 사업연도의 익금에 바로 산입하지 아니하고, 과세이연하여 그 이후의 각 사업연도에 발생하는 결손금의 보전에 충당할 수 있도록[360] 규정하고 있다(법인세법 제17조 제2항, 법인세법 시행령 제15조 제1항 제1호).

그러나 법인이 익금에 산입하지 아니한 금액 전액을 결손금의 보전에 충당하기 전에 사업을 폐지하거나 해산하는 경우에는 이로써 사업연도가 종료되고, 그 사업연도의 소득금액 계산 시 결손금의 보전에 충당하지 아니한 출자전환 채무면제익에 대하여 더 이상 과세를 이연할 수는 없고 전액 익금산입하여야

---

357) 이와 관련하여, 법인세법 제15조 제1항에 따르면 '익금은 자본 또는 출자의 납입 및 이 법에서 규정하는 것을 제외하고 해당 법인의 순자산을 증가시키는 거래로 인하여 발생하는 수익의 금액으로 한다'고 규정하고 있어, 회생계획에 따라 출자전환으로 발행되는 신주의 액면가 총액에 상응하는 소멸 채무액 부분은 위 조항에 따른 자본의 납입으로 보아 익금의 범위에서 제외되므로, 할증발행의 경우에도 액면가 총액에 상당하는 부분은 자본의 납입에 해당하여 익금의 범위에서 당연히 제외되고, 액면발행의 경우에도 전체 소멸 채무액이 자본의 납입에 해당하여 익금의 범위에서 제외되어 과세의 대상이 되지 않는다고 설명할 수 있다.

358) 실무상 과거에는 주로 할증발행 방식이 이용되었으나, 최근에는 거의 대부분 액면발행 방식을 활용하고 있기 때문에 채무면제익으로 인한 과세가 문제되는 경우는 많지 않다.

359) 예를 들어, 할증발행(액면가 < 발행가)에서 ① 시가가 액면가보다 높은 경우(액면가 5,000원 < 시가 7,000원 < 발행가 10,000원)에는 발행가 10,000원에서 시가 7,000원을 차감한 3,000원이 채무면제익에 해당하고, ② 시가가 액면가에 미달하는 경우(시가 2,000원 < 액면가 5,000원 < 발행가 10,000원)에는 발행가 10,000원에서 액면가 5,000원을 차감한 5,000원이 채무면제익에 해당한다. 위 ②의 경우 액면가 5,000원과 시가 2,000원의 차액 3,000원은 채무면제익에 해당하지 않는다. 따라서 시가가 액면가에 미달할 때(회생채무자의 경우 통상 이에 해당) 할증발행이 아닌 액면발행을 하는 경우(시가 2,000원 < 액면가 5,000원 = 발행가 5,000원)에는 채무면제익(발행가 5,000원 – 액면가 5,000원 = 0원)은 발생하지 않는다. 시가가 액면가를 초과하는 경우에도 액면발행을 하면 채무면제익이 발생하지 않음은 물론이다.

360) 채무자의 청산 시까지 과세이연이 가능하다.

한다(법인세법 시행령 제15조 제2항).

　따라서 만일 회생계획이 인가된 후 회생계획의 수행이 불가능하게 되어 회생절차가 도중에 폐지됨으로써 파산절차로 이행하는 경우에는 출자전환 당시 익금산입이 유예되었던 출자전환 채무면제익이 일시에 익금에 산입되어 다액의 법인세가 부과될 수 있다. 이 경우 위 익금을 상쇄시킬 만한 이월결손금이 채무자에게 남아 있지 않은 경우에는 차라리 회생절차가 개시되지 않았거나 회생계획인가 전에 회생절차가 폐지되어 파산절차로 이행되었던 경우보다 채권자들에게 더 불이익한 상황이 발생할 수 있다. 채권자들은 출자전환이 이루어지지 아니하였다면 채무자의 보유 자산을 그대로 분배하여 적어도 그 자산의 청산가치 상당을 분배받을 수 있었을 것임에도 불구하고, 출자전환을 시행함으로써 그 채무면제익에 대하여 다액의 법인세(파산절차에서 재단채권에 해당)가 부과되어 그 법인세 상당액만큼 채권자들에게 분배될 수 있는 금액이 현저히 감소하기 때문이다.

　　다. 실무상 처리

　실무상 출자전환에 있어서 과거에는 주로 할증발행의 방식이 이용되었으나, 앞서 본 바와 같은 과세 문제 때문에 최근에는 주로 액면발행의 방식이 활용되고 있다.361)362)

　액면발행의 방식은 기업구조조정 촉진법상의 기업개선작업 대상 기업의 경우에 널리 행해지는 방식으로서, 출자전환으로 인한 채무면제익이 생기지 않으므로 이월결손금을 그대로 사용할 수 있고, 그 결과 채무자는 잔존하는 이월결손금으로 회생계획기간 동안 벌어들인 영업이익에 대한 법인세를 상쇄시킨 후 그 영업이익을 채권자를 위한 변제재원으로 거의 대부분 사용할 수 있는 점, 할증발행의 경우 발생하는 채무면제익에 수반하여 문제가 될 가능성이 있는 이연법인세부채의 계상 문제가 발생하지 않는다는 점, 회생절차가 도중에 폐지되어 파산절차로 이행하더라도 출자전환에 따른 법인세 부과 문제가 생기지 않으므

---

361) 출자전환으로 인한 채무면제익보다 이월결손금의 규모가 상대적으로 커서 법인세 과세 문제를 우려하지 않고 쉽게 할증발행을 하는 경우도 있다.
362) 과거 이러한 채무면제익에 대응하기 위하여, 그리고 채권자로서의 지위를 상당기간 유지하기를 원하는 채권자들의 요구에 의하여(주로 채권자들의 입장에서 볼 때 회생계획안의 수행가능성이 낮고 파산가능성이 높은 경우에 이러한 요구를 하는 경우가 많다) 할증발행의 방법으로 출자전환을 하되 출자전환시기를 최종연도로 미루어 둔 다음 회생절차폐지 시 원래의 채권(또는 후순위 채권)으로 환원하는 방식이 사용된 예가 드물게 있다. 그러나 현재 서울회생법원에서는 출자전환시기를 늦추는 것이 인가 후 M&A에 부정적 요소로 작용한다고 보아 원칙적으로 이를 허용하지 않고 있다.

로 회생절차를 거쳤다는 이유 때문에 분배 대상 및 분배액이 왜곡될 우려가 없는 점, 채무자를 제3자가 인수한 이후에도 이월결손금을 그대로 보전할 수 있기 때문에 M&A 절차에서 인수희망자들이 인수에 매력을 느낄 수 있는 점 등의 이점이 있다. 다만, 채권금액과 주식 액면금액의 등가 교환으로 인해 적정자본금의 규모를 넘어서는 비정상적인 자본구조를 갖게 되는 점, 실질적으로는 주식 액면금액 상당의 가치가 없는 채권에 대하여 주식을 교부하는 결과가 되어 자본충실을 해할 우려가 있는 점, 과다한 자본금은 후일 감자를 하여야 하는 문제를 야기할 수 있고, 특히 회생계획변경 시점에서 자산초과상태가 되는 경우 감자를 하기 위해서는 기존 주주의 동의를 얻어야 하기 때문에 M&A 등을 내용으로 하는 회생계획변경에 어려움이 따를 수 있는 점 등의 문제가 있다.

위와 같은 문제를 해결하기 위하여 현재 서울회생법원은 대다수 사건에서 액면발행의 방식으로 출자전환을 하되, 출자전환에 따른 신주의 효력발생 직후 발행된 신주를 병합하여 자본규모를 적정한 수준으로 감소시키는 방식을 활용하고 있다. 이 방식에 의할 경우 채무면제익이 발생하지 않는다는 장점을 활용하면서도 채무자의 자본구조가 기형화되거나 M&A에 지장이 초래될 수 있는 문제를 회피할 수 있다(기재례는 '제13장 제5절 5.' 참조).

라. 채권자에 대한 과세 문제

1) 문제의 소재

출자전환에 따른 신주의 시가가 발행가액(출자전환되는 채권액)에 미달하는 경우, 채권자로서는 주식의 시가와 발행가액의 차액에 관하여 사실상 채무를 면제하여 회수할 수 없는 손실을 입는 것과 동일한 경제적 효과가 발생하고, 이에 따라 채권자가 위 차액을 법인세법상 손금으로 산입하거나 부가가치세법상 대손세액으로 공제할 수 있는지 여부가 문제된다.

2) 채권자가 법인인 경우

법인세법 시행령 제72조 제2항 제4의2호는 출자전환에 따라 취득한 주식의 취득가액을 '출자전환된 채권의 장부가액'으로 한다고 규정하고 있다. 이에 따르면 채권자는 출자전환된 채권액과 동등한 가치를 지닌 주식을 취득한 것이므로 주식의 시가와 발행가액의 차액을 법인세법상 손금으로 산입하거나 대손금으로 처리할 수 없다.[363]

---

363) 다만, 향후 당해 주식의 처분 시 법인세액에 처분손실의 계상이 가능하다. 한편 조세특례제한

다만, 부가가치세법상 대손세액공제와 관련하여, 대법원은 회생계획에서 별도의 납입 등을 요구하지 아니하고 신주발행 방식의 출자전환으로 기존 회생채권 등의 변제에 갈음하기로 하면서도 그 출자전환에 의하여 발행된 주식은 무상으로 소각하기로 정하였다면 인가된 회생계획의 효력에 따라 새로 발행된 주식은 그에 대한 주주로서의 권리를 행사할 여지가 없고 다른 대가 없이 그대로 소각될 것이 확실하게 되는바, 위와 같은 출자전환의 전제가 된 회생채권 등은 회생계획인가의 결정에 따라 회수불능으로 확정되었다고 봄이 타당하다는 이유로, 출자전환에 따라 취득한 주식의 시가와 발행가액의 차액에 대하여 대손이 발생한 것으로 보아 대손세액공제를 한 것은 적법하다고 판단한 원심을 유지하였다.[364]

3) 채권자가 개인인 경우

채권자가 개인인 경우에는 채권자가 법인인 경우와 달리 채무의 출자전환에 따라 취득한 주식의 취득가액은 소득세법 제39조 제2항, 같은 법 시행령 제89조 제1항 제3호에 따라 주식의 시가가 되고, 소득세법 시행령 제55조 제2항, 법인세법 시행령 제19조의2 제1항 제5호에 의하면 회생계획인가의 결정에 따라 회수불능으로 확정된 채권은 대손금으로 필요경비에 산입할 수 있으므로, 출자전환에 따라 취득한 주식의 시가와 발행가액의 차액은 대손금으로 비용처리할 수 있다.

3. 출자전환 대상 채권의 소멸 여부 및 보증채무에 미치는 효력

가. 문제의 소재

회생계획안에서 회생채권을 출자전환하기로 정한 경우 출자전환 대상 채권의 소멸 여부, 소멸의 범위와 주채무자에 대한 출자전환이 보증인에게 미치는 효력이 문제된다.

나. 견해의 대립

종래 ① 신주의 발행을 대물변제로 보아 교부받은 주식의 액면금액에 관하

법 제44조 제4항, 제1항, 같은 법 시행령 제37조 제8항, 기업구조조정 촉진법 제2조 제2호는 2023. 12. 31.까지 법에 따른 회생계획인가결정, 기업구조조정 촉진법에 따른 경영정상화계획의 이행을 위한 약정 등에 의하여 채무의 출자전환으로 인하여 채무를 면제한 금융채권자는 그 면제한 채무에 상당하는 금액을 손금에 산입한다고 규정하고 있다(한시적 특례 조항).

364) 대법원 2018. 6. 28. 선고 2017두68295 판결.

여 보증인에 대한 권리를 상실하게 한다면 신주를 교부받은 채권자로서는 그 액면금액만큼 면제를 당한 것보다 더 불리하게 되어 법 제250조 제2항의 규정 취지에 반하므로 신주의 발행을 대물변제로 볼 수 없고, 그 채권자가 주식 양도 나 배당금 수령을 통하여 현실적으로 금전적인 만족을 얻은 때에 비로소 그 한 도에서 보증인의 채무가 소멸된다고 하는 견해(불소멸설),365) ② 채권의 출자전 환은 현물출자의 한 방법이고, 채권자는 출자전환으로 인하여 주식을 취득함으 로써 채권의 만족을 얻음과 동시에 채권자의 지위를 상실한다고 보아야 하므로, 출자전환의 효력발생 시에 채권액 전부에 대하여 채권자는 보증채무의 이행을 구할 수 없다고 보는 견해(소멸설), ③ 회생계획인가 시, 출자전환 시 또는 출자 전환된 주식의 최초 거래가 가능한 시기 등을 기준으로 출자전환된 주식의 시 가에 상당하는 채권만이 변제된 것으로 보아야 한다는 견해(시가평가액 소멸설) 등의 대립이 있었다.

다. 판례의 태도

대법원은 회생계획인가의 결정이 있으면 회생채권자 등의 권리는 회생계획 에 따라 변경되어 채무의 전부 또는 일부의 면제효과가 생기고, 기한을 유예한 경우에는 그에 따라 채무의 기한이 연장되며, 회생채권이나 회생담보권을 출자 전환하는 경우에는 그 권리는 인가결정 시 또는 회생계획에서 정하는 시점에 소멸하고,366) 다만 "주채무자인 회생채무자의 회생계획에서 회생채권의 변제에 갈음하여 출자전환을 하기로 정한 경우, 회생채무자의 보증인의 보증채무는 출 자전환에 의한 신주발행의 효력발생일 당시를 기준으로 회생채권자가 인수한 신주의 시가를 평가하여 그 평가액에 상당하는 채무액이 변제된 것으로 보아야 한다."라고 판시하였다.367)368)369)

결국 판례는 회생계획에서 회생채권을 주식으로 출자전환하도록 정한 경우

---

365) 条解(下), 717면.
366) 대법원 2017. 10. 26. 선고 2015다224469 판결, 대법원 2003. 3. 14. 선고 2002다20964 판결.
367) 대법원 2018. 5. 15. 선고 2015다200685 판결, 대법원 2015. 4. 9. 선고 2014다54168 판결, 대법원 2012. 6. 14. 선고 2010다28383 판결, 대법원 2010. 3. 25. 선고 2009다85830 판결, 대법원 2006. 4. 13. 선고 2005다34643 판결, 대법원 2005. 1. 27. 선고 2004다27143 판결, 대법원 2003. 8. 22. 선고 2001다64073 판결, 대법원 2003. 1. 10. 선고 2002다12703, 12710 판결 등.
368) 주채무자가 정리회사인 때에는 그 보증인이, 보증인이 정리회사인 때에는 주채무자가 정리채 권자에 대하여 위 변제된 금액의 공제를 주장할 수 있다(대법원 2014. 1. 23. 선고 2011다70121 판결, 대법원 2009. 11. 12. 선고 2009다47739 판결 등 참조).
369) 이러한 법리는 연대보증인이나 연대채무자 등 회생채무자와 함께 채무를 부담하는 자의 채 무에 대하여도 마찬가지로 적용된다(대법원 2017. 9. 21. 선고 2014다25054 판결).

회생채무는 원칙적으로 회생계획인가결정 시 또는 회생계획에서 정하는 시점에 소멸하지만, 보증인이 있는 경우에는 신주발행의 효력발생일 당시를 기준으로 회생채권자가 인수한 신주의 시가 상당액에 한하여 채무소멸의 효과가 보증인에게 미치는 것으로 보아 나머지 회생채무에 대하여 보증인을 상대로 채권을 행사할 수 있다는 것이다. 이러한 판례의 태도는 이른바 '시가평가액 소멸설'로 평가된다.370)371)372)

한편 출자전환으로 인한 신주발행 당시의 주식의 시가가 신주의 발행가액보다 높은 경우에는 출자전환으로 인한 보증채무의 소멸 여부 및 소멸범위가 어떻게 될지 문제될 수 있다. 대법원은 "주채무자인 회생채무자의 회생계획에서 회생채권의 변제에 갈음하여 출자전환을 하기로 정한 경우, 회생채무자의 보증

---

370) 시가평가액 소멸설을 택한 대법원 판례에 대하여, 법 제250조 제2항을 충실히 따르면 회생계획에서 정한 출자전환에 의하여 기존 회생채권이 소멸되더라도 보증채무에는 아무런 영향이 없다고 해야 하지만, 경제적 실질을 본다면 신주의 시가 상당액만큼 채권자가 만족을 얻은 것으로 볼 수 있으므로 변제 또는 대물변제와 마찬가지로 그 범위 내에서 보증채무도 소멸한다고 보아 구체적 타당성을 추구한 것이라고 평가하는 견해가 있다. 민정석, "기업개선작업절차에서의 출자전환의 법적성격 및 부진정연대채무자 중 1인이 한 상계 내지 상계계약의 효력", 사법 제15호(2011. 3.), 사법발전재단, 313–314면 참조.

371) 회생채권의 변제에 갈음하여 회생채권자에게 전환사채를 발행하는 경우에는, 그 전환권의 행사 이전에는 달리 특별한 사정이 없는 한 전환사채를 취득하였다 하여 이를 취득한 시점에 그 평가액만큼 주채무가 실질적으로 만족을 얻은 것으로 볼 수는 없고, 따라서 그 평가액만큼 보증채무가 소멸한다고 볼 수 없다(대법원 2005. 1. 27. 선고 2004다27143 판결 참조).

372) 한편, 사적인 채무조정절차인 기업개선작업에서의 출자전환과 관련하여 대법원 2010. 9. 16. 선고 2008다97218 전원합의체 판결의 다수의견은 "당사자 쌍방이 가지고 있는 같은 종류의 급부를 목적으로 하는 채권을 서로 대등액에서 소멸시키기로 하는 상계계약이 이루어진 경우, 상계계약의 효과로서 각 채권은 당사자들이 그 계약에서 정한 금액만큼 소멸한다. 이러한 법리는 기업개선작업절차에서 채무자인 기업과 채권자인 금융기관 사이에 채무자가 채권자에게 주식을 발행하여 주고 채권자의 신주인수대금채무와 채무자의 기존 채무를 같은 금액만큼 소멸시키기로 하는 내용의 상계계약 방식에 의하여 이른바 출자전환을 하는 경우에도 마찬가지로 적용되며, 이와 달리 주식의 시가를 평가하여 그 시가 평가액만큼만 기존의 채무가 변제되고 나머지 금액은 면제된 것으로 볼 것은 아니다."라는 법리를 판시한 후, 기업개선작업절차에서 채권자 갑(甲) 은행의 채무자 을(乙) 주식회사에 대한 대출금 등 채권에 관하여 갑(甲) 은행이 을(乙) 주식회사로부터 신주를 발행받고 그 신주인수대금채무와 위 대출금 등 채권을 상계하기로 합의하여 위 대출금 등 채권을 주식으로 출자전환하였다고 보아, 갑(甲) 은행의 을(乙) 주식회사에 대한 대출금 등 채권은 출자전환에 의하여 전액 만족을 얻어 소멸하였다고 판단하였다. 이에 대하여 반대의견은 "채권자 갑(甲) 은행을 비롯한 채권 금융기관들과 채무자 을(乙) 주식회사 사이에 작성된 기업개선작업약정서에는 갑(甲) 은행의 을(乙) 주식회사에 대한 대출금 등 채권에 관하여 을(乙) 주식회사가 갑(甲) 은행에게 제3자 배정방식으로 신주를 발행하여 '출자전환'한다고만 기재되어 있을 뿐이고, 위 '출자전환'이 무엇을 의미하는 것인지 객관적으로 반드시 명확하다고 하기는 어렵다. 갑(甲) 은행과 을(乙) 주식회사가 위 출자전환을 함에 있어 당사자들이 달성하고자 한 목적과 의사, 일반적으로 기업개선작업에서 출자전환이 이루어지게 되는 동기, 거래의 통념, 형평의 관념 등을 종합적으로 고려하여 보면, 갑(甲) 은행과 을(乙) 주식회사는 위 출자전환에 의하여 대출금 등 채권에 관하여 그 출자전환이 이루어질 당시 갑(甲) 은행이 발행받는 신주의 시가 상당을 대물로 변제받고 그 나머지 금액은 면제한 것으로 해석함이 상당하다"는 의견을 제시하였다.

인의 보증채무는 출자전환에 의한 신주발행의 효력발생일 당시를 기준으로 회생채권자가 인수한 신주의 시가를 평가하여, 출자전환으로 변제에 갈음하기로 한 회생채권의 액수를 한도로 그 평가액에 상당하는 채무액이 변제된 것으로 보아야 한다."라고 판시함으로써, 원칙적으로 회생채권자가 인수한 신주의 시가를 평가하여 그 평가액만큼 변제된 것으로 보아야 하나, 그러한 경우에도 변제된 것으로 보는 금액이 회생계획에서 변제에 갈음하기로 정한 금액을 초과할 수 없다는 점을 분명히 하였다.[373] 따라서 위와 같은 경우 보증인의 보증채무는 출자전환으로 변제에 갈음하기로 한 회생채권의 액수에 한하여 소멸한다.

라. 출자전환 주식의 가치 평가

판례와 같은 입장을 취하는 경우, 주채무의 출자전환으로 인한 보증채무의 소멸범위를 정하기 위해서는 출자전환받은 주식의 가치를 어떻게 평가할지가 매우 중요하다.[374]

상장주식의 경우에는 주식거래시장이 존재하므로 신주 발행의 효력발생일 당시 신주의 시가를 평가하는 데 있어서 특별한 어려움이 없다. 그러나 비상장주식의 경우에는 주식거래시장이 따로 존재하지 않기 때문에 신주의 객관적인 교환가격을 알 수 없어 부득이 출자전환된 신주의 가치를 평가하여야 하는 문제가 생긴다.

주식의 가치평가는 그 자체가 불확실한 가정에 기초한 것이므로, 어느 한 가지 방법이 무조건 타당하다고 보기는 곤란하다. 비상장주식의 가치평가방법으로는 주당 순자산가치법,[375] 상속세 및 증여세법 제63조 제1항 제1호 나목, 같은 법 시행령 제54조 제1항에 따른 비상장주식의 평가방법[376] 또는 증권의 발행 및 공시 등에 관한 규정 제5-13조, 같은 규정 시행세칙 제4조에 따른 가중

---

373) 대법원 2018. 5. 15. 선고 2015다200685 판결, 대법원 2012. 6. 14. 선고 2010다28383 판결, 대법원 2010. 3. 25. 선고 2009다85830 판결 등 참조.

374) 회생절차가 개시된 채무자의 보증인의 보증채무 소멸 범위를 확정하기 위하여 출자전환 주식의 가치를 평가하는 경우, 채무자의 기업가치나 그 출자전환 주식의 주당 가치에 관한 주장·증명책임은 그 출자전환에 의하여 보증채무가 소멸하였음을 주장하는 당사자에게 있다(대법원 2010. 3. 25. 선고 2009다85830 판결 참조).

375) 1주당 순자산가치(= 순자산가액 ÷ 발행주식총수)에 의한 평가방법이다.

376) 1주당 순손익가치(= 1주당 최근 3년간의 순손익액의 가중평균액 ÷ 3년 만기 회사채의 유통수익률을 감안하여 기획재정부령으로 정하는 이자율)와 1주당 순자산가치를 각각 3과 2의 비율로 가중평균한 가액에 의한다. 다만 부동산과다보유법인(소득세법 시행령 제94조 제1항 제4호 다목에 해당하는 법인을 말한다)의 경우에는 1주당 순손익가치와 1주당 순자산가치의 비율을 각각 2와 3으로 한다. 그 가중평균한 가액이 1주당 순자산가치에 100분의 80을 곱한 금액보다 낮은 경우에는 1주당 순자산가치에 100분의 80을 곱한 금액을 비상장주식 등의 가액으로 한다.

산술평균방법[377] 등을 생각해 볼 수 있다.[378] 다만 회생절차가 개시된 주식회사의 경우 대부분은 부채가 자산을 초과하고, 결손금이 누적된 경우가 많아 순자산가치나 순손익가치가 마이너스(−)이거나 극히 미미할 것이므로 비상장주식의 가치평가가 문제되는 경우는 그리 많지 않을 것으로 보인다.

한편 대법원은 순자산가치법 등에 의하여 출자전환 주식의 시가를 산정하는 방법에 관하여, "회생채무자가 법에 따라 기업인수절차를 추진하면서 자본감소절차나 신주발행절차의 혼선 등을 방지하기 위한 기술적인 목적으로, 구 주식에 대한 대규모의 자본감소, 회생채권자 등에 대한 출자전환, 신주인수대금을 예납한 인수인에 대한 대규모의 신주발행 등을 단기간의 간격을 두고 실행하는 내용의 회생계획안을 제출하여 그것이 가결·인가되고 그 내용이 공고된 경우, 회생계획에 따른 회생채무자의 재무구조와 발행주식 수의 변동은 이미 시장에 공개되어 이용 가능한 확실한 정보라고 할 것이므로, 비록 출자전환으로 발행된 주식(이하 '출자전환 주식')의 효력발생일 당시에는 아직 회생계획에 따른 유상증자가 실시되지 아니한 상태라고 하더라도, 출자전환 주식의 시가는 특별한 사정이 없는 한 곧 대규모의 유상증자가 실시되리라는 사정을 반영하여 형성된다고 봄이 상당하다. 따라서 출자전환 주식에 대한 정상적인 거래의 실례를 증명하기 곤란하여 순자산가치법 등에 의하여 출자전환 주식의 시가를 산정하는 경우에는 출자전환 주식의 효력발생일 당시 아직 유상증자가 실시되지 아니하여 재무상태표에 반영되지 아니하였다는 형식적인 이유로 그 회계처리에 따른 회생채무자의 재무구조와 발행주식 수만을 반영하여 주당 순자산가치 등을 평가하는 방식은 타당하지 않고, 출자전환 후 회생계획에 따라 곧이어 실시될 유상증자에 따른 재무구조 변동과 발행주식 수 증가 등을 아울러 고려하여 출자전환 주식의 주당 순자산가치 등을 평가하여야 할 것이다"라고 판시하였다.[379]

---

377) 자산가치와 수익가치를 각각 1과 1.5로 하여 가중산술평균하는 것을 말한다.
　　① 자산가치는 분석기준일 현재의 발행회사의 주당 순자산가액으로서 순자산을 발행주식의 총수로 나누어 산정한다(순자산 ÷ 발행주식의 총수). 이 경우에 발행주식의 총수는 분석기준일 현재의 총 발행주식수로 한다.
　　② 수익가치는 현금흐름할인모형, 배당할인모형 등 미래의 수익가치 산정에 관하여 일반적으로 공정하고 타당한 것으로 인정되는 모형을 적용하여 합리적으로 산정한다.
378) 대법원 2005. 11. 14. 자 2004그31 결정은 정리담보권자의 청산가치보장 여부를 판단하기 위해서는 현금변제받은 액수뿐만 아니라 출자전환받을 주식의 가치를 포함시켜야 한다는 취지로 판시하면서, 그 평가방법으로 순자산가치·수익가치 등을 예시하고 있다.
379) 대법원 2017. 9. 21. 선고 2014다25054 판결, 대법원 2010. 3. 25. 선고 2009다85830 판결.

4. 출자전환예정채권의 처리

가. 출자전환예정채권의 개념

회생계획에서 회생채권을 출자전환하되 출자전환시기를 회생계획인가일부터 상당기간 경과 후 또는 최종 연도로 미루어 놓는 경우가 있다. 예컨대, 금융기관 채권자의 출자전환 연기 요청에 따라 회생계획에서 출자전환을 인가일로부터 일정기간 뒤로 미루어 둔 경우,[380] 보증채무에 대하여 회생계획에서 주채무자로부터 우선 변제받도록 하고, 주채무자로부터 채권을 변제받지 못하는 것이 확정되거나 주채무자가 채무를 불이행하는 시점에 출자전환을 하는 것으로 정한 경우, 미확정채무가 현실화되면 출자전환하기로 정한 경우 등을 들 수 있다. 이러한 권리는 회생계획에 의하여 출자전환이 예정되어 있는 권리라는 점에서 출자전환예정채권이라고 부른다. 출자전환예정채권은 회생계획 인가 후에 M&A를 진행하여 회생계획변경이 필요한 경우 주로 문제된다.

나. 법적 성질

출자전환예정채권의 경우 회생계획인가로 인하여 채무자를 상대로 더 이상 금원의 지급을 구할 수는 없고 출자전환만 가능하게 되었으므로, 재무상태표에 이를 부채로 계상하지 않는 것이 보통이다. 그런데 출자전환예정채권의 성질을 채권으로 볼 것인지, 아니면 지분권의 일종으로 볼 것인지에 따라 권리의 우선순위가 달라지고, 변경회생계획안의 작성 및 결의와 관련하여 조의 분류, 의결권 부여 여부 등에서 현저한 차이가 있다.

이를 지분권으로 보는 견해[381][382]의 논거로는 ① 회생계획인가 시에 이미

---

380) 서울회생법원에서는 인가 후 M&A의 방해요소로 작용할 수 있는 채권자들의 이러한 요구를 원칙적으로 받아들이지 않고 있다.

381) 참고로 서울중앙지방법원 2003회5 (주)두루넷 사건에서는 신주인수권부 사채와 관련하여 부여한 신주인수권과 주식매수선택권(stock option)을 지분권의 일종으로 보아 정리계획안 결의를 위한 관계인집회에서 위 각 권리자에 대하여 의결권을 부여하지 않았고, 정리계획 중 주주의 권리변경 항목에서 정리절차개시 이전에 권리를 행사하지 아니한 신주인수권과 주식매수선택권은 전부 소멸되는 것으로 정하였다. 전환사채, 신주인수권부사채, 주식매수선택권의 취급에 관한 자세한 내용은 '제9장 제4절 3.' 참조.

382) 서울지방법원 2003. 2. 7. 자 98파10322 결정[통일중공업(주) 사건], 2002. 11. 19. 자 98파 10324 결정[일성건설(주) 사건]에서는, 출자전환예정 정리채권자 조의 정리채권은 원 정리계획의 권리변경에 의하여 정리회사에 대하여 금원의 지급을 청구할 수 없다는 점과 장차 주식으로 전환된다는 점이 확정되어 있는 것으로서 그 실질은 채권이라기보다는 주식에 가까우므로, 정리계획 변경계획안이 출자전환예정 정리채권자 조의 정리채권에 대하여 주식과 동일하게 권

출자전환을 받을 수 있는 권리로 권리변경이 일어나 주식으로 전환되는 것이 확정되어 있는 점, ② 출자전환예정채권은 회생계획에서 정한 시점에 신주를 교부할 것을 청구할 수 있을 뿐 더 이상 금원 지급을 청구할 수는 없는 점, ③ 회계상으로도 출자전환을 합의하였으나 출자전환이 즉시 이행되지 않는 경우 조정대상 채무를 원칙적으로 출자전환채무의 과목으로 하여 자본조정으로 대체하고 부채로 취급하고 있지 않은 점을 들 수 있다.[383]

반대로 이를 채권으로 보는 견해의 논거로는 법 제265조 제1항에 의하여 회생계획에서 회생채권을 출자전환하기로 한 경우 회생채권은 회생계획에서 정하는 시점에 소멸하므로[384] 출자전환이 이루어지기 전까지는 여전히 채권으로 보아야 하는 점, 신주발행시점 이전에 채권이 소멸하는 것으로 보게 되면 당해 권리자는 일정 기간 동안 아무런 권리도 갖지 않은 상태(채권자도 주주도 아닌 상태)가 되고, 신주발행시점 이후에 채권이 소멸하는 것으로 보게 되면 일정 기간 동안 이중의 권리를 갖게 되므로 결국 신주발행시점을 채권이 주식으로 전환되는 시점으로 보아야 하는 점을 들 수 있다.[385]

다. 조의 분류와 관련된 문제

출자전환예정채권을 채권으로 보는 경우에는 변경회생계획안의 결의를 위한 관계인집회에서 굳이 별도의 조로 분류하지 않더라도 회생절차가 위법하다고 보기는 어려울 것이다.

출자전환예정채권을 지분권으로 보는 경우에는 회생채권자의 조에 포함시

리변경을 한 것이 공정·형평의 이념에 반한다고 할 수 없다고 판시하였다.

383) 미국 연방파산법은 총칙에 지분증권에 대한 정의규정을 두고, 양도가 가능한지, 주식이라는 명칭을 갖고 있는지를 불문하고 법인이 발행한 주식 기타 이와 유사한 증권[§101(16)(A)], 주식·증권 또는 지분의 전환권·매수권·매도권 또는 인수권[§101(16)(C)]을 지분증권으로 규정하고 있다.

384) 대법원 2017. 10. 26. 선고 2015다224469 판결 참조.

385) 한편, 대법원 2017. 4. 7. 자 2015마1384, 1385(병합) 결정은 골프장시설 등을 신탁재산으로 한 부동산담보신탁계약의 우선수익자인 회생채권자에 대한 출자전환예정채무와 관련하여, 이를 부채에 산입하여 평가한 채무자의 부채총액이 자산총액을 초과한다는 이유로 주주에게 변경회생계획안에 대한 의결권을 부여하지 아니한 원심의 판단을 유지하였다(해당 사안에서는 위 출자전환예정채권자를 회생채권자의 조에 포함시켜 의결권을 부여하였다). 법에서 정한 '부채'라는 개념이 '채무'와 반드시 일치하는 개념이라고 볼 수 없고, 해당 사안에서의 출자전환예정채권자는 신탁재산의 우선수익자로서 언제든지 신탁재산에 대한 처분을 요청하여 그 처분대금에서 출자전환예정채권을 포함한 대여금채권 전액을 변제받을 수 있는 상태에 있다는 특수한 사정이 있었으므로, 위 대법원 결정이 출자전환예정채권의 법적 성질을 정면으로 판단한 것이라고 보기는 어렵다. 이에 관하여 자세한 사항은 심영진, "대법원 주요 판결 및 결정 소개", 2018년 도산법분야연구회 세미나, 99-106면 참조.

켜서는 안 되고, 반드시 별도의 조로 분류하는 결정을 하여야 할 것이다.[386)]

라. 의결권 부여 여부 및 의결권의 액 또는 수를 정하는 방법

출자전환예정채권을 채권으로 보는 경우에는 변경회생계획안 제출 당시 채무자의 부채 총액이 자산 총액을 초과하는지 여부에 관계없이 출자전환예정채권자는 의결권을 갖게 된다. 다만 그 의결권을 정하는 방법으로 출자전환으로 인하여 교부받게 될 주식 수에 따라 의결권을 부여한 예,[387)] 출자전환예정주식 수에 주식의 액면금액을 곱한 액수(출자전환예정주식 수 × 주식의 액면금액)에 따라 의결권을 부여한 예,[388)] 집회 당시 잔존 채권액에 따라 의결권을 부여한 예[389)] 등이 있다. 출자전환예정채권자를 별도의 조로 분류하는 경우에는 위 세 가지 방법 중 어느 방법에 의하더라도 출자전환예정채권자의 조 안에서는 의결권 비율에 차이가 없으므로 문제가 되지 않지만 출자전환예정채권자를 별도의 조로 분류하지 않고 회생채권자의 조에 포함시킬 경우에는 의결권 부여 방법에 따라 의결권 비율에 차이가 생기므로 의결권에 왜곡이 일어날 수 있는 문제가 있다.

한편 출자전환예정채권을 지분권으로 보는 경우에는 변경회생계획안 제출 당시 채무자의 부채 총액이 자산 총액을 초과하는 경우 주주·지분권자에게 분배될 몫이 없으므로 출자전환예정채권자는 주주와 마찬가지로 의결권이 없지만, 채무자의 자산 총액이 부채 총액을 초과하는 경우에는 주주와 마찬가지로 출자전환예정채권자 역시 의결권을 갖게 된다. 그런데 출자전환예정채권에 대하여 아직 출자전환이 완료되지 아니한 상태에서 M&A가 추진되는 경우 의결권 또는 분배구조에 불합리가 발생할 수 있다. 즉 회생절차개시 당시에는 부채 총액이 자산 총액을 초과하는 상태에서 채무자의 장래 현금흐름상 회생채권의 현금 변제가 불가능하여 그 전부 또는 일부를 출자전환하는 내용의 회생계획안을 작성하였는데, 회생계획인가 이후 그와 같은 채무재조정으로 자산초과 상태가 발생함으로써 당초 출자전환될 운명에 있던 출자전환예정채권자들이 자신들의 동

---

386) 구 회사정리법하에서 정리회사 (주)진도·(주)흥창 사례의 경우, 정리계획 변경계획안의 결의를 위한 관계인집회에서 출자전환예정채권자를 별도의 조로 분류하지 않고 정리채권자 조에 포함시켜 결의를 하였으나, 정리회사 일성건설(주)·통일중공업(주)·(주)일신석재·(주)코오롱티엔에스 사례의 경우, 정리계획 변경계획안의 결의를 위한 관계인집회에서 출자전환예정채권자를 별도의 조(출자전환예정채권자의 조 또는 출자전환예정정리담보권자의 조 및 출자전환예정정리채권자의 조 등)로 분류하여 결의를 하였다.

387) 구 회사정리법하에서 정리회사 통일중공업(주)의 사례.

388) 구 회사정리법하에서 정리회사 (주)흥창·(주)진도·(주)일신석재의 사례.

389) 구 회사정리법하에서 정리회사 (주)코오롱티엔에스의 사례.

의 여부가 변경회생계획안 가결에 영향을 미치게 됨을 기화로 출자전환예정채권에 대한 현금변제를 요구하는 문제가 있을 수 있다. 따라서 최초에 회생계획안을 작성할 당시부터 채무자의 자산·부채의 규모, 출자전환의 규모 등을 면밀히 검토하고, 만일 M&A 등에 의한 회생계획변경을 계획하고 있다면 회생계획인가 이후 의결권 및 분배구조에 왜곡이 일어나지 않도록 하여야 할 것이다.

5. 출자전환과 지배구조의 변경

회생계획에 기한 출자전환이 이루어지면 필연적으로 주식지분 비율이 변동되면서 채무자의 지배구조가 변경된다. 이를 구체적으로 살펴본다.

회생계획은 수행가능성이 있어야 하므로(^{법 제243조 제1항} ^{제2호 후단}), 부채비율이 높은 채무자의 경우 회생계획상 다액의 채무에 대한 채무면제 또는 출자전환이 요구된다. 이때 지배주주나 기존 경영진 등이 지배주주로서의 지분을 유지하기 위하여 출자전환보다 채무면제를 선택하게 될 경우, 대규모의 채무면제가 불가피하여 막대한 채무면제익이 발생하고, 그 결과 계속기업가치 중 상당 부분이 채무면제익으로 인한 법인세로 납부되어 채권자들에 대한 현금변제율이 낮아지게 된다. 그와 같은 내용의 회생계획안은 불합리할 뿐만 아니라 채권자들의 동의를 받기도 어려울 것이다. 만약 채무자가 회생절차개시 당시 갖고 있는 이월결손금의 규모가 커서 채무면제익의 발생을 상쇄시킬 정도에 이르는 경우에는, 위와 같은 문제가 발생하지 않을 수도 있다. 그러나 회생계획은 권리의 순위를 고려하여 회생계획의 조건에 공정하고 형평에 맞는 차등을 두어야 하는바(^{법 제217조 제1항}), 위 공정·형평의 원칙 준수 여부에 대한 판단 기준으로 상대적 지분비율법[390]을 택하고 있는 서울회생법원의 실무에 따르면, 출자전환 등을 거쳐 변동된 기존 주주의 최종 주식지분비율은 회생채권자 등에 대한 최저 현가변제율보다 낮아야 하는데, 위와 같이 지배주주로서의 지분 감축을 최소화하고 채권자들에 대한 현금변제율이 낮은 회생계획안은 위 공정·형평의 원칙을 준수하지 못할 가능성이 높다.

이러한 문제점을 해결하기 위하여 지배주주 등이 채무면제보다 출자전환을 택하는 경우, 액면발행의 방식으로 출자전환을 하게 되면, 채무면제익으로 인한 법인세 과세 및 그에 따른 현금변제율 감소라는 문제는 발생하지 않지만, 지배

---

390) 이에 관하여 자세한 사항은 '제13장 제3절 2.' 참조.

주주의 지분율은 크게 감축되어 지배주주로서의 지위를 유지하기 어렵게 된다. 반면 지배주주로서의 지위를 유지하기 위하여 할증발행의 방식으로 출자전환을 하게 되면, 할증발행으로 인한 채무면제익이 발생하고, 그 경우 출자전환비율(= 전환되는 채권자의 채권금액: 채권자에게 발행되는 주식 1주의 액면가)을 최소화하여 출자전환으로 발행되는 신주의 수를 최대한 줄임으로써 지배주주로서의 지위를 확보하려 할수록 할증발행으로 인한 채무면제익의 규모는 더욱 커지게 될 것이므로, 또다시 법인세 과세로 인한 현금변제율 감소라는 문제에 봉착하게 된다.

이와 같이 부채비율이 높을수록 기존 경영진이나 지배주주 등은 회생절차에서 그 지배주주로서의 지위를 상실하게 될 가능성이 높다. 그러므로 지배주주가 회생절차에서 그 지위를 계속 유지하길 원한다면, 재정적 부실이 심화되어 부채 규모가 계속기업가치를 월등히 초과하기 전에 미리 회생절차를 신청하여 채권의 출자전환율을 최소화하고, 기존 경영진의 존재가 회사의 경영에 필요하다는 것을 채권자들로부터 인정받는 등 채권단과 원만한 신뢰관계를 유지하여 기존 주식의 소각률을 최소화하는 것이 필수적이다. 또한, 서울회생법원에서는 지배구조의 변경으로 인하여 기존 경영진이나 주주가 회생절차에 소극적일 수 있는 점을 고려하여, 출자전환으로 발행되는 신주를 상환전환우선주로 발행함으로써 기존 주주 내지 경영진에게 지분 회복의 기회를 부여하는 ERP조항(Equity Retention Plan, 지분보유조항)을 회생계획에 도입하여 운영하고 있으므로, 회생절차에서 경영권 내지 지배권 상실이 우려된다면 회생계획에 ERP조항 도입을 적극적으로 고려함이 바람직하다.

제7절 이해관계인에 대한 의견조회

1. 의견조회의 대상

가. 조세 등의 징수권자에 대한 의견조회

회생계획에서 국세징수법 또는 지방세징수법에 의하여 징수할 수 있는 청구권(국세징수의 예에 의하여 징수할 수 있는 청구권으로서 그 징수우선순위가 일반 회생채권보다 우선하는 것을 포함한다)에 관하여 3년 이하의 기간 동안 징수의 유예 또는 체납처분에 의한 재산 환가의 유예 등을 정하는 때에는 징수의 권한을 가진 자의 의견을 들어야 한다(법 제140조). 만약 회생계획에 3년을 초과하는 기간 동안 징수의 유예 또는 체납처분에 의한 재산 환가의 유예, 채무의 승계, 조세의 감면 또는 그 밖에 권리에 영향을 미치는 내용을 정하는 때에는 징수의 권한을 가진 자의 동의를 얻어야 한다(법 제140조). 국세징수법 또는 지방세징수법에 의하여 징수할 수 있는 청구권에 관하여 징수의 권한을 가진 자도 동의를 할 수 있다(법 제140조 제4항).

법 제140조 제2항의 '3년'의 기산점이 언제부터인가 하는 점이 문제된다. 서울회생법원에서는 회생계획인가결정일을 3년의 유예기간의 기산점으로 해석하고 있다(이에 관하여 자세한 사항은 '제13장 제5절 4. 사.' 참조).

조세징수권자의 의견을 전혀 듣지 않았거나 그의 동의까지 필요한 경우임에도 불구하고 동의를 얻지 못한 경우에는 "회생계획안이 법률의 규정을 위반한 경우"로서 회생계획안 배제사유에 해당하고(법 제231조 제1호) 회생계획안이 가결되더라도 "회생절차 또는 회생계획이 법률의 규정에 적합하지 않은 경우"에 해당하므로 이를 인가할 수 없다(법 제243조 제1항 제1호).[391] 다만 회생계획의 인가 여부 결정에 이르기까지의 절차가 법률의 규정에 위반되는 경우라 하더라도 그 위반의 정도, 채무자의 현황 그 밖의 모든 사정을 고려하여 회생계획을 인가하지 아니하는 것이 부적당하다고 인정되는 경우에는 회생계획인가결정을 할 수 있다(같은 조 제2항).[392]

실무상 서울회생법원에서는 관리인으로부터 회생계획안이 제출되면 채무자가 부담하는 조세채권이 있는지 여부를 확인하고, 만약 조세채권이 있다면 특별조사기일과 회생계획안 심리 및 결의를 위한 관계인집회기일을 통지하면서 조세채권자에게 의견조회를 하고 있다(의견조회 양식은 [별지 133] 참조).

나. 감독행정청 등에 대한 의견조회(법 제226조)

법원은 필요하다고 인정하는 때에는 채무자의 업무를 감독하는 행정청·법무부장관·금융위원회 그 밖의 행정기관(이하 '감독행정청 등'이라 한다)에 대하여 회생계획안에 대한 의견의 진술을 요구할 수 있다(법 제226조 제1항). 다만 채무자의 업무를 감독하는 행정청·법무부장관 또는 금융위원회는 법원의 요구가 없더라도

---

391) 다만 회생계획인가결정이 확정되어 회생절차 내부에서 불가쟁의 효력이 이미 발생한 이상 징수의 권한을 가진 자의 동의를 받지 아니한 절차상의 하자가 있다는 사정만으로는 회생계획의 효력을 다툴 수 없다(대법원 2005. 6. 10. 선고 2005다15482 판결).
392) 법 제140조 제3항에 의하여 조세징수권자의 동의를 얻어야 함에도 불구하고 동의를 얻지 못한 경우에는 법 제243조 제2항에 의한 회생계획인가결정을 하기 어렵다고 할 것이다.

언제든지 법원에 대하여 회생계획안에 관하여 의견을 진술할 수 있고(같은조), 법원은 감독행정청 등에게 관계인집회의 기일을 통지하여야 한다(별제)(통지서의 양식은 [별지 135] 참조).

　행정청의 허가·인가·면허 그 밖의 처분을 요하는 사항을 정하는 회생계획안에 관하여는 법원은 그 사항에 관하여 그 행정청의 의견을 들어야 한다(법 제226조 제2항)(의견조회서의 양식은 [별지 136] 참조). 이는 회생계획안에 행정청의 허가·인가·면허 그 밖의 처분을 요하는 사항을 정하였을 경우 그것이 행정청의 의견과 중요한 점에 있어서 상반된다면, 법원은 회생계획인가의 결정을 할 수 없기 때문이다(법 제243조 제1항 제6호). 행정청의 의견을 들어야 하는 경우로는 재단법인의 기본재산을 임대하거나 처분하는 경우,[393] 골프장이나 콘도미니엄의 운영 형태를 변경하는 경우[394] 등이 있다.

　행정청에 대한 의견조회가 필요한 경우임에도 불구하고 법원이 이를 간과하고 회생계획을 인가한 사안에 관하여, 대법원은 법원이 법 제226조 제2항에서 정한 의견조회를 누락한 경우, 이는 회생계획 인가의 요건 중 법 제243조 제1항 제1호의 '회생절차가 법률의 규정에 적합할 것'이라는 요건을 흠결한 것이지 회생계획의 수행가능성과 관련한 법 제243조 제1항 제6호의 요건을 흠결한 것으로 볼 수 없고, 이 경우 제반 사정을 고려하여 법 제243조 제2항에서 정한 회생절차의 법률규정 위반으로 회생계획을 인가하지 아니하는 것이 부적당하다고 인정되는 때에 해당하는 것으로 볼 수 있다고 판시하였다.[395]

다. 노동조합 등에 대한 의견조회

　법원은 회생계획안에 관하여 채무자의 근로자의 과반수로 조직된 노동조합, 그러한 노동조합이 없는 때에는 채무자의 근로자의 과반수를 대표하는 자의 의견을 들어야 한다(별제). 만약 근로자의 과반수로 조직된 노동조합도 없고 근로자의 과반수를 대표하는 자도 없다고 판단되는 경우에는 그 의견을 들을 필

393) 서울중앙지방법원 2012회합259 재단법인 기독교대한하나님의성회 사건. 사회복지법인으로는 서울회생법원 2019회합100143 백세재단 사건. 학교법인으로는 서울회생법원 2020회합100069 명지학원 사건. 의료법인으로는 서울회생법원 2019회합100015 제일의료재단, 2020회합100174 뉴금강의료재단 사건.
394) 서울회생법원 2016회합100283 경기관광개발(주), 2018회합100038 (주)레이크힐스순천, 2018회합100253 일송개발(주), 2020회합100020 (주)동해디앤씨, 2020회합100103 (주)나인포인트 사건에서 골프장을 회원제에서 대중제로 전환하는 내용의 회생계획안에 대하여 주무관청(해당 광역자치단체장)에 의견을 조회하였다.
395) 대법원 2016. 5. 25. 자 2014마1427 결정, 대법원 2018. 5. 18. 자 2016마5352 결정 등 참조.

요가 없다.[396] 실무상으로는 노동조합의 대표자나 노사협의회 기타 이에 준하는 노동자단체, 근로자대표 앞으로 의견조회서를 보내고 있다(기재례는 [별지 137] 참조).

라. 관리인, 채무자, 회생채권자, 회생담보권자, 주주·지분권자

회생계획안 심리를 위한 관계인집회에서는 회생계획안의 제출자로부터 회생계획안에 대한 설명을 들은 후 관리인, 채무자, 목록에 기재되어 있거나 신고한 회생채권자, 회생담보권자, 주주·지분권자로부터 회생계획안에 대한 의견을 들어야 한다(법 제225조). 관리인 이외에 회생채권자 등도 회생계획안을 제출할 수 있으므로(법 제221조) 그 회생계획안에 대하여는 관리인의 의견을 들어야 한다. 실무상 이들에게는 특별조사기일과 회생계획안 심리 및 결의를 위한 관계인집회기일을 통지하면서 회생계획안의 요지를 함께 송부하고(법 제232조 제2항)(기재례는 [별지 134] 참조), 회생계획안 심리를 위한 관계인집회에서 회생계획안에 대한 의견진술의 기회를 부여하는 방법을 취하고 있다.

2. 의견조회의 실시 시기와 회신기한

가. 의견조회의 실시 시기

의견조회는 특별조사기일과 회생계획안 심리 및 결의를 위한 관계인집회기일을 지정하면서 실시한다. 법원은 제출된 회생계획안이 심리 및 결의에 부칠 만하다고 판단하는 경우에 기일을 지정하고 있으므로, 이때 의견조회를 함께 하는 것이 적절하기 때문이다. 다만 서면결의에 부치는 때에는 회생계획안 심리를 위한 관계인집회기일을 지정하지 않으므로(법 제224조 단서) 회생계획안이 제출된 후 서면결의에 부치는 결정을 하기 전에 의견조회를 실시하여야 할 것이다.

문제는 회생계획안 심리를 위한 관계인집회기일을 지정한 후에 추후 보완 신고된 조세채권의 징수권자에게도 의견조회를 하여야 하는가인데, 법 제140조 제2항의 취지에 비추어 추후 보완신고된 조세채권의 징수권자에게도 의견조회를 하여 그 의견을 들어야 할 것이다.

---

396) 條解(下), 219면. 대표이사 1인만 근무하는 소규모 주식회사인 채무자의 회생사건에서 노동조합 등에 대한 의견조회를 생략한 사안으로는 서울회생법원 2017간회합100064 (주)희광에너지 사건이 있다.

나. 의견조회의 회신기한

서울회생법원에서는 의견조회의 회신기한을 실시시기로부터 약 3주 내외 또는 회생계획안 심리를 위한 관계인집회보다 7일 내지 10일 정도 이전으로 정하고 있다. 다만 조세채권자가 많아 권리변경에 관하여 징수권자의 동의를 얻기 위하여 상당한 시일이 소요될 것으로 예상되는 경우에는 그 회신기한을 실시시기로부터 좀 더 길게 지정할 수도 있을 것이다.

3. 의견조회 회신 도착 후의 조치

이해관계인이 회생계획안 전부 또는 일부 조항에 대하여 반대하는 내용의 회신을 한다 하더라도 법원이나 회생계획안 제출자가 의견조회 회신결과에 구속을 받는 것은 아니지만, 회생계획안 제출자가 회생계획안 수정작업에 참고할 수 있도록 그 내용을 통보하여 주는 것이 좋다.

조세징수권자의 동의를 얻어야 함에도 조세징수권자가 해당 조항에 대하여 부동의하거나 의견을 회신하지 않는 경우 그 회생계획안은 권리변경의 내용이 법률의 규정을 위반한 것이 되므로 법원은 이를 관계인집회의 심리나 결의에 부치지 아니할 수 있고(법 제231조 제1호), 가결된다 하더라도 이를 인가할 수 없게 된다(법 제243조 제1항 제1호). 따라서 가능하다면 사전에 관리인으로 하여금 회생계획안 작성 단계부터 관련 세무당국과 면밀히 협의하여 필요한 경우 미리 회생계획안을 수정·변경하도록 지도하는 것이 바람직하다.

제8절 회생계획안의 수정·변경 및 배제

1. 회생계획안의 수정·변경의 개요

회생계획안의 변경은 각 절차의 단계에 따라 ① 회생계획안의 심리 및 결의 단계(회생계획인가 전)에서의 수정 또는 변경, ② 회생계획인가 시의 변경으로 구분할 수 있다.[397]

---

397) 이외에 회생계획인가 후에 이루어지는 회생계획의 변경이 있다. 이에 관하여 자세한 사항은

회생계획안의 심리 및 결의 단계에서의 수정 또는 변경은 ① 회생계획안 제출자가 회생계획안 심리를 위한 관계인집회기일 또는 서면결의에 부치는 결정이 있는 날까지 법원의 허가를 얻어 회생계획안을 수정하는 경우(법 제228조), ② 법원이 회생계획안 결의를 위한 관계인집회기일 전까지 이해관계인의 신청 또는 직권으로 제출자에게 수정명령을 하는 경우(법 제229조), ③ 회생계획안 제출자가 회생계획안 결의를 위한 관계인집회기일에서 이해관계인에게 불리한 영향을 주지 않는 경우에 한하여 법원의 허가를 얻어 회생계획안을 변경하는 경우(법 제234조)로 나누어 볼 수 있다.

'회생계획안의 수정'이라는 용어는 회생계획안 결의를 위한 관계인집회기일 개최 전까지 행할 수 있는 것으로서 이해관계인에게 불리한 영향을 주는 내용의 변경까지도 가능하다는 의미로 사용되고 있고, '회생계획안의 변경'은 회생계획안 결의를 위한 관계인집회기일에서 이해관계인에게 불리한 영향을 주지 아니하는 범위에서 회생계획안의 내용을 변경하는 것을 의미하는 것으로 사용되고 있다.

아래에서는 ① 회생계획인가 전의 수정 또는 변경에 관해서만 기술하고, ② 회생계획인가 시의 변경(법 제244조)(권리보호조항을 두고 회생계획을 인가하는 방법)은 '제15장 제3절'에서, 자세히 검토하기로 한다.

2. 제출자에 의한 수정

가. 관련 규정

회생계획안의 제출자는 회생계획안의 심리를 위한 관계인집회의 기일 또는 서면결의에 부치는 결정이 있는 날까지는 법원의 허가를 받아 회생계획안을 수정할 수 있다(법 제228조).

나. 회생계획안 수정의 요건

1) 신청권자

회생계획안 제출자에 한한다. 공동으로 제출한 경우에는 전원이 함께 수정 신청을 하여야 한다.

'제16장 제2절' 참조.

2) 수정의 시기

회생계획안 심리를 위한 관계인집회의 기일 또는 서면결의에 부치는 결정이 있는 날까지이다. '관계인집회의 기일까지'의 의미는 일반적으로 기일이 종료될 때까지로 해석되고 있다.[398] 회생계획안의 '수정'이 언제까지 가능한가의 문제는 이해관계인들에게 불리한 영향을 주는 내용의 회생계획안 수정이 언제까지 허용되느냐 하는 문제와 직접적인 관련이 있다.

회생계획안 심리를 위한 관계인집회와 회생계획안 결의를 위한 관계인집회를 병합하여 진행하는 경우에도 제출자에 의한 수정은 인정되며, 이 경우에도 그 수정은 회생계획안 심리를 위한 관계인집회가 종료되기 전까지만 인정된다. 그런데 회생계획안 심리를 위한 관계인집회에서 이해관계인들의 의견을 청취하는 등 심리한 결과 이미 제출된 회생계획안의 내용을 대대적으로 수정하여야 할 필요성이 있어 바로 결의에 부치기가 곤란한 경우가 있을 수 있다. 예를 들어, 회생계획안 심리를 위한 관계인집회에서 이해관계인들에 대한 권리변경 및 변제방법에 관한 내용을 대폭 수정하여야 할 사유가 발생하였는데, 단시일 내에 그 회생계획의 수행가능성이나 이해관계인들 사이에 공정·형평의 원칙과 평등의 원칙이 지켜지고 있는지 여부를 검토하기가 어려운 경우, 또는 회생계획안의 일부 중요한 내용을 수정할 필요가 있으나 그 수정을 위해서는 다소간의 시일이 필요한 경우 등이 여기에 해당한다. 그러한 경우에는 회생계획안 심리를 위한 관계인집회를 속행하고 회생계획안 결의를 위한 관계인집회를 연기하는 한편 회생채권자 등 이해관계인에게 수정안 요지를 송달하는 등으로 검토할 기회를 부여한 후 다시 수정된 회생계획안에 대하여 심리 및 결의를 하는 것이 바람직하다.[399] 그러나 수정하여야 할 내용이 경미한 경우(회생계획안의 내용 중 즉

---

398) 임채홍·백창훈(하), 128면; 条解(下), 224면.

399) 같은 취지에서 대법원 2016. 5. 25. 자 2014마1427 결정은 "법원이 회생계획안 심리를 위한 관계인집회와 회생계획안 결의를 위한 관계인집회를 병합하여 개최하기로 하였는데, 회생계획안 심리를 위한 관계인집회의 기일이 종료되기 전에 회생계획안이 수정되어 회생계획안 결의를 위한 관계인집회가 열리기 전에 회생채권자 등 이해관계인 모두에게 수정안 사본 또는 요지를 송달할 수 없었던 경우, 회생계획안의 수정이 경미하지 않고 이해관계인에게 불리한 영향을 미치는 것이라면, 특별한 사정이 없는 한, 법원은 예정된 회생계획안 결의를 위한 관계인집회의 개최를 연기한 후 회생채권자 등 이해관계인에게 수정안 사본 또는 요지를 송달하는 등으로 의결권을 행사하는 자에게 내용을 충분히 숙지하고 검토할 기회를 줌과 동시에 회생계획안 결의를 위한 관계인집회에 출석하지 못한 회생채권자 등 이해관계인에게 결의의 기회를 보장해 주어야 하며, 이와 같은 절차를 이행하지 아니하였다면 이는 회생절차가 법률의 규정에 위반한 경우에 해당한다."라고 판시하였다. 다만, 위 사건에서 대법원은 제반 사정을 고려할 때 법 제243조 제2항에 의하여 '회생계획 인가 여부 결정에 이르기까지의 절차가 법률의 규정에 위반되는 경우에도 법원이 회생계획을 인가하지 아니하는 것이 부적당하다고 인정되는 때'에

시 확인이 가능한 잘못된 기록 또는 계산 등)에는 집회 중에 법원의 허가를 얻어 이를 수정하면 충분하다.

3) 수정의 한계

처음부터 있었던 결함이나 불충분한 점을 수정하는 것에 한하지 않고, 그 수정된 내용이 이해관계인에게 불리한 영향을 미치는지 여부를 불문하고 수정이 가능하다. 다만 회생계획안 제출에 시간적 제약을 두고 있는 점에 비추어, 당초의 회생계획안과 본질적으로 다른 회생계획안으로의 수정은 그 사이에 현저한 사정변경이 있는 경우를 제외하고는 허용되지 않는다고 봄이 타당하다.[400]

다. 수정의 절차

1) 수정허가신청

서면에 의하여 회생계획안의 수정허가를 신청하는 것이 일반적이다. 그러나 신청을 서면으로 하여야 한다는 명문의 규정은 없으므로, 회생계획안 심리를 위한 관계인집회에서 구술로 하는 신청도 허용된다. 실무상으로는 회생계획안 심리를 위한 관계인집회기일 전에 수정허가신청서를 제출하고, 법원은 회생계획안 심리를 위한 관계인집회기일에서 이를 허가하는 경우가 대부분이다. 법원은 회생계획안의 수정을 명할 수는 있지만(법 제229조), 직권으로 회생계획안을 수정할 수는 없다.

2) 수정허가신청에 대한 허부의 결정

법원은 수정허가신청에 대하여 그 허부에 관한 결정을 하여야 하며, 법원의 수정허가 또는 불허가의 결정에 대하여는 불복할 수 없다(법 제13조제1항).

실무상으로 관리인은 회생계획안 심리를 위한 관계인집회가 개최되기 전에 미리 재판부와 회생계획안의 수정 여부를 협의하는 것이 일반적이며, 이 과정에서 법원의 회생계획안에 대한 사전심사가 함께 이루어지기도 한다. 따라서 법원이 수정허가신청을 허가하지 않은 사례는 거의 없다.

해당한다고 판단하여, 회생계획인가결정에 대한 항고를 기각한 원심을 유지하였다.

400) 임채홍·백창훈(하), 129면; 条解(下), 225면. 그러나 '현저한 사정변경'의 의미가 유동적인데다가 당초의 회생계획안을 철회하고 본질적으로 다른 회생계획안을 제출하는 것이 허용되는 한 논의의 실익은 크지 않다.

3. 법원의 수정명령

가. 수정명령의 의의

법원은 이해관계인의 신청에 의하거나 직권으로 회생계획안 제출자에 대하여 기한을 정하여 회생계획안의 수정을 명할 수 있다. 이 명령을 받은 회생계획안 제출자는 그 기한 안에 회생계획안을 수정하여야 한다(법제229조). 실무상으로는 법원이 회생계획안을 사전 심사하는 과정에서 관리인에 대한 지도를 통하여 수정하도록 하고 있기 때문에 수정명령이 내려지는 경우는 거의 없다.

그러나 아래와 같은 경우에는 회생계획안 수정명령 제도를 활용하여 적정한 절차 진행을 도모할 수 있을 것이다.

첫째로, 이해관계인은 법원에 수정명령신청을 함으로써 회생계획안 수정과 관련된 절차 참여권을 보장받을 수 있다. 회생계획안을 제출하지 않은 이해관계인에게는 회생계획안을 수정할 권한이 인정되지 않기 때문이다.

둘째로, 회생계획안 제출자가 법원의 정당한 수정 지도 내지 지시에 따르지 않는 경우에 회생계획안을 수정시키기 위한 방법으로 이용될 수 있다.

셋째로, 회생계획안 제출자가 심리를 위한 관계인집회 종료 이후, 즉 제228조에 따른 회생계획안 수정이 불가능하게 된 이후에 이해관계인에게 불리한 영향이 미치는 내용으로 회생계획안을 수정할 것을 원하는 경우, 법원의 수정명령을 통하여 회생계획안을 수정할 수 있다. 절차상 회생계획안 심리를 위한 관계인집회가 종료된 이후에는 법 제228조에 의하여 심리가 마쳐진 회생계획안을 다시 수정하거나 회생계획안 심리를 위한 관계인집회를 재개할 수 없는 것이 원칙이지만, 법 제229조에 의한 수정명령이 내려지고 그 회생계획안이 수정되었을 경우에는 법원은 수정된 회생계획안을 심리하기 위하여 다시 회생계획안 심리를 위한 관계인집회의 기일을 정하여 이해관계인들을 소집할 수 있다(법제230조제1항). 또한 결의를 위한 관계인집회에서는 이해관계인에게 불리한 영향을 주지 않는 범위 내에서만 회생계획안의 변경이 허용되는(법제234조) 등 중대한 제약이 있지만 수정명령은 그러한 제약이 없다.

나. 수정명령을 할 수 있는 시기

관계인집회의 심리를 거친 회생계획안에 관하여 수정명령을 하지 아니하는 때에는 회생계획안 결의를 위한 관계인집회의 기일을 정하고 관계인집회를 소집하여야 한다는 법 제232조 제1항에 의하여 회생계획안 결의를 위한 관계인집회의 기일을 정하기 전까지만 수정명령을 할 수 있다고 해석하는 견해가 있을 수 있다. 그러나 실질적으로는 법원이 기일의 지정 및 변경의 권한을 가지고 있으므로, 일단 회생계획안 결의를 위한 관계인집회의 기일을 정한 후에도 회생계획안을 수정할 필요가 있을 경우에는 기일의 지정을 취소하고 수정명령을 할 수 있다. 따라서 수정명령은 회생계획안 결의를 위한 관계인집회가 실제로 열릴 때까지 할 수 있다고 해석된다.[401]

회생계획안 심리를 위한 관계인집회와 회생계획안 결의를 위한 관계인집회를 병합하여 실시하는 경우에는 회생계획안을 심리한 결과 추가적인 수정이 필요하다는 것이 밝혀졌음에도 불구하고, 회생계획안 결의를 위한 관계인집회가 시작된 이후에는 수정명령을 할 수 없다는 점에 주의하여야 한다. 추가적인 수정이 필요한 경우에는 회생계획안 결의를 위한 관계인집회를 연기하고 즉석에서 또는 추후에 서면을 통하여 수정명령을 하거나, 회생계획안 심리를 위한 관계인집회 자체를 속행하여 회생계획안 제출자의 자발적인 수정을 지도하는 것이 바람직하다.

한편 회생계획안 결의를 위한 관계인집회의 기일을 정하지 않고 서면결의에 부치는 결정을 하는 경우에는 서면결의에 부치는 결정 전까지 수정명령을 할 수 있다고 보아야 한다.

다. 수정명령의 내용

수정명령에서는 회생계획안 중 어느 부분을 어떻게 수정하여야 하는지를 명시하여야 한다. 수정명령을 할 수 있는 내용의 범위에는 제한이 없고, 종전의 회생계획안에 비하여 이해관계인에게 불리한 영향을 미치는 내용으로 수정을 명하는 것도 가능하다. 그러나 법원에게 회생계획안의 작성권한이 없는 점에 비추어 보면, 적어도 본래의 회생계획안과 본질적으로 다른 내용의 수정명령을 할 수는 없다고 본다.

또한 수정명령에서는 일정한 기한을 정하여 제출자에게 그 기간 내에 제출할 것을 명하여야 한다. 수정의 기한은 수정되어야 할 내용에 따라 결정하면 된다. 회생계획안 심리를 위한 관계인집회 이전에 수정명령을 할 경우에는 그 집

---

401) 임채홍·백창훈(하), 131면; 条解(下), 229면.

회기일까지 수정이 이루어질 수 있도록 기한을 정하여야 하고, 회생계획안 심리를 위한 관계인집회 종료 후에 수정명령을 할 경우에는 다시 지정될 회생계획안 심리를 위한 관계인집회의 기일 등을 감안하여 수정기간을 정하여야 한다.

라. 수정명령신청에 대한 재판

수정명령을 신청할 수 있는 자는 관리인, 채무자, 목록에 기재되어 있거나 신고한 회생채권자, 회생담보권자, 주주·지분권자 등 이해관계인이다.

수정명령을 신청할 때는 수정 내용과 수정 이유를 제시하여야 하는데, 법원이 그 신청내용에 구속되는 것은 아니다.

수정명령의 신청은 서면으로 하거나 관계인집회에서 구두로 할 수 있다. 그러나 이해관계인이 제출한 서면이나 관계인집회에서 발언한 내용에 회생계획안 수정에 관한 사항이 포함되어 있다고 하더라도 이는 수정명령의 신청이 아니라 단지 직권의 발동을 촉구하는 의미에 불과하다고 볼 수 있는 경우가 많다.[402]

수정명령 신청이 있을 경우 법원은 그에 대하여 수정명령 또는 기각결정을 할 수 있다(수정명령의 기재례는 [별지 138], 기각결정례는 [별지 139] 참조). 이 결정에 대해서는 불복할 수 없다($^{법 \ 제13조}_{제1항}$).

마. 수정명령 후의 절차

법원으로부터 수정명령을 받은 제출자는 정해진 기한 안에 명령의 내용대로 회생계획안을 수정하여야 한다($^{법 \ 제229조}_{제2항}$). 실무상 수정된 회생계획안에 대한 법원의 허가는 법 제228조의 허가와는 달리 수정된 회생계획안이 법원의 명령에 따른 것인지 여부를 심사하는 확인적 의미를 가진다.

법원이 정한 기간 경과 후의 수정허가신청이라도 그 내용이 수정명령에 따른 것이라면, 법원은 재량에 따라 수정허가를 할 수 있다. 회생계획안 제출자의 수정허가신청이 법원의 수정명령에 부합하지 않는 내용일 경우에는 제출자의 자발적인 변경신청($^{법 \ 제228조,}_{제234조}$)으로 볼 수 있고, 그 요건에 따라 허가·불허가를 결정하면 될 것이다. 따라서 회생계획안 심리를 위한 관계인집회가 종료되기 전이라면 법 제228조에 의하여 처리되어야 하고, 회생계획안 심리를 위한 관계인집회가 종료된 후라면 이해관계인에게 불리한 영향을 미치는 변경은 법원의 별도

---

402) 임채홍·백창훈(하), 132면.

의 수정명령에 의하여야만 가능하다.

　회생계획안 심리를 위한 관계인집회가 종료된 후에 수정명령을 한 경우에는 적법한 수정허가신청이 있기를 기다려 회생계획안 심리를 위한 관계인집회기일을 재개하고 그 기일을 지정하여야 한다.

　회생계획안 제출자가 수정명령에 따르지 않더라도 법원이 직권으로 회생계획안을 수정할 수는 없다. 이러한 경우 법원은 회생계획안을 배제하는 결정을 하거나(별제231조), 회생계획안이 가결되더라도 불인가결정을 할 수 있다(별제243조). 회생계획안을 제출한 관리인이 수정명령에 따르지 않는 경우에는 관리인의 해임사유 내지 제3자 관리인 선임사유에 해당될 수도 있다(법 제83조제2항).

4. 회생계획안의 변경

가. 의　　의

　회생계획안의 제출자는 회생채권자, 회생담보권자, 주주·지분권자에게 불리한 영향을 주지 아니하는 때에 한하여 회생계획안 결의를 위한 관계인집회에서 법원의 허가를 받아 회생계획안을 변경할 수 있다(별제234조). 회생계획안의 변경은 이해관계인에게 불리한 영향을 주지 않는 범위 내에서만 할 수 있다는 점에서, 회생계획안의 수정이나 회생계획인가 후 회생계획의 수행 중에 하는 회생계획의 변경과 다르다.

나. 변경의 요건

1) 변경신청권자

회생계획안 제출자에 한한다.

2) 변경할 수 있는 시기

　회생계획안의 변경은 회생계획안 결의를 위한 관계인집회에서만 허용된다. 회생계획안 결의를 위한 관계인집회에서 회생계획안이 가결되지 않고 속행기일이 정해졌다면, 속행된 회생계획안 결의를 위한 관계인집회에서의 회생계획안 변경도 가능하다. 그러나 회생계획안이 가결된 후에는 법 제234조에 의한 회생계획안의 변경이 허용되지 않는다.

3) 변경의 한계

　회생계획안에 대한 심리절차가 종료된 후에는 절차상 이해관계인들에게 변경에 관하여 의견을 진술할 기회가 보장되지 않기 때문에 회생계획안의 변경은 회생채권자, 회생담보권자, 주주·지분권자 등 이해관계인에게 불리한 영향을 미치지 않는 한도에서만 허용된다. '불리한 영향'이란 회생계획안의 조항 중 이해관계인의 권리에 관한 조항이 변경됨으로써 그 자가 받을 수 있는 권리의 내용이 실질적으로 불리하게 되는 것을 말하며, 단순히 다른 사람이나 다른 조와의 관계에 있어서 상대적으로 지위가 저하되는 것은 포함되지 않는다. 그러나 불리한 영향을 받는, 같은 성질의 이해관계인들 전원의 동의가 있는 경우에는 그 이해관계인들에게 불리한 영향을 미칠 수 있는 내용으로 변경할 수 있으며, 특정 이해관계인이 동의하는 경우에는 그 이해관계인에 대한 권리변경 조항만을 불리하게 변경할 수도 있다.

그리고 회생계획안의 수정과 마찬가지로 회생계획안의 내용을 본질적으로 변경할 수는 없다.

다. 변경의 절차

회생계획안의 제출자는 회생계획안 결의를 위한 관계인집회에서 법원에 회생계획안 변경신청을 할 수 있고(법 제234조), 신청은 서면 또는 말로 할 수 있다 (법 제33조, 민사소송법 제161조). 실무상으로는 관리인이 회생계획안 결의를 위한 관계인집회 전에 서면으로 회생계획안 변경을 신청한 후 관계인집회에서 변경신청의 취지를 진술하고 법원이 이를 허가하는 형식을 취하고 있다.

법원은 변경신청에 대하여 허가결정 또는 허가하지 아니한다는 결정을 할 수 있다. 이 결정에 대하여는 불복할 수 없다(법 제13조 제1항).

실무상 유의할 것은 회생계획안의 최종적인 결의를 앞두고 관리인과 이해관계인들의 막바지 협상단계에서 채권자들이 변제조건 등을 개선해 달라고 요구하는 사례가 많고, 관리인도 회생계획안을 가결시키려는 의욕이 앞서 이를 수용하려고 한다는 점이다. 그러나 채권자들에 대한 변제조건 개선에는 채무자의 자금조달능력 검토가 선행되어야 하므로, 법원은 회생계획안의 변경을 허가하기에 앞서 회생계획안이 수행가능한지 여부와 이해관계인들 사이의 공정·형평 등 인가의 요건(법 제243조 제1항)을 구비하고 있는지 여부 등을 항상 고려하여야 하고, 경우에 따라서는 권리보호조항을 정하고 인가하는 방법(법 제244조 제1항)도 미리 검토할 필요가 있다.

5. 회생계획안의 배제

가. 회생계획안 배제의 의의

법원은 회생계획안이 법률의 규정에 위반되거나 공정·형평에 맞지 아니하거나 수행이 불가능하다고 인정되는 경우에는 회생계획안을 관계인집회의 심리 또는 결의에 부치지 아니할 수 있다(법제231조).

법원은 회생계획 인가 여부의 권한을 가지고 있으며, 회생계획이 일정한 요건을 갖추지 못한 경우에는 이를 불인가하여야 한다(법제243조). 그러나 회생계획의 인가 여부는 최종 단계에서 이루어지기 때문에 인가될 수 없는 회생계획안에 대한 절차가 장기간 진행되기 전에 이에 대한 조치를 취할 필요성이 있다. 그래서 법은 구 회사정리법과 마찬가지로 법원에 회생계획안의 수정명령을 할 권한을 인정함과 동시에 위와 같은 수정명령 권한을 실질적으로 보장하기 위하여 회생계획안을 집회에 부칠지 여부에 관한 재량권을 부여하고 있다.

나. 배제할 수 있는 경우

1) 배제사유

회생계획안 배제사유는 ① 회생계획안이 법률의 규정에 위반한 경우, ② 회생계획안이 공정하지 아니하거나 형평에 맞지 아니한 경우, ③ 회생계획안의 수행이 불가능한 경우이다(법제231조). 이는 법 제243조 제1항 제1호, 제2호의 회생계획인가요건과 동일한 의미이다.

회생계획안이 "법률의 규정에 위반한다"라는 것은 회생계획안을 제출할 권한(법제221조)이 없는 자가 제출하였거나,[403] 회생계획안 제출기한을 도과하여 제출하였거나,[404] 회생계획안의 내용으로 기재되도록 요구되는 사항(법 제193조 제1항 등 참조)의 일부를 흠결하였거나(예를 들어, 공익채권의 변제에 관하여 어떠한 기재도 없는 회생계획

---

403) 서울중앙지방법원 2013회합110 에스티엑스팬오션(주) 사건에서는 신주인수권자들이 제출한 회생계획안에 대하여 신주인수권자는 아직 주주의 지위에 있다고 볼 수 없으므로 회생계획안을 작성·제출할 권한이 없다고 보아 관계인집회의 결의에 부치지 아니하는 회생계획안 배제결정을 하였다.

404) 서울회생법원 2019회합100073 (주)동해디앤씨 사건에서는 채권자들 제출의 회생계획안 2건 중 1건은 회생계획안 제출기한을 도과하여 제출하였고, 나머지 1건은 관계인집회의 심리 및 결의에 부쳐질 경우 그 결의가 불성실·불공정하게 이루어져 회생계획안의 가결에 부당한 영향을 미칠 것이 명백하다고 판단하여 2건 모두 법률의 규정을 위반하였다는 이유로 회생계획안 배제결정을 하였다.

안), 기재되어 있는 사항이 법이나 다른 법률에 저촉되는 것(예를 들어, 사채를 발행함이 없이 일반 회생채권의 기한을 10년을 초과하여 유예하는 회생계획안,[405] 신회사 설립을 내용으로 하는 회생계획안에서 발행주식의 액면가를 법률이 정하는 하한 미만으로 하는 회생계획안, 청산가치보장의 원칙을 준수하지 않은 회생계획안,[406] 조세징수권자의 동의를 받지 아니하고 3년을 초과하는 기간 동안 징수를 유예하는 회생계획안[407] 등)이다.

"공정하지 아니하거나 형평에 맞지 않는다"라는 것은 권리의 순위를 고려하여 회생계획의 조건에 공정하고 형평에 맞는 차등을 두어야 한다는 규정(법 제217조)에 위반되는 것이다(예를 들어, 회생채권의 일부 면제나 기한의 유예를 정하면서 주주의 권리는 아무런 변경 없이 그대로 존속시키는 회생계획안 등).[408]

"수행이 불가능하다"라는 것은 회생계획안이 제대로 수행된다 하더라도 채무자가 파탄상태에서 벗어날 수 없거나, 회생계획안이 계획대로 실현될 가능성이 적은 회생계획안(예를 들어, 수익금을 가지고 채무를 변제하는 것으로 되어 있지만, 수익을 계속적으로 올린다는 보장이 없는 회생계획안, 자금차입에 의한 변제를 계획하였으나 적정한 수준의 차입 한도를 넘는 내용의 회생계획안, 자산의 매각대금으로 변제를 계획하였으나 매각가능성이 거의 없는 회생계획안, 회생계획 인가 전 M&A를 내용으로 하고 있으나 투자계약에서 정한 납부기한까지 인수대금이 납입되지 않은 회생계획안 등)을 말한다.[409]

---

405) 법 제195조 단서 참조.

406) 서울회생법원 2019회합100058 (주)제주칸트리구락부 사건에서는 회생계획안이 청산가치보장의 원칙에 반한다는 이유로 회생계획안 배제결정을 하였다.

407) 서울중앙지방법원 2013회합77 선일종합인쇄(주) 사건에서는 관리인이 제출한 회생계획안에서 조세에 대해 3년을 초과하는 기간 동안 징수를 유예하는 내용으로 정하고 있었는데, 징수의 권한을 가진 자의 동의를 얻지 못하였다는 이유로 관계인집회의 심리에 부치지 아니하는 회생계획안 배제결정을 하였다.

408) 서울중앙지방법원 2013회합110 에스티엑스팬오션(주) 사건에서, 법원은 일부 회생채권자와 신주인수권자들이 제출한 회생계획안이 회생채권자나 주주보다도 신주인수권자에게 더 유리하게 권리변경을 하고 있으므로 공정·형평의 원칙 및 평등의 원칙에 반한다고 보아 관계인집회의 결의에 부치지 아니하는 회생계획안 배제결정을 하였다.

409) 서울회생법원 2019회합100133 삼호쏘일텍(주), 2020회합100026 (주)아쿠엑스코리아, 2020회합100087 (주)이매진아시아, 2020회합100160 (주)동남피앤에프, 2020회합100189 쌍용자동차(주), 2021회합100003 의료법인 성석의료재단 사건 등에서 법원은 수행가능성이 없다는 이유로 회생계획안 배제결정을 하였다. 대부분 제1차 조사보고서 제출 이후 회생계획안 제출에 이르기까지 발생한 사정변경을 근거로 수행가능성이 없다는 판단을 하였다. 한편 서울회생법원 2019회합100179 (주)키위미디어그룹, 2020회합100128 (주)베어포트리조트, 2021회합100036 (주)제이크리에이션 사건에서는 법률의 규정을 위반하였을 뿐만 아니라 수행가능성도 없다는 이유로 회생계획안 배제결정을 하였다.

2) 법원의 재량권

회생계획안에 배제사유가 있다고 하더라도 그 회생계획안을 반드시 배제하여야 하는 것은 아니다. "법원은 회생계획안을 관계인집회의 심리 또는 결의에 부치지 아니할 수 있다"라는 것은 법원에 재량권을 부여하는 취지로서, 이러한 회생계획안에 대하여 법원은 흠결의 정도에 따라 크게 세 가지 선택을 할 수 있다.

그 회생계획안의 흠결이 비교적 중대하고, 가결되어도 인가할 수 없는 것이 명확하거나 도저히 관계인집회의 심리에 부칠 수 없는 것으로서 수정에 의하여서는 그 흠결을 제거할 수 없는 경우에는 회생계획안을 배제하면 된다. 그러나 그 흠결이 수정에 의하여 제거할 수 있는 경우에는 수정명령을 통하여 그 제거를 명하거나 회생계획안 제출자의 자발적인 수정을 지도하는 것이 바람직하다. 그리고 수정명령을 내리지 않더라도 그 흠결이 가결될 때까지 제거될 가능성이 있다면, 흠결이 치유되는 것을 확인하고 관계인집회의 심리 또는 결의에 부칠 수도 있다.

다. 배제의 시기 · 방법

1) 배제의 시기

회생계획안의 배제는 수정명령의 경우와 같이 회생계획안의 제출 후부터 그 회생계획안에 대한 회생계획안 결의를 위한 관계인집회가 열릴 때까지 언제라도 할 수 있다. 이미 이해관계인에게 회생계획안을 송달하였거나 회생계획안 심리를 위한 관계인집회를 마친 경우라 하더라도 상관이 없다.

2) 배제의 방법

회생계획안의 배제는 결정의 형식으로 하여야 한다. 만약 회생계획안 심리를 위한 관계인집회 전이면 "관계인집회의 심리에 부치지 아니한다"라는 주문으로, 회생계획안 결의를 위한 관계인집회 전이면 "관계인집회의 결의에 부치지 아니한다"라는 주문으로 하여야 한다.

회생계획안 배제결정에는 회생계획안을 심리 또는 결의에 부치지 아니하는 이유를 기재하여야 한다. 회생계획안을 배제하는 결정에 대하여는 불복할 수 없다(법 제231조)(회생계획안 배제결정례는 [별지 140], [별지 141], [별지 142] 참조).

라. 배제의 효과

회생계획안이 배제되면 그 회생계획안에 대하여는 그 후의 절차가 진행되지 않는다. 그리고 배제된 회생계획안에 대한 수정허가신청은 그 전제를 흠결한 것으로서 무효이므로 각하할 수 있다.[410]

회생계획안이 배제된 결과 관계인집회의 심리 또는 결의에 부쳐질 회생계획안이 전혀 없게 된다면, 법원은 회생절차를 폐지하여야 하고(법 제286조 제1항 제1호) 회생계획안 심리 및 결의를 위한 관계인집회기일과 특별조사기일이 정해진 상태라면 폐지결정과 함께 위 기일을 모두 취소한다[411](위 회생절차폐지결정 및 관계인집회 취소결정 관련 기재례는 [별지 200], [별지 200-1], [별지 200-2] 참조).

회생계획안이 배제되지 않은 채 그 후 절차가 진행된다 하더라도 그 회생계획안이 반드시 법률의 규정에 합치하고 공정·형평 그리고 수행가능한 것이라는 의미는 아니므로 회생계획의 인부 단계에서 다시 이 점을 심사하여야 한다. 이러한 의미에서 회생계획안의 배제사유는 인가의 요건에 비하여 비교적 제한적이라 할 수 있다.

마. 회생계획안 배제에 대한 특칙

회생절차개시에 중대한 책임이 있거나 해악을 끼친 채무자의 경영자나 그 특수관계인 등이 회생절차를 남용하여 정당한 채권자 등의 희생을 바탕으로 채무를 감면받은 후 다시 정상화된 기업을 인수하여 경영권을 회복하는 것을 방지하기 위해, 법 제231조의2는 회생계획에 정해진 영업양수 등에 있어서 일정한 경우 법원이 임의적 또는 필요적으로 회생계획안을 관계인집회의 심리 또는 결의에 부치지 아니하도록 하였다(법 제231조의2 제1항·제2항).[412]

---

410) 서울중앙지방법원 2013회합110 에스티엑스팬오션(주), 서울회생법원 2016회합100283 경기관광개발(주) 사건에서는 회생계획안 배제결정 이후 배제된 회생계획안의 수정안이 제출되자 위 회생계획안 수정허가신청을 각하하였다.

411) 서울회생법원 2021회합100004 (주)티티씨디펜스, 2022회합100003 (주)아이티엑스에이아이 사건.

412) 법원은 위와 같은 사유를 확인하기 위하여 필요한 경우 채무자, 관리인, 그 밖의 이해관계인 등에게 정보의 제공 또는 자료의 제출을 명할 수 있다(법 제231조의2 제3항). 한편, 이와 같은 회생계획안 배제 특칙의 적용을 면탈할 목적으로 거짓의 정보를 제공하거나 거짓의 자료를 제출하고, 회생계획인가의 결정이 확정된 경우 해당 정보를 제공하거나 해당 자료를 제출한 자는 5년 이하의 징역 또는 5천만 원 이하의 벌금에 처하고(법 제644조의2), 정당한 사유 없이 제231조의2 제3항에 따른 정보제공 또는 자료제출을 거부·기피 또는 방해하거나, 거짓의 정보를 제공하거나 거짓의 자료를 제출한 자는 1년 이하의 징역 또는 1천만 원 이하의 벌금에 처한다(법 제649조 제4의2호).

1) 임의적 배제(^{법 제231조의2}_{제1항})

회생계획안이 법 제57조 각호의 어느 하나에 해당하는 행위를 내용으로 하는 경우로서 법 제231조의2 제1항 각호의 요건을 '모두 충족하는 경우' 법원은 회생계획안을 배제하는 결정을 할 수 있다.

가) 법 제57조 각호의 내용

(1) 채무자의 영업, 사업, 중요한 재산의 전부나 일부의 양수

(2) 채무자의 경영권을 인수할 목적으로 하는 주식 또는 출자지분의 양수

(3) 채무자의 주식의 포괄적 교환, 주식의 포괄적 이전, 합병 또는 분할합병

나) 법 제231조의2 제1항 각호의 내용

(1) 채무자의 이사 등이 회생절차개시의 원인에 중대한 책임이 있을 것(^{제1}_호)

① 회사인 채무자의 이사(상법 제401조의2 제1항에 따라 이사로 보는 자를 포함한다)나 해당 이사와 제101조 제1항에 따른 특수관계에 있는 자, ② 회사인 채무자의 감사, ③ 회사인 채무자의 지배인 중 어느 하나에 해당하는 자의 중대한 책임이 있는 행위로 인하여 회생절차개시의 원인이 발생하였다고 인정되어야 한다(이하 이 부분 설명에서는 '중대한 책임 있는 이사 등'이라고 한다).

(2) 법 제57조 각호의 어느 하나에 대항하는 행위(이하 '영업양수 등'이라고 한다)를 하려는 자(이하 '영업양수인 등'이라고 한다)가 중대한 책임 있는 이사 등과 일정한 관계에 있을 것(^{제2}_호)

영업양수인 등이, ① 중대한 책임이 있는 이사 등의 자금제공, 담보제공이나 채무보증 등을 통하여 영업양수 등을 하는 데에 필요한 자금을 마련한 경우, ② 현재 및 과거의 거래관계, 지분소유관계 및 자금제공관계 등을 고려할 때 중대한 책임이 있는 이사 등과 채무자의 경영권 인수 등 사업운영에 관하여 경제적 이해관계를 같이하는 것으로 인정되는 경우, ③ 중대한 책임이 있는 이사 등과 배우자, 직계혈족 등 대통령령으로 정하는 특수관계에 있는 경우의 3가지 중 어느 하나에 해당하여야 한다.

2) 필요적 배제(^{법 제231조의2}_{제2항})

회생계획안이 영업양수 등을 내용으로 하는 경우로서 영업양수인 등 또는 그와 대통령령으로 정하는 특수관계에 있는 자가 법 제231조의2 제2항 각호의 어느 하나에 해당하는 경우 법원은 필요적으로 회생계획안을 배제하는 결정을 하여야 한다. 위 각호의 내용은 다음과 같다.

가) 채무자를 상대로 형법 제347조(사기)·제347조의2(컴퓨터 등 사용사기)·

제349조(부당이득) · 제355조(횡령, 배임) · 제356조(업무상의 횡령과 배임) · 제357조(배임수증재)의 죄(형법 또는 다른 법률에 따라 가중 처벌되는 경우 및 미수범을 포함한다)를 범하여 금고 이상의 실형을 선고받고 그 집행이 끝나거나(집행이 끝난 것으로 보는 경우를 포함한다) 집행이 면제된 날부터 10년이 지나지 않은 경우

　　나) 채무자를 상대로 위 죄를 범하여 금고 이상의 형의 집행유예 또는 선고유예를 선고받고 그 유예기간 중에 있는 경우

　　다) 이 법을 위반하여 금고 이상의 실형을 선고받고 그 집행이 끝나거나(집행이 끝난 것으로 보는 경우를 포함한다) 집행이 면제된 날부터 5년이 지나지 않은 경우

　　라) 이 법을 위반하여 금고 이상의 형의 집행유예 또는 선고유예를 선고받고 그 유예기간 중에 있는 경우

제9절　청산을 내용으로 하는 회생계획안

1. 청산형 회생계획안의 필요성 및 의의

가. 청산형 회생계획안 작성의 필요성

본래 회생절차가 예정하고 있는 회생계획안은 채무자의 존속, 영업의 양도, 신회사의 설립 등 채무자 사업의 존속을 내용으로 하는 회생계획안(재건형 회생계획안 · 갱생형 회생계획안 · 존속형 회생계획안)이다. 따라서 어떠한 사유로 이와 같은 회생계획안을 작성하지 못할 경우에는 회생절차를 폐지하고 파산절차로 이행하는 것이 원칙이다. 그러나 이와 같은 원칙만을 고집할 경우에는 그동안에 진행된 절차가 모두 수포로 돌아감으로써, 전체적으로 볼 때 시간이나 비용의 측면에서 큰 손실을 초래할 수도 있다. 따라서 법은 일정한 요건하에 청산을 내용으로 하는 회생계획안의 작성을 허용함으로써 실질적인 파산절차를 회생절차에 수용하면서 절차의 효율성과 경제성을 추구하고 있다. 청산을 내용으로 하는 회생계획안이 관계인집회에서 가결되고 법원의 인가를 받아 수행되면 파산절차가 행하여진 것과 같은 결과가 된다.

나. 청산형 회생계획안의 의의

청산형 회생계획안이란 청산 즉 기업을 실질적으로 해체하는 것을 내용으

로 하는 회생계획안을 말한다(법제222조). 따라서 채무자의 법인격을 형식적으로 소멸시키는지 여부는 청산형 회생계획안인지 여부를 판별함에 있어 중요한 것이 아니다.[413] 예를 들어, 회생계획안을 통하여 신회사를 설립하여 구 회사의 재산관계를 전면적으로 신회사에게 인수시키는 내용의 회생계획안(신회사설립형), 다른 회사에 흡수되는 내용의 회생계획안(흡수형), 회사를 분할하여 분할되는 회사에게 재산을 이전시키는 내용의 회생계획안(분할형) 등은 재건형 회생계획안이지 청산형 회생계획안이 아니다.

나아가 회사의 영업 일체를 양도하거나 임대하여 그 매각대금이나 임대료를 가지고 채권자에게 분배하는 내용의 회생계획안도 본래의 물적인 기업 자체는 존속하는 것이기 때문에 청산형 회생계획안이라 할 수 없다. 객관적인 기업의 존재를 실질적으로 해체하여 그 매각대금을 채권자들에게 분배하는 내용이 아니라, 기업의 계속기업가치를 그대로 존속시키면서 이를 채권자들에게 분배하는 한 형태이기 때문이다. 이와 같은 영업양도 등에 의한 회생계획안이 일반적인 재건형 계획안과 차이가 있다고 한다면, 후자(後者)는 기업의 계속기업가치를 수년에 걸쳐 연차적으로 채권자에게 분배하는 것인 데 반하여, 전자(前者)는 수년에 걸쳐 발생하는 계속기업가치를 현재 시점에서 한 번에 채권자에게 분배하는 것을 내용으로 한다는 것뿐이다.[414]

실무상 청산형 회생계획안인지 여부는 회생계획안의 가결요건과 관련하여 매우 중요한 의미를 지닌다. 회생담보권자의 조에 있어서 일반 회생계획안의 경우에는 의결권 총액의 4분의 3 이상에 해당하는 의결권자의 동의를 얻으면 되지만, 청산형 회생계획안의 경우에는 의결권 총액의 5분의 4 이상에 해당하는 의결권자의 동의를 얻어야 하기 때문이다(법 제237조 제2호).

---

413) 임채홍·백창훈(하), 145면 이하; 条解(下), 186면 이하.
414) 구 회사정리법하의 서울중앙지방법원 실무례 중에서 청산형 계획안인지 여부가 문제된 경우가 있다. 정리회사 한보철강공업(주)는 1999. 7.에 정리계획 인가결정을 받은 후 2000. 9.에 정리계획 변경계획안을 제출하였는데, 그 변경계획안의 내용은 회사의 유일한 자산인 당진제철소와 제철소 영업에 필요한 자산을 네이버스 컨소시엄에 매각하여 그 매각대금을 채권자들에게 분배하고, 종전의 법인은 매각 후 남은 일부 잔여 자산의 청산을 위한 범위 내에서만 존속하는 것으로 되어 있었다. 2001. 8. 정리계획이 인가된 해태제과(주)의 경우도 제과사업 부분은 전체를 제3자에게 영업양도하여 그 대금을 채권자들에게 일괄 배분하고, 나머지 건설사업 부분은 재산을 개별적으로 매각하여 채권자들에게 추가 배분함과 동시에 회사는 소멸하는 것으로 되어 있다. 정리회사 (주)한보·한보에너지(주)의 경우도 복수의 사업 부문을 영업양도 또는 회사분할의 주식매각 방식에 의하여 처분하고, 잔존 회사에 남아 있는 잔존 자산을 청산하는 방식의 정리계획 변경계획안을 제출하여 인가받았다. 이들 계획안은 모두 청산형 계획안으로 취급되지 아니하고 재건형 계획안으로 취급되었다.

파산절차에서는 별제권($\substack{법 제\\411조}$), 우선권 있는 파산채권($\substack{법 제\\441조}$), 일반 파산채권($\substack{법 제\\423조}$), 후순위파산채권($\substack{법 제\\446조}$)의 순서로 자동적으로 그 순위가 정해지고, 선순위자가 완전한 만족을 얻지 않는 한 다음 순위자에 대한 변제가 이루어지지 못한다. 반면에 청산형 회생계획안에 의할 경우에는 회생담보권자·회생채권자 등의 순위를 고려하여 변제조건에 공정하고 형평에 맞는 차등을 두면 되기 때문에 ($\substack{법 제217조\\제1항}$) 파산절차에서와 같은 순위를 절대적으로 지킬 필요는 없다.

다. 영업양도 및 물적 분할을 내용으로 하는 회생계획안

법은 "법원은 채무자의 사업을 청산할 때의 가치가 채무자의 사업을 계속할 때의 가치보다 크다고 인정하는 때에는 관리인 등 이해관계인의 신청에 의하여 청산(영업의 전부 또는 일부의 양도, 물적 분할을 포함한다)을 내용으로 하는 회생계획안의 작성을 허가할 수 있다"고 규정하고($\substack{법 제222조\\제1항}$), "회생절차개시 후 채무자의 존속, 합병, 분할, 분할합병, 신회사의 설립 등에 의한 사업의 계속을 내용으로 하는 회생계획안의 작성이 곤란함이 명백하게 된 경우"에도 청산을 내용으로 하는 회생계획안의 작성을 허가할 수 있다고 규정하고 있다($\substack{같은 조\\제2항}$).

이는 구 회사정리법 제191조 제1항과 비교하여 볼 때, 법 제222조 제1항의 청산형 회생계획안에 종래 재건형 회생계획안으로 분류되었던 영업양도 및 물적 분할을 포함시키는 한편 이에 대응하여 법 제222조 제2항의 재건형 회생계획안에서 영업양도를 삭제한 특색이 있다.

위와 같이 법이 경제성 판단의 원칙을 채무자 회생 여부의 기준으로 삼으면서도, 청산가치가 계속기업가치보다 커서 경제성이 없다고 판단되는 경우에도 영업양도·물적 분할 등 M&A에 의한 회생계획안 작성을 허가할 수 있다고 규정함에 따라 이를 어떻게 합리적으로 해석할 것인지가 문제된다. 원래 청산형 회생계획안은 기업을 실질적으로 해체하여 파산적 청산을 하는 내용의 회생계획안이고, 청산형 회생계획안인지 재건형 회생계획안인지 구분하는 기준은 채무자의 법인격의 존속 여부가 아니라 일체로서의 영업(사업)의 존속 여부이다. 따라서 영업양도·물적 분할에 의하여 회사재산을 일체로서 매각하여 그 대금으로 채권자들에게 변제하거나 회사를 분할하여 분할되는 회사에게 재산을 이전시키는 내용의 회생계획안은 본래적 의미에서의 청산형 회생계획안으로 볼 수 없다. 결국 이는 고유한 의미의 청산형 회생계획안은 아니지만 청산가치가 계속기업가치보다 크다고 인정되는 경우에도 회생절차폐지에 대한 대안으로 영업양도나 물적 분할을 내용으로 하는 회생계획안 작성을 허용한 것이라고 해석할 수 있다.

　파산절차에서도 파산재단에 속하는 자산의 개별 매각방식이 아니라 영업양도의 방식으로 매각하는 것이 가능함에도 불구하고(법 제492조 제3호), 법 제222조 제1항이 영업의 전부 또는 일부의 양도, 물적 분할을 내용으로 하는 회생계획안의 작성을 허가할 수 있다고 규정한 것은 회생절차에서 채무자의 영업을 양도하면 파산절차에서보다 고가의 양도대금을 받을 수 있으리라는 점을 고려한 것으로 보인다. 그러나 청산가치가 계속기업가치보다 크다고 인정된 상황에서 채무자를 계속 존속시킬 경우에는 파산적 청산 시와 비교하여 채권자의 분배재원이 지속적으로 감소하여 채권자에게 손해가 발생할 뿐만 아니라, 이를 일반적으로 허용하게 되면 법이 채택하고 있는 경제성 판단의 원칙이 무력화될 수 있다. 따라서 법원으로서는 원칙적으로 회생절차를 폐지하되, 예외적으로 영업양도나 물적 분할의 가능성이 높은 경우나 채권자들, 특히 회생담보권자의 조가 적극적으로 원하는 경우 등에 한하여 영업양도 등을 내용으로 하는 회생계획안의 작성을 허가하여야 할 것이다. 만일 영업양수도계약이 체결되지 않거나 최종적으로 관계인집회에서 부결되는 경우에는 파산절차로의 이행이 지연되어 채권자들에게 오히려 불이익한 결과를 초래할 것이기 때문이다.

2. 청산형 회생계획안 작성의 허가 요건

가. 법원의 허가

　청산을 내용으로 하는 회생계획안은 회생절차의 본래 목적과는 정반대의 목적을 추구하는 것으로 이해관계인에 대하여 실체적·절차적 이익의 침해를 가져올 가능성이 많고, 재건형 회생계획안을 작성하지 못할 사정이 있는 경우에는 절차를 폐지하는 것이 원칙이므로, 청산 또는 영업양도 등을 내용으로 하는 회생계획안을 작성하기 위해서는 법원의 허가를 얻어야 한다(법 제222조 제1항 본문). 다만 이 경우에도 채권자 일반의 이익을 해하는 때에는 그 작성을 허가하여서는 안 된다(법 제222조 제1항 단서). 사업의 계속을 내용으로 하는 회생계획인가 후에 회생계획의 변경에 의하여 청산을 내용으로 하는 회생계획안을 작성하는 경우도 동일하다. 법원이 청산형 회생계획안의 작성을 허가하기 위해서는 다음과 같은 요건이 필요하다.

나. 실체적 요건

1) 채무자의 사업의 청산가치가 계속기업가치보다 큰 경우

채무자의 사업을 청산할 때의 가치가 채무자의 사업을 계속할 때의 가치보다 크다고 인정되는 경우에 법원은 청산(영업의 전부 또는 일부의 양도, 물적 분할을 포함)을 내용으로 하는 회생계획안의 작성을 허가할 수 있다(법 제222조 제1항 본문). 채무자의 사업을 청산할 때의 가치가 채무자의 사업을 계속할 때의 가치보다 크다는 것이 명백하게 밝혀진 때에는 법원은 회생절차폐지의 결정을 할 수 있다(법 제286조 제2항 본문). 하지만 회생절차를 그대로 폐지하는 것보다는, 회생절차 내에서 청산을 하도록 하거나 영업의 전부 또는 일부의 양도, 물적 분할 등의 가능성이 있을 때에는 영업양도 등을 내용으로 하는 회생계획안을 작성하도록 하는 것이 구체적으로 타당한 경우도 있으므로, 이러한 경우에는 청산 또는 영업양도나 물적 분할을 내용으로 하는 회생계획안의 작성을 허가할 수 있도록 규정한 것이다.

2) 사업의 계속을 내용으로 하는 회생계획안의 작성이 곤란함이 명백한 경우

회생절차개시 후 채무자의 존속, 합병, 분할, 분할합병, 신회사의 설립 등에 의한 사업의 계속을 내용으로 하는 회생계획안의 작성이 곤란한 것이 명백하게 된 경우에도 청산 또는 영업양도 등을 내용으로 하는 회생계획안의 작성을 허가할 수 있다(법 제222조 제2항). "작성이 곤란하다"는 것은 채무자의 수익력이 좋지 않아 도저히 사업의 계속을 내용으로 하는 회생계획안을 작성하기가 어려운 경우뿐 아니라, 회생계획안을 작성·제출하더라도 이해관계인으로부터 법정 다수의 동의를 얻을 수 없는 것이 예측되거나 회생계획안에 반대할 것으로 예상되는 조에 대하여 권리보호조항을 두면 사업의 존속을 기대할 수 없는 경우도 포함된다.[415]

3) 채권자 일반의 이익을 해하지 않을 것

채무자가 위와 같은 요건 중의 하나를 충족하는 경우라 하더라도 청산 또는 영업양도 등을 내용으로 하는 회생계획안을 작성하는 것이 채권자 일반의 이익을 해할 경우에는 그 작성을 허가하여서는 안 된다(법 제222조 제1항 단서). "채권자 일반의 이익을 해한다"는 것은 곧바로 파산절차로 이행할 경우와 대비하여 청산형 회생계획안을 작성하는 것이 이해관계인에 대한 실체적·절차적 처우에서 현저히 균형을 잃는 경우를 의미한다.[416] 구체적으로는 채권자들이 파산절차에서 배

---

415) 임채홍·백창훈(하), 146면.
416) 임채홍·백창훈(하), 146면. 서울회생법원 2017회합100007 (유)와이에스디코리아, 2017회합

당받을 수 있는 금액보다 회생절차에서 더 적은 분배를 받게 되는 회생계획안은 채권자 일반의 이익을 해하는 것이다. 결국 채권자 일반의 이익이란 청산가치보장과 크게 다르지 않으므로 법원은 청산가치보장의 원칙이 지켜지는 경우에 한하여 위와 같은 회생계획안의 작성을 허가할 수 있다.

다. 절차적 요건

청산 또는 영업양도 등을 내용으로 하는 회생계획안의 작성허가를 신청할 수 있는 자는 회생계획안을 작성하여 제출할 수 있는 자, 즉 관리인, 채무자, 목록에 기재되어 있거나 신고한 회생채권자・회생담보권자・주주・지분권자이다.

허가를 신청할 수 있는 기간은 원칙적으로 법원이 정한 회생계획안 제출기간 내이다. 다만 법원이 정한 제출기간 내에 청산형 회생계획안을 작성하기 어려운 경우, 신청인은 회생계획안 제출기간의 연장결정을 신청하면서 청산형 회생계획안의 작성허가를 신청할 수 있다($\frac{법}{M50조}_{M3항}$). 또한 청산을 내용으로 하는 회생계획안의 보충적 성격을 감안할 때, 사업의 계속을 내용으로 하는 회생계획안이 제출된 후 또는 회생계획안 심리를 위한 관계인집회의 종료 후에도 청산을 내용으로 하는 회생계획안의 작성허가를 신청할 수 있다고 해석된다.[417]

청산 또는 영업양도 등을 내용으로 하는 회생계획안의 작성허가신청을 할 때에 반드시 완성된 내용의 회생계획안을 제시할 필요는 없지만, 법원이 이를 허가하는 것이 채권자 일반의 이익을 해하는지 여부를 검토할 수 있도록 신청자가 적어도 장래 작성할 회생계획안의 대강을 제시하여야 한다.

3. 청산형 회생계획안의 작성허가와 그 취소

가. 작성허가결정

법원은 청산 또는 영업양도 등을 내용으로 하는 회생계획안의 작성허가에 필요한 요건을 갖추었는지 여부를 심사한 후 결정의 방법으로 그 당부를 판단

100137 (주)세기글로벌 사건에서는 채무자의 청산가치가 계속기업가치를 초과함이 명백한 상태에서, 청산형 회생계획안의 제출을 위하여 절차를 진행하더라도 관계인집회에서 동의를 얻어 회생계획이 인가되기까지 상당한 시간이 소요될 것으로 보이는 점, 최대 채권자 또는 1순위 근저당권자가 회생절차개시에 적극적인 반대의사를 표시하고 있는 점 등을 종합하면, 청산형 회생계획안 제출을 전제로 회생절차를 개시하는 것은 채권자 일반의 이익에 부합하지 않는다는 이유로 회생절차개시신청을 기각하였다.
417) 임채홍・백창훈(하), 147면.

하여야 한다.[418] 허가 여부에 관한 결정은 신청인에게 고지하여야 하며, 이 결정에 대해서는 불복할 수 없다(법 제13조 제1항). 관리인, 채무자, 목록에 기재되어 있거나 신고한 회생채권자·회생담보권자·주주·지분권자는 허가에 관하여 의견을 진술할 수 있다(법 제222조 제4항, 제236조 제4항)(청산 또는 영업양도 등을 내용으로 하는 회생계획안의 작성을 허가하기 전에 하는 이해관계인에 대한 의견조회서의 기재례는 [별지 143], 청산 또는 영업양도 등을 내용으로 하는 회생계획안의 작성허가결정은 [별지 144] 참조).

나. 허가 후의 절차

법원이 청산 또는 영업양도 등을 내용으로 하는 회생계획안의 작성을 허가하는 경우 아직 청산을 내용으로 하는 회생계획안의 제출이 없을 때에는 필요하다면 회생계획안 제출기간의 연장결정을 할 수 있고, 위와 같은 회생계획안이 이미 제출되어 있는 때에는 일반 회생계획안이 제출된 경우와 마찬가지로 그 회생계획안에 대하여 수정명령을 발할 수도 있으며, 심사를 거친 후 관계인집회를 소집할 수도 있다.[419]

다. 허가의 취소

법원은 청산 또는 영업양도 등을 내용으로 하는 회생계획안을 결의에 부칠 때까지는 언제든지 이미 한 회생계획안의 작성허가를 취소할 수 있다(법 제222조 제3항). 예를 들어 사업의 계속을 내용으로 하는 다른 회생계획안이 법원이 정한 기간 내에 제출되고 이것을 심리에 부치는 것이 타당하다고 인정되는 경우, 청산을 내용으로 하는 회생계획안이 채권자 일반의 이익에 반하는 것으로 뒤늦게 판명된 경우 등이다. 사안에 따라서는 이 규정에 의하여 허가취소를 하지 않고, 법 제231조에 의하여 청산 또는 영업양도 등을 내용으로 하는 회생계획안을 배제하는 결정을 할 수도 있을 것이다.

---

418) 서울중앙지방법원 2010회합128 그린종합건설(주) 사건에서, 관리인이 채무자를 즉시 청산하는 것보다 2011년에 수주한 용인도시계획도로의 공사를 완공한 후 그 수익금과 채무자의 다른 자산으로 회생채권자 등에게 변제하여 청산하는 내용의 청산형 회생계획안 작성허가를 신청하였으나, 위와 같은 회생계획안은 일정 기간 채무자의 영업을 존속하는 것을 예정하는 것이어서 법 제222조의 청산형 회생계획안이라고 보기 어렵고, 즉시 파산절차에 따른 청산을 하는 것보다 채권자 일반의 이익을 해하는 것으로 보인다는 이유로 이를 허가하지 아니하였다.
419) 임채홍·백창훈(하), 148면.

4. 청산형 회생계획안의 심리 및 결의

청산 또는 영업양도 등을 내용으로 하는 회생계획안도 법원의 수정명령의 대상이 되고, 관계인집회에서 심리·가결되고, 법원의 인가를 받음으로써 그 효력이 발생한다. 다만 청산 또는 영업양도 등을 내용으로 하는 회생계획안에 대한 회생담보권자 조의 가결요건은 재건형 회생계획안과 달리 의결권을 행사할 수 있는 회생담보권자의 의결권 총액의 5분의 4 이상에 해당하는 의결권을 가진 자의 동의가 있어야 한다(법 제237조 제2호 나목).[420]

회생채권자 조의 가결요건은 다른 회생계획안과 같다. 청산 또는 영업양도 등을 내용으로 하는 회생계획안을 결의할 때도 채무초과인 경우 주주·지분권자에게는 의결권이 없다(법 제146조 제3항). 그리고 청산을 내용으로 하는 회생계획의 인가결정이 있으면, 관리인이 회생계획을 수행하게 되고(법 제257조 제1항) 별도로 청산인을 선임하지는 않는다.

5. 실무의 운용

청산형 회생계획안 제도는 채무자의 청산절차를 파산절차가 아닌 기존의 회생절차를 통하여 이루어지도록 하는 제도이다. 그런데 채무자의 효율적인 회생을 목적으로 하는 법의 규정을 채무자의 청산절차에 유용하는 것이 과연 바람직한가라는 문제는 생각해 볼 여지가 많다. 앞서 설명하였듯이 청산형 회생계획안을 작성함에 있어 파산절차상의 권리순위를 무시한 채 회생절차상의 권리순위만을 따른다면, 두 절차간의 불균형을 어떻게 정당화시킬 수 있을지 의문이다. 반면에 파산절차상의 권리순위를 그대로 유지하면서 회생계획안을 작성한다면, 굳이 청산형 회생계획안의 작성을 허용하면서까지 회생절차를 유지할 실익이 있을지도 의문이다. 특히 채무자를 사이에 두고 수많은 이해관계가 교차하는 대규모 기업의 경우에는 어떻게 회생계획안을 작성하여야 이를 원활히 수행할 수 있을지 하는 문제가 있다. 그래서 우리나라 실무에서는 그동안 청산형 회생계획안이 활용된 사례가 매우 드물다. 다만 채무자의 규모가 작고 채권자의 구

---

420) 한편, 이는 구 회사정리법이 정리담보권자 전원의 동의를 요건으로 규정하고 있었던 것에 비하여 가결요건을 완화한 것으로서, 청산형 회생계획안의 활성화를 의도하고 있는 것으로 보인다.

조가 단순하여 청산형 회생계획안을 작성함으로써 파산절차로 이행하는 것보다 더 효율적으로 청산절차를 수행할 수 있는 경우에는 이 제도를 적절히 활용할 수 있을 것이다.[421]

제10절 복수의 회생계획안이 제출되었을 때의 처리방법

1. 개 요

관리인 이외의 이해관계인도 회생계획안을 제출할 수 있으므로(법 제221조) 복수의 회생계획안이 제출되는 경우가 있다. 그런데 법에 규정된 절차는 하나의 회생계획안이 인가되는 것을 전제로 하고 있고, 복수의 회생계획안이 제출되었을 경우의 처리방법에 관하여는 아무런 규정이 없다.

실무상 복수의 회생계획안은 골프장 운영회사의 회생사건에서 주로 제출되고, 그 회생계획안 제출자는 관리인 이외에 회생채권자인 입회보증금반환채권자가 대부분인데, 제출자 일부는 M&A 절차의 인수자, 인수희망자의 의사를 반영한 회생계획안을 제출한다. 복수의 회생계획안이 제출되더라도 결국 1개의 회생계획만이 인가대상이 될 수 있으므로 이러한 관점에서 세 가지 처리방법이 활용된다. ① 제출자의 자발적 회생계획안 철회 또는 제출자 상호 협의에 의한 회생계획안의 병합, ② 법원에 의한 일부 회생계획안의 배제, ③ 관계인집회에서

---

421) 서울중앙지방법원에서는 위와 같은 이유로 상아종합판매(주)에 대하여 1998. 12. 11. 청산을 내용으로 하는 정리계획안의 작성을 허가한 후 같은 달 24일 제출된 정리계획안을 인가한 사례가 있다. 이 회사는 본래 정리회사인 상아제약(주)의 제품 판매를 목적으로 설립되어 실질적으로 위 회사의 판매사업부의 역할을 맡아 오던 회사인데, 채권자 구조가 단순한데다가 회사에 대한 채권의 대부분을 모(母)회사인 상아제약(주)가 보유하고 있는 회사였다. 그래서 정리계획안 작성 당시 관리인은 법원의 허가를 얻어 상아제약(주)를 제외한 모든 정리담보권자·정리채권자·공익채권자의 채권을 정리계획 인가일부터 1개월 내에 변제하고, 나머지 잔여 자산으로써 상아제약(주)의 채권을 대물변제하되 미변제 채권은 전액 면제하고, 그 후 회사는 청산하는 것을 내용으로 하는 정리계획안을 제출하여 이 정리계획안이 그대로 가결되고 인가되었다. 그 후 위 회사는 정리계획의 내용대로 채무를 모두 변제하였고, 상아제약(주)는 정리계획의 내용대로 대물변제된 자산과 스스로 고용을 승계한 직원들을 다시 자기 회사의 판매사업 부문으로 흡수함으로써 정리계획은 모두 수행되었고, 법원은 2000. 4. 19. 위 상아종합판매(주) 사건의 정리절차를 종결하였다. 또한 석정온천개발(주)에 대하여도 2001. 8. 청산형 정리계획이 인가되었다. 이 회사는 관광지 부지조성사업을 주목적으로 하는 회사로서 그 부지조성공사가 중단된 상태에서 정리절차가 신청되었는데, 그 공사를 재개하여 완공한 후 조성된 부지를 이해관계인들에게 분배하고, 2003년 회사를 청산하는 내용으로 정리계획안이 작성되었으며, 정리담보권자 전원의 동의를 거쳤다.

의 선택 등이다.

2. 제출자에 의한 철회, 제출자 상호 협의에 의한 병합

회생절차는 채권자·주주·지분권자 등 이해관계인의 법률관계를 조정하여 채무자 또는 그 사업의 효율적인 회생을 도모하는 데에 주요 목적이 있으므로 (법제1조), 대립되는 이해관계인 사이의 협의에 의하여 이해를 조정하는 것이 가장 바람직하다. 따라서 법원에서는 각 회생계획안의 제출자가 다른 사람이 제출한 회생계획안의 내용을 검토하고 서로 절충하여 일부의 회생계획안 제출을 철회하거나 하나의 회생계획안으로 병합할 수 있도록 회생계획안 제출자들을 지도하여야 한다.[422]

관리인 이외의 이해관계인이 회생계획안을 제출하는 이유는 대부분 자기와 관련된 회생계획 조항이 최대한 유리하게 작성되기를 희망하는 것이므로, 회생계획안 작성의 원칙(공정·형평의 원칙 준수, 수행가능성 등)에 어긋나지 않는 범위에서 관리인이 이를 수용한다면, 회생계획안 제출자 사이에 협의가 이루어질 수 있다. 또한 이와 같이 협의가 이루어진 경우 회생계획안에 반영될 변제대상 채권의 규모, 추후 보완신고된 채권의 내역 및 예상 시부인 결과, 미확정채권의 현황 및 현실화 예상액, 의결권 부여액 등은 관리인이 정확히 파악할 수 있으므로 위 정보를 다른 회생계획안 제출자와 수시로 공유하도록 하는 것이 좋다.

회생계획안의 병합은 여러 개의 회생계획안이 각각의 장점만을 취하는 방향으로 수정되어 1개의 회생계획안으로 되는 것이며, 병합 전의 각 회생계획안의 제출자는 그 전원이 병합 후 회생계획안의 제출자가 된다.[423] 회생계획안의

---

422) 서울중앙지방법원 2012회합21 (주)엠아이텍 사건에서는 주주와 관리인이 각자 회생계획안을 제출하였는데, 이후 인가 전 M&A가 추진·성사됨에 따라 주주가 제출한 회생계획안은 결국 철회되어 관리인이 제출한 회생계획안이 관계인집회의 심리 및 결의에 부쳐졌다. 서울회생법원 2020회합100128 (주)베어포트리조트 사건에서는 관리인(M&A 추진), 채권자 통합위원회(한국건설기술공사 외 110명), 채권자 A가 각 회생계획안을 제출하였다. 그중 M&A 절차의 인수인과 채권자 통합위원회가 협의를 거쳐 기존에 제출된 회생계획안의 문제점을 해결하고 수정 회생계획안을 제출하였다. 한편 채권자 A가 제출한 회생계획안은 법률 규정 위반 등을 이유로 배제되었고, 관리인이 그대로 집회에 회부하기를 희망한 관리인의 회생계획안과 위 수정 회생계획안 두 건이 결의에 부쳐져 위 수정 회생계획안만이 가결되어 인가결정을 받았다.

423) 구 회사정리법하에서 (주)진로의 경우 관리인 외에도 채권자인 세나인베스트먼트(아일랜드)리미티드·대한전선 주식회사·코아기업구조조정 주식회사가 각각 정리계획안을 제출한 바 있고, 나중에 세나인베스트먼트(아일랜드) 리미티드·코아기업구조조정 주식회사가 제출한 정리계획안을 병합하였으며, 대한전선 주식회사는 정리계획안을 철회하였다. 동아건설산업(주)의 경우 역시 관리인과 회생절차개시신청인(트라이엄프 인베스트먼트 외 10개 채권기관)이 별개의

병합도 회생계획안의 수정 또는 변경에 해당하므로, 그 시기·요건·절차 등은 회생계획안의 수정(법제228조,) 또는 변경(법제)의 경우에 따른다.

3. 일부 회생계획안의 배제

법원은 복수의 회생계획안 중에서 법률의 규정에 위반한 것, 공정하지 아니하거나 형평에 맞지 아니한 것 또는 수행이 불가능한 것이 있을 때에는 이를 배제할 수 있다(법제).[424] 다만 법원은 배제사유가 있는 회생계획안만을 배제할 수 있을 뿐이고, 배제사유가 없는 회생계획안 중 1개만을 골라서 관계인집회의 심리 및 결의에 부칠 수는 없다. 이는 이해관계인의 권한에 속하기 때문이다.[425]

회생계획안 제출자 사이에 이해가 대립되는 경우에는 일방의 회생계획안에 대한 배제결정으로 인하여 이해관계 대립이 더욱 심화될 수도 있으므로 회생계획안의 배제를 신중하게 검토하여야 할 것이다. 배제결정을 하는 경우에는 배제되지 않는 회생계획안의 제출자에게 배제되는 회생계획안의 내용 중 배제사유와 무관하면서도 회생계획안에 반영할만한 내용을 포함하도록 하는 취지의 수정명령을 발하는 것도 검토해 볼 만하다.

4. 관계인집회에서의 선택

가. 심리를 위한 관계인집회

복수의 회생계획안이 심리를 위한 관계인집회에 부쳐졌을 경우, 법원은 법

회생계획안을 제출하였다가 이후 협의과정을 통하여 단일한 회생계획안을 도출한 바 있다. 그런데 회생절차개시 신청인 측은 회생계획안의 철회를 원치 않고, 회생계획안의 공동제출자로 남기를 강력히 희망하였으며, 이들의 회생계획안이 배제요건에 해당하지도 아니하였다. 그리하여 관리인 및 회생절차개시신청인 양측이 모두 내용이 동일한 회생계획안을 제출하면서 제출자로 양측을 병기한 후 1개의 회생계획안으로 병합하여 심리, 의결할 것을 구하는 취지를 명시한 회생계획안 수정허가신청을 하였고, 법원은 이를 허가함으로써 회생계획안을 병합한 바 있다.
424) 서울회생법원 2016회합100283 경기관광개발(주), 2019회합100062 (주)기린산업, 2019회합100177 (주)키위미디어그룹 사건에서는 관리인이 제출한 회생계획안과 채권자들이 제출한 회생계획안이 있었는데, 채권자들이 제출한 회생계획안은 배제결정이 내려졌고, 관리인이 제출한 회생계획안만 심리 및 결의에 부쳐져서 인가결정을 받았다. 한편, 서울회생법원 2016회합100068 (주)신니개발, 2019회합100114 디아이개발(주) 사건에서는 관리인이 제출한 회생계획안과 채권자가 제출한 회생계획안이 있었는데, 채권자가 제출한 회생계획안은 배제결정이 내려졌고, 관리인이 제출한 회생계획안만 심리 및 결의에 부쳐졌으나 결의를 위한 집회의 속행기일에서도 부결되어 결국 폐지되었다.
425) 条解(下), 258면.

제184조의 지휘권에 근거하여 심리의 순서를 정할 수 있다. 제출된 회생계획안 전부가 결의에 부칠 만한 것이 못 되거나 제출자 사이의 이해관계가 첨예하게 대립하여 자발적 협의가 어려우면, 법원은 회생계획안 심리를 위한 관계인집회 만을 먼저 개최하여 각 회생계획안의 문제점을 논의하고 이해관계인의 의견을 청취함으로써 회생계획안의 수정을 이끌어낼 수 있다.[426)

또한 법원은 심리를 위한 관계인집회 결과 일부 회생계획안에 배제사유가 존재한다고 판단하면, 그 회생계획안을 관계인집회의 결의에 부치지 아니한다는 배제결정을 할 수 있다.

나. 결의를 위한 관계인집회

위와 같은 과정을 거쳤음에도 하나의 회생계획안이 아니라 복수의 회생계획안이 관계인집회의 결의에 부쳐진 경우, 법에는 의결방법에 대한 규정이 없으므로 그 실무 운용은 담당 재판부의 해석에 맡겨져 있다.

결의를 위한 관계인집회에서도 법원은 지휘권을 행사하여 복수의 회생계획안을 동시에 결의에 부치거나, 순서를 정하여 차례로 결의에 부칠 수 있다. 이때 표결에 앞서 복수의 회생계획안 중 두 개 이상이 가결되거나 모두 부결될 경우의 처리기준에 대하여 미리 설명할 필요가 있다. 또한 의결권자에게 복수의 회생계획안 전부에 대하여 총 1표만을 행사하게 할 것인지 아니면 회생계획안마다 찬성, 반대를 각 표시하게 할 것인지가 문제인데, 서울회생법원 다수 실무는 회생계획안마다 각 1표씩 찬성, 반대를 표시하게 하고 있다.[427)

복수의 회생계획안이 모두 부결되는 경우에는 회생절차를 폐지하거나, 속행기일을 지정하여 기존 회생계획안 또는 변경 회생계획안을 다시 결의에 부치거나, 법 제244조에 따른 강제인가결정을 할 수 있다.[428) 만약 하나의 회생계획

---

426) 서울회생법원 2020회합100020 (주)동해디앤씨, 2020회합100103 (주)나인포인트 사건.
427) 한편 서울중앙지방법원 2015회합100070 경남기업(주) 사건에서는 복수의 회생계획안이 제출되지는 않았으나, 의결권 규모가 회생담보권 27건에 약 1,225억 원, 회생채권 936건에 약 1조 3,158억 원에 달하여 전자투표 방식으로 결의를 하였다. 복수의 회생계획안이 제출된 사건에서도 사건의 규모에 따라 참고할 수 있는 결의방법이다.
428) 서울중앙지방법원 2008회합82 신성건설(주) 사건에서는 관리인이 인가 후 2개의 변경회생계획안을 제출하여 2013. 2. 7. 심리 및 결의를 위한 관계인집회에서 위 각 변경회생계획안에 대한 결의가 이루어졌는데, 모두 부결되어 속행기일이 지정되었다. 그 후 수차례 관계인집회기일이 연기 또는 변경되었다가, 채권자 연합자산관리(주)로의 M&A가 성사되어 관리인이 M&A를 전제로 한 새로운 변경회생계획안을 제출하였고, 2013. 6. 13. 관계인집회에서 부결되었으나 법원이 2013. 7. 10. 강제인가결정을 하였다. 서울회생법원 2020회합100020 (주)동해디앤씨 사건에서는 관리인이 제출한 회생계획안과 채권자(회생절차개시신청인)가 제출한 회생계획안이 모두 결의에 부쳐졌는데, 전자는 회생담보권자의 조에서 100% 동의, 회생채권자의 조에서 22.93%의

안만 가결된 경우에는 가결된 회생계획안에 대하여 인부의 심사를 거쳐 인가결
정을 하거나 불인가결정을 하면 된다.429)

　문제는 두 개 이상의 회생계획안이 모두 가결되었을 경우의 처리방법이다.

　결의를 위한 관계인집회에서 두 개 이상의 회생계획안이 모두 가결되고 적
법하게 인가요건까지 갖추었다면, 결국 법원은 회생담보권자와 회생채권의 액수
및 비율, 각조에서 찬성한 의결권 비율 및 의결권자의 숫자 등을 종합적으로 고
려하고 회생담보권자, 회생채권자, 주주·지분권자가 어떤 회생계획안을 가장
선호하는가를 따져서 그중 한 개의 회생계획만을 인가하여야 할 것이다.430)431)

동의를 얻었고, 후자는 회생담보권자의 조에서 0% 동의, 회생채권자의 조에서 68.44%의 동의
를 얻어 모두 부결되었다. 법원은 회생담보권자가 1명이고 그 채권액이 전체 채권액의 0.8%에
불과하며 인가일로부터 1월 내에 모든 채권액이 현금 변제될 예정이므로 회생채권자의 의사가
더 중시되어야 한다는 이유로 회생담보권자를 위하여 권리보호조항을 정하고 채권자가 제출한
회생계획을 인가하였다.

429) 서울중앙지방법원 2010회합113 (주)파이시티, 2010회합114 (주)파이랜드 사건에서는 관리인이
제출한 회생계획안과 주주가 제출한 회생계획안이 모두 관계인집회의 결의에 부쳐졌는데, 관리
인이 제출한 회생계획안만 가결되어 인가결정을 받았다. 서울회생법원 2018회합100253 일송개
발(주) 사건에서는 관리인이 제출한 회생계획안과 채권자들이 제출한 3개의 회생계획안이 있었
고 위 4개의 회생계획안이 모두 관계인집회의 결의에 부쳐졌는데, 전부 부결되었다가(부결 후
1개의 회생계획안은 제출 철회) 결의를 위한 관계인집회의 속행기일에서 채권자(비상대책위원
회)가 제출한 회생계획안만 가결되어 인가결정을 받았다.

430) 미국 연방파산법 제1129조(c)항도 위와 같은 취지로 규정하고 있다.

431) 이에 대하여 법원이 한 개 안을 선택하기 위하여 선택의 결의를 다시 하는 방안을 고려할
수 있다는 견해가 있다. 위 견해는 선택의 결의 절차로, 각조의 결의는 법 제237조와 마찬가지
로 단순다수결로 하고, 그 집계는 각조의 가결요건으로 규정한 법 제237조의 정족수를 그 조의
의결권수(비율)로 이용하여 회생담보권자, 회생채권자, 주주·지분권자의 조의 의결권 비율을
3/4 : 2/3 : 1/2, 즉 9 : 8 : 6으로 집계한 후 다수의 찬성을 얻은 안을 선택하는 방법을 제시한다.
예를 들면 A안과 B안이 관계인집회의 결의에 부쳐져 모두 가결된 후 선택의 결의에서 회생담
보권자의 조는 A안, 회생채권자의 조, 주주·지분권자의 조는 각 B안에 찬성하면 위 의결권
비율을 계산한 결과(9 : 14) B안이 선택된다. 이처럼 법 제237조의 숫자를 선택을 위한 결의 집
계의 의결권 비율로 활용하는 것은 이를 회생절차에서 각조가 차지하는 비중을 나타내는 것으
로 볼 수 있기 때문이라고 한다. 条解(下), 260면.

조문색인

제1조 　3, 279, 417, 448, 884

제3조 　37, 38, 39, 57, 299

제4조 　42, 294

제5조 　294, 295

제6조 　8, 22, 55, 121, 147, 185, 313, 367

제7조 　55

제8조 　44, 45, 53, 157, 575

제9조 　45, 46, 48, 156

제10조 　46, 47, 49, 51, 126, 129, 157

제11조 　47, 49, 51, 126, 157

제12조 　387

제13조 　42, 48, 49, 50, 70, 89, 114, 120, 122, 128, 147, 187, 188, 554, 864, 867, 869, 872, 881

제15조 　217, 218

제16조 　222

제17조 　219, 221, 253, 286, 305, 654

제18조 　222, 223, 253

제19조 　217, 224

제19조의2 　224

제20조 　8, 93, 217, 283, 284

제21조 　8, 218, 250, 267, 280, 285, 286, 289, 291, 292, 507

제22조 　217, 281, 287, 288, 303

제23조 　55, 56, 57, 60, 62, 112, 113, 114, 150, 159, 262, 375, 376, 654

제24조 　54, 58, 59, 60, 61, 62, 112, 113, 134, 150, 159, 385, 735, 737

제25조 　57, 61

제26조 　54, 61, 62, 333, 363, 374, 375, 377

제27조 　58, 112, 134, 150, 159

제28조 　50, 63, 65, 66, 67, 69, 278, 288

제29조 　70

제30조 　51, 155, 263, 266, 287, 305, 496

제31조 　51, 496, 498

제32조 　533, 548

제33조 　38, 42, 43, 44, 48, 49, 50, 63, 64, 73, 114, 128, 139, 147, 150, 210, 501, 553, 605, 608, 617, 869

제34조 　12, 42, 77, 79, 88, 135, 148, 448

제35조 　77

제36조 　78, 82, 86

제38조 　78

제39조 　89, 139, 510

제40조 　86, 87, 134, 435

제41조 　90, 92, 231

제42조 　13, 16, 78, 80, 89, 116, 135, 139, 140, 141, 143, 148, 221

제43조 　12, 43, 51, 55, 57, 58, 61, 67, 97, 98, 107, 111, 112, 113, 114, 133, 134, 147, 221

제44조 　3, 12, 67, 78, 97, 115, 116, 118, 120, 122, 123, 124, 133, 141, 147, 187, 205, 436

제45조 　9, 12, 51, 67, 97, 118, 123, 124, 125, 126, 127, 128, 133, 147, 205, 436

제46조   44, 47, 125, 126, 127, 128

제47조   9, 44, 47, 51, 128, 129

제48조   133

제49조   43, 107, 149, 150, 163, 231

제50조   152, 153, 286, 525, 527, 532, 533, 537, 550, 551, 552, 569, 573, 653, 656, 658, 663, 666, 667, 673, 880

제51조   14, 51, 150, 155, 156, 157, 262, 435, 527, 551, 552, 575, 659

제52조   135, 150, 158, 262, 527, 552

제53조   51, 147, 149, 163

제54조   51, 135, 150, 151

제55조   228, 259, 273, 490, 492, 684, 704, 777, 785, 788, 795, 799, 811, 823

제56조   14, 56, 57, 163, 226, 229, 271, 402, 684

제57조   874

제58조   3, 14, 78, 115, 116, 119, 120, 121, 122, 125, 141, 151, 180, 183, 185, 186, 187, 188, 204, 211, 268, 426, 436, 437, 454, 455, 510, 737, 740

제59조   14, 110, 111, 119, 151, 207, 208, 209, 210, 211, 229, 278, 360, 367, 368, 454, 510, 627

제60조   43, 213

제61조   68, 111, 154, 164, 170, 179, 274, 276, 394, 509, 577

제62조   9, 68, 221, 286, 287, 799

제63조   9, 51

제64조   151, 165, 166, 273, 521

제65조   151, 165, 273

제66조   151, 166, 273

제67조   151, 167, 398, 403

제68조   166, 167

제69조   110, 179

제70조   179, 391

제71조   394, 395, 396

제72조   396

제73조   396, 397

제74조   9, 55, 56, 57, 90, 92, 93, 108, 109, 152, 155, 163, 208, 217, 225, 226, 229, 230, 231, 232, 233, 234, 236, 238, 240, 242, 247, 249, 250, 252, 253, 255, 256, 257, 258, 259, 260, 261, 263, 266, 281, 286, 291, 293, 308, 322, 359, 402, 526, 570, 571, 692, 815, 833

제75조   261, 264, 570

제76조   52, 265, 570

제77조   266, 267

제78조   278

제79조   272, 278, 279, 304

제81조   160, 248, 267, 304, 305, 654

제82조   164, 227, 250, 272, 304, 307, 570

제83조   52, 109, 231, 249, 250, 251, 252, 254, 255, 262, 307, 655, 868

제84조   217, 279

제85조   56, 57, 109, 403

제86조   68, 108, 109, 110, 111, 286

제87조   68, 93, 156, 218, 287, 295, 296, 297, 299, 300, 301, 303, 307, 308, 309, 336, 382

제88조   218, 287, 304, 305, 307

제89조   271

제90조   68, 154, 227, 277, 295, 299, 301, 303, 308, 309, 694

제91조   154, 271, 277, 295, 299, 337

제92조   68, 277, 295, 299, 301, 303, 308, 309, 336, 337, 382, 578, 642, 644, 646, 666, 699

제93조   68, 155, 227, 278, 337

제94조   277

제95조   278, 303

제96조   273

제98조   18, 300, 578, 637, 638, 640, 642, 644, 645, 646, 647, 649

제98조의2   300, 578, 637, 649

제99조   303, 637, 641

제100조   5, 17, 43, 105, 301, 333, 337, 338, 339, 345, 346, 347, 350, 351, 354, 355, 358, 370, 373, 374, 404, 441, 549, 582, 586

제101조   9, 353, 354, 358

제102조   354, 355

제103조   355, 356

제104조   301, 333, 339, 356, 357

제105조   335, 336, 359, 360, 361

제106조   52, 365

제107조   52, 333, 366

제108조   333, 335, 368, 369, 370, 371, 417, 428, 499, 510

제109조   333, 369, 371, 372, 373, 498, 556, 768

제110조   358, 370, 380

제111조   43, 333, 373

제112조   333, 373

제113조   211, 333, 360, 367, 368

제113조의2   17, 333, 379, 380, 511

제114조   18, 52, 59, 221, 277, 295, 299, 322, 381, 383, 384, 385

제115조   52, 277, 295, 299, 322, 385, 386, 387, 388

제116조   52, 388, 389, 390, 391

제117조   18, 381, 388

제118조   15, 417, 418, 428, 429, 432, 433, 435, 462, 494, 513, 542, 565, 585, 596, 686, 712

제119조   5, 18, 169, 171, 172, 173, 174, 176, 179, 204, 212, 274, 396, 426, 470, 471, 472, 495, 499, 500, 511, 513, 557, 576

제120조   9, 188, 189, 193, 194, 195, 197, 198, 199, 200, 203, 204, 205

제121조   18, 151, 173, 213, 417, 426, 429, 499, 500, 511, 556, 577

제122조   5, 175, 176, 500

제123조   417, 427, 521

제124조   174, 177, 401, 417, 427, 428

제125조   417, 428

제126조   445, 447, 448, 449, 450, 452, 453, 454, 461, 480, 564, 589, 590, 770, 771

제127조   448, 453

제128조   449

제129조   449

제130조   453, 461

제131조   14, 112, 151, 181, 186, 399, 418, 433, 437, 455, 457, 458, 460, 461, 492, 516, 707, 842

제132조   106, 221, 286, 457, 458, 459, 461, 707, 842

제133조   418, 459, 461, 532, 540, 724

제134조   421, 461, 532, 540, 541, 724

제135조   532, 540

제136조   422, 532, 540

제137조   532, 540, 585

제138조   418, 422, 461, 532, 540, 541

제139조   461

제140조   15, 186, 345, 346, 426, 430, 433, 436, 440, 443, 444, 445, 460, 526, 548, 551, 572, 583, 653, 763, 858

제141조   117, 125, 393, 417, 425, 435, 460, 461, 462, 469, 484, 516, 585, 596, 696, 698, 730

제142조　545

제143조　545

제144조　5, 399, 400, 401, 402, 460

제145조　5, 18, 43, 206, 400, 405, 406, 407

제146조　21, 259, 279, 309, 417, 490, 560, 572, 584, 882

제147조　10, 153, 156, 227, 460, 525, 526, 527, 529, 531, 532, 533, 534, 537, 538, 589, 595

제148조　438, 451, 452, 460, 525, 531, 539, 541, 543, 546, 551, 606

제149조　438, 451, 525, 531, 543, 546, 551, 606

제150조　490, 525, 531, 543, 544, 546, 559

제151조　525, 530, 533

제152조　15, 171, 372, 451, 452, 498, 551, 552, 553, 556, 557, 558, 564, 606

제153조　15, 372, 452, 553, 556, 557

제154조　451, 562, 563, 608

제155조　545, 559, 560, 561, 584

제156조　433, 438, 439, 444, 546, 551, 572

제157조　210, 438, 439, 445, 572

제158조　565, 604

제159조　566

제160조　566, 597

제161조　52, 227, 490, 530, 550, 569, 570, 571, 575, 598, 608

제162조　227, 495, 551, 554, 556, 557, 561, 569, 573, 574

제163조　52, 554, 574, 575

제164조　490, 570, 571, 601, 608

제165조　561, 570, 600, 608

제166조　530, 532, 534, 535, 571, 586, 608, 628

제167조　438, 604, 605, 622

제168조　566, 588, 603, 604, 628

제169조　597, 601

제170조　52, 210, 542, 572, 606, 608, 609, 611, 614, 620, 621, 623, 624, 628

제171조　606, 615, 616, 617, 618

제172조　209, 210, 454, 606, 620, 621, 622, 624

제173조　536, 566, 611, 631

제174조　542, 606, 624, 627, 628

제175조　616, 632

제176조　616, 617, 633

제177조　151, 499, 511, 633

제178조　10, 610, 617, 628, 630

제179조　15, 106, 107, 151, 165, 174, 175, 176, 178, 183, 213, 263, 264, 280, 286, 290, 291, 397, 417, 418, 430, 433, 434, 435, 467, 471, 472, 494, 495, 496, 497, 498, 499, 500, 503, 504, 506, 507, 508, 509, 515, 519, 521, 557, 576, 577

제180조　15, 52, 181, 263, 264, 290, 291, 418, 494, 508, 509, 510, 516, 517, 518, 519, 520, 526

제181조　417, 427, 494, 520, 521, 522

제182조　53, 259, 279, 417, 490, 640, 645, 648, 650, 653

제183조　53, 640, 653, 859

제184조　654, 886

제185조　53, 575, 640, 641, 653

제186조　598, 642

제187조　532, 540, 541, 589

제188조　430, 443, 444, 526, 532, 533, 541, 589, 613

제191조　428, 430, 440, 443, 445, 542, 586, 596, 687, 712

제193조　　6, 19, 228, 273, 431, 491, 516, 522, 659, 699, 795, 815, 817, 820, 822, 823, 831, 833, 870

제195조　319, 711, 734, 824

제197조　372, 699, 718, 767, 768

제198조　458, 699, 707, 842

제199조　815

제200조　799

제201조　699, 822

제202조　56, 228, 831

제203조　56, 229, 230, 233, 256, 258, 259, 260, 262, 267, 286, 815, 833, 834

제204조　242, 261

제205조　7, 56, 233, 322, 681, 683, 706, 777, 778, 779, 781, 837

제206조　57, 681, 785, 787, 788, 789, 837, 842, 843

제209조　57, 515, 823

제210조　795

제211조　795

제212조　806, 808, 811

제213조　811

제214조　808

제215조　811

제216조　57, 804, 811

제217조　6, 8, 259, 279, 430, 440, 441, 443, 444, 445, 461, 467, 468, 491, 678, 683, 752, 871, 877

제218조　8, 428, 431, 542, 586, 596, 684, 686, 689, 690, 691, 712, 714, 752, 755

제220조　227, 654, 655, 656, 663, 666, 673

제221조　27, 260, 491, 493, 654, 663, 664, 665, 673, 677, 860, 870, 883

제222조　9, 16, 300, 876, 877, 878, 879, 881

제223조　27, 655, 663, 664, 665, 666, 667, 668, 669, 673, 675

제224조　677, 860

제225조　490, 526, 860

제226조　653, 858, 859

제227조　653, 859

제228조　653, 670, 862, 865, 867, 885

제229조　653, 677, 862, 864, 865, 867, 885

제230조　865

제231조　653, 655, 677, 858, 861, 868, 870, 881, 885

제231조의2　653, 873, 874

제232조　53, 490, 653, 860, 866

제234조　862, 865, 867, 868, 869, 885

제236조　440, 443, 444, 881

제237조　20, 461, 659, 876, 882, 887

제238조　21

제239조　659

제240조　53, 297, 372, 554, 557, 564, 654, 667, 677

제242조　53, 654

제243조　8, 10, 300, 312, 322, 323, 324, 325, 653, 659, 677, 693, 694, 695, 728, 796, 856, 858, 859, 861, 868, 869, 870

제244조　7, 300, 654, 678, 862, 869

제245조　53, 654

제246조　50, 53, 55, 60, 150

제247조　53, 526

제250조　473, 815, 849

제251조　59, 433, 438, 445, 460, 461, 466, 474, 493, 526, 528, 548, 551, 557, 558, 735, 766, 786

제252조　6, 450, 461, 484, 493, 522

제254조	15, 491, 526, 548, 560		제305조	136
제255조	588, 603		제306조	136
제256조	60, 121, 141, 185, 187, 436, 437, 511		제313조	53
			제316조	53
제257조	21, 227, 882		제323조	99
제258조	815		제335조	172
제259조	281, 286, 292, 302		제336조	188
제260조	229, 259, 490, 777, 796, 823		제348조	185
제262조	56, 228, 273		제349조	187
제263조	229, 230, 256, 258, 262, 815, 833, 834		제391조	333
			제411조	312, 461, 877
제265조	57, 785, 786, 854		제412조	312, 461
제266조	56		제415조	467
제267조	57, 515, 823		제416조	399
제268조	56, 823, 827		제417조	399
제269조	56		제420조	403
제270조	56		제423조	312, 418, 877
제271조	56, 795, 796		제425조	399, 418, 518
제272조	56, 807, 811		제426조	418
제273조	56, 808, 811		제427조	518
제274조	56, 808, 811		제440조	786
제275조	804, 811		제441조	312, 877
제276조	787, 827		제444조	786
제277조	823		제446조	312, 724, 877
제279조	799, 809		제473조	185, 312, 432, 433
제280조	809		제476조	312
제282조	22, 811		제477조	518
제283조	22, 53, 287, 294, 496, 839		제478조	518
제286조	4, 16, 287, 300, 313, 570, 654, 659, 873, 879		제492조	878
			제600조	141, 180
제287조	570		제636조	56
제288조	22, 53, 173, 287		제637조	56
제289조	53		제645조	304
제290조	53		제648조	276, 278, 279
제292조	186, 570, 588, 603		제660조	72

사항색인

[ㄱ]

가산금　763
가압류　97
가액배상　369
가처분　97
간이변제충당　181
감독행정청　158, 858
강제집행등의 취소명령
____의 대상　122
____의 요건　121
____의 의의　120
____의 효과　122
강제집행신청 등의 금지 및 절차의 중지
　180
개시결정　149
개시신청기각　135
____에 대한 즉시항고　147
개시전 이자　712
개시후기타채권　520, 822
____의 의의　520
____의 취급　521
개시후 이자　712
경정청구　413
경합적관할　38
계산의 보고　279
계속기업가치　142, 879
____와 고정성장률　317
____와 적정 할인율　316, 320
____와 현금흐름의 추정기간　319
____의 의의　314
계속적 공급계약　174
계열회사　42, 714

고용계약　175
공고　51, 111, 156
공동관리인　264
공동대표자　261
공동저당　596
공사대금청구권　511
공사도급계약　511
공유관계　179
공익담보권　519
공익채권　110, 494, 586, 815
____강제집행　518
____효력　515
공장검증　92
공정·형평의 원칙　678
공탁　151
과료　444
과태료　444
관계인설명회　647
관계회사　714
관리위원회　218, 328
____의 구성　328
관리인
____불선임 결정　256, 257
____의 직무를 행할 자　266
____이의　569
관리인대리　265
관리인 선임
____의견조회　92
관리인의 선택권　170
관리처분권　163
관할　37
관할위반으로 인한 이송　42

구상채권   713

구조조정담당임원   267

권리의 득실·변경의 등기   59

근저당권원본불확정설   483

근저당권원본확정설   483

근저당권의 피담보채무 확정   483

금융감독위원회   158

기본계약

____의의   198

____종류   199

기존 경영자 관리인   225, 230

____의 선임   230, 247

____의 사임   249

____의 해임   250

기한의 이익 상실   723

[ㄴ]

낙인효과   22

[ㄷ]

단주   786

단체협약   175

담보권 실행경매   740

담보목적물의 가액평가   592

담보콜거래   202

대물변제예약   338

대여금채권   713

대체절차   642

대표자 심문   90

____소환   91

____심문방식   92

____심문사항   90

대표채권자   158, 285

도산조항   408

등기된 권리에 대한 등기   58

____촉탁대상   58

____촉탁절차   61

등기·등록의 촉탁   54

[ㄹ]

리스   594

리스계약   411

리스채권   469

[ㅁ]

말소촉탁   159

목록제출기간   153

무상부인   370

물상대위권   481, 744, 745

물상보증인   102

미이행 쌍무계약   576

민사집행법 제49조   119

[ㅂ]

발행예정주식총수   831

방위력개선사업   171

벌금   444

법률고문   266, 267

법인의 이사등에 대한 손해배상청구권

____보전처분   383

____시효중단   386

____조사확정재판   385, 387

____조사확정재판에 대한 이의의 소   388

____조사확정재판의 효력   388

법인의 이사 등에 대한 책임 추궁   381

변상금   346

변제금지 보전처분   101

변제불능   136

변제액의 현재가치   323

변제자대위   480

변제충당순서   720

별제권   877
보수   263
보전관리명령   113
보전관리인
____의 선임   108
보전처분   97
____결정의 실효   113
____결정의 취소, 변경   112
____과 관련된 문제   106
____의 시기   98
____의 신청권자   98
____의 의의   97
____의 종류   97
____의 주문례 및 구체적 내용   100
____재판에 대한 불복   113
____취하허가   133
보증인   102
보험계약   743
복수의 회생계획안   883
본지행위   347
부실경영   233, 689
부인권   333, 525
____과 고의부인   346
____과 무상부인   351
____과 벌금·조세 등의 예외   345
____과 본지행위부인   337
____과 비본지행위부인   337
____과 특수관계인을 상대방으로 한
   행위에 대한 부인   353
____과 행위의 유해성   340
____대항요건의 부인   355
____부인의 등기   374
____부인의 청구   365
____의 성립요건   338
____의 소멸   373
____의 의의 및 취지   333

____의 행사   359
____집행행위의 부인   356
____행사 명령 제도   336
____행사의 효과   368
____과 기존 경영자 관리인 제도   335
____과 위기부인   347, 353, 354
____의 법적 성질과 귀속주체   334
____의 부인유형과 상호관계   336
____가집행선고   366
부인의 등기   61
부정수표단속법위반   140
부채초과   137
분식회계   413
불법원인급여   340
비법인 사단   80, 81
비본지행위   347, 350
비영리법인   80
비영업용 자산의 처분대금   317

[ㅅ]
사건접수   86
____기록조제   86
____송달료   86
____인지첩부   86
____통지   78, 79, 86, 87
사고신고담보금   474
사적 도산절차   142
사전계획안 회생절차   663
사채   704, 823
사채권   761
사채권자집회   546
상거래채권   713
상계
____금지   405
____시기적 제한   402
____제한   399

상대우선설　678

상대적 지분비율법　680

상환전환우선주　791

상환청구권　103

선관주의의무　163

소가결정　628

소구권　103

소송대리권　212

소송비용의 상환　633

소송의 중단　362, 363, 364, 365

소송절차의 수계　209

소송절차의 중단　207

소유권유보부 매매　472

속행명령　186

손해배상액의 예정　539

손해배상채권　540

손해배상청구권　381

송달　51, 111

송달 및 공고　44

수계　110

수권자본　788

시·부인　569, 585

시·부인표　578

시장이자율　324, 696

시효　43

신고기간　153, 550, 551

신고납세방식　413

신고의 변경　562

＿＿신고내용의 변경　564

＿＿신고명의 변경방법　562

＿＿신고명의 변경시기　562

＿＿신고명의 변경효과　563

신고의 추후 보완　552

신규자금의 차입　508

신규차입금　703

신용평가기관　296

신의성실의 원칙　414

신인의무　163

신주발행　785

신주인수권　787

신주인수권부 사채　491, 762, 828

신탁　476

신탁행위의 부인　377

심문기일　293

쌍무계약　168

쌍방미이행 쌍무계약　168, 576

[ㅇ]

알고 있는 회생채권자　157

어음담보대출　472

어음채권자　592

업무수행권　163

열람·복사　63

＿＿불허가결정　69

＿＿불허가요건　67

＿＿청구권자　64

＿＿청구의 대상　65

＿＿청구의 방식　64

＿＿청구의 시기　66

영업보증금　759

영업양도　798

＿＿대상의 특정　799

영업현금흐름　315, 704

예납명령　89

예비적 신고　547

예약형 집합채권의 양도담보계약　338

외화채권　585

우선권 있는 파산채권　877

우선변제청구권　430

원상회복　368

위임장　545

유가증권의 대차거래　202

유가증권의 환매거래   202
의견조회   857
의결권   532
이송   41, 43
____결정   42
____의 청구   213
____의 효과   42
이의의 철회   602
이의의 통지   601
이의채권
____에 관한 소송의 수계   620
이의철회통지서   603
이익배당   777
이자보상비율   318, 327, 703
이행 선택의 효과   173
일괄정산   203
일반의 우선권 있는 회생채권   430
일반회생채권   430
임금   499, 504, 506
임대차계약   177
임대차보증금   756
임원   229
임의적 자본감소   777
임직원채용금지 보전처분   106
입회보증금   759, 760

[ㅈ]
자금수급계획   699, 700
자금운용계획   705
자금의 차입 금지 보전처분   106
자금조달계획   700
자본감소   777
자산매각   701
____의 위임   702
자산유동화   476
장래의 구상권   589, 770

장외파생상품   201
재단채권   185
재도의 회생절차개시신청   143
재산조회   70
____신청방식   70, 72
____조회절차   71
재이송   42
재해보상금   499, 504, 506
적격금융거래   197
____의의   200
____종류   201
____주체   201
전득자에 대한 부인   358
전부명령   181
전환사채   491, 515, 762, 824
절대우선설   678
정관의 변경   831
정리담보권 배분 상세명세서   581
정리해고   176
제1차 조사보고서   308
____와 임원 등의 부실경영책임의 조사   322
____와 청산가치의 산정   311
____와 재산상태의 조사 및 재산가액의 평가   309
제2차 조사보고서   322, 660, 696
____와 청산가치보장 여부의 조사   323
____와 회생계획의 수행가능성 조사   325
제3자 관리인
____의 선임   252
____의 임기   254
제3자 예탁계좌   802
조분류   659
조사기간   153, 573

조사보고서

____의 내용과 구성　307, 308

____의 제출기간　302

조사위원

____보수　90

____선임에 대한 의견조회　93

____의 선관주의의무　304

____의 의의　295

____의 조사내용　299

____의 책무와 권한　303

조사확정재판

____당사자　608

____에 대한 이의의 소　615

조사확정제도　381, 606

조세

____원천징수　501

____의 환급　413

조세 등 청구권

____의 성립시기　433

____의 특칙　435

조세채권　116, 183, 186, 857

____의 대위행사　441

조정　615

존속회사　803

종국판결　624

주식가치평가　851

주식매수선택권　491, 837

주식·출자지분　490

____의 추가신고　559

주요사항 요지의 통지　644

주주

____의 권리제한　776

주주대표소송　212

주주명부 폐쇄　543

준비연도　711

중소기업 맞춤형 회생절차 프로그램

27

중소기업 회생컨설팅　25

중지명령　114

____관련 시효의 부진행　119

____의 대상　116

____의 요건　115

____의 의의　114

____의 존속기간　119

____의 취소·변경　120

____의 효력　118

즉시항고　47, 114

증권결제제도　191

지급결제제도　188, 189

지급불능　136

지료　427

지방자치단체　81

지분권자　776

지분보유조항(ERP)　790

집합채권양도담보　486

집행권원　356, 542

집행력　357

____ 있는 집행권원　624

집행장애사유　184

징벌적 주식소각　779

[ㅊ]

차액결제제도　190

차임채권　424

채권신고기간　578

채권양도의 특례　722

채권자대위소송　212

채권자취소권　334

채권자취소소송　211, 212

채권자협의회　158, 238

____와 자료의 제공 및 설명요구　287

____와 전문가의 선임　288

____의 구성 283
____의 권한 및 기능 강화 280
____의 법적 지위와 의무 281
____의 업무 286
____의 운영 285
____의 의의 279
채무면제이익 318, 705, 728, 843
채무상환계획 705
채무의 면제시기 801
채무자 회생 및 파산에 관한 법률의 연혁 8
청산가치 311, 730, 879
____의 산정 311
청산가치보장 309, 692
____과 출자전환 325
____의 원칙 312, 693, 727
청산결제제도 195
____의의 196
청산배당액 323
청산을 내용으로 하는 계획안 875
청산재무상태표 311
체납처분 116, 118, 122, 125, 182
총액결제제도 190
최고권 171
추심명령 181, 587
추정가능기간 315
추정 손익계산서 710
추정 자금수지표 710
출석현황표 599
출자전환 728, 785, 842, 844
____과 청산가치보장의 원칙 325
출자전환받은 주식의 가치를 어떻게
  평가할지 851
출자전환예정채권 853
출자전환 주식의 가치평가 699
출자전환 주식의 수익가치 325

출자전환 주식의 순자산가치 325
취소명령 187

[ㅌ]
퇴직금 499, 504, 506
특별보상금 263, 836
특별이익 318, 705
특별조사기일 554, 573, 598
특수관계에 있는 자 689, 715
특수관계인 755, 781

[ㅍ]
파산선고 77
파산원인 136
파산채권 185, 877
패스트트랙(Fast Track) 22, 23
평균매각가율 311
평등의 원칙 684
____의 예외 686
포괄적 금지명령
____공고 및 송달 125
____등에 대한 불복 127
____의 대상 124
____의 요건 123
____의 의의 123
____의 적용배제 128
____의 취소·변경 127
____의 효력 126
포기 374
필수적 공동소송 209

[ㅎ]
한국거래소 196, 197
한국예탁결제원 192, 196
한국은행금융결제망 190
합병 795

합병무효의 소   117
항고기간   114, 147
해제·해지 선택의 효과   172
해제·해지의 불가분성   172
허가사무의 위임   221
현금흐름 유지능력   318
현금흐름할인법   314
현물환거래   202
현존액주의   446
형평의 원칙   689, 692, 726
확정판결과 동일한 효력   604
환취권   117, 125, 179, 181, 208, 391
____과 선의·악의   392
　　대체적____   396
____양도담보   393
____운송중의 매도물   394
____위탁매매인   396
____의 기초가 되는 권리   391
회계법인   296
회사분할   805
____의 유형   812
____의 특징   806
회사채   823
회생계획   653
____의 수행가능성   693
회생계획기간   711
회생계획안   653, 710
____의 가결요건   882
____의 배제   870, 885
____의 변경   868
____의 수정   861
____의 수정명령   865
____의 수정명령신청   867
____의 수행가능성   309, 325
____의 제출   654
____의 제출기간 연장결정   656

____의 필요적 기재사항   698
____구성   706
____사전제출   663
____작성   677, 698
회생담보권   460, 728
____의 분할변제   733, 746
회생담보권자표   632
회생절차개시신청
____기각사유   139
____비용예납명령   89
____신청서의 기재사항   77, 82
____신청서의 첨부서류   77, 83
회생절차개시 후의 권리취득의 효력
　　165
회생절차개시 후의 등기와 등록의 효력
　　166
회생절차개시 후의 이자   585
회생절차개시 후 채무자에 대한 변제의
　　효력   167
회생절차개시 후 채무자의 행위   165
회생채권
____의 신고   539
____의 요건   418
____의 의의   417
회생채권 등의 조사확정재판
____의 신청기간   609
____의 신청방식   610
____의 심판대상   611
회생채권자 등의 목록   526
____의 기재 대상   526
____의 변경·정정   537
____의 작성 방법과 제출   529
____제출의 효과   533
회생채권자의 지위   454
회생채권자표   604, 632
____의 경정결정   605

____의 작성   565
회생·파산위원회   328
후순위파산채권   877
후순위회생채권   431

CCP   196
CRO   267
P-Plan 회생절차   27, 663
PCLV   813

제 6 판
회생사건실무(상)

초판발행	2006년 5월 30일
제 2 판발행	2008년 6월 5일
제 3 판발행	2011년 4월 20일
제 4 판발행	2014년 9월 25일
제 5 판발행	2019년 7월 25일
제 6 판발행	2023년 7월 25일
지은이	서울회생법원 재판실무연구회
펴낸이	안종만 · 안상준
편 집	김선민
기획/마케팅	조성호
표지디자인	이수빈
제 작	고철민 · 조영환
펴낸곳	(주) 박영사
	서울특별시 금천구 가산디지털2로 53, 210호(가산동, 한라시그마밸리)
	등록 1959. 3. 11. 제300-1959-1호(倫)
전 화	02)733-6771
f a x	02)736-4818
e-mail	pys@pybook.co.kr
homepage	www.pybook.co.kr
ISBN	979-11-303-4428-7 94360
	979-11-303-4427-0 (세트)

copyright©서울회생법원 재판실무연구회, 2023, Printed in Korea

정 가   68,000원